COLLECTION OFFICIELLE

DES

ORDONNANCES DE POLICE.

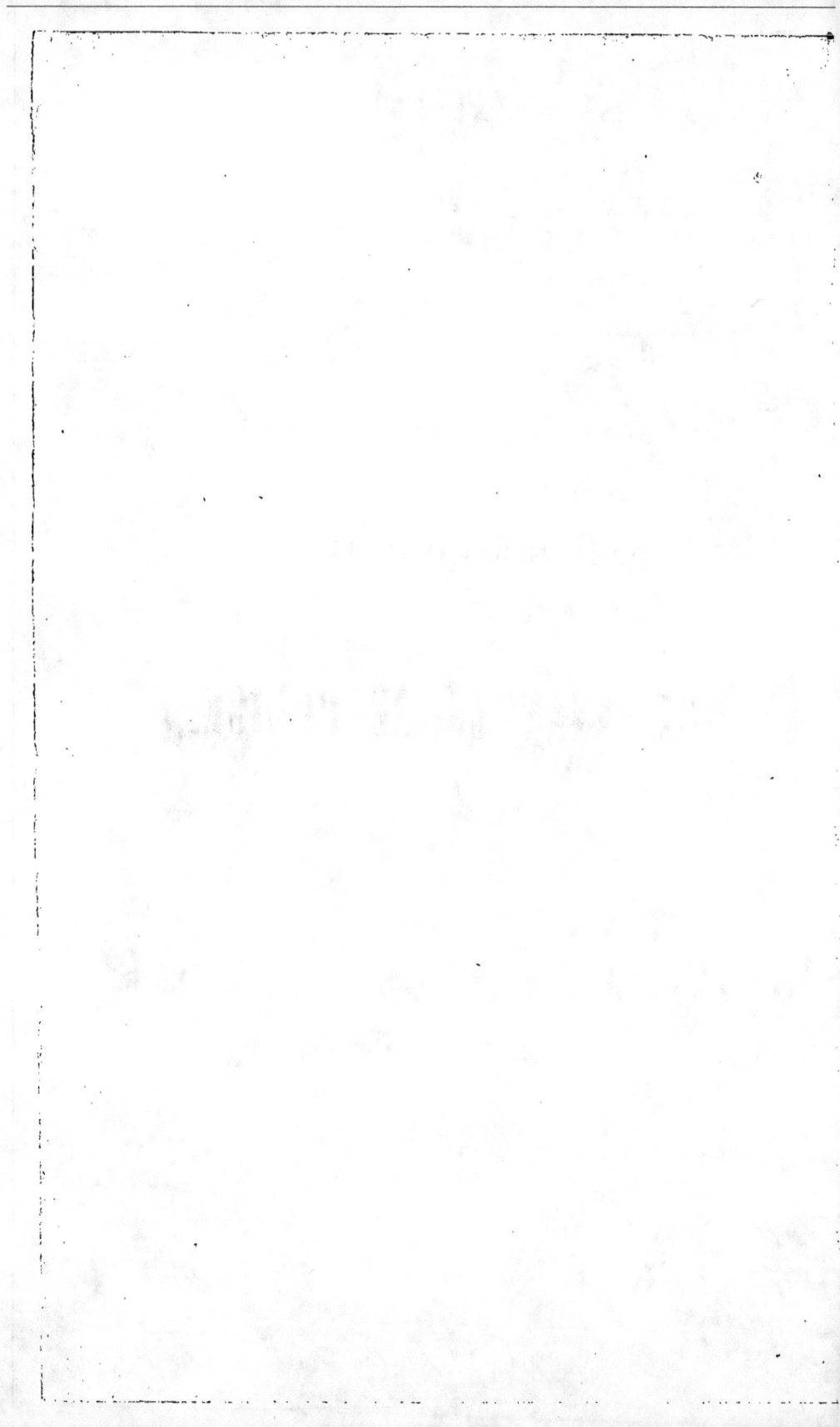

COLLECTION OFFICIELLE

DES

ORDONNANCES DE POLICE

Depuis 1845 jusqu'à 1850,

IMPRIMÉE

Par ordre de M. Piétri,

PRÉFET DE POLICE.

TOME CINQUIÈME.

PARIS,

IMPRIMERIE ET LIBRAIRIE ADMINISTRATIVES DE PAUL DUPONT,

Rue de Grenelle-Saint-Honoré, 45 (ancien 55).

1852

COLLECTION OFFICIELLE

RÈGLEMENTS DE POLICE

PARIS

LIBRAIRIE ADMINISTRATIVE DE PAUL DUPONT

1892

COLLECTION

OFFICIELLE

DES ORDONNANCES

DE LA

PRÉFECTURE DE POLICE.

1845.

N° **1905.** — *Ordonnance qui fixe le tarif pour le transport des bestiaux et des bêtes de trait, autres que les chevaux, sur le chemin de fer de Paris à Orléans* (1).

Paris, le 27 janvier 1845.

N° **1906.** — *Ordonnance concernant la police des masques* (2).

Paris, le 29 janvier 1845.

N° **1907.** — *Ordonnance concernant l'ouverture et la police de la halle aux huîtres.*

Paris, le 3 février 1845.

Nous, pair de France, préfet de police,

Vu les lois des 16-24 août 1790, et 19-22 juillet 1791, ainsi que l'Arrêté du Gouvernement du 12 messidor an VIII (1er juillet 1800);

Vu la délibération prise par le Conseil municipal de la ville de Paris, le 20 décembre 1844, au sujet de la nouvelle halle aux huîtres, et la décision approbative de M. le ministre de l'intérieur, en date du 10 janvier 1845 ;

Vu également les ordonnances rendues à diverses époques sur l'apport des denrées d'approvisionnement, et spécialement sur la vente des huîtres.

---

(1) Abrogée.—V. l'ord. du 1er fév. 1848.
(2) V. l'ord. du 31 janv. 1850.

Ordonnons ce qui suit :

Vente en gros.

1. A compter du 10 de ce mois, la vente en gros des huîtres, qui a lieu sur la voie publique dans la rue Montorgueil, sera transférée dans la halle qui vient d'être établie à cet effet rue Montorgueil, entre la rue Pavée-St-Sauveur et la rue Mauconseil.

2. Les voitures des approvisionneurs seront reçues dans la halle, à partir de 6 heures du matin ; elles y entreront par la porte du Nord de la grille de clôture, et sortiront par la porte du Midi.

3. Le placement et le déchargement des voitures se feront dans l'ordre d'arrivée, et de manière que le déchargement soit simultané à chaque poste de facteur.

4. Les chevaux de devant des voitures seront dételés et retirés de la halle aussitôt après leur arrivée. Les voitures seront également retirées de la halle immédiatement après leur déchargement.

5. Le déchargement et le comptage, à haute voix, des marchandises, continueront à être faits par des ouvriers choisis par les facteurs, sous notre approbation.

Il ne pourra être employé moins de trois hommes au déchargement d'une voiture.

Les facteurs devront en outre attacher un de leurs employés à chaque voiture en déchargement, pour l'inscription et la vente de ses marchandises.

6. Les voitures destinées à l'enlèvement des marchandises vendues ne seront admises dans la halle qu'après le déchargement et le départ des voitures d'approvisionnement.

Elles entreront et sortiront par les mêmes portes, et stationneront, en attendant leur chargement, sur l'emplacement disposé pour le stationnement des voitures, au nord de la halle.

7. La vente en gros des huîtres commencera aussitôt après l'entier déchargement des voitures. Une affiche placardée sur le marché fera préalablement connaître au public la provenance et l'importance des arrivages du jour, celle des restants en magasin et les dates de leur arrivée.

8. Les marchandises gâtées, corrompues ou nuisibles, seront saisies et détruites.

9. La vente se fera, soit à l'amiable, soit à la criée, selon qu'il conviendra aux approvisionneurs ou à leurs représentants. Le commis-vendeur du contrôle, préposé à chaque poste de facteur, enregistrera toutes les ventes qui s'y opéreront. Cet enregistrement indiquera les noms de l'expéditeur et de l'acheteur, les quantités, espèces et prix des huîtres vendues.

10. Semblable enregistrement sera fait par les facteurs; qui continueront, en outre, à inscrire sur les carnets qu'ils sont tenus de fournir à leurs acquéreurs habituels, les provenances, quantités, espèces et prix des huîtres vendues, ainsi que les sommes reçues en payement.

A l'avenir, ces carnets seront cotés et paraphés par le contrôleur de la halle aux huîtres.

11. Les facteurs sont tenus de fournir le matériel et le personnel nécessaires pour le service de la vente à la criée, sans augmentation de la commission de vente qui leur est attribuée par les règlements.

12. La vente à l'amiable sera close chaque jour, à dix heures du matin, au plus tard. La vente à la criée se prolongera aussi longtemps que l'exigera l'importance des marchandises exposées en vente.

13. La vente à la criée sera réglée à chaque poste, de manière que tous les approvisionneurs soient placés dans des conditions également favorables à la vente. Toutes les facilités nécessaires seront données aux acheteurs pour qu'ils puissent apprécier la qualité des marchandises exposées en vente, et les lots seront formés, autant qu'il sera possible, de manière à répondre aux besoins des acheteurs.

14. Après la clôture de la vente, les marchandises invendues seront rentrées en magasin, et prises en note par le commis-vendeur du contrôle attaché au poste, auquel elles devront être représentées le lendemain, à l'ouverture du marché.

L'emmagasinement sera fait de manière à indiquer exactement le propriétaire et le jour d'arrivée de la marchandise.

Il est interdit aux facteurs de recevoir et de resserrer, en tout autre lieu qu'à la halle, les huîtres qui leur sont adressées.

15. Les marchandises vendues devront être immédiatement retirées de la halle, soit par les acquéreurs eux-mêmes, soit par les porteurs qu'ils auront commis à cet effet.

16. Toute vente au détail est interdite aux facteurs.

Les huîtres ne pourront être vendues qu'en paniers, barils ou autres colis.

17. Les facteurs sont tenus de payer comptant aux approvisionneurs le produit des ventes opérées par leur intermédiaire et sous leur responsabilité.

18. Chaque jour, après la clôture des ventes, les facteurs feront remise au contrôleur du service, d'un état certifié par eux et indicatif des quantités d'huîtres qui leur restaient en magasin la veille (avec distinction des dates d'entrée), des arrivages et ventes du jour, des noms des propriétaires de ces marchandises, du mode de vente et du restant final en magasin. Ces états seront comparés avec les notes prises par les commis-vendeurs. La conformité des écritures ainsi vérifiée, elles seront arrêtées par le contrôleur pour servir à la perception des droits de marché, ainsi qu'à l'établissement des mercuriales et des comptes des marchands.

19. Conformément à la délibération du conseil municipal, du 20 décembre 1844, approuvée le 10 janvier 1845 par M. le ministre de l'intérieur, chacun des facteurs payera annuellement à la ville de Paris, pour les locaux à lui concédés, un droit de location de *quinze cents francs*. Ce payement se fera par trimestre et d'avance, à compter de la date de l'ouverture de la Halle.

Marché de détail.

20. A compter du 10 de ce mois, il sera établi un marché pour la vente en détail des huîtres, sur l'emplacement disposé à cet effet, dans l'enceinte de la nouvelle halle, et le marché qui existe par tolérance sur la place de la Cossonnerie sera supprimé.

21. Les marchandes d'huîtres établies sur la place de la Cossonnerie seront admises sur le nouveau marché de détail, de préférence à toutes autres. Un tirage au sort déterminera les places auxquelles elles auront droit.

Après ce premier placement, les places qui resteront disponibles ou qui le deviendront, seront concédées, conformément au règlement du 11 juin 1829.

22. Les détaillantes admises au marché aux huîtres ne pourront y vendre d'autres marchandises; elles recevront une permission délivrée en la forme ordinaire. Leurs noms et le numéro de leurs places seront inscrits sur un écriteau du modèle adopté pour le marché; cet écriteau sera suspendu au-devant de leur étalage.

23. Les détaillantes seront tenues de se conformer à tout ce qui leur sera prescrit, quant à la disposition de leurs étalages.

24. Il leur est défendu d'embarrasser en aucune façon les passages réservés à la circulation, au-devant et aux abords des places.

Les pailles, écailles et tous autres débris quelconques, devront être recueillis sur chaque place, dans des seaux, paniers ou autres récipients, pour être versés ultérieurement aux endroits affectés à ces dépôts.

25. Conformément à la délibération du conseil municipal, du 20 décembre 1844, approuvée le 10 janvier 1845, par M. le ministre de l'intérieur, le prix de location des places de 3 mètres superficiels environ sera de 20 centimes par jour et par place.

Ce prix devra être acquitté par semaine et d'avance, entre les mains du préposé désigné à cet effet ; faute de quoi, la permission d'occuper sera considérée comme non avenue, et le titulaire sera immédiatement remplacé.

26. La vente des huîtres au détail aura lieu depuis 6 heures du matin jusqu'au coucher du soleil.

27. Tous les règlements sur la police des marchés (notamment celui du 1er avril 1832) et les articles 27 et 30 de l'ordonnance de police du 24 novembre 1843, concernant les incendies, sont applicables au Marché de détail des huîtres.

Dispositions générales.

28. Les contraventions à la présente ordonnance seront constatées par des procès-verbaux ou rapports, et poursuivies conformément aux lois et règlements.

29. La présente ordonnance sera imprimée, publiée et affichée.

Ampliation en sera adressée à M. le pair de France, préfet du département de la Seine.

30. Les commissaires de police de Paris, notamment ceux des quartiers des marchés Montorgueil et St-Eustache, le chef de la police municipale et les officiers de paix, l'inspecteur général des halles et marchés, et les autres préposés de la préfecture de police, sont chargés d'en assurer l'exécution, chacun en ce qui le concerne.

Le pair de France, préfet de police, G. DELESSERT.

N° **1908.** — *Ordonnance concernant la prohibition de la chasse, à partir du 15 mars prochain* (1).

Paris, le 27 février 1845.

N° **1909.** — *Ordonnance concernant l'échenillage.*

Paris, le 28 février 1845.

Nous, pair de France, préfet de police,

Ordonnons ce qui suit :

L'ordonnance de police du 26 février 1844 (2) concernant l'échenil-

---

(1) V. l'ord. du 16 fév. 1850.
(2) V. cette ord., t. III, p. 691.—V. ci-après les ord. des 19 fév., 13 mars 1848, 9 fév. 1849 et 12 fév. 1850.

lage, sera de nouveau imprimée et affichée dans Paris et dans les communes du ressort de la préfecture de police.

Le pair de France, préfet de police, G. DELESSERT.

━━━━━◈━━━━━

N° **1910.** — *Ordonnance concernant la Foire aux Jambons, qui se tiendra sur le boulevard Bourdon, près la place de la Bastille* (1).

Paris, le 28 février 1843.

━━━━━◈━━━━━

N° **1911.** — *Ordonnance concernant la chasse des oiseaux de passage, le gibier d'eau et la destruction des animaux malfaisants ou nuisibles.*

Paris, le 10 mars 1845.

Nous, pair de France, préfet de police,

Vu la loi du 3 mai 1844 sur la police de la chasse et la circulaire de M. le ministre de l'intérieur, en date du 20 du même mois ;

Vu les arrêtés du Gouvernement du 12 messidor an VIII (1er juillet 1800) et 3 brumaire an IX (25 octobre 1800) ;

Vu la délibération du conseil général du département de la Seine dans sa session du mois de novembre dernier, insérée dans le *Moniteur* du 5 décembre suivant ;

Considérant qu'il y a lieu de prescrire des mesures réglementaires pour l'exécution des dispositions de l'article 9 de la loi précitée ;

Ordonnons ce qui suit :

1. La chasse des oiseaux de passage, sur terre, ne sera permise dans le département de la Seine que pendant le temps où la chasse des autres espèces de gibier est ouverte. Elle ne pourra avoir lieu que pendant le jour et au moyen du fusil.

2. Les oiseaux de passage aquatiques pourront seuls être chassés en tout temps sur les rivières et étangs, mais au fusil et en bateau seulement.

Tout fait de chasse sur les berges est expressément défendu.

3. Il est permis, en tout temps, au propriétaire, possesseur ou fermier de tirer avec des armes à feu ou de prendre aux piéges, autres que les lacets, sur ses terres ou récoltes seulement, les sangliers, les loups, renards, fouines, blaireaux, chats sauvages, belettes et putois.

4. Dans les conditions de l'article précédent, la destruction des moineaux, pies, geais, corbeaux, faucons, oiseaux de proie, est autorisée à l'aide de piéges, pendant le temps où la chasse est close.

5. La destruction des lapins pourra avoir lieu, pendant le temps où la chasse est prohibée et même en temps de neige, mais seulement à l'aide de furets et de bourses.

6. Il est formellement interdit de faire usage de panneaux et filets de toute espèce, d'appeaux, appelants et chanterelles, de lacets, collets et autres engins analogues.

━━━━━━━━━━

(1) V. l'ord. du 16 mars 1850.

Le miroir qu'on est dans l'habitude d'employer pour tirer les alouettes n'est pas considéré comme un engin prohibé.

7. La chasse est expressément interdite toutes les fois que la terre est couverte de neige, dans les localités autres que les bois et forêts.

Cette disposition n'est pas applicable à la chasse du gibier d'eau dans les marais, sur les étangs, canaux, fleuves et rivières, ni à la destruction des animaux malfaisants ou nuisibles.

8. Nul ne pourra se livrer à la chasse des oiseaux de passage et du gibier d'eau, sans être muni d'un permis de chasse obtenu conformément aux prescriptions de la loi.

Le propriétaire, possesseur ou fermier, n'aura pas besoin de ce permis pour repousser et détruire sur ses terres, même avec des armes à feu, les bêtes fauves qui porteraient dommage à ses propriétés.

9. Tout individu qui, sous prétexte de détruire des animaux nuisibles ou malfaisants, se livrerait à l'exercice de la chasse, en temps prohibé, ou sans être muni d'un permis de chasse, sera poursuivi conformément à la loi.

10. La présente ordonnance sera imprimée, publiée et affichée, et les contraventions qui y seraient faites seront constatées par des procès-verbaux et déférées aux tribunaux compétents.

11. MM. les sous-préfets de Sceaux et de Saint-Denis, les maires, adjoints et commissaires de police des communes rurales, les gardes champêtres et forestiers, et la gendarmerie, sont chargés, chacun en ce qui le concerne, d'assurer l'exécution de la présente ordonnance.

Le pair de France, préfet de police, G. DELESSERT.

N° **1912.** — *Arrêté concernant le tarif du prix des places dans les théâtres.*

Paris, le 11 mars 1845.

Nous, pair de France, préfet de police,

Vu l'arrêté des consuls du 12 messidor an VIII (1er juillet 1800), qui nous attribue la police des théâtres de la capitale;

Considérant que les mesures concernant le tarif du prix des places dans les théâtres sont essentiellement d'ordre public;

Considérant que des réclamations nous sont adressées contre les changements et variations que les directeurs des théâtres apportent fréquemment dans le prix des places résultant de leurs tarifs, notamment dans celui qui est spécial à la location des loges, stalles et autres places des salles de spectacle;

Considérant que la faculté laissée aux directeurs, d'abaisser ou de rétablir à leur gré le maximum du prix des places, fait naître dans l'esprit du public des doutes qui dégénèrent souvent en observations malveillantes, et même en discussions de nature à troubler l'ordre dans l'intérieur des théâtres;

Vu les lettres de M. le ministre de l'intérieur des 26 février dernier et 11 mars courant, portant approbation du présent arrêté;

Arrêtons ce qui suit:

1. A l'avenir, les tarifs indiquant le prix des places dans les théâtres ne seront obligatoires, pour les directeurs et le public, qu'après qu'ils auront été soumis à notre examen et qu'ils auront reçu notre approbation préalable.

2. Il est enjoint à tout directeur d'établir immédiatement deux tarifs distincts du prix des places dans leurs salles, l'un, qui déterminera le prix des places prises aux bureaux de l'extérieur de chaque théâtre, l'autre, qui réglera les prix applicables aux loges, stalles et autres places prises d'avance au bureau de location.

3. Ces tarifs une fois établis et approuvés par nous, les directeurs de théâtres ne pourront, sous aucun prétexte, en changer ni faire varier les prix.

Ils pourront néanmoins, sur des demandes motivées qu'ils nous transmettront, obtenir de nous les modifications qu'il sera reconnu nécessaire d'apporter auxdits tarifs, dans l'intérêt de leur direction.

4. Il est enjoint à tout directeur de théâtre de faire publier le tarif du prix des places prises aux bureaux, ainsi que le tarif spécial à la location des loges, stalles ou autres places, par leurs affiches de spectacle.

5. Ils seront tenus en outre de faire placer ostensiblement des exemplaires imprimés du tarif de la location des loges, stalles et autres places, dans les bureaux destinés à ladite location, sous les vestibules des théâtres et à l'extérieur des bureaux où le public prend les billets.

6. Les tarifs actuels seront annulés par le fait de l'approbation des nouveaux tarifs, laquelle approbation devra être demandée par les directeurs dans le délai de *quinze jours*, à dater de la notification qui leur sera faite du présent arrêté.

7. Les dispositions de l'article 7 de notre ordonnance de police du 30 mars 1844, relatives à l'augmentation du prix des places, lors des représentations à bénéfice, continueront de recevoir leur exécution.

8. Les contraventions aux dispositions du présent arrêté seront régulièrement constatées par les commissaires de police, et déférées aux tribunaux compétents.

9. Le présent arrêté sera notifié aux directeurs des théâtres de la capitale. Il sera en outre imprimé, publié et affiché à l'intérieur des salles de spectacle et dans les bureaux où a lieu la location des loges.

10. Le chef de la police municipale, les commissaires de police de la ville de Paris, les officiers de paix, et les préposés de la préfecture de police sont chargés, chacun en ce qui le concerne, de tenir la main à l'exécution du présent arrêté.

Le pair de France, préfet de police, G. DELESSERT.

N° **1913**. — *Ordonnance concernant les mesures d'ordre à observer aux promenades de Long-Champ* (1).

Paris, le 17 mars 1845.

Nous, pair de France, préfet de police,

Vu la loi du 24 août 1790; l'arrêté du gouvernement du 12 messidor an VIII; et l'article 471, n° 15 du Code pénal;

Voulant prévenir tous accidents et désordres pendant les promenades de Long-Champ, dans les journées des 19, 20 et 21 courant,

Ordonnons ce qui suit :

1. La grande avenue des Champs-Élysées, à partir de la place de la Concorde jusqu'à la barrière de l'Étoile; la route de Neuilly, depuis cette barrière jusqu'à la grille du bois de Boulogne, et l'avenue

---

(1) V. l'ord. du 22 mars 1850.

du bois de Boulogne qui conduit à Long-Champ, seront exclusivement réservées, les 19, 20 et 21 courant, depuis deux heures après midi jusqu'à la cessation de la promenade, aux voitures qui iront à Long-Champ.

Les conducteurs et cochers de toutes autres voitures ou charrettes qui entreront dans Paris, ou en sortiront, aux jours et heures ci-dessus indiqués, seront tenus de prendre par les barrières du Roule et de Passy.

2. En allant au bois de Boulogne, les voitures se rangeront à droite de la chaussée de la grande avenue des Champs-Élysées, sur une seule file qui se formera, au besoin, dès la place de la Concorde, et même de la rue Royale et des boulevards du Nord.

Elles continueront leur marche dans cet ordre.

3. A leur retour, les voitures prendront la droite de la route de Neuilly, de l'avenue de Neuilly et de celle des champs-Élysées, jusqu'à la place de la Concorde.

Elles marcheront sur une seule file et au pas.

4. Il est défendu de faire traverser les voitures d'une file à l'autre.

5. Sont exceptées des dispositions des articles qui précèdent, les voitures de la cour, des ministres, des maréchaux de France, de l'intendant général de la liste civile, de M. le lieutenant général commandant supérieur des palais royaux, du corps diplomatique, de M. le chancelier de France, de M. le président de la chambre des députés, de M. le préfet de la Seine, de M. le lieutenant général commandant supérieur des gardes nationales de la Seine, de M. le lieutenant général commandant la 1re division militaire, de M. le maréchal de camp commandant la place de Paris, et les équipages à quatre chevaux, lesquels pourront circuler dans l'espace compris entre les files de voitures.

6. Les chevaux de selle ne pourront être mis au galop dans l'espace compris entre les files de voitures.

Il est également défendu aux personnes à cheval de rompre les files de voitures, sous quelque prétexte que ce soit.

Les personnes à pied ne pourront point stationner ni circuler sur la chaussée et les bas-côtés de l'avenue des Champs-Élysées et de l'avenue de Neuilly, réservés exclusivement aux voitures et aux cavalcades.

7. Il est expressément défendu de faire circuler les voitures et les chevaux dans les contre-allées des Champs-Élysées, de l'avenue de Neuilly et de la route de Neuilly, qui sont exclusivement réservées aux personnes à pied.

8. Défense est faite de monter sur les arbres des Champs-Élysées et de l'avenue de Neuilly, ainsi que sur les candélabres destinés à l'éclairage public.

9. Les conducteurs et cochers de voitures et les cavaliers qui refuseront de se conformer aux dispositions de la présente ordonnance, encourront les peines prononcées par les lois, et seront traduits devant les tribunaux compétents, pour s'en voir faire l'application.

10. Le chef de la police municipale est autorisé à prendre toutes les autres mesures d'ordre et de sûreté que les circonstances exigeront.

11. La présente ordonnance sera imprimée et affichée dans Paris, et dans les communes de Passy, Boulogne, Auteuil et Neuilly.

Les maires et les commissaires de police desdites communes, le chef de la police municipale, les commissaires de police de la ville de Paris, les officiers de paix, les préposés de la préfecture de police, et tous agents de la force publique sont chargés, chacun en ce qui le concerne, de tenir la main à son exécution.

M. le colonel de la garde municipale de la ville de Paris et M. le chef d'escadron commandant la gendarmerie de la Seine, en feront observer les dispositions.

Le pair de France, préfet de police, G. DELESSERT.

N° **1914**. — *Avis concernant la propreté et la salubrité de la voie publique* (1).

Paris, le 14 avril 1845.

L'assainissement et la propreté de la ville sont l'objet de l'attention particulière de l'administration municipale, dont tous les efforts tendent à améliorer ce service si important pour la santé publique ; afin de réformer des habitudes aussi contraires à la propreté qu'à la décence, elle a autorisé ou fait établir des urinoirs dans plusieurs voies publiques, et notamment sur la place de la Concorde, les boulevards et une grande partie des quais ; des règlements ont été en même temps rendus pour défendre d'uriner ailleurs qu'à ces urinoirs, dans les voies publiques où il en a été établi.

Le préfet de police croit devoir rappeler aux habitants de Paris les dispositions de ces règlements et les inviter à s'y conformer ; il les prévient en même temps que des ordres ont été donnés pour faire constater les contraventions qui seront remarquées et dont les auteurs seront poursuivis conformément à la loi.

Le pair de France, préfet de police, G. DELESSERT.

N° **1915**. — *Ordonnance concernant l'ouverture et la police du marché aux fleurs de la place Saint-Sulpice.*

Paris, le 18 avril 1845.

Nous, pair de France, préfet de police,

Vu : 1° l'arrêté de M. le ministre de l'agriculture et du commerce, du 30 septembre 1844, portant qu'il sera établi dans la ville de Paris un nouveau marché aux fleurs, qui tiendra le lundi et le jeudi de chaque semaine sur la place Saint-Sulpice ;

2° La délibération du conseil municipal de Paris, du 3 juillet 1844, qui fixe provisoirement à 7 centimes et demi par mètre superficiel et par jour de vente, le prix de location des places de ce marché ;

3° La décision de M. le ministre de l'intérieur, du 2 novembre suivant, qui approuve ce tarif ;

4° La lettre de M. le pair de France, préfet de la Seine, du 17 du courant, annonçant que le marché dont il s'agit peut être livré au commerce ;

Vu également l'arrêté du gouvernement, du 12 messidor an VIII (1er juillet 1800) ;

Ordonnons ce qui suit :

1. Le marché aux fleurs de la place Saint-Sulpice sera établi sur la contre-allée méridionale de cette place.

Les marchands seront installés dans cette contre-allée, sur deux rangs se faisant face. L'un de ces rangs s'adossera à la rangée d'arbres

---

(1) V. l'ord. du 23 fév. 1850.

la plus méridionale, et s'étendra à deux mètres en avant. L'autre rang de places aura pour limites, en avant, la deuxième rangée d'arbres, et s'étendra à deux mètres en arrière.

Chaque place aura quatre mètres de superficie. Le surplus du terrain occupé par le marché sera réservé pour les besoins de la circulation.

2. Ce marché est exclusivement destiné à la vente *en détail* des arbrisseaux et plantes à fleurs, tant d'arrachis qu'en pots, caisses ou corbeilles, et des fleurs coupées, soit en bottes, soit en bouquets montés et assortis.

3. Le marché aux fleurs de la place Saint-Sulpice sera ouvert à compter du 1er mai prochain. Il se tiendra les lundi et jeudi de chaque semaine.

La vente y commencera à six heures du matin, du 1er avril au 30 septembre, et à sept heures, du 1er octobre au 31 mars.

La clôture du marché aura lieu, en toute saison, à la nuit tombante.

4. Lors de la première distribution, les places du marché Saint-Sulpice seront données de préférence, et dans l'ordre d'ancienneté de leur inscription, aux marchands inscrits pour d'autres marchés aux fleurs qui demanderont ces places.

Les places restées disponibles, et celles qui le deviendront ultérieurement, seront concédées conformément au règlement du 11 juin 1829, et aux autres dispositions spécialement admises pour la concession des places sur les marchés aux fleurs.

5. Conformément à la délibération du conseil municipal, du 3 juillet 1844, approuvée le 2 novembre suivant par M. le ministre de l'intérieur, le prix de location des places, sur le marché Saint-Sulpice, sera de 30 centimes par jour de vente et par place de quatre mètres superficiels.

Ce prix devra être acquitté, par mois et d'avance, entre les mains du préposé désigné à cet effet; faute de quoi, la permission d'occuper sera considérée comme non avenue, et le titulaire sera immédiatement remplacé.

6. Les seuls abris tolérés sur les places seront des abris mobiles et réguliers, bien entretenus, et conformes au modèle adopté par l'administration.

Les marchands feront inscrire leurs noms et au besoin le numéro de leurs places, sur un écriteau du modèle uniforme adopté pour le marché. Ils devront d'ailleurs se conformer ponctuellement à tout ce qui leur sera prescrit, quant à l'alignement, à l'élévation de leurs étalages et à la tenue des places en général.

7. Les marchands se renfermeront strictement dans les limites de leurs places, et auront le soin de n'embarrasser en aucune façon les parties du marché réservées pour les besoins de la circulation. Ils tiendront les places et leurs abords dans un état constant de propreté.

Il est défendu de planter des clous aux arbres de la place Saint-Sulpice, d'y attacher des cordes, d'y suspendre quoi que ce soit et de les détériorer d'une manière quelconque.

8. Les marchandises seront transportées à bras sur les places. Il est défendu d'introduire sur le marché des voitures attelées ou à bras, des bêtes de somme et des brouettes chargées ou non chargées.

9. Immédiatement après leur déchargement ou chargement, les voitures et bêtes de somme seront retirées des abords du marché.

Les voitures ou bêtes de somme des jardiniers approvisionneurs, qui ne seront pas conduites pendant la durée de la vente dans une auberge ou maison particulière, ne pourront stationner sur d'autre point de la voie publique que sur la place de stationnement de charrettes des marchés, n° 23, comprenant l'angle des rues Palatine et **Férou** et le devant du séminaire.

10. Défense est faite aux marchands d'apporter sur le marché des arbrisseaux et plantes dont les racines seraient gelées ou gâtées, ainsi que des arbrisseaux à tige fichée ou à fleurs fichées ou appliquées. L'inspecteur du marché fera détruire, après expertise (si besoin est) et constatation par un procès-verbal, toute marchandise de cette nature qui serait exposée en vente.

11. Il est défendu aux porteurs, en quête d'ouvrage, de stationner et de circuler dans l'intérieur du marché; ils devront porter ostensiblement leurs médailles et se tenir en dehors du marché, aux places qui seront désignées par l'inspecteur.

12. Les contraventions seront constatées par des procès-verbaux ou rapports, et poursuivies conformément aux lois et règlements.

13. La présente ordonnance sera imprimée, publiée et affichée.

Ampliation en sera adressée à M. le pair de France, préfet de la Seine.

Les commissaires de police, et notamment celui du quartier du Luxembourg, le chef de la police municipale et les officiers de paix, l'inspecteur général des halles et marchés et les autres préposés de la préfecture de police, sont chargés d'en assurer l'exécution.

Le pair de France, préfet de police, G. DELESSERT.

No **1916.** — *Ordonnance concernant la visite générale des tonneaux de porteurs d'eau* (1).

Paris, le 21 avril 1845.

Nous, pair de France, préfet de police,

Vu : 1° l'article 32 de l'arrêté du gouvernement du 12 messidor an VIII (1er juillet 1800); et l'article 1er de l'arrêté du 3 brumaire an IX (25 octobre 1800);

2° L'article 14 de l'ordonnance du 30 mars 1837, concernant la police des fontaines et bornes-fontaines et des porteurs d'eau;

Ordonnons ce qui suit :

1. Il sera procédé à une visite générale des tonneaux des porteurs d'eau qui exercent leur état dans la ville de Paris.

Cette visite commencera le mardi 6 mai prochain.

Elle aura lieu deux fois la semaine, les mardis et vendredis, sur le quai Napoléon, quartier de la Cité, de onze heures du matin à quatre heures.

La visite des tonneaux de porteurs d'eau, domiciliés dans le 1er arrondissement, s'effectuera le mardi 6 mai prochain,

La visite des tonneaux du 2e arrondissement, le 9 du même mois;

La visite des tonneaux du 3e arrondissement, les 13 et 16 mai;

La visite des tonneaux du 4e arrondissement, le 20 mai;

La visite des tonneaux du 5e arrondissement, les 23 et 27 mai;

La visite des tonneaux du 6e arrondissement, les 30 mai et 3 juin suivant;

La visite des tonneaux du 7e arrondissement, le 6 juin;

La visite des tonneaux du 8e arrondissement, le 10 juin;

La visite des tonneaux du 9e arrondissement, le 13 juin;

La visite des tonneaux du 10e arrondissement, les 17 et 20 juin;

---

(1) V. les ord. des 18 avril 1846, 30 avril 1847, 15 mai 1849 et 7 mai 1850.

La visite des tonneaux du 11ᵉ arrondissement, le 24 juin;

Enfin, la visite des tonneaux du 12ᵉ arrondissement, et celle des tonneaux des porteurs d'eau domiciliés dans la banlieue, et qui exercent leur état dans Paris, auront lieu le 27 juin.

2. Les porteurs d'eau ne seront admis à la visite qu'à tour de rôle, et qu'autant qu'ils seront munis d'un bulletin de convocation délivré, à l'avance, par les receveurs des fontaines marchandes.

3. Les visites seront faites par le contrôleur des fourrières, l'officier de paix de l'attribution des voitures et l'officier de paix de l'arrondissement dont les tonneaux seront visités, l'un des deux experts des voitures publiques, et le peintre de la préfecture.

4. Dans cette visite, les chefs de service devront principalement vérifier l'exactitude des déclarations de domicile, ainsi que des lieux de remisage et l'indication du numéro des tonneaux.

En conséquence, chaque porteur d'eau sera tenu d'exhiber sa carte de roulage, visée par le commissaire de police de son quartier, s'il est domicilié dans Paris, ou par le maire de sa commune, s'il est domicilié dans l'une des communes de la banlieue.

Il sera vérifié si le domicile et le lieu de remisage indiqués sur la carte de roulage sont les mêmes que ceux inscrits sur le tonneau.

Il sera vérifié en outre avec le plus grand soin :

1º Si chaque tonneau est tenu à l'intérieur dans un état convenable de propreté, et n'exhale aucune odeur insalubre ;

2º Si la bonde de chaque tonneau ferme assez hermétiquement pour que l'eau ne puisse se répandre sur la voie publique.

5. Il sera dressé, à chaque visite, un procès-verbal spécial qui contiendra les noms et domiciles des porteurs d'eau qui ne se seront pas conformés à toutes les dispositions de l'ordonnance précitée, du 30 mars 1837 ; les noms et domiciles de ceux qui auront été reconnus en règle, et toutes autres observations qui seront jugées nécessaires.

Les numéros des tonneaux des porteurs d'eau, qui ne seront point en règle, seront immédiatement effacés, et ne pourront être rétablis que lorsque les propriétaires de ces tonneaux auront justifié de l'accomplissement de toutes les formalités omises.

6. L'expert des voitures publiques mesurera la longueur des brancards des tonneaux présentés à la visite.

Les numéros des tonneaux dont les brancards dépasseront la saillie fixée par les règlements, seront immédiatement effacés, et ne pourront être rétablis que lorsque les brancards auront été réduits à la saillie déterminée par l'ordonnance de police du 30 mars 1837.

Les numéros des tonneaux qui ne seraient pas dans un état satisfaisant de propreté intérieure, et qui exhaleraient une odeur insalubre, ou dont les bondes ne fermeraient pas assez hermétiquement pour que l'eau ne puisse se répandre sur la voie publique, seront également effacés et ne pourront être rétablis qu'autant qu'il aura été reconnu, par un examen ultérieur, que ces tonneaux auront été nettoyés et assainis, ou qu'ils seront pourvus d'une bonde fermant hermétiquement.

7. Chaque tonneau, présenté à la visite dont il s'agit, sera revêtu, conformément aux dispositions de l'article 6 de notre arrêté du 2 septembre 1840, d'une estampille (P. 1.) de couleur noire qui devra avoir 4 centimètres de hauteur et 8 millimètres de plein.

Elle sera peinte sur le côté droit du fond de chaque tonneau, en regard et au point de jonction des deux inscriptions indicatives de la remise et du domicile du porteur d'eau.

8. Lorsque la visite sera complètement terminée, tout porteur d'eau, dont le tonneau ne portera pas le numéro de la visite et l'estampille, sera poursuivi conformément aux règlements.

Tout tonneau neuf qui, après la visite, sera présenté à l'expertise et au numérotage, sera marqué du numéro de la visite, après toutefois qu'il aura été reconnu que ce tonneau réunit toutes les conditions prescrites par les articles 4 et 6 de la présente ordonnance.

9. La présente ordonnance sera imprimée et affichée.

Les commissaires de police, le chef de la police municipale, le contrôleur des fourrières, et les autres préposés de la préfecture de police, sont chargés, chacun en ce qui le concerne, de tenir la main à son exécution.

Le pair de France, préfet de police, G. DELESSERT.

No **1917**. — *Ordonnance concernant les caisses, pots à fleurs et autres objets dont la chute peut causer des accidents.*

Paris, le 23 avril 1845.

Nous, pair de France, préfet de police,

Ordonnons ce qui suit :

Notre ordonnance du 23 octobre dernier (1), concernant les caisses, pots à fleurs et autres objets dont la chute peut causer des accidents, sera de nouveau imprimée et affichée.

Le pair de France, préfet de police, G. DELESSERT.

No **1918**. — *Ordonnance qui fixe le tarif pour le transport des voyageurs, sur le chemin de fer de Paris à Versailles (rive gauche) (2).*

Paris, le 23 avril 1845.

No **1919**. — *Ordonnance concernant l'arrosement.*

Paris, le 24 avril 1845.

Nous, pair de France, préfet de police,

Ordonnons ce qui suit :

Notre ordonnance du 27 juin 1843 (3), concernant l'arrosement de la voie publique, sera de nouveau imprimée et affichée.

Le pair de France, préfet de police, G. DELESSERT.

No **1920**. — *Ordonnance concernant les mesures d'ordre à observer dans Paris, le 1ᵉʳ mai, fête du roi (4),*

Paris, le 28 avril 1845.

---

(1) V. cette ord., t. III, p. 796.
(2) Abrogée.—V. l'ord. du 30 juillet 1849.
(3) V. cette ord., t. III, p. 641.
(4) V. l'ord. du 28 avril 1847.

N° **1921.** — *Ordonnance concernant la police de la Bourse* (1).

Paris, le 28 avril 1845.

Nous, pair de France, préfet de police,

Vu : 1° les demandes qui nous ont été adressées dans l'intérêt du commerce, à l'effet d'obtenir que la tenue de la Bourse, pour la négociation des effets publics, ait lieu, désormais, de *une heure à trois heures de relevée*, au lieu d'*une heure et demie à trois heures et demie* ;

2° La lettre de la chambre du commerce de Paris, par laquelle elle donne son adhésion à cette modification dont elle reconnaît l'utilité ;

3° Les articles 2 et 25 de l'arrêté du gouvernement du 1er juillet 1800 (12 messidor an VIII) ;

4° L'arrêté du gouvernement du 27 prairial an x (16 juin 1802), et l'arrêté de M. le ministre du commerce du 6 mai 1834 ;

5° Les règlements concernant la police de la Bourse, et notamment l'ordonnance de police du 12 janvier 1831 ;

Ordonnons ce qui suit ·

1. L'ordonnance de police du 12 janvier 1831 est rapportée.

2. A dater du lundi, 5 mai prochain, la Bourse tiendra tous les jours, excepté les jours fériés, depuis *une heure jusqu'à trois heures de relevée*, pour la négociation des effets publics.

Les opérations commerciales continueront d'avoir lieu depuis *deux heures jusqu'à cinq heures.*

3. Le public ne sera admis dans la salle de la Bourse que *dix minutes* avant l'ouverture du parquet. L'évacuation de la salle aura lieu à *cinq heures précises.*

4. L'ordonnance de police du 2 novembre 1826 continuera de recevoir son exécution, en ce qui n'est pas contraire à la présente ordonnance.

5. Les contraventions seront constatées par des procès-verbaux ou rapports, et poursuivies conformément aux lois et règlements.

6. La présente ordonnance sera imprimée, publiée et affichée.

Les commissaires de police de la Bourse et du quartier Feydeau sont spécialement chargés de tenir la main à son exécution.

Le pair de France, préfet de police, G. DELESSERT.

N° **1922.** — *Ordonnance concernant les chiens et les chiens boule-dogues.*

Paris, le 27 mai 1845.

Nous, pair de France, préfet de police,

Considérant que de nombreux inconvénients et de graves dangers résultent de la grande quantité de chiens circulant sur la voie publique, et de la négligence que les propriétaires de ces animaux apportent à se conformer aux ordonnances de police ; que des chiens atteints de la rage peuvent occasionner les accidents les plus déplorables ; qu'un tel état de choses doit éveiller toute notre sollicitude, et qu'il importe de prendre des mesures pour le faire cesser ;

Considérant, en outre, qu'il est souvent difficile de découvrir les

_____

(1) V. l'arr. du 3 déc. 1850.

personnes qui négligent l'observation des règlements concernant les chiens, et qu'il est essentiel que l'administration ait un moyen sûr de les connaître, soit pour faire prononcer contre elles les peines qu'elles ont encourues, soit pour fournir à ceux qui sont victimes d'accidents les moyens d'obtenir les dommages-intérêts auxquels ils ont droit;

Considérant que plusieurs réclamations nous ont été adressées contre des personnes qui entretiennent, dans l'intérieur des maisons, un nombre de chiens tel, que la sûreté et la salubrité des habitations voisines se trouvent compromises;

Considérant que les chiens dits *boule-dogues* occasionnent journellement les plus graves accidents; que de justes et nombreuses réclamations nous sont adressées à cet égard;

Considérant que la férocité de ces animaux, les dangers de diverses natures que présente leur divagation et la nécessité d'obvier aux événements fâcheux qui en pourraient résulter, imposent à l'autorité chargée de ce soin l'obligation d'y pourvoir par les mesures les plus sévères;

Vu : 1º les lois des 16-24 août 1790 et 19-22 juillet 1791;

2º Les articles 319, 320, 475 § VII, 479 § II et 471 § XV du Code pénal, et l'article 1385 du Code civil;

3º Les arrêtés du gouvernement des 12 messidor an VIII et 3 brumaire an IX;

4º Les ordonnances de police des 23 juin 1832 et 28 février 1843;

5º Les avis du conseil de salubrité en date des 25 novembre et 9 décembre 1842;

Ordonnons ce qui suit :

1. Il est défendu d'élever et d'entretenir dans les habitations un nombre de chiens tel, que la sûreté et la salubrité des habitations voisines se trouvent compromises.

2. Il est défendu, dans tous les temps, de laisser vaguer ou de conduire, même en laisse, des chiens sur la voie publique, s'ils ne sont pas muselés.

Ils devront en outre, avoir un collier, soit en métal, soit en cuir garni d'une plaque de métal, où seront gravés les noms et demeures des personnes auxquelles ils appartiendront.

3. Les chiens devront être tenus muselés dans l'intérieur des magasins, boutiques, ateliers et autres établissements ou lieux quelconques ouverts au public, même lorsqu'ils y seront à l'attache.

4. Il est défendu aux entrepreneurs et conducteurs de messageries, diligences et autres voitures publiques, de souffrir dans ces voitures des chiens non muselés.

5. Il est enjoint aux marchands forains, aux blanchisseurs et autres voituriers et charretiers, qui sont dans l'usage d'amener des chiens avec eux, de les museler et de les tenir attachés de très-court, avec une chaine de fer, sous l'essieu de leurs voitures.

Il est également défendu d'atteler ou d'attacher des chiens aux voitures traînées à bras.

6. Il est défendu d'amener, dans l'intérieur des abattoirs, des chiens autres que ceux des conducteurs de bestiaux; ces chiens devront être muselés lorsqu'ils seront dans ces établissements.

7. Il est défendu de laisser circuler ou de conduire sur la voie publique, même en *laisse* et muselé, aucun chien de la race des *boule-dogues*, ni de celle des *boule-dogues métis* ou *croisés*.

Il est également défendu de tenir ces animaux, quand bien même ils seraient à l'attache et muselés, dans des boutiques, magasins, ateliers, établissements ou lieux quelconques ouverts au public.

8. Dans l'intérieur des habitations ou dans les cours, jardins et autres lieux non ouverts au public, les *boule-dogues* et *boule-dogues métis* ou *croisés* devront toujours être tenus à l'attache et muselés.

9. Les mesures prescrites pour la saisie et la destruction des chiens errants seront rigoureusement exécutées.

Elles seront applicables aux chiens pour lesquels on ne se conformera pas aux dispositions prescrites par la présente ordonnance.

10. Les contraventions aux dispositions de la présente ordonnance seront déférées aux tribunaux compétents, sans préjudice des mesures administratives auxquelles elles pourront donner lieu.

11. La présente ordonnance sera imprimée, publiée et affichée, tant à Paris que dans les communes du ressort de la préfecture de police.

12. Le commissaire, chef de la police municipale, les commissaires de police, le colonel de la garde municipale, le commandant de la gendarmerie de la Seine, le directeur de la salubrité, l'inspecteur général des halles et marchés et les autres préposés de la préfecture de police, sont chargés d'en assurer l'exécution.

Les sous-préfets de Sceaux et de Saint-Denis, les maires et les commissaires de police des communes du ressort de la préfecture de police, sont chargés spécialement de veiller, chacun en ce qui le concerne, à l'exécution de la présente ordonnance.

Le pair de France, préfet de police, G. DELESSERT.

CONSEIL DE SALUBRITÉ.

AVIS.

Les chiens sont au nombre des animaux chez lesquels la rage peut se développer spontanément, et par lesquels elle se communique ensuite avec le plus de facilité. On croit communément que la rage se déclare plutôt chez ces animaux, pendant les grandes chaleurs et les grands froids, qu'à toute autre époque. L'ignorance où l'on est, en général, des premiers moyens préservatifs à employer, en cas de morsure, a souvent occasionné de graves accidents. Ces divers motifs ont déterminé la publication de l'avis suivant :

1. *Toute personne mordue par un animal enragé, ou soupçonné tel, devra, à l'instant même, presser sa blessure dans tous les sens, afin d'en faire sortir le sang et la bave.*

2. *On lavera ensuite cette blessure, soit avec de l'alcali volatil étendu d'eau, soit avec de l'eau de lessive, soit avec de l'eau de savon, de l'eau de chaux ou de l'eau salée, et, à défaut, avec de l'eau pure, ou même avec de l'urine.*

3. *On fera ensuite* chauffer à blanc *un morceau de fer, que l'on appliquera profondément sur la blessure.*

Ces moyens bien employés suffiront pour écarter toute espèce de danger. Il est inutile de dire que toutes les fois qu'ils pourront être administrés par un homme de l'art, il y aura avantage pour la personne mordue ; et que, dans tous les cas, il sera nécessaire d'en appeler un, même après l'emploi de ces moyens, attendu qu'il pourra seul bien apprécier la profondeur des blessures, et qu'une cautérisation qui aurait été incomplètement faite, serait sans efficacité.

On ne saurait trop rappeler au public le danger qui existe dans l'usage des prétendus spécifiques que vendent et distribuent les charlatans. On ne connaît, jusqu'à ce jour, de préservatif certain contre la rage, que la cautérisation suivie d'un traitement local convenable.

Comme il est avantageux de ne pas tuer, comme on le fait ordinairement, les chiens qui auraient fait des morsures, afin de constater s'ils sont véritablement enragés, on prévient que ces chiens seront toujours reçus à l'École royale vétérinaire d'Alfort.

Vu pour être annexé à l'ordonnance de police du 27 mai 1845.

Le pair de France, préfet de police, G. DELESSERT.

───────

N° **1923.** — *Ordonnance homologative d'un tarif applicable aux stations de* Vilaines (1) *et de* Oissel, *sur le chemin de fer de Paris à Rouen.*

Paris, le 29 mai 1845.

Nous, pair de France, préfet de police,

Vu : 1° la loi du 15 juillet 1840, qui autorise l'établissement d'un chemin de fer de Paris à Rouen, ensemble le cahier des charges annexé à cette loi ;

2° Les propositions de la compagnie concessionnaire dudit chemin de fer, ayant pour objet l'établissement d'un tarif pour la station d'Oissel, qui doit être prochainement ouverte, et diverses additions à faire aux tarifs homologués par nos ordonnances des 10 mai et 17 octobre 1844, en ce qui concerne la station de Vilaines ;

3° La décision ministérielle du 10 avril dernier, portant approbation desdites propositions ;

4° Les propositions additionnelles à nous présentées par la Compagnie, sur nos observations, et tendant à combler des lacunes existant dans ses premières propositions ;

5° La décision ministérielle du 27 mai courant, relative auxdites propositions additionnelles ;

Considérant qu'il y a lieu d'homologuer et de rendre obligatoires, dans le ressort de la préfecture de police, les diverses propositions ci-dessus mentionnées,

Ordonnons ce qui suit

CHAPITRE Ier.

TRANSPORT A LA VITESSE DES VOYAGEURS.

§ Ier. — Voyageurs.

1. Les prix à percevoir pour le transport des voyageurs, à la vitesse de 32 kilomètres au moins à l'heure, sur les parcours ci-après indiqués entre les stations de Vilaines et d'Oissel, et les autres stations du chemin de fer de Paris à Rouen, sont réglés, y compris l'impôt dû au Trésor, ainsi qu'il suit :

(Voir l'Annexe, à la suite de l'ordonnance, tarif A.)

§ II. — Bagages, articles de messagerie et marchandises.

2. La compagnie est autorisée à percevoir, pour les bagages, articles de messagerie et marchandises, transportés à la vitesse des voyageurs, sur la demande des expéditeurs, les taxes réglées ci-après :

(Voir l'Annexe, à la suite de l'ordonnance, tarif B.)

─────

(1) Les dispositions relatives à la station de VILAINES sont abrogées, v. l'ord. du 24 fév 1847.

CHAPITRE II.

TRANSPORT A LA VITESSE DES MARCHANDISES.

§ Ier. — Voyageurs.

3. Les prix à percevoir pour le transport des voyageurs à la vitesse des marchandises (16 kilomètres au moins à l'heure) sur les parcours ci-après indiqués, sont fixés, y compris l'impôt dû au Trésor, ainsi qu'il suit :

(Voir l'Annexe, à la suite de l'ordonnance, tarif C.)

§ II. — Bagages.

4. La compagnie est autorisée à percevoir, pour le transport des bagages marchant à la vitesse des marchandises, les taxes ci-après réglées :

(Voir l'Annexe, à la suite de l'ordonnance, tarif D.)

§ III. — Marchandises.

5 .... (1).

CHAPITRE III.

DISPOSITIONS GÉNÉRALES.

6. Toutes les dispositions de nos ordonnances homologatives des 10 mai et 17 octobre 1844, qui ne sont point contraires aux dispositions qui précèdent, sont applicables aux services des stations ci-dessus désignées.

7. Les dispositions de notre ordonnance du 17 octobre 1844, qui concernent les trains de nuit, sont rapportées.

8. La présente ordonnance sera notifiée à la compagnie, imprimée et affichée.

Les commissaires spéciaux de police et les agents de surveillance du chemin de fer de Paris à Rouen, ainsi que les maires et commissaires de police des communes dont le territoire est traversé par ledit chemin, sont chargés d'en assurer l'exécution.

Le pair de France, préfet de police, G. DELESSERT.

---

(1) Abrogé. — V. l'ord. du 31 oct. 1845.

ANNEXE à l'ordonnance de police du 29 mai 1845, concernant le chemin de fer de Paris à Rouen.

CHAPITRE Ier. — TRANSPORT A LA VITESSE DES VOYAGEURS.

TARIF (A) *Pour le Transport des Voyageurs.*

LIEUX DE DÉPART ET DESTINATION.	DISTANCES servant de base à la fixation des prix de transport.	1re CLASSE. VOITURES couvertes et fermées à glaces, suspendues sur ressorts. PRIX de TRANSPORT	2e CLASSE. VOITURES couvertes et suspendues sur ressorts. PRIX de TRANSPORT	3e CLASSE. VOITURES découvertes, mais suspendues sur ressorts. PRIX de TRANSPORT
	kilomètres.	fr. c.	fr. c.	fr. c.
Paris..................	126	15 70	12 70	9 70
Houilles..............	113	14 20	11 30	8 40
Maisons..............	110	14 »	11 20	8 20
Poissy...............	100	12 90	10 20	7 70
Vilaines.............	95	12 35	9 95	7 60
De OISSEL Triel................	92	11 80	9 45	7 10
aux stations Meulan..............	86	11 »	8 70	6 70
ci-contre, Epône...............	78	10 »	8 »	6 10
et vice versâ. Mantes	70	9 »	7 20	5 45
Bonnières............	58	7 50	5 95	4 45
Vernon..............	47	6 »	4 70	3 60
Gaillon..............	33	4 25	3 20	2 60
Saint-Pierre-Louyiers...	20	2 40	1 40	1 10
Pont-de-l'Arche........	7	» 90	» 40	» 30
Rouen................	11	» 85	» 65	» 55

TARIF (B) *pour le Transport des Bagages, Articles de Messagerie et Marchandises.*

DE PARIS à la STATION ci-après, *et vice versâ.*	Distances servant de base à la fixation des prix de transport.	Jusqu'à 5 kilogr. inclusivement.	Au-dessus de 5 kilogr. jusqu'à 10 kilogr. inclusivement.	Au-dessus de 10 kilogr. jusqu'à 25 kilogr. inclusivement.	Au-dessus de 25 kilogr. jusqu'à 50 kilogr. inclusivement.	Au-dessus de 50 kilogr. jusqu'à 75 kilogr. inclusivement.	Au-dessus de 75 kilogr. jusqu'à 100 kilogr. inclusivement.	Au-dessus de 100 kil. Par fraction de 50 k. Transport.	Frais accessoires de déchargem. et de charg.	Total.	Poison frais par quintal numérique.
OISSEL....	kilom. 126	fr. c. » 50	fr. c. » 80	fr. c. 1 50	fr. c. 3 »	fr. c. 3 75	fr. c. 5 50	fr. c. 2 37 1/2	fr. c. » 12 1/2	fr. c. 2 50	fr. c. 6 50
DE ROUEN à la STATION ci-après, *et vice versâ.*								Au-dessus de 100 kil. jusqu'à 200 k. inclus.			
OISSEL....	11	» 30	» 60	» 75	1 »	1 30	1 40	» 90	» 50	1 40	0 55

NOTA. Pour les transports de la station d'OISSEL à une autre des stations intermédiaires entre Paris et Rouen, *et vice versâ,* voir l'ordonnance homologative du 10 mai 1844 (art. 1er.).

CHAPITRE II. — Transport a la vitesse des marchandises.

TARIF (C) *pour le Transport des Voyageurs.*

TRAINS DE JOUR.		
		3e CLASSE.
LIEUX DE DÉPART ET DESTINATIONS.	DISTANCES servant de base à la fixation des prix de transport.	VOITURES découvertes, mais suspendues sur ressorts. PRIX de TRANSPORT.
	kilomètres.	fr. c.
De VILAINES à Oissel, *et vice versâ*.....................	93	4 75
De OISSEL aux stations ci-contre *et vice versâ.* Paris.....................	126	6 »
Maisons.....................	110	6 »
Poissy.................7.........	100	5 10
Vilaines...........	93	4 75
Triel.....................	92	4 65
Meulan.....................	86	4 45
Mantes.....................	70	3 70
Bonnières.....................	58	3 15
Vernon.....................	47	2 65
Gaillon.....................	33	2 »
Saint-Pierre-Louviers.............	20	» 95
Pont-de-l'Arche.....................	7	» 20
Rouen.....................	11	» 40

TRAINS DE NUIT.		
		1re CLASSE. 2e CLASSE.
LIEUX DE DÉPART ET DESTINATIONS.	DISTANCES servant de base à la fixation des prix de transport.	VOITURES couvertes et fermées à glaces, suspendues sur ressorts. PRIX de TRANSPORT.	VOITURES couvertes et suspendues sur ressorts. PRIX de TRANSPORT.
	kilomètres.	fr. c.	fr. c.
De la GARE DES BATIGNOLLES à Rouen, *et vice versâ*.....................	135	13 »	10 »

TARIF (D) *pour le Transport des Bagages.*

LIEUX DE DÉPART et DESTINATIONS.	DISTANCES servant de base à la fixation des prix de transport	Jusqu'à 5 kilogr. inclusivement.	Au-dessus de 5 kil. jusqu'à 10 kilog. inclusivement.	Au-dessus de 10 kil. jusqu'à 25 kilog. inclusivement.	Au-dessus de 25 kil. jusqu'à 50 kilog. inclusivement.	Au-dessus de 50 kil. jusqu'à 75 kilog. inclusivement.	Au-dessus de 75 kil. jusqu'à 100 kil. inclusivement.
	kilom.	fr. c.	fr. c.	fr. c.	fr. c.	fr. c.	fr. c
De la GARE DES BATIGNOLLES à Oissel, *et vice versâ*..........	124	» 50	» 80	1 50	3 »	3 75	5 50
De ROUEN à Oissel, *et vice versâ*..........	11	» 30	» 60	» 75	1 »	1 30	1 40

NOTA. Pour le transport d'OISSEL à une des autres stations intermédiaires, *et vice versâ*, voir l'ordonnance homologative du 17 octobre 1844 (art. 8).

———— ◎ ————

N° **1924.** — *Ordonnance concernant le nouveau tarif du prix des places sur les marchés aux fleurs.*

Paris, le 13 juin 1845.

Nous, pair de France, préfet de police,

Vu : 1° la délibération du conseil municipal de Paris, en date du 27 décembre dernier, qui vote un nouveau tarif des droits de location de place à percevoir sur les marchés aux fleurs de cette ville ;

2° Les décisions de M. le ministre de l'intérieur, des 7 février et 24 mai derniers, qui approuvent cette délibération ;

3° Les ordonnances de police concernant la tenue des marchés aux fleurs, notamment celles des 24 avril 1834, 7 avril et 11 août 1836 ;

4° L'arrêté du gouvernement, du 12 messidor an VIII (1er juillet 1800) ;

Ordonnons ce qui suit :

1. A compter du 1er juillet prochain, le prix de location des places sur les marchés ci-après désignés, sera payé conformément au tarif suivant :

Marché aux fleurs et arrachis, du quai Desaix :

Par place de 6 mètres superficiels, et par jour de marché........ 75 c.

Marché aux fleurs et arrachis, du quai Napoléon :

Par place de 6 mètres superficiels, et par jour de marché........ 60 c.

Marché aux arbres et arbustes, et marché supplémentaire aux fleurs et arrachis, du quai Napoléon :

Par place de 4 mètres 80 centimètres superficiels, et par jour de marché... 60 c.

Marché aux fleurs et arrachis, de la place de la Madeleine :

Par place de 6 mètres superficiels, et par jour de marché........ 60 c.

Marché aux fleurs et arrachis, du boulevard Saint-Martin :

Par place de 6 mètres superficiels, et par jour de marché........ 60 c.

2. Ces prix de location devront être acquittés par mois et d'avance entre les mains du préposé désigné à cet effet, faute de quoi, la permission d'occuper sera considérée comme non avenue, et le titulaire sera immédiatement remplacé.

3. La présente ordonnance sera imprimée, publiée et affichée.

Ampliation en sera adressée à M. le pair de France, préfet du département de la Seine.

Les commissaires de police, et notamment ceux des quartiers de la Cité, de la place Vendôme et de la Porte-Saint-Martin, l'inspecteur général des halles et marchés, et les autres préposés de la préfecture de police, sont chargés d'en assurer l'exécution.

Le pair de France, préfet de police, G. DELESSERT.

N° **1925.** — *Ordonnance concernant les cylindres sécheurs, chaudières à doubles fonds ou autres vases clos recevant de la vapeur et les calorifères à eau chaude.*

Paris, le 15 juillet 1845.

Nous, pair de France, préfet de police,

Vu : l'ordonnance royale du 22 mai 1843, l'instruction ministérielle du 22 juillet suivant, et les instructions de M. le ministre des travaux publics des 11 février et 30 janvier 1845 ;

Vu les avis de M. l'ingénieur en chef des mines, chargé du service spécial des appareils à vapeur, dans le ressort de notre préfecture ;

Considérant : 1° qu'il est fait usage, dans un grand nombre d'ateliers, de *cylindres sécheurs,* de *chaudières à doubles fonds* ou autres vases clos qui reçoivent de la vapeur d'eau à une tension plus ou moins élevée ; que la rupture de ces vases peut être déterminée par la tension de la vapeur contenue dans leur intérieur et donner lieu à des accidents graves dont il y a eu déjà plusieurs exemples ;

2° Que tous les appareils clos ou susceptibles d'être clos, qui sont mis, soit à demeure, soit temporairement, en communication avec des chaudières à vapeur, doivent être, comme le sont ces chaudières mêmes, assujettis à la surveillance administrative et aux dispositions de l'ordonnance royale précitée du 22 mai 1843 ;

3° Qu'on fait usage, pour le chauffage et la ventilation des édifices ou des habitations particulières, de *calorifères à eau chaude,* qui se composent de pièces contenant dans leur intérieur de l'eau à une température élevée, et dont les parois supportent par conséquent une pression égale à celle qu'exercerait la vapeur d'eau à cette température augmentée de celle qui est due à la hauteur de la colonne d'eau dont elles sont chargées ;

4° Que les foyers de ces calorifères consomment souvent une quantité de combustible assez considérable pour que la fumée puisse, dans certains cas, être incommode pour les habitants du voisinage ;

5° Que, sous ces deux rapports, les calorifères à eau chaude, soit qu'ils consistent en une série continue de vases remplis d'eau, ou en vases isolés, placés dans les diverses pièces d'un édifice et contenant de l'eau échauffée par la vapeur émanant d'une chaudière ordinaire, rentrent dans la catégorie des chaudières fermées dans lesquelles on doit produire de la vapeur et doivent être, en conséquence, soumis aux règles prescrites pour ces dernières par l'ordonnance royale du 22 mai 1843 ;

6° Qu'en vertu de l'article 67 de l'ordonnance précitée, il nous appartient de prescrire les conditions propres à prévenir les dangers ou les inconvénients que pourrait présenter l'usage des appareils ci-dessus dénommés ;

Ordonnons ce qui suit :

1. Nul ne pourra, à l'avenir, faire usage de cylindres sécheurs, chaudières à doubles fonds pour évaporations ou chauffage, ou autres vases clos de forme quelconque qui seraient mis, soit temporairement, soit à demeure, en communication avec une chaudière à vapeur, ni établir de calorifères à eau chaude, sans une autorisation préalable délivrée par nous, conformément aux dispositions de l'ordonnance royale précitée du 22 mai 1843.

2. La demande qui nous sera adressée devra indiquer la forme, les dimensions des vases recevant la vapeur, le mode d'introduction de la vapeur dans leur intérieur et le mode d'émission, et l'usage auquel ces appareils seront destinés. S'il s'agit de *calorifères*, la demande fera connaître, 1° les dimensions de la chaudière et autres parties composant le calorifère ; 2° la hauteur de la colonne d'eau existante au-dessus des parties les plus basses de l'appareil, et la pression maximum qu'auront à supporter les parois de l'appareil, exprimée en atmosphères et fractions décimales d'atmosphères ; 3° la nature du combustible qui sera employé et la quantité approximative de ce combustible qui sera consommé par heure de chauffage ; la demande sera, en outre, accompagnée d'un plan en double expédition sur lequel seront indiquées les dispositions des diverses parties du calorifère et leur relation entre elles.

Les pièces des calorifères seront soumises sur place, après la pose et avant qu'elles soient masquées par les boiseries ou parquets, à une pression d'épreuve triple de la pression maximum qu'elles auront à supporter lorsque l'appareil fonctionnera. Ces épreuves seront indépendantes des conditions que nous nous réservons de prescrire, pour chaque cas particulier, en vue de prévenir les dangers qui pourraient résulter de l'établissement des calorifères, ainsi que les inconvénients de la fumée pour le voisinage.

3. Les propriétaires d'établissements actuellement existants, dans lesquels il y a des appareils du genre de ceux qui sont désignés dans l'article 1er de la présente ordonnance, nous adresseront, dans le délai de trois mois, une déclaration contenant les renseignements énoncés en l'article II ci-dessus.

4. Les contraventions seront constatées par des procès-verbaux qui nous seront adressés pour être transmis aux tribunaux compétents, sans préjudice des mesures administratives auxquelles elles pourraient donner lieu.

5. L'ingénieur en chef des mines, chargé du service spécial des appareils à vapeur, les sous-préfets des arrondissements de Saint-Denis et de Sceaux, les maires et les commissaires de police des communes du ressort de la préfecture de police, le chef de la police municipale, les commissaires de police de Paris, sont particulièrement chargés, chacun en ce qui le concerne, de tenir la main à l'exécution de la présente ordonnance, et de nous en rendre compte.

Le pair de France, préfet de police, G. DELESSERT.

———◦———

N° 1926. — *Ordonnance concernant les mesures d'ordre et de sûreté à observer le 29 juillet dans la capitale, à l'occasion du 15ᵉ anniversaire des journées de juillet 1830.* (1).

Paris, le 27 juillet 1845.

———◦———

N° 1927. — *Ordonnance homologative d'un tarif supplémentaire au tarif du 20 juillet 1844, applicable au chemin de fer de Paris à Orléans, et contenant des modifications au tarif du 27 janvier dernier, pour le transport des bestiaux sur le même chemin* (2).

Paris, le 18 août 1845.

———◦———

N° 1928. — *Ordonnance concernant l'ouverture de la chasse* (3).

Paris, le 21 août 1845.

Nous, pair de France, préfet de police,

Vu la loi du 3 mai 1844, sur la police de la chasse :

Les arrêtés du gouvernement des 12 messidor an VIII (1ᵉʳ juillet 1800) et 3 brumaire an IX (25 octobre 1800) ;

Vu les renseignements qui nous sont parvenus sur la situation des récoltes dans le département de la Seine et les départements voisins ;

Ordonnons ce qui suit :

1. L'ouverture de la chasse aura lieu le 10 septembre prochain, dans le département de la Seine, sous les réserves exprimées en l'article 2 ci-après.

Défense est faite de chasser avant cette époque, sous quelque prétexte que ce soit.

2. Il est expressément défendu de chasser dans les vignes, avant que les vendanges soient entièrement terminées, et dans les champs ensemencés, avant la fin de la récolte.

3. Tout chasseur devra être muni d'*un permis de chasse*, et sera tenu de le représenter, sur leur réquisition, aux gendarmes, gardes champêtres ou forestiers, et autres agents de l'autorité publique.

4. Les contraventions seront constatées par des procès-verbaux, et les contrevenants poursuivis devant les tribunaux.

5. La présente ordonnance sera imprimée, publiée et affichée.

Les sous-préfets de Sceaux et de Saint-Denis, les maires, adjoints et commissaires de police des communes rurales, les gardes champêtres, la garde nationale et la gendarmerie, sont chargés d'assurer l'exécution de la présente ordonnance.

Le pair de France, préfet de police, G. DELESSERT.

———

(1) V. l'ord. du 27 juillet 1847.
(2) Abrogée.—V. l'ord. du 1ᵉʳ fév. 1848.
(3) V. l'ord. du 16 août 1850.

No **1929**. — *Ordonnance concernant les mesures d'ordre et de sûreté à observer à l'occasion des fêtes de Saint-Cloud* (1).

Paris le 3 septembre 1845.

Nous, pair de France, préfet de police,

Vu la loi du 24 août 1790, qui nous charge de maintenir le bon ordre dans les fêtes publiques, et de prendre les précautions convenables pour prévenir les accidents ;

Vu l'arrêté du gouvernement du 12 messidor an VIII (1er juillet 1800) ;

Vu l'arrêté des consuls du 3 brumaire an IX,

Ordonnons ce qui suit :

1. Les charrettes qui apporteront des approvisionnements ou autres marchandises à Saint-Cloud, les 7, 14 et 21 septembre présent mois, ne pourront y arriver que par le pont de Saint-Cloud, et jusqu'à trois heures après midi seulement.

2. Dans les mêmes journées, depuis quatre heures après midi jusqu'à onze heures du soir, aucune voiture ne pourra passer sur le pont de Saint-Cloud.

Sont exceptées de cette interdiction les voitures de l'entreprise Sciard et Toulouse faisant journellement le service de Saint-Cloud à Paris, et celles de M. Emile Pereyre, directeur du chemin de fer de Versailles (*rive droite*), qui font un service régulier de Boulogne à Saint-Cloud, lesquelles pourront traverser le pont de Saint-Cloud dans les journées des 7, 14 et 21 septembre, mais au pas seulement.

3. Les autres voitures qui auront traversé le pont de Saint-Cloud avant quatre heures après midi, ne pourront stationner sur la place de cette commune et dans l'avenue qui conduit au palais de Saint-Cloud.

Elles iront se ranger sur une seule file au-dessous du parc, le long de la rivière, jusqu'à Sèvres.

4. Les voitures qui se rendront à Saint-Cloud par la grille de Ville-d'Avray, devront se diriger par la nouvelle route royale no 185.

A l'extrémité de cette route, elles s'arrêteront à la rue Audé, et se formeront sur une seule file de chaque côté de ladite route, contre les trottoirs.

5. Sont exceptées des interdictions prononcées par les articles 2, 3 et 4 qui précèdent, les voitures de la cour, des ministres, des maréchaux de France, de l'intendant de la liste civile, du lieutenant-général commandant supérieur des palais royaux, du corps diplomatique, de M. le chancelier de France, de M. le président de la chambre des députés, de M. le préfet de la Seine, de M. le lieutenant général commandant la première division militaire et de M. le maréchal de camp commandant la place de Paris, et celles des personnes qui justifieront qu'elles se rendent directement au palais de Saint-Cloud.

6. Les voitures particulières et de place qui se rendront à Saint-Cloud, par le pont de Sèvres, stationneront dans la commune de Sèvres, sur une seule file, dont la tête sera établie à gauche de la place sur laquelle débouche le pont, et qui s'étendra sur la route de Vaugirard ; et elles ne pourront opérer leur retour sur Paris que par le pont de Sèvres.

---

(1) V. les ord. des 9 sept. 1846, 8 sept. 1847, 7 sept. 1848, 6 sept. 1849, et 4 sept. 1850.

7. Les charrettes et voitures dites tapissières, qui transporteront des personnes à Saint-Cloud, ne pourront s'y diriger par Auteuil et le bois de Boulogne ; elles devront passer par le Point-du-Jour, prendre l'avenue de Saint-Cloud et s'arrêter à l'extrémité de cette avenue près le pont, et elles y stationneront sur une seule file.

8. *Aucune charrette ou tapissière* ne pourra stationner dans la grande rue de la commune de Boulogne.

Celles qui se dirigeront par le pont de Sèvres, et qui ne le traverseront pas, stationneront sur la gauche de la route qui y conduit.

Quant à celles qui auraient traversé le pont de Sèvres, elles ne pourront retourner à Paris que par le Bas-Meudon et la route de Vaugirard.

Toutefois, le passage des voitures sur le pont de Sèvres ne sera pas interdit aux malles-postes, aux diligences, aux voitures de roulage, et à toute autre espèce de voitures dont les conducteurs justifieront suffisamment qu'ils se rendent directement dans les communes de Billancourt, Boulogne, du Point-du-Jour, d'Auteuil ou de Passy.

9. Les voitures dites des *environs de Paris*, et les voitures de place qui auront stationné sur la commune de Boulogne, ne pourront opérer leur retour sur Paris que par le bois de Boulogne, en se dirigeant sur l'avenue des Princes, dite *de Charles X.*

10. Sont exceptées de la prescription ci-dessus les voitures des entreprises Sciard et Toulouse faisant journellement le service de Saint-Cloud à Paris, lesquelles suivront leur itinéraire habituel.

11. Les bateaux à vapeur qui transporteront des voyageurs de Paris à Saint-Cloud, seront l'objet d'une surveillance plus particulière pendant le temps que dureront les fêtes de Saint-Cloud, et notamment dans les journées des 7, 14 et 21 septembre. Les inspecteurs et préposés de la navigation, chargés spécialement de cette surveillance, veilleront avec le plus grand soin à ce que toutes les conditions imposées aux propriétaires de bateaux à vapeur, par les permis de navigation, soient rigoureusement observées.

12. Les marchands qui voudront étaler et vendre dans les rues et places de Saint-Cloud, devront en obtenir la permission du maire.

13. Défense expresse est faite à tout individu, saltimbanque, étalagiste, marchand forain, de donner à jouer des jeux de hasard ou de loterie pendant les fêtes.

14. MM. les maires des communes de Saint-Cloud, Boulogne, Sèvres, prendront toutes les mesures nécessaires au maintien de l'ordre et de la sûreté publique, pendant les fêtes, auxquelles mesures concourront les gardes nationales requises à cet effet, et la gendarmerie départementale.

15. Les contraventions seront constatées par des procès-verbaux ou rapports des officiers de police, et les contrevenants traduits devant les tribunaux compétents.

16. La présente ordonnance sera imprimée et affichée dans Paris, Saint-Cloud, Boulogne, Sèvres, Auteuil, Passy et Vaugirard,

Les maires et les commissaires de police desdites communes, le chef de la police municipale, les officiers de paix de la ville de Paris, l'inspecteur général de la navigation, MM. les colonels de la garde municipale de la ville de Paris et de la première légion de gendarmerie, les commandants des gardes nationales des communes de Saint-Cloud, Sèvres et Boulogne. M. le commandant de la gendarmerie de la Seine et les agents de la force publique, sont chargés, chacun en ce qui le concerne, de tenir la main à son exécution.

Le pair de France, préfet de police, G. DELESSERT.

N° **1930**. — *Ordonnance relative à la police des chemins de fer.*

Paris, le 15 septembre 1845.

Nous, pair de France, préfet de police,

Ordonnons ce qui suit :

La loi du 15 juillet dernier (1), concernant la police des chemins de fer, sera imprimée et affichée, tant à Paris que dans les communes du ressort de la préfecture de police.

Le pair de France, préfet de police, G. DELESSERT.

N° **1931**. — *Ordonnance concernant le lâchage des trains et des bateaux sous le pont de la Tournelle (2).*

Paris, le 18 septembre 1845.

Nous, pair de France, préfet de police,
Vu la lettre par laquelle M. l'ingénieur en chef, directeur des ponts et chaussées du département de la Seine, nous informe que, pour pouvoir terminer cette année les travaux de reprise des voûtes du pont de la Tournelle, il est nécessaire de travailler à la fois aux trois arches contiguës à la rive droite de la Seine, et, par suite, d'intercepter la navigation sous ces mêmes arches ;
Vu le rapport de l'inspecteur général de la navigation et des ports, duquel il résulte que les deux autres arches du pont de la Tournelle pourront suffire provisoirement pour le lâchage des bateaux et des trains ;
Vu les lois et règlements sur la matière ;
Vu l'arrêté du gouvernement du 12 messidor an VIII (1er juillet 1800) ;
Ordonnons ce qui suit :

1. A compter du 20 de ce mois, la navigation sera interdite sous les trois arches du pont de la Tournelle contiguës à la rive droite de la Seine, et le lâchage ou le remontage des bateaux et trains ne pourra se faire que sous les deux autres arches de ce pont.
2. Cette mesure continuera à recevoir son exécution pendant toute la durée des travaux de réparation à faire aux trois arches ci-dessus désignées.
5. La présente ordonnance sera imprimée et affichée.
Les ingénieurs des ponts et chaussées et leurs conducteurs, les commandants de la gendarmerie et de la garde municipale, les commissaires de police, le chef de la police municipale, l'inspecteur général de la navigation, et les préposés sous leurs ordres, sont chargés, chacun en ce qui le concerne, d'en surveiller et d'en assurer l'exécution.

Le pair de France, préfet de police, G. DELESSERT.

(1) V. à l'appendice.
(2) V. les ord. des 28 juillet 1846, et 1er mai 1848.

N° **1932**. — *Ordonnance concernant le stationnement, sur la voie publique, des voitures, bêtes de trait et de somme, servant au transport des marchandises destinées à l'approvisionnement des halles du centre* (1).

Paris, le 24 septembre 1845.

N° **1933**. — *Ordonnance concernant le balayage et la propreté de la voie publique et le transport des matières insalubres* (2).

Paris, le 30 septembre 1845.

Nous, pair de France, préfet de police,

Ordonnons ce qui suit :

Notre ordonnance du 1er octobre 1844 (3), concernant le balayage et la propreté de la voie publique et le transport des matières insalubres, sera de nouveau imprimée et affichée.

Le pair de France, préfet de police, G. DELESSERT.

N° **1934**. — *Ordonnance concernant le lâchage des trains et des bateaux sous le pont au Change.*

Paris, le 13 octobre 1845.

Nous, pair de France, préfet de police,

Vu la lettre par laquelle M. l'ingénieur en chef, directeur des ponts et chaussées du département de la Seine, nous informe que, pour faciliter l'exécution des travaux de réparation à faire à l'arche marinière du pont au Change (2e arche, rive gauche), il est indispensable de la barrer et d'intercepter la navigation par cette voie ;

Vu le rapport de l'inspecteur général de la navigation et des ports, duquel il résulte que la troisième arche du pont au Change pourra, provisoirement, être affectée au passage des trains et des bateaux ;

Vu les lois et règlements sur la matière ;

Vu l'arrêté du gouvernement du 12 messidor an VIII (1er juillet 1800) ;

Ordonnons ce qui suit :

1. A compter du 15 de ce mois, la navigation sera interdite sous la deuxième arche du pont au Change, rive gauche de la Seine.

2. Cette mesure continuera à recevoir son exécution pendant toute la durée des travaux de réparation à faire à cette même arche.

3. La présente ordonnance sera imprimée et affichée.

---

(1) V. l'ord. du 29 sept. 1848.
(2) V. l'ord. du 5 nov. 1846.
(3) V. t. III, p. 770.

Les ingénieurs des ponts et chaussées et leurs conducteurs, les commandants de la gendarmerie et de la garde municipale, les commissaires de police, le chef de la police, municipale, l'inspecteur général de la navigation, et les préposés sous leurs ordres, sont chargés, chacun en ce qui le concerne, d'en surveiller et assurer l'exécution.

Le pair de France, préfet de police, G. DELESSERT.

N° **1935.** — *Instruction sur les dispositions de sûreté et de salubrité à exécuter dans les boulangeries.*

Paris, 17 octobre 1845.

Le bois *de provision* sera toujours placé à l'extérieur du fournil (§ 1er, art. 19 de l'ordonnance de police du 24 novembre 1843, concernant les incendies).

Cette disposition est de rigueur pour les boulangeries qui seront transférées ou qui changeront de titulaires.

Quant au bois *destiné à la consommation du jour*, il pourra rester dans le fournil, sauf à être renfermé de la manière indiquée dans la deuxième partie de cette instruction.

Il est expressément défendu de laisser dans le fournil d'autre bois que celui qui sera ainsi renfermé.

Les supports à bannetons ou autres seront en matériaux incombustibles (§ 2, art. 19 de l'ordonnance sus-mentionnée).

Les soupentes et toutes autres constructions en bois établies dans les fournils seront également en matériaux incombustibles (même paragraphe).

Les couches à pain seront revêtues extérieurement de tôle ainsi que les pétrins qui se trouveront à moins de deux mètres de la bouche du four (même paragraphe).

Les glissoires seront toujours en métal avec fourreau en cuir, à moins qu'elles ne se trouvent à l'extérieur des fournils ou qu'elles ne soient dans l'intérieur à une très-grande distance du four (Décision du 22 mars 1844).

Les escaliers communiquant aux fournils seront construits en matériaux incombustibles (§ 2, art. 19 de l'ordonnance sus-mentionnée).

Ces escaliers devront toujours être d'un accès facile.

Les chaudières seront fermées d'un couvercle à charnières (Décision du 25 février 1839).

Elles devront être aussi munies d'un robinet.

Il ne pourra être établi de lieux d'aisances dans l'intérieur des fournils (Décision du 25 février 1839).

Il ne pourra être placé des rideaux ou des portières ni dans les caves ni aux chaudières (même décision).

Les étouffoirs et coffres à braise devront être en matériaux incombustibles, et les couvercles entièrement en forte tôle (§ 3, art. 19 de l'ordonnance sus-mentionnée).

Les trappes ne seront tolérées dans les boulangeries qu'autant qu'elles seront disposées de manière à ne présenter aucune chance d'accident (Décision du 31 janvier 1838).

Les treuils servant à monter les farines seront supprimés, et à l'avenir il ne pourra plus en être établi, sous aucun prétexte.

Les réservoirs de plomb des boulangers devront être nettoyés à fond tous les mois (Décision du 20 novembre 1834).

Les puits des boulangers devront être entretenus en état de salubrité et être garnis de cordes, poulies et seaux, pour pouvoir servir en cas d'incendie (art. 11 de l'ordonnance de police du 20 juillet 1838, concernant les puits, puisards, etc.)

Les chandelles ou lampes portatives dont on ferait usage dans les fournils devront toujours être renfermées dans une lanterne vitrée ou à tissu métallique (§ 1er de l'art. 24 de l'ordonnance précitée de 1843).

Dispositions relatives aux établissements actuellement existants.

Lorsque, dans les boulangeries actuelles, les localités ne permettront pas de déposer le bois *de provision* à l'extérieur du fournil, il sera ménagé dans ledit fournil un emplacement séparé par des murs en briques et fermé d'une porte en fer.

Le bois *destiné à la consommation du jour* ne pourra, après sa dessication, être déposé que dans un lieu construit en matériaux incombustibles et hermétiquement fermé par une porte en fer.

Les arcades situées sous les fours pourront être affectées à cette destination, en les fermant aussi par une porte en fer.

Dans les boulangeries actuelles où les fours n'auront pas d'arcade, la partie du fournil où ce bois est ordinairement déposé, sera également isolée par une construction en matériaux incombustibles, et hermétiquement fermée par une porte en fer.

Ce lieu sera toujours indépendant de celui qui sera destiné au bois *de provision.*

Le pair de France, préfet de police, G. DELESSERT.

———————◦◦◦———————

N° **1936**. — *Ordonnance qui fixe le tarif pour le transport des marchandises voyageant à petite vitesse sur le chemin de fer de Paris à Rouen* (1).

Paris, le 31 octobre 1845.

———————◦◦◦———————

N° **1937**. — *Ordonnance concernant la vérification périodique des poids et mesures.*

Approuvée par M. le ministre de l'agriculture et du commerce le 26 décembre 1845 (2).

Paris, le 29 décembre 1845.

———

(1) Abrogée.—V. l'ord. du 20 mars 1847 (Paris à Rouen).
(2) V. l'ord. du 13 déc. 1850.

1846.

N° 1938. — *Ordonnance qui fixe les dimensions et conditions d'après lesquelles les voitures du transport en commun devront être construites à l'avenir.*

Paris, le 5 janvier 1846.

Nous, Pair de France, Préfet de Police,

Vu 1° les lois des 14 décembre 1789 (art. 50) et 16-24 août 1790 (titre XI, art. 1 et 3);

2° Les art. 2, 22 et 32 de l'arrêté du gouvernement du 12 messidor an VIII (1er juillet 1800) et l'art. 1er de l'arrêté du 3 brumaire an IX (25 octobre 1800);

3° Les art. 471, 474, 475, 476, 478 et 483 du Code pénal ;

4° Les art. 51, 52 et 53 de notre ordonnance du 15 septembre 1838, ainsi que nos divers arrêtés et décisions postérieurs relatifs aux dimensions et conditions d'après lesquelles les voitures faisant le service du transport en commun doivent être construites;

Considérant qu'il y a lieu d'apporter dans les dimensions et conditions qui ont été prescrites jusqu'à ce jour, pour la construction des voitures du transport en commun, toutes les modifications et dispositions dont l'expérience a fait reconnaître la nécessité ou l'utilité ;

Considérant en outre qu'il est convenable de réunir, dans un seul règlement, tout ce qui se rattache à la construction des voitures dont il s'agit,

Ordonnons ce qui suit :

1. A l'avenir, toutes les voitures faisant le service du transport en commun contiendront 16 places.

Elles seront attelées de deux chevaux.

Elles devront réunir toutes les conditions de solidité, de commodité et d'élégance désirables.

Elles seront construites d'après les dimensions et conditions indiquées dans le tableau ci-après :

1846.

Dimensions intérieures et extérieures des Voitures du Transport en commun.

		MINIMUM.		MAXIMUM.	
	CAISSE.	m.	c.	m.	c.
1	Hauteur de la caisse, mesurée en dedans, du fond de la cave à l'impériale............................	1	70	»	»
2	Hauteur de la caisse, mesurée en dedans, du fond de la cave à la hauteur des banquettes dégarnies de leurs coussins..	»	»	0	55
3	Longueur de la caisse, mesurée en dedans, depuis le fond jusqu'au devant, à la hauteur et sur le bord de la banquette..	3	52	»	»
4	Espace réservé à chaque voyageur......................	0	44	»	»
5	Largeur de la caisse, mesurée en dedans, à la hauteur des banquettes dégarnies de leurs coussins................	1	55	»	»
6	Largeur de la caisse, mesurée à l'extérieur, à la hauteur de ceinture...	»	»	1	65
7	Longueur de la caisse, mesurée à l'extérieur, à la hauteur de ceinture, y compris le pan coupé, qui ne devra jamais excéder 15 centimètres..............................	»	»	5	70
	BANQUETTES.				
8	Profondeur des banquettes dégarnies de leurs coussins et à partir du fond de la caisse.	0	55	0	40
	HAUTEUR DE LA VOITURE.				
9	Hauteur de la voiture mesurée du sol au point le plus élevé de l'impériale, quelle que soit la forme de la caisse.....	»	»	2	80
	VOIE DES ROUES.				
10	Largeur de la voie des roues de derrière mesurée sur le sol et en dedans des jantes............................	1	55	»	»
11	Largeur de la voie des roues de devant mesurée sur le sol et en dedans des jantes.............................	1	45	»	»
12	Diamètre des ronds d'avant-train......................	0	60	»	»
	SIÉGE DU COCHER.				
13	Largeur intérieure du siége du cocher..................	»	»	0	55
14	Hauteur des accotoirs du siége du cocher dégarni de son coussin...	0	25	»	»

CONDITIONS PARTICULIÈRES.

15	POIDS DES VOITURES	1,200 kilogrammes, *maximum*.
16	LARGEUR DES JANTES DES ROUES.	La largeur des jantes des roues ne devra pas être moindre de 7 centimètres, conformément aux dispositions des lois et règlements sur la police du roulage, concernant les voitures publiques employées au transport des voyageurs.
17	DISTANCE ENTRE LA CAISSE ET LES ROUES.	Dans aucune circonstance et quel que soit le mode de suspension de la voiture, la caisse ne pourra approcher des roues de plus de 10 cent.

CONDITIONS PARTICULIÈRES.

18	JEU DES ROUES DE DEVANT.	Les roues de devant devront avoir toujours le jeu nécessaire pour tourner librement sous la caisse. Lorsque la caisse aura une cave en contrebas, une ouverture suffisante devra être pratiquée, de chaque côté de la caisse, pour faciliter l'entrée des roues de devant sous cette partie de la caisse.
19	CHEVILLE OUVRIÈRE.	La cheville ouvrière traversera l'avant-train et elle sera assujettie à la partie inférieure par un écrou et une lanière en cuir.
20	ESSIEUX.	La longueur totale des essieux (quelle que soit leur forme) ne pourra dépasser 2 mètres 10 centimètres.
21	RESSORTS.	Les voitures seront suspendues sur des ressorts en acier, qui devront réunir toutes les conditions nécessaires pour rendre les voitures douces.
22	PEINTURE.	La caisse, le train et les roues devront être peints et vernis convenablement.
23	PLANCHER DE LA VOITURE.	Le plancher de la caisse devra toujours être parfaitement joint et ne présenter aucune partie saillante sur les points où circule habituellement le public. Il devra, en outre, être disposé de manière que les voyageurs soient préservés des inconvénients de la boue et de l'humidité. Les dispositions qui seront adoptées ou les appareils qui seront établis dans ce but par les entrepreneurs, devront être préalablement soumis à notre approbation.
24	VENTILATEURS.	Il sera établi sur chacune des baies de devant un ventilateur de forme rectangulaire et d'une surface de cent cinquante centimètres (0 m. c. 015). Ces ventilateurs, qui seront garnis à l'intérieur de la voiture d'un gousset, seront disposés de manière à diviser l'air, à en prévenir le courant direct sur les voyageurs, et à empêcher l'infiltration des eaux pluviales dans la voiture.
25	COULANTS, CHÂSSIS ET GLACES.	Tout en ayant le jeu nécessaire pour que les châssis puissent être mus facilement, les coulants des baies devront être disposés de manière que ces châssis ne puissent battre dans leur partie supérieure. Les châssis seront faits à feuillures à l'intérieur. Ils seront pourvus de poignées en galon ou en cuir. Les châssis de devant seront constamment fermés et arrêtés dans leurs coulants. Les glaces de tous les châssis seront fixées avec des pointes et du mastic à l'huile.

1846.

GARNITURE INTÉRIEURE.

26	GARNITURE ET COUSSINS.	L'intérieur de la voiture devra être garni de drap de bonne qualité et de coussins bien rembourrés et recouverts de la même manière.
27	STALLES.	Il devra être établi sur chaque banquette de la voiture, à partir du devant, cinq stalles destinées chacune à une seule personne. Les bras des stalles seront en bois verni ou en fer peint, leur forme sera arrondie; ils auront une hauteur de 25 centimètres au moins, mesurée sur le devant de la banquette dégarnie de son coussin.
28	TRINGLES EN FER.	Deux tringles en fer seront fixées à l'impériale, dans le sens longitudinal de la voiture et à l'aplomb du bord des banquettes. Elles seront maintenues par deux supports en fer cintrés en contrebas, qui partageront leur longueur en trois distances égales. Il devra exister entre l'impériale et ces tringles une distance de 5 centimètres au moins.
29	COFFRET ET PETIT BANC DU CONDUCTEUR.	Le coffret à l'usage du conducteur qui, jusqu'à ce jour, a été placé, dans la plupart des voitures, sous l'une des deux banquettes, sera établi, à l'avenir, derrière le marchepied. Le petit banc destiné au conducteur est supprimé. Il ne pourra être déposé sous les banquettes aucun objet pouvant gêner les voyageurs.

ACCESSOIRES EXTÉRIEURS.

30	MARCHEPIEDS.	L'entrée de la voiture sera pourvue d'un marchepied fixe, à deux marches qui auront chacune 60 centimètres de longueur sur 25 centimètres de profondeur; ces marches seront en bois et garnies, sur le devant, d'une ceinture en fer. Le marchepied pourra n'avoir qu'une seule marche, lorsque la distance du sol au plancher de la caisse n'excédera pas 70 centimètres. Les pieds d'entrée de la voiture seront garnis de chaque côté d'une rampe en fer qui s'élèvera au moins jusqu'au-dessus de la ceinture de la voiture. Ces deux rampes devront être disposées de manière à rendre faciles l'entrée et la sortie des voyageurs.
31	SIGNAL DIT COMPLET.	Il sera placé à l'arrière de la voiture un appareil dit *complet*, qui devra être entièrement conforme au modèle adopté par nous.
32	GIROUETTES.	Il devra être adapté à l'impériale, au-dessus de la porte et à côté de l'appareil dit *complet*, une girouette ayant au plus 40 centimètres de long sur 25 centimètres de large, et sur laquelle sera peinte, de chaque côté, l'indication des points de départ et d'arrivée de la voiture.

ACCESSOIRES EXTÉRIEURS.

| 33 | IMPÉRIALE. | L'impériale ne devra avoir ni courroie, ni panier à bâche. |
| 34 | LANTERNES. | Chaque voiture sera garnie, à l'extérieur, de deux lanternes placées contre les baies de devant et disposées de manière à éclairer l'intérieur. Une troisième lanterne sera placée à l'arrière de la voiture. |

2. A compter du jour de la publication de la présente ordonnance, aucune voiture du transport en commun neuve ne sera admise à la marque si elle ne réunit toutes les conditions prescrites par l'art. 1er.

Au 1er janvier 1852, toute voiture du transport en commun qui n'aura pas les dimensions indiquées en l'art. 1er, ou qui ne sera pas entièrement conforme aux dispositions de cet article, sera immédiatement démarquée et la circulation en sera interdite.

3. Les art. 51, 52 et 53 de notre ordonnance précitée du 15 septembre 1838, ainsi que nos divers arrêtés et décisions postérieurs relatifs à la construction des voitures du transport en commun seront respectivement rapportés, à compter des époques fixées par l'art. 2.

4. La présente ordonnance sera imprimée et affichée.

Les commissaires de police, le chef de la police municipale, les officiers de paix, le contrôleur de la fourrière et les autres préposés de la préfecture de police, sont chargés, chacun en ce qui le concerne, d'en assurer l'exécution.

Elle sera adressée en outre à M. le colonel commandant la garde municipale et à M. le commandant de la gendarmerie du département de la Seine, qui sont chargés de tenir la main à son exécution par tous les moyens mis à leur disposition.

Le pair de France, préfet de police, G. DELESSERT.

———————◦———————

N° **1939**. — *Ordonnance concernant les neiges et glaces.*

Paris, le 6 janvier 1846.

Nous, pair de France, préfet de police,

Ordonnons ce qui suit :

Notre ordonnance du 7 décembre 1842 (1), concernant les neiges et glaces, sera de nouveau imprimée et affichée.

Le pair de France, préfet de police, G. DELESSERT.

———————◦———————

N° **1940**. — *Ordonnance concernant la prohibition de la chasse, à partir du 1er mars prochain (2).*

Paris, le 14 février 1846.

(1) Abrogée.—V. l'ord. du 24 déc. 1850.
(2) V. l'ord. du 16 fév. 1850.

N° 1941. — *Ordonnance concernant la police des masques* (1).

Paris, le 18 février 1846.

N° 1942. — *Ordonnance concernant l'établissement d'un service de parage des cordes des bateaux halés sur la Seine, le long du quai de Passy.*

Paris, le 25 février 1846.

Nous, pair de France, préfet de police,

Vu les rapports qui nous ont été adressés relativement à divers accidents survenus sur le quai de la commune de Passy, et causés par les cordes de halage des bateaux naviguant sur la Seine, ainsi que l'avis de M. le maire de cette commune, sur les moyens de prévenir le retour de semblables accidents;

Considérant que, pour remédier à l'état des choses actuel, il suffit d'étendre au quai de Passy le service de parage des cordes des bateaux qui a lieu sur les quais de Paris;

Vu les rapports de M. l'inspecteur général de la navigation et de MM. les ingénieurs des ponts et chaussées;

En vertu des arrêtés du gouvernement des 12 messidor an VIII et 3 brumaire an IX,

Ordonnons ce qui suit :

1. Le service du parage des cordes des bateaux naviguant sur la Seine, qui est fait dans Paris depuis la barrière de Passy jusqu'au Pont-Neuf en vertu de l'ordonnance de police du 8 février 1808, aura lieu dorénavant dans la commune de Passy. Il commencera immédiatement en aval du pont de Grenelle.

2. Ce service consistera à veiller à ce que les chevaux de halage soient bien dirigés, à dégager les cordes lorsqu'elles rencontreront quelque obstacle, et à les enverger sous les ponts lors du passage des bateaux, à avertir les passants et à les faire retirer.

3. Il est défendu aux propriétaires de bateaux halés par des chevaux de les remonter ou faire remonter, depuis le pont de Grenelle jusqu'à la barrière de Passy ou à la barrière de la Cunette, sans le concours du pareur envergeur de cordes.

4. Le service du pareur de cordes commencera en aval du pont de Grenelle et s'étendra :

1° Soit jusqu'à la barrière de Passy et lieux intermédiaires, et il sera attribué au pareur pour ce parcours une rétribution de cinquante centimes par courbe de deux chevaux;

2° Soit jusqu'à la barrière de la Cunette et lieux intermédiaires, et il aura droit à soixante-quinze centimes par courbe;

3° Soit en un seul trajet jusqu'au port Saint-Nicolas et lieux intermédiaires, même en passant devant la barrière de la Cunette, moyennant une rétribution de un franc trente-cinq centimes par courbe.

5. Le pareur envergeur de cordes est responsable de son service et des retards qui proviendraient de son fait.

6. Le pareur envergeur de cordes devra faire son service par lui-

----

(1) V. l'ord. du 31 janv. 1850.

même : en cas d'empêchement, il ne pourra se faire suppléer que par un marinier agréé par l'administration.

7. Il est défendu au pareur de cordes d'exiger rien au delà des prix fixés par l'article 4.

8. Les contraventions à la présente ordonnance seront constatées par des procès-verbaux qui nous seront transmis, pour être déférés aux tribunaux compétents.

9. La présente ordonnance sera soumise à l'approbation de M. le ministre des travaux publics. Elle sera affichée.

10. Le sous-préfet de Saint-Denis, le maire de Passy, la gendarmerie et les agents du service de la navigation sont chargés, chacun en ce qui le concerne, de veiller à l'exécution de la présente ordonnance.

Le pair de France, préfet de police, G. DELESSERT.

Approuvé par M. le ministre des travaux publics, selon l'avis donné par M. le sous-secrétaire d'État des travaux publics, dans sa lettre du 14 avril 1846.

Le pair de France, préfet de police,
G. DELESSERT.

No 1943. — *Ordonnance concernant l'échenillage.*

Paris, le 28 février 1846.

Nous, pair de France, préfet de police,

Ordonnons ce qui suit :

L'ordonnance de police du 26 février 1844 (1), concernant l'échenillage, sera de nouveau imprimée et affichée dans Paris et dans les communes du ressort de la préfecture de police.

Le pair de France, préfet de police, G. DELESSERT.

N° 1944. — *Ordonnance concernant la foire aux jambons, qui se tiendra sur le boulevard Bourdon, près la place de la Bastille (2).*

Paris, le 1er avril 1846.

N° 1945. — *Ordonnance concernant la suspension de la libre navigation sur la Seine, à l'ancien pont de la Cité.*

Paris, le 4 avril 1846.

Nous, pair de France, préfet de police,

Vu la lettre par laquelle M. l'ingénieur en chef des ponts et chaussées, chargé de la navigation de la Seine dans Paris, expose que, pour achever la démolition de la pile de l'ancien pont de la Cité, il est nécessaire de suspendre la navigation sur ce point ;

---

(1) V. cette ord., t. III, p. 691. — V. ci-après, celles des 19 fév. 1848, 13 mars 1848, 9 fév. 1849 et 12 fév. 1850.
(2) V. l'ord. du 16 mars 1850.

Vu aussi le rapport de M. l'ingénieur général de la navigation;

Vu également les lois et règlements relatifs à la navigation, et notamment l'arrêté du gouvernement du 12 messidor an VIII,

Ordonnons ce qui suit:

1. Pendant la durée des travaux d'extraction de la pile de l'ancien pont de la Cité, la circulation sur ce point de la Seine sera interrompue, excepté le lundi, le mercredi et le vendredi de chaque semaine, depuis le point du jour jusqu'à dix heures du matin.

2. Jusqu'à l'achèvement desdits travaux, le lieu de départ et d'arrivée des bateaux à vapeur de la Haute-Seine sera transféré, du port de la Grève au port sis immédiatement en amont du pont de la Tournelle, rive gauche.

5. A l'exception des jours et heures réservés par l'article 1er pour le lâchage des bateaux et trains, un drapeau rouge de quatre mètres carrés sera constamment arboré, à la diligence de M. l'ingénieur chargé de la direction des travaux, sur le parapet d'amont du pont de la Tournelle, pour signaler l'interruption du passage.

4. La présente ordonnance sera imprimée et affichée.

Le pair de France, préfet de police, G. DELESSERT.

N° **1946.** — *Ordonnance concernant les mesures d'ordre à observer aux promenades de Long-Champ* (1).

Paris, le 6 avril 1846.

N° **1947.** — *Ordonnance concernant le numérotage et la visite générale des tonneaux de porteurs d'eau* (2).

Paris, le 18 avril 1846.

Nous, pair de France, préfet de police,

Vu, 1° l'article 32 de l'arrêté du gouvernement du 12 messidor an VIII (1er juillet 1800), et l'article 1er de l'arrêté du 3 brumaire an IX (25 octobre 1800);

2° Notre ordonnance du 30 mars 1837, concernant la police des fontaines et bornes-fontaines et des porteurs d'eau;

3° Notre arrêté du 2 septembre 1840, qui règle toutes les opérations relatives au marquage et au numérotage des tonneaux des porteurs d'eau;

4° Notre décision du 29 décembre 1845 qui prescrit un nouveau mode pour le numérotage des tonneaux de porteurs d'eau et pour la peinture des inscriptions sur les fonds de ces tonneaux,

Ordonnons ce qui suit:

1. Il sera procédé à un nouveau numérotage et à une visite générale des tonneaux des porteurs d'eau qui exercent leur état dans la ville de Paris.

---

(1) V. l'ord. du 22 mars 1850.
(2) V. les ord. des 21 avril 1845, 30 avril 1847, 15 mai 1849 et 7 mai 1850.

Ce numérotage et cette visite commenceront le mardi 5 mai prochain.

Ces opérations auront lieu deux fois la semaine, les *mardis* et *vendredis*, sur le quai Napoléon (quartier de la Cité), de onze heures du matin à quatre heures du soir.

Le numérotage et la visite des tonneaux des porteurs d'eau domiciliés dans le 1er arrondissement s'effectueront le mardi 5 mai prochain ;

Le numérotage et la visite des tonneaux du 2e arrondissement, le 8 du même mois ;

Le numérotage et la visite des tonneaux du 3e arrondissement, les 12, 15 et 19 mai ;

Le numérotage et la visite des tonneaux du 4e arrondissement, les 22 et 26 mai ;

Le numérotage et la visite des tonneaux du 5e arrondissement, le 29 mai, 2 et 5 juin suivant ;

Le numérotage et la visite des tonneaux du 6e arrondissement, les 9, 12, 16 et 19 juin ;

Le numérotage et la visite des tonneaux du 7e arrondissement, les 23 et 26 juin ;

Le numérotage et la visite des tonneaux du 8e arrondissement, les 30 juin et 3 juillet suivant ;

Le numérotage et la visite des tonneaux du 9e arrondissement, le 7 juillet ;

Le numérotage et la visite des tonneaux du 10e arrondissement, les 10, 14 et 17 juillet ;

Le numérotage et la visite des tonneaux du 11e arrondissement, le 21 juillet ;

Enfin, le numérotage et la visite des tonneaux du 12e arrondissement, ainsi que le numérotage et la visite des tonneaux des porteurs d'eau qui sont domiciliés dans la banlieue, *mais qui exercent leur état dans Paris*, auront lieu les 24 et 31 juillet.

2. Les porteurs d'eau ne seront admis au numérotage et à la visite qu'à tour de rôle, et qu'autant qu'ils seront munis d'un bulletin de convocation délivré, à l'avance, par les receveurs des fontaines marchandes.

3. Il sera procédé au numérotage et aux visites par le contrôleur des fourrières, l'officier de paix de l'attribution des voitures et l'officier de paix de l'arrondissement dont les tonneaux seront numérotés et visités, l'un des deux experts des voitures publiques et le peintre de la préfecture.

4. Conformément aux dispositions de l'article 8 de notre ordonnance précitée du 30 mars 1837, les tonneaux seront numérotés aux frais des propriétaires.

Il n'y aura qu'une seule série de numéros, mais les numéros pairs seront affectés aux tonneaux traînés par des chevaux, et les numéros impairs aux tonneaux traînés à bras.

5. Les fonds de derrière de tous les tonneaux qui seront présentés au numérotage et à la visite devront être peints en noir.

Les inscriptions et le numéro de police seront peints en rouge et disposés de la manière suivante :

Le numéro, en chiffres arabes de 0 mètres 10 centimètres et demi de hauteur sur 2 centimètres de largeur, sera placé au milieu du fond de derrière du tonneau, et les inscriptions, faites sur une ligne droite en caractères très lisibles, indiqueront, au-dessus du numéro, les nom, prénoms et domicile du propriétaire, et au-dessous de ce numéro, le lieu de remisage.

L'estampille constatant la visite sera apposée à la droite du numéro ;

à la gauche se trouvera la jauge ainsi qu'il est indiqué dans la figure ci-dessous :

NOM, PRÉNOMS,
DOMICILE.
—
Jauge.   N°   Estampille
de
la Visite.

REMISE.

6. Avant de faire procéder au numérotage des tonneaux et à la peinture des inscriptions, les chefs de service devront s'assurer si chaque porteur d'eau est muni d'une carte de roulage en règle, c'est-à-dire indiquant son domicile et le lieu de remisage du tonneau, et visée, si ce porteur d'eau est domicilié dans Paris, par le commissaire de police de son quartier, et, s'il est domicilié dans l'une des communes de la banlieue, par le maire ou par le commissaire de police de sa commune.

Il sera vérifié en outre avec le plus grand soin :

1° Si chaque tonneau est tenu, tant à l'extérieur qu'à l'intérieur, dans un état convenable de propreté, et s'il n'exhale aucune mauvaise odeur ;

2° Si la bonde de chaque tonneau ferme assez hermétiquement pour que l'eau ne puisse se répandre sur la voie publique.

7. Il sera dressé, pour chacun des jours de visite désignés en l'article 1er, un procès-verbal spécial qui contiendra les noms et domiciles des porteurs d'eau qui ne se seront pas conformés à toutes les dispositions de l'ordonnance précitée, du 30 mars 1837 ; les noms et domiciles de ceux qui auront été reconnus en règle, et toutes autres observations qui seront jugées nécessaires.

Les tonneaux des porteurs d'eau, qui ne seront point en règle, ne pourront être admis au numérotage et à la visite que lorsque les propriétaires de ces tonneaux auront justifié de l'accomplissement de toutes les formalités omises.

8. L'expert des voitures publiques mesurera la longueur des brancards des tonneaux présentés au numérotage et à la visite.

Les tonneaux dont les brancards dépasseront la saillie fixée par les règlements, ne seront admis au numérotage et à la visite que lorsque les brancards auront été réduits à la saillie déterminée par l'ordonnance de police du 30 mars 1837.

Les tonneaux qui ne seraient pas dans un état satisfaisant de propreté extérieure et intérieure, qui exhaleraient une mauvaise odeur, ou dont les bondes ne fermeraient pas assez hermétiquement pour que l'eau ne puisse se répandre sur la voie publique, ne pourront être admis au numérotage et à la visite qu'autant qu'il aura été reconnu, par un examen ultérieur, que ces tonneaux auront été nettoyés et assainis, ou qu'ils seront pourvus d'une bonde fermant hermétiquement.

9. Chaque tonneau, présenté au numérotage et à la visite, sera revêtu d'une estampille (P. 2.) de couleur rouge qui devra avoir 4 centimètres de hauteur et 8 millimètres de plein.

L'estampille sera peinte sur le côté droit du fond de derrière de chaque tonneau, en regard du numéro de police, ainsi qu'il est dit en l'article 5 de la présente ordonnance.

10. Lorsque le numérotage et la visite seront complétement terminés, tout porteur d'eau dont le tonneau ne portera pas le numéro et l'estampille de la visite, ainsi que le numéro de police et les inscriptions en caractères rouges sur un fond noir, sera poursuivi conformément aux règlements.

Tout tonneau neuf qui, après la visite, sera présenté à l'expertise et au numérotage, sera marqué du numéro et de l'estampille de la visite, après toutefois qu'il aura été reconnu que ce tonneau réunit toutes les conditions prescrites par les articles 5, 6 et 8 de la présente ordonnance.

11. Notre ordonnance du 30 mars 1837 et notre arrêté du 2 septembre 1840, précités, continueront de recevoir leur exécution dans tout ce qui n'est pas contraire aux dispositions qui précèdent.

12. La présente ordonnance sera imprimée et affichée.

Les commissaires de police, le chef de la police municipale, les officiers de paix, le contrôleur des fourrières, et les autres préposés de la préfecture de police, sont chargés, chacun en ce qui le concerne, d'en assurer l'exécution.

Elle sera adressée en outre à M. le colonel commandant la garde municipale et à M. le commandant de la gendarmerie du département de la Seine qui sont chargés de tenir la main à son exécution par tous les moyens mis à leur disposition.

Le pair de France, préfet de police, G. DELESSERT.

N° **1948**. — *Ordonnance concernant les mesures d'ordre à observer dans Paris, le 1ᵉʳ mai, fête du roi (1).*

Paris, le 28 avril 1846.

N° **1949**. — *Ordonnance concernant l'arrosement.*

Paris, le 26 mai 1846.

Nous, pair de France, préfet de police,

Ordonnons ce qui suit :

Notre ordonnance du 27 juin 1843 (2), concernant l'arrosement de la voie publique, sera de nouveau imprimée et affichée.

Le pair de France, préfet de police, G. DELESSERT.

---

(1) V. l'ord. du 28 avril 1847.
(2) V. cette ord., t. III, p. 641.

N° **1950**. — *Ordonnance concernant le tarif des voitures sous remise, offertes au public pour marcher à l'heure et à la course.*

Paris, le 1er juin 1846.

Nous, pair de France, préfet de police,

Vu : 1° les lois des 14 décembre 1789 (art. 50) et 16-24 août 1790 (titre XI, art. 1er et 3);

2° Les art. 2 et 32 de l'arrêté du gouvernement du 12 messidor an VIII (1er juillet 1800), et l'art. 1er de l'arrêté du 3 brumaire an IX (25 octobre 1800);

3° Notre ordonnance du 10 octobre 1843, concernant le tarif des voitures sous remise, offertes au public pour marcher à l'heure et à la course;

Considérant que l'absence d'un tarif pour l'Hippodrome fait naître fréquemment, entre le public et les cochers des voitures sous remise, des discussions auxquelles il importe de mettre un terme;

Considérant, en outre, que, par suite de l'ouverture prochaine du chemin de fer de Sceaux, il devient nécessaire de prescrire pour cet embarcadère la disposition qui a été ordonnée pour l'embarcadère du chemin de fer de Versailles (rive gauche), ainsi que pour les cimetières de l'Est, du Nord et du Sud,

Ordonnons ce qui suit :

1. A l'avenir, et à compter du jour de la publication de la présente ordonnance, tout cocher de voitures sous remise, offertes au public à l'heure ou à la course, qui sera pris, soit dans Paris, pour transporter des voyageurs à l'Hippodrome, ou à l'embarcadère du chemin de fer de Sceaux, soit à l'Hippodrome ou à cet embarcadère, pour se rendre dans Paris, sera tenu de marcher aux prix fixés pour l'intérieur de Paris par le tarif annexé à notre ordonnance précitée du 10 octobre 1843.

2. La présente ordonnance sera imprimée et affichée.

Les commissaires de police, le chef de la police municipale, les officiers de paix, le contrôleur des fourrières et les autres préposés de la préfecture de police sont chargés, chacun en ce qui le concerne, d'en assurer l'exécution.

Elle sera adressée, en outre, à MM. les sous-préfets de Saint-Denis et de Sceaux, à MM. les maires de Saint-Cloud, Sèvres et Meudon, à M. le colonel de la garde municipale et à M. le colonel commandant de la 1re légion de la gendarmerie départementale, qui sont chargés de tenir la main à son exécution par tous les moyens mis à leur disposition.

Le pair de France, préfet de police, G. DELESSERT.

N° **1951**. — *Ordonnance concernant le tarif des voitures de place* (1).

Paris, le 1er juin 1846.

Nous, pair de France, préfet de police,

Vu : 1° les lois des 14 décembre 1789 (art. 50) et 16-24 août 1790 (titre XI, art. 1er et 3);

(1) Abrogée.—V. l'ord. du 15 sept. 1850.

2º Les art. 2 et 32 de l'arrêté du gouvernement du 12 messidor an VIII (1er juillet 1800), et l'art. 1er de l'arrêté du 3 brumaire an IX (25 octobre 1800);

3º Notre ordonnance du 25 mai 1842, concernant le tarif des voitures de place;

Considérant que l'absence d'un tarif pour l'Hippodrome, ainsi que pour les cimetières de l'Est, du Nord et du Sud fait naître fréquemment, entre le public et les cochers des voitures de place, des discussions auxquelles il importe de mettre un terme ;

Considérant, en outre, que, par suite de l'ouverture prochaine du chemin de fer de Sceaux, il devient nécessaire de prescrire pour cet embarcadère la disposition qui a été ordonnée pour l'embarcadère du chemin de fer de Versailles (rive gauche);

Ordonnons ce qui suit:

1. A l'avenir, et à compter du jour de la publication de la présente ordonnance, tout cocher de voitures de place qui sera pris, soit dans Paris, pour transporter des voyageurs à l'Hippodrome, aux cimetières de l'Est, du Nord et du Sud ou à l'embarcadère du chemin de fer de Sceaux, soit à l'Hippodrome, à ces cimetières ou à cet embarcadère, pour se rendre dans Paris, sera tenu de marcher aux prix fixés pour l'intérieur de Paris, par le tarif annexé à notre ordonnance précitée du 25 mai 1842.

2. La présente ordonnance sera imprimée et affichée.

Les commissaires de police, le chef de la police municipale, les officiers de paix, le contrôleur des fourrières, les contrôleurs ambulants du service de place, les surveillants des stations de voitures, et les autres préposés de la préfecture de police sont chargés, chacun en ce qui le concerne, d'en assurer l'exécution.

Elle sera adressée, en outre, à MM. les sous-préfets de Saint-Denis et de Sceaux, à MM. les maires de Saint-Cloud, Sèvres et Meudon, à M. le colonel de la garde municipale et à M. le colonel commandant la 1re légion de la gendarmerie départementale, qui sont chargés de tenir la main à son exécution par tous les moyens mis à leur disposition.

Le pair de France, préfet de police, G. DELESSERT.

N° **1952.** — *Ordonnance concernant les chiens et les chiens boule-dogues.*

Paris, le 5 juin 1846.

Nous, pair de France, préfet de police,

Ordonnons ce qui suit :

L'ordonnance de police du 27 mai 1845 (1), concernant les chiens et les chiens *boule-dogues* sera de nouveau imprimée et affichée dans Paris et dans les communes du ressort de notre préfecture.

Le pair de France, préfet de police, G. DELESSERT.

---

(1) V. cette ord.

N° **1953**. — *Ordonnance qui fixe le tarif des prix à percevoir pour le transport des voyageurs, des bagages, articles de messagerie, et marchandises; sur le chemin de fer de Paris à Sceaux* (1).

Paris, le 17 juin 1846.

N° **1954**. — *Ordonnance concernant la police du chemin de fer de Paris à la frontière de Belgique* (2).

Paris, le 19 juin 1846.

N° **1955**. — *Ordonnance qui fixe le tarif pour le transport des voyageurs des bagages, articles de messagerie, marchandises. voitures, chevaux et chiens, sur le chemin de fer de Paris à la frontière de Belgique.*

Paris, le 19 juin 1846.

Nous, pair de France, préfet de police,

Vu : 1° la loi du 15 juillet 1845, qui autorise la concession du chemin de fer de Paris à la frontière de Belgique, ensemble le cahier des charges, coté A, annexé à cette loi;

2° L'ordonnance royale homologative de l'adjudication de la concession du dit chemin de fer ;

3° Les propositions à nous présentées par la compagnie du chemin de fer du Nord, concessionnaire du chemin de fer de Paris à la frontière de Belgique, et contenant un projet de tarif pour le transport des voyageurs, des bagages, marchandises, voitures, chevaux, etc., ensemble les observations par nous soumises, au sujet de ces propositions, à M. le ministre des travaux publics ;

4° La décision ministérielle du 9 du courant, qui approuve lesdites propositions, sous diverses conditions et réserves ;

Considérant qu'il y a lieu d'homologuer et de rendre obligatoire dans le ressort de la préfecture de police, le tarif proposé par la compagnie du chemin de fer du Nord, avec les réserves et conditions indiquées par l'administration supérieure ;

Ordonnons ce qui suit :

TITRE Ier.

TRANSPORT A LA VITESSE DES VOYAGEURS.

CHAPITRE Ier.

Voyageurs.

1. Les prix à percevoir pour le transport des voyageurs sur le chemin de fer de Paris à la frontière de Belgique sont réglés, y compris l'impôt dû au Trésor, conformément au tableau suivant :

---

(1) Abrogée.—V. l'ord. du 7 mai 1849.
(2) Abrogée.—V. le règlement d'administration publique sur la police, la sûreté et l'exploitation des chemins de fer, en date du 15 nov. 1846.

Tarif pour le Transport des Voyageurs (1).

LIEUX DE DÉPART.	DESTINATIONS,	Distances servant de base à la fixation des prix de transport.	1re CLASSE. Voitures couvertes, garnies et fermées à glaces.		2e CLASSE. Voitures couvertes, fermées à glaces et à banquettes rembourrées.		3e CLASSE. Voitures couvertes, et fermées avec rideaux.	
			PRIX DE TRANSPORT.					
		kilomèt.	fr.	c.	fr.	c.	fr.	c.
	Pontoise........	29	3	"	2	25	1	65
	Auvers.........	54	3	30	2	65	1	95
	Isle-Adam......	40	4	"	3	"	2	30
	Beaumont......	46	4	50	3	"	2	50
	Boran.........	53	5	"	3	50	2	50
	Saint-Leu......	61	6	"	3	75	2	75
	Creil..........	68	7	"	4	50	3	25
	Liancourt......	75	7	75	5	85	4	35
	Clermont......	83	8	55	6	45	4	80
	Saint-Just.....	97	10	"	7	55	5	60
	Breteuil.......	112	11	55	8	70	6	45
	Ailly..........	129	13	35	10	05	7	45
	Boves.........	139	14	55	10	80	8	05
	Amiens........	148	15	30	11	50	8	55
	Corbie........	163	16	85	12	65	9	40
	Albert........	179	18	50	13	90	10	35
	Achiet........	198	20	45	15	40	11	45
PARIS (2)........	Boileux.......	207	21	40	16	10	11	95
	Arras.........	215	22	20	16	70	12	40
	Rœux.........	225	23	25	17	50	13	"
	Vitry.........	231	23	85	17	95	13	35
	Douai.........	241	24	90	18	75	13	90
	Leforest......	248	25	60	19	30	14	30
	Montigny.....	250	25	85	19	45	14	45
	Carvin........	255	26	35	19	85	14	75
	Somain.......	256	26	45	19	90	14	80
	Séclin.........	263	27	15	20	45	15	20
	Wallers.......	266	27	50	20	70	15	35
	Raismes......	272	28	10	21	15	15	70
	Lille..........	273	28	20	21	25	15	75
	Valenciennes...	277	28	60	21	55	16	"
	Roubaix......	285	29	25	22	"	16	35
	Tourcoing.....	285	29	45	22	15	16	45
	Quiévrain.....	289	29	75	22	25	16	50
	Mouscron......	291	30	"	22	50	16	75
	Paris.........	29	3	"	2	25	1	65
	Auvers.........	5	"	60	"	45	"	35
	Isle-Adam.....	11	1	15	"	85	"	65
	Beaumont.....	18	1	85	1	40	1	05
	Boran........	25	2	60	1	95	1	45
	Saint-Leu......	32	3	30	2	50	1	85
	Creil.........	39	4	05	3	05	2	25
	Liancourt......	46	4	75	3	60	2	65
PONTOISE........	Clermont......	54	5	60	4	20	3	10
	Saint-Just....	68	7	"	5	30	3	95
	Breteuil.......	84	8	70	6	55	4	85
	Ailly..........	100	10	35	7	80	5	80
	Bove..........	111	11	45	8	65	6	40
	Amiens........	119	12	30	9	25	6	85
	Corbie........	135	13	95	10	50	7	80
	Albert........	151	15	60	11	75	8	70
	Achiet........	169	17	45	13	15	9	75
	Boileux........	178	18	40	13	85	10	30

(1) NOTA. Les militaires ou marins voyageant isolément pour cause de service, envoyés en congé, pour appartenir à la réserve, envoyés en congé limité ou rentrant dans leurs foyers, après libération, ne sont assujettis, eux et leurs bagages, qu'à la moitié des taxes fixées par la présente ordonnance.—Les militaires ou marins voyageant en corps, ne seront assujettis, eux et leurs bagages, qu'au quart des mêmes taxes (art. 43 du cahier des charges). V. Part. IV ci-après.

(2) Le tarif pour le transport des voyageurs de Paris à Beaumont, Saint-Leu, Creil, Liancourt, Saint-Just et Breteuil est modifié par une disposition de l'ordonnance du 30 avril 1847.

Suite du Tarif pour le Transport des Voyageurs.

LIEUX DE DÉPART.	DESTINATIONS.	Distances servant de base à la fixation des prix de transport.	1re CLASSE. Voitures couvertes, garnies et fermées à glaces.	2e CLASSE. Voitures couvertes, fermées à glaces et à banquettes rembourrées.	3e CLASSE. Voitures couvertes et fermées avec rideaux.
			PRIX DE TRANSPORT.		
		kilomèt.	fr. c.	fr. c.	fr. c.
PONTOISE (Suite).	Arras..........	187	19 50	14 55	10 80
	Rœux	196	20 25	15 25	11 30
	Vitry.........	205	20 95	15 80	11 70
	Douai	213	22 »	16 55	12 30
	Leforest.......	220	22 75	17 10	12 70
	Montigny......	224	22 85	17 20	12 75
	Carvin.........	227	23 45	17 65	13 10
	Somain........	228	23 55	17 75	13 15
	Séclin.........	234	24 15	18 20	13 50
	Wallers	237	24 50	18 45	13 70
	Raismes.......	243	25 10	18 90	14 05
	Lille	245	25 30	19 05	14 15
	Valenciennes ...	248	25 60	19 30	14 30
	Roubaix.......	254	26 25	19 75	14 65
	Tourcoing......	257	26 55	20 »	14 85
	Quiévrain	260	26 85	20 20	15 »
	Mouscron.......	262	27 05	20 35	15 15
AUVERS	Paris..........	54	5 50	2 65	1 95
	Pontoise.......	5	» 60	» 45	» 35
	Isle-Adam	6	» 60	» 45	» 35
	Beaumont	13	1 35	1 »	» 75
	Boran	20	2 05	1 55	1 15
	Saint-Leu......	28	2 90	2 20	1 60
	Creil	54	5 50	2 65	1 95
	Liancourt......	42	4 35	3 25	2 45
	Clermont......	49	5 05	3 80	2 85
	Saint-Just.....	63	6 50	4 90	3 65
	Breteuil.......	79	8 15	6 15	4 55
	Ailly.........	95	9 80	7 40	5 50
	Boves	106	10 95	8 25	6 10
	Amiens........	114	11 80	8 85	6 60
	Corbie	130	13 45	10 10	7 50
	Albert........	146	15 10	11 35	8 45
	Achiet........	164	16 95	12 75	9 45
	Boileux........	175	17 85	13 45	10 »
	Arras.........	182	18 80	14 15	10 50
	Rœux	191	19 75	14 85	11 05
	Vitry.........	198	20 45	15 40	11 45
	Douai	208	21 50	16 15	12 »
	Leforest.......	215	22 20	16 70	12 40
	Montigny......	216	22 30	16 80	12 45
	Carvin........	222	22 95	17 25	12 80
	Somain........	223	23 05	17 35	12 90
	Séclin.........	230	23 75	17 90	13 30
	Wallers	232	23 95	18 05	13 40
	Raismes.......	238	24 60	18 50	13 75
	Lille.........	240	24 80	18 65	13 85
	Valenciennes ...	243	25 10	18 90	14 05
	Roubaix.......	249	25 70	19 35	14 40
	Tourcoing......	252	26 05	19 60	14 55
	Quiévrain	256	26 45	19 90	14 80
	Mouscron.......	257	26 55	20 »	14 85

Suite du Tarif pour le Transport des Voyageurs.

LIEUX DE DÉPART.	DESTINATIONS.	Distances servant de base à la fixation des prix de transport.	1re CLASSE. Voitures couvertes, garnies et fermées à glaces.		2e CLASSE. Voitures couvertes, fermées à glaces et à banquettes rembourrées.		3e CLASSE. Voitures couvertes et fermées avec rideaux.	
			PRIX DE TRANSPORT.					
		kilomèt.	fr.	c.	fr.	c.	fr.	c.
	Paris	40	4	»	3	»	2	50
	Pontoise	11	1	15	»	85	»	65
	Auvers	6	»	60	»	45	»	35
	Beaumont	7	»	70	»	55	»	40
	Boran	14	1	45	1	10	»	80
	Saint-Leu	22	2	25	1	70	1	25
	Creil	28	2	90	2	20	1	60
	Liancourt	36	3	70	2	80	2	10
	Clermont	43	4	45	3	35	2	50
	Saint-Just	58	6	»	4	50	3	35
	Breteuil	73	7	55	5	70	4	20
	Ailly	89	9	20	6	90	5	15
	Boves	100	10	35	7	80	5	80
	Amiens	109	11	25	8	45	6	30
	Corbie	124	12	80	9	65	7	15
	Albert	140	14	45	10	90	8	10
	Achiet	158	16	30	12	30	9	10
ISLE-ADAM	Boileux	167	17	25	13	»	9	65
	Arras	176	18	20	13	70	10	15
	Rœux	185	19	10	14	40	10	70
	Vitry	192	19	85	14	95	11	10
	Douai	202	20	85	15	70	11	65
	Leforest	209	21	60	16	25	12	05
	Montigny	210	21	70	16	35	12	15
	Carvin	216	22	30	16	80	12	45
	Somain	217	22	40	16	85	12	55
	Séclin	224	23	15	17	40	12	95
	Wallers	226	23	35	17	55	13	05
	Raismes	232	23	95	18	05	13	40
	Lille	234	24	15	18	20	13	50
	Valenciennes	238	24	60	18	50	13	75
	Roubaix	243	25	10	18	90	14	05
	Tourcoing	246	25	40	19	15	14	20
	Quiévrain	250	25	85	19	45	14	45
	Mouscron	251	25	95	19	50	14	50
	Paris	46	4	50	3	»	2	50
	Pontoise	18	1	85	1	40	1	05
	Auvers	13	1	35	1	»	»	75
	Isle-Adam	7	»	70	»	55	»	40
	Boran	7	»	70	»	55	»	40
	Saint-Leu	15	1	55	1	15	»	85
	Creil	22	2	25	1	70	1	25
	Liancourt	29	3	»	2	25	1	65
BEAUMONT	Clermont	37	3	80	2	90	2	15
	Saint-Just	51	5	25	3	95	2	95
	Breteuil	66	6	80	5	15	3	80
	Ailly	85	8	55	6	45	4	80
	Boves	93	9	60	7	25	5	35
	Amiens	102	10	55	7	95	5	90
	Corbie	117	12	10	9	10	6	75
	Albert	133	13	75	10	35	7	70
	Achiet	152	15	70	11	80	8	80
	Boileux	161	16	65	12	50	9	30

1846.

Suite du Tarif pour le Transport des Voyageurs.

LIEUX DE DÉPART.	DESTINATIONS.	Distances servant de base à la fixation des prix de transport.	1re CLASSE. Voitures couvertes, garnies et fermées à glaces.	2e CLASSE. Voitures couvertes, fermées à glaces et à banquettes rembourrées.	3e CLASSE. Voitures couvertes et fermées avec rideaux.
				PRIX DE TRANSPORT.	
		kilomèt.	fr. c.	fr. c.	fr. c.
	Arras.........	169	17 45	13 15	9 75
	Rœux.........	179	18 50	13 90	10 35
	Vitry.........	185	19 10	14 40	10 70
	Douai.........	195	20 15	15 15	11 25
	Leforest.......	202	20 85	15 70	11 65
	Montigny......	204	21 05	15 85	11 80
	Carvin........	209	21 60	16 25	12 05
	Somain........	210	21 70	16 35	12 15
BEAUMONT (Suite)	Séclin........	217	22 40	16 85	12 55
	Wallers........	220	22 75	17 10	12 70
	Raismes.......	226	23 35	17 55	13 05
	Lille.........	227	23 45	17 65	13 10
	Valenciennes...	231	23 85	17 95	13 35
	Roubaix.......	237	24 50	18 45	13 70
	Tourcoing......	239	24 70	18 60	13 80
	Quiévrain......	243	25 10	18 90	14 05
	Mouscron......	245	25 30	19 05	14 15
	Paris.........	55	5 »	3 50	2 50
	Pontoise.......	25	2 60	1 95	1 45
	Auvers........	20	2 05	1 55	1 05
	Isle-Adam.....	14	1 45	1 10	» 80
	Beaumont......	7	» 70	» 55	» 40
	Saint-Leu......	8	» 85	» 60	» 45
	Creil.........	15	1 55	1 15	» 85
	Liancourt......	22	2 25	1 70	1 25
	Clermont......	30	3 10	2 35	1 75
	Saint-Just.....	44	4 55	3 40	2 55
	Breteuil.......	59	6 10	4 60	3 40
	Ailly.........	76	7 85	5 90	4 40
	Boves.........	87	9 »	6 75	5 »
	Amiens........	95	9 80	7 40	5 50
	Corbie........	111	11 45	8 65	6 40
	Albert........	127	13 10	9 85	7 35
BORAN.........	Achiet........	145	15 »	11 25	8 35
	Boileux........	154	15 90	11 95	8 90
	Arras.........	165	16 85	12 65	9 40
	Rœux.........	172	17 75	13 35	9 95
	Vitry.........	179	18 50	13 90	10 35
	Douai.........	189	19 50	14 70	10 90
	Leforest.......	196	20 25	15 25	11 30
	Montigny......	197	20 35	15 30	11 40
	Carvin........	203	20 95	15 80	11 70
	Somain........	204	21 05	15 85	11 80
	Séclin........	210	21 70	16 35	12 15
	Wallers........	213	22 »	16 55	12 30
	Raismes.......	219	22 60	17 05	12 65
	Lille.........	220	22 75	17 10	12 70
	Valenciennes...	224	23 15	17 40	12 95
	Roubaix.......	230	23 75	17 90	13 30
	Tourcoing......	232	23 95	18 05	13 40
	Quiévrain......	236	24 40	18 35	13 65
	Mouscron......	238	24 60	18 50	13 75

Suite du Tarif pour le Transport des Voyageurs.

LIEUX DE DÉPART.	DESTINATIONS.	Distances servant de base à la fixation des prix de transport.	1re CLASSE. Voitures couvertes, garnies et fermées à glaces.		2e CLASSE. Voitures couvertes, fermées à glaces et à banquettes rembourrées.		3e CLASSE. Voitures couvertes et fermées avec rideaux.	
			PRIX DE TRANSPORT.					
		kilomèt.	fr.	c.	fr.	c.	fr.	c.
SAINT-LEU	Paris	61	6	»	3	75	2	75
	Pontoise	32	3	30	2	50	1	85
	Auvers	28	2	90	2	20	1	60
	Isle-Adam	22	2	25	1	70	1	25
	Beaumont	15	1	55	1	15	»	85
	Boran	8	»	85	»	60	»	45
	Creil	7	»	70	»	55	»	40
	Liancourt	15	1	55	1	15	»	85
	Clermont	22	2	25	1	70	1	25
	Saint-Just	36	3	70	2	80	2	10
	Breteuil	52	5	35	4	05	3	»
	Ailly	68	7	»	5	30	3	95
	Boves	79	8	15	6	15	4	55
	Amiens	87	9	»	6	75	5	»
	Corbie	105	10	65	8	»	5	95
	Albert	119	12	30	9	25	6	85
	Achiet	137	14	15	10	65	7	90
	Boileux	146	15	10	11	55	8	45
	Arras	155	16	»	12	05	8	95
	Rœux	164	16	95	12	75	9	45
	Vitry	171	17	65	13	30	9	90
	Douai	181	18	70	14	05	10	45
	Letorest	188	19	40	14	60	10	85
	Montigny	189	19	50	14	70	10	90
	Carvin	195	20	15	15	15	11	25
	Somain	196	20	25	15	25	11	30
	Séclin	202	20	85	15	70	11	65
	Wallers	205	21	20	15	95	11	85
	Raismes	211	21	80	16	40	12	20
	Lille	213	22	»	16	55	12	30
	Valenciennes	216	22	30	16	80	12	45
	Roubaix	222	22	95	17	25	12	80
	Tourcoing	225	23	25	17	50	13	»
	Quiévrain	229	23	65	17	80	13	20
	Mouscron	230	23	75	17	90	13	30
CREIL	Paris	68	7	»	4	50	3	25
	Pontoise	39	4	05	3	05	2	25
	Auvers	34	3	50	2	65	1	95
	Isle-Adam	28	2	90	2	20	1	60
	Beaumont	22	2	25	1	70	1	25
	Boran	15	1	55	1	15	»	85
	Saint-Leu	7	»	70	»	55	»	40
	Liancourt	8	»	85	»	60	»	45
	Clermont	15	1	55	1	15	»	85
	Saint-Just	30	3	10	2	35	1	75
	Breteuil	45	4	65	3	50	2	60
	Ailly	61	6	30	4	75	3	50
	Boves	72	7	45	5	60	4	15
	Amiens	81	8	35	6	30	4	70
	Corbie	96	9	90	7	45	5	55
	Albert	112	11	55	8	70	6	45
	Achiet	130	13	45	10	10	7	50
	Boileux	139	14	35	10	80	8	05

1846.

Suite du Tarif pour le Transport des Voyageurs.

LIEUX DE DÉPART.	DESTINATIONS.	Distances servant de base à la fixation des prix de transport.	1ʳᵉ CLASSE. Voitures couvertes, garnies et fermées à glaces.		2ᵉ CLASSE. Voitures couvertes, fermées à glaces et à banquettes rembourrées.		3ᵉ CLASSE. Voitures couvertes et fermées avec rideaux.	
			PRIX DE TRANSPORT.					
		kilomèt.	fr.	c.	fr.	c.	fr.	c.
CREIL (Suite)	Arras	148	15	50	11	50	8	55
	Rœux	157	16	20	12	20	9	05
	Vitry	164	16	95	12	75	9	45
	Douai	174	17	95	13	55	10	05
	Leforest	181	18	70	14	05	10	45
	Montigny	182	18	80	14	15	10	50
	Carvin	188	19	40	14	60	10	85
	Somain	189	19	50	14	70	10	90
	Séclin	196	20	25	15	25	11	30
	Wallers	198	20	45	15	40	11	45
	Raismes	204	21	05	15	85	11	80
	Lille	206	21	30	16	»	11	90
	Valenciennes	210	21	70	16	35	12	15
	Roubaix	215	22	20	16	70	12	40
	Tourcoing	218	22	50	16	95	12	60
	Quiévrain	222	22	95	17	25	12	80
	Mouscron	225	23	05	17	35	12	90
LIANCOURT	Paris	75	7	75	5	85	4	55
	Pontoise	46	4	75	3	60	2	65
	Auvers	42	4	35	3	25	2	45
	Isle-Adam	36	3	70	2	80	2	10
	Beaumont	29	3	»	2	25	1	65
	Boran	22	2	25	1	70	1	25
	Saint-Leu	15	1	55	1	15	»	85
	Creil	8	»	85	»	60	»	45
	Clermont	8	»	85	»	60	»	45
	Saint-Just	22	2	25	1	70	1	25
	Breteuil	38	3	95	2	95	2	20
	Ailly	54	5	60	4	20	3	10
	Boves	65	6	70	5	05	3	75
	Amiens	73	7	55	5	70	4	20
	Corbie	89	9	20	6	90	5	15
	Albert	105	10	85	8	15	6	05
	Achiet	123	12	70	9	55	7	10
	Boileux	132	13	65	10	25	7	60
	Arras	141	14	55	10	95	8	15
	Rœux	150	15	50	11	65	8	65
	Vitry	157	16	20	12	20	9	05
	Douai	167	17	25	13	»	9	65
	Laforest	174	17	95	13	55	10	05
	Montigny	175	18	10	13	60	10	10
	Carvin	181	18	70	14	05	10	45
	Somain	182	18	80	14	15	10	50
	Séclin	188	19	40	14	60	10	85
	Wallers	191	19	75	14	85	11	05
	Raismes	197	20	35	15	30	11	40
	Lille	199	20	55	15	45	11	50
	Valenciennes	202	20	85	15	70	11	65
	Roubaix	208	21	50	16	15	12	»
	Tourcoing	211	21	80	16	40	12	20
	Quiévrain	214	22	10	16	65	12	35
	Mouscron	216	22	50	16	80	12	45

Suite du Tarif pour le Transport des Voyageurs.

LIEUX DE DÉPART.	DESTINATIONS.	Distances servant de base à la fixation des prix de transport.	1re CLASSE. Voitures couvertes, garnies et fermées à glaces.		2e CLASSE. Voitures couvertes, fermées et à glaces et à banquettes rembourrées.		3e CLASSE. Voitures couvertes et fermées avec rideaux.	
			PRIX DE TRANSPORT.					
		kilomèt.	fr.	c.	fr.	c.	fr.	c.
CLERMONT......	Paris..........	83	8	55	6	45	4	80
	Pontoise.......	84	5	60	4	20	3	10
	Auvers.........	49	5	05	3	80	2	85
	Isle-Adam......	45	4	45	3	55	2	50
	Beaumont......	57	3	80	2	90	2	15
	Boran..........	30	3	10	2	35	1	75
	Saint-Leu......	22	2	25	1	70	1	25
	Creil..........	15	1	55	1	15	»	85
	Liancourt......	8	»	85	»	60	»	45
	Saint-Just.....	15	1	55	1	15	»	85
	Breteuil.......	30	3	10	2	35	1	75
	Ailly..........	46	4	75	3	60	2	65
	Boves..........	57	5	90	4	45	3	30
	Amiens.........	66	6	80	5	15	3	80
	Corbie.........	81	8	55	6	50	4	70
	Albert.........	97	10	»	7	55	5	60
	Achiet.........	116	12	»	9	»	6	70
	Boileux........	125	12	90	9	70	7	20
	Arras..........	133	13	75	10	35	7	70
	Rœux..........	145	14	75	11	10	8	25
	Vitry..........	149	15	40	11	60	8	60
	Douai..........	159	16	40	12	55	9	20
	Leforest.......	166	17	15	12	90	9	60
	Montigny......	168	17	35	13	05	9	70
	Carvin.........	175	17	85	13	45	10	»
	Somain.........	174	17	95	13	55	10	05
	Séclin.........	181	18	70	14	05	10	45
	Wallers........	184	19	»	14	30	10	65
	Raismes........	190	19	65	14	75	10	95
	Lille..........	191	19	75	14	85	11	05
	Valenciennes...	193	20	15	15	15	11	25
	Roubaix........	201	20	75	15	65	11	60
	Tourcoing.....	203	20	95	15	80	11	70
	Quièvrain.....	207	21	40	16	10	11	95
	Mouscron.......	209	21	60	16	25	12	05
SAINT-JUST	Paris..........	97	10	»	7	55	5	60
	Pontoise.......	68	7	»	5	30	3	95
	Auvers.........	63	6	50	4	90	3	65
	Isle-Adam......	58	6	»	4	50	3	35
	Beaumont......	51	5	25	3	95	2	95
	Boran..........	44	4	55	3	40	2	55
	Saint-Leu......	36	3	70	2	80	2	10
	Creil..........	30	3	10	2	35	1	75
	Liancourt......	22	2	25	1	70	1	25
	Clermont.......	15	1	55	1	15	»	85
	Breteuil.......	16	1	65	1	25	»	90
	Ailly..........	32	3	30	2	50	1	85
	Boves..........	43	4	45	3	35	2	50
	Amiens.........	51	5	25	3	95	2	95
	Corbie.........	67	6	90	5	20	3	85
	Albert.........	83	8	55	6	45	4	80
	Achiet.........	101	10	45	7	85	5	85
	Boileux........	110	11	35	8	55	6	35

Suite du Tarif pour le Transport des Voyageurs.

LIEUX DE DÉPART.	DESTINATIONS.	Distances servant de base à la fixation des prix de transport.	1re CLASSE. Voitures couvertes, garnies et fermées à glaces.		2e CLASSE. Voitures couvertes, fermées à glaces et à banquettes rembourrées.		3e CLASSE. Voitures couvertes et fermées avec rideaux.	
		kilomèt.	fr.	c.	fr.	c.	fr.	c.
ST-JUST (Suite)...	Arras	119	12	50	9	25	6	85
	Rœux	128	13	20	9	95	7	40
	Vitry	135	13	95	10	50	7	80
	Douai	143	15	»	11	25	8	35
	Leforest	152	15	70	11	80	8	80
	Montigny	155	15	80	11	90	8	85
	Carvin	159	16	40	12	35	9	20
	Somain	160	16	55	12	45	9	25
	Séclin	167	17	25	13	»	9	65
	Wallers	169	17	45	13	15	9	75
	Raismes	173	18	10	13	60	10	10
	Lille	177	18	30	13	75	10	20
	Valenciennes	180	18	60	14	»	10	40
	Roubaix	186	19	20	14	45	10	75
	Tourcoing	189	19	50	14	70	10	90
	Quiévrain	193	19	95	15	»	11	15
	Mouscron	194	20	05	15	10	11	20
BRETEUIL	Paris	112	11	55	8	70	6	45
	Pontoise	84	8	70	6	55	4	85
	Auvers	79	8	15	6	15	4	55
	Isle-Adam	75	7	55	5	70	4	20
	Beaumont	66	6	80	5	15	3	80
	Boran	59	6	10	4	60	3	40
	Saint-Leu	52	5	55	4	05	3	»
	Creil	45	4	65	3	50	2	60
	Liancourt	38	3	95	2	95	2	20
	Clermont	30	3	10	2	35	1	75
	Saint-Just	16	1	65	1	25	»	90
	Ailly	17	1	75	1	30	1	»
	Boves	28	2	90	2	20	1	60
	Amiens	36	3	70	2	80	2	10
	Corbie	52	5	35	4	05	3	»
	Albert	68	7	»	5	30	3	95
	Achiet	86	8	90	6	70	4	95
	Boileux	95	9	80	7	40	5	50
	Arras	104	10	75	8	10	6	»
	Rœux	113	11	65	8	80	6	55
	Vitry	120	12	40	9	35	6	95
	Douai	130	13	45	10	10	7	50
	Leforest	137	14	15	10	65	7	90
	Montigny	138	14	25	10	75	7	95
	Carvin	141	14	90	11	20	8	30
	Somain	145	15	»	11	25	8	35
	Séclin	151	15	60	11	75	8	70
	Wallers	154	15	90	11	95	8	90
	Raismes	160	16	55	12	45	9	25
	Lille	161	16	65	12	50	9	30
	Valenciennes	165	17	05	12	85	9	55
	Roubaix	171	17	65	13	30	9	90
	Tourcoing	173	17	85	13	45	10	»
	Quiévrain	177	18	30	13	75	10	20
	Mouscron	179	18	50	13	90	10	55

Suite du Tarif pour le Transport des Voyageurs.

LIEUX DE DÉPART.	DESTINATIONS.	Distances servant de base à la fixation des prix de transport.	1re CLASSE. Voitures couvertes, garnies et fermées à glaces.		2e CLASSE. Voitures couvertes, fermées à glaces et à banquettes rembourrées.		3e CLASSE. Voitures couvertes et fermées avec rideaux.	
			PRIX DE TRANSPORT.					
		kilomèt.	fr.	c.	fr.	c.	fr.	c.
AILLY	Paris	129	13	35	10	05	7	45
	Pontoise	100	10	35	7	80	5	80
	Auvers	95	9	80	7	40	5	50
	Isle-Adam	89	9	20	6	90	5	15
	Beaumont	85	8	55	6	45	4	80
	Boran	76	7	85	5	90	4	40
	Saint-Leu	68	7	»	5	30	3	95
	Creil	61	6	30	4	75	3	50
	Liancourt	54	5	60	4	20	3	10
	Clermont	46	4	75	3	60	2	65
	Saint-Just	32	3	30	2	50	1	85
	Breteuil	17	1	75	1	30	1	»
	Boves	11	1	15	»	85	»	65
	Amiens	20	2	05	1	55	1	15
	Corbie	35	3	60	2	70	2	»
	Albert	51	5	25	3	95	2	95
	Achiet	70	7	25	5	45	4	05
	Boileux	79	8	15	6	15	4	55
	Arras	87	9	»	6	75	5	»
	Rœux	97	10	»	7	55	5	60
	Vitry	105	10	65	8	»	5	95
	Douai	115	11	65	8	80	6	55
	Leforest	120	12	40	9	35	6	95
	Montigny	122	12	60	9	50	7	05
	Carvin	127	13	10	9	85	7	35
	Somain	128	13	20	9	95	7	40
	Séclin	135	13	95	10	50	7	80
	Wallers	138	14	25	10	75	7	95
	Raismes	144	14	90	11	20	8	30
	Lille	145	15	»	11	25	8	35
	Valenciennes	149	15	40	11	60	8	60
	Roubaix	155	16	»	12	05	8	95
	Tourcoing	157	16	20	12	20	9	05
	Quiévrain	161	16	65	12	50	9	30
	Mouscron	163	16	85	12	65	9	40
BOVES	Paris	139	14	35	10	80	8	05
	Pontoise	111	11	45	8	65	6	40
	Auvers	106	10	95	8	25	6	10
	Isle-Adam	100	10	35	7	80	5	80
	Beaumont	95	9	60	7	25	5	35
	Boran	87	9	»	6	75	5	»
	Saint-Leu	79	8	15	6	15	4	55
	Creil	72	7	45	5	60	4	15
	Liancourt	65	6	70	5	05	3	75
	Clermont	57	5	90	4	45	3	30
	Saint-Just	43	4	45	3	35	2	50
	Breteuil	28	2	90	2	20	1	60
	Ailly	11	1	15	»	85	»	65
	Amiens	9	»	95	»	70	»	50
	Corbie	25	2	60	1	95	1	45
	Albert	41	4	25	3	20	2	35
	Achiet	59	6	10	4	60	3	40
	Boileux	68	7	»	5	30	3	95

Suite du Tarif pour le Transport des Voyageurs.

LIEUX DE DÉPART.	DESTINATIONS.	Distances servant de base à la fixation des prix de transport	1re CLASSE. Voitures couvertes, garnies et fermées à glaces.		2e CLASSE. Voitures couvertes, fermées à glaces et à banquettes rembourrées.		3e CLASSE. Voitures couvertes et fermées avec rideaux.	
			PRIX DE TRANSPORT.					
		kilomèt.	fr.	c.	fr.	c.	fr.	c.
BOVES (Suite)	Arras	77	7	93	6	»	4	45
	Rœux	86	8	90	6	70	4	95
	Vitry	95	9	60	7	25	5	55
	Douai	103	10	65	8	»	5	95
	Leforest	110	11	35	8	55	6	35
	Montigny	111	11	45	8	65	6	40
	Carvin	116	12	»	9	»	6	70
	Somain	118	12	20	9	15	6	80
	Séclin	124	12	80	9	65	7	15
	Wallers	127	13	10	9	85	7	35
	Raismes	135	13	75	10	35	7	70
	Lille	134	13	85	10	40	7	75
	Valenciennes	138	14	25	10	75	7	95
	Roubaix	144	14	90	11	20	8	30
	Tourcoing	146	15	10	11	35	8	45
	Quiévrain	150	15	50	11	65	8	65
	Mouscron	152	15	70	11	80	8	80
AMIENS	Paris	148	15	30	11	50	8	55
	Pontoise	119	12	30	9	25	6	85
	Auvers	114	11	80	8	85	6	60
	Isle-Adam	109	11	25	8	45	6	30
	Beaumont	102	10	55	7	95	5	90
	Boran	95	9	80	7	40	5	50
	Saint-Leu	87	9	»	6	75	5	»
	Creil	81	8	35	6	30	4	70
	Liancourt	73	7	55	5	70	4	20
	Clermont	66	6	80	5	15	3	80
	Saint-Just	51	5	25	3	95	2	95
	Breteuil	56	5	70	2	80	2	10
	Ailly	20	2	05	1	55	1	15
	Boves	9	»	95	»	70	»	50
	Corbie	16	1	65	1	25	»	90
	Albert	32	3	30	2	50	1	85
	Achiet	50	5	15	3	90	2	90
	Boileux	59	6	10	4	60	3	40
	Arras	68	7	»	5	30	3	95
	Rœux	77	7	95	6	»	4	45
	Vitry	84	8	70	6	55	4	85
	Douai	94	9	70	7	30	5	90
	Leforest	101	10	45	7	85	5	85
	Montigny	102	10	55	7	95	5	90
	Carvin	108	11	15	8	40	6	25
	Somain	109	11	25	8	45	6	30
	Séclin	116	12	»	9	»	6	70
	Wallers	118	12	20	9	15	6	80
	Raismes	124	12	80	9	65	7	15
	Lille	126	13	»	9	80	7	30
	Valenciennes	129	13	35	10	05	7	45
	Roubaix	135	13	95	10	50	7	80
	Tourcoing	138	14	25	10	75	7	95
	Quiévrain	142	14	50	11	»	8	»
	Mouscron	145	14	75	11	»	8	25

Suite du Tarif pour le Transport des Voyageurs.

LIEUX DE DÉPART.	DESTINATIONS.	Distances servant de base à la fixation des prix de transport.	1re CLASSE. Voitures couvertes, garnies et fermées à glaces.		2e CLASSE. Voitures couvertes, fermées et à glaces et à banquettes rembourrées.		3e CLASSE. Voitures couvertes et fermées avec rideaux.	
			PRIX DE TRANSPORT.					
		kilomèt.	fr.	c.	fr.	c.	fr.	c.
	Paris.........	163	16	85	12	65	9	40
	Pontoise.......	135	13	95	10	50	7	80
	Auvers........	130	13	45	10	10	7	50
	Isle-Adam.....	124	12	80	9	65	7	15
	Beaumont.....	117	12	10	9	10	6	75
	Boran.........	111	11	45	8	65	6	40
	Saint-Leu.....	103	10	65	8	»	5	95
	Creil.........	96	9	90	7	45	5	55
	Liancourt.....	89	9	20	6	90	5	15
	Clermont......	81	8	35	6	30	4	70
	Saint-Just.....	67	6	90	1	20	3	85
	Breteuil.......	52	5	35	4	05	3	»
	Ailly.........	35	3	60	2	70	2	»
	Boves.........	25	2	60	1	95	1	45
	Amiens.......	16	1	65	1	25	»	90
	Albert........	16	1	65	1	25	»	90
	Achiet........	35	3	60	2	70	2	»
	Boileux.......	44	4	55	3	40	2	55
CORBIE..........	Arras........	52	5	35	4	05	3	»
	Rœux........	62	6	40	4	80	3	60
	Vitry.........	68	7	»	5	30	3	95
	Douai........	78	8	05	6	05	4	50
	Leforest......	85	8	80	6	60	4	90
	Montigny.....	87	9	»	6	75	5	»
	Carvin........	92	9	50	7	15	5	30
	Somain.......	93	9	60	7	25	5	35
	Séclin...... ...	100	10	35	7	80	5	80
	Wallers.......	103	10	65	8	»	5	95
	Raismes......	109	11	25	8	45	6	30
	Lille	110	11	35	8	55	6	35
	Valenciennes...	114	11	80	8	85	6	60
	Roubaix.......	120	12	40	9	35	6	95
	Tourcoing.....	122	12	60	9	50	7	05
	Quiévrain......	126	13	»	9	80	7	50
	Mouscron......	128	13	20	9	95	7	40
	Paris..........	179	18	50	13	90	10	35
	Pontoise.......	151	15	60	11	75	8	70
	Auvers........	146	15	10	11	35	8	45
	Ile-Adam......	140	14	45	10	90	8	10
	Beaumont.....	133	13	75	10	35	7	70
	Boran.........	127	13	10	9	85	7	35
	Saint-Leu......	119	12	30	9	25	6	85
	Creil.........	112	11	55	8	70	6	45
ALBERT.........	Liancourt......	105	10	85	8	15	6	05
	Clermont......	97	10	»	7	55	5	60
	Saint-Just.....	83	8	55	6	45	4	80
	Breteuil.......	68	7	»	5	30	3	95
	Ailly.........	51	5	25	3	95	2	95
	Boves.........	41	4	25	3	20	2	35
	Amiens........	32	3	30	2	50	1	85
	Corbie........	16	1	65	1	25	»	90
	Achiet........	19	1	95	1	50	1	10
	Boileux........	28	2	90	2	20	1	60

Suite du Tarif pour le Transport des Voyageurs.

LIEUX DE DÉPART.	DESTINATIONS.	Distances servant de base de la fixation du prix des transport.	1re CLASSE. Voitures couvertes, garnies et fermées à glaces.		2e CLASSE. Voitures couvertes, et fermées à glaces et à banquettes rembourrées.		3e CLASSE. Voitures couvertes et fermées avec rideaux.	
			PRIX DE TRANSPORT.					
		kilomèt.	fr.	c.	fr.	c.	fr.	c.
ALBERT (Suite.)	Arras	36	3	70	2	80	2	10
	Rœux	46	4	75	3	60	2	65
	Vitry	52	5	35	4	05	3	»
	Douai	62	6	40	4	80	3	60
	Leforest	69	7	15	5	35	4	»
	Montigny	71	7	35	5	50	4	10
	Carvin	76	7	85	5	90	4	40
	Somain	77	7	95	6	»	4	45
	Séclin	84	8	70	6	55	4	85
	Wallers	87	9	»	6	75	5	»
	Raismes	93	9	60	7	25	5	35
	Lille	94	9	70	7	30	5	45
	Valenciennes	98	10	10	7	60	5	65
	Roubaix	104	10	75	8	10	6	»
	Tourcoing	106	10	95	8	25	6	10
	Quiévrain	110	11	35	8	55	6	35
	Mouscron	112	11	55	8	70	6	45
ACHIET	Paris	198	20	45	15	40	11	45
	Pontoise	169	17	45	13	15	9	75
	Auvers	164	16	95	12	75	9	45
	Isle-Adam	158	16	30	12	30	9	10
	Beaumont	152	15	70	11	80	8	80
	Boran	145	15	»	11	25	8	35
	Saint-Leu	137	14	15	10	65	7	90
	Creil	130	13	45	10	10	7	50
	Liancourt	125	12	70	9	55	7	10
	Clermont	116	12	»	9	»	6	70
	Saint-Just	101	10	45	7	85	5	85
	Breteuil	86	8	90	6	70	4	95
	Ailly	70	7	25	5	45	4	05
	Boves	59	6	10	4	60	3	40
	Amiens	50	5	15	3	90	2	90
	Corbie	35	3	60	2	70	2	»
	Albert	19	1	95	1	50	1	10
	Boileux	9	»	95	»	70	»	50
	Arras	18	1	85	1	40	1	05
	Rœux	27	2	80	2	10	1	55
	Vitry	34	3	50	2	65	1	95
	Douai	44	4	55	3	40	2	55
	Leforest	51	5	25	3	95	2	95
	Montigny	52	5	35	4	05	3	»
	Carvin	58	6	»	4	50	3	35
	Somain	59	6	10	4	60	3	40
	Séclin	66	6	80	5	15	3	80
	Wallers	68	7	»	5	30	3	95
	Raismes	74	7	65	5	75	4	25
	Lille	76	7	85	5	90	4	40
	Valenciennes	80	8	25	6	20	4	60
	Roubaix	85	8	80	6	60	4	70
	Tourcoing	88	9	10	6	85	5	10
	Quiévrain	92	9	50	7	15	5	30
	Mouscron	93	9	60	7	25	5	35

Suite du Tarif pour le Transport des Voyageurs.

LIEUX DE DÉPART.	DESTINATIONS.	Distances servant de base à la fixation des prix de transport.	1re CLASSE. Voitures couvertes, garnies et fermées à glaces.		2e CLASSE. Voitures couvertes, fermées à glaces et à banquettes rembourrées.		3e CLASSE. Voitures couvertes et fermées avec rideaux.	
			PRIX DE TRANSPORT.					
		kilomèt.	fr.	c.	fr.	c.	fr.	c.
	Paris...........	207	21	40	16	10	11	95
	Pontoise.......	178	18	40	13	85	10	30
	Auvers.........	173	17	85	13	45	10	»
	Isle-Adam......	167	17	25	13	»	9	65
	Beaumont......	161	16	65	12	50	9	30
	Boran..........	154	15	90	11	95	8	90
	Saint-Leu......	146	15	10	11	35	8	45
	Creil...........	139	14	35	10	80	8	05
	Liancourt......	132	13	65	10	25	7	60
	Clermont.......	125	12	90	9	70	7	20
	Saint-Just......	110	11	35	8	55	6	35
	Breteuil........	95	9	80	7	40	5	50
	Ailly..........	79	8	15	6	15	4	55
	Boves.........	68	7	»	5	30	3	95
	Amiens........	59	6	10	4	60	3	40
	Corbie.........	44	4	55	3	40	2	55
BOILEUX........	Albert.........	28	2	90	2	20	1	60
	Achiet.........	9	»	95	»	70	»	50
	Arras	9	»	95	»	70	»	50
	Rœux	18	1	85	1	40	1	05
	Vitry..........	25	2	60	1	95	1	45
	Douai.........	35	3	60	2	70	2	»
	Leforest.......	42	4	35	3	25	2	45
	Montigny......	43	4	45	3	35	2	50
	Carvin........	49	5	05	3	80	2	85
	Somain........	50	5	15	3	90	2	90
	Séclin.........	57	5	90	4	45	3	30
	Wallers........	59	6	10	4	60	3	40
	Raismes........	65	6	70	5	05	3	75
	Lille	67	6	90	5	20	3	85
	Valenciennes ...	71	7	35	5	50	4	10
	Roubaix......	76	7	85	5	90	4	40
	Tourcoing.....	79	8	15	6	15	4	55
	Quiévrain	83	8	55	6	45	4	80
	Mouscron......	84	8	70	6	55	4	85
	Paris...........	215	22	20	16	70	12	40
	Pontoise.......	187	19	30	14	55	10	80
	Auvers.........	182	18	80	14	15	10	50
	Isle-Adam......	176	18	20	13	70	10	15
	Beaumont......	169	17	45	13	15	9	75
	Boran..........	165	16	85	12	65	9	40
	Saint-Leu......	155	16	»	12	05	8	95
	Creil...........	148	15	30	11	50	8	55
ARRAS	Liancourt......	141	14	55	10	95	8	15
	Clermont.......	133	13	75	10	35	7	70
	Saint-Just......	119	12	30	9	25	6	85
	Breteuil........	104	10	75	8	10	6	»
	Ailly	87	9	»	6	75	5	»
	Boves.........	77	7	95	6	»	4	45
	Amiens........	68	7	»	5	30	3	95
	Corbie.........	52	5	35	4	05	3	»
	Albert.........	36	3	70	2	80	2	10
	Achiet.........	18	1	85	1	40	1	05

Suite du Tarif pour le Transport des Voyageurs.

LIEUX DE DÉPART.	DESTINATIONS.	Distances servant de base à la fixation des prix de transport.	1re CLASSE. Voitures couvertes, garnies et fermées à glaces.		2e CLASSE. Voitures couvertes, fermées à glaces et à banquettes rembourrées.		3e CLASSE. Voitures couvertes et fermées avec rideaux.	
			\multicolumn{6}{c}{PRIX DE TRANSPORT.}				
		kilomèt.	fr.	c.	fr.	c.	fr.	c.
	Boileux.........	9	»	95	»	70	»	50
	Rœux..........	10	1	05	»	80	»	60
	Vitry..........	16	1	65	1	25	»	90
	Douai.........	26	2	70	2	»	1	50
	Leforest.......	33	3	40	2	55	1	90
	Montigny......	35	3	60	2	70	2	»
	Carvin........	40	4	15	3	10	2	30
ARRAS (Suite).....	Somain........	41	4	25	3	20	2	35
	Séclin........	48	4	95	3	75	2	75
	Wallers........	51	5	25	3	95	2	95
	Raismes........	57	5	90	4	45	3	30
	Lille..........	58	6	»	4	50	3	35
	Valenciennes...	62	6	40	4	80	3	60
	Roubaix........	68	7	»	5	30	3	95
	Tourcoing......	70	7	25	5	45	4	05
	Quiévrain......	74	7	50	5	75	4	25
	Mouscron.......	76	7	75	5	75	4	25
	Paris..........	225	23	25	17	50	13	»
	Pontoise.......	196	20	25	15	25	11	50
	Auvers........	191	19	75	14	85	11	05
	Isle-Adam......	185	19	10	14	40	10	70
	Beaumont......	179	18	50	13	90	10	35
	Boran.........	172	17	75	13	35	9	95
	Saint-Leu......	164	16	95	12	75	9	45
	Creil.........	157	16	20	12	20	9	05
	Liancourt.....	150	15	50	11	65	8	65
	Clermont......	143	14	75	11	10	8	25
	Saint-Just.....	128	13	20	9	95	7	40
	Breteuil.......	115	11	65	8	80	6	55
	Ailly.........	97	10	»	7	55	5	60
	Boves.........	86	8	90	6	70	4	95
	Amiens........	77	7	95	6	»	4	45
	Corbie........	62	6	40	4	80	3	60
	Albert........	46	4	75	3	60	2	65
ROEUX..........	Achiet........	27	2	80	2	10	1	55
	Boileux.	18	1	85	1	40	1	05
	Arras.........	10	1	05	»	80	»	60
	Vitry.........	7	»	70	»	55	»	40
	Douai.........	17	1	75	1	30	1	»
	Leforest.......	24	2	50	1	85	1	40
	Montigny......	25	2	60	1	95	1	45
	Carvin........	31	3	20	2	40	1	80
	Somain........	32	3	30	2	50	1	85
	Séclin........	39	4	05	3	05	2	25
	Wallers........	41	4	25	3	20	2	35
	Raismes........	47	4	85	3	65	2	70
	Lille..........	49	5	05	3	80	2	85
	Valenciennes...	55	5	45	4	10	3	05
	Roubaix........	58	6	»	4	50	3	35
	Tourcoing......	61	6	35	4	75	3	50
	Quiévrain......	65	6	70	5	05	3	75
	Mouscron.......	66	6	80	5	15	3	80

Suite du Tarif pour le Transport des Voyageurs.

LIEUX DE DÉPART.	DESTINATIONS.	Distances servant de base à la fixation des prix de transport.	1re CLASSE. Voitures couvertes, garnies et fermées à glaces.	2e CLASSE. Voitures couvertes, fermées à glaces et à banquettes rembourrées.	3e CLASSE. Voitures couvertes et fermées avec rideaux.
			PRIX DE TRANSPORT.		
		kilomèt.	fr. c.	fr. c.	fr. c.
	Paris.........	251	25 85	17 95	13 35
	Pontoise.......	205	20 95	15 80	11 70
	Auvers.........	198	20 45	15 40	11 45
	Isle-Adam.....	192	19 85	14 95	11 10
	Beaumont......	185	19 10	14 40	10 70
	Boran.........	179	18 50	13 90	10 35
	Saint-Leu	171	17 65	13 30	9 90
	Creil.........	164	16 95	12 75	9 45
	Liancourt......	157	16 20	12 20	9 05
	Clermont......	149	15 40	11 60	8 60
	Saint Just	135	13 95	10 50	7 80
	Breteuil	120	12 40	9 35	6 95
	Ailly.........	103	10 65	8 »	5 95
	Boves	95	9 60	7 25	5 35
	Amiens........	84	8 70	6 55	4 85
	Corbie	68	7 »	5 30	3 95
VITRY..........	Albert........	52	5 35	4 05	3 »
	Achiet........	34	3 50	2 65	1 95
	Boileux.......	25	2 60	1 95	1 45
	Arras.........	16	1 65	1 25	» 90
	Rœux	7	» 70	» 55	» 40
	Douai........	10	1 05	» 80	» 60
	Leforest......	17	1 75	1 30	1 »
	Montigny......	19	1 95	1 50	1 10
	Carvin	24	2 50	1 85	1 40
	Somain........	25	2 60	1 95	1 45
	Séclin........	32	3 30	2 50	1 85
	Wallers.......	35	3 60	2 70	2 »
	Raismes.......	41	4 25	3 20	2 35
	Lille	42	4 35	3 25	2 45
	Valenciennes...	46	4 75	3 60	2 65
	Roubaix......	52	5 35	4 05	3 »
	Tourcoing.....	54	5 60	4 20	3 10
	Quiévrain.....	58	6 »	4 50	3 35
	Mouscron.......	60	6 20	4 65	3 45
	Paris.........	241	24 90	18 75	13 90
	Pontoise.......	215	22 »	16 55	12 30
	Auvers........	208	21 50	16 15	12 »
	Isle-Adam.....	202	20 85	15 70	11 65
	Beaumont......	195	20 15	15 15	11 25
	Boran.........	189	19 50	14 70	10 90
	Saint-Leu......	181	18 70	14 05	10 45
	Creil.........	174	17 95	13 55	10 05
DOUAI..........	Liancourt......	167	17 25	13 »	9 65
	Clermont.....	159	16 40	12 35	9 20
	Saint-Just.....	145	15 »	11 25	8 35
	Breteuil.......	130	13 45	10 10	7 50
	Ailly.........	113	11 65	8 80	6 55
	Boves	103	10 65	8 »	5 95
	Amiens........	94	9 70	7 30	5 45
	Corbie........	78	8 05	6 05	4 50
	Albert........	62	6 40	4 80	3 60
	Achiet........	44	4 55	3 40	2 55

1846.

Suite du Tarif pour le Transport des Voyageurs.

LIEUX DE DÉPART.	DESTINATIONS.	Distances servant de base à la fixation des prix de transport.	1re CLASSE. Voitures couvertes, garnies et fermées à glaces.		2e CLASSE. Voitures couvertes, fermées à glaces et à banquettes rembourrées.		3e CLASSE. Voitures couvertes et fermées avec rideaux.	
			PRIX DE TRANSPORT.					
		kilomèt.	fr.	c.	fr.	c.	fr.	c.
DOUAI (Suite).....	Boileux........	35	3	60	2	70	2	»
	Arras.........	26	2	70	2	»	1	50
	Rœux.........	17	1	75	1	30	1	»
	Vitry.........	10	1	05	»	80	»	60
	Leforest......	7	»	70	»	55	»	40
	Montigny......	9	»	95	»	70	»	50
	Carvin........	14	1	45	1	10	»	80
	Somain.......	15	1	55	1	15	»	85
	Séclin........	22	2	25	1	70	1	25
	Wallers.......	25	2	60	1	95	1	45
	Raismes.......	31	3	20	2	40	1	80
	Lille.........	52	3	30	2	50	1	85
	Valenciennes...	36	3	70	2	80	2	10
	Roubaix.......	42	4	35	3	25	2	45
	Tourcoing.....	41	4	55	3	40	2	55
	Quiévrain	48	4	75	3	75	2	75
	Mouscron......	50	5	»	3	75	2	75
LEFOREST........	Paris..........	248	25	60	19	30	14	30
	Pontoise.......	220	22	75	17	10	12	70
	Auvers........	215	22	20	16	70	12	40
	Isle-Adam.....	209	21	60	16	25	12	05
	Beaumont......	202	20	85	15	70	11	65
	Boran.........	196	20	25	15	25	11	30
	Saint-Leu......	188	19	40	14	60	10	85
	Creil.........	181	18	70	14	05	10	45
	Liancourt......	174	17	95	13	55	10	05
	Clermont......	166	17	15	12	90	9	60
	Saint-Just.....	152	15	70	11	80	8	80
	Breteuil.......	137	14	15	10	65	7	90
	Ailly.........	120	12	40	9	35	6	95
	Boves.........	110	11	35	8	55	6	35
	Amiens........	101	10	45	7	85	5	85
	Corbie........	85	8	80	6	60	4	90
	Albert........	69	7	15	5	35	4	»
	Achiet........	51	5	25	3	95	2	95
	Boileux.......	42	4	35	3	25	2	45
	Arras.........	35	3	40	2	55	1	90
	Rœux.........	24	2	50	1	85	1	40
	Vitry.........	17	1	75	1	30	1	»
	Douai........	7	»	70	»	55	»	40
	Montigny......	16	1	65	1	25	»	90
	Carvin	7	»	70	»	55	»	40
	Somain.......	22	2	25	1	70	1	25
	Séclin........	15	1	55	1	15	»	85
	Wallers.......	32	3	30	2	50	1	85
	Raismes.......	38	3	95	2	95	2	20
	Lille.........	25	2	60	1	95	1	45
	Valenciennes...	43	4	45	3	35	2	50
	Roubaix.......	35	3	60	2	70	2	»
	Tourcoing.....	37	3	80	2	90	2	15
	Quiévrain	55	5	70	4	30	3	20
	Mouscron......	43	4	45	3	35	2	50

Suité du Tarif pour le Transport des Voyageurs.

LIEUX DE DÉPART.	DESTINATIONS.	Distances servant de base à la fixation des prix de transport.	1re CLASSE. Voitures couvertes, garnies et fermées à glaces.		2e CLASSE. Voitures couvertes, fermées à glaces et à banquettes rembourrées.		3e CLASSE. Voitures couvertes et fermées avec rideaux.	
		kilomèt.	fr.	c.	fr.	c.	fr.	c.
MONTIGNY	Paris	250	25	85	19	45	14	45
	Pontoise	221	22	85	17	20	12	75
	Auvers	216	22	30	16	80	12	45
	Isle-Adam	210	21	70	16	35	12	15
	Beaumont	204	21	05	15	85	11	80
	Boran	197	20	35	15	30	11	40
	Saint-Leu	189	19	50	14	70	10	90
	Creil	182	18	80	14	15	10	50
	Liancourt	175	18	10	13	60	10	10
	Clermont	168	17	35	13	05	9	70
	Saint-Just	153	15	80	11	90	8	85
	Breteuil	138	14	25	10	75	7	95
	Ailly	122	12	60	9	50	7	05
	Boves	111	11	45	8	65	6	40
	Amiens	102	10	55	7	95	5	90
	Corbie	87	9	»	6	75	5	»
	Albert	71	7	35	5	50	4	10
	Achiet	52	5	55	4	05	3	»
	Boileux	43	4	45	3	35	2	50
	Arras	35	3	60	2	70	2	»
	Rœux	25	2	60	1	95	1	45
	Vitry	19	1	95	1	50	1	10
	Douai	9	»	95	1	70	»	50
	Leforest	16	1	65	1	25	»	90
	Carvin	25	2	40	1	80	1	55
	Somain	7	»	70	»	55	»	40
	Séclin	30	3	10	2	35	1	75
	Wallers	16	1	65	1	25	»	90
	Raismes	22	2	25	1	70	1	25
	Lille	41	4	25	3	20	2	35
	Valenciennes	28	2	90	2	20	1	60
	Roubaix	50	5	15	3	90	2	90
	Tourcoing	53	5	45	4	10	3	00
	Quiévrain	40	4	15	3	10	2	30
	Mouscron	58	6	»	4	50	3	35
CARVIN	Paris	255	26	35	19	85	14	75
	Pontoise	227	23	45	17	65	13	10
	Auvers	222	22	95	17	25	12	80
	Isle-Adam	216	22	30	16	80	12	45
	Beaumont	209	21	60	16	25	12	05
	Boran	203	20	95	15	80	11	70
	Saint-Leu	195	20	15	15	15	11	25
	Creil	188	19	40	14	60	10	85
	Liancourt	181	18	70	14	05	10	45
	Clermont	175	17	85	13	45	10	»
	Saint-Just	159	16	40	12	35	9	20
	Breteuil	144	14	90	11	20	8	30
	Ailly	127	13	10	9	85	7	35
	Boves	116	12	»	9	»	6	70
	Amiens	108	11	15	8	40	6	25
	Corbie	92	9	50	7	15	5	30
	Albert	76	7	85	5	90	4	40
	Achiet	58	6	»	4	50	3	35

1846.

Suite *du* Tarif pour le Transport des Voyageurs.

LIEUX DE DÉPART.	DESTINATIONS.	Distances servant de base à la fixation des prix de transport.	1re CLASSE. Voitures couvertes, garnies et fermées à glaces.		2e CLASSE. Voitures couvertes, fermées à glaces et à banquettes rembourrées.		3e CLASSE. Voitures couvertes et fermées avec rideaux.	
			PRIX DE TRANSPORT.					
		kilomèt.	fr.	c.	fr.	c.	fr.	c.
CARVIN (Suite)	Boileux	49	5	05	3	80	2	83
	Arras	40	4	15	3	10	2	30
	Rœux	31	3	20	2	40	1	80
	Vitry	24	2	50	1	85	1	40
	Douai	14	1	45	1	10	»	80
	Leforest	7	»	70	»	55	»	40
	Montigny	23	2	40	1	80	1	35
	Somain	29	3	»	2	25	1	65
	Séclin	8	»	80	»	45	»	33
	Wallers	39	4	05	3	05	2	25
	Raismes	45	4	65	3	50	2	60
	Lille	18	1	75	1	»	»	80
	Valenciennes	50	5	15	3	90	2	90
	Roubaix	28	2	90	2	20	1	60
	Tourcoing	30	3	10	2	35	1	75
	Quiévrain	62	6	40	4	80	3	60
	Mouscron	36	3	70	2	80	2	10
SOMAIN	Paris	256	26	45	19	90	14	80
	Pontoise	228	23	55	17	75	13	15
	Auvers	223	23	05	17	35	12	90
	Isle-Adam	217	22	40	16	85	12	55
	Beaumont	210	21	70	16	35	12	15
	Boran	204	21	05	15	85	11	80
	Saint-Leu	196	20	25	15	25	11	30
	Creil	189	19	50	14	70	10	90
	Liancourt	182	18	80	14	15	10	50
	Clermont	174	17	95	13	55	10	05
	Saint-Just	160	16	55	12	45	9	25
	Breteuil	145	15	»	11	25	8	35
	Ailly	128	13	20	9	95	7	40
	Boves	118	12	20	9	15	6	80
	Amiens	109	11	25	8	45	6	50
	Corbie	93	9	60	7	25	5	35
	Albert	77	7	95	6	»	4	45
	Achiet	59	6	10	4	60	3	40
	Boileux	50	5	15	3	90	2	55
	Arras	41	4	25	3	20	2	35
	Rœux	32	3	30	2	50	1	85
	Vitry	25	2	60	1	95	1	45
	Douai	15	1	55	1	15	»	85
	Leforest	22	1	25	1	70	1	25
	Montigny	7	»	70	»	55	»	40
	Carvin	29	3	»	2	25	1	65
	Séclin	57	3	80	2	90	2	15
	Wallers	10	1	05	»	80	»	60
	Raismes	16	1	65	1	25	»	90
	Lille	47	4	85	3	65	2	70
	Valenciennes	21	2	15	1	65	1	20
	Roubaix	57	5	90	4	45	3	30
	Tourcoing	59	6	10	4	60	3	40
	Quiévrain	53	5	40	2	55	1	90
	Mouscron	64	6	60	5	»	3	70

Suite du Tarif pour le Transport des Voyageurs.

LIEUX DE DÉPART.	DESTINATIONS.	Distances servant de base à la fixation des prix de transport.	1re CLASSE. Voitures couvertes, garnies et fermées à glaces.		2e CLASSE. Voitures couvertes, fermées à glaces et à banquettes rembourrées.		3e CLASSE. Voitures couvertes et fermées avec rideaux.	
			PRIX DE TRANSPORT.					
		kilomèt.	fr.	c.	fr.	c.	fr.	c.
SÉCLIN	Paris	263	27	15	20	45	13	20
	Pontoise	234	24	15	18	20	13	50
	Auvers	230	23	75	17	90	13	30
	Isle-Adam	224	23	15	17	40	12	95
	Beaumont	217	22	40	16	85	12	55
	Boran	210	21	70	16	35	12	15
	Saint-Leu	202	20	85	15	70	11	65
	Creil	196	20	25	15	25	11	50
	Liancourt	188	19	40	14	60	10	85
	Clermont	181	18	70	14	05	10	45
	Saint-Just	167	17	25	13	»	9	65
	Breteuil	151	15	60	11	75	8	70
	Ailly	135	13	95	10	50	7	80
	Boves	124	12	80	9	65	7	15
	Amiens	116	12	»	9	»	6	70
	Corbie	100	10	35	7	80	5	80
	Albert	84	8	70	6	55	4	85
	Achiet	66	6	80	5	15	3	80
	Boileux	57	5	90	4	45	3	30
	Arras	48	4	95	3	75	2	75
	Rœux	39	4	05	3	05	2	25
	Vitry	32	3	30	2	50	1	85
	Douai	22	2	25	1	70	1	25
	Leforest	15	1	55	1	15	»	85
	Montigny	30	3	10	2	35	1	75
	Carvin	8	»	80	»	45	»	35
	Somain	37	3	80	2	90	2	15
	Wallers	46	4	75	3	60	2	65
	Raismes	52	5	35	4	05	3	»
	Lille	11	1	»	»	75	»	60
	Valenciennes	58	5	50	4	25	3	35
	Roubaix	20	2	05	1	55	1	15
	Tourcoing	23	2	40	1	80	1	35
	Quiévrain	70	7	»	5	45	4	»
	Mouscron	28	2	90	2	20	1	60
WALLERS	Paris	266	27	50	20	70	15	35
	Pontoise	237	24	50	18	45	13	70
	Auvers	232	23	95	18	05	13	40
	Isle-Adam	226	23	35	17	55	13	05
	Beaumont	220	22	75	17	10	12	70
	Boran	213	22	»	16	55	12	30
	Saint-Leu	205	21	20	15	95	11	85
	Creil	198	20	45	15	40	11	45
	Liancourt	191	19	75	14	85	11	05
	Clermont	184	19	»	14	30	10	65
	Saint-Just	169	17	45	13	15	9	75
	Breteuil	154	15	90	11	95	8	90
	Ailly	138	14	25	10	75	7	95
	Boves	127	13	10	9	85	7	35
	Amiens	118	12	20	9	15	6	80
	Corbie	103	10	65	8	»	5	95
	Albert	87	9	»	6	75	5	»
	Achiet	68	7	»	5	30	3	95

Suite du Tarif pour le Transport des Voyageurs.

LIEUX DE DÉPART.	DESTINATIONS.	Distances servant de base à la fixation des prix de transport.	1re CLASSE. Voitures couvertes, garnies et fermées à glaces.	2e CLASSE. Voitures couvertes, fermées à glaces et à banquettes rembourrées.	3e CLASSE. Voitures couvertes et fermées avec rideaux.
		kilomèt.	fr. c.	fr. c.	fr. c.
WALLERS (Suite).	Boileux	59	6 10	4 60	3 40
	Arras	51	5 25	3 95	2 95
	Rœux	41	4 25	3 20	2 35
	Vitry	35	3 60	2 70	2 »
	Douai	25	2 60	1 95	1 45
	Leforest	32	3 30	2 50	1 85
	Montigny	16	1 65	1 25	» 90
	Carvin	39	4 05	3 05	2 25
	Somain	10	1 05	» 80	» 60
	Séclin	46	4 75	3 60	2 65
	Raismes	6	» 60	» 45	» 35
	Lille	57	5 50	4 25	3 30
	Valenciennes	12	1 25	» 95	» 70
	Roubaix	66	6 80	5 15	3 80
	Tourcoing	69	7 15	5 55	4 »
	Quiévrain	24	2 50	1 85	1 40
	Mouscron	74	7 65	5 75	4 25
RAISMES	Paris	272	28 10	21 15	15 70
	Pontoise	243	25 10	18 90	14 05
	Auvers	258	24 60	18 50	13 75
	Isle-Adam	232	23 95	18 05	13 40
	Beaumont	266	23 35	17 55	13 05
	Boran	219	22 60	17 05	12 65
	Saint-Leu	211	21 80	16 40	12 20
	Creil	204	21 05	15 85	11 80
	Liancourt	197	20 35	15 50	11 40
	Clermont	190	19 65	14 75	10 95
	Saint-Just	175	18 10	13 60	10 10
	Breteuil	160	16 55	12 45	9 25
	Ailly	144	14 90	11 20	8 30
	Boves	135	15 75	10 55	7 70
	Amiens	124	12 80	9 65	7 15
	Corbie	109	11 25	8 45	6 50
	Albert	93	9 60	7 25	5 35
	Achiet	74	7 65	5 75	4 25
	Boileux	65	6 70	5 05	3 75
	Arras	57	5 90	4 45	3 30
	Rœux	47	4 85	3 65	2 70
	Vitry	41	4 25	3 20	2 35
	Douai	31	3 20	2 40	1 80
	Leforest	38	3 95	2 95	2 20
	Montiguy	22	2 25	1 70	1 25
	Carvin	45	4 65	3 50	2 60
	Somain	16	1 65	1 25	» 90
	Séclin	52	5 35	4 05	3 »
	Wallers	6	» 60	» 45	» 35
	Lille	65	5 50	4 25	3 50
	Valenciennes	6	» 60	» 45	» 35
	Roubaix	72	7 45	5 60	4 15
	Tourcoing	75	7 75	5 85	4 35
	Quiévrain	18	1 85	1 40	1 05
	Mouscron	80	8 25	6 20	4 60

Suite du Tarif pour le Transport des Voyageurs.

LIEUX DE DÉPART.	DESTINATIONS.	Distances servant de base des prix de transport.	1re CLASSE. Voitures couvertes, garnies et fermées à glaces.	2e CLASSE. Voitures couvertes, fermées à glaces et à banquettes rembourrées.	3e CLASSE. Voitures couvertes et fermées avec rideaux.
			PRIX DE TRANSPORT.		
		kilomèt.	fr. c.	fr. c.	fr. c.
	Paris...........	273	28 20	21 25	15 75
	Pontoise........	245	25 30	19 05	14 15
	Auvers..........	240	24 80	18 65	13 85
	Isle-Adam......	234	24 15	18 20	13 50
	Beaumont	227	23 45	17 65	13 10
	Boran..........	220	22 75	17 10	12 70
	Saint Leu......	213	22 »	16 55	12 30
	Creil...........	206	21 30	16 »	11 90
	Liancourt......	199	20 55	15 45	11 50
	Clermont.......	191	19 75	14 85	11 05
	Saint-Just......	177	18 30	13 75	10 20
	Breteuil........	161	16 65	12 50	9 30
	Ailly	145	15 »	11 25	8 35
	Boves	134	13 85	10 40	7 75
	Amiens.........	126	13 »	9 80	7 30
	Corbie..........	110	11 35	8 55	6 35
	Albert..........	94	9 70	7 30	5 45
LILLE	Achiet..........	76	7 85	5 90	4 40
	Boileux.........	67	6 90	5 20	3 85
	Arras	58	6 »	4 50	3 35
	Rœux..........	49	5 05	3 80	2 85
	Vitry...........	42	4 35	3 25	2 45
	Douai	32	3 30	2 50	1 85
	Leforest........	25	2 60	1 95	1 45
	Montigny.......	41	4 25	3 20	2 35
	Carvin	18	1 75	1 »	» 80
	Somain.........	47	4 85	3 65	2 70
	Séclin..........	11	1 »	» 75	» 60
	Wallers........	57	5 50	4 25	3 30
	Raismes........	63	5 50	4 25	3 50
	Valenciennes...	68	5 50	4 25	3 50
	Roubaix........	10	» 80	» 60	» 40
	Tourcoing	12	1 »	» 75	» 50
	Quiévrain	80	7 »	5 50	4 »
	Mouscron......	18	1 80	1 35	» 90
	Paris...........	277	28 60	21 55	16 »
	Pontoise........	248	25 60	19 30	14 30
	Auvers..........	243	25 10	18 90	14 05
	Isle-Adam......	238	24 60	18 50	13 75
	Beaumont.......	231	23 85	17 95	13 35
	Boran..........	224	23 15	17 40	12 95
	Saint-Leu......	216	22 30	16 80	12 45
	Creil...........	210	21 70	16 55	12 15
VALENCIENNES..	Liancourt.......	202	20 85	15 70	11 65
	Clermont.......	195	20 15	15 15	11 25
	Saint-Just	180	18 60	14 »	10 40
	Breteuil	165	17 05	12 85	9 55
	Ailly...........	149	15 40	11 60	8 60
	Boves	138	14 25	10 75	7 95
	Amiens.........	129	13 35	10 65	7 45
	Corbie	114	11 80	8 85	6 60
	Albert..........	98	10 10	7 60	5 65
	Achiet..........	80	8 25	20	4 60

1846.

Suite du Tarif pour le Transport des Voyageurs.

LIEUX DE DÉPART.	DESTINATIONS.	Distances servant de base à la fixation des prix de transport.	1re CLASSE. Voitures couvertes, garnies et fermées à glaces.		2e CLASSE. Voitures couvertes, fermées à glaces et à banquettes rembourrées.		3e CLASSE. Voitures couvertes et fermées avec rideaux.	
			PRIX DE TRANSPORT.					
		kilomèt.	fr.	c.	fr.	c.	fr.	c.
VALENCIENNES.. (Suite)........	Boileux........	71	7	35	5	30	4	10
	Arras.........	62	6	40	4	80	3	60
	Rœux	53	5	45	4	10	3	05
	Vitry........	46	4	75	3	60	2	65
	Douai........	56	3	70	2	80	2	10
	Leforest.......	43	4	45	3	35	2	50
	Montigny......	28	2	90	2	20	1	60
	Carvin........	50	5	15	3	90	2	90
	Somain........	21	2	15	1	65	1	20
	Séclin........	58	5	50	4	25	3	35
	Wallers........	12	1	25	»	95	»	70
	Raismes.......	6	»	60	»	45	»	35
	Lille.........	68	5	50	4	25	3	50
	Roubaix.......	77	7	95	6	»	4	45
	Tourcoing	80	8	25	6	20	4	60
	Quiévrain	13	1	10	»	85	»	55
	Mouscron......	85	8	80	6	60	4	90
ROUBAIX........	Paris.........	285	29	25	22	»	16	35
	Pontoise.......	254	26	25	19	75	14	65
	Auvers........	249	25	70	19	35	14	40
	Isle-Adam......	243	25	10	18	90	14	05
	Beaumont	237	24	50	18	45	13	70
	Boran........	230	23	75	17	90	13	30
	Saint-Leu......	222	22	95	17	25	12	80
	Creil.........	215	22	20	16	70	12	40
	Liancourt......	208	21	50	16	15	12	»
	Clermont......	201	20	75	15	65	11	60
	Saint-Just.....	186	19	20	14	45	10	75
	Breteuil.......	171	17	65	13	30	9	90
	Ailly.........	155	16	»	12	05	8	95
	Boves........	144	14	90	11	20	8	30
	Amiens........	135	13	95	10	50	7	80
	Corbie........	120	12	40	9	35	6	95
	Albert........	104	10	75	8	10	6	»
	Achiet........	85	8	80	6	60	4	90
	Boileux........	76	7	85	5	90	4	40
	Arras.........	68	7	»	5	30	3	95
	Rœux.........	58	6	»	4	50	3	35
	Vitry.........	52	5	35	4	05	3	»
	Douai........	42	4	35	3	25	2	45
	Leforest.......	35	3	60	2	70	2	»
	Montigny......	50	5	15	3	90	2	90
	Carvin........	28	2	90	2	20	1	60
	Somain........	57	5	90	4	45	3	30
	Séclin........	20	2	05	1	55	1	15
	Wallers	66	6	80	5	15	3	80
	Raismes.......	72	7	45	5	60	4	15
	Lille.........	10	»	80	»	60	»	40
	Valenciennes ...	77	7	95	6	»	4	45
	Tourcoing	6	»	60	»	45	»	25
	Quiévrain	89	9	20	6	90	5	15
	Mouscron......	8	»	85	»	60	»	45

Suite du Tarif pour le Transport des Voyageurs.

LIEUX DE DÉPART.	DESTINATIONS.	Distances servant de base à la fixation des prix de transport.	1ʳᵉ CLASSE. Voitures couvertes, garnies et fermées à glaces.		2ᵉ CLASSE. Voitures couvertes, fermées à glaces et à banquettes rembourrées.		3ᵉ CLASSE. Voitures couvertes fermées avec rideaux.	
			PRIX DE TRANSPORT.					
		kilomèt.	fr.	c.	fr.	c.	fr.	c.
	Paris.........	285	29	45	22	15	16	45
	Pontoise.......	257	26	55	20	»	14	85
	Auvers........	252	26	05	19	60	14	55
	Isle-Adam......	246	25	40	19	15	14	20
	Beaumont......	239	24	70	18	60	13	80
	Boran.........	232	23	95	18	05	13	40
	Saint-Leu.....	225	23	25	17	50	13	»
	Creil.........	218	22	50	16	95	12	60
	Liancourt......	211	21	80	16	40	12	20
	Clermont......	203	20	95	15	80	11	70
	Saint-Just.....	189	19	50	14	70	10	90
	Breteuil.......	175	17	85	13	45	10	»
	Ailly.........	157	16	20	12	20	9	05
	Boves.........	146	15	10	11	35	8	45
	Amiens........	138	14	25	10	75	7	95
	Corbie........	122	12	60	9	50	7	05
	Albert........	106	10	95	8	25	6	10
TOURCOING.....	Achiet........	88	9	10	6	85	5	10
	Boileux.......	79	8	15	6	15	4	55
	Arras.........	70	7	25	5	45	4	05
	Rœux.........	61	6	30	4	75	3	50
	Vitry.........	54	5	60	4	20	3	10
	Douai.........	44	4	55	3	40	2	55
	Leforest.......	37	3	80	2	90	2	15
	Montigny......	55	5	45	4	10	3	05
	Carvin........	30	3	10	2	35	1	75
	Somain.... ...	59	6	10	4	60	3	40
	Séclin........	23	2	40	1	80	1	35
	Wallers.......	69	7	15	5	35	4	»
	Raismes.......	75	7	75	5	85	4	35
	Lille.........	12	1	»	»	75	»	50
	Valenciennes...	80	8	25	6	20	4	60
	Roubaix.......	6	»	60	»	45	»	25
	Quiévrain......	92	9	50	7	15	5	30
	Mouscron......	6	»	60	»	45	»	35
	Paris.........	289	29	75	22	25	16	50
	Pontoise.......	260	26	85	20	20	15	»
	Auvers........	256	26	45	19	90	14	80
	Isle-Adam......	250	25	85	19	45	14	45
	Beaumont......	243	25	10	18	90	14	05
	Boran.........	236	24	40	18	35	13	65
	Saint-Leu.....	229	23	65	17	80	13	20
QUIÉVRAIN.....	Creil.........	222	22	95	17	25	12	80
	Liancourt......	214	22	10	16	65	12	35
	Clermont......	207	21	40	16	10	11	95
	Saint-Just.....	193	19	95	15	»	11	15
	Breteuil.......	177	18	30	13	75	10	20
	Ailly.........	161	16	65	12	50	9	30
	Boves.........	150	15	50	11	65	8	65
	Amiens........	142	14	50	11	»	8	»
	Corbie........	126	13	»	9	80	7	50
	Albert........	110	11	35	8	55	6	35
	Achiet........	92	9	50	7	15	5	30

Suite du Tarif pour le Transport des Voyageurs.

LIEUX DE DÉPART.	DESTINATIONS.	Distances servant de base à la fixation des prix de transport.	1re CLASSE. Voitures couvertes, garnies et fermées à glaces.		2e CLASSE. Voitures couvertes, et fermées à glaces et à banquettes rembourrées.		3e CLASSE. Voitures couvertes et fermées avec rideaux.	
		kilomèt.	fr.	c.	fr.	c.	fr.	c.
QUIÉVRAIN (Suite)	Boileux........	85	8	55	6	45	4	80
	Arras..........	74	7	50	5	75	4	25
	Rœux..........	65	6	70	5	05	3	75
	Vitry..........	58	6	»	4	50	3	35
	Douai..........	48	4	75	3	75	2	75
	Leforest.......	55	5	70	4	30	3	20
	Montigny......	40	4	15	3	10	2	30
	Carvin.........	62	6	40	4	80	3	60
	Somain........	55	3	40	2	55	1	90
	Séclin.........	70	7	»	5	45	4	»
	Wallers........	24	2	50	1	85	1	40
	Raismes.......	18	1	85	1	40	1	05
	Lille..........	80	7	»	5	50	4	»
	Valenciennes...	13	1	10	»	85	»	55
	Roubaix........	89	9	20	6	90	»	45
	Tourcoing......	92	9	50	7	15	5	30
	Mouscron.......	»	»	»	»	»	»	»
MOUSCRON.	Paris..........	291	30	»	22	50	16	75
	Pontoise.......	262	27	05	20	35	15	15
	Auvers........	257	26	55	20	»	14	85
	Isle-Adam.....	251	25	95	19	50	14	50
	Beaumont......	245	25	30	19	05	14	15
	Boran.........	238	24	60	18	50	13	75
	Saint-Leu.....	230	23	75	17	90	13	30
	Creil.........	223	23	05	17	35	12	90
	Liancourt.....	216	22	30	16	80	12	45
	Clermont......	209	21	60	16	25	12	05
	Saint-Just....	194	20	05	15	10	11	20
	Breteuil......	179	18	50	13	90	10	35
	Ailly.........	165	16	85	12	65	9	40
	Boves.........	152	15	70	11	80	8	80
	Amiens........	145	14	75	11	»	8	25
	Corbie........	128	13	20	9	95	7	40
	Albert........	112	11	55	8	70	6	45
	Achiet........	93	9	60	7	25	5	35
	Boileux.......	84	8	70	6	55	4	85
	Arras.........	76	7	75	5	75	4	25
	Rœux.........	66	6	80	5	15	3	80
	Vitry.........	60	6	20	4	65	3	45
	Douai.........	50	5	»	3	75	2	75
	Leforest......	43	4	45	3	35	2	50
	Montigny......	58	6	»	4	50	3	35
	Carvin........	36	3	70	2	80	2	10
	Somain........	64	6	60	5	»	3	70
	Séclin........	28	2	90	2	20	1	60
	Wallers.......	74	7	65	5	75	4	25
	Raismes.......	80	8	25	6	20	4	60
	Lille.........	18	1	80	1	35	»	90
	Valenciennes...	85	8	80	6	60	4	90
	Roubaix.......	8	»	85	»	60	»	45
	Tourcoing.....	6	»	60	»	45	»	35
	Quiévrain.....	»	»	»	»	»	»	»

CHAPITRE II.

Bagages, articles de messagerie pesant plus de 6 kilogrammes, et marchandises. — Articles de messagerie ne pesant pas plus de 6 kilogrammes. — Huîtres et poisson frais. — Finances et autres valeurs.

SECTION 1re. — Prix de transport.

§ Ier. — *Bagages, articles de messagerie pesant plus de 6 kilogrammes, et marchandises.*

2. .....(1).

3. Aux termes de l'art. 42 du cahier des charges, tout voyageur dont le bagage ne pèsera pas plus de 30 kilogrammes, n'aura à payer, pour le port de ce bagage, aucun supplément du prix de sa place.

4. Conformément aux termes de l'article 43 du cahier des charges, les militaires ou marins voyageant isolément pour cause de service, envoyés en congé pour appartenir à la réserve, envoyés en congé limité ou rentrant dans leurs foyers après libération, ne seront assujettis, eux et leurs bagages qu'à la moitié des taxes fixées par la présente ordonnance.

Les militaires ou marins voyageant en corps ne seront assujettis, eux et leurs bagages, qu'au quart des mêmes taxes.

§ II. — *Huîtres et poisson frais.*

5. La compagnie est autorisée à percevoir, pour le transport des huîtres et du poisson frais, savoir :

Par fraction indivisible de 10 kilog. et par kilom......... 50 c.

§ III. — *Articles de messagerie ne pesant pas plus de 6 kilogrammes.*

6. .....(2).

§ IV. — *Or, argent, bijoux et autres valeurs.*

8. .....(3).

SECTION II. — Frais accessoires.

§ Ier. — *Enregistrement et magasinage.*

9. La compagnie est autorisée à percevoir un droit fixe de 10 centimes pour l'enregistrement, tant des bagages dont le poids excédera 30 kilogrammes que de toute expédition, soit d'articles de messagerie ou de marchandises, soit de poisson frais ou de finances.

L'enregistrement est facultatif pour les bagages dont le poids n'excédera pas 30 kilogrammes ; lorsqu'il aura lieu, à la demande des voyageurs, il sera soumis au droit de 10 cent.

10. La compagnie est également autorisée à percevoir, à titre de frais de magasinage, un droit de 20 centimes par fraction indivisible de 100 kilogrammes, pour les articles de messagerie et les marchandises adressés *bureau restant*.

Tout article dont le poids serait inférieur à 100 kilogrammes, sera soumis au même droit.

Lorsque les articles de messagerie et les marchandises ne seront

---

(1) Abrogé.—V. les art. 3 et 4 de l'ord. du 22 fév. 1847.
(2) Abrogé.—V. les art. 3 et 4 de l'ord. du 22 fév. 1847.
(3) Abrogé.—V. les art. 1 et 2 de l'ord. du 22 fév. 1847.

pas enlevés dans les 24 heures, il sera perçu un droit supplémentaire de 5 centimes par 100 kilogrammes et par jour.

§ II. — *Chargement et déchargement.*

11. .....(1).

CHAPITRE III.

Voitures, chevaux et chiens.

SECTION 1re. — Prix de transport.

§ Ier. — *Chevaux et voitures.*

12. La compagnie est autorisée à percevoir, pour le transport des voitures et chevaux, les prix fixés au tableau suivant.

Tarif pour le Transport des Voitures et des Chevaux.

LIEUX DE DÉPART ET DE DESTINATION.		Distances servant de base à la fixation des prix de transport.	Voitures à 1 fond et à 1 banquette.	Voitures à 2 fonds et à 2 banquettes.	Chevaux.
		kilomèt.	fr. c.	fr. c.	fr. c.
DE PARIS aux stations ci-contre *et vice versâ*.	Pontoise........	29	14 50	18 50	5 50
	Beaumont......	46	23 »	29 »	9 »
	Creil..........	68	34 »	43 »	13 50
	Clermont......	85	41 »	55 »	16 50
	Breteuil........	112	56 »	71 »	22 »
	Amiens........	148	74 »	94 »	29 »
	Albert..........	179	89 »	114 »	35 »
	Arras	215	107 »	137 »	43 »
	Douai..........	241	120 »	154 »	48 »
	Lille...........	275	136 »	174 »	54 »
	Valenciennes ...	277	138 »	177 »	55 »
	Quiévrain	289	144 »	184 »	57 »
	Mouscron	291	145 »	186 »	58 »
DE PONTOISE aux stations ci-contre *et vice versâ*.	Beaumont......	18	9 »	11 50	3 50
	Creil..........	39	19 50	24 »	7 50
	Clermont.......	54	27 »	34 »	10 50
	Breteuil........	84	42 »	55 »	16 50
	Amiens.........	119	59 »	76 »	23 »
	Albert..........	151	75 »	96 »	30 »
	Arras..........	187	93 »	119 »	37 »
	Douai	213	106 »	136 »	42 »
	Lille...........	245	122 »	156 »	49 »
	Valenciennes ...	248	124 »	158 »	49 »
	Quiévrain	260	130 »	166 »	52 »
	Mouscron.......	262	131 »	167 »	52 »

(1) Abrogé. — V. l'art, 5 de l'ord, du 22 fév. 1847.

Suite du Tarif pour le Transport des Voitures et des Chevaux.

LIEUX DE DÉPART ET DE DESTINATION.	Distances servant de base à la fixation des prix de transport.	Voitures à 1 fond et à 1 banquette.		Voitures à 2 fonds et à 2 banquettes.		Chevaux.	
	kilomèt.	fr.	c.	fr.	c.	fr.	c.
DE BEAUMONT aux stations ci-contre *et vice versâ.* Creil	22	11	»	14	»	4	»
Clermont	37	18	50	23	»	7	»
Breteuil	66	33	»	42	»	13	»
Amiens	102	51	»	65	»	20	»
Albert	133	66	»	85	»	26	»
Arras	169	84	»	108	»	33	»
Douai	195	97	»	124	»	39	»
Lille	227	113	»	145	»	45	»
Valenciennes	231	115	»	147	»	46	»
Quiévrain	243	121	»	155	»	48	»
Mouscron	245	122	»	156	»	49	»
DE CREIL aux stations ci-contre *et vice versâ.* Clermont	15	7	50	9	50	3	»
Breteuil	45	22	50	28	»	9	»
Amiens	81	40	»	51	»	16	»
Albert	112	56	»	71	»	22	»
Arras	148	74	»	94	»	29	»
Douai	174	87	»	111	»	34	»
Lille	206	103	»	131	»	41	»
Valenciennes	210	105	»	134	»	42	»
Quiévrain	222	111	»	142	»	44	»
Mouscron	223	111	»	142	»	44	»
DE CLERMONT aux stations ci-contre *et vice versâ.* Breteuil	30	15	»	19	»	6	»
Amiens	66	33	»	42	»	13	»
Albert	97	48	»	62	»	19	»
Arras	133	66	»	85	»	26	»
Douai	159	79	»	101	»	31	»
Lille	191	95	»	122	»	38	»
Valenciennes	195	97	»	124	»	39	»
Quiévrain	207	103	»	132	»	41	»
Mouscron	209	104	»	133	»	41	»
DE BRETEUIL aux stations ci-contre *et vice versâ.* Amiens	36	18	»	23	»	7	»
Albert	68	34	»	43	»	13	50
Arras	104	52	»	66	»	20	50
Douai	130	65	»	83	»	26	»
Lille	161	80	»	103	»	32	»
Valenciennes	165	82	»	105	»	33	»
Quiévrain	177	88	»	113	»	35	»
Mouscron	179	89	»	114	»	35	»

Suite du Tarif pour le Transport des Voitures et des Chevaux.

LIEUX DE DÉPART ET DE DESTINATION.		Distances servant de base à la fixation des prix de transport.	Voitures à 1 fond et à 1 banquette.		Voitures à 2 fonds et à 2 banquettes.		Chevaux.	
			PRIX DE TRANSPORT.					
		kilomèt.	fr.	c.	fr.	c.	fr.	c.
D'AMIENS aux stations ci-contre et vice versâ.	Albert.........	32	16	»	20	50	6	»
	Arras.........	68	34	»	43	»	13	50
	Douai.........	94	47	»	60	»	18	50
	Lille	126	63	»	80	»	25	»
	Valenciennes...	129	64	»	82	»	25	»
	Quiévrain.......	142	71	»	90	»	28	»
	Mouscron	143	71	»	91	»	28	»
D'ALBERT aux stations ci-contre et vice versâ.	Arras	36	18	»	23	»	7	»
	Douai	62	31	»	9	»	12	»
	Lille	94	47	»	60	»	18	50
	Valenciennes ...	98	49	»	62	»	19	50
	Quiévrain.......	110	55	»	70	»	22	»
	Mouscron......	112	56	»	71	»	22	»
D'ARRAS aux stations ci-contre et vice versâ.	Douai	26	13	»	16	50	5	»
	Lille...........	58	29	»	37	»	11	50
	Valenciennes ...	62	31	»	39	»	12	»
	Quiévrain.......	74	37	»	47	»	14	50
	Mouscron......	76	38	»	48	»	15	»
DE DOUAI aux stations ci-contre et vice versâ.	Lille	32	16	»	20	50	6	»
	Valenciennes ...	36	18	»	23	»	7	»
	Quiévrain	48	24	»	30	»	9	50
	Mouscron	50	25	»	32	»	10	»
DE LILLE aux stations ci-contre et vice versâ.	Valenciennes ...	68	34	»	43	»	13	50
	Quiévrain	80	40	»	51	»	16	»
	Mouscron	18	9	»	11	»	3	50
DE VALENCIENN. aux stations ci-contre et vice versâ.	Quiévrain	13	6	50	8	»	2	50
	Mouscron	85	42	»	54	»	17	»

13. Deux personnes pourront, sans supplément, voyager dans les voitures à une banquette, et trois, dans les voitures à deux banquettes. Les voyageurs, excédant ce nombre, payeront le prix des places de 2ᵉ classe, quand ils resteront dans leur voiture (article 36 du cahier des charges).

§ II. — *Chiens.*

14. La compagnie est autorisée à percevoir 50 centimes par parcours indivisible de 30 kilomètres pour le transport d'un chien.

SECTION II. — Frais accessoires de chargement et de déchargement.

15. Les frais accessoires de chargement et de déchargement des voitures et des chevaux sont fixés ainsi qu'il suit, savoir :

> Une voiture................ 2 fr.
> Un cheval................... 2

TITRE II.

TRANSPORT A LA VITESSE DES MARCHANDISES.

16. Il n'est point indiqué de taxes pour les transports à la vitesse des marchandises, la compagnie n'étant point encore en mesure d'effectuer des transports à cette vitesse.

(*Voir* l'article XVII, aux Dispositions générales.)

TITRE III.

DISPOSITIONS GÉNÉRALES.

17. La compagnie n'est autorisée à percevoir les prix de la grande vitesse, indiqués ci-dessus, qu'à titre provisoire et à la condition de mettre, dans un court délai, qui sera ultérieurement fixé, à la disposition du public, pour le transport des marchandises, des convois à petite vitesse.

Si, à l'expiration de ce délai, la compagnie n'avait pas encore organisé le train de marchandises, elle serait tenue de donner la grande vitesse aux prix de la petite vitesse.

18. Conformément à l'article 46 du cahier des charges, toute expédition de marchandises dont le poids, sous un même emballage, excédera 20 kilogrammes, sera constatée, si l'expéditeur le demande, par une lettre de voiture, dont un exemplaire restera aux mains de la compagnie, et l'autre aux mains de l'expéditeur comme duplicata.

L'expéditeur pourra réclamer un duplicata de la lettre de voiture, pour tout paquet ou ballot pesant moins de 20 kilogrammes, dont la valeur aura été préalablement déclarée.

19. Les taxes réglées par la présente ordonnance, qui sont inférieures à celles du tarif du cahier des charges, ne pourront être relevées qu'après un délai de trois mois au moins pour les voyageurs, et d'un an pour les marchandises.

Tous changements apportés dans les tarifs ci-dessus réglés seront annoncés, au moins un mois d'avance, par des affiches ; ils devront, d'ailleurs, être homologués par des décisions de l'administration supérieure, prises sur la proposition de la compagnie, et rendues exécutoires par une ordonnance émanée de nous, dans le ressort de notre préfecture.

20. La présente ordonnance sera notifiée, publiée et affichée.

Le commissaire spécial de police et les agents de surveillance du chemin de fer de Paris à la frontière de Belgique, ainsi que les maires et commissaires de police des communes du ressort de la préfecture de police, dont le territoire est traversé par ledit chemin de fer, sont chargés d'en assurer l'exécution.

Le pair de France, préfet de police, **G. DELESSERT.**

N° **1956.** — *Ordonnance concernant la police du chemin de fer de Paris à Sceaux* (1).

Paris, le 20 juin 1846.

N° **1957.** — *Ordonnance concernant la location des chaises et le stationnement des étalagistes et autres industriels, dans les Champs-Elysées.*

Paris, le 21 juin 1846.

Nous, pair de France, préfet de police,

Vu : 1° le cahier des charges de l'adjudication du droit de placer des chaises dans la promenade des Champs-Élysées, depuis le 8 avril 1846 jusqu'au 7 avril 1849, laquelle adjudication a eu lieu le 25 mars dernier, au profit de la dame veuve Nancluse ;

Ensemble la délibération du conseil municipal du 6 février précédent, portant approbation du cahier des charges précité ;

2° L'arrêté de M. le pair de France, préfet de la Seine, en date du 6 dudit mois de mars, et ayant pour objet notamment de régulariser et de déterminer sur des bases avec nous concertées, les occupations de terrain dans les Champs-Élysées, et les dimensions et la forme des appareils d'étalage et de leurs abris ;

Ensemble la délibération du conseil municipal du 24 janvier 1845, portant que tous les occupants des Champs-Elysées seront astreints au payement d'un droit de location déterminé par mètre superficiel, et par jour ;

3° La décision du 29 mai dernier, par laquelle M. le ministre de l'intérieur approuve les taxes fixées par les deux délibérations précitées du conseil municipal ;

Considérant qu'il importe, en ce qui se rattache à l'objet des actes administratifs ci-dessus visés, de prendre des mesures pour assurer la liberté de la circulation et le maintien de l'ordre dans la promenade dont il s'agit ;

En vertu de la loi des 16-24 août 1790 et de l'arrêté du gouvernement du 12 messidor an VIII (1er juillet 1800),

Ordonnons ce qui suit :

§ Ier. — Location des chaises.

1. L'adjudicataire du droit de louer des chaises devra tenir ses chaises en bon état de solidité et de propreté.

---

(1) Abrogée. — V. le règlement d'administration publique sur la police, la sûreté et l'exploitation des chemins de fer, en date du 15 nov. 1846.

Il devra ranger ses chaises de manière à ne gêner aucunement la circulation ; il ne pourra en placer aucune sur les passages des voitures existant au-devant des maisons riveraines de l'avenue des Champs-Elysées, ni sur aucun point éloigné de moins de deux mètres de ces passages.

Il devra ménager, dans les rangées de chaises le long de la chaussée, et de quinze mètres en quinze mètres de distance, des passages de deux mètres au moins de largeur, destinés au mouvement de la circulation entre la chaussée et la contre-allée.

2. Conformément à la délibération du conseil municipal du 6 février dernier, approuvée par le ministre de l'intérieur le 29 mai suivant, le prix de location est fixé à *dix centimes* par chaise.

Il est interdit à l'adjudicataire d'exiger ou de recevoir un prix plus élevé.

3. Les jours de fêtes publiques, et dans toutes les circonstances où l'administration le jugera nécessaire, l'adjudicataire devra, sur la réquisition qui lui en sera faite, enlever ses chaises et les déposer dans des endroits où elles ne gênent point la circulation, et qui lui seront désignés à cet effet.

4. Il est interdit à l'adjudicataire de former, en aucune saison, des piles de chaises le long de l'avenue des Champs-Elysées.

Toute pile de chaises formée sur d'autres points de la promenade, où elle présenterait des inconvénients, devra être supprimée à la première réquisition de l'administration.

5. L'adjudicataire sera tenu d'apposer et d'entretenir à ses frais, aux deux extrémités des emplacements où il placera des chaises, et sur les autres points où l'administration en reconnaîtra l'utilité, des placards indiquant le prix de location.

Les placards, imprimés en gros caractères, seront placés dans des cadres grillagés, de cinquante centimètres de longueur sur trente centimètres de largeur. Ces cadres seront attachés à des poteaux scellés dans le sol, qui ne pourront avoir plus de deux mètres de hauteur, le tout conformément aux prescriptions de l'administration et aux modèles qu'elle déterminera.

§ II. — Etalagistes et autres industriels.

6. Nul ne peut stationner sur aucun point de la promenade des Champs-Elysées pour y étaler des marchandises ou y exercer une industrie quelconque, sans être pourvu d'une permission délivrée par nous à cet effet.

7. Toutes les permissions délivrées jusqu'à ce jour sont annulées.

8. Toute demande de permission nouvelle nous sera adressée par l'entremise du commissaire de police du quartier des Champs-Elysées.

9. Toute personne qui aura obtenu une permission devra, avant d'en faire usage, se pourvoir de la patente requise par la loi du 25 avril 1844, sous peine de voir ses marchandises saisies et séquestrées à ses frais, jusqu'à représentation d'une patente, conformément à l'article 28 de la loi précitée.

10. Tout marchand ou industriel autorisé à stationner ou à exercer son industrie dans les Champs-Elysées, devra se conformer exactement aux conditions énoncées dans sa permission, notamment en ce qui concerne les limites de l'emplacement qui lui aura été assigné, les dimensions et la forme des appareils d'étalage ou d'exploitation et de leurs abris.

11. Conformément à la délibération du conseil municipal du 24 janvier 1845, approuvée par M. le ministre de l'intérieur le 29 mai dernier, la dimension des boutiques et des blanques ou jeux de macarons sédentaires, est fixée à deux mètres de long sur un mètre cinquante centimètres de large, soit trois mètres.

Celle des théâtres de marionnettes est réglée à un mètre soixante centimètres de façade sur quatre-vingt-quinze centimètres de profondeur, soit un mètre cinquante-deux centimètres.

La superficie de terrain occupée par tous les autres établissements sédentaires est fixée, savoir :

1º Pour les jeux de billard et de palet et autres jeux analogues, ainsi que pour les tirs à la cible, à six mètres ;

2º Pour les physiciens, les joueurs de gobelets, les musiciens en troupe, les exercices de force ou d'animaux, à vingt-cinq mètres.

Un pareil espace de vingt-cinq mètres est également attribué aux montreurs de marionnettes, y compris la superficie de leur théâtre ;

3º Pour les joueurs de bâton à cinquante mètres.

Quant à la superficie de terrain occupée par les marchands, bals et saltimbanques forains, etc., elle sera réglée par l'administration, suivant les circonstances.

12. Conformément à la délibération relatée dans l'article précédent, tous les occupants des Champs-Elysées seront soumis au payement d'un droit de location fixé de la manière suivante :

1º Marchands, saltimbanques, physiciens, théâtres de marionnettes, etc., stationnant d'ordinaire sur la promenade, *un centime* par mètre superficiel et par jour,

2º Marchands et spectacles forains, bals, etc., stationnant pendant les jours de fêtes seulement, *trois centimes* par mètre et par jour ;

3º Voitures attelées de chèvres, *dix centimes* par jour.

13. Ces droits seront payables par mois et d'avance, pour la première et la troisième classe du tarif.

Pour la deuxième classe, le droit, également payable d'avance, ne sera dû que pour la durée réelle de l'occupation.

14. Il est défendu à toute personne autorisée à stationner dans les Champs-Elysées, d'attacher des cordes ou des chaînes aux arbres de la promenade ou d'y planter des clous.

15. Les boutiques, poteaux, cordes et autres objets quelconques employés par les marchands et industriels occupant des emplacements dans les Champs-Elysées devront être enlevés chaque soir, savoir : du 1er avril au 30 septembre, avant 11 heures ; et du 1er octobre au 31 mars, avant 10 heures.

Cette mesure ne s'applique point aux théâtres et autres établissements forains dressés à l'occasion des fêtes et solennités publiques, lesquels pourront être maintenus la nuit jusqu'après les fêtes.

16. Les marchands étalagistes ou autres, faisant usage d'un appareil monté sur roues, devront, pour se rendre à leur place, ou pour se retirer, passer par la traverse bitumée la plus voisine du lieu de leur stationnement, et ne quitter cette traverse que pour suivre la contre-allée où est leur place.

17. Toute personne stationnant aux Champs-Elysées ou y exerçant une industrie, sera tenue, à toute réquisition des commissaires, officiers et agents de police, de représenter sa permission et sa patente acquittée.

18. Les contraventions aux dispositions de la présente ordonnance seront constatées par des procès-verbaux ou rapports, et poursuivies conformément aux lois et règlements.

Le commissaire de police du quartier des Champs-Elysées fera, en outre, opérer, aux frais des contrevenants, l'enlèvement et le transport à la préfecture de police ou à la fourrière de tous les objets et appareils d'étalage qui auraient été laissés dans la promenade pendant la nuit.

19. La présente ordonnance sera imprimée et affichée.

Le chef de la police municipale, les commissaires de police et spécialement le commissaire de police du quartier des Champs-Elysées, les officiers de paix, les chefs des services extérieurs et les préposés de la préfecture de police sont chargés d'en assurer l'exécution.

Le pair de France, préfet de police, G. DELESSERT.

No **1958.** — *Ordonnance concernant la police du marché Beauveau* (faubourg Saint-Antoine).

Paris, le 22 juin 1846.

Nous, pair de France, préfet de police,

Vu la loi des 16-24 août 1790, ainsi que l'arrêté du gouvernement du 12 messidor an VIII (1er juillet 1800);

Vu la délibération prise par le conseil municipal de la ville de Paris le 10 janvier 1845, et la décision approbative de M. le ministre de l'intérieur, en date du 21 février suivant :

Vu la lettre de M. le pair de France, préfet de la Seine, en date du 31 mars dernier;

Ordonnons ce qui suit :

1. Le marché Beauveau-Saint-Antoine est destiné à la vente des comestibles.

Il tiendra tous les jours, depuis le lever jusqu'au coucher du soleil. L'ouverture et la fermeture seront annoncées au son d'une cloche.

Les bouchers y seront admis le *mercredi* et le *samedi* de chaque semaine.

2. Les marchands forains de beurre et œufs pourront y débiter leurs marchandises à la petite mesure et au petit panier, conformément à la tolérance accordée par l'article 38 de l'ordonnance de police du 18 juin 1823; mais ces marchands devront préalablement faire les déclarations exigées par l'article 8 de ladite ordonnance.

3. Aucune espèce de volaille et gibier, provenant de l'extérieur, ne peut être amenée directement sur le marché. Ces marchandises devront être conduites d'abord au carreau de la Vallée, conformément à l'article 9 de l'ordonnance de police du 22 ventôse an XII (13 mars 1804), et à l'article 12 de celle du 27 janvier 1812.

4. Les permissions qui seront délivrées aux détaillants sont personnelles. En conséquence, les places ne peuvent être en tout ou en partie cédées, louées ou vendues ; il ne doit y être admis d'autres marchandises que celles qui seront indiquées dans la permission.

5. Le carreau du marché devra rester entièrement libre après le départ des marchands forains. D'autres marchands, à quelque titre que ce soit, ne pourront s'y placer.

6. Il est défendu de placer des abris sur le marché et d'embarrasser, en aucune manière, ses abords, ainsi que les passages et les voies de circulation qui y sont ménagés.

7. Les détaillants doivent se conformer, quant à la tenue de leurs places, aux prescriptions des ordonnances de police, et notamment à celle du 1er avril 1832, concernant les mesures de salubrité à observer dans les halles et marchés.

8. Il est expressément défendu :

1° D'allumer des feux et fourneaux dans le marché, sous quelque prétexte que ce soit;

2º De faire usage de pots à feu, s'ils ne sont en métal, couverts d'un grillage en métal à mailles serrées ;

3º D'y employer des chandelles allumées, si elles ne sont placées dans des lanternes closes ;

4º Et enfin, d'y fumer, même avec des pipes couvertes.

9. Conformément à la délibération du conseil municipal, du 10 janvier 1845, approuvée le 21 février suivant par M. le ministre de l'intérieur, le prix de location des places au marché Beauveau est réglé ainsi qu'il suit :

1º Sous l'abri :

Vingt centimes par jour et par place d'une superficie de quatre mètres environ ;

Trois francs par étal de boucher et par jour d'occupation ;

Un franc par étal de charcutier et par jour d'occupation :

2º Sur le carreau et sur la voie publique destinés aux marchands forains ;

Cinq centimes par personne et par mètre carré occupé.

10. Le payement du prix de location des places des marchands sédentaires et des étaux de charcutiers se fera par semaine et d'avance.

Les forains, sans place fixe, acquitteront ce prix, chaque jour d'occupation, et les bouchers, par mois et d'avance, faute de quoi, la permission d'occupation sera considérée comme non avenue et le titulaire sera immédiatement remplacé.

11. La fontaine placée dans l'intérieur du marché étant exclusivement affectée au service de cet établissement, il est défendu à toute personne étrangère d'y puiser de l'eau.

12. Les contraventions seront constatées par des procès-verbaux ou rapports qui nous seront adressés pour être transmis au tribunal compétent.

13. La présente ordonnance sera imprimée et affichée.

Ampliation en sera adressée à M. le pair de France, préfet de la Seine.

L'inspecteur général des halles et marchés, le chef de la police municipale, les commissaires de police, et notamment celui du quartier des Quinze-Vingts, les officiers de paix et les autres préposés de la préfecture de police sont chargés, chacun en ce qui le concerne, d'en assurer l'exécution.

Le pair de France, préfet de police, G. DELESSERT.

———————

Nº **1959.** — *Ordonnance homologative d'un tarif pour les transports sur le chemin de fer de Paris à la frontière de Belgique (Chemin du Nord), d'Enghien à Paris et d'Enghien à Pontoise, et vice versâ* (1).

Paris, le 3 juillet 1846.

———————

Nº **1960.** — *Ordonnance homologative d'un tarif spécial pour la station de Monnerville, sur le chemin de fer de Paris à Orléans, et contenant des modifications au tarif du 20 juillet 1844, pour le transport des marchandises sur le même chemin* (2).

Paris, le 8 juillet 1846.

———————

(1) Abrogée.—V. l'ord. du 30 août 1846.
(2) Abrogée.—V. l'ord. du 1er fév. 1848.

N° 1961. — *Ordonnance concernant les mesures d'ordre et de sûreté à observer le 29 juillet dans la capitale, à l'occasion du 16° anniversaire des journées de juillet 1830* (1).

Paris, le 27 juillet 1846.

N° 1962. — *Ordonnance concernant le remontage des bateaux entre le pont de la Tournelle et le port à l'Anglais* (2).

Paris, le 28 juillet 1846.

Nous, pair de France, préfet de police,

Vu l'ordonnance du roi, en date du 20 mai 1845, portant modification du mode actuel de remontage des bateaux entre le pont de la Tournelle, à Paris, et le Port à l'Anglais, commune d'Ivry, et autorisation aux sieurs Delagneau et compagnie de mettre en activité le système de touage qu'ils ont présenté;

La lettre de M. le conseiller d'état, directeur du contentieux au ministère des finances, en date du 23 mai dernier, annonçant que les sieurs Delagneau et compagnie avaient opéré le versement de leur cautionnement déterminé par l'art. 4 de l'ordonnance royale susvisée;

Et le rapport de l'inspecteur général de la navigation, donnant avis que le service du touage pourra être mis en exercice le dix novembre prochain ;

En vertu des arrêtés du gouvernement du 12 messidor an VIII et du 3 brumaire an IX,

Ordonnons ce qui suit :

1. L'ordonnance du roi du 20 mai 1845, relative au hâlage des bateaux entre le pont de la Tournelle, à Paris, et le Port à l'Anglais, commune d'Ivry, sera imprimée et affichée.

2. A partir du dix novembre prochain, le remontage des bateaux ne pourra être effectué entre le pont de la Tournelle, à Paris, et le lieu dit le Port à l'Anglais, commune d'Ivry, que par un système quelconque de remorquage en lit de rivière.

3. Le service des bateaux toueurs des sieurs Delagneau et compagnie commencera ledit jour, dix novembre prochain.

4. La limite où devront s'arrêter les bateaux remontés par les sieurs Delagneau et compagnie, est fixée à quatre cents mètres en amont du pont d'Ivry, rive gauche de la Seine.

5. Les sieurs Delagneau et compagnie devront se conformer pour la formation aux divers points de départ, des traits à remonter, et pour le placement des bateaux aux lieux d'arrivée, à toutes les mesures d'ordre qui leur seront prescrites par l'inspecteur général de la navigation.

6. Le sous-préfet de l'arrondissement de Sceaux, le maire de la commune d'Ivry, les ingénieurs des ponts et chaussées, les commandants de la garde municipale et de la gendarmerie, les commissaires de police, le chef de la police municipale, l'inspecteur général de la

---

(1) V. l'ord. du 27 juillet 1847.
(2) V. l'ord. du 1er mai 1848.

navigation et les agents sous leurs ordres sont chargés, chacun en ce qui le concerne, de l'exécution de la présente ordonnance,

Le pair de France, préfet de police, G. DELESSERT.

———◦———

N° **1963**. — *Ordonnance concernant l'ouverture de la chasse qui aura lieu le 20 août courant* (1).

Paris, le 3 août 1846.

———◦———

N° **1964**. — *Ordonnance concernant la suspension de la navigation sous le pont Notre-Dame.*

Paris, le 8 août 1846.

Nous, pair de France, préfet de police,

Vu le rapport par lequel M. l'ingénieur en chef des ponts et chaussées, chargé des travaux en rivière, nous donne avis que les réparations à faire au tambour en charpente placé en amont de la culée du pont Notre-Dame, rive gauche, exigent que la navigation soit suspendue pendant quelques jours par semaine, à l'occasion des travaux à exécuter sur ce point ;

Vu le rapport de M. l'inspecteur général de la navigation, par lequel il nous propose les dispositions qu'il convient de prendre pour nuire le moins possible à la circulation sur la rivière ;

Vu aussi les lois et règlements sur la matière ;

En vertu des arrêtés du gouvernement du 12 messidor an VIII, et du 3 brumaire an IX,

Ordonnons ce qui suit :

1. A compter du 24 du présent mois, la navigation sous l'arche du pont Notre-Dame, dite *de Saint-Denis*, et joignant le quai Napoléon, sera interrompue les dimanche, lundi, mardi et mercredi de chaque semaine pendant la durée des travaux de réparation du tambour en charpente placé en amont de la culée de ce pont.

2. L'entrepreneur des travaux sera tenu de débarrasser complétement l'arche le mercredi soir, de telle sorte que le passage des bateaux puisse être effectué le jeudi dès le point du jour. Les bateaux et échafaudages seront garés et solidement amarrés en aval de la pile du pont d'Arcole.

3. Pendant toute la durée des travaux, mais seulement durant les jours d'interruption de la navigation, un bachot solidement ancré ou amarré sera placé à cinquante mètres en amont du pont. Il sera surmonté d'un pavillon rouge de quatre mètres superficiels.

4. La présente ordonnance sera imprimée et affichée.

Le pair de France, préfet de police, G. DELESSERT.

———

(1) V. l'ord. du 16 août 1850.

N° **1965**. — *Ordonnance concernant les usines et établissements d'éclairage par le gaz hydrogène.*

Paris, le 8 août 1846.

Nous, pair de France, préfet de police,
Ordonnons ce qui suit :
L'ordonnance royale du 27 janvier 1846, portant règlement sur les usines et établissements d'éclairage par le gaz hydrogène, sera imprimée et affichée, tant à Paris que dans les communes du ressort de notre préfecture (1).

N° **1966**. — *Ordonnance concernant le numérotage des voitures autorisées à faire le service du transport en commun.*

Paris, le 12 août 1846.

Nous, pair de France, préfet de police,
Vu 1° les lois des 14 décembre 1789 (article 50) et 16-24 août 1790 (titre XI, art. 1er et 3me);

2° Les articles 2-22 et 32 de l'arrêté du gouvernement du 12 messidor an VIII (1er juillet 1800), et l'article 1er de l'arrêté du 3 brumaire an 9 (25 octobre 1800);

3° Les articles 471, 474, 475, 476, 478 et 482 du Code pénal ;

4° Notre ordonnance du 15 septembre 1838, concernant le service des voitures faisant le transport en commun ;

5° Notre arrêté du même jour, relatif au numérotage de ces voitures;

Considérant qu'il est convenable de réunir, dans un seul règlement, toutes les dispositions qui sont relatives au numérotage des voitures du transport en commun, en apportant aux mesures qui ont été prescrites jusqu'à ce jour, les modifications et améliorations dont l'expérience a fait reconnaître la nécessité,

Ordonnons ce qui suit :

1. Il sera procédé à un nouveau numérotage de toutes les voitures faisant le transport en commun, conformément aux indications du tableau annexé à la présente ordonnance.

En conséquence, dans le délai d'un mois, à compter du jour de la publication de la présente ordonnance, tous les entrepreneurs des voitures autorisées à faire ce service, seront tenus de les faire conduire à la préfecture de police, pour y être numérotées.

2. Toutes les opérations relatives au numérotage et à l'effaçage des voitures du transport en commun seront faites par le préposé de la préfecture de police, sous la direction et la surveillance du contrôleur des fourrières.

3. La dépense qui résultera du numérotage et de l'effaçage des voitures dont il s'agit, continuera d'être à la charge des entrepreneurs.

4. Les voitures faisant le service du transport en commun seront pourvues de trois plaques mobiles, sur lesquelles sera apposé le numéro de police.

(1) V. cette ord. à l'appendice.

Ces plaques, en forte tôle et dont les coins seront arrondis, auront vingt centimètres de hauteur sur vingt-cinq de largeur.

Elles seront estampillées d'un poinçon ayant, en hauteur comme en largeur, quarante-cinq millimètres.

Deux de ces plaques seront placées, autant que possible, dans une position perpendiculaire, au milieu des panneaux dits *de cave* (une de chaque côté de la voiture); la troisième sera placée sur le côté droit de derrière au bas du grand panneau.

Les numéros de police seront peints sur un fond blanc en chiffres arabes noirs.

Ces numéros, qui devront avoir douze centimètres de hauteur et vingt millimètres de plein, au moins, seront estampillés d'un poinçon ayant, en hauteur comme en largeur, vingt millimètres.

Ils ne pourront être effacés ni changés sans notre autorisation.

5. Le numéro de police sera répété sur une tablette en fer battu ayant onze centimètres de hauteur sur vingt-cinq de largeur, laquelle sera fixée solidement dans l'intérieur de la voiture entre les deux carreaux de devant.

Les chiffres de ce numéro (qui sera estampillé d'un poinçon ayant, en hauteur comme en largeur, vingt millimètres) devront avoir cinq centimètres de hauteur et dix millimètres de plein, au moins.

Les entrepreneurs pourront faire exécuter dans leurs établissements, le numérotage prescrit pour l'intérieur de leurs voitures, mais en se conformant strictement à toutes les dispositions du présent article.

6. Les lettres de l'alphabet servant à désigner les lignes du transport en commun seront peintes sur les plaques mobiles des voitures au dessous du numéro de police, et conformément aux indications du tableau annexé à la présente ordonnance.

Ces lettres devront avoir cinquante-cinq millimètres de hauteur et douze millimètres de plein, au moins.

7. Aucune voiture du transport en commun ne pourra être pourvue des trois plaques mobiles prescrites par l'article 4, avant qu'elle ait été visitée par les experts attachés à la préfecture de police, et qu'il ait été reconnu qu'elle est entièrement conforme aux dimensions et conditions prescrites pour la construction de ces voitures.

Les experts apposeront une estampille de couleur blanche portant un double P sur les deux côtés de chaque voiture qui sera soumise à leur expertise et qui réunira toutes les conditions exigées.

Cette estampille devra être appliquée sur une partie noire et sur un point très apparent; à défaut de place convenable, elle sera apposée sur la ceinture de la voiture.

8. Lorsqu'une voiture, hors de service, sera retirée de la circulation et remplacée par une autre en bon état, l'entrepreneur pourra détacher les plaques de la voiture hors de service pour les replacer sur la voiture en bon état, après toutefois que cette dernière voiture aura été visitée et estampillée par les experts de la préfecture de police.

9. Lorsqu'un entrepreneur cessera de faire rouler pendant le service d'hiver une ou plusieurs de ses voitures, il sera tenu de déposer, dans les quarante-huit heures, à la préfecture de police, les permis de circulation de ces voitures ainsi que les plaques mobiles qui y seront apposées.

10. Aucun effaçage ou numérotage ne pourra être effectué par le préposé de la préfecture de police sur les plaques mobiles dont il est question en l'art. 4, que sur la justification, par l'entrepreneur, d'une feuille d'effaçage ou de numérotage délivrée à la préfecture de police (2e division, 3e bureau).

L'expert des voitures ou le préposé de la fourrière, en présence duquel l'effaçage ou le numérotage devra avoir lieu, certifiera sur la feuille dont il est question au paragraphe précédent que l'opération a été faite conformément aux dispositions déterminées par la présente ordonnance.

11. Les poinçons prescrits par les art. 4 et 5 de la présente ordonnance, ne pourront être apposés sur les plaques mobiles et les numéros que par l'expert des voitures ou le préposé de la fourrière, en présence duquel le numérotage aura été effectué, et lorsque cet expert ou ce préposé aura reconnu que les numéros et les plaques mobiles sont entièrement conformes aux dispositions déterminées par l'article 4.

12. La dépense qu'occasionnera la pose des poinçons dont il est question en l'article précédent, sera à la charge de la préfecture de police.

13. Notre arrêté précité du 15 septembre 1838, ainsi que tous autres règlements et décisions relatifs au numérotage des voitures du transport en commun sont rapportés.

Notre ordonnance du 15 septembre 1838, concernant le service des voitures faisant le transport en commun, continuera de recevoir son exécution en tout ce qui n'est pas contraire aux dispositions qui précèdent.

14. La présente ordonnance sera imprimée et affichée.

Les commissaires de police, le chef de la police municipale, les officiers de paix, le contrôleur des fourrières et les autres préposés de la préfecture de police sont chargés, chacun en ce qui le concerne, d'en assurer l'exécution.

Elle sera adressée, en outre, à M. le colonel commandant la garde municipale et à M. le commandant de la gendarmerie du département de la Seine, qui sont chargés de tenir la main à son exécution par tous les moyens mis à leur disposition.

Le pair de France, préfet de police, G. DELESSERT,

Numéros d'ordre des lignes.	DÉSIGNATION DES ENTREPRISES ET DES LIGNES.	Numéros d'ordre des lignes par entreprise.	Lettres affectées à chaque ligne.	NOMBRE de voitures par ligne.	NOMBRE de voitures par entreprise.	NUMÉROS des voitures.
	1° OMNIBUS, ORLÉANAISES ET DILIGENTES, MOREAU-CHASLON ET COMPAGNIE, à Paris, rue Folie-Méricourt, 10.					
1	De la Madeleine à la place de la Bastille.......	1	A	28		1 à 28
2	De la barrière du Trône au Carrousel..........	2	B	11		29 à 39
3	De la Madeleine à la barrière du Roule........	3	C	8		40 à 47
4	De la place de la Bastille à Bercy.............	4	D	7		48 à 54
5	De la barrière du Roule au boulevard des Filles-du-Calvaire..........................	5	E	15		55 à 69
6	De la place de la Bastille aux chemins de fer de St-Germain et Versailles (rive droite).........	6	F	11		70 à 80
7	De la place de la Bastille à la barrière du Père-la-Chaise..........................	7	G	4	151	81 à 84
8	De l'Odéon à la barrière Blanche..............	8	H	14		85 à 98
9	Du Carrousel à la barrière de Passy...........	9	J	9		99 à 107
10	De la place de l'Oratoire à la barrière de l'Etoile..........................	10	K	14		108 à 121
11	De la place de l'Oratoire à la barrière de la Râpée..........................	11	L	8		122 à 129
12	De la rue St-Lazare à la barrière de Charenton.	12	M	16		130 à 145
13	De la place du Carrousel à la barrière Monceaux.	13	N	6		146 à 151

Numéros d'ordre des lignes.	DÉSIGNATION DES ENTREPRISES ET DES LIGNES.	Numéros d'ordre des lignes par entreprise.	Lettres affectées à chaque ligne.	NOMBRE de voitures par		NUMÉROS des voitures.
				ligne.	entre-prise.	
	2° DAMES-RÉUNIES, VALENTIN (Joseph-Jacques), à la Villette, Grande-Rue, 113.					
14	De la place St-Laurent à la barrière de l'Ecole-Militaire..........	1	O	13		152 à 164
15	De la place St-Laurent à la barrière de Pantin...	2	P	3	29	165 à 167
16	De la place St-Sulpice à la barrière de la Villette.	3	Q	13		168 à 180
	3° TRICYCLES, SAVALÈTE ET COMPAGNIE, chaussée du Maine, 5, à Vaugirard.					
17	De la rue de Cléry à la barrière du Maine.......	1	R	11	11	181 à 191
	4° FAVORITES, DEJARNAC ET COMPAGNIE, à la Chapelle, Grande-Rue, 55.					
18	De l'extrémité de la rue Mouffetard à la barrière des Martyrs..............	1	S	14		192 à 205
19	De la barrière de la Chapelle à la barrière d'Enfer............	2	T	14	47	206 à 219
20	De la rue St-Lazare (bains Tivoli) à la barrière de Sèvres.........	3	U	12		220 à 231
21	De la place de l'Ecole-de-Médecine à l'embarcadère du chemin de fer du Nord..............	4	V	7		232 à 238
	5°, BÉARNAISES, AYNARD (Adolphe), à Grenelle, rue du Théâtre, 21.					
22	De la place de la Bastille à l'église St-Pierre (Gros-Caillou).........	1	X	10		239 à 248
23	De la place St-Sulpice à l'embarcadère du chemin de fer du Nord..........	2	Y	9	19	249 à 257
	6° CITADINES, CAMILLE, GORRE, DAUX ET COMPAGNIE, à Paris, rue Alibert, 2.					
24	De la place des Petits-Pères à la barrière Belleville....	1	Z	6		258 à 263
25	De la place Dauphine à la barrière Belleville....	2	AA	7	13	264 à 270
	7° BATIGNOLLAISES ET GAZELLES, CONSTANT ET COMPAGNIE, aux Batignolles, avenue de Clichy.					
26	Du cloître St-Honoré à la barrière de Clichy......	1	BB	9		271 à 279
27	De la rue des Pyramides à la barrière de la Gare..	2	CC	10	19	280 à 289

Numéros d'ordre des lignes.	DÉSIGNATION DES ENTREPRISES ET DES LIGNES.	Numéros d'ordre des lignes par entreprise.	Lettres affectées à chaque ligne.	NOMBRE de voitures par		NUMÉROS des voitures.
				ligne.	entre-prise.	
	8° HIRONDELLES, BLANC (Antoine) ET COMPAGNIE, à la Chapelle, rue Marcadet, 28.					
28	Du carrefour des rues de l'Ourcine et Mouffetard à la place Cadet..........................	1	DD	14	30	290 à 303
29	De la barrière Rochechouart à la barrière St-Jacques..............................	2	EE	16		304 à 319
	9° PARISIENNES, BRIOT ET COMPAGNIE, à Vaugirard, boulevard des Fourneaux, 11.					
30	De la barrière Mont-Parnasse au boulevard du Temple.............................	1	FF	12	33	320 à 331
31	De l'Ecole polytechnique à la rue Ribouté......	2	GG	12		332 à 343
32	De la rue du Pont-Louis-Philippe à la barrière de Vaugirard...........................	3	HH	9		344 à 352
	10° CONSTANTINES, MEURON, à Chaillot, rue de Long-Champ, 36.					
33	De la rue de Chaillot à la rue du Faubourg-St-Martin, au coin de celle des Récollets........	1	JJ	12	12	353 à 364
	11° EXCELLENTES, FAUCHERY, gérant provisoire, à Belleville, boulevard de Belleville, 21.					
34	De la barrière de Belleville à la barrière de l'Etoile...........................	1	KK	10	15	365 à 374
35	De la barrière de Belleville à la barrière de Bercy (par les boulevards extérieurs)...............	2	LL	5		375 à 379
	12° GAULOISES, SCHNEIDER ET COMPAGNIE, à Vaugirard, barrière du Maine, 38.					
36	De la place Walhubert au quai d'Orsay (par les boulevards intérieurs)...................	1	MM	8	8	380 à 387

RÉCAPITULATION.

Numéros d'ordre des entreprises.	DÉSIGNATION des ENTREPRISES.	NOMS des ENTREPRENEURS.	Nombre des lignes.	Nombre de voitures autorisées.	NUMÉROS affectés aux voitures.
1	OMNIBUS......... ORLEANAISES..... DILIGENTES......	MOREAU-CHASLON ET COMP........	13	151	1 à 151
2	DAMES-REUNIES..	VALENTIN (Joseph-Jacques)	3	29	152 à 180
3	TRICYCLES	SAVALÈTE ET COMP..............	1	11	181 à 191
4	FAVORITES......	DEJARNAC ET COMP	4	47	192 à 238
5	BEARNAISES.....	AYNARD (Adolphe)	2	19	239 à 257
6	CITADINES.......	CAMILLE, GORRE, DAUX ET COMP..	2	13	258 à 270
7	BATIGNOLLAISES. GAZELLES	CONSTANT ET COMP..............	2	19	271 à 289
8	HIRONDELLES	BLANC (Antoine) ET COMP........	2	30	290 à 319
9	PARISIENNES ...	BRIOT ET COMP	3	33	320 à 352
10	CONSTANTINES...	MEURON....................	1	12	353 à 364
11	EXCELLENTES ...	FAUCHERY.................	2	15	365 à 379
12	GAULOISES	SCHNEIDER ET COMP.............	1	8	380 à 387
		TOTAUX................	36	387	

N° **1967**. — *Ordonnance homologative d'un tarif pour les transports sur les divers parcours du chemin de fer de Paris à la frontière de Belgique* (chemin du Nord), *compris entre Paris et Pontoise.*

Paris, le 3o août 1846.

Nous, pair de France, préfet de police,

Vu : 1° la loi du 15 juillet 1845, qui autorise la concession du chemin de fer de Paris à la frontière de Belgique, ensemble le cahier des charges coté A, annexé à cette loi ;

2° L'ordonnance royale homologative de l'adjudication de la concession du dit chemin de fer ;

3° Nos ordonnances des 19 juin et 3 juillet derniers, homologatives de tarifs pour les transports sur le chemin de fer précité ;

4° Les propositions à nous présentées par la compagnie du chemin de fer du Nord, et tendant à l'homologation d'un tarif pour les stations de Saint-Denis, Ermont, Franconville et Herblay, qu'elle se propose de desservir à partir du 1er septembre prochain ;

5° La décision ministérielle du 29 de ce mois, portant approbation desdites propositions ;

Considérant qu'il y a lieu d'homologuer et de rendre obligatoires, dans le ressort de la préfecture de police, les propositions de tarif ci-dessus visées,

Ordonnons ce qui suit :

TITRE Ier.

TRANSPORT A LA VITESSE DES VOYAGEURS.

CHAPITRE Ier.

Voyageurs.

1. Les prix à percevoir pour le transport des voyageurs sur les parcours entre les stations ci-après indiquées du chemin de fer de Paris à la frontière de Belgique, sont réglés, y compris l'impôt dû au trésor, ainsi qu'il suit:

Tarif pour le Transport des Voyageurs.

LIEUX DE DÉPART.	DESTINATIONS.	Distances servant de base des prix de fixation de transport.	1re CLASSE. Voitures couvertes, garnies et fermées à glaces.		2e CLASSE. Voitures couvertes, fermées a glaces et à banquettes rembourrées.		3e CLASSE. Voitures couvertes et formées avec rideaux.	
		kilomèt.	fr.	c.	fr.	c.	fr.	c.
PARIS	Saint-Denis	7	»	70	»	55	»	40
	Enghien	12	1	25	»	95	»	70
	Ermont	15	1	55	1	15	»	85
	Franconville	18	1	85	1	40	1	05
	Herblay	21	2	15	1	65	1	20
	Pontoise	29	3	»	2	25	1	65
SAINT-DENIS	Paris	7	»	70	»	55	»	40
	Enghien	6	»	60	»	45	»	35
	Ermont	9	»	95	»	70	»	50
	Franconville	11	1	15	»	85	»	65
	Herblay	15	1	55	1	15	»	85
	Pontoise	23	2	40	1	80	1	35
ENGHIEN	Paris	12	1	25	»	95	»	70
	Saint-Denis	6	»	60	»	45	»	35
	Ermont	6	»	60	»	45	»	35
	Franconville	6	»	60	»	45	»	35
	Herblay	9	»	95	»	70	»	50
	Pontoise	18	1	85	1	40	1	05
ERMONT	Paris	15	1	55	1	15	»	85
	Saint-Denis	9	»	95	»	70	»	50
	Enghien	6	»	60	»	45	»	35
	Franconville	6	»	60	»	45	»	35
	Herblay	6	»	60	»	45	»	35
	Pontoise	15	1	55	1	15	»	85
FRANCONVILLE	Paris	18	1	85	1	40	1	05
	Saint-Denis	11	1	15	»	85	»	65
	Enghien	6	»	60	»	45	»	35
	Ermont	6	»	60	»	45	»	35
	Herblay	6	»	60	»	45	»	35
	Pontoise	12	1	25	»	95	»	70
HERBLAY	Paris	21	2	15	1	65	1	20
	Saint-Denis	15	1	55	1	15	»	85
	Enghien	9	»	95	»	70	»	50
	Ermont	6	»	60	»	45	»	35
	Franconville	6	»	60	»	45	»	35
	Pontoise	9	»	95	»	70	»	50

1846.

Suite du Tarif pour le Transport des Voyageurs.

LIEUX DE DÉPART.	DESTINATIONS.	Distances servant de base à la fixation des prix de transport.	1re CLASSE. Voitures couvertes, garnies et fermées à glaces.	2e CLASSE. Voitures couvertes, fermées à glaces et à banquettes rembourrées.	3e CLASSE. Voitures couvertes et fermées avec rideaux.
			PRIX DE TRANSPORT.		
		kilomèt.	fr. c.	fr. c.	fr. c.
PONTOISE	Paris...........	29	3 »	2 25	1 65
	Saint-Denis.....	23	2 40	1 80	1 35
	Enghien........	18	1 85	1 40	1 05
	Ermont........	15	1 55	1 15	» 85
	Franconville....	12	1 25	» 95	» 70
	Herblay........	9	» 95	» 70	» 50

CHAPITRE II.

Bagages, articles de messagerie pesant plus de 6 kilogrammes, et marchandises. — Finances et autres valeurs.

SECTION Ire. — Prix du transport.

§ Ier. — *Bagages, articles de messagerie pesant plus de 6 kilogrammes, et marchandises.*

2. ...(1).

§ II. — *Articles de messsagerie ne pesant pas plus de 6 kilogrammes.*

3. ... (2).

§ III. — *Or, argent, bijoux et autres valeurs.*

4. ... (3).

SECTION II. — Frais accessoires.

§ Ier. — *Enregistrement et magasinage.*

5. Les frais d'enregistrement et de magasinage, réglés par notre ordonnance du 19 juin dernier, homologative du tarif des transports sur le chemin de fer de Paris à la frontière de Belgique, sont applicables aux objets de même nature transportés sur les parcours entre les stations ci-dessus désignées.

§ II. — *Chargement et déchargement.*

6. ... (4).

---

(1) Abrogé.—V. les art. 3 et 4 de l'ord. du 22 fév. 1847.
(2) Abrogé.—V. les art. 3 et 4 de l'ord. du 22 fév. 1847.
(3) Abrogé.—V. les art. 1 et 2 de l'ord. du 22 fév. 1847.
(4) Abrogé.—V. l'art. 5 de l'ord. du 22 fév. 1847.

CHAPITRE III.

Transport des chiens.

7. La compagnie est autorisée à percevoir 50 centimes pour le transport d'un chien, de Paris à Saint-Denis, Enghien, Ermont, Franconville, Herblay, Pontoise, *et vice versá*, et de l'une desdites stations intermédiaires à une autre.

TITRE II.

TRANSPORT A LA VITESSE DES MARCHANDISES.

8. Il n'est point indiqué de taxe pour les transports à la vitesse des marchandises, la compagnie n'étant point encore en mesure d'effectuer des transports à cette vitesse.

TITRE III.

DISPOSITIONS GÉNÉRALES.

9. Toutes les dispositions de nos ordonnances ci-dessus visées, des 19 juin et 8 juillet derniers, qui ne sont point contraires aux dispositions qui précèdent, sont applicables aux transports sur les parcours entre les stations ci-dessus désignées.

10. La présente ordonnance sera notifiée à la compagnie, imprimée et affichée.

Le commissaire spécial de police et les agents de surveillance du chemin de fer de Paris à la frontière de Belgique, ainsi que les maires et commissaires de police des communes du ressort de la préfecture de police, dont le territoire est traversé par ledit chemin de fer, sont chargés d'en assurer l'exécution.

Le pair de France, préfet de police, G. DELESSERT.

N° **1968**. — *Ordonnance concernant les mesures d'ordre et de sûreté à l'occasion des fêtes de Saint-Cloud*(1).

Paris, le 9 septembre 1846.

N° **1969**. — *Ordonnance concernant les précautions à prendre pour la sûreté de la navigation, pendant la construction d'un pont sur la Marne.*

Paris, le 28 septembre 1846.

Nous, pair de France, préfet de police,

Vu la lettre, en date du 30 juillet dernier, par laquelle **M.** le préfet du département de la Seine nous fait savoir que la compagnie conces-

(1) V. les ord. des 8 sept. 1847, 7 sept. 1848, 6 sept. 1849 et 4 sept. 1850.

sionnaire du chemin de fer de Paris à Lyon lui a demandé l'autorisation d'entreprendre les travaux de fondation du pont qui doit être construit sur la Marne, à Charenton, pour le trajet de ce chemin ;

Vu le procès-verbal de conférence entre les ingénieurs des ponts-et-chaussées et le préposé de la navigation, à Charenton, indiquant les dispositions qu'il convient de prendre dans le lit de la Marne, pour la sûreté de la navigation, pendant l'exécution des travaux ; ensemble l'avis de l'inspecteur général de la navigation ;

Vu la lettre de M. le préfet du département de la Seine, en date du 9 septembre courant, par laquelle il nous annonce que, ces dispositions ayant été ordonnées par lui, il a autorisé l'exécution des travaux à faire pour la contruction du pont dont il s'agit ;

Aux termes de l'arrêté du gouvernement, du 12 messidor an VIII et de celui du 3 brumaire an IX ;

Ordonnons ce qui suit :

1. Pendant la durée des travaux de construction du pont à établir sur la rivière de Marne, à Charenton, pour le passage du chemin de fer de Paris à Lyon, la navigation aura lieu dans la passe établie à cet effet par la compagnie concessionnaire dudit chemin.

2. Les manœuvres des bateaux seront dirigées par un pilote chableur agréé par nous, et que la compagnie tiendra constamment et gratuitement à la disposition des conducteurs de bateaux.

3. En cas de contestation entre les mariniers et le pilote chableur, relativement au service de ce dernier, le préposé de la navigation, à Charenton, interviendra pour prescrire et faire exécuter les manœuvres qu'il jugera nécessaires aux intérêts et à la sûreté de la navigation.

4. Le sous-préfet de l'arrondissement de Sceaux, le maire de la commune de Charenton-le-Pont, les ingénieurs des ponts et chaussées, l'inspecteur général de la navigation, le commandant de la gendarmerie du département de la Seine, et les agents sous leurs ordres, sont chargés, chacun en ce qui le concerne, de l'exécution de la présente ordonnance.

Le pair de France, préfet de police, G. DELESSERT.

N° 1970. — *Ordonnance homologative d'un tarif pour les transports sur les parcours compris entre chacune des stations situées entre Paris et Pontoise, et une autre station quelconque de la ligne du chemin de fer de Paris à la frontière de Belgique (chemin du Nord).*

Paris, le 11 octobre 1846.

Nous, pair de France, préfet de police,

Vu : 1° la loi du 15 juillet 1845, qui autorise la concession du chemin de fer de Paris à la frontière de Belgique ; ensemble le cahier des charges coté A, annexé à cette loi ;

2° L'ordonnance royale homologative de l'adjudication de la concession dudit chemin de fer ;

3° Nos ordonnances des 19 juin, 3 juillet et 29 août derniers, homologatives de tarifs pour les transports sur le chemin de fer précité ;

4° Les propositions à nous présentées par la compagnie du chemin de fer du Nord, et tendant à l'homologation de tarifs applicables aux transports sur les parcours dudit chemin de fer compris entre chacune des stations situées entre Paris et Pontoise, et une autre station quelconque de la ligne ;

5° La décision ministérielle du 1er de ce mois, portant approbation desdites propositions ;

Considérant qu'il y a lieu d'homologuer et de rendre obligatoires, dans le ressort de la préfecture de police, les propositions de tarif ci-dessus visées,

Ordonnons ce qui suit :

TITRE 1er.

TRANSPORT A LA VITESSE DES VOYAGEURS.

CHAPITRE Ier.

Voyageurs.

1. Les prix à percevoir pour le transport des voyageurs sur les parcours entre les stations du chemin de fer de Paris à la frontière de Belgique, ci-après indiquées, sont réglés, y compris l'impôt dû au trésor, ainsi qu'il suit :

1846.

Tarif pour le Transport des Voyageurs.

LIEUX DE DÉPART ET DE DESTINATION.	Distances servant de base à la fixation des prix de transport.	1re CLASSE. Voitures couvertes, garnies et fermées à glaces.		2e CLASSE. Voitures couvertes, fermées à glaces et à banquettes rembourrées.		3e CLASSE. Voitures couvertes et fermées avec rideaux.	
		PRIX DE TRANSPORT.					
	kilomèt.	fr.	c.	fr.	c.	fr.	c.
Auvers.........	28	2	90	2	20	1	60
Isle-Adam.....	34	3	50	2	65	1	95
Beaumont.....	40	4	15	3	»	2	30
Boran.........	47	4	85	3	50	2	50
Saint-Leu.....	55	5	70	3	75	2	75
Creil.........	62	6	40	4	50	3	25
Liancourt.....	69	7	15	5	55	4	»
Clermont......	76	7	85	5	50	4	»
Saint-Just.....	91	9	40	7	10	5	25
Breteuil......	106	10	95	8	25	6	10
Ailly.........	122	12	60	9	50	7	05
Boves........	135	13	75	10	35	7	70
Amiens........	142	14	65	11	05	8	20
Corbie........	157	16	20	12	20	9	05
Albert........	172	17	75	13	35	9	95
Achiet........	192	19	85	14	95	11	10
Boileux.......	201	20	75	15	65	11	60
Arras	209	21	60	16	25	12	05
Rœux........	219	22	60	17	05	12	65
Vitry........	225	23	25	17	50	13	»
Douai	235	24	30	18	25	13	55
Leforest......	242	25	»	18	80	14	»
Montigny......	244	25	20	18	95	14	10
Carvin........	249	25	70	19	35	14	40
Somain........	250	25	85	19	45	14	45
Séclin........	257	26	55	20	»	14	85
Wallers........	260	26	85	20	20	15	»
Raismes......	266	27	50	20	70	15	35
Lille	267	27	60	20	75	15	40
Valenciennes...	271	28	»	21	05	15	65
Roubaix.......	277	28	60	21	55	16	»
Tourcoing.....	279	28	80	21	70	16	10
Quiévrain	283	29	25	22	»	16	35
Mouscron......	285	29	45	22	15	16	45
Auvers.........	23	2	40	1	80	1	35
Isle-Adam.....	29	3	»	2	25	1	65
Beaumont.....	35	3	60	2	70	2	»
Boran.........	42	4	35	3	25	2	45
Saint-Leu.....	50	5	15	3	75	2	75
Creil.........	56	5	80	4	35	3	25
Liancourt.....	64	6	60	5	»	3	70
Clermont......	71	7	35	5	50	4	»
Saint-Just.....	86	8	90	6	70	4	95
Breteuil......	101	10	45	7	85	5	85
Ailly.........	117	12	10	9	10	6	75
Boves........	128	13	20	9	95	7	40
Amiens........	137	14	15	10	65	7	90
Corbie	152	15	70	11	80	8	80
Albert........	168	17	55	13	05	9	70
Achiet........	186	19	20	14	45	10	75
Boileux........	195	20	15	15	15	11	25

DE SAINT-DENIS (1) aux stations ci-contre *et vice versâ.*

(1) Le tarif pour le transport des voyageurs de Saint-Denis à Beaumont, Saint-Leu, Creil, Liancourt, Saint-Just et Breteuil est modifié par une disposition de l'ordonnance du 30 avril 1847.

D'ENGHIEN aux stations ci-contre *et vice versâ.*

Suite du Tarif pour le Transport des Voyageurs.

LIEUX DE DÉPART ET DE DESTINATION.	Distances servant de base à la fixation des prix de transport.	1re CLASSE. Voitures couvertes, garnies et fermées à glaces.		2e CLASSE. Voitures couvertes, fermées à glaces et à banquettes rembourrées.		3e CLASSE. Voitures couvertes et fermées avec rideaux.	
		PRIX DE TRANSPORT.					
	kilomèt.	fr.	c.	fr.	c.	fr.	c.
D'ENGHIEN (Suite). Arras	204	21	05	15	85	11	80
Rœux	215	22	»	16	55	12	30
Vitry	220	22	75	17	10	12	70
Douai	230	23	75	17	90	13	30
Leforest	237	24	50	18	45	13	70
Montigny	238	24	60	18	50	13	75
Carvin	244	25	20	18	95	14	10
Somain	245	25	30	19	05	14	15
Séclin	252	26	05	19	60	14	55
Wallers	254	26	25	19	75	14	65
Raismes	260	26	85	20	20	15	»
Lille	262	27	05	20	35	15	15
Valenciennes	266	27	50	20	70	15	35
Roubaix	271	28	»	21	05	15	65
Tourcoing	274	28	30	21	30	15	80
Quiévrain	278	28	70	21	60	16	05
Mouscron	279	28	80	21	70	16	10
D'ERMONT aux stations ci-contre et vice versâ. Auvers	20	2	05	1	55	1	15
Isle-Adam	25	2	60	1	95	1	45
Beaumont	32	3	30	2	50	1	85
Boran	39	4	05	3	05	2	25
Saint-Leu	47	4	85	3	65	2	70
Creil	53	5	45	4	10	3	05
Liancourt	61	6	30	4	75	3	50
Clermont	68	7	»	5	30	3	95
Saint-Just	83	8	55	6	45	4	80
Breteuil	98	10	10	7	60	5	65
Ailly	114	11	80	8	85	6	60
Boves	125	12	90	9	70	7	20
Amiens	134	13	85	10	40	7	75
Corbie	149	15	40	11	60	8	60
Albert	165	17	05	12	85	9	55
Achiet	183	18	90	14	25	10	55
Boileux	192	19	85	14	95	11	10
Arras	201	20	75	15	65	11	60
Rœux	210	21	70	16	35	12	15
Vitry	217	22	40	16	85	12	55
Douai	227	23	45	17	65	13	10
Leforest	234	24	15	18	20	13	50
Montigny	235	24	30	18	25	13	55
Carvin	241	24	90	18	75	13	90
Somain	242	25	»	18	80	14	»
Séclin	249	25	70	19	35	14	40
Wallers	251	25	95	19	50	14	50
Raismes	257	26	55	20	»	14	85
Lille	259	26	75	20	15	14	95
Valenciennes ...	263	27	15	20	55	15	20
Roubaix	268	27	70	20	85	15	50
Tourcoing	271	28	»	21	05	15	65
Quiévrain	275	28	40	21	40	15	90
Mouscron	276	28	50	21	45	15	95

1846.

Suite *du* Tarif pour le Transport des Voyageurs.

LIEUX DE DÉPART ET DE DESTINATION.	Distances servant de base à la fixation des prix de transport.	1re CLASSE. Voitures couvertes, garnies et fermées à glaces.		2e CLASSE. Voitures couvertes, fermées à glaces et à banquettes rembourrées.		3e CLASSE. Voitures couvertes et fermées avec rideaux.	
		PRIX DE TRANSPORT.					
	kilomèt.	fr.	c.	fr.	c.	fr.	c.
Auvers.........	17	1	75	1	30	1	»
Isle-Adam.....	23	2	40	1	80	1	35
Beaumont......	29	3	»	2	25	1	65
Boran	36	3	70	2	80	2	10
Saint-Leu.....	44	4	55	3	40	2	55
Creil.........	51	5	25	3	95	2	95
Liancourt.....	58	6	»	4	50	3	35
Clermont......	65	6	70	5	05	3	75
Saint-Just	80	8	25	6	20	4	60
Breteuil	95	9	80	7	40	5	50
Ailly.........	111	11	45	8	65	6	40
Boves.........	122	12	60	9	50	7	05
Amiens........	131	13	55	10	20	7	55
Corbie	146	15	10	11	35	8	45
Albert........	162	16	75	12	60	9	35
Achiet........	181	18	70	14	05	10	45
Boileux........	190	19	65	14	75	10	95
Arras.........	198	20	45	15	40	11	45
Rœux.........	208	21	50	16	15	12	»
Vitry.........	214	22	10	16	65	12	35
Douai.........	224	23	15	17	40	12	95
Leforest.......	231	23	85	17	95	13	35
Montigny......	233	24	05	18	10	13	45
Carvin	238	24	60	18	50	13	75
Somain........	239	24	70	18	60	13	80
Séciln........	246	25	40	19	15	14	20
Wallers........	249	25	70	19	35	14	40
Raismes.......	255	26	35	19	85	14	75
Lille	256	26	45	19	90	14	80
Valenciennes...	260	26	85	20	20	15	»
Roubaix.......	266	27	50	20	70	15	35
Tourcoing.....	268	27	70	20	85	15	50
Quiévrain	272	28	10	21	15	15	70
Mouscron......	274	28	30	21	30	15	80
Auvers.........	14	1	45	1	10	»	80
Isle-Adam......	20	2	05	1	55	1	15
Beaumont......	26	2	70	2	»	1	50
Boran.........	33	3	40	2	55	1	90
Saint-Leu.....	41	4	25	3	20	2	35
Creil.........	47	4	85	3	65	2	70
Liancourt.....	55	5	70	4	30	3	20
Clermont......	62	6	40	4	80	3	60
Saint-Just	77	7	95	6	»	4	45
Breteuil.......	92	9	50	7	15	5	30
Ailly.........	108	11	15	8	40	6	25
Boves.........	119	12	30	9	25	6	85
Amiens........	128	13	20	9	95	7	40
Corbie	143	14	75	11	10	8	25
Albert........	159	16	40	12	35	9	20
Achiet........	177	18	30	13	75	10	20
Boileux........	186	19	20	14	45	10	75

DE FRANCONVILLE aux stations ci-contre *et vice versâ.*

D'HERBLAY aux stations ci-contre *et vice versâ*

Suite du Tarif pour le Transport des Voyageurs.

LIEUX DE DÉPART ET DE DESTINATION.		Distances servant de base à la fixation des prix de transport.	1re CLASSE. Voitures couvertes, garnies et fermées à glaces.		2e CLASSE. Voitures couvertes, fermées à glaces et à banquettes rembourrées.		3e CLASSE. Voitures couvertes et fermées avec rideaux.	
			PRIX DE TRANSPORT.					
		kilomèt.	fr.	c.	fr.	c.	fr.	c.
D'HERBLAY (Suite).	Arras	195	20	15	15	15	11	25
	Rœux	204	21	05	15	85	11	80
	Vitry..........	211	21	80	16	40	12	20
	Douai..........	221	22	85	17	20	12	75
	Leforest........	228	23	55	17	75	13	15
	Montigny.......	229	23	65	17	80	13	20
	Carvin	235	24	30	18	25	13	55
	Somain.........	236	24	40	18	35	13	65
	Séclin..........	243	25	10	18	90	14	05
	Wallers........	245	25	30	19	05	14	15
	Raismes........	251	25	95	19	50	14	50
	Lille	253	26	15	19	65	14	60
	Valenciennes ...	257	26	55	20	»	14	85
	Roubaix........	262	27	05	20	35	15	15
	Tourcoing......	265	27	35	20	60	15	30
	Quiévrain	269	27	80	20	90	15	55
	Mouscron.......	270	27	90	21	»	15	60

CHAPITRE II.

Articles de messagerie ne pesant pas plus de 6 kilogrammes, bagages, articles de messagerie pesant plus de 6 kilogrammes, et marchandises. — Finances et autres valeurs.

SECTION Ire. — Prix de transport.

§ Ier. — *Articles de messagerie ne pesant pas plus de 6 kilogrammes, bagages, articles de messagerie pesant plus de 6 kilogrammes, et marchandises.*

2. Le prix à percevoir, pour le transport des articles de messagerie, ne pesant pas plus de 6 kilogrammes, des bagages, des articles de messagerie, pesant plus de 6 kilogrammes, et des marchandises, sont réglés conformément au tableau suivant (1):

§ II. — *Or, argent, bijoux et autres valeurs.*

3. ... (2).

SECTION II. — Frais accessoires.

§ Ier. — *Enregistrement et magasinage.*

4. Les frais d'enregistrement et de magasinage, réglés par notre or-

---

(1) Abrogé.—Voir les art. 3 et 4 de l'ord. du 22 fév. 1847.
(2) Abrogé.—V. les art. 1 et 2 de l'ord. du 22 fév. 1847.

donnance du 19 janvier dernier, homologative du tarif des transport, sur le chemin de fer de Paris à la frontière de Belgique, sont applica- bles aux objets de même nature, transportés sur les parcours entre les stations ci-dessus désignées.

§ II. — *Chargement et déchargement.*

5. ... (1).

CHAPITRE III,

Transport des chiens.

6. La compagnie est autorisée à percevoir 50 centimes, par parcour, indivisible de 30 kilomètres, pour le transport d'un chien.

TITRE II.

TRANSPORT A LA VITESSE DES MARCHANDISES.

7. Il n'est point indiqué de taxes pour les transports à la vitesse de, marchandises, la compagnie n'étant pas encore en mesure d'effectue, des transports à cette vitesse.

TITRE III.

DISPOSITIONS GÉNÉRALES.

8. Toutes les dispositions de nos ordonnances ci-dessus visées, de, 19 juin, 3 juillet et 29 août derniers, qui ne sont point contraires au, dispositions qui précèdent, sont applicables aux transports sur le, parcours entre les stations ci-dessus désignées.

9. La présente ordonnance sera notifiée à la compagnie, imprimé, et affichée.

Le commissaire spécial de police et les agents de surveillance d, chemin de fer de Paris à la frontière de Belgique, ainsi que les maire, et les commissaires de police des communes du ressort de la préfec, ture de police, dont le territoire est traversé par ledit chemin de fe, sont chargés d'en assurer l'exécution.

Le pair de France, préfet de police, G. DELESSERT.

N° 1971. — *Ordonnance homologative de modifications au tari, du 10 mai 1844, pour le chemin de fer de Paris à Rouen* (2).

Paris, le 16 octobre 1846.

---

(1) Abrogé.—V. l'art, 5 de l'ord, du 22 fév. 1847.
(2) Abrogée.—V. l'ord, du 20 mars 1847 (Paris à Rouen).

N° **1972**. — *Ordonnance portant abrogation de l'art. 4 de l'or-donnance du 16 octobre 1846, pour le chemin de fer de Paris à Rouen* (1).

Paris, le 24 octobre 1846.

N° **1973**. — *Ordonnance concernant l'ouverture et la police de l'abattoir public de la ville de Saint-Denis.*

Paris, le 31 octobre 1846.

Nous, pair de France, préfet de police,

Vu : 1° l'ordonnance royale du 9 juin 1844, qui autorise l'établissement d'un abattoir public, avec fonderie de suif et triperie, à Saint-Denis, rue des Poissonniers, près du canal et de la rivière du Croult, au nord de la ville, et qui fixe les droits à percevoir dans cet établissement ;

2° Le rapport du conseil de salubrité, en date du 30 du courant, sur l'exécution des dispositions prescrites par l'ordonnance royale susmentionnée ;

3° Les lois des 16-24 août 1790 et 19-22 juillet 1791 ;

4° Les arrêtés du gouvernement du 1ᵉʳ juillet 1800 (12 messidor an VIII) et 25 octobre 1800 (3 brumaire an IX) ;

Ordonnons ce qui suit :

Ouverture de l'abattoir et classement des bouchers.

1. L'abattoir public de la ville de Saint-Denis sera ouvert le 9 novembre prochain.

A compter de cette époque, l'abatage des bœufs, vaches, veaux, moutons et porcs y aura lieu exclusivement, et toutes les tueries particulières situées dans le rayon de l'octroi de la ville de Saint-Denis seront interdites et fermées.

Toutefois, les propriétaires et les habitants qui élèvent des porcs pour la consommation de leur maison, conserveront la faculté de les faire abattre chez eux, pourvu que ce soit dans un lieu clos et séparé de la voie publique.

2. La répartition des bouchers dans les échaudoirs aura lieu par la voie du sort. Néanmoins, le maire pourra faire à cette répartition les changements et mutations reconnus nécessaires dans l'intérêt du service. Chaque échaudoir pourra recevoir un ou plusieurs bouchers, suivant l'importance de leur commerce.

Abatage des bestiaux et des porcs.

3. Les bouchers pourront abattre à toute heure du jour et de la nuit, mais seulement dans les échaudoirs à ce destinés.

Il leur est défendu d'abattre des bœufs, vaches et taureaux dans les cours dallées ou de travail.

4. Les porcs pourront être abattus, brûlés et *habillés* à toute heure

---

(1) Abrogée.—V. l'art. 49 du règlement d'administration publique sur la police, la sûreté et l'exploitation des chemins de fer, en date du 15 nov. 1846.

du jour et de la nuit, dans les brûloirs et échaudoirs affectés à cet usage. Ce travail ne pourra se faire ailleurs, sous aucun prétexte.

5. Les portes des échaudoirs et des brûloirs seront fermées au moment de l'abatage des animaux. Dans tous les cas, les grilles de l'abattoir devront être tenues constamment fermées et elles ne seront ouvertes que pour le service de l'établissement.

6. Les bœufs, vaches et taureaux, avant d'être abattus, doivent être fortement attachés à l'anneau scellé à cet effet dans chaque échaudoir. Les bouchers seront responsables des suites de toute négligence à cet égard.

7. Les bœufs et taureaux, dont l'espèce est connue pour être dangereuse, ne pourront être conduits, des bouveries aux échaudoirs, qu'avec des entraves ou accouplés.

8. Les veaux et moutons seront saignés dans des baquets, de manière à ce que le sang ne puisse couler dans les égouts.

9. Il est enjoint aux bouchers et charcutiers de laver ou faire laver exactement le sol, les murs et les portes des échaudoirs après l'abatage et l'habillage.

Les toits à porcs seront nettoyés tous les jours.

10. Il est défendu de laisser séjourner dans les échaudoirs aucuns suifs, graisses, dégrais, ratis, panses et boyaux, cuirs et peaux en vert ou en manchon, salés ou non salés.

11. Les bouchers et charcutiers feront enlever les fumiers tous les deux jours.

12. Tout amas de bourres, têtes ou pieds de bœufs ou de moutons, est défendu.

13. Les bouchers et les charcutiers devront, quand ils en seront requis par le maire ou par les agents de l'autorité, faire gratter les murs intérieurs ou extérieurs des échaudoirs, ainsi que les portes.

14. Il est défendu de déposer dans les rues et cours de l'abattoir les cuirs et peaux des bestiaux.

15. Les bouchers auront la faculté de recueillir le sang des animaux par eux abattus. Ils devront le recevoir dans des baquets ou seaux et le renfermer dans des futailles bien closes; ils seront tenus d'enlever de l'abattoir ces futailles tous les jours pendant l'été, et tous les trois jours pendant l'hiver.

16. Il est défendu aux individus chargés de ce travail d'embarrasser les passages avec les futailles. Ils devront les placer dans les lieux qui leur seront indiqués par le maire ou l'un de ses agents.

17. Les bouchers et charcutiers se pourvoiront de tinets, étous, baquets, brouettes et de tous les instruments et ustensiles nécessaires à leur travail, et les entretiendront en bon état de service et de propreté.

18. Les bouchers et charcutiers seront tenus d'avoir, dans l'abattoir, des garçons pour recevoir et soigner les bestiaux à leur arrivée.

19. Toutes les viandes et issues qui, après l'abatage et l'habillage, se trouveront gâtées, corrompues ou nuisibles, ne pourront être livrées à la consommation; elles seront enfouies ou envoyées à la ménagerie du muséum d'histoire naturelle, à Paris, par les soins du maire ou du commissaire de police et aux frais du propriétaire.

En cas de contestation, la vérification des viandes reconnues insalubres sera faite, en présence du maire ou du commissaire de police et du propriétaire, par un artiste vétérinaire ou par un médecin appelé comme expert.

Les viandes des bestiaux morts naturellement seront également saisies et détruites.

Dans tous les cas, les pieds, peaux, cuirs et suifs de l'animal qui aura fourni les viandes et issues malsaines, seront laissés au propriétaire.

20. Tout garçon boucher ou autre qui vendra des veaux trouvés dans les entrailles des vaches qu'il aura tuées, et qui n'en fera pas sur-le-champ la déclaration, pour que ces viandes insalubres soient coupées et jetées aux voiries, sera poursuivi devant les tribunaux, et puni conformément à la loi.

21. Il est défendu aux bouchers et charcutiers de laisser séjourner dans les rues et cours de l'abattoir, des panses de bœufs, vaches, veaux ou moutons, des boyaux de moutons ou de porcs.

Les vidanges et autres résidus seront déposés dans les coches dallés à ce destinés, et enlevés tous les jours indistinctement et sans triage.

22. Les bouchers, charcutiers, tripiers et les fondeurs seront tenus de déposer tous les soirs chez le concierge de l'abattoir les clefs des greniers, séchoirs, échaudoirs, bergeries, écuries, fonderies et porcheries ; le concierge les leur remettra, ou à leurs garçons, suivant les besoins.

Dans aucun cas, les bouchers, charcutiers ou autres ne pourront emporter ces clefs.

Bouveries, Bergeries et greniers à fourrages.

23. L'entrée et la circulation dans les greniers à fourrages sont interdites depuis le coucher jusqu'au lever du soleil.

24. Il est défendu de fumer dans les bouveries, les bergeries et les greniers à fourrages.

25. Les corridors des greniers à fourrages et les escaliers qui y conduisent devront être nettoyés au moins deux fois par semaine.

Des garçons bouchers, charcutiers, tripiers et fondeurs.

26. Il ne sera admis dans l'abattoir que des garçons pourvus de livrets.

Les livrets seront déposés à la mairie.

L'entrée de l'abattoir sera interdite aux garçons bouchers et autres qui ne se conformeront pas à cette disposition, sans préjudice des poursuites à exercer contre les maîtres qui les emploieront.

27. Il est défendu aux garçons bouchers, charcutiers, tripiers et fondeurs de détruire ou de dégrader aucun objet dépendant de l'abattoir ou des échaudoirs, et spécialement les pompes, tuyaux, robinets, tampons, grilles, égouts, comme aussi de laisser ouvert aucun robinet sans nécessité. Les maîtres bouchers, charcutiers, fondeurs et tripiers sont responsables des dégâts faits par les garçons qu'ils emploient.

Fonte des suifs.

28. Conformément au 8e paragraphe de l'article 2 de l'ordonnance royale du 9 juin 1844, la fonte des suifs en branches ne pourra être opérée qu'au moyen des acides ou des alcalis.

En cas de plaintes fondées sur l'inexécution de cette prescription, le titulaire du fondoir en sera évincé.

29. La fonte des suifs n'aura lieu que depuis la fin du jour jusqu'au lever du soleil ; cependant, en cas de nécessité, elle pourra être tolérée le jour.

30. Les fondeurs ne pourront faire usage de lumières qu'avec des lanternes closes ou à réseaux métalliques.

L'usage des chandeliers, bougeoirs, martinets et lampes à la main, leur est formellement interdit.

31. Les fondeurs sont tenus de faire nettoyer et ratisser, au moins deux fois par semaine, le carreau des fondoirs et les rampes et marches des escaliers qui y conduisent.

32. Les cheminées des fondoirs seront ramonées au moins une fois par mois, et plus souvent s'il est nécessaire.

33. Aucune voiture chargée de suif ne pourra rester dans l'intérieur de l'abattoir. Aussitôt que son chargement sera terminé elle devra être conduite à sa destination.

34. Les fondeurs ou leurs garçons ne pourront, sous aucun prétexte, laisser du bois ou autres combustibles devant l'ouverture du foyer des chaudières.

35. Quand une fonte sera commencée, les garçons ne pourront quitter le fondoir.

36. Après la fonte, ils devront s'assurer de l'extinction complète du feu et de la clôture de l'étouffoir. Il leur est expressément défendu de sortir du fondoir le bois en partie consumé, pour l'éteindre au dehors.

37. Il leur est également défendu de laisser des fumiers aux portes des écuries. Ils devront, tous les matins avant neuf heures, les transporter au lieu à ce destiné.

Triperie.

38. On ne pourra sortir de l'abattoir des issues, sans qu'elles aient été préalablement cuites, ou au moins vidées et lavées.

39. L'entrepreneur de cuisson est tenu d'enlever des échaudoirs des bouchers, au fur et à mesure de l'abatage des bestiaux, les tripes de bœuf, vache et de mouton, et d'y faire apposer la marque du propriétaire.

40. Il tiendra compte aux tripiers des parties d'issues perdues ou détériorées.

41. L'atelier de cuisson des issues, etc., devra être tenu dans le plus grand état de propreté.

42. Il est enjoint à l'entrepreneur de cuisson de prendre toutes les précautions nécessaires pour ne laisser écouler aucune matière animale avec les eaux de lavage.

Il devra faciliter l'écoulement de ces eaux jusqu'aux égouts.

Tarif des droits.

43. Conformément à l'ordonnance royale du 9 juin 1844, il sera perçu, savoir :

POUR DROITS D'ABATAGE,

1°	Par tête de bœuf.................	3 fr.	50 c.
2°	— de vache.................	2	50
3°	— de veau.................	1	25
4°	— de mouton.................	»	30
5°	— de porc.................	1	60

TRIPERIE.

Frais de cuisson, nettoyage et lavage.

6°	Par tripée de bœuf ou de vache..........	» fr.	40 c.
7°	— de mouton.................	»	07
8°	Pour cent pieds de mouton..........	1	»
9°	— de veau.................	1	»
10°	Par tête de veau.................	»	20

FONDERIE DE SUIF.

11° Pour 100 kilogrammes de suif fondu...... » fr. 75 c.

Dispositions générales.

44. Le concierge de l'abattoir ne laissera sortir aucune voiture ni paquet sans les visiter.

45. Il ne sera admis dans l'abattoir aucune personne étrangère au service, à moins d'une permission spéciale.

46. Il est défendu d'y amener des chiens, autres que ceux des conducteurs de bestiaux. Ces chiens devront être muselés.

47. Il est défendu d'y traire les vaches, sans la permission des bouchers auxquels elles appartiennent

48. Il ne pourra être introduit de voiture dans les bouveries, si ce n'est pour enlever les animaux morts naturellement.

49. Il est défendu d'élever et d'entretenir dans l'abattoir aucun porc, pigeon, lapin, volaille, chèvre et mouton, sous quelque prétexte que ce soit.

50. Il est défendu de faire paître des bestiaux sur les parties où il existe du gazon, et de faire stationner des voitures sur ces parties ni entre les arbres.

51. Les bouchers, charcutiers, fondeurs et tripiers ne pourront, sous aucun prétexte, laisser en dépôt dans l'intérieur de l'abattoir des cabriolets, charrettes ou autres voitures, des étous, brouettes et ustensiles hors d'usage.

Il est également défendu aux conducteurs de viande, de loger des chevaux dans l'abattoir.

Ils seront d'ailleurs responsables des faits des personnes qu'ils emploient comme aides.

52. Les bouchers, charcutiers, fondeurs et tripiers, ne pourront employer ou faire employer, pour le transport de leurs marchandises, que des voitures entièrement couvertes d'un linge propre.

53. Les conducteurs se tiendront à pied, à la tête de leurs chevaux, et ne pourront conduire qu'au pas.

54. Il est défendu à toutes personnes logées dans l'abattoir de jeter ou de déposer au-devant de leurs habitations aucuns fumiers, immondices et eaux ménagères.

55. Aucune voiture de fourrage, de bois ou d'autres combustibles, ne sera reçue dans l'abattoir, si son chargement ne peut être resserré avant la nuit.

56. Il est défendu d'entrer la nuit dans les bouveries, bergeries ou toits à porcs avec des lumières, si elles ne sont renfermées dans des lanternes closes ou à réseaux métalliques.

57. Il est défendu d'appliquer des chandelles allumées aux murs et aux portes, intérieurement ou extérieurement, ni en quelque lieu que ce soit.

58. Toute espèce de jeux de hasard et autres sont interdits dans l'abattoir, ainsi que tout débit de boissons et comestibles.

59. Il est défendu de rien écrire, tracer ou crayonner sur les murs et sur les portes, soit en lettres, soit en portraits ou figures quelconques.

60. Il est expressément défendu de coucher dans les échaudoirs, bouveries, bergeries, séchoirs et greniers.

61. Conformément au 5e paragraphe de l'article 2 de l'ordonnance royale du 9 juin 1844, on ne pourra, sous aucun prétexte, fabriquer ni engrais ni compost dans cet abattoir.

62. La présente ordonnance sera imprimée et affichée.

Ampliation en sera adressée à M. le pair de France, préfet de la Seine.

63. Le sous-préfet de l'arrondissement de Saint-Denis, le maire et le commissaire de police de Saint-Denis et les préposés sous leurs ordres, l'inspecteur général des halles et marchés et l'inspecteur des établissements insalubres, sont chargés, chacun en ce qui le concerne, de tenir la main à son exécution.

Le pair de France, préfet de police, G. DELESSERT.

N° **1974.** — *Ordonnance concernant le balayage et la propreté de la voie publique et le transport des matières insalubres.*

Paris, le 5 novembre 1846.

Nous, pair de France, préfet de police.

Vu l'article 3 du titre II de la loi des 16-24 août 1790;

Vu les articles 2 et 22 de l'arrêté du gouvernement du 1er juillet 1800 (12 messidor an VIII);

Vu l'article 471 du Code pénal;

Considérant qu'il est utile de rappeler fréquemment aux habitants les obligations qui leur sont imposées pour assurer le maintien de la propreté de la voie publique, et qu'il importe d'ajouter aux règlements existants de nouvelles dispositions, dont l'expérience a fait reconnaître la nécessité; et notamment de défendre le dépôt sur la voie publique, de matières répandant une odeur infecte.

Ordonnons ce qui suit :

TITRE Ier.

Balayage de la voie publique et nettoiement des trottoirs, des ruisseaux, des devantures de boutiques, des grilles d'égouts et des abords des bâtiments en construction, ateliers ou chantiers des travaux.

1. Les propriétaires ou locataires sont tenus de faire balayer complétement, chaque jour, sauf les cas prévus par l'article 3 ci-après, la voie publique au-devant de leurs maisons, boutiques, cours, jardins et autres emplacements.

Le balayage sera fait jusqu'aux ruisseaux, dans les rues à chaussée fendue.

Dans les rues à chaussée bombée et sur les quais, le balayage sera fait jusqu'au milieu de la chaussée.

Le balayage sera également fait sur les contre-allées des boulevards jusqu'aux ruisseaux des chaussées.

Les boues et immondices seront mises en tas; ces tas devront être placés de la manière suivante, selon les localités;

Savoir :

Dans les rues sans trottoirs, entre les bornes; dans les rues à trottoirs, le long des ruisseaux du côté de la chaussée, si la rue est à chaussée bombée; et le long des trottoirs, si la rue est à chaussée fendue; sur les boulevards, le long des ruisseaux de la chaussée, côté des contre-allées.

Dans tous les cas, les tas devront être placés à une distance d'au moins deux mètres des grilles ou des bouches d'égouts.

Nul ne pourra pousser les boues et immondices devant les propriétés de ses voisins.

2. Le balayage sera fait entre six heures et sept heures du matin, depuis le 1er avril jusqu'au 1er octobre, et entre sept heures et huit heures du matin, depuis le 1er octobre jusqu'au 1er avril.

En cas d'inexécution, le balayage sera *fait d'office*, aux frais des propriétaires ou locataires.

Aucun ouvrier balayeur, étranger aux ateliers du service de la salubrité, ne pourra, en dehors des heures fixées par le paragraphe 1er du présent article, balayer la voie publique, et y faire un service de nettoiement, dans le cours de la journée, sans notre autorisation, et sans être porteur d'une permission délivrée à la préfecture de police, dont il devra justifier à toute réquisition des agents de l'autorité.

3. Lorsque des travaux de pavage auront été exécutés, le balayage quotidien, prescrit par l'article 1er, sera suspendu sur les parties de la voie publique où ces travaux auront été opérés.

En ce qui concerne le pavage neuf et les relevés à bout, c'est-à-dire les pavages entièrement refaits, le balayage ne sera repris que dix jours après l'achèvement des travaux, lorsque les entrepreneurs de la Ville auront relevé et enlevé les résidus du sable répandu pour la consolidation du pavé, et que les agents de l'administration auront averti les propriétaires et locataires que le balayage devra être repris.

En ce qui concerne les pavages en recherche, ou réparations partielles, le balayage sera repris dès l'avis donné par les agents de l'administration.

Les sables balayés et relevés avant les dix jours de l'achèvement des travaux, ou avant les avis donnés par les agents de l'administration, seront répandus de nouveau aux frais des contrevenants.

4. En outre du balayage prescrit par l'article 1er, les propriétaires ou locataires seront tenus de faire gratter, laver et balayer chaque jour les trottoirs existant au devant de leurs propriétés, ainsi que les bordures desdits trottoirs, aux heures fixées par l'article 2.

Cette disposition est applicable aux dalles établies dans les contre-allées des boulevards, les propriétaires ou locataires sont tenus de les faire gratter, laver et balayer, chaque jour ; les boues et ordures provenant de ce balayage seront mises en tas sur la chaussée pavée, le long des ruisseaux, côté des contre-allées, conformément à l'article 1er.

L'eau du lavage des trottoirs et des dalles devra être balayée et coulée au ruisseau.

Les propriétaires ou locataires devront également faire nettoyer intérieurement et dégager les gargouilles placées sous les trottoirs des rues et sous les dallages des boulevards, de toutes ordures et objets quelconques qui pourraient les obstruer. Ce nettoiement doit être fait chaque jour aux heures prescrites pour le balayage.

5. Les devantures de boutiques ne pourront être lavées après les heures fixées pour le balayage, et l'eau du lavage devra être balayée et coulée au ruisseau.

6. Dans les rues à chaussée bombée, chaque propriétaire ou locataire doit tenir libre le cours du ruisseau au-devant de sa maison ; dans les rues à chaussée fendue, il y pourvoira conjointement avec le propriétaire ou locataire qui lui fait face.

Les ruisseaux sous trottoirs dits en encorbellement devront être dégagés des boues et ordures et tenus toujours libres et en état de propreté.

Pour prévenir les inondations par suite de pluie ou de dégel, les habitants, devant la propriété desquels se trouvent des grilles d'égout, les feront dégager des ordures qui pourraient les obstruer. Ces ordures seront déposées aux endroits indiqués en l'article 1er.

7. Il est prescrit aux entrepreneurs de travaux exécutés sur la voie publique ou dans des propriétés qui l'avoisinent, de tenir la voie publique en état constant de propreté, aux abords de leurs ateliers ou

chantiers, et sur tous les points qui auraient été salis par suite de leurs travaux ; il leur est également prescrit d'assurer aux ruisseaux un libre écoulement.

En cas d'inexécution, le nettoiement de ces points de la voie publique, sera opéré *d'office*, et aux frais des entrepreneurs.

TITRE II.

Entretien des rues ou parties de rues non pavées.

8. Il est enjoint à tout propriétaire ou locataire de maisons ou terrains situés le long des rues ou parties de rues non pavées, de faire combler, chacun en droit soi, les excavations, enfoncements et ornières, et d'entretenir le sol en bon état ; de conserver et de rétablir les pentes nécessaires pour procurer aux eaux un écoulement facile, et de faire en un mot toutes les dispositions convenables pour que la liberté, la sûreté de la circulation et la salubrité ne soient pas compromises.

9. Les concierges, portiers ou gardiens des établissements publics et maisons domaniales sont personnellement responsables de l'exécution des dispositions ci-dessus, en ce qui concerne le balayage de la voie publique, le nettoiement des trottoirs, des ruisseaux, des devantures de boutiques, des grilles d'égoûts, ainsi que l'entretien des rues ou parties de rues non pavées, au-devant des établissements et maisons auxquels ils sont attachés.

TITRE III.

Dépôts et projections sur la voie publique, dans la rivière et dans les égouts.

10. Il est expressément défendu de déposer dans les rues, sur les places, quais, ports, berges de la rivière, et généralement sur aucunes parties de la voie publique, des ordures, immondices, pailles et résidus quelconques de ménage.

Ces objets devront être portés directement des maisons aux voitures du nettoiement, et remis aux desservants de ces voitures, au moment de leur passage.

Toutefois, les habitants des maisons qui n'ont ni cour, ni porte-cochère, pourront déposer les ordures, pailles et résidus ménagers, le matin, avant sept heures, depuis le 1er avril jusqu'au 1er octobre ; et avant huit heures, depuis le 1er octobre jusqu'au 1er avril. En dehors de ces heures, il est formellement interdit de faire aucun dépôt de ce genre sur la voie publique.

Ces dépôts devront être faits sur les points de la voie publique désignés en l'article 1er, pour la mise en tas des immondices provenant du balayage.

La tolérance résultant du paragraphe III du présent article, ne sera, dans aucun cas, applicable à des résidus passés à l'état de putréfaction, et répandant une odeur infecte.

Ces résidus seront portés directement des maisons aux voitures du nettoiement, et remis aux desservants de ces voitures, au moment de leur passage.

11. Il est interdit de déposer dans les rues, sur les places, quais, ports, berges de la rivière, et généralement sur aucune partie de la voie publique, des pierres, terres, sables, gravois et autres matériaux.

Dans le cas où des réparations à faire dans l'intérieur des maisons nécessiteraient le dépôt momentané de terres, sables, gravois et autres matériaux sur la voie publique, ce dépôt ne pourra avoir lieu que sous l'autorisation préalable du commissaire de police du quartier.

La quantité des objets déposés ne devra jamais excéder le chargement d'un tombereau, et leur enlèvement complet devra toujours être effectué avant la nuit. Si, par suite de force majeure, cet enlèvement n'avait pu être opéré complétement, les terres, sables, gravois, ou autres matériaux devront être suffisamment éclairés pendant la nuit.

Sont formellement exceptés de la tolérance, les terres, moëllons ou autres objets provenant des fosses d'aisances ; ces débris devront être immédiatement emportés, sans pouvoir jamais être déposés sur la voie publique.

En cas d'inexécution, il sera procédé d'*office* et aux frais des contrevenants, soit à l'éclairage, soit à l'enlèvement des dépôts.

12. Il est défendu de déposer sur la voie publique, les bouteilles cassées, les morceaux de verre, de poterie, faïence et tous autres objets de même nature pouvant occasionner des accidents.

Ces objets devront être directement portés aux voitures du nettoiement, et remis aux desservants de ces voitures.

13. Il est interdit aux marchands ambulants de jeter sur la voie publique, des débris de légumes et de fruits, ou tous autres résidus.

Les étalagistes, ou tous autres individus autorisés à s'établir sur la voie publique pour y exercer une industrie, doivent tenir constamment propre l'emplacement qu'ils occupent, ainsi que les abords de cet emplacement.

14. Il est défendu de secouer sur la voie publique, des tapis et autres objets pouvant salir ou incommoder les passants, et généralement d'y rien jeter des habitations.

15. Il est défendu de jeter des pailles ou des ordures ménagères à la rivière, sur les berges, sur les parapets, cordons ou corniches des ponts.

16. Il est défendu de jeter des eaux sur la voie publique ; ces eaux devront être portées au ruisseau pour y être versées de manière à ne pas incommoder les passants.

Il est également défendu d'y jeter et faire couler des urines et des eaux infectes.

17. Il est expressément défendu de jeter dans les égouts des urines, des boues et immondices solides, des matières fécales, et généralement tout corps ou matière pouvant obstruer ou infecter lesdits égouts.

TITRE IV.

Urinoirs publics.

18. Dans les voies publiques où des urinoirs sont établis, il est interdit d'uriner ailleurs que dans ces urinoirs.

Les personnes qui auront été autorisées à établir des urinoirs sur la voie publique devront les entretenir en bon état, et en faire opérer le nettoiement et le lavage assez fréquemment pour qu'ils soient constamment propres et qu'il ne s'en exhale aucune mauvaise odeur.

En cas d'inexécution, il sera pourvu *d'office* et aux frais des contrevenants, à la réparation, au nettoiement et au lavage de ces urinoirs.

TITRE V.

Transport, chargement et déchargement des objets qui seraient de nature à salir la voie publique ou à incommoder les passants.

19. Ceux qui transporteront des plâtres, des terres, sables, décombres, gravois, mâchefers, fumier-litière et autres objets quelconques, qui seraient de nature à salir la voie publique ou à incommoder les passants, devront charger leurs voitures de manière que rien ne s'en échappe, et ne puisse se répandre sur la voie publique.

En ce qui concerne le transport des terres, sables, décombres, gravois et mâchefers, les parois des voitures devront dépasser de 15 centimètres au moins toute la partie supérieure du chargement.

Les voitures servant au transport des plâtres, même lorsqu'elles ne seront pas chargées, ne pourront circuler sur la voie publique sans être pourvues d'un about devant et derrière, et sans être recouvertes d'une bâche.

Le déchargement des plâtres devra toujours être opéré avec précaution et de manière à ne pas salir la voie publique, ni incommoder les passants.

Cette dernière disposition est applicable au déchargement des farines.

Les remises et autres locaux, sous lesquels on battra du plâtre, devront être séparés de la voie publique par une clôture, qui empêche la poussière de s'y répandre et d'incommoder les passants.

Le nettoiement des rues ou parties de rues salies par suite de contraventions au présent article, sera opéré *d'office*, et aux frais des contrevenants.

20. Lorsqu'un chargement ou déchargement de marchandises, ou de tous autres objets quelconques, aura été opéré sur la voie publique, dans le cours de la journée, et dans les cas où ces opérations sont permises par les règlements, l'emplacement devra être balayé et les produits du balayage enlevés.

En cas d'inexécution, il y sera pourvu *d'office*, et aux frais des contrevenants.

TITRE VI.

Transport des matières insalubres.

21. Les résidus des fabriques de gaz, ceux d'amidonnerie, ceux de féculerie, passés à l'état putride, ceux des boyauderies et des triperies ; les eaux provenant de la cuisson des os pour en retirer la graisse ; celles qui proviennent des fabriques de peignes et d'objets de corne macérée ; les eaux grasses destinées aux fondeurs de suif et aux nourrisseurs de porcs ; les résidus provenant des fabriques de colle forte et d'huile de pied de bœuf, le sang provenant des abattoirs ; les urines provenant des urinoirs publics et particuliers ; les vases et eaux extraites des puisards et des puits infectés ; les eaux de cuisson de têtes et de pieds de mouton ; les eaux de charcuterie et de triperie ; les râclures de peaux infectes, les résidus provenant de la fonte des suifs, soit liquides, soit solides, soit mi-solides, et en général, toutes les matières qui pourraient compromettre la salubrité, ne pourront à l'avenir être transportées dans Paris, que dans des tonneaux hermétiquement fermés et lutés.

Toutefois, les résidus des féculeries qui ne seront pas passés à l'état putride, pourront être transportés dans des voitures parfaitement étanches, et les débris frais des abattoirs, des boyauderies et des triperies, dans des voitures garnies en tôle ou en zinc, étanches également, mais de plus couvertes. Pourront aussi être transportées de cette dernière manière, les matières énoncées dans le paragraphe 1er du présent article, lorsqu'il sera reconnu qu'il y a impossibilité de les trans-

porter dans des tonneaux, mais seulement alors pendant la nuit jusqu'à huit heures du matin.

22. Le noir animal ayant servi à la décoloration de sirops et au
raffinage des sucres, les os gras et les chiffons non lavés et humides ne
pourront être transportés que dans des voitures bien closes.

23. Les tonneaux servant au transport des peaux en vert, et des
engrais secs de diverses natures, devront être clos et couverts.

Dispositions générales.

24. Les contraventions aux injonctions ou défenses faites par la
présente ordonnance seront constatées par des procès-verbaux ou rapports qui nous seront adressés. Les contrevenants seront traduits,
s'il y a lieu, devant les tribunaux, pour être punis conformément aux
lois et règlements en vigueur.

Dans tous les cas où il y aura lieu à procéder *d'office*, en vertu des
dispositions de la présente ordonnance, ces opérations se feront, à la
diligence des commissaires de police ou du directeur de la salubrité,
aux frais des contrevenants, et sans préjudice des peines encourues.

25. La présente ordonnance sera publiée et affichée.

Les commissaires de police, le chef de la police municipale, le directeur de la salubrité, les officiers de paix et autres préposés de l'administration, sont chargés de faire observer les dispositions de l'ordonnance ci-dessus, et de tenir la main à leur exécution.

Les préposés de l'octroi sont requis de concourir à l'exécution des
articles 11 et 19, concernant les dépôts et le transport des plâtres,
terres, sables, et autres objets qui seraient de nature à salir ou à embarrasser la voie publique.

A cet effet, ampliation de ladite ordonnance sera adressée à M. le
directeur, président du conseil d'administration de l'octroi.

Le pair de France, préfet de police, **G. DELESSERT**

N° **1975.** — *Ordonnance concernant la vérification périodique
des poids et mesures pour* 1847.

Approuvée par M. le ministre de l'agriculture et du commerce, le 24 novembre 1846 (1).

Paris, le 12 novembre 1846.

N° **1976.** — *Ordonnance homologative de modifications au tarif
du* 20 *juillet* 1844, *pour le chemin de fer de Paris à Orléans* (2).

Paris, le 23 novembre 1846.

---

(1) Abrogée.—V. l'ord. du 13 déc. 1850.
(2) Abrogée.—V. l'ord. du 1er fév. 1848.

N° **1977**. — *Ordonnance concernant les neiges et glaces.*

Paris, le 5 décembre 1846.

Nous, pair de France, préfet de police,

Ordonnons ce qui suit :

Notre ordonnance du 7 décembre 1842 (1), concernant les neiges et glaces, sera de nouveau imprimée et affichée.

Le pair de France, préfet de police, G. DELESSERT.

N° **1978**. — *Ordonnance homologative de modifications au tarif du 17 juin 1846, pour le chemin de fer de Paris à Sceaux* (2).

Paris, le 20 décembre 1846.

N° **1979**. — *Ordonnance homologative d'un tarif de magasinage pour le chemin de fer de Paris à Orléans* (3).

Paris, le 21 décembre 1846.

N° **1980**. — *Ordonnance concernant la police, la sûreté et l'exploitation des chemins de fer.*

Paris, le 22 décembre 1846.

Nous, pair de France, préfet de police,

Ordonnons ce qui suit :

L'ordonnance du roi, en date du 15 novembre dernier, portant règlement d'administration publique sur la police, la sûreté et l'exploitation des chemins de fer, et la loi, en date du 15 juillet 1845, concernant la police des chemins de fer, seront imprimées et affichées, avec la présente ordonnance, tant à Paris que dans les communes du ressort de la préfecture de police (4).

Le pair de France, préfet de police, G. DELESSERT.

---

(1) Abrogée.—V. l'ord. du 24 déc. 1850.
(2) Abrogée.—V. l'ord. du 7 mai 1849.
(3) Abrogée.—V. l'ord. du 1er fév. 1848.
(4) Ce règlement d'administration publique abroge les ordonnances et arrêtés rendus par le préfet de police pour assurer l'exécution des mesures de police sur les chemins de fer aboutissant à Paris.—V. à l'appendice la loi du 15 juillet 1845 et l'ord. du 15 nov. 1846.

N° **1981**. — *Ordonnance portant règlement sur la vente du gaz dans Paris.*

Paris, le 26 décembre 1846.

Nous, pair de France, préfet de police,

Considérant que l'administration, en autorisant la pose des conduites pour l'éclairage au gaz, sous le sol des voies publiques de la ville de Paris, n'a pas permis, dans l'intérêt de la libre circulation et du bon entretien du pavé, que les conduites de plus d'une compagnie fussent établies dans la même rue ;

Considérant que le défaut de concurrence pouvant entraîner des inconvénients graves dans les services, soit public, soit particulier, de l'éclairage au gaz, il y avait lieu de soumettre les compagnies à un règlement et même à un tarif ;

Considérant qu'il a été satisfait à ces nécessités par le cahier des charges, approuvé par ordonnance royale du 13 décembre courant, et dont il importe d'assurer l'exécution ;

Vu : 1° le cahier des charges et l'ordonnance royale précités ;

2° Les lois des 16-24 août 1790, et des 19-22 juillet 1791 ;

3° L'arrêté du gouvernement du 12 messidor an VIII,

Ordonnons ce qui suit :

TITRE Iᵉʳ.

Fourniture et nature du gaz. — Tuyaux de conduite.

1. Les compagnies d'éclairage par le gaz, auxquelles des périmètres ont été concédés par la ville de Paris, pour dix-sept années, qui commenceront le 1ᵉʳ janvier 1847, et finiront le 31 décembre 1863, fourniront le gaz pour l'éclairage des particuliers, pendant les dix-sept années de leur concession, conformément au cahier des charges ci-dessus visé et aux prix et conditions ci-après.

2. L'éclairage sera fait par le gaz extrait de la houille. Les compagnies ne pourront employer d'autre gaz sans le consentement formel et par écrit du préfet de police.

3. Le gaz sera complétement épuré ; sa pureté sera constatée par les moyens qui seront prescrits par l'administration, le tout conformément aux dispositions de l'article 23 de l'ordonnance royale du 27 janvier 1846.

4. Les compagnies sont tenues de poser à leurs frais, sur notre réquisition et dans les limites du cahier des charges, des tuyaux de conduite sous les voies publiques de leurs périmètres respectifs où il n'en existerait pas.

5. Les dimensions des conduites et des branchements posés ou à poser, et la pression du gaz, devront, sur tous les points des périmètres, être combinées de telle sorte que chaque bec puisse recevoir la quantité de gaz nécessaire pour l'éclairage normal défini par l'article 20 ci-après.

TITRE II.

Abonnements.

6. Chaque compagnie sera tenue, dans sa circonscription et dans les localités où il existera des conduites, de fournir le gaz à toutes personnes qui auront contracté un abonnement de trois mois au moins, et qui se seront d'ailleurs conformées aux dispositions des règlements concernant la pose des appareils. Les polices, en vertu desquelles seront souscrits les abonnements, devront être conformes à un modèle approuvé par nous.

7. Les abonnements au bec pourront être faits pour tous les jours, sans exception, ou en exceptant les dimanches et fêtes.

8. Aucun abonnement ne pourra être refusé; mais les compagnies seront en droit d'exiger que le payement s'en fasse par mois et d'avance.

9. Le gaz sera fourni, soit au compteur, soit au bec et à l'heure, à la volonté des abonnés.

TITRE III.

Compteurs.

10. Les compteurs seront à la charge des abonnés qui auront la faculté de les faire établir et entretenir par des fournisseurs de leur choix.

11. Le système des compteurs sera approuvé par l'administration.

12. Toute personne qui sollicitera l'approbation d'un système de compteur, devra nous adresser une demande qui indiquera :

1° Si le système est ou non breveté ;

2° La dimension et le prix de vente pour les diverses dépenses du gaz ;

3° Les localités où les compteurs seront mis en expérience, et les lieux où ils pourront être examinés.

Un modèle des compteurs devra toujours être annexé aux demandes.

13. Les compteurs fabriqués suivant les systèmes approuvés par nous, ainsi qu'il est dit ci-dessus, ne pourront être employés qu'après avoir été vérifiés quant à leur exactitude et à la régularité de leur marche et qu'après avoir été revêtus du poinçon de l'administration.

Les compteurs seront en outre soumis à toutes autres vérifications que nous jugerons utile de prescrire, sans préjudice de celles que les abonnés ou les compagnies voudraient faire effectuer par les voies de droit.

14. Chaque compagnie aura la faculté de choisir, pour le service de ses lignes, un système de compteur parmi ceux qui auront été approuvés par l'administration ; mais son choix ne pourra porter, à titre exclusif, sur un système de compteur dont la fabrication ne serait pas dans le domaine public.

15. Un modèle de chaque système de compteur, approuvé par l'administration, sera déposé à la préfecture de police.

16. Les abonnés au compteur auront la libre disposition du gaz qui aura passé par le compteur ; ils pourront distribuer le gaz comme bon leur semblera, soit à l'intérieur, soit à l'extérieur de leur domicile, sans que, dans le cas où le nombre de becs déclaré serait augmenté, il puisse en résulter aucune action contre les compagnies, à raison de la faiblesse de l'éclairage.

TITRE IV.

Tarifs.

17. A partir du 1er janvier 1847, le prix du gaz vendu au compteur sera de 0,49 centimes le mètre cube, avec diminution d'un centime par année jusqu'à ce qu'il ait été réduit à 0,40 centimes.

18. Les prix actuels de la vente du gaz, livré à l'heure et au moyen de becs cylindriques à double courant d'air, dits d'*Argand*, seront réduits annuellement, à partir du 1er janvier 1847, jusqu'à ce qu'ils soient descendus à 0,06 centimes par heure, pour les becs éteints à dix heures, et à 0,05 centimes 50, pour les becs éteints à onze heures et à minuit.

19. En conséquence des dispositions des deux articles qui précèdent, les tarifs de la vente du gaz aux particuliers, soit au compteur, soit au bec, sont fixés, pour chacune des dix-sept années de la concession, conformément au tableau ci-après :

ANNÉES.	VENTE AU COMPTEUR. — PRIX du mètre cube.	VENTE AU BEC ET A L'HEURE.	
		Bec brûlant depuis la chute du jour jusqu'à 10 heures. — Prix de l'heure.	Bec brûlant depuis la chute du jour jusqu'à 11 heures et minuit. — Prix de l'heure.
1847	0 fr. 49 c.	0 fr. 06 c. 45	0 fr. 05 c. 95
1848	0 48	0 06 40	0 05 90
1849	0 47	0 06 35	0 05 85
1850	0 46	0 06 30	0 05 80
1851	0 45	0 06 25	0 05 75
1852	0 44	0 06 20	0 05 70
1853	0 43	0 06 15	0 05 65
1854	0 42	0 06 10	0 05 60
1855	0 41	0 06 05	0 05 55
1856 et suivantes.	0 40	0 06 00	0 05 50

20. Les becs, auxquels s'appliquent les tarifs ci-dessus, seront percés de vingt trous du diamètre d'un tiers de millimètre chacun ; la hauteur de la flamme sera de 8 centimètres ; celle du verre-cheminée ne pourra excéder 20 centimètres.

La consommation de ces becs sera par heure de 120 litres en moyenne par bec.

21. Un modèle des becs, avec galerie, cheminée et autres accessoires, sera déposé à la préfecture de police.

22. Le prix de tout autre bec que celui qui est déterminé dans l'article précédent, ou d'un éclairage qui aurait lieu à des heures autres que celles ci-dessus, sera débattu de gré à gré entre les compagnies et les abonnés.

Il en sera de même pour les becs cylindriques percés de vingt trous, qui seraient placés à l'extérieur.

23. Les abonnés ne pourront exiger d'éclairage, soit au compteur, soit au bec, que pendant le temps où les conduites des compagnies seront en charge pour le service ; les conditions des livraisons de gaz qui devraient avoir lieu en dehors de ce temps, seront réglées de gré à gré entre les compagnies et les abonnés.

24. Les compagnies concessionnaires seront tenues de faire jouir leurs abonnés, s'ils l'exigent, du prix du tarif ci-dessus et de tous les avantages résultant des autres conditions de la présente ordonnance. En conséquence, elles ne pourront se prévaloir contre eux des clauses des polices actuelles qui seraient contraires aux dispositions de ladite ordonnance.

25. Les compagnies devront, pour tous les consommateurs qui le demanderont, convertir immédiatement les abonnements au bec en abonnements au compteur.

TITRE V.

Dispositions générales.

26. Les contraventions aux dispositions de la présente ordonnance seront constatées par procès-verbaux ou rapports, qui nous seront transmis, pour être déférés aux tribunaux compétents, sans préjudice des mesures de police administrative, auxquelles elles pourraient donner lieu.

27. La présente ordonnance sera imprimée et affichée.

Les commissaires de police, le chef de la police municipale, l'architecte-commissaire de la petite voirie, le directeur de la salubrité et de l'éclairage, les officiers de paix et autres préposés de l'administration sont chargés d'en surveiller et assurer l'exécution.

Le pair de France, préfet de police, G. DELESSERT.

N° **1982.** — *Ordonnance concernant la vente des substances vénéneuses.*

Paris, le 26 décembre 1846.

Nous, pair de France, préfet de police,

Ordonnons ce qui suit :

L'ordonnance royale du 29 octobre 1846 (1), concernant la vente et l'emploi des substances vénéneuses sera imprimée et affichée à Paris et dans les communes du ressort de la préfecture.

Le pair de France, préfet de police, G. DELESSERT.

1847.

N° **1983**. — *Ordonnance concernant la suppression des marchés à charbon de bois établis dans Paris, l'un au faubourg du Roule, l'autre à la place d'Aval.*

Paris, le 22 janv. 1847.

Nous, pair de France, préfet de police,

Vu l'arrêté de M. le ministre de l'agriculture et du commerce, en

(1) V. cette ord. à l'appendice.

date du 14 décembre 1846, portant suppression des marchés à charbon établis à Paris, l'un au faubourg du Roule, et l'autre à la place d'Aval, et par lequel il nous charge d'assurer l'exécution de cette mesure,

Ordonnons ce qui suit :

1. A partir du 1er mars prochain, il ne sera plus admis de charbon de bois sur les places du Roule et d'Aval.

2. La fermeture de ces marchés aura lieu le 1er juillet suivant.

3. Les propriétaires des marchandises déposées dans lesdits marchés devront en faire opérer l'enlèvement avant cette époque, faute de quoi il y sera pourvu d'office, par les soins de l'administration, à leurs frais, risques et périls.

4. Les commissaires de police, et spécialement ceux des quartiers du Roule et Popincourt, le chef de la police municipale, les officiers de paix et l'inspecteur principal des bois et charbons, sont chargés, chacun en ce qui le concerne, de l'exécution de la présente ordonnance qui sera imprimée et affichée.

Le pair de France, préfet de police, G. DELESSERT.

———————— ◎ ————————

N° **1984.** — *Ordonnance concernant la prohibition de la chasse, à partir du 1er mars prochain* (1).

Paris, le 9 fév. 1847.

———————— ◎ ————————

N° **1985.** — *Ordonnance concernant la police des masques* (2).

Paris, le 10 fév. 1847.

———————— ◎ ————————

N° **1986.** — *Ordonnance qui fixe le tarif pour le transport des marchandises, à la petite vitesse, sur le chemin de fer de Paris à la frontière de Belgique (chemin de fer du Nord).*

Paris, le 10 fév. 1847.

Nous, pair de France, préfet de police,

Vu : 1° la loi du 15 juillet 1845, qui autorise la concession du chemin de fer de Paris à la frontière de Belgique, ensemble le cahier des charges, coté A, annexé à cette loi;

2° L'ordonnance royale homologative de l'adjudication de la concession dudit chemin de fer;

3° Les diverses propositions à nous présentées par la compagnie du chemin de fer du Nord, concessionnaire du chemin de fer de Paris à la frontière de Belgique, au sujet du transport des marchandises à la petite vitesse, et qui tendent à obtenir : 1° le classement de diverses marchandises qui sont indiquées en termes généraux dans le cahier des charges, ou qui ne peuvent, que par assimilation, être rapprochées

———————————————————

(1) V. l'ord. du 16 fév. 1850.
(2) V. l'ord. du 31 janv. 1850.

des objets portés dans ce tarif; 2° la fixation des prix du transport de ces marchandises, ensemble les observations par nous soumises, au sujet de ces propositions, à M. le ministre des travaux publics;

4° Les décisions ministérielles du 12 décembre dernier, des 13 et 29 janvier suivant, et du 4 février présent mois, portant homologation desdites propositions, sous quelques réserves et sauf diverses modifications;

Considérant qu'il y a lieu de rendre exécutoires, dans le ressort de la préfecture de police, les décisions ministérielles précitées,

Ordonnons ce qui suit :

TITRE Ier.

CLASSIFICATION DES MARCHANDISES.

1. A titre provisoire, et pour une année seulement, les marchandises dont la compagnie a proposé le classement seront, soit par leur propre nature et par spécification, soit par assimilation, rangées, tant dans la catégorie des marchandises hors classe que dans les trois classes du cahier des charges, de la manière ci-après indiquée,

Savoir :

Dans la catégorie des marchandises hors classe ,

Les marchandises dont la désignation suit :

Arbres vivants, arbustes, armes de luxe, bronze d'art, cristaux et verrerie fine, écaille ouvrée, estampes encadrées, glaces, huiles essentielles, instruments de musique, d'optique et de précision, horlogerie fine, meubles sans emballage, objets d'art et de collection, paille fine et tressée, plantes, statues, tableaux.

Acides, allumettes chimiques, poudre à feu, pièces d'artifice.

Beurre frais, charcuterie, citrons, conserves en bocaux ou verres, fromages frais, fruits verts, gibier, légumes frais, œufs, oranges, viande à la main, volaille.

Dans la première classe,

Les marchandises dont la désignation suit :

Fontes et fers pour ornements, boulons, clous, essieux, rails, rivets, acier, armes de guerre, coutellerie, quincaillerie, taillanderie, faux, limes, mécaniques, cuivre de doublage, laiton en saumon et en feuilles, chaudronnerie, mercure, zinc ouvré, en saumon, en plaques et en feuilles, étain ouvré et non ouvré, fer-blanc, arsenic, manganèse, mine de plomb, cendres d'orfèvre.

Vinaigre en bouteilles, vins en bouteilles, en caisse ou en panier; bières et boissons, en caisse ou en panier; spiritueux en bouteilles, en caisse ou en panier, liqueurs en fûts, en bouteilles, en caisse ou en panier; cidre, jus de citron en fûts, eau de fleurs d'oranger, eaux minérales, essence de térébenthine, baumes, graisse, suif, blanc de baleine.

Cotons filés, déchets de coton, laine lavée ou manufacturée, laine en suint, chanvre pressé et non pressé, étoupes emballées, pressées et non pressées; lin emballé, lin ouvré, soies brutes et manufacturées, soies de porc, crins en balles.

Bois d'ébénisterie façonné et en feuilles, bois de teinture moulu et en bûche, bleu de Prusse, litharge, cochenille, garance, garancine, gaude, graines tinctoriales, indigo, noix de gale, orseille, rocou et autres pâtes tinctoriales, couleurs, curcuma, céruse, minium, noir d'os, noir animal.

Arrow-Root et autres fécules exotiques, amidon, fruits secs, amandes, cocos, conserves sous plomb, châtaignes, orge perlé, oignons, onglons, riz en baril et en sac, alizari, anis, alguifoux, alun, borax brut, camphre, caoutchouc, crème de tartre, drogueries, préparations pharmaceutiques, safran, safranum, soufre raffiné, beurre salé, bougie, cire brute, chandelles, colle forte, colle de poisson, fromages secs, gomme, miel, mélasse, sucres vergeoises, morue, poisson salé, salaisons, savons, sumac, soude, potasse, cardes, chardons, cornes ouvrées et non ouvrées, cuirs ouvrés, cuirs en balles, cuirs verts et secs, peaux brutes et ouvrées, pelleteries et fourrures, plumes, dégras de peaux, écaille brute, écorces et feuilles, cartons, estampes sans cadre, papier, papier peint, osier, paillassons, bouteilles vides, verres à vitre en caisse, verre cassé en caisse ou en tonneau, carreaux en terre cuite, marbres ouvrés et en tranches, émeri, faïence, porcelaine, poterie commune et fine, pierre ponce, pierres lithographiques, presses lithographiques, dividivi, fanons de baleine, dents d'éléphant, ivoire ouvré, lacdye, lichen pressé, liége brut et ouvré, joncs, roseaux, rotins, tabacs, cigares, thés, vanille, perlasse, bonneterie, brosserie, draperie, ganterie, librairie, lingerie, mercerie, meubles en caisse pesant plus de 200 kilogrammes au mètre cube, parfumerie, passementerie, tabletterie, tissus, toiles ouvrées et unies, toiles à sac, toiles d'emballage, étoffes de coton, de laine, de soie, de lin, fils de coton, de soie, de lin, de laine, ficelle, cordages.

Dans la deuxième classe,

Les marchandises dont la désignation suit :

Avoine, betteraves, céréales, chicorée, graines fourragères et oléagineuses, fécule indigène, houblon, légumes secs, pommes de terre, son, chromate de fer, couperose, salpêtre, sels de soude et de potasse, soufre en masse, sulfate de soude, de potasse, de zinc, de cuivre, de fer, terre d'ombre et de Sienne, tripoli, tan, tourteaux, craie, granit, ocre, cercles en bois, mâts, merrain, os, sabots de bétail, poix, résine, asphalte, brai, goudron, ferraille, tôle.

Dans la troisième classe,

Les marchandises dont la désignation suit :

Première catégorie.

Ciment, caolin, terre, pierres brutes, tourbes, tuiles.

Deuxième catégorie.

Guano, poudrette, suie.

2. En conséquence, et par suite de la diversité des prix proposés par la compagnie pour les marchandises d'une même classe, les marchandises désignées, soit au cahier des charges, soit plus spécialement et par assimilation, en l'article qui précède, sont rangées de la manière ci-après pour la détermination des prix qui leur sont applicables dans le tarif fixé en l'article suivant,

Savoir :

Marchandises hors classe :

Arbres vivants, arbustes, armes de luxe, bronze d'art, cristaux et verrerie fine, écaille ouvrée, estampes encadrées, glaces, huiles essentielles, instruments de musique, d'optique et de précision, horlogerie fine, meubles sans emballage, objets d'art et de collection, paille fine et tressée, plantes, statues tableaux.

Acides, allumettes chimiques, poudre à feu, pièces d'artifice, beurre frais, charcuterie, citrons, conserves en bocaux ou verres, fromages frais, fruits verts, gibier, légumes frais, œufs, oranges, viande à la main, volailles.

Ces marchandises payeront les prix fixés pour la catégorie hors classe, au tarif ci-après.

Marchandises de première classe :

Cuivre et autres métaux ouvrés, vinaigres, vins, boissons, spiritueux, cotons non pressés et lainages, bois de menuiserie façonné, drogues, épiceries, denrées coloniales, objets manufacturés ;

Acier, amandes, anis, armes de guerre, baumes, bières et boissons en caisse ou en panier, blanc de baleine, bleu de Prusse, bois d'ébénisterie façonné, bois d'ébénisterie en feuilles, bois de teinture moulu, bonneterie, brosserie, bougie, camphre, caoutchouc, cardes, chardons, chaudronnerie, cigares, cochenille, cocos, colle de poisson, conserves sous plomb, cornes ouvrées, cotons filés, couleurs, coutellerie, cuirs ouvrés, curcuma, dents d'éléphant, dividivi, draperie, droguerie, eau de fleurs d'oranger, eaux minérales, écaille brute, écorces et feuilles, estampes sans cadre, étain ouvré, étoffes de coton, de laine, de lin, de soie, fanons de baleine, faux, fers pour ornements, ficelle, fils de coton, de laine, de soie, fruits secs, ganterie, garance, garancine, gaude, gomme, graines tinctoriales, indigo, ivoire ouvré, jus de citron en fûts, lacdye, laine lavée ou manufacturée, librairie, liége ouvré, lingerie, liqueurs en fûts, en panier ou en caisse, marbres ouvrés, mécaniques, mercerie, mercure, meubles en caisse pesant plus de 200 kilogrammes au mètre cube, parfumerie, passementerie, peaux ouvrées, pelleteries et fourrures, plumes, porcelaine, poterie fine, préparations pharmaceutiques, presses lithographiques, rocou et autres pâtes tinctoriales, safran, safranum, soies brutes et manufacturées, soufre rafiné, spiritueux en bouteilles, en caisse ou en panier, tabacs, tabletterie, thés, tissus, toiles ouvrées et unies, vanille, vins et liqueurs en bouteilles, en caisse ou en panier, vinaigre en bouteilles, zinc ouvré.

Ces marchandises payeront les prix fixés pour la 1re classe, au tarif ci-après.

Fer et plomb ouvrés, huiles en fûts, sucre raffiné, café en sacs ou en barils;

Alizari, amidons, arow-root et autres fécules exotiques, arsenic, beurre salé, bois exotique en billes, bois de teinture en bûche, borax rafiné, cacao, carton, cendres d'orfèvre, chandelles, chanvre pressé, châtaignes, cire brute, colle forte, crème de tartre, crins emballés, cuirs verts et secs, essence de térébenthine, par wagon complet, étain non ouvré, étoupes emballées, faïence, fer-blanc, fils de lin écru, fonte pour ornements, fromage sec, graisse, joncs, laine en suint, laiton en feuille, lichen pressé, liége brut, limes, lin non ouvré, lin emballé et pressé, marbres en tranche, miel, minium, noix de galle, oignons, onglons, orge perlé, orseille, osier, paillassons, papier, papiers peints, peaux brutes, perlasse, pierres lithographiques, pierre ponce, quincaillerie, riz en barils et en sacs, roseaux, rotins, salaisons, savon, soies de porc, sumac, taillanderie, toiles à sacs, verres à vitre en caisse.

Ces marchandises payeront les prix fixés pour la 2e classe, au tarif ci-après.

Bière en fûts, cotons en balles pressées, fontes moulées, sucre brut, spiritueux en fûts, vinaigres et vins en fûts ;

Alquifoux, alun, borax brut, boulous, bouteilles vides, carreaux en terre cuite, cidre, clous, céruse, chiffons, cordages, cuivre non ouvré, cuivre de doublage, cornes non ouvrées, déchets de coton, dégras de peaux, émeri, essieux, laiton en saumon, litharge, manganèse, mélasse, mine de plomb, morue, noir d'os, poisson salé, potasse, poterie commune, rivets, soude, suif, toiles d'emballage, verres cassés en caisses ou en tonneaux, vergeoises, zinc en feuilles.

Ces marchandises payeront les prix fixés pour la 1re catégorie de la 3e classe, au tarif ci-après.

Rails, zinc en saumon et en plaques.

Ces marchandises payeront les prix fixés pour la 2e catégorie de la 3e classe, au tarif ci-après.

Marchandises de deuxième classe :

Charbons de bois ;
Graines fourragères, poix, terre d'ombre et de Sienne, tripoli.

Ces marchandises payeront les prix fixés pour la 2e classe, au tarif ci-après.

Blés, grains, farine, sels, bois à brûler, bois de charpente, chevrons, perches, madriers, planches, marbre en bloc, fer en barres ou en feuilles ;
Avoine, céréales, cercles en bois, chicorée, chromate de fer, couperose, fécule indigène, graines oléagineuses, houblon, légumes secs, mâts, merrains, noir animal, ocre, résine, sabots de bétail, salpêtre, sels de soude et de potasse, son, soufre en masse, sulfate de soude, de potasse, de zinc, de cuivre, de fer, tan, tartre brut, tôles.

Ces marchandises payeront les prix fixés pour la 1re catégorie de la 3e classe, au tarif ci-après.
Toutefois, les grains et farines ne payeront, jusqu'au 31 juillet prochain, que les prix fixés au même tarif pour la 2e catégorie de la 3e classe.

Chaux et plâtre, coke, minerais, pierre de taille, bitume, fontes brutes ; plomb en saumon ;
Asphalte, betterave, brai, craie, ferraille, goudron, granit, os concassés, pommes de terre, tourteaux.

Ces marchandises payeront les prix fixés pour la 2me catégorie de la 3e classe, au tarif ci-après.

Marchandises de troisième classe :

Ciment, caolin.

Ces marchandises payeront les prix fixés pour la 1re catégorie de la 3e classe, au tarif ci-après.

Pierre à chaux et à plâtre, moellons, meulières, cailloux, sable, argile, tuiles, briques, ardoises ;
Pavés et matériaux de toute espèce pour la construction et la réparation des routes, houille, marne, fumier, engrais et cendres.

Pierres brutes;
Plâtre en poudre, guano, poudrette, suie, terre, tourbe.

Ces marchandises payeront les prix fixés pour la 2ᵉ catégorie de la 3ᵉ classe, au tarif ci-après.

TITRE II.

TRANSPORT DES MARCHANDISES ET FRAIS ACCESSOIRES.

CHAPITRE Iᵉʳ.

Transport.

3. Les prix à percevoir pour le transport des marchandises voyageant à petite vitesse sont réglés d'après le tableau suivant :

NOTA. Voir l'article qui précède pour la désignation des marchandises auxquelles s'appliquent les prix indiqués ci-après pour chaque classe.

Tarif pour le transport des marchandises, etc.

Tarif pour le Transport des Marchandises à la petite Vitesse.

LIEUX DE DÉPART et DE DESTINATION.	Distances servant de base à la fixation des prix de transport.	MARCHANDISES			3e classe.	
		hors classe.	1re classe.	2e classe.	1re catégorie.	2e catégorie.
		PRIX DE TRANSPORT.				
De PARIS, *gare de La Chapelle.*	kilomèt.	fr. c.	fr. c.	fr. c.	fr. c.	fr. c.
à Pontoise	28	7 »	5 »	3 50	2 90	2 50
Auvers	32	8 »	5 70	5 10	4 40	3 20
Beaumont	45	11 20	7 50	5 50	4 50	4 »
Saint-Leu	60	14 50	10 50	8 »	6 50	6 »
Creil	66	16 50	10 50	8 »	6 50	6 »
Clermont	81	20 20	13 50	10 »	8 50	7 50
Saint-Just	95	23 50	16 50	11 50	9 50	8 50
Breteuil	111	27 50	18 50	13 50	11 »	10 »
Ailly	127	31 50	19 50	14 50	12 50	10 50
Amiens	146	36 50	20 »	15 »	12 50	10 50
Albert	178	42 50	28 50	20 50	16 50	13 50
Achiet	196	47 50	33 50	24 50	18 50	13 50
Arras	214	51 50	33 50	24 50	18 50	13 50
Douai	240	58 50	38 50	27 50	20 50	15 50
Séclin	262	63 50	38 50	31 50	23 50	17 50
Lille	272	66 50	38 50	31 50	23 50	17 50
Roubaix	281	68 50	39 50	31 50	24 50	18 50
Tourcoing	284	69 50	39 50	31 50	24 50	18 50
Mouscron	289	70 50	40 »	33 50	25 50	18 50
Somain	233	60 50	38 50	28 50	21 50	16 »
Valenciennes	273	65 50	38 50	31 50	23 50	17 50
Blanc-Misseron	287	68 50	40 »	32 50	24 50	18 »
Quiévrain	288	68 50	40 »	33 50	25 50	18 50
De PONTOISE						
à Paris, *gare de La Chapelle*	28	7 »	5 »	4 40	3 50	2 60
Auvers	6	1 50	1 »	» 90	» 80	» 60
Beaumont	18	4 50	3 20	2 80	2 50	1 80
Saint-Leu	32	8 »	5 70	5 10	4 40	3 20
Creil	39	9 50	7 »	6 20	5 40	3 90
Clermont	54	13 50	9 50	8 50	7 50	5 40
Saint-Just	68	17 »	12 »	10 50	9 50	6 50
Breteuil	84	20 50	15 »	13 »	11 50	8 40
Ailly	98	24 50	17 50	14 50	12 50	9 50
Amiens	119	29 50	20 50	18 50	16 50	11 50
Albert	151	35 50	25 50	22 50	19 50	14 »
Achiet	169	40 50	28 50	25 50	22 50	16 »
Arras	187	44 50	31 50	28 50	24 50	18 »
Douai	213	51 50	36 50	32 50	28 50	20 50
Séclin	234	56 50	40 50	35 50	31 50	22 50
Lille	243	59 50	42 50	37 50	32 50	23 50
Roubaix	254	61 50	43 50	39 50	34 50	24 50
Tourcoing	257	62 50	44 50	39 50	34 50	24 50
Mouscron	262	63 50	45 50	40 50	35 50	25 50
Somain	228	53 50	38 50	33 50	29 50	21 50
Valenciennes	248	58 50	41 50	37 50	32 50	23 50
Blanc-Misseron	260	61 50	43 51	39 50	34 50	24 50°
Quiévrain	260	61 50	43 50	39 50	34 50	24 50

Suite du Tarif pour le Transport des Marchandises.

LIEUX DE DÉPART et DE DESTINATION.	Distances servant de base à la fixation des prix de transport.	MARCHANDISES			3e classe.	
		hors classe.	1re classe.	2e classe.	1re catégorie	2e catégorie
		PRIX DE TRANSPORT.				
	kilomèt.	fr. c.	fr. c.	fr. c.	fr. c.	fr. c.
D'AUVERS						
à Paris, *gare de La Chapelle*....	32	8 »	5 70	5 10	4 40	3 20
Pontoise.....................	6	1 50	1 »	» 90	» 80	» 60
Beaumont....................	13	3 20	2 30	2 »	1 80	1 30
Saint-Leu...................	28	7 »	5 »	4 40	3 90	2 80
Creil.......................	34	8 50	6 10	5 40	4 70	3 40
Clermont....................	49	12 »	8 50	7 80	6 80	4 90
Saint-Just..................	63	15 50	11 »	10 »	8 50	6 30
Breteuil....................	79	19 50	14 »	12 50	11 »	7 90
Ailly.......................	94	23 50	16 50	14 50	12 50	9 »
Amiens......................	114	28 50	20 50	18 »	15 50	11 »
Albert......................	146	34 50	24 50	21 50	18 50	13 50
Achiet......................	164	38 50	27 50	24 50	21 50	15 50
Arras.......................	182	43 50	31 50	27 50	24 50	17 50
Douai.......................	208	49 50	35 50	31 50	27 50	19 50
Séclin......................	230	55 50	39 50	35 50	30 50	21 50
Lille.......................	240	57 50	41 50	36 50	32 50	22 50
Roubaix.....................	249	60 50	43 50	38 50	33 50	23 50
Tourcoing...................	252	60 50	43 50	38 50	33 50	24 50
Mouscron....................	257	62 50	44 50	39 50	34 50	24 50
Somain......................	225	52 50	37 50	33 50	28 50	20 50
Valenciennes................	248	57 50	40 50	36 50	51 50	22 50
Blanc-Misseron..............	255	60 50	43 50	38 50	33 50	23 50
Quiévrain	256	60 50	43 50	38 50	33 50	23 50
De BEAUMONT						
à Paris, *gare de La Chapelle*...	45	11 20	7 50	6 40	5 50	4 10
Pontoise.....................	18	4 50	3 20	2 80	2 50	1 80
Auvers......................	13	3 20	2 30	2 »	1 80	1 30
Saint-Leu...................	15	3 70	2 70	2 40	2 10	1 50
Creil.......................	22	5 50	3 90	3 50	3 »	2 20
Clermont....................	37	9 »	6 60	5 90	5 10	3 70
Saint-Just..................	51	12 50	9 »	8 10	7 10	5 10
Breteuil....................	66	16 50	11 50	10 50	9 »	6 60
Ailly.......................	81	19 50	14 50	12 50	11 »	8 10
Amiens......................	102	25 50	18 »	16 »	14 »	10 »
Albert......................	135	31 50	22 50	19 50	17 50	12 50
Achiet......................	152	35 50	25 50	22 50	19 50	14 50
Arras.......................	169	40 50	28 50	25 50	22 50	16 »
Douai.......................	195	46 50	33 50	29 50	25 50	18 50
Séclin......................	217	52 50	37 50	33 50	28 50	20 50
Lille.......................	227	54 50	39 50	34 50	30 50	21 50
Roubaix.....................	237	57 50	40 50	36 50	31 50	22 50
Tourcoing...................	239	57 50	41 50	36 50	31 50	22 50
Mouscron....................	245	59 50	42 50	37 50	32 50	23 50
Somain......................	210	48 50	34 50	31 50	27 50	19 50
Valenciennes................	251	54 50	58 50	34 50	30 50	21 50
Blanc-Misseron..............	242	56 50	40 50	36 50	31 50	22 50
Quiévrain	245	57 50	40 50	36 50	31 50	22 50

Suite du Tarif pour le Transport des Marchandises.

LIEUX DE DÉPART et DE DESTINATION.	Distances servant de base à la fixation des prix de transport.	MARCHANDISES PRIX DE TRANSPORT.			3e classe.	
		hors classe.	1re classe.	2e classe.	1re catégorie	2e catégorie
De SAINT-LEU	kilomèt.	fr. c.	fr. c.	fr. c.	fr. c.	fr. c.
à Paris, *gare de La Chapelle*....	60	14 50	10 50	9 50	8 »	6 »
Pontoise..................	32	8 »	5 70	5 10	4 40	3 20
Auvers......	28	7 »	5 »	4 40	3 90	2 80
Beaumont.................	15	3 70	2 70	2 40	2 10	1 50
Creil.....................	7	1 70	1 20	1 10	» 90	» 70
Clermont.................	22	5 50	3 90	3 50	3 »	2 20
Saint-Just...............	36	9 »	6 40	5 70	5 »	3 60
Breteuil..................	52	13 »	9 »	8 30	7 20	5 20
Ailly.....................	66	16 50	11 50	10 50	9 »	6 60
Amiens...................	87	21 50	15 50	13 50	12 »	8 50
Albert....................	119	27 50	19 50	17 50	15 50	11 »
Achiet...................	137	32 50	22 50	20 50	18 »	13 »
Arras....................	155	36 50	26 50	23 50	20 50	14 50
Douai....................	181	43 50	30 50	27 50	23 50	17 »
Séclin...................	202	48 50	34 50	30 50	26 50	19 50
Lille.....................	213	51 50	36 50	32 50	28 50	20 50
Roubaix..................	222	53 50	38 50	33 50	29 50	21 50
Tourcoing................	225	54 50	38 50	34 50	30 50	21 50
Mouscron.................	230	55 50	39 50	35 50	30 50	21 50
Somain...................	196	45 50	32 50	28 50	25 50	18 »
Valenciennes.............	216	50 50	36 50	31 50	27 50	19 50
Blanc-Misseron...........	228	53 50	38 50	33 50	29 50	21 50
Quiévrain................	229	53 50	38 50	34 50	29 50	21 50
De CREIL						
à Paris, *gare de La Chapelle*...	66	16 50	10 50	9 50	8 »	6 »
Pontoise..................	39	9 50	7 »	6 20	5 40	3 90
Auvers...................	34	8 50	6 10	5 40	4 70	3 40
Beaumont.................	22	5 50	3 90	3 50	3 »	2 20
Saint-Leu................	7	1 70	1 20	1 10	» 90	» 70
Clermont.................	15	3 70	2 70	2 40	2 10	1 50
Saint-Just...............	30	7 50	5 40	4 80	4 20	3 »
Breteuil..................	45	11 »	8 10	7 20	6 50	4 50
Ailly.....................	60	15 »	10 50	9 50	8 10	6 »
Amiens...................	81	19 50	14 50	9 50	8 10	7 50
Albert....................	112	25 50	18 50	16 50	14 »	10 50
Achiet...................	130	30 50	21 50	16 50	14 »	12 »
Arras....................	148	34 50	24 50	16 50	14 »	12 50
Douai....................	174	41 50	29 50	19 50	16 50	15 »
Séclin...................	196	46 50	33 50	23 50	19 50	17 50
Lille.....................	206	49 50	35 50	23 50	19 50	17 50
Roubaix..................	215	51 50	36 50	32 50	28 50	20 50
Tourcoing.........	218	52 50	37 50	33 50	29 50	20 50
Mouscron.................	223	53 50	38 50	34 50	29 50	21 50
Somain...................	189	43 50	31 50	25 50	19 50	17 50
Valenciennes.............	210	48 50	34 50	23 50	19 50	17 50
Blanc-Misseron...........	221	51 50	36 50	24 50	20 50	18 50
Quiévrain................	222	51 50	37 50	24 50	20 50	18 50

Suite du Tarif pour le Transport des Marchandises.

LIEUX DE DÉPART et DE DESTINATION.	Distances servant de base à la fixation des prix de transport.	MARCHANDISES — PRIX DE TRANSPORT.			3e classe.	
		hors classe.	1re classe.	2e classe.	1re catégorie	2e catégorie
	kilomèt.	fr. c.	fr. c.	fr. c.	fr. c.	fr. c.
De CLERMONT						
à Paris, *gare de La Chapelle*....	81	20 20	13 50	11 50	9 50	7 50
Pontoise....	54	13 50	9 50	8 50	7 50	5 40
Auvers....	49	12 »	8 50	7 80	6 80	4 90
Beaumont....	37	9 »	6 60	5 90	5 10	3 70
Saint-Leu....	22	5 50	3 90	3 50	3 »	2 20
Creil....	15	3 70	2 70	2 40	2 10	1 50
Saint-Just....	15	3 70	2 70	2 40	2 10	1 50
Breteuil....	30	7 50	5 40	4 80	4 20	3 »
Ailly....	45	11 »	8 10	7 20	6 30	4 50
Amiens....	66	16 50	11 50	10 50	9 »	6 60
Albert....	97	22 50	16 »	14 »	12 50	9 »
Achiet....	116	26 50	19 50	17 »	15 »	10 50
Arras....	133	31 50	22 50	19 50	17 50	12 50
Douai....	159	37 50	26 50	23 50	20 50	15 »
Seclin....	181	43 50	30 50	27 50	23 50	17 »
Lille....	191	45 50	32 50	28 50	25 50	18 »
Roubaix....	201	48 50	34 50	30 50	26 50	18 50
Tourcoing....	203	48 50	34 50	30 50	26 50	19 50
Mouscron....	209	50 50	35 50	31 50	27 50	19 50
Somain....	174	39 50	28 50	25 50	22 50	16 »
Valenciennes....	195	45 50	32 50	28 50	24 50	18 »
Blanc-Misseron....	206	47 50	34 50	30 50	26 50	18 50
Quiévrain....	207	48 50	34 50	30 50	26 50	18 50
De SAINT-JUST						
à Paris, *gare de La Chapelle*....	95	23 50	16 50	15 50	11 50	8 50
Pontoise....	68	17 »	12 »	10 50	9 50	6 50
Auvers....	63	15 50	11 »	10 »	8 50	6 30
Beaumont....	51	12 50	9 »	8 10	7 10	5 10
Saint-Leu....	36	9 »	6 40	5 70	5 »	3 60
Creil....	30	7 50	5 40	4 80	4 20	3 »
Clermont....	15	3 70	2 70	2 40	2 10	1 50
Breteuil....	16	4 »	2 80	2 50	2 20	1 60
Ailly....	31	7 50	5 60	4 90	4 30	3 10
Amiens....	51	12 50	9 »	8 10	7 10	5 10
Albert....	83	18 50	13 50	12 »	10 50	7 60
Achiet....	101	25 50	16 50	15 »	13 »	9 »
Arras....	119	27 50	19 50	17 50	15 50	11 »
Douai....	145	34 50	24 50	21 50	18 50	13 50
Seclin....	167	39 50	28 50	25 50	23 50	16 »
Lille....	177	42 50	30 50	26 50	23 50	16 50
Roubaix....	186	44 50	31 50	28 50	24 50	17 50
Tourcoing....	189	45 50	32 50	28 50	24 50	17 50
Mouscron....	194	46 50	33 50	29 50	25 50	18 50
Somain....	160	36 50	25 50	23 50	20 50	14 50
Valenciennes....	180	41 50	29 50	26 50	22 40	16 50
Blanc-Misseron....	193	44 50	51 50	28 50	24 50	17 50
Quiévrain....	193	44 50	31 50	28 50	24 50	17 50

Suite du Tarif pour le Transport des Marchandises.

LIEUX DE DÉPART et DE DESTINATION.	Distances servant de base à la fixation des prix de transport.	MARCHANDISES hors classe.	1re classe.	2e classe.	3e classe. 1re catégorie	2e catégorie
	kilomèt.	fr. c.	fr. c.	fr. c.	fr. c.	fr. c.
De BRETEUIL						
à Paris, *gare de La Chapelle*....	111	27 50	18 50	15 50	12 50	10 »
Pontoise......	84	20 50	15 »	13 »	11 50	8 40
Auvers........	79	19 50	14 »	12 50	11 »	7 90
Beaumont......	66	16 50	11 50	10 50	9 »	6 60
Saint-Leu.....	52	13 »	9 »	8 30	7 »	5 20
Creil.........	45	11 »	8 10	7 20	6 30	4 50
Clermont......	30	7 50	5 40	4 80	4 20	3 »
Saint-Just....	16	4 »	2 80	2 50	2 20	1 60
Ailly.........	15	3 70	2 70	2 40	2 10	1 50
Amiens........	36	9 »	6 40	5 70	5 »	3 60
Albert........	68	15 »	10 50	9 50	8 30	6 10
Achiet........	86	19 50	14 »	12 50	11 »	7 90
Arras.........	104	23 50	17 »	15 50	13 50	9 50
Douai.........	130	30 50	21 50	19 50	17 »	12 »
Séclin........	151	35 50	25 50	22 50	19 50	14 »
Lille.........	161	38 50	27 50	24 50	21 50	15 »
Roubaix.......	171	40 50	29 50	25 50	22 50	16 »
Tourcoing.....	173	41 50	29 50	26 50	22 50	16 50
Mouscron......	179	42 50	30 50	27 50	23 50	17 »
Somain........	143	32 50	22 50	20 50	18 »	13 »
Valenciennes..	165	37 50	26 50	23 50	20 50	15 »
Blanc-Misseron..	177	40 50	29 50	25 50	22 50	16 »
Quiévrain.....	177	40 50	29 50	25 50	22 50	16 »
D'AILLY						
à Paris, *gare de La Chapelle*...	127	31 50	21 »	18 50	15 50	11 50
Pontoise......	98	24 50	17 50	15 50	13 50	9 50
Auvers........	94	23 50	16 50	14 50	12 50	9 »
Beaumont......	81	19 50	14 50	12 50	11 »	8 10
Saint-Leu.....	66	16 50	11 50	10 50	9 »	6 60
Creil.........	60	15 »	10 50	9 50	8 10	6 »
Clermont......	45	11 »	8 10	7 20	6 30	4 50
Saint-Just....	31	7 50	5 60	4 90	4 30	3 10
Breteuil......	15	3 70	2 70	2 40	2 10	1 50
Amiens........	20	5 »	3 60	3 20	2 80	2 »
Albert........	44	9 »	6 60	5 90	5 10	3 70
Achiet........	63	14 »	10 »	8 50	7 80	5 60
Arras.........	80	18 »	13 »	11 50	10 »	7 30
Douai.........	106	24 50	17 50	15 50	13 50	9 50
Séclin........	128	29 50	21 50	19 »	16 50	12 »
Lille.........	138	32 50	23 50	20 50	18 »	13 »
Roubaix.......	148	34 50	24 50	22 50	19 50	14 »
Tourcoing.....	150	35 50	25 50	22 50	19 50	14 »
Mouscron......	156	36 50	26 50	23 50	20 50	14 50
Somain........	115	28 50	20 50	18 »	16 »	10 »
Valenciennes..	136	30 50	21 50	19 50	17 »	12 »
Blanc-Misseron..	147	33 50	23 50	21 50	18 50	13 50
Quiévrain.....	148	33 50	23 50	21 50	19 »	13 50

Suite du Tarif pour le Transport des Marchandises.

LIEUX DE DÉPART et DE DESTINATION.	Distances servant de base à la fixation des prix de transport.	MARCHANDISES			3e classe.	
		hors classe.	1re classe.	2e classe.	1re catégorie	2e catégorie
		PRIX DE TRANSPORT.				
D'AMIENS	kilomèt.	fr. c.	fr. c.	fr. c.	fr. c.	fr. c.
à Paris, *gare de La Chapelle*....	146	36 50	25 50	20 50	17 50	13 50
Pontoise..................	119	29 50	20 50	18 50	16 50	11 50
Auvers...................	114	28 50	20 50	18 »	15 50	11 »
Beaumont.................	102	25 50	18 »	16 »	14 »	10 »
Saint-Leu................	87	21 50	15 50	13 50	12 »	8 50
Creil....................	81	19 50	14 50	11 50	9 50	7 50
Clermont................	66	16 50	11 50	10 50	9 »	6 50
Saint-Just...............	51	12 50	9 »	8 10	7 10	5 10
Breteuil.................	36	9 »	6 40	5 70	5 »	3 60
Ailly....................	20	5 »	3 60	3 20	2 80	2 »
Albert...................	32	8 »	5 70	5 10	4 40	3 20
Achiet...................	50	12 50	9 »	8 »	7 »	5 »
Arras....................	68	16 50	11 50	10 50	9 50	6 50
Douai....................	94	23 50	16 50	14 50	12 50	8 50
Seclin...................	116	28 50	20 »	15 »	12 50	10 50
Lille....................	126	31 50	20 »	15 »	12 50	10 50
Roubaix..................	135	33 50	23 50	20 50	18 50	13 50
Tourcoing................	138	33 50	23 50	21 50	18 50	13 50
Mouscron.................	143	33 50	23 50	21 50	18 50	13 50
Somain...................	109	25 50	18 50	16 »	14 »	10 »
Valenciennes.............	129	30 50	21 50	18 50	16 50	11 50
Blanc-Misseron..........	141	33 50	23 50	21 50	18 50	13 50
Quiévrain...............	142	33 50	23 50	21 50	18 50	13 50
D'ALBERT						
à Paris, *gare de La Chapelle*....	178	45 »	28 50	25 50	20 50	15 50
Pontoise.................	151	35 50	25 50	22 50	19 50	14 »
Auvers.................	146	34 50	24 50	21 50	18 50	13 50
Beaumont.................	135	31 50	22 50	19 50	17 50	12 50
Saint-Leu...............	119	27 50	19 50	17 50	15 50	11 »
Creil...................	112	25 50	18 50	16 50	14 50	10 50
Clermont................	97	22 50	16 »	14 »	12 50	9 »
Saint-Just..............	83	18 50	13 50	12 »	10 50	7 60
Breteuil................	68	15 »	10 50	9 50	8 50	5 90
Ailly...................	44	9 »	6 60	5 90	5 10	3 70
Amiens..................	32	8 »	5 70	5 10	4 40	3 20
Achiet..................	19	4 70	3 40	3 »	2 60	1 90
Arras...................	36	9 »	6 40	5 70	5 »	3 60
Douai...................	62	15 50	11 »	9 50	8 50	6 20
Seclin..................	84	20 50	15 »	13 »	11 50	8 40
Lille...................	94	23 50	16 50	15 »	13 »	9 »
Roubaix.................	104	25 50	18 50	16 50	14 50	10 »
Tourcoing...............	106	26 50	18 50	16 50	14 50	10 50
Mouscron................	112	27 50	19 50	17 50	15 50	11 »
Somain.................	77	17 50	12 50	11 »	9 50	7 10
Valenciennes............	98	22 50	16 50	14 50	12 50	9 »
Blanc-Misseron.........	109	25 50	18 50	16 »	14 »	10 »
Quiévrain..............	110	25 50	18 50	16 50	14 50	10 »

Suite *du* Tarif pour le Transport des Marchandises.

LIEUX DE DÉPART et DE DESTINATION.	Distances servant de base à la fixation des prix de transport.	MARCHANDISES			3e classe.	
		hors classe.	1re classe.	2e classe.	1re catégorie	2e catégorie
	kilomèt.	fr. c.	fr. c.	fr. c.	fr. c.	fr. c.
D'ACHIET						
à Paris, *gare de La Chapelle*....	176	47 50	33 50	28 50	22 50	18 50
Pontoise....................	169	40 50	28 50	23 50	22 50	16 »
Auvers....................	164	38 50	27 50	21 50	21 50	15 50
Beaumont................	152	35 50	25 50	22 50	19 50	14 50
Saint-Leu.................	137	32 50	22 50	20 50	18 »	13 »
Creil.....................	130	30 50	21 50	19 50	17 »	12 »
Clermont.................	116	26 50	19 50	17 »	15 »	10 50
Saint-Just................	101	23 50	16 50	15 »	13 »	9 »
Breteuil..................	86	19 50	14 »	12 50	11 »	7 90
Ailly.....................	63	14 »	10 »	8 50	7 80	5 60
Amiens...................	50	12 50	9 »	8 »	7 »	5 »
Albert....................	19	4 70	3 40	3 »	2 60	1 90
Arras.....................	18	4 50	3 20	2 80	2 50	1 80
Douai....................	44	11 »	7 90	7 »	6 10	4 40
Séclin....................	66	16 50	11 50	10 50	9 »	6 60
Lille.....................	76	18 50	13 50	12 »	10 50	7 60
Roubaix..................	85	20 50	15 »	13 50	11 50	8 50
Tourcoing................	88	21 50	15 50	14 »	12 »	8 50
Mouscron	93	22 50	16 50	14 50	13 »	9 »
Somain...................	59	13 »	9 50	8 40	7 40	5 30
Valenciennes.............	80	18 50	13 »	11 50	10 »	7 40
Blanc-Misseron	91	20 50	15 ?	13 50	11 50	8 50
Quiévrain	92	21 50	15 »	13 50	12 »	8 50
D'ARRAS						
à Paris, *gare de La Chapelle*....	214	51 50	33 50	28 50	22 50	18 50
Pontoise....................	187	44 50	31 50	28 50	22 50	18 »
Auvers....................	182	43 50	31 50	27 50	22 50	17 50
Beaumont................	169	40 50	28 50	25 50	22 »	16 »
Saint-Leu.................	155	36 50	26 50	23 50	20 50	14 50
Creil.....................	148	34 50	24 50	19 50	16 50	12 50
Clermont.................	135	31 50	22 50	19 50	17 50	12 50
Saint-Just................	119	27 50	19 50	17 50	15 50	11 »
Breteuil..................	105	23 50	17 »	15 50	13 50	9 50
Ailly.....................	80	18 »	13 »	11 50	10 »	7 30
Amiens...................	68	16 50	11 50	10 50	9 50	6 50
Albert....................	36	9 »	6 40	5 70	5 »	5 60
Achiet....................	18	4 50	3 20	2 80	2 50	1 80
Douai....................	26	6 50	4 50	4 »	3 50	2 60
Séclin....................	48	12 »	8 50	7 50	5 50	5 »
Lille.....................	58	14 50	10 »	7 »	5 50	5 »
Roubaix..................	68	16 50	12 »	8 50	7 50	6 50
Tourcoing................	70	16 50	12 »	8 50	7 50	6 50
Mouscron................	76	16 50	12 50	8 50	7 50	6 50
Somain...................	41	8 50	6 »	4 »	3 50	5 »
Valenciennes.............	62	14 »	10 »	6 50	5 50	5 »
Blanc-Misseron...........	73	16 50	12 50	8 50	7 50	6 50
Quiévrain	74	16 50	12 50	8 50	7 50	6 50

Suite du Tarif pour le Transport des Marchandises.

LIEUX DE DÉPART et DE DESTINATION.	Distances servant de base à la fixation des prix de transport.	Lors classe.		1re classe.		2e classe.		3e classe. 1re catégorie		2e catégorie	
	kilomèt.	fr.	c.	fr.	c.	fr.	c.	fr.	c.	fr.	c.
De DOUAI											
à Paris, gare de La Chapelle....	240	58	50	38	50	32	50	25	50	20	50
Pontoise.............	213	51	50	36	50	32	50	25	50	20	50
Auvers.	208	49	50	35	50	31	50	25	50	19	50
Beaumont......	195	46	50	33	50	29	50	25	50	18	50
Saint-Leu.............	181	43	50	30	50	27	50	23	50	17	»
Creil....	174	41	50	29	50	22	50	19	50	15	»
Clermont.	159	37	50	26	50	22	50	19	50	15	»
Saint-Just.............	145	34	50	24	50	21	50	18	50	13	50
Breteuil.............	130	30	50	21	50	19	50	17	»	12	»
Ailly.............	106	24	50	17	50	15	50	13	50	9	50
Amiens.............	94	23	50	16	50	14	50	12	50	8	50
Albert.............	62	15	50	11	»	9	50	8	50	6	20
Achiet.............	44	11	»	7	90	7	»	6	10	4	40
Arras.............	26	6	50	4	50	4	»	3	50	2	60
Séclin.............	22	5	50	3	90	3	»	3	»	2	20
Lille	32	8	»	5	50	5	»	4	»	3	»
Roubaix.............	42	10	50	7	50	6	70	5	80	4	20
Tourcoing.............	44	11	»	7	90	7	»	6	10	4	40
Mouscron.............	50	11	50	8	50	7	50	6	50	5	»
Somain.............	15	3	70	2	70	2	40	2	10	1	50
Valenciennes.............	36	9	»	6	»	5	50	5	»	3	50
Blanc-Misseron.............	47	11	50	8	40	7	50	6	50	4	70
Quiévrain.............	48	11	50	8	50	7	50	6	50	4	80
De SÉCLIN											
à Paris, gare de La Chapelle....	262	63	50	45	50	33	50	28	50	23	50
Pontoise.............	234	56	50	40	50	33	50	28	50	22	50
Auvers.	230	55	50	39	50	35	50	28	50	21	50
Beaumont.............	217	52	50	37	50	33	50	28	50	20	50
Saint-Leu.............	202	48	50	34	50	30	50	26	50	19	50
Creil.............	196	46	50	33	50	29	50	25	50	18	50
Clermont.............	181	43	50	30	50	27	50	23	50	17	»
Saint-Just.............	167	39	50	28	50	25	50	21	50	16	»
Breteuil.............	151	35	50	25	50	22	50	19	50	14	»
Ailly.............	128	29	50	21	50	19	»	16	50	12	»
Amiens.............	116	28	50	20	50	18	50	16	»	11	50
Albert.............	84	20	50	15	»	13	»	11	50	8	40
Achiet.............	66	16	50	11	50	10	50	9	»	6	60
Arras.............	48	12	»	8	50	7	60	6	70	4	80
Douai.............	22	5	50	3	90	3	50	3	»	2	20
Lille.............	11	2	70	1	90	1	70	1	50	1	10
Roubaix.............	20	5	»	3	60	3	20	2	80	2	»
Tourcoing.............	23	5	70	4	10	3	60	3	20	2	30
Mouscron	28	7	»	5	»	4	40	3	90	2	80
Somain.............	37	9	»	6	60	5	90	5	10	3	70
Valenciennes.............	58	14	50	10	»	9	»	8	10	5	80
Blanc-Misseron.............	69	17	»	12	»	11	»	9	50	6	90
Quiévrain.............	70	17	50	12	50	11	»	9	50	7	»

Suite du Tarif pour le Transport des Marchandises.

LIEUX DE DÉPART et DE DESTINATION.	Distances servant de base à la fixation des prix de transport.	MARCHANDISES			3e classe.	
		hors classe.	1re classe.	2e classe.	1re catégorie	2e catégorie
		PRIX DE TRANSPORT.				
	kilomèt.	fr. c.	fr. c.	fr. c.	fr. c.	fr. c.
De LILLE						
à Paris, *gare de La Chapelle*....	272	66 50	43 50	33 50	28 50	23 50
Pontoise..................	245	59 50	42 50	33 50	28 50	23 50
Auvers....................	240	57 50	41 50	33 50	28 50	22 50
Beaumont.................	227	54 50	39 50	33 50	28 50	21 50
Saint-Leu.................	213	51 50	36 50	32 50	28 50	20 50
Creil.....................	206	49 50	35 50	27 50	23 50	17 50
Clermont.................	191	45 50	32 50	27 50	23 50	17 50
Saint-Just................	177	42 50	30 50	26 50	23 50	16 50
Breteuil..................	161	38 50	27 50	24 50	21 50	15 »
Ailly.....................	138	32 50	23 50	20 50	18 »	13 »
Amiens...................	126	31 50	22 50	19 50	17 50	12 50
Albert....................	94	23 50	16 50	15 »	13 »	9 »
Achiet....................	76	18 50	13 50	12 »	10 50	7 60
Arras.....................	58	14 50	10 »	7 50	6 50	5 »
Douai....................	32	8 »	5 50	5 »	4 »	3 »
Séclin....................	11	2 70	1 90	1 70	1 50	1 10
Roubaix..................	10	2 50	1 80	1 60	1 40	1 »
Tourcoing................	12	3 »	2 »	1 80	1 60	1 20
Mouscron.................	18	4 50	3 »	2 80	2 50	1 80
Somain...................	47	11 50	8 »	5 50	4 50	4 20
Valenciennes..............	68	16 50	11 50	7 50	6 50	6 »
Blanc-Misseron............	79	19 50	13 50	9 50	7 50	6 50
Quiévrain.................	80	19 50	13 50	9 50	7 50	6 50
De ROUBAIX						
à Paris, *gare de La Chapelle*....	281	66 50	45 50	36 50	28 50	24 50
Pontoise..................	254	61 50	43 50	36 50	28 50	24 50
Auvers....................	249	60 50	43 50	36 50	28 50	23 50
Beaumont.................	237	57 50	40 50	36 50	28 50	22 50
Saint-Leu.................	222	53 50	38 50	35 50	28 50	21 50
Creil.....................	215	51 50	36 50	32 50	28 50	20 50
Clermont.................	201	48 50	34 50	30 50	26 50	18 50
Saint-Just................	186	44 50	31 50	28 50	24 50	17 50
Breteuil..................	171	40 50	29 50	25 50	22 50	16 »
Ailly.....................	148	34 50	24 50	22 50	19 50	14 »
Amiens...................	135	31 50	22 50	19 50	18 50	13 50
Albert....................	104	25 50	18 50	16 50	14 50	10 »
Achiet....................	85	20 50	15 »	13 50	11 50	8 50
Arras.....................	68	16 50	12 »	9 50	8 »	6 50
Douai....................	42	10 50	7 50	6 70	5 80	4 20
Séclin....................	20	5 »	3 60	3 20	2 80	2 »
Lille.....................	10	2 50	1 80	1 60	1 40	1 »
Tourcoing................	6	1 50	1 »	» 90	» 80	» 60
Mouscron.................	8	2 »	1 40	1 20	1 10	» 80
Somain...................	57	13 50	10 »	8 50	7 50	5 50
Valenciennes..............	77	18 50	13 50	8 50	7 50	7 50
Blanc-Misseron............	89	21 50	15 50	11 50	9 50	8 50
Quiévrain.................	89	21 50	15 50	11 50	9 50	8 50

Suite du Tarif pour le Transport des Marchandises.

LIEUX DE DÉPART et DE DESTINATION.	Distances servant de base à la fixation des prix de transport.	MARCHANDISES		3e classe.	
		hors classe.	1re classe.	2e classe.	1re catégorie.	2e catégorie.
		PRIX DE TRANSPORT.				
	kilomèt.	fr. c.	fr. c.	fr. c.	fr. c.	fr. c.
De TOURCOING						
à Paris, *gare de La Chapelle*....	284	69 50	43 50	38 50	30 50	24 50
Pontoise...................	257	62 50	43 50	38 50	30 50	24 50
Auvers............	252	60 50	43 50	38 50	30 50	24 50
Beaumont	239	57 50	41 50	36 50	30 50	22 50
Saint-Leu...........	22	54 50	38 50	34 50	30 50	21 50
Creil....................	218	52 50	37 50	33 50	29 50	20 50
Clermont.............	203	48 50	34 50	30 50	26 50	19 50
Saint-Just........	189	45 50	32 50	28 50	24 50	17 50
Breteuil..............	175	41 50	29 50	26 50	22 50	16 50
Ailly................	150	35 50	25 50	22 50	19 50	14 »
Amiens...............	138	32 50	23 50	20 50	18 50	13 50
Albert................	106	26 50	18 50	16 50	14 50	10 50
Achiet...............	88	21 50	15 50	14 »	12 »	8 50
Arras................	70	16 50	12 »	9 50	8 »	6 50
Douai................	44	11 »	7 90	7 »	6 10	4 40
Séclin...............	23	5 70	4 10	3 60	3 20	2 30
Lille................	12	3 »	2 »	1 80	1 60	1 20
Roubaix	6	1 50	1 »	» 90	» 80	» 60
Mouscron	6	1 50	1 »	» 90	» 80	» 60
Somain.............	59	14 50	10 50	8 50	7 50	5 50
Valenciennes........	80	19 50	13 50	9 50	8 »	7 50
Blanc-Misseron........	91	22 50	15 50	12 50	10 50	9 »
Quiévrain.............	92	22 50	15 50	12 50	10 50	9 »
De MOUSCRON						
à Paris, *gare de La Chapelle*....	289	68 50	45 50	35 50	30 50	24 50
Pontoise...................	262	63 50	45 50	35 50	30 50	24 50
Auvers....................	257	62 50	44 50	35 50	30 50	24 50
Beaumont	245	59 50	42 50	35 50	30 50	23 50
Saint-Leu.............	230	55 50	39 50	35 50	30 50	21 50
Creil....................	223	53 50	38 50	34 50	29 50	21 50
Clermont.............	209	50 50	35 50	31 50	27 50	19 50
Saint-Just........	194	46 50	33 50	29 50	25 50	18 50
Breteuil..............	179	42 50	30 50	27 50	23 50	17 »
Ailly................	156	36 50	26 50	23 50	20 50	14 50
Amiens...............	143	33 50	23 50	21 50	18 50	13 50
Albert................	112	27 50	19 50	17 50	15 50	11 »
Achiet...............	95	22 50	16 50	14 50	13 »	9 »
Arras................	76	16 50	12 »	9 50	8 »	6 »
Douai................	50	11 50	8 50	7 50	6 50	5 »
Séclin...............	28	7 »	5 »	4 40	3 90	2 80
Lille................	18	4 50	3 »	2 80	2 50	1 80
Roubaix	8	2 »	1 40	1 20	1 10	» 80
Tourcoing.............	6	1 50	1 »	» 90	» 80	» 60
Somain.............	64	16 »	11 50	9 50	8 50	6 40
Valenciennes........	85	20 50	14 50	10 50	9 50	8 »
Blanc-Misseron........	97	23 50	16 50	11 50	9 50	8 50
Quiévrain.............	97	23 50	17 »	11 50	9 50	8 50

Suite du Tarif pour le Transport des Marchandises.

LIEUX DE DÉPART et DE DESTINATION.	Distances servant de base à la fixation des prix de transport.	MARCHANDISES				
		hors classe.	1ʳᵉ classe.	2ᵉ classe.	3ᵉ classe.	
					1ʳᵉ catégorie	2ᵉ catégorie.
		PRIX DE TRANSPORT.				
De SOMAIN	kilomèt.	fr. c.	fr. c.	fr. c.	fr. c.	fr. c.
à Paris, *gare de La Chapelle*....	255	60 50	43 50	33 50	26 50	21 50
Pontoise..................	228	55 50	38 50	33 50	26 50	21 50
Auvers.................	225	52 50	37 50	33 50	26 50	20 50
Beaumont..	210	48 50	34 50	31 50	26 50	19 50
Saint-Leu	196	45 50	32 50	28 50	23 50	18 »
Creil..................	189	43 50	31 50	27 50	24 50	17 50
Clermont...............	174	39 50	28 50	25 50	22 50	16 »
Saint-Just.............	160	36 50	25 50	23 50	20 50	14 50
Breteuil	145	32 50	22 50	20 50	18 »	13 »
Ailly.....	115	28 50	20 50	18 »	16 »	10 »
Amiens.................	109	25 50	18 50	16 »	14 »	10 »
Albert.................	77	17 50	12 50	11 »	9 50	7 10
Achiet.................	59	13 »	9 50	8 40	7 40	5 30
Arras..................	41	8 50	6 »	4 50	3 50	3 20
Douai..................	15	5 70	2 70	2 40	2 10	1 50
Seclin.................	37	9 »	6 60	5 90	5 10	5 70
Lille..................	47	11 70	8 »	7 50	6 50	4 50
Roubaix................	57	13 50	10 »	8 50	7 50	5 50
Tourcoing..............	59	14 50	10 50	8 50	7 50	5 50
Mouscron...............	64	15 50	11 50	9 50	8 50	6 40
Valenciennes...........	21	5 20	3 70	3 30	2 90	2 10
Blanc-Misseron.........	32	8 »	5 70	5 10	4 40	3 20
Quiévrain..............	35	8 20	5 90	5 20	4 60	3 30
De VALENCIENNES						
à Paris, *gare de La Chapelle*....	275	65 50	45 50	36 50	28 50	23 50
Pontoise.....	248	58 50	41 50	36 50	28 50	23 50
Auvers.................	245	57 50	40 50	36 50	28 50	22 50
Beaumont...............	231	54 50	38 50	34 50	28 50	21 50
Saint-Leu	216	50 50	36 50	31 50	27 50	19 50
Creil..................	210	48 50	34 50	27 50	23 50	17 50
Clermont...............	195	45 50	32 50	27 50	23 50	17 50
Saint-Just	180	41 50	29 50	26 50	22 50	16 50
Breteuil....	165	37 50	26 50	23 50	20 50	15 »
Ailly..................	156	50 50	21 50	19 50	17 »	12 »
Amiens.................	129	30 50	21 50	18 50	16 50	12 »
Albert.................	98	22 50	16 50	14 50	12 50	9 »
Achiet.................	80	18 50	13 »	11 50	10 »	7 40
Arras..................	62	14 »	10 »	7 50	6 50	5 »
Douai..................	36	9 »	6 »	5 50	5 »	3 50
Seclin.................	58	14 50	10 »	9 »	8 10	5 80
Lille..................	68	16 50	11 50	7 50	6 50	6 »
Roubaix................	77	18 50	13 50	8 50	7 50	7 50
Tourcoing....	80	19 50	13 50	9 50	8 »	7 50
Mouscron...............	85	20 50	14 50	10 50	9 50	8 »
Somain.................	21	5 20	5 50	5 30	2 90	2 10
Blanc-Misseron	12	5 »	2 40	1 90	1 60	1 20
Quiévrain..............	15	5 20	2 30	2 »	1 80	1 50

1847.

Suite du Tarif pour le Transport des Marchandises.

LIEUX DE DÉPART et DE DESTINATION.	Distances servant de base des prix de transport.	MARCHANDISES			3e classe.	
		hors classe.	1re classe.	2e classe.	1re catégorie	2e catégorie
		PRIX DE TRANSPORT.				
De BLANC-MISSERON	kilomèt.	fr. c.	fr. c.	fr. c.	fr. c.	fr. c.
à Paris, *gare de La Chapelle*....	287	68 50	45 50	38 50	30 50	24 50
Pontoise..................	260	61 50	45 50	38 50	30 50	24 50
Auvers....................	255	60 50	45 50	38 50	30 50	25 50
Beaumont................	242	56 50	40 50	36 50	30 50	22 50
Saint-Leu...............	228	55 50	38 50	33 50	29 50	21 50
Creil....................	221	51 50	36 50	32 50	28 50	20 50
Clermont................	206	47 50	34 50	30 50	26 50	18 50
Saint-Just..............	193	44 50	31 50	28 50	24 50	17 50
Breteuil.................	177	40 50	29 50	25 50	22 50	16 »
Ailly....................	147	35 50	25 50	21 50	18 50	13 50
Amiens...................	141	35 50	25 50	21 50	18 50	13 50
Albert...................	109	25 50	18 50	16 »	14 »	10 »
Achiet...................	91	20 50	15 »	13 50	11 50	8 50
Arras....................	73	16 50	12 »	9 50	8 »	6 »
Douai....................	47	11 50	8 40	7 50	6 50	4 70
Séclin...................	69	17 »	12 »	11 »	9 50	6 90
Lille....................	79	19 50	13 50	9 50	7 50	6 50
Roubaix..................	89	21 50	15 50	11 50	9 50	8 50
Tourcoing................	91	22 50	15 50	12 50	10 50	9 »
Mouscron.................	97	25 50	16 50	13 50	11 50	9 50
Somain..	52	8 »	5 70	5 10	4 40	3 20
Valenciennes.............	12	3 »	2 10	1 90	1 60	1 20
Quiévrain................	6	1 50	1 »	» 90	» 80	» 60
De QUIÉVRAIN						
à Paris, *gare de La Chapelle*....	288	68 50	45 50	38 50	30 50	24 50
Pontoise.................	261	61 50	45 50	38 50	30 50	24 50
Auvers...................	256	60 50	45 50	38 50	30 50	25 50
Beaumont.................	243	57 50	40 50	36 50	30 50	22 50
Saint-Leu..	229	55 50	38 50	34 50	29 50	21 50
Creil....................	222	51 50	37 50	28 50	24 50	18 50
Clermont.................	207	48 50	34 50	28 50	24 50	18 50
Saint-Just...............	193	44 50	31 50	28 50	24 50	17 50
Breteuil.................	178	40 50	29 50	25 50	22 50	15 50
Ailly....................	148	35 50	25 50	21 50	19 »	13 50
Amiens...................	142	35 50	25 50	21 50	19 »	13 50
Albert...................	110	25 50	18 50	16 50	14 50	10 »
Achiet...................	92	21 50	15 »	13 50	12 »	8 50
Arras....................	74	16 50	12 »	9 50	8 »	6 »
Douai....	48	11 50	8 50	7 50	6 50	4 80
Séclin...................	70	17 50	12 50	11 »	9 50	7 »
Lille....................	80	19 50	13 50	9 50	7 50	6 50
Roubaix..................	90	21 50	15 50	11 50	9 50	8 50
Tourcoing................	92	22 50	15 50	12 50	10 50	9 »
Mouscron.................	98	25 50	17 »	13 50	13 50	9 50
Somain...................	53	8 20	5 90	5 20	4 60	3 50
Valenciennes (1).........	13	3 20	2 30	2 »	1 70	1 »
Blanc-Misseron...........	6	1 50	1 »	» 90	» 80	» 60

(1) Les prix de 1 fr. 70 c. et 1 fr. sont remplacés par ceux de 1 fr. 80 c. et 1 fr 30.— V. l'ord. du 25 mars 1847.

4. Conformément aux dispositions du cahier des charges, article 41, § 4, le poids de la tonne est de 1,000 kilogrammes, les fractions de poids ne seront comptées que par centième de tonne; ainsi, tout poids compris, entre 0 et 10 kilogrammes, payera comme 10 kilogrammes; entre 10 et 20 kilogrammes, payera comme 20 kilogrammes, etc.

5. Les prix de transport ci-dessus indiqués ne sont point applicables: 1° aux denrées et objets qui ne sont pas nommément énoncés dans le tarif du cahier des charges, et qui, sous le volume d'un mètre cube, ne pèsent pas 200 kilogrammes. Ces objets payeront le double des taxes applicables aux marchandises de la classe dans laquelle ils sont rangés par spécification ou assimilation; 2° aux colis dont le poids n'excède pas 50 kilogrammes, ces colis seront taxés aux prix des marchandises hors classe, à moins qu'ils ne fassent partie d'envois, pesant ensemble au delà de 50 kilogrammes, d'objets expédiés par une même personne à une même personne et d'une même nature, quoiqu'emballés à part, tels que sucre, café, etc.

6. Au-dessus de 50 kilogrammes, et quelle que soit la distance parcourue, le prix de transport d'une expédition ne pourra être taxé à moins de 40 centimes.

Le prix du transport d'une expédition dont le poids n'excédera pas 50 kilogrammes, ne pourra être moindre de 30 centimes, quelle que soit la distance parcourue.

CHAPITRE II.

Frais accessoires.

§ Ier. — Enregistrement et magasinage.

7. La compagnie est autorisée à percevoir un droit de 10 centimes pour l'enregistrement de toute expédition de marchandises de même nature faite au même destinataire.

8 .... (1).

§ II. — Chargement et déchargement.

9. Les frais de chargement et de déchargement sont fixés à 1 franc 50 centimes par 1,000 kilogrammes.

TITRE III.

DISPOSITIONS GÉNÉRALES.

10. Les perceptions ci-dessus autorisées, à titre de frais accessoires, d'enregistrement, de chargement et de déchargement, ne sont que provisoires, et l'administration se réserve de les modifier ou supprimer.

11. Conformément à l'article 46 du cahier des charges, toute expédition de marchandises dont le poids, sous un même emballage, excédera 20 kilogrammes, sera constatée, si l'expéditeur le demande, par une lettre de voiture dont un exemplaire restera aux mains de la compagnie, et l'autre aux mains de l'expéditeur comme duplicata.

L'expéditeur pourra réclamer un duplicata de la lettre de voiture

---

(1) Abrogé.—V. l'art. 1er de l'ord. du 20 sept. 1847.

pour tout paquet ou ballot, pesant moins de 20 kilogrammes, dont la valeur aura été préalablement déclarée.

12. Les taxes réglées par la présente ordonnance, qui sont inférieures à celles du tarif du cahier des charges, ne pourront être relevées qu'après un délai d'un an.

Tous changements apportés dans les tarifs ci-dessus réglés seront annoncés, au moins un mois d'avance, par des affiches; ils devront d'ailleurs être homologués par des décisions de l'administration supérieure, prises sur la proposition de la compagnie, et rendues exécutoires par une ordonnance émanée de nous, dans le ressort de notre préfecture,

13. La présente ordonnance sera notifiée à la compagnie, imprimée et affichée.

Le commissaire spécial de police et les agents de surveillance du chemin de fer de Paris à la frontière de Belgique, ainsi que les maires et les commissaires de police des communes du ressort de la préfecture de police, dont le territoire est traversé par ledit chemin de fer, sont chargés d'en assurer l'exécution.

Le pair de France, préfet de police, G. DELESSERT.

N° **1987.**—*Ordonnance portant modification au tarif du 20 juillet 1844, en ce qui concerne les grains et autres substances alimentaires, transportés par le chemin de fer de Paris à Orléans* (1).

Paris, le 11 fév. 1847.

N° **1988.** — *Ordonnance qui modifie les tarifs actuels, en ce qui concerne le transport, à grande vitesse, des finances, articles de messagerie et marchandises, sur le chemin de fer de Paris à la frontière de Belgique* (chemin de fer du Nord).

Paris, le 22 fév. 1847.

Nous, pair de France, préfet de police,

Vu : 1° la loi du 15 juillet 1845 (2), qui autorise la concession du chemin de fer de Paris à la frontière de Belgique, ensemble le cahier des charges, coté A, annexé à cette loi;

2° L'ordonnance royale homologative de l'adjudication de la concession dudit chemin de fer;

3° Nos ordonnances des 19 juin, 3 juillet, 29 août et 11 octobre 1846, qui fixent le tarif pour le transport des voyageurs, bagages, articles de messagerie, marchandises, finances et autres valeurs, etc., sur le chemin de fer précité;

4° La décision ministérielle en date du 15 janvier dernier, portant homologation de diverses modifications que la compagnie du chemin de fer du Nord a demandé à apporter aux tarifs réglés par nos ordonnances précitées pour le transport des finances, articles de messagerie et marchandises, à grande vitesse;

---

(1) Abrogée.—V. l'ord. du 1er fév. 1848.
(2) V. à l'Appendice.

5° L'article 49 du règlement général, du 15 novembre 1846, sur la police et l'exploitation des chemins de fer, concernant le délai d'annonces pour les modifications apportées dans les tarifs;

6° Le certificat du commissaire spécial de police du chemin de fer du Nord, en date du 2 février courant, duquel il résulte que les modifications qui font l'objet de la décision ministérielle ci-dessus visée ont été affichées le 31 janvier dernier;

Considérant qu'il y a lieu de rendre exécutoire, dans le ressort de la préfecture de police, la décision ministérielle précitée;

Considérant que les modifications demandées par la compagnie, ayant été affichées le 31 janvier dernier, peuvent être rendues obligatoires à partir du 1er mars prochain,

Ordonnons ce qui suit :

CHAPITRE Ier.

Transport, à grande vitesse, des finances, articles de messagerie et marchandises.

SECTION Ire. — Prix de transport.

§ Ier. — *Finances et autres valeurs.*

1. Les prix à percevoir pour le transport, à grande vitesse, de l'or et de l'argent, soit monnayé ou travaillé, soit en lingots, du plaqué d'or ou d'argent, du mercure, du platine, des bijoux, pierres précieuses et autres valeurs, sont réglés conformément au tableau suivant :

NOTA. Les prix des transports internationaux s'appliquent aux sommes qui sont expédiées de France en Belgique ou qui arrivent de Belgique par l'intermédiaire de l'administration du chemin de fer belge.

Tarif pour le Transport des Finances et autres Valeurs.

DISTANCES.	Pour 200 fr. et au-dessous.	TRANSPORTS NATIONAUX.		TRANSPORTS INTERNATIONAUX.	
		Au-dessus de 200 fr. jusqu'à 10,000 fr., par somme indivisible de 1,000 fr.	Au-dessus de 10,000 fr., par somme indivisible de 1,000 fr.	Au-dessus de 200 fr. jusqu'à 10,000 fr., par somme indivisible de 1,000 fr.	Au-dessus de 10,000 fr., par somme indivisible de 1,000 fr.
	c.	fr. c.	fr. c.	fr. c.	fr. c.
Jusqu'à 50 kil. inclus..	30	» 50	» 40	» 40	» 30
Au-dessus de 50 kil. — 100 — ..	30	» 60	» 50	» 50	» 40
— 100 — 150 — ..	40	» 70	» 60	» 60	» 50
— 150 — 200 — ..	40	» 80	» 70	» 70	» 60
— 200 — 250 — ..	50	» 90	» 80	» 80	» 70
— 250 — 300 — ..	50	1 »	» 90	» 80	» 70

2. Pour les sommes de plus de 10,000 francs, les taxes seront au moins égales à celles qui sont perçues pour 10,000 francs.

§ II. — *Articles de messagerie et marchandises.*

3. Les prix à percevoir pour le transport, à grande vitesse, des articles de messagerie et des marchandises sont réglés ainsi qu'il suit :

Au-dessus de 2 kilogrammes, par fraction indivisible de 10 kilogrammes et par kilomètre, 0,036, soit 36 centimes par tonne.

Les expéditions de 2 kilogrammes et au-dessous payeront la moitié du prix fixé pour les fractions du poids de 10 kilogrammes.

4. Toutefois, lorsque le prix du transport, ajouté aux frais de chargement et de déchargement ci-après indiqués, n'atteindra pas, pour les colis de 2 kilogrammes et au-dessous la somme de.... 0 fr. 15 c.
pour ceux de 3 à 20 kilogrammes, la somme de......... 0   30
et pour les colis au-dessus de 20 kilogrammes, la somme
de... 0   50

on payera : 15 centimes dans le premier cas, 30 centimes dans le second, et 50 centimes dans le troisième.

SECTION II. — Frais acccessoires de chargement et de déchargement.

5. Les frais de chargement et de déchargement des articles de messagerie et des marchandises sont fixés à 15 centimes par fraction indivisible de 100 kilogrammes.

Il ne sera point perçu de frais de chargement et de déchargement pour les finances et pour les matières précieuses qui leur seraient assimilées.

CHAPITRE II.

DISPOSITIONS GÉNÉRALES.

6 Les taxes réglées par la présente ordonnance ne pourront être perçues qu'à partir du 1er mars prochain.

7. Toutes les dispositions de nos ordonnances précitées des 19 juin, 3 juillet, 29 août et 11 octobre 1846, qui ne sont point contraires à celles qui précèdent, continueront de recevoir leur exécution.

8. La présente ordonnance sera notifiée à la compagnie, imprimée et affichée.

Le commissaire spécial de police et les agents de surveillance du chemin de fer de Paris à la frontière de Belgique, ainsi que les maires et les commissaires de police des communes du ressort de la préfecture de police, dont le territoire est traversé par ledit chemin de fer, sont chargés d'en assurer l'exécution.

Le pair de France, préfet de police, G. DELESSERT.

—————⊙—————

N° **1989**. — *Ordonnance concernant la suppression des stations de* Houilles *et de* Vilaines, *sur le chemin de fer de Paris à Rouen* (1).

Paris, le 24 fév. 1847.

—————

(1) Abrogée.—V l'ord. du 20 mars 1847 (Paris à Rouen).

———— ◦ ————

No **1990**. — *Ordonnance concernant l'échenillage.*

Paris, le 27 fév. 1847.

Nous, pair de France, préfet de police,

Ordonnons ce qui suit :

L'ordonnance de police du 26 février 1844 (1), concernant l'échenillage, sera de nouveau imprimée et affichée dans Paris et dans les communes du ressort de la préfecture de police.

Le pair de France, préfet de police, G. DELESSERT.

———— ◦ ————

No **1991**. — *Ordonnance qui fixe le tarif pour le transport, à petite vitesse, des chevaux et bestiaux sur le chemin de fer de Paris à la frontière de Belgique (chemin de fer du Nord).*

Paris, le 10 mars 1844.

Nous, pair de France, préfet de police,

Vu : 1° la loi du 15 juillet 1845, qui autorise la concession du chemin de fer de Paris à la frontière de Belgique, ensemble le cahier des charges, coté A, annexé à cette loi ;

2° L'ordonnance royale homologative de l'adjudication de la concession dudit chemin de fer ;

3° Les propositions présentées par la compagnie du chemin de fer du Nord, concessionnaire du chemin de fer de Paris à la frontière de Belgique, et contenant un projet de tarif pour le transport des chevaux et bestiaux, à petite vitesse ; ensemble les observations par nous soumises, au sujet de ces propositions, à M. le ministre des travaux publics ;

4° La décision ministérielle, en date du 22 février dernier, portant homologation desdites propositions, sauf diverses modifications ;

Considérant qu'il y a lieu de rendre exécutoire, dans le ressort de la préfecture de police, la décision ministérielle précitée,

Ordonnons ce qui suit :

CHAPITRE Ier.

Transport, à petite vitesse, des chevaux et bestiaux.

SECTION Ire. — Prix de transport.

1. Les prix à percevoir pour le transport des chevaux et bestiaux sur le chemin de fer de Paris à la frontière de Belgique sont réglés conformément au tableau suivant :

———————

(1) V. cette ord., t. III, p. 691. — V. aussi celles des 19 fév., 13 mars 1848, 9 fév. 1849 et 12 fév. 1850.

Tarif pour le Transport des Chevaux et Bestiaux.

LIEUX DE DÉPART et DE DESTINATION.	Distances servant de base à la fixation des prix de transport.	par wagon complet.	BESTIAUX. PAR TÊTE.		
			Moutons, brebis et chèvres.	Veaux et porcs.	Chevaux, bœufs, vaches, taureaux et mulets.
			PRIX DE TRANSPORT.		
De PARIS, *gare de La Chapelle,*	kilomèt.	fr. c.	fr. c.	fr. c.	fr. c.
à Pontoise................	28	14 »	» 55	1 »	2 50
Auvers....................	32	16 »	» 60	1 25	3 »
Beaumont.................	45	22 50	» 75	1 75	4 50
Saint-Leu.................	60	50 »	1 »	2 25	6 »
Creil.....................	66	33 »	1 25	2 50	6 50
Clermont.................	81	40 50	1 50	3 »	8 »
Saint-Just................	95	47 50	1 75	3 75	9 50
Breteuil..................	111	55 50	2 »	4 25	11 »
Amiens...................	146	73 »	2 75	5 75	14 50
Albert....................	178	89 »	3 25	6 75	17 »
Achiet....................	196	98 »	3 75	7 50	19 »
Arras....................	214	107 »	4 »	8 25	20 50
Douai....................	240	120 »	4 50	9 25	23 »
Séclin....................	262	131 »	5 »	10 »	25 50
Lille.....................	272	136 »	5 25	10 50	26 50
Roubaix..................	281	140 50	5 50	11 »	27 50
Tourcoing................	284	142 »	5 50	11 »	27 50
Mouscron................	289	144 50	5 50	11 25	28 »
Somain...................	255	127 50	4 75	9 50	24 »
Valenciennes.............	275	137 50	5 25	10 50	26 »
Blanc-Misseron...........	287	143 50	5 50	11 »	27 50
Quiévrain................	288	144 »	5 50	11 »	27 50
De PONTOISE					
à Paris, *gare de La Chapelle....*	28	14 »	» 55	1 »	2 50
Auvers....................	6	3 »	» 12	» 20	» 50
Beaumont.................	18	9 »	» 35	» 50	1 50
Saint-Leu.................	32	16 »	» 60	1 25	3 »
Creil.....................	38	19 »	» 75	1 50	3 50
Clermont.................	54	27 »	1 »	2 »	5 »
Saint-Just................	68	34 »	1 25	2 50	6 50
Breteuil..................	84	42 »	1 50	3 25	8 »
Amiens...................	119	59 50	2 25	4 75	11 50
Albert....................	151	75 50	2 75	5 75	14 »
Achiet....................	169	84 50	3 »	6 25	16 »
Arras....................	187	93 50	3 90	7 »	18 »
Douai....................	213	106 50	4 »	8 »	20 50
Séclin....................	234	117 »	4 50	9 »	22 50
Lille.....................	245	122 50	4 75	9 50	23 50
Roubaix..................	254	127 »	4 75	9 75	24 50
Tourcoing................	257	128 50	5 »	10 »	25 »
Mouscron................	262	131 »	5 »	10 »	25 50
Somain...................	228	114 »	4 25	8 50	21 50
Valenciennes.............	248	124 »	4 50	9 25	23 50
Blanc-Misseron...........	260	130 »	4 75	9 75	24 50
Quiévrain................	260	130 »	4 75	9 75	24 50

Suite du Tarif pour le Transport des Chevaux et Bestiaux.

LIEUX DE DÉPART et DE DESTINATION.	Distances servant de base à la fixation des prix de transport	par wagon complet.	BESTIAUX. PAR TÊTE.		
			Moutons, brebis et chèvres.	Veaux et porcs.	Chevaux, bœufs, vaches, taureaux et mulets.
			PRIX DE TRANSPORT.		
	kilomèt.	fr. c.	fr. c.	fr. c.	fr. c.
D'AUVERS					
à Paris, *gare de La Chapelle*....	52	16 »	» 60	1 25	3 »
Pontoise........................	6	3 50	» 12	» 20	» 50
Beaumont	13	6 50	» 25	» 50	1 »
Saint-Leu.....................	28	14 »	» 55	1 »	2 50
Creil.........................	34	17 »	» 65	1 25	3 »
Clermont. .... ,..........	49	24 50	» 75	1 75	4 50
Saint-Just....................	63	31 50	1 25	2 50	6 »
Breteuil......................	79	39 50	1 50	3 »	7 50
Amiens.......................	114	57 »	2 25	4 50	11 »
Albert	146	73 »	2 75	5 50	13 50
Achiet.........................	164	82 »	3 »	6 25	15 50
Arras.........................	182	91 »	3 50	7 »	17 50
Douai	208	104 »	4 »	8 »	20 »
Séclin........................	230	115 »	4 25	8 75	22 »
Lille.........................	240	120 »	4 50	9 25	23 »
Roubaix.......................	249	124 50	4 75	9 50	24 »
Tourcoing.....................	252	126 »	4 75	9 75	24 50
Mouscron......................	257	128 50	5 »	10 »	25 »
Somain	223	111 50	4 »	8 25	21 »
Valenciennes	243	121 50	4 50	9 »	23 »
Blanc-Misseron	255	127 50	4 75	9 50	24 »
Quiévrain	256	128 »	4 75	9 50	24 »
De BEAUMONT					
à Paris, *gare de La Chapelle*....	45	22 50	» 75	1 75	4 50
Pontoise......................	18	9 »	» 35	» 50	1 50
Auvers.......................	13	6 50	» 25	» 50	1 »
Saint-Leu....................	15	7 50	» 30	» 50	1 50
Creil.........................	22	11 »	» 40	» 75	2 »
Clermont.....................	37	10 50	» 70	1 25	3 50
Saint-Just	51	25 50	1 »	2 »	5 »
Breteuil......................	66	33 »	1 25	2 50	6 50
Amiens.,.....................	102	51 »	2 »	4 »	10 »
Albert.......................	133	66 50	2 50	5 »	12 50
Achiet........................	152	76 »	2 75	5 75	14 50
Arras........................	169	84 50	3 »	6 25	16 »
Douai........................	195	97 50	3 75	7 50	18 50
Séclin.......................	217	108 50	4 »	8 25	21 »
Lille........................	227	113 50	4 25	8 75	22 »
Roubaix......................	237	118 50	4 50	9 »	23 »
Tourcoing....................	239	119 50	4 50	9 25	23 »
Mouscron.....................	245	122 50	4 75	9 50	23 50
Somain	210	105 »	3 75	7 75	19 50
Valenciennes	231	115 50	4 25	8 50	21 50
Blanc Misseron	242	121 »	4 50	9 »	22 50
Quiévrain....................	243	121 50	4 50	9 »	23 »

1847.

Suite *du* Tarif pour le Transport des Chevaux et Bestiaux.

LIEUX DE DÉPART et DE DESTINATION.	Distances servant de base à la fixation des prix de transport.	par wagon complet.	BESTIAUX. PAR TÊTE.		
			Moutons, brebis et chèvres.	Veaux et porcs.	Chevaux, bœufs, vaches, taureaux et mulets.
			PRIX DE TRANSPORT.		
De SAINT-LEU	kilomèt.	fr. c.	fr. c.	fr. c.	fr. c.
à Paris, *gare de La Chapelle*....	60	50 »	1 »	2 25	6 »
Pontoise.	32	16 »	» 60	1 25	3 »
Auvers.	28	14 »	» 55	1 »	2 50
Beaumont.	15	7 50	» 30	» 50	1 50
Creil . .	7	3 50	» 14	» 25	» 50
Clermont	22	11 »	» 40	» 75	2 »
Saint-Just	36	18 »	» 70	1 25	3 50
Breteuil	52	26 »	1 »	2 »	5 »
Amiens	87	43 50	1 50	3 25	8 50
Albert.	119	59 50	2 »	4 25	11 »
Achiet.	137	68 50	2 50	5 »	13 »
Arras	155	77 50	2 75	5 75	14 50
Douai	181	90 50	3 25	6 75	17 »
Séclin	202	101 »	3 75	7 75	19 50
Lille	213	106 50	4 »	8 »	20 50
Roubaix.	222	111 »	4 35	8 50	21 50
Tourcoing.	225	112 50	4 25	8 50	21 50
Mouscron.	230	115 »	4 25	8 75	22 »
Somain.	196	98 »	3 50	7 »	18 »
Valenciennes.	216	108 »	4 »	8 »	20 »
Blanc-Misseron.	228	124 »	4 25	8 50	21 50
Quiévrain	229	114 50	4 25	8 50	21 50
De CREIL					
à Paris, *gare de La Chapelle*....	66	33 »	1 25	2 50	6 50
Pontoise.	38	19 »	» 75	1 50	3 50
Auvers.	34	17 »	» 65	1 25	3 »
Beaumont	22	11 »	» 40	» 75	2 »
Saint-Leu.	7	3 50	» 14	» 25	» 50
Clermont.	15	7 50	» 30	» 50	1 50
Saint-Just	30	15 »	» 60	1 »	3 »
Breteuil	45	22 50	» 75	1 75	4 50
Amiens	81	40 50	1 50	3 »	8 »
Albert.	112	56 »	2 »	4 »	10 50
Achiet.	130	65 »	2 25	4 75	12 »
Arras	148	74 »	2 75	5 50	14 »
Douai	172	86 »	3 25	6 50	16 50
Séclin	196	98 »	3 75	7 50	18 50
Lille	206	103 »	3 75	7 75	19 50
Roubaix.	215	107 50	4 »	8 25	20 50
Tourcoing	218	109 »	4 »	8 25	21 »
Mouscron.	223	111 50	4 25	8 50	21 50
Somain.	189	94 50	3 50	7 »	17 50
Valenciennes	210	105 »	3 75	7 75	19 50
Blanc-Misseron	221	110 50	4 »	8 25	20 50
Quiévrain	222	111 »	4 »	8 25	20 50

Suite du Tarif pour le Transport des Chevaux et Bestiaux.

LIEUX DE DÉPART et DE DESTINATION.	Distances servant de base à la fixation des prix de transport.	BESTIAUX.			
		par wagon complet.	PAR TÊTE.		
			Moutons, brebis et chèvres.	Veaux et porcs.	Chevaux, bœufs, vaches, taureaux et mulets.
			PRIX DE TRANSPORT.		
	kilomèt.	fr. c.	fr. c.	fr. c.	fr. c.
De CLERMONT					
à Paris, *gare de La Chapelle*....	81	40 50	1 50	3 »	8 »
Pontoise.....................	54	27 »	1 »	2 »	5 »
Auvers......................	49	24 50	» 75	1 75	4 50
Beaumont...................	37	18 50	» 70	1 25	3 50
Saint-Leu..................	22	11 »	» 40	» 75	2 »
Creil......................	15	7 50	» 30	» 50	1 50
Saint-Just.................	15	7 50	» 30	» 50	1 50
Breteuil...................	30	15 »	» 60	1 »	3 »
Amiens.....	66	33 »	1 25	2 50	6 50
Albert.....................	97	48 50	1 75	3 50	9 »
Achiet.....................	116	58 »	2 »	4 25	10 50
Arras......................	133	66 50	2 50	5 »	12 50
Douai	159	79 50	3 »	6 »	15 »
Séclin.....................	181	90 50	3 25	6 75	17 »
Lille......................	191	95 50	3 50	7 25	18 »
Roubaix....................	201	100 50	3 75	7 75	19 »
Tourcoing..................	203	101 50	3 75	7 75	19 50
Mouscron	209	104 50	4 »	8 »	20 »
Somain.....................	174	87 »	3 »	6 25	16 »
Valenciennes...............	195	97 50	3 50	7 25	18 »
Blanc-Misseron.............	206	103 »	3 75	7 50	19 »
Quiévrain..................	207	103 50	3 75	7 75	19 »
De SAINT-JUST					
à Paris, *gare de La Chapelle*....	95	47 50	1 75	3 75	9 50
Pontoise...................	68	34 »	1 25	2 50	6 50
Auvers.....................	63	31 50	1 25	2 50	6 »
Beaumont..................	51	25 50	1 »	2 »	5 »
Saint-Leu..................	36	18 »	» 70	1 25	3 50
Creil......................	30	15 »	» 60	1 »	3 »
Clermont...................	15	7 50	» 30	» 50	1 50
Breteuil...................	16	8 »	» 30	» 50	1 50
Amiens.....................	51	25 50	1 »	2 »	5 »
Albert.....................	83	41 50	1 50	3 »	7 50
Achiet.....................	101	50 50	1 75	3 75	9 »
Arras......................	119	59 50	2 »	4 25	11 »
Douai	145	72 50	2 75	5 50	13 50
Séclin.....................	167	83 50	3 »	6 25	16 »
Roubaix....................	177	88 50	3 25	6 75	17 »
Lille......................	186	93 »	3 50	7 »	17 50
Tourcoing	189	94 50	3 50	7 25	18 »
Mouscron...................	194	97 »	3 50	7 25	18 50
Somain.....................	160	80 »	2 75	5 75	14 50
Valenciennes...............	180	90 »	3 25	6 50	16 50
Blanc-Misseron.............	193	96 50	3 50	7 »	18 »
Quiévrain	193	96 50	3 50	7 »	18 »

Suite *du* Tarif pour le Transport des Chevaux et Bestiaux.

LIEUX DE DÉPART et DE DESTINATION.	Distances servant de base à la fixation des prix de transport.	BESTIAUX.		
		par wagon complet.	PAR TÊTE.	
			Moutons, brebis et chèvres.	Veaux et porcs.	Chevaux, bœufs, vaches, taureaux et mulets.
		PRIX DE TRANSPORT.		
	kilomèt.	fr. c.	fr. c.	fr. c.	fr. c.
De BRETEUIL					
à Paris. *gare de La Chapelle*....	111	55 50	2 »	4 25	11 »
Pontoise....................	84	42 »	1 50	3 25	8 »
Auvers....................	79	39 50	1 50	3 »	7 50
Beaumont..................	66	33 »	1 25	2 50	6 50
Saint-Leu.................	52	26 »	1 »	2 »	5 »
Creil.....................	45	22 50	» 75	1 75	4 50
Clermont..................	30	15 »	» 60	1 »	3 »
Saint-Just................	16	8 »	» 50	» 50	1 50
Amiens....................	36	18 »	» 70	1 25	3 50
Albert....................	68	34 »	1 »	2 25	6 »
Achiet....................	86	43 »	1 50	3 »	7 50
Arras.....................	104	52 »	1 75	3 75	9 50
Douai....................	130	65 »	2 25	4 75	12 »
Séclin....................	151	75 50	2 75	5 75	14 »
Lille.....................	161	80 50	3 »	6 »	15 »
Roubaix..................	171	85 50	3 25	6 50	16 »
Tourcoing.................	173	86 50	3 25	6 50	16 50
Mouscron.................	179	89 50	3 25	6 75	17 »
Somain...................	143	71 50	2 50	5 »	13 »
Valenciennes..............	165	82 50	3 »	6 »	15 »
Blanc-Misseron...........	177	88 50	3 25	6 50	16 »
Quiévrain.................	177	88 50	3 25	6 50	16 »
D'AMIENS					
à Paris, *gare de La Chapelle*....	146	73 »	2 75	5 75	14 50
Pontoise..................	119	59 50	2 25	4 75	11 50
Auvers...................	114	57 »	2 25	4 50	11 »
Beaumont.................	102	51 »	2 »	4 »	10 »
Saint-Leu.................	87	43 50	1 50	3 25	8 50
Creil....................	81	40 50	1 50	3 »	8 »
Clermont.................	66	33 »	1 25	2 50	6 50
Saint-Just...............	51	25 50	1 »	2 »	5 »
Breteuil.................	36	18 »	» 70	1 25	3 50
Albert...................	32	16 »	» 60	1 25	3 »
Achiet...................	50	25 »	1 »	2 »	5 »
Arras....................	68	34 »	1 25	2 50	6 50
Douai....................	94	47 »	1 75	3 75	9 »
Séclin...................	116	58 »	2 25	4 50	11 50
Lille....................	126	63 »	2 50	5 »	12 50
Roubaix..................	135	67 50	2 50	5 25	13 50
Tourcoing................	138	69 »	2 75	5 50	13 50
Mouscron................	143	71 50	2 75	5 50	14 »
Somain..................	109	54 50	2 »	4 »	10 »
Valenciennes.............	129	64 50	2 25	4 75	12 »
Blanc-Misseron...........	141	70 50	2 50	5 25	13 50
Quiévrain................	142	71 »	50	5 25	13 50

Suite du Tarif pour le Transport des Chevaux et Bestiaux.

LIEUX DE DÉPART et DE DESTINATION.	Distances servant de base à la fixation des prix de transport.	BESTIAUX.	PAR TÊTE.		
		par wagon complet.	Moutons, brebis et chèvres.	Veaux et porcs.	Chevaux, bœufs, vaches, taureaux et mulets.
	kilomèt.	fr. c.	fr. c.	fr. c.	fr. c.
D'ALBERT					
à Paris, gare de La Chapelle....	178	89 »	3 25	6 75	17 »
Pontoise....................	151	75 50	2 75	5 75	14 »
Auvers....................	146	73 »	2 75	5 50	13 50
Beaumont	133	66 50	2 50	5 »	12 50
Saint-Leu	119	59 50	2 »	4 25	11 »
Creil.....................	112	56 »	2 »	4 »	10 50
Clermont..................	97	48 50	1 75	3 50	9 »
Saint-Just................	83	41 50	1 50	3 »	7 50
Breteuil..................	68	34 »	1 »	2 25	6 »
Amiens...................	32	16 »	» 60	1 25	3 »
Achiet....................	19	9 50	» 35	» 75	1 50
Arras....................	36	18 »	» 70	1 25	5 50
Douai....................	62	31 »	1 »	2 25	6 »
Séclin...................	84	42 »	1 50	3 25	8 »
Lille.....................	94	47 »	1 75	3 75	9 »
Roubaix..................	104	52 »	2 »	4 »	10 »
Tourcoing.................	106	53 »	2 »	4 »	10 50
Mouscron.................	112	56 »	2 »	4 25	11 »
Somain...................	77	38 50	1 25	2 75	7 »
Valenciennes	98	49 »	1 75	3 50	9 »
Blanc-Misseron	109	54 50	2 »	4 »	10 »
Quiévrain.................	110	55 »	2 »	4 »	10 »
D'ACHIET					
à Paris, gare de La Chapelle....	196	98 »	3 75	7 50	19 »
Pontoise..................	169	84 50	3 »	6 25	16 »
Auvers...................	164	82 »	3 »	6 25	15 50
Beaumont.................	152	76 »	2 75	5 75	14 50
Saint Leu.................	137	68 50	2 50	5 »	13 »
Creil.....................	130	65 »	2 25	4 75	12 »
Clermont..................	116	58 »	2 »	4 25	10 50
Saint-Just................	101	50 50	1 75	3 75	9 »
Breteuil..................	86	43 »	1 50	3 »	7 50
Amiens...................	50	25 »	1 »	2 »	5 »
Albert....................	19	9 50	» 35	» 75	1 50
Arras....................	18	9 »	» 35	» 50	1 50
Douai....................	44	22 »	» 75	1 75	4 »
Séclin...................	66	33 »	1 25	2 50	6 50
Lille.....................	76	38 »	1 50	3 »	7 50
Roubaix..................	85	42 50	1 50	3 25	8 50
Tourcoing.................	88	44 »	1 75	3 50	8 50
Mouscron.................	93	46 50	1 75	3 50	9 »
Somain...................	59	29 50	1 »	2 »	5 »
Valenciennes	80	40 »	1 25	2 75	7 »
Blanc-Misseron	91	45 50	1 50	3 25	8 50
Quiévrain.................	92	46 »	1 50	3 25	8 50

Suite du Tarif pour le Transport des Chevaux et Bestiaux.

LIEUX DE DÉPART et DE DESTINATION.	Distances servant de base à la fixation des prix de transport.	BESTIAUX.			
		par wagon complet.	PAR TÊTE.		
			Moutons, brebis et chèvres.	Veaux et porcs.	Chevaux, bœufs, vaches, taureaux et mulets.
			PRIX DE TRANSPORT.		
	kilomèt.	fr. c.	fr. c.	fr. c.	fr. c.
D'ARRAS					
à Paris, *gare de La Chapelle*....	214	107 »	4 »	8 25	20 50
Pontoise.................	187	93 50	3 50	7 »	18 »
Auvers..................	182	91 »	3 50	7 »	17 50
Beaumont...............	169	84 50	3 »	6 25	16 »
Saint-Leu	155	77 50	2 75	5 75	14 50
Creil....................	148	74 »	2 75	5 50	14 »
Clermont...............	133	66 50	2 50	5 »	12 50
Saint-Just	119	59 50	2 »	4 25	11 »
Breteuil................	104	52 »	1 75	3 75	9 50
Amiens.................	68	34 »	1 25	2 50	6 50
Albert..................	36	18 »	» 70	1 25	3 50
Achiet..................	18	9 »	» 35	» 50	1 50
Douai...................	26	13 »	» 50	1 »	2 50
Séclin..................	48	24 »	» 75	1 75	4 50
Lille....................	58	29 »	1 »	2 25	5 50
Roubaix.................	68	34 »	1 25	2 50	6 50
Tourcoing..............	70	35 »	1 25	2 75	7 »
Mouscron...............	76	38 »	1 50	3 »	7 50
Somain.................	41	20 50	» 50	1 25	5 50
Valenciennes...........	62	31 »	1 »	2 »	5 50
Blanc-Misseron.........	73	36 50	1 25	2 50	6 50
Quiévrain..............	74	37 »	1 25	2 50	6 50
De DOUAI					
à Paris, *gare de La Chapelle*....	240	120 »	4 50	9 25	23 »
Pontoise.................	213	106 50	4 »	8 »	20 50
Auvers..................	208	104 »	4 »	8 »	0 »
Beaumont...............	195	97 50	3 75	7 50	8 50
Saint-Leu	181	90 50	3 25	6 75	7 »
Creil....................	172	86 »	3 25	6 50	6 50
Clermont...............	159	79 50	3 »	6 »	15 »
Saint-Just	145	72 50	2 75	5 50	13 50
Breteuil................	130	65 »	2 25	4 75	12 »
Amiens.................	94	47 »	1 75	3 75	9 »
Albert..................	62	31 »	1 »	2 25	6 »
Achiet..................	44	22 »	» 75	1 75	4 »
Arras...................	26	13 »	» 50	1 »	2 50
Séclin..................	22	11 »	» 40	» 75	2 »
Lille....................	32	16 »	» 60	1 25	3 »
Roubaix.................	42	21 »	» 75	1 50	4 »
Tourcoing..............	44	22 »	» 75	1 75	4 »
Mouscron...............	50	25 »	1 »	2 »	5 »
Somain.................	15	7 50	» 50	» 50	1 50
Valenciennes...........	36	18 »	» 70	1 25	3 50
Blanc-Misseron.........	47	23 50	» 75	1 75	4 50
Quiévrain..............	48	24 »	» 75	1 75	4 50

Suite du Tarif pour le Transport des Chevaux et Bestiaux.

LIEUX DE DÉPART et DE DESTINATION.	Distances servant de base à la fixation des prix de transport.	BESTIAUX.		
		par wagon complet.	PAR TÊTE.	
			Moutons, brebis et chèvres.	Veaux et porcs.	Chevaux, bœufs, vaches, taureaux et mulets.
		PRIX DE TRANSPORT.		
De SÉCLIN	kilomèt.	fr. c.	fr. c.	fr. c.	fr. c.
à Paris, *gare de La Chapelle*....	262	131 »	5 »	10 »	25 50
Pontoise....................	234	117 »	4 50	9 »	22 50
Auvers.....................	250	115 »	4 25	8 75	22 »
Beaumont...................	217	108 50	4 »	8 25	21 »
Saint-Leu..................	202	101 »	3 75	7 75	19 50
Creil......................	196	98 »	3 75	7 50	18 50
Clermont...................	181	90 50	3 25	6 75	17 »
Saint-Just.................	167	83 50	3 »	6 25	16 »
Breteuil...................	151	75 50	2 75	5 75	14 »
Amiens.....................	116	58 »	2 25	4 50	11 50
Albert.....................	84	42 »	1 50	3 25	8 »
Achiet.....................	66	33 »	1 25	2 50	6 50
Arras	48	24 »	» 75	1 75	4 50
Douai	22	11 »	» 40	» 75	2 »
Lille	11	5 50	» 20	» 40	1 »
Roubaix....................	20	10 »	» 40	» 75	2 »
Tourcoing..................	23	11 50	» 45	» 75	2 »
Mouscron...................	28	14 »	» 55	1 »	2 50
Somain.....................	37	18 50	» 70	1 25	3 50
Valenciennes...............	58	29 »	1 »	2 25	5 50
Blanc-Misseron.............	69	34 50	1 25	2 75	6 50
Quiévrain	70	35 »	1 25	2 75	7 »
De LILLE					
à Paris, *gare de La Chapelle*....	272	136 »	5 25	10 50	26 50
Pontoise...................	245	122 50	4 75	9 50	23 50
Auvers.....................	240	120 »	4 50	9 25	23 »
Beaumont...................	227	113 50	4 25	8 75	22 »
Saint-Leu..................	213	106 50	4 »	8 »	20 50
Creil......................	206	103 »	3 75	7 75	19 50
Clermont...................	191	95 50	3 50	7 25	18 »
Saint-Just.................	177	88 50	3 25	6 75	17 »
Breteuil...................	161	80 50	3 »	6 »	15 »
Amiens.....................	126	63 »	2 50	5 »	12 50
Albert.....................	94	47 »	1 75	3 75	9 »
Achiet.....................	76	38 »	1 50	3 »	7 50
Arras	58	29 »	1 »	2 25	5 50
Douai	32	16 »	» 60	1 25	3 »
Séclin.....................	11	5 50	» 20	» 40	1 »
Roubaix....................	10	5 »	» 20	» 40	1 »
Tourcoing	12	6 »	» 20	» 45	1 »
Mouscron...................	18	9 »	» 35	» 50	1 50
Somain.....................	47	23 50	» 75	1 75	4 50
Valenciennes...............	68	34 »	1 25	2 50	6 50
Blanc-Misseron.............	79	39 50	1 50	3 »	7 50
Quiévrain	80	40 »	1 50	3 »	8 »

1847.

Suite du Tarif pour le Transport des Chevaux et Bestiaux.

LIEUX DE DÉPART et DE DESTINATION.	Distances servant de base à la fixation des prix de transport.	par wagon complet.	Moutons, brebis et chèvres.	Veaux et porcs.	Chevaux, bœufs, vaches, taureaux et mulets.
			BESTIAUX.		
			PAR TÊTE.		
		PRIX DE TRANSPORT.			
	kilomèt.	fr. c.	fr. c.	fr. c	fr. c.
De ROUBAIX					
à Paris, *gare de La Chapelle*....	281	140 50	5 50	11 »	27 50
Pontoise....................	254	127 »	4 75	9 75	24 50
Auvers....................	249	124 50	4 75	9 50	24 »
Beaumont..................	257	118 50	4 50	9 »	23 »
Saint-Leu.................	222	111 »	4 25	8 50	21 50
Creil.....................	215	107 50	4 »	8 25	20 50
Clermont..................	201	100 50	3 75	7 75	19 »
Saint-Just................	186	93 »	3 50	7 »	17 50
Breteuil..................	171	85 50	3 25	6 50	16 »
Amiens....................	135	67 50	2 50	5 25	13 50
Albert....................	104	52 »	2 »	4 »	10 »
Achiet....................	85	42 50	1 50	3 25	8 50
Arras....................	68	34 »	1 25	2 50	6 50
Douai....................	42	21 »	» 75	1 50	4 »
Seclin...................	20	10 »	» 40	» 75	2 »
Lille....................	10	5 »	» 20	» 40	1 »
Tourcoing................	6	3 »	» 12	» 20	» 50
Mouscron.................	8	4 »	» 15	» 30	» 50
Somain...................	57	28 50	1 »	2 25	5 50
Valenciennes.............	77	38 50	1 50	3 »	7 50
Blanc-Misseron..........	89	44 50	1 75	3 50	8 50
Quiévrain................	89	44 50	1 75	3 50	8 50
De TOURCOING					
à Paris, *gare de La Chapelle*....	284	142 »	5 50	11 »	27 50
Pontoise	257	128 50	5 »	10 »	25 »
Auvers....................	252	126 »	4 75	9 75	24 50
Beaumont.................	239	119 50	4 50	9 25	23 »
Saint-Leu................	225	112 50	4 25	8 50	21 50
Creil....................	218	109 »	4 »	8 25	21 »
Clermont.................	203	101 50	3 75	7 75	19 50
Saint-Just...............	189	94 50	3 50	7 25	18 »
Breteuil.................	173	86 50	3 25	6 50	16 50
Amiens...................	138	69 »	2 75	5 50	13 50
Albert...................	106	53 »	2 »	4 »	10 50
Achiet...................	88	44 »	1 75	3 50	8 50
Arras....................	70	35 »	1 25	2 75	7 »
Douai...................	44	22 »	» 75	1 75	4 »
Seclin..................	23	11 50	» 45	» 75	2 »
Lille...................	12	6 »	» 20	» 45	1 »
Roubaix.................	6	3 »	» 12	» 20	» 50
Mouscron................	6	3 »	» 12	» 20	» 50
Somain..................	59	29 50	1 »	2 25	5 50
Valenciennes............	80	40 »	1 50	3 »	8 »
Blanc-Misseron	91	45 50	1 75	3 50	9 »
Quiévrain...............	92	46 »	1 75	3 50	9 »

Suite du **Tarif** pour le Transport des Chevaux et Bestiaux.

LIEUX DE DÉPART et DE DESTINATION.	Distances servant de base à la fixation des prix de transport.	BESTIAUX.			
		par wagon complet.	PAR TÊTE.		
			Moutons, brebis et chèvres.	Veaux et porcs.	Chevaux, bœufs, vaches, taureaux et mulets.
			PRIX DE TRANSPORT.		
	kilomèt.	fr. c.	fr. c.	fr. c.	fr. c.
De MOUSCRON					
à Paris, *gare de La Chapelle*....	289	144 50	5 50	11 25	28 »
Pontoise	262	131 »	5 »	10 »	25 50
Auvers	257	128 50	5 »	10 »	25 »
Beaumont	245	122 50	4 75	9 50	23 50
Saint-Leu	230	115 »	4 25	8 75	22 »
Creil	223	111 50	4 25	8 50	21 50
Clermont	209	104 50	4 »	8 »	20 »
Saint-Just	194	97 »	3 50	7 25	18 50
Breteuil	179	89 50	3 25	6 75	17 »
Amiens	143	71 50	2 75	5 50	14 »
Albert	112	56 »	2 »	4 25	11 »
Achiet	93	46 50	1 75	3 50	9 »
Arras	76	38 »	1 50	3 »	7 50
Douai	50	25 »	1 »	2 »	5 »
Séclin	28	14 »	» 55	1 »	2 50
Lille	18	9 »	» 35	» 50	1 50
Roubaix	8	4 »	» 15	» 30	» 50
Tourcoing	6	3 »	» 12	» 20	» 50
Somain	64	32 »	1 25	2 50	6 »
Valenciennes	85	42 50	1 50	3 25	8 50
Blanc-Misseron	97	48 50	1 75	3 75	9 50
Quiévrain	97	48 50	1 75	3 75	9 50
De SOMAIN					
à Paris, *gare de La Chapelle*....	255	127 50	4 75	9 50	24 »
Pontoise	228	114 »	4 25	8 50	21 50
Auvers	223	111 50	4 »	8 25	21 »
Beaumont	210	105 »	3 75	7 75	19 50
Saint-Leu	196	98 »	3 50	7 25	18 »
Creil	189	94 50	3 50	7 »	17 50
Clermont	174	87 »	3 »	6 25	16 »
Saint-Just	160	80 »	2 75	5 75	14 50
Breteuil	143	71 50	2 50	5 »	13 »
Amiens	109	54 50	2 »	4 »	10 »
Albert	77	38 50	1 25	2 75	7 »
Achiet	59	29 50	1 »	2 »	5 »
Arras	41	20 50	» 50	1 25	3 50
Douai	15	7 50	» 50	» 50	1 50
Séclin	37	18 50	» 70	1 25	3 50
Lille	47	23 50	» 75	1 75	4 50
Roubaix	57	28 50	1 »	2 25	5 50
Tourcoing	59	29 50	1 »	2 25	5 50
Mouscron	64	32 »	1 25	2 50	6 »
Valenciennes	20	10 »	» 40	» 75	2 »
Blanc-Misseron	52	16 »	» 60	1 25	3 »
Quiévrain	33	16 50	» 65	1 25	3 »

Suite du Tarif pour le Transport des Chevaux et Bestiaux.

LIEUX DE DÉPART et DE DESTINATION.	Distances servant de base à la fixation des prix de transport.	par wagon complet.	BESTIAUX. PRIX DE TRANSPORT.		
			Moutons, brebis et chèvres.	Veaux et porcs.	Chevaux, bœufs, vaches, taureaux et mulets.
	kilomèt.	fr. c.	fr. c.	fr. c.	fr. c.
De VALENCIENNES					
à Paris, *gare de La Chapelle*....	275	137 50	5 25	10 50	26 »
Pontoise..................	248	124 »	4 50	9 25	23 50
Auvers...................	243	121 50	4 50	9 »	23 »
Beaumont.................	231	115 50	4 25	8 50	21 50
Saint-Leu................	216	108 »	4 »	8 »	20 »
Creil....................	210	105 »	3 75	7 75	19 50
Clermont.................	195	97 50	3 50	7 25	18 »
Saint-Just...............	180	90 »	3 25	6 50	16 50
Breteuil.................	165	82 50	3 »	6 »	15 »
Amiens...................	129	64 50	2 25	4 75	12 »
Albert...................	98	49 »	1 75	3 50	9 »
Achiet...................	80	40 »	1 25	2 75	7 »
Arras....................	62	31 »	1 »	2 »	5 50
Douai....................	36	18 »	» 70	1 25	3 50
Séclin...................	58	29 »	1 »	2 25	5 50
Lille....................	68	34 »	1 25	2 50	6 50
Roubaix..................	77	38 50	1 50	3 »	7 50
Tourcoing................	80	40 »	1 50	3 »	8 »
Mouscron.................	85	42 50	1 50	3 25	8 50
Somain...................	20	10 »	» 40	» 75	2 »
Blanc-Misseron...........	12	6 »	» 20	» 45	1 »
Quiévrain................	13	6 50	» 25	» 50	1 »
De BLANC-MISSERON					
à Paris, *gare de La Chapelle*....	287	143 50	5 50	11 »	27 50
Pontoise.................	260	130 »	4 75	9 75	24 50
Auvers...................	255	127 50	4 75	9 50	24 »
Beaumont.................	242	121 »	4 50	9 »	22 50
Saint-Leu................	228	114 »	4 25	8 50	21 50
Creil....................	221	110 50	4 »	8 25	20 50
Clermont.................	206	103 »	3 75	7 50	19 »
Saint-Just...............	193	96 50	3 50	7 »	18 »
Breteuil.................	177	88 50	3 25	6 50	16 »
Amiens...................	141	70 50	2 50	5 25	13 50
Albert...................	109	54 50	2 »	4 »	10 »
Achiet...................	91	45 50	1 50	3 25	8 50
Arras....................	73	36 50	1 25	2 50	6 50
Douai....................	47	23 50	» 75	1 75	4 50
Séclin...................	69	34 50	1 25	2 75	6 50
Lille....................	79	39 50	1 50	3 »	7 50
Roubaix..................	89	44 50	1 75	3 50	8 50
Tourcoing................	91	45 50	1 75	3 50	9 »
Mouscron.................	97	48 50	1 75	3 75	9 50
Somain...................	32	16 »	» 60	1 25	3 »
Valenciennes.............	12	6 »	» 20	» 45	1 »
Quiévrain................	6	3 »	» 12	» 20	» 50

Suite du Tarif pour le Transport des Chevaux et Bestiaux.

LIEUX DE DÉPART et DE DESTINATION.	Distances servant de base à la fixation des prix de transport.	par wagon complet.	BESTIAUX. PAR TÊTE.		
			Moutons, brebis et chèvres.	Veaux et porcs.	Chevaux, bœufs, vaches, taureaux et mulets.
			PRIX DE TRANSPORT.		
	kilomèt.	fr. c.	fr. c.	fr. c.	fr. c.
De QUIÉVRAIN à Paris, *gare de La Chapelle*....	288	144 »	5 50	11 »	27 50
Pontoise...	260	130 »	4 75	9 75	24 50
Auvers.....................	256	128 »	4 75	9 50	24 »
Beaumont..................	243	121 50	4 50	9 »	23 »
Saint-Leu.................	229	114 50	4 25	8 50	21 50
Creil.....................	222	111 »	4 »	8 25	20 50
Clermont.................	207	103 50	3 75	7 75	19 »
Saint-Just	193	96 50	3 50	7 »	18 »
Breteuil.................	177	88 50	3 25	6 50	16 »
Amiens...................	142	71 »	2 50	5 25	13 50
Albert...................	110	55 »	2 »	4 »	10 »
Achiet...................	92	46 »	1 50	3 25	8 50
Arras	74	37 »	1 25	2 50	6 50
Douai...................	48	24 »	» 75	1 75	4 50
Séclin...................	70	35 »	1 25	2 75	7 »
Lille	80	40 »	1 50	3 »	8 »
Roubaix.................	89	44 50	1 75	3 50	8 50
Tourcoing...............	92	46 »	1 75	3 50	9 »
Mouscron................	97	48 50	1 75	3 75	9 50
Somain..................	33	16 50	» 65	1 25	3 »
Valenciennes............	15	6 50	» 25	» 50	1 »
Blanc-Misseron	6	3 »	» 12	» 20	» 50

SECTION II. — Frais accessoires de chargement et de déchargement.

2. Les frais de chargement et de déchargement des chevaux et bestiaux sont fixés, par tête, ainsi qu'il suit, savoir :

Bœufs, vaches, taureaux, chevaux, mulets, bêtes de trait... 1 fr. » c.
Veaux et porcs.. » 50
Moutons, brebis, agneaux, chèvres..................... » 25

La compagnie ne percevra que la moitié des frais de chargement et de déchargement ci-dessus réglés, si l'expédition est destinée à un point de la ligne d'Amiens à Boulogne.

CHAPITRE II.

Dispositions générales.

3. Les taxes réglées par la présente ordonnance, qui sont inférieures à celles du tarif du cahier des charges, ne pourront être relevées qu'après un délai d'un an.

Tous changements apportés dans les tarifs ci-dessus réglés, seront annoncés au moins un mois d'avance par des affiches; ils devront d'ailleurs être homologués par des décisions de l'administration supérieure, prises sur la proposition de la compagnie, et rendues exécutoires par une ordonnance émanée de nous.

4. La présente ordonnance sera notifiée à la compagnie, imprimée et affichée.

Le commissaire spécial de police et les agents de surveillance du chemin de fer de Paris à la frontière de Belgique, ainsi que les maires et les commissaires de police des communes du ressort de la préfecture de police, dont le territoire est traversé par ledit chemin, sont chargés d'en assurer l'exécution.

Le pair de France, préfet de police, G. DELESSERT.

N° **1992.** — *Ordonnance concernant la foire aux jambons, qui se tiendra sur le boulevard Bourdon, près la place de la Bastille* (1).

Paris, le 18 mars 1847.

N° **1993.** — *Ordonnance qui modifie les tarifs du 19 juin 1846, en ce qui concerne le transport des huîtres et du poisson frais* (2).

Paris, le 18 mars 1847.

N° **1994.** — *Ordonnance qui modifie et complète les tarifs pour le transport des voyageurs, des bagages, marchandises et autres objets sur le chemin de fer de Paris à Rouen.*

Paris, le 20 mars 1847.

Nous, pair de France, préfet de police,

Vu : 1° la loi du 15 juillet 1840, qui autorise l'établissement d'un chemin de fer de Paris à Rouen, ensemble le cahier des charges annexé à cette loi ;

2° Notre ordonnance du 17 octobre 1844, qui fixe le tarif pour le transport des voyageurs et de leurs bagages sur le chemin de fer de Paris à Rouen ;

3° Nos ordonnances des 10 mai 1844 et 31 octobre 1845, qui fixent les tarifs applicables au transport, à grande et à petite vitesse, des bagages, marchandises, voitures, chevaux et bestiaux, sur le même chemin ;

4° Les propositions à nous adressées par la compagnie concessionnaire dudit chemin et ayant pour objet : 1° l'homologation d'un tarif pour le transport des voyageurs, de toutes les stations du chemin au point d'embranchement de la ligne de Rouen au Havre; 2° la modification des tarifs actuellement appliqués au transport, à grande et à petite vitesse, des bagages, marchandises, voitures, chevaux, etc., sur le chemin de fer de Paris à Rouen; ensemble les observations par

---

(1) Abrogée.—V. l'ord. du 16 mars 1850.
(2) Abrogée.—V. l'ord. du 8 janv. 1849.

nous adressées à M. le ministre des travaux publics, au sujet desdites propositions ;

5º La décision ministérielle du 9 du courant, qui approuve les propositions de la compagnie, sous quelques réserves et sauf diverses modifications ;

6º Les dispositions de l'article 49 du règlement d'administration publique sur la police, la sûreté et l'exploitation des chemins de fer, en date du 15 novembre 1846, touchant les changements apportés aux tarifs homologués ;

7º Le certificat du commissaire spécial de police du chemin de fer de Paris à Rouen, en date du 6 février dernier, duquel il résulte que les modifications de tarif qui font l'objet des propositions ci-dessus visées, ont été affichées le même jour ;

Considérant qu'il y a lieu de rendre exécutoire, dans le ressort de la préfecture de police, la décision ministérielle précitée ;

Considérant que les modifications demandées par la compagnie du chemin de fer de Paris à Rouen, ayant été affichées dès le 6 février dernier, peuvent être rendues immédiatement obligatoires,

Ordonnons ce qui suit :

TITRE Ier.

TRANSPORT A LA VITESSE DES VOYAGEURS.

CHAPITRE Ier.

Voyageurs.

1. Les prix à percevoir pour le transport des voyageurs, sur les parcours ci-après indiqués, sont réglés, y compris l'impôt dû au trésor, conformément au tableau suivant :

Tarif pour le transport des voyageurs.

LIEUX DE DÉPART et de DESTINATION.	Distance servant de base des prix de transport à la fixation.	1re CLASSE. Voitures couvertes, fermées à glaces et suspendues sur ressorts.	2e CLASSE. Voitures couvertes, et suspendues sur ressorts.	3e CLASSE. Voitures découvertes, mais suspendues sur ressorts.
	kil.	fr. c.	fr. c.	fr. c.
Des Aiguilles de SOTTEVILLE aux Stations ci-après, *et vice versâ* :				
Oissel............................	9	» 70	» 55	» 50
Tourville........................	11	» 80	» 70	» 60
Pont-de-l'Arche.................	15	1 30	1 »	» 80
Saint-Pierre....................	28	2 90	1 90	1 40
Gaillon.........................	41	5 10	4 10	3 »
Vernon..........................	55	7 »	5 55	4 10
Bonnières.......................	66	8 25	6 80	5 10
Rosny...........................	72	8 75	7 »	5 55
Mantes..........................	78	9 75	7 80	5 85
Epône...........................	86	10 75	8 80	6 65
Meulan..........................	94	11 75	9 60	7 50
Triel...........................	100	12 75	10 30	7 75
Poissy..........................	108	13 75	10 80	7 85
Conflans........................	115	14 25	11 30	8 35
Maisons.........................	118	14 75	11 90	8 90
Paris...........................	134	15 50	12 50	10 »

CHAPITRE II.

Bagages, articles de messagerie, marchandises, finances et valeurs, voitures, chevaux, bestiaux et autres animaux.

SECTION 1ᵉ. — Prix de transport.

§ Iᵉʳ. — *Bagages, articles de messagerie et marchandises.*

2. Les prix à percevoir pour le transport des excédants de bagages, des articles de messagerie et des marchandises voyageant à grande vitesse, sur la demande des expéditeurs, sont réglés ainsi qu'il suit :

Nota. Voir, pour les distances, le tableau placé à la suite de la présente ordonnance.

	POUR UN PARCOURS	
	de 70 kilom. et au-dessous.	supérieur à 70 kilom.
	fr. c.	fr. c.
Jusqu'à 5 kilog. inclusivement......	» 30	» 40
Au-dessus de 5 kilog. jusqu'à 6 kilog. id.	» 40	» 60
Au-dessus de 6 kilog. jusqu'à 10 kilog. id.	» 50	» 80

	Par fraction indivisible de 10 kilog. et par kilom.
	fr. c.
Au-dessus de 10 kilog. jusqu'à 50 kilog. inclusivement.........	» 005
Au-dessus de 50 kilog. jusqu'à 100 kilog. id.	» 0045
Au-dessus de 100 kilogrammes..............................	» 004

3. Néanmoins, le prix de transport à percevoir en vertu du tarif ci-dessus, pour les colis d'un poids supérieur à 10 kilogrammes, ne pourra être moindre de 50 centimes.

4. Aux termes de l'article 36 du cahier des charges, chaque voyageur pourra porter avec lui un bagage dont le poids n'excédera pas 15 kilogrammes, sans être tenu, pour le port de ce bagage, à aucun supplément pour le prix de sa place.

En conséquence, le tarif ci-dessus n'est applicable aux bagages que pour ce qui excède 15 kilogrammes.

5. Conformément aux dispositions de l'article 40 du cahier des charges, les militaires en service, voyageant en corps ou isolément, ne sont assujettis, eux et leurs bagages, qu'à la moitié des taxes fixées ci-dessus.

§ II. — *Finances et valeurs.*

6. (1).......

§ III. — *Voitures.*

7. La compagnie est autorisée à percevoir, pour le transport des voitures sur plates-formes, les prix indiqués ci-après :

---

(1) Abrogé.—V. l'art. 2 de l'ord. du 27 sept. 1848.

Nota. *Voir, pour les distances, le tableau placé à la suite de la présente ordonnance.*

	1re CATÉGORIE.	2e CATÉGORIE.
	Voitures à 2 et à 4 roues, à un fond et à une banquette dans l'intérieur.	Voitures à 4 roues, à deux fonds et à deux banquettes dans l'intérieur.
	fr. c.	fr. c.
Pour un parcours de 20 kilomètres et au-dessous, par kilomètre..................................	1 »	1 »
Au-dessus de 20 kilomètres jusqu'à 40 kilomètres inclusivement, par kilomètre.....................	» 75	» 80
Au-dessus de 40 kilomètres, par kilomètre..........	» 50	» 65

8. Le minimum de la perception est fixé à 20 francs pour les voitures qui parcourront plus de 20 kilomètres, à 30 francs pour les voitures de la première catégorie, et à 32 francs pour celles de la seconde catégorie, qui parcourront au delà de 40 kilomètres.

§ IV. — *Chevaux.*

9. Les prix du transport des chevaux sont fixés ainsi qu'il suit :

Un cheval........................	30 c.	par kilom.
Deux chevaux au même propriétaire.	28	par tête
Trois chevaux au même propriétaire.	25	et par kilom.

10. Par exception, lorsqu'un même expéditeur enverra, de Rouen ou de Saint-Pierre, à un même destinataire, à Paris, au delà de trois chevaux à la fois, il aura la faculté de louer des wagons pouvant contenir au plus trois chevaux, à raison de 45 centimes par kilomètre et par wagon.

§ V. — *Bestiaux et autres animaux.*

11. Les prix du transport des bestiaux et autres animaux sont fixés de la manière suivante :

Bœufs, vaches, taureaux, ânes, mulets...	30 c.	par tête
Veaux et porcs........................	10	et
Moutons, chèvres et brebis............	06	par kilom.

Nota.—Voir, pour les distances, le tableau placé à la suite de la présente ordonnance.

§ VI. — *Chiens.*

12. La compagnie est autorisée à percevoir, pour le transport d'un chien, 50 centimes, par parcours indivisible de 30 kilomètres.

Nota. Voir, pour les distances, le tableau placé à la suite de la présente ordonnance.

§ VII. — *Location de wagons pour le transport du lait.*

13. La compagnie est autorisée à percevoir les prix ci-après déterminés, pour la location journalière de wagons spéciaux destinés au transport du lait, à la charge, par le locataire, de traiter pour un mois

au moins, et d'opérer le chargement et le déchargement des wagons,
à ses frais :

LIEUX DE DÉPART ET DE DESTINATION.	PRIX DE LOCATION par wagon de 4,500 kilogrammes et par jour.	
	fr.	c.
D'Épône ou d'une station en deçà, à Paris................	50	»
De Mantes ou de Rosny, à Paris........................	55	»
De Bonnières ou de Vernon, à Paris....................	60	»
De Gaillon à Paris...................................	65	»
De Saint-Pierre ou de Pont-de-l'Arche, à Paris........	70	»

SECTION II. — Frais accessoires.

§ Ier. — *Enregistrement.*

14. La compagnie est autorisée à percevoir le droit fixe de 10 centimes pour l'enregistrement de toute expédition, quelle qu'en soit la
nature.

15. Tout envoi composé de plusieurs colis expédiés à une même
personne et adressés à un même destinataire, ne donnera lieu qu'à un
enregistrement, pourvu que les colis contiennent des marchandises de
même nature, telles que sucre, café, etc.

Au contraire, les colis composant un envoi fait par une même personne à un même destinataire, seront enregistrés séparément, s'ils
sont de nature différente.

§ II. — *Chargement et déchargement.*

16. Les frais accessoires de chargement et de déchargement sont
réglés ainsi qu'il suit :

1º Bagages, articles de messagerie, finances, valeurs et marchandises de toute nature,
    De 10 kilog. à 100 kilog. inclusivement............... » fr. 30 c.
    Au-dessus de 100 kilog. jusqu'à 400 inclusivement...... » 60
    — de 400 kilog., par fraction indivisible de 100 k. » 15
2º Voitures, par chaque voiture........................... 2 »
3º Chevaux, par tête.................................... 1 »
4º Bœufs, vaches, taureaux, ânes, mulets, etc., par tête....... 1 »
5º Veaux, porcs, moutons, brebis, chèvres, etc., par tête...... » 50

17. Les droits de chargement et de déchargement ci-dessus réglés,
seront réduits de moitié, lorsque les colis, voitures ou animaux seront
expédiés à destination d'un point de la ligne de Rouen au Havre, ou
en proviendront.

§ III. — *Magasinage.*

18. La compagnie est autorisée à percevoir, à titre de frais de magasinage, un droit de 20 centimes pour tout colis adressé *bureau
restant.*

Lorsque le colis n'aura pas été enlevé au bout de vingt-quatre heures, les frais de magasinage, pour les jours suivants, sont réglés ainsi qu'il suit :

Jusqu'à 50 kilog. inclusivement................. 05 c. par jour.
Au-dessus de 50 kilog. jusqu'à 100 kilog. inclusiv. 10 —
   — de 100 kilog. , par fraction indivisible
de 100 kilog............................... 10 —

TITRE II.

TRANSPORT A LA VITESSE DES MARCHANDISES.

CHAPITRE Ier.

Marchandises.

SECTION 1re. — Classification.

19. Les marchandises qui ne sont pas désignées nominativement au cahier des charges et dont la compagnie a proposé le classement seront, soit par leur propre nature, et par spécification, soit par assimilation, rangées, tant dans la catégorie des marchandises hors classe que dans les trois classes du cahier des charges, de la manière ci-après indiquée, savoir (1) :

Dans la catégorie des marchandises hors classe:

Les marchandises dont la désignation suit :

Acides minéraux, beurre, charcuterie, fruits, gibier, glaces, horlogerie, huiles essentielles, instruments de musique, d'optique et de précision ; légumes frais, marchandises ne pesant pas 200 kilogrammes au mètre cube, non désignées au cahier des charges ni au présent tarif ; marchandises précieuses, dangereuses, ou exigeant des soins particuliers ; mécaniques, objets d'art ou de collection, œufs, paille fine tressée, pâtisserie, phosphore, plants d'arbres, pyrites, volaille.

Dans la première classe:

Les marchandises dont la désignation suit :

Bonneterie, cardes, chardons, couleurs, citrons en caisse, cochenilles, cristaux en caisse, dents d'éléphant, draperie, écailles et onglons de tortue, étoffes de laine et de coton, fils de laine et de lin, ganterie, garancine, gaudes, indigo, laine lavée, lait, librairie, mercerie, meubles en caisse pesant plus de 200 kilogrammes au mètre cube, oranges, parfumerie, passementerie, pelleterie et fourrures, porcelaines, safran, soie brute et manufacturée, thé, vanille, alizari, amandes, anis, armes en caisse, arrow-root et autres fécules exotiques, baumes, bimbeloterie, blanc de baleine, bleu de Prusse, bois de teinture moulu et effilé, bougies, brosserie, camphre, caoutchouc, carton, chandelle, chaudronnerie, cocos, colle forte, colle de poisson, coquillages, cotons filés, coutellerie, crème de tartre, cuirs travaillés, curcuma, dividivi, eau de fleurs d'oranger en caisse et en fût, eaux minérales, écorces et feuilles, faïences, faulx, fruits secs, garance, graines de teinture, houblon, instruments aratoires, lacdye, lichen pressé, liége brut et ouvré, limes, liqueurs en panier, en caisse et en fût ; mercure, orge perlé, orseille, papiers, papiers peints, pierres lithographiques, pierre ponce, plumes,

(1) Les dispositions de cet article sont modifiées par les ord. des 9 mai 1848 et 15 janv. 1850.

poterie, produits chimiques, quincaillerie, racines, rocou et autres pâtes tinctoriales, sucre raffiné, sumac, tabletterie, taillanderie, verrerie, vins en panier ou en caisse, vins de liqueur en fût, acier, beurre salé, cendres d'orfévre, chiffons, châtaignes, copal, cordages, cotons en balles rondes et carrées, cuivre de doublage, cuivre en rosette, déchets de coton, fanons de baleine, fer en feuilles, fer-blanc, fontes d'ornement, fromages secs, gomme, graphite, laiton en feuilles et en saumons, marrons, liqueurs en fût, miel, noix de galle, osier, plomb en tuyaux, poisson salé, joncs, roseaux, rotins, safranum, tabacs et cigares, zinc en plaques et en feuilles, cornes, os et sabots de bétail, essence de térébenthine, cire brute, savons, tan, tartre brut, alun, amidon, ancres, antimoine, arsenic, bière en fût, bois d'ébénisterie, borax brut, boulons, câbles et chaînes en fer, cacao, cachou, céruse, chanvre pressé, chlorure de sodium, cidre en fût, couperose, crins en balles, cuirs verts et secs, eau-de-vie en fût, essieux, étain, fers en barres, en lopins ou en plaques, jus de citron en fût, laine en suint, litharge, manganèse, mélasse, minium, morue, nacre, nitrate de soude et de potasse, noir d'os, perlasse, potasse, prunes sèches, poils, quercitron, rails, rivets, riz en baril et en sac, sel, sel de soude et de potasse, soie de porc pressée en fût, soude, trois-six, viandes salées.

Dans la deuxième classe :

Les marchandises dont la désignation suit :

Asphalte, albâtre brut, brai, chromate de fer, ciment, dégras, fécules, ferraille, graisse, graines oléagineuses et fourragères, goudron, granit, légumes secs, merrains, mine de plomb, mitraille, plomb en tables, poix, pommes de terre, résines de pin et de sapin, salpêtre, son, soufre, suif.

Dans la troisième classe :

Les marchandises dont la désignation suit :

Emeri, guano, kaolin, ocre, poudrette, terre d'ombre et de Sienne, de Cologne et de Cassel, tripoli, tourteaux.

20. La classification ci-dessus indiquée n'est approuvée qu'à titre essentiellement provisoire, et l'administration se réserve le droit d'y apporter tels changements qu'elle jugera nécessaires.

SECTION II. — Prix de transport.

21. Les prix à percevoir pour le transport des marchandises voyageant à petite vitesse (16 kilomètres à l'heure), sont réglés d'après le tableau qui suit :

Tarif pour le transport des marchandises.

DÉSIGNATION des MARCHANDISES RANGÉES PAR CLASSE. *Nota.* Voir, pour les distances, le tableau placé à la suite de la présente ordonnance.	TRANSPORT DANS LE SENS			
	DE ROUEN A PARIS.		DE PARIS A ROUEN.	
	DE ROUEN ou d'un point de la ligne DU HAVRE A PARIS (gare de Batignolles).	DE ROUEN ou d'un point de la ligne DU HAVRE à une station intermédiaire, ou d'une station intermédiaire à une autre station.	DE PARIS (gare de Batignolles) A ROUEN, ou sur un point de la ligne DU HAVRE.	DE PARIS (gare de Batignolles) à une station intermédiaire, d'une station intermédiaire à une autre station ou sur un point de la ligne DU HAVRE.
	fr. c.	fr. c.	fr. c	fr. c.
Huîtres et Poisson frais (chargement partiel), *par tonne et par kilomètre.*	» 45	» 45	» 45	» 45
Poisson frais, par chargement minimum de 2000 kil. sur plate forme (1)	60 »	» »	» »	» »
Huîtres (chargement complet de 4000 kil.), *par tonne et par kilomèt.*	» 15	» »	» »	» »
Houille, *par tonne et par kilomèt.*	» 07	» 12	» 07	» 07
MARCHANDISES HORS CLASSE : Acides minéraux, Beurre, Charcuterie, Fruits, Gibier, Glaces, Horlogerie, Huiles essentielles, Instruments de musique et de précision, Légumes frais, Marchandises pesant moins de 200 kil. au mètre cube, non désignées au cahier des charges ni au présent tarif, Marchandises précieuses, dangereuses ou exigeant des soins particuliers, Mécaniques, Objets d'art ou de collection, Œufs, Paille fine tressée, Pâtisserie, Phosphore, Plants d'arbres, Pyrites, Volaille, *par tonne et par kilomètre...................*	» 30	» 30	» 30	» 30
MARCHANDISES DE PREMIÈRE CLASSE : *Objets manufacturés ;* Bonneterie, Cardes, Chardons, Couleurs, Citrons en caisse, Cochenille, Cristaux en caisse, Dents d'éléphant, Draperie, Écailles, Onglons de tortue, Étoffes de laine et de coton, Fils de laine et de lin, Ganterie, Garancine, Gaude, Indigo, Laine lavée, Lait, Librairie, Mercerie, Meubles en caisse pesant plus de 200 kilogrammes au mètre cube, Oranges, Parfumerie, Passementerie, Pelleteries et Fourrures, Porcelaines, Safran, Soies brutes et manufacturées, Thé, Vanille, *par tonne et par kilomètre...................*	» 20	» 20	» 15	» 15

(1) Abrog. voir l'art. 1er de l'ord. du 27 septembre 1848.

Suite du Tarif pour le transport des Marchandises.

DÉSIGNATION des MARCHANDISES RANGÉES PAR CLASSE. *Nota.* Voir, pour les distances, le tableau placé à la suite de la présente ordonnance.	TRANSPORT DANS LE SENS			
	DE ROUEN A PARIS.		DE PARIS A ROUEN.	
	DE ROUEN ou d'un point de la ligne DU HAVRE A PARIS (gare de Batignolles).	DE ROUEN ou d'un point de la ligne DU HAVRE à une station intermédiaire, ou d'une station intermédiaire à une autre station.	DE PARIS (gare de Batignolles) A ROUEN, ou sur un point de la ligne DU HAVRE.	DE PARIS (gare de Batignolles) à une station intermédiaire, d'une station intermédiaire à une autre station ou sur un point de la ligne DU HAVRE.
Suite des MARCHANDISES DE PREMIÈRE CLASSE :	fr. c.	fr. c.	fr. c.	fr. c.
Cuivres et autres Métaux ouvrés, Boissons, Denrées coloniales, Drogues, Épicerie ; Alizari, Amandes, Anis, Armes en caisse, Arow-root et autres Fécules exotiques, Baumes, Bimbeloterie, Blanc de baleine, Bleu de Prusse, Bois de teinture moulu, Bougies, Brosserie, Camphre, Caoutchouc, Carton, Chandelles, Chaudronnerie, Cocos, Colle de poisson, Coquillages, Cotons filés, Coutellerie, Crème de tartre, Cuirs travaillés, Curcuma, Dividivi, Eaux de fleurs d'orangers en caisse, Eaux minérales, Écorces et Feuilles, Faïence, Faulx, Fruits secs, Garance, Graines de teinture, Houblon, Instruments aratoires, Lacdye, Lichen pressé, Liége ouvré, Limes, Liqueurs en panier ou en caisse, Mercure, Orge perlé, Orseille, Papiers, Papiers peints, Pierres lithographiques, Pierre ponce, Plumes, Poterie, Produits chimiques, Quincaillerie, Racines, Rocou et autres Pâtes tinctoriales, Sucre raffiné, Sumac, Tabletterie, Taillanderie, Verrerie, Vins en panier ou en caisse, *par tonne et par kilomètre..*	» 15	» 15	» 12	» 12
Fontes moulées, Fers et Plombs ouvrés, Métaux non ouvrés, Cotons et autres lainages ; Acier, Beurre salé, Bois de teinture effilé, Cendres d'orfévre, Chiffons, Châtaignes, Colle forte, Copal, Cordages, Cotons en balles rondes, Cuivre de doublage, Cuivre en rosette, Déchets de coton, Fanons de baleine, Fer en feuilles, Fer-blanc, Fontes d'ornement, Fromage sec, Gomme, Graphite, Laiton en feuilles, Liqueurs en fût, Liége brut, Marrons, Miel, Noix de galle, Osier, Plomb en tuyaux, Poisson salé, Joncs, Roseaux, Rotins, Safranum, Tabacs et Cigares, Vins de liqueurs en fût, Zinc en feuilles, *par tonne et par kilomètre..............*	» 12	» 12	» 10	» 10

Suite du Tarif pour le transport des Marchandises.

DÉSIGNATION des MARCHANDISES RANGÉES PAR CLASSE. *Nota.* Voir, pour les distances, le tableau placé à la suite de la présente ordonnance.	TRANSPORT DANS LE SENS			
	DE ROUEN A PARIS.		DE PARIS A ROUEN.	
	DE ROUEN ou d'un point de la ligne DU HAVRE A PARIS (gare de Batignolles).	DE ROUEN ou d'un point de la ligne DU HAVRE à une station intermédiaire, ou d'une station intermédiaire à une autre station.	DE PARIS (gare de Batignolles) A ROUEN, ou sur un point de la ligne DU HAVRE.	DE PARIS (gare de Batignolles) à une station intermédiaire, d'une station intermédiaire à une autre station, ou sur un point de la ligne DU HAVRE.
	fr. c.	fr. c.	fr. c.	fr. c.
Suite des MARCHANDISES DE PREMIÈRE CLASSE :				
Huiles ; Cire brute, Cornes, Os et Sabots de bétail, Cotons en balles carrées, Essence de térébenthine, Savon, Tan, Tartre brut, *par tonne et par kilomètre*....................	» 09	» 12	» 10	» 10
Cuivre non ouvré, Vinaigre, Vins, Spiritueux, Bois de menuiserie, Bois de teinture et autres Bois exotiques, Sucre, Café ; Alun, Amidon, Ancres, Antimoine, Arsenic, Bière en fût, Bois d'ébénisterie, Bois de teinture en bûches, Borax brut, Boulons, Câbles et Chaînes en fer, Cacao, Cachou, Café en sac et en baril, Céruse, Chanvre pressé, Chlorure de Sodium, Cidre en fût, Couperose, Crins en balles, Cuirs verts et secs, Cuivre brut en lingots ou en plaques, Eau de fleurs d'oranger en fût, Eau-de-vie en fût, Essieux, Étain, Fers en barres, en lopins ou en plaques, Jus de Citron en fût, Laine en suint, Laiton en saumon, Litharge, Manganèse, Mélasse, Minium, Morue, Nacre, Nitrate de soude et de potasse, Noir d'os, Perlasse, Potasse, Prunes sèches, Poils, Quercitron, Rails, Rivets, Riz en baril et en sac, Sel, Sel de soude et de potasse, Soie de porc pressée en fût, Spiritueux en fût, Trois-Six, Soudes, Viandes salées, Vins et Vinaigres en fût, Zinc en plaques, *par tonne et par kilomètre*....................	» 07	» 12	» 07	» 07

Suite du Tarif pour le transport des Marchandises.

DÉSIGNATION des MARCHANDISES RANGÉES PAR CLASSE. *Nota.* Voir pour les distances, le tableau placé à la suite de la présente ordonnance.	TRANSPORT DANS LE SENS			
	DE ROUEN A PARIS.		DE PARIS A ROUEN.	
	DE ROUEN ou d'un point de la ligne DU HAVRE A PARIS (gare de Batignolles).	DE ROUEN ou d'un point de la ligne DU HAVRE à une station intermédiaire, ou d'une station intermédiaire à une autre station.	DE PARIS (gare de Batignolles) A ROUEN, ou sur un point de la ligne DU HAVRE.	DE PARIS (gare de Batignolles) à une station intermédiaire, d'une station intermédiaire à une autre station ou sur un point de la ligne DU HAVRE.
	fr. c.	fr. c.	fr. c.	fr. c.
MARCHANDISES DE DEUXIÈME CLASSE : *Blés, Grains, Farines, Chaux et Plâtre,* Minerais, Coke, Charbon de bois, Bois à brûler dit de corde, *Perches, Chevrons, Planches, Madriers, Bois de charpente, Marbres en bloc, Pierres de taille, Bitume, Fonte brute, en barres et en feuilles, Plomb en saumons,* Asphalte, Albâtre brut, Brai, Chromate de fer, Ciment, Dégras, *Fécules, Ferraille, Graisse, Granit, Graines oléagineuses et fourragères, Goudron, Légumes secs, Merrains, Mine de plomb, Mitraille, Plomb en tables, Poix, Pommes de terre, Résine de pin et de sapin, Salpêtre, Son, Soufre, Suif, par tonne et par kilomètre*....................	» 07	» 12	» 07	» 07
MARCHANDISES DE TROISIÈME CLASSE. *Pierres à chaux et à plâtre, Moëllons, Meulières, Cailloux, Sable, Argile, Tuiles, Briques, Ardoises, Fumier et Engrais, Pavés et Matériaux de toute espèce pour la construction et la réparation des routes,* Émeri, Guano, Kaolin, Ocre, Poudrette, Terre d'ombre et de Sienne, de Cologne et de Cassel, Tripoli, Tourteaux, *par tonne et par kilomètre*..................	» 07	» 12	» 07	» 07

22. Tout colis d'un poids inférieur à 100 kilogrammes, payera comme 100 kilogrammes.

23. Au-dessus de 100 kilogrammes, la perception aura lieu au poids réel, d'après le prix fixé pour le transport d'une tonne de la même marchandise.

Dans aucun cas, et quelle que soit la distance parcourue, la perception ne pourra être moindre de 40 centimes.

SECTION III. — Frais accessoires.

§ 1er. — *Enregistrement.*

24. La compagnie est autorisée à percevoir un droit fixe de 10 centimes pour l'enregistrement de toute expédition, quelle qu'en soit la nature.

25. Tout envoi composé de plusieurs colis expédiés par une même personne et adressés à un même destinataire, ne donnera lieu qu'à un enregistrement, pourvu que les colis contiennent des marchandises de même nature, telles que sucre, café, etc.

Au contraire, les colis composant un envoi fait par une même personne à un même destinataire, seront enregistrés séparément, s'ils sont de nature différente.

§ II. — *Chargement et déchargement.*

26. Les frais accessoires de chargement et de déchargement des marchandises de toute nature sont réglés ainsi qu'il suit :

Jusqu'à 200 kilogrammes inclusivement.............	» fr.	50 c.
Au-dessus de 200 jusqu'à 400 k. inclusivement...	»	75
— 400 — 600 k. — ...	1	»
— 600 — 800 k. — ...	1	25
— 800 — 1,000 k. — ...	1	50
— 1,000 kilog., par fraction indivisible de		
100 kilog....................................	»	15

§ III. — *Stationnement ou magasinage.*

27. Toute marchandise adressée en gare qui ne sera pas enlevée dans les trois jours de l'arrivée, sera soumise à un droit de stationnement ou de magasinage réglé ainsi qu'il suit :

Pour un séjour de 4 à 10 jours.............	10 c. par 100 k.
— 11 à 15 —	20 —
— 16 à 20 —	30 —
— 21 à 25 —	40 —
— 26 à 30 —	50 —

Au delà de 30 jours, le droit est fixé à 20 c. par jour et par fraction indivisible de 1,000 kilogrammes.

§ IV. — *Pesage.*

28. Il sera perçu pour toute marchandise qui, sur la demande des expéditeurs ou des destinataires, serait soumise à un pesage, dans les gares d'arrivée, un droit de 15 centimes par fraction indivisible de 100 kilogrammes et par chaque pesage. Le même droit de pesage sera perçu dans les gares de départ, lorsqu'un pesage extraordinaire sera demandé par l'expéditeur. Le pesage ordinaire dans les gares de départ pour constater le poids de la marchandise à expédier ne donnera lieu à aucun frais.

CHAPITRE II.

Voitures, chevaux et autres animaux.

SECTION II. — Prix de transport.

§ 1er. — *Voitures.*

29. Les voitures transportées à la vitesse des marchandises, dans le

sens de Rouen à Paris, payeront les prix ci-dessus fixés pour les voitures transportées à la vitesse des voyageurs.

Le prix du transport des voitures dans le sens de Paris à Rouen, est
fixé ainsi qu'il suit :

	VOITURES à 2 et à 4 roues, à un fond et une banquette.	VOITURES à 4 roues, à deux fonds et deux banquettes.
	Par kilomètre.	Par kilomètre.
Pour un parcours moindre de 50 kilomètres.	» fr. 40 c.	» fr. 50 c.
Pour un parcours supérieur à 50 kilomètres........	» 30	» 40

50. Toutefois, les prix perçus en vertu du deuxième paragraphe de
l'article précédent ne pourront être moindres de 20 francs pour les
voitures à une banquette, et de 25 francs pour les voitures à deux
fonds et à deux banquettes dont le parcours dépassera 50 kilomètres.

§ II. — *Chevaux.*

51. Le transport des chevaux aura lieu aux conditions suivantes :

Un cheval .... 15 ⎫ par
Deux chevaux au même propriétaire............ 29 ⎬ kilom.
Trois chevaux au même propriétaire............ 42 ⎭

§ III. — *Bestiaux et autres animaux.*

52. La compagnie est autorisée à percevoir les prix fixés au tableau
suivant, pour le transport des bestiaux et autres animaux :

Tarif pour le transport des Animaux.

BOEUFS, VACHES, TAUREAUX, MULETS, BÊTES DE TRAIT.		
LIEUX DE DÉPART ET DE DESTINATION.	Distances.	Prix de transport.
De Paris, *Gare des Batignolles*, à Mantes, *et vice versâ*.............	55	8 25
Idem à Bonnières, *idem*	67	9 75
Idem à Vernon, *idem*	78	11 70
Idem à Rouen, *idem*	135	20 25
De Mantes.................. à Bonnières, *idem*	12	1 95
Idem .... à Vernon, *idem*	23	3 60
Idem .... à Rouen, *idem*	80	12 »
De Bonnières................. à Vernon, *idem*	11	1 65
Idem .... à Rouen, *idem*	68	10 20
De Vernon .... à Rouen, *idem*	57	8 55
VEAUX ET PORCS. 5 centimes par tête et par kilomètre.		
MOUTONS, BREBIS ET CHÈVRES. 3 centimes par tête et par kilomètre.		

SECTION II. — Frais accessoires de chargement et de déchargement.

53. Les frais accessoires de chargement et de déchargement des voitures, chevaux et autres animaux, sont fixés ainsi qu'il suit, savoir :

Voitures, pour chaque voiture.............................. 2 fr. » c.
Chevaux, bœufs, vaches, taureaux, mulets, bêtes de trait, par tête. 1 »
Veaux, porcs, moutons, brebis, chèvres, par tête.............. » 50

TITRE III.

DISPOSITIONS GÉNÉRALES.

54. Les perceptions ci-dessus autorisées à titre de frais accessoires, d'enregistrement, de chargement et de déchargement, de stationnement ou magasinage, et de pesage, ne sont que provisoires, et l'administration se réserve de les modifier ou supprimer.

55. Les taxes comprises dans la présente ordonnance, qui sont inférieures à celles du tarif du cahier des charges, ne pourront être relevées qu'après un délai de trois mois au moins.

Tous changements apportés aux tarifs ci-dessus réglés, devront être homologués et annoncés au moins un mois d'avance par des affiches.

56. Notre ordonnance ci-dessus visée, du 17 octobre 1844 (1), qui fixe le prix du transport des voyageurs sur le chemin de fer de Paris à Rouen, continuera de recevoir son exécution en tout ce qui n'est pas contraire aux dispositions qui précèdent.

Nos ordonnances des 10 mai 1844 (2) et 31 octobre 1845 sont abrogées.

57. La présente ordonnance sera notifiée à la compagnie, imprimée et affichée.

Les commissaires spéciaux de police et les agents de surveillance du chemin de fer de Paris à Rouen, ainsi que les maires et les commissaires de police des communes du ressort de la préfecture de police, dont le territoire est traversé par ledit chemin de fer, sont chargés d'en assurer l'exécution.

Le pair de France, préfet de police, G. DELESSERT.

(1) V. t. III, p. 775.
(2) V. t. III, p. 715.

TABLEAU DES DISTANCES ENTRE LES DIVERSES STATIONS DU CHEMIN DE FER DE PARIS A ROUEN (Rive gauche).

Nota. L'indication de la distance parcourue se trouve au point de jonction des deux colonnes horizontale et verticale ayant en tête : l'une, le nom du lieu du départ ; l'autre, le nom du lieu d'arrivée. — (Les distances sont exprimées en kilomètres).

	PARIS.	Batignolles.	Maisons.	Conflans.	Poissy.	Triel.	Meulan.	Épône.	Mantes.	Rosny.	Bonnières.	Vernon.	Gain	Saint-Pierre.	Pont-de-l'Arche.	Tourville.	Oissel.	Aiguilles de Sotteville.	ROUEN (rive gauche.)
Paris	»	»	17	22	27	35	41	49	57	65	69	80	95	107	119	124	126	154	157
Batignolles	»	»	16	20	25	33	39	48	55	63	68	79	92	105	118	125	124	153	155
Maisons	17	16	»	6	10	18	24	32	40	46	52	64	77	90	105	108	109	118	120
Conflans	22	20	6	»	6	14	20	28	35	42	48	59	72	86	98	105	105	115	115
Poissy	27	25	10	6	»	9	15	25	31	37	43	54	67	81	93	98	100	108	111
Triel	35	33	18	14	9	»	7	15	22	29	35	46	59	73	85	90	92	160	162
Meulan	41	39	24	20	15	7	»	9	16	23	29	40	53	66	79	84	86	94	96
Épône	49	48	32	28	25	15	9	»	8	15	21	32	45	58	71	76	77	86	88
Mantes	57	55	40	35	31	22	16	8	»	7	13	24	37	51	65	68	70	78	80
Rosny	65	63	46	42	37	29	23	15	7	»	7	18	31	44	57	62	63	72	74
Bonnières	69	68	52	48	43	35	29	21	13	7	»	12	25	38	51	56	57	66	68
Vernon	80	79	64	59	54	46	40	32	24	18	12	»	14	27	40	45	46	55	57
Gaillon	95	92	77	72	67	59	53	45	37	31	25	14	»	14	27	31	33	41	44
Saint-Pierre	107	105	90	86	81	73	66	58	51	44	38	27	14	»	11	18	20	28	30
Pont-de-l'Arche	119	118	108	98	93	85	79	71	65	57	51	40	27	11	»	6	7	15	18
Tourville	124	125	108	105	98	90	84	76	68	62	56	45	31	18	6	»	6	10	13
Oissel	126	124	109	105	100	92	86	77	70	63	57	46	33	20	7	6	»	9	11
Aiguilles de Sotteville	154	153	118	115	108	160	94	86	78	72	66	55	41	28	15	10	9	»	»
Rouen (rive gauche)	157	155	120	115	111	162	96	88	80	74	68	57	44	30	18	13	11	»	»

N° 1995. — *Ordonnance qui fixe le tarif pour le transport de voyageurs, des bagages, articles de messagerie, marchandises, finances, etc., sur le chemin de fer de Rouen au Havre.*

Paris, le 20 mars 1847.

Nous, pair de France, préfet de police,

Vu : 1° la loi du 11 juin 1842, portant concession de l'établissement d'un chemin de fer de Rouen au Havre, en prolongement du chemin de fer de Paris à Rouen, ensemble le cahier des charges annexé à cette loi ;

2° L'ordonnance royale du 16 novembre 1846, portant règlement d'administration publique sur la police, la sûreté et l'exploitation des chemins de fer ;

3° Les arrêtés ministériels des 10 janvier dernier et 8 mars courant, qui centralisent dans les mains du préfet de police, à Paris, l'ensemble de l'exploitation des chemins de fer ayant leur point de départ dans le ressort de la préfecture de police ;

4° La décision de M. le ministre des travaux publics, du 9 de ce mois, à nous notifiée par lettre de M. le sous-secrétaire d'État, en date du 12, et portant homologation des propositions de tarifs soumises à l'administration supérieure par la compagnie concessionnaire du chemin de fer de Rouen au Havre, mais sauf quelques modifications et réserves,

Ordonnons ce qui suit :

TITRE Ier.

TRANSPORT A LA VITESSE DES VOYAGEURS.

CHAPITRE Ier.

Voyageurs.

1. Les prix à percevoir pour le transport des voyageurs, à la vitesse de 32 kilomètres au moins à l'heure, sur le chemin de fer de Rouen au Havre, sont réglés, y compris l'impôt dû au trésor, conformément au tableau suivant :

1847.

Tarif pour le Transport des Voyageurs.

NOTA. Les militaires en-service, voyageant en corps ou isolément, ne sont assujettis, eux et leurs bagages, qu'à la moitié des taxes fixées par le tarif. (*Cahier des charges*, art. 40, § 1er.)

LIEUX DE DÉPART et DE DESTINATION.	Distances servant de base à la fixation des prix de transport.	1re CLASSE. Voitures couvertes, fermées à glaces et suspendues sur ressorts.		2e CLASSE. Voitures couvertes et suspendues sur ressorts.		3e CLASSE. Voitures découvertes, mais suspendues sur ressorts.	
		PRIX DE TRANSPORT.					
Des Aiguilles de SOTTEVILLE	kilom.	fr.	c.	fr.	c.	fr.	c.
à Rouen (rive droite)..............	6	»	70	»	50	»	40
Maromme......................	12	1	40	1	»	»	80
Malaunay.....................	15	1	75	1	20	1	»
Barentin.....................	23	2	65	1	85	1	50
Pavilly......................	25	2	90	2	»	1	65
Motteville...................	36	4	15	2	90	2	35
Yvetot.......................	44	5	»	3	50	2	90
Alvimare.....................	55	6	35	4	40	3	60
Nointot......................	63	7	25	5	»	4	10
Beuzeville...................	69	8	»	5	50	4	50
Saint-Romain.................	77	8	85	6	20	5	»
Harfleur.....................	88	10	15	7	»	5	40
Le Havre.....................	95	11	»	8	»	5	50
De ROUEN (rive droite)							
aux Aiguilles de Sotteville..........	6	»	70	»	50	»	40
à Maromme.....................	6	»	70	»	50	»	40
Malaunay.....................	10	1	15	»	80	»	65
Barentin.....................	18	2	10	1	45	1	15
Pavilly......................	19	2	20	1	50	1	25
Motteville...................	31	3	50	2	50	2	»
Yvetot.......................	38	4	40	3	»	2	45
Alvimare.....................	49	5	65	3	95	3	20
Nointot......................	58	6	60	4	65	3	75
Beuzeville...................	65	7	25	5	»	4	10
Saint-Romain.................	72	8	30	5	80	4	60
Harfleur.....................	83	9	50	6	65	4	90
Le Havre.....................	89	10	»	7	50	5	»
De MAROMME							
aux Aiguilles de Sotteville..........	12	1	40	1	»	»	80
à Rouen (rive droite)..............	6	»	70	»	50	»	40
Malaunay.....................	6	»	70	»	50	»	40
Barentin.....................	12	1	40	1	»	»	80
Pavilly......................	14	1	65	1	15	»	95
Motteville...................	25	2	90	2	»	1	65
Yvetot.......................	33	3	80	2	65	2	15
Alvimare.....................	44	5	10	3	50	2	90
Nointot......................	52	6	»	4	20	3	40
Beuzeville...................	58	6	60	4	65	3	75
Saint-Romain.................	66	7	60		50	4	30
Harfleur.....................	77	8	85		20	4	75
Le Havre.....................	83	9	55		65	4	90

Suite du Tarif pour le Transport des Voyageurs.

LIEUX DE DÉPART et DE DESTINATION.	Distances servant de base à la fixation des prix de transport.	1re CLASSE. Voitures couvertes, fermées à glaces et suspendues sur ressorts.	2e CLASSE. Voitures couvertes et suspendues sur ressorts.	3e CLASSE. Voitures découvertes, mais suspendues sur ressorts.
		PRIX DE TRANSPORT.		
De MALAUNAY	kilom.	fr. c.	fr. c.	fr. c.
aux Aiguilles de Sotteville..........	13	1 75	1 20	1 »
à Rouen (rive droite)...............	10	1 15	» 80	» 65
Maromme..........................	6	» 70	» 50	» 40
Barentin...........................	8	» 95	» 65	» 50
Pavilly............................	10	1 15	» 80	» 65
Motteville........................	21	2 45	1 70	1 40
Yvetot............................	29	3 35	2 35	1 90
Alvimare..........................	40	4 60	3 20	2 60
Nointot...........................	48	5 50	3 85	3 15
Beuzeville.........................	54	6 25	4 35	3 50
Saint-Romain......................	62	7 15	5 »	4 »
Harfleur...........................	73	8 40	5 85	4 75
Le Havre..........................	80	9 20	6 40	4 80
De BARENTIN				
aux Aiguilles de Sotteville..........	25	2 65	1 85	1 50
à Rouen (rive droite)...............	18	2 10	1 45	1 15
Maromme..........................	12	1 40	1 »	» 80
Malaunay.....	8	» 95	» 65	» 50
Pavilly............................	6	» 70	» 50	» 40
Motteville........................	13	1 50	1 »	» 85
Yvetot............................	21	2 45	1 70	1 40
Alvimare..........................	32	3 70	2 60	2 10
Nointot...........................	40	4 60	3 20	2 60
Beuzeville.........................	46	5 50	3 70	3 »
Saint-Romain......................	54	6 25	4 35	3 50
Harfleur...........................	66	7 60	5 30	4 30
Le Havre..........................	72	8 50	5 80	4 60
De PAVILLY				
aux Aiguilles de Sotteville..........	25	2 90	2 »	1 65
à Rouen (rive droite)...............	19	2 20	1 50	1 25
Maromme..........................	14	1 65	1 15	» 95
Malaunay..........................	10	1 15	» 80	» 65
Barentin...........................	6	» 70	» 50	» 40
Motteville........................	12	1 40	1 »	» 80
Yvetot............................	19	2 20	1 50	1 25
Alvimare..........................	30	3 45	2 40	1 95
Nointot...........................	39	4 50	3 15	2 55
Beuzeville.........................	44	5 10	3 50	2 90
Saint-Romain......................	53	6 10	4 25	3 45
Harfleur...........................	64	7 40	5 15	4 20
Le Havre..........................	70	8 »	5 60	4 55

Suite du Tarif pour le Transport des Voyageurs.

LIEUX DE DÉPART et DE DESTINATION.	Distances servant de base à la fixation des prix de transport.	1re CLASSE. Voitures couvertes, fermées à glaces et suspendues sur ressorts.	2e CLASSE. Voitures couvertes et suspendues sur ressorts.	3e CLASSE. Voitures découvertes, mais suspendues sur ressorts.
		PRIX DE TRANSPORT.		
De MOTTEVILLE	kilom.	fr. c.	fr. c.	fr. c.
aux Aiguilles de Sotteville..........	36	4 15	2 90	2 35
à Rouen (rive droite).............	31	3 50	2 50	2 »
Maromme............	25	2 90	2 »	1 65
Malaunay............	21	2 45	1 70	1 40
Barentin............	13	1 50	1 »	» 85
Pavilly............	12	1 40	1 »	» 80
Yvetot............	8	» 95	» 65	» 50
Alvimare............	19	2 20	1 50	1 25
Nointot............	27	3 10	2 20	1 75
Beuzeville............	33	3 80	2 65	2 15
Saint-Romain............	41	4 75	3 30	2 70
Harfleur............	53	6 10	4 25	3 45
Le Havre............	59	6 80	4 75	3 85
D'YVETOT				
aux Aiguilles de Sotteville..........	44	5 »	3 50	2 90
à Rouen (rive droite).............	38	4 40	3 »	2 45
Maromme............	33	3 80	2 65	2 15
Malaunay............	29	3 35	2 35	1 90
Barentin............	21	2 45	1 70	1 40
Pavilly............	19	2 20	1 50	1 25
Motteville............	8	» 95	» 65	» 50
Alvimare............	12	1 40	1 »	» 80
Nointot............	20	2 30	1 60	1 30
Beuzeville............	26	3 »	2 10	1 70
Saint-Romain............	34	3 95	2 75	2 20
Harfleur............	45	5 20	3 60	2 95
Le Havre............	51	5 90	4 10	3 35
D'ALVIMARE				
aux Aiguilles de Sotteville..........	55	6 35	4 40	3 60
à Rouen (rive droite).............	49	5 65	3 95	3 20
Maromme............	44	5 10	3 50	2 90
Malaunay............	40	4 60	3 20	2 60
Barentin............	32	3 70	2 60	2 10
Pavilly............	30	3 45	2 40	1 95
Motteville............	19	2 20	1 50	1 25
Yvetot............	12	1 40	1 »	» 80
Nointot............	9	1 05	» 75	» 60
Beuzeville............	14	1 65	1 15	» 95
Saint-Romain............	23	2 63	1 85	1 50
Harfleur............	34	3 95	2 75	2 20
Le Havre............	40	4 60	3 20	2 60

Suite du Tarif pour le Transport des Voyageurs.

LIEUX DE DÉPART et DE DESTINATION.	Distances servant de base à la fixation des prix de transport.	1re CLASSE. Voitures couvertes, fermées à glaces et suspendues sur ressorts.	2e CLASSE. Voitures couvertes et suspendues sur ressorts.	3e CLASSE. Voitures découvertes, mais suspendues sur ressorts.
		PRIX DE TRANSPORT.		
De NOINTOT	kilom.	fr. c.	fr. c.	fr. c.
aux Aiguilles de Sotteville.........	65	7 25	5 »	4 10
à Rouen (rive droite)...............	58	6 60	4 65	3 75
Maromme.........................	52	6 »	4 20	3 40
Malaunay.........................	48	5 50	3 85	3 15
Barentin.........................	40	4 60	5 20	2 60
Pavilly...........................	39	4 50	3 15	2 55
Motteville........................	27	3 10	2 20	1 75
Yvetot...........................	20	2 30	1 60	1 30
Alvimare.........................	9	1 05	» 75	» 60
Beuzeville........................	6	» 70	» 50	» 40
Saint-Romain.....................	14	1 65	1 15	» 95
Harfleur.........................	26	3 »	2 10	1 70
Le Havre.........................	32	3 70	2 50	2 10
De BEUZEVILLE				
aux Aiguilles de Sotteville.........	69	8 »	5 50	4 50
à Rouen (rive droite)...............	63	7 25	5 »	4 10
Maromme.........................	58	6 60	4 65	3 75
Malaunay.........................	54	6 25	4 35	3 50
Barentin.........................	46	5 30	3 70	3 »
Pavilly...........................	44	5 10	3 50	2 90
Motteville........................	33	3 80	2 65	2 15
Yvetot...........................	26	3 »	2 10	1 70
Alvimare.........................	14	1 65	1 15	» 95
Nointot..........................	6	» 70	» 50	» 40
Saint-Romain.....................	9	1 05	» 75	» 60
Harfleur.........................	20	2 30	1 60	1 30
Le Havre.........................	26	3 »	2 10	1 70
De SAINT-ROMAIN				
aux Aiguilles de Sotteville.........	77	8 85	6 20	5 »
à Rouen (rive droite)...............	72	8 30	5 80	4 60
Maromme.........................	66	7 60	5 30	4 30
Malaunay.........................	62	7 15	5 »	4 »
Barentin.........................	54	6 25	4 35	3 50
Pavilly...........................	53	6 10	4 25	3 45
Motteville........................	41	4 75	3 30	2 70
Yvetot...........................	34	3 95	2 75	2 20
Alvimare.........................	23	2 65	1 85	1 50
Nointot..........................	14	1 65	1 15	» 95
Beuzeville........................	9	1 05	» 75	» 60
Harfleur.........................	12	1 40	1 ».	» 80
Le Havre.........................	19	2 20	1 50	1 25

Suite du Tarif pour le Transport des Voyageurs.

LIEUX DE DÉPART et DE DESTINATION.	Distances servant de base à la fixation des prix de transport.	1re CLASSE. Voitures couvertes, fermées à glaces et suspendues sur ressorts.	2e CLASSE. Voitures couvertes et suspendues sur ressorts.	3e CLASSE. Voitures découvertes, mais suspendues sur ressorts.
			PRIX DE TRANSPORT.	
D'HARFLEUR	kilom.	fr. c.	fr. c.	fr. c.
aux Aiguilles de Sotteville...........	88	10 15	7 »	5 40
à Rouen (rive droite)...............	83	9 50	6 65	4 90
Maromme.....................	77	8 85	6 20	4 75
Malaunay.....................	73	8 40	5 85	4 75
Barentin......................	66	7 60	5 30	4 30
Pavilly.......................	64	7 40	5 15	4 20
Motteville....................	53	6 10	4 25	3 45
Yvetot.......................	45	5 20	3 60	2 95
Alvimare.....................	34	3 95	2 75	2 20
Nointot.......................	26	3 »	2 10	1 70
Beuzeville....................	20	2 30	1 60	1 30
Saint-Romain.................	12	1 40	1 »	» 80
Le Havre.....................	7	» 80	» 60	» 45
Du HAVRE				
aux Aiguilles de Sotteville...........	95	11 »	8 »	5 50
à Rouen (rive droite)...............	81	10 »	7 50	5 »
Maromme.....................	83	9 55	6 65	4 90
Malaunay.....................	80	9 20	6 40	4 80
Barentin......................	72	8 30	5 80	4 60
Pavilly.......................	70	8 »	5 60	4 55
Motteville....................	59	6 80	4 75	3 85
Yvetot.......................	51	5 90	4 10	3 35
Alvimare.....................	40	4 60	3 20	2 60
Nointot.......................	32	3 70	2 50	2 10
Beuzeville....................	26	3 »	2 10	1 70
Saint-Romain.................	19	2 20	1 50	1 25
Harfleur......................	7	» 80	» 60	» 45

CHAPITRE II.

Bagages, articles de messagerie, marchandises, finances et valeurs, voitures chevaux, bestiaux et autres animaux.

SECTION Ire. — Prix de transport.

§ Ier. — *Bagages, articles de messagerie et marchandises.*

2. Les prix à percevoir pour le transport des excédants de bagages, des articles de messagerie et des marchandises voyageant à grande vitesse, sur la demande des expéditeurs, sont réglés ainsi qu'il suit:

	POUR UN PARCOURS	
Nota. Voir, pour les distances, le tarif pour le transport des voyageurs.	de 70 kilomètres et au-dessous.	supérieur à 70 kilomètres.
Jusqu'à 3 kilogr. inclusivement..	» fr. 30 c.	» fr. 40 c.
Au-dessus de 3 kil. jusqu'à 6 kilogr. inclusivement..	» 40	» 60
Au-dessus de 6 kil. jusqu'à 10 kilogr. inclusivement..	» 50	» 80
		Par fraction indivis. de 10 kilogrammes et par kilomètre.
Au-dessus de 10 kilogr. jusqu'à 50 kilogr. inclusivement............		» fr. 005
Au-dessus de 50 kilogr. jusqu'à 100 kilogr. inclusivement............		» 0045
Au-dessus de 100 kilogrammes............................		» 004

3. Néanmoins, le prix de transport à percevoir en vertu du tarif ci-dessus, pour les colis d'un poids supérieur à 10 kilogrammes, ne pourra être moindre de 50 centimes.

4. Aux termes de l'article 36 du cahier des charges, chaque voyageur pourra porter avec lui un bagage dont le poids n'excédera pas 15 kilogrammes, sans être tenu, pour le port de ce bagage, à aucun supplément pour le prix de sa place.

En conséquence, le tarif ci-dessus n'est applicable aux bagages que pour ce qui excède 15 kilogrammes.

5. Conformément aux dispositions de l'article 40 du cahier des charges, les militaires en service, voyageant en corps ou isolément, ne sont assujettis, eux et leurs bagages, qu'à la moitié des taxes fixées ci-dessus.

§ II. — *Finances et valeurs.*

6. (1).......

§ III. — *Voitures.*

7. La compagnie est autorisée à percevoir, pour le transport des voitures sur plates-formes, les prix indiqués ci-après :

	1re CATÉGORIE.	2e CATÉGORIE.
Nota. Voir, pour les distances, le tarif pour le transport des voyageurs.	Voitures à 2 et 4 roues, à un fond et à 1 banquette dans l'intérieur.	Voitures à 4 roues, à 2 fonds et à 2 banquettes dans l'intérieur.
Pour un parcours de 20 kilomètres et au-dessous, par kilomètre............................	1 fr. » c.	1 fr. » c.
Au-dessus de 20 kilomètres jusqu'à 40 kilomètres inclusivement, par kilomètre........................	» 75	» 80
Au-dessus de 40 kilomètres, par kilomètre..........	» 50	» 65

(1) Abrogé.—V. l'art. 2 de l'ord. du 27 sept. 1848.

8. Le minimum de la perception est fixé à 20 francs pour les voitures qui parcourront plus de 20 kilomètres, à 30 francs pour les voitures de la première catégorie, et à 32 francs pour celles de la seconde catégorie, qui parcourront au delà de 40 kilomètres.

§ IV. — *Chevaux.*

9. Les prix du transport des chevaux sont fixés ainsi qu'il suit :

Un cheval...............................	30 c.	par kilom.
Deux chevaux au même propriétaire..........	28	par tête
Trois chevaux au même propriétaire..........	25	et par kilom.

§ V. — *Bestiaux et autres animaux.*

10. Les prix du transport des bestiaux et autres animaux sont fixés de la manière suivante :

Bœufs, vaches, taureaux, ânes, mulets.........	30 c.	par tête
Veaux et porcs...........................	10	et
Moutons, chèvres et brebis..................	06	par kilom.

NOTA. Voir, pour les distances, le tarif pour le transport des voyageurs.

§ VI. — *Chiens.*

11. La compagnie est autorisée à percevoir, pour le transport d'un chien, 50 centimes, par parcours indivisible de 30 kilomètres.

NOTA. Voir, pour les distances, le tarif pour le transport des voyageurs.

SECTION II. — Frais accessoires.

§ Ier. — *Enregistrement.*

12. La compagnie est autorisée à percevoir un droit fixe de 10 centimes pour l'enregistrement de toute expédition, quelle qu'en soit la nature.

13. Tout envoi composé de plusieurs colis expédiés par une même personne et adressés à un même destinataire, ne donnera lieu qu'à un enregistrement, pourvu que les colis contiennent des marchandises de même nature, telles que sucre, café, etc.

Au contraire, les colis composant un envoi fait par une même personne à un même destinataire, seront enregistrés séparément, s'ils sont de nature différente.

§ II. — *Chargement et déchargement.*

14. Les frais accessoires de chargement et de déchargement sont réglés ainsi qu'il suit :

1° Bagages, articles de messagerie, finances, valeurs et marchandises de toute nature,

De 10 kilog. à 100 kilog. inclusivement..................	» fr.	30 c.
Au-dessus de 100 kilog. jusqu'à 400 kilog. inclusivement..	»	60
Au-dessus de 400 kilog., par fraction indivisible de 100 k..	»	15

2° Voitures, par chaque voiture.................. .... 2 »
3° Chevaux, par tête.. 1 »
4° Bœufs, vaches, taureaux, ânes, mulets, etc., par tête......... 1 »
5° Veaux, porcs, etc., par tête.............................. » 50
6° Moutons, brebis, chèvres, etc., par tête.................. » 35

15. Les droits de chargement et de déchargement ci-dessus réglés, seront réduits de moitié, lorsque les colis, voitures ou animaux seront à destination d'un point de la ligne de Paris à Rouen, ou en proviendront.

§ III. — *Magasinage.*

16. La compagnie est autorisée à percevoir, à titre de frais de magasinage, un droit de 20 centimes pour tout colis adressé *bureau restant.*

Lorsque le colis n'aura pas été enlevé au bout de vingt-quatre heures, les frais de magasinage, pour les jours suivants, seront réglés ainsi qu'il suit :

Jusqu'à 50 kilog. inclusivement................	05 c. par jour.
Au-dessus de 50 kilog. jusqu'à 100 kilog. inclusiv.	10 —
— de 100 kilog., par fraction indivisible de 100 kilog.............................	10 —

TITRE II.

TRANSPORT A LA VITESSE DES MARCHANDISES.

CHAPITRE Ier.

Marchandises.

SECTION Ire. — Classification.

17. Les marchandises qui ne sont pas désignées nominativement au cahier des charges et dont la compagnie a proposé le classement seront, soit par leur propre nature, et par spécification, soit par assimilation, rangées, tant dans la catégorie des marchandises hors classe que dans les trois classes du cahier des charges, de la manière ci-après indiquée, savoir (1) :

Dans la catégorie des marchandises hors classe :

Les marchandises dont la désignation suit :

Acides minéraux, beurre, charcuterie, fruits, gibier, glaces, horlogerie, huiles essentielles, instruments de musique, d'optique et de

---

(1) Les dispositions de cet article sont modifiées par les ordonnances des 9 mai 1848 et 15 janvier 1850.

précision, légumes frais, marchandises ne pesant pas 200 kilogrammes au mètre cube, non désignées au cahier des charges ni au présent tarif; marchandises précieuses, dangereuses, ou exigeant des soins particuliers; mécaniques, objets d'art ou de collection, œufs, paille fine tressée, pâtisserie, phosphore, plants d'arbres, pyrites, volaille.

Dans la première classe :

Les marchandises dont la désignation suit :

Bonneterie, cardes, chardons, couleurs, citrons en caisse, cochenilles, cristaux en caisse, dents d'éléphants, draperie, écailles et onglons de tortue, étoffes de laine et de coton, fils de laine et de lin, ganterie, garancine, gaudes, indigo, laine lavée, lait, librairie, mercerie, meubles en caisse pesant plus de 200 kilogrammes au mètre cube, oranges, parfumerie, passementerie, pelleteries et fourrures, porcelaines, safran, soie brute et manufacturée, thé, vanille, alizari, amandes, anis, armes en caisse, arrow-root et autres fécules exotiques, baumes, bimbeloterie, blanc de baleine, bleu de Prusse, bois de teinture moulu et effilé, bougies, brosserie, camphre, caoutchouc, carton, chandelle, chaudronnerie, cocos, colle forte, colle de poisson, coquillages, cotons filés, coutellerie, crème de tartre, cuirs travaillés, curcuma, dividivi, eau de fleurs d'oranger en caisse et en fût, eaux minérales, écorces et feuilles, faïence, faulx, fruits secs, garance, graines de teinture, houblon, instruments aratoires, lacdye, lichen pressé, liége brut et ouvré, limes, liqueurs en panier, en caisse et en fût, mercure, orge perlé, orseille, papiers, papiers peints, pierres lithographiques, pierre ponce, plumes, poterie, produits chimiques, quincaillerie, racines, rocou et autres pâtes tinctoriales, sucre raffiné, sumac, tabletterie, taillanderie, verrerie, vins en panier ou en caisse, vins de liqueur en fût, acier, beurre salé, cendres d'orfévre, chiffons, châtaignes, copal, cordages, cotons en balles rondes et carrées, cuivre de doublage, cuivre en rosette, déchets de coton, fanons de baleine, fer en feuilles, fer blanc, fontes d'ornement, fromages secs, gomme, graphite, laiton en feuilles et en saumons, marrons, liqueurs en fût, miel, noix de galle, osier, plomb en tuyaux, poisson salé, joncs, roseaux, rotins, safranum, tabacs et cigares, zinc en plaques et en feuilles, cornes, os et sabots de bétail, essence de térébenthine, cire brute, savons, tan, tartre brut, alun, amidon, ancres, antimoine, arsenic, bière en fût, bois d'ébénisterie, borax brut, boulons, câbles et chaînes en fer, cacao, cachou, céruse, chanvre pressé, chlorure de sodium, cidre en fût, couperose, crins en balle, cuirs verts et secs, eau-de-vie en fût, essieux, étain, fers en barres, en lopins ou en plaques, jus de citron en fût, laine en suint, litharge, manganèse, mélasse, minium, morue, nacre, nitrate de soude et de potasse, noir d'os, perlasse, potasse, prunes sèches, poils, quercitron, rails, rivets, riz en baril et en sac, sel, sel de soude et de potasse, soie de porc pressée en fût, soude, trois-six, viandes salées.

Dans la deuxième classe :

Les marchandises dont la désignation suit :

Asphalte, albâtre brut, brai, chromate de fer, ciment, dégras, fécules, ferraille, graisse, graines oléagineuses et fourragères, goudron, granit, légumes secs, merrains, mine de plomb, mitraille, plomb en tables, poix, pommes de terre, résines de pin et de sapin, salpêtre, sou, soufre, suif.

Dans la troisième classe :

Les marchandises dont la désignation suit :

Emeri, guano, kaolin, ocre, poudrette, terre d'ombre et de Sienne, de Cologne et de Cassel, tripoli, tourteaux.

18. La classification ci-dessus indiquée n'est approuvée qu'à titre essentiellement provisoire, et l'administration se réserve le droit d'y apporter tels changements qu'elle jugera nécessaires.

SECTION II. — Prix de transport.

19. Les prix à percevoir pour le transport des marchandises voyageant à petite vitesse (16 kilomètres à l'heure), sont réglés d'après le tableau qui suit :

1847.

Tarif pour le Transport des Marchandises.

DÉSIGNATION des MARCHANDISES RANGÉES PAR CLASSE. *Nota.* Voir, pour les distances, le tarif pour le transport des voyageurs.	TRANSPORT DANS LE SENS			
	DU HAVRE A ROUEN.		DE ROUEN AU HAVRE.	
	DU HAVRE A ROUEN, ou à une station de la ligne DE PARIS A ROUEN.	DU HAVRE à une station intermédiaire, ou d'une station intermédiaire à une autre station.	DE ROUEN, ou d'une station de la ligne DE PARIS A ROUEN, AU HAVRE.	DE ROUEN, ou d'une station de la ligne DE PARIS A ROUEN à une station intermédiaire, et d'une station intermédiaire à une autre station.
	fr. c.	fr. c.	fr. c.	fr. c.
Huîtres et Poisson frais, *par tonne et par kilomètre*..........	» 45	» 45	» 45	» 45
Houille, *par tonne et par kilomètre*.	» 07	» 12	» 07	» 07
MARCHANDISES HORS CLASSE :				
Acides minéraux, Beurre, Charcuterie, Fruits, Gibier, Glaces, Horlogerie, Huiles essentielles, Instruments de musique, d'optique et de précision, Légumes frais, Marchandises pesant moins de 200 kilogrammes au mètre cube, non désignées au cahier des charges ni au présent tarif, Marchandises précieuses, dangereuses, ou exigeant des soins particuliers, Mécaniques, Objets d'art ou de collection, Œufs, Paille fine tressée, Pâtisserie, Phosphore, Plants d'arbres, Pyrites, Volaille, *par tonne et par kilomètre*..............	» 30	» 30	» 30	» 30
MARCHANDISES DE PREMIÈRE CLASSE. *Objets manufacturés ;* Bonneterie, Cardes, Chardons, Couleurs, Citrons en caisse, Cochenille, Cristaux en caisse, Dents d'éléphant, Draperie, Ecailles, Onglons de tortue, Etoffes de laine et de coton, Fils de laine et de lin, Ganterie, Garancine, Gaude, Indigo, Laine lavée, Lait, Librairie, Mercerie, Meubles en caisse pesant plus de 200 kilogrammes au mètre cube, Oranges, Parfumerie, Passementerie, Pelleteries et Fourrures, Porcelaines, Safran, Soies brutes et manufacturées, Thé, Vanille, *par tonne et par kilomètre*........	» 20	» 20	» 15	» 15

Suite du Tarif pour le Transport des Marchandises.

DÉSIGNATION des MARCHANDISES RANGÉES PAR CLASSE. *Nota.* Voir, pour les distances, le tarif pour le transport des voyageurs.	TRANSPORT DANS LE SENS			
	DU HAVRE A ROUEN.		DE ROUEN AU HAVRE.	
	DU HAVRE A ROUEN, ou à une station de la ligne DE PARIS A ROUEN.	DU HAVRE à une station intermédiaire, ou d'une station intermédiaire à une autre station.	DE ROUEN, ou d'une station de la ligne DE PARIS A ROUEN, AU HAVRE.	DE ROUEN, ou d'une station de la ligne DE PARIS A ROUEN à une station intermédiaire, et d'une station intermédiaire à une autre station.
	fr. c.	fr. c.	fr. c.	fr. c.
Suite des MARCHANDISES DE PREMIÈRE CLASSE. *Cuivre et autres Métaux ouvrés, Boissons, Denrées coloniales, Drogues, Épiceries ;* Alizari, Amandes, Anis, Armes en caisse, Arow-Root et autres Fécules exotiques, Baumes, Bimbeloterie, Blanc de balcine, Bleu de Prusse, Bois de teinture moulu, Bougie, Brosserie, Camphre, Caoutchouc, Carton, Chandelles, Chaudronnerie, Cocos, Colle de poisson, Coquillages, Cotons filés, Coutellerie, Crême de tartre, Cuirs travaillés, Curcuma, Dividivi, Eaux de fleurs d'oranger en caisse, Eaux minérales, Écorces et Feuilles, Faïence, Faulx, Fruits secs, Garance, Graines de teinture, Houblon, Instruments aratoires, Lacdye, Lichen pressé, Liége ouvré, Limes, Liqueurs en panier ou en caisse, Mercure, Orge perlé, Orseille, Papiers, Papiers peints, Pierres lithographiques, Pierre ponce, Plumes, Poterie, Produits chimiques, Quincaillerie, Racines, Rocou et autres Pâtes tinctoriales, Sucre raffiné, Sumac, Tabletterie, Taillanderie, Verrerie, Vins en panier ou en caisse, *par tonne et par k.*	» 15	» 15	» 12	» 12
Fontes moulées, Fers et Plombs ouvrés, Métaux non ouvrés, Cotons et autres lainages ; Acier, Beurre salé, Bois de teinture effilé, Cendres d'orfèvre, Chiffons, Châtaignes, Colle forte, Copal, Cordages, Cotons en balles rondes, Cuivre de doublage, Cuivre en rosette, Déchets de coton, Fanons de baleine, Fer en feuilles, Fer-blanc, Fontes d'ornement, Fromage sec, Gomme, Graphite, Laiton en feuilles, Liqueurs en fût, Liége brut, Marrons, Miel, Noix de galle, Osier, Plomb en tuyaux, Poissons salé, Joncs, Roseaux, Rotins, Safranum, Tabacs et Cigares, Vins de liqueur en fût, Zinc en feuilles, *par tonne et par kilomètre.*	» 12	» 12	» 10	» 10

Suite du Tarif pour le Transport des Marchandises.

DÉSIGNATION des MARCHANDISES RANGÉES PAR CLASSE. Nota. Voir, pour les distances, le tarif pour le transport des voyageurs.	TRANSPORT DANS LE SENS			
	DU HAVRE A ROUEN.		DE ROUEN AU HAVRE.	
	DU HAVRE A ROUEN, ou à une station de la ligne DE PARIS A ROUEN.	DU HAVRE à une station intermédiaire, ou d'une station intermédiaire à une autre station.	DE ROUEN, ou d'une station de la ligne DE PARIS A ROUEN, AU HAVRE.	DE ROUEN, ou d'une station de la ligne DE PARIS A ROUEN à une station intermédiaire, et d'une station intermédiaire à une autre station.
	fr. c.	fr. c.	fr. c.	fr. c.
Suite des MARCHANDISES DE PREMIÈRE CLASSE : *Huiles ;* Cornes, Os et Sabots de bétail, Cotons en balles carrées, Essence de térébenthine , *par tonne et par kilomètre*	» 09	» 12	» 10	» 10
Cuivre non ouvré, Vinaigre, Vins, Spiritueux, Bois de menuiserie, Bois de teinture et autres bois exotiques, Sucre, Café ; Alun, Amidon, Ancres, Antimoine, Arsenic, Bière en fût, Bois d'ébénisterie, Bois de teinture en bûches, Borax brut, Boulons, Câbles et Chaînes en fer, Cacao, Cachou, Café en sac et en baril, Céruse, Chanvre pressé, Chlorure de Sodium, Cidre en fût, Cire brute, Couperose, Crins en balle, Cuirs verts et secs, Cuivre brut en lingots ou en plaques, Eau de fleurs d'oranger en fût, Eau-de-vie en fût, Essieux, Etain, Fers en barres, en lopins ou en plaques, Jus de citron en fût, Laine en suint, Laiton en saumon, Litharge, Manganèse, Mélasse, Minium, Morue, Nacre, Nitrate de soude ou de potasse, Noir d'os, Perlasse, Potasse, Prunes sèches, Poils, Quercitron, Rails, Rivets, Riz en baril et en sac, Savon, Sel, Sel de soude et de potasse, Soie de porc pressée en fût, Spiritueux en fût, Trois-Six, Soude, Tan, Tartre brut, Viandes salées, Vins et Vinaigres en fût, Zinc en plaques, *par tonne et par kilomètre*	» 07	» 12	» 07	» 07

Suite du Tarif pour le Transport des Marchandises.

DÉSIGNATION des MARCHANDISES RANGÉES PAR CLASSE. *Nota.* Voir, pour les distances, le tarif pour le transport des voyageurs.	TRANSPORT DANS LE SENS			
	DU HAVRE A ROUEN.		DE ROUEN AU HAVRE.	
	DU HAVRE A ROUEN, ou à une station de la ligne DE PARIS A ROUEN.	DU HAVRE à une station intermédiaire, ou d'une station intermédiaire à une autre station.	DE ROUEN, ou d'une station de la ligne DE PARIS A ROUEN, AU HAVRE.	DE ROUEN ou d'une station de la ligne DE PARIS A ROUEN à une station intermédiaire, et d'une station intermédiaire à une autre station.
	fr. c.	fr. c.	fr. c.	fr. c.
MARCHANDISES DE DEUXIÈME CLASSE :				
Blés, Grains, Farines, Chaux et Plâtre, Minerais, Coke, Charbon de bois, Bois à brûler, dit de corde, Perches, Chevrons, Planches, Madriers, Bois de charpente, Marbres en bloc, Pierres de taille, Bitume, Fonte brute, en barres et en feuilles, Plomb en saumons.				
Asphalte, Albâtre brut, Brai, Chromate de fer, Ciment, Dégras, Fécules, Ferraille, Graisse, Granit, Graines oléagineuses et fourragères, Goudron, Légumes secs, Merrains, Mine de plomb, Mitraille, Plomb en tables, Poix, Pomme de terre, Résine de pin et de sapin, Salpêtre, Son, Soufre, Suif, *par tonne et par kilomètre*	» 07	» 12	» 07	» 07
MARCHANDISES DE TROISIÈME CLASSE :				
Pierres à chaux et à plâtre, Moëllons, Meulières, Cailloux, Sable, Argile, Tuiles, Briques, Ardoises, Fumier et Engrais, Pavés et Matériaux de toute espèce pour la construction et la réparation des routes	» 07	» 12	» 07	» 07
Émeri, Guano, Kaolin, Ocre, Poudrette, Terre d'ombre et de Sienne, de Cologne et de Cassel, Tripoli, Tourteaux, *par tonne et par kilomètre*				

20. Tout colis d'un poids inférieur à 100 kilogrammes, payera comme 100 kilogrammes.

21. Au-dessus de 100 kilogrammes, la perception aura lieu au poids réel, d'après le prix fixé pour le transport d'une tonne de la même marchandise.

Dans aucun cas, et quelle que soit la distance parcourue, la perception ne pourra être moindre de 40 centimes.

SECTION III. — Frais accessoires.

§ Ier. — *Enregistrement.*

22. La compagnie est autorisée à percevoir un droit fixe de 10 centimes pour l'enregistrement de toute expédition, quelle qu'en soit la nature.

23. Tout envoi composé de plusieurs colis expédiés par une même personne et adressés à un même destinataire, ne donnera lieu qu'à un enregistrement, pourvu que les colis contiennent des marchandises de même nature, telles que sucre, café, etc.

Au contraire, les colis composant un envoi fait par une même personne à un même destinataire, seront enregistrés séparément, s'ils sont de nature différente.

§ II. — *Chargement et déchargement.*

24. Les frais accessoires de chargement et de déchargement des marchandises de toute nature sont réglés ainsi qu'il suit :

Jusqu'à 200 kilog. inclusivement...............	» fr.	50 c.
Au-dessus de 200 jusqu'à 400 k. inclusivement...	»	75
— 400 — 600 k. — ...	1	»
— 600 — 800 k. — ...	1	25
— 800 — 1,000 k. — ...	1	50
— 1,000 kilog., par fraction indivisible de 100 kilog.................................	»	15

Les frais de chargement et de déchargement ci-dessus réglés seront réduits de moitié, lorsque les marchandises seront à destination d'un point de la ligne de Paris à Rouen, ou en proviendront.

§ III. — *Stationnement ou magasinage.*

25. Toute marchandise adressée en gare qui ne sera pas enlevée dans les trois jours de l'arrivée, sera soumise à un droit de stationnement ou de magasinage réglé ainsi qu'il suit :

Pour un séjour de 4 à 10 jours.........	10 c. par 100 kilog.
— 11 à 15 —	20 —
— 16 à 20 —	30 —
— 21 à 25 —	40 —
— 26 à 50 —	50 —

Au delà de 50 jours, le droit est fixé à 20 c. par jour et par fraction indivisible de 1,000 kilogrammes.

§ IV. — *Pesage.*

26. Il sera perçu pour toute marchandise qui, sur la demande des expéditeurs ou des destinataires, serait soumise à un pesage, dans les gares d'arrivée, un droit de 15 centimes par fraction indivisible de

100 kilogrammes et par chaque pesage. Le même droit de pesage sera perçu dans les gares de départ, lorsqu'un pesage extraordinaire sera demandé par l'expéditeur. Le pesage ordinaire dans les gares de départ, pour constater le poids de la marchandise à expédier, ne donnera lieu à aucun frais

CHAPITRE II.

Voitures, chevaux et autres animaux.

SECTION Ire. — Prix de transport.

§ Ier. — *Voitures.*

27. Les voitures transportées à la vitesse des marchandises, dans le ens du Havre à Rouen, payeront les prix ci-dessus fixés pour les voitures transportées à la vitesse des voyageurs.

Le prix du transport des voitures, dans le sens de Rouen au Havre, est fixé ainsi qu'il suit :

	VOITURES à 2 et à 4 roues, à un fond et à 1 banquette.	VOITURES à 4 roues, à deux fonds et à 2 banquettes.
	par kilomètre.	par kilomètre.
Pour un parcours moindre de 50 kilomètres.........	» fr. 40 c.	» fr. 50 c.
our un parcours supérieur à 50 kilomètres.........	» 30	» 40

28. Toutefois, les prix perçus en vertu du deuxième paragraphe de l'article précédent, ne pourront être moindres de 20 francs pour les voitures à une banquette, et de 25 francs pour les voitures à deux fonds et à deux banquettes, dont le parcours dépassera 50 kilomètres.

§ II. — *Chevaux.*

29. Le transport des chevaux aura lieu aux conditions suivantes :

Un cheval .... 15 c.
Deux chevaux au même propriétaire......... 29 } par kilom.
Trois chevaux au même propriétaire........ 42

§ III. — *Bestiaux et autres animaux.*

30. La compagnie est autorisée à percevoir les prix fixés au tableau suivant, pour le transport des bestiaux et autres animaux :

Bœufs, vaches, taureaux, ânes, mulets....... 15 c. } par tête
Veaux et porcs........................... 05 } et
Chèvres, moutons et brebis................. 05 } par kilom.

SECTION II. — Frais accessoires de chargement et de déchargement.

31. Les frais accessoires de chargement et de déchargement des voitures, chevaux et autres animaux, sont fixés ainsi qu'il suit, savoir :

Voitures, pour chaque voiture.............................. 2 fr. » c.
Chevaux, bœufs, vaches, taureaux, mulets, bêtes de trait, par tête.. 1   »
Veaux, porcs, par tête.................................... »   50
Moutons, brebis, chèvres, par tête........................ »   35

Les droits de chargement et de déchargement seront réduits de moitié, lorsque les voitures, chevaux et bestiaux seront à destination d'une station du chemin de fer de Paris à Rouen, ou en proviendront.

TITRE III.

DISPOSITIONS GÉNÉRALES.

32. Les perceptions ci-dessus autorisées à titre de frais accessoires, d'enregistrement, de chargement et de déchargement, de stationnement ou magasinage, et de pesage, ne sont que provisoires, et l'administration se réserve de les modifier ou supprimer.

33. Les taxes comprises dans la présente ordonnance, qui sont inférieures à celles du tarif du cahier des charges, ne pourront être relevées qu'après un délai de trois mois au moins.

Tous changements apportés aux tarifs ci-dessus réglés, devront être homologués et annoncés au moins un mois d'avance par des affiches.

34. La présente ordonnance sera notifiée à la compagnie, imprimée et affichée.

Les commissaires spéciaux de police et les agents de surveillance du chemin de fer de Rouen au Havre, ainsi que les maires et les commissaires de police des communes dont le territoire est traversé par ledit chemin de fer, sont chargés d'en assurer l'exécution.

Le pair de France, préfet de police, G. DELESSERT.

———————◇———————

N° **1996.** — *Ordonnance qui modifie deux dispositions de l'ordonnance du 10 février dernier, homologative du tarif pour le transport des marchandises à la petite vitesse sur le chemin de fer de Paris à la frontière de Belgique* (chemin de fer du Nord).

Paris, le 25 mars 1847.

Nous, pair de France, préfet de police,

Vu : 1° la loi du 15 juillet 1845, qui autorise la concession du chemin de fer de Paris à la frontière de Belgique, ensemble le cahier des charges, coté A, annexé à cette loi;

2° L'ordonnance royale homologative de l'adjudication de la concession dudit chemin de fer;

3° Notre ordonnance du 10 février dernier, qui fixe le tarif pour le transport des marchandises, à petite vitesse, sur le chemin de fer précité, et notamment l'article 8 de cette ordonnance, ainsi conçu :

« La compagnie est également autorisée à percevoir, à titre de frais « de magasinage, un droit de 0,05 centimes par jour et par 100 kilo- « grammes, pour tous les articles qui ne seraient pas enlevés dans les « vingt-quatre heures.

« La perception autorisée par le présent article cessera de plein

« droit, le 1er avril prochain, si elle n'est pas autorisée de nouveau par
« une décision spéciale. »

4° La réclamation adressée par la compagnie du chemin de fer du
Nord, au sujet de deux erreurs de chiffres qui se sont glissées dans
ses propositions de tarifs pour le transport des marchandises à petite
vitesse, et qui ont été reproduites dans notre ordonnance précitée du
10 février dernier ;

5° Les deux lettres en date du 16 mars courant, par lesquelles M. le
ministre des travaux publics nous informe : 1° qu'il autorise la rectification des deux erreurs de chiffres signalées par la compagnie, et qui
consistent en ce que les prix à percevoir pour le transport des marchandises de la 1re et de la 2e catégorie de la 3e classe, de *Quiévrain* à
Valenciennes, ont été fixés à 1 franc 70 centimes et 1 franc, au lieu
de 1 franc 80 centimes et de 1 franc 30 centimes ; 2° que, par suite
d'une demande qui lui a été adressée par ladite compagnie, il con-
sent à proroger jusqu'au 1er août prochain l'autorisation relative à la
perception des frais de magasinage;

Considérant qu'il y a lieu de rendre exécutoires, dans le ressort de
la préfecture de police, les deux décisions ministérielles précitées;

Ordonnons ce qui suit :

1. Les prix à percevoir pour le transport à petite vitesse des marchandises de la 3e classe, de *Quiévrain* à *Valenciennes*, sur le chemin
de fer du Nord, sont fixés ainsi qu'il suit :

LIEU DE DÉPART.	LIEU DE DESTINATION.	MARCHANDISES de 3e classe.	
		1re catégorie.	2e catégorie.
		PRIX DE TRANSPORT.	
		fr. c.	fr. c.
QUIÉVRAIN...........	VALENCIENNES	1 80	1 30

2. (1).

3. Notre ordonnance susvisée, en date du 10 février dernier, continuera de recevoir son exécution, en ce qui n'est pas contraire aux
dispositions qui précèdent.

4. La présente ordonnance sera notifiée à la compagnie, imprimée
et affichée.

Le commissaire spécial de police et les agents de surveillance du
chemin de fer de Paris à la frontière de Belgique, ainsi que les maires
et les commissaires de police des communes du ressort de la préfecture de police, dont le territoire est traversé par ledit chemin de fer,
sont chargés d'en assurer l'exécution.

Le pair de France, préfet de police, G. DELESSERT.

---

(1) Abrogé.—V. l'art. 1er de l'ord. du 20 sept. 1847.

1847.

No **1997**. — *Ordonnance concernant les mesures d'ordre à observer aux promenades de Long-Champ (1).*

Paris, 29 mars 1847.

No **1998**. — *Ordonnance concernant les passages ouverts au public sur des propriétés particulières.*

Paris, le 3o mars 1847.

Nous, pair de France, préfet de police,

Considérant que, depuis quelque temps, des passages sont ouverts sur des propriétés particulières et livrés à la circulation, sans que les propriétaires de ces passages aient obtenu l'autorisation prescrite par l'ordonnance de police du 20 août 1811, et qu'en outre les dispositions de cette ordonnance qui ont pour objet d'assurer la liberté de la circulation dans les voies de communication dont il s'agit, sont rarement exécutées ;

Considérant qu'il importe de mettre un terme à cet état de choses, et qu'il y a lieu, dans ce but, de donner une nouvelle publicité à l'ordonnance de police du 20 août 1811 ;

En vertu de la loi des 16-24 août 1790, et de l'arrêté du gouvernement du 12 messidor an VIII (1er juillet 1800).

Ordonnons ce qui suit :

Les dispositions de l'ordonnance de police du 20 août 1811, concernant les passages ouverts au public sur des propriétés particulières seront imprimées et affichées de nouveau.

Le pair de France, préfet de police, G. DELESSERT.

Dispositions de l'ordonnance de police du 20 août 1811, concernant les passages ouverts sur des propriétés particulières.

1. Il est défendu d'établir aucune devanture de boutique *saillante,* de former aucun dépôt de meubles ou effets, ni aucun étalage fixe ou *mobile* de marchandises hors des boutiques situées dans les passages publics, *qui ont moins de deux mètres et demi de largeur.*

Les devantures de boutique actuellement existantes ne pourront être réparées.

Les étalages mobiles seront supprimés sur-le-champ.

2. Les propriétaires ou locataires de boutiques situées dans les passages *de deux mètres et demi à trois mètres de largeur et au-dessus,* ne pourront, dans aucun cas, établir d'une manière fixe, même mobile, aucune devanture, fermeture, étalage, enseigne, montre, lanterne, tableau ou écusson faisant saillie de plus de seize centimètres en avant du corps du bâtiment dans lequel sont situées les boutiques.

Toute devanture actuellement existante dont la saillie serait de plus de seize centimètres, ne pourra être réparée.

---

(1) V. l'ord. du 22 mars 1850.

Tous étalages et autres saillies mobiles ayant plus de seize centimètres, seront retirés de suite.

3. Il est défendu aux propriétaires ou locataires de quelque profession qu'ils soient, de gêner ou embarrasser les passages dont il s'agit, soit par des dépôts de marchandises, soit par des ateliers de travail autres que ceux nécessaires à la réparation des bâtiments du passage.

Il est également défendu d'y placer des bancs, chaises, tréteaux, comptoirs et tous autres objets de telle nature que ce soit, qui pourraient gêner la circulation.

4. Les marchands établis dans les passages ne pourront induire de la présente ordonnance, le droit de faire un étalage à l'extérieur de leur boutique, s'ils n'en ont obtenu l'agrément des propriétaires.

Dans tous les cas, ils seront tenus de se conformer aux dispositions des articles ci-dessus qui les concernent.

5. Les propriétaires ou locataires tiendront en bon état le sol des passages. Ils auront soin, en outre, de les faire balayer et éclairer et de les tenir fermés le soir, aux heures prescrites par les règlements.

6. En cas de contravention, les commissaires de police et l'architecte-commissaire de la petite voirie sont autorisés, en vertu de la présente ordonnance, et sans qu'il en soit besoin d'autre, à faire démolir les devantures de boutique et enlever les étalages et saillies mobiles, et ce, aux frais des contrevenants. Ils en dresseront des procès-verbaux qu'ils nous transmettront sans retard; le tout sans préjudice des poursuites à exercer devant les tribunaux, conformément aux Codes des délits et des peines, et sauf la fermeture des passages s'il y a lieu.

7. A l'avenir, aucun passage ne sera ouvert au public sur des propriétés particulières, qu'en vertu d'une permission du préfet de police.

8. Il n'est aucunement dérogé aux dispositions de nos ordonnances des 20 novembre 1810 et 18 février 1811, relatives aux passages sous les galeries du Palais-Royal et sous les piliers des halles, qui continueront de recevoir leur exécution.

9. La présente ordonnance sera imprimée et affichée.

Les commissaires de police, l'inspecteur général du 4ᵉ arrondissement, l'architecte-commissaire et les architectes-inspecteurs de la petite voirie, les officiers de paix et tous préposés de la préfecture de police, tiendront la main à son exécution, chacun en ce qui le concerne, et en rendront compte.

Nᵒ **1999.** — *Ordonnance qui modifie une disposition de l'ordonnance du 18 mars dernier, relative au transport des huîtres et du poisson frais sur le chemin de fer de Paris à la frontière de Belgique* (chemin de fer du Nord) (1).

Paris, le 3 avril 1847.

---

(1) Abrogée.—V. l'ord. du 8 janv. 1849.

N° 2000. — *Ordonnance concernant les caisses, pots à fleurs et autres objets dont la chute peut causer des accidents.*

Paris, le 12 avril 1847.

Nous, pair de France, préfet de police,

Ordonnons ce qui suit :

Notre ordonnance du 23 octobre 1844 (1), concernant les caisses, pots à fleurs et autres objets dont la chute peut causer des accidents, sera de nouveau imprimée et affichée.

Le pair de France, préfet de police, G. DELESSERT.

N° 2001. — *Ordonnance qui fixe le tarif pour le transport des voyageurs sur le chemin de fer de Paris à Saint-Germain* (ouverture de la section atmosphérique) (2).

Paris, le 14 avril 1847.

N° 2002. — *Ordonnance concernant les mesures d'ordre à observer dans Paris, le 1er mai, fête du roi.*

Paris, le 28 avril 1847.

Nous, pair de France, préfet de police,

Vu le programme approuvé par le ministre de l'intérieur, à l'occasion des divertissements publics qui auront lieu dans Paris, le 1er mai 1847, pour célébrer la fête du roi ;

Vu la loi du 24 août 1790 et l'arrêté du Gouvernement, du 12 messidor an VIII, qui nous chargent de maintenir le bon ordre dans les fêtes publiques, et de prendre les précautions convenables pour la sûreté des personnes et pour prévenir les accidents ;

Vu le n° 15 de l'article 471 du Code pénal ;

Ordonnons ce qui suit :

Divertissements dans les Champs-Élysées, et feu d'artifice sur le pont de la Concorde et sur le quai d'Orsai.

1. Le 1er mai, l'accès du pont de la Concorde, ainsi que du quai d'Orsai, sera entièrement interdit au public, à cause des préparatifs du feu d'artifice qui sera tiré sur ces emplacements ; et nulle autre personne que les artificiers et leurs ouvriers n'y pourra circuler ni stationner.

Toutefois, après le feu, le passage sur le pont de la Concorde sera livré au public.

2. Pendant toute la journée du 1er mai, la circulation des piétons

---

(1) V. cette ord., t. III, p. 796.
(2) Abrogée.—V. l'ord. du 30 juil. 1849.

et des voitures sera interdite sur le quai d'Orsai, entre la rue du Bac et la rue d'Iéna, sauf les exceptions ci-après :

3. Sont exceptées de l'interdiction établie par l'article précédent, les personnes se rendant aux hôtels et au quartier de cavalerie situés sur le quai d'Orsai.

4. Afin d'assurer l'exécution de l'interdiction prononcée par les articles 1er et 2, des barrages seront établis dans la journée du 1er mai :

1° Au quai d'Orsai, au droit de la descente de l'escalier des bains Vigier ;

2° Aux rues de Poitiers et de Belle-Chasse, à leurs issues dans la rue de Lille :

3° A la rue de Bourgogne, à l'angle de la rue de Lille ;

4° A l'entrée du pont de la Concorde, côté du quai d'Orsai ;

5° Au quai d'Orsai, au droit de la rue d'Iéna ;

6° Et à l'entrée du pont de la Concorde, du côté du quai des Tuileries.

5. Dans la même journée du 1er mai, à partir de six heures du matin, toutes les descentes conduisant à la rivière, entre le Pont-Royal et le pont des Invalides, seront barrées, et le public ne pourra circuler ni stationner sur les berges comprises entre ces deux ponts.

6. La navigation sera interdite, le 1er mai, entre le pont du Carrousel et le pont des Invalides, et des barrages seront établis à chacun de ces ponts.

7. La circulation et le stationnement en batelets sur la rivière seront interdits, dans la journée du 1er mai, entre le pont du Carrousel et celui des Invalides.

Sont exceptés de cette prohibition, les batelets des inspecteurs de la navigation.

8. Les marchandises déchargées sur le port d'Orsai et sur la berge du Recueillage, devront être enlevées de manière qu'il n'existe plus aucun dépôt, le 30 avril au soir.

9. Les bateaux chargés et les bateaux vides seront remontés en amont du pont du Carrousel, ou descendus en aval du pont des Invalides.

10. Nul ne pourra monter sur les bateaux, à l'exception des gens de l'équipage desservant les embarcations.

11. L'inspecteur général de la navigation et des ports prendra les mesures convenables pour faire évacuer et préserver du danger du feu, les établissements, embarcations, bateaux chargés et vides, batelets et trains existant sur les bassins voisins du feu d'artifice.

12. Le 1er mai, à partir de huit heures du soir et jusqu'après le feu d'artifice qui sera tiré sur le quai d'Orsai et sur le pont de la Concorde, aucune personne, sans exception, ne pourra passer ni stationner sur les ponts des Arts, du Carrousel et des Invalides.

Dispositions relatives à la circulation des voitures dans la journée du 1er mai.

13. Le 1er mai, à partir de deux heures après midi jusqu'à onze heures du soir, la circulation et le stationnement des voitures seront interdits :

Dans la grande avenue des Champs-Élysées, depuis la place de la Concorde jusqu'au Rond-Point et dans les allées Gabrielle, Marigny et du Cours-la-Reine.

14. Toutes les voitures qui, dans la même journée du 1er mai, se dirigeront sur Neuilly, Chaillot ou Passy, ou qui reviendront de ces points, devront, à partir de deux heures après midi jusqu'à onze heures du soir, passer par la rue Montaigne, le Rond-Point des Champs-Élysées, l'allée des Veuves et l'avenue des Champs-Élysées, montant à la barrière de l'Étoile, et à la grande rue de Chaillot.

15. Le 1er mai, à partir de cinq heures du soir jusqu'à onze heures, les voitures qui entreront dans Paris par la barrière de Passy, ne pourront se diriger sur la rive gauche, que par le pont d'Iéna, l'avenue de la Bourdonnaie; et sur la rive droite, que par le quai de Billy, l'allée des Veuves, le Rond-Point des Champs-Elysées, la rue Montaigne, la rue du Faubourg-du-Roule, la place Beauveau et la rue des Saussaies.

16. La circulation et le stationnement des voitures seront pareillement interdits, le 1er mai, à partir de cinq heures du soir jusqu'à onze heures de la nuit, sur les points ci-après :

1° Sur les quais de la rive droite de la Seine, depuis le Pont-Neuf jusqu'au quai de Billy;

2° Sur les quais de la rive gauche, depuis la rue des Saints-Pères jusqu'au Pont Royal;

3° Sur les ponts du Carrousel,
<blockquote>Royal,
de la Concorde,</blockquote>
Sur la place de la Concorde;

Dans les rues Matignon, du Faubourg-Saint-Honoré, depuis la place Beauveau jusqu'à la rue Royale-Saint-Honoré;

Dans les rues des Champs Elysées,
<blockquote>Royale-Saint-Honoré,
Saint-Florentin,
de Rivoli,
Mondovi,
Neuve-de-Luxembourg,
Castiglione,
d'Alger,
du 29 Juillet,
du Dauphin,
des Pyramides,
de l'Echelle,
Saint-Louis,
Saint-Nicaise,
de Rohan,
Montpensier,
de Valois,
Quinze-Vingts-Batave,
de Chartres,
Saint Thomas-du-Louvre,</blockquote>
et dans la rue Saint-Honoré, depuis la place du Palais-Royal inclusivement, jusqu'à la rue des Champs-Elysées.

17. Les voitures des personnes qui se rendraient dans la soirée du 1er mai, après cinq heures du soir, de la rive gauche dans les quartiers du centre de la rive droite, devront passer, soit par le Pont-Neuf ou les ponts en amont, soit par le pont des Invalides et l'allée d'Antin, mais seulement jusqu'à huit heures du soir sur ce dernier pont.

Les voitures des personnes qui se rendraient au palais des Tuileries, dans la même soirée, ne pourront y arriver que par la rue Saint-Honoré, la place du Palais-Royal, la rue de Chartres et la place du Carrousel.

18. Les voitures des personnes qui, de la rive droite de la Seine, se rendront, dans la soirée du 1er mai, au palais des Tuileries, ne pourront y arriver que
<blockquote>Par les rues de Richelieu,
Saint-Honoré,
de Rohan,</blockquote>
Par la place du Palais-Royal,

la rue de Chartres,
la place du Carrousel,
Et à la grille du Carrousel, à droite de l'Arc-de-Triomphe.

19. Toutes les voitures qui seront entrées dans la cour des Tuileries, le 1er mai, après six heures du soir, ne pourront en sortir que par la grille, côté de la galerie du Musée, pour traverser la place du Carrousel dans la direction de la rue de Chartres.

20. Sont exceptées des prohibitions établies par les articles précédents, les voitures des ministres, des maréchaux de France, du corps diplomatique, du chancelier de France, du président de la chambre des députés, de l'intendant général de la liste civile, du grand-référendaire de la chambre des pairs, du préfet de la Seine, du lieutenant général commandant supérieur des gardes nationales de la Seine, du lieutenant général commandant la première division militaire, du lieutenant général commandant supérieur des châteaux royaux et du maréchal de camp commandant la place de Paris.

Toutefois, lesdites voitures ne pourront, dans la journée du 1er mai, après cinq heures du soir, passer d'une rive à l'autre de la Seine, qu'en traversant le pont du Carrousel, ou les ponts en amont, et elles ne pourront y stationner pendant la durée du feu d'artifice.

Divertissements et feu d'artifice à la barrière du Trône.

21. Le 1er mai, la circulation et le stationnement des voitures seront interdits depuis deux heures après midi jusqu'à onze heures du soir :
1° Sur la place de la barrière du Trône ;
2° Sur les avenues qui conduisent à cette place ;
3° Et dans la rue du Faubourg-Saint-Antoine, en descendant jusqu'au débouché de la rue de Montreuil exclusivement.

22. Pendant cette journée, les voitures qui arriveront à Paris par la route de Vincennes seront dirigées par les barrières de Montreuil et de Saint-Mandé.

Dispositions générales.

23. Défense expresse est faite aux étalagistes, marchands forains, limonadiers, marchands de vins et de comestibles, teneurs de bals et saltimbanques, de stationner, le 1er mai, dans les Champs-Elysées, sans en avoir obtenu de nous la permission par écrit, laquelle désignera l'emplacement qu'ils occuperont.

24. Il est expressément interdit, sous les peines portées par la loi du 21 mai 1836, aux marchands forains et étalagistes, qui stationneront aux Champs-Elysées et à la barrière du Trône, de tenir des loteries ou jeux de hasard, pour débiter ou vendre leurs marchandises.

25. L'entrepreneur du feu d'artifice qui sera tiré le 1er mai à la barrière du Trône, établira, au pourtour du feu, tant à l'intérieur qu'à l'extérieur de Paris, deux fortes barrières en charpente, à la distance de 150 mètres du feu, pour maintenir le public à l'éloignement nécessaire à sa sûreté. Il se conformera en outre, ainsi que l'entrepreneur du feu d'artifice qui sera tiré sur le pont de la Concorde et sur le quai d'Orsai, aux prescriptions de notre ordonnance du 30 juin 1842, relative aux artificiers, et à toutes autres prescriptions qui pourront leur être faites dans l'intérêt de la sûreté publique.

26. Des postes médicaux, pourvus de brancarts et de boîtes de secours, seront établis, le 1er mai, sur les points ci-après, savoir :
Aux Champs-Elysées, grand carré des Jeux, au quai d'Orsai, devant l'hôtel de la Légion d'honneur, et à la barrière du Trône.

27. Un poste de sapeurs-pompiers, avec les pompes et les agrès nécessaires, sera établi auprès de chaque feu d'artifice, et des sapeurs-pompiers seront placés, pendant le feu qui sera tiré au quai d'Orsai, sur les combles du palais de la Chambre des députés et du palais du quai d'Orsai.

28. Il est expressément défendu de tirer sur la voie publique, es dans l'intérieur des habitations, des pièces d'artifice et armes à feu.

29. Aucun étalagiste ou saltimbanque ne pourra, dans la journée du 1er mai, stationner aux entrées du jardin des Tuileries, sur le Pont Royal, le quai des Tuileries, le quai Voltaire, la place de la Concorde et dans la rue Royale-Saint-Honoré.

50. Dans la journée du 1er mai, aucuns échafaudages, estrades, chaises, échelles, tonneaux, tables, bancs, charrettes, tréteaux es planches, ne pourront, sous aucun prétexte, être placés sur la voie publique, et notamment aux abords des jeux et divertissements pu blics et des feux d'artifice, savoir :

Aux Champs-Elysées, carré des Jeux;

Dans la grande avenue des Champs-Elysées.

Sur la place de la Concorde,

    le Pont-Royal,

    le quai des Tuileries,

    le quai du Louvre,

    le quai Voltaire,

    le quai d'Orsai,

    le quai de la Conférence,

Et sur la place de la barrière du Trône.

Les commissaires de police et les agents de la force publique feron enlever sur-le-champ, et conduire à la fourrière, les objets de cette nature, placés en contravention à la présente défense.

51. Défense expresse est faite de monter, dans la journée du 1er mai sur les arbres, sur les parapets des quais, des ponts et des berges e d'escalader la terrasse du jardin des Tuileries, dite *du bord de l'eau* de monter sur les candélabres servant à l'éclairage du quai des Tuile ries, de la place de la Concorde, de la grande avenue des Champs-Ely sées et sur les statues et les bassins de la place de la Concorde, sur les balustrades des fossés de ladite place, ainsi que sur les toits, entable ments, auvents des maisons; enfin, sur les échafaudages au devant des maisons en construction.

52. Dans la journée du 1er mai, la bourse et les ports seront fermés.

53. Les contraventions à la présente ordonnance seront constatées par des procès-verbaux ou rapports des officiers de police, et déférées aux tribunaux compétents.

54. La présente ordonnance sera imprimée, publiée et affichée dans Paris et dans les communes de Passy, Neuilly, Saint-Mandé, Montreuil et Vincennes.

Les maires et les commissaires de police desdites communes, le chef de la police municipale à Paris, les commissaires de police et les officiers de paix de la ville de Paris, l'architecte-commissaire de la petite voirie, l'inspecteur général de la navigation et des ports, le directeur de la salubrité et les préposés de la préfecture de police, sont chargés, chacun en ce qui le concerne, de tenir la main à son exécution.

MM. les colonels de la garde municipale de la ville de Paris et de la première légion de gendarmerie départementale, ainsi que M. le chef d'escadron de la gendarmerie de la Seine, sont appelés pareille ment à concourir à son exécution et à prêter main-forte, au besoin, aux agents de police agissant pour l'exécution de la présente or donnance.

Le pair de France, préfet de police, G. DELESSERT.

N° **2003**. — *Ordonnance qui fixe le tarif pour le transport des voyageurs sur le chemin de fer de Paris à Versailles (rive gauche) (1).*

Paris, le 30 avril 1847.

N° **2004**. — *Ordonnance concernant le numérotage et la visite générale des tonneaux de porteurs d'eau (2).*

Paris, le 30 avril 1847.

Nous, pair de France, préfet de police,

Vu : 1° l'article 32 de l'arrêté du Gouvernement du 12 messidor an VIII (1er juillet 1800), et l'article 1er de l'arrêté du 3 brumaire an IX (25 octobre 1800);

2° Notre ordonnance du 30 mars 1837, concernant la police des fontaines et bornes-fontaines et des porteurs d'eau ;

3° Notre arrêté du 2 septembre 1840, qui règle toutes les opérations relatives au marquage et au numérotage des tonneaux des porteurs d'eau ;

4° Notre ordonnance du 18 avril 1846, qui prescrit un nouveau mode pour le numérotage des tonneaux de porteurs d'eau et pour la peinture des inscriptions sur les fonds de ces tonneaux ;

Ordonnons ce qui suit :

1. Il sera procédé à une visite générale des tonneaux des porteurs d'eau qui exercent leur état dans la ville de Paris.

Cette visite commencera le mardi 11 mai prochain.

Elle aura lieu deux fois la semaine, les *mardis* et *vendredis*, sur le quai Napoléon (quartier de la Cité), de onze heures du matin à quatre heures du soir.

La visite des tonneaux des porteurs d'eau domiciliés dans le 1er arrondissement, s'effectuera le mardi 11 mai prochain.

La visite des tonneaux du 2e arrondissement, le 14 du même mois ;

La visite des tonneaux du 3e arrondissement, les 18 et 21 mai ;

La visite des tonneaux du 4e arrondissement, le 25 mai ;

La visite des tonneaux du 5e arrondissement, les 28 mai et 1er juin suivants ;

La visite des tonneaux du 6e arrondissement, les 4 et 8 juin ;

La visite des tonneaux du 7e arrondissement, le 11 juin ;

La visite des tonneaux du 8e arrondissement, le 15 juin ;

La visite des tonneaux du 9e arrondissement, le 18 juin ;

La visite des tonneaux du 10e arrondissement, les 22 et 25 juin ;

La visite des tonneaux du 11e arrondissement, le 29 juin ;

Enfin, la visite des tonneaux du 12e arrondissement, et celle des tonneaux des porteurs d'eau qui sont domiciliés dans la banlieue, *mais qui exercent leur état dans Paris*, auront lieu le 2 juillet.

2. Les porteurs d'eau ne seront admis à la visite, qu'à tour de rôle,

---

(1) Abrogée.—V. l'ord. du 30 juil. 1849.
(2) V. les ord. des 21 avril 1845; 18 avril 1846; 15 mai 1849, et 7 mai 1850.

et qu'autant qu'ils seront munis d'un bulletin de convocation délivré à l'avance, par les receveurs des fontaines marchandes.

3. Il sera procédé aux visites par le contrôleur des fourrières, l'officier de paix de l'attribution des voitures et l'officier de paix de l'arrondissement dont les tonneaux seront visités, l'un des deux experts des voitures publiques et le peintre de la préfecture.

4. Les fonds de derrière de tous les tonneaux qui seront présentés au numérotage et à la visite devront être peints en noir.

Les inscriptions seront peintes en rouge et le numéro de police en blanc, de la manière suivante :

Le numéro, en chiffres arabes de 0 mètres 8 centimètres de hauteur sur 2 centimètres de largeur, sera placé au milieu du fond de derrière du tonneau, et les inscriptions, faites sur une ligne droite en caractères très-lisibles, indiqueront, au-dessus du numéro, les nom, prénoms et domicile du propriétaire, et au-dessous de ce numéro, le lieu de remisage.

L'estampille constatant la visite sera apposée à la droite du numéro à la gauche se trouvera la jauge, qui sera reproduite en chiffres arabes de couleur blanche, ayant 4 centimètres de hauteur sur 8 millimètres de plein et placée au-dessus des nom et prénoms du propriétaire, ainsi qu'il est indiqué dans la figure ci-après :

5. Avant de faire procéder à la peinture du numéro de police et du chiffre de la jauge, les chefs de service devront s'assurer si chaque porteur d'eau est muni d'une carte de roulage en règle, c'est-à-dire indiquant son domicile et le lieu de remisage du tonneau, et visée, si ce porteur d'eau est domicilié dans Paris, par le commissaire de police de son quartier, et, s'il est domicilié dans l'une des communes de la banlieue, par le maire ou par le commissaire de police de sa commune.

Il sera vérifié en outre avec le plus grand soin :

1° Si chaque tonneau est tenu, tant à l'extérieur qu'à l'intérieur dans un état convenable de propreté, et s'il n'exhale aucune mauvaise odeur ;

2° Si la bonde de chaque tonneau ferme assez hermétiquement pour que l'eau ne puisse se répandre sur la voie publique.

6. Il sera dressé, pour chacun des jours de visite désignés en l'article 1er, un procès-verbal spécial qui contiendra les noms et domiciles des porteurs d'eau qui ne se seront pas conformés à toutes les dispositions de l'ordonnance précitée, du 30 mars 1837 ; les noms et domiciles de ceux qui auront été reconnus en règle, et toutes autres observations qui seront jugées nécessaires.

Les tonneaux des porteurs d'eau qui ne seront point en règle, non pourront être admis au numérotage et à la visite que lorsque les propriétaires de ces tonneaux auront justifié de l'accomplissement de toutes les formalités omises.

7. L'expert des voitures publiques mesurera la longueur des brancards des tonneaux présentés au numérotage et à la visite.

Les tonneaux dont les brancards dépasseront la saillie fixée par les règlements, ne seront admis au numérotage et à la visite que lorsque les brancards auront été réduits à la saillie déterminée par l'ordonnance de police du 30 mars 1837.

Les tonneaux qui ne seraient pas dans un état satisfaisant de propreté extérieure et intérieure, qui exhaleraient une mauvaise odeur, ou dont les bondes ne fermeraient pas assez hermétiquement pour que l'eau ne puisse se répandre sur la voie publique. ne pourront être admis au numérotage et à la visite qu'autant qu'il aura été reconnu, par un examen ultérieur, que ces tonneaux auront été nettoyés et assainis, ou qu'ils seront pourvus d'une bonde fermant hermétiquement.

8. Chaque tonneau. présenté au numérotage et à la visite, sera revêtu d'une estampille (P. 3.) de couleur rouge qui devra avoir 4 centimètres de hauteur et 8 millimètres de plein.

L'estampille sera peinte sur le côté droit du fond de derrière de chaque tonneau, en regard du numéro de police, ainsi qu'il est dit en l'article 4 de la présente ordonnance.

9. Lorsque le numérotage et la visite seront complétement terminés, tout porteur d'eau dont le tonneau ne portera pas le numéro et l'estampille de la visite et les inscriptions en caractères rouges, ainsi que le numéro de police et le chiffre de la jauge en caractères blancs, sur un fond noir, sera poursuivi conformément aux règlements.

Tout tonneau neuf qui. après la visite, sera présenté à l'expertise et au numérotage, sera marqué du numéro et de l'estampille de la visite, après toutefois qu'il aura été reconnu que ce tonneau réunit toutes les conditions prescrites par les articles 4, 5 et 7 de la présente ordonnance.

10 Notre ordonnance du 30 mars 1837 et notre arrêté du 2 septembre 1840, précités, continueront de recevoir leur exécution dans tout ce qui n'est pas contraire aux dispositions qui précèdent.

11. La présente ordonnance sera imprimée et affichée.

Les commissaires de police, le chef de la police municipale, les officiers de paix, le contrôleur des fourrières, et les autres préposés de la préfecture de police sont chargés, chacun en ce qui le concerne, d'en assurer l'exécution.

Elle sera adressée, en outre, à M. le colonel commandant la garde municipale et à M. le commandant de la gendarmerie du département de la Seine qui sont chargés de tenir la main à son exécution par tous les moyens mis à leur disposition.

Le pair de France, préfet de police, G. DELESSERT.

N° **2005**. — *Ordonnance portant modification aux tarifs en vigueur, et homologation de tarifs pour la nouvelle station de Précy, et pour les voitures de luxe sur le chemin de fer de Paris à la frontière de Belgique (chemin de fer du Nord).*

Paris, le 30 avril 1847.

Nous, pair de France, préfet de police,
Vu : 1° la loi du 15 juillet 1845, qui autorise la concession du chemin

de fer de Paris à la frontière de Belgique, ensemble le cahier des charges, coté A, annexé à cette loi;

2° L'ordonnance royale homologative de l'adjudication de la concession dudit chemin de fer;

3° Nos ordonnances des 19 juin, 3 juillet, 19 août, 11 octobre 1846, et 22 février 1847, qui fixent le tarif pour le transport des voyageurs, bagages, articles de messagerie, marchandises, finances et autres valeurs, etc., sur le chemin de fer précité;

4° Les propositions soumises à l'homologation administrative, par la compagnie du chemin de fer du Nord, concessionnaire du chemin de fer de Paris à la frontière de Belgique, et contenant : 1° un projet de tarif pour la station de Précy, qui doit être ouverte prochainement; 2° des réductions sur les prix des places entre Paris et Breteuil, et entre Saint-Denis et Breteuil; 3° un projet de tarif pour les places de luxe; 4° un projet de tarif pour le transport du lait en expéditions de 100 litres au moins; ensemble les observations par nous présentées, au sujet desdites propositions, à M. le ministre des travaux publics;

5° La décision ministérielle en date de ce jour portant homologation des propositions de la compagnie;

6° L'article 49 du règlement général, sur la police, la sûreté et l'exploitation des chemins de fer, en date du 15 novembre 1846, touchant les changements apportés aux tarifs homologués;

7° Le certificat du commissaire spécial de police du chemin de fer du Nord, en date du 2 avril courant, duquel il résulte que les modifications de tarif, qui font l'objet des propositions ci-dessus visées, ont été affichées le même jour;

Considérant qu'il y a lieu de rendre exécutoire, dans le ressort de la préfecture de police, la décision ministérielle précitée;

Considérant que les modifications proposées par la compagnie, ayant été affichées, le 2 de ce mois, peuvent être rendues obligatoires, à partir du 2 mai prochain,

Ordonnons ce qui suit :

CHAPITRE Ier.

TARIF POUR LA STATION DE PRÉCY.

§ Ier. — Voyageurs.

1. Les prix à percevoir pour le transport des voyageurs sur les parcours entre la station de Précy et les autres stations du chemin de fer de Paris à la frontière de Belgique, sont réglés, y compris l'impôt dû au trésor, ainsi qu'il suit :

Tarif pour le Transport des Voyageurs.

LIEUX DE DÉPART ET DE DESTINATION.	Distances servant de base à la fixation des prix de transport.	1re CLASSE. Voitures couvertes, garnies et fermées à glaces.		2e CLASSE. Voitures couvertes, fermées à glaces et à banquettes rembourrées.		3e CLASSE. Voitures couvertes et fermées avec rideaux.	
		PRIX DE TRANSPORT.					
	kilomèt.	fr.	c.	fr.	c.	fr.	c.
Paris............	58	5	50	3	75	2	50
Saint-Denis.....	52	5	»	3	75	2	50
Enghien.......	46	4	75	3	50	2	50
Ermont......	44	4	50	3	25	2	50
Franconville ..	41	4	»	3	»	2	25
Herblay	36	3	50	2	75	2	»
Pontoise...,...	29	3	»	2	25	1	50
Auvers........	24	2	50	1	75	1	25
Isle-Adam.....	18	1	75	1	25	1	»
Beaumont......	12	1	25	»	90	»	70
Boran.........	5	»	60	»	45	»	35
Saint-Leu......	4	»	60	»	45	»	35
Creil.........	10	1	»	»	80	»	60
Liancourt......	18	1	75	1	25	1	»
Clermont......	25	2	50	1	75	1	25
Saint-Just	40	4	»	3	»	2	25
Breteuil.......	55	5	50	4	25	3	»
Ailly..........	71	7	»	5	50	4	»
Boves.........	82	8	25	6	25	4	75
Amiens.........	91	9	25	7	»	5	25
Corbie........	106	10	75	8	25	6	»
Albert........	122	12	50	9	50	7	»
Achiet	140	14	25	10	75	8	»
Boileux.......	149	15	25	11	50	8	50
Arras	158	16	25	12	25	9	»
Rœux	167	17	25	13	»	9	50
Vitry.........	174	17	75	13	50	10	»
Douai	184	19	»	14	25	10	50
Leforest.......	191	19	75	14	75	11	»
Carvin........	198	20	25	15	25	11	25
Séclin........	206	21	»	16	»	11	75
Lille	216	22	25	16	75	12	25
Roubaix.......	225	23	25	17	50	13	»
Tourcoing	228	23	50	17	75	13	»
Mouscron.	235	24	»	18	»	13	»
Montigny......	192	19	75	14	75	11	»
Somain........	199	20	50	15	25	11	50
Wallers........	208	21	50	16	»	12	»
Raismes.......	214	22	»	16	50	12	25
Valenciennes ...	220	22	75	17	»	12	50
Blanc-Misseron .	251	23	50	17	75	13	»
Quiévrain	252	23	75	18	»	13	25

(Colonne de gauche : **DE PRÉCY** aux stations ci-contre *et vice versâ* :)

§ II. — Excédants de bagages, articles de messagerie, marchandises, etc.

2. Les prix du transport à grande vitesse, des excédants de bagages, des articles de messagerie, des marchandises, des finances et autres valeurs, et des chiens, les frais de chargement et de déchargement, de magasinage et d'enregistrement, sont réglés, pour les parcours ci-dessus indiqués, conformément aux dispositions de nos ordonnances précitées des 19 juin 1846 et 22 février 1847.

CHAPITRE II.

MODIFICATIONS AUX PRIX DE TRANSPORT DES VOYAGEURS, POUR QUELQUES PARCOURS.

3. Les prix à percevoir pour le transport des voyageurs sur les parcours ci-après indiqués sont réglés, y compris l'impôt dû au trésor, ainsi qu'il suit :

Modifications au Tarif pour le Transport des Voyageurs.

LIEUX DE DÉPART ET DE DESTINATION.		Distances servant de base à la fixation des prix de transport.	1re CLASSE. Voitures couvertes, garnies et fermées à glaces.	2e CLASSE. Voitures couvertes, fermées à glaces et à banquettes rembourrées.	3e CLASSE. Voitures couvertes et fermées avec rideaux.
			PRIX DE TRANSPORT.		
		kilomèt.	fr. c.	fr. c.	fr. c.
DE PARIS aux stations ci-contre *et vice versâ :*	Beaumont......	46	4 »	3 »	2 50
	Saint-Leu......	61	5 50	3 75	2 75
	Creil	68	6 »	4 50	3 25
	Liancourt......	75	7 »	5 »	3 75
	Saint-Just......	97	9 50	7 »	5 »
	Breteuil........	112	11 »	8 50	6 »
DE SAINT-DENIS aux stations ci-contre *et vice versâ :*	Beaumont......	40	4 »	3 »	2 50
	Saint-Leu.....	55	5 50	3 75	2 75
	Creil..........	62	6 »	4 50	3 25
	Liancourt......	69	7 »	5 »	3 75
	Saint-Just	91	9 40	7 »	5 »
	Breteuil........	106	10 95	8 25	6 »

CHAPITRE III.

PLACES DE LUXE.

4. La compagnie est autorisée à percevoir pour les places dans les voitures spéciales *dites à salon*, établies, conformément aux dispositions de l'article 41 du cahier des charges, les prix ci-après indiqués :

Tarif des Places de Luxe.

LIEUX DE DÉPART ET DE DESTINATION.		PRIX de TRANSPORT.
		fr. c.
DE PARIS aux stations ci-contre *et vice versâ :*	Amiens..........................	20 »
	Arras...........................	30 »
	Valenciennes	35 »
	Quiévrain (*pour Bruxelles*)...............	37 »

5. Le nombre des places à donner dans les voitures spécifiées en l'article précédent, ne devra, dans aucun cas, excéder le cinquième du nombre total des places du convoi.

CHAPITRE IV.

TRANSPORT DU LAIT, A GRANDE VITESSE, PAR EXPÉDITION DE 100 LITRES AU MOINS.

6. Les prix de transport du lait sont fixés ainsi qu'il suit, pour les parcours ci-après, selon qu'ils s'appliqueront à des expéditions de 100 litres aux moins, ou à des chargements complets de 3,600 à 4,000 litres :

Tarif pour le Transport du Lait.

NOTA. Quel que soit le poids des vases dans lesquels le lait sera expédié, le transport sera payé à raison du prix d'un litre pour un kilogramme 300 grammes du poids brut.		PAR LITRE.	
		Pour des expéditions de 100 litres au moins.	Pour des wagons complets de 3,600 à 4,000 lit.
		fr. c.	fr. c.
	Pontoise..............	» 01 1/4	» 01 1/4
	Auvers...............	» 01 1/2	» 01 1/4
	Isle-Adam...........	» 01 3/4	» 01 1/2
	Beaumont...........	» 01 3 4	» 01 1 2
Des stations ci-contre,	Boran...............	» 01 3/4	» 01 1 2
à PARIS :	Saint-Leu	» 01 3/4	» 01 1/2
	Creil...............	» 01 3,4	» 01 1 2
	Liancourt........	» 02 »	» 01 3,4
	Clermont............	» 02 »	» 01 3/4
	Saint-Just	» 02 1/2	» 02 1/4
	Breteuil.............	» 02 1/2	» 02 1/4

CHAPITRE V.

DISPOSITIONS GÉNÉRALES.

7. Les taxes réglées par la présente ordonnance pourront être perçues à partir du 2 mai prochain.

8. Toutes les dispositions de nos ordonnances précitées des 19 juin, 3 juillet, 29 août, 11 octobre 1816 et 22 février 1847, qui ne sont point contraires à celles qui précèdent, continueront de recevoir leur exécution.

9. La présente ordonnance sera notifiée à la compagnie, imprimée et affichée.

Le commissaire spécial de police et les agents de surveillance du chemin de fer de Paris à la frontière de Belgique, ainsi que les maires et les commissaires de police des communes du ressort de la préfecture de police, dont le territoire est traversé par ledit chemin de fer, sont chargés d'en assurer l'exécution.

Le pair de France, préfet de police, G. DELESSERT.

N° **2006**. — *Ordonnance portant défense de faire passer les bateaux et les trains par le petit bras de la Seine, dans Paris.*

Paris, le 14 mai 1847.

Nous, pair de France, préfet de police,

Vu : la demande qui nous a été faite par l'entrepreneur des travaux de démolition du Pont-aux-Doubles, d'être autorisé à barrer le petit bras de la Seine, pour faciliter l'exécution des travaux dont il s'agit, et prévenir des accidents ;

Vu le rapport qui nous a été fait à cet égard, par M. l'inspecteur général de la navigation ;

Vu les lois et règlements sur la matière ;

Vu l'arrêté du Gouvernement, du 12 messidor an VIII (1er juillet 1800),

Ordonnons ce qui suit :

1. A compter du 20 de ce mois, la navigation sera interdite dans le petit bras de la Seine, dans Paris.

2. Cette mesure continuera à recevoir son exécution pendant tout le temps qui sera nécessaire, soit pour la démolition du Pont-aux-Doubles, soit pour les autres travaux à faire dans cette localité.

3. La présente ordonnance sera imprimée et affichée.

Le pair de France, préfet de police, G. DELESSERT.

———————————◦———————————

N° **2007**. — *Ordonnance concernant l'arrosement.*

Paris, le 22 mai 1847.

Nous, pair de France, préfet de police,

Ordonnons ce qui suit :

Notre ordonnance du 27 juin 1843 (1), concernant l'arrosement de la voie publique, sera de nouveau imprimée et affichée.

Le pair de France, préfet de police, G. DELESSERT.

———————————◦———————————

N° **2008**. — *Ordonnance concernant le lâchage et le remontage des bateaux sous les ponts de Paris* (2).

Paris, 29 mai 1847.

Nous, pair de France, préfet de police,

Vu : l'ordonnance du roi, du 18 de ce mois, qui autorise la mise en adjudication, pour une période de trois années, commençant le 1er juin prochain, de l'entreprise du lâchage et du remontage des bateaux sous les ponts de Paris ;

Vu le procès-verbal, en date du 28 de ce mois duquel il résulte que l'adjudication annoncée pour ledit jour n'a pu avoir lieu, aucun soumissionnaire ne s'étant présenté ;

(1) V. cette ord.. t. III. p. 641.
(2) V. les ord. des 31 août 1847, et 29 janv. 1848.

Vu l'offre faite par le sieur Ducoudray, chef actuel des ponts, de continuer son service jusqu'au 31 août 1847, aux conditions exprimées dans sa lettre du 15 mai courant ;

Ensemble la décision par laquelle M. le ministre des travaux publics nous autorise à accepter cette offre, et l'arrêté que nous avons pris ce jour, à cet effet,

Ordonnons ce qui suit :

1. Le service du lâchage et du remontage des bateaux sous les ponts de Paris continuera à être fait jusqu'au 31 août prochain, par le sieur Ducoudray, avec le titre de chef des ponts de Paris, conformément au cahier des charges, et d'après le tarif de l'entreprise actuelle de ce service, sauf les modifications ci-après :

2. Les bateaux non susceptibles d'être cajolés, destinés pour les ports de Paris, à partir du pont de la Tournelle, le port Saint-Paul excepté, ou à traverser Paris en passe-debout, devront être garés par leurs conducteurs, sur la rive gauche de la Seine, en aval du pont d'Austerlitz, depuis la première arche jusqu'au bas du perré, sur trois de longueur et deux de hauteur.

Ceux à destination du port Saint-Paul, ou qui auront besoin d'être cajolés, seront garés sur la rive droite, à 50 mètres en aval de l'écluse en Seine du canal Saint-Martin, sur deux de longueur et deux de hauteur.

3. Le lâchage à la volée des bateaux et des trains aura lieu, les lundi, mardi, mercredi et vendredi de chaque semaine.

Le lâchage sur cordes aura lieu les jeudis seulement.

Les remontages s'opèreront, le samedi et le dimanche, s'il en est besoin.

4. Il sera arboré un drapeau au pont de la Tournelle, par les soins du chef des ponts, toutes les fois que le lâchage des trains ne pourra avoir lieu.

5. Le chef des ponts sera tenu de lâcher et de mettre à port les bateaux *aussitôt* qu'il sera possible, selon l'ordre et la date des inscriptions, et au plus tard dans les cinq jours des déclarations, à moins qu'il n'y ait pas de place libre au port de destination, ce qui devra être constaté par un certificat de l'inspecteur de la navigation.

Lorsque rien ne s'opposera au lâchage, les bateaux seront, cinq jours après la déclaration, à la charge et à la responsabilité du chef des ponts, jusqu'à ce qu'ils soient rendus au port de leur destination.

Les bateaux chargés pour le compte du Gouvernement, seront descendus à la première réquisition, et sans être astreints au tour de lâchage.

6. La présente ordonnance sera imprimée et affichée.

Les ingénieurs des ponts et chaussées et de la navigation, leurs conducteurs, les commandants de la gendarmerie et de la garde municipale, les commissaires de police, le chef de la police municipale, l'inspecteur général de la navigation, et les préposés sous leurs ordres, sont chargés, chacun en ce qui le concerne, d'en surveiller et assurer l'exécution.

Le pair de France, préfet de police, G. DELESSERT.

N° **2009**. — *Ordonnance qui modifie le tarif pour le transport des voyageurs sur le chemin de fer de Paris à Sceaux* (1).

Paris, le 31 mai 1847.

———◦———

N° **2010**. — *Ordonnance concernant les chiens et les chiens boule-dogues.*

Paris, le 4 juin 1847.

Nous, pair de France, préfet de police,

Ordonnons ce qui suit :

L'ordonnance de police du 27 mai 1845 (2), concernant les chiens et les chiens *boule-dogues* sera de nouveau imprimée et affichée dans Paris et dans les communes du ressort de notre préfecture.

Le pair de France, préfet de police, G. DELESSERT.

———◦———

N° **2011**. — *Ordonnance portant homologation du tarif des transports à petite vitesse pour les gares de Boran, Liancourt et du Pont-de-la-Deule, et de tarifs spéciaux pour les transports, par wagon complet de 5,000 kilogr., de la houille, du plâtre, de la pierre et autres matières expédiées de certaines stations sur le chemin de fer de Paris à la frontière de Belgique (chemin de fer du Nord).*

Paris, le 17 juin 1847.

Nous, pair de France, préfet de police,

Vu ; 1° la loi du 15 juillet 1845, qui autorise la concession du chemin de fer de Paris à la frontière de Belgique, ensemble le cahier des charges, côté A, annexé à cette loi ;

2° L'ordonnance royale homologative de l'adjudication de la concession dudit chemin de fer ;

3° Nos ordonnances des 10 février et 10 mars 1847, qui fixent les tarifs pour le transport, à la petite vitesse, des marchandises, des chevaux et bestiaux sur le chemin de fer précité ;

4° Notre ordonnance du 25 mars dernier, qui autorise la compagnie à percevoir, jusqu'au 1er août prochain, à titre de frais de magasinage, le droit de 0,05 c. par jour et par 100 kilogrammes, fixé par notre ordonnance précitée du 10 février, pour tous les articles qui ne seraient pas enlevés dans les vingt-quatre heures ;

5° Les propositions soumises à l'homologation administrative par la compagnie du chemin de fer du Nord, concessionnaire du chemin de fer de Paris à la frontière de Belgique, et contenant : 1° un projet de tarif pour le transport des marchandises à petite vitesse, applicable aux gares de Boran, de Liancourt et du Pont-de-la-Deule ; 2° des

_____

(1) Abrogée.—V. l'ordonnance du 7 mai 1849.
(2) V. cette ord.

réductions de taxe pour le transport à petite vitesse et par wagon complet de 5,000 kilogrammes, de la houille, du plâtre, de la pierre et d'autres matières expédiées de diverses stations ;

6° La décision ministérielle en date du 9 juin courant, portant homologation des propositions de la compagnie, sauf quelques modifications ;

7° L'article 49 de l'ordonnance réglementaire du 15 novembre 1846, sur la police, la sûreté et l'exploitation des chemins de fer, concernant le délai d'annonce pour les modifications apportées dans les tarifs ;

8° Le certificat du commissaire spécial de police du chemin de fer du Nord, en date du 25 mai dernier, duquel il résulte que les modifications de tarif qui font l'objet des propositions ci-dessus visées ont été affichées le 19 dudit mois ;

Considérant qu'il y a lieu de rendre exécutoire, dans le ressort de la préfecture de police, la décision ministérielle précitée ;

Considérant que les modifications proposées par la compagnie, ayant été affichées le 19 mai dernier, peuvent être rendues obligatoires à partir du 19 juin courant,

Ordonnons ce qui suit :

CHAPITRE Ier.

TARIF POUR LES GARES DE BORAN, DE LIANCOURT ET DU PONT-DE-LA-DEULE, APPLICABLE AUX MARCHANDISES, CHEVAUX, BESTIAUX ET VOITURES.

§ 1er. — *Prix de transport.*

1. Les prix à percevoir pour le transport, à petite vitesse, des marchandises, des chevaux, bestiaux et voitures, sur les parcours compris entre les gares de Boran, de Liancourt, du Pont-de-la-Deule, et les autres stations du chemin de fer de Paris à la frontière de Belgique, sont réglés conformément au tableau suivant :

NOTA. — Voir, pour la désignation des marchandises, l'ordonnance du 10 février 1847.

(Tarif pour le transport des marchandises, etc.)

Tarif pour le Transport des Marchandises

LIEUX DE DÉPART et DE DESTINATION.	Distances servant de base à la fixation des prix de transport.	MARCHANDISES PAR 1,000 KILOGRAMMES.								
		Hors classe.		1re classe.		2e classe.		3e classe. 1re catégorie.		2e catég.
	kilomèt.	fr.	c.	fr.	c.	fr.	c.	fr.	c.	fr.
De BORAN aux Stations ci-après et vice versâ.										
Paris, *gare de La Chapelle*...	52	12	50	6	50	6	»	5	50	5 7
Pontoise...	25	6	20	4	50	4	»	3	50	2 9
Auvers...	20	5	»	3	60	3	20	2	80	2 9
Beaumont...	7	2	70	1	20	1	10	»	90	» 6
Saint-Leu...	8	2	»	1	40	1	20	1	10	» 6
Creil...	15	3	70	2	70	2	50	2	10	1 5
Liancourt...	22	5	50	3	90	3	50	3	»	2 5
Clermont...	30	7	50	5	40	4	80	4	20	3 7
Saint-Just...	44	11	»	7	90	7	»	6	10	4 5
Breteuil...	59	14	50	10	50	9	»	8	20	5 ?
Ailly...	76	18	50	13	50	12	»	10	50	7 ?
Amiens...	95	23	50	17	»	15	»	13	»	9 ?
Albert...	127	29	50	21	50	18	50	16	50	12 ?
Achiet...	145	34	50	24	50	21	50	18	50	13 ?
Arras...	163	38	50	27	50	24	50	21	50	15 ?
Douai...	189	45	50	32	50	28	50	24	50	17 ?
Pont-de-la-Deule...	192	48	50	34	50	30	50	26	50	19 ?
Séclin...	210	50	50	36	50	31	50	27	50	19 ?
Lille...	220	52	50	37	50	33	50	28	50	20 ?
Roubaix...	230	55	50	39	50	33	50	28	50	21 ?
Tourcoing...	232	55	50	40	50	34	50	29	50	22 ?
Mouscron...	238	57	50	41	50	35	50	30	50	22 ?
Somain...	204	47	50	33	50	30	50	26	50	18 ?
Valenciennes...	224	52	50	37	50	33	50	28	50	20 ?
Blanc Misseron...	236	55	50	39	50	33	50	30	50	21 ?
Quiévrain...	236	55	50	39	50	33	50	30	50	21 ?
De LIANCOURT aux Stations ci-après et vice versâ.										
Paris, *gare de La Chapelle*...	74	18	50	10	50	9	50	8	»	7 ?
Pontoise...	46	11	50	8	20	7	30	6	40	4 ?
Auvers...	42	10	50	7	50	6	70	5	80	4 ?
Beaumont...	29	7	20	5	20	4	60	4	»	2 ?
Boran...	22	5	50	3	90	3	50	3	»	2 ?
Saint-Leu...	15	3	70	2	70	2	40	2	10	1 ?
Creil...	8	2	»	1	40	1	20	1	10	» ?
Clermont...	8	2	»	1	40	1	20	1	10	» ?
Saint-Just...	22	5	50	3	90	3	50	3	»	2 ?
Breteuil...	38	9	50	6	80	6	»	5	50	3 ?
Ailly...	54	13	50	9	70	8	60	7	50	5 ?
Amiens...	73	18	»	13	»	9	50	8	10	7 ?
Albert...	105	24	50	17	50	15	50	13	50	9 ?
Achiet...	123	28	50	20	50	16	50	14	»	11 ?
Arras...	141	33	50	23	50	16	50	14	»	12 ?
Douai...	167	39	50	28	50	19	50	16	50	13 ?
Pont-de-la-Deule...	170	40	50	28	50	20	50	18	50	16 ?
Séclin...	188	44	50	52	50	23	50	19	50	17 ?
Lille...	199	47	50	34	50	23	50	19	50	17 ?
Roubaix...	208	49	50	35	50	31	50	27	50	19 ?
Tourcoing...	211	50	50	56	50	32	50	28	50	19 ?
Mouscron...	216	51	50	37	50	32	50	28	50	20 ?
Somain...	182	41	50	29	50	23	50	19	50	16 ?
Valenciennes...	202	46	50	33	50	23	50	19	50	17 ?
Blanc-Misseron...	214	49	50	35	50	24	50	20	50	18 ?
Quiévrain...	214	49	50	35	50	24	50	20	50	18 ?

PRIX DE TRANSPORT.

Bestiaux et Voitures à la petite vitesse.

LIEUX DE DÉPART et DE DESTINATION.	Distances servant de base des prix de transport.	BESTIAUX. par wagon complet.	PAR TÊTE. Moutons, brebis et chèvres.	Veaux et porcs.	Chevaux, bœufs, vaches, taureaux et mulets.	VOITURES à un fond.	à deux fonds.
	kilomèt	fr. c.	fr. c.	fr. c.	fr. c.	fr. c.	fr. c.
Paris, *gare de La Chapelle*...	52	26 »	1 »	2 »	5 »	13 »	16 »
Pontoise	25	12 50	» 50	1 »	2 50	6 »	8 »
Auvers	20	10 »	» 40	» 75	2 »	5 »	6 »
Beaumont	7	3 50	» 14	» 25	» 70	1 50	2 »
Saint-Leu	8	4 »	» 16	» 30	» 80	2 »	2 50
Creil	15	7 50	» 25	» 50	1 50	3 50	4 50
Liancourt	22	11 »	» 40	» 75	2 »	5 50	7 »
Clermont	30	15 »	» 50	1 »	3 »	7 50	9 50
Saint-Just	44	22 »	» 75	1 75	4 ꞏ	11 »	14 »
Breteuil	59	29 50	1 »	2 25	5 50	14 50	18 50
Ailly	76	38 »	1 50	3 »	7 50	19 »	24 »
Amiens	95	47 50	1 75	3 75	9 50	23 »	30 »
Albert	127	63 50	2 25	4 75	12 »	31 »	40 »
Achiet	145	72 50	2 75	5 50	13 50	36 »	46 »
Arras	163	81 50	3 »	6 »	15 50	40 »	52 »
Douai	189	94 50	3 50	7 25	18 »	47 »	60 »
Pont-de-la-Deule	192	96 »	3 50	7 25	18 50	48 »	61 »
Séclin	210	105 »	4 »	8 »	20 »	52 »	67 »
Lille	220	110 »	4 25	8 50	21 »	55 »	70 »
Roubaix	230	115 »	4 25	8 75	22 »	57 »	73 »
Tourcoing	232	116 »	4 50	9 »	22 »	58 »	74 »
Mouscron	238	119 »	4 50	9 »	23 »	59 »	76 »
Somain	204	102 »	3 75	7 50	19 »	51 »	65 »
Valenciennes	224	112 »	4 »	8 25	21 »	56 »	71 »
Blanc-Misseron	236	118 »	4 25	8 75	22 »	59 »	75 »
Quiévrain	236	118 »	4 25	8 75	22 »	59 »	75 »
Paris, *gare de La Chapelle*...	74	37 »	1 25	2 75	7 »	18 »	23 »
Pontoise	46	23 »	1 75	1 75	4 50	11 50	14 50
Auvers	42	21 »	» 75	1 50	4 »	10 50	13 »
Beaumont	29	14 50	» 56	1 50	2 50	7 »	9 »
Boran	22	11 »	» 40	» 75	2 »	5 50	7 »
Saint-Leu	15	7 50	» 30	» 60	1 50	3 50	4 50
Creil	8	4 »	» 16	» 30	» 80	2 »	2 50
Clermont	8	4 »	» 16	» 30	» 80	2 »	2 50
Saint-Just	22	11 »	» 40	» 75	2 »	5 50	7 »
Breteuil	38	19 »	» 75	1 50	3 50	9 50	12 »
Ailly	51	27 »	1 »	2 »	5 »	13 50	17 »
Amiens	73	36 50	1 25	2 75	7 »	18 »	23 »
Albert	105	52 50	1 75	3 75	9 50	26 »	33 »
Achiet	125	61 50	2 25	4 50	11 50	30 »	39 »
Arras	141	70 50	2 50	5 25	13 »	35 »	45 »
Douai	167	83 50	3 »	6 25	16 »	41 »	55 »
Pont-de-la-Deule	170	85 »	3 25	6 50	16 »	42 »	5. »
Séclin	188	94 »	3 50	7 50	18 »	47 »	60 »
Lille	199	99 50	3 75	7 50	19 »	49 »	65 »
Roubaix	208	104 »	4 »	8 »	20 »	52 »	66 »
Tourcoing	211	105 50	4 »	8 »	20 »	52 »	67 »
Mouscron	216	108 »	4 »	8 25	20 50	54 »	69 »
Somain	182	91 »	3 25	6 75	16 50	45 »	58 »
Valenciennes	202	101 »	3 75	7 50	18 50	50 »	64 »
Blanc-Misseron	214	107 »	4 »	8 »	20 »	53 »	68 »
Quiévrain	214	107 »	4 »	8 »	20 »	53 »	68 »

LIEUX DE DÉPART et DE DESTINATION.	Distances servant de base à la fixation des prix de transport.	MARCHANDISES PAR 1,000 KILOGRAMMES.				
		Hors classe.	1re classe.	2e classe.	3e classe 1re catégorie.	cat.
				PRIX DE TRANSPORT.		
	kilomèt.	fr. c.	fr. c.	fr. c.	fr. c.	
Du PONT-DE-LA-DEULE aux Stations ci-après.						
Paris, *gare de La Chapelle*...	245	58 50	58 50	32 50	25 50	2
Pontoise...	216	51 50	57 50	52 50	25 50	2
Auvers...	211	50 50	56 50	51 50	25 50	
Beaumont...	199	47 50	54 50	29 50	25 50	2
Boran...	192	45 50	52 50	29 50	25 50	2
Saint-Leu...	184	43 50	51 50	27 50	25 50	2
Creil...	177	42 50	30 50	22 50	19 50	2
Liancourt...	170	40 50	28 50	22 50	19 50	1
Clermont...	162	58 50	27 50	22 50	19 50	2
Saint-Just...	148	34 50	24 50	21 50	18 50	2
Breteuil...	135	51 50	22 50	19 50	17 »	2
Ailly...	116	26 50	19 50	15 50	15 50	
Amiens...	97	25 50	17 »	14 50	12 50	
Albert...	66	16 50	11 50	9 50	8 50	
Achiet...	47	11 50	8 40	7 »	6 50	
Arras...	39	7 50	5 40	4 80	4 20	
Douai...	6	1 50	1 »	» 90	» 80	
Séclin...	19	4 70	3 40	5 »	2 60	
Lille...	29	7 20	5 20	4 60	4 »	
Roubaix...	39	9 50	7 »	6 20	5 40	
Tourcoing...	41	10 »	7 50	6 50	5 70	
Mouscron...	47	11 50	8 40	7 50	6 50	
Somain...	19	4 70	5 40	5 »	2 60	
Valenciennes...	39	9 50	7 »	6 20	5 40	
Blanc-Misseron...	51	12 50	9 »	8 10	7 10	
Quiévrain...	51	12 50	9 »	8 10	7 10	
Des Stations ci-après à la gare du PONT-DE-LA-DEULE.						
Paris, *gare de La Chapelle*...	245	58 50	78 50	28 50	21 50	11
Pontoise...	216	51 50	57 50	28 50	21 50	11
Auvers...	211	50 50	56 50	28 50	21 50	11
Beaumont...	199	47 50	54 50	28 50	21 50	11
Boran...	192	45 50	52 50	28 50	21 50	11
Saint-Leu...	184	43 50	51 50	27 50	21 50	11
Creil...	177	42 50	50 50	23 50	19 50	11
Liancourt...	170	40 50	28 50	23 50	19 50	10
Clermont...	162	58 50	27 50	23 50	19 50	10
Saint-Just...	148	34 50	24 50	22 50	19 50	11
Breteuil...	135	51 50	22 50	19 50	17 50	11
Ailly...	116	26 50	19 50	17 »	15 »	10
Amiens...	97	25 50	19 50	11 50	12 50	
Albert...	66	16 50	11 50	10 50	9 »	
Achiet...	47	11 50	8 »	7 50	6 50	
Arras...	30	7 50	5 40	4 80	4 20	
Douai...	6	1 50	1 »	» 90	» 80	
Séclin...	19	4 70	3 40	5 »	2 60	
Lille...	29	7 20	5 20	4 60	4 »	
Roubaix...	39	9 50	7 »	6 20	5 40	
Tourcoing...	41	10 »	7 50	6 50	5 70	
Mouscron...	47	11 50	8 40	7 50	6 50	
Somain...	19	4 70	3 40	5 »	2 60	
Valenciennes...	39	9 50	7 »	6 20	5 40	
Blanc-Misseron...	51	12 50	9 »	8 10	7 10	
Quiévrain...	51	12 50	9 »	8 10	7 10	

Bestiaux et Voitures à la petite vitesse.

LIEUX DE DÉPART et DE DESTINATION.	Distances servant de base à la fixation des prix de transport.	BESTIAUX. par wagon complet.	PAR TÊTE. Moutons, brebis et chèvres.	Veaux et porcs.	Chevaux, bœufs, vaches, taureaux et mulets.	VOITURES à un fond.	à deux fonds.
	kilomèt.	fr. c.	fr. c.	fr. c.	fr. c.	fr. c.	fr. c.
Paris, *gare de La Chapelle*...	245	122 »	4 50	9 25	23 50	61 »	78 »
Pontoise..................	216	108 »	4 »	8 25	20 50	54 »	69 »
Auvers	211	105 50	4 »	8 »	20 »	52 »	67 »
Beaumont	199	99 50	3 75	7 50	19 »	49 »	65 »
Boran	192	96 »	3 50	7 25	18 50	48 »	61 »
Saint-Leu..............	184	92 »	3 50	7 »	17 50	46 »	58 »
Creil	177	88 50	3 25	6 75	17 »	44 »	56 »
Liancourt..............	170	85 »	3 25	6 50	16 »	42 »	54 »
Clermont	162	81 »	3 »	6 »	15 50	40 »	51 »
Saint-Just.............	148	74 »	2 75	5 50	14 »	37 »	47 »
Breteuil...............	133	66 50	2 50	5 »	12 50	33 »	42 »
Ailly..................	116	58 »	2 »	4 25	10 50	29 »	37 »
Amiens.................	97	48 50	1 75	3 75	9 50	24 »	31 »
Albert.................	68	33 »	1 25	2 50	6 50	16 50	21 »
Achiet.................	47	23 50	» 75	1 75	4 50	11 50	15 »
Arras..................	30	15 »	» 60	1 »	3 »	7 50	9 50
Douai..................	6	3 »	» 12	» 24	» 60	1 50	1 90
Séclin.................	19	9 50	» 50	» 75	1 50	4 50	6 »
Lille..................	29	14 50	» 50	1 »	2 50	7 »	9 »
Roubaix................	39	19 50	» 75	1 50	3 50	9 50	12 »
Tourcoing	41	20 50	» 75	1 50	4 »	10 »	13 »
Mouscron...............	47	23 50	» 75	1 75	4 50	11 50	15 »
Somain.................	19	9 50	» 50	» 75	1 50	4 50	6 »
Valenciennes...........	39	19 50	» 75	1 50	3 50	9 50	12 »
Blanc-Misseron	51	25 50	1 »	2 »	5 »	12 50	16 »
Quiévrain..............	51	25 50	1 »	2 »	5 »	12 50	16 »
Paris, *gare de La Chapelle*...	245	122 »	4 50	9 25	23 50	61 »	78 »
Pontoise..................	216	108 »	4 »	8 25	20 50	54 »	69 »
Auvers	211	105 50	4 »	8 »	20 »	52 »	67 »
Beaumont	199	99 50	3 75	7 50	19 »	49 »	65 »
Boran	192	96 »	3 50	7 25	18 50	48 »	61 »
Saint-Leu..............	184	92 »	3 50	7 »	17 50	46 »	58 »
Creil	177	88 50	3 25	6 75	17 »	44 »	56 »
Liancourt..............	170	85 »	3 25	6 50	16 »	42 »	54 »
Clermont	162	81 »	3 »	6 »	15 50	40 »	51 »
Saint-Just.............	148	74 »	2 75	5 50	14 »	37 »	47 »
Breteuil...............	133	66 50	2 50	5 »	12 50	33 »	42 »
Ailly..................	116	58 »	2 »	4 25	10 50	29 »	37 »
Amiens.................	97	48 50	1 75	3 75	9 50	24 »	31 »
Albert.................	66	33 »	1 25	2 50	6 50	16 50	21 »
Achiet.................	47	23 50	» 75	1 75	4 50	11 50	15 »
Arras..................	30	15 »	» 60	1 »	3 »	7 50	9 50
Douai..................	6	3 »	» 12	» 24	» 60	1 50	1 90
Seclin.................	19	9 50	» 50	» 75	1 50	4 50	6 »
Lille..................	29	14 50	» 50	1 »	2 50	7 »	9 »
Roubaix................	39	19 50	» 75	1 50	3 50	9 50	12 »
Tourcoing	41	20 50	» 75	1 50	4 »	10 »	13 »
Mouscron...............	47	23 50	» 75	1 75	4 50	11 50	15 »
Somain.................	19	9 50	» 50	» 75	1 50	4 50	6 »
Valenciennes...........	39	19 50	» 75	1 50	3 50	9 50	12 »
Blanc-Misseron........	51	25 50	1 »	2 »	5 »	12 50	16 »
Quiévrain..............	51	25 50	1 »	2 »	5 »	12 50	16 »

§ II. — *Frais accessoires.*

2. Les frais d'enregistrement, de magasinage, de chargement et de déchargement, réglés par nos ordonnances précitées des 10 février et 10 mars derniers, sont applicables aux objets de même nature transportés sur les parcours désignés en l'article précédent.

Les frais de chargement et de déchargement des voitures sont fixés à deux francs.

CHAPITRE II.

RÉDUCTION DE TAXES POUR LE TRANSPORT A PETITE VITESSE, PAR CHARGEMENT COMPLET, DE LA HOUILLE, DU PLATRE, DE LA PIERRE, ETC.

SECTION Ire. — Prix de transport.

§ 1er. — *Houille et autres marchandises expédiées des stations de Quiévrain, Valenciennes et Somain.*

3 (1).

§ II. — *Plâtre et pierre à bâtir, expédiés des stations de Paris, d'Enghien, d'Auvers, de l'Ile-Adam, de Saint-Leu et de Creil.*

4. Les prix à percevoir pour le transport du plâtre et de la pierre à bâtir, par wagon complet de 5,000 kilogrammes, sur les parcours ci-après désignés, sont réglés conformément au tableau suivant :

---

(1) Abrogé.—V. l'ord. du 26 juil. 1848.

(*Tarif pour le transport du plâtre, etc.*)

Tarif pour le Transport du Plâtre et de la Pierre à bâtir.

LIEUX de DESTINATION.	PARIS, gare de La Chapelle.		ENGHIEN.		AUVERS.	
	Dis-tances.	Tarif par 1,000 kilog.	Dis-tances.	Tarif par 1,000 kilog.	Dis-tances.	Tarif par 1,000 kilog.
	kilomèt.	fr. c.	kilomèt.	fr. c.	kilomèt.	fr. c.
Paris, *gare de La Chapelle.*	»	» »	10	1 »	52	3 20
Pontoise	28	2 50	18	1 80	6	» 60
Auvers	52	3 20	25	2 50	»	» »
Beaumont	45	4 »	35	3 50	15	1 30
Boran	52	5 »	42	4 »	20	2 »
Saint-Leu	59	5 »	50	4 »	28	2 80
Creil	66	5 »	56	4 »	34	3 40
Liancourt	74	5 »	64	4 »	42	4 »
Clermont	81	5 »	71	4 50	49	4 50
Saint-Just	95	5 50	86	5 50	63	5 50
Breteuil	111	6 »	101	6 »	79	6 »
Ailly	127	6 80	117	6 80	95	6 80
Amiens	146	7 80	137	7 50	114	7 80
Albert	178	9 »	168	9 »	146	9 »
Achiet	196	9 50	186	9 50	164	9 50
Arras	214	10 »	204	10 »	182	10 »
Douai	240	10 »	230	10 »	208	10 »
Pont-de-la-Deule	245	10 »	235	10 »	211	10 »
Séclin	261	10 »	252	10 »	230	10 »
Lille	272	10 »	262	10 »	240	10 »
Roubaix	281	10 »	271	10 »	249	10 »
Tourcoing	284	10 »	274	10 »	252	10 »
Mouscron	289	10 »	279	10 »	257	10 »
Somain	255	10 »	245	10 »	223	10 »
Valenciennes	275	10 »	266	10 »	243	10 »
Blanc-Misseron	287	10 »	277	10 »	255	10 »
Quiévrain	288	10 »	278	10 »	256	10 »

	ISLE-ADAM.		SAINT-LEU.		CREIL.	
	kilomèt.	fr. c.	kilomèt.	fr. c.	kilomèt.	fr. c.
Paris, *gare de La Chapelle.*	38	3 80	59	5 »	66	5 50
Pontoise	11	1 10	32	3 20	39	3 90
Auvers	6	» 60	28	2 80	34	3 40
Beaumont	7	» 70	15	1 50	22	2 20
Boran	14	1 40	8	» 80	15	1 50
Saint-Leu	22	2 20	»	» »	7	» 70
Creil	28	2 80	7	» 70	»	» »
Liancourt	36	3 60	15	1 50	8	» 80
Clermont	43	4 30	22	2 30	15	1 50
Saint-Just	58	4 50	56	3 60	30	3 »
Breteuil	73	5 »	52	4 50	45	4 »
Ailly	89	5 70	67	4 80	61	4 50
Amiens	109	6 50	87	5 50	81	5 30
Albert	140	7 80	119	6 90	112	6 50
Achiet	158	8 50	157	7 80	150	7 40
Arras	176	9 40	155	8 50	148	8 20
Douai	202	10 »	181	9 40	174	9 20
Pont-de-la-Deule	205	10 »	184	10 »	177	9 40
Séclin	224	10 »	202	10 »	196	9 60
Lille	234	10 »	213	10 »	206	10 »
Roubaix	243	10 »	222	10 »	215	10 »
Tourcoing	246	10 »	225	10 »	218	10 »
Mouscron	251	10 »	230	10 »	223	10 »
Somain	217	10 »	196	10 »	189	10 »
Valenciennes	238	10 »	216	10 »	210	10 »
Blanc-Misseron	249	10 »	228	10 »	221	10 »
Quiévrain	250	10 »	229	10 »	222	10 »

5. Les marchandises désignées aux articles 3 et 4 ci-dessus, qui ne seront pas transportées par wagon complet, payeront les prix fixés par notre ordonnance du 10 février dernier, pour la deuxième catégorie de la troisième classe de marchandises.

SECTION II. — *Frais accessoires.*

§ Ier. — *Enregistrement et magasinage.*

6. Les frais d'enregistrement et de magasinage, réglés par notre ordonnance précitée du 10 février dernier, sont applicables aux transports par wagon complet de 5,000 kilogrammes.

§ II. — *Chargement et Déchargement.*

7. Le chargement et le déchargement de la houille, du plâtre, de la pierre et autres objets désignés au présent chapitre, pourront être faits par les expéditeurs et par les destinataires, et à leurs frais.

Dans le cas où ces deux opérations, ou seulement l'une d'elles, seraient faites par la compagnie, celle-ci aurait droit à 50 centimes par 1,000 kilogrammes, pour chaque opération.

CHAPITRE III.

DISPOSITIONS GÉNÉRALES.

8. Les taxes réglées par la présente ordonnance pourront être perçues à partir du 19 juin courant.

9. Toutes les dispositions de nos ordonnances précitées, des 10 février et 10 mars derniers, qui ne sont pas contraires à celles qui précèdent, continueront de recevoir leur exécution.

10. Le droit de 5 centimes par 100 kilogrammes, et par jour, que la compagnie est autorisée, par notre ordonnance susvisée du 25 mars dernier, à percevoir jusqu'au 1er août prochain, à titre de frais de magasinage pour tous les objets qui ne seraient pas enlevés dans les vingt-quatre heures, cessera de plein droit d'être perçu, ledit jour 1er août, si la perception n'en est pas autorisée de nouveau par une décision spéciale.

11. La présente ordonnance sera notifiée à la compagnie, imprimée et affichée.

Le commissaire spécial de police et les agents de surveillance du chemin de fer de Paris à la frontière de Belgique, ainsi que les maires et les commissaires de police des communes du ressort de la préfecture de police, dont le territoire est traversé par ledit chemin de fer, sont chargés d'en assurer l'exécution.

Le pair de France, préfet de police, G. DELESSERT.

N° **2012.** — *Ordonnance qui autorise la concession de primes aux expéditeurs de quantités déterminées de marchandises par le chemin de fer de Paris à la frontière de Belgique (chemin de fer du Nord)* (1).

Paris, le 28 juin 1847.

(1) Abrogée.—V. l'ord. du 7 janv. 1849.

N° 2013. — *Ordonnance concernant la vente des fruits arrivant par bateau.*

Paris, le 3o juin 1847.

Nous, pair de France, préfet de police,

Vu l'arrêté du gouvernement du 12 messidor an VIII (1er juillet 1800) :

Vu l'ordonnance de police, du 10 octobre 1835 (1), portant : article 1er. « Le marché aux fruits, amenés par eau, se tiendra au port « des Miramionnes, dans l'espace compris entre l'égout de la rue de « Pontoise et la calée du pont de l'Archevêché; »

Considérant que cet emplacement cesse d'être disponible par suite des travaux de reconstruction du quai Montébello, et qu'en conséquence il convient de faire choix d'un autre lieu pour la tenue du marché sus-désigné, pendant la durée desdits travaux,

Ordonnons ce qui suit :

1. Le marché aux fruits, amenés par eau, se tiendra provisoirement aux ports des Ormes et de la Grève, immédiatement en aval du pont Louis-Philippe, et immédiatement en amont de l'abreuvoir du port des Ormes, autant que les besoins du service de la navigation le permettront.

Un tiers de l'espace consacré à cette affectation sera réservé aux bateaux de Thomery, qui devront toujours être garés en aval des autres bateaux de fruits.

Tous les bateaux de fruits, amenés aux ports des Ormes et de la Grève, seront placés en boyard.

2. Les dispositions des articles 2 et suivants, jusqu'à l'article 18 inclusivement de l'ordonnance de police du 18 octobre 1835, continueront à recevoir leur pleine et entière exécution.

3. La présente ordonnance sera imprimée et affichée. Les commandants de la gendarmerie et de la garde municipale, les commissaires de police, le chef de la police municipale, l'inspecteur général de la navigation, l'inspecteur général des halles et marchés, et les préposés sous leurs ordres, sont chargés, chacun en ce qui le concerne, d'en surveiller et assurer l'exécution.

Le pair de France, préfet de police, G. DELESSERT.

N° 2014. — *Ordonnance portant homologation du tarif applicable à la nouvelle station de Lardy, et de réductions de prix pour le transport du plâtre, du sucre brut et du bois de sciage, dans le sens de Paris à Orléans, sur le chemin de fer de Paris à Orléans (2).*

Paris, le 3o juin 1847.

---

(1) Abrogée.—V. ci-après, l'ord. du 2 déc. 1850.
(2) Abrogée.—V. l'ord. du 1er fév. 1848.

N° **2015**. — *Ordonnance concernant les mesures d'ordre et de sûreté à observer, le 29 juillet, dans la capitale, à l'occasion du 17e anniversaire des journées de juillet 1830.*

Paris, le 27 juillet 1847.

Nous, pair de France, préfet de police,

Vu le programme arrêté par M. le ministre de l'intérieur, à l'occasion des réjouissances publiques qui auront lieu dans Paris, les 29 juillet courant, pour célébrer le 17e anniversaire des journées de Juillet 1830;

Vu la loi des 16-24 août 1790;

L'arrêté du gouvernement du 12 messidor an VIII (1er juillet 1800);

Considérant que les lois susdatées chargent l'autorité municipale de maintenir le bon ordre dans les fêtes publiques, et de prendre les précautions convenables pour prévenir les accidents;

Et vu l'article 471, n° 15, du Code pénal;

Ordonnons ce qui suit :

JOURNÉE DU 29 JUILLET.

Joûte sur l'eau dans le bassin du port d'Orsay ; fête nocturne et vénitienne au bassin du port d'Orsay et des Invalides ; jeux, danses, spectacles, aux Champs-Élysées ; feu d'artifice sur la rivière, sur le pont de la Concorde et vis à vis le jardin de la chambre des députés.

1. A compter du 27 juillet au matin jusqu'au 30 à midi, la circulation, le passage d'eau, le stationnement en batelets ou bateaux sont interdits, ainsi que la navigation, entre le pont du Carrousel et le pont d'Iéna.

Des barrages seront établis à chacun de ces ponts.

Sont exceptés de la disposition énoncée au premier paragraphe du présent article, les bateaux et batelets employés au service de la joûte et du feu d'artifice.

2. Les marchandises déchargées sur le port d'Orsay et sur la berge dite du Recueillage devront être enlevées, de manière qu'il n'existe plus aucun dépôt, le 27 juillet au matin.

3. Les bateaux chargés et les bateaux vides seront remontés en amont du pont du Carrousel, ou descendus en aval du pont des Invalides, et amarrés au large, et nul ne pourra monter sur les bateaux, à l'exception des gens de l'équipage desservant les embarcations.

4. Dans la journée du 29 juillet, à partir de 6 heures du matin, la berge, rive droite de la Seine, qui s'étend depuis le Pont Royal jusqu'au pont des Invalides, sera interdite au public ainsi que les rampes qui conduisent à cette berge.

5. Les berges de la rive gauche, situées entre le Pont-Royal et le pont d'Iéna, seront également interdites, le 29 juillet, à l'exception du port d'Orsay, qui sera ouvert au public dans cette journée.

6. Il est fait défense de monter sur les parapets des quais et des ponts, pendant la joûte et la fête nocturne qui auront lieu sur la rivière, au port d'Orsay et en aval du pont de la Concorde.

7. L'inspecteur général de la navigation et des ports prendra les mesures convenables pour prévenir tout accident sur la rivière pendant la joûte, et pour faire évacuer et préserver du danger du feu les établissements, embarcations, bateaux chargés ou vides, batelets ou trains existant sur les deux bassins voisins du feu d'artifice.

8. Le 29 juillet, à partir de huit heures du soir et jusqu'après le feu d'artifice qui sera tiré sur le pont de la Concorde et vis-à-vis du jardin de la Chambre des députés, aucune personne, sans exception, ne pourra passer, ni stationner sur les ponts des Arts et du Carrousel.

9. *Dans la soirée du 29 juillet, le passage et le stationnement sur le pont des Invalides, sont pareillement interdits aux piétons et aux voitures, depuis six heures du soir jusqu'à minuit, et le public ne pourra, après le feu d'artifice, se rendre d'une rive à l'autre, que par le pont d'Iéna, celui de la Concorde, sur lequel la circulation sera rétablie, ou les ponts en amont de celui-ci.*

10. La circulation des piétons et des voitures sera interdite, pendant la journée du 29 juillet, sur le pont de la Concorde, à partir de six heures du matin.

Toutefois, la circulation des piétons sera rétablie sur ce pont après le feu d'artifice, *mais seulement pour se rendre sur la rive gauche, dans la direction de l'esplanade des Invalides, par la rue d'Iéna.*

11. Il est fait défense expresse à toute personne de circuler et stationner sur les emplacements où sera tiré le feu d'artifice, à l'exception des artificiers et de leurs ouvriers.

12. A l'occasion du feu d'artifice qui sera tiré sur le pont de la Concorde et vis-à-vis le jardin de la Chambre des députés, et de l'illumination de l'esplanade des Invalides, l'accès du quai d'Orsay sera interdit au public, pendant toute la journée du 29 juillet, *mais seulement dans la partie située entre la descente de l'école de natation et la demi-lune de ladite esplanade, côté Est.*

A cet effet, des barrières en charpente seront établies :

1° Sur le quai d'Orsay, à la hauteur de l'école de natation, en laissant libre la descente sur le port d'Orsay ;

2° Rue de Bourgogne, à l'angle de la rue de Lille ;

3° A l'entrée du pont de la Concorde, côté du quai des Tuileries ;

4° Sur le quai d'Orsay, au droit de la rue de Bourgogne, en laissant libre cette rue aux piétons venant, après le feu, du port et du quai d'Orsay ;

5° Sur l'esplanade des Invalides, au droit du quai et de la demi-lune, côté Est, ladite barrière allant joindre en équerre la rue d'Iéna, à la hauteur de la rue de l'Université.

Dispositions relatives à la circulation des voitures, dans la journée du 29 juillet.

13. Le 29 juillet, à partir de 2 heures après midi jusqu'à 11 heures du soir, la circulation et le stationnement des voitures seront interdits dans la grande avenue des Champs Elysées, depuis la place de la Concorde jusqu'au Rond-Point, et dans les allées Gabrielle, Marigny et du Cours-la-Reine.

14. Le même jour, à partir de 2 heures après midi jusqu'à 11 heures du soir, la circulation et le stationnement des voitures seront interdits :

1° Sur le Pont-Royal ;

2° Sur le pont de la Concorde ;

3° Sur le quai des Tuileries ;

4° Sur le quai d'Orsay, depuis le Pont-Royal jusqu'au pont des Invalides ;

5° Sur l'avenue du Cours-la-Reine.

15. La circulation et le stationnement des voitures seront pareillement interdits, le 29 juillet, à partir de 6 heures du soir jusqu'à minuit :

Sur les quais de la rive gauche de la Seine, depuis la rue des Saints-Pères jusqu'au pont des Invalides;

Dans la rue du Bac, depuis le Pont-Royal jusqu'à la rue de l'Université exclusivement, et dans toutes les rues comprises entre ladite rue de l'Université et les quais Voltaire et d'Orsay.

16. Dans la même journée du 29 juillet, depuis six heures du soir jusqu'à 11 heures, la circulation et le stationnement des voitures seront aussi interdits:

Sur les quais de la rive droite de la Seine, depuis le Pont-Neuf jusqu'au quai de Billy,

Sur les ponts du Carrousel,

Royal,

de la Concorde,

des Invalides,

Sur la place de la Concorde,

Dans l'allée d'Antin,

Dans toutes les avenues et les rues qui débouchent dans les Champs-Elysées, entre la place de la Concorde et le Rond-Point.

17. Toutes les voitures qui, dans la même journée du 29 juillet, se dirigeront de Paris sur Neuilly, Chaillot ou Passy, ou qui reviendront de ces points, devront, à partir de 2 heures après midi jusqu'à 11 heures du soir, se diriger par la rue Montaigne, le Rond-Point des Champs-Élysées, l'allée des Veuves et l'avenue de Neuilly.

18. Le 29 juillet, à partir de 6 heures du soir jusqu'à 11 heures, les voitures qui entreront dans Paris par la barrière de Passy, ne pourront se diriger : sur la rive gauche, que par le pont d'Iéna, l'avenue de la Bourdonnaie, et sur la rive droite, que par le quai de Billy, l'allée des Veuves, le Rond-Point des Champs-Élysées, la rue Montaigne, la rue du Faubourg-du-Roule, la place Beauveau et la rue des Saussayes.

19. Dans la journée du 29 juillet, depuis 6 heures après midi jusqu'à 11 heures du soir, la circulation et le stationnement des voitures seront pareillement interdits:

Dans la rue du Faubourg-Saint-Honoré, depuis la place Beauveau jusqu'à la rue Royale-Saint-Honoré inclusivement; et dans la rue Saint-Honoré, depuis la rue Royale jusqu'à la place du Palais-Royal inclusivement;

Dans les rues des Champs-Elysées,

Royale-Saint-Honoré,

Saint-Florentin,

de Rivoli,

Mondovi,

Neuve-de-Luxembourg,

Castiglione,

d'Alger,

du 29 Juillet,

du Dauphin,

des Pyramides,

de l'Echelle,

Saint-Louis,

Saint-Nicaise,

de Rohan,

Montpensier,

de Valois,

Quinze-Vingts-Batave,

de Chartres,

et Saint-Thomas-du-Louvre.

20. Les voitures des personnes qui, le 29 juillet, après 6 heures du soir, se rendraient de la rive gauche dans les quartiers du centre de la rive droite, devront passer, soit par le Pont-Neuf, ou les ponts en amont, soit par le pont d'Iéna.

Les voitures qui, dans cette soirée, se rendraient au palais des Tuileries, ne pourront y arriver que par la rue Saint-Honoré, la place du Palais-Royal, la rue de Chartres et la place du Carrousel.

21. Les voitures des personnes qui, dans la soirée du 29 juillet, se rendront de la rive droite de la Seine au palais des Tuileries, ne pourront, à partir de 6 heures du soir, y arriver que par les rues de Richelieu, Saint-Honoré, de Rohan, la place du palais-Royal, la rue de Chartres, la place du Carrousel et la grille du Carrousel à droite de l'arc de triomphe.

22. Toutes les voitures qui seront entrées dans la cour des Tuileries, le 29 juillet après 6 heures du soir, ne pourront en sortir que par la grille du côté de la galerie du Musée, et elles traverseront la place du Carrousel, dans la direction de la rue de Chartres.

23. Sont exceptées des prohibitions établies par les articles précédents, les voitures des ministres, des maréchaux de France, du corps diplomatique, du chancelier de France, du président de la Chambre des députés, de l'intendant général de la liste civile, du grand-référendaire de la chambre des pairs, du préfet de la Seine, du lieutenant général commandant supérieur des gardes nationales de la Seine, du lieutenant général commandant la première division militaire du lieutenant général commandant supérieur des châteaux royaux, et du maréchal de camp commandant la place de Paris.

Toutefois, lesdites voitures ne pourront, dans la journée du 29 juillet, après 6 heures du soir, passer d'une rive à l'autre de la Seine, qu'en traversant le pont du Carrousel, ou les ponts en amont, ni stationner, sous aucun prétexte, sur les ponts pendant la durée du feu d'artifice.

Divertissements et feu d'artifice à la barrière du Trône.

24. Le 29 juillet, la circulation et le stationnement des voitures seront interdits, depuis 2 heures après midi jusqu'à 11 heures du soir :

1º Sur la place de la barrière du Trône ;

2º Sur les avenues qui conduisent à cette place ;

3º Et dans la rue du Faubourg-Saint-Antoine, en descendant jusqu'au débouché de la rue de Montreuil exclusivement.

25. Pendant cette journée, les voitures qui arriveront à Paris par la route de Vincennes seront dirigées sur les barrières de Montreuil et de Saint-Mandé.

Dispositions générales.

26. Défense expresse est faite aux étalagistes, marchands forains, limonadiers, marchands de vins et de comestibles, teneurs de bals et saltimbanques, de stationner, le 29 juillet, sur les emplacements où auront lieu les jeux et divertissements publics, sans en avoir obtenu de nous la permission par écrit.

27. Il est expressément interdit, sous les peines portées par la loi du 21 mai 1836, aux marchands forains et étalagistes, de tenir des loteries ou jeux de hasard, pour débiter ou vendre leurs marchandises.

28. L'entrepreneur du feu d'artifice qui sera tiré, le 29 juillet, à la barrière du Trône, établira au pourtour du feu, tant à l'intérieur qu'à l'extérieur de Paris, deux fortes barrières en charpente, à la distance de cent cinquante mètres du feu, pour maintenir le public à l'éloignement nécessaire à sa sûreté. Il se conformera en outre, ainsi que l'entrepreneur du feu d'artifice qui sera tiré sur le pont de la Concorde et sur le quai d'Orsay, aux prescriptions de notre ordonnance du 30 juin 1842, concernant les artificiers, et à toutes les autres prescriptions qui pourront leur être faites dans l'intérêt de la sûreté publique.

29. Des postes médicaux pourvus de brancards et de boîtes de secours seront établis, le 29 juillet, à la berge du Recueillage sur le port d'Orsay, au poste de la Chambre des députés, au grand carré des jeux aux Champs Elysées, aux deux postes des pavillons Peronnet et de Montreuil, sur l'esplanade des Invalides et à la place de la barrière du Trône.

30. Un poste de sapeurs-pompiers avec les pompes et les agrès nécessaires sera établi auprès de chaque feu d'artifice, et aux Champs-Elysées, et des sapeurs-pompiers seront placés pendant le feu qui sera tiré au quai d'Orsay, sur les combles du palais de la Chambre des députés.

31. Il est expressément défendu de tirer sur la voie publique et dans l'intérieur des habitations, des pièces d'artifice et armes à feu.

32. Aucun étalagiste ou saltimbanque ne pourra, dans la journée du 29 juillet, stationner aux entrées du jardin des Tuileries, sur le Pont-Royal, le quai des Tuileries, le quai d'Orsay, le quai Voltaire, la place de la Concorde et dans la rue Royale-Saint-Honoré.

33. Dans la journée du 29 juillet, aucuns échafaudages, estrades, chaises, échelles, tonneaux, tables, bancs, charrettes, tréteaux et planches ne pourront, sous aucun prétexte, être placés sur la voie publique, et notamment aux abords des jeux et divertissements publics et des feux d'artifice, sur les points ci-après désignés :

Sur le quai d'Orsay, entre la rue du Bac et le pont des Invalides, sur le quai de la Conférence, dans l'avenue du Cours-la-Reine;

Sur la place de la Concorde, sur le Pont-Royal, sur le quai des Tuileries, sur le quai du Louvre, sur le quai Voltaire, et sur la place de la barrière du Trône.

Les commissaires de police et les agents de la force publique feront enlever sur-le-champ, et conduire à la fourrière, les objets placés en contravention à la présente défense.

34. Défense expresse est faite de monter sur les arbres, sur les parapets des quais, des ponts et berges; d'escalader la terrasse du jardin des Tuileries, dite du bord de l'eau ; de monter sur les candelabres servant à l'éclairage du quai des Tuileries, de la place de la Concorde, de la grande avenue des Champs-Elysées, et sur les statues et bassins de la place de la Concorde, sur les balustrades des fossés de ladite place, ainsi que sur les toits, entablements, auvents enfin sur les échafaudages existant au-devant des maisons.

35. Dans la journée du 29 juillet, la Bourse et les ports seront fermés.

36. Les contraventions à la présente ordonnance seront constatées et déférées aux tribunaux compétents.

37. La présente ordonnance sera imprimée et affichée dans Paris, et dans les communes de Passy, Neuilly, Saint-Mandé, Montreuil et Vincennes.

Les maires et les commissaires de police desdites communes, le chef de la police municipale, à Paris, les commissaires de police et les officiers de paix de la ville de Paris, l'architecte-commissaire de la petite voirie, l'inspecteur général de la navigation et des ports, le directeur de la salubrité, et les préposés de la préfecture de police, sont chargés, chacun en ce qui le concerne, de tenir la main à son exécution.

Le colonel de la garde municipale de la ville de Paris et le commandant de la gendarmerie de la Seine, sont appelés pareillement à concourir à son exécution, et à prêter main-forte, au besoin, aux agents de police agissant pour l'exécution de la présente ordonnance.

Le pair de France, préfet de police, G. DELESSERT.

N° **2016.** — *Ordonnance concernant l'ouverture de la chasse, qui aura lieu le 31 août courant (1).*

Paris, le 12 août 1847.

N° **2017.** — *Ordonnance concernant la conservation des marchandises déposées sur le port annexe de l'Entrepôt général des vins et eaux-de-vie.*

Paris, le 20 août 1847.

Nous, pair de France, préfet de police,

Vu les réclamations qui nous ont été adressées concernant la conservation des marchandises déposées sur le port annexe de l'Entrepôt général des vins ;

Vu notre arrêté du 22 janvier 1840, portant règlement pour le service des *ouvriers tonneliers, dérouleurs, chargeurs et déchargeurs, employés dans l'Entrepôt général des vins et sur le port en dépendant ;* ledit arrêté approuvé par M. le ministre du commerce, le 20 mai suivant ;

Vu l'article 156 du décret du 17 mai 1809, aux termes duquel les préposés de l'octroi doivent concourir, lorsqu'ils en sont requis, à la répression et à la découverte des délits de police,

Ordonnons ce qui suit :

1. Les dispositions de notre arrêté susvisé seront imprimées et affichées.

2. Les employés de l'octroi surveilleront, en tout ce qui dépendra d'eux, l'exécution des dispositions de l'article 24 dudit arrêté, et constateront toutes les infractions qui pourraient y être commises.

Le pair de France, préfet de police, G. DELESSERT.

Arrêté du 22 janvier 1840, approuvé le 20 mai suivant par M. le ministre du commerce, portant règlement pour le service des ouvriers tonneliers, dérouleurs, chargeurs et déchargeurs, employés dans l'entrepôt général des vins et sur le port en dépendant.

Nous, conseiller d'État, préfet de police,

Vu les dispositions du décret du 2 janvier 1814, relatives aux ouvriers tonneliers, dérouleurs, chargeurs et déchargeurs, employés dans l'entrepôt général des vins et eaux-de-vie, et sur le port en dépendant ;

Considérant, qu'en raison des modifications importantes qu'a subies le régime intérieur de l'entrepôt général, et des travaux ré-

---

(1) V. l'ord. du 16 août 1850.

cemment faits au port annexe de cet établissement, qui en changent les dispositions, il importe de reviser les anciens règlements et de réorganiser le service des ouvriers attachés à l'entrepôt, de manière à assurer à la fois le maintien de l'ordre et les intérêts du commerce,

Arrêtons ce qui suit :

1. Le service de l'entrepôt général des vins et eaux-de-vie, et du port en dépendant, sera fait exclusivement par des ouvriers nommés par nous et dont nous réglerons le nombre, suivant les besoins du service.

Ces ouvriers seront divisés en trois sections : la première se composera de tonneliers ; la deuxième, de dérouleurs ; et la troisième, de chargeurs et déchargeurs.

Les deux premières sections auront chacune un chef et un sous-chef, la troisième aura seulement un chef.

Les trois sections seront sous l'autorité immédiate de l'inspecteur de la navigation du deuxième arrondissement.

Des tonneliers.

2. Le nombre des tonneliers est, quant à présent, fixé à cinquante.

Leur travail sur le port consiste à prendre les pièces de liquide dans les bateaux et à les déposer sur le port, en dehors des débarcadères et de leurs rampes.

Le transbordement et le rangeage dans les bateaux seront faits exclusivement par les tonneliers.

Dans le cas où ces travaux nécessiteraient la mise à terre d'un certain nombre de pièces, soit sur les débarcadères, soit sur le bas du port, les dérouleurs ne pourront prétendre à aucun partage du prix desdits travaux.

3. Toutes les fois qu'une pièce sera dans un état de vidange extraordinaire, les tonneliers devront, sous leur responsabilité, en prévenir le propriétaire, avant de la déranger de la place qu'elle occupe dans le bateau.

Si le propriétaire n'est pas présent au déchargement, le chef des tonneliers devra prévenir l'inspecteur de la navigation, qui fera immédiatement et en sa présence constater par procès-verbal la vidange de la pièce, et ses causes apparentes.

Le chef et le sous-chef des tonneliers, le chef de l'équipe employée au débarquement, et l'inspecteur de la navigation, signeront le procès-verbal qui devra rester entre les mains de ce dernier, pour être remis à qui de droit.

4. Les tonneliers devront être constamment pourvus des ustensiles nécessaires à leurs travaux.

5. Il sera fait, au 1er juillet de chaque année, en présence de l'inspecteur général de la navigation, un inventaire estimatif de tous les ustensiles appartenant aux tonneliers.

Expédition de cet inventaire nous sera transmise.

6. Les ouvriers qui, à l'avenir, seront admis parmi les tonneliers, payeront une somme de 50 fr. pour leur portion contributive dans la valeur du mobilier en communauté.

7. Lorsque, par suite de décès ou de démission, une place de tonnelier sera vacante, la somme de 50 fr., ci-dessus mentionnée, devra être remboursée au dernier titulaire ou à ses ayants cause.

En cas de révocation, ladite somme restera acquise à la section.

8. Les tonneliers seront tenus d'aller prendre et de rapporter au

magasin les cordages, planches et autres ustensiles dont ils auront besoin dans la journée.

Des dérouleurs.

9. Le nombre des dérouleurs est, quant à présent, fixé à soixante.

Leur travail consiste à prendre les pièces de liquide sur les points où elles ont été déposées par les tonneliers; à les conduire aux endroits indiqués par les propriétaires de la marchandise sur les parties du port désignées pour le débarquement par l'inspecteur de la navigation, et autant que possible au droit des bateaux en déchargement; puis, à les remonter ultérieurement au bas du mur du quai, pour être chargées sur les voitures qui doivent en opérer le transport.

Ils devront aussi prendre dans les bateaux, et les transporter sur le port, les caisses de vin arrivées par eau, ce travail leur étant réservé à l'exclusion des tonneliers.

Tout travail à faire pendant la nuit, sur le port ou dans les bateaux, sera exécuté exclusivement aussi par les dérouleurs; et il en sera de même du travail à faire pendant le jour, pour retirer du port les pièces de liquide qui seraient atteintes par les eaux.

Des chargeurs et déchargeurs.

10. Le nombre des ouvriers chargeurs et déchargeurs est, quant à présent, fixé à douze.

Leur travail consiste à décharger les voitures de roulage, amenant des vins et eaux-de-vie au port de l'entrepôt général ou dans cet établissement, et à charger les marchandises de même nature qui sortiraient de l'entrepôt général ou du port en dépendant, par la voie du roulage, quand, d'ailleurs, les négociants de l'entrepôt général ne jugeront pas convenable d'employer leurs propres ouvriers à l'une ou à l'autre de ces opérations.

Dispositions générales.

11. Lorsqu'une place sera vacante parmi les ouvriers dont le classement est ci-dessus établi, il y sera pourvu par nous, sur une liste double qui devra nous être présentée par les délégués du commerce des vins.

12. Les tonneliers, les dérouleurs et les chargeurs devront porter une plaque en métal, sur laquelle seront gravées les armes de la ville de Paris, avec ces mots autour : *Entrepôt des vins*.

13. Les chefs de section des tonneliers, des dérouleurs et des chargeurs et déchargeurs recevront le montant de leur salaire et leur en feront la distribution chaque semaine; ils seront responsables envers ces derniers du montant de la recette; en conséquence, ils tiendront chacun un registre sur lequel ils inscriront journellement les recettes et dépenses de leur section respective.

Ces registres seront constamment à la disposition de l'inspecteur de la navigation qui veillera à leur bonne tenue.

14. Les chefs de section remettront, tous les lundis, à l'inspecteur de la navigation, un état certifié par eux des travaux qui auront été faits dans chaque section, pendant la semaine précédente, et des recettes et dépenses auxquelles ces travaux auront donné lieu.

15. L'inspecteur de la navigation aura la direction de l'ensemble des travaux.

Les chefs de section composeront les équipes en sa présence, et les distribueront suivant les besoins du service.

Ils surveilleront, sous ses ordres, la bonne exécution des travaux.

16. Les tonneliers, les dérouleurs, les chargeurs et déchargeurs, se rendront tous les jours à leur bureau respectif pour être employés comme il est dit ci-dessus.

Ceux qui manqueront à l'appel qui sera fait avant l'ouverture du port de l'entrepôt et de cet établissement, seront suspendus ou privés de travail pendant un temps qui sera déterminé par l'inspecteur de la navigation, lequel en rendra compte immédiatement à l'inspecteur général.

Les ouvriers ainsi suspendus ou privés de travail, n'en seront pas moins tenus d'assister tous les matins à l'appel.

17. Si le nombre des tonneliers, des dérouleurs, ou des chargeurs et déchargeurs venait à se trouver momentanément insuffisant pour le service, ils pourront s'adjoindre, sous leur responsabilité, des ouvriers supplémentaires dont les noms seront donnés par les chefs de section à l'inspecteur de la navigation.

Dans le cas, au contraire, où le manque de travaux ne permettrait point d'occuper tous les tonneliers, dérouleurs ou chargeurs et déchargeurs, un certain nombre d'entre eux pourra, sur l'avis des chefs de section, être autorisé par l'inspecteur de la navigation à s'absenter ; mais à la charge de verser chaque semaine, à la caisse, les vingt centimes par journée de travail, mentionnés dans l'article 28.

18. Le chef de chaque section inscrira tous les jours sur un registre à ce affecté, les noms des ouvriers présents, ainsi que la distribution des équipes.

19. Le travail des équipes sera dirigé par des chefs, que nommeront les chefs de section.

Chacun de ces chefs d'équipe devra être pourvu de l'état nominatif des ouvriers attachés à son équipe, et sera tenu de le représenter à toute réquisition de qui de droit.

20. Les tonneliers, les dérouleurs ne pourront, sans une autorisation du sous-chef de leur section respective, qui en rendra compte au chef, et les chargeurs et déchargeurs, sans une autorisation de leur chef, quitter l'équipe à laquelle ils auront été attachés lors de la distribution du travail, à peine de perdre le salaire de leur journée.

21. Le sous-chef des tonneliers devra prendre note du travail de manière à dresser, à la fin de chaque opération, un état de la quantité de pièces qui auront été déchargées, et des divers travaux qu'elles auront nécessités.

Il devra dresser aussi l'état des travaux exécutés isolément.

Le sous-chef des dérouleurs dressera pareils états des travaux exécutés par les ouvriers de sa section.

Ces divers états seront remis aux chefs de section, et leur serviront à établir le compte des travaux de la semaine.

Le chef de la section des chargeurs et des déchargeurs dressera, aux mêmes fins, des états semblables à ceux ci-dessus mentionnés.

22. Les sous-chefs rendront compte, à leur chef respectif de section, de la conduite des ouvriers pendant le travail.

23. L'ouvrier tonnelier, dérouleur ou chargeur et déchargeur qui sera blessé, en travaillant pour le compte de la section dont il fera partie, recevra pendant tout le temps de son inactivité, la totalité de la paye d'un ouvrier de même catégorie en activité.

Il ne pourra lui être accordé aucune indemnité, s'il était dans un état d'ivresse.

Les blessures seront constatées par un chirurgien, sur le certificat duquel le secours accordé au blessé sera continué ou retiré.

24. L'inspecteur de la navigation pourra suspendre les tonneliers, les dérouleurs ou les chargeurs et déchargeurs, pour un temps déterminé, dans le cas où leur conduite donnerait lieu à des plaintes, et s'ils étaient trouvés en état d'ivresse dans le cours de leur travail.

En cas de récidive, il y aura lieu à révocation.

Si les plaintes portées contre les tonneliers, les dérouleurs, ou les chargeurs et déchargeurs, avaient pour objet une infidélité commise par eux, ils seraient mis à la disposition du procureur du roi, et la valeur du vol devrait être remboursée à qui de droit, soit par les tonneliers, soit par les dérouleurs, soit par les chargeurs et déchargeurs, suivant la catégorie à laquelle appartiendrait l'auteur du dommage.

L'inspecteur général de la navigation nous rendra compte, chaque semaine, des suspensions qui auront été prononcées et nous proposera les révocations auxquelles pourraient donner lieu les fautes commises par les ouvriers, et les cas de récidives.

25. Les tonneliers, les dérouleurs et les chargeurs et déchargeurs sont tenus de se conformer strictement aux dispositions des lois et règlements concernant le régime de l'entrepôt général des vins et eaux-de-vie.

26. Les tonneliers sont collectivement et solidairement responsables des avaries qui proviendraient du fait ou de la négligence de l'un ou de plusieurs d'entre eux, ou qui seraient causées par les ouvriers supplémentaires qu'ils auraient employés.

Il en est de même des dérouleurs et des chargeurs et déchargeurs.

Les uns et les autres sont aussi responsables de la vidange des pièces sur lesquelles un ou plusieurs d'entre eux seraient pris à boire.

27. Lorsque la perte aura été régulièrement constatée, le chef de la section à laquelle appartiendront les auteurs du dommage, sera tenu d'en rembourser le montant à qui de droit.

28. Pour subvenir aux dépenses communes de chacune des sections des ouvriers de l'entrepôt, il sera fait une retenue auxdits ouvriers de vingt centimes par chaque journée de travail.

Cette retenue sera opérée à la fin de chaque semaine, lorsque les tonneliers, les dérouleurs, les chargeurs et déchargeurs recevront leurs salaires.

29. Les fonds provenant des retenues faites aux tonneliers, aux chargeurs et déchargeurs, serviront à payer :

1° L'achat et l'entretien des cordages, planches, chemins, etc., formant le mobilier commun ;

2° Les avaries provenant de leur fait, ou qui leur seraient imputables ;

3° Les secours accordés aux blessés ;

4° Le loyer et les frais de bureau ;

5° La valeur des infidélités qui pourraient être commises au préjudice du commerce.

Les dérouleurs n'ayant point de mobilier en commun, les retenues qui leur seront faites serviront seulement à payer :

1° Les avaries provenant de leur fait ou qui leur seraient imputables ;

2° Les secours accordés aux blessés ;

3° Le loyer et les frais de bureau ;

4° La valeur des infidélités commises au préjudice du commerce, et qui seraient à leur charge.

50. Le chef de chaque section tiendra un registre exact des sommes reçues et dépensées.

L'inspecteur de la navigation fournira tous les mois un état séparé des recettes et des dépenses de chaque section. Cet état sera vérifié et arrêté par l'inspecteur général de la navigation, qui demeure chargé de nous le transmettre.

51. Dans le cas où, à la fin de l'année, il existerait, soit dans la caisse des tonneliers, soit dans celle des dérouleurs, soit dans celle des chargeurs et déchargeurs, des fonds sans emploi, nous nous réservons d'en fixer la destination.

Dans l'hypothèse contraire, c'est-à-dire s'il y avait insuffisance de recette, nous prescririons telle mesure que de droit pour combler le déficit.

52. Les salaires des tonneliers, des dérouleurs, des chargeurs et déchargeurs, seront perçus d'après le tarif annexé au présent.

Il est défendu à ces ouvriers d'exiger des prix plus élevés que ceux portés audit tarif.

Les sommes reçues seront distribuées chaque semaine entre les ayants droit, de la manière suivante :

Les chefs de section des tonneliers et dérouleurs recevront chacun double part ; le chef de la section des chargeurs et déchargeurs recevra une part d'abord, plus une indemnité de six francs par semaine ; les sous-chefs de section recevront part et demie, et chacun des ouvriers une part seulement.

53. Les tonneliers et dérouleurs sont tenus, lorsqu'ils en sont requis, de faire sur les ports autres que celui de l'entrepôt général des vins et eaux-de-vie, et aux mêmes conditions, le déchargement, le déroulage et la mise en débord des marchandises à destination dudit entrepôt.

54. Ils devront déférer à toutes les réquisitions de l'inspecteur général de la navigation pour les travaux d'urgence nécessités par les besoins de son service, les cas d'avarie, de naufrage, d'inondation, de glace et tous autres de force majeure ; enfin pour le déblaiement du port et le maintien de sa propreté.

55. Le présent règlement et le tarif y annexé seront soumis à l'approbation de M. le ministre du commerce.

Le conseiller d'Etat, préfet de police, G. DÉLESSERT.

TARIF des prix à payer aux tonneliers, aux dérouleurs, aux chargeurs et déchargeurs, pour le chargement, le déchargement, le dépôt sur le port, etc., etc., des liquides de toute nature, à destination de l'entrepôt général des vins et eaux-de-vie, ou sortant de cet entrepôt par la voie du roulage.

Déchargement des liquides amenés par bateaux.

	fr.	c.
Par quart de 115 litres et au-dessus	»	07 ½
Par feuillette ou par deux quarts de Bourgogne	»	07 ½
Par gros quart ou petite barrique de 140 à 199 litres	»	10
Par toutes pièces de 200 à 255 litres	»	15
Par pièce de Languedoc ou d'Auvergne, de 256 à 343 litres	»	25
Par demi-muid de 346 à 535 litres	»	45
Par pipe de 536 à 700 litres	»	80
Foudre de 701 litres et au-dessus, par hectolitre	»	25

Le transbordement et l'embarquement seront payés les mêmes prix que ceux ci-dessus.

Déroulage des liquides.

	fr.	c.
Par quart de 136 litres et au-dessus	»	07 ½
Par feuillette ou par deux quarts de Bourgogne	»	07 ½

	fr.	c.
Par gros quart ou petite barrique de 140 à 199 litres.............	»	10
Par toute espèce de pièce de 200 à 255 litres...................	»	10
Par pièce de Languedoc ou d'Auvergne de 256 à 345 litres........	»	20
Par demi-muid de 346 à 535 litres..........................	»	30
Par pipe de 536 à 700 litres..............................	»	35
Foudre de 701 litres et au-dessus, par hectolitre.................	»	10

Transport des caisses de vin du bateau sur le port.

		fr.	c.
Par caisse de	12 bouteilles......................	»	10
—	25 —	»	20
—	50 —	»	40
—	100 —	»	80

Remontage des liquides.

	fr.	c.
Par quart de 136 litres et au-dessus.........................	»	05
Par feuillette ou par deux quarts de Bourgogne.................	»	05
Par gros quart ou petite barrique de 140 à 199 litres............	»	10
Par toute espèce de pièces de 200 à 255 litres..................	»	10
Par pièce de Languedoc ou d'Auvergne de 256 à 345 litres........	»	20
Par demi-muid de 346 à 535 litres...........................	»	20
Par pipe de 536 à 700 litres..............................	»	30
Foudre de 701 litres et au-dessus, par hectolitre.................	»	05

Transport des caisses de vin au bas des rampes du port.

		fr.	c.
Par caisse de	12 bouteilles......................	»	05
—	25 —	»	10
—	50 —	»	20
—	100 —	»	40

Chargement des liquides sur voitures.

	fr.	c.
Pour tout quart, indistinctement, de 115 litres et au-dessus........	»	20
Par feuillette de Bourgogne...............................	»	50
Pour toutes pièces de 140 à 255............................	»	30
Par pièce de Languedoc ou d'Auvergne de 256 à 345 litres........	»	75
Par demi-muid de 346 à 535 litres..........................	1	»
Par pipe de 536 à 700 litres..............................	1	50

Déchargement des liquides amenés par voiture.

Pour le déchargement des liquides amenés par voitures, il sera payé un tiers des prix ci-dessus fixés.

Nota.—Les travaux extraordinaires, mentionnés dans le dernier paragraphe de l'article IX du règlement qui précède, seront payés le triple des prix portés au présent tarif.

N° **2018**. — *Ordonnance concernant le lâchage et le remontage des bateaux sous les ponts de Paris (1).*

Paris, 31 août 1847.

Nous, pair de France, préfet de police,

Vu notre ordonnance du 29 mai dernier, concernant le lâchage et le remontage des bateaux sous les ponts de Paris, aux termes de la-

---

(1) V. les ord. des 29 mai 1847 et 29 janv. 1848.

quelle ce service doit être fait par le sieur Ducoudray, jusqu'à ce jour inclusivement, aux conditions y mentionnées ;

Vu les procès-verbaux, en date des 28 mai et 8 juillet, desquels il résulte que l'adjudication du service dont il s'agit, annoncée successivement pour lesdits jours, n'a pu avoir lieu, attendu qu'aucun soumissionnaire ne s'est présenté ;

Vu la soumission du sieur Ducoudray, en date du 20 du courant, par laquelle il s'engage à faire, pendant trois années consécutives, qui commenceront le 1er septembre prochain, et finiront le 31 août 1850, le service susmentionné du lâchage et du remontage des bateaux sous les ponts de Paris, aux conditions énoncées dans cette soumission ; ensemble les propositions par nous soumises à M. le ministre des travaux publics, relativement à ladite soumission ;

Vu la lettre du 27 de ce mois, par laquelle M. le sous-secrétaire d'État des travaux publics nous fait connaître qu'il va être incessamment statué par ordonnance royale sur la soumission ci-dessus visée ;

Considérant qu'il importe, dans l'intérêt public, d'assurer le maintien du service régulier du lâchage et du remontage des bateaux sous les ponts de Paris,

Ordonnons ce qui suit :

1. Le service du lâchage et du remontage des bateaux sous les ponts de Paris, continuera à être fait par le sieur Ducoudray, aux conditions énoncées dans notre ordonnance du 29 mai 1847, ci-dessus visée, jusqu'à ce qu'il ait été statué définitivement par ordonnance royale sur la soumission dudit sieur Ducoudray, en date du 20 du courant, concernant l'entreprise dudit service.

2. La présente ordonnance sera imprimée et affichée.

Les ingénieurs des ponts et chaussées et de la navigation, leurs conducteurs, les commandants de la gendarmerie et de la garde municipale, le chef de la police municipale, les commissaires de police, l'inspecteur général de la navigation, et les préposés sous leurs ordres, sont chargés, chacun en ce qui le concerne, d'en surveiller et assurer l'exécution.

Le pair de France, préfet de police, G. DELESSERT.

━━━━━◦━━━━━

N° **2019**. — *Ordonnance concernant les mesures d'ordre et de sûreté à observer à l'occasion des fêtes de Saint-Cloud* (1).

Paris, le 8 septembre 1847.

━━━━━◦━━━━━

N° **2020**. — *Ordonnance qui règle l'entrée, le stationnement et la circulation des voitures de toute espèce dans les cours de l'embarcadère du chemin de fer du Nord.*

Approuvé par son Excellence le ministre des travaux publics, le 10 octobre 1847.

Paris, le 11 septembre 1847.

Nous, pair de France, préfet de police,

Vu, 1° la loi du 15 juillet 1845, qui autorise la concession du chemin de fer de Paris à la frontière de Belgique ;

───────────────

(1) V. les ord. des 7 sept. 1848, 6 sept. 1849 et 4 sept. 1850.

Ensemble le cahier des charges. coté A, annexé à ladite loi, et notamment les art. 39 et 47 de ce cahier des charges ;

2º La loi du 15 juillet 1845, sur la police des chemins de fer ;

3º L'ordonnance royale du 15 novembre 1846, portant règlement d'administration publique sur la police, la sûreté et l'exploitation des chemins de fer ;

4º Notre arrêté du 30 avril 1846, qui a autorisé l'établissement, dans la rue du Faubourg-Saint-Denis, d'une station de voitures de place pour le service du chemin de fer précité ;

5º Les lois des 16-24 août 1790 et 19-22 juillet 1791 :

6º Les arrêtés du gouvernement des 12 messidor an VIII et 3 brumaire IX (1er juillet et 25 octobre 1800) ;

Considérant qu'il y a lieu de régler, conformément aux dispositions de l'art. 1er de l'ordonnance précitée du 15 novembre 1846, l'entrée, le stationnement et la circulation des voitures publiques ou particulières, destinées soit au transport des personnes. soit au transport des marchandises, dans les cours dépendant de l'embarcadère du chemin de fer du Nord ;

Ordonnons ce qui suit :

1. L'entrée, le stationnement et la circulation des voitures publiques ou particulières, destinées soit au transport des personnes, soit au transport des marchandises dans les cours du chemin de fer du nord, sont réglés ainsi qu'il est prescrit dans les articles suivants.

2. Toutes les voitures publiques ou particulières qui transporteront des voyageurs au chemin de fer entreront dans la cour principale par la porte de l'Ouest, place de Roubaix (précédemment de la Gare); après avoir déposé les voyageurs elles sortiront par la porte de l'Est, même place.

3. Les voitures publiques ou particulières qui iront prendre des voyageurs à l'arrivée des convois du chemin de fer, entreront par les portes ci-après indiquées, savoir: les voitures particulières et les voitures spéciales du chemin de fer, dans la cour principale, par la porte située à l'Ouest, place de Roubaix (précédemment de la Gare); les voitures de place et les voitures sous remise, dans la cour latérale de droite ou de l'Est, par la porte de cette cour donnant sur la rue de Dunkerque (précédemment des Abattoirs).

4. Ces diverses voitures se rangeront sur les points de stationnement qui leur sont affectés, et qui sont désignés aux articles 5, 6 et 7 de la présente ordonnance.

5. Les voitures particulières se placeront en ligne, c'est-à-dire les unes à côté des autres, dans la cour principale, le long de la grille d'entrée, les chevaux tournés vers la galerie du Nord.

Il ne pourra stationner sur cet emplacement plus de quinze voitures.

6. Les voitures spéciales affectées au service du chemin de fer, se placeront dans la cour d'entrée principale, le long de la galerie de sortie, et seront rangées en ligne, la tête des chevaux faisant face à la galerie d'entrée.

Il ne pourra stationner sur ce point plus de douze voitures.

7. Les voitures de place et les voitures sous remise se rangeront en ligne dans la cour latérale de droite, la tête des chevaux tournée du côté de la galerie de sortie.

Il ne pourra stationner sur ce point plus de vingt-quatre voitures (douze voitures de place et douze voitures sous remise).

Les douze voitures de place stationneront dans la partie de ladite cour comprise entre la clôture en planches, qui borde la rue de Dunkerque (précédemment des Abattoirs) et le mur qui entoure la pompe.

Cet emplacement sera occupé par les douze premières voitures de place qui, dix minutes avant l'heure d'arrivée de chaque convoi, y seront envoyées de la station établie dans la rue du Faubourg-Saint-Denis.

Les douze voitures sous remise seront placées dans la partie comprise entre la clôture de la pompe et le deuxième candélabre à gaz placé dans ladite cour.

L'emplacement affecté aux voitures sous remise sera occupé par les douze premières voitures qui s'y rendront dans les dix minutes qui précéderont l'heure d'arrivée de chaque convoi.

Dans le cas où il n'y aurait pas, aux approches de l'arrivée d'un convoi, les douze voitures de place et les douze voitures sous remise indiquées ci-dessus, ce nombre pourra être complété, soit par des voitures de place, soit par des voitures sous remise.

8. Les cochers des voitures particulières pourront les faire approcher de la galerie du Nord, pour faire monter les personnes qu'ils viendront chercher.

Le chargement des voitures spéciales devra être opéré sur place.

Pour effectuer leur chargement, les cochers des voitures de place et des voitures sous remise pourront faire approcher ces voitures du trottoir de la galerie de sortie; mais seulement lorsqu'ils seront appelés par les voyageurs.

9. Après le chargement, les voitures spéciales, ainsi que les voitures particulières, sortiront de la cour principale par la porte de l'Est, place de Roubaix (précédemment de la Gare).

Les voitures de place et les voitures sous remise sortiront par la porte de la cour latérale de l'Est, donnant sur la rue de Dunkerque (précédemment des Abattoirs).

10. La cour latérale qui se trouve à gauche, ou à l'ouest de la cour principale, et dont la porte ouvre sur la rue de Dunkerque (précédemment des Abattoirs), sera affectée à l'entrée, au stationnement et à la sortie des voitures destinées au transport des marchandises. Ces voitures devront être rangées le long des murs ou des clôtures en planches, de manière à laisser toujours libre le milieu de la cour.

En entrant et en sortant, ces voitures devront toujours être conduites au pas.

Les malles-postes et les voitures publiques ou particulières, transportées par le chemin de fer, entreront et sortiront aussi par la porte de la cour latérale de l'Ouest.

11. La présente ordonnance sera imprimée et affichée.

Le commissaire spécial de police du chemin de fer du Nord et les agents sous ses ordres sont particulièrement chargés d'en assurer l'exécution.

Le chef de la police municipale, le commissaire de police du quartier du Faubourg-Poissonnière, les officiers de paix et les autres préposés de la préfecture de police, sont chargés, chacun en ce qui le concerne, de concourir à son exécution.

Elle sera adressée, en outre, à M. le colonel commandant la garde municipale et à M. le commandant de la gendarmerie du département de la Seine, qui sont chargés de tenir la main à son exécution, par tous les moyens mis à leur disposition.

Le pair de France, préfet de police, G. DELESSERT.

N° **2021.** — *Ordonnance homologative d'un tarif de magasinage pour le chemin de fer de Paris à la frontière de Belgique* (chemin de fer du Nord).

Paris, le 20 septembre 1847.

Nous, pair de France, préfet de police,

Vu : 1° la loi du 15 juillet 1845, qui autorise la concession du chemin de fer de Paris à la frontière de Belgique ; ensemble le cahier des charges, coté A, annexé à cette loi ;

2° L'ordonnance royale homologative de l'adjudication de la concession dudit chemin de fer ;

3° L'article 8 de notre ordonnance du 10 février dernier, qui fixe le tarif pour le transport des marchandises à petite vitesse, sur le chemin de fer précité, et l'article 2 de notre ordonnance du 25 mars suivant, modificative de la précédente ;

Lesdits articles relatifs aux droits à percevoir à titre de frais de magasinage ;

4° Les propositions présentées à l'administration supérieure par la compagnie du chemin de fer du Nord, concessionnaire du chemin de fer de Paris à la frontière de Belgique, et ayant pour objet l'établissement d'un nouveau tarif que ladite compagnie demande à percevoir pour le magasinage des marchandises non enlevées dans les vingt-quatre heures ;

Ensemble les observations par nous soumises, au sujet de ces propositions, à M. le ministre des travaux publics ;

5° La décision ministérielle en date du 11 de ce mois, au sujet desdites propositions ;

Considérant qu'il y a lieu de rendre obligatoire dans le ressort de la préfecture de police la décision ministérielle précitée,

Ordonnons ce qui suit :

1. A partir de la publication de la présente ordonnance, les droits de magasinage, sur le chemin de fer du Nord, pour les marchandises qui ne seraient pas enlevées dans les vingt-quatre heures, sont fixés à 2 centimes par jour et par 100 kilogrammes; mais avec les minima suivants :

Pour les deux premiers jours, 5 centimes par 100 kilogrammes ;

Pour trois, quatre ou cinq jours, 10 centimes par 100 kilogrammes;

2. Les dispositions des articles 8 et 2 de nos ordonnances ci-dessus visées, en date des 10 février et 25 mars derniers, sont rapportées.

3. La présente ordonnance sera notifiée à la compagnie, imprimée et affichée.

Le commissaire spécial de police et les agents de surveillance du chemin de fer de Paris à la frontière de Belgique, ainsi que les maires et les commissaires de police des communes du ressort de la préfecture de police, dont le territoire est traversé par ledit chemin, sont chargés d'en assurer l'exécution.

Le pair de France, préfet de police, G. DELESSERT.

N° **2022**. — *Ordonnance concernant la prohibition des voitures destinées à reproduire l'affichage public.*

Paris, le 20 septembre 1847.

Nous, pair de France, préfet de police,

Vu les lois des 16-24 août 1790 et 22 juillet 1791 (art. 46);

Vu l'arrêté des consuls du 12 messidor an VIII (1er juillet 1800), art. 22;

Vu l'article 471, n° 15, du Code pénal ;

Considérant que des voitures sur lesquelles se trouvent des affiches contenant des annonces de commerce, destinées à attirer l'attention du public, ont été mises en circulation dans Paris ;

Considérant que ce mode d'affichage a été constamment repoussé par l'autorité; qu'il est de nature à gêner la circulation, à causer des accidents, et qu'ainsi il est contraire à la sûreté publique;

Par ces motifs,

Ordonnons ce qui suit :

1. Il est fait défense expresse à toute personne de faire circuler ou stationner, sur la voie publique, des voitures sur lesquelles se trouveraient des affiches ou avis contenant des annonces de commerce ou d'industrie, de quelque nature qu'elles soient, et qui auraient pour objet de reproduire ou d'étendre l'affichage public par la locomotion.

2. En cas d'infraction à la présente ordonnance, il en sera dressé procès-verbal, qui sera transmis au tribunal de simple police.

3. La présente ordonnance sera imprimée, publiée et affichée dans Paris.

4. Le chef de la police municipale, les commissaires de police, les officiers de paix et les préposés de la préfecture de police, sont chargés d'en surveiller et d'en assurer l'exécution.

Le pair de France, préfet de police, G. DELESSERT.

N° **2023**. — *Ordonnance concernant la circonscription des chantiers de bois dans Paris.*

Paris, le 6 octobre 1847.

Nous, pair de France, préfet de police,

Vu : 1° le décret du 15 octobre 1810 ;

2° Les ordonnances royales des 14 janvier 1815 et 9 février 1825;

3° Les ordonnances de police des 1er septembre, 15 novembre 1834 et 6 juin 1837, concernant la circonscription des chantiers de bois dans Paris;

4° Les instructions de M. le ministre de l'agriculture et du commerce en date des 10 août, 24 décembre 1846 et 28 juillet 1847;

Ordonnons ce qui suit :

1. L'article 1er de l'ordonnance précitée du 1er septembre 1834, et les ordonnances également précitées des 15 novembre 1834 et 6 juin 1837 sont rapportés.

2. Les commissaires de police, le chef de la police municipale, les officiers de paix, les préposés de la préfecture de police, et spécialement l'inspecteur principal des bois et charbons, sont chargés de l'exécution de la présente ordonnance qui sera publiée et affichée.

Le pair de France, préfet de police, G. DELESSERT.

Vu et approuvé :

Paris, le 4 novembre 1847.

Le ministre de l'agriculture et du commerce, CUNIN-GRIDAINE.

N° **2024**. — *Ordonnance homologative d'un tarif combiné pour les expéditions des marchandises adressées du Havre ou de Rouen à* Amiens, Arras, Lille, Valenciennes, Quiévrain *et* Mouscron, *et vice versâ, par le chemin de fer de Paris à la frontière de Belgique* (chemin de fer du Nord), *de Paris à Rouen et de Rouen au Havre.*

Paris, le 12 octobre 1847.

Nous, pair de France, préfet de police,

Vu 1° la loi du 15 juillet 1840, qui autorise l'établissement d'un chemin de fer de Paris à Rouen, ensemble le cahier des charges annexé à cette loi ;

2° La loi du 15 juin 1842, portant concession de l'établissement d'un chemin de fer de Rouen au Havre, en prolongement du chemin de fer de Paris à Rouen, ensemble le cahier des charges annexé à cette loi ;

3° La loi du 15 juillet 1845, qui autorise la concession du chemin de fer de Paris à la frontière de Belgique, ensemble le cahier des charges, coté A, annexé à cette loi ;

4° L'ordonnance royale du 15 novembre 1846, portant règlement d'administration publique sur la police, la sûreté et l'exploitation des chemins de fer ;

5° Les arrêtés ministériels des 10 janvier et 8 mars derniers, qui centralisent dans les mains du préfet de police, à Paris, l'ensemble de l'exploitation des chemins de fer ayant leur point de départ dans le ressort de la préfecture de police, et du chemin de fer de Rouen au Havre ;

6° Nos ordonnances des 19 juin 1848 et 10 février 1847, qui fixent les tarifs pour le transport des marchandises, à la grande et à la petite vitesse, sur le chemin de fer de Paris à la frontière de Belgique ;

7° Nos ordonnances du 20 mars dernier, qui fixent les tarifs pour les transports des objets de toute nature, à la grande et à la petite vitesse, sur les chemins de fer de Paris à Rouen et de Rouen au Havre ;

8° Les propositions soumises à l'administration supérieure par la compagnie du chemin de fer du Nord, concessionnaire du chemin de fer de Paris à la frontière de Belgique, et par les compagnies concessionnaires des chemins de fer de Paris à Rouen et de Rouen au Havre, lesdites propositions ayant pour objet un projet de tarif combiné entre les trois compagnies ci-dessus désignées, pour les expéditions de marchandises adressées du Havre et de Rouen à Amiens, Arras, Lille, Valenciennes, Quiévrain et Mouscron, *et vice versâ* : ensemble les observations par nous adressées à M. le ministre des travaux publics, au sujet de ces propositions ;

9° Les décisions ministérielles des 18 et 29 septembre dernier, qui approuvent lesdites propositions sous diverses conditions et réserves ;

Considérant qu'il y a lieu de rendre exécutoire, dans le ressort de la préfecture de police, la décision ministérielle précitée,

Ordonnons ce qui suit :

1. Les compagnies concessionnaires des chemins de Paris à la frontière de Belgique, de Paris à Rouen et de Rouen au Havre, sont autorisées à percevoir un tarif commun pour le transport des marchandises expédiées du Havre ou de Rouen à destination d'Amiens, Arras, Lille, Valenciennes, Quiévrain et Mouscron, *et vice versâ.*

2. Pour l'application de ce tarif, les marchandises seront divisées en quatre catégories de la manière ci-après indiquée, savoir :

Première catégorie.

Marchandises de toute nature transportées à la vitesse des voyageurs, sur la demande des expéditeurs.

Deuxième catégorie.

Les marchandises hors classe, dont la désignation suit :

Acides minéraux, beurre, bronzes d'art, charcuterie, estampes encadrées, fruits, gibier, glaces, horlogerie, huîtres et poisson frais, par chargements partiels, huiles essentielles, instruments de musique, d'optique et de précision, légumes frais, marchandises ne pesant pas 200 kilogrammes au mètre cube, non désignées au tarif du cahier des charges, marchandises précieuses, dangereuses ou exigeant des soins particuliers, meubles sans emballage, objets d'art ou de collection, œufs, paille fine tressée, pâtisserie, phosphore, plants d'arbres, pyrites, statues, tableaux, volaille.

Troisième catégorie.

1° Les marchandises de 1re classe, dénommées dans les 2e, 3e et 4e séries des tarifs en vigueur des chemins de fer de Paris à Rouen et de Rouen au Havre ;

2° Les marchandises de 1re et de 2e classes dénommées dans les tarifs en vigueur du chemin de fer du Nord dont la désignation suit :

Alizari, amandes, anis, arow-root et autres fécules exotiques, baumes, bières en caisse ou en panier, blanc de baleine, bleu de prusse, boissons, bois de teinture moulu, bois de teinture effilé, bonneterie, bougies, borax raffiné, brosserie, camphre, cardes, chardons, caoutchouc, carton, cendres d'orfévre, chandelles, chaudronnerie, châtaignes, chiffons, citrons en caisse, cigares, cocos, colle de poisson, colle forte, conserves sous plomb, coquillages, copal, cotons filés, couleurs, coutellerie, cochenille, cordages, cristaux en caisse, crême de tartre, cuirs travaillés, curcuma, cuivre de doublage, cuivre en rosette, dents d'éléphant, déchets de coton, denrées coloniales, dividivi, draperie, drogues, eau de fleurs d'oranger en caisse, eaux minérales, écailles, écorces, épicerie, étoffes de laine et de coton, de lin et de soie, estampes sans cadre, faïence, faulx, fanons de baleine, feuilles, fer ouvré, fer en feuilles, fer-blanc, ficelle, fils de laine, de lin et de soie, fontes d'ornement, fers pour ornement, fontes moulées, fruits secs, fromages secs, garance, ganterie, garancine, gaudes, gomme, graines de teinture, graphite, houblon, indigo, instruments aratoires, ivoire ouvré, joncs, lacdye, laiton en feuille, laine lavée, laine manufacturée, lait, lichen pressé, liége brut, liége ouvré, limes, lingerie, liqueurs en panier ou en caisse, liqueurs en fût, librairie, marrons, marbres ouvrés et en tranches, mécaniques, mercure, métaux ouvrés, métaux non ouvrés, mercerie, meubles en caisse, noix de galle, objets manufacturés, oignons, onglons de tortue, oranges, orge perlé, orseille, osier, paillassons, papier, papiers peints, parfumerie, passementerie, peaux brutes et ouvrées, pelleteries et fourrures, pierres lithographiques, pierre ponce, plomb ouvré et en tuyaux, plumes pressées, poisson salé, poterie, porcelaine, produits chimiques, préparations pharmaceutiques, presses lithographiques, racines, rocou et autres pâtes tinctoriales, roseaux, rotins, safran, safranum, soie brute et manufacturée, spiritueux en bouteilles, en caisse ou en panier, sucre raffiné en vrac, sumac, tabacs, tabletterie, taillanderie, thé, tissus, toiles ouvrées et unies, vanille, verrerie, vins en panier ou en caisse, vins de liqueur en fût, vinaigre en bouteilles, zinc ouvré et en feuilles.

Quatrième catégorie.

Les marchandises de 1re, 2e et 3e classes dénommées à la 5e et à la 6e séries des tarifs des chemins de fer de Rouen et du Havre, et dans les tarifs du chemin de fer du Nord, dont la désignation suit :

Acier, albâtre brut, alguifoux, alun, amidon, ancres, antimoine, ardoises, argiles, armes en caisse, arsenic, asphalte, beurre salé, bière en fût, bimbeloterie, bitume, blé, bois à brûler, dit de corde, bois de charpente, bois d'ébénisterie, bois de menuiserie, bois de teinture en bûche et autres bois exotiques, borax brut, boulons, bouteilles vides emballées, brai, briques, cables et chaines en fer, cacao, cachou, café en sacs et en barils, cailloux, carreaux en terre cuite, céruse, chanvre pressé, charbon de bois, chaux, chevrons, chlorure de sodium, chromate de fer, cidre en fût, ciment. cire brute, clous, coke, cornes, cotons en balles, couperose, crins en balles, cuirs verts et secs, cuivre brut en lingots et en plaques, dégras, eau de fleurs d'oranger en fût, eaux-de-vie en fût, émeri engrais, essence de térébenthine, essieux, étain, étoupes emballées, farines, fécule, fer en barres, en lopin ou en plaques, ferrailles, fontes en barres et en feuilles, fumier, goudron, grains, graines oléagineuses et fourragères, graisses, granit, guano, houille, huiles, jus de citrons en fût, kaolin, laine en suint, laiton en saumon, légumes secs, lin non ouvré, lin emballé et pressé, litharge, madriers, manganèse, marbres en blocs, matériaux de toute espèce pour la construction et la réparation des routes, mélasse, merrains, meulières, miel, mine de plomb, minerai, minium, mitraille, moëllons, morue, nacre, nitrate de soude et de potasse, noir d'os, ocre, os et sabots de bétail, pavés, perches, perlasse, pierre à chaux et à plâtre, pierres de taille, planches, plâtre, plomb en saumon et en table, poils, poix, pommes de terre, potasse, poudrette, prunes sèches, quercitron, quincaillerie, rails, résines de pin et de sapin, rivets, riz en barils et en sacs, sable, salaisons, salpêtre, savons, sels, sels de soude et de potasse, soies de porc pressées et en fût, sucre brut, suif, tan, tartre brut, terres d'ombre, de Sienne et de Cassel, toiles d'emballage, toiles à sacs, tourteaux, tripoli, trois-six, tuiles, verres à vitre en caisse, verres cassés en caisse et en tonneau, viandes salées, vins et vinaigres en fût, zinc en plaques.

3. Les prix à percevoir pour le transport des marchandises indiquées dans les quatre catégories ci-dessus, sont fixés conformément au tableau suivant :

Nota.—Le poids des vins sera calculé à raison de 1,000 kilogrammes pour 912 litres; celui des vins en bouteilles, à raison de 2 kilogrammes par bouteille.

Tarif pour le Transport direct des Marchandises expédiées du Havre ou de Rouen à Amiens, Arras, Lille, Valenciennes, Mouscron et Quiévrain, et vice versá.

LIEUX DE DÉPART et DE DESTINATION.	Distances servant de base à la fixation des prix de transport	MARCHANDISES.			
		1re catégorie.	2e catégorie.	3e catégorie.	4e catégorie.
		PRIX DE TRANSPORT par 1,000 kilogrammes.			
DU HAVRE aux stations ci-dessous *et vice versá* :	kilomèt.	fr. c.	fr. c.	fr. c.	fr. c.
Amiens..............	374	95 »	69 »	42 »	30 »
Arras	442	120 »	85 »	48 »	34 »
Lille	500	140 »	100 »	54 »	38 »
Valenciennes........	505	140 »	100 »	54 »	38 »
Quiévrain	516	140 »	100 »	56 »	39 »
Mouscron..........	517	140 »	100 »	56 »	39 »
DE ROUEN aux stations ci-dessous *et vice versá* :					
Amiens..............	279	62 »	43 »	35 »	24 »
Arras	347	87 »	61 »	39 »	28 »
Lille	405	107 »	76 »	45 »	32 »
Valenciennes	408	107 »	76 »	45 »	32 »
Quiévrain	421	107 »	76 »	47 »	33 »
Mouscron..........	422	107 »	76 »	47 »	33 »

4. Il ne sera rien ajouté aux prix réglés en l'article précédent pour frais accessoires de chargement et de déchargement, ni pour le camionnage des marchandises, de la gare de la Chapelle à celle des Batignolles et réciproquement.

5. Les expéditions de marchandises, à grande et à petite vitesse, seront taxées par fractions indivisibles de 10 kilogrammes.

Les expéditions de marchandises, à grande vitesse, pesant moins de 10 kilogrammes, seront taxées comme 10 kilogrammes.

Tout colis de marchandises, pesant moins de 50 kilogrammes, expédié à petite vitesse, sera taxé comme 50 kilogrammes.

Frais accessoires d'enregistrement.

6. La compagnie qui fera l'expédition percevra seule un droit de 10 centimes pour l'enregistrement de toute expédition.

Dispositions générales.

7. Les taxes réglées par la présente ordonnance ne pourront être relevées par les compagnies avant le délai d'un an.

L'administration se réserve, en outre, formellement le droit d'apporter au présent tarif telle modification dont le besoin se ferait sentir, soit dans la nomenclature des marchandises, qui n'est approuvée qu'à titre provisoire, soit dans les prix de transport.

8. Nos ordonnances précitées des 19 juin 1846, 10 février et 20

mars 1847, continueront de recevoir leur exécution en tout ce qui n'est pas contraire aux dispositions de la présente.

9. La présente ordonnance sera notifiée aux compagnies des chemins de fer de Paris à la frontière de Belgique, de Paris à Rouen et de Rouen au Havre, elle sera imprimée et affichée.

Les commissaires spéciaux de police et les agents de surveillance des chemins de fer précités, ainsi que les maires et les commissaires de police des communes du ressort de la préfecture de police, dont le territoire est traversé par lesdits chemins, sont chargés d'en assurer l'exécution.

Le pair de France, préfet de police, G. DELESSERT.

N° 2025. — *Ordonnance qui règle l'entrée, le stationnement et la circulation des voitures de toute espèce dans les cours de l'embarcadère du chemin de fer de Sceaux.*

Approuvée par Son Excellence le ministre des travaux publics, le 20 novembre 1847.

Paris, le 28 octobre 1847.

Nous, pair de France, préfet de police,

Vu : 1° les lois des 16-24 août 1790 et 19-22 juillet 1791 ;

2° Les arrêtés du gouvernement du 12 messidor an VIII et 3 brumaire an IX (1er juillet et 25 octobre 1800) ;

3° La loi des 5 et 8 août 1844, qui autorise la concession du chemin de fer de Paris à Sceaux ;

Ensemble le cahier des charges annexé à ladite loi, et notamment les articles 26 et 34 de ce cahier des charges ;

4° La loi du 15 juillet 1845, sur la police des chemins de fer ;

5° L'ordonnance royale du 15 novembre 1846, portant règlement d'administration publique sur la police, la sûreté et l'exploitation des chemins de fer ;

6° Nos arrêtés des 18 janvier 1836 et 13 janvier 1847, relatifs à l'établissement d'une station de voitures de place, tant sur le boulevard intérieur, près de la barrière d'Enfer, que sur la place qui existe devant la cour du chemin de fer ;

Considérant qu'il y a lieu de régler, conformément aux dispositions de l'article 1er de l'ordonnance précitée du 15 novembre 1846, l'entrée, le stationnement et la circulation des voitures publiques ou particulières, destinées, soit au transport des personnes, soit au transport des marchandises, dans les cours dépendant de l'embarcadère du chemin de fer de Sceaux,

Ordonnons ce qui suit :

1. L'entrée, le stationnement et la circulation des voitures publiques ou particulières, destinées, soit au transport des personnes, soit au transport des marchandises, dans la cour de l'embarcadère du chemin de fer de Sceaux, sont réglés ainsi qu'il est prescrit par les articles suivants :

2. Les voitures publiques ou particulières, qui transporteront des voyageurs au chemin de fer, entreront dans la cour de l'embarcadère, par la porte du milieu ; et, après avoir déposé les voyageurs devant le grand perron, sortiront par la porte latérale située au nord de cette cour.

3. Les voitures publiques ou particulières, qui iront prendre des

voyageurs à l'arrivée des convois du chemin de fer, et les voitures de toute espèce, servant, soit à des transports de marchandises, soit au service particulier de la compagnie, devront aussi entrer exclusivement par la porte du milieu.

4. Les diverses voitures destinées au transport des voyageurs, se rangeront sur les points de stationnement qui leur sont affectés, et qui sont désignés aux articles 5, 6 et 7 de la présente ordonnance.

5. Les voitures particulières se placeront en ligne, c'est-à-dire, les unes à côté des autres, sur l'emplacement situé entre le grand perron du milieu et le perron du pavillon du midi, et seront adossées au mur du bâtiment de l'embarcadère.

Il ne pourra stationner sur cet emplacement plus de dix voitures.

6. Les voitures spéciales, affectées au service du chemin de fer, se placeront dans la partie nord de la cour de l'embarcadère, c'est-à-dire, sur l'emplacement situé à gauche, en entrant dans ladite cour, et seront rangées en ligne à la droite du perron de la porte de sortie, la tête des chevaux tournée du côté du mur de clôture.

Il ne pourra stationner, sur ce point, plus de huit voitures.

7. Les voitures de place et sous remise, seront rangées dans la partie sud de la cour de l'embarcadère, c'est-à-dire, à droite en entrant dans cette cour.

Il ne pourra stationner, sur ce point, plus de huit voitures (quatre voitures de place et quatre voitures sous remise).

Les quatre voitures de place stationneront en file le long de la grille de la cour de la manière suivante :

Deux sur l'emplacement compris entre la porte d'entrée ou du milieu et la porte latérale du sud, et les deux autres entre cette dernière porte et celle de service qui se trouve à six mètres environ du mur de clôture.

Ces emplacements seront occupés par les quatre premières voitures de place qui, dix minutes avant l'heure d'arrivée de chaque convoi, y seront envoyées de la station de la barrière d'Enfer, et ils seront ensuite alimentés par les voitures du stationnement établi sur la place qui existe devant le chemin de fer.

Les quatre voitures sous remise seront rangées en ligne, à partir de la grille, et adossées au mur de clôture des jardins de l'hospice de La Rochefoucauld.

L'emplacement affecté aux voitures sous remise sera occupé par les quatre premières voitures qui s'y rendront dans les dix minutes qui précéderont l'heure d'arrivée de chaque convoi.

Dans le cas où il n'y aurait pas, aux approches de l'arrivée d'un convoi, les quatre voitures de place et les quatre voitures sous remise indiquées ci-dessus, ce nombre pourra être complété, soit par des voitures de place, soit par des voitures sous remise.

8. Le chargement des voitures particulières, des voitures spéciales, des voitures de place et sous remise, devra être opéré sur place.

9. Après le chargement, les voitures spéciales sortiront par la porte latérale du nord.

Les voitures particulières, les voitures de place et les voitures sous remise sortiront par la porte latérale du sud.

Toutes ces voitures devront être conduites au pas.

10. Les voitures du service particulier de la compagnie, venant, soit de l'intérieur du débarcadère, soit des remises ou écuries situées dans la partie sud de la cour, devront également passer par la porte latérale du sud.

11. La présente ordonnance sera imprimée et affichée.

Le commissaire spécial de police du chemin de fer de Sceaux, et les agents sous ses ordres, sont particulièrement chargés d'en assurer l'exécution.

Le chef de la police municipale, le commissaire de police de la commune de Montrouge, les officiers de paix et les autres préposés de la préfecture de police, sont chargés, chacun en ce qui le concerne, de concourir à son exécution.

Elle sera adressée, en outre, à M. le maire de la commune de Montrouge, à M. le colonel commandant la garde municipale, et à M. le commandant de la gendarmerie du département de la Seine, qui sont chargés de tenir la main à son exécution, par tous les moyens mis à leur disposition.

Le pair de France, préfet de police, G. DELESSERT.

N° **2026.** — *Ordonnance concernant le balayage et la propreté de la voie publique et le transport des matières insalubres.*

Paris, le 6 novembre 1847.

Nous, pair de France, préfet de police,

Ordonnons ce qui suit :

Notre ordonnance du 5 novembre 1846 (1), concernant le balayage et la propreté de la voie publique, et le transport des matières insalubres, sera de nouveau imprimée et affichée.

Le pair de France, préfet de police, G. DELESSERT.

N° **2027.**—*Ordonnance homologative de tarifs pour les transports de toute nature, à grande et à petite vitesse, par le chemin de fer de Paris à la frontière de Belgique (chemin de fer du Nord), et de Creil à Saint-Quentin. (Section de Creil à Compiègne.)*

Paris, le 6 novembre 1847.

Nous, pair de France, préfet de police,

Vu : 1° la loi du 15 juillet 1845, qui autorise la concession des chemins de fer de Paris à la frontière de Belgique, et de Creil à Saint-Quentin, ensemble les cahiers des charges, cotés A et B annexés à cette loi ;

2° Les ordonnances royales homologatives de l'adjudication de la concession de chacun des chemins de fer précités ;

3° L'ordonnance du roi du 1er avril 1847, qui approuve le traité de fusion de la compagnie du chemin de fer du Nord, concessionnaire du chemin de fer de Paris à la frontière de Belgique, avec la compagnie du chemin de fer de Creil à Saint-Quentin ;

4° Nos ordonnances des 19 juin 1846, 10 et 22 février, 10 mars et 20 septembre 1847, qui fixent les tarifs pour les transports de toute

(1) V. cette ord.

nature, à grande et à petite vitesse, et pour les droits de magasinage sur le chemin de fer de Paris à la frontière de Belgique ;

5° La lettre en date du 14 octobre courant, par laquelle M. le ministre des travaux publics nous informe que, par décision du 11 du courant, il a donné son homologation aux propositions de tarif, qui lui ont été soumises par la compagnie du chemin de fer du Nord, pour le transport des voyageurs et des marchandises entre les stations de la ligne de Creil à Compiègne, chemin de fer de Creil à Saint-Quentin, et les différentes stations de Paris à la frontière de Belgique ;

6° La décision ministérielle, en date du 5 novembre courant, qui approuve quelques modifications apportées par la compagnie à ses premières propositions ;

Considérant qu'il y a lieu de rendre exécutoires dans le ressort de la préfecture de police les décisions ministérielles précitées,

Ordonnons ce qui suit :

TITRE Ier.

TRANSPORT A LA VITESSE DES VOYAGEURS.

CHAPITRE Ier.

Voyageurs.

1. Les prix à percevoir pour le transport des voyageurs sur les parcours compris entre les stations du chemin de fer de Creil à Saint-Quentin, ci-après désignées, et entre ces mêmes stations et les différentes stations de la ligne de Paris à la frontière de Belgique, sont réglés, y compris l'impôt dû au trésor, ainsi qu'il suit :

(Tarif pour le transport des voyageurs, etc.)

Tarif pour le Transport des Voyageurs.

LIEUX DE DÉPART ET DE DESTINATION.	Distances servant de base à la fixation des prix de transport.	1re CLASSE. Voitures couvertes, garnies et fermées à glaces.	2e CLASSE. Voitures couvertes, fermées à glaces et à banquettes rembourrées.	3e CLASSE. Voitures couvertes et fermées avec rideaux.
		PRIX DE TRANSPORT.		
	kilomèt.	fr. c.	fr. c.	fr. c.
DE COMPIÈGNE aux stations ci-contre et vice versâ : Paris	100	9 »	7 »	5 »
Saint-Denis	94	9 »	7 »	5 »
Enghien	88	9 »	6 75	5 »
Pontoise	71	7 25	5 50	4 »
Auvers	66	6 75	5 »	3 75
Isle-Adam	60	6 »	4 50	3 25
Beaumont	54	5 50	4 »	5 »
Boran	47	4 75	3 50	2 50
Précy	42	4 25	3 25	2 45
Saint-Leu	39	4 »	3 05	2 25
Creil	32	3 »	2 50	1 75
Liancourt	40	3 25	2 75	2 »
Clermont	47	3 50	5 »	2 25
Saint-Just	62	5 »	4 »	3 »
Breteuil	77	6 50	5 »	3 75
Amiens	113	9 »	7 »	5 »
Albert	144	12 »	9 »	9 »
Arras	180	16 »	12 »	11 »
Douai	206	18 »	14 »	11 »
Lille	238	22 »	16 »	12 »
Mouscron	255	24 »	18 »	15 »
Somain	221	20 »	15 »	11 »
Valenciennes	242	22 »	17 »	12 50
Quiévrain	251	23 »	18 »	15 »
Verberie (Rivecourt)	12	1 25	» 95	» 70
Pont-Ste-Maxence	21	2 15	1 65	1 20
DE VERBERIE (Rivecourt) aux stations ci-contre et vice versâ : Paris	89	8 »	6 »	4 50
Saint-Denis	82	8 »	6 »	4 50
Enghien	77	7 50	5 75	4 25
Pontoise	60	6 »	4 50	3 25
Auvers	55	5 50	4 25	3 »
Isle-Adam	49	5 »	3 75	2 75
Beaumont	45	4 25	3 25	2 50
Boran	36	3 50	2 75	2 »
Précy	31	3 »	2 40	1 80
Saint-Leu	28	2 75	2 20	1 60
Creil	21	2 15	1 65	1 20
Liancourt	29	3 »	2 25	1 65
Clermont	36	3 50	2 75	2 »
Saint-Just	51	5 »	3 50	2 75
Breteuil	66	6 50	5 »	3 75
Amiens	102	9 »	7 »	5 »
Compiègne	12	1 25	» 95	» 70
Pont-Ste-Maxence	10	1 05	» 80	» 60

Suite du Tarif pour le Transport des Voyageurs.

LIEUX DE DÉPART ET DE DESTINATION.		Distances servant de base à la fixation des prix de transport.	1re CLASSE. Voitures couvertes, garnies et fermées à glaces.		2e CLASSE. Voitures couvertes, fermées à glaces et à banquettes rembourrées.		3e CLASSE. Voitures couvertes et fermées avec rideaux.	
			PRIX DE TRANSPORT.					
		kilomèt.	fr.	c.	fr.	c.	fr.	c.
DE PONT-STE-MAXENCE aux stations ci-contre et vice versâ :	Paris.........	80	7	25	5	50	4	»
	Saint-Denis........	73	7	25	5	50	4	»
	Enghien...........	68	7	»	5	25	3	75
	Pontoise..........	51	5	25	3	75	2	75
	Auvers...........	46	4	75	3	60	2	65
	Isle-Adam.........	40	4	15	3	10	2	30
	Beaumont.........	33	3	40	2	55	1	90
	Boran............	27	2	80	2	10	1	55
	Précy............	22	2	25	1	70	1	25
	Saint-Leu.........	19	1	95	1	50	1	10
	Creil............	12	1	25	»	95	»	70
	Liancourt.........	19	1	95	1	50	1	10
	Clermont..........	27	2	80	2	10	1	55
	Saint-Just.........	42	4	25	3	20	2	25
	Breteuil..........	57	5	75	4	25	3	25
	Amiens...........	92	9	»	7	»	5	»
	Compiègne.........	21	2	15	1	65	1	20
	Verberie (Rivecourt)	10	1	05	»	80	»	60

CHAPITRE II.

Bagages, articles de messagerie, marchandises, etc.—Voitures et chevaux.

SECTION Ire. — Prix de transport.

§ Ier. — *Bagages, articles de messagerie, marchandises.*

2. Les prix de transport, à grande vitesse, des excédants de bagages, des articles de messagerie, des marchandises, des finances et autres valeurs, et des chiens, sont réglés, pour les parcours ci-dessus indiqués, conformément aux dispositions de nos ordonnances précitées des 19 juin 1846 et 22 février 1847, relatives au chemin de fer de Paris à la frontière de Belgique (*chemin du Nord*).

§ II. — *Voitures et chevaux.*

3. Les prix à percevoir pour le transport des voitures et des chevaux, de la station de Compiègne aux stations ci-après désignées, sont réglés conformément au tableau suivant :

(*Tarif pour le transport des voitures, etc.*)

Tarif pour le Transport des Voitures et des Chevaux.

LIEUX DE DÉPART ET DE DESTINATION.		Distances servant de base à la fixation des prix de transport.	VOITURES		CHEVAUX
			à un fond.	à deux fonds.	par tête.
		kilomèt.	fr. c.	fr. c.	fr. c.
	Paris.............	100	50 »	64 »	20 »
	Pontoise...........	71	35 »	45 »	14 »
	Beaumont..........	54	27 »	34 »	10 »
	Boran.............	47	23 »	30 »	9 »
DE	Saint-Leu..........	39	19 »	24 »	7 50
COMPIÈGNE	Creil.............	32	16 »	20 »	6 »
aux stations	Clermont..........	47	23 »	30 »	9 »
ci-contre	Breteuil...........	77	38 »	49 »	15 »
et vice versâ :	Amiens...........	113	56 »	72 »	22 »
	Arras.............	180	90 »	115 »	36 »
	Douai.............	206	103 »	131 »	41 »
	Lille.............	238	119 »	152 »	47 »
	Valenciennes........	242	121 »	154 »	48 »
	Quiévrain..........	254	127 »	162 »	50 »
	Mouscron..........	255	127 »	163 »	51 »

SECTION II. — Frais accessoires.

4. Les frais accessoires de chargement et de déchargement, de magasinage et d'enregistrement, réglés par nos ordonnances précitées des 19 juin 1846 et 22 février 1847, sont applicables aux objets de même nature transportés sur les parcours désignés dans les deux articles précédents.

TITRE II.

TRANSPORT A LA VITESSE DES MARCHANDISES.

CHAPITRE Ier.

Classification des marchandises.

5. Les dispositions des articles 1er et 2 de notre ordonnance précitée, du 10 février 1847, qui classent les marchandises et fixent l'ordre dans lequel elles sont rangées pour la détermination des prix du transport qui leur sont applicables, sont rendues exécutoires sur la ligne du chemin de fer de Creil à Saint-Quentin.

CHAPITRE II.

Transport des marchandises, chevaux, bestiaux et voitures, et frais accessoires.

SECTION Ire. — Prix de transport.

6. Les prix à percevoir pour le transport des marchandises *, des chevaux, bestiaux et voitures, voyageant à petite vitesse, sur les parcours ci-après indiqués, sont réglés d'après le tableau suivant :

* Nota.—Conformément à l'article 5 ci-dessus, voir l'ordonnance du 10 février 1847, pour la désignation des marchandises auxquelles s'appliquent les prix indiqués ci-après pour chaque classe.

(Tarif pour le transport des marchandises, etc.)

Tarif pour le Transport, à petite

LIEUX DE DÉPART et DE DESTINATION.	Distances servant de base à l'application des tarifs.	MARCHANDISES PAR 1,000 KILOGRAMMES.			
		Hors classe.	1re classe.	2e classe.	3e 1re catégorie.
		PRIX DE TRANSPORT.			
	kilomèt.	fr. c.	fr. c.	fr. c.	fr. c.
DE COMPIÈGNE aux stations ci-après et vice versâ :					
Paris, *gare de La Chapelle*..	98	24 50	12 50	10 50	9 50
Pontoise...............	71	17 50	12 50	10 50	9 50
Auvers................	66	16 50	11 50	10 50	9 »
Isle-Adam.............	60	14 50	10 50	9 50	8 »
Beaumont.............	54	13 50	9 50	8 50	7 50
Boran................	47	10 50	8 »	7 50	6 50
Saint-Leu.............	59	9 50	7 »	6 »	5 »
Creil.................	32	8 »	5 50	5 »	4 »
Liancourt............	40	10 »	7 »	6 »	5 50
Clermont.............	17	10 50	7 »	6 50	5 50
Saint-Just............	62	12 50	9 »	8 »	7 »
Breteuil..............	77	16 50	11 50	9 50	8 50
Ailly.................	92	18 50	13 50	9 50	8 50
Amiens...............	113	19 50	14 50	11 50	9 50
Albert................	144	25 50	18 50	16 50	14 50
Achiet................	162	30 50	21 50	19 50	16 50
Arras.................	180	34 50	24 50	19 50	16 50
Douai................	206	41 50	29 50	22 50	19 50
Pont-de-la-Deule.....	209	42 50	30 50	22 50	19 50
Séclin................	228	46 50	33 50	27 50	23 50
Lille.................	238	49 50	35 50	27 50	23 50
Roubaix..............	247	51 50	36 50	52 50	28 50
Tourcoing............	250	52 50	57 50	55 50	29 50
Mouscron.............	255	53 50	59 50	54 50	29 50
Somain...............	221	45 50	31 50	27 50	23 50
Valenciennes.........	242	48 50	34 50	27 50	23 50
Quiévrain............	254	51 50	37 50	28 50	24 50
Pont-Sainte-Maxence.......	21	5 »	3 70	3 30	2 90
DE PONT-SAINTE-MAXENCE aux stations ci-après et vice versâ :					
Paris, *gare de La Chapelle*..	78	19 50	12 50	10 50	9 50
Pontoise.............	51	12 50	9 »	8 »	7 »
Auvers..............	46	11 50	8 »	7 »	6 »
Isle-Adam...........	40	9 50	7 »	6 »	5 50
Beaumont...........	34	8 50	6 »	5 »	4 50
Boran..............	27	6 50	4 50	4 »	3 50
Saint-Leu...........	19	4 50	3 40	3 »	2 50
Creil...............	12	3 »	2 10	1 90	1 60
Liancourt...........	19	4 50	3 40	3 »	2 50
Clermont...........	27	6 50	4 50	4 »	3 50
Saint-Just..........	42	10 50	7 50	6 50	5 50
Breteuil............	57	13 50	9 50	8 50	7 50
Ailly...............	75	17 50	12 50	9 50	8 50
Amiens.............	92	19 50	14 50	11 50	9 5.
Albert..............	124	25 50	18 50	16 50	14 50
Achiet..............	142	30 50	21 50	19 50	16 50
Arras...............	160	34 50	24 50	19 50	16 50
Douai..............	186	41 50	29 50	22 50	19 50
Pont-de-la-Deule...	189	42 50	30 50	22 50	19 50
Séclin..............	207	46 50	33 50	27 50	23 50
Lille...............	218	49 50	35 50	27 50	23 50
Roubaix............	227	51 50	36 50	52 50	28 50
Tourcoing..........	230	52 50	37 50	53 50	29 50
Mouscron...........	255	53 50	58 50	54 50	29 50
Somain.............	201	45 50	31 50	27 50	25 50
Valenciennes.......	221	48 50	34 50	27 50	23 50
Quiévrain..........	255	51 50	37 50	28 50	24 50
Compiègne	21	5 »	3 70	3 30	2 90

...es, Chevaux, Bestiaux et Voitures.

LIEUX DE DEPART et DE DESTINATION.	Distances servant de base à l'application des tarifs.	BESTIAUX, par wagon complet.	PAR TÊTE. Moutons, brebis et chèvres.		Veaux et porcs.		Chevaux, bœufs, vaches, taureaux et mulets.		VOITURES A 2 OU 4 ROUES, à un fond et une banquette.		à deux fonds et deux banquettes.	
	kilomèt.	fr. c.	fr.	c.	fr.	c.	fr.	c.	fr.	c.	fr.	c.
ris, gare de La Chapelle..	98	49 »	1	75	5	75	9	50	24	»	31	»
toise	71	35 50	1	25	2	75	7	»	17	»	22	»
vers	66	35 »	1	25	2	50	6	50	16	50	21	»
-Adam	60	30 »	1	»	2	25	6	»	15	»	19	»
umont	54	27 »	1	»	2	»	5	40	13	50	17	»
au	47	23 50	»	75	1	75	4	50	11	50	15	»
nt-Leu	39	19 50	»	75	1	50	3	90	9	50	12	»
il	52	16 »	»	60	1	25	3	20	8	»	10	»
ncourt	40	20 »	»	75	1	50	4	»	10	»	12	50
rmont	47	23 50	»	75	1	75	4	70	11	50	15	»
nt-Just	62	31 »	1	»	2	25	6	20	15	50	19	»
teuil	77	38 50	1	50	3	»	7	70	19	»	24	»
y	92	40 »	1	75	3	50	9	»	23	»	29	»
iens	113	40 50	2	25	4	50	11	»	28	»	36	»
ert	144	56 »	2	50	5	25	13	50	36	»	46	»
iet	162	65 »	3	»	6	»	15	50	40	»	51	»
as	180	74 »	3	25	6	75	17	»	45	»	57	»
ai	206	87 »	5	75	7	75	19	»	51	»	65	»
t-de-la-Deule	209	88 50	4	»	8	»	20	»	52	»	66	»
lin	228	98 »	4	25	8	75	22	»	57	»	72	»
e	238	105 »	4	50	9	»	25	»	59	»	76	»
baix	247	107 50	4	75	9	50	24	»	61	»	79	»
rcoing	250	109 »	4	75	9	50	24	»	62	»	80	»
uscron	255	111 50	4	75	9	50	24	»	65	»	81	»
nain	221	94 »	4	»	8	25	20	»	55	»	70	»
enciennes	242	105 »	4	50	9	»	22	»	60	»	77	»
évrain	255	111 »	4	75	9	50	24	»	65	»	78	»
t-Sainte-Maxence	21	10 50	»	49	»	75	2	»	5	»	6	50
ris, gare de La Chapelle..	78	39 »	1	50	5	»	7	50	19	50	24	»
toise	51	25 50	1	»	2	»	5	»	12	»	16	»
vers	46	23 »	»	75	1	75	4	50	11	»	14	»
-Adam	40	20 »	»	75	1	50	4	»	10	»	12	»
umont	54	17 »	»	65	1	»	3	40	8	»	10	»
au	27	13 50	»	50	1	»	2	70	6	50	8	»
nt-Leu	19	9 50	»	35	»	75	1	90	4	50	6	»
il	12	6 »	»	24	»	48	1	»	2	50	3	»
ncourt	19	9 50	»	35	»	75	1	90	4	50	6	»
rmont	27	13 50	»	50	1	»	2	70	6	50	8	»
nt-Just	42	20 50	»	75	1	50	4	»	10	»	13	»
teuil	57	28 50	1	»	2	25	5	50	14	»	18	»
y	75	36 50	1	25	2	75	7	»	18	»	23	»
iens	92	40 50	1	75	3	50	9	»	23	»	29	»
ert	124	56 »	2	25	4	50	11	»	31	»	39	»
iet	142	65 »	2	50	5	25	13	»	35	»	45	»
as	160	74 »	3	»	6	»	15	»	40	»	51	»
ai	186	87 »	3	50	7	»	17	»	46	»	59	»
t-de-la-Deule	189	88 50	3	50	7	25	18	»	47	»	60	»
lin	207	98 »	4	»	8	»	20	»	51	»	66	»
e	218	105 »	4	»	8	25	21	»	54	»	69	»
baix	227	107 50	4	25	8	75	22	»	56	»	72	»
rcoing	250	109 »	4	25	8	75	22	»	57	»	75	»
uscron	255	111 50	4	50	9	»	22	»	58	»	75	»
nain	201	94 50	3	75	7	50	18	»	50	»	64	»
enciennes	221	105 »	4	»	8	25	20	»	55	»	70	»
évrain	255	111 »	4	25	8	75	22	»	58	»	75	»
mpiègne	21	10 50	»	40	»	75	2	»	5	»	6	30

PRIX DE TRANSPORT.

SECTION II. — Frais accessoires

7. Les frais accessoires de chargement et de déchargement, d'enre-gistrement et de magasinage, réglés par nos ordonnances précitées des 10 février, 10 mars et 20 septembre 1847, sont applicables aux obc jets de même nature transportés sur les parcours désignés dans les deux articles précédents.

Les frais de chargement et de déchargement des voitures sont fixés à deux francs.

TITRE III.

DISPOSITIONS GÉNÉRALES.

8. Toutes les dispositions de nos ordonnances précitées, des 19 juin 1846, 10 et 22 février, 10 mars et 20 septembre 1847, qui ne sont pas contraires à celles qui précèdent, sont applicables aux transportel sur les parcours ci-dessus indiqués.

9. La présente ordonnance sera notifiée à la compagnie du chemin de fer du Nord, imprimée et affichée.

Le commissaire spécial de police et les agents de surveillance du chemin de fer de Paris à la frontière de Belgique, ainsi que les maires et les commissaires de police des communes du ressort de la préfec-ture de police, dont le territoire est traversé par ledit chemin de fer, sont chargés d'en assurer l'exécution.

Le pair de France, préfet de police, G. DELESSERT.

———————— ⟡ ————————

N° 2028. — *Ordonnance concernant la vérification périodique des poids et mesures, pour* 1848,

Approuvée par M. le ministre de l'agriculture et du commerce, le 18 décembre 1847 (1) (

Paris, le 15 décembre 1847.

———————— ⟡ ————————

N° 2029. — *Ordonnance qui fixe le tarif pour le transport, à la grande vitesse, des voyageurs, des bagages, articles de mes-sagerie, marchandises, voitures, chevaux, bestiaux et autres animaux, sur le chemin de fer d'Amiens à Boulogne.*

Paris, le 21 décembre 1847.

Nous, pair de France, préfet de police,

Vu : 1° la loi du 26 juillet 1844, qui autorise la concession du che-min fer d'Amiens à Boulogne; ensemble le cahier des charges annexé à cette loi ;

2° L'ordonnance royale homologative de l'adjudication de la conces-sion dudit chemin de fer;

3° L'arrêté de M. le préfet de la Somme, en date du 10 mars 1847.

———————————————————

(1) V. l'ord. du 13 déc. 1850.

qui fixe les tarifs pour les transports à grande vitesse sur la partie dudit chemin comprise entre Amiens et Abbeville ;

4° Les arrêtés ministériels des 10 janvier et 14 mars derniers, qui centralisent dans les mains du préfet de police, à Paris, les mesures concernant l'ensemble de l'exploitation des chemins de fer ayant leur point de départ dans le ressort de la préfecture de police et du chemin de fer d'Amiens à Boulogne ;

5° Les propositions soumises à l'homologation administrative par la compagnie du chemin de fer d'Amiens à Boulogne, lesquelles ont pour objet un projet de tarif applicable aux transports de toute nature, à grande vitesse, sur la totalité de la ligne dont il s'agit ; ensemble les observations par nous présentées à M. le ministre des travaux publics, au sujet desdites propositions, et les modifications apportées par la compagnie à ses propositions, par suite de nos observations ;

6° Les décisions ministérielles, en date des 19 et 25 novembre dernier, portant homologation des propositions ci-dessus visées, sauf quelques modifications ;

Considérant qu'il y a lieu de rendre exécutoires, dans le ressort de la préfecture de police, les décisions ministérielles précitées,

Ordonnons ce qui suit :

TITRE Ier.

TRANSPORT A LA VITESSE DES VOYAGEURS.

CHAPITRE Ier.

Voyageurs.

1. Les prix à percevoir pour le transport des voyageurs sur le chemin de fer d'Amiens à Boulogne sont réglés, y compris l'impôt dû au trésor, conformément au tableau suivant :

NOTA.—Les militaires ou marins voyageant isolément pour cause de service, envoyés en congé pour appartenir à la réserve, envoyés en congé limité ou rentrant dans leurs foyers après libération, ne sont assujettis, eux et leurs bagages, qu'à la moitié des taxes fixées par la présente ordonnance.

Les militaires ou marins voyageant en corps ne seront assujettis, eux et leurs bagages, qu'au quart des mêmes taxes (art. 43 du cahier des charges, voir l'article 6 ci-après).

Tarif pour le Transport des Voyageurs.

LIEUX DE DÉPART ET DE DESTINATION.	Distances servant de base à la fixation des prix de transport.	1re CLASSE. Voitures couvertes, garnies et fermées à glaces.	2e CLASSE. Voitures couvertes, fermées à glaces et à banquettes rembourrées.	3e CLASSE. Voitures couvertes et fermées avec rideaux.
		PRIX DE TRANSPORT.		
	kilomèt.	fr. c.	fr. c.	fr. c.
D'AMIENS à Ailly..........	10	1 05	» 80	» 60
Picquigny........	15	1 55	1 15	» 85
Hangest..........	22	2 25	1 70	1 25
Longpré..........	29	3 »	2 25	1 65
Pont-Remy......	37	3 80	2 90	2 15
Abbeville........	45	4 65	3 50	2 60
Noyelle..........	59	6 10	4 60	3 40
Rue.............	69	7 15	5 35	4 »
Montreuil-Verton	85	8 80	6 60	4 90
Étaples..........	96	9 90	7 45	5 55
Neufchâtel.......	110	11 35	8 55	6 35
Boulogne........	124	11 80	9 65	7 15
D'AILLY à Amiens..........	10	1 05	» 80	» 60
Picquigny........	6	» 10	» 45	» 35
Hangest..........	12	1 25	» 95	» 70
Longpré..........	19	1 95	1 50	1 10
Pont-Remy......	27	2 80	2 10	1 55
Abbeville........	35	3 60	2 70	2 »
Noyelle..........	50	5 15	3 90	2 90
Rue.............	59	6 10	4 60	3 40
Montreuil-Verton	76	7 85	5 90	4 40
Étaples..........	86	8 90	6 70	4 95
Neufchâtel.......	100	10 35	7 80	5 80
Boulogne........	114	11 80	8 85	6 60
De PICQUIGNY à Amiens..........	15	1 55	1 15	» 85
Ailly............	6	» 60	» 45	» 35
Hangest..........	7	» 75	» 55	» 40
Longpré..........	14	1 45	1 10	» 80
Pont-Remy......	23	2 40	1 80	1 35
Abbeville........	30	3 10	2 35	1 75
Noyelle..........	45	4 65	3 50	2 60
Rue.............	55	5 70	4 30	3 20
Montreuil-Verton	71	7 35	5 50	4 10
Étaples..........	82	8 45	6 40	4 75
Neufchâtel.......	95	9 80	7 40	5 50
Boulogne........	109	11 25	8 45	6 30
D'HANGEST à Amiens..........	22	2 25	1 70	1 25
Ailly............	12	1 25	» 95	» 70
Picquigny........	7	» 75	» 55	» 40
Longpré..........	8	» 85	» 60	» 45
Pont-Remy.....	16	1 65	1 25	» 90
Abbeville........	23	2 40	1 80	1 35
Noyelle..........	38	3 95	2 95	2 20
Rue.............	48	4 95	3 75	2 75
Montreuil-Verton	64	6 60	5 »	3 70
Étaples..........	75	7 75	5 85	4 35
Neufchâtel.......	88	9 10	6 85	5 10
Boulogne........	102	10 55	7 95	5 90

Suite du Tarif pour le Transport des Voyageurs.

LIEUX DE DÉPART ET DE DESTINATION.	Distances servant de base à la fixation des prix de transport.	1re CLASSE. Voitures couvertes, garnies et fermées à glaces.		2e CLASSE. Voitures couvertes, fermées à glaces et à banquettes rembourrées.		3e CLASSE. Voitures couvertes et fermées avec rideaux.	
	kilomèt.	fr.	c.	fr.	c.	fr.	c.
De LONGPRÉ à Amiens............	29	3	»	2	25	1	65
Ailly.............	19	1	95	1	50	1	10
Picquigny........	14	1	45	1	10	»	80
Hangest..........	8	»	85	»	60	»	45
Pont-Remy.......	9	»	95	»	70	»	50
Abbeville........	16	1	65	1	25	»	90
Noyelle.........	31	3	20	2	40	1	80
Rue.............	41	4	25	3	20	2	35
Montreuil-Verton.	57	5	90	4	45	3	30
Etaples..........	68	7	»	5	30	3	95
Neufchâtel.......	81	8	35	6	30	4	70
Boulogne.........	95	9	80	7	40	5	50
De PONT-REMY à Amiens............	37	3	80	2	90	2	15
Ailly.............	27	2	80	2	10	1	55
Picquigny........	23	2	40	1	80	1	35
Hangest..........	16	1	65	1	25	»	90
Longpré.........	9	»	95	»	70	»	50
Abbeville........	8	»	85	»	60	»	45
Noyelle.........	23	2	40	1	80	1	35
Rue.............	35	3	40	2	55	1	90
Montreuil-Verton.	49	5	05	3	50	2	85
Etaples..........	59	6	10	4	60	3	40
Neufchâtel.......	73	7	55	5	70	4	20
Boulogne.........	87	9	»	6	75	5	»
D'ABBEVILLE à Amiens............	45	4	65	3	50	2	60
Ailly.............	35	3	60	2	70	2	»
Picquigny........	30	3	10	2	35	1	75
Hangest..........	23	2	40	1	80	1	35
Longpré.........	16	1	65	1	25	»	90
Pont-Remy.......	8	»	85	»	60	»	45
Noyelle.........	15	1	55	1	15	»	85
Rue.............	25	2	60	1	95	1	45
Montreuil-Verton.	41	4	25	3	20	3	»
Etaples..........	52	5	35	4	05	5	75
Neufchâtel.......	65	6	70	5	05		
Boulogne.........	80	8	25	6	20	4	60
De NOYELLE à Amiens............	59	6	10	4	60	3	40
Ailly.............	50	5	15	3	90	2	90
Picquigny........	45	4	65	3	50	2	60
Hangest..........	38	3	95	2	95	2	20
Longpré.........	31	3	20	2	40	1	80
Pont-Remy.......	23	2	40	1	80	1	35
Abbeville........	15	1	55	1	15	»	85
Rue.............	10	1	05	»	80	»	60
Montreuil-Verton.	27	2	80	2	10	1	55
Etaples..........	37	3	80	2	90	2	15
Neufchâtel.......	51	5	25	3	95	2	95
Boulogne.........	65	6	70	5	05	3	75

Suite du Tarif pour le Transport des Voyageurs.

LIEUX DE DÉPART ET DE DESTINATION.		Distances servant de base à la fixation des prix de transport.	1re CLASSE. Voitures couvertes, garnies et fermées à glaces.		2e CLASSE. Voitures couvertes, fermées à glaces et à banquettes rembourrées.		3e CLASSE. Voitures couvertes et fermées avec rideaux.	
			PRIX DE TRANSPORT.					
		kilomèt.	fr.	c.	fr.	c.	fr.	c.
De RUE, à	Amiens	69	7	15	5	35	4	»
	Ailly	59	6	10	4	60	3	40
	Picquigny	55	5	70	4	30	3	20
	Hangest	48	4	95	3	75	2	75
	Longpré	41	4	25	3	20	2	35
	Pont-Remy	33	3	40	2	55	1	90
	Abbeville	25	2	60	1	95	1	45
	Noyelle	10	1	05	»	80	»	60
	Montreuil-Verton	17	1	75	1	30	1	»
	Etaples	27	2	80	2	10	1	55
	Neufchâtel	41	4	25	3	25	2	35
	Boulogne	55	5	70	4	30	3	20
De MONTREUIL-VERTON à	Amiens	85	8	80	6	60	4	90
	Ailly	76	7	85	5	90	4	40
	Picquigny	71	7	35	5	50	4	10
	Hangest	64	6	60	5	»	3	70
	Longpré	57	5	90	4	45	3	50
	Pont-Remy	49	5	05	3	80	2	75
	Abbeville	41	4	25	3	20	2	35
	Noyelle	27	2	80	2	10	1	55
	Rue	17	1	75	1	30	1	»
	Etaples	11	1	15	»	85	»	65
	Neufchâtel	25	2	60	1	95	1	45
	Boulogne	39	4	05	3	05	2	25
D'ÉTAPLES à	Amiens	96	9	90	7	45	5	55
	Ailly	86	8	90	6	70	4	95
	Picquigny	82	8	45	6	40	4	75
	Hangest	75	7	75	5	85	4	35
	Longpré	68	7	»	5	30	3	95
	Pont-Remy	59	6	10	4	60	3	40
	Abbeville	52	5	35	4	05	3	»
	Noyelle	37	3	80	2	90	2	15
	Rue	27	2	80	2	10	1	55
	Montreuil-Verton	11	1	15	»	85	»	65
	Neufchâtel	25	2	60	1	75	1	45
	Boulogne	39	4	05	3	05	2	25
De NEUFCHATEL à	Amiens	110	11	35	8	55	6	35
	Ailly	100	10	35	7	80	5	80
	Picquigny	95	9	80	7	40	5	50
	Hangest	88	9	10	6	85	5	10
	Longpré	81	8	35	6	30	4	70
	Pont-Remy	73	7	55	5	70	4	20
	Abbeville	65	6	70	5	05	3	75
	Noyelle	51	5	25	3	95	2	95
	Rue	41	4	25	3	20	2	35
	Montreuil-Verton	25	2	60	1	95	1	45
	Etaples	14	1	45	1	10	»	80
	Boulogne	18	2	90	2	20	1	60

Suite *du* Tarif pour le Transport des Voyageurs.

LIEUX DE DÉPART ET DE DESTINATION.	Distances servant de base à la fixation des prix de transport.	1re CLASSE. Voitures couvertes, garnies et fermées à glaces.	2e CLASSE. Voitures couvertes, fermées à glaces et à banquettes rembourrées.	3e CLASSE. Voitures couvertes et fermées avec rideaux.
		PRIX DE TRANSPORT.		
	kilomèt.	fr. c.	fr. c.	fr. c.
De BOULOGNE à — Amiens..........	124	11 80	9 65	7 15
Ailly.............	114	11 80	8 85	6 60
Picquigny	109	11 25	8 45	6 30
Hangest..........	102	10 55	7 95	5 90
Longpré..........	95	9 80	7 40	5 50
Pont-Remy......	87	9 »	6 75	5 »
Abbeville.........	80	8 25	6 20	4 60
Noyelle	65	6 70	5 05	3 75
Rue.............	55	5 70	4 30	3 20
Montreuil-Verton.	39	4 05	3 05	2 25
Etaples..........	28	2 90	2 20	1 60
Neufchâtel........	13	1 55	1 15	» 85

CHAPITRE II.

Bagages, articles de messagerie, pesant plus de 2 kilogrammes ; marchandises, articles de messagerie ne pesant pas plus de 2 kilogrammes ; finances et valeurs, huîtres et poisson frais ; voitures, chevaux, bestiaux et autres animaux.

SECTION Ire. — Prix de transport.

§ Ier. — *Bagages, articles de messagerie pesant plus de 2 kilogrammes, et marchandises.*

2. Les prix à percevoir pour le transport des excédants de bagages, des articles de messagerie pesant plus de 2 kilogrammes, et des marchandises, sont réglés ainsi qu'il suit :

	Par fraction indivis. de 10 kilogrammes et par kilomètre.
Jusqu'à 50 kilogr. inclusivement..............	» fr. 006
Au-dessus de 30 kilogr. jusqu'à 40 kilogr. inclusivement..............	» 005
Au-dessus de 40 kilogr. jusqu'à 50 kilogr. inclusivement..............	» 0045
Au-dessus de 50 kilogrammes........................	» 0036

3. Le minimum du prix de transport à percevoir, en vertu du tarif ci-dessus, est fixé à 20 centimes, non compris les frais accessoires mentionnés ci-après.

4. Les denrées ou objets non désignés au cahier des charges, qui ne pèseraient pas 200 kilogrammes sous le volume d'un mètre cube, payeront la moitié en sus des taxes ci-dessus.

5. Aux termes de l'article 37 du cahier des charges, tout voyageur

dont le bagage ne pèsera pas plus de 30 kilogrammes, n'aura à payer, pour le port de ce bagage, aucun supplément du prix de sa place.

6. Conformément aux termes de l'article 43 du cahier des charges, les militaires ou marins voyageant isolément pour cause de service, envoyés en congé pour appartenir à la réserve, envoyés en congé limité ou rentrant dans leurs foyers après libération, ne seront assujettis, eux et leurs bagages, qu'à la moitié des taxes fixées par la présente ordonnance.

Les militaires ou marins voyageant en corps, ne seront assujettis, eux et leurs bagages, qu'au quart des mêmes taxes.

§ II. — *Colis ne pesant pas plus de 2 kilogrammes.*

7. Les colis pesant 2 kilogrammes et au-dessous ne payeront que la moitié du prix auquel les expéditions de 10 kilogrammes seront assujetties pour le transport.

§ III. — *Finances et valeurs.*

8. Les prix à percevoir pour le transport de l'or et de l'argent soit monnoyés ou travaillés, soit en lingots ; du plaqué d'or ou d'argent, du mercure et du platine, des bijoux, pierres précieuses et autres valeurs de même nature, sont réglés ainsi qu'il suit :

Tarif pour le Transport des Finances et autres Valeurs.

DÉSIGNATION DES SOMMES OU VALEURS.	POUR UN PARCOURS	
	de 60 kilomètres et au-dessous.	supérieur à 60 kilomètres.
Pour 200 fr. et au-dessous......................	» fr. 40 c.	» fr. 40 c.
Au-dessus de 200 fr. jusqu'à 10,000 fr. par somme indivisible de 1,000 fr.............	» 50	» 60
Au-dessus de 10,000 fr., par somme indivisible de 1,000 fr..............................	» 45	» 50

9. Les prix indiqués en l'article précédent, pour le transport des sommes ou valeurs de 200 francs et au-dessous, et des sommes ou valeurs supérieures à 10,000 francs, ne seront obligatoires, pour les parcours compris entre Amiens et Abbeville, qu'à partir du 15 mars prochain.

Jusqu'à cette époque, la compagnie continuera à percevoir, pour les transports dont il s'agit, sur la section d'Amiens à Abbeville, les prix fixés par l'arrêté ci-dessus visé de M. le préfet de la Somme, en date du 10 mars dernier, savoir :

Pour 200 francs et au-dessous.................................... 30 c.
Pour les sommes supérieures à 10,000 francs, par somme indivisible de 1,000 francs...................................... 40

§ IV. — *Huîtres et poisson frais.*

10 et 11. (1).

_____

(1) Abrogés.—V. l'ord. du 9 janv. 1849.

§ V. — *Voitures.*

12. Les prix à percevoir pour le transport des voitures sont fixés ainsi qu'il suit :

1° Voitures à 2 et à 4 roues, à un fond et une banquette
dans l'intérieur............................... 50 c. par kilom.
2° Voitures à 4 roues, à 2 fonds et 2 banquettes dans l'intérieur .... 64 —

13. Conformément à l'article 36 du cahier des charges, deux personnes pourront, sans supplément de prix, voyager dans les voitures à une banquette, et trois dans les voitures à deux banquettes. Les voyageurs excédant ce nombre payeront le prix des places de 2ᵉ classe.

§ VI. — *Chevaux, bestiaux et autres animaux.*

14. Les prix du transport des chevaux, bestiaux et autres animaux sont fixés de la manière suivante :

Chevaux, bœufs, vaches, taureaux, mulets, et bêtes de trait. 20 c. ⎞ par tête
Veaux et porcs................................ 08 ⎟ et
Moutons, brebis, agneaux, chèvres, etc............. 04 ⎠ par kilom.

15. Les dispositions de l'arrêté précité de M. le préfet de la Somme, concernant les prix du transport de plusieurs chevaux, bœufs, vaches, taureaux, mulets et bêtes de trait, sur la section d'Amiens à Abbeville, continueront de recevoir leur exécution sur cette section jusqu'au 15 mars prochain; à partir de cette époque, les dispositions de l'article précédent seront obligatoires sur toute la ligne.

§ VII. *Chiens.*

16. La compagnie est autorisée à percevoir, pour le transport d'un chien, 50 centimes par parcours indivisible de 30 kilomètres.

SECTION II. — Frais accessoires.

§ Iᵉʳ. — *Enregistrement.*

17. La compagnie est autorisée à percevoir un droit fixe de 10 centimes pour l'enregistrement tant des bagages dont le poids excédera 30 kilogrammes que de toute expédition quelle qu'en soit la nature.

L'enregistrement est facultatif pour les bagages dont le poids n'excédera pas 30 kilogrammes; lorsqu'il aura lieu à la demande des voyageurs, il sera soumis au droit de 10 centimes.

18. Tout envoi composé de plusieurs colis expédiés par une même personne et adressés à un même destinataire, ne donnera lieu qu'à un enregistrement, pourvu que les colis contiennent des marchandises de même nature, quoiqu'emballées à part, telles que sucre, café, etc.

Au contraire, les colis, composant un envoi fait par une même personne à un même destinataire, seront enregistrés et taxés séparément, s'ils contiennent des marchandises de nature différente.

§ II. — *Chargement et déchargement.*

19. Les frais accessoires de chargement et de déchargement sont réglés ainsi qu'il suit :

1° Excédants de bagages, articles de messagerie et marchandises de toute nature ; huîtres et poisson frais :
Jusqu'à 50 kilog. inclusivement..................... » fr. 30 c.
Au-dessus de 50 kilog. jusqu'à 400 kilog. inclusivement.................................... » 60
Au-dessus de 400 kilog. par fraction indivisible de 10 kilog.. » 15
2° Voitures, par chaque voiture......................... 2 »
3° Chevaux, bœufs, vaches, taureaux, ânes, mulets et bêtes de trait .... 1 » par tête
4° Veaux... » 50 —
5° Porcs, moutons, brebis, agneaux, chèvres............. » 25 —

20. Les frais de chargement et de déchargement des colis ne pesant pas plus de 2 kilogrammes, sont fixés à 15 centimes.

§ III. — *Magasinage.*

21. La compagnie est autorisée à percevoir, à titre de frais de magasinage, un droit de 20 centimes par fraction indivisible de 100 kilogrammes pour tout colis, bagages, etc., adressés *bureau restant*.

Lorsque les colis n'auront pas été enlevés dans les vingt-quatre heures, il sera perçu, en outre, un droit supplémentaire de 5 centimes par 100 kilogrammes et par jour.

Toute expédition de finances et valeurs adressée *bureau restant*, ou non enlevée dans les vingt-quatre heures de l'arrivée, sera soumise à un droit de magasinage fixé à un huit pour cent (1/8 p. 0/0) de la valeur déclarée, pour un séjour de un à cinq jours ; et à un quart pour cent (1/4 p. 0/0) par mois, de la valeur déclarée, pour un séjour de plus de cinq jours. Le délai de vingt-quatre heures ci-dessus indiqué, ne commencera à courir que de la réception de l'avis envoyé par la compagnie au destinataire.

TITRE II.

TRANSPORT À LA VITESSE DES MARCHANDISES.

22. Les taxes pour les transports à la vitesse des marchandises seront ultérieurement réglées dès que la compagnie aura présenté des propositions à ce sujet.

TITRE III.

DISPOSITIONS GÉNÉRALES.

23. Conformément à l'article 41 du cahier des charges, toute expédition de marchandises dont le poids, sous un même emballage, excédera 20 kilogrammes, sera constatée, si l'expéditeur le demande, par une lettre de voiture, dont un exemplaire restera aux mains de l'expéditeur, et l'autre aux mains de la compagnie.

24. Les taxes réglées par la présente ordonnance, qui sont inférieures à celles du tarif du cahier des charges, ne pourront être relevées qu'après un délai de trois mois au moins, pour les voyageurs ; et d'un an, pour les marchandises.

Tous changements apportés dans les tarifs ci-dessus réglés seront annoncés un mois d'avance par des affiches. Ils devront, d'ailleurs, être homologués par des décisions de l'administration supérieure, prises sur la proposition de la compagnie, et rendues exécutoires en la forme prescrite.

25. La présente ordonnance sera notifiée à la compagnie, imprimée et affichée.

Les commissaires spéciaux de police, et les agents de surveillance sont chargés d'en assurer l'exécution.

Le pair de France, préfet de police, G. DELESSERT.

N° **2030.** — *Ordonnance portant règlement sur la vente du gaz dans Paris.*

Paris, le 29 décembre 1847.

Nous, pair de France, préfet de police,

Considérant qu'aux termes de notre ordonnance du 26 décembre 1846, portant règlement sur la vente du gaz dans Paris, les prix de vente aux particuliers doivent éprouver une réduction à partir du 1er janvier 1848, et qu'il convient de rappeler aux habitants les différentes dispositions de cette ordonnance,

Ordonnons ce qui suit :

Notre ordonnance du 26 décembre 1846 (1), portant règlement sur la vente du gaz dans Paris, sera de nouveau imprimée et affichée.

Le pair de France, préfet de police, G. DELESSERT.

1848.

N° **2031.** — *Ordonnance concernant les neiges et glaces.*

Paris, le 11 janvier 1848.

Nous, pair de France, préfet de police,

Ordonnons ce qui suit :

Notre ordonnance du 7 décembre 1842 (2), concernant les neiges et glaces, sera de nouveau imprimée et affichée.

Le pair de France, préfet de police, G. DELESSERT.

---

(1) V. cette ord.
(2) Abrogée.—V. l'ord. du 24 déc. 1850.

N° 2032. — *Ordonnance portant homologation d'un tarif pour les transports, à petite vitesse, de la gare intérieure de Paris aux stations des deux lignes, et vice versà, par le chemin de fer de Paris à la frontière de Belgique et de Creil à Saint-Quentin (section de Creil à Compiègne) (1).*

Paris, le 11 janvier 1848.

N° 2033. — *Ordonnance homologative d'un tarif pour le transport des voyageurs sur le parcours compris entre les stations de Tourville et de Oissel, sur le chemin de fer de Paris à Rouen.*

Paris, le 28 janvier 1848.

Nous, pair de France, préfet de police,

Vu : 1° la loi du 15 juillet 1840, qui autorise l'établissement d'un chemin de fer de Paris à Rouen ; ensemble le cahier des charges annexé à cette loi ;

2° Nos ordonnances des 17 octobre 1844, 29 mai 1845 et 20 mars 1847, homologatives des tarifs applicables au transport des voyageurs et de leurs bagages sur le chemin de fer de Paris à Rouen ;

3° Les propositions soumises à l'homologation administrative par la compagnie du chemin de fer de Paris à Rouen, lesquelles ont pour objet un projet de tarif applicable au transport des voyageurs sur le parcours compris entre les stations de Tourville et de Oissel ;

4° La décision ministérielle en date du 21 janvier courant, portant homologation des propositions ci-dessus visées ;

Considérant qu'il y a lieu de rendre exécutoire la décision ministérielle précitée,

Ordonnons ce qui suit :

1. Les prix à percevoir pour le transport des voyageurs sur le parcours compris entre les stations de Tourville et de Oissel, sur le chemin de fer de Paris à Rouen, sont fixés, y compris l'impôt dû au trésor, ainsi qu'il suit :

---

(1) Abrogée. V. l'ord. du 28 fév. 1850.

Tarif pour le Transport des Voyageurs.

LIEUX DE DÉPART ET DE DESTINATION.	Distances servant de base à la fixation des prix de transport	1re CLASSE. Voitures couvertes, fermées à glaces et suspendues sur ressorts.	2e CLASSE. Voitures couvertes, et suspendues sur ressorts.	3e CLASSE. Voitures découvertes mais suspendues sur ressorts.
			PRIX DE TRANSPORT.	
	kilomèt.	fr. c.	fr. c.	fr. c.
De TOURVILLE à OISSEL, *et vice versá.*	6	0 75	0 30	0 20

2. Les dispositions de notre ordonnance précitée du 20 mars 1847, relatives au transport des bagages des voyageurs sont applicables au transport des mêmes objets sur le parcours ci-dessus indiqué.

3. La présente ordonnance sera notifiée à la compagnie, imprimée et affichée.

Les commissaires spéciaux de police et les agents de surveillance du chemin de fer de Paris à Rouen sont chargés d'en assurer l'exécution.

Le pair de France, préfet de police, G. DELESSERT.

N° **2034.** — *Ordonnance concernant le lâchage des bateaux sous les ponts de Paris.*

Paris, le 29 janvier 1848.

Nous, pair de France, préfet de police,

Vu l'ordonnance du roi du 9 octobre 1847 (1), portant acceptation de la soumission, en date du 20 août précédent, par laquelle le sieur Ducoudray s'engage à faire le service du lâchage et du remontage des bateaux, sous les ponts de Paris, pendant trois années consécutives, qui commenceront le 1er septembre 1847, et finiront au 31 août 1850, moyennant les conditions portées dans le cahier des charges annexé à l'ordonnance royale du 18 mai dernier, et au prix du tarif y faisant suite, sous réserve des dérogations énoncées dans ladite soumission;

Aux termes du deuxième paragraphe de l'article 32 de l'arrêté des consuls du 12 messidor an VIII,

Ordonnons ce qui suit :

1. Le service du lâchage et du remontage des bateaux sous les ponts de Paris sera fait par le sieur Ducoudray jusqu'au 31 août 1850, aux

_____

(1) V. cette ord. à l'appendice.

conditions du cahier des charges annexé à l'ordonnance royale du 18 mai 1847, modifiées par l'ordonnance royale du 9 octobre suivant, et d'après le tarif faisant suite au cahier des charges précité.

2. Il est défendu, à tous autres que le chef des ponts, de passer les bateaux chargés sous les ponts de Paris.

Sont exceptés de cette disposition, pour le passage sous tous les ponts :

1° Les bachots, doubles bachots, galoupilles et autres embarcations de même nature;

2° Les bateaux de bains;

3° Les bateaux à vapeur, à draguer et autres analogues;

4° Les margotas de moins de 16 mètres 50 centimètres, mesurés selon une ligne droite, allant de l'avant à l'arrière, et ayant 2 mètres 75 centimètres de largeur, s'ils ne sont garnis ni de matières, ni de jambes de force, de seuils ou de bouletants.

L'avalage sous le pont d'Austerlitz, ainsi que le parcours jusqu'au pont de la Tournelle, d'une part, et jusqu'à la grande estacade, d'autre part, seront libres pour tous les bateaux, sans le concours du chef des ponts.

Les bateaux chargés de charbons de bois auront la faculté d'aller directement, et sans le chef des ponts, jusque dans la gare de l'île Saint-Louis.

Mais lorsque de l'un de ces derniers points, un bateau devra être lâché plus bas, le chef des ponts recevra alors son salaire intégralement, selon le tarif, comme s'il prenait le bateau aux gares dont il va être parlé à l'article suivant.

3. Les bateaux non susceptibles d'être cajolés, arrivant à Paris par la Seine ou la Marne, et destinés pour les ports de cette ville, à partir du pont de la Tournelle, le port Saint-Paul excepté, ou à la traverser en passe-debout, devront être garés par leurs conducteurs sur la rive gauche de la Seine, en aval du pont d'Austerlitz, depuis la première arche jusqu'au bas du perré.

Ceux à destination du port Saint-Paul ou qui auront besoin d'être cajolés, seront garés sur la rive droite, à 50 mètres en aval de l'écluse du canal Saint-Martin.

Les mariniers sont tenus d'amarrer solidement leurs bateaux et de veiller à leur sûreté jusqu'au moment où le chef des ponts devra en opérer le lâchage.

4. Parvenu à ces stations, chaque marinier devra se transporter par-devant le chef des ponts pour lui représenter sa lettre de voiture, que ce dernier visera, afin de constater la quantité et la nature des marchandises confiées à sa conduite; le lieu du chargement et du départ; celui de la destination et le nom du conducteur; et pour lui déclarer s'il entend que son bateau soit conduit à l'un des ports de Paris, ou en passe-debout hors de la ville.

5. A défaut, de la part des mariniers et conducteurs de bateaux et marchandises, d'exhiber lesdites lettres de voiture, le chef des ponts ne sera, en cas de naufrage ou autres accidents, responsable que des marchandises qu'il déclarera lui-même avoir composé le chargement du bateau naufragé ou avarié, sauf, néanmoins, le cas où les propriétaires des bateaux et marchandises auraient fait constater légalement le refus, de la part du chef des ponts, d'apposer le visa dont il s'agit.

6. Le salaire du chef des ponts de Paris sera perçu conformément au tarif ci-annexé, qui comprend le lâchage ainsi que les manœuvres de bord et de terre pour la mise à port.

7. Le chef des ponts sera tenu de se conformer à ce tarif pour la perception de ses salaires; et ce, sous peine de cassation de son bail, sans indemnité, comme aussi sous les peines portées par les lois (notamment par les art. 52 et 53 de la loi du 6 frimaire an VII, sur les bacs et bateaux), lesquelles peines seront, quant à la restitution, prononcées en conseil de préfecture, et pour le surplus, par les tribunaux qui doivent en connaître. Néanmoins, toute convention particulière entre le chef des ponts et le commerce, qui aurait pour objet une diminution dans le prix de main-d'œuvre, pourra être exécutée.

8. Les déclarations à fin de lâchage seront reçues au bureau du chef des ponts pendant les heures affectées au travail sur les ports.

Elles seront inscrites jour par jour, sans blancs ni interlignes, surcharges ou ratures, sur un registre à ce destiné, par ordre de numéro, de date et d'heure. — Ce registre sera à souche ; il en sera détaché un bulletin contenant le numéro, la date, l'heure et l'objet de la déclaration, qui sera remis au déclarant. — Ce registre sera sans cesse à la disposition des préposés de l'administration. — Il sera coté et paraphé par nous.

9. Le registre du chef des ponts, servant à l'inscription des déclarations à fin de lâchage des bateaux, sera divisé en neuf colonnes :

La première sera destinée à inscrire le numéro de l'enregistrement ;

La deuxième, le jour ;

La troisième, l'heure de la déclaration ;

La quatrième, la désignation des marchandises chargeant le bateau ;

La cinquième, les ports où les bateaux devront être lâchés ;

La sixième, les numéros particuliers pour l'ordre des lâchages aux différents ports affectés au déchargement d'une même marchandise ;

La septième contiendra la formule des déclarations ;

La huitième servira à inscrire la date des lâchages ;

La neuvième aux observations auxquelles les lâchages auraient donné lieu.

10. Le chef des ponts sera tenu de lâcher les bateaux tant que l'eau n'aura pas atteint la hauteur de 3 mètres 25 centimètres, et les toues, la hauteur de 3 mètres 90 centimètres, mesurée à l'échelle du pont de la Tournelle. Chaque jour l'étiage officiel sera affiché au bureau du chef des ponts, dans un cadre à ce destiné.

11. Le chef des ponts sera tenu de lâcher les bateaux de charbon de bois chargés à comble, quelle que soit la hauteur des eaux, toutes les fois que le comble pourra passer sous les ponts.

12. Les bateaux devront avoir au moins 35 centimètres de bord franc au-dessus de la ligne de flottaison, et les toues 30 centimètres.

13. Le chef des ponts sera tenu de lâcher et de mettre à port, aussitôt que possible, les bateaux selon l'ordre et la date des inscriptions ; et, au plus tard, dans les cinq jours des déclarations, à moins qu'il n'y ait pas de place libre au port de destination, ce qui devra être constaté par un certificat de l'inspecteur de la navigation.

Lorsque rien ne s'opposera au lâchage, les bateaux seront, cinq jours après la déclaration, à la charge et responsabilité du chef des ponts jusqu'à ce qu'ils soient rendus au port de leur destination, sauf ceux dont le lâchage doit avoir lieu sur cordes et pour lesquels il n'aurait pas été fait de déclaration dans les cinq jours qui précèdent le jeudi.

14. Les bateaux chargés pour le compte du gouvernement seront descendus à la première réquisition et sans être astreints au tour de lâchage.

Les bateaux chargés de houille, à destination du port Saint-Paul (port de vente), devront être lâchés vingt-quatre heures, au plus tard, après les déclarations qui auront été faites à ce sujet.

Aucun bateau ne pourra être lâché, s'il n'a pas été préalablement inscrit.

15. Les propriétaires de bateaux ou mariniers qui voudront faire remonter leurs bateaux vides, en feront la déclaration : 1° au chef des

ponts; 2° à l'inspecteur de la navigation de l'arrondissement, après le vidage.

16. Cette déclaration sera inscrite sur un registre à souche, coté et paraphé par nous dans la forme déterminée à l'article 9, à l'exception des cinquième, sixième et septième colonnes qui seront supprimées.

On suivra, à l'égard des déclarations de remontage, les dispositions indiquées ci-dessus, article 8, pour les lâchages.

Le chef des ponts sera tenu de remonter les bateaux vides dans les trois jours de la déclaration, lorsque cette déclaration aura été faite dans les trois jours qui précèdent le samedi; et, dans ce cas, les bateaux seront, soixante-douze heures après ladite déclaration, aux risques et périls du chef des ponts, s'ils ne sont pas remontés.

17. Lorsqu'il y aura plus de trois bateaux vides dans les ports du bas, le chef des ponts sera tenu d'en opérer le remontage aux jours fixés par l'article 21 ci-après, quand même il n'aurait pas été fait de déclaration à cette fin. Dans ce cas, il en sera fait mention sur le registre des déclarations par un inspecteur de la navigation;

Deux toues ou barquettes compteront pour un bateau.

18. Lorsque la saison pourra faire craindre les glaces ou les hautes eaux, et sur l'ordre de l'inspecteur général de la navigation, le chef des ponts sera tenu de lâcher ou de remonter les bateaux dans les vingt-quatre heures qui suivront la déclaration, quel qu'en soit le nombre. Passé ce délai, les bateaux et leur chargement seront aux risques et périls du chef des ponts.

19. Dans le cas où le chef des ponts aurait négligé d'opérer, dans les délais déterminés, le lâchage ou le remontage des bateaux, il supporterait une retenue d'un quart du prix de lâchage ou de remontage par chaque jour de retard; et, en outre, il pourra être pourvu d'office à ce lâchage ou remontage, à ses frais, risques et périls, à la diligence de l'inspecteur général de la navigation.

20. Il est défendu aux marchands ou mariniers d'empêcher ou retarder, en aucune manière, le lâchage de leurs bateaux quand leur tour est arrivé.

21. Les lâchages sur cordes auront lieu les jeudis seulement.

Les remontages s'opéreront les samedis et les dimanches, s'il en est besoin.

22. Les lâchages de bateaux à pleine volée auront lieu les lundi, mardi, mercredi et vendredi de chaque semaine, concurremment avec ceux des trains de bois à brûler et de charpente.

23. Les lâchages et les remontages seront réglés, suivant les saisons, de la manière suivante :

Du 15 avril au 15 août, depuis le point du jour jusqu'à quatre heures du soir;

Du 16 août au 30 septembre, depuis le point du jour jusqu'à trois heures du soir;

Du 1er octobre au 14 avril, depuis le point du jour jusqu'à deux heures du soir.

Pour ces lâchages, il ne pourra être fait de temps d'arrêt nulle part.

24. Les bateaux disposés pour être descendus sur cordes seront lâchés consécutivement et sans interruption.

25. La veille au soir des jours où auront lieu les lâchages sur cordes, et ces jours mêmes, pendant toute la durée des lâchages, le chef des ponts devra arborer des drapeaux sur les points suivants : un au pont de Bercy, un au pont de la Tournelle, et un troisième au pont du Carrousel, côté de la rive droite.

26. Ledit chef sera tenu, la veille de chaque jour de lâchage et de remontage, de remettre à l'inspecteur général de la navigation un état des bateaux qui devront être descendus ou remontés le lendemain,

Cet état indiquera le nom des marchands ou voituriers, les numéros, dates et heures des déclarations, et la devise des bateaux.

Il devra, en outre, placer sur chacun des bateaux qu'il lâchera une inscription indicative du numéro sous lequel ce bateau a été enregistré : l'inscription sera faite en chiffres arabes d'une hauteur de 20 centimètres de plein, de couleur blanche sur écusson noir.

27. Le chef des ponts est responsable envers les personnes dont les bateaux et marchandises lui auront été confiés : 1º de ses manœuvres et de celles de ses aides ou mariniers ; 2º des retards qu'il apporterait à la descente et au remontage des bateaux ; et, à défaut par lui de les avoir remontés ou lâchés dans le délai fixé, il pourra être poursuivi en dommages et intérêts.

28. Le chef des ponts ou ses aides et mariniers qui seraient prévenus d'avoir, à dessein, mis en péril des bateaux ou marchandises seront traduits devant les tribunaux. Le chef des ponts sera également responsable des condamnations pécuniaires prononcées contre ses agents pour faits de son service.

29. Le cautionnement fourni par le chef des ponts sera affecté à la sûreté des obligations contractées par l'adjudicataire à l'égard de l'administration ; et, au besoin, à la garantie des indemnités qui pourraient tomber à sa charge, ou des condamnations qui pourraient être prononcées contre lui ou contre ses agents.

30. Le chef des ponts, ses aides et mariniers se conformeront tant aux règlements généraux de police qu'aux ordonnances particulières qui seraient rendues par nous, en exécution des décrets et ordonnances du roi.

51. Le chef des ponts aura la faculté de faire poursuivre, conformément aux articles 57, 58 et 61 de la loi du 6 frimaire an VII, toutes personnes qui refuseraient le payement de ses salaires. Les délits plus graves que ceux qui sont prévus par ladite loi, ou qui se compliqueraient avec ceux qui y sont énoncés, devront être jugés conformément aux lois pénales existantes.

52. La présente ordonnance sera soumise à l'approbation de M. le ministre des travaux publics.

53. Les commissaires de police, l'inspecteur général de la navigation, le chef de police municipale, et les autres préposés de la préfecture de police, sont chargés de surveiller l'exécution de la présente ordonnance.

Le pair de France, préfet de police, G. DELESSERT.

Nº **2035.** — *Ordonnance qui fixe les tarifs pour les transports de toute nature, à grande et à petite vitesse, sur le chemin de fer de Paris à Orléans.*

Paris, le 1ᵉʳ février 1848.

Nous, pair de France, préfet de police,

Vu : 1º la loi du 7 juillet 1838 qui autorise l'établissement d'un chemin de fer de Paris à Orléans et la loi du 15 juillet 1840, relative au même chemin ; ensemble le cahier des charges annexé à cette dernière loi ;

2º Nos ordonnances des 20 juillet et 4 septembre 1844, 27 janvier et 18 août 1845, 8 juillet, 23 novembre et 21 décembre 1846, et 30 juin 1847, qui fixent les tarifs pour les transports de toute nature, à grande et à petite vitesse, sur le chemin de fer de Paris à Orléans ;

3° Les propositions soumises à l'homologation administrative par la compagnie du chemin de fer de Paris à Orléans, à l'effet : 1° de réunir, en un seul, les divers tarifs énoncés ci-dessus, en y apportant les modifications et additions nécessaires ; 2° de spécifier et classer diverses marchandises qui ne sont indiquées qu'en termes généraux dans le tarif du cahier des charges, ou qui ne peuvent que par assimilation être rapprochées des objets portés dans ce tarif ; ensemble les modifications apportées auxdites propositions par la compagnie sur nos observations ;

4° Les observations par nous soumises à M. le ministre des travaux publics, au sujet desdites propositions modifiées ;

5° La décision ministérielle du 13 décembre dernier, à nous notifiée par lettre de M. le sous-secrétaire d'Etat des travaux publics, en date du 18 du même mois, portant homologation desdites propositions, sauf diverses modifications ;

Considérant qu'il y a lieu de rendre exécutoire, dans le ressort de la préfecture de police, la décision ministérielle précitée ;

Considérant que les modifications et additions aux tarifs en vigueur, comprises dans les propositions ci-dessus visées, n'ayant point été affichées par les soins de la compagnie, conformément aux dispositions de l'article 49 de l'ordonnance royale réglementaire du 15 novembre 1846, ne peuvent être appliquées qu'un mois après qu'elles auront été portées à la connaissance du public,

Ordonnons ce qui suit :

TITRE Iᵉʳ.

TRANSPORT A LA VITESSE DES VOYAGEURS.

CHAPITRE Iᵉʳ.

Voyageurs.

1. Les prix à percevoir pour le transport des voyageurs, à la vitesse de 32 kilomètres au moins à l'heure, sur le chemin de fer de Paris à Orléans, sont fixés, y compris l'impôt dû au trésor, conformément au tableau suivant :

Tarif pour le Transport des Voyageurs.

LIEUX DE DÉPART et DE DESTINATION.	Distances servant de base à la fixation des prix de transport.	1re CLASSE. Voitures couvertes, et fermées à glaces suspendues sur ressorts.		2e CLASSE. Voitures couvertes, et suspendues sur ressorts.		3e CLASSE. Voitures découvertes mais suspendues sur ressorts.	
		Voyageurs.	Militaires.	Voyageurs.	Militaires.	Voyageurs.	Militaires.
	kilomèt.	fr. c.	fr. c.	fr. c.	fr. c.	fr. c.	fr. c.
De PARIS à Juvisy	19	1 95	1 »	1 50	» 75	1 »	» 50
Savigny	22	2 25	1 15	1 70	» 85	1 15	» 55
Epinay	24	2 50	1 25	1 85	» 95	1 25	» 65
Saint-Michel	29	3 »	1 50	2 25	1 15	1 50	» 75
Bret gny	31	3 20	1 60	2 40	1 20	1 60	» 80
Marolles	37	3 80	1 90	2 90	1 45	1 95	» 95
Bouray	40	4 10	2 05	3 10	1 55	2 10	1 05
Lardy	43	4 45	2 20	3 35	1 65	2 25	1 10
Etréchy	49	5 »	2 55	3 80	1 90	2 55	1 30
Etampes	56	5 80	2 90	4 35	2 20	2 90	1 45
Monnerville	70	7 25	3 60	5 45	2 70	3 65	1 85
Angerville	75	7 75	3 90	5 85	2 90	3 90	1 95
Toury	89	9 20	4 60	6 90	3 45	4 65	2 35
Arthenay	102	10 55	5 25	7 95	3 95	5 30	2 65
Chevilly	108	11 15	5 60	8 40	4 20	5 65	2 80
Orléans	122	12 60	6 30	9 50	4 75	6 35	3 20
De CHOISY à Savigny	13	1 35	» 65	1 »	» 50	» 70	» 35
Epinay	15	1 55	» 75	1 15	» 60	» 80	» 40
Saint-Michel	19	1 95	1 »	1 50	» 75	1 »	» 50
Bretigny	22	2 25	1 15	1 70	» 85	1 15	» 55
Marolles	27	2 80	1 40	2 10	1 05	1 40	» 70
Bouray	31	3 20	1 60	2 40	1 20	1 60	» 80
Lardy	34	3 50	1 75	2 65	1 30	1 75	» 90
Etréchy	40	4 15	2 05	3 10	1 55	2 10	1 05
Etampes	47	4 85	2 45	3 65	1 85	2 45	1 25
Monnerville	61	6 30	3 15	4 75	2 40	3 20	1 60
Angerville	66	6 80	3 40	5 15	2 55	3 45	1 70
Toury	79	8 15	4 10	6 15	3 05	4 10	2 05
Arthenay	93	9 60	4 80	7 25	3 60	4 85	2 45
Chevilly	99	10 25	5 10	7 70	3 85	5 15	2 60
Orléans	112	11 55	5 80	8 70	4 35	5 85	2 90
De JUVISY à Paris	19	1 95	1 »	1 50	» 75	1 »	» 50
Savigny	6	» 60	» 30	» 45	» 25	» 30	» 15
Epinay	6	» 60	» 30	» 45	» 25	» 30	» 15
Saint-Michel	10	1 05	» 50	» 80	» 40	» 50	» 25
Bretigny	12	1 25	» 60	» 95	» 45	» 65	» 30
Marolles	18	1 85	» 95	1 40	» 70	» 95	» 45
Bouray	21	2 15	1 10	1 65	» 80	1 10	» 55
Lardy	24	2 50	1 25	1 85	» 95	1 25	» 65
Etréchy	30	3 10	1 55	2 35	1 15	1 55	» 80
Etampes	37	3 80	1 90	2 90	1 45	1 95	» 95
Monnerville	51	5 25	2 65	3 95	2 »	2 65	1 35
Angerville	56	5 80	2 90	4 35	2 20	2 90	1 45
Toury	70	7 25	3 60	5 45	2 70	3 65	1 85
Arthenay	83	8 55	4 30	6 45	3 25	4 35	2 15
Chevilly	89	9 20	4 60	6 90	3 45	4 65	2 35
Orléans	103	10 65	5 30	8 »	4 »	5 40	2 70

Suite du Tarif pour le Transport des Voyageurs.

LIEUX DE DÉPART et DE DESTINATION.	Distances servant de base à la fixation des prix de transport.	1re CLASSE. Voitures couvertes et fermées à glaces suspendues sur ressorts.		2e CLASSE. Voitures couvertes, et suspendues sur ressorts.		3e CLASSE. Voitures découvertes, mais suspendues sur ressorts.	
		Voyageurs.	Militaires.	Voyageurs.	Militaires.	Voyageurs.	Militaires.
	kilomèt.	fr. c.	fr. c.	fr. c.	fr. c.	fr. c.	fr. c.
De SAVIGNY à Paris	22	2 25	1 15	1 70	» 85	1 15	» 55
Choisy	13	1 35	» 65	1 »	» 50	» 70	» 35
Juvisy	6	» 60	» 30	» 45	» 25	» 30	» 15
Epinay	6	» 60	» 30	» 45	» 25	» 30	» 15
Saint-Michel	7	» 70	» 35	» 55	» 25	» 35	» 20
Bretigny	9	» 95	» 45	» 70	» 35	» 45	» 25
Marolles	15	1 55	» 75	1 15	» 60	» 80	» 40
Bouray	18	1 85	» 95	1 40	» 70	» 95	» 45
Lardy	21	2 15	1 10	1 65	» 80	1 10	» 55
Etréchy	27	2 80	1 40	2 10	1 05	1 40	» 70
Etampes	54	3 50	1 75	2 65	1 30	1 75	» 90
Monnerville	48	4 95	2 50	3 75	1 90	2 50	1 25
Angerville	53	5 45	2 75	4 10	2 05	2 75	1 40
Toury	67	6 90	3 45	5 20	2 60	3 50	1 75
Arthenay	80	8 25	4 15	6 20	3 10	4 20	2 10
Chevilly	86	8 90	4 45	6 70	3 35	4 50	2 25
Orléans	100	10 35	5 15	7 80	3 90	5 25	2 60
D'ÉPINAY à Paris	24	2 50	1 25	1 85	» 95	1 25	» 65
Choisy	15	1 55	» 75	1 15	» 60	» 80	» 40
Juvisy	6	» 60	» 30	» 45	» 25	» 30	» 15
Savigny	6	» 60	» 30	» 45	» 25	» 30	» 15
Saint-Michel	6	» 60	» 30	» 45	» 25	» 30	» 15
Bretigny	8	» 85	» 40	» 60	» 30	» 45	» 20
Marolles	13	1 35	» 65	1 »	» 50	» 70	» 35
Bouray	17	1 75	» 90	1 30	» 65	» 90	» 45
Lardy	20	2 05	1 05	1 55	» 80	1 05	» 50
Etréchy	26	2 70	1 35	2 »	1 »	1 35	» 70
Etampes	33	3 40	1 70	2 55	1 30	1 70	» 85
Monnerville	47	4 85	2 45	3 65	1 85	2 45	1 25
Angerville	51	5 25	2 65	3 95	2 »	2 65	1 35
Toury	65	6 70	3 35	5 05	2 55	3 40	1 70
Arthenay	79	8 15	4 10	6 15	3 05	4 10	2 05
Chevilly	85	8 80	4 40	6 60	3 30	4 45	2 20
Orléans	98	10 10	5 05	7 60	3 80	5 10	2 55
De SAINT-MICHEL à Paris	29	3 »	1 50	2 25	1 15	1 50	» 75
Choisy	19	1 95	1 »	1 50	» 75	1 »	» 50
Juvisy	10	1 05	» 50	» 80	» 40	» 50	» 25
Savigny	7	» 70	» 35	» 55	» 25	» 35	» 20
Epinay	6	» 60	» 30	» 45	» 25	» 30	» 15
Bretigny	6	» 60	» 30	» 45	» 25	» 30	» 15
Marolles	9	» 95	» 45	» 70	» 35	» 45	» 25
Bouray	12	1 25	» 60	» 95	» 45	» 65	» 30
Lardy	15	1 55	» 75	1 15	» 60	» 80	» 40
Etréchy	21	2 15	1 10	1 65	1 80	1 10	» 55
Etampes	28	2 90	1 45	2 20	1 10	1 45	» 75
Monnerville	42	4 35	2 20	3 25	1 65	2 20	1 10
Angerville	47	4 85	2 45	3 65	1 85	2 45	1 25
Toury	61	6 30	3 15	4 75	2 40	3 20	1 60
Arthenay	74	7 65	3 80	5 75	2 90	3 85	1 95
Chevilly	80	8 25	4 15	6 20	3 10	4 20	2 10
Orléans	94	9 70	4 85	7 30	3 65	4 90	2 45

Suite du Tarif pour le Transport des Voyageurs.

LIEUX DE DÉPART et DE DESTINATION,	Distances servant de base à la fixation des prix de transport.	1re CLASSE. Voitures couvertes et fermées à glaces suspendues sur ressorts.		2e CLASSE. Voitures couvertes, et suspendues sur ressorts.		3e CLASSE. Voitures découvertes, mais suspendues sur ressorts.	
		Voyageurs.	Militaires.	Voyageurs.	Militaires.	Voyageurs.	Militaires.
	kilomèt.	fr. c.	fr. c.	fr. c.	fr. c.	fr. c.	fr. c.
De BRETIGNY à Paris	31	3 20	1 60	2 40	1 20	1 60	» 80
Choisy	22	2 25	1 15	1 70	» 85	1 15	» 55
Juvisy	12	1 25	» 60	» 95	» 45	» 65	» 30
Savigny	9	» 95	» 45	» 70	» 35	» 45	» 25
Epinay	8	» 85	» 40	» 60	» 30	» 40	» 20
Saint-Michel	6	» 60	» 30	» 45	» 25	» 30	» 15
Marolles	6	» 60	» 30	» 45	» 25	» 30	» 15
Bouray	10	1 05	» 50	» 80	» 40	» 50	» 25
Lardy	13	1 35	» 65	1 »	» 50	» 70	» 35
Etréchy	19	1 95	1 »	1 50	» 75	1 »	» 50
Etampes	26	2 70	1 35	2 »	1 »	1 35	» 70
Monnerville	40	4 15	2 05	3 10	1 55	2 10	1 05
Angerville	44	4 55	2 30	3 40	1 70	2 30	1 15
Toury	58	6 »	3 »	4 50	2 25	3 05	1 50
Arthenay	71	7 35	3 65	5 50	2 75	3 70	1 85
Chevilly	77	7 95	4 »	6 »	3 »	4 »	2 »
Orléans	91	9 40	4 70	7 05	3 55	4 75	2 40
De MAROLLES à Paris	37	3 80	1 90	2 90	1 45	1 95	» 95
Choisy	27	2 80	1 40	2 10	1 05	1 40	» 70
Juvisy	18	1 85	» 95	1 40	» 70	» 95	» 45
Savigny	15	1 55	» 75	1 15	» 60	» 80	» 40
Epinay	13	1 35	» 65	1 »	» 50	» 70	» 35
Saint-Michel	9	» 95	» 45	» 70	» 35	» 45	» 25
Bretigny	6	» 60	» 30	» 45	» 25	» 30	» 15
Bouray	6	» 60	» 30	» 45	» 25	» 30	» 15
Lardy	7	» 70	» 35	» 55	» 25	» 35	» 20
Etréchy	13	1 35	» 65	1 »	» 50	» 70	» 35
Etampes	20	2 05	1 05	1 55	» 80	1 05	» 50
Monnerville	34	3 50	1 75	2 65	1 30	1 75	» 90
Angerville	39	4 05	2 »	3 05	1 50	2 05	1 »
Toury	53	5 45	2 75	4 10	2 05	2 75	1 40
Arthenay	66	6 80	3 40	5 15	2 55	3 45	1 70
Chevilly	72	7 45	3 70	5 60	2 80	3 75	1 90
Orléans	86	8 90	4 45	6 70	3 35	4 50	2 25
De BOURAY à Paris	40	4 10	2 05	3 10	1 55	2 10	1 05
Choisy	31	3 20	1 60	2 40	1 20	1 60	» 80
Juvisy	21	2 15	1 10	1 65	» 80	1 10	» 55
Savigny	18	1 85	» 95	1 40	» 70	» 95	» 45
Epinay	17	1 75	» 90	1 30	» 65	» 90	» 45
Saint-Michel	12	1 25	» 60	» 95	» 45	» 65	» 30
Bretigny	10	1 05	» 50	» 80	» 40	» 50	» 25
Marolles	6	» 60	» 30	» 45	» 25	» 30	» 15
Lardy	6	» 60	» 30	» 45	» 25	» 30	» 15
Etréchy	9	» 95	» 45	» 70	» 35	» 45	» 25
Etampes	17	1 75	» 90	1 30	» 65	» 90	» 45
Monnerville	31	3 20	1 60	2 40	1 20	1 60	» 80
Angerville	35	3 60	1 80	2 70	1 35	1 85	» 90
Toury	49	5 »	2 55	3 80	1 90	2 55	1 30
Arthenay	62	6 40	3 20	4 80	2 40	3 25	1 60
Chevilly	68	7 »	3 50	5 30	2 65	3 55	1 80
Orléans	82	8 45	4 25	6 40	3 20	4 30	2 15

1848.

Suite du Tarif pour le Transport des Voyageurs.

LIEUX DE DÉPART et DE DESTINATION.	Distances servant de base à la fixation des prix de transport.	1re CLASSE. Voitures couvertes et fermées à glaces suspendues sur ressorts.		2e CLASSE. Voitures couvertes, et suspendues sur ressorts.		3e CLASSE. Voitures découvertes, mais suspendues sur ressorts.	
		PRIX DE TRANSPORT.					
		Voyageurs.	Militaires.	Voyageurs.	Militaires.	Voyageurs.	Militaires.
	kilomèt.	fr. c.	fr. c.	fr. c.	fr. c.	fr. c.	fr. c.
De LARDY à Paris........	43	4 45	2 20	3 35	1 65	2 25	1 10
Choisy........	34	3 50	1 75	2 65	1 30	1 75	» 90
Juvisy........	24	2 50	1 25	1 85	» 95	1 25	» 65
Savigny........	21	2 15	1 10	1 65	» 80	1 10	» 55
Epinay........	20	2 05	1 05	1 55	» 80	1 05	» 50
Saint-Michel...	15	1 55	» 75	1 15	» 60	» 80	» 40
Bretigny........	13	1 35	» 65	1 »	» 50	» 70	» 35
Marolles........	7	» 70	» 35	» 55	» 25	» 35	» 20
Bouray........	6	» 60	» 30	» 45	» 25	» 30	» 15
Etréchy........	6	» 60	» 30	» 45	» 25	» 30	» 15
Etampes........	14	1 45	» 70	1 10	» 55	» 75	» 35
Monnerville....	28	2 90	1 45	2 20	1 10	1 45	» 75
Angerville.....	32	3 30	1 65	2 50	1 25	1 65	» 85
Toury........	46	4 75	2 40	3 60	1 80	2 40	1 20
Arthenay........	59	6 10	3 05	4 60	2 30	3 10	1 55
Chevilly........	65	6 70	3 35	5 05	2 55	3 40	1 70
Orléans.........	79	8 15	4 10	6 15	3 05	4 10	2 50
D'ÉTRÉCHY à Paris........	49	5 »	2 55	3 80	1 90	2 55	1 30
Choisy........	40	4 15	2 05	3 10	1 45	2 10	1 05
Juvisy........	30	3 10	1 55	2 35	1 15	1 55	» 80
Savigny........	27	2 80	1 40	2 10	1 05	1 40	» 70
Epinay........	26	2 70	1 35	2 »	1 »	1 35	» 70
Saint-Michel...	21	2 15	1 10	1 65	» 80	1 10	» 55
Bretigny........	19	1 95	1 »	1 50	» 75	1 »	» 50
Marolles........	13	1 35	» 65	1 »	» 50	» 70	» 35
Bouray........	9	» 95	» 45	» 70	» 35	» 45	» 25
Lardy........	6	» 60	» 30	» 45	» 25	» 30	» 15
Etampes........	8	» 85	» 40	» 60	» 30	» 40	» 20
Monnerville....	22	2 25	1 15	1 70	» 85	1 15	» 55
Angerville.....	26	2 70	1 35	2 »	1 »	1 35	» 70
Toury........	40	4 10	2 05	3 10	1 55	2 10	1 05
Arthenay........	53	5 45	2 75	4 10	2 05	2 75	1 40
Chevilly........	59	6 10	3 05	4 60	2 30	3 10	1 55
Orléans.........	73	7 55	3 80	5 70	2 85	3 80	1 90
D'ÉTAMPES à Paris........	56	5 80	2 90	4 35	2 20	2 90	1 45
Choisy........	47	4 85	2 45	3 65	1 85	2 45	1 25
Juvisy........	37	3 80	1 90	2 90	1 45	1 95	» 95
Savigny........	34	3 50	1 75	2 65	1 30	1 75	» 90
Epinay........	33	3 40	1 70	2 55	1 30	1 70	» 85
Saint-Michel...	28	2 90	1 45	2 20	1 10	1 45	» 75
Bretigny........	26	2 70	1 35	2 »	1 »	1 35	» 70
Marolles........	20	2 05	1 05	1 55	» 80	1 05	» 50
Bouray........	17	1 75	» 90	1 30	» 65	» 90	» 45
Lardy........	14	1 45	» 70	1 10	» 55	» 75	» 35
Etréchy........	8	» 85	» 40	» 60	» 30	» 40	» 20
Monnerville....	14	1 45	» 70	1 10	» 55	» 75	» 35
Angerville.....	19	1 95	1 »	1 50	» 75	1 »	» 50
Toury........	33	3 40	1 70	2 55	1 30	1 70	» 85
Arthenay........	46	4 75	2 40	3 60	1 80	2 40	1 20
Chevilly........	52	5 35	2 70	4 05	2 »	2 70	1 25
Orléans.........	66	6 80	3 40	5 15	2 55	3 45	1 70

Suite du Tarif pour le Transport des Voyageurs.

LIEUX DE DÉPART et DE DESTINATION.	Distances servant de base à la fixation du prix des transport.	1re CLASSE. Voitures couvertes et fermées à glaces suspendues sur ressorts.		2e CLASSE. Voitures couvertes, et suspendues sur ressorts.		3e CLASSE. Voitures découvertes, mais suspendues sur ressorts.	
		PRIX DE TRANSPORT.					
		Voyageurs.	Militaires.	Voyageurs.	Militaires.	Voyageurs.	Militaires.
	kilomèt.	fr. c.	fr. c.	fr. c.	fr. c.	fr. c.	fr. c.
De MONNERVILLE à Paris	70	7 25	3 60	5 45	2 70	3 65	1 85
Choisy	61	6 30	3 15	4 75	2 40	3 20	1 60
Juvisy	51	5 25	2 65	3 95	2 »	2 65	1 35
Savigny	48	4 95	2 50	2 75	1 90	2 50	1 25
Epinay	47	4 85	2 45	3 65	1 85	2 45	1 25
Saint-Michel	42-	4 35	2 20	3 25	1 65	2 20	1 10
Bretigny	40	4 15	2 05	3 10	1 55	2 10	1 05
Marolles	34	3 50	1 75	2 65	1 30	1 75	» 90
Bouray	31	3 20	1 60	2 40	1 20	1 60	» 80
Lardy	28	2 90	1 45	2 20	1 10	1 45	» 75
Etréchy	22	2 25	1 15	1 70	» 85	1 15	» 55
Etampes	14	1 45	» 70	1 10	» 55	» 75	» 35
Angerville	6	» 60	» 30	» 45	» 25	» 30	» 15
Toury	19	1 95	1 »	1 50	» 75	1 »	» 50
Arthenay	32	3 30	1 65	2 50	1 25	1 65	» 85
Chevilly	38	3 95	1 95	2 95	1 50	2 »	1 »
Orléans	52	5 35	2 70	4 05	2 05	2 70	1 35
D'ANGERVILLE à Paris	75	7 75	3 90	5 85	2 90	3 90	1 95
Choisy	66	6 80	3 40	5 15	2 55	3 45	1 70
Juvisy	56	5 80	2 90	4 35	2 20	2 90	1 45
Savigny	53	5 45	2 75	4 10	2 05	2 75	1 40
Epinay	51	5 25	2 65	3 95	2 »	2 65	1 35
Saint-Michel	47	4 85	2 45	3 65	1 85	2 45	1 25
Bretigny	44	4 55	2 30	3 40	1 70	2 30	1 15
Marolles	39	4 05	2 »	3 05	1 50	2 05	1 »
Bouray	35	3 60	1 80	2 70	1 35	1 85	» 90
Lardy	32	3 30	1 65	2 50	1 25	1 65	» 85
Etréchy	26	2 70	1 35	2 »	1 »	1 35	» 70
Etampes	19	1 95	1 »	1 50	» 75	1 »	» 50
Monnerville	6	» 60	» 30	» 45	» 25	» 30	» 15
Toury	14	1 45	» 70	1 10	» 55	» 75	» 35
Arthenay	28	2 90	1 45	2 20	1 10	1 45	» 75
Chevilly	34	3 50	1 75	2 65	1 30	1 75	» 90
Orléans	47	4 85	2 45	3 65	1 85	2 45	1 25
De TOURY à Paris	89	9 20	4 60	6 90	3 45	4 65	2 35
Choisy	79	8 15	4 10	6 15	3 05	4 10	2 05
Juvisy	70	7 25	3 60	5 45	2 70	3 65	1 85
Savigny	67	6 90	3 45	5 20	2 60	3 50	1 70
Epinay	65	6 70	3 35	5 05	2 55	3 40	1 60
Saint-Michel	61	6 30	3 15	4 75	2 40	3 05	1 50
Bretigny	58	6 »	3 »	4 50	2 25	2 75	1 40
Marolles	55	5 45	2 75	4 10	2 05	2 75	1 30
Bouray	49	5 »	2 55	3 80	1 90	2 40	1 20
Lardy	46	4 75	2 40	3 60	1 80	2 10	1 05
Etréchy	40	4 10	2 05	3 10	1 55	2 10	» 85
Etampes	33	3 40	1 70	2 55	1 30	1 70	» 50
Monnerville	19	1 95	1 »	1 50	» 75	1 »	» 50
Angerville	14	1 45	» 70	1 10	» 55	» 75	» 35
Arthenay	14	1 45	» 70	1 10	» 55	» 75	» 35
Chevilly	20	2 05	1 05	1 55	» 80	1 05	» 50
Orléans	53	3 40	1 70	2 55	1 30	1 70	» 85

1848.

Suite du Tarif pour le Transport des Voyageurs.

LIEUX DE DÉPART et DE DESTINATION.	Distances servant de base à la fixation des prix de transport.	1re CLASSE. Voitures couvertes et fermées à glaces suspendues sur ressorts.		2e CLASSE. Voitures couvertes, et suspendues sur ressorts.		3e CLASSE. Voitures découvertes, mais suspendues sur ressorts.	
		Voyageurs. fr. c.	Militaires. fr. c.	Voyageurs. fr. c.	Militaires. fr. c.	Voyageurs. fr. c.	Militaires. fr. c.
	kilomèt.						
D'ARTHENAY à Paris	102	10 55	5 25	7 95	3 95	5 30	2 65
Choisy	93	9 60	4 80	7 25	3 60	4 85	2 45
Juvisy	85	8 55	4 30	6 45	3 25	4 35	2 15
Savigny	80	8 25	4 15	6 20	3 10	4 20	2 10
Epinay	79	8 15	4 10	6 15	3 05	4 10	2 05
Saint-Michel	74	7 65	3 80	5 75	2 90	3 85	1 95
Bretigny	71	7 35	3 65	5 50	2 75	3 70	1 85
Marolles	66	6 80	3 40	5 15	2 55	3 45	1 70
Bouray	62	6 40	3 20	4 80	2 40	3 25	1 60
Lardy	59	6 10	3 05	4 60	2 30	3 10	1 55
Etréchy	53	5 45	2 75	4 10	2 05	2 75	1 40
Etampes	46	4 75	2 40	3 60	1 80	2 40	1 20
Monnerville	32	3 30	1 65	2 50	1 25	1 65	» 85
Angerville	28	2 90	1 45	2 20	1 10	1 45	» 75
Toury	14	1 45	» 70	1 10	» 55	» 75	» 35
Chevilly	7	» 70	» 35	» 55	» 25	» 35	» 20
Orléans	20	2 05	1 05	1 55	» 80	1 05	» 50
De CHEVILLY à Paris	108	11 15	5 60	8 40	4 20	5 65	2 80
Choisy	99	10 25	5 10	7 70	3 85	5 15	2 60
Juvisy	89	9 20	4 60	6 40	3 45	4 65	2 35
Savigny	86	8 90	4 45	6 70	3 35	4 50	2 25
Epinay	85	8 80	4 40	6 60	3 30	4 45	2 20
Saint-Michel	80	8 25	4 15	6 20	3 10	4 20	2 10
Bretigny	77	7 95	4 »	6 »	3 »	4 »	2 »
Marolles	72	7 45	3 70	5 60	2 80	3 75	1 90
Bouray	68	7 »	3 50	5 30	2 65	3 55	1 80
Lardy	65	6 70	3 35	5 05	2 55	3 40	1 70
Etréchy	59	6 10	3 05	4 60	2 30	3 10	1 55
Etampes	52	5 35	2 70	4 05	2 »	2 70	1 35
Monnerville	38	3 95	1 95	2 95	1 50	2 »	1 »
Angerville	34	3 50	1 75	2 65	1 30	1 75	» 90
Toury	20	2 05	1 05	1 55	» 80	1 05	» 50
Arthenay	7	» 70	» 35	» 55	» 25	» 35	» 20
Orléans	14	1 45	» 70	1 10	» 55	» 75	» 35
D'ORLÉANS à Paris	122	12 60	6 30	9 50	4 75	6 35	3 20
Choisy	112	11 55	5 80	8 70	4 35	5 85	2 90
Juvisy	103	10 65	5 30	8 »	4 »	5 40	2 70
Savigny	100	10 35	5 15	7 80	3 90	5 25	2 60
Epinay	98	10 10	5 05	7 60	3 80	5 10	2 55
Saint-Michel	94	9 70	4 85	7 30	3 65	4 90	2 45
Bretigny	91	9 40	4 70	7 05	3 55	4 75	2 40
Marolles	86	8 90	4 45	6 70	3 35	4 50	2 25
Bouray	82	8 45	4 25	6 40	3 20	4 30	2 15
Lardy	79	8 15	4 10	6 15	3 05	4 10	2 05
Etréchy	73	7 55	3 80	5 70	2 85	3 80	1 90
Etampes	66	6 80	3 40	5 15	2 55	3 45	1 70
Monnerville	52	5 35	2 70	4 05	2 05	2 70	1 35
Angerville	47	4 85	2 45	3 65	1 85	2 45	1 25
Toury	33	3 40	1 70	2 55	1 30	1 70	» 85
Arthenay	20	2 05	1 05	1 55	» 80	1 05	» 50
Chevilly	14	1 45	» 70	1 10	» 55	» 75	» 35

Places de Luxe.

LIEUX DE DÉPART ET DE DESTINATION.		PRIX de TRANSPORT.
De PARIS à,	Étampes..................................	7 fr. 50 c.
	Orléans..................................	15 »
D'ÉTAMPES à	Paris..................................	7 50
	Orléans..................................	7 50
D'ORLÉANS à	Paris..................................	15 »
	Étampes..................................	7 50

2. Le nombre des places dites places de luxe ne pourra jamais excéder le cinquième du nombre total des places de chaque convoi. (Art. 35 du cahier des charges.)

CHAPITRE II.

Bagages, articles de messagerie, marchandises, finances et valeurs.

SECTION 1ʳᵉ. — Prix de transport.

§ Iᵉʳ. — *Bagages.*

3. Aux termes de l'article 36 du cahier des charges, chaque voyageur pourra porter avec lui un bagage dont le poids n'excédera pas 15 kilogrammes, sans être tenu, pour le port de ce bagage, à aucun supplément du prix de sa place.

Les prix à percevoir pour le transport des excédants de bagages, sont réglés ainsi qu'il suit :

NOTA.—Voir, pour les bagages des militaires, l'article 4 ci-après.

(Tarif pour le transport des excédants de Bagages.)

Tarif pour le Transport des excédants de Bagages.

LIEUX DE DÉPART et DE DESTINATION.	PRIX DE TRANSPORT.					
	Jusqu'à 10 kil. inclusivement.	Au-dessus de 10 kil. jusqu'à 35 kilog. inclusivement.	Au-dessus de 35 kil. jusqu'à 65 kilog. inclusivement.	Au-dessus de 65 kil. jusqu'à 100 kil. inclusivement.	Au-dessus de 100 k. jusqu'à 200 kil. inclusivement.	Au-dessus de 200 k. par fraction indivisib. de 200 k.
DE PARIS aux stations ci-après, et vice versâ.	fr. c.	fr. c.	fr. c.	fr. c.	fr. c.	fr. c.
Juvisy	» 50	1 »	1 25	1 50	1 52	1 52
Savigny	» 50	1 »	1 25	1 50	1 76	1 76
Epinay	» 50	1 »	1 25	1 50	1 92	1 92
Saint-Michel	» 50	1 »	1 25	1 50	2 32	2 32
Bretigny	» 50	1 »	1 25	1 50	2 48	2 48
Marolles	» 75	1 25	1 75	2 »	2 96	2 96
Bouray	» 75	1 25	1 75	2 »	3 20	3 20
Lardy	» 75	1 25	1 75	2 »	3 44	3 44
Etréchy	» 75	1 25	1 75	2 »	3 92	3 92
Etampes	1 »	1 50	2 »	2 50	4 48	4 48
Monnerville	1 50	1 75	2 25	3 50	5 60	5 60
Angerville	1 50	1 75	2 25	3 50	6 »	6 »
Toury	1 50	1 75	2 25	3 50	7 12	7 12
Arthenay	1 50	1 75	2 25	3 50	8 16	8 16
Chevilly	2 »	2 50	3 25	5 »	8 64	8 64
Orléans	2 »	2 50	3 25	5 »	9 76	9 76
D'ORLÉANS (*) à une station intermédiaire, et vice versâ, ou d'une station intermédiaire à une autre. **DISTANCES :**						
Jusqu'à 10 kil.	» 48	» 48	» 48	» 48		
Au-dessus de 10 k. — 20	» 50	» 60	» 70	» 80		
— 20 — 30	» 75	1 »	1 30	1 60		
— 30 — 40	» 75	1 25	2 »	2 40	8 cent. par kilom.	8 cent. par kilom.
— 40 — 50	1 25	2 »	2 75	3 20		
— 50 — 60	1 25	2 25	3 25	4 »		
— 60 — 70	1 50	2 50	3 75	4 80		
— 70 — 80	1 50	3 »	4 25	5 60		
— 80 — 90	1 75	3 50	5 »	6 40		
— 90 — 100 et au delà.	1 75	4 »	5 50	7 20		

(*) V., pour les distances, le tableau du Tarif pour le transport des Voyageurs.

4. Conformément aux dispositions du § 1er de l'article 40 du cahier des charges, les militaires en service, voyageant en corps ou isolément, ne sont assujettis, pour le port de leurs bagages, qu'à la moitié des taxes ci-dessus fixées.

§ II. — *Articles de messagerie et marchandises.*

5. .... (1).

§ III. — *Finances et valeurs.*

6. Le transport de l'or, de l'argent, soit monnoyé ou travaillé, soit en lingots; du plaqué d'or ou d'argent, du mercure, du platine, des bijoux, pierres précieuses et autres valeurs de même nature, s'effectuera aux prix suivants, quelle que soit la distance parcourue :

Jusqu'à 500 francs inclusivement........................ » fr. 50 c.
Au-dessus de 500 fr. jusqu'à 1,000 fr. inclusivement...... 1 »
— de 1,000 fr. et par fraction indivisible de 1,000 fr. » 75

SECTION II. — Frais accessoires.

§ Ier. — *Enregistrement.*

7. Il sera perçu un droit fixe de 10 centimes pour l'enregistrement, tant des bagages dont le poids excédera 15 kilogrammes, que de toute expédition, quelle qu'en soit la nature.

L'enregistrement est facultatif pour les bagages dont le poids n'excédera pas 15 kilogrammes; lorsqu'il a lieu à la demande des voyageurs, il est soumis au droit de 10 centimes.

8. Tout envoi fait par une même personne à un même destinataire ne donnera lieu qu'à un seul enregistrement. Les envois faits par une même personne à plusieurs destinataires seront soumis séparément à l'enregistrement.

§ II. — *Chargement et déchargement.*

9. Les frais de chargement et de déchargement des bagages, des articles de messagerie et marchandises de toute nature, sont réglés ainsi qu'il suit :

NOTA.—Il n'est rien perçu pour le chargement et le déchargement des colis d'un poids n'excédant pas 100 kilogrammes.

Au-dessus de	100 kilog. jusqu'à	200 kilog. inclusivement	» fr. 50 c.
—	200 —	—	400 —	—	»	75
—	400 —	—	600 —	—	1	»
—	600 —	—	800 —	—	1	25
—	800 —	—	1,000 —	—	1	50
—	1,000 —	par	1,000 kilogrammes.......	1	50

§ III. — *Magasinage.*

10. Les articles de messagerie et les marchandises qui ne seront pas enlevés dans le délai de 24 heures après l'arrivée, seront soumis, pour les jours suivants, à un droit de magasinage, fixé ainsi qu'il suit :

Jusqu'à 50 kilog. inclusivement................... » fr. 05 c. par jour.
Au-dessus de 50 kilog. jusqu'à 100 kilog. inclusiv. » 10 —
— 100 kilog. par fraction indivisible de
100 kilog.............................. » 10 —

---

(1) Abrogé.—V. l'ord. du 26 déc. 1849 et l'ord. du 28 fév. 1850.

CHAPITRE III.

Voitures, chevaux et chiens, bestiaux et autres animaux.

SECTION 1re. — Prix de transport.

§ Ier. — *Voitures, chevaux et chiens.*

11. Les prix à percevoir pour le transport des voitures, des chevaux et des chiens voyageant à grande vitesse, sur la demande des expéditeurs, sont fixés ainsi qu'il suit :

NOTA.—Les voyageurs restant dans leurs voitures payeront le prix de la 3e classe pour chaque place occupée soit à l'intérieur, soit à l'extérieur.

Tarif pour le Transport des Voitures, des Chevaux et des Chiens.

LIEUX de DE DÉPART et de destination.	Distances servant de base à la fixation des prix de transport.	VOITURES.			CHEVAUX.			
		Voiture à 2 ou à 4 roues à 1 fond et à 1 seule banquette dans l'intérieur.	Voitures à 4 roues et à 2 banquettes dans l'intérieur.	Voitures à 3 fonds et à 3 banquettes dans l'intérieur, diligence à vide, fourgon.	Voitures à 4 roues à 3 fonds et 3 banquettes dans l'intérieur.	Un cheval.	Deux chevaux au même propriétaire.	Trois chevaux au même propriétaire.	Chaque cheval en sus de trois chevaux au même propriétaire.
					PRIX DE TRANSPORT.			
De PARIS aux stations ci-après, et vice versâ :	kilom.	fr. c.	fr. c.	fr. c.	fr. c.	fr. c.	fr. c.	fr. c.
Saint-Michel .	29	16 »	21 »	26 »	8 70	17 40	23 40	7 95
Etampes.....	56	25 »	35 »	45 »	16 »	25 »	33 »	10 »
Angerville...	75	39 »	51 »	63 »	22 50	41 95	57 35	17 35
Toury.......	89	46 »	60 »	74 »	26 70	49 40	67 65	20 25
Orléans......	122	60 »	80 »	100 »	36 »	65 »	90 »	25 »
D'ORLÉANS aux stations ci-après, et vice versâ :								
Toury	33	18 »	24 »	30 »	9 90	19 60	26 35	8 75
Angerville...	47	25 »	33 »	41 »	14 10	27 05	36 65	11 75
Etampes.....	66	25 »	35 »	45 »	16 »	25 »	33 »	10 »
Saint-Michel.	94	48 »	64 »	80 »	28 20	52 10	71 35	21 25
Paris.......	122	60 »	80 »	100 »	36 »	65 »	90 »	25 »

CHIENS.	PAR TÊTE.
	fr. c.
Pour un parcours de 30 kilomètres et au-dessous..............	» 50
Au-dessus de 30 kilomètres jusqu'à 60 kilomètres inclusivement....	1 »
Au-dessus de 60 kilomètres jusqu'à 90 kilomètres inclusivement....	1 50
Au-dessus de 90 kilomètres...............................	2 »

§ II. — *Bestiaux et autres animaux.*

12. Les prix du transport des bestiaux et autres animaux marchant à grande vitesse, sur la demande des expéditeurs, sont fixés ainsi qu'il suit :

Nota.—Voir, pour les distances, le tarif du transport des voyageurs.

Bœufs, vaches, taureaux, mulets, bêtes de trait..........	30 c.	par tête
Veaux et porcs....................................	10	et
Moutons, brebis, chèvres, etc.........................	06	par kilom.

SECTION II. — Frais accessoires.

§ Ier. — *Enregistrement.*

13. Il sera perçu un droit fixe de 10 centimes pour l'enregistrement de toute expédition.

§ II. — *Chargement et déchargement.*

14. Les frais de chargement et de déchargement des voitures, chevaux, bestiaux et autres animaux sont fixés ainsi qu'il suit :

Voitures (par chaque voiture)...................	2 fr.	» c.	
Chevaux..	1	»	
Bœufs, vaches, taureaux et bêtes de somme ou de trait.	1	»	par tête.
Veaux et porcs..................................	»	50	
Moutons, brebis, agneaux et chèvres..............	»	25	

CHAPITRE IV.

Service des transports militaires.

SECTION Ire. — Prix de transport.

15. Les prix à percevoir pour le transport du matériel militaire et des chevaux et bêtes de somme ou de trait, dépendant du service de la guerre, effectué à la vitesse des voyageurs, sur la demande du gouvernement, sont fixés ainsi qu'il suit :

Nota.—Voir, pour les distances, le tarif du transport des voyageurs.

Pièces de matériel et objets divers...................	20 c.	par tonne
Voitures vides (poids de la voiture et de la plate-forme cumulés)...............................	12 $\frac{1}{2}$	et par kilom.

(Le contenu des voitures de charge sera taxé à part, au prix de 20 centimes par tonne et par kilomètre ci-dessus fixé.)

Chevaux et bêtes de somme ou de trait.......... 15 c. { par tête et par kilom.

SECTION II. — *Frais accessoires.*

§ Ier. — *Enregistrement.*

16. Il sera perçu un droit fixe de 10 centimes pour l'enregistrement de toute expédition.

§ II. — *Chargement et déchargement.*

17. Les frais accessoires de chargement et de déchargement du matériel militaire ou naval, des voitures, des chevaux et bêtes de somme ou de trait, appartenant au service de la guerre ou de la marine, sont fixés à la moitié des taxes de même nature, réglées par les articles 9 et 14 ci-dessus.

TITRE II.

TRANSPORT A LA VITESSE DES MARCHANDISES.

CHAPITRE Ier.

Voyageurs et bagages.

§ Ier. — Voyageurs.

18. Dans le cas où la compagnie adjoindrait des voitures de voyageurs de première et de deuxième classe à un ou plusieurs trains de marchandises, soit de jour, soit de nuit, marchant à la vitesse des marchandises, le prix des places sera réduit ainsi qu'il suit :

Pour les voitures de 1re classe,

Au prix des places des voitures de 2e classe, fixé par l'article 1er ci-dessus;

Pour les voitures de 2e classe,

Au prix des places des voitures de 3e classe, fixé par le même article.

§ II. — Bagages.

19. Tout voyageur dont le bagage ne pèsera pas plus de 25 kilogrammes, n'aura à payer, pour le transport de ce bagage, aucun supplément du prix de la place.

Au-dessus de 25 kilogrammes et jusqu'à 100 kilogrammes, l'excédant sera taxé au prix du tarif de l'article 3, concernant les transports à la vitesse des voyageurs, réduits de 25 pour 100.

Au dessus de 100 kilogrammes, la taxe sera appliquée à raison de 0 franc 4 centimes par fraction indivisible de 200 kilogrammes et par kilomètre.

CHAPITRE II.

Marchandises.

SECTION Ire. — Classification.

20. Les marchandises non désignées nominativement au cahier des charges, qui n'ont pas encore été classées, et dont la compagnie a proposé le classement, seront, soit par leur propre nature et par spécification, soit par assimilation, rangées tant dans la catégorie des marchandises hors classe que dans les trois classes du cahier des charges, de la manière ci-après indiquée, savoir (1) :

Dans la catégorie des marchandises hors classe,

Les marchandises dont la désignation suit :

Acides minéraux, arbres et arbustes vivants, comestibles, conserves, écaille ouvrée, estampes encadrées, fromages frais, haricots verts, huiles essentielles, instruments de musique et d'optique, meubles non emballés, objets de collection, paille fine et tressée, pièces d'artifice, phosphore, plantes vivantes, pois verts, poudre à feu, pyrites, statues, tableaux, viande fraîche.

Dans la 1re classe,

Les marchandises dont la désignation suit :

Acier brut, aiguilles à coudre, alizari, alguifoux, amandes, amidons, anis, arsenic, armes en caisse, bois de menuiserie et d'ébénisterie façonné, boissellerie, bonneterie, borax brut et raffiné, bougie, bourre de laine et de soie, brosserie, boissons spiritueuses, blanc de baleine, beurre salé, bière en fûts, blanc de céruse, bleu de Prusse, boulons, bouteilles vides emballées, blanc de Meudon, camphre, cannelle, caoutchouc, cardes, chandelles, chanvre, chardons, chaudronnerie, chaussures, chocolat, citrons, cochenille, colle forte, confiserie, copahu, corne brute et ouvrée, couleurs, coutellerie, crins, cristaux, cuirs ouvrés, cuirs verts et secs, carton en feuilles, cendres d'orfévre, chanvre pressé, cidre en fûts, cire brute, colle de poisson, chevillettes en tonneaux, chiffons, coussinets.

Dents d'éléphant, draperie, duvet, déchets de coton, dividivi, eau de fleurs d'oranger, eaux minérales, écaille brute, encres, épingles, éponges, essence de térébenthine, estampes sans cadre, étain ouvré ou non, étoffes, émeri, essieux montés, étoupes en balles, écorces, enclumes, essieux bruts et non montés, faïence emballée et non emballée, faulx, fer-blanc en feuilles, ficelle, fil de coton, de laine, de lin et de soie ; formes à sucre, fromages, fanons de baleine, fécule, ferronnerie, filasse, ganterie, garancines, gaudes, glucose, gomme, garance, graisse, houblon, indigo, ivoire, jouets, joncs, jus de citron en fûts, laine lavée, librairie, laiton en feuilles, lichen pressé, liége, lin, lingerie, liqueurs en caisses ou en fûts, laine en suint, limes, litharge, macaroni et autres pâtes dites d'Italie, marbres ouvrés, machines, marrons, mécaniques, miel, mélasse, minium, morue, noisettes, noix indigènes, noix de Galle, oranges, orge perlé, os ouvrés, ognons, orseille, papiers peints, passementerie, peaux brutes et ouvrées, pelleterie, pièces de machines démontées, plumes, poil de chèvre, porcelaine, poterie fine, préparations pharmaceutiques, presses lithographiques, pierre ponce, poisson salé, poix porcelaine emballée, poterie commune, poterie fine emballée, riz, résine, rivets, roseaux, rotins, rails, sellerie, sirop, soie brute ou manufacturée, soies de porc, suif épuré, safran, safranum, salaisons, suif brut, savons en caisse, tabac, tabletterie, thés, toiles ouvrées et unies, tonneaux vides, tôles fines, toiles d'emballage, tripoli, vanille, vannerie, verrerie, vêtements, vins de liqueur en fûts, verres à vitre en caisses, zinc ouvré ou en feuilles.

---

(1) Dispositions modifiées par celles de l'ord. du 5 juin 1849.

Dans la 2e classe,

Les marchandises dont la désignation suit :

Avoine, asphalte, antimoine cru, betteraves, brai, dégras, douves, enchappes, fèves, fourrages verts, ferraille, graines fourragères, oléagineuses et tinctoriales, goudron, guano, haricots secs, kaolin, légumes secs, lentilles, marbres en tranches, mâts, merrains, meules, millet, mine de plomb, orge, pois secs, perlasse, plomb de chasse, pyrolignite de fer, pommes de terre, son, soufre raffiné, salpêtre, sang desséché ou en fûts, sel de potasse et de soude, sel marin, soude, soufre en masse, tartre brut.

Dans la 3e classe.

Les marchandises dont la désignation suit :

Carreaux en terre cuite, cendres ordinaires ou lessivées, ciment, craie, marne, ocre, pierres à feu, poudrette, suie, terre, tourbe.

21. En conséquence, et par suite de la diversité des prix proposés par la compagnie pour les marchandises d'une même classe, les marchandises désignées, soit au cahier des charges, soit plus spécialement et par assimilation, en l'article qui précède, sont rangées de la manière ci-après pour la détermination des prix qui leur sont applicables dans le tarif fixé en l'article suivant, savoir :

Marchandises hors classe :

Acides minéraux, arbres et arbustes vivants, beurre frais, bronzes d'art, charcuterie, comestibles, conserves, écaille ouvrée, estampes encadrées, fromages frais, fruits verts, gibier, glaces, haricots verts, horlogerie, huiles essentielles, instruments de musique, d'optique et de précision, légumes frais, meubles non emballés, marchandises précieuses et dangereuses exigeant des soins particuliers pendant la route; objets d'art et de collection, œufs, paille fine et tressée, pâtisserie, pièces d'artifice, phosphore, plantes vivantes, pois verts, poisson frais, poudre à feu, pyrites, statues, tableaux, viande fraîche, volaille, marchandises volumineuses ne pesant pas 200 kilogrammes sous le volume d'un mètre cube, et non désignées au cahier des charges.

Ces marchandises payeront les prix fixés pour la catégorie hors classe au tarif ci-après :

Marchandises de 1re classe :

Cuivre et autres métaux ouvrés, vins en bouteilles, en caisses ou en paniers, cotons et autres lainages, bois de menuiserie ouvré, sucre raffiné, drogues, épiceries, objets manufacturés.

Aiguilles à coudre, alizari, amandes, amidon, anis, arsenic, bois de menuiserie et d'ébénisterie façonné, boisselerie, bonneterie, borax raffiné, bougies, bourre de laine et de soie, brosserie, camphre, cannelle, caoutchouc, cardes, chandelles, chanvre, chardons, châtaignes, chaudronnerie, chaussures, chocolat, citrons, cochenille, colle forte, confiserie, copahu, cordages, corne ouvrée, couleurs, coutellerie, crins, cristaux, cuirs ouvrés, dents d'éléphant, draperie, duvet, eau de fleurs d'oranger, eaux minérales, écaille brute, encre, épingles, éponges, essence de térébenthine, estampes, étain ouvré ou non, étoffes, faïences, faulx, fer-blanc en feuilles, fer et fonte pour ornements, ameublements et travaux de luxe, ficelle, fil de coton, de laine, de lin ou de soie ; formes à sucre, fromages, ganterie, garancine, gaudes, glucose, gomme, houblon, indigo, ivoire, jouets, laine lavée ou manufacturée, laiton en feuilles, librairie, lichen pressé, liége, lin, lingerie, liqueurs en caisses ou en fûts, macaroni et autres pâtes dites d'Italie, marbres ouvrés, machines, marrons, mécaniques, mercerie, meubles emballés, miel, noisettes, noix indigènes, oranges, orge perlé, os ouvrés, papiers peints, parfumerie, passementerie, peaux ouvrées, pelleterie, pièces de machines démontées, plumes, poil de chèvre, porcelaine, poterie fine, préparations pharmaceutiques, presses lithographiques, quincaillerie, riz, sellerie, sirop, soie brute ou manufacturée, soies de porc, suif épuré, tabac, tabletterie, taillanderie, thés, tissus, toiles ouvrées et unies, tonneaux vides, tôles fines, vanille, vannerie, verrerie, vêtements, vins de liqueur en fûts.

Ces marchandises payeront les prix fixés pour la 1re classe au tarif ci-après :

Boissons spiritueuses, huiles, bois de menuiserie non ouvré.
Armes en caisses, blanc de-baleine, beurre salé, bière en fûts, blanc de céruse, bleu de Prusse, borax brut, boulons, bouteilles vides emballées, carton en feuilles, cendres d'orfévre, chanvre pressé, cidre en fûts, cire brute, colle de poisson, cuirs verts ou secs, déchets de coton, dividivi, émeri, essieux montés, étoupes en balles, fanons de baleine, faïence emballée, fécules, ferronnerie, filasse, garance, graisse, joncs, jus de citron en fûts, laine en suint, lime, litharge, mélasse, minium, morue, noix de galles, ognons, orseilles, paillassons, peaux brutes, pierres lithographiques, pierre ponce, plomb ouvré, poisson salé, pois, porcelaine emballée, poterie commune, poterie fine emballée, résine, rivets, roseaux, rotins, safran, safranum, salaisons, suif brut, toiles d'emballage, tripoli, verres à vitres en caisses, zinc ouvré ou en feuilles.

Ces marchandises payeront les prix fixés pour la 2e classe au tarif ci-après :

Fonte moulée et fer ouvré pour bâtiments et travaux de construction, laiton en saumons, vinaigre, vins en fûts, spiritueux, cotons en balles, bois de teinture et autres, bois exotiques non ouvrés, café, denrées coloniales.
Acier brut, cacao, cuirs d'Amérique, girofle, prunes d'Agen, poivre, papiers fabriqués, savons en caisse, sucre brut.

Ces marchandises payeront le prix de la 2e classe pour tous les parcours autres que celui de Paris à Orléans.
Pour le parcours de Paris à Orléans, elles seront soumises à une taxe de 15 fr. par tonne (frais de chargement et de déchargement non compris), à l'exception du sucre qui, pour le même parcours, payera le prix de la 3e classe.

Cuivre en lingots, en barres ou en planches, zinc en plaques ou en saumons.
Alguifoux, alun, blanc de Meudon, chevillettes en tonneaux, chiffons, clous en tonneaux, cornes brutes, coussinets, écorces, enclumes, essieux bruts et non montés, fer blanc en caisses, fil de fer, manganèse, rails, tan, tôle forte.

Ces marchandises payeront les prix fixés pour la 3e classe au tarif ci-après :

Marchandises de 2° classe :

Blés, grains, farines, coke, charbon de bois, perches, chevrons, planches, madriers, bois de charpente.
Avoine, betteraves, fèves, fourrages verts, graines fourragères, oléa-

gineuses et tinctoriales, haricots secs, légumes secs, lentilles, marbres en tranches, mâts, merrains, meules, millet, mine de plomb, pois secs, orge, son, soufre raffiné.

Ces marchandises payeront les prix fixés pour la 2e classe au tarif ci-après :

Chaux et plâtre, minerais, bois à brûler, bois de charpente, madriers, chevrons, planches (sciés ou débités en morceaux, dont la longueur n'excède pas 4 mètres 50 centimètres), marbre en bloc, pierres de taille, bitume, fonte brute, fer en barres ou en feuilles, plomb en saumons.

Asphalte, antimoine cru, brai, couperose, dégras, douves, enchappes, ferraille, goudron, guano, kaolin, noir animal, perlasse, plomb de chasse, pyrolignite de fer, pommes de terre, salpêtre, sang desséché ou en fûts, sels de potasse et de soude, sel marin, soude, soufre en masse, sulfate de soude, tartre brut.

Ces marchandises payeront les prix fixés pour la 3e classe au tarif ci-après :

Marchandises de 3e classe.

Pierre à chaux et à plâtre, moellons, meulières, cailloux, sable, argile, tuiles, briques, ardoises, fumier et engrais, pavés et matériaux de toute espèce pour la construction et la réparation des routes.

Carreaux en terre cuite, cendres ordinaires ou lessivées, ciment, craie, marne, ocre, pierres à feu, poudrette, suie, terre, tourbe.

Ces marchandises payeront les prix fixés pour la 3e classe au tarif ci-après :
Toutefois, le plâtre cru ou cuit et les engrais naturels ou fabriqués, en sacs ou en tonneaux, transportés de Paris à Orléans et aux stations intermédiaires, seront soumis, par exception, à la taxe réduite fixée par l'article 22 (dernier tableau).

Houille.

Soumise à un tarif spécial fixé par l'article 22 (2e tableau).

SECTION II. — Prix de transport.

22. Les prix à percevoir pour le transport des marchandises voyageant à petite vitesse sont réglés d'après les tableaux suivants :

NOTA.—Voir l'article qui précède pour la désignation des marchandises auxquelles s'appliquent les prix indiqués ci-après pour chaque classe.

(Tarif pour le transport des marchandises, etc.)

Tarif pour le Transport des Marchandises à petite vitesse.

LIEUX DE DÉPART et DE DESTINATION.	Distances servant de base à la fixation des prix de transport.	MARCHANDISES			
		hors classe.	1re classe.	2e classe.	3e classe.
		PRIX DE TRANSPORT.			
	kilomèt.	fr. c.	fr. c.	fr. c.	fr. c.
De PARIS à Juvisy	19	6 78	2 71	2 03	2 03
Savigny	22	7 85	3 14	2 35	2 35
Epinay	24	8 57	3 42	2 57	2 57
Saint-Michel	29	10 35	4 14	3 10	3 10
Bretigny	31	11 07	4 42	3 32	3 32
Marolles	37	13 22	5 28	3 96	3 96
Bouray	40	14 29	5 71	4 28	4 28
Lardy	43	15 35	6 14	4 60	4 60
Etréchy	49	17 49	6 99	5 24	5 24
Etampes	56	20 »	8 »	6 »	6 »
Monnerville	70	22 96	10 35	8 61	6 14
Angerville	75	24 58	11 6	9 24	6 14
Toury	89	29 17	13 12	10 93	7 28
Arthenay	102	33 43	15 04	12 35	8 35
Chevilly	108	35 40	15 93	13 28	8 84
Orléans	122	40 »	18 »	15 »	10 »
De CHOISY-LE-ROI à Juvisy	10	3 57	2 »	1 80	1 60
Savigny	13	4 64	2 60	2 34	2 08
Epinay	15	5 35	3 »	2 57	2 40
Saint-Michel	19	6 78	3 80	3 10	3 04
Bretigny	22	7 85	4 40	3 32	3 32
Marolles	27	9 64	5 28	3 96	3 96
Bouray	31	11 07	5 71	4 28	4 28
Lardy	34	12 15	6 14	4 60	4 60
Etréchy	40	14 28	8 »	5 24	5 24
Etampes	47	16 78	8 »	6 »	6 »
Monnerville	61	21 77	10 35	8 61	6 14
Angerville	66	23 56	11 06	9 24	6 14
Toury	79	28 21	13 12	10 93	7 28
Arthenay	93	33 21	15 04	12 35	8 35
Chevilly	99	35 35	15 93	13 28	8 84
Orléans	112	39 »	18 »	15 »	10 »
De JUVISY à Paris	19	6 78	3 73	2 71	2 37
Choisy	10	3 57	2 »	1 80	1 60
Savigny	6	2 14	1 20	1 08	» 96
Epinay	6	2 14	1 20	1 08	» 96
Saint-Michel	10	3 57	2 »	1 80	1 60
Bretigny	12	4 28	2 40	2 16	1 92
Marolles	18	6 43	3 60	3 24	2 88
Bouray	21	7 50	3 20	3 78	3 36
Lardy	24	8 56	4 20	4 32	3 84
Etréchy	30	10 71	4 80	5 40	4 80
Etampes	37	13 21	6 40	6 66	5 92
Monnerville	51	18 20	7 20	9 18	8 16
Angerville	56	20 »	11 20	10 08	8 96
Toury	70	25 »	14 »	12 60	11 10
Arthenay	85	29 64	16 60	14 94	13 28
Chevilly	89	31 78	17 80	16 02	14 24
Orléans	103	35 76	15 19	12 65	8 43

Suite du Tarif pour le Transport des Marchandises à petite vitesse.

LIEUX DE DÉPART et DE DESTINATION.	Distances servant de base à la fixation des prix de transport.	MARCHANDISES			
		hors classe.	1re classe.	2e classe.	3e classe.
	kilomèt.	fr. c.	fr. c.	fr. c.	fr. c.
De SAVIGNY à Paris...........	22	7 85	4 32	3 14	2 75
Choisy...........	13	4 64	2 60	2 34	2 08
Juvisy...........	6	2 14	1 20	1 8	» 96
Epinay...........	6	2 14	1 20	1 8	» 96
Saint-Michel......	7	2 80	1 40	1 26	1 12
Bretigny..........	9	3 60	1 80	1 62	1 44
Marolles..........	15	6 »	3 »	2 70	2 40
Bouray...........	18	7 20	3 60	3 24	2 88
Lardy............	21	7 50	4 20	3 78	3 36
Etréchy..........	27	10 80	5 40	4 86	4 32
Etampes..........	34	13 60	6 80	6 12	5 44
Monnerville......	48	17 13	9 60	8 64	7 68
Angerville.......	53	21 20	10 60	9 54	8 48
Toury...........	67	26 80	13 40	12 06	10 72
Arthenay.........	80	32 »	16 »	14 40	12 80
Chevilly..........	86	34 40	17 20	15 48	14 76
Orléans..........	100	32 80	14 75	12 30	8 19
D'ÉPINAY à Paris...........	24	8 57	4 71	3 43	3 »
Choisy...........	15	5 35	3 »	2 70	2 40
Juvisy...........	6	2 14	1 20	1 08	» 96
Savigny..........	6	2 14	1 20	1 08	» 96
Saint-Michel......	6	2 14	1 20	1 08	» 96
Bretigny..........	8	2 86	1 60	1 44	1 28
Marolles..........	13	4 64	2 60	2 34	2 28
Bouray...........	17	6 07	3 40	3 06	2 72
Lardy............	20	7 14	4 »	3 60	3 20
Etréchy..........	26	9 28	5 20	4 68	4 16
Etampes..........	33	11 78	6 60	5 94	5 28
Monnerville......	47	16 78	9 40	8 46	7 52
Angerville.......	51	18 21	10 20	9 18	8 16
Toury...........	65	23 21	13 »	11 70	10 40
Arthenay.........	79	28 21	15 80	14 22	12 64
Chevilly..........	85	30 35	17 »	15 30	13 60
Orléans..........	98	32 12	14 45	12 04	8 03
De SAINT-MICHEL à Paris...........	29	10 35	5 70	4 14	3 62
Choisy...........	19	6 78	3 80	3 42	3 04
Juvisy...........	10	3 57	2 »	1 80	1 60
Savigny..........	7	2 80	1 40	1 26	1 12
Epinay...........	6	2 14	1 20	1 08	» 96
Bretigny..........	6	2 14	1 20	1 08	» 96
Marolles..........	9	3 21	1 80	1 62	1 44
Bouray...........	12	4 28	2 40	2 16	1 92
Lardy............	15	5 35	3 »	2 70	2 40
Etréchy..........	21	7 50	4 20	3 78	3 36
Etampes..........	28	10 »	5 60	5 04	4 48
Monnerville......	42	15 »	8 40	8 56	6 72
Angerville.......	47	16 78	9 40	8 46	7 52
Toury...........	61	21 78	12 20	10 98	9 76
Arthenay.........	74	26 48	16 »	13 32	11 84
Chevilly..........	80	28 56	13 »	14 40	12 80
Orléans..........	94	30 81	13 86	11 55	7 70

Suite du Tarif pour le Transport des Marchandises à petite vitesse.

LIEUX DE DÉPART et DE DESTINATION.	Distances servant de base à la fixation des prix de transport.	MARCHANDISES — PRIX DE TRANSPORT.			
		hors classe.	1re classe.	2e classe.	3e classe.
	kilomèt.	fr. c.	fr. c.	fr. c.	fr. c.
De BRETIGNY à					
Paris	31	11 07	6 08	4 43	3 87
Choisy	22	7 85	4 40	3 96	3 56
Juvisy	12	4 28	2 40	2 16	1 92
Savigny	9	3 60	1 80	1 62	1 44
Epinay	8	2 86	1 60	1 44	1 28
Saint-Michel	6	2 14	1 20	1 08	» 96
Marolles	6	2 14	1 20	1 08	» 96
Bouray	10	3 57	2 »	1 80	1 60
Lardy	13	4 64	2 60	2 34	2 08
Etréchy	19	6 78	3 80	3 42	3 04
Etampes	26	9 28	5 20	4 68	4 16
Monnerville	40	14 28	8 »	7 20	6 40
Angerville	44	15 71	8 80	7 92	7 04
Toury	58	20 71	11 60	10 44	9 28
Arthenay	71	25 35	14 20	12 78	11 36
Chevilly	77	27 50	15 40	13 86	12 32
Orléans	91	29 83	13 42	11 18	7 43
De MAROLLES à					
Paris	37	13 22	7 26	5 28	4 62
Choisy	27	9 64	5 40	4 86	4 32
Juvisy	18	6 45	3 60	3 24	2 88
Savigny	15	6 »	3 »	2 70	2 40
Epinay	13	4 64	2 60	2 34	2 08
Saint-Michel	9	3 21	1 80	1 62	1 44
Bretigny	6	2 14	1 20	1 08	» 96
Bouray	6	2 14	1 20	1 08	» 96
Lardy	7	2 50	1 40	1 26	1 12
Etréchy	13	4 64	2 60	2 34	2 08
Etampes	20	7 14	4 »	3 60	3 20
Monnerville	34	12 15	6 80	6 12	5 44
Angerville	39	13 93	7 80	7 02	6 24
Toury	53	18 93	10 60	9 54	8 48
Arthenay	66	23 57	13 20	11 88	10 56
Chevilly	72	25 71	14 40	12 96	11 52
Orléans	86	28 19	12 68	10 57	7 04
De BOURAY à					
Paris	40	14 29	7 85	5 71	5 »
Choisy	31	11 07	6 20	5 58	4 96
Juvisy	21	7 50	4 20	3 78	3 36
Savigny	18	7 20	3 60	3 24	2 88
Epinay	17	6 07	3 40	3 06	2 72
Saint-Michel	12	4 28	2 40	2 16	1 92
Bretigny	10	3 57	2 »	1 80	1 60
Marolles	6	2 14	1 20	1 08	» 96
Lardy	6	2 14	1 20	1 08	» 96
Etréchy	9	3 21	1 80	1 62	1 44
Etampes	17	6 07	3 40	3 06	2 72
Monnerville	31	11 06	7 »	6 30	5 60
Angerville	35	12 50	7 »	6 30	5 60
Toury	49	17 50	9 80	8 82	7 84
Arthenay	62	22 11	12 40	11 16	9 92
Chevilly	68	24 28	13 60	12 24	10 88
Orléans	82	26 88	12 09	10 08	6 71

Suite du Tarif pour le Transport des Marchandises à petite vitesse.

LIEUX DE DÉPART et DE DESTINATION.	Distances servant de base à la fixation des prix de transport.	MARCHANDISES			
		hors classe.	1re classe.	2e classe.	3e classe.
	kilomèt.	fr. c.	fr. c.	fr. c.	fr. c.
De LARDY à					
Paris	43	15 35	8 44	6 14	5 37
Choisy	34	12 13	6 80	6 12	5 37
Juvisy	24	8 57	4 80	4 32	3 84
Savigny	21	7 50	4 20	3 78	3 36
Epinay	20	7 14	4 »	3 60	3 20
Saint-Michel	15	5 35	3 »	2 70	2 40
Bretigny	13	4 64	2 60	2 34	2 08
Marolles	7	2 50	1 40	1 26	1 12
Bouray	6	2 14	1 20	1 08	» 96
Etréchy	6	2 14	1 20	1 08	» 96
Etampes	14	5 »	2 80	2 52	2 24
Monnerville	28	10 »	5 60	5 04	4 48
Angerville	32	11 42	6 40	5 76	5 12
Toury	46	16 43	9 20	8 28	7 36
Arthenay	59	21 07	11 80	10 62	9 44
Chevilly	65	23 21	13 »	11 70	10 40
Orleans	79	25 90	11 65	9 71	6 47
D'ÉTRÉCHY à					
Paris	49	17 49	9 62	7 »	6 12
Choisy	40	14 28	8 »	7 »	6 12
Juvisy	30	10 71	6 »	5 40	4 80
Savigny	27	10 80	5 40	4 86	4 32
Epinay	26	9 28	5 20	4 68	4 16
Saint-Michel	21	7 50	4 20	3 78	3 36
Bretigny	19	6 78	3 80	3 42	3 04
Marolles	13	4 64	2 60	2 34	2 08
Bouray	9	3 21	1 80	1 62	1 44
Lardy	6	2 14	1 20	1 08	» 96
Etampes	8	2 85	1 60	1 44	1 28
Monnerville	22	7 85	4 40	3 96	3 52
Angerville	26	9 28	5 20	4 68	4 16
Toury	40	14 28	8 »	7 20	6 40
Arthenay	53	18 93	10 60	9 54	8 48
Chevilly	59	21 07	11 80	10 62	9 44
Orleans	73	25 93	10 77	8 97	5 05
D'ÉTAMPES à					
Paris	56	20 »	11 »	8 »	7 »
Choisy	47	16 78	9 40	8 »	7 »
Juvisy	37	13 21	7 40	6 66	5 92
Savigny	34	13 60	6 80	6 12	5 44
Epinay	33	11 78	6 60	5 94	5 28
Saint-Michel	28	10 »	5 60	5 04	4 48
Bretigny	26	9 28	5 20	4 68	4 16
Marolles	20	7 14	4 »	3 60	3 20
Bouray	17	6 07	3 40	3 06	2 72
Lardy	14	5 »	2 80	2 52	2 24
Etréchy	8	2 85	1 60	1 44	1 28
Monnerville	14	5 »	2 80	2 52	2 24
Angerville	19	6 78	3 80	3 42	3 04
Toury	33	11 78	6 60	5 94	5 28
Arthenay	46	16 43	9 20	8 28	7 36
Chevilly	52	18 57	16 40	9 36	8 32
Orléans	66	20 »	11 »	8 »	7 »

Suite du Tarif pour le Transport des Marchandises à petite vitesse.

LIEUX DE DÉPART et DE DESTINATION.	Distances servant de base à la fixation des prix de transport.	MARCHANDISES			
		hors classe.	1re classe.	2e classe.	3e classe.
		PRIX DE TRANSPORT.			
	kilomèt.	fr. c.	fr. c.	fr. c.	fr. c.
De MONNERVILLE à Paris	70	22 96	12 62	10 32	6 88
Choisy	61	21 77	12 20	10 32	6 88
Juvisy	51	18 20	10 20	9 18	8 16
Savigny	48	17 13	9 60	8 64	7 68
Epinay	47	16 78	9 40	8 46	7 52
Saint-Michel	42	15 »	8 40	7 56	6 72
Bretigny	40	14 28	8 »	7 20	6 40
Marolles	34	12 13	6 80	6 12	5 44
Bouray	31	11 06	6 20	5 58	4 96
Lardy	28	10 »	5 60	5 04	4 48
Etréchy	22	7 85	4 40	3 96	3 52
Etampes	14	5 »	2 80	2 52	2 24
Angerville	6	2 14	1 20	1 08	» 96
Toury	19	6 78	3 80	3 42	3 04
Arthenay	32	11 42	6 40	5 76	5 12
Chevilly	38	13 56	7 60	6 84	6 08
Orléans	52	15 75	8 67	6 30	5 51
D'ANGERVILLE à Paris	75	24 58	13 62	11 06	7 37
Choisy	66	23 56	13 20	11 06	7 37
Juvisy	56	20 »	11 20	10 08	8 96
Savigny	53	21 20	10 60	9 54	8 48
Epinay	51	18 21	10 20	9 18	8 16
Saint-Michel	47	16 78	9 40	8 46	7 52
Bretigny	44	15 71	8 80	7 92	7 04
Marolles	39	13 95	7 80	7 02	6 24
Bouray	35	12 50	7 »	6 30	5 60
Lardy	32	11 42	6 40	5 76	5 12
Etréchy	26	9 28	5 20	4 68	4 16
Etampes	19	6 78	3 80	3 42	3 04
Monnerville	6	2 14	1 20	1 08	» 96
Toury	14	6 78	3 80	3 42	3 04
Arthenay	28	11 42	6 40	5 76	5 12
Chevilly	34	13 56	7 60	6 84	6 08
Orléans	47	15 75	8 67	6 30	5 51
De TOURY à Paris	89	29 17	16 05	13 13	8 75
Choisy	79	28 21	15 80	13 13	8 75
Juvisy	70	25 »	14 »	12 60	11 10
Savigny	67	26 80	13 40	12 06	10 72
Epinay	65	23 21	13 »	11 70	10 40
Saint-Michel	61	21 78	12 20	10 98	9 76
Bretigny	58	20 71	11 60	10 44	9 28
Marolles	53	18 93	10 60	9 54	8 48
Bouray	49	17 50	9 80	8 82	7 84
Lardy	46	16 43	9 20	8 28	7 36
Etréchy	40	14 28	8 »	7 20	6 40
Etampes	33	11 78	6 60	5 94	5 28
Monnerville	19	6 78	3 80	3 42	3 04
Angerville	14	5 »	2 80	2 52	2 24
Arthenay	14	5 »	2 80	2 52	3 20
Chevilly	20	7 14	4 »	3 60	3 50
Orléans	33	10 »	5 50	4 »	3 50

Suite *du* Tarif pour le Transport des Marchandises à petite vitesse.

LIEUX DE DÉPART et DE DESTINATION.	Distances servant de base à la fixation des prix de transport.	MARCHANDISES — PRIX DE TRANSPORT.			
		hors classe.	1re classe.	2e classe.	3e classe.
	kilomèt.	fr. c.	fr. c.	fr. c.	fr. c.
D'ARTHENAY à Paris	102	33 45	18 39	15 04	10 03
Choisy	95	33 21	18 39	15 04	10 03
Juvisy	85	29 64	16 60	14 94	13 28
Savigny	80	32 »	16 »	14 40	12 80
Epinay	79	28 24	15 80	14 22	12 64
Saint-Michel	74	26 48	16 »	13 32	11 84
Bretigny	71	25 38	14 20	12 78	11 36
Marolles	66	23 57	13 20	11 88	10 56
Bouray	62	22 14	12 40	11 16	9 92
Lardy	59	21 07	11 80	10 62	9 44
Etréchy	53	18 93	10 60	9 54	8 48
Etampes	46	16 43	9 20	8 28	7 56
Monnerville	32	11 42	6 40	5 76	5 12
Angerville	28	10 »	5 60	5 04	4 48
Toury	14	5 »	2 80	2 52	2 24
Chevilly	7	2 50	1 40	1 26	1 12
Orléans	20	6 06	3 33	2 42	2 12
De CHEVILLY à Paris	108	35 40	19 47	15 95	10 62
Choisy	99	35 35	19 47	15 95	10 62
Juvisy	89	31 78	17 80	16 02	14 24
Savigny	86	34 40	17 20	15 48	13 76
Epinay	85	30 35	17 »	15 30	13 60
Saint-Michel	80	28 56	13 »	14 40	12 80
Bretigny	77	27 50	15 40	13 86	12 32
Marolles	72	25 71	14 40	12 96	11 52
Bouray	68	24 28	13 60	12 24	10 88
Lardy	65	23 21	13 »	11 70	10 40
Etréchy	59	21 07	11 80	10 62	9 44
Etampes	52	18 57	16 40	9 36	8 32
Monnerville	38	13 56	7 60	6 84	6 08
Angerville	34	12 14	6 80	6 12	5 44
Toury	20	7 14	4 »	3 60	3 20
Arthenay	7	2 50	1 40	1 26	1 12
Orléans	14	4 24	2 33	1 70	1 48
D'ORLÉANS à Paris	122	40 »	22 »	18 »	12 »
Choisy	112	39 »	22 »	18 »	12 »
Juvisy	103	35 76	18 57	15 19	10 12
Savigny	100	32 80	18 05	14 75	9 83
Epinay	98	32 12	17 66	14 45	9 63
Saint-Michel	94	30 81	16 96	13 86	9 24
Brétigny	91	29 83	16 40	13 42	8 94
Marolles	86	28 19	15 50	12 68	8 45
Bouray	82	26 88	14 78	12 09	8 06
Lardy	79	25 90	14 24	11 65	7 77
Etréchy	73	23 95	13 16	10 76	7 17
Etampes	66	20 »	11 »	8 »	7 »
Monnerville	52	15 75	8 67	6 50	5 51
Angerville	47	14 24	7 83	5 70	4 98
Toury	33	10 »	5 50	4 »	3 50
Arthenay	20	6 06	3 33	2 42	2 12
Chevilly	14	4 24	2 33	1 70	1 48

Tarif spécial pour le Transport de la Houille.

(2e Tableau.)

```
┌─────────────────────────────────────────────┐
│                                               │
│    10 centimes par tonne et par kilomètre.    │
│                                               │
└─────────────────────────────────────────────┘
```

(5e Tableau.)

Tarif exceptionnel pour le Plâtre.

LIEUX DE DÉPART ET DE DESTINATION.		DISTANCES servant de base à la fixation des prix de transport.	PRIX de transport par 1,000 kilogram.
		kilomètres.	fr. c.
	Juvisy..............	19	1 14
	Savigny..............	22	1 32
	Epinay..............	24	1 44
	Saint-Michel........	29	1 74
	Bretigny............	31	1 86
	Marolles............	37	2 22
De PARIS	Bouray..............	40	2 40
	Lardy	43	2 58
aux Stations ci-contre :	Etréchy	49	2 94
	Etampes.............	56	3 36
	Monnerville	70	4 20
	Angerville..........	75	4 50
	Toury	89	5 34
	Artenay	102	6 12
	Chevilly............	108	6 48
	Orléans	122	7 »

23. Tout colis pesant moins de 50 kilogrammes payera comme 50 kilogrammes.

Au-dessus de 50 kilogrammes, les fractions de poids seront comptées par centième de tonne (10 kilogrammes).

SÈCTION III. — Frais accessoires.

§ Ier. — *Enregistrement.*

24. Il sera perçu, pour l'enregistrement de toute expédition, quelle qu'en soit la nature, un droit fixe de 10 centimes.

25. Tout envoi composé de plusieurs colis expédiés par une même personne et adressés à un même destinataire, ne donnera lieu qu'à un seul enregistrement, pourvu que les colis contiennent des marchandises de même nature, telles que sucre, café, etc.

Les colis composant un envoi fait par une même personne à un même destinataire seront enregistrés séparément, s'ils sont de nature différente.

§ II. — *Chargement et déchargement.*

26. Les frais de chargement et de déchargement des marchandises de toute nature sont fixés à 1 franc par 1,000 kilogrammes.

§ III. — *Stationnement ou Magasinage.*

27. Il sera perçu, à titre de frais de stationnement ou de magasinage, pour les marchandises qui ne seraient pas enlevées vingt-quatre heures après leur arrivée, un droit fixé ainsi qu'il suit, par 1,000 kilogrammes :

De 1 à 3 jours, par jour.....................................	0 fr. 50 c.
Pour un séjour de 4 à 8 jours............................	2 »
— 9 à 15 —	3 »
— 16 à 30 —	4 »
Pour un séjour au-dessus de 30 jours par 30 jours...........	4 »

§ IV. — *Pesage.*

28. Il sera perçu pour toute marchandise qui, sur la demande des expéditeurs ou des destinataires, serait soumise au pesage dans les gares d'arrivée, un droit de 15 centimes par fraction indivisible de 100 kilogrammes et par chaque pesage. Le même droit de pesage sera perçu dans les gares de départ, lorsqu'un pesage extraordinaire sera demandé par l'expéditeur. Le pesage ordinaire, dans les gares de départ, pour constater le poids de la marchandise à expédier, ne donnera lieu à aucun frais.

CHAPITRE III.

Location de plates-formes pour un transport journalier de marchandises.

SECTION 1re. — Prix de transport.

29. La compagnie est autorisée à percevoir pour la location, et par traités d'un an au moins, de plates-formes, portant une ou deux voitures de roulage qui ne pourront contenir de marchandises hors classe, et dont le poids (véhicule compris) n'excédera pas 4,000 kilogrammes, les prix ci-après déterminés :

Tarif pour la location de Plates-formes.

LIEUX DE DÉPART ET DE DESTINATION.	PRIX DE LOCATION par plate-forme et par jour.
De Paris à Orléans, ou d'Orléans à Paris, et retour................	90 fr. »
De Paris à Étampes, ou d'Étampes à Paris, et retour.............	40 »

SECTION II. — Frais accessoires de chargement et de déchargement.

30. Il sera perçu, pour frais de chargement et de déchargement, par plate-forme et par jour, pour le trajet complet (aller et retour), un droit fixe de 8 francs.

CHAPITRE IV.

Voitures, chevaux et autres animaux.

SECTION Iʳᵉ. —Prix de transport.

§ Iᵉʳ. — *Voitures et chevaux.*

51. Les prix à percevoir pour le transport des voitures et des chevaux, à la vitesse des marchandises, sont réglés conformément au tableau suivant :

Tarif pour le Transport des Voitures et des Chevaux.

LIEUX DE DÉPART et de destination.	DISTANCES servant de base à la fixation des prix de transport	VOITURES.			CHEVAUX.			
		Voitures à 2 ou à 4 roues à 1 fond et à 1 seule banquette dans l'intérieur.	Voitures à 2 fonds et à 2 banquettes dans l'intérieur.	Voitures à 3 fonds et à 3 banquettes dans l'intérieur, diligence à vide, fourgon.	Un cheval.	Deux chevaux au même propriétaire.	Trois chevaux au même propriétaire.	Chaque cheval en sus de trois chevaux au même propriétaire.
		PRIX DE TRANSPORT.						
De PARIS aux stations ci-après, *et vice versâ.*	kilom.	fr. c.	fr. c.	fr. c.	fr. c.	fr. c.	fr. c.	fr. c.
Saint-Michel.	29	12 »	16 »	20 »	4 35	8 70	13 05	4 35
Etampes.....	56	20 »	30 »	40 »	8 40	16 »	22 »	7 »
Angerville...	75	27 »	39 »	51 »	11 25	22 50	32 15	11 20
Toury.......	89	31 »	46 . »	61 »	13 35	26 70	38 45	12 95
Orléans.....	122	40 »	60 »	80 »	18 30	35 »	50 »	15 »
D'ORLÉANS aux stations ci-après, *et vice versâ.*								
Toury.......	33	13 »	18 »	23 »	4 95	9 90	14 85	4 95
Angerville...	47	17 »	25 »	33 »	7 05	14 10	21 15	7 05
Etampes.....	66	20 »	30 »	40 »	8 40	16 »	22 »	7 »
Saint-Michel.	94	33 »	48 »	63 »	14 10	28 25	40 50	13 55
Paris........	122	40 »	60 »	80 »	18 30	35 »	50 »	15 »

§ II. — *Bestiaux et autres animaux.*

52. Les prix à percevoir pour le transport des bestiaux et autres animaux, à la vitesse des marchandises, sont réglés conformément au tableau suivant :

Tarif pour le Transport des Bestiaux et autres Animaux.

LIEUX DE DÉPART et DE DESTINATION.	PRIX DE TRANSPORT PAR TÊTE.					
	BŒUFS, VACHES, ET TAUREAUX, ÂNES ET MULETS.		VEAUX ET PORCS.		MOUTONS, BREBIS ET CHÈVRES.	
	Pour un nombre au-dessous de six.	Pour une bande de six et au-dessus.	Pour une bande au-dessous de douze.	Pour une bande de douze et au-dessus.	Pour une bande au-dessous de trente.	Pour une bande de trente et au-dessus.
	fr. c.	fr. c.	fr. c.	fr. c.	fr. c.	fr. c.
D'Orléans à.. { Choisy ou Paris.	16 80	8 »	5 60	3 50	3 35	» 75
Étampes.	9 90	6 »	3 50	2 50	3 »	» 75
Marolles.	» »	» »	4 50	3 50	2 58	» 75
De Chevilly à { Choisy ou Paris.	14 85	8 »	4 95	3 50	2 97	» 75
Étampes.	7 80	6 »	2 60	2 50	3 »	» 75
Marolles.	» »	» »	3 60	3 50	2 16	» 75
D'Arthenay à { Choisy ou Paris.	13 95	8 »	4 65	3 50	2 79	» 75
Étampes.	6 90	5 »	2 30	2 50	» »	» 75
Marolles.	» »	» »	3 50	3 50	1 98	» 75
De Toury à.. { Choisy ou Paris.	11 85	8 »	3 95	3 »	2 37	» 75
Étampes.	4 80	3 »	1 60	1 60	» »	» 75
Marolles.	» »	» »	2 60	2 60	1 56	» 75
D'Angerville à { Choisy ou Paris.	9 90	6 »	3 30	3 »	1 98	» 60
Étampes.	2 85	2 »	» 95	» 95	» »	» »
Marolles.	» »	» »	1 95	1 95	1 17	» 60
D'Étampes à Paris, *et vice versâ*.	8 40	6 »	2 80	2 80	1 68	» 50
D'Étréchy à Paris, *Idem*.	» »	» »	2 45	2 45	1 47	» 50
De Bouray à Paris, *Idem*.	» »	» »	2 »	2 »	1 20	» 50
De Marolles à Paris, *Idem*.	» »	» »	1 80	1 80	1 08	» 50
Pour tout autre parcours.	» 25 c. par kilom. et par tête.		» 05 c. par kilom. et par tête.		» 03 c. par kilom. et par tête.	

SECTION II. — Frais accessoires.

§ Ier. — *Enregistrement.*

33. Il sera perçu un droit fixe de 10 centimes pour l'enregistrement de toute expédition.

§ II. — *Chargement et déchargement.*

34. Les frais de chargement et de déchargement des voitures, des chevaux, bestiaux et autres animaux, transportés à la vitesse des marchandises, sont fixés ainsi qu'il suit :

Voitures (par chaque voiture)	2 fr. » c.	
Chevaux	1 »	
Bœufs, vaches, taureaux, mulets, bêtes de somme ou de trait	1 »	} par tête.
Veaux et porcs	» 50	
Moutons, brebis, chèvres	» 25	

35. Les prix de chargement et de déchargement ci-dessus indiqués ne seront pas appliqués lorsque les expéditions de bœufs, vaches, veaux, porcs et moutons, compléteront au moins le chargement d'un wagon.

Tout wagon de bestiaux sera considéré comme complet lorsqu'il contiendra :

6 bœufs, vaches, ânes ou mulets, — 12 veaux, — 12 porcs, — 30 moutons.

CHAPITRE V.

Service des transports militaires.

SECTION Ire. — Prix de transport.

36. Conformément à l'article 40 du cahier des charges, les prix à percevoir pour le transport du matériel militaire et des chevaux, bêtes de somme ou de trait, dépendant du service de la guerre, effectué à la vitesse des marchandises, sur la demande du gouvernement, sont fixés ainsi qu'il suit, savoir : -

Matériel et objets divers, pouvant être assimilés aux marchand. hors classe.	20 c.	par tonne et par kilom.
— — de 1re classe.	10	
— — de 2e classe..	09	
— — de 3e classe..	08	
Voitures à 2 roues, vides....................................	12 1/2	
Voitures à 4 roues, vides (y compris le poids de la plate-forme)....		

NOTA.—Le contenu des voitures sera taxé à part comme marchandises, aux prix ci-dessus indiqués.

Chevaux et bêtes de somme ou de trait..... 07 c. 1/2 par tête et par kilom.

NOTA.—Voir, pour les distances, le tarif pour le transport des marchandises.

SECTION II. — Frais accessoires.

§ Ier. — *Enregistrement.*

37. Il sera perçu un droit fixe de 10 centimes pour l'enregistrement de toute expédition.

§ II. — *Chargement et déchargement.*

38. Les frais accessoires de chargement et de déchargement du matériel militaire ou naval, des voitures, des chevaux et bêtes de somme ou de trait, appartenant au service de la guerre ou de la marine, sont fixés à la moitié des taxes de même nature, réglés par les articles 26 et 35 ci-dessus.

39. La présente ordonnance ne sera obligatoire qu'un mois après sa publication.

TITRE III.

DISPOSITIONS GÉNÉRALES.

40. Les perceptions ci-dessus autorisées à titre de frais accessoires d'enregistrement, de chargement et de déchargement, de magasinage et de pesage, ne sont que provisoires, et sont subordonnés au règlement spécial, qui doit, conformément au cahier des charges, déterminer toutes les taxes de cette nature.

41. Les taxes réglées par la présente ordonnance, qui sont inférieures à celles du tarif du cahier des charges, ne pourront être relevées qu'après un délai de trois mois au moins.

Tous changements apportés aux tarifs ci-dessus réglés seront annoncés au moins un mois d'avance par des affiches. Ils devront, d'ailleurs, être homologués par des décisions de l'administration supérieure, prises sur la proposition de la compagnie, et rendues exécutoires par une ordonnance émanée de nous, dans le ressort de notre préfecture.

42. Nos ordonnances précitées des 20 juillet (1) et 4 septembre 1844 (2), 27 janvier (3) et 18 août 1845 (4), 18 juillet (5), 23 novembre (6) et 21 décembre 1846 (7), et 30 juin 1847 (8), cesseront d'être en vigueur à partir de l'époque fixée par l'article 39 ci-dessus, pour la mise en perception des taxes réglées par la présente ordonnance.

43. La présente ordonnance sera notifiée à la compagnie, imprimée et affichée.

Le commissaire spécial de police, et les agents de surveillance du chemin de fer de Paris à Orléans, ainsi que les maires et commissaires de police des communes du ressort de la préfecture de police, dont le territoire est traversé par ledit chemin de fer, sont chargés d'en assurer l'exécution.

Le pair de France, préfet de police, G. DELESSERT.

N° **2036.** — *Ordonnance concernant les convois funèbres.*

Paris, le 10 février 1848.

Nous, pair de France, préfet de police,

Vu : 1° le décret du 23 prairial an XII sur les sépultures;

2° Les ordonnances de police du 13 avril 1827 et du 1er février 1835;

3° La loi des 16-24 août 1790, et l'arrêté du Gouvernement du 12 messidor an VIII ;

Considérant que les cochers, charretiers et autres conducteurs de voitures se permettent journellement d'interrompre ou d'arrêter la marche des convois ; qu'il en résulte des rixes et des désordres qu'il importe de prévenir, et que nous avons reçu à cet égard de vives et nombreuses réclamations.

Ordonnons ce qui suit :

1. Il est expressément défendu à tous cochers, charretiers et autres conducteurs de voitures, diligences, charrettes, de quelque genre qu'elles puissent être, d'arrêter les convois funèbres, de les interrompre ou de les séparer dans leur marche.

2. Les contraventions aux dispositions de la présente ordonnance seront déférées aux tribunaux compétents, sans préjudice des mesures administratives auxquelles elles pourront donner lieu.

3. L'ordonnance de police du 1er février 1835 est rapportée.

---

(1) V. t. III, p. 736.
(2) V. t. III, p. 768.
(3) V. cette ord. au présent volume.
(4) V.,   id.
(5) V.,   id.
(6) V.,   id.
(7) V.,   id.
(8) V.,   id.

4. La présente ordonnance sera imprimée et affichée.

Le chef de la police municipale, les commissaires de police, l'inspecteur-contrôleur de la fourrière, les officiers de paix et les préposés de la préfecture de police sont chargés de tenir la main à son exécution, chacun en ce qui le concerne.

Le pair de France, préfet de police, G. DELESSERT.

N° 2037. — *Ordonnance concernant la prohibition de la chasse, à partir du 3 mars prochain* (1).

Paris, le 17 février 1848.

N° 2038. — *Ordonnance concernant l'échenillage.*

Paris, le 19 février 1848

Nous, pair de France, préfet de police,

Ordonnons ce qui suit :

L'ordonnance de police du 26 février 1844 (2), concernant l'échenillage, sera de nouveau imprimée et affichée dans Paris et dans les communes du ressort de la préfecture de police.

Le pair de France, préfet de police, G. DELESSERT.

N° 2039. — *Arrêté sur les attroupements et les réunions.*

Paris, le 20 février 1848.

Nous, pair de France, préfet de police,

Vu la déclaration qui nous a été faite, relativement à un banquet qui doit avoir lieu le mardi 22 février courant, à midi, dans un local situé rue du Chemin de Versailles, à Chaillot ;

Vu également : 1° l'article 3, n° 3, du titre XI de la loi des 16-24 août 1790, ainsi conçu :

« Les objets de police confiés à la vigilance et à l'autorité des corps « municipaux sont... 3° le maintien du bon ordre dans les endroits où il « se fait de grands rassemblements d'hommes, etc. »

2° L'article 46 du titre Ier de la loi du 22 juillet 1791, ainsi conçu :

« Le corps municipal pourra, sous le nom et l'intitulé de délibérations « et sauf la réformation, s'il y a lieu, par l'administration du départe-« ment, faire des arrêtés sur les objets qui suivent : 1° lorsqu'il s'agi-« ra d'ordonner les précautions locales sur les objets confiés à sa vigilance « et à son autorité par les articles 3 et 4 du titre XI de la loi des « 16-24 août 1790. »

3° L'article 10 de l'arrêté du Gouvernement, du 12 messidor an VIII (1er juillet 1800), portant que :

« Le préfet de police prendra les mesures propres à prévenir ou dis-

---

(1) V. l'ord. du 16 fév. 1850.
(2) V. cette ord., t. III, p. 691, et celle du 9 fév. 1849.

« siper les attroupements... les réunions tumultueuses ou menaçant la
« tranquillité publique. »

4º L'arrêté du Gouvernement du 3 brumaire an IX (25 octobre 1800);

5º L'ordonnance de police du 30 novembre 1830;

6º L'ordonnance de police du 31 mai 1833, qui soumet les bals, banquets, et généralement toutes les réunions auxquelles on est admis, soit à prix d'argent, soit par souscription, ou par tout autre mode leur donnant un caractère public, à l'obtention d'une autorisation préalable du préfet de police;

Et 7º l'article 471, nº 15, du Code pénal;

Considérant que, d'après la notoriété publique, un grand nombre de personnes doivent prendre part au banquet sus-relaté, pour lequel des commissaires ont été nommés et des souscriptions publiques provoquées par la voie de la presse;

Considérant que, dans les circonstances présentes, les rassemblement, réunion et banquet projetés sont de nature à compromettre le bon ordre et la tranquillité publique,

Avons arrêté et arrêtons ce qui suit :

1. La réunion et le banquet précités sont interdits.
2. Le présent arrêté sera notifié à qui de droit.
3. Toutes mesures seront prises pour assurer l'exécution du présent arrêté.

Le pair de France, préfet de police, G. DELESSERT.

————⟡————

Nº **2040.** — *Ordonnance concernant les attroupements* (1).

Paris, le 21 février 1848.

Nous, pair de France, préfet de police,

Considérant que, dans les circonstances actuelles, et en présence de l'agitation que l'on cherche à répandre parmi les citoyens, il y a opportunité à donner une nouvelle publicité à l'ordonnance de police du 13 juillet 1831, concernant les attroupements;

En vertu de la loi des 16-24 août 1790, de l'article 2 de l'arrêté du Gouvernement du 12 messidor an VIII, et de l'arrêté du 3 brumaire an IX;

Ordonnons ce qui suit :

1. L'ordonnance de police du 13 juillet 1831 (2), concernant les attroupements, sera de nouveau imprimée et affichée dans Paris et dans les communes du ressort de la préfecture de police.

Le pair de France, préfet de police, G. DELESSERT.

---

(1) V. les ord. des 12 déc. 1848, et 28 avril 1849.
(2) V. cette ord., t. II, p. 628.

N° **2041.** — *Proclamation aux habitants de Paris.*

Paris, le 21 février 1848.

Habitants de Paris,

Une inquiétude qui nuit au travail et aux affaires règne depuis quelques jours dans les esprits. Elle provient des manifestations qui se préparent. Le Gouvernement, déterminé par des motifs d'ordre public qui ne sont que trop justifiés, et usant d'un droit que les lois lui donnent, et qui a été constamment exercé sans contestation, a interdit le banquet du 12e arrondissement. Néanmoins, comme il a déclaré devant la chambre des députés que cette question était de nature à recevoir une solution judiciaire, au lieu de s'opposer par la force à la réunion projetée, il a pris la résolution de laisser constater la contravention, en permettant l'entrée des convives dans la salle du banquet, espérant que ces convives auraient la sagesse de se retirer à la première sommation, afin de ne pas convertir une simple contravention en un acte de rébellion. C'était le seul moyen de faire juger la question devant l'autorité suprême de la cour de cassation.

Le Gouvernement persiste dans cette détermination; mais le manifeste publié ce matin par les journaux de l'opposition annonce un autre but, d'autres intentions, il élève un gouvernement à côté du véritable Gouvernement du pays, de celui qui est institué par la charte et qui s'appuie sur la majorité des chambres : il appelle une manifestation publique, dangereuse pour le repos de la cité; il convoque, en violation de la loi de 1841, les gardes nationaux qu'il dispose à l'avance en haie régulière, par numéro de légion, les officiers en tête. Ici aucun doute n'est possible, de bonne foi; les lois les plus claires, les mieux établies sont violées. Le Gouvernement saura les faire respecter; elles sont le fondement et la garantie de l'ordre public.

J'invite tous les bons citoyens à se conformer à ces lois, à ne se joindre à aucun rassemblement, de crainte de donner lieu à des troubles regrettables. Je fais cet appel à leur patriotisme et à leur raison, au nom de nos institutions, du repos public et des intérêts les plus chers de la cité.

Le pair de France, préfet de police, G. DELESSERT.

RÉPUBLIQUE FRANÇAISE.

LIBERTÉ, ÉGALITÉ, FRATERNITÉ.

N° 2042. — *Nomination du Gouvernement provisoire.*

Paris, 24 février 1848.

AU NOM DU PEUPLE SOUVERAIN.

Citoyens,

Un Gouvernement provisoire vient d'être installé ; il est composé de par la volonté du peuple, des citoyens :

Fr. ARAGO,
LOUIS BLANC,
MARIE,
LAMARTINE,
FLOCON,
LEDRU-ROLLIN,
RECURT,
MARRAST,
ALBERT, ouvrier mécanicien.

Pour veiller à l'exécution des mesures qui seront prises par ce Gouvernement, la volonté du peuple a aussi choisi pour *délégués* au département de la police les citoyens CAUSSIDIÈRE et SOBRIER.

La même volonté souveraine du peuple a désigné le citoyen Et. ARAGO à la direction générale des postes.

Comme première exécution des ordres donnés par le Gouvernement provisoire, il est ordonné à tous les boulangers et fournisseurs de vivres, de tenir leurs magasins ouverts à tous ceux qui en auraient besoin.

Il est expressément recommandé au peuple de ne point quitter ses armes, ses positions ni son attitude révolutionnaire. Il a été trop souvent trompé par la trahison ; il importe de ne plus laisser de possibilité à d'aussi terribles et d'aussi criminels attentats.

Pour satisfaire au vœu général du peuple souverain, le Gouvernement provisoire a décidé et effectué, avec l'aide de la garde nationale, la mise en liberté de tous nos frères détenus politiques ; mais en même temps, il a conservé dans les prisons, toujours avec l'assistance on ne peut plus honorable de la garde nationale, les détenus constitués en prison pour crimes ou délits contre les personnes et les propriétés.

Les familles des citoyens morts ou blessés pour la défense des droits du peuple souverain sont invitées à faire parvenir, aussitôt que possible, aux délégués au département de la police, les noms des victimes de leur dévouement à la chose publique, afin qu'il soit pourvu aux besoins les plus pressants.

Les délégués au département de la police,
CAUSSIDIÈRE et SOBRIER.

N° **2043**. — *Arrêté pour les boulangers.*

Paris, 25 février 1848.

Nous, délégués par la République française au département de la police,

Ordonnons aux boulangers, s'ils manquent du bois nécessaire pour la cuisson du pain, de se pourvoir auprès du premier marchand de bois à leur portée, et ordonnons, au nom de la République française, à tous les citoyens d'y prêter main forte au besoin.

Signé : **CAUSSIDIÈRE, SOBRIER.**

N° **2044**. — *Arrêté pour le rétablissement sur tous les monuments publics des mots : Liberté, Egalité, Fraternité.*

Paris, 25 février 1848.

Le délégué de la République au département de la police donne l'ordre de rétablir sur tous les monuments publics la devise de la République :

LIBERTÉ, EGALITÉ, FRATERNITÉ.

Les concierges des divers monuments sont chargés de requérir *immédiatement* tous ouvriers à cet effet.

Vu et approuvé par le délégué de la République au département de la police, **CAUSSIDIERE.**

N° **2045**. — *Bruits alarmants.*

Paris, 27 février 1848.

Des rumeurs alarmantes répandues par des esprits timorés ou malintentionnés, et accueillies trop légèrement, peut-être, ont, dans la journée d'hier, jeté un certain émoi parmi la population.

Des rapports, annonçant le projet formé d'attaques contre les propriétés et de dévastations, éveillaient la crainte de ceux qui se croyaient menacés.

A son tour, le peuple des barricades se montrait tourmenté par des bruits de réaction monarchique.

La police a dû se préoccuper de ces nouvelles étranges, et elle a pris tous les moyens de vigilance nécessaires pour s'assurer de la vérité.

Le délégué au département de la police est heureux d'annoncer aux citoyens de Paris et de la banlieue, qu'après des **explorations faites** avec le plus grand soin, il a acquis la certitude que rien de tout ce qui avait été dit n'était fondé.

VIGILANCE, ÉNERGIE, DÉVOUEMENT.

Le délégué de la République française au département de la police,
CAUSSIDIÈRE.

N° **2046**. — *Arrêté sur la disposition des trois couleurs pour le drapeau national.*

Paris, 27 février 1848.

Conformément au décret du Gouvernement provisoire de la République, du 25 février 1848, par lequel il adopte les trois couleurs, disposées comme elles l'étaient pendant la république, le délégué du gouvernement provisoire au département de la police ordonne à tous les chefs des monuments publics, et, en leur absence, aux concierges desdits monuments, d'avoir à y arborer de suite un drapeau de la plus grande dimension possible, portant les couleurs ainsi disposées :

BLEU, ROUGE et BLANC ;

de telle sorte que le BLEU tenant à la lance, le ROUGE soit au milieu et que le BLANC flotte (1).

Le délégué de la République au département de la police,
CAUSSIDIÈRE.

N° **2047**. — *Démission du citoyen Sobrier comme délégué au département de la police.*

Paris, 28 février 1848.

Le citoyen Sobrier, délégué de la République au département de la police, vient de déposer les fonctions qu'il devait au suffrage spontané de ses concitoyens : si grand que soit mon regret de perdre le concours de ce dévoué patriote, je dois applaudir à sa résolution, puisqu'elle lui permettra d'accomplir une mission de la plus haute importance.

Le délégué de la République française au département de la police,
CAUSSIDIÈRE.

N° **2048**. — *Arrêté pour l'adoption du mot citoyen.*

Paris, 1er mars 1848.

Le délégué du département de la police fait savoir dans les bureaux,

_____

(1) Par décret du 7 mars 1848, le Gouvernement provisoire,
Considérant que le drapeau de la France est le signe visible de l'unité nationale ;
Considérant dès lors que la forme du drapeau national doit être fixée d'une manière invariable, '
Arrête :
Art. 1er. Le pavillon ainsi que le drapeau national sont rétablis tels qu'ils ont été fixés par le décret de la convention nationale du 27 pluviôse an II, sur les desseins du peintre David.
Art. 2. En conséquence, les trois couleurs nationales, disposées en trois bandes égales, seront à l'avenir rangées dans l'ordre suivant : le *bleu* attaché à la hampe, le *blanc* au milieu, le *rouge* flottant à l'extrémité.

que *la seule qualification reconnue officiellement par le Gouvernement provisoire, est celle de* CITOYEN; il invite, en conséquence, tous les employés à ne pas se servir d'autre qualification dans leurs actes.

Le délégué de la République française au département de la police,

CAUSSIDIÈRE.

N° 2049. — *Arrêté pour l'enlèvement des boues et immondices et le rétablissement de l'éclairage.*

Paris, 2 mars 1848.

Le délégué de la République au département de la police a pris des mesures pour que le balayage à la charge de la ville et l'enlèvement des boues et immondices soient opérés avec toute la régularité possible.

Le prompt rétablissement de l'éclairage est aussi l'objet de son attention particulière.

D'un autre côté, les règlements qui concernent la sûreté et la liberté de la circulation, la salubrité et la propreté de la voie publique, doivent être remis en vigueur.

Le délégué de la République au département de la police ne saurait trop engager les habitants de Paris, dans l'intérêt de tous, à se conformer à ces règlements et à seconder, en ce qui les concerne, les efforts de l'administration.

Le délégué de la République française au département de la police,

CAUSSIDIERE.

N° 2050. — *Ordonnance concernant les marchands d'habillements.*

Paris, 3 mars 1848.

Le délégué au département de la police,

Ordonne à tous les marchands d'habillement et de confection militaires :

1° D'inscrire sur un registre spécial tous les objets d'équipement et toutes les armes qu'ils ont à leur disposition ; et, en cas de vente, de n'en effectuer la livraison qu'au domicile des acheteurs, lequel domicile sera inscrit, avec le nom de l'acquéreur, sur le registre ci-dessus prescrit ;

2° De n'effectuer l'achat de toutes armes et munitions de guerre qu'au domicile du vendeur, dont les marchands devront également enregistrer le nom et l'adresse.

Le délégué de la République française au département de la police,

CAUSSIDIERE.

N° **2051**. — *Ordonnance concernant la police des masques* (1).

Paris, 4 mars 1848,

Nous, délégué de la République au département de la police,

Vu la loi du 24 août 1790, titre XI ;

Désirant prévenir tout accident et tout désordre pendant les divertissements du carnaval,

Ordonnons ce qui suit :

1. Toute personne qui, pendant le temps du carnaval, se montrera sur la voie et dans les lieux publics, masquée et travestie, ne pourra porter aucune arme.

2. Tout déguisement qui serait de nature à troubler l'ordre ou à porter atteinte à la morale publique est interdit.

3. Il est défendu de jeter dans les maisons et dans les voitures, aucun objet pouvant blesser les personnes.

4. Les contrevenants aux dispositions ci-dessus devront, sur l'invitation des officiers de police, se rendre au bureau de police le plus voisin pour y donner des explications.

5. Les voitures qui parcourront les boulevards, dans les journées des 5 et 7 mars, circuleront sur une seule file et au pas.

6. La présente ordonnance sera imprimée et affichée dans Paris.

Les commissaires de police de la ville de Paris, le chef de la police municipale, et les officiers de paix, sont chargés, chacun en ce qui le concerne, d'en assurer l'exécution.

Les commandants de la garde nationale sont également invités à prêter leur concours aux dispositions qui précèdent.

Le délégué de la République au département de la police,

CAUSSIDIÈRE.

N° **2052**. — *Ordonnance concernant la police des chemins de fer.*

Paris, le 4 mars 1848.

Le délégué de la République au département de la police,

Informé que des provocations ont été faites dans plusieurs localités que traverse le chemin de fer de Paris à Orléans, pour porter les populations à briser les rails et à détruire les travaux de la voie,

Ordonne que les articles 16, 17, 18, 21 et 23 de la loi du 15 juillet 1845, sur la police des chemins de fer, seront affichés et publiés à son de trompe, s'il y a lieu, dans toutes communes traversées par ledit chemin (2).

Le délégué de la République française au département de la police,

CAUSSIDIÈRE.

---

(1) V. l'ord. du 31 janv. 1850.
(2) V. le titre III de la loi sur la police des chemins de fer.

N° **2053**. — *Avis aux conducteurs et cochers des voitures du transport en commun.*

Paris, le 5 mars 1848.

Les réclamations relatives au prix de journées, faites par les cochers des voitures du transport en commun, ont donné lieu à des manifestations contraires à l'ordre, puisque la circulation a été interrompue.

La suspension d'un service aussi important compromettrait la tranquillité publique en répandant l'inquiétude, et léserait les intérêts des conducteurs et des cochers dont le plus grand nombre a accepté l'augmentation consentie par les entrepreneurs.

La question des salaires étant confiée à une commission dont les membres doivent inspirer une entière confiance, le délégué de la République au département de la police invite les conducteurs et cochers à reprendre paisiblement leurs travaux d'après les bases de l'augmentation qui leur a été accordée, et à imiter, en se reposant sur la sollicitude du Gouvernement, leurs camarades des autres professions que cette question intéresse au même degré, et qui ont donné l'exemple de l'obéissance aux lois, en respectant la tranquillité publique.

Le délégué de la République au département de la police,
CAUSSIDIÈRE.

N° **2054**. — *Arrêté qui prescrit aux boulangers de verser ou de compléter au grenier d'abondance le dépôt des 3/5es de leur approvisionnement en farines* (1).

Approuvé, le 12 mars 1848, par le citoyen ministre provisoire de l'agriculture et du commerce.

Paris, le 10 mars 1848.

Nous, délégué de la République au département de la police,

Vu l'arrêté du Gouvernement du 19 vendémiaire an x et l'ordonnance du 21 octobre 1818, concernant l'exercice de la profession de boulanger à Paris ;

Vu l'ordonnance du 19 juillet 1836, qui a prescrit le versement dans un magasin public des trois cinquièmes de l'approvisionnement en farines que doivent avoir à domicile les boulangers de Paris ;

Vu l'arrêté du 26 août 1847, qui a autorisé les boulangers à retirer provisoirement des dépôts par eux effectués au grenier d'abondance, en exécution de l'ordonnance sus-mentionnée, les farines excédant le cinquième de l'approvisionnement total auquel ils sont tenus suivant leur classe ; et notamment l'article 3, ainsi conçu :

« Il sera ultérieurement statué sur l'époque à laquelle les boulan-
« gers devront rétablir et compléter, dans les magasins du grenier
« d'abondance, les dépôts de farines prescrits par l'ordonnance du
« 19 juillet 1836, ci-dessus visée ; »

_____

(1) V. l'arrêté du 28 septembre 1848.

Vu la lettre du préfet de la Seine, du 8 janvier dernier ;

Vu la lettre du ministre de l'agriculture et du commerce, du 7 février dernier ;

Arrêtons ce qui suit :

1. Il est enjoint aux boulangers de Paris de verser ou de compléter dans les magasins du grenier d'abondance, chacun suivant la classe dans laquelle son établissement est actuellement rangé, le dépôt de farines prescrit par l'ordonnance du 19 juillet 1836, dans les termes ci-après fixés :

Les boulangers qui n'ont point encore versé ou complété au grenier d'abondance un cinquième de l'approvisionnement total auquel ils sont tenus selon leur classe, devront effectuer le dépôt de ce cinquième avant le 31 mars prochain.

Tous les boulangers devront verser un second cinquième de leur approvisionnement obligé avant le 15 avril, et le troisième et dernier cinquième avant le 15 mai prochain.

2. Les boulangers continueront à avoir dans leurs magasins particuliers la portion de l'approvisionnement de farines réglé par l'ordonnance du 21 octobre 1818, dont l'ordonnance du 19 juillet 1836 n'a pas prescrit le dépôt dans un magasin public.

3. Le mode actuel d'administration, de conservation et de renouvellement des dépôts de garantie continuera à être appliqué aux versements de farines qui seront faits par le commerce de la boulangerie de Paris, en exécution des articles qui précèdent.

4. Des procès-verbaux ou rapports constateront l'état des versements à l'expiration des délais fixés par l'article 1er.

5. Cet arrêté sera notifié à chacun des boulangers de Paris par les commissaires de police de leurs quartiers respectifs.

Les commissaires de police, l'inspecteur général des marchés sont chargés, chacun en ce qui le concerne, de son exécution.

Le délégué de la République française au département de la police, CAUSSIDIÈRE.

Approuvé :

Paris, le 12 mars 1848,

Le ministre provisoire de l'agriculture et du commerce, BETHMONT.

N° 2055. — *Ordonnance concernant l'échenillage* (1).

Paris, 13 mars 1848.

N° 2056. — *Avis au public concernant la police de la chasse.*

Paris, 15 mars 1848.

L'ordonnance de police du 17 février dernier, qui a fixé au 3 mars courant, l'époque de la clôture de la chasse dans le département de la Seine, a interdit, à partir du même jour, *la mise en vente, la vente, l'achat, le transport et le colportage du gibier,* conformément aux dispositions de la loi du 3 mai 1844.

---

(1) V. l'ord. du 26 fév. 1844, t. III, p. 691.

Cette ordonnance n'ayant pas cessé d'être en vigueur, le public est prévenu que des ordres ont été donnés aux préposés de l'octroi et aux divers agents de l'administration pour en assurer la stricte exécution.

Le préfet de police, CAUSSIDIÈRE.

N° **2057**. — *Élections générales de la garde nationale.*

Paris, 13 mars 1848.

AVIS AUX CITOYENS.

Dans les circonstances actuelles, alors que le peuple est appelé à décider, par les élections, des plus grandes questions qui se soient encore agitées, ce serait faire preuve d'une indifférence coupable que de ne pas user des droits que nous venons de reconquérir. Il faut que tous les citoyens, les travailleurs surtout, qui, jusqu'ici, étaient privés de ces droits, comprennent bien la mission qu'ils vont être appelés à remplir. Il ne suffit pas d'avoir vaincu, il faut savoir user de la victoire; rien n'est fait quand il reste quelque chose à faire. Ce ne serait pas comprendre l'immense révolution qui s'accomplit en ce moment que d'en rester le spectateur oisif, alors qu'il s'agit de la consacrer par l'acte le plus solennel, par l'élection.

Que tous les citoyens se préparent donc à prendre part à cette grande manifestation de la volonté du peuple souverain. Ce n'est pas seulement un droit, c'est un devoir, devoir aussi absolu que celui de combattre pour la liberté ou pour la patrie.

Nous invitons en conséquence les patriotes, particulièrement ceux qu'un despotisme ombrageux avait tenté de dépouiller du titre de citoyen, et qui n'avaient pas même le droit de défendre leurs foyers, *à se faire inscrire, sans le moindre retard, dans les rangs de la garde nationale fixe, afin de pouvoir ainsi prendre part aux élections générales qui auront lieu, le 18 courant.*

Pour faciliter les inscriptions, les mairies seront ouvertes jusqu'à minuit.

[*Le préfet de police,* CAUSSIDIÈRE.

Vu et approuvé :

Le ministre de l'intérieur, LEDRU-ROLLIN.

N° **2058**. — *Circulaire concernant le titre et les attributions de la préfecture de police* (1).

Paris, le 14 mars 1848.

Citoyen,

Je vous donne avis qu'à dater de ce jour, la préfecture de police reprend son titre et la plénitude de ses attributions telles qu'elles sont déterminées par l'acte constitutif du 12 messidor an VIII et les lois et règlements postérieurs.

Comme par le passé, le préfet de police exerce ses fonctions sous l'autorité immédiate des divers ministres pour les objets qui dépendent de leurs départements respectifs, et il relève plus spécialement

---

(1) Par arrêtés du ministre de l'intérieur, en date du 17 mars, le citoyen Caussidière a été nommé préfet de police du département de la Seine, et le citoyen Monier, secrétaire général de la préfecture de police.

du ministre de l'intérieur pour tout ce qui se rapporte à la police générale, à l'organisation et aux comptes de sa préfecture, etc.

Vous voudrez bien, citoyen, donner à votre service, à vos actes et à votre correspondance une direction et une forme en harmonie avec cet état de choses.

Salut et fraternité.

Le préfet de police, CAUSSIDIÈRE.

—————— ⦿ ——————

No **2059**. — *Avis concernant les ouvriers étrangers.*

Paris, 19 mars 1848,

Le préfet de police,

Informé qu'un grand nombre d'ouvriers étrangers quittent leur pays pour venir à Paris dans l'espoir de trouver du travail et un salaire assurés dans les ateliers que vient d'ouvrir la ville,

Croit devoir prévenir ces ouvriers étrangers qu'ils ne peuvent participer aux travaux et aux salaires que le Gouvernement et la ville de Paris réservent à nos ouvriers nationaux. Il les avertit que si, malgré cet avis, ils persistaient à vouloir se rendre à Paris, ils s'exposeraient à s'en voir éloignés et même à être expulsés du territoire français par une mesure exceptionnelle que les circonstances motiveraient.

Le préfet de police prendra enfin les dispositions nécessaires pour repousser de France les gens sans aveu, dont la présence serait une charge pour les communes et un sujet d'inquiétude pour la population.

Le préfet de police, CAUSSIDIÈRE.

Approuvé :
Le ministre de l'intérieur, LEDRU-ROLLIN.

—————— ⦿ ——————

No **2060**. — *Avis concernant les manifestations.*

Paris, 23 mars 1848,

Les grandes démonstrations patriotiques, qui sont l'expression de la souveraine volonté du peuple, doivent être respectées par tous ; nul n'a le droit d'étouffer cette voix puissante qui éclate assez haut pour renverser un trône en quelques heures. Mais, s'il faut que chacun salue du cœur ces imposantes manifestations faites en plein jour, au soleil, par toute une population, il est aussi du devoir de tout bon citoyen de protester énergiquement contre ces démonstrations partielles, faites la nuit, qui n'ont d'autre résultat que d'inquiéter la cité et de faire concevoir des espérances coupables aux ennemis de la République. Quand le citoyen s'alarme, quand l'ennemi se réjouit et espère, l'ouvrier voit s'éteindre la confiance et tarir les sources du travail. L'ouvrier qui se laisse entraîner dans ces promenades nocturnes perd une partie de sa journée et compromet gravement celle du lendemain.

Secondons par une attitude calme les efforts du gouvernement dont la sollicitude est constante pour les travailleurs, mais qui a besoin de leur concours pour consolider son œuvre. Loin de nous la pensée d'incriminer l'intention des citoyens qui ont pris part à ces manifestations partielles et nocturnes; mais plus cette intention est pure et droite, mieux ils doivent comprendre un langage sincère et patriotique. Nous leur dirons donc : *Mettons-nous en garde contre ce prétendu zèle qui ne sait pas attendre qu'il fasse grand jour pour se manifester. Craignons surtout que ceux qui trament dans l'ombre des projets criminels contre notre grande révolution, ne profitent de cet exemple pour troubler à dessein l'ordre et la tranquillité publique.*

Réservons-nous pour l'heure où (ce qu'à Dieu ne plaise) la République serait en danger. Ce sera alors le moment d'agir à la lueur des torches comme à la clarté du soleil, mais jusque-là, soyons unis et calmes dans notre force.

Le préfet de police, CAUSSIDIÈRE.

Approuvé :

Le ministre de l'intérieur, LEDRU-ROLLIN.

N° 2061. — *Arrêté concernant les cuisiniers.*

Paris, le 26 mars 1848.

Nous, préfet de police,

Vu les réclamations qui nous ont été adressées par les délégués des cuisiniers de Paris ;

Considérant que ces réclamations ont pour objet de supprimer à l'avenir les bureaux de placement dont les agents prélevaient des droits onéreux pour les travailleurs ;

Que l'office de ces agents, reconnu utile en principe, consistait à servir d'intermédiaire entre les cuisiniers, et qu'une commission, composée de délégués, a été proposée pour remplir cet office ;

Arrêtons ce qui suit :

1. Tout bureau de placement, servant d'intermédiaire entre les cuisiniers, patrons et aides, est interdit.

2. Tout cuisinier sans ouvrage devra s'adresser rue des Prouvaires, n° 8, à la *Société culinaire.*

Le préfet de police, CAUSSIDIÈRE.

N° 2062. — *Ordonnance concernant l'affichage dans Paris.*

Paris, le 26 mars 1848.

Le préfet de police,

Informé des contraventions journalières faites aux lois et règlements de police, concernant les affiches et les afficheurs ;

Vu l'arrêté des consuls de la République du 12 messidor an VIII ;

L'article 479, n° 9, du Code pénal ;

La loi du 22 mai 1791, qui prescrit l'affichage des actes de l'autorité dans les lieux exclusivement destinés à les recevoir ;

Considérant qu'il importe que partout où sont apposés les actes de l'autorité publique, les affiches des particuliers ne soient pas confondues avec celles de l'administration publique, et que ces dernières ne soient pas immédiatement recouvertes par les placards des industries particulières;

Ordonne ce qui suit:

1. Il est interdit aux afficheurs et à toute personne, de déchirer, d'enlever ou de couvrir par des placards, les affiches apposées par ordre de l'administration publique, sous les peines portées par l'article 479. n° 9, du Code pénal.

2. Il est défendu pareillement de placarder les affiches des particuliers dans les lieux réservés à recevoir celles des décrets du Gouvernement et les actes de l'autorité publique, sous peine de 100 fr. d'amende (loi du 22 mai 1791).

3. Les afficheurs seront toujours tenus d'observer une distance de 20 mètres au moins entre l'affichage des placards des particuliers et les emplacements où se trouveront apposées les affiches émanées de l'autorité publique.

4. Ils ne devront placarder aucune affiche qu'elle ne porte le nom de l'auteur ou de l'imprimeur, et qu'elle ne soit sur papier de couleur, autre que la couleur blanche réservée aux actes de l'autorité.

5. En cas de contravention aux dispositions ci-dessus, les afficheurs seront conduits à la préfecture de police.

Il sera dressé procès-verbal des délits et contraventions qui seront déférés aux tribunaux compétents.

6. La présente ordonnance sera affichée dans Paris.

Le chef de la police municipale et les commissaires de police sont chargés d'en assurer l'exécution.

Les commandants de la garde nationale sont requis de leur prêter main-forte, au besoin.

Le préfet de police, CAUSSIDIÈRE.

N° **2063**. — *Arrêté concernant les ouvriers boulangers.*

Paris, le 25 mars 1848.

Nous, préfet de police,

Vu les réclamations qui nous ont été adressées par les délégués des ouvriers boulangers de Paris;

Considérant que ces réclamations ont pour objet de supprimer à l'avenir les bureaux de placement dont les agents prélevaient des droits onéreux pour les travailleurs;

Que l'office de ces agents, reconnu utile en principe, consistait à servir d'intermédiaire entre les ouvriers et les maîtres boulangers, et qu'une commission, composée de délégués, a été proposée pour remplir cet office;

Arrêtons ce qui suit:

1. Tout bureau de placement, servant d'intermédiaire entre les ouvriers boulangers et les patrons, est interdit.

2. Tout ouvrier boulanger sans ouvrage devra s'adresser aux préposés dont les noms suivent, pour être immédiatement occupé, savoir:

1° Legris, rue de la Tonnellerie;

2° Justice, au marché Saint-Martin, rue Montgolfier, 10;

3° Bideau, rue du Cœur-Volant, 5;
4° Bedeau, rue de Lesdiguières, 13;
5° Pichon, rue des Moulins, 13;
6° Brulé, rue Saint-Séverin, en face de l'église, 10.

Le préfet de police, CAUSSIDIÈRE.

N° **2064**. — *Arrêté concernant les garçons restaurateurs et limonadiers.*

Paris, le 27 mars 1848.

Nous, préfet de police,

Vu les réclamations qui nous ont été adressées par la société mutuelle des garçons restaurateurs et limonadiers;

Considérant que ces réclamations ont pour objet de supprimer à l'avenir les bureaux de placement dont les agents prélevaient des droits onéreux pour les travailleurs;

Que l'office de ces agents, reconnu utile en principe, consistait à servir d'intermédiaire entre les garçons restaurateurs et limonadiers, et qu'une commission, composée de plusieurs membres de cette société, a été proposée pour remplir cet office;

Arrêtons ce qui suit:

1. Tout bureau de placement, servant d'intermédiaire entre les garçons restaurateurs et limonadiers, patrons et aides, est interdit.

2. Tout garçon restaurateur ou limonadier sans ouvrage devra s'adresser rue Montmartre, n° 32, à la *Société mutuelle*, fondée dans l'intérêt de ces travailleurs.

Le préfet de police, CAUSSIDIÈRE.

N° **2065**. — *Avis concernant les propriétaires et locataires.*

Paris, le 27 mars 1848.

Le préfet de police,

Informé des menaces proférées par plusieurs personnes contre les propriétaires qui refuseraient de faire remise à leurs locataires dans le besoin, du montant de leurs loyers devant échoir en avril prochain, croit devoir inviter ses concitoyens à respecter tous les droits.

Les propriétaires, comme tous les citoyens, ont à supporter les charges qui pèsent sur chacun. Comment pourraient-ils le faire, si les loyers, sur lesquels ils ont dû compter, ne leur étaient point payés?

Le contrat qui lie actuellement les propriétaires et les locataires doit être respecté, et il faut que la population entière soit bien pénétrée que l'autorité veillera à la sécurité de tous et réprimerait, au besoin, les désordres que quelques mal-intentionnés cherchent à susciter.

Sans aucun doute, le bon sens public rendra inutile le recours à cette extrémité.

Le préfet de police, CAUSSIDIÈRE.

N° **2066**. — *Avis aux ouvriers de la commune de La Villette.*

Paris, le 27 mars 1848.

Les ateliers nationaux étant établis dans un but utile à tous les citoyens sans travaux, doivent être des rendez-vous de fraternité, d'égalité et d'ordre.

Le citoyen préfet de police invite donc les travailleurs à conserver le bon accord qui a jusqu'ici existé entre eux. Qu'ils prennent conseil, pour la direction de leurs travaux, du citoyen Eugène Leroux, qui s'est mis à la tête des ateliers nationaux de La Villette, avec un dévouement dont il doit être payé par la reconnaissance des ouvriers.

Le préfet de police, CAUSSIDIÈRE.

N° **2067**. — *Arrêté concernant le travail et le salaire des ouvriers boulangers* (1).

Paris, le 28 mars 1848.

Sur l'avis motivé de la commission de Gouvernement pour les travailleurs, du commun consentement des représentants des ouvriers et des délégués-maîtres, mis en présence et entendus;

Considérant que, de toutes les industries, celle qui est et qui doit être, par sa nature, le plus directement soumise à l'action du pouvoir, est celle des boulangers;

Considérant que, de toutes les professions, il n'en est pas de plus pénible que celle des ouvriers boulangers; qu'il est dès lors aussi équitable que nécessaire de pourvoir à l'amélioration de leur sort;

Le préfet de police croit devoir publier les dispositions suivantes:

1. Les doubles fournées sont supprimées.

1re CATÉGORIE. — Brigade à deux hommes.

2. Quatre fournées par deux hommes, à *quatre francs cinquante centimes* par homme, plus *un pain d'un kilogramme et vingt centimes de vin.*

S'il y a une cinquième fournée, elle sera payée à *soixante centimes* par homme, et si la contenance du four est de plus de quatre-vingts pains, la fournée sera payée *soixante-quinze centimes* par homme.

2e CATÉGORIE. — Brigade à trois hommes.

3. Un gindre, un premier aide et un second aide, six fournées par trois hommes, à *quatre francs cinquante centimes* pour le gindre et le premier aide, et à *trois francs cinquante centimes* pour le second aide.

Le premier et le second aide pétriront chacun trois fournées. Mêmes conditions pour le pain et le vin.

S'il y a une septième fournée, elle sera payée à *soixante centimes* par homme, et si la contenance du four est de plus de quatre-vingts pains, cette septième fournée sera payée à *soixante-quinze centimes*

_____

(1) Abrogé.—V. l'arrêté du 15 fév. 1850.

par homme; dans ce cas, l'aide et le second aide pétriront, tour à tour, trois et quatre fournées.

Si une fois ou deux par semaine, il y a lieu de faire une huitième fournée, elle sera payée *soixante-quinze centimes* par homme.

3ᵉ CATÉGORIE. — Brigade à quatre hommes.

4. Un gindre, un aide, un second aide et un quatrième; huit fournées par quatre hommes, à *quatre francs* pour le gindre, *cinq francs* pour l'aide, *quatre francs* pour le second aide, et *trois francs cinquante centimes* pour le quatrième.

Mêmes conditions pour le pain et le vin;

Le quatrième pétrira la dernière fournée, et le second aide finira l'ouvrage.

S'il y a une neuvième fournée, elle sera payée à *soixante centimes* par homme, et si la contenance du four est de plus de quatre-vingts pains, cette neuvième fournée sera payée à *soixante-quinze centimes* par homme.

Enfin, si, une fois ou deux par semaine, il y avait lieu de faire une dixième fournée, elle serait payée à *un franc* par homme.

Le préfet de police, CAUSSIDIÈRE.

Approuvé :

Les président et vice-président de la commission de Gouvernement pour les travailleurs, LOUIS BLANC, ALBERT.

N° **2068**. — *Ordonnance concernant le balayage et la propreté de la voie publique et le transport des matières insalubres.*

Paris, le 29 mars 1848.

Nous, préfet de police,

Considérant qu'il est nécessaire de rappeler aux citoyens les obligations qui leur sont imposées dans l'intérêt de la propreté de la voie publique,

Ordonnons ce qui suit :

Les dispositions de l'ordonnance du 5 novembre 1846 (1), concernant le balayage et la propreté de la voie publique, et le transport des matières insalubres, seront de nouveau imprimées et affichées.

Le préfet de police, CAUSSIDIÈRE.

N° **2069**. — *Arrêté concernant les garçons marchands de vin.*

Paris, le 29 mars 1848.

Nous, préfet de police,

Vu les réclamations qui nous ont été adressées par les délégués des garçons marchands de vin;

Considérant que ces réclamations ont pour objet de supprimer à l'avenir les bureaux de placement dont les agents prélevaient des droits onéreux pour les travailleurs;

---

(1) V. cette ord.

Que l'office de ces agents, reconnu utile en principe, consistait à servir d'intermédiaire entre les garçons marchands de vin et leurs patrons, et qu'une commission, composée de délégués, a été proposée pour remplir cet office;

Arrêtons ce qui suit :

1. Tout bureau de placement, servant d'intermédiaire entre les garçons marchands de vin et leurs patrons, est interdit.

2. Tout garçon marchand de vin sans ouvrage devra s'adresser à la commission établie d'un commun accord entre les intéressés et dont le siége est situé provisoirement quai de l'Ecole, n° 22.

Le préfet de police, CAUSSIDIÈRE.

N° **2070.** — *Arrêté concernant les garçons coiffeurs.*

Paris, le 31 mars 1848.

Nous, préfet de police,

Vu les réclamations qui nous ont été adressées par les délégués des garçons coiffeurs;

Considérant que ces réclamations ont pour objet de supprimer à l'avenir les bureaux de placement dont les agents prélevaient des droits onéreux pour les travailleurs;

Que l'office de ces agents, reconnu utile en principe, consistait à servir d'intermédiaire entre les garçons coiffeurs et leurs patrons, et qu'une commission, composée de délégués, a été proposée pour remplir cet office ;

Arrêtons ce qui suit :

1. Tout bureau de placement, servant d'intermédiaire entre les garçons coiffeurs et leurs patrons, est interdit.

II. Tout garçon coiffeur sans ouvrage devra s'adresser à la commission dont le siege est établi place du Louvre, n° 12.

Le préfet de police, CAUSSIDIÈRE.

N° **2071.** — *Garde civique.*

Paris, le 1er avril 1848.

Le citoyen préfet de police donne avis aux citoyens composant la garde civique dont le service ressort de son administration, qu'à compter d'aujourd'hui, une solde de 2 fr. 25 c. par homme et par jour sera payée, tous les cinq jours, jusqu'à ce que cette garde ait reçu une organisation définitive.

En conséquence, et au moyen de cette solde, chaque homme devra désormais subvenir à ses besoins, sauf à chaque compagnie à prendre telle mesure d'ensemble qu'elle jugera convenable.

La question d'habillement est en ce moment à l'étude, et il sera pourvu par un fonds spécial à cette dépense.

Le citoyen préfet de police saisit avec empressement cette occasion, pour remercier ces braves citoyens du zèle qu'ils ont montré dans l'exécution des ordres qui leur ont été donnés.

Il fait appel à leur patriotisme et leur recommande la discipline et l'énergie qui constituent le vrai républicain.

Salut fraternel.

Le préfet de police, CAUSSIDIÈRE.

N° **2072**. — *Arrêté concernant la boucherie.*

Paris, le 1ᵉʳ avril 1848.

Le préfet de police,

Sur la demande du syndicat de la boucherie et des principaux bouchers de la ville de Paris, basée sur la résolution par eux prise de former un fonds de retraite pour les garçons bouchers,

      Arrête :

A partir de ce jour, les conducteurs de bœufs et moutons percevront, en plus du prix ordinaire de conduite, *cinq centimes* par tête de bœuf, vache et taureau, et *un centime* par tête de mouton.

Ils seront tenus de verser, chaque semaine, le produit de cette augmentation dans la caisse du syndicat de la boucherie, qui en devra compte, tous les trois mois, à la commission établie à cet effet.

Ce produit sera affecté aux pensions de retraite destinées aux garçons bouchers, selon le mode déterminé par ladite commission.

      Le préfet de police, CAUSSIDIÈRE.

N° **2073**. — *Ordonnance qui fixe le tarif pour le transport, à la petite vitesse, des marchandises, des voitures, des chevaux et des bestiaux sur le chemin de fer d'Amiens à Boulogne.*

Paris, le 1ᵉʳ avril 1848.

Nous, préfet de police,

Vu : 1° la loi du 26 juillet 1844, qui autorise la concession du chemin de fer d'Amiens à Boulogne, ensemble le cahier des charges annexé à cette loi ;

2° L'ordonnance homologative de l'adjudication de la concession dudit chemin de fer ;

3° Les arrêtés ministériels des 10 janvier et 14 mars 1847, qui centralisent dans les mains du préfet de police, à Paris, les mesures concernant l'ensemble de l'exploitation des chemins de fer ayant leur point de départ dans le ressort de la préfecture de police, et du chemin de fer d'Amiens à Boulogne ;

4° Les propositions soumises à l'homologation administrative par la compagnie du chemin de fer d'Amiens à Boulogne, lesquelles ont pour objet un projet de tarif applicable aux transports de toute nature à petite vitesse sur le chemin de fer dont il s'agit ;

5° Les décisions ministérielles en date des 17 et 20 janvier et 2 février derniers, portant homologation des propositions ci-dessus visées, sous quelques réserves et sauf diverses modifications ;

Considérant qu'il y a lieu de rendre exécutoires, dans le ressort de la préfecture, les décisions ministérielles précitées ;

      Ordonnons ce qui suit :

TITRE Ier.

CLASSIFICATION, PRIX DE TRANSPORT ET FRAIS ACCESSOIRES.

CHAPITRE Ier.

Marchandises.

SECTION Ire. — Classification.

1. A titre provisoire et sauf révision ultérieure, les marchandises dont la compagnie a proposé le classement seront, soit par leur propre nature et par spécification, soit par assimilation, rangées, tant dans la catégorie des marchandises hors classe que dans les trois classes du cahier des charges, de la manière ci-après indiquée, savoir :

Dans la catégorie des marchandises hors classe,

Les marchandises dont la désignation suit :

Acides minéraux, arbres vivants, arbustes, armes de luxe, beurre frais, bronze d'art, charcuterie, conserves en bocaux de verre, écaille ouvrée, estampes encadrées, fromages frais, fruits verts, gibier, glacés, huiles essentielles, horlogerie fine, instruments de musique, d'optique, et de précision, légumes frais, meubles sans emballage, mécaniques, objets d'art et de collection, œufs, paille fine et tressée, pièces d'artifice, plantes, pâtisserie, phosphore, pyrites, statues, tableaux, viande à la main, volaille.

Dans la 1re classe,

Les marchandises dont la désignation suit :

Acier, aiguilles à coudre, alizari, alun, amidons, amandes, anis, ancres, antimoine, armes, arrow-root et autres fécules exotiques, arsenic, baume, bière et boissons en caisse ou en panier, blanc de baleine, bleu de Prusse, bois d'ébénisterie façonné, bois d'ébénisterie en feuilles, bois de menuiserie façonné, bois effilés et moulures, bimbeloterie, bois de teinture moulu, boissellerie, bonneterie, bougie, brosserie, beurre salé, borax rafiné, bière en fûts, bouteilles vides, borax brut, boulons.

Camphre, caoutchouc, cardes, chardons, chaudronnerie, cigares, citrons, cochenille, cocos, colle de poisson, conserves sous plomb, cornes ouvrées et non ouvrées, coton filé, cotons en balles rondes ou carrées, coutellerie, cuirs ouvrés, chaussures, curcuma, carreaux, cristaux et verrerie fine, cannelle, chocolat, copal, coquillages, cacao, cendres d'orfèvre, chandelles, chanvre pressé, châtaignes, cire brute, crins en balles, cuirs en balles, cuirs verts et secs, cartons en feuilles et en pâte, crème de tartre, couleurs, céruse, chicorée, chiendent, cercles en bois, clous, cidre en fûts, colle forte, cordages, cuivre de doublage, cuivre en rosette, en lingots et en plaques, câbles et chaînes en fer, cachou, chiffons, couperose, chlorure de sodium, dents d'éléphant, dividivi, draperie, droguerie, déchets de laine et de coton, dégras de peaux.

Eau de fleurs d'oranger, eaux minérales, écaille brute, écorces et feuilles, encre, estampes sans cadre, étain ouvré, étoffes de coton, de laine et de soie, essence de térébenthine, étoupes en balles, enclumes, essieux, étain en lingots, eau-de-vie en fûts.

Fanons de baleine, fer pour ornements, fils de coton, de soie, de laine et de lin, faïence, fer-blanc en vrac et en caisse, fonte pour ornements, fruits secs, fil de lin écru, ficelle, fil de fer, fromages secs, faulx.

Ganterie, gaudes, garancines, gomme, graines tinctoriales, garance, graphite, graisse, houblon en balles pressé, indigo, ivoire ouvré, instruments aratoires, jus de citron en fûts, joncs.

Lacdye, laine lavée ou manufacturée, laine en suint, librairie, liége brut et ouvré, lingerie, liqueurs en bouteilles, en caisses ou en paniers, lin brut en balles pressé, lichen pressé, limes, litharge, laiton en feuilles et en saumons, mercerie, mercure, meubles emballés, minium, miel, marrons, manganèse, mélasse, morue, moules, noix de galles, nitrate de soude et de potasse, noir animal, noir d'os, oranges, orge perlé, osier, orseille, ognons, onglons, os et sabots de bétail, parfumerie, passementerie, peaux ouvrées, pelleteries et fourrures, plumes, porcelaine, poterie fine et commune, produits chimiques, préparations pharmaceutiques, presses lithographiques, papier, papiers peints, peaux brutes, perlasse, pierres lithographiques, pierre ponce, pruneaux, poivre, piment, papier à sucre, plomb en tables et en tuyaux, poils, potasse, poisson salé, pipes en terre.

Quincaillerie, quercitron.

Rocou et autres pâtes tinctoriales, racines, roseaux, rotins, rivets, riz en barils et en sacs, racines de chicorée en cassettes, rails.

Safran, safranum, sellerie, soies brutes et manufacturées, spiritueux en fûts, en bouteilles, en caisse ou en papier, salaisons, soies de porcs, sumac, sucre raffiné en vrac, en barils et en caisse, sacs neufs, savons, sels de soude et de potasse, soude, sulfate de soude, de zinc, de cuivre, de fer, de baryte, suif, tabletterie, thés, tissus, toiles unies et ouvrées, toiles d'emballage, tôles, tabacs, taillanderie, tan, tartre brut, troissix, vanille, vinaigre en bouteilles, vins en bouteilles, en caisse ou en panier, vins de liqueur en fûts, vernis, verreries, verres à vitre en caisses, vermicelle et autres pâtes, verreries communes en harrasses ou en caisses, vergeoise, viande salée.

Zinc ouvré, zinc en feuilles et en plaques.

Dans la 2e classe,

Les marchandises dont la désignation suit :

Alquifoux, asphalte, avoine, albâtre brut, biscuits de mer, betteraves, brai, carreaux en faïence et en terre cuite, céréales, chromate de fer, ciment, craie, émeri, farineux alimentaires, fécules indigènes, ferraille.

Graines fourragères, telles que trèfle, sainfoin, luzerne, vesce, graines oléagineuses, telles que de lin, d'œillette, de navette, de coïza, de ricin, de chanvre, de camomille, glu marine, goudron, granit, kaolin, légumes secs.

Moutarde, marbres ouvrés et polis, marbres en tranches, mine de plomb, merrains, meules, mitraille, minerais, ocre, paillassons, pierres brutes, pommes de terre, résines, semoule, salpêtre, soufre raffiné, soufre en masse, salin, son, terre d'ombre et de Sienne, toile à sac, toile cirée, tripoli, terre, tourbe, vins en caisse ou en panier, par expédition de 1,000 kilogrammes et au delà.

Dans la 3e classe,

Les marchandises dont la désignation suit :

Caolets, chaînes en barils, étaux, guano, marnes, nacre brut, os concassés, poudrette, savons mous en barils, suie, tourteaux, verres cassés en caisses ou en tonneaux,

2. En conséquence, et par suite de la diversité des prix proposés par la compagnie pour les marchandises d'une même classe, les marchandises désignées soit au cahier des charges, soit plus spécialement et par assimilation, en l'article qui précède, sont rangées de la manière ci-après pour la détermination des prix qui leur sont applicables dans le tarif fixé en l'article suivant, savoir :

Marchandises hors classe :

Acides minéraux, arbres vivants, arbustes, armes de luxe, beurre frais, bronzes d'art, charcuterie, conserves en bocaux de verre, écaille ouvrée, estampes encadrées, fromages frais, fruits verts, gibier, huiles essentielles, horlogerie fine, instruments de musique, d'optique et de précision, légumes frais, meubles sans emballage, objets d'art et de collection, œufs, paille fine et tressée, pièces d'artifice, plantes, pâtisserie, phosphore, pyrites, statues, tableaux, viande à la main, volaille.

Ces marchandises payeront les prix fixés pour la catégorie hors classe au tarif ci-après.

Glaces, mécaniques.

Ces marchandises payeront les prix fixés pour la 1re classe au tarif ci-après.

Marchandises de 1re classe :

Cuivre et autres métaux ouvrés, vinaigres, vins, boissons, spiritueux, cotons non pressés et autres lainages, bois de menuiserie et de teinture, drogues, épiceries, denrées coloniales, objets manufacturés.

Alizari, anis, armes, aiguilles à coudre, baume, bière et boissons en caisse ou en panier, blanc de baleine, bleu de Prusse, bois d'ébénisterie façonné, bois d'ébénisterie en feuilles, bois de menuiserie façonné, bois effilés et moulures, bimbeloterie, bois de teinture moulu, boissellerie, bonneterie, bougies, brosserie.

Camphre, caoutchouc, cardes, chardons, chaudronnerie, cigares, citrons, cochenille, cocos, colle de poisson, conserves sous plomb, cornes ouvrées, coton filé, coutellerie, cuirs ouvrés, chaussures, curcuma, cristaux et verrerie fine, cannelle, chocolat, copal, coquillages, dents d'éléphant, dividivi, draperie, drogueries, eau de fleurs d'oranger, eaux minérales, écailles brutes, écorces et feuilles, encre, estampes sans cadre, étain ouvré, étoffes de coton, de laine et de soie, fanons de baleine, fer pour ornements, fils de coton, de soie, de laine, de lin, ganterie, gaudes, garancine, gomme, graines tinctoriales, indigo, ivoire ouvré, jus de citron en fûts, lacdye, laine lavée ou manufacturée, librairie, liège ouvré, lingerie, liqueurs en bouteilles, en caisse ou en panier, mercerie, mercure, meubles emballés, oranges, parfumerie, passementerie, peaux ouvrées, pelleterie et fourrures, plumes, porcelaine, poterie fine, produits chimiques, préparations pharmaceutiques, presses lithographiques, rocou et autres pâtes tinctoriales, racines, safran, safranum, sellerie, soies brutes et manufacturées, spiritueux en bouteilles, en caisse ou en panier, tabletterie, thés, tissus, tuiles ouvrées et unies, vanille, vinaigres en bouteilles, vins en bouteilles, en caisse ou en panier, vernis, verrerie, zinc ouvré.

Ces marchandises payeront les prix fixés pour la 1re classe au tarif ci-après.

Fer et plomb ouvrés, huiles en futs, sucre raffiné en vrac, café en sacs ou en barils.

Amandes, arrow-root et autres fécules exotiques, arsenic, beurre salé, borax raffiné, cacao, cendres d'orfévre, chandelles, chanvre pressé, châtaignes, cire brute, crins en balles, cuirs en balles, cuirs verts et secs, carton, crème de tartre, couleurs, déchets de laine, essence de térébenthine, étoupes en balles, faïence, fer-blanc en vrac, fonte pour ornements, fruits secs, fil de lin écru, ficelle, garance, instruments aratoires, joncs, laines en suint, liége brut, lin brut en balles pressé, lichen pressé, limes, minium, miel, marrons, noix de galles, orge perlé, osier, orseilles, ognons, onglons, papier, papiers peints, peaux brutes, perlasses, pierres lithographiques, pierre ponce, pruneaux, poivre, piment, roseaux, rotins, salaisons, soies de porc, sumac, sacs neufs, tôles, verres à vitres en caisse, vermicelle et autres pâtes, verreries communes en harrasse ou en caisse.

Ces marchandises payeront les prix fixés pour la 2e classe au tarif ci-après.

Fontes moulées, vinaigres et vins en fûts, bois de menuiserie, bois exotiques, bois de teinture en bûches, sucre brut, métaux non ouvrés.
Acier, amidon, ancres, antimoine, bière en fûts, bois d'ébénisterie brut et en bûches, bouteilles vides, borax brut, boulons, céruse, chicorée, chiendent, cercles en bois, clous, cidre en fûts, carton en pâte, colle forte, cornes non ouvrées, cordages, cotons en balles rondes ou carrées, cuivre de doublage, câbles et chaînes en fer, cuivre en rosette, cachou, chiffons, enclumes, essieux, étain en lingots, eaux-de-vie en fûts, fer-blanc en caisses, fil de fer, fromages secs, faulx, graphite, houblon en balles pressé, litharge, laiton en feuilles, nitrate de soude et de potasse, os et sabots de bétail, papier à sucre, plomb en tables et en tuyaux, poils, potasse, poissons salés, poterie commune, quincaillerie, quercitron, rivets, riz en barils et en sacs, savons, sels de soude et de potasse, soude, spiritueux en fûts, sucres raffinés en barils et en caisses, sulfate de soude, de zinc, de cuivre, de fer, tabacs, taillanderie, tan, tartre brut, toiles d'emballage, trois-six, vergeoise, vins de liqueurs en fûts, zinc en feuilles.

Ces marchandises payeront les prix fixés pour la 1re catégorie de la 3e classe au tarif ci-après.

Cuivre non ouvré, en lingots et en plaques.
Alun, couperose, chlorure de sodium, dégras de peaux, déchets de coton, graisse, laiton en saumons, manganèse, mélasse, morue, moules, noir animal, noir d'os, pipes en terre, racines de chicorée en cassettes, rails, suif, sulfate de baryte, viande salée, zinc en plaques.

Ces marchandises payeront les prix fixés pour la 2e catégorie de la 3e classe au tarif ci-après.

Marchandises de 2e classe.

Charbon de bois.
Farineux alimentaires, graines fourragères, telles que trèfle, sainfoin, luzerne, vesce, moutarde, paillassons, semoule, terre d'ombre et de Sienne, toile à sacs, toile cirée, tripoli, vins en caisse ou en panier, par expédition de 1,000 kilogrammes et au delà.

Ces marchandises payeront les prix fixés pour la 2e classe au tarif ci-après.

Biscuits de mer, carreaux en faïence, émeri, kaolin, légumes secs, marbres ouvrés et polis, marbres en tranches, mine de plomb, merrains, résines, salpêtre, soufre raffiné.

Ces marchandises payeront les prix fixés pour la 2e catégorie de la 3e classe au tarif ci-après.

Blés, grains, farines, sels, chaux et plâtre, minerais, coke, bois à brûler (dit de corde), perches, chevrons, planches, madriers, bois de charpente, marbre en bloc, pierres de taille, bitume, fonte brute, fer en barres ou en feuilles, plomb en saumons.

Alquifoux, asphalte, avoine, albâtre brut, betteraves, brai, carreaux en terre cuite, céréales, chromate de fer, ciment, craie, fécules indigènes, ferraille, graines oléagineuses, telles que de lin, d'œillette, de navette, de colza, de ricin, de chanvre, de camomille, glu-marine, goudron, granit, meules, mitraille, ocre, pierres brutes, pommes de terre, soufre en masse, salin, son, terre, tourbe.

Ces marchandises payeront les prix fixés pour la 2e catégorie de la 3e classe au tarif ci-après.

Marchandises de 3e classe.

Caolets, chaînes en barils, étaux, nacre brut, savons mous en barils.

Ces marchandises payeront les prix fixés pour la 1re catégorie de la 3e classe au tarif ci-après.

Pierre à chaux et à plâtre, moellons, meulières, cailloux, sable, argile, tuiles, briques, ardoise, fumier et engrais, pavés et matériaux de toute espèce pour la construction et la réparation des routes, houille.

Guano, marne, os concassés, poudrette, suie, tourteaux, verres cassés en caisses ou en tonneaux.

Ces marchandises payeront les prix fixés pour la 2e catégorie de la 3e classe au tarif ci-après.

SECTION II. — Prix de transport.

3. Les prix à percevoir pour le transport des marchandises voyageant à petite vitesse sur le chemin de fer d'Amiens à Boulogne sont réglés d'après le tableau suivant :

Nota.—Voir l'article qui précède pour la désignation des marchandises auxquelles s'appliquent les prix indiqués ci-après pour chaque classe.

Tarif pour le Transport des Marchandises à la petite vitesse.

LIEUX DE DÉPART et DE DESTINATION.	Distances servant de base à la fixation des prix de transport.	MARCHANDISES			3e classe.	
		Hors classe.	1re classe.	2e classe.	1re catégorie	2e catégorie
	kilomèt.	fr. c.	fr. c.	fr. c.	fr. c.	fr. c.
D'AMIENS à Ailly............	10	2 50	1 80	1 60	1 40	1 »
Piquigny	15	3 75	2 50	2 25	2 »	1 50
Hangest.............	22	5 50	3 50	3 »	2 50	2 »
Longpré	29	7 25	4 50	4 »	3 50	2 50
Pont-Remy..........	37	9 25	6 »	5 »	4 »	3 »
Abbeville...........	45	11 25	7 »	5 50	4 50	3 50
Noyelle.............	59	14 75	9 »	7 »	6 »	4 50
Rue.................	69	17 25	10 50	8 50	7 »	5 »
Montreuil...........	85	21 25	13 »	10 50	8 50	6 »
Etaples.............	96	24 »	14 50	11 50	9 50	7 »
Neufchâtel..........	110	27 50	16 50	13 50	11 »	8 »
Boulogne............	124	31 »	18 50	15 »	12 50	9 »
D'AILLY à Amiens.............	10	2 50	1 80	1 60	1 40	1 »
Piquigny	6	1 50	1 »	» 90	» 80	» 60
Hangest.............	12	3 »	2 »	1 80	1 50	1 20
Longpré	19	4 75	3 25	2 80	2 50	1 90
Pont-Remy..........	27	6 75	4 50	4 »	3 50	2 50
Abbeville...........	35	8 75	5 50	4 50	4 »	3 »
Noyelle.............	50	12 50	7 50	6 »	5 »	3 50
Rue.................	59	14 75	9 »	7 »	6 »	4 50
Montreuil	76	19 »	11 50	9 »	7 50	5 50
Etaples.............	86	21 50	13 »	10 50	8 50	6 . »
Neufchâtel..........	100	25 »	15 »	12 »	10 »	7 »
Boulogne..	114	28 50	17 »	13 50	11 50	8 »
DE PIQUIGNY à Amiens.............	15	3 75	2 70	2 40	2 »	1 50
Ailly................	6	1 50	1 »	» 93	» 80	» 60
Hangest.............	7	1 75	1 25	1 »	1 »	» 70
Longpré.............	14	3 50	2 50	2 »	1 75	1 40
Pont-Remy..	23	5 75	3 75	3 25	2 75	2 »
Abbeville...........	30	7 50	5 »	4 25	3 50	2 75
Noyelle.............	45	11 25	7 »	5 50	4 50	3 50
Rue.................	55	13 75	8 50	6 50	5 50	4 »
Montreuil...........	71	17 75	10 75	8 50	7 »	5 »
Etaples.............	82	20 50	12 50	10 »	8 50	6 »
Neufchâtel	95	23 75	14 50	11 50	9 50	6 50
Boulogne............	109	27 25	16 50	13 »	11 »	7 50
D'HANGEST à Amiens.............	22	5 50	3 75	3 50	3 »	2 20
Ailly................	12	3 »	2 »	1 75	1 50	1 20
Piquigny............	7	1 75	1 25	1 »	» 95	» 70
Longpré.............	8	2 »	1 50	1 25	1 »	» 80
Pont-Remy..........	16	4 »	2 75	2 50	2 »	1 50
Abbeville...........	23	5 75	3 75	3 25	2 75	2 »
Noyelle.............	38	9 50	6 »	5 »	4 50	3 »
Rue......	48	12 »	7 50	6 »	5 »	3 50
Montreuil...........	64	16 »	9 50	7 75	6 50	4 50
Etaples.............	75	18 75	11 50	9 »	7 50	5 50
Neufchâtel	88	22 »	13 50	10 50	9 »	6 25
Boulogne............	102	25 50	15 50	12 50	10 50	7 25

Suite du Tarif pour le Transport des Marchandises à la petite vitesse.

LIEUX DE DÉPART et DE DESTINATION.	Distances servant de base à la fixation des prix de transport.	MARCHANDISES				
		Hors classe.	1re classe.	2e classe.	3e classe. 1re catégorie	3e classe. 2e catégorie
		PRIX DE TRANSPORT.				
	kilomèt.	fr. c.	fr. c.	fr. c.	fr. c.	fr. c.
DE LONGPRÉ à Amiens..........	29	7 25	5 »	4 65	4 »	2 90
Ailly..........	19	4 75	3 25	3 »	2 50	1 90
Piquigny..........	14	3 50	2 50	2 25	1 90	1 40
Hangest..........	8	2 »	1 40	1 25	1 10	» 80
Pont-Remy..........	9	2 25	1 60	1 40	1 25	» 90
Abbeville..........	16	4 »	2 75	2 50	2 »	1 50
Noyelle..........	31	7 75	5 »	4 »	3 50	2 50
Rue..........	41	10 25	6 50	5 »	4 50	3 »
Montreuil..........	57	14 25	8 50	7 »	6 »	4 »
Etaples	68	17 »	10 50	8 50	7 »	5 »
Neufchâtel	81	20 25	12 50	10 »	8 »	6 »
Boulogne..........	95	23 75	14 50	11 50	9 50	7 »
DE PONT-REMY à Amiens..........	37	9 25	6 50	5 50	5 »	3 50
Ailly..........	27	6 75	4 50	4 25	3 50	2 50
Piquigny..........	23	5 75	4 »	3 50	3 »	2 25
Hangest..........	16	4 »	2 50	2 50	2 25	1 50
Longpré..........	9	2 25	1 60	1 40	1 25	» 90
Abbeville..........	8	2 »	1 40	1 30	1 10	» 80
Noyelle..........	23	5 75	4 »	3 50	3 »	2 »
Rue..........	33	8 25	5 50	4 50	4 »	3 »
Montreuil..........	49	12 25	7 50	6 »	5 »	3 50
Etaples	59	14 75	9 »	7 50	6 »	4 50
Neufchâtel..........	73	18 25	11 »	9 »	7 50	5 50
Boulogne..........	87	21 75	13 »	10 50	9 »	6 50
D'ABBEVILLE à Amiens..........	45	11 25	7 50	6 50	5 50	3 50
Ailly..........	35	8 75	6 »	5 50	4 50	3 25
Piquigny..........	30	7 50	5 »	4 80	4 20	3 »
Hangest..........	23	5 75	4 »	3 70	3 20	2 25
Longpré..........	16	4 »	2 75	2 50	2 25	1 50
Pont-Remy..........	8	2 »	1 40	1 30	1 10	» 80
Noyelle..........	15	3 75	2 50	2 25	2 »	1 50
Rue..........	25	6 25	4 »	3 50	3 »	2 25
Montreuil..........	41	10 25	6 »	5 »	4 50	3 »
Etaples..........	52	13 »	8 »	6 50	5 50	3 75
Neufchâtel..........	65	16 25	10 »	8 »	6 50	4 50
Boulogne..........	80	20 »	12 »	9 50	8 »	5 50
DE NOYELLE à Amiens..........	59	14 75	9 50	8 50	7 »	4 75
Ailly..........	50	12 50	8 »	7 »	6 »	4 »
Piquigny..........	45	11 25	7 50	6 50	5 50	3 50
Hangest..........	38	9 50	6 50	5 75	5 »	3 40
Longpré..........	31	7 75	5 25	4 50	4 »	2 75
Pont-Remy..........	23	5 75	4 »	3 50	3 20	2 25
Abbeville	15	3 75	2 70	2 40	2 »	1 50
Rue..........	10	2 50	1 80	1 60	1 40	1 »
Montreuil	27	6 75	4 25	3 75	3 25	2 50
Etaples	37	9 25	6 »	4 75	4 »	3 »
Neufchâtel	51	12 75	8 »	6 »	5 »	3 50
Boulogne..........	65	16 25	10 »	8 »	6 50	4 50

Suite du Tarif pour le Transport des Marchandises à la petite vitesse.

LIEUX DE DÉPART et DE DESTINATION.	Distances servant de base à la fixation des prix de transport.	MARCHANDISES			3e classe.	
		Hors classe.	1re classe.	2e classe.	1re catégorie	2e catégorie
		PRIX DE TRANSPORT.				
	kilomèt.	fr. c.	fr. c.	fr. c.	fr. c.	fr. c.
DE RUE à Amiens	69	17 25	11 »	9 75	8 50	5 50
Ailly	59	14 75	9 50	8 25	7 »	5 »
Piquigny	55	13 75	8 75	7 50	6 50	4 50
Hangest	48	12 »	7 75	6 75	5 75	4 »
Longpré	41	10 25	6 50	5 75	5 »	3 50
Pont-Remy	33	8 25	5 50	5 »	4 50	3 »
Abbeville	25	6 25	4 25	4 »	3 50	2 50
Noyelle	10	2 50	1 80	1 60	1 40	1 »
Montreuil	17	4 25	3 »	2 50	2 25	1 70
Etaples	27	6 75	4 50	3 75	3 50	2 50
Neufchâtel	41	10 25	6 »	5 »	4 »	3 »
Boulogne	55	13 75	8 50	6 50	5 50	4 »
DE MONTREUIL à Amiens	85	21 25	13 50	12 »	10 50	7 »
Ailly	76	19 »	12 25	10 50	9 «	6 »
Piquigny	71	17 75	11 50	10 »	8 50	5 75
Hangest	64	16 »	10 50	9 »	8 »	5 »
Longpré	57	14 25	9 25	8 »	7 »	4 50
Pont-Remy	49	12 25	8 »	7 »	6 »	4 »
Abbeville	41	10 25	6 50	6 »	5 »	3 50
Noyelle	27	6 75	4 50	4 30	3 75	2 70
Rue	17	4 25	3 »	2 70	2 40	1 70
Etaples	11	2 75	2 »	1 60	1 50	1 10
Neufchâtel	25	6 25	4 »	3 50	3 »	2 25
Boulogne	39	9 75	6 50	5 »	4 50	3 25
D'ÉTAPLES à Amiens	96	24 »	15 50	13 50	11 50	8 »
Ailly	86	21 50	14 »	12 »	10 50	7 »
Piquigny	82	20 50	13 »	11 50	10 »	6 50
Hangest	75	18 75	12 »	10 50	9 »	6 »
Longpré	68	17 »	11 »	9 50	8 »	5 50
Pont-Remy	59	14 75	9 50	8 50	7 »	4 75
Abbeville	52	13 »	8 50	7 50	6 50	4 »
Noyelle	37	9 25	6 50	5 50	5 »	3 25
Rue	27	6 75	4 50	4 25	3 75	2 70
Montreuil	11	2 75	2 «	1 75	1 50	1 10
Neufchâtel	14	3 50	2 50	2 »	1 75	1 40
Boulogne	28	7 »	4 50	4 »	3 50	2 50
DE NEUFCHATEL à Amiens	110	27 50	17 50	15 50	13 50	9 »
Ailly	100	25 »	16 »	14 »	12 »	8 »
Piquigny	95	23 75	15 50	13 50	11 50	7 50
Hangest	88	22 »	14 »	12 50	10 50	7 »
Longpré	81	20 25	13 »	11 50	10 »	6 50
Pont-Remy	73	18 25	12 »	10 50	9 »	5 50
Abbeville	65	16 25	10 50	9 »	8 »	5 50
Noyelle	51	12 75	8 25	7 »	6 50	4 »
Rue	41	10 25	6 50	6 »	5 »	3 50
Montreuil	25	6 25	4 50	4 »	3 50	2 50
Etaples	14	3 50	2 50	2 25	1 90	1 40
Boulogne	15	3 75	2 50	2 25	2 »	1 50

Suite du Tarif pour le Transport des Marchandises à la petite vitesse.

LIEUX DE DÉPART et DE DESTINATION.	Distances servant de base à la fixation des prix de transport.	MARCHANDISES				
		Hors classe.	1re classe.	2e classe.	3e classe.	
					1re catégorie	2e catégorie
		PRIX DE TRANSPORT.				
	kilomèt.	fr. c.	fr. c.	fr. c.	fr. c.	fr. c.
DE BOULOGNE à Amiens...............	124	31 »	20 »	17 50	15 »	10 »
Ailly...................	114	28 50	18 50	16 »	14 »	9 50
Piquigny	109	27 25	17 50	15 50	13 »	9 »
Hangest...............	102	25 50	16 50	14 50	12 50	8 50
Longpré...............	95	23 75	15 50	13 »	11 50	7 50
Pont-Remy............	87	21 75	14 »	12 50	10 50	7 »
Abbeville.............	80	20 »	13 »	11 50	9 50	6 50
Noyelle...............	65	16 25	10 50	9 »	8 »	5 50
Rue..................	55	13 75	9 »	8 »	6 50	4 50
Montreuil.............	39	9 75	6 50	6 »	5 »	3 50
Etaples...............	28	7 »	4 75	4 50	3 90	2 80
Neufchâtel............	15	3 75	2 70	2 40	2 »	1 50

4. Conformément aux dispositions du cahier des charges, article 36, § IV, le poids de la tonne est de 1,000 kilogrammes ; les fractions de poids ne seront comptées que par cinquième de tonne ; ainsi, tout poids compris entre 0 et 10 kilogrammes payera comme 10 kilogrammes ; entre 10 et 20 kilogrammes payera comme 20 kilogrammes, etc.

5. Les colis dont le poids n'atteindra pas 50 kilogrammes payeront comme 50 kilogrammes, à moins que ces colis ne fassent partie d'envois pesant ensemble au delà de 50 kilogrammes, d'objets expédiés par une même personne à une même personne et d'une même nature, quoique emballés à part, tels que sucre, café, etc.

6. Le minimum de la taxe pour les expéditions de 50 kilogrammes et au-dessous est fixé à 30 centimes, quelle que soit la distance parcourue.

SECTION III. — *Frais accessoires.*

§ Ier. — *Enregistrement.*

7. La compagnie est autorisée à percevoir un droit fixe de 10 centimes pour l'enregistrement de toute expédition, quelle qu'en soit la nature.

Tout envoi composé de plusieurs colis expédiés par une même personne et adressés à un même destinataire ne donnera lieu qu'à un enregistrement, pourvu que les colis contiennent des marchandises de même nature, telles que sucre, café, etc. ; au contraire, les colis composant un envoi fait par une même personne à un même destinataire seront enregistrés et taxés séparément, s'ils sont de nature différente.

§ II. — *Chargement et déchargement.*

8. Les frais de chargement et de déchargement des marchandises de toute nature sont fixés à 1 franc 50 centimes par tonne de 1,000 kilogrammes.

§ III. — *Stationnement ou magasinage.*

9. Toute marchandise qui ne serait pas enlevée dans le jour qui suivra celui de son arrivée en gare, sera soumise à un droit de stationnement ou de magasinage fixé ainsi qu'il suit :

Pour un séjour de 1 à 2 jours...................... 05 c.	}	par
— de 3, 4 et 5 jours................. 10	}	100 kilogr.
Au delà de 5 jours, par jour...................... 02	}	

§ IV. — *Pesage.*

10. Il sera perçu pour toute marchandise qui, sur la demande des expéditeurs ou destinataires, serait soumise à un pesage dans les gares d'arrivée, un droit de 15 centimes par fraction indivisible de 100 kilogrammes et par chaque pesage. Le même droit de pesage sera perçu dans les gares de départ, lorsqu'un pesage extraordinaire sera demandé par l'expéditeur. Le pesage ordinaire, dans les gares de départ, pour constater le poids de la marchandise à expédier, ne donnera lieu à aucuns frais.

CHAPITRE II.

Voitures, chevaux et bestiaux.

SECTION Ire. — Prix de transport.

§ Ier. — *Voitures.*

11. Les voitures transportées à la vitesse des marchandises payeront les prix suivants :

Voitures à 2 ou à 4 roues, à un fond et une banquette dans l'intérieur................................. 25 c.	}	par
Voitures à 4 roues, à deux fonds et deux banquettes dans l'intérieur................................. 32	}	kilom.

§ II. — *Chevaux et bestiaux.*

12. Les prix de transport des chevaux et bestiaux, à la vitesse des marchandises, seront établis sur les bases suivantes :

Chevaux, ânes, mulets..................... 10 c.	}	par kilom.
Bœufs, vaches, taureaux........................... 10	}	et
Veaux et porcs................................ 04	}	par tête.
Moutons, brebis, agneaux et chèvres................. 02	}	

13. La compagnie fournira des wagons pour le transport, à petite vitesse, des chevaux et bestiaux, aux conditions et prix suivants :

Wagon pouvant contenir au plus 5 chevaux............ 28 c.	}	par kilom.	
— — 6 bœufs, vaches ou taureaux............. 36	}	et	
— — 15 veaux ou porcs...... 36	}	par wagon.	
— — 40 moutons ou brebis... 36	}		

14. L'expéditeur devra payer le prix du wagon, lors même qu'il ne pourrait charger dans le wagon le nombre de bestiaux indiqué ci-dessus ; il devra, en outre, opérer le chargement et le déchargement à ses frais, risques et périls, la compagnie entendant rester étrangère à toutes les conséquences de cette opération.

SECTION II. — Frais accessoires.

§ Ier. — *Enregistrement.*

15. La compagnie percevra un droit fixe de 10 centimes pour l'enregistrement de toute expédition de voitures, chevaux, bestiaux et autres animaux. Tout envoi de plusieurs voitures, chevaux, bestiaux ou wagons complets, expédiés par une même personne et adressés à un même destinataire, ne donnera lieu qu'à un seul droit d'enregistrement.

§ II. — *Chargement et déchargement.*

16. Les frais de chargement et de déchargement des voitures, chevaux et bestiaux sont fixés ainsi qu'il suit :

Voitures (pour chaque voiture)................. 2 fr. » c.		
Chevaux, bœufs, vaches, taureaux, ânes et mulets. 1 »		
Veaux et porcs............................ » 50	} par tête.
Moutons, brebis, chèvres.................... » 25	

17. Dans le cas d'expédition d'un wagon complet de chevaux ou de bestiaux, les frais ci-dessus ne seront pas perçus.

TITRE II.

DISPOSITIONS GÉNÉRALES.

18. Les perceptions ci-dessus autorisées à titre de frais accessoires d'enregistrement, de chargement et de déchargement, de stationnement ou magasinage et de pesage, ne sont que provisoires, et l'administration se réserve la faculté de les modifier ou de les supprimer.

19. Conformément à l'article 46 du cahier des charges toute expédition de marchandises dont le poids, sous un même emballage, excédera 20 kilogrammes, sera constatée, si l'expéditeur le demande, par une lettre de voiture, dont un exemplaire restera aux mains de la compagnie, et l'autre aux mains de l'expéditeur comme duplicata.

L'expéditeur pourra réclamer un duplicata de la lettre de voiture pour tout paquet ou ballot pesant moins de 20 kilogrammes, dont la valeur aura été préalablement déclarée.

20. Les taxes réglées par la présente ordonnance, qui sont inférieures à celles du tarif du cahier des charges, ne pourront être relevées qu'après un délai d'un an.

Tous changements apportés dans les tarifs ci-dessus réglés seront annoncés au moins un mois d'avance par des affiches ; ils devront d'ailleurs être homologués par des décisions de l'administration supérieure, prises sur la proposition de la compagnie et rendues exécutoires en la forme prescrite.

21. La présente ordonnance sera notifiée à la compagnie, imprimée et affichée.

Les commissaires spéciaux de police, les agents de surveillance sont chargés d'en assurer l'exécution.

Le préfet de police, CAUSSIDIÈRE.

N° **2074**. — *Avis concernant les ouvriers garçons boulangers et les ouvriers garçons bouchers.*

Paris, le 3 avril 1848.

Les ouvriers garçons boulangers et garçons bouchers ont été invités par des affiches à s'entendre pour demander le libre exercice de ces professions.

Déjà, sur des demandes individuelles d'ouvertures de fonds de boulangerie et de boucherie, qui lui avaient été adressées, le préfet de police a appelé l'attention du citoyen ministre de l'agriculture et du commerce, sur les questions réglementaires soulevées par ces demandes.

Les règlements spéciaux qui régissent deux branches de l'approvisionnement aussi importantes que la boulangerie et la boucherie ne peuvent être modifiés qu'avec maturité, l'administration apportera tous ses soins à ce grave travail, mais, en attendant, elle doit faire exécuter les règlements existants. Le préfet de police compte que le bon esprit des garçons boulangers et des garçons bouchers, dont il a déjà accueilli les justes réclamations, lui viendra en aide dans l'accomplissement de ce devoir.

Le préfet de police, CAUSSIDIÈRE.

N° **2705**. — *Tarif fixant le prix de la main-d'œuvre des travaux d'embarquement, de transbordement et de débarquement des marchandises sur les ports dépendant de la commune de La Villette et des canaux Saint-Denis et Saint-Martin.*

Paris, le 9 avril 1848.

Le préfet de police,

Sur la demande à lui adressée par les délégués des négociants et des ouvriers bardeurs du port de La Villette, réunis en société sous le titre de *Société nationale de Saint-Joseph*, et d'après l'avis de la commission de gouvernement pour les travailleurs, croit devoir publier le tarif suivant, fixé d'un commun accord par les délégués des négociants et ceux de la *Société nationale de Saint-Joseph*.

TARIF.

Grumes et charpentes.

Pour 1,000 kilogr., ou tonneau, mis à terre, hors d'une flûte ou tout autre bateau plat, et rangés sur le port.................... » fr. 80 c.
Pour 1,000 kilogr., ou tonneau, mis à terre, hors d'une péniche ou d'un chaland du Havre, et rangés sur le port........................ 1 »

Sciage dur et blanc.

Pour un tonneau de 1,000 kilogr., débarqués comptable dans l'enceinte du port.. » 80

Voliges.

Pour un tonneau de 1,000 kilogr., débarqués comptable dans l'enceinte du port.. 1 20

1848.

Lattes.

Pour 104 bottes chargées en voiture seulement........................ » fr. 75 c.
Pour 104 bottes empilées marchand, dans l'enceinte du port............ 1 25

Cotrets et fagots.

Pour 1,040 chargés en voiture en les débarquant..................... 3 25
Pour 1,040 empilés dans l'enceinte du port jusqu'à 6 mètres de haut.... 7 »

Falourdes.

Pour 1,040 chargées en voiture seulement.......................... 10 »
Pour 1,040 empilées sur le port jusqu'à 4 mètres de haut............. 15 »

Bourrées.

Pour 1,040 chargées en voiture................................... 5 »
Pour 1,040 empilées sur le port jusqu'à 4 mètres de haut............. 9 »

Margottins.

Pour 1,040 chargés en voiture.................................... 1 50
Pour 1,040 empilées sur le port jusqu'à 4 mètres de haut............. 3 »

Bois à brûler dur.

Pour 1 décastère jeté à terre, autant que possible en pile ou en voiture.. 1 75
Pour 1 décastère empilé sur le port jusqu'à 5 mètres de haut.......... 4 50

Bois à brûler blanc.

Pour 1 décastère jeté à terre, autant que possible en pile ou en voiture.. 1 50
Pour 1 décastère empilé sur le port jusqu'à 5 mètres de haut.......... 4 »

Pierres et marbres.

Grosses pierres, marbres en bloc ou en table, granit, meulières, pavés,
moellons et kaolin, 1,000 kilogr............................... » 80

Marchandises diverses.

Fonte, fers, sel, noir animal, liquides, etc., etc., le tonneau de 1,000 kilogr. » 80

BOIS FLOTTÉ.

Traverses.

Tirage d'un train de 18 coupons, en été........................... 25 »
—   en hiver........................ » »

Bois lavé.

Tirage et lavage d'un train de 18 coupons, en été.................... 37 »
—   en hiver.................. » »

Menuise.

Tirage d'un train de 18 coupons, en été........................... 25 »
—   en hiver........................ » »

Trains de marne.

Tirage d'un train de marne ordinaire, en été........................ 32 »
—   en hiver................... » »

Bois neuf ou brossé.

Tirage et brossage de train de 18 coupons, en été.................... 90 »
—   en hiver.................. » »

Sciage.

Tirage, balayage et chargement d'une éclusée, en été............ 24 fr. » c.
— — en hiver, du 1er novembre
au 15 mars... 36 »

Bois de travail.

Bois en grumes de toute espèce, tirage pour 104 décistères............ 15 »
Bois de charpente chêne, tirage pour 104 décistères................. 10 »
Sapins ronds ou équarris pour le tirage de 104 décistères............. 8 »

Arrêté à la mairie de la Villette, et en présence du citoyen maire de cette commune, le 6 avril 1848, par les délégués des négociants et des ouvriers bardeurs.

Les délégués des négociants,	Les délégués des ouvriers bardeurs,
HERMAND père,	LEVÊQUE,
DEGAND,	BOCQUET,
BARBIER.	AMAND.

Le maire de la Villette, ANTHOINE PRELARD.

Le préfet de police, CAUSSIDIÈRE.

N° **2076**. — *Avis aux ouvriers tailleurs.*

Paris, 10 avril 1848.

Les citoyens ouvriers tailleurs, sans ouvrage, sont invités à se
présenter de suite à la caserne des Célestins, rue de Sully, quartier
de l'Arsenal, munis de certificats émanant du commissaire de police
de leur quartier, et attestant leur moralité.

Des travaux de quelque importance ayant été commandés à un patriote, celui-ci s'empresse de faire appel à ses concitoyens, qu'il sera
heureux d'occuper en grand nombre, en admettant toutefois de préférence ceux qui auraient de la famille à leur charge.

Le préfet de police, CAUSSIDIERE.

N° **2077**.— *Ordonnance concernant la foire aux jambons, qui se tiendra sur le boulevard Bourdon, près la place de la Bastille* (1).

Paris, le 12 avril 1848.

N° **2078**. — *Ordonnance concernant les caisses, pots à fleurs et autres objets dont la chute peut causer des accidents.*

Paris, le 15 avril 1848.

Nous, préfet de police,

Considérant qu'au retour de la belle saison, il importe de rappeler
aux habitants de Paris les mesures de précautions prescrites par les
règlements de police, en ce qui concerne les caisses, pots à fleurs et
autres objets placés sur les parties élevées des bâtiments;

---

(1) V. l'ord. du 16 mars 1850.

En vertu de la loi des 16-24 août 1790 et de l'arrêté du Gouvernement du 12 messidor an VIII (1er juillet 1800),

Ordonnons ce qui suit :

Les dispositions de l'ordonnance de police du 23 octobre 1844 (1),
concernant les caisses, pots à fleurs et autres objets dont la chute
peut causer des accidents, seront imprimées et affichées de nouveau.

Le préfet de police, CAUSSIDIÈRE.

N° **2079.**—*Ordonnance concernant les mesures d'ordre à observer
à l'occasion de la revue du 20 avril 1848.*

Paris, le 19 avril 1848.

Nous, préfet de police,

Vu la loi des 16 et 24 août 1790 ;
L'arrêté du Gouvernement du 12 messidor an VIII ;
Voulant maintenir le bon ordre, prévenir les accidents et faciliter le
stationnement et le défilé des légions de la garde nationale et des
troupes de toutes armes, lors de la revue qui sera passée le 20 courant
par les membres du gouvernement provisoire,

Ordonnons ce qui suit :

1. La circulation et le stationnement des voitures seront interdits,
le 20 avril courant, à partir de neuf heures du matin jusqu'après l'entier défilé des troupes, sur les points suivants,

Savoir :

Sur la place de la Bastille,
— les boulevards du Centre, depuis la place de la Bastille jusqu'à
celle de la Madeleine ;
Dans la rue Nationale ;
Sur la place de la Révolution ;
Dans la grande avenue des Champs-Elysées, jusqu'à la barrière de
l'Etoile ;
Sur le rond-point de l'Arc-de-Triomphe ;
— l'avenue de Neuilly, depuis l'Arc-de-Triomphe jusqu'à la Porte-
Maillot.

2. Les voitures des personnes qui, le 20 avril, se rendront de la
rive droite à l'Arc-de-Triomphe de l'Etoile, devront passer par la rue
du Faubourg-Saint-Honoré, la rue du Faubourg-du-Roule et l'avenue
de Bezons.

3. Les voitures qui, le même jour, se rendront de la rive gauche à
l'Arc-de-Triomphe, devront passer par les rampes de Chaillot, de
Passy, les barrières Sainte-Marie, de Longchamp et le boulevard extérieur.

4. Il est fait défense de monter sur les colonnes servant à l'éclairage public, et d'établir sur les boulevards du Centre des amphithéâ-
tres, estrades, et d'y placer des voitures et des charrettes.

Les commissaires de police feront enlever tous les objets de cette
nature.

5. Les voitures qui, dans la journée du 20 avril, viendront du pont
de Neuilly pour entrer dans Paris, devront, à la hauteur de la Porte-

_____

(1) V. cette ord., t. III, p. 796.

Maillot, se diriger par la vieille route de Neuilly et la barrière du Roule.

6. Les contraventions à la présente ordonnance seront constatées et déférées aux tribunaux.

7. La présente ordonnance sera affichée dans Paris et dans Neuilly.

Le chef de la police municipale, les commissaires de la ville de Paris, de Neuilly et de Passy, et les gardiens de Paris, sont chargés de tenir la main à son exécution.

Les commandants de la garde nationale et de la gendarmerie de la Seine sont requis de leur prêter main-forte au besoin.

Le préfet de police, CAUSSIDIÈRE.

N° 2080.— *Ordonnance concernant les chemins de fer d'Orléans et du Centre.*

Paris, le 22 avril 1848.

Nous, préfet de police,

Vu la lettre du citoyen ministre des travaux publics, en date du 17 du courant;

En vertu de l'arrêté du Gouvernement du 12 messidor an VIII,

Ordonnons ce qui suit :

Le décret du gouvernement provisoire du 30 mars dernier, qui nomme les citoyens Didion et Bineau commissaires extraordinaires près les chemins de fer d'Orléans et du Centre, et celui du 4 avril courant, qui place ces deux chemins sous séquestre, et stipule qu'ils seront administrés et exploités sous la direction du ministre des travaux publics, seront imprimés et affichés, avec la présente ordonnance, tant à Paris que dans les communes du ressort de la préfecture de police qui sont traversées par le chemin de fer de Paris à Orléans.

Le préfet de police, CAUSSIDIÈRE.

N° 2081.— *Avis relatif aux élections.*

Paris, le 23 avril 1848.

Un grand nombre de citoyens ont remarqué que, dans quelques mairies, les bulletins de vote se distribuaient dans la cour et sans inscription de noms; plusieurs bulletins étaient donnés au même citoyen, auquel il suffisait, pour se les faire remettre, de sortir et de se représenter quelques instants après. Des courtiers d'élections, dont l'intérêt, sans doute, est de fausser l'expression de l'opinion publique, achetaient ces bulletins. Pour éviter de si fâcheux résultats, le préfet de police croit devoir rappeler à ses concitoyens les dispositions de l'article 113 du Code pénal, ainsi conçu :

« *Tout citoyen qui aura, dans les élections, acheté ou vendu un suffrage à un prix quelconque, sera puni d'interdiction des droits de citoyen et de toute autre fonction ou emploi public, pendant cinq ans au moins et dix ans au plus.*

« *Seront en outre, le vendeur et l'acheteur du suffrage, condamnés chacun à une amende double de la valeur des choses reçues ou promises.* »

Il suffira, sans doute, de signaler ces manœuvres pour que tout citoyen vienne en aide, par son contrôle particulier, au contrôle de l'autorité.

Il faut en effet que chacun saisisse les conséquences désastreuses qui peuvent résulter d'une représentation nationale tronquée; il faut que la voix du peuple soit la voix de Dieu ; que le sentiment politique intime se révèle pur et sans souillure de ces trafics scandaleux qui, sous le régime tombé, altéraient même les votes des privilégiés.

Qu'il n'en soit plus ainsi pour la gloire et le bonheur du peuple républicain ; qu'il écrase sous le poids de sa moralité les manœuvres de quelques hommes qui veulent porter atteinte à la sainteté de ses devoirs, et la France régénérée entraînera par son exemple l'humanité tout entière à l'adoption de ses institutions.

Dans tous les cas, les mesures sont prises pour que toute fraude soit découverte, et justice sera faite du crime que la conscience publique réprouve le plus : l'attentat à la souveraineté du peuple par la ruse, quand on n'ose plus la combattre ouvertement.

Le préfet de police, CAUSSIDIÈRE.

N° **2082**.—*Arrêté concernant les ouvriers cordonniers-bottiers.*

Paris, le 29 avril 1848.

Nous, préfet de police,

Vu les réclamations qui nous ont été adressées par les délégués des ouvriers cordonniers-bottiers;

Considérant que ces réclamations ont pour but de supprimer à l'avenir les bureaux de placement dont les agents prélevaient des droits onéreux pour les travailleurs, ou agissaient en faveur de quelques-uns, au détriment de la majorité ;

Que l'office de ces agents, reconnu utile en principe, consistait à servir d'intermédiaire entre les ouvriers cordonniers-bottiers et leurs patrons, et qu'une commission, composée de délégués, a été proposée pour remplir cet office,

Arrêtons ce qui suit :

1. Tout bureau de placement, servant d'intermédiaire entre les ouvriers cordonniers-bottiers et leurs patrons, est interdit.

2. Tout ouvrier cordonnier-bottier sans ouvrage devra s'adresser à la commission, dont le siège est établi cour d'Aligre, rue Saint-Honoré, n° 123.

Le préfet de police, CAUSSIDIÈRE.

N° **2083**. — *Ordonnance concernant le remontage des bateaux entre le pont de la Tournelle et le port à l'Anglais* (1).

Paris, le 1er mai 1848.

Nous, préfet de police,

Considérant que, dans l'intérêt de la sûreté publique, il est nécessaire de rappeler aux citoyens les dispositions des ordonnances qui

---

(1) V. l'ord. du 28 juillet 1846.

suppriment le halage par chevaux, à partir du pont de la Tournelle, dans Paris, jusqu'au port à l'Anglais,

Ordonnons ce qui suit :

L'ordonnance du 20 mai 1845 (1), concernant le remontage des bateaux entre le pont de la Tournelle et le port à l'Anglais, sera de nouveau imprimée et affichée avec le tarif y annexé.

A la suite, seront réimprimés les articles 4 et 5 de l'ordonnance de police du 28 juillet 1846 (2), concernant le même objet.

Le préfet de police, CAUSSIDIÈRE.

N° **2084**. — *Bruits alarmants.*

Paris, le 3 mai 1848.

Citoyens,

Des rumeurs sourdes circulent depuis quelques jours dans tous les rangs de la société ; des provocations soit verbales, soit écrites, sont adressées à une partie de la population contre l'autre. Le devoir du préfet de police est de veiller, en tous temps, à la sécurité des citoyens et à la tranquillité de Paris. L'agitation suscitée par cet appel au désordre a éveillé sa sollicitude ; il espère que les vrais républicains comprendront qu'aujourd'hui, plus que jamais, le Gouvernement doit compter sur leur appui énergique. Au moment où les representants du peuple vont se réunir, quand les questions les plus graves vont se discuter, quand les institutions républicaines vont passer des idées dans les actes, recevoir, après les acclamations de l'instinct et du sentiment populaires, la consécration de la raison pure et réfléchie des représentants du peuple, et assurer son bien-être ; quand, enfin, toutes les forces qui constituent l'humanité s'apprêtent à sanctifier la République, notre idole, irons-nous, citoyens, former deux camps ennemis, et montrer au monde, qui a les yeux sur la France, qu'aux pieds de nos monuments, où nous avons inscrit ces mots sublimes : *Liberté, Egalité, Fraternité,* des enfants de la même patrie sont armés les uns contre les autres !

Vos magistrats, citoyens, celui-là surtout que vous avez appelé au poste qu'il ne veut occuper que pour concourir, dans la limite de ses forces, à votre sécurité à tous, se refusent à croire à un pareil égarement. La lutte à main armée, quand s'ouvre l'arène de discussion des idées, ne peut être que l'œuvre de traîtres à la République ou d'insensés voulant amener dans l'ordre matériel le désordre de leur esprit. Mais ceux-ci, la République les renie pour ses enfants ; elle n'a engendré que des cœurs dévoués et généreux, et c'est à ces vrais républicains qu'elle confiera le sort de ses destinées.

Le préfet de police, CAUSSIDIÈRE.

N° **2085**. — *Ordonnance concernant le service des ouvriers du port aux fruits.*

Paris, le 5 mai 1848.

Nous, préfet de police,

En vertu de l'arrêté du Gouvernement du 12 messidor an VIII (1er juillet 1800),

---

(1) V. cette ord. à l'appendice.
(2) V. cette ord.

Ordonnons ce qui suit :

Article unique. — Les dispositions de l'ordonnance de police du 22 novembre 1842, concernant le service des ouvriers du port aux fruits, et du tarif qui s'y trouve annexé, continueront d'être mises en vigueur, et seront de nouveau imprimées, publiées et affichées.

Le préfet de police, CAUSSIDIÈRE.

Dispositions de l'ordonnance du 22 novembre 1842, relative au service des ouvriers du port aux fruits.

1. Les travaux du port des Miramionnes, dans la partie réservée par notre ordonnance du 10 octobre 1835, à la tenue du marché aux fruits, seront faits exclusivement par des ouvriers commissionnés par nous.

2. Le travail de ces ouvriers consistera :

1° A ranger et à amarrer les bateaux ;

2° A placer les planches servant de chemin pour conduire à ces bateaux ;

3° A décharger les fruits destinés à être vendus à terre, et à les ranger sur le lieu de la vente ;

4° A décharger les fruits vendus sur les bateaux, et à les charger sur les voitures.

3. Les ouvriers devront fournir des plats-bords et des tréteaux à ceux des marchands qui n'en seraient pas munis.

Ils seront chargés de la garde des bateaux non habités.

4. Les ouvriers sont tenus d'avoir une plaque sur laquelle seront gravées les armes de la ville de Paris, avec ces mots autour : *Ouvrier du Port aux Fruits*, et de la porter d'une manière ostensible.

5. Les travaux, la location du matériel à fournir, et la garde des bateaux dont il est fait mention aux articles 2 et 3 ci-dessus, seront payés d'après le tarif annexé à la présente.

6. Les ouvriers du port aux fruits sont collectivement et solidairement responsables des avaries qui proviendraient du fait ou de la négligence de l'un ou de plusieurs d'entre eux, ou qui seraient causés par les ouvriers supplémentaires qu'ils auraient employés.

7. Lorsque la perte aura été régulièrement constatée, le chef des ouvriers sera tenu d'en payer le montant à qui de droit.

8. L'inspecteur général de la navigation et des ports est spécialement chargé d'assurer l'exécution des dispositions de la présente ordonnance.

TARIF.

Fourniture de plats-bords.

Il sera payé par chaque plat-bord fourni par les ouvriers du port aux fruits une somme de.. 1 fr. » c.

> Si l'emploi de ces plats-bords se prolonge au delà d'une semaine, il sera ajouté à ce prix 10 c. par jour et par plat-bord.

Pour les bateaux de fruits en paniers, dont le déchargement se fait immédiatement, il sera payé par plat-bord............................... » 60

> En cas de contestation sur le nombre de plats-bords à fournir, l'inspecteur de la navigation décidera.

Déchargement des fruits.

Il sera payé pour :

1° Cent paniers de raisin de Fontainebleau (de 1 kilog. 500 gr. environ), cinquante centimes, ci.. » 50

2º Cent paniers de la contenance d'un cent de pommes ou poires, dits
grands Thomery (de 7 kilog. 500 gr. environ)..................... 1 fr. » c.
3º Chaque panier à pommes contenant de 12 à 1,500 pommes (de 120
à 130 kilog.)... » 40
4º Chaque manne de 2,000 pommes (de 175 à 200 kilog.).............. » 75
5º Chaque décalitre de poires ou pommes en compte.................. » 05
6º   — de marrons.. » 15
7º Chaque sac de marrons, 50 kilogrammes.......................... » 20

Chargement sur voitures.

Il sera payé pour :

1º Chaque sac de pommes, poires ou marrons (de 40 à 60 kilog.)........ » 10
2º Chaque petit panier à pommes, dits *panier de gardeuses*........... » 05

Garde des bateaux pendant la nuit.

Il sera payé par nuit, pour chaque bateau, barquette, margotat ou bachot
non habité... 1 »

Mise à port et amarrage des bateaux.

Il ne sera rien dû pour ces deux objets.

N° 2086.— *Ordonnance homologative de modifications aux tarifs
du 20 mars 1847, du chemin de fer de Paris à Rouen et de Rouen
au Havre.*

Paris, le 9 mai 1848.

Nous, préfet de police,

Vu : 1º la loi du 15 juillet 1840, qui autorise l'établissement d'un
chemin de fer de Paris à Rouen ; ensemble le cahier des charges annexé à cette loi ;

2º La loi du 11 juin 1842, portant concession de l'établissement d'un
chemin de fer de Rouen au Havre, en prolongement du chemin de fer
de Paris à Rouen ; ensemble le cahier des charges annexé à cette
loi ;

3º Les arrêtés ministériels des 10 janvier et 8 mars 1847, qui centralisent dans les mains du préfet de police, à Paris, les mesures concernant l'ensemble de l'exploitation des chemins de fer ayant leur point
de départ dans le ressort de la préfecture de police, ainsi que du chemin de fer de Rouen au Havre ;

4º Les ordonnances de police du 20 mars 1847, qui fixent les tarifs
applicables aux transports de toute nature sur les chemins de fer de
Paris à Rouen et de Rouen au Havre ;

5º Les propositions soumises à l'homologation administrative par les
compagnies des deux chemins de fer précités, et ayant pour objet des
réductions sur les prix de transports réglés par les ordonnances ci-
dessus visées pour diverses sortes de marchandises ;

6º La décision ministérielle en date du 29 mars dernier, qui homologue lesdites propositions ;

7º Les dispositions de l'article 49 du règlement d'administration publique sur la police, la sûreté et l'exploitation des chemins de fer, en date du 15 novembre 1846, concernant les changements apportés aux tarifs homologués ;

8° Les certificats des commissaires spéciaux de police desdits chemins de fer, en résidence à Paris et au Havre, constatant que les modifications qui font l'objet des propositions ci-dessus visées, ont été affichées le 4 février dernier ;

Considérant qu'il y a lieu de rendre exécutoire, dans le ressort de la préfecture de police, la décision ministérielle précitée;

Considérant que les modifications proposées par les compagnies étant, depuis plus d'un mois, annoncées par des affiches, peuvent être rendues obligatoires immédiatement après la publication de la présente ordonnance,

Ordonnons ce qui suit :

CHAPITRE Iᵉʳ.

MODIFICATIONS AUX TARIFS DU 20 MARS 1847.

1. A partir du jour de la publication de la présente ordonnance, les prix à percevoir pour le transport, à petite vitesse, des marchandises ci-après désignées, sur les chemins de fer de Paris à Rouen et de Rouen au Havre, seront fixés ainsi qu'il suit (1) :

(Tarif pour le transport des marchandises.)

(1) Cet article est modifié par l'ord. du 15 janv. 1850.

Tarif pour le Transport des Marchandises (Ligne de Paris à Rouen).

DÉSIGNATION des MARCHANDISES RANGÉES PAR CLASSE.	TRANSPORT DANS LE SENS			
	DE ROUEN A PARIS.		DE PARIS A ROUEN.	
	MARCHANDISES EXPÉDIÉES			
	DE ROUEN ou d'une station intermédiaire de la ligne DE ROUEN AU HAVRE.	d'un point de la ligne DE ROUEN AU HAVRE à une station intermédiaire de la ligne DE PARIS A ROUEN, ou d'une station intermédiaire de cette dernière ligne à une autre station intermédiaire.	DE PARIS (gare de Batignolles) à une station intermédiaire A ROUEN, ou sur un point de la ligne DU HAVRE.	d'une station à une autre station de la ligne DE PARIS A ROUEN, ou sur un point de la ligne DE ROUEN AU HAVRE.
	TRANSPORTS			
	DE ROUEN A PARIS (gare de Batignolles).	DE ROUEN à une station intermédiaire, ou d'une station intermédiaire à une autre.	DE PARIS (gare de Batignolles) A ROUEN ou à une station intermédiaire.	d'une station intermédiaire à une autre station, ou A ROUEN.
	fr. c.	fr. c.	fr. c.	fr. c.
MARCHANDISES HORS CLASSE. Acides minéraux, Beurre, Charcuterie, Fruits, Gibier, Glaces, Horlogerie, Huiles essentielles, Instruments de musique et de précision, Légumes frais, Marchandises pesant moins de 200 kilogrammes au mètre cube non désignées au cahier des charges ni au tarif du 20 mars 1847, Marchandises précieuses, dangereuses ou exigeant des soins particuliers, Mécaniques, Objets d'art ou de collection, OEufs, Paille fine tressée, Pâtisserie, Phosphore, Plants d'arbres, Pyrites, Volaille, *par tonne et par kilomètre*........	Non modifié.	Non modifié.	» 15	» 15
MARCHANDISES DE 1ʳᵉ CLASSE. Mécaniques en caisses, *par tonne et par kilomètre*.................	» 20	» 20	» 15	» 15
Couleurs en caisses et en barils, Cristaux en caisses, Librairie, Parfumerie, Porcelaines.............	» 15	» 15	» 12	» 12
Calicots écrus en vrac, *par tonne et par kilomètre*...................	Non modifié.	Non modifié.	» 12	Non modifié.
Cartons, Chaudronnerie, Droguerie, Faïences, Fruits secs, Papiers, Papiers peints, Poterie, Produits chimiques, Quincaillerie, Rocou, Sumac, Taillanderie, Verres à vitres en caisses, Verreries, *par tonne et par kilomètre*.................	» 12	» 12	» 10	» 10
Eaux minérales, Vins en paniers et en caisses, *par tonne et par kilomètre*..................	» 09	» 12	» 10	» 10
Acier brut en bottes, Beurre salé, Essence de térébenthine (chargement par wagons complets de 4,000 kilogrammes au minimum), Poivre et Piment, Zinc laminé en barils ou en caisses, *par tonne et par kilomètre*..........	» 07	» 12	» 07	» 07

Tarif pour le Transport des Marchandises (Ligne de Rouen au Havre).

DÉSIGNATION des MARCHANDISES RANGÉES PAR CLASSE.	TRANSPORT DANS LE SENS			
	DU HAVRE A ROUEN.		DE ROUEN AU HAVRE.	
	MARCHANDISES EXPÉDIÉES			
	DU HAVRE A ROUEN, ou à une station de la ligne DE PARIS A ROUEN.	DU HAVRE à une station intermédiaire, ou d'une station intermédiaire à une autre station.	de la gare de Batignolles.	DE ROUEN ou d'une station intermédiaire des lignes DE PARIS A ROUEN et DE ROUEN AU HAVRE.
	TRANSPORTS			
	DU HAVRE A ROUEN.	DU HAVRE A ROUEN, ou à une station intermédiaire.	DE ROUEN AU HAVRE, ou à une station intermédiaire.	DE ROUEN à toutes les stations intermédiaires et d'une station intermédiaire à une autre station.
	fr. c.	fr. c.	fr. c.	fr. c.
MARCHANDISES HORS CLASSE. Acides minéraux, Beurre, Charcuterie, Fruits, Gibier, Glaces, Horlogerie, Huiles essentielles, Instruments de musique et de précision, Légumes frais, Marchandises pesant moins de 200 kilogrammes au mètre cube non désignées au cahier des charges, Marchandises précieuses, dangereuses ou exigeant des soins particuliers, Mécaniques, Objets d'art ou de collection, Œufs, Paille fine tressée, Pâtisserie, Phosphore, Plants d'arbres, Pyrites, Volaille, *par tonne et par kilomètre...*	Non modifié.	Non modifié.	» 15	» 15
MARCHANDISES DE 1ʳᵉ CLASSE. Mécaniques en caisses, *par tonne et par kilomètre*.................	» 20	» 20	» 15	» 15
Couleurs en caisses et en barils, Cristaux en caisses, Librairie, Parfumerie, Porcelaines............	» 15	» 15	» 12	» 12
Calicots écrus en vrac, *par tonne et par kilomètre*....................	Non modifié.	Non modifié.	» 12	Non modifié.
Cartons, Chaudronnerie, Droguerie, Faïences, Fruits secs, Papiers, Papiers peints, Poterie, Produits chimiques,, Quincaillerie, Rocou, Sumac, Taillanderie, Verres à vitres en caisses, Verreries, *par tonne et par kilomètre*.................	» 12	» 12	» 10	» 10
Eaux minérales, Vins en paniers et en caisses, *par tonne et par kilomètre*....................	» 09	» 12	» 10	» 10
Acier brut en bottes, Beurre salé, Essence de térébenthine (chargement par wagons complets de 4,000 kilogrammes au minimum), Poivre et Piment, Zinc laminé en barils ou en caisses, *par tonne et par kilomètre*	» 07	» 12	» 07	» 07

CHAPITRE II.

TRANSPORTS, PAR WAGONS COMPLETS, DE BATIGNOLLES A ROUEN ET AU HAVRE.

2. Les marchandises ci-après désignées, lorsqu'elles seront expédiées par wagons complets chargés de 4,000 kilogrammes au minimum, de mêmes marchandises, seront transportées de Batignolles à Rouen et au Havre, moyennant un prix réduit fixé ainsi qu'il suit :

Tarif pour le Transport par wagons complets de 4,000 kilogrammes.

DÉSIGNATION DES MARCHANDISES rangées par classe, TRANSPORTÉES A PRIX RÉDUITS.	PRIX DE TRANSPORT par wagons de 4,000 kilogrammes (non compris les frais de chargement et de déchargement). DE PARIS (gare de Batignolles)	
	A ROUEN.	AU HAVRE.
PREMIÈRE CLASSE. Alizari et garances, Fers en barre, Vins en fûts, Noir animal............		
DEUXIÈME CLASSE. Fontes brutes, Chaux, Ciment......................	24 francs.	34 francs.
TROISIÈME CLASSE. Ardoises, Briques, Meules, Engrais, Ocre, Poudrette, Tan............		

3. Lorsque l'expédition excédera 4,000 kilogrammes, la partie de l'excédant qui aura été chargée sur le même wagon sera taxée proportionnellement aux prix indiqués en l'article précédent.

Le surplus sera considéré comme expédition partielle et soumis au tarif ordinaire.

CHAPITRE III.

DISPOSITIONS GÉNÉRALES.

4. Les ordonnances ci-dessus visées, du 20 mars 1847, continueront de recevoir leur exécution en ce qui n'est pas contraire aux dispositions qui précèdent.

5. La présente ordonnance sera notifiée aux compagnies des chemins de fer de Paris à Rouen et de Rouen au Havre ; elle sera imprimée et affichée.

Les commissaires spéciaux de police et les agents de surveillance desdits chemins de fer, ainsi que les maires et les commissaires de police des communes du ressort de la préfecture de police, dont le territoire est traversé par le chemin de fer de Paris à Rouen, sont chargés d'en assurer l'exécution.

Le préfet de police, CAUSSIDIÈRE.

N° **2087**. — *Ordonnance concernant l'arrosement.*

Paris, le 10 mai 1848.

Nous, préfet de police,

Ordonnons ce qui suit :

Les dispositions de l'ordonnance de police du 27 juin 1843 (1), concernant l'arrosement de la voie publique, seront de nouveau imprimées et affichées.

Le préfet de police, CAUSSIDIÈRE.

N° **2088**. — *Ordonnance concernant les mesures d'ordre et de sûreté à observer à l'occasion de la fête de la République, le 14 mai 1848, au Champ-de-Mars (2).*

Paris, le 13 mai 1848.

Nous, préfet de police,

Vu le programme officiel concernant la fête de la République, qui aura lieu, le 14 mai courant, au Champ-de-Mars ;

Vu la loi des 16-24 août 1790 ;

L'article 20 de l'arrêté du Gouvernement du 12 messidor an VIII, qui charge le préfet de police de faire observer les lois et arrêtés sur les fêtes républicaines ;

Considérant que la loi des 16-24 août 1790 nous charge de maintenir le bon ordre dans les fêtes publiques et de prendre les précautions convenables pour prévenir les accidents ;

Et vu l'article 471 (n° 15) du Code pénal,

Ordonnons ce qui suit :

Dispositions relatives à la circulation.

1. Pendant la journée du 14 mai, la navigation est interdite entre le pont de la Révolution et le pont de Grenelle, et le public ne pourra y stationner dans des batelets, bateaux ou embarcations quelconques.

Des barrages seront établis à chacun de ces ponts par les soins de l'inspecteur général de la navigation.

2. Le même jour, 14 mai, de huit heures du matin jusqu'à minuit, le pont suspendu des Invalides sera interdit au passage des voitures et des piétons.

Des barrières gardées par la force armée en défendront le passage.

3. Il sera pris des mesures pour que toutes les grilles entourant le Champ-de-Mars soient enlevées dès le 13 mai.

4. Des ponts-volants ayant été construits par les ordres de l'administration sur les fossés du Champ-de-Mars, il est expressément défendu, dans l'intérêt de la sûreté publique, d'y établir d'autres ponts.

5. Le 14 mai, depuis huit heures du matin jusqu'à minuit, la circulation et le stationnement des voitures sont interdits sur les points suivants, savoir :

Sur la ligne des quais de la rive gauche depuis le pont National exclusivement jusqu'à la barrière de la Cunette ;

---

(1) V. cette ord., t. III, p. 641.
(2) V., ci-après, l'ord. du 20 mai.

Sur le pont de la Révolution,
— le pont d'Iéna,
— l'esplanade des Invalides,
— l'avenue de Lamotte-Piquet,
— l'avenue de Labourdonnaye,
— l'avenue de Suffren;
Dans les rues de l'Université (Gros-Caillou),
    —   Saint-Dominique   (id.)
    —   de Grenelle   (id.)

6. Pendant la journée, les voitures des personnes qui se rendront à l'École militaire ne pourront s'y diriger que par:
La rue de Varennes,
    — de Babylone,
Le boulevard des Invalides,
La rue d'Estrées,
L'avenue de Tourville,
    — de Lowendall,
Et la place Fontenoy.

7. Lesdites voitures devront aller stationner sur la place Fontenoy et sur les avenues de Saxe et de Ségur.

8. Le stationnement et la circulation des voitures sont pareillement interdits, le 14 mai, de sept heures du matin à minuit, sur les points ci-après:
Sur la ligne des quais de la rive droite, depuis le pont National exclusivement jusqu'à la barrière de Passy;
Sur les rampes de Chaillot,
Sur le quai de Billy;
Dans toutes les rues qui débouchent sur le quai de Billy;
Dans l'allée des Veuves,
    — le Cours-la-Reine,
    — l'allée d'Antin,
Sur la place de la Révolution;
Dans la grande avenue des Champs-Elysées jusqu'au Rond-Point,
    — l'avenue Marigny,
    — la rue des Champs-Elysées,
    — la rue Nationale jusqu'à la Madeleine,
    — la rue Saint-Florentin,
    — la rue de Rivoli,
Et dans toutes les rues qui débouchent rue de Rivoli.

9. Pareille interdiction aura lieu, de sept heures du matin à cinq heures du soir, le 14 mai, sur toute la ligne des boulevards du Centre, depuis la place de la Bastille jusqu'à la Madeleine.

10. Le 14 mai, à partir de cinq heures du soir jusqu'à minuit, la circulation et le stationnement des voitures sont interdits sur le rond-point de l'Arc-de-Triomphe de l'Etoile et dans l'avenue des Champs-Elysées, depuis la barrière de l'Etoile jusqu'au rond-point des Champs-Elysées.

11. Ledit jour et aux mêmes heures, les voitures qui viendront du pont de Neuilly sur Paris devront, à la hauteur de la Porte-Maillot, s'y diriger par la vieille route de Neuilly et la barrière du Roule.

12. Le même jour, à partir de sept heures du soir, et à l'occasion du feu d'artifice qui sera tiré sur l'Arc-de-Triomphe de l'Etoile, le public ne pourra stationner, jusqu'après le feu, que sur le boulevard circulaire du rond-point de l'Arc, et il sera maintenu du côté de Paris à l'alignement de la barrière de l'Etoile.

13. Le 14 mai, de sept heures du matin à minuit, les voitures qui viendront sur Paris par la barrière de Passy, devront se diriger soit par le pont de Grenelle et les boulevards extérieurs soit par les rampes de Passy, la rue Franklin, le boulevard extérieur, la barrière de Longchamps, la rue de Chaillot et la rue Neuve-Berry.

Dispositions relatives au feu d'artifice qui sera tiré sur la place de la Bastille.

14. Le 14 mai, de sept heures du matin à onze heures du soir, le stationnement et la circulation des voitures sont défendus sur la place de la Bastille et dans la rue Saint-Antoine, à partir de cette place jusqu'à l'église Saint-Paul.

15. En conséquence de cette interdiction, des barrages seront établis pendant toute la journée sur les points ci-après :

A la rue Contrescarpe, au droit du corps de garde de la Bastille ;

Au boulevard Bourdon, au droit dudit corps de garde ;

A toutes les rues qui débouchent sur la place de la Bastille et dans la rue Saint-Antoine jusqu'à l'église Saint Paul ;

Au quai Valmy, à son issue sur la place de la Bastille ;

Et au quai Jemmapes, à son issue sur la place de la Bastille.

16. Pendant la journée du 14 mai, les voitures qui arriveront par les rues de Charenton et du faubourg Saint-Antoine devront, mais jusqu'à cinq heures du soir seulement, se diriger par la rue de la Roquette.

17. Le même jour, après cinq heures du soir et jusqu'à onze heures, la circulation et le stationnement des voitures seront expressément interdits dans la rue du Faubourg-Saint-Antoine, entre la place de la Bastille et la rue Lenoir.

18. Semblable interdiction aura lieu dans la rue de Charenton, entre la place de la Bastille et la rue Traversière.

19. De cinq heures du soir à onze heures, le 14 mai, la circulation et le stationnement des voitures seront interdits rue de la Roquette, dans la partie située entre la place de la Bastille et la rue de Basfroid, et dans toutes les rues qui débouchent dans cette partie de la rue de la Roquette.

20. L'interdiction prononcée par le précédent article, aura lieu pareillement de sept heures du matin à onze heures du soir, sur la partie des boulevards du Centre située entre la place de la Bastille et la rue des Filles-du-Calvaire.

21. Il est enjoint à l'artificier chargé du feu qui sera tiré à la place de la Bastille, d'établir au pourtour du feu, une forte barrière pour tenir le public à la distance reconnue nécessaire à sa sûreté.

Dispositions générales.

22. Les entrepreneurs des feux d'artifice qui seront tirés à la place de la Bastille et à l'Arc-de-Triomphe de l'Étoile, seront tenus de se conformer aux prescriptions de l'ordonnance de police du 10 juin 1842, concernant les artificiers, et à toutes les autres prescriptions qui leur seront ordonnées dans l'intérêt de la sûreté publique.

23. Des postes médicaux pourvus de brancards et de boîtes de secours seront établis, le 14 mai, au centre et aux angles du Champs-de-Mars.

24. Un poste de sapeurs-pompiers avec les pompes et agrès nécessaires, sera établi auprès du feu d'artifice de la place de la Bastille, et il prendra position au boulevard Bourdon, côté de la place de la Bastille.

25. Il est expressément défendu de tirer sur la voie publique et dans l'intérieur des habitations, des pièces d'artifice et armes à feu.

26. Pendant la journée du 14 mai, aucun échafaudage, tente, baraque, estrade, échelle, tonneau, table, banc, charrette, tréteau, planche, etc., ne pourra, sous aucun prétexte, être placé sur les tertres du Champ-de-Mars, sur la voie publique bordant l'itinéraire du cortége, et notamment aux abords des divertissements publics et des feux d'artifice.

Les commissaires de police et les agents de la police municipale, feront enlever et conduire à la fourrière les objets placés en contravention à la présente défense.

27. Défense expresse est faite de monter sur les arbres, sur les candélabres servant à l'éclairage public, sur les statues et bassins de la place de la Révolution, ainsi que sur les toits, entablements, auvents, enfin sur les échafaudages existant au devant des maisons.

28. Les contraventions à la présente ordonnance seront constatées et déférées aux tribunaux compétents.

29. La présente ordonnance sera imprimée et affichée dans Paris et dans les communes de Neuilly et Passy.

Les maires et les commissaires de police desdites communes, le chef de la police municipale à Paris, les gardiens de Paris, l'architecte-commissaire de la petite voirie, l'inspecteur général de la navigation et des ports, le directeur de la salubrité et les préposés de la préfecture de police sont chargés, chacun en ce qui le concerne, de tenir la main à son exécution.

Le général commandant la garde nationale mobile, le colonel de la garde républicaine de Paris, le commandant de la gendarmerie de la Seine sont appelés pareillement à concourir à son exécution, et à prêter main-forte au besoin aux agents de la préfecture de police, agissant pour l'exécution de la présente ordonnance.

Le préfet de police, CAUSSIDIÈRE.

———————————— ❦ ————————————

N° 2089. — *Proclamation du préfet de police aux habitants de Paris.*

Paris, le 17 mai 1848.

Habitants de Paris,

Je viens d'accomplir un devoir, car c'en est un pour un homme d'honneur de ne pas endurer un soupçon.

J'ai donné ma double démission de préfet de police et de représentant du peuple. Le Gouvernement avise à mon remplacement, comme préfet ; les électeurs jugeront leur mandataire.

En attendant un successeur (1), je continue de veiller à tous les services qui dépendent de la préfecture, comme je l'ai fait depuis deux mois et demi ; et je vous réponds de la tranquillité de la capitale que j'ai eu le bonheur de rétablir, grâce à votre concours.

Qu'il me soit permis, en déposant un si rude fardeau supporté avec courage et dévouement, de vous rappeler quelle était la situation de la capitale au 25 février. Vous savez ce qu'elle est aujourd'hui. La population de Paris m'avait su gré de mes efforts et de leurs succès. Elle me l'a témoigné à plusieurs reprises, et notamment par les suffrages dont elle m'a honoré dans les élections. Je l'en remercie profondément, et je la prie de croire que je n'en ai pas démérité.

Hier, dans le sein de l'assemblée, je n'ai pu faire que des réponses incomplètes à de vagues insinuations. Je m'expliquerai ultérieurement, s'il en est besoin.

_____

(1) Par arrêté de la commission du pouvoir exécutif, en date du 18 mai, le citoyen Trouvé-Chauvel, représentant du peuple, est nommé préfet de police.

Aujourd'hui, je ne veux pas me séparer de mes fonctions, sans ous adresser mes vœux ardents pour l'affermissement de vos libertés, et de l'ordre qui les protége, et sans vous rassurer, avant tout, sur le maintien sévère de la surveillance que mon administration coninuera d'exercer, jusqu'à mon remplacement, sur tous vos intérêts.

Une bonne police est le ressort le plus efficace de la prospérité publique ; car elle rend le mouvement à la consommation ; elle rend la confiance aux capitaux, et par conséquent, elle assure, plus puissamment que toute autre combinaison, du travail au peuple, à ce peuple parisien, dont le bien-être était, je l'avoue, et sera toujours ma première préoccupation, pour lui-même, pour vous tous, et pour la République.

Le préfet de police, CAUSSIDIÈRE.

N° **2090.** — *Proclamation du préfet de police aux habitants de Paris.*

Paris, le 18 mai 1848.

Citoyens,

Les événements du 15 mai vous sont connus. L'attitude calme et courageuse des représentants du peuple, la salutaire intervention des gardes nationales sédentaire et mobile, le concours loyal de l'armée, l'impartialité de la justice vous répondent du maintien de l'ordre public, du salut de la liberté.

Le magistrat, chargé plus spécialement de veiller à la police de la capitale, a rempli ses devoirs. Il vous répond de la sécurité de vos foyers et de vos familles. Son action était inaperçue à travers ces grands mouvements ; elle n'a pas cessé de s'exercer. Le principe républicain ne permettait pas de mesures préventives ; mais le devoir d'un gouvernement lui impose toutes les mesures répressives autorisées par la loi. La loi suffira à toutes les éventualités.

L'assentiment national n'a jamais été plus unanime à aucune époque de notre histoire. Assemblée nationale, garde nationale, armée nationale, tout imprime à la République de 1848 un caractère sacré, inviolable, indestructible !

Union, confiance, ordre, dévouement, voilà nos devoirs à tous ; comptez sur moi, comme je compte sur vous. Vous étiez avec moi sur les barricades de la liberté ; je serais avec vous sur les barricades de l'ordre.

Laissons à la justice son cours régulier contre les vrais coupables. appliquons-nous tous, de notre côté, à ramener une foule égarée, des ouvriers trompés, un peuple séduit par des idées généreuses.

Tandis que l'autorité agira (et comptez-y) pour contenir les perturbateurs, appliquons-nous à éclairer les intérêts, à pacifier les esprits, et dans cette épreuve pénible, notre révolution, notre République sortira, croyez-moi, victorieuse.

Le préfet de police, CAUSSIDIÈRE.

N° 2091. — *Proclamation de M. Trouvé-Chauvel aux habitants de Paris, à l'occasion de sa nomination à la préfecture de police.*

Paris, le 20 mai 1848.

Habitants de Paris,

Le Gouvernement vient de m'appeler à la préfecture de police de la Seine. Cette marque de haute confiance m'impose de graves obligations. Mais, plus les difficultés sont grandes, moins il m'est permis de m'y soustraire. Nous sommes dans un temps où tout citoyen doit à la patrie le sacrifice de son repos.

Homme nouveau dans la grande cité, j'aurais voulu laisser à de plus dignes le travail et l'honneur de cette pesante magistrature. Le sentiment de mon insuffisance me conseillait de m'abstenir, le devoir m'ordonne d'accepter le fardeau.

Nous sommes au lendemain d'événements qui pouvaient être désastreux, mais qui ont tourné au profit de la véritable démocratie. La criminelle folie de quelques conspirateurs a démontré hautement la sagesse et l'énergie de la population parisienne.

Quelques-uns des principaux coupables sont sous la main de la loi ; je fais suivre les autres dans leurs ténébreuses retraites et j'espère les amener en face de la justice.

Citoyens, je suis ami de la République ; je l'étais, alors qu'il était défendu d'en invoquer le nom ; mais, si des fonctions élevées m'imposent le devoir de protéger le peuple, elles m'accordent aussi le droit de lui donner des conseils. Je veux le servir, non le flatter, et je lui dirai la vérité, comme sous la monarchie, je l'ai dite aux princes. Le peuple, dans sa puissance, n'a rien à craindre de ses ennemis avoués ; les seuls dangers qui le menacent lui viennent de ses faux amis.

Votre bien-être dépend de vous autant que de ceux qui gouvernent. S'ils vous doivent leurs soins, vous leur devez votre appui. Avec la bonne harmonie entre les citoyens et les fonctionnaires, l'ordre s'établit, et avec l'ordre, la prospérité de tous. Quant à la liberté, vous l'avez conquise, vous saurez la défendre, et mon concours ne vous fera jamais défaut.

Citoyens, le Gouvernement m'a estimé digne de sa confiance ; je veux mériter la vôtre. Vous me jugerez sur mes actes ; et, dans la difficile carrière où je m'engage, si je vous donne de suffisantes preuves de mon patriotisme et de mon dévouement, je ne demande d'autre récompense que de voir confirmer, par votre approbation, le témoignage honorable des hommes que vous avez investis du pouvoir.

Le préfet de police, TROUVÉ-CHAUVEL.

N° 2092. — *Fête de la République, le 21 mai 1848, au Champ-de-Mars.*

Paris, le 20 mai 1848.

Nous, préfet de police,

Vu l'arrêté du Gouvernement portant que la fête du Champ-de-Mars, qui devait avoir lieu le 14 du courant, est remise au 21 du même mois ;

Vu l'ordonnance de police du 13 de ce mois, concernant les mesures d'ordre et de sûreté à observer à l'occasion de la fête annoncée pour le lendemain, laquelle ordonnance a été affichée tant à Paris que dans les communes de Neuilly et Passy ;

Considérant qu'il y a lieu de rendre cette ordonnance obligatoire le 21 du courant ;

En vertu de la loi des 16-24 août 1790, et des arrêtés du Gouvernement des 12 messidor an VIII et 3 brumaire an IX ;

Ordonnons ce qui suit :

1. L'ordonnance de police du 13 mai courant, concernant les mesures d'ordre et de sûreté à observer à l'occasion de la fête qui devait avoir lieu le 14, sera obligatoire pour la fête de la République, qui aura lieu le dimanche 21 de ce mois, au Champ-de-Mars.

2. La présente ordonnance sera imprimée et affichée dans Paris et dans les communes de Neuilly et Passy.

Les maires et les commissaires de police desdites communes, le chef de la police municipale, les commissaires de police et les gardiens de Paris, l'architecte-commissaire de la petite voirie, l'inspecteur général de la navigation et des ports, le directeur de la salubrité et les préposés de la préfecture de police sont chargés, chacun en ce qui le concerne, de tenir la main à son exécution.

Le commandant supérieur des gardes nationales de la Seine, les généraux commandant la garde nationale mobile et la troupe de ligne, le commandant de la gendarmerie de la Seine sont appelés pareillement à concourir à son exécution, et à prêter main-forte au besoin aux agents de la préfecture de police, agissant pour l'exécution de la présente ordonnance.

Le préfet de police, TROUVÉ-CHAUVEL.

N° 2093. — *Proclamation du préfet de police aux habitants de Paris.*

Paris, le 26 mai 1848.

Citoyens,

Le droit de réunion, le droit de libre discussion sont désormais inattaquables ; la révolution de février les a consacrés. Le premier devoir du Gouvernement que cette révolution a fondé est de veiller à ce que les ennemis du pays ne puissent porter atteinte à nos libertés, ni les exploiter contre la République elle-même.

Citoyens, vous avez su faire la différence entre le droit de discussion et les prédications anarchiques, entre le droit de réunion et ces rassemblements tumultueux qui, en obstruant la voie publique, gênent le mouvement commercial et jettent l'alarme dans les esprits. Vous connaissez maintenant les intentions réelles de ces agitateurs qui, le mot de fraternité sur les lèvres, font appel à la violence et s'efforcent d'armer les citoyens les uns contre les autres.

Nous voulons tous une République puissante et prospère. Pour maintenir sa puissance, assurer sa prospérité, il importe que par le calme, la confiance renaisse ; car, sans la confiance, le commerce et l'industrie se trouvent paralysés, et, dès lors, point d'amélioration possible au sort des travailleurs.

Citoyens, nous poursuivons tous un même but. Pour l'atteindre, la persévérance et la fermeté ne feront point défaut à vos magistrats, et ils sauront faire respecter les lois. Vous leur prêterez, de votre côté, l'appui de votre bon sens et de votre patriotisme. C'est, tout à la fois,

sauvegarder vos intérêts et asseoir la République sur des bases iné-
branlables.

Le représentant du peuple, préfet de police, TROUVÉ-CHAUVEL.

N° **2094.** — *Remorquage des bateaux du pont de la Tournelle au port à l'Anglais.*

Paris, le 27 mai 1848.

AVIS.

Aux termes de l'ordonnance du 20 mai 1845, qui a autorisé la compagnie Delagneau à faire le remorquage des bateaux, en lit de rivière,
à partir du pont de la Tournelle jusqu'au port à l'Anglais, moyennant
les prix portés au tarif approuvé par l'administration, ce tarif doit
être revisé à la fin de la première année de l'exploitation.

Ce terme étant arrivé, les personnes qui auraient des observations
à faire relativement audit tarif, sont invitées à se présenter par-devant
l'inspecteur général de la navigation, place Dauphine, n° 10, qui est
chargé de recevoir leurs dires et de les consigner dans un procès-
verbal d'enquête qu'il tiendra ouvert à cet effet pendant un mois, à
partir du jour de la date du présent avis.

Le préfet de police, TROUVÉ-CHAUVEL.

N° **2095.** — *Ordonnance concernant le bachotage.*

Paris, le 5 juin 1848.

Nous, représentant du peuple, préfet de police,

Considérant que, dans l'intérêt de la sûreté des ports et de la navigation, il importe de rappeler aux citoyens les dispositions de l'ordonnance de police du 25 octobre 1840, concernant le bachotage, et d'en
assurer la complète exécution,

Ordonnons ce qui suit :

1. Les dispositions des articles 172 à 182 compris, de l'ordonnance
de police du 25 octobre 1840, relatives au bachotage, seront imprimées
et affichées à la suite de la présente ordonnance.

2. Tous propriétaires de bateaux qui n'auraient pas satisfait à ces
dispositions, devront s'y conformer avant le 20 du courant.

À l'expiration de ce délai, il sera dressé des procès-verbaux contre
les contrevenants, sans préjudice de toutes mesures administratives,
s'il y a lieu.

Le représentant du peuple, préfet de police, TROUVÉ-CHAUVEL.

*Extrait de l'ordonnance du 25 octobre 1840, concernant la police de la
navigation, des rivières, des canaux et des ports, etc., etc.*

CHAPITRE XII. — *Bachotage.*

172. Les bachots, doubles bachots, batelets, galoupilles, chaloupes
et tous autres bateaux analogues employés à naviguer sur les cours
d'eau publics du ressort de la préfecture de police, ne pourront y sta-

tionner qu'en vertu d'une permission délivrée en notre nom par l'inspecteur général de la navigation.

Cette permission pourra être retirée en cas d'abus.

173. Lesdites embarcations devront porter le numéro d'ordre indiqué dans la permission, et ce numéro devra être peint à droite et à gauche de l'avant et de l'arrière, en dehors du bateau et au-dessus de la ligne de flottaison, en chiffres arabes, d'une hauteur de vingt centimètres et de trois centimètres de plein, de couleur blanche sur écusson noir de vingt-cinq centimètres de hauteur sur cinquante centimètres de largeur.

Les chaloupes naviguant à la voile devront, en outre, porter sur leur toile, peint en noir, en chiffres de même espèce et de mêmes dimensions qu'il vient d'être expliqué, le numéro d'ordre qui leur aura été donné.

174. Toute embarcation qui sera trouvée sur les cours d'eau publics du ressort de la préfecture de police, sans porter l'écusson indicatif du numéro de la permission, sera immédiatement consignée à la diligence des préposés de la navigation, qui dresseront, en outre, procès-verbal de la contravention.

175. Les permissions indiqueront les lieux de garage ; elles seront personnelles et ne pourront être transférées avec la propriété de l'embarcation ; elles ne seront accordées que pour des bateaux dont le bon état aura été constaté, et ne seront valables que pour un an.

Toutes celles qui ont été délivrées jusqu'à ce jour sont et demeurent annulées.

176. Il est défendu d'employer ou de faire stationner sur les cours d'eau publics, des chaloupes, batelets et autres embarcations qui n'auraient pas au moins quatre mètres soixante centimètres de longueur et un mètre vingt-cinq centimètres de largeur.

177. Les bachots, batelets, etc., devront être solidement enchaînés tous les soirs au lieu de garage indiqué par la permission.

Les bachots d'équipage dépendant d'embarcations d'une plus grande dimension, devront être attachés aux bateaux qu'ils sont destinés à desservir, et porter les mêmes numéros et les mêmes devises que ces bateaux.

Il ne pourra être fait usage desdits bachots d'équipage, pendant la nuit, qu'en cas d'avarie ou d'accident, et pour porter secours sur la rivière.

178. Les bachots destinés à conduire le public devront être à fond plat et de construction solide.

Ils devront en tout temps être munis de leur gouvernail sans barre et de deux paires de rames, d'une écope, d'un croc, d'un cordage avec une petite ancre ou grapin, et de bancs pour asseoir les voyageurs.

Ces bachots ne pourront, dans aucun cas, porter de voiles de quelque espèce que ce soit.

Avant leur affectation au service public, ils devront être soumis à la visite et vérification de l'inspecteur général de la navigation.

Tout bachot reconnu en mauvais état sera consigné.

179. Les bachots publics ne devront être conduits que par des mariniers munis de notre permission spéciale, et âgés de vingt et un ans au moins.

180. Les bachoteurs sont tenus, lorsqu'ils conduisent le public, d'être porteurs de notre permission, et de la représenter chaque fois qu'ils en sont requis.

Il leur est expressément défendu de monter sur leurs bachots en état d'ivresse, sous peine du retrait de leur permission.

181. Les bachots ordinaires, dont la dimension est communément de huit mètres de longueur sur deux mètres de largeur, et cinquante-cinq centimètres de profondeur, ne pourront recevoir plus de douze personnes, non compris le conducteur.

Quant aux embarcations dont la dimension serait supérieure, le nombre des passagers qu'on pourra y embarquer sera fixé par l'inspecteur général de la navigation ; dans tous les cas, ce nombre sera inscrit sur les deux côtés extérieurs du bachot, en lettres rouges de vingt centimètres de hauteur et de trois centimètres de plein sur un fond blanc.

Il est défendu à tout bachoteur de recevoir dans son bachot un plus grand nombre de personnes que celui qui sera fixé en conformité des dispositions qui précèdent.

Les passagers devront rester assis dans les bachots jusqu'au moment du débarquement.

182. Les bachoteurs ne devront opérer le débarquement des passagers qu'aux lieux qui présenteront sécurité et facilité pour cette opération.

Les localités où se trouveront des planches, chemins, porte-chemins, etc., devront être préférées à toutes autres.

N° 2096. — *Avis aux ouvriers boulangers de Paris et de la banlieue.*

Paris, le 6 juin 1848.

Nous sommes informé que de coupables manœuvres sont exercées par un certain nombre de garçons boulangers contre les maîtres. Sous prétexte de surveiller l'exécution d'un règlement et l'observation d'un tarif convenu, on viole le domicile des boulangers, et on leur impose tel ou tel ouvrier. C'est là un abus intolérable, et que nous sommes décidé à faire cesser immédiatement par tous les moyens que la loi met à notre disposition. Si les garçons boulangers ont des réclamations à faire, c'est au préfet de police qu'ils doivent les adresser, car c'est à lui qu'il appartient de faire exécuter les règlements.

Nous invitons, en conséquence, les ouvriers boulangers à s'abstenir de toute manifestation de cette nature, en les avertissant que des mesures énergiques seront prises pour réprimer le désordre, quelque part et de quelque façon qu'il se produise.

Le représentant du peuple, préfet de police, TROUVÉ-CHAUVEL.

N° 2097. — *Ordonnance concernant les crieurs publics* (1).

Paris, le 9 juin 1848.

Nous, représentant du peuple, préfet de police,

Considérant que, depuis plusieurs jours, des crieurs annoncent sur la voie publique des nouvelles fausses ou mensongères, qui répandent partout l'agitation et le désordre,

Ordonnons ce qui suit :

1. Conformément à l'article 3 de la loi du 10 décembre 1830, les journaux, feuilles quotidiennes ou périodiques, les jugements et autres

(1) V. l'arrêté du 31 juillet 1849.

actes d'une autorité constituée ne pourront être annoncés dans les rues, places et autres lieux publics, autrement que par leur titre. Aucun autre écrit, imprimé, lithographié, gravé, ou à la main, ne pourra être crié sur la voie publique qu'après que le crieur ou distributeur aura fait connaître le titre sous lequel il veut l'annoncer, et qu'après avoir remis un exemplaire de cet écrit au commissariat de police du quartier du Palais-de-Justice, cour de Harlai.

2. La vente ou distribution de faux extraits de journaux, jugements et actes de l'autorité publique, est défendue. (*Loi du 10 décembre 1830, article 4.*)

3. Tout crieur qui enfreindra les dispositions qui précèdent sera arrêté et traduit devant les tribunaux compétents.

La présente ordonnance sera imprimée et affichée dans Paris.

Le chef de la police municipale et les commissaires de police sont chargés d'en assurer l'exécution.

Les commandants de la garde nationale et des autres corps militaires sont requis de prêter main-forte au besoin.

Le représentant du peuple, préfet de police, TROUVÉ-CHAUVEL.

———————◎———————

Nº **2098**. — *Ordonnance concernant les marchands étalagistes et autres personnes stationnant sur la voie publique, pour y exercer une industrie.*

Paris, le 28 juin 1848.

Nous, représentant du peuple, préfet de police,

Considérant qu'il importe d'empêcher l'envahissement de la voie publique par une multitude de marchands étalagistes qui compromettent gravement la liberté et la sûreté de la circulation ;

Vu l'ordonnance de police du 20 janvier 1832, concernant les étalagistes et autres personnes stationnant sur la voie publique, pour y exercer une industrie ;

Vu la loi des 16-24 août 1790, titre XI ;

En vertu des articles 21 et 22 de l'arrêté du Gouvernement du 12 messidor an VIII (1er juillet 1800),

Ordonnons ce qui suit :

1. Nul ne peut stationner, même momentanément, sur la voie publique, pour y étaler et exposer en vente des marchandises ou pour y exercer une industrie, qu'en vertu de permissions que nous pourrons délivrer pour certains points où nous aurons reconnu que de tels stationnements ne nuiront point à la circulation.

2. Les permissions délivrées jusqu'à ce jour seront maintenues, s'il y a lieu.

3. Toute demande de permission nouvelle nous sera adressée par l'entremise du commissaire de police du quartier où sera situé le lieu de stationnement dont elle contiendra la désignation.

4. Il ne sera pas délivré de permissions pour des emplacements qui ne seraient pas éloignés de 40 mètres au moins des magasins et marchés où se vendent des marchandises de même espèce que celles que les pétitionnaires se proposent d'exposer en étalage.

5. Toute personne qui aura obtenu une permission pour stationner sur la voie publique devra, si elle n'en est dispensée par la loi, se pourvoir d'une patente ou d'un certificat d'exemption de l'administration des contributions indirectes, sous peine de voir ses marchandises saisies et séquestrées à ses frais, jusqu'à la représentation d'une pa-

tente ou d'un certificat d'exemption, conformément à l'article 28 de la loi du 25 avril 1844.

6. Toutes personnes stationnant sur la voie publique, pour y étaler des marchandises ou y exercer une industrie, seront tenues, à toute réquisition des commissaires, officiers et agents de police, de représenter leurs permissions et leurs patentes acquittées ou leurs certificats d'exemption.

7. Les contraventions aux dispositions de la présente ordonnance seront constatées par des procès-verbaux ou rapports, et poursuivies conformément aux lois et règlements.

Les commissaires de police feront, en outre, cesser tout embarras de la voie publique, en faisant opérer immédiatement l'enlèvement et le transport, soit à la préfecture de police, soit à la fourrière, des marchandises, voitures, tables, mannes et autres objets ou appareils qui nuiraient à la liberté de la circulation.

8. L'ordonnance du 20 janvier 1832 est rapportée.

9. La présente ordonnance sera imprimée et affichée.

Le chef de la police municipale, les commissaires de police, les officiers de paix, les gardiens de Paris, et les chefs des services extérieurs et les autres préposés de la préfecture de police sont chargés d'en surveiller et assurer l'exécution.

Il en sera transmis des exemplaires aux délégués du maire de Paris aux arrondissements de Saint-Denis et de Sceaux, pour les faire publier et afficher dans l'intérêt de leurs administrés.

Le représentant du peuple, préfet de police, TROUVÉ-CHAUVEL.

———————◦———————

N° **2099.** — *Ordonnance concernant les voitures de place* (1).

Paris, le 29 juin 1848.

Nous, représentant du peuple, préfet de police,

Considérant qu'un grand nombre de dispositions réglementaires sur la police des voitures de place sont inexécutées, et qu'il en résulte de graves inconvénients pour la circulation, le bon ordre sur les places et les divers intérêts que ces règlements ont pour objet de garantir,

Ordonnons ce qui suit :

1. Les titres Ier, II, III et VII de l'ordonnance de police du 15 janvier 1841, à l'exception des articles 30, 31, 42 (§§ 1er, 5 et 7), 47, 49 (§§ 3 et 4), 52, 53, 106, 109 et 110, seront de nouveau publiés et affichés à la suite de cette ordonnance.

2. La présente ordonnance sera imprimée et affichée.

Les commissaires de police, le chef de la police municipale, l'inspecteur-contrôleur de la fourrière, les contrôleurs ambulants, les surveillants des stations et les autres préposés de la préfecture de police, sont chargés, chacun en ce qui le concerne, d'en assurer l'exécution.

Le représentant du peuple, préfet de police, TROUVÉ-CHAUVEL.

————————

(1) Abrogée.— V. l'ord. du 15 sept. 1850.

N° **2100.** — *Ordonnance concernant les mesures d'ordre et de sûreté à observer dans la journée du 6 juillet, consacrée à la cérémonie funèbre en l'honneur des citoyens qui ont succombé dans les journées de juin 1848, pour la défense de la République.*

Paris, le 5 juillet 1848.

Nous, représentant du peuple, préfet de police,

Vu le programme réglant le cérémonial et les dispositions qui seront observées dans Paris le 6 juillet courant, jour auquel aura lieu la cérémonie funèbre en l'honneur des citoyens qui ont succombé dans les journées de juin 1848, pour la défense de la République;

Vu la loi des 16-24 août 1790, qui nous charge de maintenir le bon ordre dans les cérémonies publiques,

Et en vertu de l'arrêté du Gouvernement du 12 messidor an VIII (1er juillet 1800),

Ordonnons ce qui suit:

1. Jeudi prochain, 6 juillet courant, jour auquel aura lieu la cérémonie funèbre en l'honneur des citoyens qui ont succombé dans les journées de juin 1848 pour la défense de la République, toute voiture étrangère à la cérémonie funèbre ne pourra, de huit heures du matin jusqu'après le passage du cortége, circuler ni stationner sur les points ci-après désignés:

Le pont de la Concorde,
La place de la Concorde,
Les rues des Champs-Elysées,
— Saint-Florentin,
— Nationale,
La place de la Madeleine,
Les boulevards du centre, entre la Madeleine et la place de la Bastille,
Et la place de la Bastille.

2. Les voitures pourront toutefois, jusqu'au moment où le cortége paraîtra, traverser, mais sur les boulevards seulement, l'itinéraire réservé au cortége.

3. Il est fait défense expresse de monter sur les arbres, les colonnes destinées à l'éclairage public, les bassins et les statues de la place de la Concorde, sur les balustrades de cette place et les parapets des quais, ponts et berges.

4. Il est pareillement défendu de construire aucuns échafaudages, gradins, estrades ou autres établissements de ce genre, et de placer des bancs, tables, charrettes, voitures, chaises, échelles, tonneaux ou autres objets servant à s'élever dans toute l'étendue de l'itinéraire que doit parcourir le cortége.

Les objets trouvés en contravention à la défense ci-dessus seront enlevés et transportés à la fourrière de la préfecture de police.

5. Il est fait défense aux personnes à cheval ou à pied de traverser le cortége ou de s'y placer.

6. Défense est faite également de monter sur les monuments publics, sur les toits, les entablements ou les auvents des maisons, ainsi que sur les échafaudages qui se trouveraient au-devant des bâtiments.

7. L'observation des règlements qui défendent d'exposer aux fenêtres et au-devant des maisons, sur la voie publique, des caisses, pots

de fleurs, vases ou autres objets pouvant nuire par leur chute ou causer des accidents, est spécialement recommandée aux habitants.

8. Le chef de la police municipale est autorisé à prendre toutes les mesures de police non prévues par la présente ordonnance, et qui pourraient être nécessaires au maintien de l'ordre et de la sûreté publique.

Il se concertera, à cet effet, avec les commandants de la force armée qui seront sur les lieux.

9. Les contraventions à la présente ordonnance seront constatées, et les contrevenants poursuivis conformément aux lois.

10. La présente ordonnance sera imprimée et affichée dans Paris.

Le chef de la police municipale, les commissaires de police de la ville de Paris, les officiers de paix, les gardiens de Paris et les préposés de la préfecture de police et tous agents de la force publique sont chargés de tenir la main à son exécution, chacun en ce qui le concerne.

Le colonel de la garde républicaine et les commandants des autres corps militaires sont requis de leur prêter main-forte, et de concourir, en ce qui les concerne, à l'exécution de la présente ordonnance.

Le représentant du peuple, préfet de police, TROUVE-CHAUVEL.

N° 2101. — *Ordonnance concernant les voitures de remise louées à la journée, à la semaine, au mois ou à l'année, et les voitures sous remise offertes au public pour marcher à l'heure et à la course.*

Paris, le 6 juillet 1848.

Nous, représentant du peuple, préfet de police,

Considérant qu'un grand nombre de dispositions réglementaires sur la police des voitures de remise et sous remise sont inexécutées, et qu'il en résulte de graves inconvénients pour la circulation, le bon ordre et les divers intérêts que ces règlements ont pour objet de garantir,

Ordonnons ce qui suit :

1. L'ordonnance de police du 5 octobre 1843 (1), concernant les voitures de remise louées à la journée, à la semaine, au mois, ou à l'année, et les voitures sous remise offertes au public pour marcher à l'heure et à la course, sera de nouveau publiée et affichée à la suite de cette ordonnance.

2. La présente ordonnance sera imprimée et affichée.

Les commissaires de police, le chef de la police municipale, l'inspecteur-contrôleur de la fourrière et les autres préposés de la préfecture de police sont chargés, chacun en ce qui le concerne, d'en assurer l'exécution.

Le représentant du peuple, préfet de police, TROUVÉ-CHAUVEL.

---

(1) V. cette ord., t. III, p. 666.

N° **2102**. — *Ordonnance concernant les chiens et les chiens boule-dogues.*

Paris, le 8 juillet 1848.

Nous, représentant du peuple, préfet de police,

Considérant que de nombreux inconvénients et de graves dangers peuvent résulter de l'inexécution des règlements sur la police des chiens, et qu'il y a lieu d'en rappeler les dispositions au public;

Vu les arrêtés du Gouvernement des 12 messidor an VIII et 3 brumaire an IX,

Ordonnons ce qui suit :

Les dispositions de l'ordonnance de police du 27 mai 1845 (1), concernant les chiens et les chiens *boule-dogues*, seront de nouveau imprimées et affichées dans Paris et dans les communes du ressort de la préfecture de police, ainsi que l'avis du conseil de salubrité annexé à ladite ordonnance.

Le représentant du peuple, préfet de police, TROUVÉ-CHAUVEL.

N° **2103**. — *Ordonnance homologative de nouveaux tarifs pour le transport des voyageurs sur les chemins de fer de Paris à Saint-Germain et de Paris à Versailles (rive droite) (2).*

Paris, le 10 juillet 1848.

N° **2104**. — *Avis.*

Paris, le 13 juillet 1848.

L'instruction judiciaire relative aux événements de juin marche aujourd'hui avec rapidité. Trois mille inculpés ont été interrogés par les juges instructeurs.

Aussitôt que la marche de l'instruction a été assurée, quatre commissions militaires ont été instituées pour déterminer, d'après l'examen des résultats de l'instruction, à laquelle des différentes classes déterminées par le décret du 25 juin 1848, devait appartenir chacun des inculpés.

Ce travail se poursuit avec une activité ferme et éclairée. Cent soixante-huit détenus ont déjà été mis en liberté comme n'étant sous le poids d'aucune charge résultant de l'instruction. Des publications ultérieures feront connaître la marche des travaux judiciaires. Jusqu'à ce jour, le pouvoir exécutif de la République s'était abstenu de démentir les imputations sauvages d'exécutions nocturnes faites par suite de jugements secrets. Le pouvoir exécutif a compté sur la confiance et le bon sens publics. Quelle que puisse être l'inquiétude de certains esprits, quelle que puisse être la disposition d'une partie de la population à accueillir les suppositions les plus étranges, le pouvoir

(1) V. cette ord.
(2) Abrogée.—V. l'ord. du 30 juill. 1849.

exécutif persiste à penser qu'il n'avait pas à se défendre d'accusations semblables ; il s'étonne seulement qu'elles aient été formulées, et signale à l'indignation des bons citoyens ceux qui exploitent, pour les aggraver encore, les souffrances publiques et particulières.

Par ordre :

Le représentant du peuple, préfet de police, TROUVÉ-CHAUVEL.

N° **2105.** — *Proclamation du préfet de police aux habitants de Paris.*

Paris, le 13 juillet 1848.

Les bruits les plus alarmants sont répandus à dessein dans la cité. En présence d'une disposition heureuse au retour à la confiance, en présence de la reprise de quelques travaux propres à rendre aux ouvriers une situation respectable, propres à faire cesser à tous les degrés la gêne du commerce et de l'industrie, propres à soulager le trésor de la République d'une charge pesante, des citoyens indignes de ce titre se plaisent à reproduire les nouvelles les plus menaçantes.

Ils parlent d'agressions nouvelles, ils racontent les projets insensés qu'eux-mêmes ont fait éclore dans les rangs des ennemis persévérants de tout ordre, de toute liberté.

Si la souffrance n'inspire au gouvernement de la République qu'un sentiment de fraternelle sympathie, ces hommes, quant à eux, n'y voient qu'une douleur à exploiter contre les intérêts de la société, contre la société elle-même, et, parce qu'ils auront eu le criminel courage de faire saigner des plaies récentes, ils osent lever la tête et se dire républicains !

La République est une loi d'affection et de dévouement, elle n'est point un code de haine et de fureur.

Le pouvoir exécutif, heureux et fier d'avoir planté le drapeau républicain en face de celui de la révolte contre la loi humaine, déclare, au nom de la nation, que ces dangereux ennemis n'ont pas le droit de se parer d'un titre que la vérité accorde à d'autres pensées, que l'histoire réserve à d'autres actes.

Les véritables républicains, quels que soient leur âge et leur date, sont ceux qui ne veulent pas reconnaître que le bonheur du peuple puisse être dans le chaos, qui ne veulent pas exposer l'avenir de la République à ce danger redoutable, que la nation fatiguée, haletante, s'arrête un jour, croyant n'avoir plus à se prononcer qu'entre le despotisme des anciennes formes et le despotisme de la destruction.

Que les bons citoyens se rassurent : leur sécurité sera dans le calme même de leur attitude et de leur pensée ; le pouvoir public connaît ses devoirs, il les remplit avec conscience. La fortune de la République aura plus de puissance que le génie de la violence et du désordre.

Par ordre :

Le représentant du peuple, préfet de police, TROUVÉ-CHAUVEL.

N° 2106. — *Proclamation du préfet de police aux habitants de Paris.*

Paris, le 21 juillet 1848.

Habitants de Paris,

En acceptant les fonctions de préfet de police (1), je ne me suis pas dissimulé l'importance des devoirs que je contractais. Peut-être aurais-je reculé devant le sentiment de mon insuffisance, si je n'avais pensé que, dans les circonstances graves et quelquefois périlleuses au milieu desquelles nous vivons, chaque citoyen se doit à son pays, dans la limite des forces et de l'aptitude que Dieu lui a données.

En vous disant, citoyens, qui j'ai toujours été, ce sera vous apprendre qui je veux toujours être.

J'ai, toute ma vie, désiré une République assise sur la triple et sainte base de la patrie, de la famille et de la propriété. Un tel gouvernement est, en effet, la plus large consécration de tous les droits, comme la plus sincère garantie de tous les intérêts. Cette République grande, noble et féconde, je la défendrai avec énergie et persévérance contre ceux qui voudraient la déshonorer par des excès et contre ceux qui chercheraient à l'étouffer dans des embrassements perfides. Avec le suffrage universel pour principe, un gouvernement défie toutes les prétentions : l'insurrection devient un crime de lèse-nation ; c'est la révolte de la minorité contre la majorité du pays tout entier. Malheur et honte à ceux qui s'obstineraient à ne pas respecter ces vérités ; ils ne seraient pas dignes d'être républicains, et ils trouveraient en moi un adversaire implacable !

Citoyens, il est temps d'oublier nos stériles distinctions de républicains de la veille ou du lendemain, pour nous rappeler que nous devons être républicains du jour. Aujourd'hui, la République et la société sont unies par des liens d'une solidarité à jamais indissoluble ; attaquer l'une, c'est vouloir renverser l'autre. Riches et pauvres, patrons et ouvriers, nous avons donc tous le même intérêt à maintenir l'ordre sans lequel il n'y aurait ni confiance ni crédit, et par conséquent ni commerce ni travail.

Habitants de Paris, vous qui avez été de tout temps les premiers à combattre pour la liberté et qui êtes encore les premiers à la défendre, permettez-moi d'espérer en votre bienveillante sympathie. Je vous promets, en échange, une vigilance incessante et une résolution qui ne sait point transiger avec la conscience. Ayons foi dans les destinées du pays ; notre union les rendra glorieuses et la liberté sera impérissable.

Vive la République !

Le représentant du peuple, préfet de police, DUCOUX.

————————◎————————

N° 2107. — *Avis.*

Paris, le 21 juillet 1848.

Le représentant du peuple, préfet de police, rappelle au public :

1° Qu'aux termes de la loi du 9 vendémiaire an VI, toutes les affiches autres que celles d'actes émanés de l'autorité publique sont as-

---

(1) Par arrêté du président du conseil, chargé du pouvoir exécutif, en date du 19 juillet 1848, le citoyen Ducoux a été nommé préfet de police, en remplacement du citoyen Trouvé-Chauvel, appelé à la préfecture de la Seine.

sujetties à l'impôt du timbre, quelle que soit leur nature et leur objet ;

2° Qu'aux termes de la loi du 6 prairial an VII, tous les avis imprimés qui se crient et distribuent dans les rues et lieux publics, ou que l'on fait circuler de tout autre manière, sont assujettis au droit de timbre, et qu'il n'y a d'exception que pour les annonces, prospectus et catalogues de librairie (loi du 25 mars 1817), et pour les annonces, prospectus et catalogues d'objets relatifs aux sciences et aux arts (loi du 15 mai 1818).

Il rappelle également que la loi du 28 avril 1816 punit toute impression, affichage ou distribution d'écrits non timbrés.

Il pense que chacun comprendra que le premier devoir d'un citoyen est d'observer les lois, et que le présent avis suffira pour faire cesser des contraventions qui causent un grand préjudice au trésor public.

Le représentant du peuple, préfet de police, DUCOUX.

———————⊙———————

N° 2108. — *Ordonnance concernant la police, la sûreté et l'exploitation des chemins de fer.*

Paris, le 21 juillet 1848.

Nous, représentant du peuple, préfet de police,

En vertu des arrêtés du Gouvernement des 12 messidor an VIII et 3 brumaire an IX (1er juillet et 25 octobre 1800),

Ordonnons ce qui suit :

Les dispositions de la loi du 15 juillet 1845 et du règlement d'administration publique du 15 novembre 1846, concernant la police, la sûreté et l'exploitation des chemins de fer, seront imprimées et affichées de nouveau, tant à Paris que dans les communes du ressort de la préfecture de police (1).

Le représentant du peuple, préfet de police, DUCOUX.

———————⊙———————

N° 2109. — *Ordonnance homologative d'un nouveau tarif spécial pour le transport de la houille et de quelques autres marchandises expédiées, par wagon complet, des stations de* Quiévrain, Valenciennes, Raismes *et* Somain, *sur le chemin de fer de Paris à la frontière de Belgique* (chemin de fer du Nord).

Paris, le 26 juillet 1848.

Nous, représentant du peuple, préfet de police,

Vu : 1° la loi du 15 juillet 1845, qui autorise la concession du chemin de fer de Paris à la frontière de Belgique, ensemble le cahier des charges, coté A, annexé à cette loi;

2° L'ordonnance homologative de l'adjudication dudit chemin de fer;

3° L'ordonnance de police du 10 février 1847, qui fixe le tarif pour le

_____

(1) V. la loi sur la police des chemins de fer, et le règlement d'admin. publ., du 15 novembre 1846.

transport des marchandises à la petite vitesse sur le chemin de fer précité;

4° L'ordonnance du 17 juin 1847, homologative d'un tarif spécial pour le transport de la houille et de quelques autres marchandises expédiées, par wagon complet, de quelques stations aux autres stations de la ligne, et l'ordonnance du 28 du même mois, qui autorise la concession de primes aux expéditeurs de quantités déterminées de marchandises;

5° Les propositions soumises à l'homologation administrative par la compagnie du chemin de fer du Nord, concessionnaire du chemin de fer de Paris à la frontière de Belgique, et ayant pour objet un nouveau tarif spécial applicable au transport de la houille et de quelques autres marchandises expédiées, par wagon complet, des stations de Quiévrain, Valenciennes, Raismes et Somain, à toutes les autres stations de la ligne;

6° La décision ministérielle en date du 7 juillet courant, portant homologation des propositions de la compagnie, sous certaines réserves, et la déclaration faite le 18 du courant par ladite compagnie, qu'elle renonce purement et simplement à la partie de ses propositions sur laquelle portent les réserves ci-dessus énoncées;

7° L'article 49 de l'ordonnance réglementaire du 15 novembre 1846, sur la police, la sûreté et l'exploitation des chemins de fer concernant le délai d'annonce pour les modifications apportées dans les tarifs;

8° Le certificat du commissaire spécial de police du chemin de fer du Nord, en date du 18 de ce mois, duquel il résulte que les modifications du tarif qui font l'objet des propositions ci-dessus visées, ont été affichées dès le 2 juin dernier;

Considérant qu'il y a lieu de rendre exécutoire, dans le ressort de la préfecture de police, la décision ministérielle précitée;

Considérant que les modifications de tarif proposées par la compagnie, étant, depuis plus d'un mois, annoncées par des affiches, peuvent être rendues exécutoires immédiatement après la publication de la présente ordonnance,

Ordonnons ce qui suit:

1. A partir du jour de la publication de la présente ordonnance, le transport, à petite vitesse, par wagon complet de 5 à 6,000 kilogrammes des marchandises ci-après désignées, qui seront expédiées des stations de Quiévrain, Valenciennes, Raismes et Somain, s'effectuera aux prix réglés dans le tableau suivant, lorsque la demande en sera faite par les expéditeurs.

Marchandises auxquelles s'appliquent les prix de transport indiqués au tableau ci-après.

Houille (1), coke, fonte brute, supports en fonte et rails pour chemins de fer, marbres en bloc, pierres à bâtir, briques, pavés, minerai, plomb et zinc en saumon et en plaques, marbres en tranches et bouteilles vides.

---

(1) Les dispositions relatives au transport de la HOUILLE, par wagon complet, sont remplacées par celles qui font l'objet d l'ord. du 17 avril 1849.

Tarif pour le Transport des Marchandises.

LIEUX de DESTINATION.	LIEUX DE DÉPART.							
	QUIÉVRAIN.		VALENCIENNES.		RAISMES.		SOMAIN.	
	Dis-tances.	Tarif par 1,000 kilogr.	Dis-tances.	Tarif par 1,000 kilogr.	Dis-tances.	Tarif par 1,000 kilogr.	Dis-tances.	Tarif par 1,000 kilogr.
	kilom.	fr. c.	kilom.	fr. c.	kilom.	fr. c.	kilom.	fr. c.
Paris, *gare de La Cha-pelle*............	288	16 50	275	16 »	270	16 »	255	15 »
Saint-Denis............	283	16 50	271	16 »	265	16 »	250	15 »
Enghien...............	278	16 50	266	16 »	260	16 »	245	15 »
Herblay..............	264	16 50	257	16 »	251	16 »	256	15 »
Pontoise..............	260	16 »	248	15 »	243	15 »	228	14 »
Auvers..............	256	16 »	243	15 »	238	15 »	223	14 »
Isle-Adam............	250	16 »	238	15 »	232	15 »	217	14 »
Beaumont............	243	15 50	231	15 »	226	15 »	210	14 »
Boran...............	236	15 »	224	15 »	219	15 »	204	14 »
Saint-Leu............	229	15 »	216	15 »	211	15 »	196	14 »
Creil...............	222	14 »	210	14 »	204	14 »	189	13 »
Liancourt............	214	14 »	202	14 »	197	14 »	182	13 »
Clermont............	207	14 »	195	14 »	190	14 »	174	13 »
Saint-Just...........	193	14 »	180	14 »	175	14 »	160	12 50
Breteuil.............	177	13 »	165	13 »	160	13 »	143	11 50
Ailly...............	161	11 50	149	11 »	144	11 »	128	9 »
Amiens..............	142	9 50	129	9 50	124	9 50	109	8 50
Albert..............	110	8 50	98	8 »	95	8 »	77	6 40
Achiet..............	92	7 »	80	6 50	74	6 50	59	5 »
Arras...............	74	5 »	62	4 50	57	4 50	41	3 20
Douai..............	48	4 »	36	3 50	31	3 »	15	1 50
Pont-de-la-Deule.....	50	4 »	39	3 90	33	3 30	19	1 90
Séclin..............	70	5 »	58	4 75	52	4 75	37	3 70
Lille...............	80	5 »	68	4 75	63	4 75	47	3 80
Roubaix............	89	5 60	77	5 50	72	5 50	57	4 50
Tourcoing...........	92	5 60	80	5 50	75	5 50	59	4 50
Mouscron...........	97	5 90	85	5 90	80	5 90	64	5 40

2. La compagnie ne répond pas des avaries qui surviendraient aux marbres en tranches et aux bouteilles vides transportées aux prix du présent tarif.

3. Les expéditions de houille et de toutes autres marchandises désignées en l'article 1er, qui ne seront pas faites par wagon complet, seront taxées aux prix fixés par l'ordonnance du 10 février 1847, pour la 2e catégorie de la 3e classe de marchandises.

4. Tout expéditeur qui réclamera l'application du présent tarif renoncera par cela même au bénéfice des primes proportionnelles, mensuelles, trimestrielles et annuelles sur les transports effectués au prix dudit tarif.

5. Le chargement et le déchargement des objets désignés au présent tarif pourront être faits par les expéditeurs et par les destinataires, et à leurs frais.

Dans le cas où ces deux opérations ou seulement l'une d'elles seraient faites par la compagnie, celle-ci aurait droit à 50 centimes par 1,000 kilogrammes pour chaque opération.

6. Toutes les dispositions des ordonnances ci-dessus visées des 10 février, 17 et 28 juin 1847, qui ne sont pas contraires à celles qui précèdent, continueront de recevoir leur exécution.

7. La présente ordonnance sera notifiée à la compagnie, imprimée et affichée.

Le commissaire spécial de police et les agents de surveillance du chemin de fer de Paris à la frontière de Belgique, ainsi que les maires et les commissaires de police des communes du ressort de la préfecture de police, dont le territoire est traversé par ledit chemin de fer, sont chargés d'en assurer l'exécution.

Le représentant du peuple, préfet de police, DUCOUX.

N° **2110.** — *Proclamation du préfet de police aux habitants de Paris.*

Paris, 26 juillet 1848.

Citoyens,

Le crédit ne peut fleurir que par la confiance, et la confiance elle-même ne peut s'affermir sans le concours de tous les honnêtes citoyens, également intéressés au maintien de l'ordre, sans lequel il n'y a pas de liberté. Des bruits propagés par la malveillance ont longtemps entretenu dans l'opinion publique une inquiétude vague dont on était disposé à exagérer les causes. Sentinelle préposée à la garde de la sécurité publique, j'ai pensé que mon devoir était de rassurer les esprits. A cet effet, je ferai publier périodiquement, de cinq en cinq jours, le résumé fidèle de tous les faits qui auront eu lieu pendant cette période, et j'espère que les fauteurs de désordres, aussi bien que les colporteurs de sinistres nouvelles, convaincus de l'impuissance de leurs efforts, renonceront enfin à l'espérance qu'ils ont de régner par l'effroi. Il serait par trop extraordinaire que la France, pays de courage et d'honneur, fût exploitée par la panique.

Les travaux reprennent de l'activité dans toutes les branches de l'industrie. Le 22 juillet, sur 30.992 ouvriers qui habitaient dans les garnis de la capitale, 19,277 étaient occupés à des travaux de leur profession.

Les opérations du Mont-de-Piété démontrent également que la situation va s'améliorant. Le nombre des effets ou objets dégagés, depuis le 20 jusqu'au 24 juillet inclusivement, a dépassé celui des objets engagés.

Les sommes prêtées par l'établissement ne se sont élevées qu'à 185,140 francs, tandis qu'il lui a été remboursé 200,156 francs.

Le mouvement d'émigration qui a eu lieu à la suite des journées de juin a beaucoup diminué; il avait été, du reste, fort exagéré. Du 20 au 24 juillet, il a été délivré 2,021 passe-ports à des citoyens français, et 428 à des étrangers. Sur les 2,021 passe-ports accordés à des Français, 519 étaient gratuits. Beaucoup ont été délivrés pour les établissements d'eaux thermales. Les hôtels garnis et maisons meublées de la capitale se sont ressentis de ce mouvement. Pendant les cinq jours qui viennent de s'écouler, il est entré 4,046 personnes; le chiffre des départs a été de 4,812.

La surveillance incessante, dont les malfaiteurs sont l'objet, porte ses fruits. Jamais on n'a eu à constater moins d'attentats contre les personnes et contre les propriétés. Du 20 au 24 juillet, il a été dénoncé 5 attentats contre les personnes et 7 attentats contre les propriétés. Quant aux infractions justiciables des tribunaux correctionnels, leur nombre est plus considérable; mais celui des vols simples et escroqueries ne dépasse pas 35. Le chiffre des détenus ordinaires était de 3,201 le 20 juillet, et, le 24, il atteignait 3,282, nouvelle preuve de l'activité que déploie la police de sûreté.

Le nombre total des citoyens détenus par suite des événements de juin s'élève à cette heure à 9,179; c'est le chiffre le plus élevé qui ait été atteint. En ce qui concerne le régime auquel ces citoyens sont soumis et les soins qui leur sont donnés, il suffira, pour répondre à tout ce qui a été avancé d'inexact à cet égard, de dire que, sur ce nombre de prisonniers, on a seulement deux décès à constater.

Enfin, c'est surtout au sujet des bruits alarmants répandus dans le public sur une prochaine tentative d'insurrection, que la malveillance s'est donné carrière. Toutes ces rumeurs étaient sans fondement. Ces souterrains dont il a été tant parlé n'ont jamais existé. Ces carrières où se réfugiaient des légions d'ennemis et où se trouvaient d'immenses dépôts d'armes, ont constamment été explorées avec le soin le plus minutieux. Ces catacombes qui devaient être converties en mines pour faire sauter des quartiers de la capitale, sont inattaquables par la poudre à canon, tant est épaisse la couche de terrain qui forme le recouvrement de ces excavations. Les bruits nocturnes et mystérieux, les prétendus signaux qui alarmaient les passants, ont été l'objet d'un examen sérieux, d'une surveillance active, et toujours une cause simple et naturelle est venue donner l'explication de ces effets.

Je le répète donc, les bons citoyens peuvent se rassurer. Plus ils montreront de confiance, plus les chances de désordres diminueront. Alors nous verrons notre jeune République s'avancer d'un pas ferme dans cette voie de progrès pacifique où les autres peuples s'empresseront de la suivre.

Le représentant du peuple, préfet de police, DUCOUX.

———◉———

N° 2111.—*Ordonnance concernant les baigneurs en rivière* (1).

Paris, le 29 juillet 1848.

———◉———

N° 2112. — *Proclamation du préfet de police aux habitants de Paris.*

Paris, 1er août 1848,

Citoyens,

Ainsi que je l'avais espéré, les inventeurs ou émissaires de sinistres nouvelles ont cessé d'exercer sur l'esprit public leur fâcheuse influence. La confiance renaît, la tranquillité se raffermit. Ceux qui seraient tentés d'organiser, dans l'ombre, les moyens de paralyser les généreux efforts du Gouvernement, sont connus et surveillés avec soin. Les prétentions de toute nature échoueront devant le bon sens et le patriotisme des masses, qui comprennent aujourd'hui que, sans ordre, la liberté ne peut porter ses fruits, et que l'ordre ne saurait exister hors de la République, au delà de laquelle il n'y aurait que déchirement et larmes pour tout le monde.

Les approvisionnements de la capitale ne laissent rien à désirer. Grâce à la récolte providentielle qui a lieu sur tous les points de la France, nous avons la certitude que le pain se maintiendra à un prix très-modéré.

(.) V. l'ord. du 2 juin 1849.

L'amélioration que j'avais signalée dans quelques branches d'industrie se soutient; la proportion des travailleurs occupés aux travailleurs inoccupés a fait ces jours derniers quelques progrès. Sur 28,225 ouvriers qui habitent dans les garnis, 18,038 sont occupés : 10,167 sont inactifs. Parmi ces derniers, il faut comprendre 3,000 individus environ qui, de tout temps et sous tous les régimes, persistent à fuir le travail pour se livrer à de honteuses et coupables habitudes.

La population des garnis a diminué cette semaine de 2,767 âmes. Cette diminution résulte du départ d'ouvriers qui sont retournés en province.

Le Mont-de-Piété, depuis le 25 juillet jusqu'au 31 inclusivement, a prêté 302,002 francs, et les remboursements qui lui ont été faits se sont élevés à la somme de 334,302 francs. La différence entre ces deux chiffres indique une amélioration sensible dans la situation des classes laborieuses.

Dans l'espace de six jours, du 25 au 30, il a été accordé 2,304 passeports à des citoyens français; sur ce nombre, 593 étaient gratuits. Le chiffre des passeports délivrés à des étrangers a été de 572 seulement.

Les hôtels garnis et les maisons meublées de la capitale ont vu décroître légèrement le mouvement de leurs locataires. Il y est entré 4,689 personnes, et il en est parti 5,585. Cette différence doit être attribuée à l'ouverture des vacances. 519 étrangers sont descendus dans les hôtels : 452 sont partis, ce qui semble prouver que le séjour de Paris offre plus de sécurité aux étrangers, et que notre capitale les verra bientôt affluer dans ses murs comme par le passé.

L'ordre public, au point de vue de la répression des crimes et délits, continue d'être parfait. Nous n'avons à déplorer qu'un seul attentat commis par un soldat en état d'ivresse contre un citoyen inoffensif. Il a été dénoncé 8 attentats contre la propriété, dont une tentative d'incendie. Le nombre de vols simples et escroqueries a été, en moyenne, de 7 par jour.

Les prisons renfermaient, le 24 juillet, 3,282 détenus ordinaires : le 30, ce nombre était réduit à 3,219. Le chiffre des détenus pour cause d'insurrection est de 9,223.

L'état sanitaire des prisons est toujours parfait.

Dans un premier bulletin, j'ai expliqué combien les rumeurs qui avaient effrayé la capitale étaient mal fondées. Aujourd'hui, je ferai encore justice d'une autre exagération : on a porté à des chiffres fabuleux le nombre des victimes qui ont péri par suite des lamentables événements du mois de juin. J'éprouve quelque satisfaction à pouvoir affirmer que le nombre total des morts, soit dans les rangs des insurgés, soit dans les rangs des citoyens qui ont combattu pour la cause de l'ordre et de la République, y compris les décès dans les hôpitaux, est aujourd'hui de 1,380. Ce chiffre paraîtra faible, si on le compare à ceux qui ont été mis en avant : mais il paraîtra énorme, si l'on réfléchit que toutes les victimes appartiennent à la grande famille de la République, et que, parmi elles, la patrie compte plusieurs de ses plus nobles et plus illustres enfants.

Le représentant du peuple, préfet de police, DUCOUX.

N° **2113.** — *Proclamation du préfet de police aux habitants de Paris.*

Paris, 8 août 1848.

Citoyens,

Quelques incidents parlementaires dans le sein de l'assemblée nationale, et les nouvelles de l'Italie ont produit une certaine émotion qui occupe les esprits sans troubler la sécurité publique. Cette excitation n'offre rien de grave, parce que le pays a une juste confiance dans le patriotisme et dans la sagesse du Gouvernement, qui saura dignement accomplir sa mission. La République ne peut que se fortifier et grandir au milieu des épreuves que le ciel lui destine. Un seul jour d'orage renverse un trône, mais toute agression, extérieure ou intérieure, ne servirait aujourd'hui qu'à démontrer l'irrésistible puissance d'une souveraineté qui réside dans tous.

A ceux qui essayeraient encore de propager l'alarme dans Paris, je répondrai par un seul mot : *La République veille.....,* tant pis pour ceux qui tenteraient de la surprendre.

Citoyens, j'aurai toujours le courage de vous dire la vérité, dût-elle devenir triste à révéler. Fiez-vous à mes paroles. Les ennemis de nos libertés ne parviendront jamais à nous les ravir. Restons calmes et confiants, et contemplons, sans effroi, un avenir qui sera, j'en suis convaincu, la page la plus glorieuse de notre histoire, parce qu'il réalisera pacifiquement les grands principes de notre régénération politique.

L'approvisionnement des halles est toujours dans l'état le plus satisfaisant. L'indispensable aliment du pauvre restera à un prix que tout salaire pourra facilement atteindre.

Le Mont-de-Piété, cette ressource dernière des classes laborieuses, a moins reçu qu'il n'a rendu. Les sommes prêtées, depuis le 31 juillet jusqu'au 7 août, se sont élevées au chiffre de 329,251 francs, et les sommes remboursées à celui de 347,711 francs.

Dans le nombre des symptômes d'amélioration qui se manifestent, le mouvement des fonds à la caisse d'épargne doit avoir une haute signification. A l'exception des journées de juin, pendant lesquelles les bureaux de la caisse centrale et des succursales sont restés nécessairement fermés, pas un jour de recette ne s'est écoulé sans que la caisse d'épargne ait reçu un nombre considérable de dépôts. Ainsi, depuis le 27 février jusques et y compris le 31 juillet, le montant total des recettes a été de 912,460 francs, versés par 9,498 déposants, dont 1,387 nouveaux. Les recettes des trois dernières semaines de juillet se sont -élevées, en moyenne, à 36,000 francs ; celles du dimanche 30 et celles du lundi 31 juillet ont atteint le chiffre de 39,083 francs, versés par 374 déposants, dont 68 nouveaux.

Le nombre des travailleurs occupés se maintient dans une proportion favorable. Sur 27,301 ouvriers qui habitent les garnis, 16,925 ont du travail : 9,432 sont inactifs. La cause de cette inaction, pour le tiers des hommes compris dans ce dernier chiffre, ne réside pas dans l'état fâcheux où s'est trouvée l'industrie. Il n'était pas donné à la République de transformer immédiatement des habitudes de désordre : ce sera la tâche du temps et des institutions.

Le mouvement qui s'est opéré dans les hôtels garnis et les maisons meublées de Paris est d'un favorable augure. Les étrangers reprennent le chemin de la capitale, et un moins grand nombre de Français l'a quittée pendant ces derniers jours, malgré l'ouverture des vacances. Il y est entré 4,394 personnes : il en est parti 4,683. Le chiffre des départs, dans le bulletin précédent, était de 5,585. Le nombre des étrangers descendus dans les hôtels est de 710 ; 571 seulement ont quitté la capitale.

Dans l'espace de six jours, il a été accordé 2,214 passeports à des citoyens français ; 742 étaient gratuits ; 588 ont été délivrés à des étrangers.

Nous n'avons à déplorer aucun attentat contre les personnes. Les attentats contre la propriété se réduisent à 7. Le nombre des vols simples a été, en moyenne, de 6 par jour.

De temps à autre, quelques détonations viennent jeter l'inquiétude dans la population. Elles sont le résultat de l'imprudence que commettent des citoyens en déchargeant leurs armes au hasard. Les projectiles lancés ainsi dans l'espace peuvent causer des accidents difficiles à expliquer pour les personnes éloignées du lieu de l'explosion.

Deux coups de feu se sont fait entendre vers le périmètre des fortifications. Un factionnaire a été atteint dans ses vêtements. Les recherches les plus minutieuses n'ont pu encore révéler si ces faits doivent être attribués à la malveillance.

Samedi dernier, un premier convoi de 531 détenus de juin a été transféré au Havre, où ils ont été embarqués pour Belle-Isle-en-Mer. Indépendamment des raisons d'État, l'encombrement des casemates faisait de ce transport une nécessité hygiénique. Les détenus trouveront dans leur nouvelle destination tous les soins qui leur ont été prodigués dans les prisons de Paris. Dans l'intérêt des familles, je ferai insérer au *Moniteur* de demain les noms des citoyens transférés.

Depuis la publication de mon précédent bulletin, 20 blessés de juin sont morts dans les hôpitaux, ce qui porte à 1,400 le chiffre total des victimes.

Le représentant du peuple, préfet de police, DUCOUX.

N° **2114.**—*Ordonnance concernant l'ouverture de la chasse, qui aura lieu le 24 courant* (1).

Paris, le 9 août 1848.

N° **2115**. — *Ordonnance portant suppression du marché à porcs établi, sans autorisation, dans la commune de Batignolles.*

Paris, le 11 août 1848.

Nous, représentant du peuple, préfet de police,

Considérant qu'un marché à porcs a été établi sans autorisation dans la commune des Batignolles ;

Que les marchés de Saint-Germain, de la Chapelle et de la Maison-Blanche, régulièrement autorisés conformément aux lois, sont les seuls marchés à porcs où une surveillance soit exercée dans l'intérêt de la salubrité et de l'approvisionnement de Paris ;

Considérant d'ailleurs que les marchands charcutiers qui fréquentent les marchés à porcs négligent de se pourvoir des certificats d'achat prescrits par les règlements pour l'entrée des porcs dans Paris, et qu'il importe de les rappeler à l'exécution de ces règlements ;

Vu les ordonnances de police des 23 prairial an x (12 juin 1802), 30 avril 1806 et 1er avril 1821 ;

Vu les décisions du ministre de l'agriculture et du commerce des 14 août 1844, 5 et 19 juillet 1848, par lesquelles il a été statué sur la demande en autorisation d'un marché à porcs dans la commune des Batignolles, et sur la tenue illégale de ce marché ;

En vertu des arrêtés du Gouvernement des 12 messidor an VIII (1er juillet 1800) et 3 brumaire an IX (25 octobre 1800),

---

(1) V. l'ord. du 16 août 1850.

Ordonnons ce qui suit :

1. Le marché à porcs qui a été établi, sans autorisation, dans la commune des Batignolles, et qui tient le jeudi de chaque semaine dans la cour de l'abattoir de la commune, est supprimé.

2. En conséquence, il est défendu d'y conduire des porcs et de les y exposer en vente.

3. Les porcs ne seront admis à l'entrée dans Paris que sur la présentation des certificats d'achat dits hayons, délivrés conformément aux règlements par les préposés de police chargés de la surveillance des marchés à porcs.

4. Les contraventions à la présente ordonnance seront constatées par des procès-verbaux ou rapports qui nous seront adressés et seront poursuivies conformément aux lois et règlements.

5. La présente ordonnance sera imprimée et affichée.

Les sous-préfets des arrondissements de Sceaux et Saint-Denis, le maire et le commissaire de police des Batignolles, l'inspecteur général des halles et marchés et les préposés sous ses ordres sont chargés, chacun en ce qui le concerne, de tenir la main à son exécution.

Les préposés de l'octroi sont requis de concourir à l'exécution de l'article 3.

A cet effet, ampliation de ladite ordonnance sera adressée au directeur de l'octroi.

Ampliation en sera également adressée au commandant de la gendarmerie de la Seine, pour qu'il en assure l'exécution par tous les moyens qui sont à sa disposition.

Le représentant du peuple, préfet de police, DUCOUX.

N° 2116. — *Ordonnance concernant la vente quotidienne de la viande de boucherie sur les marchés de Paris* (1).

Paris, le 14 août 1848.

Nous, représentant du peuple, préfet de police,

Vu : 1° l'arrêté du Gouvernement du 12 messidor an VIII (1er juillet 1800);

2° L'ordonnance du 18 octobre 1829 et l'ordonnance de police du 25 mars 1830, concernant le commerce de la boucherie à Paris ;

3° Les décisions du citoyen ministre de l'agriculture et du commerce en date des 21 février, 12 et 21 juillet derniers et 6 du courant, prescrivant la vente quotidienne de la viande de boucherie sur les marchés de Paris ,

Ordonnons ce qui suit ;

1. A compter du 1er septembre prochain, la vente de la viande sur les marchés de Paris pourvus d'étaux aura lieu *tous les jours*.

2. A partir de la même époque, la répartition des étaux existant dans les marchés de Paris, entre les bouchers forains et les bouchers de Paris, sera faite ainsi qu'il suit :

Marché des Prouvaires.

Bouchers forains..	72 }	96
Bouchers de Paris...	24 }	

---

(1) V. les ord. des 26 déc. 1848 et 20 juin 1849.

Marché Saint-Germain.

Bouchers forains...................................... 23 } 30
Bouchers de Paris.................................... 7

Marché des Carmes.

Bouchers forains...................................... 10 } 14
Bouchers de Paris.................................... 4

Marché des Blancs-Manteaux.

Bouchers forains...................................... 10 } 13
Bouchers de Paris.................................... 3

Marché Beauveau.

Bouchers forains...................................... 6 } 8
Bouchers de Paris.................................... 2

5. Nonobstant cette répartition, les étaux ou places affectés aux bouchers forains, qui n'auront pas été demandés ou occupés par des marchands appartenant à cette catégorie, pourront être concédés à des bouchers de Paris, et réciproquement, les places attribuées à ceux-ci pourront, à défaut de demandeurs ou d'occupants, être concédées à des bouchers forains.

4. Seront seuls admis à vendre sur les marchés, comme bouchers forains, ceux qui justifieront qu'ils exploitent un étal hors Paris.

5. La répartition des places réservées dans les marchés de Paris, pour la vente de la viande de boucherie, aura lieu, chaque année, au mois de décembre pour l'année suivante, dans l'ordre et aux conditions ci-après.

Les places seront occupées, savoir (1) :

Par les bouchers forains, du 1er janvier au 31 décembre inclusivement ;

Et par les bouchers de Paris, à tour de rôle, de deux en deux mois, du 1er janvier à la fin de février, du 1er mars au 30 avril, et ainsi de suite jusqu'au 31 décembre.

Les bouchers forains et les bouchers de Paris seront admis à se faire inscrire pour chacun des marchés, que dans l'ordre de leur préférence, il leur conviendra de desservir.

Un tirage au sort déterminera le rang de chaque boucher dans chacune des listes ouvertes pour les divers marchés.

D'autres tirages détermineront ensuite et successivement :

1° Pour le marché des Prouvaires ;
2° Pour le marché Saint-Germain ;
3° Pour le marché des Carmes ;
4° Pour le marché des Blancs-Manteaux ;
5° Pour le marché Beauveau ;

et pour tous les autres marchés qui, par suite, seraient également ouverts à la vente de la viande de boucherie, le numéro de la place à laquelle chaque boucher aura droit dans la limite du nombre des places disponibles.

Toutefois, chaque marchand boucher ne pourra occuper de place que sur un seul marché.

6. Les dispositions de l'article précédent seront d'abord appliquées aux quatre derniers mois de l'année 1848, au moyen d'inscriptions et de tirages au sort qui auront lieu immédiatement après la publication de la présente ordonnance. En conséquence, et pour cette fois seulement, les bouchers forains auxquels incomberont des places, ne les conserveront que jusqu'au 31 décembre prochain.

_____

(1) V. l'ord. du 26 déc. 1848.

7. A l'avenir, sera supprimée toute distinction actuellement existante sur les marchés entre les places affectées aux bouchers de Paris, et celles affectées aux bouchers forains. Un tirage au sort spécial déterminera, pour chaque année et pour chaque marché, les numéros des places affectées à l'une et à l'autre catégorie de ces marchands dans les conditions fixées par l'art. 5.

Chaque boucher indiquera, d'une manière apparente sur son étal, son nom et celui de la commune où il est établi.

8. Il sera pourvu mensuellement, par la voie du sort, à la répartition entre les ayants droits des places devenues vacantes par quelque cause que ce soit.

9. Tout boucher de Paris ou de l'extérieur qui, sans motif légitime, cessera pendant trois jours consécutifs d'approvisionner la place à lui concédée sur un des marchés de Paris, pourra être rayé de la liste des bouchers admis à vendre sur ce marché pour tout le temps pendant lequel il aurait occupé ladite place.

10. Toute vente de viande au regrat est défendue sur les marchés de Paris. Il est également défendu de colporter aucune viande en quête d'acheteurs, soit dans la ville, soit dans les marchés, sans que cette défense déroge au droit d'apport et de vente à domicile.

11. Sont abrogées toutes dispositions de l'ordonnance du 25 mars 1830, contraires à la présente ordonnance. Sont également abrogés les art. 245, 249, 250, 253 et 254 de ladite ordonnance.

12. Les contraventions à la présente ordonnance seront constatées et les contrevenants poursuivis conformément aux lois.

13. La présente ordonnance sera imprimée et affichée.

L'inspecteur général des halles et marchés, le chef de la police municipale, les commissaires de police, les officiers de paix et les préposés de la préfecture de police sont chargés de tenir la main à son exécution, chacun en ce qui le concerne.

Le colonel de la garde républicaine et les commandants des autres corps militaires sont requis de leur prêter main-forte et de concourir, en ce qui les concerne, à l'exécution de la présente ordonnance.

Le représentant du peuple, préfet de police, DUCOUX.

Vu et approuvé :

Paris, le 19 août 1848.

Le ministre de l'agriculture et du commerce, TOURRET.

N° **2117.** — *Proclamation du préfet de police aux habitants de Paris.*

Paris, 18 août 1848.

Citoyens,

L'émotion qui a occupé les esprits, pendant les jours derniers, se dissipe et fait place à une sécurité dont nulle cause sérieuse ne doit, en effet, troubler la durée. Des rumeurs vagues, des bruits sinistres, colportés par la malveillance et grossis par la peur, ne peuvent longtemps prévaloir contre l'évidence des faits. S'il était vrai que des hommes fussent assez coupables pour songer à faire revivre en France une forme de gouvernement justement abhorrée, ce serait de la démence, car l'anarchie, de nos jours, ne conduirait plus les rois à leurs trônes, elle ne servirait qu'à précipiter dans l'abîme les instigateurs et les complices de ces luttes fratricides. Sans doute le chômage de l'industrie et la stagnation du commerce ne cèdent pas aussi vite que chacun de nous le désire; mais les misères que la révolution de février a pu accroître, sans les avoir produites, ne feraient que décupler par suite de nos discordes, et les travailleurs seraient indéfiniment condamnés à des privations qui, avec l'ordre, doivent avoir un prochain terme. Une amélioration sensible se révèle déjà sur presque tous les points du territoire de la République. La facilité avec laquelle a été souscrit et se couvre le dernier emprunt national, démontre que le numéraire ne fera pas défaut à la confiance publique. La vitalité commerciale se réveille, les transactions deviennent plus nombreuses, les ateliers sont moins déserts. Dans quelques jours la discussion solennelle de la constitution de notre République s'ouvrira devant l'assemblée nationale ; les grands principes proclamés en février y recevront, n'en doutons pas, une consécration telle que les ennemis de la République, quels qu'ils soient, ne trouveront plus de prétexte à leurs criminelles espérances. Le pays veut une République démocratique : nulle puissance humaine ne peut lui ravir cette conquête qu'il a scellée de son sang et qu'il saura conserver envers et contre tous. Le peuple et l'armée, aujourd'hui confondus dans leur amour pour la liberté, n'oublieront pas qu'à la devise de la monarchie qui est : *Diviser pour régner*, la République a substitué la sienne qui est : *L'union fait la force.*

Les éléments de la fortune publique, les symptômes d'un retour lent, mais continu, vers un état normal, prennent chaque jour un caractère moins contestable.

Les faits et les chiffres sont là : la mauvaise foi elle-même ne peut prévaloir contre eux.

Les ateliers se rouvrent et l'ouvrier y reprend la place qu'il avait trop longtemps perdue.

Le mouvement qui s'opère dans toutes les industries se fait remarquer même dans les industries de luxe que les demandes commencent à raviver.

Une activité nouvelle se manifeste dans les ports, et les arrivages de juillet ont dépassé de beaucoup ceux du mois de juin ; le port seul du canal Saint-Martin a reçu, le mois dernier, 15,000 tonneaux de plus que le mois précédent.

Les halles sont toujours abondamment approvisionnées, et le prix du pain accessible à toutes les bourses.

A la date de notre dernier bulletin, sur 27,301 ouvriers habitant les hôtels garnis, il y en avait 16,925 d'occupés. Aujourd'hui, sur 29,074, il y en a 20,771 qui ont du travail. Le nombre des ouvriers inactifs n'est plus que de 8,303, au lieu de 9,432.

Le mont-de-piété, du 8 au 15 août, a reçu en remboursement 344,077 francs. La somme qu'il a prêtée ne s'élève qu'à 306,820 francs.

Le nombre des personnes qui reviennent à Paris s'accroît progressivement. Il était, au 8 août, de 4,394 ; il a été de 5,974 dans la dernière semaine.

Au lieu de 710 étrangers descendus dans les hôtels, on en compte 765 ; 628 seulement ont quitté la capitale.

Dans l'espace de six jours, du 9 au 16 août, il a été délivré 2,615 passeports à des citoyens français ; sur ce nombre, 657 étaient gratuits. Il en a été accordé 560 à des étrangers.

Les prisons renfermaient, le 14 août, 3,279 prévenus ordinaires et 8,069 prévenus de juin.

L'état sanitaire des prisons est parfait ; de tous les détenus de juin, 3 seulement sont morts : deux ont succombé à leurs blessures, et le troisième à une pneumonie double.

Du 9 au 17 de ce mois, il y a eu 8 suicides.

Les attentats contre la propriété se réduisent à 8. Le nombre des vols simples est resté en moyenne de 6 par jour.

On ne signale qu'un attentat contre les personnes : un soldat de la garde mobile, étant en faction, a été blessé d'une balle tirée par une main inconnue.

Le nombre total des victimes des journées de juin s'élève aujourd'hui à 1,415.

La nuit dernière, un second convoi de 495 détenus de juin a été transféré au Havre.

L'état moral et la santé des hommes transférés ne laissaient rien à désirer. Des vêtements et des objets de linge et de chaussure ont été, avant le départ, distribués à ceux qui en avaient besoin. Les familles peuvent se rassurer complétement sur leur sort. Ces détenus ne quittent pas la France, et les soins les plus éclairés continueront à leur être donnés. Un journal a parlé de tortures et de mauvais traitements qu'on infligerait aux prisonniers politiques : je n'ai pas besoin de protester contre une si odieuse imputation ; il me suffira de la signaler au public comme une nouvelle preuve de l'abus que certaines personnes font de la calomnie et du mensonge.

Le représentant du peuple, préfet de police, DUCOUX.

———————

N° **2118**. — *Ordonnance concernant les vendeurs d'écrits sur la voie publique* (1).

Paris, le 19 août 1848.

Nous, représentant du peuple, préfet de police,

Vu : 1° la loi du 16 février 1834, ainsi conçue :

« Art. 1er. Nul ne pourra exercer, même temporairement, la profession de crieur, de vendeur ou distributeur sur la voie publique « d'écrits, dessins ou emblèmes imprimés, lithographiés, autographiés, moulés, gravés ou à la main, sans autorisation préalable de « l'autorité municipale. Cette autorisation pourra être retirée. Les « dispositions ci-dessus sont applicables aux chanteurs sur la voie « publique. »

« Art. 2. Toute contravention à la disposition ci-dessus sera punie « d'un emprisonnement de six jours à deux mois, pour la première « fois, et de deux mois à un an en cas de récidive. Les contrevenants « seront traduits devant les tribunaux correctionnels qui pourront, « dans tous les cas, appliquer les dispositions de l'art. 463 du Code « pénal. »

2° La loi du 16-24 août 1790 et les arrêtés du Gouvernement du 12 messidor an VIII et du 3 brumaire an IX ;

Considérant que les crieurs, vendeurs ou distributeurs d'écrits, dessins, etc., s'assemblent journellement en grand nombre dans les rues, places et carrefours les plus fréquentés ; qu'ils gênent la circulation et entravent la liberté de la voie publique ;

Considérant, en outre, que les crieurs dénaturent continuellement le titre et le contenu des écrits qu'ils annoncent et qu'ils nuisent ainsi à la tranquillité de la ville, en semant de fausses nouvelles et en répandant l'inquiétude ;

Considérant, d'un autre côté, qu'il est de notre devoir de prendre les mesures nécessaires pour assurer la libre publication de la pensée, en régularisant l'exercice du droit et en lui donnant toutes les garanties désirables,

———

(1) V. les ord. des 20 mars, 22 avril et 20 juin 1849.

Ordonnons ce qui suit :

1. Toutes les autorisations accordées jusqu'à ce jour pour exercer sur la voie publique le métier de crieur, vendeur ou distributeur d'écrits, dessins ou emblèmes imprimés, lithographiés, autographiés, moulés, gravés ou à la main, sont révoquées à partir du 21 de ce mois.

2. Toute personne qui voudra exercer le métier de vendeur d'écrits, etc., sur la voie publique, devra se pourvoir auprès du préfet de police pour obtenir une nouvelle autorisation.

L'autorisation fixera le lieu où stationnera celui qui l'aura obtenue.

3. Chaque vendeur sera porteur, pendant qu'il exercera son industrie, d'une médaille portant le numéro de la permission et le nom du vendeur.

4. Toute vente ambulante d'écrits est interdite sur la voie publique.

5. Il est interdit également de provoquer les passants, en criant ou annonçant les écrits mis en vente.

6. L'infraction aux règles qui précèdent sera punie par le retrait de l'autorisation, sans préjudice des peines portées par la loi.

7. L'ordonnance de police sur les crieurs, du 19 octobre 1839, est et demeure rapportée.

8. Les commissaires de police, le chef de la police municipale, les officiers de paix et les agents de la préfecture de police sont chargés de l'exécution de la présente ordonnance.

Le représentant du peuple, préfet de police, DUCOUX.

N° **2119.** — *Proclamation du préfet de police aux habitants de Paris.*

Paris, le 28 août 1848.

Citoyens,

Paris est enfin délivré de toutes les rumeurs colportées et grossies depuis quelques jours par des hommes qui, n'osant pas attaquer la République en face et par les armes, essayent de la tuer traîtreusement et par la défiance. Dans leur impatience, ces propagateurs de panique allaient jusqu'à indiquer le jour et presque l'heure où la France devait s'incliner devant un nouveau prétendant. On recommençait, cette fois, au nom de la dynastie bourbonnienne, l'ignoble parade qui fut jouée, dans les premiers jours de juin, au profit d'un prétendant impérial. Par bonheur, les comédiens ne peuvent plus donner à leurs bouffonneries un dénoûment tragique. Une cruelle expérience est venue dessiller les yeux des moins clairvoyants, et personne n'est empressé de se battre pour un roi.

Ceux qu'un funeste égarement, a, un moment, armés contre leurs frères, comprennent aujourd'hui que toute insurrection n'a profité et ne profiterait encore qu'aux ennemis de la République. La garde nationale et l'armée dont les inventeurs de mauvaises nouvelles ont osé soupçonner le patriotisme et la fidélité, témoignent, par leur attitude, de l'accueil qu'elles réservent aux anarchistes, quel que soit leur drapeau. En un mot, tout le monde veut l'ordre dans la République, et le gouvernement est déterminé à faire respecter énergiquement ce besoin. Si, parmi les mesures employées à cet effet, il en est quelques-unes qui semblent atteindre la liberté, les bons citoyens n'en accuseront que ceux dont l'incorrigible audace nécessite ces moyens transitoires sans lesquels la République ne pourrait s'affermir.

L'approvisionnement des halles répond à tous les besoins et à toutes les prévisions de la consommation ordinaire.

La proportion dans laquelle les prêts et les remboursements se sont faits au Mont-de-Piété, dans les six derniers jours, a subi quelques variations. Les prêts se sont élevés à la somme de 255,667 fr., et les remboursements à celle de 240,607 fr.

Les versements faits à la Caisse d'épargne, les 20 et 21 août, par 262 déposants dont 44 nouveaux, se sont élevés à la somme de 23,781 fr. Le chiffre des demandes en remboursement, au 20 août, était de 43,645 fr.

L'amélioration que nous avions signalée dans le mouvement du port du canal Saint-Martin, s'est fait sentir sur d'autres points. Les arrivages du mois de juillet dépassent ceux de juin de 34,332 tonneaux de marchandises diverses.

Le nombre des ouvriers habitant les garnis est de 31,480; 21,533 sont occupés. Le nombre des ouvriers inactifs est de 9,887.

Au 8 août, nous constations que, dans le courant de la semaine, il était entré à Paris 4,394 personnes; du 8 au 15, le nombre a été de 5,974. Dans cette dernière semaine, ce chiffre a été de 7,494; il y a donc eu progression constante.

Au 18 août, 710 étrangers étaient descendus dans les hôtels; aujourd'hui, on en compte 970; 745 seulement ont quitté Paris.

Dans l'espace de sept jours, il a été délivré 2,660 passeports. Sur ce nombre, 727 étaient gratuits: 542 ont été accordés à des étrangers.

Au 26 août, le nombre des prévenus ordinaires dans les prisons était de 3,273; celui des prévenus de juin s'élevait à 6,444.

Du 18 au 27 de ce mois, il n'y a eu d'attentat contre les personnes; celui que j'avais annoncé dans mon dernier bulletin n'était pas fondé, car les recherches faites depuis cette époque ont démontré que le garde mobile blessé accusait à tort une personne étrangère; il avait été lui-même auteur volontaire, ou involontaire, de sa blessure.

Il y a eu douze attentats contre la propriété. Le nombre des vols simples est resté en moyenne à six par jour.

Un triste événement survenu hier, rue des Dames, à Batignolles, confirme le danger que j'avais signalé dans un de mes précédents bulletins, relativement aux armes à feu dont on fait usage sans discernement : un citoyen a été atteint mortellement par une balle. Les auteurs involontaires de ce meurtre sont des gardes nationaux de la 1re légion qui tiraient à la cible dans la plaine de Monceaux. Les mesures les plus sévères sont ordonnées contre de pareils délits qui tendent à se multiplier.

Le chiffre total des décès survenus par suite des événements de juin était hier de 1,431.

L'état sanitaire des forts et des prisons continue d'être excellent; deux insurgés de juin seulement sont décédés, du 18 au 27, à l'infirmerie de Saint-Lazare.

Le représentant du peuple, préfet de police, DUCOUX.

———————⊕———————

N° **2120**. — *Ordonnance concernant les ouvriers des ports.*

Paris, le 1er septembre 1848.

Nous, représentant du peuple, préfet de police,

Considérant qu'il importe, dans l'intérêt du maintien de l'ordre sur les ports, de rappeler aux citoyens les dispositions de l'ordonnance de police du 25 octobre 1840, en ce qui concerne les ouvriers des ports, et d'en assurer une plus complète exécution,

Ordonnons ce qui suit :

Les articles 199, 200 et 201 de l'ordonnance de police du 25 octobre 1840, relatifs aux ouvriers des ports, seront réimprimés et affichés.

Le représentant du peuple, préfet de police, DUCOUX.

Extrait de l'ordonnance de police du 25 octobre 1840.

CHAPITRE XV.

OUVRIERS DES PORTS.

199. Les ouvriers travaillant sur la rivière et sur les ports sont tenus de se pourvoir d'une médaille qui leur sera délivrée sur un certificat de l'inspecteur général de la navigation.

Ils devront porter leur médaille d'une manière apparente pendant le travail.

200. L'obligation de se munir d'une médaille ne s'applique point aux ouvriers attachés au service particulier du destinataire de la marchandise.

Elle ne s'applique point non plus aux ouvriers employés accidentellement par les marchands de bois ou de charbon de terre, sur les ports affectés exclusivement au débarquement de ces marchandises.

Lesdits ouvriers pourront être employés par les marchands, à la charge par ces derniers d'en faire la déclaration à l'inspecteur de la navigation de l'arrondissement, dans les vingt-quatre heures au plus tard.

201. Il est défendu aux ouvriers de charger ou décharger des marchandises sur les rivières, les canaux ou les ports, avant d'en être requis par les marchands, les propriétaires ou leurs commissionnaires.

° **2121.** — *Ordonnance concernant les mesures d'ordre et de sûreté à observer à l'occasion des fêtes de Saint-Cloud* (1).

Paris, le 7 septembre 1848.

N° **2122.** — *Ordonnance concernant la mise en chômage du canal Saint-Maur* (2).

Paris, le 8 septembre 1848,

Nous, représentant du peuple, préfet de police,

Vu la lettre par laquelle le citoyen ingénieur en chef de la navigation de la Marne, nous informe que d'importantes réparations vont être exécutées aux pieds droits de la voûte du souterrain du canal de

---

(1) V. les ord. des 6 sept. 1849 et 4 sept. 1850.
(2) V. les ord. des 14 juillet 1849 et 8 juillet 1850.

Saint-Maur, et qu'il importe de profiter de la baisse des eaux, pour commencer ces travaux ;

Vu les règlements concernant la police de la navigation, des rivières, des canaux et des ports,

Ordonnons ce qui suit :

1. Le canal de Saint-Maur sera mis en chômage, à compter du 11 de ce mois, jusqu'au 7 octobre prochain inclusivement.

2. Pendant ce délai, la navigation ne pourra avoir lieu sur la Marne qu'en suivant le cours de cette rivière.

En conséquence, tous les pieux y existant, et qui pourraient nuire au passage des bateaux et des trains, devront être immédiatement enlevés, ainsi que tous autres objets qui seraient de nature à porter obstacle à la navigation.

3. Le sous-préfet de Sceaux, les maires des communes riveraines, le commandant de la gendarmerie, l'inspecteur général de la navigation et des ports, les ingénieurs des ponts et chaussées et de la navigation, sont chargés, chacun en ce qui le concerne, d'assurer l'exécution de la présente ordonnance.

Le représentant du peuple, préfet de police, DUCOUX.

———————————⊶◦⊷———————————

N° **2123.** — *Proclamation aux habitants de Paris.*

Paris, le 8 septembre 1848.

Citoyens,

Les dix jours qui viennent de s'écouler ont été fertiles en heureux résultats. A une émotion peu réfléchie a succédé le calme le plus parfait ; aujourd'hui la confiance renaît sur tous les points ; un progrès lent, mais incontestable se manifeste dans toutes les branches de l'industrie ; la saison retient encore à la campagne un grand nombre de familles, mais elles ne tarderont pas à rentrer dans la capitale où elles ramèneront, comme d'habitude, le luxe et le mouvement. Et comment serait-il permis de douter de l'avenir en présence de tant de cause de prospérité ! Paris offrit-il jamais, à aucune époque et sous aucun régime, plus de respect pour les personnes, plus de sécurité pour les propriétés ?

Chaque événement apporte une garantie de plus à la consolidation de notre jeune République. Une revue brillante avait réuni au Champ-de-Mars, dimanche dernier, la population, la garde nationale et l'armée, et tous, d'un même cœur et d'un même cri, ont acclamé chaleureusement la République et salué de leur sympathie le digne chef du Gouvernement.

Un autre acte plus significatif et plus récent est venu fortifier les espérances des amis de la liberté : l'Assemblée nationale, dans sa séance d'hier, a décrété par un vote *unanime*, qu'il serait écrit en tête de la Constitution, que la République française est *démocratique, une et indivisible.*

Cette unanimité des délégués du peuple est une preuve irrécusable de leur détermination énergique et franche à poursuivre et à féconder l'œuvre de la glorieuse révolution de février. Il ne peut donc plus exister d'équivoque : l'impatience des uns et la sourde animosité des autres seraient également fatales à la République et à la société ; les prétextes ne justifieraient pas les intentions, et tout le monde serait prêt à repousser une agression hypocrite et déloyale.

Malgré les commentaires de la peur sur la Caisse d'épargne, le mouvement de la recette de cette semaine annonce une amélioration incontestable. Le chiffre des dépôts qui, le 27 août, était de 34,600 fr., a été, le 3 et le 4 septembre, de 42,950 fr., versés par 474 déposants, dont 96 nouveaux.

Le chiffre des remboursements opérés au Mont-de-Piété, du 26 août au 4 septembre, est de 36,857 fr., et le chiffre des prêts ne s'élève qu'à 34,824 fr. Les rentrées de la semaine dernière, au lieu d'être inférieures aux prêts, comme dans les semaines précédentes, les ont donc dépassés de 2,033 fr.

Les commandes des départements arrivent; les fabriques d'objets de luxe, de bijouterie, participent elles-mêmes à cette résurrection vitale, et la meilleure preuve que je puisse en fournir, est le tableau ci-joint qui vient de m'être soumis par le citoyen inspecteur principal du bureau des garanties, à l'Hôtel des Monnaies de Paris.

Les ouvrages d'orfévrerie achevés et commandés, pendant les cinq derniers mois, ont fourni les recettes suivantes :

Avril...........................	9,000 fr.	»
Mai.............................	11,000	»
Juin............................	17,000	»
Juillet.........................	19.000	»
Août	36,141	»

Ces chiffres sont plus éloquents que les paroles.

L'industrie des bâtiments en construction, qui a été si longtemps languissante, reprend son activité. Plusieurs chantiers se sont ouverts, et la ville de Paris s'occupe de nouveaux travaux qui vont ajouter à l'amélioration déjà réalisée.

La perception des droits de petite voirie peut être considérée comme un des indices de l'activité plus ou moins grande des travaux de constructions dans Paris. Le chiffre de ces droits avait considérablement diminué dans les mois qui ont suivi la révolution; il a repris un accroissement marqué en juillet et en août. Le nombre des permissions délivrées, qui était tombé, au mois d'avril, à 46, et au mois de mai, à 87, a été, en juillet, de 190, et en août, de 281.

Le nombre des ouvriers que la détresse avait jetés dans les garnis diminue sensiblement, et leur situation est moins précaire. Dans notre précédent bulletin, leur nombre était de 31,480. Il est réduit à 27,308; 17,977 individus sont occupés; 9,331 sont inactifs.

Le calme a succédé aux agitations qui avaient semblé menacer un instant la sécurité publique. Paris a reçu, depuis huit jours 6,881 Français et 743 étrangers.

Dans le même espace de temps, il n'a été délivré que 2,301 passeports à des citoyens français, 819 à des étrangers ; 583 ont été gratuitement délivrés.

Les maisons d'arrêt renferment à peu près le même nombre de prisonniers ordinaires, mais elles ne contiennent plus que 4,058 détenus de juin ; 2,909 ont été mis en liberté depuis le 26 juillet, date de mon premier bulletin.

Du 26 août au 5 septembre, il y a eu 9 suicides. Les attentats contre la propriété se sont élevés à 20 dans la même période, et le nombre des vols simples est en moyenne de 8 par jour.

On n'a eu à signaler qu'un attentat contre les personnes; une blessure peu grave en a été le résultat.

Le nombre total des victimes des journées de juin s'élève aujourd'hui à 1,445.

Du 28 août au 3 septembre, trois convois ont transféré au Havre 1,005 détenus de juin.

L'état sanitaire des prisons et des divers hospices n'a jamais été meilleur.

Les recettes des théâtres et bals publics sont dans une progression satisfaisante. Du 28 août au 3 septembre, ces recettes se sont élevées au chiffre de 79,604 fr. 97 c.

Le représentant du peuple, préfet de police, DUCOUX.

— — ◇ — —

N° **2124.** — *Aux patrons et ouvriers du département de la Seine.*

Paris, le 13 septembre 1848.

Citoyens,

Je suis informé que, dans certains ateliers, la bonne harmonie, qui ne doit cesser de régner entre ouvriers et patrons, a failli recevoir quelque atteinte par suite d'une fausse interprétation du nouveau décret de l'Assemblée nationale, relativement aux heures de travail dans les manufactures et usines. La lecture attentive de l'article 3 du décret suffira pour dissiper toute erreur. Il n'est rien changé aux usages établis antérieurement au 2 mars dans les ateliers où le travail durait moins de douze heures, mais on ne peut plus dépasser cette limite dans ceux où le travail se prolongeait au delà. En un mot, il est permis de travailler *moins*, mais il est défendu de travailler *plus* de douze heures par jour, à moins de conventions amiables entre patrons et ouvriers. Tel est l'esprit du décret. Les chefs d'atelier où le travail ne dépassait pas, avant le 2 mars, le chiffre de neuf et dix heures par jour, se rendraient aussi blâmables en exigeant davantage, que les ouvriers le seraient eux-mêmes en refusant le travail dont l'usage a réglé autrement les conditions. Tout le monde comprendra la nécessité de conserver le bon accord, surtout dans un moment où l'industrie, encore chancelante, a besoin d'aide et d'encouragement.

Le représentant du peuple, préfet de police, DUCOUX.

— — — — —

L'Assemblée nationale a adopté le décret dont la teneur suit :

1. La journée de l'ouvrier dans les manufactures et usines ne pourra pas excéder *douze heures de travail effectif.*

2. Des règlements d'administration publique détermineront les exceptions qu'il sera nécessaire d'apporter à cette disposition générale, à raison de la nature des industries ou des causes de force majeure.

3. Il n'est porté aucune atteinte aux usages et aux conventions qui, antérieurement au 2 mars, fixaient, pour certaines industries, la journée de travail à un nombre d'heures inférieur à douze.

4. Tout chef de manufacture ou usine qui contreviendra au présent décret et aux règlements d'administration publique, promulgués en exécution de l'article 2, sera puni d'une amende de cinq francs à cent francs.

Les contraventions donneront lieu à autant d'amendes qu'il y aura d'ouvriers indûment employés, sans que ces amendes réunies puissent s'élever au-dessus de mille francs.

Le présent article ne s'applique pas aux usages locaux et conventions indiqués dans la présente loi.

5. L'article 463 du Code pénal pourra toujours être appliqué.

6. Le décret du 2 mars, en ce qui concerne la limitation des heures de travail, est abrogé.

Délibéré en séance publique, à Paris, le 9 septembre 1848.

Les président et secrétaires :
T. LACROSSE, *vice-président;* Léon ROBERT, PEUPIN, Emile PÉAN, Edmond LAFAYETTE, LANDRIN, BÉRARD.

Pour copie conforme :

Le représentant du peuple, préfet de police, DUCOUX.

N° **2125.** — *Proclamation aux habitants de Paris.*

Paris, le 20 septembre 1848.

Citoyens,

Les élections partielles qui viennent d'avoir lieu ont ramené une légère animation dans la capitale ; mais j'ai hâte de le dire, nulle part les ordres de l'autorité n'ont été méconnus et la tranquillité publique n'a été troublée sur aucun point. En accomplissant ainsi, avec calme, le premier et le plus important de ses devoirs politiques, le peuple de Paris a prouvé, une fois de plus, combien il était digne d'un droit qui, sous la royauté, était le privilége d'une imperceptible minorité.

Les préoccupations de cette lutte électorale ont ralenti, dans quelques branches de l'industrie, le mouvement progressif qui s'y était manifesté. Aujourd'hui que la lutte est terminée, et qu'il ne reste à chacun qu'à s'incliner devant le résultat du scrutin, toutes ces préoccupations doivent disparaître, afin que le travail, dont le Gouvernement cherche, par tous les moyens possibles, à raviver les sources, reprenne une activité nouvelle et sa régularité ordinaire.

Dans plusieurs ateliers, quelques grèves ont eu lieu, par suite d'une fausse interprétation du décret relatif aux heures de travail; j'ai été assez heureux pour les faire cesser en partie, et je m'occupe de concilier les intérêts qui sont encore en dissidence. Cette tâche me sera facile, car je n'ai qu'à me louer de l'empressement et de la loyauté de ceux qui recherchent mon arbitrage. Tous, ouvriers et patrons, comprennent que leur devoir, aussi bien que leur intérêt, est de maintenir entre eux la concorde et l'harmonie qui sont les premiers besoins de la société, surtout en République.

L'approvisionnement des halles est toujours satisfaisant.

La situation du Mont-de-Piété présente une amélioration assez notable. Les sommes prêtées du 8 au 17 septembre se sont élevées à 459,303 fr., et les sommes remboursées à 472,339 fr. La différence, qui n'était, à l'époque du dernier bulletin, que de 2,033 fr., est aujourd'hui de 13 065 fr.

Le chiffre des dépôts à la Caisse d'épargne a été, le 17 et le 18 septembre, de 35,661 fr. versés par 351 déposants dont 79 nouveaux.

Sur plusieurs points de la capitale, de grands travaux de pavage, de terrassement, de construction, occupent un grand nombre de bras. Le 8 septembre, sur 27,308 ouvriers habitant les garnis, 17,977 étaient occupés. Le 16 du même mois, sur 29,388 ouvriers, 19,777 avaient du travail. Ainsi, le nombre des ouvriers inactifs est resté à peu près le même, quoique deux mille ouvriers de plus soient entrés dans Paris.

Nous ne pourrons donner qu'à la fin de ce mois les chiffres exacts de la situation des industries de luxe, bijouterie et orfévrerie, mais il nous est affirmé par le citoyen contrôleur principal du bureau de garantie, que la progression ascendante de ce mois est bien plus forte que celle des mois précédents ; c'est surtout dans l'exportation que l'amélioration se fait remarquer.

Malgré la saison des vacances, le nombre des personnes qui viennent dans la capitale s'augmente chaque jour. Du 7 au 17 septembre, il est entré à Paris 8,437 Français, c'est-à-dire 2,056 de plus qu'à la date de notre dernier bulletin. Dans le même espace de temps, 1,313 étrangers sont arrivés dans notre cité.

Du 8 au 18, il n'a été délivré ou visé que 1,662 passe-ports, dont 678 avaient été demandés par des étrangers.

Les maisons d'arrêt renferment 3,389 détenus ordinaires, mais elles ne contiennent plus que 1,893 prisonniers de juin ; 497 appartenant à cette dernière catégorie, ont été transportés depuis la publication du dernier bulletin.

Le nombre des suicides a singulièrement diminué ; du 7 au 17, on n'en compte que quatre.

On ne signale aucun attentat contre les personnes.

Le nombre des vols simples est, en moyenne, de 8 par jour ; celui des vols avec effraction s'est élevé à 15 pendant ces onze derniers jours. Là encore, il y a amélioration sensible.

Le nombre total des décédés de juin est de 1,450.

La vigilance de la police a multiplié ses investigations, au moment où les approches de l'hiver jettent dans la capitale un plus grand nombre de malfaiteurs. Dans la semaine qui vient de s'écouler, elle s'est emparée de bandes entières de voleurs ; chefs et complices sont sous sa main, et les indications qu'elle a obtenues la mettent sur la trace de ceux qui sont, jusque-là, parvenus à se soustraire à ses recherches.

Du 3 au 15 septembre, les recettes des théâtres se sont élevées au chiffre de 133,656 fr.

Le représentant du peuple, préfet de police, DUCOUX.

N° **2126**. — *Ordonnance qui fixe un nouveau tarif,* 1° *pour le transport du poisson frais et des huîtres, par chargements complets de* 2,000 *kilog.;* 2° *pour le transport des finances et valeurs sur le chemin de fer de* Rouen *à* Rouen *et de* Rouen *au* Havre.

Paris, le 27 septembre 1848.

Nous, représentant du peuple, préfet de police,

Vu : 1° la loi du 15 juillet 1840, qui autorise l'établissement d'un chemin de fer de Paris à Rouen, ensemble le cahier des charges annexé à cette loi ;

2° La loi du 11 juin 1842, portant concession d'un chemin de fer de Rouen au Havre, en prolongement du chemin de fer de Paris à Rouen, ensemble le cahier des charges annexé à cette loi ;

3° Les arrêtés ministériels des 10 janvier et 8 mars 1847, qui centralisent dans les mains du préfet de police, à Paris, les mesures concernant l'ensemble de l'exploitation des chemins de fer ayant leur point de départ dans le ressort de la préfecture de police, ainsi que du chemin de fer de Rouen au Havre ;

4° Les ordonnances de police du 20 mars 1847, qui fixent les tarifs applicables aux transports de toute nature sur les chemins de fer de Paris à Rouen et de Rouen au Havre ;

5° Les propositions soumises à l'homologation administrative par les compagnies des deux chemins de fer précités, et ayant pour objet des réductions sur les prix réglés par les ordonnances ci-dessus visées pour le transport du *poisson frais* et des *huîtres,* ainsi que des *finances et valeurs,* ensemble les observations par nous soumises au ministre des travaux publics au sujet desdites propositions.

6° Les décisions ministérielles en date des 18 et 25 septembre courant, qui homologuent les propositions précitées ;

7° L'article 49 du règlement d'administration publique sur la police, la sûreté et l'exploitation des chemins de fer en date du 15 novembre 1846, concernant les changements apportés aux tarifs en vigueur ;

8° Le certificat du commissaire spécial de police desdits chemins de fer, en résidence à Paris, constatant que les modifications qui font l'objet des propositions ci-dessus visées, ont été affichées le 18 août dernier ;

Considérant qu'il y a lieu de rendre exécutoires, dans le ressort de la préfecture de police, les décisions ministérielles précitées;

Considérant que les modifications proposées par les compagnies étant, depuis plus d'un mois, annoncées par des affiches, peuvent être rendues obligatoires immédiatement après la publication de la présente ordonnance,

Ordonnons ce qui suit :

§ Ier. — Poisson frais et huîtres.

1. A partir du jour de la publication de la présente ordonnance, le poisson frais et les huîtres seront transportés sur les parcours ci-après indiqués, par le train de poste et par chargements complets de 2,000 kilogrammes sur plate-forme, aux prix suivants :

Tarif pour le transport du poisson frais et des huîtres, par chargements complets de 2,000 kilogrammes.

Du Havre à Rouen	50 fr.	⎱	par tonne
Du Havre à Paris	80	⎰	de
De Beuzeville à Paris	70	⎰	1,000 kilogr.
De Rouen à Paris	50	⎰	

§ II. — Finances et valeurs.

2. Les prix à percevoir pour le transport de l'or et de l'argent, soit en lingots, soit monnayés ou travaillés, du plaqué d'or ou d'argent, du mercure et du platine, ainsi que des bijoux, pierres précieuses et autres valeurs, sont réglés ainsi qu'il suit :

Tarif pour le Transport des Finances et Valeurs.

	D'une station de la ligne de ROUEN ou du HAVRE à une autre station de la même ligne.		D'une station de la ligne de ROUEN à une station de la ligne du HAVRE, et réciproquement.	
	fr.	c.	fr.	c.
Jusqu'à 500 fr	»	50	1	»
Au-dessus de 500 fr. jusqu'à 1,000 fr	»	75	1	50
Au-dessus de 1,000 fr. jusqu'à 10,000 fr, par fraction indivisible de 1,000 fr	»	60	1	»
Au-dessus de 10,000 fr. jusqu'à 20,000 fr, par fraction indivisible de 1,000 fr	»	50	»	80
Au-dessus de 20,000 fr., par fraction indivisible de 1,000 fr	»	40	»	70

Dans aucun cas, le transport d'une somme supérieure à 10,000 fr. ne pourra donner lieu à une perception moindre que celui de 10,000 fr. ; les sommes supérieures à 20,000 fr., ne pourront également donner lieu à une perception moindre que celle de 20,000 fr.

§ III. — Dispositions générales.

3. Les dispositions des ordonnances susvisées, du 20 mars 1847, qui ne sont point contraires à celles qui précèdent, continueront de recevoir leur exécution.

4. La présente ordonnance sera notifiée aux compagnies des chemins de fer de Paris à Rouen et de Rouen au Havre. Elle sera imprimée et affichée.

Les commissaires spéciaux de police et les agents de surveillance desdits chemins de fer, ainsi que les maires et les commissaires de police des communes du ressort de la préfecture de police, dont le territoire est traversé par le chemin de fer de Paris à Rouen, sont chargés d'en assurer l'exécution.

Le représentant du peuple, préfet de police, DUCOUX.

N° **2127.** — *Arrêté qui prescrit de nouveau aux boulangers de verser ou de compléter au grenier d'abondance le dépôt des trois cinquièmes de leur approvisionnement en farines.*

Approuvé, le 2 octobre 1848, par le citoyen ministre de l'agriculture et du commerce.

Paris, le 28 septembre 1848.

Nous, représentant du peuple, préfet de police,

Vu l'arrêté du Gouvernement du 19 vendémiaire an **x** et l'ordonnance du 21 octobre 1818, concernant l'exercice de la profession de boulanger à Paris ;

Vu l'ordonnance du 19 juillet 1836, qui a prescrit le versement dans un magasin public des trois cinquièmes de l'approvisionnement en farines que doivent avoir à domicile les boulangers de Paris ;

Vu l'arrêté du 26 août 1847, qui a autorisé les boulangers à retirer provisoirement des dépôts par eux effectués au grenier d'abondance, en exécution de l'ordonnance sus-mentionnée, les farines excédant le cinquième de l'approvisionnement total auquel ils sont tenus suivant leur classe ; et notamment l'article 3, ainsi conçu : » Il sera ultérieure-« ment statué sur l'époque à laquelle les boulangers devront rétablir « et compléter dans les magasins du grenier d'abondance, les dépôts « de farines prescrits par l'ordonnance du 19 juillet 1836, ci-dessus « visée ; »

Vu l'arrêté du 10 mars dernier, qui a déjà prescrit la réintégration et le complétement desdits dépôts ;

Vu la lettre du ministre de l'agriculture et du commerce, du 14 du courant,

Arrêtons ce qui suit :

1. Il est enjoint de nouveau aux boulangers de Paris de verser ou de compléter dans les magasins du grenier d'abondance, chacun suivant la classe dans laquelle son établissement est actuellement rangé, le dépôt de farines prescrit par l'ordonnance du 19 juillet 1836, dans les termes ci-après fixés :

Les boulangers qui n'ont point encore versé ou complété au grenier d'abondance un cinquième de l'approvisionnement total auquel ils sont tenus selon leur classe, devront effectuer le dépôt de ce cinquième avant le 15 *octobre* prochain.

Tous les boulangers qui n'ont pas satisfait à l'arrêté du 10 mars dernier, devront verser un second cinquième de leur approvisionnement obligé avant le 15 *novembre*, et le troisième et dernier cinquième avant le 15 *décembre* prochain.

2. Les boulangers continueront à avoir dans leurs magasins particuliers la portion de l'approvisionnement de farines réglé par l'ordonnance du 21 octobre 1818, dont l'ordonnance du 19 juillet 1836 n'a pas prescrit le dépôt dans un magasin public.

3. Le mode actuel d'administration, de conservation et de renouvellement des dépôts de garantie continuera à être appliqué aux versements de farines qui seront faits par le commerce de la boulangerie de Paris, en exécution des articles qui précèdent.

4. Des procès-verbaux ou rapports constateront l'état des versements à l'expiration des délais fixés par l'article 1er.

5. Cet arrêté sera notifié à chacun des boulangers de Paris par les commissaires de police de leurs quartiers respectifs.

Les commissaires de police et l'inspecteur général des marchés sont chargés, chacun en ce qui le concerne, de son exécution.

Le représentant du peuple, préfet de police, DUCOUX.

Vu et approuvé :

Paris, le 2 octobre 1848.

Le ministre de l'agriculture et du commerce, TOURRET.

N° **2128.** — *Ordonnance concernant le stationnement, sur la voie publique, des voitures, bêtes de trait et de somme, servant au transport des marchandises destinées à l'approvisionnement des halles du centre.*

Paris, le 29 septembre 1848.

Nous, représentant du peuple, préfet de police,

Vu : 1° la loi des 16-24 août 1790, titre XI ;

2° L'arrêté du gouvernement du 12 messidor an VIII (1er juillet 1800) ;

3° Le décret du 21 septembre 1807 ;

4° L'article 484 du Code pénal ;

5° La délibération du Conseil municipal de la ville de Paris, du 20 février 1835, approuvée, le 11 mai suivant, par le ministre de l'intérieur, concernant la location des places affectées sur la voie publique au stationnement des voitures, bêtes de trait et de somme qui servent au transport des marchandises pour l'approvisionnement des halles ;

6° Et la lettre, en date du 25 septembre courant, par laquelle le citoyen préfet du département de la Seine nous transmet le cahier des charges de la mise en adjudication de la perception du droit de location desdites places de stationnement ;

Ordonnons ce qui suit :

1. Les voitures et les bêtes de trait et de somme, servant au transport des marchandises destinées à l'approvisionnement des halles devront en être retirées aussitôt après leur déchargement, pour être conduites, soit dans des auberges, soit sur les places de stationnement ci-après désignées, savoir :

Première place de stationnement.

PLACE DU CHATELET.

(Partie Nord.)

Cette place sera bornée, au sud, par une ligne parallèle au quai, et partant des deux angles nord de la fontaine ; à l'est et au nord, par des lignes distantes de huit mètres des maisons qui longent la place des deux côtés ; et à l'ouest, par une ligne éloignée de dix mètres des maisons formant le prolongement de la rue Saint-Denis.

Les voitures seront rangées sur cette place en ligne, c'est-à-dire roues contre roues, et il sera formé autant de lignes que l'espace en pourra contenir.

Deuxième place de stationnement.

PLACE DU CHATELET.

(Côté Sud.)

Cette place sera bornée, au sud, par une ligne tirée de l'angle du quai de Gèvres à l'angle du quai de la Mégisserie ; à l'est, par une ligne distante de huit mètres des maisons qui longent la place de ce côté ; au nord, par une ligne parallèle au quai, et partant des deux angles sud de la fontaine ; à l'ouest, par une ligne distante de dix mètres des maisons qui font le prolongement de la rue Saint-Denis. Les voitures y seront rangées en ligne, c'est-à-dire roues contre roues, et il sera formé autant de lignes que l'espace en pourra contenir.

L'espace compris entre cette place et la première, et ayant à l'ouest et à l'est la même largeur que la fontaine, restera libre pour servir aux abords de cette fontaine.

Troisième place de stationnement.

QUAI PELLETIER.

Cette place s'étendra le long du trottoir du quai, depuis le pont Notre-Dame jusqu'à la place de l'Hôtel-de-Ville. Les voitures y seront rangées sur trois lignes parallèles au trottoir.

Quatrième place de stationnement.

QUAI DE LA MÉGISSERIE.

(Côté du Pont-au-Change.)

Cette place s'étendra le long du trottoir du quai, depuis le Pont-au-Change jusqu'à la ligne qui sépare les maisons numéros 34 et 36. Les voitures y seront placées sur trois lignes parallèles au trottoir.

Cinquième place de stationnement.

QUAI DE LA MÉGISSERIE.

(Côté du Pont-Neuf.)

Cette place s'étendra le long du trottoir du quai, depuis le Pont-Neuf jusqu'à la ligne ci-dessus indiquée. Les voitures seront placées sur trois lignes parallèles au trottoir, depuis la ligne qui sépare les maisons nos 34 et 36 jusqu'à la hauteur de l'Arche-Marion, et, depuis ce point jusqu'au Pont-Neuf, sur deux lignes parallèles au trottoir.

Sixième place de stationnement.

PONT-AU-CHANGE.

(Côté du Châtelet.)

Cette place s'étendra le long du trottoir, en amont, depuis l'angle qu'il forme à sa jonction avec le trottoir du quai de Gèvres, jusqu'aux deux tiers de la longueur du pont. Les voitures y seront rangées sur deux files parallèles au trottoir.

Septième place de stationnement.

PONT-AU-CHANGE.

(Côté du quai aux Fleurs.)

Cette place s'étendra le long du trottoir, en amont et en aval, depuis le quai aux Fleurs et le quai de l'Horloge jusqu'au tiers de la longueur du pont. Les voitures y seront rangées sur deux files parallèles au trottoir.

Huitième place de stationnement.

PONT-AU-CHANGE.

(Côté du quai de la Mégisserie, en aval.)

Cette place s'étendra depuis l'angle que forme le trottoir du pont à sa jonction avec le quai de la Mégisserie jusqu'aux deux tiers de la longueur du pont. Les voitures y seront rangées sur deux files parallèles au trottoir.

Neuvième place de stationnement.

QUAI DE GÈVRES.

Cette place s'étendra depuis le pont Notre-Dame jusqu'à la moitié de la longueur du quai, l'autre moitié étant réservée pour un stationnement de cabriolets. Les voitures y seront rangées sur trois files parallèles au trottoir.

Dixième place de stationnement.

PONT NOTRE-DAME.

Cette place s'étendra sur toute la longueur du pont, le long du trottoir en aval. Les voitures y seront rangées sur une seule file, les unes à la suite des autres.

Onzième place de stationnement.

QUAI DE LA CITÉ.

(Entre le pont d'Arcole et le pont de la Réforme, et rue du Cloître-Notre-Dame.)

Le stationnement s'étendra, pour la première partie, le long du trottoir entre les deux ponts ; et pour la deuxième partie, le long de la grille du jardin de l'Archevêché. Les voitures y seront rangées en file sur une seule ligne ;

Le stationnement, pour les voitures du Marché-Neuf et pour celles des jardiniers-fleuristes, pourra se prolonger sur cette place jusqu'au coucher du soleil, les mardis, mercredis, vendredis et samedis.

Douzième place de stationnement.

PLACE DE L'ORATOIRE.

(Côté de l'hôtel d'Angivilliers.)

Cette place s'étendra depuis l'extrémité du jardin de l'hôtel d'Angivilliers jusqu'à la rue de l'Oratoire. Les voitures y seront rangées sur deux files entre la ligne des cabriolets et le talus qui existe le long des murs de l'hôtel.

Treizième place de stationnement.

QUAI DE L'ÉCOLE.

Cette place s'étendra depuis le Pont-Neuf jusqu'à la hauteur du prolongement de la rue des Poulies, dénommé place du Louvre. Les voitures y seront rangées sur trois files parallèles au trottoir.

Toutefois, pendant la durée des travaux qui s'exécutent auprès du Pont-Neuf, elles seront rangées sur une seule file le long de l'enceinte formée pour lesdits travaux, et sur quatre files dans tout le reste de l'étendue de la place.

Quatorzième place de stationnement.

QUAI DU LOUVRE.

(Côté de la rivière.)

Cette place s'étendra à partir de la rampe descendant au port, en face la place du Louvre, jusqu'au pont des Arts. Les voitures y seront rangées sur trois files parallèles au trottoir.

Quinzième place de stationnement.

QUAI DU LOUVRE.

(Côté du Palais.)

Cette place s'étendra depuis l'angle de la place du Louvre jusqu'à l'entrée du palais, vis-à-vis le pont des Arts. Les voitures y seront rangées en files sur deux rangs parallèles au trottoir.

Seizième place de stationnement.

QUAI DU LOUVRE.

(Côté du Palais.)

Cette place s'étendra depuis l'entrée du palais, le long du jardin de l'Infante, jusqu'à la galerie d'Apollon, et depuis cette galerie jusqu'au guichet de la grande galerie qui conduit à la place du Musée, entre l'entrée du Louvre et la galerie d'Apollon. Les voitures y seront rangées sur trois files parallèles au trottoir.

Dix-septième place de stationnement.

QUAI DU LOUVRE.

(Côté de la grande galerie.)

Cette place s'étendra depuis le guichet qui conduit à la place du Musée jusqu'à la hauteur du pont du Carrousel. Les voitures y seront placées sur trois files parallèles au trottoir.

Dix-huitième place de stationnement.

PLACE-SAINT-ANDRÉ-DES-ARTS.

Cette place sera limitée par des lignes distantes de *dix mètres* des maisons formant trois des côtés de la place, et de *douze mètres* des maisons formant le côté compris entre la rue Saint-André-des-Arts et la rue Suger. Les voitures y seront rangées en lignes.

Dix-neuvième place de stationnement.

PLACE SAINT-SULPICE ET RUE FÉROU.

Cette place se composera :

1º De la rue Férou, depuis la place Saint-Sulpice jusqu'au numéro 13 ;

Les voitures y seront rangées sur deux files ;

2º De l'espace au sud du portail de l'église, au débouché de la rue Palatine ;

Les voitures y seront rangées sur trois files ;

3º De la partie de la place Saint-Sulpice longeant le séminaire, de la rue Férou à la rue du Pot-de-Fer.

Les voitures y seront rangées sur trois files dans les trois quarts de cet espace, et sur deux seulement vers la rue du Pot-de-Fer.

Les mardis et vendredis les voitures pourront stationner sur cette place jusqu'au coucher du soleil.

Vingtième place de stationnement.

RUE PERCÉE-DU-TEMPLE, RUE DE LA ROTONDE, ET RUE MOLAY PROLONGÉE.

Le stationnement ne pourra avoir lieu que le long des murs du jardin de l'ancien couvent, dans les rues Percée et de la Rotonde-du-Temple, et le long du trottoir dans la rue Molay prolongée.

Les voitures devront y être rangées sur une seule file, parallèlement aux murs.

Le stationnement pourra avoir lieu sur cette place, jusqu'au coucher du soleil, les mardis, mercredis, vendredis et samedis.

Vingt et unième place de stationnement.

AUPRÈS DU MARCHÉ SAINT-MARTIN.

Cette place comprendra :

1º La rue Ferdinand-Berthoud ;

2º La rue Vaucanson, le long de la grille du Conservatoire des Arts-et-Métiers ;

3º La place de Vannes.

Les voitures y seront rangées sur une seule file. Elles pourront rester sur cette place de stationnement tous les jours jusqu'au coucher du soleil.

2. Le stationnement des voitures et bêtes de trait et de somme, employées au service de l'approvisionnement des halles, est interdit sur tous autres points de la voie publique, que ceux ci-dessus désignés.

3. Il est défendu aux aubergistes et à tous autres, de déposer sur la voie publique les papiers des approvisionneurs.

4. Le droit de stationnement, établi au profit de la ville de Paris, et que les propriétaires des voitures, bêtes de trait et de somme servant à l'approvisionnement des halles, devront payer aux adjudicataires des places, est fixé comme il suit, conformément à la délibération du conseil municipal du 20 février 1835, approuvée par le ministre de l'intérieur, le 11 mai suivant, savoir :

Par voiture à 4 roues pouvant occuper un espace de 16 mètres.....	20 c.
— à 2 — — 12 —	15
Par bête de trait attelée ou non attelée et par bête de somme......	05

Les adjudicataires des places de stationnement ne pourront exiger de plus forts droits, sous peine d'être poursuivis comme concussionnaires.

5. La conduite et la garde des voitures sur les places de stationnement ne pourront être faites que par les approvisionneurs, les personnes de leur famille ou attachées à leur service, ou par les agents des adjudicataires de chaque stationnement.

Dans ce dernier cas, les frais de conduite et de garde seront débattus de gré à gré. Mais, sous aucun prétexte, les adjudicataires ou leurs agents ne pourront rien exiger au delà des prix ci-dessous indiqués, savoir :

	Frais de conduite.	Frais de garde.
Par voiture à 4 roues.......................	30 c.	15 c.
— à 2 roues.......................	20	10
Par bête de trait attelée ou non attelée, et par bête de somme...........................	05	05

6. Les agents préposés par les fermiers à la conduite et à la garde des voitures, bêtes de trait et de somme, devront être munis d'une permission délivrée par nous.

Pendant toute la durée de leur service, ils devront porter au bras gauche une plaque aux armes de la ville, indicative des places de stationnement qu'ils desserviront, et d'un numéro d'ordre spécial qui leur sera délivré à la préfecture de police.

Les dispositions du présent article sont applicables aux agents employés par les aubergistes pour conduire les voitures, chevaux et bêtes de somme dans les locaux qui leur appartiennent. La plaque de ces agents indiquera l'établissement auquel ils seront attachés.

7. Les adjudicataires des places de stationnement seront responsables, tant pour eux que pour leurs agents, des voitures, bêtes de trait et de somme, et de tous autres objets confiés à leur conduite et à leur garde, comme aussi de tous les accidents qui pourront résulter de leur fait ou de celui de leurs agents.

8. Les propriétaires de voitures, bêtes de trait et de somme, qui les conduiront et feront conduire et garder sur les places de stationnement, seront tenus de se conformer, pour le placement de leurs voitures, bêtes de trait et de somme, aux indications qui leur seront données par les adjudicataires de chaque stationnement.

9. Les adjudicataires des places de stationnement sont tenus de veiller à ce qu'il ne soit causé aucun dommage, soit par leurs agents, soit par les approvisionneurs, aux trottoirs, plates-bandes, arbres, grilles, bancs, fontaines et monuments, auprès desquels les voitures et bêtes de somme passeront ou stationneront. Ils seront personnellement responsables de tous les dégâts ou dégradations qui seraient commis, sauf leur recours contre qui de droit.

10. Il est enjoint aux fermiers de se renfermer strictement dans les limites déterminées, pour chaque place de stationnement, par l'article 1er de la présente ordonnance.

11. Les voitures devront être rangées avec ordre sur les places de stationnement, de manière qu'on puisse toujours les retirer avec facilité.

Les bêtes de trait seront attelées aux voitures ou attachées entre les limons, la croupe en dehors des rangs.

Les bêtes de somme seront attachées derrière les voitures, mais il n'en sera reçu que sur les places où les voitures pourront être placées sur plusieurs rangs.

Les voitures seront rangées en lignes les unes à côté des autres ou en files, à la suite les unes des autres.

12. Il est défendu aux adjudicataires des places de stationnement, et aux aubergistes, de faire conduire, par chacun de leurs agents, plus de trois voitures, ou plus de quatre bêtes de somme à la fois.

13. Les places de stationnement devront être évacuées entièrement à *neuf heures du matin*, du 1er avril au 30 septembre, et à *dix heures du matin*, du 1er octobre au 31 mars, sauf les exceptions indiquées en l'article 1er pour les 11e, 19e, 20e et 21e places.

14. Les contraventions seront constatées par des procès-verbaux ou rapports qui nous seront transmis, et poursuivies conformément aux lois et règlements.

15. La présente ordonnance sera imprimée et affichée.

Ampliation en sera envoyée au représentant du peuple, préfet du département de la Seine.

Les commissaires de police, le chef de la police municipale et les officiers de paix, l'inspecteur général des halles et marchés, et les autres préposés de la préfecture de police, sont chargés, chacun en ce qui le concerne, d'en surveiller l'exécution.

Le représentant du peuple, préfet de police, DUCOUX.

N° **2129**. — *Ordonnance qui rapporte celle du 10 juillet dernier et remet en vigueur les anciens tarifs homologués par les ordonnances des 14 juin 1844 et 14 avril 1847, sur les chemins de fer de Paris à* Saint-Germain *et de Paris à* Versailles (*rive droite*) (1).

Paris, le 29 septembre 1848.

N° **2130**. — *Proclamation du préfet de police aux habitants de Paris.*

Paris, 1er octobre 1848.

Citoyens,

La capitale continue de jouir du calme le plus parfait, de la sécu-

---

(1) Abrogée.—V. l'ord. du 30 juillet 1849.

rité la plus grande. Les nouvelles des départements sont de nature à consolider cet heureux résultat. Partout, en effet, le travail tend à renaître. La plupart des ateliers et des fabriques ont repris leurs opérations, et quelques-uns d'entre eux ont retrouvé leur activité des années les plus prospères. Le dernier décret relatif aux heures de travail a fait surgir, dans Paris, des difficultés qui tendent à s'applanir de jour en jour. Dans ces circonstances, l'autorité n'oublie pas qu'il lui appartient de faire respecter, au même degré, la liberté commerciale et la liberté individuelle; elle doit protéger les majorités des travailleurs paisibles contre la domination quelquefois tyrannique des minorités turbulentes. Ce devoir, nous nous efforçons de le remplir sans partialité comme sans faiblesse, et bientôt nous l'espérons, des transactions amiables auront assuré, pour toutes les industries la paix et la régularité dans le travail.

Ces améliorations dans l'ordre matériel, citoyens, ne constitueraient qu'un progrès stérile, si elles ne se produisaient, en même temps, dans l'ordre politique et dans l'ordre moral. Les anciens partis comprennent aujourd'hui et proclament le besoin de la conciliation; mais que servirait ce mot sur les lèvres, si la haine et la défiance restaient au fond des cœurs? Nos divisions ne pourraient que perpétuer la défiance et la misère publique. A côté de ceux qui perdraient la République par l'impatience et l'exagération de leurs idées, il en est d'autres qui étoufferaient volontiers la démocratie, sous prétexte d'en modérer l'essor. Les amis véritables de la liberté n'approuvent ni les uns ni les autres. La révolution de février n'a voulu ni terreur ni priviléges, et c'est en marchant résolument dans cette voie que nous sauverons la République et la société.

L'approvisionnement des halles ne laisse rien à désirer.

Nous avions annoncé, dans notre dernier bulletin, l'amélioration qui se manifestait dans l'orfévrerie et la bijouterie : nous la prouvons aujourd'hui par des chiffres que nous fournit le bureau de garantie de l'Hôtel-des-Monnaies.

	Or.	Argent.	Valeur intrins.
Mois de juillet.....	86 k. 141 gr.	643 k. 373 gr.	278 k. 815 gr.
— d'août........	103 067	1,183 950	516 857
— de septembre..	129 807	1,355 750	615 873

Ce mouvement dans les industries de luxe est une heureuse indication de celui qui doit s'opérer dans la plupart des autres industries.

C'est dans la draperie, et, en général, dans les étoffes en laine, que le progrès se fait sentir.

Dans les bronzes, les plaqués, l'ébénisterie elle-même, qui était restée en souffrance, un plus grand nombre d'ouvriers rappelés dans les ateliers, prépare les commandes considérables faites par l'étranger.

Les grands travaux d'utilité publique dont nous parlions dans notre dernier bulletin, se continuent avec activité.

Des usines importantes, situées dans divers quartiers de la capitale, appellent chaque jour de nouveaux travailleurs.

Partout enfin se manifeste une tendance à la reprise des affaires qui, un moment arrêtée par les agitations électorales, va se développer de nouveau.

Le chiffre des dépôts à la caisse d'épargne, a été, le 24 et le 25 septembre, de 39,667 fr. versés par 384 déposants, dont 88 nouveaux.

Les sommes prêtées par le Mont-de-Piété se sont élevées au chiffre de 528,922 fr., et les sommes remboursées à celui de 499,240 fr.

Il y a une progression, heureuse quoique lente, dans la situation des ouvriers. Sur le nombre de 29,761 qui habitent les maisons garnies, il y en a 20,892 qui ont du travail.

Le nombre des ouvriers inoccupés se réduit donc à 8,869.

Du 18 au 28 septembre, il est entré dans les maisons garnies 7,950 Français et 1,346 étrangers.

Du 20 au 29 septembre, il a été délivré 1,708 passe-ports à des citoyens français et 647 à des étrangers.

Du 23 au 29 septembre, deux convois ont conduit au Havre 695 détenus de juin.

Les maisons d'arrêt renferment 3,391 détenus ordinaires. Elles ne contiennent plus que 542 détenus de juin.

Le nombre des vols simples est, en moyenne, de sept par jour. Celui des vols avec effraction est de vingt-deux, depuis le 20 septembre.

Le nombre constaté des décédés de juin est aujourd'hui de 1454.

La santé publique n'a jamais été dans un état plus satisfaisant, les bruits alarmants répandus par la malveillance ou la peur, sur l'invasion de maladies épidémiques, doivent cesser devant les investigations administratives qui en ont démontré la fausseté.

Du 15 au 30 septembre inclus, les recettes des théâtres se sont élevées au chiffre de 213,683 fr. 78 c.

Le représentant du peuple, préfet de police, DUCOUX.

N° 2131. — *Tableau général et statistique des* 3,423 *accusés de juin transportés au Havre, du 5 août au 29 septembre* 1848, *avec indication, par catégorie, de profession, d'âge et d'origine.*

Paris, le 12 octobre 1848.

PROFESSIONS.	NOMBRE des condamnés.	TOTAUX.	PROFESSIONS.	NOMBRE des condamnés.	TOTAUX.
			Report.....	......	284
SCIENCES.—LETTRES.					
Hommes de lettres........	7	9	**COMMERCE.**		
Avocats.................	2		Marchands.............	12	21
Médecin..............	1		Libraires..............	5	
Dentiste...............	1	6	Négociants	4	
Pédicure.............	1		Liquoristes, march. de vin.	70	
Vétérinaires........	3		Brocanteurs..........	28	
Ingénieurs.............	2	3	March. des quatre saisons..	26	
Chef d'usine............	1		Petits boutiquiers.....	22	196
Chimistes	2	4	Marchands ambulants......	15	
Pharmacien	1		Charbonniers............	11	
Herboriste.............	1		Logeurs..............	9	
Instituteurs............	2	4	Limonadiers............	6	
Professeur.............	1		Épiciers..............	8	
Interprète.............	1		Fripiers..............	5	
Étudians en médecine	3		**INDUSTRIE.**		
Id. en droit....	1	7	*Ouvriers de luxe.*		
Élève de l'école des Chartes.	1		Orfévres, bijoutiers........	54	
Clerc de notaire.........	1		Horlogers	15	
Id. d'avoué....	1		Luthiers................	7	83
Teneurs de livres........	8		Opticiens..............	2	
Écrivains.............	3		Émailleur	1	
Sténographes..........	2	16	Lapidaire..............	1	
Vérificateur	1		Glaciers, Miroitiers........	5	
Agent d'affaires..........	1		Peintres vitriers.........	54	
Inspecteur d'assurances....	1		Doreurs..............	20	
ARTS.			Peintres en décors........	7	91
Peintres.............	56		*Id.* sur porcelaine....	5	
Graveurs.............	50		Vernisseurs............	3	
Sculpteurs............	29		Fleuristes.............	2	
Ciseleurs.............	20	150	*Industriels divers.*		
Musiciens	14		Raffineurs.............	16	
Modeleurs............	11		Brasseurs.............	4	25
Architectes............	8		Chandeliers	3	
Comédiens...........	2		Cirier	1	
			Savonnier	1	
ARMÉE.			Imprimeurs typographes...	46	
Gardes mobiles........	38		*Id.* sur papiers peints.	39	100
Id. républicains........	28		Relieurs..............	8	
Gardiens de Paris.......	13	85	Imprimeurs sur étoffes.....	7	
Soldats des armées régulières	4		Matelassiers...........	7	
Pompiers............	2		Blanchisseurs...........	6	17
			Remouleurs	4	
A reporter.....	......	284	A reporter.....	......	817

Suite du Tableau général et Statistique des Accusés de juin.

PROFESSIONS.	NOMBRE des condamnés.	TOTAUX.	PROFESSIONS.	NOMBRE des condamnés.	TOTAUX.
Report......	......	817	Report.....	......	1,350
INDUSTRIE (Suite).			**INDUSTRIE** (Suite).		
Industriels divers (Suite).			*Peaussiers.*		
Potiers de terre..........	10		Corroyeurs..............	42	
Id. d'étain............	4	18	Mégissiers...............	10	
Tailleurs de cristaux......	2		Tanneurs...............	9	82
Verriers................	2		Selliers.................	9	
			Bourreliers.............	6	
Tisseurs............	50		Gantiers...............	6	
Fileurs..............	25				
Passementiers..........	21		*Ouvriers travaillant le bois.*		
Teinturiers............	10				
Tisserands............	9	122	Ébénistes	122	
Chàliers.............	8		Menuisiers.............	182	528
Estampeurs...........	7		Layetiers............	14	
Cordiers.............	7		Ajusteurs..............	6	
Tapissiers............	6		Billardiers..............	4	
Ornemaniste	1				
			Charpentiers............	46	46
Ouvriers pour comestibles.					
			Scieurs de long.........	35	
Boulangers............	35		Charrons...............	26	91
Cuisiniers, rôtisseurs.....	25		Tonneliers.............	20	
Bouchers..............	13	90	Tabletiers..............	20	
Pàtissiers, traiteurs........	12				
Charcutiers............	4		*Ouvriers travaillant les métaux*		
Confiseur.............	1				
			Mécaniciens	117	
Confectionneurs de vêtements et de chaussures.			Serruriers..............	112	
			Forgerons, maréchaux.....	55	
			Tailleurs d'acier.........	13	305
Cordonniers..............	107		Couteliers.............	4	
Tailleurs	77		Armuriers..............	5	
Chapeliers..............	30	238	Cambreurs.............	5	
Bonnetiers..............	14				
Chaussonniers	10		Zingueurs, tôliers, ferblantiers	24	
			Fumistes	21	80
Fabricants de petites fournitures.			Couvreurs..............	35	
Fabr. d'allumettes chimiques	5		Fondeurs en fer..........	38	
Fabricants de soufflets.....	2		Id. en cuivre.......	23	
Fabricant de bretelles....	1	10	Tourneurs en cuivre.....	23	
Id. de parapluies....	1		Monteurs en bronze.....	12	122
Lampiste..............	1		Id. en cuivre.....	9	
			Polisseurs..............	8	
Cartonniers............	6		Cloutiers..............	8	
Ouvriers en portefeuilles..	5		Métreur	1	
Papetiers.............	2	13			
Ouvr. en mesures linéaires.	1		*Ouvriers travaillant la pierre.*		
Crayoniste..............	1				
			Maçons...............	161	
Boutonniers	10		Tailleurs de pierre.........	43	
Vanniers................	10		Carriers...............	25	251
Brossiers...............	8	32	Paveurs...............	15	
Bimbelotiers............	3		Carreleurs..............	7	
Plumassier..............	1				
A reporter.....	......	1,340	A reporter.....	......	2,645

Suite du Tableau général et Statistique des Accusés de juin.

PROFESSIONS.	NOMBRE des condamnés.	TOTAUX.	PROFESSIONS.	NOMBRE des condamnés.	TOTAUX.
Report.....	......	2,645	*Report*.....	......	2,722
INDUSTRIE (Suite).			INDUSTRIE (Suite).		
Ouvriers travaillant la pierre (Suite).			*Manœuvres (Suite).*		
			Charretiers..............	48	64
Marbriers..............	20		Cochers	16	
Fontainiers..............	8	35			
Plâtriers	4		Hommes de peine, commis-		
Bitumiers..............	3		sionnaires, journaliers, etc.	385	
			Terrassiers..............	59	460
Manœuvres.			Chauffeurs	16	
Jardiniers..............	11		*Domestiques et portiers.*		
Cultivateurs.............	7	21	Domestiques.............	40	51
Vignerons..............	2		Portiers..............	11	
Nourrisseur..............	1				
			SANS PROFESSION.		
Mariniers..............	18	21	Sans profession..........	119	126
Pêcheurs..............	3		Propriétaires, rentiers.....	7	
A reporter.....	......	2,722	TOTAL GÉNÉRAL.....	......	3,423

État comparatif des Professions des Transportés.

DÉSIGNATION.	NOMBRE.	DÉSIGNATION.	NOMBRE.
		Report.....	2,813
Manœuvres, journaliers, terras- siers, chauffeurs.............	460	Charpentiers, couvreurs........	81
		Tailleurs.	77
Menuisiers, ébénistes, etc....	328	Charretiers, cochers..........	64
Mécaniciens, serruriers, forge- rons, etc..................	305	Papetiers, boutonniers, bimbe- lotiers, etc...............	55
Maçons, carriers, etc.........	251	Domestiques, portiers..........	51
Marchands, boutiquiers, etc.....	217	Ferblantiers, fumistes..........	45
Artistes, peintres, musiciens, etc.	150	Marbriers, plâtriers, etc.........	35
Tisseurs, châliers, tapissiers, etc	122	Hommes de lettres, médecins, avocats, étudiants	33
Fondeurs, etc.................	122		
Sans profession...............	119	Chapeliers.................	30
Cordonniers, chaussonniers.....	117	Raffineurs, brasseurs, savon- niers, etc...............	25
Imprimeurs sur papiers, sur étoffes, relieurs..........	100	Jardiniers, cultivateurs..........	21
Scieurs de long, charrons, etc..	91	Mariniers, pêcheurs............	21
Peintres vitriers, doreurs, etc...	91	Potiers, Verriers, etc..........	18
Boulangers, charcutiers, cuisi- niers, etc.................	90	Blanchisseurs, matelassiers......	17
		Teneurs de livres, agents d'af- faires.................	16
Militaires...................	85		
Bijoutiers, orfèvres, horlogers, etc.	85	Bonnetiers	14
Corroyeurs, bourreliers, etc.....	82	Propriétaires, rentiers..........	7
A reporter.....	2,813	TOTAL.....	5,423

Pays originaires des Transportés français.

DÉPARTEMENTS.	Nombre.	DÉPARTEMENTS.	Nombre.	DÉPARTEMENTS.	Nombre.
Paris......... 622	773	*Report*....	2,257	*Report*.....	2,671
Seine (banlieue) 151		Marne (Haute-)....	25	Côtes-du-Nord	6
Seine-et-Oise.....	156	Rhône............	24	Gers	6
Moselle..........	105	Aube............	21	Ardèche..........	6
Seine-et-Marne	101	Vosges	21	Tarn	5
Nord............	80	Isère............	21	Lot-et-Garonne....	5
Creuse	65	Nièvre	20	Finistère	5
Aisne	61	Mayenne	19	Drôme...........	5
Somme	61	Saône-et-Loire....	18	Dordogne........	5
Meuse	59	Maine-et-Loire....	16	Charente	5
Oise............	58	Loire (Haute-)	16	Ain	5
Yonne..........	54	Loire........	16	Alpes (Basses-)....	4
Pas-de-Calais	51	Doubs...........	16	Cher	4
Loiret	49	Rhin (Haut-)......	14	Pyrénées (Hautes-).	4
Manche..........	47	Jura	14	Vendée..........	4
Seine-Inférieure ...	47	Ille-et-Vilaine	14	Tarn-et-Garonne..	3
Ardennes.........	44	Garonne (Haute-)..	14	Landes..........	3
Vienne (Haute-)...	44	Loir-et-Cher......	13	Lot.............	3
Saône...........	42	Indre	12	Lozère	3
Marne	39	Gironde	12	Bouches-du-Rhône.	3
Calvados	38	Indre-et-Loire....	12	Aude...........	3
Cantal..........	38	Morbihan........	11	Ariége..........	3
Puy-de-Dôme.....	38	Loire-Inférieure...	10	Alpes (Hautes-)...	3
Sarthe..........	36	Allier	9	Hérault..........	2
Côte-d'Or.......	36	Aveyron.........	9	Pyrénées orientales	2
Orne............	34	Corrèze	8	Deux-Sèvres.......	2
Meurthe.........	33	Pyrénées.........	8	Vaucluse	1
Eure-et-Loir......	33	Charente-Inférieure	8	Corse	»
Bas-Rhin........	31	Vienne..........	7	Var	»
Eure............	26	Gard............	6	Algérie..........	»
A reporter.....	2,257	*A reporter*.....	2,671	TOTAL.....	2,771

Pays originaires des Transportés étrangers.

ÉTATS.	Nombre.	ÉTATS.	Nombre.	ÉTATS.	Nombre.
Belgique..........	9	Hollande..........	9	Allemagne.........	4
Savoie............	5	Bavière..........	8	Autriche..........	4
Suisse............	5	Piémont.........	7	Pologne..........	2
Prusse...........	11	Italie............	6	Portugal..........	1
TOTAL.....	110	TOTAL.....	30	TOTAL.....	11

151

RÉSUMÉ.

TOTAL DES TRANSPORTÉS FRANÇAIS..................	2,771
Idem ÉTRANGERS...............	151
Idem D'ORIGINE INCONNUE.......	501
TOTAL GÉNÉRAL......	3,423

Ages des Transportés.

DEGRÉS DE L'AGE.	NOMBRE.	AGES COMPARÉS.	NOMBRE.
De 13 ans.........	2	De 25 ans à 30 ans.........	625
De 14 —	4	De 30 — à 35 —	622
De 15 ans à 20 —	214	De 20 — à 25 —	528
De 20 — à 25 —	528	De 35 — à 40 —	446
De 25 — à 30 —	625	De 40 — à 45 —	385
De 30 — à 35 —	622	De 45 — à 50 —	300
De 35 — à 40 —	446	De 15 — à 20 —	214
De 40 — à 45 —	385	De 50 — à 55 —	165
De 45 — à 50 —	300	De 55 — à 60 —	21
De 50 — à 55 —	165	De 60 — à 65 —	15
De 55 — à 60 —	61	De 65 — à 70 —	8
De 60 — à 65 —	15	De 14 —	4
De 65 — à 70 —	8	De 13 —	2
De 70 —	1	De 70 —	1
TOTAL.....	3,376	TOTAL.....	3,376

$$3,376$$
Ages inconnus........... 47

TOTAL GÉNÉRAL..... 3,423

Le représentant du peuple, préfet de police, DUCOUX.

N° **2132.** — *Proclamation du préfet de police aux habitants de Paris.*

Paris, 15 octobre 1848.

Citoyens,

En résignant les fonctions que j'avais acceptées après les luttes de juin, j'éprouve le besoin de vous remercier de la sympathie avec laquelle vous avez accueilli les actes de mon administration. Dévoué, corps et âme, à la cause de la République, je me suis efforcé d'en appliquer et d'en faire aimer les principes. Ce que j'ai essayé de faire comme magistrat, je le continuerai comme représentant du peuple.

J'ai la satisfaction d'avoir traversé trois mois difficiles sans que l'impatience ou l'excitation des partis soient venus troubler, un seul instant, la sécurité de la capitale. C'est un heureux résultat auquel la sagesse et l'intelligence du peuple ont contribué plus que ma vigilance et mes efforts.

Aujourd'hui, citoyens, à part l'émotion causée par la crise ministérielle et que le temps aura bien vite dissipée, Paris est dans un état de tranquillité parfaite. Je lègue le soin de continuer ma tâche à un successeur (1) dont une vieille amitié m'a permis de connaître le patriotisme et la fermeté. Ses luttes politiques et les persécutions qu'il a subies sous la monarchie sont un sûr garant de son dévouement à la liberté.

Vive la République !

Le représentant du peuple, préfet de police, démissionnaire, DUCOUX.

(1) Par arrêté du président du conseil des ministres, chargé du pouvoir exécutif, en date du 14 octobre 1848, le citoyen Gervais (de Caen) a été nommé préfet de police, en remplacement du citoyen Ducoux, démissionnaire.

N° 2133. — *Ordonnance qui fixe le tarif pour le transport, à grande et à petite vitesse, des voyageurs, des bagages, des marchandises, etc., sur les parcours compris entre les stations de l'embranchement de Lille sur Calais et Dunkerque, et entre ces mêmes stations et diverses stations de la ligne de Paris à la frontière de Belgique.* (Chemin de fer du Nord.)

Paris, 16 octobre 1848.

Nous, préfet de police,

Vu : 1° la loi du 15 juillet 1845, qui autorise la concession du chemin de fer de Paris à la frontière de Belgique, par Lille et Valenciennes, avec embranchement sur Calais et Dunkerque, ensemble le cahier des charges, coté A, annexé à cette loi;

2° L'ordonnance royale du 10 septembre 1845, homologative de l'adjudication de la concession dudit chemin de fer et de ses embranchements;

3° Les ordonnances homologatives des 19 juin 1846, 10 et 22 février, 10 mars et 20 septembre 1847;

4° Les propositions présentées par la compagnie du chemin de fer du Nord, concessionnaire du chemin de fer de Paris à la frontière de Belgique et de ses embranchements précités, lesquelles contiennent un projet de tarif pour le transport des voyageurs, des bagages, des marchandises et autres objets, sur les parcours compris entre les stations de l'embranchement de Lille sur Calais et Dunkerque, et entre ces mêmes stations et diverses stations de la ligne de Paris à la frontière de Belgique;

5° Les décisions ministérielles des 2 septembre dernier et 13 octobre courant, qui approuvent lesdites propositions, sous diverses conditions et réserves;

Considérant qu'il y a lieu de rendre obligatoires, dans le ressort de la préfecture de police, les décisions ministérielles précitées,

Ordonnons ce qui suit :

TITRE Ier.

TRANSPORT A LA VITESSE DES VOYAGEURS.

CHAPITRE PREMIER.

Voyageurs.

1. Les prix à percevoir pour le transport des voyageurs sur les parcours ci-après indiqués du chemin de fer de Paris à la frontière de Belgique et de son embranchement de Lille sur Calais et Dunkerque, sont réglés, y compris l'impôt dû au trésor, conformément au tableau suivant :

Nota. — Les militaires ou marins voyageant isolément, pour cause de service, envoyés en congé, pour appartenir à la réserve, envoyés en congé limité, ou rentrant dans leurs foyers après libération, ne seront assujettis, eux et leurs bagages, qu'à la moitié des taxes fixées par la présente ordonnance.

Les militaires ou marins, voyageant en corps, ne seront assujettis, eux et leurs bagages, qu'au quart des mêmes taxes (art. 43 du cahier des charges), voir l'article IV ci-après.

Tarif pour le Transport des Voyageurs.

LIEUX DE DÉPART et DE DESTINATION.	Distances servant de base à la fixation des prix de transport.	1re CLASSE. Voitures couvertes, garnies et fermées à glaces.	2e CLASSE. Voitures couvertes, fermées à glaces et à banquettes rembourrées.	3e CLASSE. Voitures couvertes et fermées avec rideaux.
		PRIX DE TRANSPORT.		
	kilom.	fr. c.	fr. c.	fr. c.
De SAINT-PIERRE-LÈS-CALAIS, aux stations ci-après et vice versâ : Paris.............	376	38 75	29 »	21 50
Pontoise..........	348	27 70	21 »	15 45
Beaumont	330	25 85	19 45	14 50
Creil.............	309	23 70	17 95	13 20
Clermont..........	294	22 15	16 65	12 25
Breteuil..........	265	19 05	14 30	10 50
Amiens...........	229	15 40	11 60	8 50
Albert............	197	13 20	10 05	7 20
Arras.............	161	11 70	8 90	6 20
Douai	155	11 05	8 50	5 85
Somain...........	150	12 50	9 25	6 75
Valenciennes	171	12 50	9 25	6 75
Quiévrain........	183	12 50	9 25	6 75
Roubaix..........	113	8 55	6 60	4 40
Tourcoing........	116	8 75	6 75	4 50
Mouscron.........	121	10 »	7 50	5 »
Lille	102	8 »	6 »	4 »
Pérenchies	93	7 »	5 50	3 75
Armentières......	86	6 50	5 25	3 50
Steenwerck.......	80	6 »	4 75	3 25
Bailleul..........	74	5 50	4 50	3 »
Strazeele.........	66	5 »	4 »	2 75
Hazebrouck.......	59	4 50	3 50	2 25
Cassel............	69	4 70	3 65	2 35
Arnecke..........	76	4 90	3 80	2 45
Esquelbecq.......	83	5 10	3 95	2 55
Bergues..........	92	5 30	4 10	2 65
Dunkerque	100	5 50	4 25	2 75
Eblinghem........	50	4 »	3 25	2 »
Saint-Omer.......	39	3 25	2 50	1 75
Watten...........	30	2 50	2 »	1 25
Audruicq.........	19	1 75	1 25	1 »
Ardres	11	1 »	» 80	» 60
Calais............	6	» 60	» 45	» 35
De PÉRENCHIES aux stations ci-après et vice versâ : Paris.............	284	28 40	21 40	15 85
Amiens...........	136	13 20	9 95	7 40
Arras............	69	6 20	4 65	3 45
Lille	10	1 »	» 75	» 60
Armentières......	8	» 80	» 60	» 45
Steenwerck.......	13	1 25	1 »	» 70
Bailleul..........	19	1 50	1 25	» 80
Strazeele.........	28	2 »	1 75	1 »
Hazebrouck.......	34	2 50	2 »	1 50.
Cassel............	44	3 25	2 75	1 75
Arnecke..........	51	3 75	3 »	2 »
Esquelbecq.......	57	4 25	3 50	2 25
Bergues..........	68	5 »	4 »	2 75
Dunkerque	75	5 75	4 50	3 »
Eblinghem	43	3 25	2 50	1 75
Saint-Omer.......	54	4 »	3 25	2 25
Watten...........	63	4 75	3 75	2 50
Audruicq.........	74	5 50	4 50	3 »
Ardres	82	6 25	5 »	3 25
St-Pierre-lès-Calais	93	7 »	5 50	3 75
Calais	96	7 25	5 75	3 75

Suite du Tarif pour le Transport des Voyageurs.

LIEUX DE DÉPART et DE DESTINATION.	Distances servant de base à la fixation des prix de transport.	1re CLASSE. Voitures couvertes, garnies et fermées à glaces.		2e CLASSE. Voitures couvertes, fermées à glaces et à banquettes rembourrées.		3e CLASSE. Voitures couvertes, et fermées avec rideaux.	
	kilomèt.	fr.	c.	fr.	c.	fr.	c.
D'ARMENTIÈRES aux stations ci-après, *et vice versâ.*							
Paris	291	28	60	21	55	15	95
Pontoise	262	25	70	19	55	14	55
Beaumont	245	23	85	17	95	13	20
Creil	224	21	70	16	30	12	10
Clermont	209	20	15	15	15	11	25
Breteuil	179	17	05	12	80	9	50
Amiens	144	13	40	10	10	7	50
Albert	112	10	10	7	60	5	65
Arras	76	6	40	4	80	3	55
Douai	50	4	55	3	50	2	60
Somain	65	6	10	4	65	3	45
Valenciennes	86	6	75	5	25	4	»
Quiévrain	98	7	»	5	50	4	»
Roubaix	28	2	05	1	60	1	15
Tourcoing	30	2	25	1	75	1	25
Mouscron	36	3	25	2	50	1	75
Lille	17	1	25	1	»	»	75
Pérenchies	8	»	80	»	60	»	45
Steenwerck	6	»	60	»	45	»	35
Bailleul	12	1	»	»	90	»	70
Strazeele	20	1	50	1	25	1	»
Hazebrouck	27	2	25	1	75	1	25
Cassel	37	2	75	2	25	1	50
Arneeke	45	3	25	2	50	1	75
Esquelbecq	50	3	75	3	»	2	»
Bergues	61	4	50	3	75	2	50
Dunkerque	68	5	»	4	»	2	75
Eblinghem	56	2	75	2	25	1	50
Saint-Omer	47	3	50	2	75	2	»
Watten	56	4	25	3	25	2	25
Audruicq	67	5	»	4	»	2	75
Ardres	75	5	75	4	50	3	»
St-Pierre-lès-Calais	86	6	50	5	25	3	50
Calais	89	6	75	5	25	3	50
De **STRAZEELE** aux stations ci-après, *et vice versâ.*							
Paris	311	29	20	22	»	16	25
Amiens	164	14	»	10	55	7	80
Arras	96	7	»	5	25	3	85
Lille	87	2	75	2	25	1	50
Pérenchies	28	2	»	1	75	1	»
Armentières	20	1	50	1	25	1	»
Steenwerck	15	1	25	1	»	»	75
Bailleul	9	»	90	»	70	»	50
Hazebrouck	7	»	70	»	55	»	40
Cassel	17	1	25	1	»	»	75
Arneeke	25	1	75	1	50	1	»
Esquelbecq	30	2	25	1	75	1	25
Bergues	39	3	»	2	25	1	50
Dunkerque	48	3	50	3	»	2	»
Eblinghem	16	1	25	1	»	»	75
Saint-Omer	27	2	»	1	50	1	25
Watten	56	2	75	2	25	1	50
Audruicq	47	3	50	2	75	2	»
Ardres	55	4	25	3	25	2	25
St-Pierre-lès-Calais	66	5	»	4	»	2	75
Calais	69	5	25	4	25	2	75

Suite du Tarif pour le Transport des Voyageurs.

LIEUX DE DÉPART et DE DESTINATION.	Distances servant de base à la fixation des prix de transport.	1re CLASSE. Voitures couvertes, garnies et fermées à glaces.		2e CLASSE. Voitures couvertes, fermées à glaces et à banquettes rembourrées.		3e CLASSE. Voitures couvertes et fermées avec rideaux.	
	kilomèt.	fr.	c.	fr.	c.	fr.	c.
De STEENWERCK aux stations ci-après, et vice versâ :							
Paris	297	28	80	21	70	16	05
Amiens	149	13	60	10	25	7	60
Arras	82	6	60	4	95	3	65
Lille	23	1	75	1	50	1	»
Pérenchies	13	1	25	1	»	»	70
Armentières	6	»	60	»	45	»	35
Bailleul	6	»	60	»	45	»	35
Strazeele	15	1	25	1	»	»	75
Hazebrouck	21	1	50	1	25	1	»
Cassel	31	2	25	1	75	1	25
Arneeke	58	2	75	2	25	1	50
Esquelbecq	44	3	25	2	75	1	75
Bergues	53	4	»	3	25	2	25
Dunkerque	62	4	75	3	75	2	50
Eblinghem	30	2	25	1	75	1	25
Saint-Omer	41	3	»	2	50	1	75
Watten	50	3	75	3	»	2	»
Audruicq	61	4	50	3	75	2	50
Ardres	69	5	25	4	25	2	75
St-Pierre-lès-Calais	80	6	»	4	75	3	25
Calais	83	6	25	5	»	3	25
De CASSEL aux stations ci-après, et vice versâ.							
Paris	327	29	60	22	30	16	45
Pontoise	298	26	70	20	10	14	85
Beaumont	281	24	65	18	70	13	80
Creil	260	22	70	17	05	12	60
Clermont	245	21	15	15	90	11	75
Breteuil	215	18	05	13	55	10	»
Amiens	180	14	40	10	85	8	»
Albert	148	11	65	8	70	6	45
Arras	112	7	95	5	90	4	35
Douai	86	7	30	5	75	3	85
Somain	101	8	50	6	50	4	70
Valenciennes	122	8	50	6	50	5	»
Quiévrain	134	8	50	6	50	5	»
Roubaix	64	4	80	3	85	2	65
Tourcoing	66	5	»	4	»	2	75
Mouscron	72	6	»	4	75	3	25
Lille	53	4	»	3	25	2	25
Pérenchies	44	3	25	2	75	1	75
Armentières	37	2	75	2	25	1	50
Steenwerck	31	2	25	1	75	1	25
Bailleul	25	2	»	1	50	1	»
Strazeele	17	1	25	1	»	»	75
Hazebrouck	10	1	»	»	80	»	60
Arneeke	7	»	70	»	55	»	40
Esquelbecq	14	1	25	1	»	»	75
Bergues	23	1	75	1	50	1	»
Dunkerque	31	2	25	1	75	1	25
Eblinghem	20	1	20	»	95	»	70
Saint-Omer	31	1	70	1	40	»	85
Watten	39	2	45	1	90	1	35
Audruicq	51	3	20	2	65	1	85
Ardres	58	3	95	3	15	2	10
St-Pierre-lès-Calais	69	4	70	3	65	2	35
Calais	72	4	95	3	90	2	60

Suite du Tarif pour le Transport des Voyageurs.

LIEUX DE DÉPART et DE DESTINATION.	Distances servant de base à la fixation des prix de transport.	1re CLASSE. Voitures couvertes, garnies et fermées à glaces.		2e CLASSE. Voitures couvertes, fermées à glaces et à banquettes rembourrées.		3e CLASSE. Voitures couvertes et fermées avec rideaux.	
	kilomèt.	fr.	c.	fr.	c.	fr.	c.
D'HAZEBROUCK aux stations ci-après, *et vice versâ :*							
Paris.............	317	29	40	22	15	16	35
Pontoise.........	289	26	50	19	95	14	75
Beaumont........	271	24	65	18	55	13	70
Creil	250	22	50	16	90	12	50
Clermont........	235	20	95	15	75	11	65
Breteuil.........	206	17	85	13	40	9	90
Amiens..........	170	14	20	10	70	7	90
Albert...........	158	10	90	8	20	6	05
Arras	102	7	20	5	40	3	95
Douai	76	6	55	5	»	3	60
Somain.........	91	7	75	5	75	4	45
Valenciennes	112	7	75	5	75	4	30
Quiévrain	124	7	75	5	75	4	30
Roubaix.........	54	4	05	3	10	2	15
Tourcoing........	57	4	25	3	25	2	25
Mouscron	62	5	25	4	»	2	75
Lille............	43	3	25	2	50	1	75
Pérenchies	34	2	50	2	»	1	50
Armentières......	27	2	25	1	75	1	25
Steenwerck.......	21	1	50	1	25	1	»
Bailleul	15	1	25	1	»	»	75
Strazecle.........	7	»	70	»	55	»	40
Cassel...........	10	1	»	»	80	»	60
Arneeke	17	1	25	1	»	»	75
Esquelbecq.......	24	1	75	1	50	1	»
Bergues	33	2	50	2	»	1	25
Dunkerque	41	3	»	2	50	1	75
Eblinghem	10	1	»	»	75	»	60
Saint-Omer.......	21	1	50	1	25	1	»
Watten	29	2	25	1	75	1	25
Audruicq.........	41	3	»	2	50	1	75
Ardres	49	3	75	3	»	2	»
St-Pierre-lès-Calais	59	4	50	3	50	2	25
Calais...........	62	4	75	3	75	2	50
D'ARNEEKE aux stations ci-après, *et vice versâ :*							
Paris.............	334	29	80	22	45	16	55
Amiens..........	187	14	60	11	»	8	10
Arras	119	8	45	6	40	4	70
Lille............	60	4	50	3	50	2	50
Pérenchies	51	3	75	3	»	2	»
Armentières......	43	3	25	2	50	1	75
Steenwerck.......	58	2	75	2	25	1	50
Bailleul	32	2	50	2	»	1	25
Strazeele.........	25	1	75	1	50	1	»
Hazebrouck.......	17	1	25	1	»	»	75
Cassel...........	7	»	70	»	55	»	40
Esquelbecq.......	7	»	70	»	55	»	40
Bergues	16	1	25	1	»	»	75
Dunkerque.......	25	2	»	1	50	1	»
Eblinghem	27	1	45	1	15	»	85
Saint-Omer.......	37	1	90	1	55	»	95
Watten	46	2	65	2	05	1	45
Audruicq.........	58	3	40	2	80	1	95
Ardres	65	4	15	3	50	2	20
St-Pierre-lès-Calais	76	4	90	3	80	2	45
Calais...........	79	5	15	4	05	2	70

Suite du Tarif pour le Transport des Voyageurs.

LIEUX DE DÉPART et DE DESTINATION.	Distances servant de base à la fixation des prix de transport.	1re CLASSE. Voitures couvertes, garnies et fermées à glaces.		2e CLASSE. Voitures couvertes, fermées à glaces et à banquettes rembourrées.		3e CLASSE. Voitures couvertes et fermées avec rideaux.	
		PRIX DE TRANSPORT.					
	kilomèt.	fr.	c.	fr.	c.	fr.	c.
De **BAILLEUL** aux stations ci-après, *et vice versâ :* — Paris............	302	29	»	21	85	16	15
Pontoise..........	274	26	10	19	65	14	55
Beaumont........	256	24	25	18	25	13	50
Creil............	235	22	10	16	60	12	30
Clermont........	220	20	55	15	45	11	45
Breteuil.........	191	47	45	13	10	9	70
Amiens..........	155	15	80	10	40	7	70
Albert..........	125	10	50	7	90	5	85
Arras...........	87	6	80	5	10	3	75
Douai...........	61	5	50	4	25	2	85
Somain..........	76	6	85	5	40	3	70
Valenciennes.....	97	7	»	5	50	4	»
Quiévrain........	109	7	»	5	50	4	»
Roubaix.........	39	2	80	2	35	1	65
Tourcoing........	42	3	»	2	50	1	90
Mouscron........	47	4	»	3	25	2	25
Lille............	28	2	»	1	75	1	25
Pérenchies.......	19	1	50	1	25	»	80
Armentières.....	12	1	»	»	90	»	70
Steenwerck......	6	»	60	»	45	»	35
Strazeele........	9	»	90	»	70	»	50
Hazebrouck......	15	1	25	1	»	»	75
Cassel..........	25	2	»	1	50	1	»
Arneeke.........	32	2	50	2	»	1	25
Esquelbecq......	39	3	»	2	25	1	50
Bergues.........	48	3	50	3	»	2	»
Dunkerque......	56	4	25	3	25	2	25
Eblinghem......	25	2	»	1	50	1	»
Saint-Omer......	36	2	75	2	25	1	50
Watten.........	44	3	25	2	75	1	75
Audruicq........	56	4	25	3	25	2	25
Ardres	63	4	75	3	75	2	50
St-Pierre-lès-Calais	74	5	50	4	50	3	»
Calais...........	77	5	75	4	50	3	»
D'**ESQUELBECQ** aux stations ci-après, *et vice versâ :* — Paris............	341	30	»	22	60	16	65
Amiens..........	193	14	80	21	15	8	20
Arras...........	126	8	95	6	90	4	95
Lille............	67	5	»	4	»	2	75
Pérenchies.......	57	4	25	3	50	2	25
Armentières.....	50	5	75	5	»	2	»
Steenwerck......	44	3	25	2	75	1	75
Bailleul.........	39	3	»	2	25	1	50
Strazeele........	30	2	25	1	75	1	25
Hazebrouck......	24	1	75	1	50	1	»
Cassel..........	14	1	25	1	»	»	75
Arneeke.........	7	»	70	»	55	»	40
Bergues.........	9	»	75	»	60	»	50
Dunkerque......	18	1	25	1	»	»	75
Eblinghem.......	33	1	95	1	65	1	10
Saint-Omer......	44	2	45	1	80	1	20
Watten.........	55	2	85	2	20	1	50
Audruicq........	64	3	60	2	95	2	05
Ardres	72	4	35	3	45	2	30
St-Pierre-lès-Calais	83	5	10	3	95	2	55
Calais...........	86	5	35	4	20	2	80

Suite du Tarif pour le Transport des Voyageurs.

LIEUX DE DÉPART et DE DESTINATION.	Distances servant de base à la fixation des prix de transport.	1re CLASSE. Voitures couvertes, garnies et fermées à glaces.		2e CLASSE. Voitures couvertes, fermées à glaces et à banquettes rembourrées.		3e CLASSE. Voitures couvertes et fermées avec rideaux.	
	kilomèt.	fr.	c.	fr.	c.	fr.	c.
De BERGUES aux stations ci-après, et vice versâ :							
Paris............	350	30	20	22	75	16	75
Pontoise.........	321	27	50	20	55	15	15
Beaumont.......	304	25	45	19	15	14	10
Creil...........	282	23	30	17	50	12	90
Clermont.......	268	21	75	16	35	12	05
Breteuil........	238	18	65	14	»	10	30
Amiens.........	202	15	»	11	30	8	50
Albert..........	171	13	40	10	20	7	50
Arras...........	135	9	70	7	40	5	20
Douai..........	109	9	05	7	»	4	85
Somain.........	124	10	25	7	75	5	70
Valenciennes....	144	10	25	7	75	5	75
Quiévrain.......	156	10	25	7	75	5	75
Roubaix........	86	6	55	5	10	3	40
Tourcoing.......	89	6	75	5	25	3	50
Mouscron.......	94	7	75	6	»	4	»
Lille...........	76	5	75	4	50	3	»
Pérenchies......	68	5	»	4	»	2	75
Armentières.....	61	4	50	3	75	2	50
Steenwerck.....	53	4	»	3	25	2	25
Bailleul........	48	3	50	3	»	2	»
Strazeele.......	39	3	»	2	25	1	50
Hazebrouck.....	33	2	50	2	»	1	75
Cassel..........	23	1	75	1	50	1	»
Arneeke........	16	1	25	1	»	»	75
Esquelbecq.....	9	»	75	»	60	»	50
Dunkerque......	9	»	75	»	60	»	50
Eblinghem......	42	2	70	2	15	1	55
Saint-Omer.....	53	2	90	2	30	1	45
Watten.........	62	3	10	2	45	1	55
Audruicq.......	73	3	80	3	10	2	15
Ardres.........	81	4	55	3	60	2	40
St-Pierre-lès-Calais	92	5	30	4	10	2	65
Calais..........	93	5	55	4	35	2	90
De DUNKERQUE aux stations ci-après, et vice versâ :							
Paris............	358	30	40	22	90	16	85
Pontoise.........	329	27	50	20	70	15	25
Beaumont.......	312	25	65	19	30	14	20
Creil...........	291	23	50	17	65	13	»
Clermont.......	276	21	95	16	50	12	15
Breteuil........	246	18	85	14	15	10	40
Amiens.........	211	15	20	11	45	8	40
Albert..........	179	13	90	10	70	7	80
Arras...........	143	10	20	7	90	5	70
Douai..........	117	9	55	7	50	5	10
Somain.........	132	10	75	8	25	5	95
Valenciennes.....	153	10	75	8	25	6	»
Quiévrain.......	163	10	75	8	25	6	»
Roubaix........	95	7	05	5	60	3	65
Tourcoing.......	97	7	25	5	75	3	75
Mouscron.......	103	8	25	6	50	4	25
Lille...........	84	6	25	5	»	3	25
Pérenchies......	75	5	75	4	50	3	»
Armentières.....	68	5	»	4	»	2	75
Steenwerck.....	62	4	75	3	75	2	50
Bailleul........	56	4	25	3	25	2	25
Strazeele........	48	3	50	3	»	2	»

Suite du Tarif pour le Transport des Voyageurs.

LIEUX DE DÉPART et DE DESTINATION.	Distances servant de base à la fixation des prix de transport.	1re CLASSE. Voitures couvertes, garnies et fermées à glaces.		2e CLASSE. Voitures couvertes, fermées à glaces et à banquettes rembourrées.		3e CLASSE. Voitures couvertes et fermées avec rideaux.	
		PRIX DE TRANSPORT.					
	kilomèt.	fr.	c.	fr.	c.	fr.	c.
De DUNKERQUE (Suite). — Hazebrouck......	41	3	»	2	50	1	75
Cassel...........	31	2	25	1	75	1	25
Arnecke.........	25	2	»	1	50	1	»
Esquelbecq......	18	1	25	1	»	»	75
Bergues.........	9	»	75	»	60	»	50
Eblinghem	51	3	20	2	65	1	90
Saint-Omer......	62	3	40	2	80	2	»
Watten.........	70	3	60	2	95	2	10
Audruicq........	82	4	15	3	40	2	35
Ardres	89	4	75	3	75	2	50
St-Pierre-lès-Calais	100	5	50	4	25	2	75
Calais...........	103	5	75	4	50	3	»
D'EBLINGHEM aux stations ci-après, *et vice versâ :* — Paris...........	327	29	60	22	30	16	45
Amiens...........	179	14	40	10	85	8	»
Arras...........	112	7	95	5	90	4	35
Lille...........	55	4	»	3	25	2	»
Pérenchies.......	45	3	25	2	50	1	75
Armentières	56	2	75	2	25	1	50
Steenwerck......	50	2	25	1	75	1	25
Bailleul........	25	2	»	1	50	1	»
Strazeele	16	1	25	1	»	»	75
Hazebrouck......	10	1	»	»	75	»	60
Cassel...........	20	1	20	»	95	»	70
Arnecke.........	27	1	45	1	15	»	85
Esquelbecq......	55	1	95	1	65	1	10
Bergues	42	2	70	2	15	1	55
Dunkerque.......	51	3	20	2	65	1	90
Saint-Omer......	11	1	»	»	75	»	60
Watten........	20	1	50	1	20	1	»
Audruicq........	31	2	25	1	75	1	25
Ardres	39	3	»	2	25	1	75
St-Pierre-lès-Calais	50	4	»	3	25	2	»
Calais..........	55	4	»	3	25	2	»
De SAINT-OMER aux stations ci-après, *et vice versâ :* — Paris...........	538	29	80	22	45	16	55
Pontoise.........	509	26	90	20	40	15	05
Beaumont........	292	25	05	18	85	15	90
Creil...........	270	22	90	17	35	12	80
Clermont........	256	21	35	16	05	11	85
Breteuil........	226	18	25	15	70	10	10
Amiens.........	190	14	60	11	»	8	10
Albert..........	159	12	40	9	45	6	80
Arras..........	123	8	70	6	65	4	70
Douai	97	8	05	6	25	4	55
Somain..........	112	9	25	7	»	5	20
Valenciennes.....	132	9	25	7	»	5	25
Quiévrain........	144	9	25	7	»	5	25
Roubaix........	74	5	55	4	35	2	90
Tourcoing	77	5	75	4	50	3	»
Mouscron........	82	6	75	5	25	3	50
Lille	63	4	75	3	75	2	50
Pérenchies......	54	4	»	3	25	2	25
Armentières	47	3	50	2	75	2	»
Steenwerck......	41	3	»	2	50	1	75
Bailleul........	56	2	75	2	25	1	50
Strazeele	27	2	»	1	50	1	25
Hazebrouck......	21	1	50	1	25	1	»

1848.

Suite du Tarif pour le Transport des Voyageurs.

LIEUX DE DÉPART et DE DESTINATION.	Distances servant de base à la fixation des prix de transport.	1re CLASSE. Voitures couvertes, garnies et fermées à glaces.		2e CLASSE. Voitures couvertes, fermées à glaces et à banquettes rembourrées.		3e CLASSE. Voitures couvertes et fermées avec rideaux.	
	kilomèt.	fr.	c.	fr.	c.	fr.	c.
De SAINT-OMER (Suite). Cassel	31	1	70	1	40	»	85
Arnecke	37	1	90	1	55	»	95
Esquelbecq	44	2	15	1	80	1	20
Bergues	53	2	90	2	50	1	45
Dunkerque	62	3	40	2	80	2	»
Eblinghem	11	1	»	»	75	»	60
Watten	9	»	90	»	70	»	50
Audruicq	21	1	50	1	25	1	»
Ardres	28	2	»	1	75	1	25
St-Pierre-lès-Calais	59	3	25	2	50	1	75
Calais	42	3	25	2	50	1	75
De WATTEN aux stations ci-après, et vice versâ : Paris	346	30	»	22	60	16	65
Amiens	199	14	80	11	15	8	20
Arras	131	9	45	7	15	5	20
Lille	72	5	50	4	25	3	»
Perenchies	65	4	75	3	75	2	50
Armentières	56	4	25	3	25	2	25
Steenwerck	50	3	75	3	»	2	»
Bailleul	44	3	25	2	75	1	75
Strazeele	36	2	75	2	25	1	50
Hazebrouck	29	2	25	1	75	1	25
Cassel	59	2	45	1	90	1	35
Arnecke	46	2	65	2	05	1	45
Esquelbecq	53	2	85	2	20	1	50
Bergues	62	3	10	2	45	1	55
Dunkerque	70	3	60	2	95	2	10
Eblinghem	20	1	50	1	20	1	»
Saint-Omer	9	»	90	»	70	»	50
Audruicq	12	1	25	»	90	»	70
Ardres	20	1	50	1	25	1	»
St-Pierre-lès-Calais	50	2	50	2	»	1	25
Calais	53	2	50	2	»	1	25
D'AUDRUICQ aux stations ci-après, et vice versâ : Paris	358	30	20	22	75	16	75
Amiens	199	15	»	11	30	8	30
Arras	151	9	45	7	15	5	20
Lille	84	6	25	5	»	3	25
Perenchies	74	5	50	4	50	3	»
Armentières	67	5	»	4	»	2	75
Steenwerck	61	4	50	3	75	2	50
Bailleul	56	4	25	3	25	2	25
Strazeele	47	3	50	2	75	2	»
Hazebrouck	41	3	»	2	50	1	75
Cassel	51	3	20	2	65	1	85
Arnecke	58	3	40	2	80	1	95
Esquelbecq	61	3	60	2	95	2	05
Bergues	73	3	80	3	10	2	15
Dunkerque	82	4	15	3	40	2	35
Eblinghem	51	2	25	1	75	1	25
Saint-Omer	21	1	50	1	25	1	»
Watten	12	1	25	»	90	»	70
Ardres	8	»	75	»	60	»	45
St-Pierre-lès-Calais	19	1	75	1	25	1	»
Calais	22	1	75	1	25	1	»

Suite du Tarif pour le Transport des Voyageurs.

LIEUX DE DÉPART et DE DESTINATION.	Distances servant de base à la fixation des prix de transport.	1re CLASSE. Voitures couvertes, garnies et fermées à glaces.	2e CLASSE. Voitures couvertes, fermées à glaces et à banquettes rembourrées.	3e CLASSE. Voitures couvertes fermées avec rideaux.
	kilomèt.	fr. c.	fr. c.	fr. c.
D'ARDRES aux stations ci-après, et vice versâ :				
Paris............	565	30 40	22 90	16 85
Amiens..........	218	15 20	11 45	8 40
Arras	150	10 95	8 40	5 95
Lille	91	6 75	5 »	3 75
Pérenchies.......	82	6 25	5 »	3 25
Armentières......	75	5 75	4 50	3 »
Steenwerk.......	69	5 25	4 25	2 75
Bailleul.........	63	4 75	3 75	2 50
Strazeele........	55	4 25	3 25	2 25
Hazebrouck......	49	3 75	3 »	2 »
Cassel..........	58	3 95	3 15	2 10
Arnecke.........	65	4 15	3 30	2 20
Esquelbecq......	72	4 35	3 45	2 30
Bergues	81	4 55	3 60	2 40
Dunkerque	89	4 75	3 75	2 50
Eblinghem	59	3 »	2 25	1 75
Saint-Omer......	28	2 »	1 75	1 25
Watten..........	20	1 50	1 25	1 »
Audruicq........	8	» 75	» 60	» 45
St-Pierre-lès-Calais	11	1 »	» 80	» 60
Calais..........	14	1 25	1 »	» 75
De CALAIS aux stations ci-après, et vice versâ :				
Paris............	379	30 50	23 »	17 »
Pontoise.........	350	27 90	21 15	15 55
Beaumont........	335	26 15	19 60	14 40
Creil...........	312	23 90	18 10	13 40
Clermont........	297	22 35	16 80	12 35
Breteuil........	267	19 25	14 45	10 60
Amiens.........	252	15 60	11 75	8 60
Albert..........	200	13 40	10 20	7 50
Arras...........	164	11 95	9 15	6 45
Douai..........	138	11 50	8 75	6 10
Somain.........	155	12 50	9 25	6 75
Valenciennes	174	12 50	9 25	6 75
Quiévrain	186	12 50	9 25	6 75
Roubaix.........	116	8 80	6 85	4 65
Tourcoing.......	118	9 »	7 »	4 75
Mouscron........	124	10 »	7 50	5 »
Lille	105	8 »	6 »	4 »
Pérenchies.......	96	7 25	5 75	3 75
Armentières......	89	6 75	5 25	3 50
Steenwerck.......	85	6 25	5 »	3 25
Bailleul.........	77	5 75	4 50	3 »
Strazeele........	69	5 25	4 25	2 75
Hazebrouck......	62	4 75	3 75	2 50
Cassel..........	72	4 95	3 90	2 60
Arnecke.........	79	5 15	4 05	2 70
Esquelbecq......	86	5 35	4 20	2 80
Bergues	95	5 55	4 35	2 90
Dunkerque......	103	5 75	4 50	3 »
Eblinghem.......	53	4 »	3 25	2 »
Saint-Omer......	42	3 25	2 50	1 75
Watten..........	55	2 50	2 »	1 25
Audruicq........	22	1 75	1 25	1 »
Ardres..........	14	1 25	1 »	» 75
St-Pierre-lès-Calais	6	» 60	» 45	» 35

CHAPITRE II.

Excédants de bagages, articles de messagerie, marchandises, huîtres et poisson frais, finances et autres valeurs.

SECTION Iʳᵉ. — Prix de transport.

§ 1ᵉʳ. — *Excédants de bagages.*

2. Aux termes de l'article 42 du cahier des charges, tout voyageur dont le bagage ne pèsera pas plus de 30 kilogrammes, n'aura à payer, pour le port de ce bagage, aucun supplément du prix de sa place.

3. Les prix à percevoir pour le transport des excédants de bagages sont réglés ainsi qu'il suit :

Jusqu'à 40 kilogrammes inclusivement, par fraction indivisible de 10 kilogrammes, et par kilomètre................ 0 fr. 0045 m.

Au-dessus de 40 kilogrammes, également par fraction indivisible de 10 kilogrammes, et par kilomètre.. 0   0036

Pour les distances dépassant 300 kilomètres, la compagnie ne percevra que la taxe afférente à 300 kilomètres, qui sera appliquée comme maximum.

§ II. — *Articles de messagerie et marchandises.*

4. Les prix à percevoir pour le transport des articles de messagerie et des marchandises, sont réglés ainsi qu'il suit :

Au-dessus de 2 kilogrammes, par fraction indivisible de 10 kilogrammes et par kilomètre, 0 fr. 0036, soit 36 centimes par tonne.

Les expéditions de 2 kilogrammes et au-dessous payeront la moitié du prix fixé pour les fractions du poids de 10 kilogrammes.

Toutefois, lorsque le prix du transport, ajouté aux frais de chargement et de déchargement ci-après indiqués, n'atteindra pas, pour les colis de 2 kilogrammes et au-dessous, la somme de...... 0 fr. 15 c.

pour ceux de 3 à 20 kilogrammes, la somme de........ 0   30

et pour les colis au-dessous de 20 kilogrammes, la somme de.. 0   50

on payera : 15 centimes dans le premier cas, 30 centimes dans le second, et 50 centimes dans le troisième.

5. Pour les distances dépassant 300 kilomètres, la compagnie ne percevra que la taxe afférente à 300 kilomètres, qui sera appliquée comme maximum.

6. Conformément aux termes de l'article 43 du cahier des charges, les militaires ou marins voyageant isolément pour cause de service, envoyés en congé pour appartenir à la réserve, envoyés en congé limité ou rentrant dans leurs foyers après libération, ne seront assujettis, eux et leurs bagages, qu'à la moitié des taxes fixées par la présente ordonnance.

Les militaires ou marins voyageant en corps ne seront assujettis, eux et leurs bagages, qu'au quart de ces mêmes taxes.

§ III. — *Huîtres et poisson frais.*

7. Le transport des huîtres et du poisson frais sera effectué sur les divers parcours, excepté le parcours de Paris à Calais, aux prix fixés pour le transport des articles de messagerie et marchandises, par l'article 4 ci dessus.

Toutefois, pour les quantités de 2,000 kilogrammes et au-dessus, la compagnie est autorisée à accorder aux expéditeurs le prix spécial de faveur suivant :

De Dunkerque à Paris, 0 francs 90 centimes par fraction indivisible de 10 kilogrammes.

Le prix du transport des huîtres et du poisson frais, de Calais à Paris, est fixé à 13 francs 50 centimes par 100 kilogrammes.

§ IV. — *Finances et autres valeurs.*

8. Les prix à percevoir pour le transport à grande vitesse de l'or et de l'argent, soit monnayé ou travaillé, soit en lingots, du plaqué d'or ou d'argent, du mercure, du platine, des bijoux, pierres précieuses et autres valeurs, sont réglés conformément au tableau suivant :

Tarif pour le Transport des Finances et autres Valeurs.

DISTANCES.	Jusqu'à 200 francs.	Au-dessus de 200 francs jusqu'à 10,000 francs, par somme indivisible de 1,000 francs.	Au-dessus de 10,000 francs, par somme indivisible de 1,000 francs.
	fr. c.	fr. c.	fr. c.
Au-dessus de 50 kil. Jusqu'à 50 kil. inclusivement .	» 30	» 50	» 40
— 100 — 100 —	» 30	» 60	» 50
— 100 — 150 —	» 40	» 70	» 60
— 150 — 200 —	» 40	» 80	» 70
— 200 — 250 —	» 50	» 90	» 80
— 250 — 300 —	» 50	1 »	» 90

9. Pour les sommes de plus de 10,000 francs, les taxes seront au moins égales à celles qui seront perçues pour 10,000 francs.

SECTION II. — Frais accessoires.

§ Ier. — *Enregistrement et magasinage.*

10. La compagnie est autorisée à percevoir un droit fixe de 10 centimes pour l'enregistrement tant des bagages dont le poids excédera 30 kilogrammes que de toute expédition, soit d'articles de messagerie ou de marchandises, soit de poisson frais ou de finances.

L'enregistrement est facultatif pour les bagages dont le poids n'excédera pas 30 kilogrammes : lorsqu'il aura lieu à la demande des voyageurs, il sera soumis au droit de 10 centimes.

11. La compagnie est également autorisée à percevoir, à titre de frais de magasinage, un droit de 20 centimes par fraction indivisible de 100 kilogrammes, pour les articles de messagerie et les marchandises adressés au bureau restant.

Tout article dont le poids serait inférieur à 100 kilogrammes sera soumis au même droit.

Lorsque les articles de messagerie et les marchandises ne seront pas enlevés dans les vingt-quatre heures, il sera perçu un droit supplémentaire de 5 centimes par 100 kilogrammes et par jour.

§ II. — *Chargement et déchargement.*

12. Les frais de chargement et de déchargement des excédants de bagages sont fixés de la manière suivante :

Jusqu'à 40 kilogrammes inclusivement............... 0 fr. 30 c.

Au-dessus de 40 kilogrammes, jusqu'à 400 kilogrammes inclusivement....................................... 0　60

Au-dessus de 400 kilogrammes, par fraction indivisible de 100 kilogrammes.................................. 0　15

Les frais de chargement et de déchargement des articles de messagerie et des marchandises, sont fixés à 15 centimes par fraction indivisible de 100 kilogrammes.

Il ne sera point perçu de frais de chargement et de déchargement pour les finances et pour les matières précieuses qui leur seraient assimilées.

CHAPITRE III.

Voitures, chevaux et chiens.

SECTION 1re. — Prix de transport.

§ 1er. — *Voitures et chevaux.*

13. La compagnie est autorisée à percevoir, pour le transport des voitures et chevaux, les prix fixés au tableau suivant :

Tarif pour le Transport des Voitures et des Chevaux (grande vitesse).

LIEUX DE DÉPART et DE DESTINATION.	Distances servant de base à la fixation des prix de transport.	VOITURES		CHEVAUX.	
		à 1 fond.	à 2 fonds.	Par tête.	Par wagon de 3 chevaux.
	kilomèt.	fr. c.	fr. c.	fr. c.	fr. c.
D'HAZEBROUCK aux stations ci-après, et vice versâ : Paris	317	140 »	180 »	56 »	125 »
Creil	250	112 »	143 »	45 »	105 »
Amiens	170	74 »	95 »	30 »	70 »
Arras	102	44 »	56 »	18 »	40 »
Douai	76	35 »	44 »	14 »	35 »
Valenciennes	112	45 »	57 »	19 »	45 »
Quiévrain	124	45 »	57 »	21 »	50 »
Mouscron	62	31 »	39 »	12 »	30 »
Lille	43	21 »	27 »	8 50	20 »
Dunkerque	41	20 50	26 »	8 20	20 »
Saint-Omer	21	10 50	15 »	4 20	10 »
Calais	62	31 »	39 »	12 »	30 »
De DUNKERQUE aux stations ci-après, et vice versâ : Paris	358	149 »	190 »	60 »	146 »
Creil	291	120 »	154 »	48 »	110 »
Amiens	211	85 »	109 »	34 »	80 »
Arras	143	59 »	75 »	23 »	55 »
Douai	117	55 »	68 »	21 »	50 »
Valenciennes	155	65 »	83 »	27 »	60 »
Quiévrain	165	65 »	83 »	50 »	65 »
Mouscron	103	51 »	65 »	20 »	50 »
Lille	84	42 »	53 »	16 50	42 »
Hazebrouck	41	20 50	26 »	8 20	20 50
Saint-Omer	62	22 »	27 »	9 »	22 »
Calais	103	32 »	40 »	13 »	32 »
De SAINT-OMER aux stations ci-après, et vice versâ : Paris	338	145 »	185 »	58 »	130 »
Creil	270	115 »	148 »	46 »	105 »
Amiens	190	80 »	100 »	32 »	75 »
Arras	123	50 »	65 »	20 »	45 »
Douai	97	45 »	55 »	18 »	40 »
Valenciennes	132	53 »	70 »	23 »	55 »
Quiévrain	144	53 »	70 »	25 »	60 »
Mouscron	82	41 »	52 »	16 »	40 »
Lille	65	31 »	40 »	12 50	30 »
Hazebrouck	21	10 50	15 »	4 20	10 »
Dunkerque	62	22 »	27 »	9 »	22 »
Calais	42	21 »	26 »	8 »	21 »

Suite du Tarif pour le Transport des Voitures et des Chevaux (grande vitesse).

LIEUX DE DÉPART et DE DESTINATION.	Distances servant de base à la fixation des prix de transport.	VOITURES		CHEVAUX.	
		à 1 fond.	à 2 fonds.	Par tête.	Par wagon de 3 chevaux.
		PRIX DE TRANSPORT.			
	kilomèt.	fr. c.	fr. c.	fr. c.	fr. c.
De SAINT-PIERRE-LÈS-CALAIS aux stations ci-après, *et vice versâ :* Paris..........	579	188 »	240 »	75 »	225 »
Creil..........	312	120 »	154 »	48 »	110 »
Amiens........	252	85 »	109 »	34 »	80 »
Arras.........	164	65 »	85 »	25 »	60 »
Douai.........	138	60 »	80 »	25 »	60 »
Valenciennes...	174	73 »	96 »	30 »	77 »
Quiévrain......	186	73 »	96 »	34 »	74 »
Mouscron......	124	61 »	78 »	24 »	60 »
Lille..........	105	52 »	67 »	21 »	50 »
Hazebrouck.....	62	31 »	39 »	12 »	30 »
Dunkerque	105	32 »	40 »	13 »	32 »
Saint-Omer.....	42	21 »	26 »	8 »	20 »

14. Aux termes de l'article 41 du cahier des charges, deux personnes pourront, sans supplément de prix, voyager dans les voitures à une banquette, et trois dans les voitures à deux banquettes. Les voyageurs excédant ce nombre payeront le prix des places de 2e classe, quand ils resteront dans leur voiture.

§ II. — *Chiens.*

15. La compagnie est autorisée à percevoir 50 centimes par parcours indivisible de 30 kilomètres pour le transport d'un chien.

SECTION II.—Frais accessoires de chargement et de déchargement.

16. Les frais accessoires de chargement et de déchargement des voitures et des chevaux sont fixés ainsi qu'il suit, savoir :

Une voiture. .... 2 fr.
Un cheval............. 2

TITRE II.

TRANSPORT A LA VITESSE DES MARCHANDISES.

CHAPITRE Ier.

Classification des marchandises.

17. Les dispositions des articles 1er et 2 de l'ordonnance homologative du 10 février 1847, qui classent les marchandises et les rangent suivant les prix du transport qui leur sont applicables, sont rendues exécutoires sur l'embranchement de Lille à Calais et à Dunkerque.

CHAPITRE II.

Marchandises, chevaux, bestiaux et voitures.

SECTION Ire. — Prix de transport.

18. Les prix à percevoir pour le transport des marchandises, des chevaux, bestiaux et voitures, voyageant à petite vitesse sur les parcours ci-après indiqués, sont réglés d'après le tableau suivant (1) :

NOTA.—Voir l'ordonnance du 10 février 1847, pour la détermination des marchandises auxquelles s'appliquent les prix indiqués ci-après pour chaque classe.

(Tarif pour le transport des marchandises.)

(1) Les dispositions relatives aux transports à la petite vitesse des stations d'Armentières, d'Hazebrouck, de Bergues, de Dunkerque, de Saint-Omer et de Saint-Pierre-lès-Calais à la gare intérieure de Paris, *et vice versá*, sont abrogées.—V. l'ord. du 28 fév. 1850.

Tarif pour le Transport, à petite vit[esse]

LIEUX DE DÉPART et DE DESTINATION.	Distances servant de base à la fixation des prix de transport.	MARCHANDISES PAR 1,000 KILOGRAMMES.			3ᵉ classe.	
		hors classe.	1ʳᵉ classe.	2ᵉ classe.	1ʳᵉ catégorie.	2ᵉ catég[orie]
		PRIX DE TRANSPORT.				
	kilomèt.	fr. c.	fr. c.	fr. c.	fr. c.	fr.
D'ARMENTIÈRES aux stations ci-après, et vice versâ : Paris { Gare intérieure..	291	66 50	44 25	34 25	29 25	24
Paris { Gare de La Chapelle..	289	66 50	43 50	33 50	28 50	23
Pontoise..............	262	59 50	42 50	33 50	28 50	23
Beaumont.............	245	54 50	39 50	33 50	28 50	21
Creil.................	224	49 50	35 50	27 50	23 50	17
Clermont.............	209	45 50	32 50	25 50	19 50	17
Breteuil..............	179	38 50	27 50	23 50	19 50	15
Amiens...............	144	34 50	22 50	19 50	17 50	12
Albert...............	112	23 50	16 50	15 »	13 »	9
Arras................	76	18 50	13 50	12 50	10 50	7
Douai................	50	9 50	7 »	6 »	5 »	4
Somain..............	65	11 50	8 50	8 »	7 »	5
Valenciennes.........	86	12 50	9 50	8 50	8 50	6
Quiévrain............	98	17 50	11 50	10 50	8 50	7
Mouscron............	56	8 50	6 »	5 50	5 »	3
Tourcoing............	30	6 »	4 20	3 60	3 »	2
Roubaix.............	28	5 50	3 90	3 30	2 80	2
Lille................	17	3 40	2 50	2 »	1 70	1
Hazebrouck..........	27	5 40	3 70	3 20	2 70	2
Bergues.............	61	11 50	8 50	7 50	6 50	5
Dunkerque...........	68	13 50	9 50	7 50	7 »	5
Saint-Omer..........	47	9 »	6 50	5 50	4 50	3
Saint-Pierre-lès-Calais	86	16 50	11 50	9 50	8 50	6
D'HAZEBROUCK aux stations ci-après, et vice versâ : Paris { Gare intérieure......	317	66 50	44 25	34 25	29 25	24
Paris { Gare de La Chapelle..	316	66 50	43 25	33 50	28 50	23
Pontoise..............	289	59 50	42 50	33 50	28 50	23
Beaumont.............	271	54 50	39 50	33 50	28 50	21
Creil.................	250	49 50	35 50	27 50	23 50	17
Clermont.............	235	46 50	32 50	25 50	19 50	17
Breteuil..............	206	40 50	27 50	23 50	19 50	15
Amiens...............	170	33 50	22 50	19 50	17 50	12
Albert...............	158	27 50	16 50	15 50	13 50	9
Arras................	102	19 50	13 50	12 50	10 50	8
Douai................	76	14 50	10 50	8 50	7 50	5
Somain..............	91	17 50	12 50	10 50	9 50	6
Valenciennes.........	112	18 50	13 50	11 50	9 50	8
Quiévrain............	124	22 50	13 50	11 50	10 »	8
Mouscron............	62	13 50	9 50	7 50	7 »	6
Tourcoing............	57	10 50	7 50	6 50	5 50	4
Roubaix.............	54	10 50	7 50	6 50	5 50	4
Lille................	43	8 50	6 »	5 »	4 »	3
Armentières..........	27	5 40	3 70	3 20	2 70	2
Bergues.............	53	6 50	4 60	4 »	3 50	2
Dunkerque...........	41	8 »	5 50	4 90	4 10	3
Saint-Omer..........	21	4 20	2 90	2 50	2 10	1
Saint-Pierre-lès-Calais	59	11 50	8 »	7 »	5 50	4

Marchandises, Bestiaux et Voitures.

LIEUX DE DÉPART et DE DESTINATION.	Distances servant de base à la fixation des prix de transport.	BESTIAUX. par wagon complet.	BESTIAUX. PAR TÊTE. Moutons, brebis, chèvres.	BESTIAUX. PAR TÊTE. Veaux et porcs.	BESTIAUX. PAR TÊTE. Chevaux, bœufs, vaches, taureaux.	VOITURES à 1 fond et 1 banquette.	VOITURES à 2 fonds et 2 banquettes.
	kilomèt.	fr. c.	fr. c.	fr. c.	fr. c.	fr. c.	fr. c.
Paris { Gare intérieure	291	» »	» »	» »	» »	» »	» »
Paris { Gare de La Chapelle	289	136 »	5 25	10 50	27 »	68 »	87 »
Pontoise	262	123 »	4 75	9 50	24 »	61 »	78 »
Beaumont	245	114 »	4 25	8 75	22 »	56 »	72 »
Creil	224	103 »	3 75	7 75	20 »	51 »	65 »
Clermont	209	96 »	3 50	7 25	18 »	47 »	61 »
Breteuil	179	81 »	3 »	6 »	15 »	40 »	51 »
Amiens	144	64 »	2 50	5 »	13 »	31 »	40 »
Albert	112	48 »	1 75	3 75	10 »	23 »	30 »
Arras	76	30 »	1 »	2 25	7 »	15 »	18 »
Douai	50	17 »	» 75	1 75	4 50	9 »	12 »
Somain	65	24 »	1 25	2 50	6 »	15 »	20 »
Valenciennes	86	35 »	1 50	3 25	8 »	18 »	22 »
Quiévrain	98	40 »	1 75	3 75	9 »	21 »	26 »
Mouscron	36	18 »	» 50	1 25	3 40	8 50	10 50
Tourcoing	30	14 »	» 50	1 »	2 80	7 »	8 50
Roubaix	28	13 »	» 50	1 »	2 50	6 50	8 »
Lille	17	8 50	» 30	» 60	1 50	4 25	5 50
Hazebrouck	27	15 »	» 50	1 »	2 50	6 50	8 50
Bergues	61	30 »	1 »	2 25	6 »	15 »	19 »
Dunkerque	68	34 »	1 25	2 50	6 50	17 »	21 »
Saint-Omer	47	25 »	» 75	1 75	4 50	11 »	15 »
Saint-Pierre-lès-Calais	86	45 »	1 50	3 25	8 50	21 »	27 »
Paris { Gare intérieure	317	» »	» »	» »	» »	» »	» »
Paris { Gare de La Chapelle	316	136 »	5 25	10 50	27 »	68 »	87 »
Pontoise	289	124 »	4 75	9 50	24 »	61 »	78 »
Beaumont	271	114 »	4 25	8 75	23 »	56 »	72 »
Creil	250	103 »	3 75	7 75	20 »	51 »	65 »
Clermont	235	96 »	3 50	7 25	19 »	47 »	61 »
Breteuil	206	81 »	3 »	6 »	14 »	40 »	51 »
Amiens	170	64 »	2 50	5 »	11 »	23 »	30 »
Albert	138	48 »	1 75	3 75	11 »	16 »	20 »
Arras	102	38 »	1 50	3 »	9 »	10 »	14 »
Douai	76	35 »	1 25	2 75	7 »	22 »	28 »
Somain	91	44 »	1 75	3 50	8 »	27 »	35 »
Valenciennes	112	55 »	2 »	4 25	11 »	30 »	39 »
Quiévrain	124	60 »	2 25	4 75	12 »	50 »	59 »
Mouscron	62	31 »	1 »	2 »	5 50	13 »	17 »
Tourcoing	57	27 »	1 »	2 »	5 »	13 »	16 »
Roubaix	54	26 »	» 75	1 50	4 »	10 »	13 »
Lille	45	21 »	» 50	1 »	2 50	6 50	8 50
Armentières	27	13 »	» 50	1 »	2 50	8 »	10 »
Bergues	33	16 »	» 50	1 25	3 »	8 »	10 »
Dunkerque	41	20 »	» 75	1 50	4 »	10 »	13 »
Saint-Omer	21	10 »	» 40	» 75	2 »	5 »	6 50
Saint-Pierre-lès-Calais	59	29 »	1 »	2 25	5 50	14 »	18 »

Suite du Tarif pour le Transport, à petite vit[esse]

LIEUX DE DÉPART et DE DESTINATION.	Distances servant de base à la fixation des prix de transport.	MARCHANDISES PAR 1,000 KILOGRAMMES				
		hors classe.	1re classe.	2e classe.	3e classe. 1re catégorie.	3e classe. 2e catégor[ie]
		PRIX DE TRANSPORT.				
	kilomèt.	fr. c.	fr. c.	fr. c.	fr. c.	fr. c.
De BERGUES aux stations ci-après, *et vice versâ* :						
Paris { Gare intérieure......	350	68 50	44 25	34 25	29 25	23 2
Paris { Gare de La Chapelle..	348	68 50	43 50	33 50	28 50	23 5
Pontoise....	321	63 50	42 50	33 50	28 50	23 5
Beaumont..................	304	60 50	41 50	33 50	28 50	21 5
Creil......................	282	55 50	37 50	27 50	23 50	19 5
Clermont...................	268	53 50	33 50	25 50	21 50	18 5
Breteuil...................	258	47 50	30 50	24 50	21 50	16 5
Amiens....................	202	39 50	25 50	20 50	18 50	14 5
Albert....................	171	33 50	33 50	20 50	15 50	12 5
Arras.....................	135	26 50	17 50	14 50	12 50	9 5
Douai.....................	109	21 50	14 50	12 50	10 50	7 5
Somain....................	124	24 50	16 50	14 50	11 50	8 5
Valenciennes..............	144	26 50	17 50	14 50	12 50	9 5
Quiévrain.................	156	27 50	17 50	15 50	13 50	10 5
Mouscron..................	94	18 50	13 50	11 50	10 50	8 5
Tourcoing.................	89	17 50	12 50	10 50	8 50	7
Roubaix...................	86	16 50	11 50	9 50	8 50	6 5
Lille.....................	76	14 50	10 50	9 »	7 50	5
Armentières...............	61	11 50	8 50	7 50	6 50	5
Hazebrouck................	53	6 50	4 60	4 »	3 50	2 6
Dunkerque.................	9	1 80	1 20	1 »	» 90	»
Saint-Omer................	55	8 »	5 50	4 50	4 »	5 5
Saint-Pierre-lès-Calais.....	92	12 50	8 50	7 50	6 »	5
De DUNKERQUE aux stations ci-après, *et vice versâ* :						
Paris { Gare intérieure......	358	68 50	44 25	34 25	29 25	24
Paris { Gare de La Chapelle..	357	68 50	43 50	33 50	28 50	23
Pontoise..................	329	65 50	42 50	33 50	28 50	23
Beaumont.................	312	61 50	41 50	33 50	28 50	21
Creil.....................	291	58 50	37 50	27 50	23 50	19
Clermont..................	276	54 50	33 50	25 50	21 50	18
Breteuil..................	246	48 50	30 50	24 50	21 50	16
Amiens	211	42 50	25 50	20 50	18 50	14
Albert....................	179	35 50	24 50	20 50	15 50	12
Arras.....................	143	26 50	17 50	14 50	12 50	9
Douai.....................	117	21 50	15 50	12 50	10 50	7
Somain	132	25 50	17 50	14 50	12 50	8
Valenciennes..............	153	26 50	17 50	14 50	12 50	9
Quiévrain.................	165	27 50	17 50	15 50	13 50	10
Mouscron..................	103	22 50	14 50	12 50	11 50	8
Tourcoing.................	97	18 50	13 50	11 50	9 50	7
Roubaix...................	95	18 50	12 50	10 50	9 50	7
Lille.....................	84	16 50	11 50	9 50	7 50	5
Armentières...............	68	13 50	9 50	7 50	7 »	5
Hazebrouck................	41	8 »	5 50	4 90	4 10	3
Bergues...................	9	1 80	1 20	1 »	» 90	»
Saint-Omer................	62	8 50	6 50	5 »	4 50	3
Saint-Pierre-lès-Calais.....	100	13 50	9 50	8 50	6 50	5

ochandises, Bestiaux et Voitures.

LIEUX DE DÉPART et DE DESTINATION.	Distances servant de base à la fixation des prix de transport.	BESTIAUX. par wagon complet.	PAR TÊTE. Moutons, brebis chèvres.	Veaux et porcs.	Chevaux, bœufs, vaches, taureaux.	VOITURES à 1 fond et 1 banquette.	à 2 fonds et 2 banquettes.
	kilomèt.	fr. c.	fr. c.	fr. c.	fr. c.	fr. c.	fr. c.
Paris { Gare intérieure	350	» »	» »	» »	» »	» »	» »
Paris { Gare de La Chapelle	348	136 »	5 25	10 50	27 »	68 »	87 »
Pontoise	321	125 »	4 75	9 50	24 »	65 »	83 »
Beaumont	304	116 »	4 50	9 »	23 »	60 »	76 »
Creil	282	106 »	4 50	9 »	21 »	55 »	70 »
Clermont	268	101 »	4 25	8 50	20 »	52 »	66 »
Breteuil	238	85 »	4 »	8 »	17 »	47 »	60 »
Amiens	202	70 »	3 75	7 25	13 »	38 »	48 »
Albert	171	68 »	3 25	6 75	15 »	36 »	46 »
Arras	155	65 »	2 50	5 25	12 »	30 »	38 »
Douai	109	53 »	2 »	4 25	10 »	26 »	84 »
Somain	124	60 »	2 25	4 75	12 »	30 »	39 »
Valenciennes	144	66 »	2 75	5 50	14 »	31 »	41 »
Quiévrain	156	66 »	3 »	6 »	15 »	35 »	47 »
Mouscron	94	47 »	1 75	3 50	9 »	23 »	29 »
Tourcoing	89	43 »	1 50	3 25	8 »	21 »	27 »
Roubaix	86	42 »	1 50	3 25	8 »	21 »	26 »
Lille	76	38 »	1 50	3 »	7 50	19 »	24 »
Armentières	61	30 »	1 »	2 25	6 »	15 »	19 »
Hazebrouck	33	16 »	» 50	1 25	3 »	8 »	10 »
Dunkerque	9	4 50	» 18	» 35	» 90	2 25	2 80
Saint-Omer	55	20 »	» 75	1 50	4 »	10 »	13 »
Saint-Pierre-lès-Calais	92	30 »	» 25	2 50	6 »	15 »	19 »
Paris { Gare intérieure	358	» »	» »	» »	» »	» »	» »
Paris { Gare de La Chapelle	357	136 »	5 25	10 50	27 »	68 »	87 »
Pontoise	329	125 »	4 75	9 50	24 »	65 »	83 »
Beaumont	312	116 »	4 50	9 »	23 »	60 »	76 »
Creil	291	106 »	4 50	9 »	21 »	55 »	70 »
Clermont	276	101 »	4 25	8 50	20 »	52 »	66 »
Breteuil	246	85 »	4 »	8 »	17 »	47 »	60 »
Amiens	211	70 »	3 75	7 25	13 »	38 »	48 »
Albert	179	68 »	3 50	7 »	15 »	36 »	46 »
Arras	145	65 »	2 75	5 50	12 »	30 »	38 »
Douai	117	54 »	2 25	4 50	11 »	28 »	36 »
Somain	132	60 »	2 50	5 »	13 »	32 »	41 »
Valenciennes	155	66 »	3 »	6 »	15 »	37 »	48 »
Quiévrain	165	66 »	3 25	6 50	16 »	37 »	50 »
Mouscron	103	51 50	2 »	4 »	10 »	25 »	32 »
Tourcoing	97	47 »	1 75	3 75	9 »	23 »	30 »
Roubaix	95	46 »	1 75	3 50	9 »	23 »	29 »
Lille	84	59 »	1 50	3 25	8 »	21 »	26 »
Armentières	68	54 »	1 25	2 50	6 50	17 »	21 »
Hazebrouck	41	30 »	» 75	1 50	4 »	10 »	13 »
Bergues	9	4 50	» 18	» 35	» 90	2 25	2 80
Saint-Omer	62	21 »	» 75	1 50	4 »	10 »	13 »
Saint-Pierre-lès-Calais	100	30 »	1 25	2 50	6 »	15 »	19 »

1848.

Suite du Tarif pour le Transport, à petite vi[tesse]

LIEUX DE DÉPART et DE DESTINATION.	Distances servant de base à la fixation des prix de transport.	MARCHANDISES PAR 1,000 KILOGRAMMES.			3e classe.	
		hors classe.	1re classe.	2e classe.	1re catégorie.	2e catég.
		PRIX DE TRANSPORT.				
	kilomèt.	fr. c.	fr. c.	fr. c.	fr. c.	fr.
De SAINT-OMER, aux stations ci-après, et vice versâ : Paris { Gare intérieure......	538	66 50	44 25	34 25	29 25	24
Gare de La Chapelle..	536	66 50	43 50	33 50	28 50	23
Pontoise..............	509	61 50	42 50	33 50	28 50	23
Beaumont..............	292	57 50	40 50	33 50	28 50	21
Creil.................	270	55 50	37 50	27 50	25 50	19
Clermont..............	256	50 50	33 50	25 50	21 50	18
Breteuil..............	226	44 50	30 50	24 50	21 50	16
Amiens................	190	37 50	25 50	20 50	18 50	14
Albert................	159	31 50	21 50	18 50	15 50	12
Arras.................	125	24 50	16 50	14 50	11 50	9
Douai.................	97	18 50	13 50	11 50	9 50	7
Somain................	112	21 50	15 50	12 50	10 50	8
Valenciennes..........	132	25 50	17 50	14 50	12 50	9
Quiévrain.............	144	27 50	17 50	15 50	13 50	10
Mouscron..............	82	18 50	13 50	11 50	10 50	7
Tourcoing.............	77	14 50	10 50	9 »	7 50	7
Roubaix...............	74	14 50	10 »	8 50	7 »	6
Lille.................	63	12 50	8 50	7 50	5 50	5
Armentières...........	47	9 »	6 50	5 50	4 50	3
Hazebrouck............	21	4 20	2 90	2 50	2 10	1
Bergues...............	53	8 »	5 50	4 »	4 »	3
Dunkerque.............	62	8 50	6 50	5 50	4 50	3
Saint-Pierre-lès-Calais......	59	7 50	5 40	4 50	3 90	3
De SAINT-PIERRE-LÈS-CALAIS, aux stations ci-après, et vice versâ : Paris { Gare intérieure......	376	90 »	66 75	59 75	51 75	36
Gare de La Chapelle..	375	90 »	66 »	59 »	51 »	36
Pontoise..............	348	65 50	42 50	33 50	28 50	23
Beaumont..............	330	61 50	41 50	33 50	28 50	21
Creil.................	309	58 50	37 50	27 50	25 50	19
Clermont..............	294	54 50	33 50	25 50	21 50	18
Breteuil..............	265	48 50	30 50	24 50	21 50	16
Amiens................	229	42 50	25 50	20 50	18 50	14
Albert................	197	35 50	24 50	20 50	15 50	12
Arras.................	161	30 50	20 50	17 50	14 50	11
Douai.................	135	25 50	18 50	15 50	12 50	9
Somain................	150	29 50	20 50	17 50	14 50	10
Valenciennes..........	171	30 50	20 50	17 50	14 50	11
Quiévrain.............	183	31 50	20 50	18 50	15 50	12
Mouscron..............	121	26 50	17 50	15 50	13 50	10
Tourcoing.............	116	22 50	15 50	13 50	11 50	9
Roubaix...............	113	22 50	15 50	13 50	11 »	9
Lille.................	102	19 50	13 50	11 50	9 50	6
Armentières...........	86	16 50	11 50	9 50	8 50	6
Hazebrouck............	59	11 50	8 »	7 »	5 50	4
Bergues...............	92	12 50	8 50	7 50	6 »	5
Dunkerque.............	100	15 50	9 50	8 50	6 50	5
Saint-Omer............	59	7 50	5 40	4 60	3 90	3

archandises, Bestiaux et Voitures.

LIEUX DE DÉPART et DE DESTINATION.	Distances servant de base à la fixation des prix de transport.	BESTIAUX. par wagon complet.	BESTIAUX. PAR TÊTE. Moutons, brebis, chèvres.	Veaux et porcs.	Chevaux, bœufs, vaches, taureaux.	VOITURES à 1 fond et 1 banquette.	à 2 fonds et 2 banquettes.
	kilomèt.	fr. c.	fr. c.	fr. c.	fr. c.	fr. c.	fr. c.
Paris { Gare intérieure	338	» »	» »	» »	» »	» »	» »
Gare de La Chapelle	336	136 »	5 25	10 50	27 »	68 »	87 »
Pontoise	309	125 »	4 75	9 50	24 »	65 »	83 »
Beaumont	292	116 »	5 »	9 »	23 »	60 »	76 »
Creil	270	106 »	4 50	9 »	21 »	55 »	70 »
Clermont	256	101 »	4 25	8 50	20 »	52 »	66 »
Breteuil	226	85 »	4 »	8 »	17 »	47 »	60 »
Amiens	190	70 »	3 75	7 25	15 »	38 »	48 »
Albert	159	68 »	3 »	6 25	15 »	36 »	46 »
Arras	123	60 »	2 25	4 75	12 »	30 »	38 »
Douai	97	47 »	1 75	3 75	9 »	23 »	30 »
Somain	112	55 »	2 »	4 25	11 »	27 »	55 »
Valenciennes	132	65 »	2 50	5 »	13 »	29 »	37 »
Quiévrain	144	71 »	2 75	5 50	14 »	32 »	43 »
Mouscron	82	41 »	1 50	5 »	8 »	20 »	25 »
Tourcoing	77	37 »	1 50	5 »	7 50	18 »	24 »
Roubaix	74	36 »	1 25	2 75	7 »	18 »	23 »
Lille	63	31 »	1 25	2 50	6 »	15 »	20 »
Armentières	47	23 »	» 75	1 75	4 50	11 »	15 »
Hazebrouck	21	10 »	» 40	» 75	2 »	5 »	6 50
Bergues	55	20 »	» 75	1 50	4 »	10 »	15 »
Dunkerque	62	21 »	» 75	1 50	4 »	10 »	15 »
Saint-Pierre-lès-Calais	59	19 »	» 75	1 50	3 50	9 »	12 »
Paris { Gare intérieure	376	» »	» »	» »	» »	» »	» »
Gare de La Chapelle	375	188 »	7 50	15 »	37 »	93 75	120 »
Pontoise	348	125 »	4 75	9 50	24 »	65 »	83 »
Beaumont	330	116 »	5 »	10 »	23 »	60 »	76 »
Creil	309	106 »	4 50	9 »	21 »	55 »	70 »
Clermont	294	101 »	4 25	8 50	20 »	52 »	66 »
Breteuil	265	85 »	4 »	8 »	17 »	47 »	60 »
Amiens	229	70 »	3 75	7 25	15 »	38 »	48 »
Albert	197	68 »	3 50	7 »	15 »	36 »	46 »
Arras	161	63 »	3 »	6 25	12 »	33 »	42 »
Douai	135	62 »	2 50	5 25	11 »	33 »	42 »
Somain	150	72 »	2 75	5 75	14 »	37 »	47 »
Valenciennes	171	78 »	3 25	6 75	18 »	37 »	43 »
Quiévrain	183	84 »	3 50	7 »	18 »	41 »	56 »
Mouscron	121	60 50	2 25	4 75	11 »	29 »	38 »
Tourcoing	116	57 »	2 25	4 50	11 »	28 »	36 »
Roubaix	113	55 »	2 »	4 25	11 »	27 »	55 »
Lille	102	48 »	2 »	4 »	10 »	25 »	52 »
Armentières	86	43 »	1 50	3 25	8 50	21 »	27 »
Hazebrouck	59	29 »	1 »	2 25	5 50	14 »	18 »
Bergues	92	50 »	1 25	2 50	6 »	15 »	19 »
Dunkerque	100	30 »	1 25	2 50	6 »	15 »	19 »
Saint-Omer	39	19 »	» 75	1 50	3 50	9 »	12 »

19. La compagnie est autorisée à percevoir, pour le transport des marchandises à petite vitesse de Paris aux stations d'Armentières, d'Hazebrouck, de Bergues, de Dunkerque, de Saint-Omer, les prix portés au tableau suivant :

	DE PARIS.	
	Gare intérieure, par tonne.	Gare extérieure, par tonne.
	fr. c.	fr. c.
Hors classe.............................	68 50	68 50
Première classe.........................	39 25	38 50
Deuxième classe........................	32 25	31 50
Troisième classe.—*Première catégorie*..............	25 75	25 »
Id. —*Deuxième catégorie*.............	20 25	19 50

SECTION II. — Frais accessoires.

20. Les frais accessoires de chargement et de déchargement, d'enregistrement et de magasinage, réglés par les ordonnances homologatives précitées des 10 février, 10 mars et 20 septembre 1847, pour les marchandises, les chevaux et les bestiaux, sont applicables aux objets de même nature, transportés sur les parcours désignés dans les deux articles précédents.

Les frais de chargement et de déchargement des voitures sont fixés à **2 francs.**

CHAPITRE III.

Réduction de tarif pour le transport, à petite vitesse, par chargement complet, de la houille, du plâtre et de la pierre à bâtir.

SECTION 1re. — Prix de transport.

§ Ier. — *Houille expédiée de Quiévrain à Valenciennes, Raismes et Somain.*

21......... (1).

§ II. — *Plâtre et pierre à bâtir transportés par wagon complet de 5,000 à 6,000 kilogrammes.*

22. La compagnie est autorisée à percevoir 10 francs par tonne et par kilomètre, pour le transport à petite vitesse, par wagon complet de 5,000 à 6,000 kilogrammes, du plâtre et de la pierre à bâtir, expédiés de Paris, gare de La Chapelle, Enghien, Herblay, Pontoise, Auvers, Ile-Adam, Saint-Leu et Creil, en destination des stations d'Armentières, Hazebrouck, Bergues, Dunkerque et Saint-Omer.

Ce tarif sera appliqué aux expéditions de marchandises de même

---

(1) Abrogé.—V. l'ord. du 17 avril 1849.

nature qui seraient faites des stations de départ ci-dessus indiquées (excepté Paris), en destination de Calais.

SECTION II. — Frais accessoires.

25. Le chargement et le déchargement de la houille, du plâtre et de la pierre à bâtir, transportés par wagon complet, pourront être opérés par l'expéditeur et le destinataire, et à leurs frais.

Dans le cas où ces deux opérations, ou seulement l'une d'elles, seraient faites par la compagnie, celle-ci aurait droit à 50 centimes par 1,000 kilogrammes pour chaque opération.

TITRE III.

DISPOSITIONS GÉNÉRALES.

24. La présente ordonnance sera notifiée à la compagnie du chemin de fer du Nord; elle sera imprimée et affichée.

Les commissaires et sous-commissaires spéciaux de surveillance administrative du chemin de fer de Paris à la frontière de Belgique, ainsi que les maires et les commissaires de police des communes du ressort de la préfecture de police, dont le territoire est traversé par ledit chemin de fer, sont chargés d'en assurer l'exécution.

Le préfet de police, GERVAIS (de Caen).

N° 2134. — *Ordonnance concernant le balayage et la propreté de la voie publique, et le transport des matières insalubres.*

Paris, le 26 octobre 1848.

Nous, préfet de police,

Considérant qu'il est nécessaire de rappeler aux citoyens les obligations qui leur sont imposées dans l'intérêt de la propreté de la voie publique,

Ordonnons ce qui suit :

Les dispositions de l'ordonnance du 5 novembre 1846 (1), concernant le balayage et la propreté de la voie publique, et le transport des matières insalubres, seront de nouveau imprimées et affichées.

Le préfet de police, GERVAIS (de Caen).

N° 2135. — *Ordonnance concernant l'ouverture et la police des deux nouveaux abattoirs à porcs de Paris,*

Approuvée par le citoyen ministre de l'agriculture et du commerce.

Paris, le 27 octobre 1848.

Nous, préfet de police,

Vu : 1° le règlement pour la perception des droits d'octroi et d'abattoir, annexé à l'ordonnance du 23 décembre 1846;

---

(1) V. cette ord.

2° L'ordonnance du 21 mai 1847, qui a autorisé la ville de Paris à établir deux abattoirs publics pour les porcs, à traiter avec les citoyens Heullant et Goulet, pour la construction desdits abattoirs, et qui a de plus stipulé, article 3 : « Aussitôt que lesdits abattoirs pourront être « livrés à leur destination, l'abatage des porcs y aura lieu exclusive- « ment, et toutes les tueries particulières, qui existent dans les limites « du rayon de l'octroi de la ville de Paris, seront interdites et « fermées ; »

3° Les conventions arrêtées, le 18 août 1847, entre la ville de Paris et les citoyens Heullant et Goulet, pour la construction des établissements dont il s'agit ;

4° La lettre, en date du 12 du courant, par laquelle notre collègue, le citoyen préfet de la Seine, nous annonce l'achèvement des travaux de construction, et met les abattoirs à porcs à la disposition du commerce ;

5° Les rapports que nous a adressés récemment le conseil de salubrité ;

6° La lettre du ministre de l'agriculture et du commerce, en date du 25 octobre courant ;

Vu les lois du 24 août 1790 et 22 juillet 1791, et l'arrêté du Gouvernement du 12 messidor an VIII (1er juillet 1800) ;

Les ordonnances de police du 4 floréal an XII (24 avril 1804), 30 avril 1806 et 25 septembre 1815,

Ordonnons ce qui suit :

1. Les abattoirs publics pour les porcs, établis à Paris, l'un rue des Fourneaux, auprès de la barrière de ce nom ; l'autre entre les rues Château-Landon et de La Chapelle, sur l'emplacement de l'ancienne voirie Château-Landon, seront ouverts le mardi 31 octobre courant.

2. A compter de cette époque, l'abatage des porcs, à Paris, aura lieu exclusivement dans ces abattoirs. Toutes les tueries particulières, qui existent dans la ville, seront interdites et fermées, notamment celles ouvertes rue du Cherche-Midi, n° 81, quai Jemmapes, n° 152, et rue Saint-Jean-Baptiste.

Toutefois, les propriétaires et habitants qui sont autorisés à élever des porcs, pour la consommation de leur maison, conserveront la faculté de les abattre chez eux, pourvu que ce soit dans un lieu clos et séparé de la voie publique.

3. Les marchands de porcs, et marchands charcutiers, en gros et en détail, autorisés par nous, seront seuls admis à abattre et à vendre des porcs abattus, dans les abattoirs de Paris. Toute vente de porcs sur pied y est interdite.

Les concessionnaires des abattoirs ne pourront se livrer au commerce des porcs.

4. Les porcs destinés pour les abattoirs devront y être conduits directement, et en suivant les itinéraires fixés par l'administration. Ils seront accompagnés des certificats d'achats (*dits hayons*), attestant qu'ils proviennent des marchés autorisés. Ces certificats seront, par les conducteurs, remis aux préposés de l'octroi dans les abattoirs, qui en feront ensuite la remise aux préposés de police.

5. En arrivant aux abattoirs, les conducteurs de porcs porteront les plaques indicatives de leur profession, et déposeront les porcs dans les porcheries spécialement affectées au triage de ces animaux. Aux marchands ou à leurs agents incombe le soin de faire le triage, et de conduire les porcs aux porcheries particulières. Aucun abatage ne pourra être fait avant que le triage ne soit terminé.

6. Jusqu'à décision contraire, les marchands seront libres d'abattre dans celui des deux abattoirs qui sera le plus à leur convenance.

Pour la première fois, la répartition des porcheries particulières entre les ayants droits, sera faite au moyen d'un tirage au sort. Les marchands qui tuent en commun pourront, sur leur demande, être autorisés à occuper une même porcherie. Ultérieurement, la préférence pour la concession des porcheries vacantes, sera due au plus ancien marchand abattant dans l'abattoir.

Les clefs des porcheries resteront en dépôt chez les concierges, pendant le temps où il n'en sera pas fait usage.

7. Les marchands pourront, comme ils l'entendront, faire leurs abats et transports de marchandises dans les abattoirs, par eux-mêmes ou par leurs agents munis de livrets, sans que les concessionnaires puissent leur imposer un autre choix ; mais aux concessionnaires seuls appartient, dans ces établissements, le droit d'abattre, de préparer et transporter les porcs lorsque les propriétaires ne voudront pas faire ces opérations par eux-mêmes ou par leurs agents munis de livrets.

8. Dans le cas où les concessionnaires des abattoirs seraient chargés de l'abatage, du brûlage, de l'*habillage* et du transport des porcs à domicile ou aux marchés, il leur sera alloué 1 franc 80 centimes par porc, y compris la fourniture du matériel et de la paille nécessaires, la garde et les soins à donner aux porcs, de jour comme de nuit, ainsi que l'assistance au pesage par l'octroi.

Les concessionnaires sont, en outre, autorisés à percevoir :

> 10 c. par pesée de.............. 1 à 100 kilog. } faites
> 15   par pesée supérieure à......   100   } sur leurs plateaux.
> Et 06   par kilog. pour la fonte des graisses.

Il sera statué ultérieurement sur les conditions de l'*échaudage* des porcs, si les essais de ce mode de travail conduisent le commerce à en faire habituellement usage ; jusque-là, son prix sera réglé de gré à gré entre les marchands et les concessionnaires.

9. Les marchands qui abattront par eux-mêmes ou par leurs agents, seront tenus d'avoir, dans les abattoirs, des garçons pour recevoir et soigner les porcs à leur arrivée. Ils devront aussi se pourvoir de tous les instruments et ustensiles nécessaires à leur travail, les entretenir en bon état de service et de propreté, et fournir, s'il y a lieu, la paille pour la litière des porcs.

10. Il ne sera admis dans les abattoirs que des garçons pourvus de livrets. Les livrets seront déposés entre les mains de l'inspecteur de police, et y resteront aussi longtemps que les titulaires seront employés dans les abattoirs.

11. Les porcs pourront être abattus, brûlés et *habillés* à toute heure du jour et de la nuit, dans les brûloirs, pendoirs et autres lieux affectés ou qui pourraient l'être, par la suite, à ces travaux. Ils ne pourront se *faire* ailleurs, sous aucun prétexte.

12. Les porcs devront être conduits au brûloir avec toutes les précautions nécessaires, pour qu'ils ne puissent s'échapper et vaguer dans l'établissement.

13. Le sang des porcs sera recueilli dans des poêles, vases ou baquets, en bon état de propreté, et de manière à ce qu'il ne puisse se répandre et couler dans les ruisseaux. Le sang qui ne sera pas emporté immédiatement, devra être renfermé dans des futailles exactement closes, lesquelles seront ensuite déposées dans les lieux désignés à cet effet. Ces futailles ne pourront séjourner plus de deux jours dans l'abattoir.

14. Les portes des brûloirs seront fermées au moment de l'abatage des porcs. Dans tous les cas, les grilles des abattoirs devront être habituellement closes, et ne s'ouvrir que pour les besoins du service.

15. L'occupation des *pendoirs* sera réglée, selon les besoins du service, par les inspecteurs des abattoirs. Il est défendu aux marchands, aux concessionnaires et aux personnes qu'ils emploient, de s'écarter des prescriptions faites à cet égard.

16. Les surveillants de service feront au moins trois visites par nuit aux porcheries. Dans le cas où des porcs devraient être abattus, les surveillants seront tenus d'y pourvoir immédiatement.

17. Les viandes seront inspectées, après l'abatage et l'*habillage*. Celles qui se trouveront gâtées, corrompues ou nuisibles, seront saisies et envoyées à la Ménagerie du Jardin-des-Plantes, par les soins de l'inspecteur de police, qui dressera procès-verbal de la saisie. Les porcs morts naturellement seront également saisis, s'il y a lieu. En tous cas, les graisses de l'animal saisi seront laissées au propriétaire.

18. Il est défendu de laisser séjourner, dans les pendoirs et ateliers de dégraissage, aucuns suifs, graisses, dégrais, ratis, panses et boyaux. Les résidus et immondices, provenant du nettoyage des intestins, devront être transportés aux *coches*, dans le plus bref délai.

19. Les lavages et grattages des intestins de porcs sont interdits dans les établissements de charcutiers. A dater de l'ouverture des abattoirs à porcs, le travail de préparation des boyaux de porcs devra s'y faire exclusivement.

20. On ne pourra, sous aucun prétexte, fabriquer ni engrais, ni compost dans les abattoirs.

21. Les porcheries et les latrines seront nettoyées tous les jours. Les fumiers et vidanges déposés dans les *coches*, seront enlevés tous les jours aussi, et les coches lavés par les soins et sous la responsabilité des concessionnaires ; ils feront également nettoyer, balayer, gratter, laver et arroser toutes les parties des établissements où ces travaux seront prescrits par l'administration, dans l'intérêt de la bonne tenue, de la propreté et de la salubrité de ces établissements.

22. Il est défendu d'embarrasser sans nécessité les cours, *rues*, passages et autres voies de circulation, par des voitures, futailles, matériaux, ustensiles, etc. Les conducteurs des voitures dont la présence dans l'abattoir sera justifiée par une nécessité de service, devront les ranger sur l'emplacement désigné à cet effet. Les chevaux ne pourront être attachés qu'aux anneaux à ce destinés.

23. Il est également défendu de détruire ou de dégrader aucune partie des abattoirs ou des objets qui en dépendent ; de laisser ouvert aucun robinet sans nécessité ; d'écrire, tracer ou crayonner sur les murs ou sur les portes. Les maîtres sont responsables des dégâts commis à cet égard par les garçons à leur service.

24. Les concierges et portiers des abattoirs doivent exercer constamment et personnellement leur surveillance aux grilles.

25. Ils ne laisseront entrer ni sortir aucune voiture ou paquet sans les visiter. Ils signaleront particulièrement aux inspecteurs les porcs morts naturellement ou saignés, introduits dans les abattoirs.

26. Il ne sera admis dans les abattoirs aucune personne étrangère au service ou au commerce, à moins d'une permission spéciale de qui de droit. Ces permissions seront ensuite remises aux inspecteurs de police.

27. Il est défendu d'amener et de conserver des chiens dans les abattoirs, ainsi que d'y élever et entretenir des porcs, pigeons, lapins, volailles, chèvres et moutons, sous quelque prétexte que ce soit.

28. Il est défendu à tous marchands, et à toutes personnes logées dans les abattoirs, de jeter ou déposer en dehors des lieux disposés pour les recevoir, aucuns fumiers, immondices et eaux ménagères.

29. Les marchands ne pourront, sous aucun prétexte, laisser en dépôt dans l'intérieur des abattoirs, des voitures et charrettes, ainsi que des ustensiles sans utilité actuelle.

30. Les porcs saignés et les viandes ne pourront être transportés que dans des voitures closes et couvertes, de manière à soustraire complétement leur chargement à la vue du public.

31. Les conducteurs de voitures ne pourront les conduire qu'au pas en entrant dans les abattoirs, et, en en sortant, ils devront les arrêter au passage des grilles, pour les visites prescrites.

32. Il est défendu de fumer dans les abattoirs ; d'entrer la nuit dans les bâtiments, écuries et greniers avec des lumières, si elles ne sont renfermées dans des lanternes closes et à réseaux métalliques ; d'appliquer des chandelles allumées aux murs, aux portes et en quelque lieu que ce soit, intérieurement et extérieurement.

33. Aucune voiture de fourrages, de bois ou autres matières combustibles ne sera reçue dans les abattoirs, si son chargement ne peut être resserré avant la nuit.

34. Il est aussi défendu de coucher dans les écuries, greniers et autres dépendances des abattoirs.

35. Les personnes employées aux travaux des abattoirs ne pourront se déshabiller et changer de vêtements que dans les locaux fermés, affectés à ce service.

36. Tous jeux de hasard et autres sont interdits dans les abattoirs, ainsi que tous débits de boissons et comestibles.

37. En exécution de l'article 14 de leur traité avec la ville de Paris, les citoyens Heullant et Goulet, concessionnaires des abattoirs, sont autorisés à percevoir, pendant la durée de leur concession, un droit d'abat de deux centimes par kilogramme de viande, panne, graisse, gras de porc et ratis, fondus ou non, sortant de chacun des établissements ; et ce, indépendamment de ce qui leur serait dû, suivant le tarif qui précède (art. 8), pour services rendus aux marchands.

38. Les concessionnaires, concierges, portiers et surveillants des abattoirs à porcs, sont tenus à l'exécution de toutes les dispositions de la présente ordonnance, en ce qu'elle ne met pas spécialement à la charge des marchands et de leurs agents. Ils devront, en général, leur concours aux préposés de police, chargés de surveiller cette exécution, et seront également astreints à toutes les consignes qui leur seront données en notre nom, et avec notre approbation.

39. L'administration de l'octroi est requise de prêter son concours à l'exécution de la présente ordonnance, en ce qui peut la concerner.

40. Les contraventions seront constatées par des procès-verbaux ou rapports, qui nous seront sur-le-champ adressés pour y être donné telle suite qu'il appartiendra.

41. La présente ordonnance sera imprimée, publiée et affichée.

Ampliation en sera adressée au représentant du peuple, préfet de la Seine.

Les commissaires de police, et notamment ceux des quartiers du Luxembourg, du faubourg Saint-Denis, Saint-Thomas-d'Aquin, de la Porte-Saint-Martin et du Roule ; le chef de la police municipale et les officiers de paix, l'inspecteur général des halles et marchés, l'inspecteur des établissements insalubres, et les autres préposés de la préfecture de police, sont chargés, chacun en ce qui le concerne, d'en assurer l'exécution.

Le préfet de police, GERVAIS (de Caen).

N° **2136**. — *Ordonnance concernant les mesures d'ordre et de sûreté à observer pendant la journée du 12 novembre 1848, à l'occasion de la cérémonie pour la promulgation de la nouvelle constitution de la République française* (1).

Paris, le 11 novembre 1848.

Nous, préfet de police,

Vu la loi des 16-24 août 1790;

L'arrêté du Gouvernement du 12 messidor an VIII;

Vu le décret de l'assemblée nationale du 6 novembre courant, qui dispose que la nouvelle constitution de la République française sera solennellement promulguée dans une cérémonie publique et religieuse, le dimanche 12 novembre;

Vu le programme officiel de cette cérémonie;

Considérant qu'il importe de faciliter la marche et le défilé des troupes qui auront lieu devant l'assemblée nationale;

Et vu l'article 471, n° 15 du Code pénal,

Ordonnons ce qui suit :

1. Le 12 novembre, à partir de sept heures du matin jusqu'après l'entier défilé des troupes sur la place de la Concorde devant l'assemblée nationale, la circulation et le stationnement des voitures seront interdits sur les points ci-après :

A la barrière de Passy,
— de l'Etoile;

Sur le quai d'Orsai, entre le pont National jusqu'au pont d'Iéna,
— de Billy,
— de la Conférence;

Dans la grande avenue des Champs-Elysées,
— l'allée des Veuves,
— l'avenue Gabrielle;

Sur la place de la Concorde,
— le pont de la Concorde,
— le quai des Tuileries;

Dans la rue de Rivoli, dans toute sa longueur;
— de la République (ex-rue Royale),
— des Champs-Elysées,
— du Faubourg-Saint-Honoré, depuis la rue des Champs-Elysées jusqu'à la Madeleine;

Sur les boulevards, depuis la rue Richelieu jusqu'à la place de la Madeleine;

Et rue du Faubourg-Saint-Honoré, jusqu'à la place Beauveau exclusivement.

2. Sont exceptées de l'interdiction prononcée par le précédent article, les voitures du président de l'assemblée nationale, du président du conseil, chef du pouvoir exécutif; des ministres, du corps diplomatique, du général commandant la première division militaire, du général commandant supérieur des gardes nationales de la Seine, du gouverneur des Invalides, du chancelier de la Légion d'honneur, du préfet de la Seine, de l'archevêque de Paris et de son clergé, et celles des députations des cours et tribunaux.

3. Le balayage public et le balayage à la charge des particuliers devront être terminés sur les points de la voie publique où auront lieu

_____

(1) V., ci-après, l'ord. du 18 nov.

la cérémonie et le stationnement des troupes, à partir de huit heures du matin dans la journée du 12 novembre.

4. Il est interdit de construire aucun amphithéâtre, estrade, ou autres établissements de ce genre, ni de placer des chaises ou des bancs sur la voie publique.

5. Les habitants feront disparaître les caisses, pots à fleurs ou autres objets exposés sur les croisées, et dont la chute pourrait occasionner des accidents.

6. Il est défendu de monter sur les monuments et édifices publics, sur les parapets des quais et des ponts, sur les arbres, les candélabres servant à l'éclairage public, sur les statues et bassins de la place de la Concorde, les balustrades des fossés de cette place, ainsi que sur les toits, entablements, auvents, enfin sur les échafaudages existant au-devant des maisons.

7. Il est défendu de tirer des coups de fusil ou autres armes à feu, non plus que des pièces d'artifice, dans les rues, promenades, places publiques, cours et jardins, ou par les fenêtres des maisons.

8. Le chef de la police municipale prendra toutes les mesures nécessaires pour le maintien de l'ordre et de la sûreté publique.

Il se concertera pour l'exécution avec les commandants de la force armée, qui seront sur les lieux.

9. Les contraventions à la présente ordonnance seront constatées et déférées aux tribunaux compétents.

10. La présente ordonnance sera imprimée et affichée dans Paris.

Le chef de la police municipale, les commissaires de police, les officiers de paix, les gardiens de Paris, l'architecte-commissaire de la petite voirie, le directeur de la salubrité et les préposés de la préfecture de police, sont chargés de tenir la main à son exécution.

Le colonel de la garde républicaine de la ville de Paris est invité à concourir, par tous les moyens qui sont en son pouvoir, à en faire observer les dispositions.

Le préfet de police, GERVAIS (de Caen).

N° **2137.** — *Ordonnance concernant les mesures d'ordre et de sûreté à observer dans Paris, pendant la journée du 19 novembre 1848, à l'occasion de la fête de la Constitution.*

Paris, le 18 novembre 1848.

Nous, préfet de police,

Vu le programme arrêté à l'occasion des divertissements publics qui auront lieu dans Paris, le 19 novembre courant, pour célébrer la fête de la nouvelle Constitution de la République française;

Vu la loi des 16 et 24 août 1790;

L'arrêté du Gouvernement du 12 messidor an VIII;

Considérant que, dans l'intérêt de la sûreté publique, des mesures doivent être prises pour prévenir tous accidents aux abords des emplacements où seront tirés des feux d'artifice, ainsi que pour protéger et faciliter la circulation pendant la journée du 19 novembre courant:

Et vu l'article 471, n° 15, du Code pénal;

Ordonnons ce qui suit:

Dispositions relatives au feu d'artifice qui sera tiré au rond-point de l'Arc-de-Triomphe, barrière de l'Étoile.

1. Pendant la journée du 19 novembre courant, le stationnement

et la circulation des voitures seront interdits sur la partie du rond-point de l'Arc-de-Triomphe, située entre la barrière et ledit Arc.

2. Les voitures qui, dans cette journée, se dirigeront sur la barrière de l'Étoile, devront prendre l'avenue de Bezon pour aller passer à la barrière du Roule.

3. Le passage des voitures est pareillement interdit, dans toute la journée du 19 novembre, à la barrière de l'Étoile.

4. Le 19 novembre, à partir de quatre heures et demie jusqu'à dix heures et demie du soir, le stationnement et la circulation des voitures sont interdits sur les points ci-après :

Dans la grande avenue des Champs-Elysées, depuis la barrière de l'Étoile jusqu'à la place de la Concorde ;

Et dans toutes les rues et les allées qui débouchent sur cette avenue.

5. Toutefois, après quatre heures du soir, les voitures pourront traverser la grande avenue des Champs-Élysées, mais au droit seulement des rues de Chaillot et Neuve-de-Berry.

6. Le même jour, de quatre heures et demie du soir jusqu'à dix heures et demie, la circulation et le stationnement des voitures seront interdits :

Sur le quai de la Conférence,
    le pont des Invalides,
    le pont de la Concorde,
    le quai des Tuileries,
    le pont National,
    la place de la Concorde ;

Dans la rue des Champs-Elysées,
    —   de la République (ex-Royale) ;

Sur la place de la Madeleine,
    le boulevard, entre la place de la Madeleine et la rue des Capucines ;

Dans la rue Saint-Florentin,
    —   de Rivoli,
    —   Castiglione,
    —   Saint-Honoré, depuis la rue du Faubourg-Saint-Honoré jusqu'à la place Vendôme,
    —   du Faubourg-Saint-Honoré, depuis la place Beauveau jusqu'à la rue de la République (ex-Royale).

Dispositions relatives au feu d'artifice qui sera tiré à l'avenue de l'Observatoire.

7. Dans la journée du 19 novembre courant, de quatre heures et demie à dix heures et demie du soir, la circulation et le stationnement des voitures seront interdits ;

Rue d'Enfer, depuis la barrière jusqu'à la place Saint-Michel ;

Sur l'avenue et sur la place de l'observatoire,

Rue de l'Est ;

Dans toutes les rues et boulevards qui débouchent sur l'avenue de l'Observatoire et dans la rue d'Enfer ;

Sur le boulevard Montparnasse jusqu'à la rue de Chevreuse ;

Dans la rue Notre-Dame-des-Champs jusqu'à la rue de Chevreuse ;

Sur la place Saint-Michel ;

Dans la rue de la Harpe jusqu'à la rue Racine,
    —   des Francs-Bourgeois jusqu'à la rue Racine,
    —   de Vaugirard, entre la rue des Francs-Bourgeois et la rue de Madame,
    —   de Fleurus,

Dans la rue de l'Ouest, entre la rue de Fleurus et la place de l'Observatoire,

— · de Tournon,
— Condé,
— de l'Odéon,
— Voltaire.

Dispositions relatives au feu d'artifice qui sera tiré à la barrière du Trône.

8. Le 19 novembre, la circulation et le stationnement des voitures seront interdits depuis quatre heures et demie du soir jusqu'à dix heures ;

Sur la place de la barrière du Trône, les avenues qui conduisent à cette place,

Et dans la rue du Faubourg-Saint-Antoine, en descendant jusqu'au débouché de la rue de Montreuil exclusivement.

9. Pendant cette journée, les voitures qui arriveront à Paris par la route de Vincennes seront dirigées sur les barrières de Montreuil et de Saint-Mandé.

10. Sont exceptées des interdictions prononcées par les précédents articles, les voitures du président de l'assemblée nationale, du président du conseil, chargé du pouvoir exécutif, des ministres, du général commandant la première division militaire, du général commandant supérieur des gardes nationales de la Seine et du préfet de la Seine.

Dispositions générales.

11. Il est fait défense expresse à toute personne, de circuler et stationner sur les emplacements où seront tirés les feux d'artifice, à l'exception des artificiers ou de leurs ouvriers.

12. Il est enjoint aux entrepreneurs chargés du tir des feux d'artifice d'établir, au pourtour des feux, de fortes barrières en charpente, à la distance de 150 mètres de chaque feu, pour maintenir le public à l'éloignement nécessaire à sa sûreté.

Ils se conformeront, en outre, aux prescriptions de l'ordonnance de police du 30 juin 1842, concernant les artificiers, et à toutes les autres prescriptions qui pourront leur être faites dans l'intérêt de la sûreté publique.

13. Des postes médicaux pourvus de brancards et des boîtes de secours seront établis, le 19 novembre courant, auprès de chacun des emplacements où seront tirés les feux d'artifice.

14. Un poste de sapeurs-pompiers, avec les pompes et les agrès nécessaires, sera établi auprès de chaque feu d'artifice.

15. Il est expressément défendu de tirer, sur la voie publique et dans l'intérieur des habitations, des pièces d'artifice et armes à feu.

16. Dans la journée du 19 novembre, aucuns échafaudages, estrades, chaises, échelles, tonneaux, tables, bancs, charrettes, tréteaux et planches, ne pourront, sous aucun prétexte, être placés sur la voie publique, aux abords des emplacements où seront tirés les feux d'artifice.

Les commissaires de police et les agents de la force publique feront enlever sur-le-champ, et conduire à la fourrière les objets placés en contravention à la présente défense.

17. Défense expresse est faite de monter sur les arbres, sur les candélabres servant à l'éclairage public, sur les statues et bassins de la place de la Concorde, ainsi que sur les toits, entablements, auvents, et sur les échafaudages existant au-devant des maisons.

18. Le chef de la police municipale prendra toutes les mesures nécessaires pour le maintien de l'ordre et de la sûreté publique.

Il se concertera, pour l'exécution, avec les commandants de la force armée, qui seront sur les lieux.

19. Les contraventions à la présente ordonnance seront constatées et déférées aux tribunaux compétents.

20. La présente ordonnance sera imprimée et affichée dans Paris et dans les communes de Neuilly, Saint-Mandé, Montreuil et Vincennes.

Les maires et les commissaires de police desdites communes, le chef de la police municipale de Paris, les commissaires de police et les officiers de paix de la ville de Paris, les gardiens de ville, l'architecte-commissaire de la petite voirie, le directeur de la salubrité et les préposés de la préfecture de police sont chargés, chacun en ce qui le concerne, de tenir la main à son exécution.

Le colonel de la garde républicaine et le commandant de la gendarmerie de la Seine sont appelés pareillement à concourir à son exécution.

Le préfet de police, GERVAIS (de Caen).

N° **2138.** — *Ordonnance concernant la salubrité des habitations.*

Paris, le 20 novembre 1848.

Nous, préfet de police,

Considérant que la salubrité des habitations est une des conditions les plus essentielles de la santé publique;

Considérant que les importants travaux exécutés par les soins de l'autorité municipale pour l'assainissement du sol de Paris, doivent trouver leur complément dans les mesures de salubrité applicables dans les habitations mêmes;

Qu'il ne suffirait pas, en effet, d'avoir établi à grands frais un vaste système d'égouts et de distribution d'eau pour le lavage des rues; d'avoir, par de nombreux percements, facilité la circulation de l'air dans les divers quartiers de la ville, si des mesures analogues et non moins importantes pour la santé publique n'étaient étendues à chaque habitation et plus spécialement à celles où la population ouvrière est logée en garni;

En vertu des lois des 14 décembre 1789 (art. 50), 16-24 août 1790, et de l'arrêté du Gouvernement du 12 messidor an VIII;

Vu l'article 471, § 15, du Code pénal;

Sur l'avis du conseil de salubrité,

Ordonnons ce qui suit:

1. Les maisons doivent être tenues, tant à l'intérieur qu'à l'extérieur, dans un état constant de propreté sans lequel la salubrité n'en saurait être assurée.

2. Les maisons devront être pourvues de tuyaux et cuvettes en nombre suffisant pour l'écoulement et la conduite des eaux ménagères. Ces tuyaux et cuvettes devront être constamment en bon état; être lavés et nettoyés assez fréquemment pour ne jamais donner d'odeur.

3. Les eaux ménagères devront avoir un écoulement constant et facile jusqu'à la voie publique, de manière qu'elles ne puissent séjourner ni dans les cours, ni dans les allées; les gargouilles, caniveaux, ruisseaux destinés à l'écoulement de ces eaux devront être lavés plusieurs fois par jour et entretenus avec soin. Dans le cas où la disposition du terrain ne permettrait pas de donner un écoulement aux eaux sur la rue ou dans un égout, elles devront être reçues dans des puisards pour la construction desquels on se conformera aux dispositions de l'ordonnance de police du 20 juillet 1838.

4. Les loges de portiers devront être convenablement ventilées.

5. Les cabinets d'aisances devront être disposés et ventilés de manière à ne pas donner d'odeur. Le sol devra être imperméable et tenu dans un état constant de propreté. Les tuyaux de chute devront être maintenus en bon état et ne donner lieu à aucune fuite.

6. Il est défendu de jeter ou de déposer dans les cours, allées et passages, aucune matière pouvant entretenir l'humidité ou donner de la mauvaise odeur.

Partout où les fumiers ne pourront être conservés dans des trous couverts ou sur des points où ils ne compromettraient pas la salubrité, l'enlèvement en devra être opéré chaque jour avec les précautions prescrites par les règlements.

Le sol des écuries devra être rendu imperméable dans la partie qui reçoit les urines; les écuries devront être tenues avec la plus grande propreté; les ruisseaux destinés à l'écoulement des urines devront être lavés plusieurs fois par jour.

7. Dans les maisons *louées en garni*, le nombre de lits placés dans les chambres à coucher sera réglé proportionnellement au cube de ces chambres et de telle sorte qu'il y ait au moins quatorze mètres cubes par personne. Les chambres devront en outre être convenablement ventilées.

8. Les locaux qui ne recevraient pas directement l'air de la rue ou d'une cour suffisamment étendue; ceux dont l'humidité ne pourrait être détruite par une aération convenable, ne pourront être loués en garni pour le coucher.

9. Indépendamment des dispositions prescrites par les articles qui précèdent, il sera pris, à l'égard des habitations et sur l'avis du conseil de salubrité, telles autres mesures spéciales qui seraient jugées nécessaires dans l'intérêt de la salubrité et de la santé publiques.

Il est d'ailleurs expressément recommandé de se conformer à l'instruction du conseil de salubrité annexée à la présente ordonnance.

10. Les ordonnances de police des 23 octobre 1819 et 5 juin 1834, 3 décembre 1829 et 27 mai 1845, 27 février 1838, 20 juillet 1838, 31 mai 1842 et 5 novembre 1846, concernant les fosses d'aisances, les animaux élevés dans les habitations, les vacheries, les puits et puisards, l'éclairage par le gaz dans l'intérieur des habitations, le balayage et la propreté de la voie publique, et tous autres règlements intéressant la salubrité, continueront de recevoir leur exécution dans celles de leurs dispositions qui ne sont pas contraires à la présente ordonnance.

11. Les contraventions aux dispositions qui précèdent seront déférées aux tribunaux compétents, sans préjudice des mesures administratives qu'il y aurait lieu de prendre suivant les cas.

12. Les commissaires de police de Paris, le chef de la police municipale, les officiers de paix, le directeur de la salubrité et les autres préposés de la préfecture de police, sont chargés, chacun en ce qui le concerne, de l'exécution de la présente ordonnance qui sera imprimée et affichée dans Paris.

Le préfet de police, GERVAIS (de Caen).

CONSEIL DE SALUBRITÉ.

Instruction concernant les moyens d'assurer la salubrité des habitations.

Causes de l'insalubrité des habitations. — La salubrité d'une habitation dépend en grande partie de la pureté de l'air qu'on y respire. Tout ce qui vicie l'air doit donc exercer une influence fâcheuse sur la santé des habitants.

L'air des habitations est principalement vicié par les causes suivantes: le séjour de l'homme et des animaux, la combustion des différentes matières employées au chauffage et à l'éclairage, les fuites de gaz, la stagnation et la décomposition des urines, des eaux ménagères, des immondices de toutes sortes, etc.

Effets de l'air vicié. — Les effets produits par l'altération de l'air des habitations sont toujours graves. Tantôt ils consistent en accidents subits qui, comme l'*asphyxie*, peuvent mettre rapidement la vie en danger; tantôt ils se manifestent par des maladies aiguës, meurtrières; tantôt enfin, se développant avec lenteur, et par cela même, excitant moins de défiance, ils ne deviennent apparents qu'après avoir jeté de profondes racines et miné sourdement la constitution. L'*étiolement* et surtout *les maladies scrofuleuses* appartiennent à ce dernier ordre d'effets. Enfin, c'est dans les habitations dont l'air est insalubre que naissent et sévissent avec plus d'intensité certaines épidémies dont les ravages s'étendent ensuite sur des cités entières.

Notons ici que l'insalubrité peut exister aussi bien dans certaines parties des habitations les plus brillantes, que dans les plus humbles demeures, et que d'un autre côté, les plus humbles demeures peuvent offrir les meilleures conditions de salubrité.

Caractères que doit présenter l'air des habitations. — L'air des habitations doit être exempt de mauvaise odeur, aussi bien que celui des cours et des rues voisines; il ne faut pas oublier d'ailleurs, que le facile renouvellement de l'air est une condition essentielle de salubrité.

Moyens d'assurer la salubrité des habitations. — Ces résultats ne peuvent être obtenus que de la manière suivante:

Balayage. — Il faut balayer fréquemment, non-seulement les pièces habitées, mais encore les escaliers, corridors, cours et passages, en ayant soin de gratter les dépôts de terre et immondices qui résistent à l'action du balai.

Lavage du sol. — Les parties carrelées, dallées ou pavées doivent être, en outre, lavées d'autant plus souvent, que l'écoulement des eaux et l'accès de l'air extérieur seront plus faciles; les planchers et les escaliers en bois doivent être essuyés après le lavage. Le lavage, lorsqu'il entraîne à sa suite un état permanent d'humidité, est plus nuisible qu'avantageux.

Le plus ordinairement l'eau suffit pour ces lavages; mais, dans les circonstances d'infection et de malpropreté invétérées, il faut ajouter à l'eau environ *un pour cent* de son volume d'eau de javelle (1).

---

(1) A défaut d'eau de javelle, on peut employer le chlorure de soude (*hypochlorite de soude*) (préparé, soit en faisant passer du chlore dans une solution de soude à 8 ou 9°, soit en mélangeant 1 kilogramme de chlorure de chaux délayé dans 15 litres d'eau avec 1 kilogramme de sel l de soude (*carbonate de soude*) dissous dans 5 litres d'eau : ce mélange liquide déposé donne s une solution claire qu'on peut employer, comme nous l'avons dit, pour l'eau de javelle.

Dans ces circonstances, les chlorures ou hypochlorites alcalins sont préférables au chlorure de s chaux, car celui-ci laisse un composé très-hygroscopique (*chlorure de calcium*) qui, à la longue, entretiendrait dans les murs, carrelages, planchers, etc., une humidité permanente contraire à à la salubrité.

Peinture et lavage des murs. — Quand les chambres d'habitation sont peintes à l'huile, on doit les laver de temps à autre, afin d'enlever la couche de matières organiques qui s'y déposent et s'y accumulent à la longue.

La peinture à l'huile des façades des maisons, des murs des allées, des cours, des escaliers, des corridors, des paliers et même des chambres est très-favorable à la salubrité. Cette peinture qui s'oppose à la pénétration des murs par les matières organiques, assure en même temps leur durée ; elle permet, en outre, les lavages dont il est parlé dans le paragraphe qui précède.

Grattage. — Dans le cas de peinture à la chaux, il convient d'en opérer tous les ans le grattage, et d'appliquer une nouvelle couche de peinture.

Papiers de tenture. — Pour ce qui est des chambres ornées de papiers de tenture, il est convenable, quand on les répare, d'arracher complétement le papier ancien, de gratter et reboucher les murs avant d'appliquer le papier nouveau.

Chambres à coucher dans les maisons particulières. — Il est important que le nombre de lits placés dans les chambres à coucher soit proportionné à la dimension de ces chambres, de telle sorte qu'il y ait au moins 14 mètres cubes par personne, indépendamment des moyens de ventilation.

Aération. — Les cheminées concourent aussi efficacement que les fenêtres au renouvellement de l'air des habitations. Elles sont même indispensables dans les maisons simples en profondeur et qui n'ont d'ouverture que d'un seul côté. Les chambres où l'on couche devraient toujours en être pourvues, et il faut, pendant la saison chaude, s'abstenir de les boucher, surtout la nuit.

L'ouverture des fenêtres après le lever, les lits étant découverts, et pendant le balayage, est une bonne mesure de salubrité.

Produits gazeux de la combustion. — Les combustibles destinés à la cuisson des aliments ou au chauffage doivent être brûlés dans des appareils communiquant librement avec l'air extérieur, tels que cheminées, poêles, fourneaux munis d'une hotte, etc. Cette recommandation est surtout faite en vue des combustibles qui, tels que le *coke* et la *braise*, ne donnant pas de fumée, sont considérés à tort par beaucoup de personnes comme pouvant être impunément brûlés à découvert dans une chambre habitée. Ce préjugé a été la cause de graves accidents, souvent suivis de mort ; il en est de même de la pratique toujours dangereuse de fermer complétement la clef d'un poêle ou la trappe intérieure d'une cheminée contenant de la braise enflammée, dans le but de conserver la chaleur dans la pièce. On ne doit pas oublier, en effet, que la braise, pendant tout le temps qu'elle brûle, fournit une grande quantité de gaz asphyxiants.

Eaux ménagères. — Il est très-important de ne pas laisser accumuler les eaux ménagères dans l'intérieur des habitations, particulièrement pendant la saison chaude.

Les cuvettes destinées à l'écoulement de ces eaux doivent être garnies de *hausses* ou disposées de telle sorte, que les eaux projetées à l'intérieur ne puissent jaillir au dehors.

Il faut bien se garder de refouler à travers les ouvertures de la grille qui se trouve au fond des cuvettes les fragments solides dont l'accumulation ne tarderait pas à produire l'engorgement des tuyaux.

Quand les tuyaux sont extérieurs, il convient de s'abstenir, pendant les gelées, d'y verser les eaux ménagères ; l'engorgement, et quelquefois même la rupture de ces tuyaux pourraient en être la conséquence.

Enfin, lorsque l'orifice, de l'un de ces tuyaux aboutit à une pierre d'évier placée dans une chambre ou dans une cuisine, on doit le tenir soigneusement fermé par un tampon ou par un syphon.

Il y a toujours avantage à diriger les eaux pluviales dans les tuyaux de descente de manière à les laver.

Dans tous les cas, lorsqu'ils exhalent une mauvaise odeur, on doit les désinfecter avec de l'eau contenant au moins *un pour cent* d'eau de javelle.

Une des pratiques les plus fâcheuses dans les usages domestiques, c'est celle de vider les urines dans les plombs d'écoulement des eaux ménagères. Il serait à désirer que cette habitude cessât partout où elle existe.

Ruisseaux. — Les ruisseaux des cours et passages qui reçoivent les eaux ménagères et les conduisent à ceux de la rue, doivent être exécutés en pavés, pierres ou fonte, suivant les dispositions locales. Les joints doivent être faits avec soin et les pentes régulières de manière à permettre des lavages faciles et à empêcher toute stagnation d'eau.

Cabinets d'aisances. — La ventilation des cabinets d'aisances est d'une importance majeure. Quand ils sont étroits et mal aérés, l'odeur qui s'en exhale, surtout à certaines époques de l'année, peut donner lieu aux accidents les plus fâcheux. Il est toujours possible de prévenir ces accidents et de ventiler complétement ces cabinets, par des ouvertures ou par un tuyau d'évent convenablement disposés.

Lu et adopté dans la séance du conseil de salubrité, du 10 novembre 1848.

Le vice-président,	*Le secrétaire,*
GUÉRARD.	DEVERGIE.

Vu et approuvé l'instruction qui précède pour être annexée à l'ordonnance de police concernant la salubrité des habitations.

Le préfet de police, GERVAIS (de Caen).

N° **2139.** — *Ordonnance portant homologation 1° de modifications au tarif en vigueur sur le chemin de fer de Paris à Versailles* (rive droite); *2° et d'un tarif spécial pour la correspondance entre ce chemin et celui de Paris à Saint-Germain* (1).

Paris, le 24 novembre 1848.

N° **2140.** — *Ordonnance concernant la sûreté de la circulation sur le pont de la Réforme* (2).

Paris, le 27 novembre 1848.

---

(1) Abrogée.—V. l'ord. du 3o juill. 1849.
(2) Abrogée.—V. l'ord. du 17 oct. 1849.

N° **2141.** — *Ordonnance concernant la vérification périodique des poids et mesures pour* 1849 (1).

Approuvée par le ministre de l'agriculture et du commerce, le 9 décembre 1848.

Paris, 8 décembre 1848.

———————◦———————

N° **2142.** — *Ordonnance sur les attroupements.*

Paris, le 12 décembre 1848.

Nous, préfet de police,

Vu l'article 2 de l'arrêté du Gouvernement du 12 messidor an VIII. Ordonnons ce qui suit :

Le décret du 7 juin 1848 (2), sur les attroupements, sera publié de nouveau et affiché dans la ville de Paris.

Le préfet de police, GERVAIS (de Caen).

———————◦———————

N° **2143.** — *Ordonnance qui fixe le tarif pour le transport des bœufs, de* Châteauroux, Issoudun, Vierzon, Bourges *et d'Orléans à Paris, sur les chemins de fer de* Paris à Orléans *et du* Centre.

Paris, le 18 décembre 1848.

Nous, préfet de police,

Vu : 1° la loi du 7 juillet 1838, qui autorise l'établissement d'un chemin de fer de Paris à Orléans et la loi du 15 juillet 1840, relative au même chemin ; ensemble le cahier des charges annexé à cette dernière loi ;

2° La loi du 26 juillet 1844, relative au chemin de fer de Paris sur le centre de la France ; ensemble le cahier des charges annexé à cette loi, et l'ordonnance du 24 octobre 1844, homologative de la concession dudit chemin ;

3° L'ordonnance de police du 1er février 1848 qui fixe le tarif pour les transports, de toute nature, à grande et à petite vitesse, sur le chemin de fer de Paris à Orléans ;

4° La décision ministérielle en date du 14 de ce mois portant homologation des propositions présentées par les compagnies des chemins de fer de Paris à Orléans et du Centre, et ayant pour objet un tarif réduit pour le transport des bœufs, de Châteauroux, Issoudun, Vierzon, Bourges et d'Orléans, à Paris ;

Considérant qu'il y a lieu de rendre exécutoire, dans le ressort de la préfecture de police, la décision ministérielle précitée,

Ordonnons ce qui suit :

1. Les prix à percevoir pour le transport des bœufs sur les parcours ci-après désignés des chemins de fer de Paris à Orléans et du Centre, sont fixés conformément au tableau suivant :

———————

(1) V. l'ord. du 13 déc. 1850.
(2) V. ce décret à l'appendice. — V. aussi l'ord. du 28 avril 1849.

Tarif pour le Transport des Bœufs.

LIEUX DE DÉPART.	DESTINATION.	PRIX DE TRANSPORT par tête.	
		fr.	c.
De Châteauroux........................		14	»
D'Issoudun...........................		14	»
De Vierzon...........................	à PARIS......	15	»
De Bourges..........................		15	50
D'Orléans............................		8	»

2. L'ordonnance susvisée, en date du 1er février 1848, continuera de recevoir son exécution en tout ce qui n'est pas contraire aux dispositions qui précèdent.

3. La présente ordonnance sera notifiée aux compagnies de Paris à Orléans et du Centre; elle sera imprimée et affichée.

Les commissaires et sous-commissaires spéciaux de surveillance administrative du chemin de fer de Paris à Orléans, ainsi que les maires et les commissaires de police des communes du ressort de la préfecture de police, dont le territoire est traversé par ledit chemin de fer, sont chargés d'en assurer l'exécution.

Le préfet de police, GERVAIS (de Caen).

N° **2144**. — *Ordonnance concernant la sûreté publique.*

Paris, le 18 décembre 1848.

Nous, préfet de police,

Considérant que les maisons garnies et les lieux publics de la banlieue de Paris servent souvent de refuge à des condamnés libérés, en rupture de ban, et à des individus suspects, qui échappent ainsi à la surveillance active et régulière dont ils sont l'objet dans l'intérieur de la ville;

Considérant que cet état de choses compromet gravement la sécurité publique; que la présence de ces individus à Paris ou dans ses environs, pendant les époques de troubles civils, a donné trop souvent aux luttes politiques un caractère qui leur est étranger;

Considérant que les moyens d'action mis récemment à notre disposition par la commission municipale nous permettent aujourd'hui d'augmenter le nombre des agents de la police de sûreté, d'organiser des brigades spéciales, et de venir en aide, d'une manière efficace, à la police locale de la banlieue, en exerçant une surveillance incessante dans les hôtels garnis et les lieux publics qui se sont multipliés depuis quelques années dans les communes rurales, surtout aux environs des barrières de Paris;

Vu les articles 2, 7 et 9 de l'arrêté du Gouvernement du 12 messidor an VIII et l'article 1er de l'arrêté du 3 brumaire an IX,

Ordonnons ce qui suit:

4. Les articles 475, n° 2 et 73 du Code pénal seront publiés de nouveau dans les communes du ressort de la préfecture de police (1).

2. Des agents commissionnés par nous feront désormais des visites fréquentes dans les maisons garnies et les lieux publics situés dans les susdites communes.

3. Les aubergistes, hôteliers et logeurs devront représenter, à toute réquisition, leur livre de police à ces employés.

4. Les maires et les commissaires de police des communes du ressort de la préfecture de police, le chef de la police municipale de Paris, et les préposés placés sous ses ordres, sont chargés de l'exécution de la présente ordonnance. Le colonel de la garde républicaine, les commandants de la gendarmerie et les chefs de la force armée sont également appelés à concourir à son exécution, et à prêter main-forte, au besoin, aux agents de la préfecture de police, agissant dans le même but.

Le préfet de police, GERVAIS (de Caen).

AU NOM DU PEUPLE FRANÇAIS.

Le président de la République

Arrête ce qui suit:

M. le colonel Rebillot, commandant la gendarmerie de la Seine, est nommé préfet de police.

Fait en conseil des ministres, le 20 décembre 1848.
LOUIS-NAPOLÉON BONAPARTE.

Pour contre-seing :

Léon de Maleville,
Ministre de l'intérieur.

Le président de la République,
Sur la proposition du ministre de l'intérieur,
Le conseil des ministres entendu,

Arrête :

1. M. Godeaux est chargé provisoirement de remplir les fonctions de secrétaire général de la préfecture de police, en remplacement de M. O'Reilly (2) dont la démission est acceptée.

(1) V. à l'appendice.
(2) Entré en fonctions, le 5 août 1848, en remplacement de M. Monier.

2. Le ministre de l'intérieur est chargé de l'exécution du présent arrêté.

Fait à Paris, à l'Élysée-National, le 26 décembre 1848.

Signé LOUIS-NAPOLÉON BONAPARTE.

Le ministre de l'intérieur,
Signé LÉON DE MALEVILLE.

Pour ampliation·

Le secrétaire général,
HERMANN.

—————◇—————

N° **2145**. — *Arrêté qui modifie, mais seulement pour 1849, les paragraphes 3 et 4 de l'article 5 de l'ordonnance du 14 août dernier, relative à la vente quotidienne de la viande dans les marchés de Paris.*

Paris, le 26 décembre 1848.

Nous, préfet de police,

Vu : 1° l'ordonnance de police du 14 août dernier, qui prescrit la vente quotidienne de la viande de boucherie dans les marchés de Paris ;

2° Les réclamations qui nous ont été adressées au sujet de la durée de l'occupation des étaux ;

3° La décision ministérielle qui est intervenue le 22 du courant, par suite de nos observations, et qui modifie à titre d'essai, et pour 1849 seulement, les paragraphes 3 et 4 de l'article 5 de l'ordonnance précitée,

Arrêtons ce qui suit :

1. La répartition des places réservées dans les marchés de Paris, pour la vente de la viande de boucherie, aura lieu à la fin de décembre courant, pour l'année 1849, dans l'ordre et aux conditions ci-après :

Les places seront occupées savoir :

Par les bouchers forains, à tour de rôle, du 1er janvier au 30 juin et du 1er juillet au 31 décembre inclusivement ;

Et par les bouchers de Paris, aussi à tour de rôle, mais de deux en deux mois, du 1er janvier à la fin de février, du 1er mars au 30 avril, et ainsi de suite jusqu'au 31 décembre.

Il n'est pas autrement dérogé à l'ordonnance du 14 août dernier.

2. L'inspecteur général des halles et marchés, et les syndic et adjoints des bouchers, sont chargés d'assurer l'exécution du présent arrêté.

Le préfet de police, REBILLOT.

Vu et approuvé :

Le ministre de l'agriculture et du commerce, BIXIO.

—————◇—————

N° **2146**. — *Ordonnance portant règlement sur la vente du gaz dans Paris.*

Paris, le 31 décembre 1848.

Nous, préfet de police,

Considérant qu'aux termes de l'ordonnance du 26 décembre 1846, portant règlement sur la vente du gaz dans Paris, les prix de vente aux particuliers doivent éprouver une réduction à partir du 1er janvier 1849, et qu'il convient de rappeler aux habitants les différentes dispositions de cette ordonnance,

Ordonnons ce qui suit :

Les dispositions de l'ordonnance du 26 décembre 1846 (1), portant règlement sur la vente du gaz dans Paris, seront de nouveau imprimées et affichées.

Le préfet de police, REBILLOT.

1849.

N° **2147**. — *Ordonnance concernant les neiges et glaces.*

Paris, le 3 janvier 1849.

Nous, préfet de police,

Ordonnons ce qui suit :

L'ordonnance du 7 décembre 1842 (2), concernant les neiges et glaces, sera de nouveau imprimée et affichée.

Le préfet de police, REBILLOT

N° **2148**. — *Ordonnance relative à la suppression des primes accordées aux expéditeurs de quantités déterminées de marchandises sur le chemin de fer de Paris à la frontière de Belgique (chemin de fer du Nord).*

Paris, le 7 janvier 1849.

Nous, préfet de police,

Vu : 1° la loi du 15 juillet 1845, qui autorise la concession du chemin de fer de Paris à la frontière de Belgique, ensemble le cahier des charges, coté A, annexé à cette loi ;

2° L'ordonnance royale homologative de l'adjudication de la concession dudit chemin de fer ;

3° L'ordonnance du préfet de police, en date du 28 juin 1847, qui autorise la concession de primes aux expéditeurs de quantités déterminées de marchandises ;

(1) V. cette ord.
(2) Abrogée. — V. l'ord. du 24 déc. 1850.

4º La décision ministérielle du 30 décembre dernier, qui autorise la compagnie du chemin de fer du Nord à supprimer, à partir du 1er janvier courant, les primes qui font l'objet de l'ordonnance du 28 juin 1847 ;

Considérant qu'il y a lieu de rendre exécutoire, dans le ressort de la préfecture de police, la décision ministérielle précitée,

Ordonnons ce qui suit :

1. Les primes mensuelles, trimestrielles et annuelles, que la compagnie du chemin de fer du Nord avait été autorisée à accorder aux expéditeurs de quantités déterminées de marchandises, sont supprimées.

2. En conséquence, l'ordonnance susvisée du préfet de police, en date du 28 juin 1847, est rapportée.

3. La présente ordonnance sera notifiée à la compagnie du chemin de fer du Nord ; elle sera imprimée et affichée.

Les commissaires et sous-commissaires spéciaux de surveillance administrative du chemin de fer de Paris à la frontière de Belgique, ainsi que les maires et les commissaires de police des communes du ressort de la préfecture de police, dont le territoire est traversé par ledit chemin de fer, sont chargés d'en assurer l'exécution.

Le préfet de police, REBILLOT.

N° **2149.** — *Ordonnance homologative d'un nouveau tarif pour le transport des huîtres et du poisson frais, sur le chemin de fer de Paris à la frontière de Belgique* (chemin de fer du Nord).

Paris, le 8 janvier 1849.

Nous, préfet de police,

Vu : 1º la loi du 15 juillet 1845, qui autorise la concession du chemin de fer de Paris à la frontière de Belgique, ensemble le cahier des charges, coté A, annexé à cette loi ;

2º L'ordonnance royale homologative de l'adjudication de la concession dudit chemin de fer ;

3º L'ordonnance du 19 juin 1846, qui fixe le tarif pour le transport des voyageurs, des bagages, des articles de messagerie, marchandises, huîtres et poisson frais sur le chemin de fer précité ;

4º L'ordonnance du 18 mars 1847, qui modifie les tarifs du 19 juin 1846, en ce qui concerne le transport des huîtres et du poisson frais ;

5º L'ordonnance du 3 avril suivant, modificative d'une disposition de l'ordonnance du 18 mars 1847 ;

6º L'ordonnance du 16 octobre dernier, qui fixe un tarif pour les transports sur les parcours compris entre les stations de l'embranchement de Lille sur Calais et Dunkerque, et entre ces mêmes stations et diverses stations de la ligne de Paris à la frontière de Belgique ;

7º La décision ministérielle du 30 décembre dernier, qui homologue les propositions de la compagnie du chemin de fer du Nord, ayant pour objet un relèvement du tarif du transport des huîtres et de la marée sur la ligne principale du chemin de fer de Paris à la frontière de Belgique ;

Considérant qu'il y a lieu de rendre exécutoire, dans le ressort de la préfecture de police, la décision ministérielle précitée,

Ordonnons ce qui suit :

1. Le prix du transport des huîtres et du poisson frais sur la ligne principale du chemin de fer de Paris à la frontière de Belgique est fixé ainsi qu'il suit :

Par fraction indivisible de 10 kilogrammes et par kilomètre, 0 fr. 005 m. (soit 0 fr. 50 c. par tonne et par kilomètre).

2. Les frais accessoires d'enregistrement, de chargement et de déchargement, réglés par l'ordonnance du 19 juin 1846, en ce qui concerne les huîtres et le poisson frais, sont maintenus.

Il n'est point dérogé à l'ordonnance susvisée du 16 octobre dernier, contenant un tarif spécial pour l'embranchement de Lille sur Calais et Dunkerque.

3. Les ordonnances précitées des 18 mars et 3 avril 1847 sont rapportées.

4. La présente ordonnance sera notifiée à la compagnie du chemin de fer du Nord ; elle sera imprimée et affichée.

Les commissaires et sous-commissaires spéciaux de surveillance administrative du chemin de fer de Paris à la frontière de Belgique, ainsi que les maires et les commissaires de police des communes du ressort de la préfecture de police, dont le territoire est traversé par ledit chemin de fer, sont chargés d'en assurer l'exécution.

Le préfet de police, REBILLOT.

N° **2150.** — *Ordonnance qui modifie le tarif du 21 décembre 1847, en ce qui concerne le transport des huîtres et du poisson frais, sur le chemin de fer d'*Amiens à Boulogne.

Paris, le 9 janvier 1849.

Nous, préfet de police,

Vu : 1° la loi du 26 juillet 1844, qui autorise la concession du chemin de fer d'Amiens à Boulogne ; ensemble le cahier des charges annexé à cette loi ;

2° L'ordonnance royale homologative de l'adjudication de la concession dudit chemin de fer ;

3° L'ordonnance de police du 21 décembre 1847, qui fixe le tarif pour les transports à grande vitesse sur le chemin de fer d'Amiens à Boulogne, et notamment les articles 10 et 11 de cette ordonnance ;

4° Les propositions soumises à l'homologation administrative par la compagnie dudit chemin de fer, lesquelles ont pour objet une modification au tarif fixé par l'ordonnance du 21 décembre 1847, pour le transport des huîtres et du poisson frais ; ensemble les observations par nous présentées à M. le ministre des travaux publics au sujet des dites propositions ;

5° La décision ministérielle, en date du 30 décembre dernier, homologative des propositions ci-dessus visées, sauf quelques modifications ;

Considérant qu'il y a lieu de rendre exécutoire, dans le ressort de la préfecture de police, la décision ministérielle précitée,

Ordonnons ce qui suit :

1. Le prix du transport des huîtres et du poisson frais sur le chemin de fer d'Amiens à Boulogne est fixé ainsi qu'il suit :

Par fraction indivisible de 10 kilogrammes et par kilomètre, 0 fr. 005 m, (soit 0 fr. 50 c. par tonne et par kilomètre).

Toutefois, le tarif réglé par le présent article ne sera applicable aux expéditions de plus de 2,000 kilogrammes sur les parcours entre Amiens et Abbeville, qu'à partir du 15 mars prochain. Jusqu'à cette époque, la compagnie continuera à percevoir, pour le transport, sur la section d'Amiens à Abbeville, des expéditions d'huîtres et de poisson frais de plus de 2,000 kilogrammes, le prix fixé par l'ordonnance du 21 décembre 1847, savoir :

Par fraction indivisible de 10 kilogrammes et par kilomètre, 0 fr. 045 m. (soit 0 fr. 45 c. par tonne et par kilomètre).

2. L'ordonnance susvisée du 21 décembre 1847 continuera de recevoir son exécution en tout ce qui n'est pas contraire aux dispositions qui précèdent.

3. La présente ordonnance sera notifiée à la compagnie du chemin de fer d'Amiens à Boulogne ; elle sera imprimée et affichée.

Les commissaires et sous-commissaires spéciaux de surveillance administrative sont chargés d'en assurer l'exécution.

Le préfet de police, REBILLOT.

N° **2151.** — *Publication de l'instruction du conseil de salubrité sur le Choléra-morbus.*

Paris, le 19 janvier 1849.

Depuis l'invasion du choléra-morbus à Paris, sa marche, observée jour par jour avec soin, a heureusement rendu inutiles tous moyens extraordinaires de secours, et il y a tout lieu d'espérer qu'il ne sera pas nécessaire d'avoir recours à ces mesures exceptionnelles.

Toutefois, comme le choléra est ordinairement précédé de légers accidents qu'il suffit de dissiper, pour arrêter le développement ultérieur de la maladie, le préfet de police croit devoir publier l'instruction du conseil de salubrité où sont indiqués les conseils hygiéniques appropriés aux circonstances actuelles (1).

CONSEIL DE SALUBRITÉ.

Instruction sur les précautions à prendre durant l'épidémie du Choléra-morbus.

Les documents recueillis à l'étranger depuis la réapparition du choléra en Europe, sont de nature à rassurer la population : ils établissent que, dans toutes les villes où cette maladie s'est montrée, elle a affecté proportionnellement un nombre bien moins considérable d'habitants qu'en 1832.

Cette décroissance très-marquée dans le nombre des personnes atteintes, n'est pas seulement le résultat de l'affaiblissement de l'épidémie, elle tient encore aux améliorations introduites dans les conditions

(1) V. l'avis du 6 juin 1849.

hygiéniques où se trouvent placées aujourd'hui les populations de l'Europe : aussi croyons-nous devoir faire connaître ce qu'il faut éviter comme étant nuisible, ce qu'il faut observer comme étant utile, dans les habitudes de la vie.

Nous insistons, d'autant plus, sur l'observation de ces mesures, que si la maladie peut attaquer indistinctement tous les individus, quelle que soit leur position sociale, tous aussi peuvent prendre les précautions que nous considérons généralement comme étant les plus propres à prévenir ses atteintes.

PREMIÈRE PARTIE.

Précautions hygiéniques à prendre pendant l'épidémie.

§ Ier. Le calme de l'esprit est toujours une des conditions les plus favorables à la santé, à plus forte raison pendant une épidémie.

§ II. Une alimentation modérée, saine, régulière et convenablement substantielle, est un des préceptes d'hygiène qu'il est important d'observer.

Toute perturbation dans les habitudes de la vie, tout changement dans une alimentation dont on se trouve bien, est une innovation fâcheuse.

On ne saurait exclure de l'alimentation journalière aucun aliment d'une manière absolue, mais on sait que les excès en vin ou en liqueurs alcooliques, la trop grande quantité de nourriture, sont autant de causes qui amènent le trouble dans la digestion. Dans des temps ordinaires, on supporte sans de grands inconvénients ce surcroît d'alimentation et de boissons ; en temps de choléra, *c'est une des causes les plus puissantes* de son invasion.

Sans prétendre exclure de la vie habituelle aucune substance alimentaire, nous ferons cependant observer que la diarrhée étant le symptôme précurseur le plus ordinaire de l'invasion du choléra, il y a lieu d'user avec modération des aliments réputés relâchants.

Quelques légumes secs, comme les haricots et les pois, sont, pour certaines personnes, d'une digestion difficile quand on les prépare avec leur enveloppe. A l'état de purée, ils sont parfaitement sains et conviennent aux estomacs délicats.

En hiver, les personnes appelées par leurs occupations à sortir de bonne heure doivent éviter d'être à jeun.

Il ne faut jamais se désaltérer que lorsqu'on n'est plus en sueur ; toute boisson froide et surtout les boissons glacées, prise quand on a chaud est dangereuse. En tout cas, il est préférable de prendre, au lieu d'eau pure, de l'eau additionnée d'eau-de-vie (deux cuillerées à bouche par litre d'eau) ou de vin.

Les eaux gazeuses préparées avec des poudres *sont purgatives* ; lorsque les sels restent dans la boisson, il ne faut pas en faire usage.

§ III. Il importe de se vêtir de manière à se préserver des impressions du froid ; il importe surtout d'éviter les transitions brusques de de la température et le refroidissement subit, qui sont dangereux.

Les personnes sensibles au froid feront bien de porter de la laine sur la peau, ou au moins une ceinture de flanelle.

§ IV. Une des conditions importantes à observer durant les épidémies, c'est la salubrité des habitations. Il est donc nécessaire de mettre à exécution toutes les mesures qui ont été prescrites dans l'ordonnance publiée à ce sujet (1). Nous nous bornerons à rappeler ici, qu'il

_____

(1) Ordonnance du préfet de police, du 20 novembre 1848, concernant la salubrité des habitations.

faut éviter l'encombrement des habitations, qu'il faut renouveler l'air des chambres, soit en ouvrant fréquemment les fenêtres, soit en entretenant du feu dans les cheminées ou dans les poêles (1).

En été, quelques personnes couchent, les fenêtres ouvertes; cette pratique est dangereuse en ce qu'elle expose aux variations de température si communes durant la nuit, sans qu'on puisse y porter remède, à cause de l'état de sommeil où l'on se trouve.

Quant à la température des habitations, elle doit être modérée.

§ V. Durant les épidémies en général, on doit, tout en continuant de vaquer à ses occupations habituelles, le faire cependant dans une certaine mesure; la fatigue corporelle, les travaux de cabinet trop prolongés, les veilles dans le travail, l'abus du plaisir, sont très-nuisibles. Sous ce rapport, la vie doit être réglée, uniforme et exempte de tout excès.

DEUXIÈME PARTIE.

Conduite à tenir, 1° à l'apparition des symptômes qui précèdent ordinairement le choléra; 2° au début de la maladie elle-même.

Le choléra n'est pas contagieux; on peut donc sans crainte prodiguer des soins aux personnes atteintes de cette maladie; mais l'expérience a démontré que, dans toute maladie épidémique, l'encombrement des habitations est toujours une condition fâcheuse; il convient, en conséquence, de prendre les mesures les plus propres à l'éviter.

On peut affirmer qu'à quelques exceptions près, si brusque qu'en soit l'invasion, le choléra est cependant précédé de symptômes qui peuvent en faire craindre le développement.

Le plus commun de ces symptômes, *c'est la diarrhée*, et telle en est l'importance, qu'il suffit de la faire céder, pour prévenir la maladie. *Il y aurait donc danger à la laisser persister.*

On arrête la diarrhée par des moyens très-simples; ce sont les suivants : *diminution ou abstinence complète d'aliments; usage de riz et de ses préparations; administration de quarts de lavements émollients et calmants; infusion de thé ou toute autre infusion aromatique pour boisson.*

Mais quel que soit le peu d'intensité du dérangement intestinal, il est toujours nécessaire d'appeler un médecin.

DÉBUT DU CHOLÉRA.

La très-grande généralité des faits observés jusqu'à présent démontre que les chances de guérison sont d'autant plus grandes que les secours sont administrés à une époque plus rapprochée du début du choléra. Il est donc nécessaire de faire connaître les principaux symp-

---

(1) En 1832, on a exagéré l'emploi des moyens désinfectants : ainsi, on brûlait du sucre, du vinaigre dans les logements ; ou mettait du camphre dans tous les vêtements, on en portait sur soi-même ; on répandait du chlorure de chaux ou du chlorure de soude à profusion ; il en résultait une excitation plus ou moins grande du système nerveux, des maux de tête permanents, un malaise général qui inspiraient des craintes aux personnes mêmes qui cherchaient à se garantir ainsi des atteintes du choléra.

Les moyens les plus efficaces pour assainir une habitation sont les chlorures désinfectants (hypochlorites de soude ou de chaux); mais ils doivent être employés avec mesure ; ainsi, 250 grammes de chlorure d'oxyde de sodium dans un vase à large surface, ou 30 grammes de chlorure de chaux solide dans une assiette, suffisent pour modifier avantageusement l'air d'une pièce de grandeur ordinaire, pendant vingt-quatre heures.

tômes qui annoncent l'invasion de cette maladie et d'indiquer les premiers secours qu'il faut donner dès leur apparition.

Le choléra s'annonce ordinairement par une lassitude *profonde et subite*, des nausées et des vomissements, des coliques, de la diarrhée avec garderobes d'abord colorées, puis *incolores* et *ressemblant à l'eau de riz*, une altération *très-marquée* des traits du visage, le refroidissement du corps et de la langue, des crampes, enfin un état bleuâtre des lèvres et de la face.

Dès que ces symptômes ou un certain nombre d'entre eux viennent à se montrer, il faut appeler un médecin. En attendant son arrivée, on se hâtera de mettre en pratique les moyens suivants :

On excitera la peau et on y appellera la chaleur, en plaçant aux pieds du malade et entre les cuisses une bouteille d'eau chaude, ou des briques chauffées ; on étendra des sachets de cendre ou de sable chaud sur la poitrine et le long du dos.

On entourera le malade de plusieurs couvertures de laine et l'on promènera entre ces couvertures des fers chauffés ou une bassinoire, de manière à agir sur toute la surface du corps.

Pendant la préparation de ces moyens ou durant leur emploi, on frictionnera fortement et *longtemps* les membres avec le creux des mains, une brosse douce, de la flanelle ; on pourra arroser la flanelle d'eau-de-vie camphrée, d'eau-de-vie ou d'eau de Cologne ; il est bon que ces frictions soient faites par deux personnes placées de chaque côté du malade, en ayant soin de ne pas le découvrir.

On fera boire une infusion chaude de tilleul, de thé ou de menthe additionnée de quelques gouttes d'eau-de-vie.

Si ces tisanes paraissaient augmenter les vomissements, on emploierait avec avantage l'eau gazeuse ou la glace par petits morceaux et l'on promènerait des synapismes sur les jambes et sur les cuisses.

Il sera utile, toutes les fois qu'on le pourra, de coucher le malade dans une pièce séparée, afin de le placer dans les conditions les plus favorables de salubrité.

CONVALESCENCE.

La convalescence nécessite des précautions que le médecin devra faire connaître au malade. Toutefois, on ne saurait trop recommander aux convalescents l'observation rigoureuse des règles de préservation qui ont été exposées dans la première partie de cette instruction. Il faut surtout qu'ils évitent le froid, l'humidité et les écarts de régime, car les personnes qui ont été atteintes du choléra sont exposées à des rechutes.

Nous croyons devoir terminer cette instruction, en déclarant formellement au public qu'il ne doit accorder aucune confiance aux prétendus moyens préservatifs et curatifs dont des charlatans cupides font vanter les propriétés par les journaux, ou qu'ils annoncent par des affiches. Si l'autorité était assez heureuse pour connaître un semblable moyen, elle ne manquerait pas de le publier et de le recommander.

DEVERGIE, *rapporteur* ; BEAUDE, BUSSY, BÉGIN.

Lu et approuvé dans la séance du 19 janvier 1849.

Le vice-président, BOUTRON.

Le secrétaire, Ad. TREBUCHET.

Vu et approuvé :

Le préfet de police, REBILLOT.

N° **2152.** — *Ordonnance concernant la police des masques* (1).

Paris, le 8 février 1849.

———————◦———————

N° **2153.** — *Ordonnance concernant l'échenillage* (2).

Paris, le 9 février 1849.

Nous, préfet de police,

Vu la loi du 26 ventôse an ɪv;
Les arrêtés du Gouvernement des 12 messidor an vɪɪɪ et 3 brumaire an ɪx;
La décision du ministre de la police générale, en date du 25 fructidor an ɪx:
L'article 471, § 8, du Code pénal,

Ordonnons ce qui suit :

1. Aussitôt après la publication de la présente ordonnance, tous propriétaires, fermiers ou locataires de terrains situés dans le ressort de la préfecture de police, seront tenus d'écheniller ou de faire écheniller les arbres, haies et buissons qui sont sur lesdits terrains, ainsi que ceux qui bordent les grandes routes et les chemins vicinaux.
2. Il leur est enjoint de brûler sur-le-champ les bourses et toiles provenant desdits arbres, haies ou buissons, en prenant les précautions nécessaires pour prévenir le danger du feu.
3. L'échenillage sera terminé avant le 31 mars prochain.
4. En cas de négligence de la part des propriétaires, fermiers ou locataires, les maires et adjoints des communes, ou les commissaires de police, à Paris, feront faire l'échenillage aux dépens de ceux qui l'auront négligé, conformément à l'article 7 de la loi précitée.
5. Les contraventions seront constatées par des procès-verbaux qui nous seront adressés.
6. Il sera pris envers les contrevenants telles mesures de police administrative qu'il appartiendra, sans préjudice des poursuites à exercer contre eux devant les tribunaux, conformément aux lois et règlements.
7. La présente ordonnance sera imprimée et affichée.
8. Les sous-préfets des arrondissements de Saint-Denis et de Sceaux, les maires des communes rurales du ressort de la préfecture de police, le chef de la police municipale, les commissaires de police, les officiers de paix, sont chargés d'en surveiller l'exécution.
Ampliation en sera adressée au préfet de la Seine.

Le préfet de police, REBILLOT.

———————◦———————

(1) V. l'ord. du 31 janv. 1850.
(2) Cette ordonnance est la reproduction textuelle de celle du 26 février 1844.

N° **2154**. — *Ordonnance qui fixe un tarif commun réduit pour le transport des moutons, par wagon complet ou par bergerie, sur les chemins de fer de* Paris à Orléans *et de* Paris sur le centre de la France.

Paris, le 13 février 1849.

Nous, préfet de police,

Vu : 1° la loi du 7 juillet 1838, qui autorise l'établissement d'un chemin de fer de Paris à Orléans, et la loi du 15 juillet 1840, relative au même chemin ; ensemble le cahier des charges annexé à cette dernière loi ;

2° La loi du 26 juillet 1844, relative au chemin de Paris sur le centre de la France ; ensemble le cahier des charges annexé à cette loi, et l'ordonnance du 24 octobre suivant, homologative de la concession dudit chemin ;

3° La décision ministérielle, en date du 30 janvier dernier, portant homologation des propositions présentées par les compagnies des chemins de fer de Paris à Orléans et de Paris sur le centre, et ayant pour objet un tarif commun réduit pour le transport des moutons, par wagon complet ou par bergerie, de diverses stations du chemin de fer du Centre à Paris ;

4° Considérant qu'il y a lieu de rendre exécutoire, dans le ressort de la préfecture de police, la décision ministérielle précitée,

Ordonnons ce qui suit :

1. Les prix à percevoir, pour le transport des moutons, par bergerie ou par wagon complet, sur les parcours ci-après désignés, sont fixés conformément au tableau suivant :

Tarif pour le Transport des Moutons, par Bergerie ou par Wagon complet.

PAR BERGERIE,
à deux planchers de 4 mètres 80 centimètres sur 2 mètres 30 centimètres environ,
avec faculté par les expéditeurs d'y mettre tel nombre de moutons qu'ils jugeront
convenable, à leurs risques et périls.

LIEUX DE DÉPART.	DESTINATION.	PRIX DE TRANSPORT.			
		du 1er avril au 1er novembre.		du 1er novembre au 1er avril.	
		fr.	c.	fr.	c.
Châteauroux............		120	»	150	»
Issoudun		120	»	150	»
Vierzon		100	»	130	»
Bourges...............	PARIS.............	110	»	140	»
Salbris................		100	»	130	»
Lamothe		100	»	130	»
La Ferté..............		100	»	130	»

PAR WAGON COMPLET,
à un seul plancher de 4 mètres 50 centimètres sur 2 mètres 30 centimètres environ,
avec faculté par les expéditeurs d'y mettre le nombre de moutons qu'ils jugeront
convenable, à leurs risques et périls.

LIEUX DE DÉPART.	DESTINATION.	PRIX DE TRANSPORT.			
		du 1er avril au 1er novembre.		du 1er novembre au 1er avril.	
		fr.	c.	fr.	c.
Châteauroux............		66	»	81	»
Issoudun		66	»	81	»
Vierzon		57	»	72	»
Bourges...............	PARIS.............	60	»	75	»
Salbris................		57	»	72	»
Lamothe		57	»	72	»
La Ferté..............		57	»	72	»

2. Les tarifs en vigueur continueront à recevoir leur exécution en tout ce qui n'est pas contraire aux dispositions qui précèdent.

5. La présente ordonnance sera notifiée aux compagnies des chemins de fer de Paris à Orléans et de Paris sur le centre. Elle sera imprimée et affichée.

Les commissaires et sous-commissaires spéciaux de surveillance administrative du chemin de fer de Paris à Orléans, ainsi que les maires et les commissaires de police des communes du ressort de la préfecture de police, dont le territoire est traversé par ledit chemin de fer, sont chargés d'en assurer l'exécution.

Le préfet de police, REBILLOT.

N° 2155. — *Ordonnance concernant la prohibition de la chasse, à partir du 4 mars prochain (1).*

Paris, le 19 février 1849.

━━━━━━━◦━━━━━━━

N° 2156. — *Ordonnance autorisant provisoirement la vente de la verdure et autres menus comestibles au marché de détail de la Vallée.*

Paris, le 22 février 1849.

Nous, préfet de police,

Vu : 1° la délibération dè la commission municipale de Paris, en date du 17 novembre dernier, par laquelle elle émet le vœu qu'il y a lieu de mettre provisoirement, à titre d'essai, à la disposition des marchandes de verdure et autres menus comestibles, les places vacantes au marché de détail de la Vallée, et fixe le tarif desdites places à 30 centimes par quatre mètres superficiels et par jour d'occupation ;

2° La décision du ministre de l'intérieur, en date du 26 décembre 1848, qui approuve ledit tarif ;

3° La lettre du préfet de la Seine, en date du 19 janvier dernier ;

4° L'ordonnance de police du 27 janvier 1812, concernant le marché de détail de la Vallée,

Ordonnons ce qui suit :

1. Les places vacantes sur le marché de détail de la Vallée, exclusivement accordées, jusqu'à présent, à des marchandes de volaille et gibier, pourront être accordées à l'avenir à des marchandes de verdure et autres menus comestibles.

2. Le prix des places ainsi concédées est fixé à 30 centimes par place de quatre mètres superficiels environ, et par journée d'occupation, payables par semaine et d'avance. Il n'est rien changé quant aux prix des places occupées par des marchandes de volaille et de gibier, lequel a été fixé, par décision ministérielle du 19 septembre 1833, à 60 centimes par jour pour les places de la première série, et à 50 centimes pour celles de la deuxième série.

3. Les marchandes de verdure et autres menus comestibles, admises à la Vallée, seront tenues de se conformer aux dispositions de l'ordonnance de police du 1er avril 1832, concernant les mesures de salubrité à observer dans les halles et marchés, et à celles de l'ordonnance du 4 décembre 1837, en ce qui concerne la tenue du marché de détail de la Vallée.

4. Les contraventions seront constatées par des procès-verbaux et poursuivies conformément aux lois et règlements.

5. La présente ordonnance sera imprimée, publiée et affichée.

Il en sera adressé ampliation à M. le préfet de la Seine.

L'inspecteur général des halles et marchés, les commissaires de police, et notamment celui du quartier de l'École-de-Médecine, le chef de la police municipale et les officiers de paix sont chargés, chacun en ce qui le concerne, d'en assurer l'exécution.

Le préfet de police, REBILLOT.

━━━━━━━━━━━━━━━━━

(1) V. l'ord. du 16 fév. 1850.

N° **2157**. — *Ordonnance concernant les caisses et pots à fleurs, et autres objets dont la chute peut occasionner des accidents.*

Paris, le 9 mars 1849.

Nous, préfet de police,

Considérant qu'au retour de la belle saison, il importe de rappeler aux habitants de Paris les mesures de précaution prescrites par les règlements de police, en ce qui concerne les caisses et pots à fleurs, et autres objets placés sur les parties élevées des bâtiments:

En vertu de la loi des 16-24 août 1730 et de l'arrêté du Gouvernement du 12 messidor an VIII (1er juillet 1800);

Ordonnons ce qui suit:

Les dispositions de l'ordonnance de police du 23 octobre 1844 (1), concernant les caisses et pots à fleurs, et autres objets dont la chute peut occasionner des accidents, seront imprimées et affichées de nouveau.

Le préfet de police, REBILLOT.

N° **2158**. — *Ordonnance qui fixe le tarif pour le transport des voyageurs, des marchandises, des chevaux, bestiaux et voitures, de* Paris *à* Calais, *et réciproquement, sur le chemin de fer de* Paris *à la frontière de* Belgique (chemin de fer du Nord).

Paris, le 13 mars 1849.

Nous, préfet de police,

Vu: 1° la loi du 15 juillet 1845, qui autorise la concession du chemin de fer de Paris à la frontière de Belgique, par Lille et Valenciennes, avec embranchement de Lille sur Calais et Dunkerque, ensemble le cahier des charges coté A, annexé à cette loi;

2° L'ordonnance royale du 10 septembre 1845, homologative de l'adjudication de la concession dudit chemin de fer et de ses embranchements;

3° Les ordonnances homologatives des 19 juin 1846, 10 février, 10 mars, 20 septembre 1847 et 16 octobre 1848;

4° Les propositions présentées par la compagnie du chemin de fer du Nord, concessionnaire du chemin de fer de Paris à la frontière de Belgique et de l'embranchement précité, lesquelles contiennent un projet de tarif pour le transport direct, à grande et à petite vitesse, des voyageurs, des marchandises, des chevaux, bestiaux et voitures, de Paris à Calais, et réciproquement;

5° La décision de M. le ministre des travaux publics, en date du 3 mars courant, homologative desdites propositions;

Considérant qu'il y a lieu de rendre obligatoire, dans le ressort de la préfecture de police, la décision ministérielle précitée,

Ordonnons ce qui suit:

_____

(1) V. cette ord., t. III, p. 796.

TITRE PREMIER.

TRANSPORT A LA VITESSE DES VOYAGEURS.

SECTION 1re. — Voyageurs.

1. Les prix à percevoir pour le transport direct des voyageurs de Paris à Calais, et réciproquement, sont réglés, y compris l'impôt dû au Trésor, conformément au tableau suivant :

Tarif pour le transport des voyageurs.

NOTA.—Les militaires ou marins voyageant isolément pour cause de [service, envoyés en congé pour appartenir à la réserve, envoyés en congé limité, ou rentrant dans leurs foyers après libération, ne seront assujettis, eux et leurs bagages, qu'à la moitié des taxes fixées par la présente ordonnance.

Les militaires ou marins voyageant en corps ne seront assujettis, eux et leurs bagages, qu'au quart des mêmes taxes. (Art. 48 du cahier des charges.)

LIEUX DE DÉPART ET DE DESTINATION.	Distances servant de base à la fixation des prix de transport.	1re CLASSE. Voitures couvertes, garnies et fermées à glaces.	2e CLASSE. Voitures couvertes, fermées à glaces et à banquettes rembourrées.	3e CLASSE. Voitures couvertes et fermées avec rideaux.
		PRIX DE TRANSPORT.		
	kilomèt.	fr. c.	fr. c.	fr. c.
De PARIS à CALAIS, *et vice versâ*....	379	30 50	23 »	17 »

SECTION II. — Voitures et chevaux.

§ Ier.—*Prix de transport.*

2. La Compagnie est autorisée à percevoir, pour le transport des voitures et des chevaux, les prix fixés au tableau suivant :

Tarif pour le Transport des Voitures et des Chevaux.

LIEUX DE DÉPART et DE DESTINATION.	Distances servant de base à la fixation des prix de transport.	VOITURES		CHEVAUX.	
		à deux ou quatre roues, à un fond et une banquette.	à deux ou quatre roues, à deux fonds et deux banquettes.	Pour un cheval.	Pour un wagon de trois chevaux, tout compris.
		PRIX DE TRANSPORT.			
De PARIS à CALAIS, *et vice versâ :*	kilomèt. 379	fr. c. 149 »	fr. c. 190 »	fr. c. 60 »	fr. c. 146 »

3. Aux termes de l'article 41 du cahier des charges, deux personnes pourront, sans supplément de prix, voyager dans les voitures à une banquette, et trois dans les voitures à deux banquettes. Les voyageurs excédant ce nombre payeront le prix des places de 2ᵉ classe.

§ II. — *Frais accessoires de chargement et de déchargement.*

4. Les frais accessoires de chargement et de déchargement des voitures et des chevaux sont fixés ainsi qu'il suit, savoir :

Une voiture.................... 2 fr.
Un cheval.................... 2

TITRE II.

TRANSPORT A LA VITESSE DES MARCHANDISES.

SECTION Iʳᵉ. — Classification des marchandises.

5. Les dispositions des articles 1 et 2 de l'ordonnance homologative du 10 février 1847, qui classent les marchandises et les rangent suivant les prix de transport qui leur sont applicables, sont rendues exécutoires sur le parcours direct de Paris à Calais, et réciproquement.

SECTION II. — Marchandises, bestiaux, voitures.

§ Iᵉʳ. — *Prix de transport*

6. Les prix à percevoir pour le transport des marchandises, des bestiaux et voitures, sur les parcours indiqués ci-après, sont réglés d'après le tableau suivant (1) :

---

(1) Les dispositions relatives aux transports, à la petite vitesse, de la gare intérieure de Paris à Calais, *et vice versâ,* sont abrogées. — V. l'ord. du 28 fév. 1850.

Tarif pour le Transport, à petite vitesse, des Marchandises, Bestiaux et Voitures.

NOTA. Voir l'ordonnance du 10 février 1847, pour la détermination des marchandises auxquelles s'appliquent les prix indiqués ci-après pour chaque classe.

LIEUX DE DÉPART / DE DESTINATION.	Distances servant de base à la fixation des prix de transport.	PRIX PAR TONNE DE 1,000 KILOGRAMMES.						BESTIAUX. PAR TÊTE.			VOITURES.	
		Hors classe.	1re classe.	2e classe.	3e classe. 1re catégorie.	3e classe. 2e catégorie.	par wagon complet.	Moutons, brebis et chèvres.	Veaux et porcs.	Chevaux, bœufs, vaches et taureaux.	à 2 ou 4 roues, à 1 fond et une banquette.	à 2 ou 4 roues, à 2 fonds et deux banquettes.
		fr. c.	fr. c.	fr. c.	fr. c.	fr. c.	fr. c.	fr. c.	fr. c.	fr. c.	fr. c.	fr. c.
De PARIS (gare intérieure) à CALAIS..	579	68 50	59 25	52 25	25 75	20 25	» »	» »	» .	» »	» »	» »
De CALAIS à PARIS (gare intérieure)...	579	68 50	44 25	38 75	35 25	24 25	» »	» »	» »	» »	» »	» »
De PARIS (gare de La Chapelle) à CALAIS.	577	68 50	58 50	51 50	25 »	19 50	156 »	5 25	10 70	27 »	68 »	87 »
De CALAIS à PARIS (gare de La Chapelle).	577	68 50	45 50	58 »	52 50	25 50	156 »	5 25	10 70	27 »	68 »	87 »

PRIX DE TRANSPORT.

§ II. — *Frais accessoires.*

7. Les frais accessoires de chargement et de déchargement, d'enregistrement et de magasinage, réglés par les ordonnances homologatives précitées des 10 février, 10 mars, 20 septembre 1847 et 16 octobre 1848, sont applicables aux objets de même nature, transportés sur les parcours désignés dans l'article précédent.

TITRE III.

DISPOSITIONS GÉNÉRALES.

8. Les dispositions des tarifs en vigueur qui ne sont pas contraires à la présente ordonnance continueront de recevoir leur exécution.

9. La présente ordonnance sera notifiée à la compagnie du chemin de fer du Nord.

Elle sera imprimée et affichée.

Les commissaires et sous-commissaires spéciaux de surveillance administrative du chemin de fer de Paris à la frontière de Belgique, ainsi que les maires et les commissaires de police des communes du ressort de la préfecture de police, dont le territoire est traversé par ledit chemin de fer, sont chargés d'en assurer l'exécution.

Le préfet de police, REBILLOT.

--- ◎ ---

N° **2159.** — *Ordonnance concernant les vendeurs d'écrits sur la voie publique* (1).

Paris, le 20 mars 1849.

Nous, préfet de police,

Vu : 1° la loi du 16 février 1834 ;

2° Celle des 16 24 août 1790 ;

3° Les arrêtés du Gouvernement du 12 messidor an VIII et du 3 brumaire an IX ;

4° L'ordonnance de notre prédécesseur, M. Ducoux, du 19 août 1848 ;

Considérant que le nombre des vendeurs d'écrits s'est accru, dans ces derniers temps, de manière à entraver la circulation et à motiver les nombreuses plaintes qui ont été adressées à cet égard ;

Considérant que les étalages embarrassent la voie publique, et, sur plusieurs points, obstruent complétement la circulation :

Considérant que de graves abus se sont introduits dans la distribution et le colportage des journaux et des écrits imprimés, sur la voie publique, et que les mesures prises depuis quelques mois pour y mettre un terme, sont restées inefficaces,

Ordonnons ce qui suit :

1. Toutes les autorisations accordées jusqu'à ce jour pour exercer sur la voie publique le métier de crieur, vendeur ou distributeur d'écrits, dessins ou emblèmes imprimés, lithographiés, autographiés, moulés, gravés, ou à la main, sont révoquées à partir du 1er avril prochain.

---

(1) V. les ord. des 19 août 1848, 22 avril et 20 juin 1849,

2. Toute personne qui voudra exercer le métier de vendeur d'écrits, etc., sur la voie publique, devra se pourvoir auprès du préfet de police, pour obtenir une nouvelle autorisation.

5. Les commissaires de police, le chef de la police municipale, les officiers de paix et les agents de la préfecture de police, sont chargés de l'exécution de la présente ordonnance.

Le préfet de police, REBILLOT.

Nº **2160**. — *Ordonnance modifiant l'article 8 de l'ordonnance de police du 27 octobre 1848, concernant l'ouverture et la police des deux nouveaux abattoirs à porcs de Paris.*

Paris, le 23 mars 1849.

Nous, préfet de police,

Vu : 1º les conventions arrêtées le 18 août 1847, entre la ville de Paris et les sieurs Heullant et Goulet, pour la construction et l'exploitation des deux nouveaux abattoirs à porcs, lesquelles conventions disposent, article 14 : « ..... *Dans cette somme de 2 centimes par ki-* « *logrammes ne sont pas compris la fourniture de la paille, les frais de* « *conduite et de transport, etc., qui restent à la charge des charcutiers,* « *et qui ne pourront, en aucun cas, être considérés comme accessoires* « *du droit d'abat. Le prix de ces fournitures, si elles sont faites par les* « *concessionnaires, sera réglé par un tarif qui devra être approuvé par* « *l'administration* ; »

2º L'article 8 de l'ordonnance de police du 27 octobre 1848, relative à l'ouverture et à la police des deux nouveaux abattoirs à porcs de Paris ;

3º Les réclamations résultant des différends survenus entre les concessionnaires desdits abattoirs et les charcutiers, au sujet du travail que l'on appelle *l'habillage des porcs* ;

4º La lettre à nous adressée, le 9 mars courant, par M. le préfet de la Seine ;

Attendu que dans les anciennes tueries, *l'habillage* des porcs n'était pas compris dans les travaux que les propriétaires de ces établissements devaient faire pour le prix de 1 fr. 80 c.; que ce travail était rétribué séparément, et que les concessionnaires des nouveaux abattoirs, en traitant avec la Ville, ont tenu compte de cette distinction ;

Attendu que, malgré l'usage établi depuis longtemps, ces concessionnaires offrent de se charger, sans rétribution spéciale, d'une partie de l'habillage des porcs,

Ordonnons ce qui suit :

1. Le premier paragraphe de l'article 8 de l'ordonnance du 27 octobre 1848 est modifié de la manière suivante :

« Dans le cas où les concessionnaires des abattoirs seraient chargés « de l'abatage, du brûlage, de la partie de *l'habillage* qui consiste « dans le grattage et la fente du ventre du porc jusqu'au *brochet*, ainsi « que du transport des porcs à domicile ou aux marchés, il leur sera « alloué 1 fr. 80 c. par porc, y compris la fourniture du matériel et de « la paille nécessaires, la garde et les soins à donner aux porcs, de « jour comme de nuit, ainsi que l'assistance au pesage par l'octroi.— « Dans le cas où les concessionnaires seraient chargés de faire toutes « les autres parties de l'opération dite *l'habillage*, elles leur seront « payées par les charcutiers au prix de 50 c. en sus de la somme « de 1 fr. 80 c. stipulée ci-dessus. »

2. Il n'est aucunement dérogé aux autres dispositions de l'ordonnance du 27 octobre 1848.

3. La présente ordonnance sera imprimée, publiée et affichée.

Ampliation en sera adressée au représentant du peuple, préfet de le Seine.

Les commissaires de police et notamment ceux des quartiers du Faubourg-Saint-Denis et du Luxembourg, le chef de la police municipale et les officiers de paix, l'inspecteur général des halles et marchés, et les autres préposés de la préfecture de police sont chargés, chacun en ce qui le concerne, d'en assurer l'exécution.

Le préfet de police, REBILLOT.

Approuvé :

Paris, le 10 avril 1849.

Le Ministre de l'agriculture et du commerce, BUFFET.

N° **2161**. — *Ordonnance concernant la foire aux jambons, qui se tiendra sur le boulevard Bourdon, près la place de la Bastille* (1).

Paris, le 26 mars 1849.

N° **2162**. — *Ordonnance qui fixe un tarif pour le transport des farines et issues sur le chemin de fer* de Paris à Orléans *(section de Corbeil)*.

Paris, le 10 avril 1849.

Nous, préfet de police,

Vu : 1° la loi du 7 juillet 1838, qui autorise l'établissement d'un chemin de fer de Paris à Orléans, et la loi du 15 juillet 1840, relative au même chemin; ensemble le cahier des charges annexé à cette dernière loi;

2° L'ordonnance de police en date du 22 novembre 1844, qui fixe le tarif des prix à percevoir pour les transports de toute nature sur ledit chemin de fer de Paris à Orléans (section de Corbeil);

3° La décision ministérielle du 23 mars dernier, homologative des propositions présentées par la compagnie du chemin de fer d'Orléans, et ayant pour objet des tarifs spéciaux pour le transport des farines et issues de Corbeil à Paris.

Ladite décision portant que les nouveaux tarifs ne pourront être mis en perception qu'un mois après l'apposition d'affiches constatée par procès-verbal régulier;

4° Le procès-verbal du commissaire de police du quartier Saint-Marcel, constatant que le tarif faisant l'objet des propositions sus-visées a été affiché le 9 du courant;

Considérant qu'il y a lieu de rendre obligatoire, dans le ressort de la préfecture de police, la décision ministérielle précitée,

Ordonnons ce qui suit :

1. La compagnie du chemin de fer de Paris à Orléans est autorisée à effectuer, à partir du 9 mai prochain, le transport des farines et issues de Corbeil à Paris aux prix et conditions indiqués au tableau suivant :

---

(1) V. l'ord. du 16 mars 1850.

Tarif pour le Transport des Farines et Issues.

LIEUX DE DÉPART ET DE DESTINATION.	Distances servant de base à la fixation des prix de transport.	TARIF ORDINAIRE. PAR SAC DE FARINE DE 159 KILOGR., OU PAR POIDS ÉGAL D'ISSUES.		
		Prix de transport.	Frais accessoires de chargement et de déchargement	Prix total à percevoir.
	kilomèt.	fr. c.	fr. c.	fr. c.
De CORBEIL à PARIS.............	31	» 75	» 15	» 90

LIEUX DE DÉPART ET DE DESTINATION.	Distances servant de base à la fixation des prix de transport.	TARIF EXCEPTIONNEL. PAR SAC DE FARINE DE 159 KILOGR., OU PAR POIDS ÉGAL D'ISSUES.		
		Prix de transport.	Frais accessoires de chargement et de déchargement	Prix total à percevoir.
	kilomèt.	fr. c.	fr. c.	fr. c.
De CORBEIL à PARIS.............	31	» 60	» 15	» 75

2. Les prix du tarif exceptionnel compris au tableau qui précède, seront applicables seulement aux fariniers qui prendront, pour une année, l'engagement de faire transporter par le chemin de fer la totalité de leurs produits en destination de Paris.

3. Les tarifs actuellement en vigueur continueront d'être appliqués aux marchandises sus-désignées, pour les transports qui auront lieu à partir de points autres que Corbeil.

4. Toutes les dispositions de l'ordonnance sus-visée du 22 novembre 1844, qui ne sont pas contraires à celles qui précèdent, continueront de recevoir leur exécution.

5. La présente ordonnance sera notifiée à la Compagnie ; elle sera imprimée et affichée.

Les commissaires et sous-commissaires spéciaux de surveillance administrative du chemin de fer de Paris à Orléans, ainsi que les maires et les commissaires de police des communes du ressort de la préfecture de police, dont le territoire est traversé par ledit chemin de fer, sont chargés d'en assurer l'exécution.

Le préfet de police, REBILLOT.

N° **2163.** — *Ordonnance homologative d'un tarif spécial pour le transport des houilles expédiées, par wagon complet de 5,500 à 6,000 kilog., des stations de* Quiévrain, Valenciennes, Raismes *et* Somain, *sur les autres stations de la ligne principale et de ses embranchements sur le chemin de fer de Paris à la frontière de Belgique* (chemin de fer du Nord).

Paris, le 17 avril 1849.

Nous, préfet de police,

Vu : 1° la loi du 15 juillet 1845, qui autorise la compagnie du chemin de fer de Paris à la frontière de Belgique, avec embranchement de Lille sur Calais et Dunkerque, ensemble le cahier des charges coté A, annexé à cette loi ;

2° L'ordonnance royale homologative de l'adjudication de la concession dudit chemin de fer ;

3° L'ordonnance de police du 10 février 1847, qui fixe le tarif pour le transport des marchandises, à la petite vitesse, sur le chemin de fer précité ;

4° L'ordonnance du 26 juillet 1848, homologative d'un tarif spécial pour le transport de la houille et de quelques autres marchandises expédiées, par wagon complet, des stations de Quiévrain, Valenciennes, Raismes et Somain aux autres stations de la ligne du chemin de fer de Paris à la frontière de Belgique ;

5° Les propositions soumises à l'homologation administrative par la compagnie du chemin de fer du Nord, concessionnaire du chemin de fer de Paris à la frontière de Belgique, et ayant pour objet un tarif spécial applicable seulement aux houilles expédiées, par wagon complet de 5,500 à 6,000 kilogrammes, des stations de Quiévrain, Valenciennes, Raismes et Somain aux autres stations tant de la ligne principale que des embranchements sur Calais et Dunkerque ;

6° La décision ministérielle en date du 4 avril courant, portant homologation des propositions de la Compagnie, sauf quelques modifications ;

Considérant qu'il y a lieu de rendre exécutoire dans le ressort de la préfecture de police la décision ministérielle précitée,

Ordonnons ce qui suit :

1. Les prix à percevoir pour le transport, à petite vitesse, par wagon complet de 5,500 à 6,000 kilogrammes, des houilles expédiées des stations de Quiévrain, Valenciennes, Raismes et Somain aux autres stations tant de la ligne principale du chemin de fer de Paris à la frontière de Belgique que sur les embranchements de Lille sur Calais et Dunkerque, sont réglés conformément au tableau suivant :

(Tarif pour le transport des houilles par wagon, etc.)

Tarif pour le Transport des Houilles par wagon complet de 5,500 à 6,000 kilogrammes.

DESTINATIONS.	QUIÉVRAIN. Distances servant de base à la fixation des prix de transport.	QUIÉVRAIN. Prix de transport	VALENCIENNES. Distances servant de base à la fixation des prix de transport.	VALENCIENNES. Prix de transport	RAISMES. Distances servant de base à la fixation des prix de transport.	RAISMES. Prix de transport	SOMAIN. Distances servant de base à la fixation des prix de transport.	SOMAIN. Prix de transport
	kilom.	fr c.	kilom.	fr. c.	kilom.	fr c.	kilom.	fr. c.
Paris, *gare de La Chapelle*	288	14 »	275	13 50	270	13 50	255	12 50
Saint-Denis	283	14 »	271	13 50	266	13 50	250	12 50
Enghien	278	14 »	266	13 50	260	13 50	245	12 50
Herblay	269	14 »	257	13 50	251	13 50	236	12 50
Pontoise	260	13 50	248	13 »	243	13 »	228	12 »
Auvers	256	13 50	245	13 »	238	13 »	225	12 »
Isle-Adam	250	13 50	238	13 »	232	13 »	217	12 »
Beaumont	243	13 50	231	13 »	226	13 »	210	12 »
Borau	236	13 50	224	13 »	219	13 »	204	12 »
Saint-Leu	229	13 50	216	13 »	211	13 »	196	12 »
Creil	222	12 90	210	12 50	204	12 50	189	11 50
Liancourt	214	12 90	202	12 50	197	12 50	182	11 50
Clermont	207	12 90	195	12 50	190	12 50	174	11 50
Saint-Just	193	12 »	180	11 50	175	11 50	160	10 50
Breteuil	177	11 10	165	11 »	160	11 »	143	10 »
Ailly	161	10 10	149	10 »	144	10 »	128	9 »
Amiens	142	9 »	129	8 50	124	8 50	109	7 50
Albert	110	7 10	98	7 »	95	7 »	77	6 »
Achiet	92	6 »	80	5 50	74	5 50	59	4 50
Arras	74	4 90	62	4 50	57	4 50	41	3 20
Douai	48	3 35	36	3 35	31	3 »	15	1 50
Pont-de-la-Deule	51	3 55	39	3 50	34	3 30	19	1 90
Séclin	70	4 70	58	4 50	52	4 50	37	3 50
Lille	80	5 »	68	4 50	64	4 50	47	3 80
Roubaix	90	5 50	77	5 »	73	5 »	57	4 »
Tourcoing	92	5 50	80	5 »	76	5 »	59	4 20
Armentières	98	6 »	86	5 50	80	5 50	65	4 50
Steenwerck	104	6 50	102	6 »	86	6 »	71	5 »
Bailleul	109	7 »	97	6 50	92	6 50	76	5 50
Hazebrouck	124	7 »	112	6 50	107	6 50	91	5 50
Cassel	134	7 50	122	7 »	116	7 »	101	6 50
Arncke	141	7 50	129	7 »	123	7 »	108	6 50
Esquelbecq	148	7 50	136	7 »	130	7 »	115	6 50
Bergues	156	7 50	144	7 »	139	7 »	124	6 50
Dunkerque	165	7 50	153	7 »	147	7 »	132	6 50
Saint-Omer	144	7 50	132	7 »	127	7 »	112	6 50
Watten	152	8 »	140	7 50	136	7 50	120	7 »
Audruicq	164	8 »	152	7 50	147	7 50	132	7 »
Ardres	171	8 50	159	8 »	155	8 »	139	7 50
Calais	188	8 50	171	8 »	168	8 »	150	7 50

2. Le chargement et le déchargement des houilles pourront être faites par les expéditeurs et les destinataires, et à leurs frais.

Dans le cas où ces deux opérations, ou seulement l'une d'elles, seraient faites par la compagnie, celle-ci aurait droit à 50 centimes par 1,000 kilogrammes pour chaque opération.

3. Toutes les autres ordonnances homologatives de tarifs, et notamment celles des 10 février 1847 et 26 juillet 1848, continueront de recevoir leur exécution en ce qui n'est pas contraire aux dispositions qui précèdent.

4. La présente ordonnance sera notifiée à la Compagnie ; elle sera imprimée et affichée.

Les commissaires et sous-commissaires spéciaux de surveillance administrative du chemin de fer de Paris à la frontière de Belgique, ainsi que les maires et les commissaires de police des communes du ressort de la préfecture de police, dont le territoire est traversé par ledit chemin de fer, sont chargés d'en assurer l'exécution.

Le préfet de police, REBILLOT.

N° 2164. — *Ordonnance homologative d'une réduction dans les prix relatifs au transport des voyageurs les jours de dimanches et fêtes sur le chemin de fer* de Paris à Versailles *(rive gauche)* (1).

Paris, le 14 avril 1849.

N° 2165. — *Ordonnance qui fixe des tarifs pour les nouvelles stations de* Noyon, Ourscamp *et* Thourotte, *et pour le transport des voyageurs de* Compiègne *à* Calais, Dunkerque *et* Saint-Omer, *et vice versâ, sur le chemin de fer de Paris à la frontière de Belgique et de Creil à Saint-Quentin* (chemin de fer du Nord).

Paris, le 19 avril 1849.

Nous, préfet de police,

Vu : 1° la loi du 15 juillet 1845, qui autorise la Compagnie, tant du chemin de fer de Paris à la frontière de Belgique avec embranchement de Lille sur Calais et Dunkerque, que du chemin de fer de Creil à Saint-Quentin, ensemble les cahiers des charges, cotés A et B, annexés à cette loi ;

2° Les ordonnances royales homologatives de l'adjudication de la concession des chemins de fer précités ;

3° L'ordonnance du roi du 1er avril 1847, qui approuve le traité de fusion de la compagnie du chemin de fer du Nord, concessionnaire du chemin de fer de Paris à la frontière de Belgique, avec la compagnie du chemin de fer de Creil à Saint-Quentin ;

4° Les ordonnances de police des 19 juin 1846, 10 et 22 février, 10 mars, 20 septembre et 6 novembre 1847 et 16 octobre 1848, qui fixent les tarifs pour les transports de toute nature, à grande et petite vitesse, et pour les droits de magasinage sur les chemins de fer de Paris à la frontière de Belgique, avec embranchements de Calais et Dunkerque, et de Creil à Saint-Quentin ;

5° La décision ministérielle du 14 avril courant, portant homologation des propositions de tarif présentées par la compagnie du chemin

---

(1) Abrogée.—V. l'ord. du 30 juillet 1849.

de fer du Nord, pour les stations de Noyon, Ourscamp et Thourotte, et pour le transport des voyageurs de Compiègne à Calais, Dunkerque et Saint-Omer, *et vice versâ;*

Considérant qu'il y a lieu de rendre exécutoire dans le ressort de la préfecture de police, la décision ministérielle précitée,

Ordonnons ce qui suit :

TITRE Ier.

TRANSPORT A LA VITESSE DES VOYAGEURS.

CHAPITRE Ier.

Voyageurs.

1. Les prix à percevoir pour le transport des voyageurs sur les parcours ci-après indiqués, tant du chemin de fer de Creil à Saint-Quentin que du chemin de fer de Paris à la frontière de Belgique et de son embranchement de Lille sur Calais et Dunkerque, sont réglés, y compris l'impôt dû au Trésor, ainsi qu'il suit :

(Tarif pour le transport des Voyageurs.)

Nota. — Les militaires ou marins voyageant isolément pour cause de service, envoyés en congé pour appartenir à la réserve, envoyés en congé limité, ou rentrant dans leurs foyers après libération, ne seront assujettis, eux et leurs bagages, qu'à la moitié des taxes fixées par la présente ordonnance.

Les militaires ou marins voyageant en corps ne seront assujettis, eux et leurs bagages, qu'au quart des mêmes taxes.

Tarif pour le Transport des Voyageurs.

LIEUX DE DÉPART ET DE DESTINATION.	Distances servant de base à la fixation des prix de transport.	1re CLASSE. Voitures couvertes, garnies et fermées à glaces.		2e CLASSE. Voitures couvertes, fermées à glaces et à banquettes rembourrées.		3e CLASSE. Voitures couvertes et fermées avec rideaux.	
	kilomèt.	fr.	c.	fr.	c.	fr.	c.
DE THOUROTTE aux stations ci-contre *et vice versâ.* — Paris (1)	110	11	35	8	55	6	35
Saint-Denis (2)	104	10	75	8	10	6	»
Enghien	98	10	25	7	70	5	70
Pontoise	81	8	35	6	30	4	70
Auvers	76	7	85	5	90	4	40
Isle-Adam	70	7	25	5	45	4	05
Beaumont	64	6	60	5	»	3	70
Boran	57	5	90	4	45	3	30
Précy	52	5	35	4	05	3	»
Saint-Leu	49	5	05	3	80	2	85
Creil	42	4	35	3	25	2	45
Liancourt	50	5	15	3	90	2	90
Clermont	57	5	90	4	45	3	30
Saint-Just	72	6	75	5	»	3	75
Breteuil	87	7	»	5	»	4	»
Amiens	123	9	»	7	»	5	»
Albert	154	12	»	9	»	7	»
Arras	190	16	»	12	»	9	»
Douai	216	18	»	14	»	11	»
Lille	249	22	»	16	»	12	»
Mouscron	268	24	»	18	»	13	»
Somain	231	20	»	15	»	11	»
Valenciennes	252	22	»	17	»	12	50
Quiévrain	274	25	»	18	»	13	»
Noyon	15	1	55	1	15	»	85
Ourscamp	9	»	95	»	70	»	50
Compiègne	9	»	95	»	70	»	50
Verberie	22	2	25	1	70	1	25
Pont-Se-Maxence	31	3	20	2	40	1	80
Calais	354	25	»	20	»	15	»
Dunkerque	333	25	»	20	»	15	»
Saint-Omer	312	25	»	20	»	15	»
D'OURSCAMP aux stations ci-contre *et vice versâ.* — Paris (1)	118	12	»	9	»	6	80
Saint-Denis	112	11	55	8	70	6	45
Enghien	107	11	05	8	30	6	20
Pontoise	89	9	20	6	90	5	15
Auvers	85	8	80	6	60	4	90
Isle-Adam	79	8	15	6	15	4	55
Beaumont	72	7	45	5	60	4	15
Boran	65	6	70	5	05	3	75
Précy	61	6	30	4	75	3	50
Sain-Leu	58	6	»	4	50	3	35
Creil	51	5	25	3	95	2	95
Liancourt	58	6	»	4	50	3	35
Clermont	66	6	75	4	75	3	75
Saint-Just	80	6	75	5	»	3	75
Breteuil	95	7	»	5	»	4	»
Amiens	131	9	»	7	»	5	»
Albert	162	12	»	12	»	7	»
Arras	198	16	»	12	»	9	»
Donai	224	18	»	14	»	11	»
Lille	257	22	»	16	»	12	»

PRIX DE TRANSPORT.

(1) Disposition modifiée par l'art. 3 de l'ordon. du 11 juillet 1850.
(2) *Idem.*

(1) Disposition modifiée par l'art. 3 de l'ordon. du 11 juillet 1850.

Suite du Tarif pour le Transport des Voyageurs.

LIEUX DE DÉPART ET DE DESTINATION.	Distances servant de base à la fixation des prix de transport.	1ʳᵉ CLASSE. Voitures couvertes, garnies et fermées à glaces.		2ᵉ CLASSE. Voitures couvertes, fermées à glaces et à banquettes rembourrées.		3ᵉ CLASSE. Voitures couvertes et fermées avec rideaux.	
	kilomèt.	fr.	c.	fr.	c.	fr.	c.
D'OURSCAMP (Suite). { Mouscron.......	276	24	»	18	»	13	»
Somain.........	239	20	»	15	»	11	"
Valenciennes...	260	22	»	17	»	12	50
Quiévrain	282	23	»	18	»	13	»
Noyon.........	7	»	70	»	55	»	40
Thourotte.......	9	»	95	»	70	»	50
Compiègne	18	1	85	1	40	1	05
Verberie.......	30	3	10	2	35	1	75
Pont-Sᵗᵉ-Maxence	39	4	05	3	05	2	25
Calais.........	362	25	»	20	»	15	»
Dunkerque.....	344	25	»	20	»	15	»
Saint-Omer.....	320	25	»	20	»	15	»
DE NOYON aux stations ci-contre *et vice versâ.* { Paris..........	125	12	»	9	»	6	50
Saint-Denis.....	119	12	»	9	»	6	50
Enghien........	113	11	65	8	80	6	50
Pontoise........	96	9	90	7	45	5	55
Auvers.........	91	9	40	7	10	5	25
Isle-Adam.....	85	8	80	6	60	4	90
Beaumont......	79	8	15	6	15	4	55
Boran.........	72	7	45	5	60	4	15
Précy.........	67	6	90	5	20	3	85
Saint-Leu......	64	6	60	5	»	3	70
Creil.........	57	5	50	4	35	3	15
Liancourt	65	6	50	4	50	3	50
Clermont.......	72	6	75	4	75	3	75
Saint-Just......	87	6	75	5	»	3	75
Breteuil.......	102	7	»	5	»	4	»
Amiens........	138	9	»	7	»	5	»
Albert........	169	12	»	9	»	7	»
Arras.........	205	16	»	12	»	9	»
Douai........	231	18	»	14	»	11	»
Lille	264	22	»	16	»	12	»
Mouscron.......	283	24	»	18	»	13	»
Somain........	246	20	»	15	»	11	»
Valenciennes...	267	22	»	17	»	12	50
Quiévrain.....	289	23	»	18	»	13	»
Ourscamp.....	7	»	70	»	55	»	40
Thourotte.....	15	1	55	1	15	»	85
Compiègne	24	2	50	1	85	1	40
Verberie.......	37	3	80	2	90	2	15
Pont-Sᵗᵉ-Maxence	46	4	75	3	60	2	65
Calais........	369	25	»	20	»	15	»
Dunkerque.....	348	25	»	20	»	15	»
Saint-Omer.....	327	25	»	20	»	15	»
DE COMPIÈGNE aux stations ci-contre *et vice versâ.* { Calais..........	341	24	»	19	»	14	»
Dunkerque.....	323	24	»	18	»	13	»
Saint-Omer.....	302	23	»	18	»	13	»

CHAPITRE II.

Excédants de bagages, articles de messagerie, marchandises, finances, chiens,
voitures et chevaux.

SECTION 1re. — Prix de transport.

Ier. — *Excédants de bagages, articles de messagerie, marchandises, finances*
et chiens.

2. Aux termes de l'article 42 du cahier des charges du chemin de
fer de Paris à la frontière de Belgique, et de l'article 37 du cahier des
charges du chemin de fer de Creil à Saint-Quentin, tout voyageur dont
le bagage ne pèsera pas plus de 30 kilogrammes, n'aura à payer pour
le port de ce bagage aucun supplément du prix de sa place.

3. Les prix de transport, à grande vitesse, des excédants de bagages,
des articles de messagerie, des marchandises, des finances et autres
valeurs et des chiens, seront réglés, pour les parcours ci-dessus indiqués, conformément aux dispositions des ordonnances de police précitées des 19 juin 1846 et 22 février 1847, relatives au chemin de fer
de Paris à la frontière de Belgique.

§ II. — *Voitures et chevaux.*

4. Les prix à percevoir pour le transport des voitures et des chevaux, sur les parcours ci-après désignés, sont réglés conformément au
tableau suivant :

Tarif pour le Transport des Voitures et Chevaux.

LIEUX DE DÉPART et de DESTINATION.	Distances servant de base à la fixation des prix de transport.	VOITURES		CHEVAUX par TÊTE.
		à un fond.	à deux fonds.	
	kil.	fr. c.	fr. c.	fr. c.
Paris.........	125	62 »	80 »	25 »
Pontoise....	96	48 »	61 »	19 »
Beaumont....	79	39 »	50 »	15 »
Boran......	72	36 »	46 »	14 »
Saint-Leu.....	64	32 »	40 »	12 »
DE NOYON / Creil......	57	28 »	36 »	11 »
aux / Compiègne....	24	12 »	15 »	4 »
stations ci-contre, / Clermont.....	72	30 »	38 »	12 »
et vice versâ : / Breteuil......	102	40 »	51 »	17 »
Amiens.......	158	58 »	74 »	24 »
Arras	205	92 »	117 »	38 »
Douai	231	105 »	133 »	43 »
Lille	264	121 »	154 »	49 »
Valenciennes.	267	123 »	156 »	50 »
Quiévrain....	289	129 »	164 »	52 »
Mouscron.....	283	129 »	165 »	53 »

SECTION II. — Frais accessoires.

5. Les frais accessoires de chargement et de déchargement, de magasinage et d'enregistrement, réglés par les ordonnances de police précitées des 19 juin 1846 et 22 février 1847, sont applicables aux objets de même nature transportés sur les parcours désignés dans les articles 1er et 4 ci-dessus.

TITRE II.

TRANSPORT A LA VITESSE DES MARCHANDISES.

CHAPITRE Ier.

Classification des marchandises.

6. Les dispositions des articles 1 et 2 de l'ordonnance de police précitée du 10 février 1847, qui classent les marchandises et fixent l'ordre dans lequel elles sont rangées pour la détermination des prix de transport qui leur sont applicables, sont rendues exécutoires sur les divers parcours indiqués au tableau compris sous l'article 7 ci-après.

CHAPITRE II.

Transport des marchandises, chevaux, bestiaux et voitures, et frais accessoires.

SECTION Ire. — Prix de transport.

7. Les prix à percevoir pour le transport des marchandises, des chevaux, bestiaux et voitures, voyageant à petite vitesse, sur les parcours ci-après indiqués, sont réglés d'après le tableau suivant (1) :

NOTA. — Conformément à l'article 6 ci-dessus, voir l'ordonnance du 10 février 1847 pour la désignation des marchandises auxquelles s'appliquent les prix indiqués ci-après pour chaque classe.

---

(1) Les dispositions relatives aux transports, à petite vitesse, de la station de Noyon à la gare intérieure de Paris, *et vice versâ*, sont abrogées. — V. l'ord. du 28 fév. 1850.

Tarif pour le Transport des Marchandise

LIEUX DE DÉPART et DE DESTINATION.	Distances servant de base à la fixation des prix de transport.	MARCHANDISES PAR 1,000 KILOGRAMMES.			3e classe.	
		Hors classe.	1re classe.	2e classe.	1re catégorie.	2e caté
		PRIX DE TRANSPORT.				
	kilomèt.	fr. c.	fr. c.	fr. c.	fr. c.	fr.
Paris, {gare intérieure	125	30 50	16 25	14 25	12 25	11
Paris, {gare de La Chapelle (1)	125	30 50	15 50	13 50	11 50	10
Saint-Denis	119	29 50	15 50	13 50	11 50	10
Enghien	113	27 50	15 50	13 50	11 50	10
Herblay	104	25 50	15 50	13 50	11 50	9
Pontoise	96	23 50	15 50	13 50	11 50	9
Auvers	91	22 50	15 50	13 50	11 50	8
Ile-Adam	85	20 50	14 50	13 50	11 50	8
Beaumont	79	19 50	13 50	12 50	10 50	7
Boran	72	17 50	12 50	11 50	9 50	7
Saint-Leu	64	15 50	11 50	9 50	8 50	6
Creil	57	13 50	9 50	8 50	7 50	5
Liancourt	65	14 50	10 50	9 50	7 50	6
Clermont	72	14 50	10 50	9 50	7 50	6
Saint-Just	87	16 50	11 50	9 50	8 50	6
Breteuil	102	16 50	11 50	9 50	8 50	6
Ailly	118	19 50	14 50	11 50	9 50	7
Amiens	138	19 50	14 50	11 50	9 50	7
Corbie	155	25 50	18 50	16 50	14 50	10
Albert	169	25 50	18 50	16 50	14 50	10
Achiet	187	34 50	24 50	19 50	16 50	13
Arras	205	34 50	24 50	19 50	16 50	13
Douai	231	41 50	29 50	22 50	19 50	18
Somain	246	43 50	31 50	27 50	23 50	1
Raismes	261	48 50	34 50	27 50	23 50	1
Valenciennes	267	48 50	34 50	27 50	23 50	1
Blanc Misseron	288	51 50	37 50	28 50	24 50	1
Quiévrain	289	51 50	37 50	28 50	24 50	1
Pont-de-la-Deule	234	49 50	35 50	27 50	23 50	1
Séclin	255	49 50	35 50	27 50	23 50	1
Lille	264	49 50	35 50	27 50	23 50	1
Roubaix	275	51 50	36 50	32 50	28 50	20
Tourcoing	278	52 50	37 50	33 50	29 50	2
Mouscron	285	53 50	39 50	34 50	29 50	2
Pérenchies	»	» »	» »	» »	» »	»
Armentières	281	49 50	35 50	27 50	23 50	1
Steenwerck	»	» »	» »	» »	» »	»
Bailleul	292	49 50	35 50	27 50	23 50	1
Strazeele	»	»	»	»	»	»
Hazebrouck	307	49 50	35 50	27 50	23 50	1
Cassel	317	55 50	37 50	27 50	23 50	1
Arneke	324	55 50	37 50	27 50	23 50	1
Esquelbecq	330	55 50	37 50	27 50	23 50	1
Bergues	339	55 50	37 50	27 50	23 50	1
Dunkerque	348	58 50	37 50	27 50	23 50	1
Eblinghem	»	» »	» »	» »	» »	»
Saint-Omer	327	53 50	37 50	27 50	23 50	1
Watten	336	57 50	37 50	27 50	23 50	1
Audruicq	348	57 50	37 50	27 50	23 50	1
Ardres	355	58 50	37 50	27 50	23 50	1
Calais	369	58 50	37 50	27 50	23 50	1
Pont-Sainte-Maxence	46	11 50	8 »	7 »	6 »	
Verberie	»	» »	» »	» »	» »	
Compiègne	24	6 »	4 30	3 80	3 »	
Thourotte	»	» »	» »	» »	» »	
Ourscamp	»	» »	» »	» »	» »	

De NOYON aux Stations ci-après et vice versâ.

(1) Disposition modifiée par l'article

x, Bestiaux et Voitures à la petite vitesse.

LIEUX DE DÉPART et DE DESTINATION.	Distances servant de base à la fixation des prix de transport.	BESTIAUX. par wagon complet.	PAR TÊTE. Moutons, brebis et chèvres.	Veaux et porcs.	Chevaux, bœufs, vaches, taureaux et mulets.	VOITURES A 2 OU 4 ROUES, à 1 fond et 1 banquette.	à 2 fonds et 2 banquettes.
	kilomèt.	fr. c.	fr. c.	fr. c.	fr. c.	fr. c.	fr. c.
Paris, gare intérieure	125	» »	» »	» »	» »	» »	» »
Paris, gare de La Chapelle	123	60 »	2 25	4 50	11 »	30 »	39 ·
Saint-Denis	119	59 »	2 25	4 50	11 »	29 »	38 »
Enghien	113	56 »	2 25	4 25	11 »	28 »	36 »
Herblay	104	52 »	2 »	4 »	10 »	26 »	33 »
Pontoise	96	48 »	1 75	3 75	9 »	24 »	30 »
Auvers	91	45 »	1 75	3 50	9 »	22 »	29 »
Ile-Adam	85	42 »	1 50	3 25	8 »	21 »	27 »
Beaumont	79	39 »	1 50	3 »	7 »	19 »	25 »
Boran	72	36 »	1 50	2 75	7 »	18 »	23 »
Saint-Leu	64	32 »	1 25	2 50	6 »	16 »	20 »
Creil	57	28 »	1 »	2 25	5 »	14 »	18 »
Liancourt	65	30 »	1 25	2 50	6 »	16 »	20 »
Clermont	72	30 »	1 25	2 50	6 »	17 »	22 »
Saint-Just	87	40 »	1 50	3 »	8 »	18 »	23 »
Breteuil	102	40 »	1 50	3 »	8 »	19 »	24 »
Ailly	118	41 »	2 25	4 50	9 »	25 »	29 »
Amiens	138	41 »	2 25	4 50	11 »	28 »	36 »
Corbie	153	56 »	2 50	5 25	14 »	32 »	44 »
Albert	169	56 »	2 50	5 25	14 »	36 »	46 »
Achiet	187	74 »	3 25	6 75	17 »	40 »	51 »
Arras	205	74 »	3 25	6 75	17 »	45 »	57 »
Douai	231	87 »	3 75	7 75	19 »	51 »	65 »
Somain	246	95 »	4 »	8 25	20 »	55 »	70 »
Raismes	261	105 »	4 50	9 »	22 »	60 »	77 »
Valenciennes	267	105 »	4 50	9 »	22 »	60 »	77 »
Blanc-Misseron	288	111 »	4 75	9 50	24 »	63 »	78 »
Quiévrain	289	111 »	4 75	9 50	24 »	63 »	78 »
Pont-de-la-Deule	234	103 »	4 50	9 »	23 »	52 »	66 »
Séclin	253	103 »	4 50	9 »	23 »	57 »	72 »
Lille	264	103 »	4 50	9 »	23 »	59 »	76 »
Roubaix	275	108 »	4 75	9 50	24 »	61 »	79 »
Tourcoing	278	109 »	4 75	9 50	24 »	62 »	80 »
Mouscron	283	112 »	4 75	9 50	24 »	63 »	81 »
Pérenchies	»	» »	» »	» »	» »	» »	» »
Armentières	281	103 »	4 50	9 »	23 »	59 »	76 »
Steenwerk	»	» »	» »	» »	» »	» »	» »
Bailleul	292	103 »	4 50	9 »	23 »	59 »	76 »
Strazeele	»	» »	» »	» »	» »	» »	» »
Hazebrouck	307	103 »	4 50	9 »	23 »	59 »	76 »
Cassel	317	106 »	4 50	9 »	23 »	59 »	76 »
Arneke	324	106 »	4 50	9 »	23 »	59 »	76 »
Esquelbecq	330	106 »	4 50	9 »	23 »	59 »	76 »
Bergues	339	106 »	4 50	9 »	23 »	59 »	76 »
Dunkerque	348	106 »	4 50	9 »	23 »	59 »	76 »
Eblinghem	»	» »	» »	» »	» »	» »	» »
Saint-Omer	327	106 »	4 50	9 »	23 »	59 »	76 »
Watten	336	106 »	4 50	9 »	23 »	59 »	76 »
Audruicq	348	106 »	4 50	9 »	23 »	59 »	76 »
Ardres	355	106 »	4 50	9 »	23 »	59 »	76 »
Calais	369	106 »	4 50	9 »	23 »	59 »	76 »
Pont-Sainte-Maxence	46	23 »	» 75	1 75	4 50	11 »	14 »
Verberie	»	» »	» »	» »	» »	» »	» »
Compiègne	24	12 »	» 45	» 95	2 40	6 »	7 »
Thourotte	»	» »	» »	» »	» »	» »	» »
Ourscamp	»	» »	» »	» »	» »	» »	» »

aux Stations ci-après et vice versâ.

rdonnance du 11 juillet 1850.

SECTION II. — Frais accessoires.

8. Les frais accessoires de chargement et de déchargement, d'enregistrement et de magasinage, réglés par les ordonnances de police précitées des 10 février, 10 mars, 20 septembre et 6 novembre 1847, sont applicables aux objets de même nature transportés sur les parcours désignés dans les deux articles précédents.

TITRE III.

DISPOSITIONS GÉNÉRALES.

9. Toutes les dispositions des ordonnances de police précitées des 19 juin 1846, 10 et 22 février, 10 mars, 20 septembre, 6 novembre 1847 et 16 octobre 1848, qui ne sont pas contraires à celles qui précèdent, sont applicables aux transports sur les parcours ci-dessus désignés.

10. La présente ordonnance sera notifiée à la compagnie du chemin de fer du Nord.

Elle sera imprimée et affichée.

Les commissaires et sous-commissaires spéciaux de surveillance administrative des chemins de fer de Paris à la frontière de Belgique et de Creil à Saint-Quentin, ainsi que les maires et les commissaires de police des communes du ressort de la préfecture de police dont le territoire est traversé par le premier desdits chemins de fer, sont chargés d'en assurer l'exécution.

Le préfet de police, REBILLOT.

N° **2166.** — *Ordonnance concernant l'affichage, la vente et la distribution des journaux et écrits relatifs aux élections.*

Paris, le 22 avril 1849.

Nous, préfet de police,

Vu la loi du 21 avril 1849, relative à la prorogation de l'article 1er du décret du 9 août 1848 (1), sur le cautionnement des journaux,

Ordonnons ce qui suit :

1. A partir du 23 de ce mois, tout citoyen pourra, dans le ressort de la préfecture de police, afficher, crier, distribuer et vendre tous journaux, feuilles quotidiennes ou périodiques et tous autres écrits ou imprimés *relatifs aux élections*, à la charge de déclarer préalablement ses noms, profession et domicile à la préfecture de police.

Cette déclaration sera faite au 2e bureau du secrétariat général, et acte en sera donné immédiatement.

2. Avant toute publication, les affiches et écrits relatifs aux élections, autres que les journaux, devront être déposés, en double exemplaire, au bureau du commissaire de police du quartier du Palais-de-Justice, délégué spécialement par le procureur de la République et par le préfet de police pour recevoir le dépôt des exemplaires destinés au parquet et à l'autorité municipale de Paris.

_____

(1) V. ces deux décrets, à l'Appendice.

3. L'exemplaire destiné au parquet devra être signé par l'auteur.

Il sera donné au déposant un récépissé qui indiquera la date et l'heure du dépôt.

Le dépôt sera reçu de neuf heures du matin à quatre heures du soir.

4. L'affichage, la vente et la distribution des autres écrits ou imprimés, *non relatifs aux élections*, continueront à être régis par les lois et règlements actuellement existants.

5. Le chef de la police municipale et les commissaires de police de Paris, les maires des communes du ressort de la préfecture de police sont chargés de l'exécution de la présente ordonnance.

Le préfet de police, REBILLOT.

N° **2167.** — *Ordonnance concernant les attroupements.*

Paris, le 28 avril 1849.

Depuis quelques jours des attroupements se forment dans la soirée, sur le boulevard près la porte Saint-Denis et dans les rues adjacentes.

Ces réunions tumultueuses troublent la tranquillité publique, interceptent complétement la circulation et paralysent les affaires commerciales.

Un tel état de choses ne peut subsister plus longtemps sans porter le plus grand préjudice aux intérêts des habitants.

En conséquence, et vu l'article 2 de l'arrêté du Gouvernement du 12 messidor an VIII,

Nous, préfet de police,

Ordonnons ce qui suit :

Le décret du 7 juin 1848 (1), sur les attroupements, sera publié de nouveau et affiché dans la ville de Paris et dans le ressort de la préfecture de police.

Des mesures seront prises pour en assurer l'exécution.

Le préfet de police, REBILLOT.

N° **2168.** — *Ordonnance concernant les mesures d'ordre et de sûreté à observer dans Paris, pendant la journée du 4 mai 1849, à l'occasion de la fête de l'anniversaire de la proclamation de la République par l'assemblée nationale (2).*

Paris, le 3 mai 1849.

Nous, préfet de police,

Vu le programme arrêté à l'occasion des cérémonies et divertissements publics qui auront lieu dans Paris, le 4 mai courant, pour célébrer l'anniversaire de la proclamation de la République par l'assemblée nationale ;

---

(1) V. ce décret à l'Appendice.
(2) V. l'ord. du 1er mai 1850.

Vu la loi des 16-24 août 1790;

Vu l'arrêté du Gouvernement du 12 messidor an VIII;

Considérant que, dans l'intérêt de la sûreté publique des mesures doivent être prises pour prévenir tous accidents aux abords des emplacements où auront lieu les cérémonies et où seront tirés les feux d'artifice, ainsi que pour protéger et faciliter la circulation, pendant la journée du 4 mai courant, sur les points où se portera la foule,

Et vu l'article 471, n° 15, du Code pénal,

Ordonnons ce qui suit :

Cérémonie de la place de la Concorde, enlèvement d'un aérostat quai d'Orsay, et feu d'artifice au rond-point de la barrière de l'Étoile.

1. Pendant la journée du 4 mai courant, le stationnement et la circulation des voitures seront interdits sur la partie du rond-point de l'Arc-de-Triomphe, située entre la barrière et ce monument.

2. Les voitures qui, dans cette journée, se dirigeront sur la barrière de l'Étoile, devront prendre l'avenue de Bezon pour aller passer à la barrière du Roule.

3. Le passage des voitures est pareillement interdit, dans toute la journée du 4 mai, à la barrière de l'Étoile.

4. Le 4 mai, à partir de huit heures du matin jusqu'à onze heures du soir, le stationnement et la circulation des voitures seront interdits sur les points ci-après :

Dans la grande avenue des Champs-Elysées, depuis la barrière de l'Étoile jusqu'à la place de la Concorde, et dans toutes les rues et allées qui débouchent sur cette avenue.

5. Toutefois, les voitures pourront traverser la grande avenue des Champs-Elysées, mais au droit seulement des rues de Chaillot et de l'Union.

6. Le même jour, de huit heures du matin jusqu'à onze heures du soir, la circulation et le stationnement des voitures seront interdits,

Savoir :

Sur les quais de la Conférence et de Billy jusqu'au pont d'Iéna, sur les quais de la rive gauche depuis le pont des Saints-Pères jusqu'à l'esplanade des Invalides,

Sur le pont de la Concorde,

— le quai des Tuileries,

— le pont National,

— le pont des Invalides,

— la place de la Concorde,

Dans la rue des Champs-Elysées,

Dans la rue de la Concorde (ancienne rue Royale),

Sur la place de la Madeleine,

Sur le boulevard, entre la place de la Madeleine et la rue des Capucines,

Dans la rue Saint-Florentin,

—   de Rivoli,

—   Castiglione,

—   Saint-Honoré, depuis la rue du Faubourg-Saint-Honoré jusqu'à la place Vendôme,

—   du Faubourg-Saint-Honoré, depuis la place Beauveau jusqu'à la rue de la Concorde.

Le passage des piétons sera interdit sur les ponts des Invalides et des Arts, depuis midi jusqu'après l'enlèvement du ballon.

7. L'accès des berges de la rivière entre le pont National et le pont de la Concorde sera interdit au public pendant toute la journée du 4 mai.

Dispositions relatives au feu d'artifice qui sera tiré à la barrière du Trône.

8. Le 4 mai courant, la circulation et le stationnement des voitures seront interdits, depuis cinq heures du soir jusqu'à 11 heures, savoir :

Sur la place de la barrière du Trône,

Sur les avenues qui aboutissent à cette place,

Et dans la rue du Faubourg-Saint-Antoine, en descendant jusqu'au débouché de la rue de Montreuil exclusivement.

9. Pendant cette journée, les voitures qui arriveront à Paris par la route de Vincennes seront dirigées sur les barrières de Montreuil et de Saint-Mandé.

10. Sont exceptées des interdictions prononcées par les précédents articles les voitures des corps et autorités constitués qui se rendront sur la place de la Concorde pour la cérémonie du matin, et, pendant toute la journée, les voitures des président et vice-président de la République, du président de l'assemblée nationale, des ministres, des ambassadeurs, du général commandant les troupes réunies du département, et du préfet de la Seine.

Dispositions générales.

11. Il est fait défense expresse à toute personne de circuler et stationner sur les emplacements où seront tirés les feux d'artifice, à l'exception des artificiers et de leurs ouvriers.

12. Il est enjoint aux entrepreneurs chargés du tir des feux d'artifice d'établir, au pourtour des feux, de fortes barrières en charpente, à la distance de 150 mètres de chaque feu, pour maintenir le public dans un éloignement nécessaire à sa sûreté.

Ils se conformeront en outre aux prescriptions de l'ordonnance de police du 30 juin 1842, concernant les artificiers, et à toutes les autres prescriptions qui pourront leur être faites dans l'intérêt de la sûreté publique.

13. Des postes médicaux, pourvus de brancards et de boîtes de secours seront établis, le 4 mai courant, sur les points principaux de la fête, et notamment auprès de chacun des emplacements où seront tirés les feux d'artifice.

14. Un poste de sapeurs-pompiers, avec les pompes et les agrès nécessaires, sera établi auprès de chaque feu d'artifice et derrière la chapelle de la place de la Concorde.

15. Il est expressément défendu de tirer, sur la voie publique et dans l'intérieur des habitations, des pièces d'artifice et armes à feu.

16. Dans la journée du 4 mai, aucuns échafaudages, estrades, chaises, échelles, tonneaux, tables, bancs, charrettes, tréteaux ou planches ne pourront, sous aucun prétexte, être placés sur la voie publique, aux abords des emplacements où seront tirés les feux d'artifice et où sera célébrée la cérémonie de la place de la Concorde.

Les commissaires de police et les agents de la force publique feront enlever sur-le-champ et transporter à la fourrière les objets placés en contravention à la présente défense.

17. Défense expresse est faite de monter sur les arbres, sur les candélabres servant à l'éclairage public, sur les statues et bassins de la place de la Concorde, ainsi que sur les toits, entablements, auvents et sur les échafaudages existant au-devant des maisons.

18. Le chef de la police municipale prendra toutes les mesures nécessaires pour le maintien de l'ordre et de la sûreté publique.

Il se concertera, pour l'exécution, avec les commandants de la force armée, qui seront sur les lieux.

19. Les contraventions à la présente ordonnance seront constatées et déférées aux tribunaux compétents.

20. La présente ordonnance sera imprimée et affichée dans Paris et dans les communes de Neuilly, Saint-Mandé, Montreuil et Vincennes.

Les maires et les commissaires de police desdites communes, le chef de la police municipale de Paris, les commissaires de police et les officiers de paix de Paris, les sergents de ville, l'architecte-commissaire de la petite-voirie, le directeur de la salubrité et les préposés de la préfecture de police sont chargés, chacun en ce qui le concerne, de tenir la main à son exécution.

Le colonel de la garde républicaine et le commandant de la gendarmerie de la Seine, sont appelés pareillement à concourir à son exécution.

Le préfet de police, REBILLOT.

N° **2169.** — *Ordonnance concernant la vente à la criée, au marché des Prouvaires, des viandes de toute espèce, expédiées des départements* (1).

Paris, le 3 mai 1849.

Nous, préfet de police,

Vu : 1° l'ordonnance du 14 août 1848, qui autorise la vente quotidienne de la viande de boucherie sur les marchés de Paris ;

2° Les demandes à nous adressées par des cultivateurs des départements voisins de Paris, tendant à pouvoir vendre, au marché des Prouvaires, les viandes provenant des bestiaux abattus par eux dans leurs localités ;

3° La lettre de M. le directeur de l'administration de l'assistance publique, en date du 4 avril dernier ;

4° La lettre de M. le ministre de l'agriculture et du commerce, en date du 16 dudit mois ;

Considérant qu'il importe, dans l'intérêt de l'approvisionnement, de donner toutes les facilités désirables pour la vente des viandes venant des départements,

Ordonnons ce qui suit :

1. A compter du 11 juin prochain, les viandes fraîches de bœuf, vache, veau, mouton et porc, arrivant directement des départements autres que celui de la Seine, seront reçues tous les jours au marché des Prouvaires, pour y être vendues à la criée, par l'entremise d'un facteur, commis à cet effet et contrôlé par les agents du service des halles et marchés.

2. Le doyen des facteurs au marché de la Vallée est provisoirement chargé de ce service, à la garantie duquel son cautionnement sera également affecté.

3. Ce facteur aura droit à une commission de un pour cent, sur le produit brut des viandes vendues par son entremise, indépendamment du remboursement de ses déboursés, pour droits d'octroi, transport, déchargement, gardage, ports de lettres, etc.—Le produit net des ventes sera par lui, payé comptant aux propriétaires des marchandises.

4. A leur arrivée au marché, les viandes destinées à la vente à la criée seront reçues par les gardiens, et, s'il y a lieu à les mettre en

---

(1) V. l'ord. modificative du 24 août 1849.

resserre, elles y seront conservées par les soins de ces employés, aux conditions du tarif ci-annexé.

5. Il sera ultérieurement statué sur la quotité du droit d'abri ou de marché, auquel seront astreintes les viandes vendues à la criée au marché des Prouvaires.

6. Avant leur exposition en vente, ces viandes seront examinées, et celles qui seront trouvées gâtées, corrompues ou nuisibles, seront saisies et détruites. (Art. 475 et 477 du Code pénal.)

7. La présente ordonnance sera imprimée, publiée et affichée.

Ampliation en sera adressée à M. le directeur de l'administration de l'Assistance publique.

Les commissaires de police des quartiers des Marchés et Saint-Eustache, le chef de la police municipale et les officiers de paix, l'inspecteur général des halles et marchés et les autres préposés de la préfecture de police sont chargés, chacun en ce qui le concerne, d'en assurer l'exécution.

Le préfet de police, REBILLOT.

Approuvé:

Paris, le 21 mai 1849.

Le Ministre de l'agriculture et du commerce, BUFFET.

TARIF

des prix à payer aux gardiens du marché des Prouvaires, pour la mise en resserre et la garde des marchandises ci-après détaillées :

Bœuf, taureau ou vache.

Morceau dit *Gobet*, plus ou moins gros	05 c.
Haut-bout	10
Cuisse	10
Epaule entière	10
Quartier	10
Demi-bœuf	15
Bœuf entier	25
Clayon, plus ou moins garni	20

Veau.

Morceau dit *Gobet*	05
Pan	05
Quartier de devant ou de derrière	05
Demi-veau	10
Veau entier	15

Mouton.

Morceau	05
Demi-mouton	05
Mouton entier	10

Porc.

Morceau séparé, ou tête de porc	05
Paquet de morceaux de gras	10
Demi-porc	10
Porc entier	15
Panier garni de morceaux divers	20

Vu et arrêté par nous, préfet de police, REBILLOT.

N° **2170.** — *Ordonnance concernant la vente du porc frais et salé dans les marchés.*

Paris, le 3 mai 1849.

Nous, préfet de police,

Considérant qu'il importe, dans l'intérêt des classes laborieuses, de donner de l'extension à la vente du porc frais et salé, ainsi que cela a déjà eu lieu pour la viande de boucherie, en vertu de l'ordonnance de police du 14 août dernier ;

Vu : 1° la lettre de M. le directeur de l'administration de l'Assistance publique, en date du 28 mars dernier ;

2° La lettre de M. le ministre de l'agriculture et du commerce, en date du 16 avril dernier,

Ordonnons ce qui suit :

1. La vente en gros et en détail du porc frais et salé, et des issues de porc, qui a lieu au marché des Prouvaires, les mercredis et samedis, en exécution des ordonnances de police des 4 floréal an XII (24 avril 1804), 30 avril 1806 et 2 avril 1818, pourra s'étendre désormais aux lundi, jeudi et dimanche de chaque semaine.

2. Il sera ultérieurement statué sur les modifications qui devront résulter de cette extension de la vente, dans le tarif du prix des places au marché des Prouvaires, réglé par l'ordonnance de police du 25 janvier 1836.

3. La vente en détail de la viande de charcuterie, dans les marchés Saint-Germain, des Carmes et des Blancs-Manteaux, limitée aux mercredis et samedis, par l'ordonnance du 4 juin 1823, pourra s'étendre désormais à tous les jours de la semaine, à charge par les marchands d'acquitter le prix de leurs places, conformément au tarif fixé par cette ordonnance.

4. La présente ordonnance sera imprimée et affichée.

Ampliation en sera adressée à M. le préfet de la Seine et à M. le directeur de l'administration de l'Assistance publique.

Les commissaires de police, et notamment ceux des quartiers des Marchés, Saint-Eustache, du Luxembourg, Saint-Jacques et du Marché-Saint-Jean, le chef de la police municipale et les officiers de paix, l'inspecteur général des halles et marchés, et les autres préposés de la préfecture de police, sont chargés d'en assurer l'exécution, chacun en ce qui le concerne.

Le préfet de police, REBILLOT.

Approuvé :

Paris, le 16 juin 1849.

Le Ministre de l'agriculture et du commerce, V. LANJUINAIS.

N° **2171.** — *Ordonnance homologative de modifications au tarif du 20 décembre 1846, sur le chemin de fer de Paris à Sceaux.*

Paris, le 7 mai 1849.

Nous, préfet de police,

Vu : 1° la loi du 5 août 1844, qui autorise l'établissement d'un chemin de fer de Paris à Sceaux, ensemble le cahier des charges annexé à cette loi ;

2º L'ordonnance royale du 6 septembre suivant, homologative de la convention portant concession dudit chemin;

3º Les ordonnances de police des 17 juin et 20 décembre 1846, qui fixent les tarifs pour le transport des voyageurs et des marchandises sur le chemin de fer dont il s'agit;

4º La décision ministérielle du 26 avril dernier, homologative des modifications que l'administration du séquestre du chemin de fer de Paris à Sceaux propose d'apporter au tarif des voyageurs;

Considérant qu'il y a lieu de rendre exécutoire la décision ministérielle précitée,

Ordonnons ce qui suit :

1. A partir du jour de la publication de la présente ordonnance, le tarif réglé par l'ordonnance précitée du 20 décembre 1846, pour le transport des voyageurs sur le chemin de fer de Paris à Sceaux, cessera d'être en vigueur et sera remplacé par le tarif suivant :

TARIF POUR LE TRANSPORT DES VOYAGEURS.

NOTA.—Aux termes de l'article 35 du cahier des charges, les militaires ou marins voyageant isolément pour cause de service, envoyés en congé pour appartenir à la réserve, envoyés en congé limité ou rentrant dans leurs foyers, après libération, ne seront assujettis, eux et leurs bagages, qu'à la moitié de la taxe du tarif ci-dessous fixé.

Les militaires ou marins voyageant en corps ne seront assujettis, eux et leurs bagages, qu'à la moitié de la taxe du tarif.

Voir l'article 2 de l'ordonnance du 17 juin 1846, rappelée en l'article 2 ci-après.

(Le tarif au tableau d'autre part.)

1849.

LIEUX DE DÉPART et DE DESTINATION.	Distances servant de base à la fixation des prix de transport.	LA SEMAINE.			
		Voitures de luxe dites salons.	1re CLASSE. Voitures couvertes, garnies et fermées à glaces.	2e CLASSE. Voitures couvertes, fermées à glaces et à banquettes rembourrées.	3e CLASSE. Voitures couvertes et fermées avec rideaux.
		PRIX DE TRANSPORT.			
	kilomèt.	fr. c.	fr. c.	fr. c.	fr. c.
De PARIS à — Arcueil	6	» »	» 50	» 35	» 2
Cachan	6	» »	» 50	» 35	» 2
Bourg-la-Reine	8	» »	» 70	» 50	» 4
Fontenay	9	» »	» 80	» 55	» 4
Sceaux	11	1 »	» 90	» 60	» 4
D'ARCUEIL à — Paris	6	» »	» 50	» 35	» 2
Cachan	6	» »	» »	» »	» »
Bourg-la-Reine	6	» »	» 45	» 35	» 2
Fontenay	6	» »	» 50	» 40	» 3
Sceaux	7	» »	» 50	» 40	» 3
De CACHAN à — Paris	6	» »	» 50	» 35	» 2
Arcueil	6	» »	» »	» »	»
Bourg-la-Reine	6	» »	» 45	» 35	»
Fontenay	6	» »	» 50	» 40	»
Sceaux	7	» »	» 50	» 40	»
De BOURG-LA-REINE à — Paris	8	» »	» 70	» 50	» 4
Arcueil	6	» »	» 45	» 35	» 2
Cachan	6	» »	» 45	» 35	» 2
Fontenay	6	» »	» 40	» 30	» 2
Sceaux	6	» »	» 40	» 30	» 2
De FONTENAY à — Paris	9	» »	» 80	» 55	» 4
Arcueil	6	» »	» 50	» 40	» 3
Cachan	6	» »	» 50	» 40	» 3
Bourg-la-Reine	6	» »	» 40	» 30	» 2
Sceaux	6	» »	» 40	» 30	» 2
De SCEAUX à — Paris	11	1 »	» 90	» 60	» 4
Arcueil	7	» »	» 50	» 40	» 3
Cachan	7	» »	» 50	» 40	» 2
Bourg-la-Reine	6	» »	» 40	» 30	» 2
Fontenay	6	» »	» 40	» 30	» 2

es Voyageurs.

LIEUX DE DÉPART et DE DESTINATION.	Distances servant de base à la fixation des prix de transport.	LES DIMANCHES ET FÊTES.			
		Voitures de luxe dites salons.	1re CLASSE. Voitures couvertes, garnies et fermées à glaces.	2e CLASSE. Voitures couvertes, et fermées à glaces et à banquettes rembourrées.	3e CLASSE. Voitures couvertes et fermées avec rideaux.
		PRIX DE TRANSPORT.			
	kilomèt.	fr. c.	fr. c.	fr. c.	fr. c.
PARIS à Arcueil.............	6	» »	» 60	» 45	» 30
Cachan.............	6	» »	» 60	» 45	» 30
Bourg-le-Reine...	8	» »	» 70	» 60	» 45
Fontenay.........	9	» »	» 80	» 70	» 50
Sceaux...........	11	1 25	1 »	» 75	» 50
RCUEIL à Paris.............	6	» »	» 60	» 45	» 50
Cachan.............	6	» »	» »	» »	» »
Bourg-la-Reine...	6	» »	» 50	» 40	» 30
Fontenay.........	6	» »	» 50	» 40	» 30
Sceaux...........	7	» »	» 60	» 45	» 40
CACHAN à Paris.............	6	» »	» 60	» 45	» 50
Arcueil.............	6	» »	» »	» »	» »
Bourg-la-Reine...	6	» »	» 50	» 40	» 50
Fontenay.........	6	» »	» 50	» 40	» 50
Sceaux...........	7	» »	» 60	» 45	» 40
De -LA-REINE à Paris.............	8	» »	» 70	» 60	» 45
Arcueil.............	6	» »	» 50	» 40	» 30
Cachan.............	6	» »	» 50	» 40	» 30
Fontenay.........	6	» »	» 50	» 40	» 30
Sceaux...........	6	» »	» 50	» 40	» 50
ONTENAY à Paris.............	9	» »	» 80	» 70	» 50
Arcueil.............	6	» »	» 50	» 40	» 30
Cachan.............	6	» »	» 50	» 40	» 50
Bourg-la-Reine...	6	» »	» 50	» 40	» 50
Sceaux...........	6	» »	» 40	» 30	» 20
SCEAUX à Paris.............	11	1 25	1 »	» 75	» 50
Arcueil.............	7	» »	» 60	» 45	» 40
Cachan.............	7	» »	» 60	» 45	» 40
Bourg-la-Reine...	6	» »	» 50	» 40	» 50
Fontenay.........	6	» »	» 40	» 30	» 20

2. Toutes les dispositions de nos ordonnances précitées des 17 juin et 20 décembre 1846, qui ne sont point contraires aux dispositions qui précèdent, continueront de recevoir leur exécution.

3. La présente ordonnance sera notifiée à l'administration du séquestre.

Elle sera imprimée et affichée.

Le sous-commissaire de surveillance administrative du chemin de fer de Paris à Sceaux, ainsi que les maires et les commissaires de police des communes dont le territoire est traversé par ledit chemin de fer, sont chargés d'en assurer l'exécution.

Le préfet de police, REBILLOT.

N° **2172.** — *Ordonnance concernant la police des fontaines et bornes-fontaines, et des porteurs d'eau.*

Paris, le 15 mai 1849.

Nous, préfet de police,

Vu : 1° l'article 3, titre II de la loi des 16-24 août 1790;

2° Les arrêtés du Gouvernement des 12 messidor an VIII (1er juillet 1800) et 3 brumaire an IX (25 octobre 1800);

3° L'ordonnance du 16 août 1815, qui assujettit les prises d'eau aux fontaines marchandes à une rétribution au profit de la ville de Paris ;

4° L'ordonnance de police, en date du 30 mars 1837, concernant la police des fontaines et bornes-fontaines, et des porteurs d'eau ;

Considérant que plusieurs des dispositions qui ont été prescrites par l'ordonnance de police du 30 mars 1837, concernant la police des fontaines et bornes-fontaines, et des porteurs d'eau, sont tombées en désuétude ;

Qu'il importe en conséquence, dans l'intérêt de l'ordre et de la libre circulation, aussi bien que dans l'intérêt de la salubrité publique, de renouveler ces dispositions, en apportant aux mesures qui ont été ordonnées jusqu'à ce jour les améliorations et modifications dont l'expérience a fait reconnaître la nécessité ou l'utilité,

Ordonnons ce qui suit :

TITRE Ier.

DES FONTAINES ET BORNES-FONTAINES.

1. Le stationnement de voitures et de chevaux, les dépôts de baquets, vases et objets semblables, sont formellement interdits aux abords des fontaines publiques et des bornes-fontaines.

2. Il est défendu de laver du linge, des légumes ou tout autre objet, dans les bassins et aux abords des fontaines publiques et des bornes-fontaines, et d'y abreuver les chevaux ou autres animaux.

3. Il est défendu d'apposer des placards sur les fontaines publiques ainsi que sur les bornes-fontaines.

Tout dépôt d'immondices ou d'ordures aux abords desdites fontaines et bornes-fontaines est interdit.

4. Tout individu qui aura dégradé les fontaines ou bornes-fontaines, de quelque manière que ce soit, ou qui aura fait usage pour les ouvrir de fausses clefs, sera poursuivi conformément aux dispositions du Code pénal.

5. Il est défendu de détourner l'eau des bornes-fontaines ou d'en arrêter le cours, par quelque moyen que ce soit.

Il est aussi défendu d'en prendre pour la vendre ou pour l'employer à des usages industriels.

Le puisage pour les besoins personnels ou domestiques est seul autorisé.

TITRE II.

DES PORTEURS D'EAU A TONNEAUX ET A BRETELLES.

§ Ier. — Des porteurs d'eau à tonneaux.

6. Tout individu qui voudra exercer la profession de porteur d'eau à tonneaux, dans la ville de Paris, sera tenu d'en faire la déclaration à la préfecture de police.

Cette déclaration indiquera dans quel endroit le tonneau sera remisé.

Il sera délivré au déclarant, et pour chaque tonneau, un certificat dit feuille de roulage, qui devra être visé par le commissaire de police de son quartier ou le maire de la commune dans laquelle il sera domicilié.

7. Les porteurs d'eau à tonneaux qui changeront de domicile, en feront la déclaration dans le délai de quarante-huit heures à la préfecture de police, après avoir fait la même déclaration tant au commissaire de police du quartier ou au maire de la commune qu'ils viendront de quitter, qu'au maire de la commune ou au commissaire de police de leur nouveau domicile.

Les maires et les commissaires de police feront mention de ce changement de domicile sur la feuille de roulage.

Il est enjoint, en outre, auxdits porteurs d'eau, de faire les mêmes déclarations dans le même délai, lorsqu'ils changeront le lieu de remisage de leurs tonneaux.

8. Lorsqu'un porteur d'eau à tonneaux cessera l'exercice de son état, il en fera, dans le délai de quarante-huit heures, la déclaration à la préfecture de police, ainsi qu'au commissaire de police de son quartier ou au maire de sa commune.

9. En cas de cession d'un tonneau de porteur d'eau, la déclaration en sera faite, dans le délai de trois jours, à la préfecture de police, ainsi qu'au maire de la commune ou au commissaire de police du quartier, tant par le cédant que par le cessionnaire.

10. Les porteurs d'eau à tonneaux ne pourront puiser, hors le cas d'incendie, qu'aux fontaines à ce affectées par l'autorité, et où les tonneaux pourront être remplis sans gêner, ni embarrasser la circulation.

11. Au premier avis d'un incendie, les porteurs d'eau à tonneaux y conduiront leurs tonneaux pleins, sous peine d'être poursuivis conformément à l'article 475 du Code pénal, § 12.

12. Il est défendu aux porteurs d'eau à tonneaux :

1° De traverser les halles du Centre avant dix heures du matin, en tout temps ;

2° De faire stationner leurs tonneaux sur la voie publique, si ce n'est pendant le temps nécessaire pour servir leurs pratiques.

13. Les porteurs d'eau à tonneaux ne pourront se servir que de conducteurs porteurs d'une carte de sûreté ou d'un permis de séjour et d'un livret, qui sera délivré à la préfecture de police, conformément au décret du 3 octobre 1810.

14. Le conducteur d'un tonneau devra toujours être muni de la feuille de roulage prescrite par l'article 6 de la présente ordonnance.

Il sera tenu de représenter cette feuille de roulage, ainsi que des papiers de sûreté, à toute réquisition des agents de l'autorité.

15. Les porteurs d'eau à tonneaux, domiciliés dans le ressort de la préfecture de police, devront remplir leurs tonneaux, chaque soir, avant de les rentrer, et les tiendront remplis toute la nuit.

Ils pourront faire stationner ces tonneaux pleins sur la voie publique, pendant la nuit, mais sur les emplacements à ce affectés par l'autorité.

16. Les porteurs d'eau à tonneaux sont, conformément à la loi, civilement responsables des personnes qu'ils emploient à la conduite de leurs voitures ou à la distribution de l'eau.

§ II. — Des tonneaux à bras et à cheval.

17. Tous les tonneaux de porteurs d'eau, traînés à bras ou par des chevaux, seront assujettis à un numérotage, qui sera effectué par le peintre de la préfecture de police, aux frais des propriétaires.

Le mode qui sera employé pour ce numérotage, ainsi que pour la peinture des inscriptions qui devront être apposées sur les fonds des tonneaux, sera réglé par une ordonnance spéciale.

18. Toutes les opérations relatives au marquage, au numérotage et à l'effaçage des tonneaux de porteurs d'eau, ainsi qu'à la pose des inscriptions sur les fonds de ces tonneaux, ne pourront être effectuées que par le peintre attaché à la préfecture de police.

Il est expressément défendu aux porteurs d'eau de s'immiscer dans aucune de ces opérations.

19. Les brancards des tonneaux, soit à bras, soit à cheval, ne pourront avoir en arrière et au delà des roues une saillie de plus de 33 centimètres.

20. Les seaux qui seront placés sur le devant des tonneaux de porteurs d'eau, soit à bras, soit à cheval, devront être attachés avec des courroies en fort cuir, clouées sur le plancher qui supporte lesdits seaux, ou enfermés dans des cercles ou des étuis en bois établis à cet effet.

En outre, les anses de ces seaux devront être fixes.

Les seaux à anses mobiles sont interdits.

Il est accordé aux propriétaires de tonneaux à bras ou à cheval un délai de six mois, à compter de la date de la présente ordonnance, pour se conformer aux dispositions qui précèdent.

21. Chaque tonneau de porteur d'eau devra être constamment tenu, tant à l'intérieur qu'à l'extérieur, dans un état convenable de propreté, et n'exhaler aucune mauvaise odeur.

La bonde de chaque tonneau devra se fermer assez hermétiquement pour que l'eau ne puisse se répandre sur la voie publique.

22. Chaque année, il sera procédé à une visite générale des tonneaux de porteurs d'eau, dans le but de vérifier l'exactitude des déclarations de domicile et l'indication des numéros.

Une ordonnance spéciale, qui sera rendue à cet effet, contiendra toutes les mesures d'ordre à observer, et indiquera l'époque à laquelle cette visite devra avoir lieu.

§ III. — Des porteurs d'eau à bretelles.

23. Il est défendu aux porteurs d'eau à bretelles de puiser à la rivière ailleurs qu'aux points autorisés.

Ils seront tenus de fermer leurs seaux, lorsqu'ils seront pleins, avec un couvercle en fer ou en bois.

24. Les particuliers ont le droit de puiser aux fontaines publiques avant les porteurs d'eau à bretelles.

§ IV. — *Dispositions communes aux porteurs d'eau à tonneaux et à bretelles.*

25. Il est défendu aux porteurs d'eau, soit à tonneaux, soit à bretelles, de puiser aux bornes-fontaines, ainsi que dans les bassins des fontaines publiques.

26. Il est formellement interdit aux porteurs d'eau, soit à tonneaux, soit à bretelles, de frapper leurs seaux ou de se servir d'instruments bruyants pour annoncer leur marchandise.

TITRE III.

DISPOSITIONS GÉNÉRALES.

27. Les contraventions à la présente ordonnance seront constatées par des procès-verbaux ou rapports qui nous seront transmis pour être déférés aux tribunaux compétents.

28. L'ordonnance de police du 30 mars 1837, précitée, est rapportée (1).

29. La présente ordonnance sera imprimée et affichée.

Les sous-préfets des arrondissements de Saint-Denis et de Sceaux, les maires des communes rurales du ressort de la préfecture de police, les commissaires de police, l'ingénieur en chef, directeur du service municipal de la ville de Paris, le chef de la police municipale, l'inspecteur général de la navigation et des ports, les officiers de paix et les autres préposés de la préfecture de police, sont chargés, chacun en ce qui le concerne, de tenir la main à l'exécution de la présente ordonnance.

Elle sera adressée, en outre, à M. le colonel de la garde républicaine et à M. le colonel commandant la première légion de gendarmerie, pour qu'ils en assurent l'exécution par tous les moyens qui sont à leur disposition.

Ampliation en sera transmise à M. le préfet de la Seine et à M. le directeur des droits d'entrée et d'octroi de Paris.

Le préfet de police, REBILLOT.

———————◦◉◦———————

N° 2173. — *Ordonnance concernant le numérotage et la visite générale des tonneaux de porteurs d'eau* (2).

Paris, le 15 mai 1849.

Nous, préfet de police,

Vu, 1° l'article 32 de l'arrêté du Gouvernement du 12 messidor an VIII (1er juillet 1800), et l'article 1er de l'arrêté du 3 brumaire an IX (25 octobre 1800);

2° L'arrêté de l'un de nos prédécesseurs, en date du 2 septembre 1840, qui a réglé toutes les opérations relatives au marquage et au numérotage des tonneaux des porteurs d'eau;

3° Les ordonnances de police, en date des 18 avril 1846 et 30 avril

(1) V. t. III, p. 176.
(2) V. les ord. des 21 avril 1845, 18 avril 1846, 30 avril 1847 et 7 mai 1850.

1847, qui ont prescrit un nouveau mode pour le numérotage des tonneaux de porteurs d'eau et pour la peinture des inscriptions sur les fonds de ces tonneaux ;

4° Notre ordonnance en date de ce jour, concernant la police des fontaines et bornes-fontaines et des porteurs d'eau ;

Considérant que beaucoup de porteurs d'eau s'abstiennent de faire leur déclaration à la préfecture de police, ainsi qu'ils y sont tenus, lorsqu'ils vendent leurs tonneaux ou qu'ils changent de domicile, et lorsqu'ils cessent d'exercer leur industrie ;

Qu'il en résulte que des porteurs d'eau font circuler, dans Paris, des tonneaux qui ne sont pas inscrits en leurs noms ;

Considérant que, par suite de cette inexécution des règlements, des délits et des contraventions peuvent demeurer impunis, et qu'il devient nécessaire de mettre un terme à un état de choses qui compromet la sûreté de la voie publique,

Ordonnons ce qui suit :

1. Il sera procédé à une visite générale et à un nouveau numérotage des tonneaux des porteurs d'eau qui exercent leur état dans la ville de Paris.

Cette visite et ce numérotage commenceront le mardi 5 juin prochain.

Ces opérations auront lieu deux fois la semaine, les *mardis* et *vendredis*, sur le quai Napoléon (quartier de la Cité), de onze heures du matin à quatre heures du soir.

La visite et le numérotage des tonneaux de porteurs d'eau, domiciliés dans Paris, s'effectueront, savoir :

Pour le 1er arrondissement, le 5 juin prochain ;
Pour le 2e arrondissement, le 8 juin ;
Pour le 3e arrondissement, les 12 et 15 juin ;
Pour le 4e arrondissement, le 19 juin ;
Pour le 5e arrondissement, les 22 et 26 juin ;
Pour le 6e arrondissement, le 29 juin et le 3 juillet ;
Pour le 7e arrondissement, le 6 juillet ;
Pour le 8e arrondissement, le 10 juillet ;
Pour le 9e arrondissement, le 13 juillet ;
Pour le 10e arrondissement, les 17 et 20 juillet ;
Pour le 11e arrondissement, le 24 juillet ;

Enfin, la visite et le numérotage des tonneaux du 12e arrondissement, ainsi que la visite et le numérotage des tonneaux des porteurs d'eau qui sont domiciliés dans la banlieue, mais qui exercent leur état dans Paris, auront lieu le 27 juillet.

2. Il sera procédé à la visite et au numérotage par le contrôleur des fourrières, l'officier de paix de l'attribution des voitures et l'officier de paix de l'arrondissement dont les tonneaux seront visités et numérotés, l'un des deux experts des voitures publiques et le préposé au numérotage.

3. Les porteurs d'eau ne seront admis à la visite et au numérotage qu'à tour de rôle, et qu'autant qu'ils seront munis d'un bulletin de convocation délivré, à l'avance, par les receveurs des fontaines marchandes.

4. Il n'y aura qu'une seule série de numéros pour les tonneaux de porteurs d'eau, soit à bras, soit à cheval.

5. Les fonds de derrière de tous les tonneaux qui seront présentés à la visite et au numérotage devront être peints en noir.

Les inscriptions seront peintes en rouge et le numéro de police en blanc, de la manière suivante :

Le numéro, en chiffres arabes de 8 centimètres de hauteur,

sur 2 centimètres de plein, sera placé au milieu du fond de derrière du tonneau, et les inscriptions, faites sur une ligne droite en caractères très-lisibles, indiqueront, au-dessus du numéro, les nom, prénoms et domicile du propriétaire, et au-dessous de ce numéro, le lieu de remisage.

L'estampille constatant la visite sera apposée à la droite du numéro ; à la gauche se trouvera la jauge, qui sera reproduite en chiffres arabes de couleur blanche, ayant 4 centimètres de hauteur sur 8 millimètres de plein, et placée au-dessus des nom et prénoms du propriétaire, ainsi qu'il est indiqué dans la figure ci-après :

Les chiffres qui indiquent, sur le devant des tonneaux de porteurs d'eau, la capacité de ces tonneaux, et qui, jusqu'à ce jour, ont été formés au moyen de fers chauds appliqués sur le bois, seront, à l'avenir, peints à l'huile sur un fond noir, savoir :

Les chiffres de la jauge, en blanc, et les chiffres indiquant la dimension du tonneau, en rouge.

Ces chiffres, qui devront être peints en caractères arabes, auront, les premiers, 8 centimètres de hauteur sur 2 centimètres de plein, et les seconds 28 millimètres de hauteur sur 8 millimètres de plein.

Chacun des chiffres indiquant la jauge sera poinçonné séparément.

6. Avant de faire procéder à la peinture du numéro de police et du chiffre de la jauge, les chefs de service devront s'assurer si, conformément aux dispositions de l'article 6 de notre ordonnance, en date de ce jour, concernant la police des fontaines et bornes-fontaines et des porteurs d'eau, chaque porteur d'eau est muni d'une carte de roulage en règle, c'est-à-dire indiquant son domicile et le lieu de remisage du tonneau, et visée, si ce porteur d'eau est domicilié dans Paris, par le commissaire de police de son quartier, et, s'il est domicilié dans l'une des communes de la banlieue, par le maire ou par le commissaire de police de sa commune.

Il sera vérifié, en outre, avec le plus grand soin, conformément aux dispositions de l'article 21 de l'ordonnance de police ci-dessus visée :

1° Si chaque tonneau est tenu, tant à l'extérieur qu'à l'intérieur, dans un état convenable de propreté, et s'il n'exhale aucune mauvaise odeur ;

2° Si la bonde de chaque tonneau ferme assez hermétiquement pour que l'eau ne puisse se répandre sur la voie publique.

7. L'expert des voitures publiques mesurera la longueur des brancards des tonneaux présentés à la visite et au numérotage.

Les tonneaux dont les brancards dépasseront la saillie fixée par les règlements, ne seront admis à la visite et au numérotage que lorsque les brancards auront été réduits à la saillie déterminée par notre ordonnance précitée, en date de ce jour.

Les tonneaux qui ne seraient pas dans un état satisfaisant de propreté extérieure et intérieure, qui exhaleraient une mauvaise odeur, ou dont les bondes ne fermeraient pas assez hermétiquement pour que l'eau ne puisse se répandre sur la voie publique, ne pourront être admis à la visite et au numérotage qu'autant qu'il aura été reconnu, par un examen ultérieur, que ces tonneaux auront été nettoyés et assainis, ou qu'ils seront pourvus d'une bonde fermant hermétiquement.

8. Il sera dressé, pour chacun des jours de visite désignés en l'article 1er, un procès-verbal spécial qui contiendra les noms et domiciles des porteurs d'eau qui ne se seront pas conformés à toutes les dispositions de notre ordonnance, en date de ce jour, concernant la police des fontaines et bornes-fontaines et des porteurs d'eau; les noms et domiciles de ceux qui auront été reconnus en règle, et toutes autres observations qui seront jugées nécessaires.

Les tonneaux des porteurs d'eau, qui ne seront point en règle, ne pourront être admis à la visite et au numérotage que lorsque les propriétaires de ces tonneaux auront justifié de l'accomplissement de toutes les formalités omises.

9. Chaque tonneau, présenté à la visite et au numérotage, sera revêtu d'une estampille (P. 4.) de couleur rouge, qui devra avoir 4 centimètres de hauteur et 8 millimètres de plein.

L'estampille sera peinte sur le côté droit du fond de derrière de chaque tonneau, en regard du numéro de police, ainsi qu'il est dit en l'article 5 de la présente ordonnance.

10. Lorsque la visite et le numérotage seront complétement terminés, tout porteur d'eau dont le tonneau ne portera pas, sur le fond de devant et sur le fond de derrière, le numéro, les estampilles, les inscriptions et les indications dont il est question en l'article 5 de la présente ordonnance, sera poursuivi conformément aux règlements.

Tout tonneau neuf qui, après la visite, sera présenté à l'expertise et au numérotage, sera marqué du numéro et de l'estampille de la visite, après toutefois qu'il aura été reconnu que ce tonneau réunit toutes les conditions prescrites par les articles 5, 6 et 7 de la présente ordonnance.

11. L'arrêté précité du 2 septembre 1840, continuera de recevoir son exécution, dans tout ce qui n'est pas contraire aux dispositions qui précèdent.

12. La présente ordonnance sera imprimée et affichée.

Les commissaires de police, le chef de la police municipale, les officiers de paix, le contrôleur des fourrières, et les autres préposés de la préfecture de police, sont chargés, chacun en ce qui le concerne, d'en assurer l'exécution.

Elle sera adressée, en outre, à M. le colonel de la garde républicaine et à M. le colonel commandant la 1re legion de gendarmerie, qui sont chargés de tenir la main à son exécution, par tous les moyens mis à leur disposition.

Le préfet de police, REBILLOT.

N° **2174.** — *Ordonnance concernant l'organisation des commissions sanitaires et des bureaux de secours* (1).

Paris, le 15 mai 1849.

Nous, préfet de police,

Vu le rapport du conseil de salubrité sur l'organisation des bureaux de secours et des commissions sanitaires,

Ordonnons ce qui suit :

1. Il sera créé, dans chacun des arrondissements de Paris et dans ceux de Saint-Denis et de Sceaux, une commission sanitaire, au fur et à mesure que la nécessité en sera démontrée.

Chaque commission sera composée ainsi qu'il suit, savoir :

      Le maire, *président ;*

Et dans les arrondissements de Sceaux et de Saint-Denis :

      Le sous-préfet,

      Huit notables,

      Quatre médecins,

      Un pharmacien.

2. Les attributions de ces commissions consisteront notamment dans l'organisation et la mise en activité des bureaux de secours dont il sera parlé ci-après, le roulement du service et la surveillance des mesures indiquées dans le rapport précité du conseil de salubrité, dont extrait est annexé à la présente ordonnance.

3. Les commissions sanitaires transmettront directement leurs rapports et propositions au conseil de salubrité établi près notre préfecture.

4. Les membres du conseil de salubrité, délégués auprès des arrondissements, assisteront, toutes les fois qu'ils le jugeront convenable, aux séances des commissions, et surveilleront, conjointement avec elles, le service des bureaux de secours.

5. Il sera créé dans chacun des arrondissements, au fur et à mesure que la nécessité en sera démontrée, des bureaux de secours ou postes médicaux.

6. La création de ces bureaux a pour objet de porter des secours immédiats, non-seulement aux personnes qui se trouveraient atteintes de l'épidémie sur la voie publique, mais encore à celles qui réclameraient ces secours à domicile.

7. Le personnel des bureaux de secours se composera :

1° De médecins, chirurgiens, officiers de santé et pharmaciens ayant, autant que possible, leur domicile dans l'arrondissement ;

2° D'élèves en médecine ;

3° D'un agent de l'administration ;

4° D'infirmiers ou infirmières.

Le service de ces bureaux sera organisé conformément au rapport précité du conseil de salubrité, dont extrait est annexé à la présente ordonnance.

Expédition de la présente ordonnance sera adressée, au fur et à mesure de l'organisation des commissions sanitaires, à MM. les maires de Paris, au conseil de salubrité, aux membres des commissions sanitaires, aux sous-préfets de Saint-Denis et de Sceaux, aux commissaires de police, chargés chacun en ce qui le concerne, de tenir la main à son exécution.

Le préfet de police, REBILLOT.

---

(1) V. l'instruct. du 19 janv. et les avis des 3 mai et 6 juin 1849.

CONSEIL DE SALUBRITÉ.

Extrait du rapport sur l'organisation des bureaux de secours et des commissions sanitaires.

Tous les médecins, chirurgiens, officiers de santé et pharmaciens, domiciliés dans l'arrondissement, sont appelés à faire le service des bureaux de secours, à l'exception des médecins, chirurgiens et pharmaciens chefs de service dans les hôpitaux de Paris.

Il sera dressé, par les soins de MM. les maires, une liste indiquant les noms, domicile et quartier des médecins, chirurgiens, officiers de santé et pharmaciens de leurs arrondissements. C'est sur cette liste que sera faite la répartition du personnel dans les bureaux de secours.

Quant aux élèves en médecine, M. le doyen de la Faculté sera invité à ouvrir une liste sur laquelle viendront s'inscrire les élèves qui voudront faire le service dans les bureaux.

La demande d'élèves sera faite hebdomadairement à M. le doyen, par le conseil de salubrité.

En cas d'insuffisance de médecins dans l'arrondissement, il en sera référé au conseil de salubrité.

Le service dans les bureaux de secours sera permanent de jour et de nuit.

Le bureau sera composé ainsi qu'il suit :

Pendant le jour :

1 médecin,
1 pharmacien ou son 1er élève,
1 élève en médecine,
1 agent comptable,
2 infirmiers.

Pendant la nuit :

2 médecins,

Plus, le personnel ci-dessus indiqué, à l'exception de l'agent comptable.

Le personnel du service sera augmenté en raison du besoin.

L'ordre du service entre les diverses personnes appelées à y concourir sera réglé par la commission de l'arrondissement.

L'agent de chaque bureau y sera en permanence de six heures et demie du matin à dix heures du soir.

Il recueillera, à son arrivée, auprès des médecins de service, durant la nuit, les documents qui lui sont nécessaires pour la tenue du registre dont il sera parlé ci-après.

Il tiendra, jour par jour, un registre indiquant :

1° Le roulement hebdomadaire du service, avec désignation des médecins, pharmaciens et élèves qui en auront été chargés ;

2° Les noms, âge, profession, état civil, demeure et genre de maladie des personnes auxquelles les secours auront été portés, et, autant que faire se pourra, le résultat des secours administrés ;

3° Il ouvrira, chaque jour, une feuille de présence qui sera signée par les médecins, pharmaciens et élèves de service ;

4° Il fera, chaque semaine, un relevé des inscriptions de secours, pour être transmis à la commission d'arrondissement ;

5° Il tiendra compte des médicaments employés par le bureau de secours, il pourvoira à leur remplacement au moyen de *bons* contresignés par un médecin; il en sera de même à l'égard du matériel, dont il sera dressé inventaire.

Les médicaments employés dans l'administration des secours seront pris dans les bureaux ou chez un des pharmaciens du quartier où résident les malades.

A cet effet, il sera délivré un bon par le médecin traitant.

Ces bons seront présentés à la mairie par les pharmaciens, à l'appui de leur mémoire, qui sera soldé d'après le tarif adopté par la société philanthropique.

Tout médecin qui, en dehors du service, donne des soins à un cholérique, est invité à en instruire la mairie de son arrondissement.

Chaque bureau de secours recevra le matériel et les médicaments suivants :

MATÉRIEL ET APPROVISIONNEMENT DES BUREAUX DE SECOURS :

Pièce où se tiendront les hommes de peine;

6 tabourets,
2 bancs,
2 lits de sangle,
2 matelas,
4 couvertures,
1 poêle en fonte, monté avec sa pelle et sa pincette,
2 chaudières en fer,
1 paire de mouchettes,
1 cruche,
2 gobelets en étain,
2 vases de nuit.

Pièce destinée à MM. les médecins, pharmaciens, élèves et agents.

6 chaises,
2 fauteuils,
3 lits de sangle,
3 matelas,
3 traversins,
6 couvertures de laine,
1 pelle et sa pincette,
1 soufflet,
1 lampe,
2 tables à tiroir,
1 encrier, plumes et papier,
1 fontaine,
6 verres,
2 pots à eau et cuvettes,
3 vases de nuit,
1 armoire à rayons pour serrer les médicaments et le linge,
2 grosses éponges.

Liste des médicaments qu'on devra trouver dans les bureaux de secours :

Farine de graine de lin.......................	6 kilogrammes.
Farine de moutarde..........................	3 —
Fleurs de tilleul............................	125 grammes.
Camomille..................................	125 —
Menthe....................................	125 —
Orge perlé.................................	500 —
Riz..	2 kilogrammes.
Chlorure de soude..........................	12 bouteilles.
Chlorure de chaux, 6 flacons ou.............	2 kilogrammes.
Vinaigre de vin............................	3 litres.
Eau de fleurs d'oranger, 6 flacons ou........	60 grammes.
Eau de Seltz...............................	12 bouteilles.
Ether sulfurique, 6 flacons de..............	20 grammes.
Ammoniaque liquide, 6 flacons de...........	15 —
Laudanum de Sydenham, 6 flacons de.........	15 —

Les bureaux devront être en outre garnis des moyens de secours ci-après :
Un lit de secours composé de :

> 1 couchette de fer,
> 2 matelas percés,
> 3 couvertures,
> 1 traversin,
> 1 oreiller,
> 2 bassins,

Brosses de santé... n° 6
Couvertures de laine..................................... n° 6
Chaussettes en laine drapée, 6 paires.
Gros molleton de laine, 6 mètres en 6 coupons.
Tablier en toile écrue et à manches..................... n° 12
Essuie-mains... n° 24
Torchons... n° 24
Appareils et bains de vapeur, et accessoires............ n° 1
Brancards couverts....................................... n° 2
Briques.. n° 25
Coquemard de 2 litres.................................... n° 1
Coquemard de 1/2 litre................................... n° 6
Goulots renversés de 2 à 4 onces......................... n° 25
Pots à cataplasmes, en grès.............................. n° 3
Bassinoires.. n° 2
Seringue... n° 2
Paniers à compartiments.................................. n° 6
Panier à chauffer le linge............................... n° 1
Son réchaud.. n° 1

Lu et approuvé dans la séance du 2 février 1849.

Le vice-président, BOUTRON.

      Le secrétaire, Ad. TREBUCHET.

Vu et approuvé :

      Le préfet de police, REBILLOT.

N° **2175.** — *Ordonnance qui fixe un tarif pour le transport des moutons, par wagon complet ou par bergerie, sur le chemin de fer de Paris à Orléans.*

Paris, le 15 mai 1849.

Nous, préfet de police,

Vu : 1° la loi du 7 juillet 1838, qui autorise l'établissement d'un chemin de fer de Paris à Orléans, et la loi du 15 juillet 1840, relative au même chemin, ensemble le cahier des charges annexé à cette loi ;

2° La décision ministérielle du 24 avril dernier, portant homologation des propositions présentées par la compagnie du chemin de fer de Paris à Orléans, et ayant pour objet un tarif pour le transport des moutons, par wagon complet ou par bergerie, sur divers parcours dudit chemin de fer ;

3° Considérant qu'il y a lieu de rendre exécutoire, dans le ressort de la préfecture de police, la décision ministérielle précitée,

Ordonnons ce qui suit :

1. Les prix à percevoir pour le transport des moutons, par wagon complet ou par bergerie, sur les parcours ci-après désignés, sont fixés conformément au tableau suivant :

(Voir les tarifs aux tableaux d'autre part.)

Tarif pour le Transport des Moutons, par wagon complet ou par bergerie.

PAR BERGERIE,

à deux planchers de 4 mètres 80 centimètres sur 2 mètres 30 centimètres environ, avec faculté pour les expéditeurs d'y mettre tel nombre de moutons qu'ils jugeront convenable, à leurs risques et périls.

LIEUX DE DÉPART.	DESTINATIONS.	PRIX DE TRANSPORT.	
		du 1er avril au 31 octobre 1849.	du 1er novembre 1849 au 31 mars 1850.
		fr. c.	fr. c.
Orléans.............		55 »	69 »
Chevilly.............	PARIS	55 »	69 »
Arthenay.............	ou	55 »	69 »
Toury.............	CHOISY-LE-ROI.	50 »	62 »
Angerville.............		50 »	62 »
Etampes.............		45 »	56 »

PAR WAGON COMPLET,

à un seul plancher de 4 mètres 30 centimètres sur 2 mètres 30 centimètres environ, avec faculté pour les expéditeurs d'y mettre tel nombre de moutons qu'ils jugeront convenable, à leurs risques et périls.

LIEUX DE DÉPART.	DESTINATIONS.	PRIX DE TRANSPORT.	
		du 1er avril au 31 octobre 1849.	du 1er novembre 1849 au 1er avril 1850.
		fr. c.	fr. c.
Orléans		50 »	37 »
Chevilly.............	PARIS	30 »	37 »
Arthenay.............	ou	30 »	37 »
Toury.............	CHOISY-LE-ROI.	27 »	33 »
Angerville.............		27 »	33 »
Etampes.............		24 »	30 »

2. Les tarifs en vigueur continueront à recevoir leur exécution, en tout ce qui n'est pas contraire aux dispositions qui précèdent.

3. La présente ordonnance sera notifiée à la Compagnie du chemin de fer de Paris à Orléans; elle sera imprimée et affichée.

Les commissaires et sous-commissaires spéciaux de surveillance administrative du chemin de fer de Paris à Orléans, ainsi que les maires et les commissaires de police des communes du ressort de la préfecture de police dont le territoire est traversé par ledit chemin de fer, sont chargés d'en assurer l'exécution.

Le préfet de police, REBILLOT.

N° 2176. — *Ordonnance concernant la suppression de la voirie de Montfaucon et le service des vidanges.*

Paris, le 24 mai 1849.

Nous, préfet de police,

Vu : 1° l'ordonnance de notre prédécesseur, en date du 16 octobre 1848, prescrivant des modifications au service des vidanges, à l'occasion de la prochaine mise en activité du dépotoir que la ville de Paris a fait établir à La Villette, dans le but de supprimer la voirie de Montfaucon ;

2° Nos décisions des 21 février et 18 avril derniers, relatives au mode d'enlèvement des matières pâteuses provenant des fosses d'aisances ;

3° La lettre, en date du 10 courant, par laquelle M. le préfet de la Seine demande que tout versement de matières de vidange à la voirie de Montfaucon soit interdit d'une manière positive, le service du dépotoir, qui a fonctionné sans interruption depuis le 1er mars, se trouvant désormais assuré ;

4° L'ordonnance de police du 18 octobre 1771, concernant les maîtres vidangeurs ;

5° L'ordonnance de police du 5 juin 1834, concernant la vidange des fosses d'aisances et le service des fosses mobiles ;

6° L'arrêté du 6 du même mois, relatif aux voitures de vidange;

7° Les ordonnances des 23 septembre 1843 et 26 janvier 1846, qui autorisent l'exploitation du système de vidange Huguin et du système de vidange dit atmosphérique;

Considérant qu'il convient d'arrêter d'une manière définitive les diverses dispositions qui font l'objet de l'ordonnance et des deux décisions ci-dessus visées, et de les publier avec les modifications reconnues nécessaires;

En vertu de la loi des 16-24 août 1790, et des arrêtés du Gouvernement des 12 messidor an VIII et 3 brumaire an IX (1er juillet et 16 octobre 1800),

Ordonnons ce qui suit :

1. Tout versement de matières de vidange à la voirie de Montfaucon est formellement interdit.

Les matières de vidange ne pourront être transportées qu'au dépotoir ou au port d'embarquement établis à La Villette.

2. Les matières liquides extraites des fosses d'aisances, par aspiration ou au moyen de la pompe, seront seules introduites dans les grosses tonnes.

3. Les bondes de décharge des tonnes ou vaisseaux analogues, en bois ou en fer, employés par les entrepreneurs de vidanges, doivent être conformes au modèle déposé au dépotoir.

4. A l'avenir, il ne sera admis aucune nouvelle tonne dont la bonde de décharge aurait plus de dix centimètres de diamètre.

5. Les tonnes contenant les matières enlevées par aspiration ou à la pompe seront conduites au dépotoir.

6. Les matières pâteuses et les corps étrangers qui n'auront pas été extraits par aspiration ou au moyen de la pompe, seront renfermés dans des récipients analogues à ceux des fosses mobiles.

La capacité de ces récipients ne pourra excéder cent litres.

L'administration se réserve toutefois d'autoriser, sous les conditions qu'elle jugera convenables, et sur la demande qui lui en serait faite, l'emploi de récipients d'une plus grande capacité.

Les récipients seront revêtus d'une estampille portant un numéro d'ordre et les lettres initiales du nom de l'entrepreneur.

7. Conformément aux dispositions de l'ordonnance de police du 5 juin 1834 (1), les récipients affectés à l'enlèvement des matières pâteuses seront remplis auprès de l'ouverture des fosses; ils y seront fermés, lutés et nettoyés avec soin à l'extérieur, avant d'être portés aux voitures.

8. Ces récipients seront transportés au port d'embarquement de La Villette, où les entrepreneurs les reprendront le lendemain du jour de leur dépôt.

9. Les voitures employées au transport des récipients désignés aux trois articles précédents, ne pourront circuler dans Paris qu'aux heures fixées par l'article 3 de l'ordonnance précitée du 5 juin 1834.

10. Les contraventions aux dispositions qui précèdent seront constatées par des procès-verbaux ou rapports, et poursuivies conformément aux lois et règlements, sans préjudice des mesures administratives qui pourront être prises contre les auteurs de ces contraventions, dans l'intérêt de la sûreté publique et de la salubrité.

11. Les dispositions de l'ordonnance de police sus-visée, du 5 juin 1834, qui ne sont pas contraires à la présente ordonnance, continueront de recevoir leur exécution.

12. La présente ordonnance sera imprimée et affichée.

Elle sera, en outre, notifiée à chaque entrepreneur de vidange.

Le chef de la police municipale, les commissaires de police de Paris, les commissaires de police des communes de Belleville et de La Villette, les officiers de paix, le directeur de la salubrité et les préposés de la préfecture de police en surveilleront et assureront l'exécution, chacun en ce qui le concerne.

Le préfet de police, REBILLOT.

N° **2177.** — *Ordonnance homologative de prix réduits pour le transport des voyageurs, les jours de marché, sur les parcours compris entre diverses stations et* Rouen, *sur les chemins de fer de* Rouen *au Havre et à Dieppe.*

Paris, le 25 mai 1849.

Nous, préfet de police,

Vu : 1° la loi du 11 juin 1842, portant concession de l'établissement d'un chemin de fer de Rouen au Havre, en prolongement du chemin de fer de Paris à Rouen ; ensemble le cahier des charges annexé à cette loi ;

2° La loi du 19 juillet 1845, qui autorise la concession des embranchements de Dieppe et de Fécamp sur le chemin de fer de Rouen au Havre; ensemble le cahier des charges coté A, annexé à ladite loi ;

3° L'ordonnance de police du 20 mars 1847, qui fixe les tarifs applicables aux transports de toute nature sur le chemin de fer de Rouen au Havre ;

4° La décision ministérielle en date du 18 du courant, qui homologue les propositions présentées par les compagnies des chemins de fer de Rouen au Havre et à Dieppe, ayant pour objet de délivrer des billets à prix réduits (*aller et retour*) aux voyageurs qui se rendent de diverses stations désignées à Rouen, les jours de marché,

---

(1) V. cette ord., t. III, p. 83.

Ordonnons ce qui suit :

1. A partir de la publication de la présente ordonnance, les Compagnies des chemins de fer de Rouen au Havre et à Dieppe, sont autorisées à délivrer, les jeudi et vendredi de chaque semaine, des billets spéciaux de deuxième et troisième classe, à prix réduits, pour les parcours désignés au tableau suivant (*aller et retour*) :

Tarif spécial.

LIEUX DE DÉPART et DE DESTINATION.	Distances servant de base à la fixation des prix de transport.	2ᵉ CLASSE. VOITURES couvertes et suspendues sur ressorts.		3ᵉ CLASSE. VOITURES découvertes mais suspendues sur ressorts.	
		PRIX DE TRANSPORT, *aller et retour.*			
LIGNE DE ROUEN.	kilomèt.	fr.	c.	fr.	c.
Des stations ci-contre à ROUEN, *et retour.* { Malaunay.........	10	1	50	1	»
Barentin.........	18	2	10	1	75
Pavilly.........	19	2	25	2	»
Motteville.........	31	3	50	2	75
Yvetot.........	58	4	50	3	50
LIGNE DE DIEPPE.					
Des stations ci-contre à ROUEN, *et retour.* { Monville.........	15	2	»	1	60
Saint-Victor.........	31	3	70	2	75
Auffay.........	55	4	10	3	10
Longueville.........	45	5	20	4	»

2. Les billets délivrés le jeudi seront admis au retour dans tous les trains ordinaires du même jour ou du vendredi ; les billets délivrés le vendredi seront admis dans tous les trains du même jour seulement.

Passé ce délai, les billets spéciaux seront sans valeur.

Les billets de troisième classe ne seront valables que pour les trains contenant des voitures de cette classe.

3. L'ordonnance homologative précitée, du 20 mars 1847, continuera de recevoir son exécution en tout ce qui n'est pas contraire aux dispositions qui précèdent.

4. La présente ordonnance sera notifiée à la Compagnie ; elle sera imprimée et affichée.

Les commissaires et sous-commissaires spéciaux de surveillance administrative des chemins de fer de Rouen au Havre et à Dieppe, sont chargés d'en assurer l'exécution.

Le préfet de police, REBILLOT.

N° **2178.** — *Ordonnance qui fixe des tarifs communs et réduits pour le transport des plâtres et engrais expédiés de Paris, par wagon complet de 4,500 kilogrammes, sans délai déterminé pour l'expédition, sur les chemins de fer de Paris à Orléans, du Centre, d'Orléans à Bordeaux, et de Tours à Nantes.*

Paris, le 25 mai 1849.

Nous, préfet de police,

Vu : 1° la loi du 7 juillet 1838, qui autorise l'établissement d'un chemin de fer de Paris à Orléans, et la loi du 15 juillet 1840, relative au même chemin ; ensemble le cahier des charges annexé à cette dernière loi ;

2° La loi du 26 juillet 1844, relative au chemin de fer d'Orléans sur le centre de la France ; ensemble le cahier des charges annexé à cette loi ;

3° La loi, en date du même jour, autorisant l'établissement du chemin de fer d'Orléans à Bordeaux ; ensemble le cahier des charges annexé à cette loi ;

4° La loi du 19 juillet 1845, relative au chemin de fer de Tours à Nantes ; ensemble le cahier des charges, coté A, qui s'y trouve annexé ;

5° L'ordonnance de police du 1er février 1848, qui fixe les tarifs pour les transports de toute nature, à grande et à petite vitesse, sur le chemin de fer de Paris à Orléans ;

6° La décision ministérielle du 18 de ce mois, homologative de tarifs communs et réduits que les Compagnies des chemins de fer de Paris à Orléans, du Centre, d'Orléans à Bordeaux, et de Tours à Nantes, demandent à percevoir pour le transport des plâtres et engrais expédiés directement de Paris, dans de certaines conditions ;

Considérant qu'il y a lieu de rendre exécutoires, dans le ressort de la préfecture de police, les dispositions de la décision ministérielle précitée,

Ordonnons ce qui suit :

1. Les compagnies des chemins de fer de Paris à Orléans, du Centre, d'Orléans à Bordeaux, et de Tours à Nantes, sont autorisées à percevoir, pour le transport des plâtres crus ou cuits, en pierre ou en poudre, et des engrais naturels ou fabriqués, en sac ou en baril, les prix indiqués aux tableaux suivants :

(Voir les tarifs aux tableaux suivants :)

Tarifs.

LIEUX DE DÉPART ET DE DESTINATION.	DISTANCES servant de base à la fixation des prix de transport.	PRIX de transport par tonne de 1,000 kilogram. de gare en gare.	
LIGNE D'ORLÉANS.	kil.	fr.	c.
Corbeil..........	31	0	61
Marolles..................	37	0	97
Bouray..........	40	1	15
Etrechy..........	49	1	69
Etampes	56	2	11
De PARIS à........ Monnerville........	70	2	95
Angerville........	75	3	25
Toury..........	89	4	09
Arthenay........	102	4	87
Chevilly........	108	5	23
Orléans........	122	5	75
LIGNE DE BORDEAUX.			
La Chapelle........	129	6	10
Saint-Ay	136	6	10
Meung........	142	6	10
Beaugency........	149	6	10
Mer........	161	6	45
Ménars........	172	6	45
Blois........	181	6	78
De PARIS à........ Chousy........	190	7	13
Onzain........	196	7	35
Limeray........	207	7	35
Amboise........	215	7	45
Noisay........	220	7	70
Vernou........	223	7	80
Vouvray........	227	7	95
Mont-Louis.................	228	7	99
Tours........	237	8	50
LIGNE DE NANTES.			
Savonnières.................	251	8	79
Saint-Mars.................	258	9	03
Langeais..........	262	9	17
De PARIS à........ La Chapelle........	279	9	76
Port-Boulet........	285	9	90
Varennes.................	292	10	22
Saumur	301	10	55
LIGNE DU CENTRE.			
La Ferté-Saint-Aubin..........	146	6	75
Lamotte........	161	7	75
Nouan-le-Fuselier..........	168	8	25
Salbris........	180	8	75
Theillay........	192	9	25
De PARIS à........ Vierzon........	205	9	75
Foëcy........	213	9	25
Mehun........	218	9	25
Marmagne........	225	9	25
Bourges........	234	8	25
Issoudun........	259	9	75
Châteauroux........	266	11	75

2. Les compagnies sont également autorisées à percevoir, pour les frais accessoires de chargement, de déchargement et d'entrepôt au départ, la somme de 1 franc 25 centimes par tonne de 1,000 kilogrammes de plâtre, de pierre à plâtre ou d'engrais, en sac ou en baril.

3. Les prix de transport et les frais accessoires, fixés par les articles 1er et 2 ci-dessus, s'appliqueront aux expéditions qui seront faites directement de la gare de Paris pour l'une des stations ci-dessus indiquées, qui auront lieu par chargement de wagon complet de 4,500 kilogrammes, et pour lesquelles les expéditeurs consentiront à n'exiger des compagnies ni garantie des avaries provenant de la mouille, ni obligation d'expédier dans un délai déterminé.

Les compagnies ainsi dégagées de l'obligation d'expédier dans le délai déterminé par leurs cahiers des charges, n'en resteront pas moins assujetties à prendre les mesures nécessaires pour qu'aucun expéditeur ne soit favorisé au détriment des autres.

4. Nonobstant l'application de ces prix réduits, les tarifs qui sont actuellement en vigueur sur les chemins de fer dont il s'agit, pour le transport et pour les frais accessoires des plâtres, pierres à plâtre et engrais, continueront à y être appliqués pour toutes les expéditions qui ne seront pas dans les conditions énoncées à l'article 3 ci-dessus.

5. La présente ordonnance sera notifiée à la Compagnie d'Orléans. Elle sera imprimée et affichée.

Les commissaires et sous-commissaires de surveillance administrative du chemin de fer de Paris à Orléans, ainsi que les maires et les commissaires de police des communes du ressort de la préfecture de police, dont le territoire est traversé par ledit chemin, sont chargés d'en assurer l'exécution.

Le préfet de police, REBILLOT.

N° **2179**. — *Ordonnance concernant l'arrosement.*

Paris, le 31 mai 1849.

Nous, préfet de police,

Ordonnons ce qui suit :

Les dispositions de l'ordonnance de police du 27 juin 1843 (1), concernant l'arrosement de la voie publique, seront de nouveau imprimées et affichées.

Le préfet de police, REBILLOT.

N° **2180**. — *Ordonnance qui fixe de nouveaux tarifs pour le transport des farines, issues et grains, sur le chemin de fer de Paris à Orléans.*

Paris le 31 mai 1849.

Nous, préfet de police,

Vu : 1o la loi du 7 juillet 1838, qui autorise l'établissement d'un chemin de fer de Paris à Orléans, et la loi du 15 juillet 1840, relative

---

(1) V. cette ord., t. III, p. 641.

au même chemin; ensemble le cahier des charges annexé à cette dernière loi;

2º L'ordonnance de police, en date du 1er février 1848, qui fixe le tarif des prix à percevoir pour les transports de toute nature, à grande et à petite vitesse, sur le chemin de fer de Paris à Orléans;

3º La décision ministérielle du 21 de ce mois, qui homologue les propositions présentées par la Compagnie du chemin de fer d'Orléans, et ayant pour objet de nouveaux tarifs pour le transport des farines, issues et grains.

Considérant qu'il y a lieu de rendre exécutoire, dans le ressort de la préfecture de police, la décision ministérielle précitée,

Ordonnons ce qui suit:

1. A partir du jour de la publication de la présente ordonnance, la compagnie du chemin de fer de Paris à Orléans est autorisée à effectuer le transport des farines, issues et grains, aux prix et conditions indiqués aux tableaux suivants :

Tarif ordinaire pour le Transport des Farines, Issues et Grains.

LIEUX DE DÉPART.	DESTINATION.	Distances servant de base à la fixation des prix de transport.	PAR SAC DE 159 KILOGR. DE FARINES, OU PAR POIDS ÉGAL D'ISSUES OU DE GRAINS.		
			Prix de transport.	Frais de chargement et de déchargement	Prix total à percevoir.
		kilomèt.	fr. c.	fr. c.	fr. c.
Épinay		24	0 57	0 15	0 72
Saint-Michel		29	0 69	0 15	0 84
Bretigny		31	0 73	0 15	0 88
Marolles		37	0 88	0 15	1 05
Bouray		40	0 95	0 15	1 10
Lardy		43	1 02	0 15	1 17
Etrechy	PARIS	49	1 16	0 15	1 51
Etampes		56	1 33	0 15	1 48
Monnerville		70	1 66	0 15	1 81
Angerville		75	1 78	0 15	1 93
Toury		88	2 09	0 15	2 24
Arthenay		102	2 42	0 15	2 57
Chevilly		108	2 57	0 15	2 72
Orléans		122	2 90	0 15	3 05
Pour tous les parcours autres que ceux qui sont désignés ci-dessus, par sac et par kilom.			0 028	0 15	
	Epinay	24	0 45	0 15	0 60
	Saint-Michel	29	0 55	0 15	0 70
	Bretigny	31	0 58	0 15	0 73
	Marolles	37	0 70	0 15	0 85
	Bouray	40	0 76	0 15	0 91
	Lardy	43	0 81	0 15	0 96
PARIS	Etrechy	49	0 93	0 15	1 08
	Etampes	56	1 06	0 15	1 21
	Monnerville	70	1 33	0 15	1 48
	Angerville	75	1 42	0 15	1 57
	Toury	88	1 67	0 15	1 82
	Arthenay	102	1 93	0 15	2 08
	Chevilly	108	2 05	0 15	2 20
	Orléans	122	2 31	0 15	2 46
Pour tous les parcours autres que ceux qui sont désignés ci-dessus, par sac et par kilom.			0 023	0 15	

Tarif exceptionnel pour le Transport des Farines et Issues.

LIEUX DE DÉPART.	DESTINATION.	Distances servant de base à la fixation des prix de transport.	PAR SAC DE 159 KILOGR. DE FARINES, OU PAR POIDS ÉGAL D'ISSUES.		
			Prix de transport.	Frais de chargement et de déchargement	Prix total à percevoir.
		kilomèt.	fr. c.	fr. c.	fr. c.
Épinay............		24	0 45	0 15	0 60
Saint-Michel......		29	1 55	0 15	0 70
Bouray............		40	0 75	0 15	0 90
Etrechy..........	PARIS........	49	0 93	0 15	1 08
Etampes..........		56	1 05	0 15	1 20
Angerville........		75	1 42	0 15	1 57
Toury.............		88	1 65	0 15	1 80
Orléans		122	2 30	0 15	2 45
Pour tous les parcours autres que ceux qui sont désignés ci-dessus :					
A la descente d'Orléans vers Paris, par sac et par kilomètre..............			0 019	0 15	
A la remonte de Paris vers Orléans, par sac et par kilomètre			0 0159	0 15	

Tarif exceptionnel pour le Transport des Grains.

LIEUX DE DÉPART.	DESTINATIONS.	Distances servant de base à la fixation des prix de transport.	POUR UN POIDS DE 159 KILOGR.		
			Prix de transport.	Frais de chargement et de déchargement	Prix total à percevoir.
		kilomèt.	fr. c.	fr. c.	fr. c.
ORLÉANS.........	Toury.........	34	0 55	0 15	0 70
	Etampes.......	66	1 05	0 15	1 20
	Etrechy.......	73	1 15	0 15	1 30
	Bouray....,....	82	1 30	0 15	1 45
TOURY..........	Étampes.......	52	0 50	0 15	0 65
	Etrechy.......	39	0 62	0 15	0 77
	Bouray.......	48	0 75	0 15	0 90
ÉTAMPES........	Étrechy.......	7	0 11	0 15	0 26
	Bouray.......	16	0 18	0 15	0 33
SAINT-MICHEL...	Bouray........	12	0 13	0 15	0 28
	Etrechy...... .	21	0 23	0 15	0 38
	Etampes........	28	0 31	0 15	0 46
Pour tous les parcours autres que ceux qui sont désignés ci-dessus :					
A la descente d'Orléans vers Paris, par sac et par kilomètre			0 019	0 15	
A la remonte de Paris vers Orléans :					
Lorsque la destination dépasse Étampes, par sac et par kilomètre................			0 0159	0 15	
Lorsque la destination ne dépasse pas Etampes, par sac et par kilomètre........			0 011	0 15	

2. Les prix des *tarifs exceptionnels* compris aux tableaux qui précèdent seront applicables seulement aux fariniers qui prendront pour une année, au moins, l'engagement de faire transporter par le chemin de fer la totalité des farines, issues et grains expédiés de leurs usines pour les localités desservies par le chemin de fer ou de ces localités pour leurs usines.

3. Toutes les dispositions des tarifs en vigueur, qui ne sont pas contraires à celles qui précèdent, continueront à recevoir leur exécution.

4. La présente ordonnance sera notifiée à la Compagnie d'Orléans. Elle sera imprimée et affichée.

Les commissaires et sous-commissaires spéciaux de surveillance administrative du chemin de fer de Paris à Orléans, ainsi que les maires et les commissaires de police des communes du ressort de la préfecture de police, dont le territoire est traversé par ledit chemin, sont chargés d'en assurer l'exécution.

Le préfet de police, REBILLOT.

N° 2181. — *Ordonnance concernant les baigneurs en rivière.*

Paris, le 2 juin 1849.

Nous, préfet de police,

Considérant que, dans l'intérêt de la décence publique et de la sûreté des personnes, il importe de rappeler aux citoyens les dispositions de l'ordonnance de police du 25 octobre 1840, en ce qui concerne les baigneurs en rivière,

Ordonnons ce qui suit :

Les articles 225 et 226 de l'ordonnance précitée seront imprimés et affichés.

Le préfet de police, REBILLOT.

Dispositions de l'ordonnance de police du 25 octobre 1840, relatives aux baigneurs en rivière.

225. Il est défendu de se baigner dans les canaux.

Dans Paris, il est défendu de se baigner en rivière ailleurs que dans les établissements de bains, à moins d'une autorisation spéciale délivrée par le préfet de police.

Hors de Paris, il est défendu de se baigner nu, en rivière.

Les contrevenants seront conduits à la préfecture de police, ou devant les maires ou les commissaires de police des communes du ressort.

226. Les contraventions à la présente ordonnance seront constatées par des procès-verbaux ou des rapports.

N° 2182. — *Ordonnance homologative de modifications dans la classification des marchandises et les prix de transport fixés par le tarif du 1ᵉʳ février 1848, sur le chemin de fer de Paris à Orléans.*

Paris, le 5 juin 1849.

Nous, préfet de police,

Vu : 1° la loi du 7 juillet 1838, qui autorise l'établissement d'un chemin de fer de Paris à Orléans, et la loi du 15 juillet 1840, relative au même chemin ; ensemble le cahier des charges annexé à cette dernière loi ;

2° L'ordonnance de police du 1ᵉʳ février 1848, qui classe les marchandises non désignées au cahier des charges et fixe les tarifs pour les transports de toute nature, à grande et à petite vitesse, sur le même chemin ;

3° La décision ministérielle du 30 mai dernier, homologative de modifications que la Compagnie du chemin de fer de Paris à Orléans se propose d'introduire dans la classification des marchandises et dans les prix de transport réglés par l'ordonnance précitée ;

Considérant qu'il y a lieu de rendre exécutoire, dans le ressort de la préfecture de police, la décision sus-datée,

Ordonnons ce qui suit :

1. A partir de la publication de la présente ordonnance, la Compagnie du chemin de fer de Paris à Orléans est autorisée à modifier, conformément au tableau suivant (1), la classification des marchandises, ainsi que les prix de transport fixés par l'ordonnance homologative sus-visée du 1ᵉʳ février 1848.

2. Toutes les dispositions de l'ordonnance de police du 1ᵉʳ février 1848, qui ne sont point contraires à celles qui précèdent, continueront de recevoir leur exécution.

3. La présente ordonnance sera notifiée à la Compagnie du chemin de fer de Paris à Orléans ; elle sera imprimée et affichée.

Les commissaires et sous-commissaires spéciaux de surveillance administrative du chemin de fer de Paris à Orléans, ainsi que les maires et les commissaires de police des communes du ressort de la préfecture de police, dont le territoire est traversé par ledit chemin de fer, sont chargés d'en assurer l'exécution.

Le préfet de police, REBILLOT.

(1) V. le tableau à la suite de l'ord.

Tableau indiquant les nouvelles Classifications et les nouveaux Prix de Transport.

DÉSIGNATION DES MARCHANDISES.	PRIX DU TARIF DU 1ᵉʳ FÉVRIER 1848 qui leur sont applicables.
MARCHANDISES HORS CLASSE.	
Arbres et Arbustes vivants (sans garantie de la compagnie) — Armes de luxe. — Plantes vivantes (sans garantie de la compagnie).—Poires et Pommes fraîches emballées (sans garantie de la compagnie....................	Prix fixés pour la première classe.
Viande salée ou fumée, en caisse ou en tonneau.	Prix fixés pour la deuxième classe.
MARCHANDISES DE PREMIÈRE CLASSE.	
Armes de guerre ou de chasse non encaissées.—Chanvre filé. — Cuivre en feuilles. — Cordages ayant moins de 0 m. 02 c. de diamètre.—Etain ouvré.—Lin filé. — Tôle ouvrée..............	Prix fixés pour la première classe.
Acide oléique (résidus d'huile).—Anis.—Armes de guerre ou de chasse en caisse.—Bois en feuilles pour placage.—Chanvre non filé.—Couleurs. Drogueries non dénommées.—Etain non ouvré. —Fromages secs en tonneau ou en caisse.—Huile d'olive.— Lin non filé. — Noir animal pour couleurs.—Poteries et Briqueteries pour bâtiment.— Poissons salés. — Quercitron..................	Prix fixés pour la deuxième classe.
Sucres bruts (d'Orléans à Paris seulement)...	Taxe intermédiaire de 15 fr. par tonne. *(Frais de chargement et de déchargement non compris.)*
Agrès de marine.— Ancres de marine. — Bois exotiques en bille.—Bois de teinture en bûche.—Bouteilles vides emballées (sans garantie de la compagnie).—Chicorée en caisse ou en tonneau.—Cordages ayant 0 m. 02 c. de diamètre ou plus.—Cotons en balle.—Crins en balle.—Cuivre en lingot.—Cuivre pour doublage (sans garantie de la compagnie). — Déchets de coton. —Formes à sucre (sans garantie de la compagnie.—Huile à brûler. — Huile de graine. — Joncs. — Laines en suint.— Laiton en feuille, en barre, en lingot.—Noir animal pour engrais. — Os concassés pour être brûlés.— Poissons secs.— Poix.— Poteries et Briqueteries pour bâtiment (sans garantie de la compagnie). — Résine. — Riz en sac ou en tonneau.—Sirop de chicorée en baril.—Sucres bruts (de Paris à Orléans seulement).—Sucres vergeois en tonneau.—Suif brut.—Tôle non ouvrée......	Prix fixés pour la troisième classe.
MARCHANDISES DE DEUXIÈME CLASSE.	
Bitume liquide.— Coke. — Jantes. — Osiers en bottes.—Vieilles fontes concassées.............	Prix fixés pour la troisième classe.

N° **2183.**—*Avis du conseil de salubrité* (1).

Paris, le 6 juin 1849.

Depuis la brusque apparition de chaleurs inaccoutumées, l'épidémie cholérique, qui était sensiblement décroissante, a repris une nouvelle intensité. La recrudescence, toutefois, n'a pas la gravité qu'on lui a attribuée dans le public.

En raison de la chaleur régnante, il est des précautions hygiéniques déjà recommandées, qui doivent être rigoureusement suivies.

Il ne peut être trop répété que, dans la très-grande majorité des cas, le choléra est précédé d'un dérangement d'entrailles qu'il serait imprudent de négliger, et pour lequel il faut réclamer immédiatement les conseils d'un médecin.

Dans tous les temps, mais surtout en temps d'épidémie, on doit vivre avec sobriété, éviter les excès de tous genres. Durant les grandes chaleurs, on est trop généralement porté à faire abus des boissons froides et rafraîchissantes, il ne faut en user que modérément et avec précaution, ainsi que des liqueurs excitantes ou alcooliques.

Dans quelques arrondissements, l'épidémie a pris assez d'intensité pour que l'administration ait cru devoir mettre en activité les bureaux de secours qui n'avaient pas encore fonctionné, bien qu'organisés à l'avance. Cette mesure, toute de précaution, aura pour résultat d'offrir immédiatement à la population les secours médicaux dont elle peut avoir besoin.

Vu et approuvé :

Le préfet de police, REBILLOT.

N° **2184.** — *Ordonnance portant défense de faire passer les bateaux et les trains par l'arche marinière du Pont-Neuf.*

Paris, le 9 juin 1849.

Nous, préfet de police,

Vu la lettre en date du 7 du courant, par laquelle M. l'ingénieur en chef, directeur des ponts et chaussées du département de la Seine, demande que, pour faciliter les travaux de restauration à exécuter à l'arche marinière du Pont-Neuf, le passage des bateaux et trains soit interdit sous cette arche ;

Vu le rapport de M. l'inspecteur général de la navigation, en date du même jour, duquel il résulte que, par suite des travaux de draguage qui viennent d'être opérés en amont de la troisième arche dudit pont, rive gauche de la Seine, le passage des bateaux et des trains pourra très-facilement avoir lieu sous cette dernière arche ;

Vu les lois et règlements sur la matière ;

Vu l'arrêté du gouvernement du 12 messidor an VIII (1er juillet 1800) ;

Ordonnons ce qui suit :

1. A compter du 14 de ce mois, la navigation sera interdite sous

---

(1) V. l'instruct. du 19 janv., l'avis du 3 mai, et l'ord. du 15 mai 1849.

l'arche marinière du Pont-Neuf, et le lâchage ou le remontage des bateaux et des trains ne pourra se faire que sous la troisième arche dudit pont, rive gauche de la Seine.

2. Cette mesure continuera à recevoir son exécution pendant toute la durée des travaux de restauration de l'arche marinière du Pont-Neuf.

3. La présente ordonnance sera imprimée et affichée.

Le préfet de police, REBILLOT.

—————————◇—————————

N° **2185.** — *Ordonnance concernant les chiens et les chiens boule-dogues.*

Paris, le 15 juin 1849.

Nous, préfet de police,

Considérant que de nombreux inconvénients et de graves dangers peuvent résulter de l'inexécution des règlements sur la police des chiens, et qu'il y a lieu d'en rappeler les dispositions au public;

Vu les arrêtés du gouvernement des 12 messidor an VIII et 3 brumaire an IX;

Ordonnons ce qui suit :

Les dispositions de l'ordonnance de police du 27 mai 1845 (1), concernant les chiens et les chiens *boule-dogues*, seront de nouveau imprimées et affichées dans Paris et dans les communes du ressort de la préfecture de police, ainsi que l'avis du conseil de salubrité annexé à ladite ordonnance.

Le préfet de police, REBILLOT.

—————————◇—————————

N° **2186.** — *Ordonnance concernant la nouvelle fixation du prix de location des étaux de boucherie dans les marchés publics de Paris.*

Paris, le 20 juin 1849.

Nous préfet de police,

Vu : 1° les ordonnances de police des 4 juin 1823, 25 janvier 1836 et 22 juin 1846, qui ont établi le prix de location des étaux dans les marchés de Paris;

2° L'ordonnance de police du 14 août 1848, statuant qu'à partir du 1er septembre suivant, la vente de la viande de boucherie, qui n'avait lieu jusque-là que deux fois par semaine, serait permanente sur les marchés de Paris pourvus d'étaux;

3° Les délibérations de la commission municipale, en date des 12 janvier et 13 avril derniers, portant qu'il y a lieu d'établir un nouveau tarif pour la location des étaux de boucherie dans ces marchés;

4° Les décisions de M. le ministre de l'intérieur, des 22 février et 16 mai derniers, approbatives de ce tarif,

Ordonnons ce qui suit :

—————————————————

(1) V. cette ord.

1. Le droit de location des étaux de boucherie existant dans les marchés publics de Paris est fixé ainsi qu'il suit :

Au marché des Prouvaires........ 2 fr. 25 c. } par étal et par
Aux autres marchés............. 1   50 } jour d'occupation.

2. Ce droit sera payable par semaine et d'avance, à compter du 1er juillet prochain pour le marché des Prouvaires, et de la publication de la présente ordonnance pour les autres marchés.

3. Au marché des Prouvaires et à compter du 1er juillet prochain, l'obligation de payer par semaine et d'avance sera également applicable aux droits de location des étaux de charcutiers et des places des marchands d'abats de porcs, fixés par l'ordonnance de police du 25 janvier 1836.

4. La présente ordonnance sera imprimée et affichée.

Ampliation en sera adressée à M. le préfet de la Seine et à M. le directeur de l'administration de l'Assistance publique.

Les commissaires de police, et notamment ceux des quartiers des Marchés, Saint-Eustache, du Luxembourg, Saint-Jacques, du Marché-Saint-Jean et des Quinze-Vingts, le chef de la police municipale, l'inspecteur général des halles et marchés, et les autres préposés de la préfecture de police, sont chargés d'en assurer l'exécution, chacun en ce qui le concerne.

Le préfet de police, REBILLOT.

N° **2187.** — *Ordonnance concernant les vendeurs d'écrits sur la voie publique.*

Paris, le 20 juin 1849.

Nous, préfet de police,

Vu : la loi des 16-24 août 1790 ;

Les arrêtés du gouvernement des 12 messidor an VIII et 3 brumaire an IX ;

Les lois du 10 décembre 1830 et du 16 février 1834,

Ordonnons ce qui suit :

1. Toutes les permissions de vendeur et de distributeur d'écrits sur la voie publique, délivrées jusqu'à ce jour, sont supprimées à partir du 25 de ce mois.

2. Tout citoyen qui voudra à l'avenir exercer le métier de vendeur ou distributeur d'écrits sur la voie publique, dans le département de la Seine et dans les communes de Saint-Cloud, Sèvres et Meudon, du département de Seine-et-Oise, devra préalablement obtenir une permission à la préfecture de police.

3. La vente et la distribution des journaux et écrits périodiques ne pourront avoir lieu en circulant sur la voie publique, conformément à l'ordonnance de police du 19 août 1848.

4. Les vendeurs de journaux ne pourront stationner qu'aux lieux et aux heures qui seront indiqués par leurs permissions.

5. Ils ne pourront annoncer leurs journaux par des cris ou par des instruments bruyants, mais ils auront la faculté d'indiquer, le soir, leur stationnement au moyen d'une lanterne fixée sur un poteau.

6. Les écrits autres que les journaux ou écrits périodiques devront, préalablement à la vente, être présentés au visa du commissaire de police du quartier du Palais-de-Justice.

7. Chaque vendeur ou distributeur continuera de porter d'une manière ostensible une médaille indiquant son nom et le numéro de sa permission. Ce numéro devra être reproduit sur la lanterne.

8. La présente ordonnance sera imprimée et affichée dans Paris et dans les communes rurales du département de la Seine, et dans celles de Saint-Cloud, Sèvres et Meudon.

Les sous-préfets des arrondissements de Sceaux et de Saint-Denis, les maires et adjoints, et commissaires de police dans les communes ci-dessus désignées, le chef de la police municipale, les commissaires de police de la ville de Paris, les officiers de paix et les préposés de la préfecture de police sont chargés, chacun en ce qui le concerne, de l'exécution de la présente ordonnance.

Le préfet de police, REBILLOT.

N° **2188**. — *Ordonnance concernant la police, la sûreté et l'exploitation des chemins de fer.*

Paris, le 22 juin 1849.

Nous, préfet de police,

Vu les renseignements à nous transmis par M. l'ingénieur en chef de la première section du chemin de fer de Paris à Strasbourg, et desquels il résulte que les lois et règlements concernant la police et la sûreté des chemins de fer sont journellement enfreints sur le chemin de fer de Paris à Strasbourg, dans la traversée du département de la Seine ;

Considérant qu'il importe de prendre des mesures pour faire cesser cet état de choses qui aurait pour effet de compromettre la sûreté de la circulation lors de la prochaine ouverture du chemin de fer dont il s'agit ;

En vertu des arrêtés du gouvernement des 12 messidor an VIII et 3 brumaire an IX (1er juillet et 25 octobre 1800),

Ordonnons ce qui suit ;

Les articles 2, 16, 17, 19, 21, 23 et 25 de la loi du 15 juillet 1845, sur la police des chemins de fer, les articles 61, 62, 63, 65, 68 et 79 de l'ordonnance du 15 novembre 1846, portant règlement d'administration publique sur la police, la sûreté et l'exploitation des chemins de fer, et l'article 456 du Code pénal, seront imprimés et affichés dans les communes du ressort de la préfecture de police dont le territoire est traversé par le chemin de fer de Paris à Strasbourg (1).

Le préfet de police, REBILLOT.

N° **2189**. — *Ordonnance concernant la sûreté de la circulation sur le pont d'Austerlitz* (2).

Paris, le 3o juin 1849.

---

(1) V. la loi sur la police des chemins de fer, et le règlement d'administ. publique du 15 nov. 1846.
(2) Abrogée.—V. l'ord. du 20 sept. 1849.

N° **2190**. — *Ordonnance qui fixe le tarif pour le transport, à grande vitesse, des voyageurs, des bagages, des articles de messagerie, marchandises, voitures, chevaux et chiens, sur les parcours compris entre* Paris *et* Epernay, *sur le chemin de fer de Paris à Strasbourg* (chemin de l'Est).

Paris, le 2 juillet 1849.

Nous, préfet de police,

Vu : 1° la loi du 19 juillet 1845, qui autorise la concession du chemin de fer de Paris à Strasbourg; ensemble le cahier des charges, coté B, annexé à cette loi;

2° L'ordonnance royale homologative de l'adjudication de la concession dudit chemin de fer, en date du 27 novembre de la même année;

3° La décision ministérielle du 11 juin 1849, portant approbation, sauf quelques modifications, des propositions de tarifs présentées par la compagnie du chemin de fer de Paris à Strasbourg, pour le transport, à grande vitesse, des voyageurs, des bagages, des articles de messagerie, marchandises, voitures, chevaux et chiens, sur les parcours compris entre Paris et Epernay;

Considérant qu'il y a lieu de rendre exécutoire, dans le ressort de la préfecture de police, la décision ministérielle précitée,

Ordonnons ce qui suit :

TITRE Ier.

TRANSPORT A LA VITESSE DES VOYAGEURS.

CHAPITRE Ier.

Voyageurs.

1. Les prix à percevoir pour le transport des voyageurs sur les parcours du chemin de fer de Paris à Strasbourg, compris entre Paris et Épernay, sont réglés, y compris l'impôt dû au Trésor, conformément au tableau suivant :

Tarif pour le transport des voyageurs.

NOTA.—Les militaires ou marins voyageant isolément pour cause de service, envoyés en congé pour appartenir à la réserve, envoyés en congé limité ou rentrant dans leurs foyers, après libération, ne sont assujettis, eux et leurs bagages, qu'à la moitié de la taxe du tarif ci-dessous fixé.—Les militaires ou marins voyageant en corps ne seront assujettis, eux et leurs bagages, qu'au quart de la taxe du tarif. (Art. 77 du cahier des charges.) *Voir l'article 5 ci-après.*

LIEUX DE DÉPART et DE DESTINATION.	Distances servant de base à la fixation des prix de transport.	1re CLASSE. Voitures couvertes, garnies et fermées à glaces.	2e CLASSE. Voitures couvertes, fermées à glaces et à banquettes rembourrées.	3e CLASSE. Voitures couvertes et fermées avec rideaux.
		PRIX DE TRANSPORT.		
	kilomèt.	fr. c.	fr. c.	fr. c.
De PARIS à				
Noisy-le-Sec	9	» 95	» 70	» 50
Gagny	14	1 45	1 10	» 80
Chelles	19	1 95	1 50	1 10
Lagny	28	2 90	2 20	1 60
Esbly	37	3 80	2 90	2 15
Meaux	45	4 65	3 50	2 60
Trilport	51	5 25	3 95	2 95
Changis	58	6 »	4 50	3 35
La Ferté-s.-Jouarre	66	6 80	5 15	3 80
Nanteuil	74	7 65	5 75	4 25
Nogent-l'Artaud	84	8 70	6 55	4 85
Château-Thierry	95	9 80	7 40	5 50
Mezy	104	10 75	8 10	6 »
Varennes	106	10 95	8 25	6 10
Dormans	117	12 10	9 10	6 75
Port-à-Binson	126	13 »	9 80	7 30
Damery	135	13 95	10 50	7 80
Epernay	142	14 65	11 05	8 20
De NOISY-LE-SEC à				
Paris	9	» 95	» 70	» 50
Gagny	6	» 60	» 45	» 35
Chelles	10	1 05	» 80	» 60
Lagny	19	1 95	1 50	1 10
Esbly	28	2 90	2 20	1 60
Meaux	36	3 70	2 80	2 10
Trilport	42	4 35	3 25	2 45
Changis	49	5 05	3 80	2 85
La Ferté-s.-Jouarre	57	5 90	4 45	3 50
Nanteuil	65	6 70	5 05	3 75
Nogent-l'Artaud	75	7 75	5 85	4 35
Château-Thierry	86	8 90	6 70	4 95
Mezy	95	9 80	7 40	5 50
Varennes	97	10 »	7 55	5 60
Dormans	108	11 15	8 40	6 25
Port-à-Binson	117	12 10	9 10	6 75
Damery	126	13 »	9 80	7 30
Epernay	135	13 75	10 55	7 70

Suite du Tarif pour le Transport des Voyageurs.

LIEUX DE DÉPART et DE DESTINATION.	Distances servant de base à la fixation des prix de transport.	1re CLASSE. Voitures couvertes, garnies et fermées à glaces.		2e CLASSE. Voitures couvertes, fermées à glaces et à banquettes rembourrées.		3e CLASSE Voitures couvertes et fermées avec rideaux.	
	kilomèt.	fr.	c.	fr.	c.	fr.	c.
De GAGNY à Paris............	14	1	45	1	10	»	80
Noisy-le-Sec.......	6	»	60	»	45	»	35
Chelles...........	6	»	60	»	45	»	35
Lagny............	14	1	45	1	10	»	80
Esbly	23	2	40	1	80	1	35
Meaux...........	31	3	20	2	40	1	80
Trilport..........	37	3	80	2	90	2	15
Changis..........	44	4	55	3	40	2	55
La Ferté-s.-Jouarre.	52	5	35	4	05	3	»
Nanteuil..........	60	6	20	4	65	3	45
Nogent-l'Artaud....	70	7	25	5	45	4	05
Château-Thierry....	81	8	35	6	30	4	70
Mezy............	90	9	30	7	»	5	20
Varennes..........	92	9	50	7	15	5	30
Dormans	103	10	65	8	»	5	95
Port-à-Binson......	112	11	55	8	70	6	45
Damery	121	12	50	9	40	7	»
Epernay..........	128	13	20	9	95	7	40
De CHELLES à Paris............	19	1	95	1	50	1	10
Noisy-le-Sec.......	10	1	05	»	80	»	60
Gagny............	6	»	60	»	45	»	35
Lagny............	10	1	05	»	80	»	60
Esbly	18	1	85	1	40	1	05
Meaux...........	26	2	70	2	»	1	50
Trilport..........	32	3	30	2	50	1	85
Changis..........	40	4	15	3	10	2	30
La Ferté-s.-Jouarre.	47	4	85	3	65	2	70
Nanteuil..........	56	5	80	4	35	3	25
Nogent-l'Artaud....	66	6	80	5	15	3	80
Château-Thierry....	77	7	95	6	»	4	45
Mezy............	85	8	80	6	60	4	90
Varennes..........	88	9	10	6	85	5	10
Dormans..........	98	10	10	7	60	5	65
Port-à-Binson......	108	11	15	8	40	6	25
Damery	116	12	»	9	»	6	70
Epernay..........	123	12	70	9	55	7	10
De LAGNY à Paris............	28	2	90	2	20	1	60
Noisy-le-Sec.......	19	1	95	1	50	1	10
Gagny............	14	1	45	1	10	»	80
Chelles...........	10	1	05	»	80	»	60
Esbly	9	»	95	»	70	»	50
Meaux...........	17	1	75	1	30	1	»
Trilport..........	23	2	40	1	80	1	35
Changis..........	31	3	20	2	40	1	80
La Ferté-s.-Jouarre.	38	3	95	2	95	2	20
Nanteuil..........	47	4	85	3	65	2	70
Nogent-l'Artaud....	57	5	90	4	45	3	30
Château-Thierry....	67	6	90	5	20	3	85
Mezy............	76	7	85	5	90	4	40
Varennes..........	79	8	15	6	15	4	55
Dormans..........	89	9	20	6	90	5	15
Port-à-Binson......	99	10	25	7	70	5	70
Damery	107	11	05	8	30	6	20
Epernay..........	114	11	80	8	85	6	60

Suite du Tarif pour le Transport des Voyageurs.

LIEUX DE DÉPART et DE DESTINATION.	Distances servant de base à la fixation des prix de transport.	1re CLASSE. Voitures couvertes, garnies et fermées à glaces.		2e CLASSE. Voitures couvertes et fermées à glaces et à banquettes rembourrées.		3e CLASSE. Voitures couvertes et fermées avec rideaux.	
	kilomèt.	fr.	c.	fr.	c.	fr.	c.
D'ESBLY à							
Paris	37	3	80	2	90	2	15
Noisy-le-Sec	28	2	90	2	20	1	60
Gagny	23	2	40	1	80	1	35
Chelles	18	1	85	1	40	1	05
Lagny	9	»	95	»	70	»	50
Meaux	8	»	85	»	60	»	45
Trilport	15	1	55	1	15	»	85
Changis	22	2	25	1	70	1	25
La Ferté-s.-Jouarre	29	3	»	2	25	1	65
Nanteuil	38	3	95	2	95	2	20
Nogent-l'Artaud	48	4	95	3	75	2	75
Château-Thierry	59	6	10	4	60	3	40
Mezy	67	6	90	5	20	3	85
Varennes	70	7	25	5	45	4	05
Dormans	81	8	35	6	30	4	70
Port-à-Binson	90	9	30	7	»	5	20
Damery	99	10	25	7	70	5	70
Epernay	106	10	95	8	25	6	10
De MEAUX à							
Paris	45	4	65	3	50	2	60
Noisy-le-Sec	36	3	70	2	80	2	10
Gagny	31	3	20	2	40	1	80
Chelles	26	2	70	2	»	1	50
Lagny	17	1	75	1	30	1	»
Esbly	8	»	85	»	60	»	45
Trilport	7	»	70	»	55	»	40
Changis	14	1	45	1	10	»	80
La Ferté-s.-Jouarre	22	2	25	1	70	1	25
Nanteuil	30	3	10	2	35	1	75
Nogent-l'Artaud	40	4	15	3	10	2	30
Château-Thierry	51	5	25	3	95	2	95
Mezy	59	6	10	4	60	3	40
Varennes	62	6	40	4	80	3	60
Dormans	73	7	55	5	70	4	20
Port-à-Binson	82	8	45	6	40	4	75
Damery	91	9	40	7	10	5	25
Epernay	98	10	10	7	60	5	65
De TRILPORT à							
Paris	51	5	25	3	95	2	95
Noisy-le-Sec	42	4	35	3	25	2	45
Gagny	37	3	80	2	90	2	15
Chelles	32	3	30	2	50	1	85
Lagny	23	2	40	1	80	1	35
Esbly	15	1	55	1	15	»	85
Meaux	7	»	70	»	55	»	40
Changis	8	»	85	»	60	»	45
La Ferté-s.-Jouarre	15	1	55	1	15	»	85
Nanteuil	24	2	50	1	85	1	40
Nogent-l'Artaud	34	3	50	2	65	1	95
Château-Thierry	45	4	65	3	50	2	60
Mezy	53	5	45	4	10	3	05
Varennes	56	5	80	4	35	3	25
Dormans	67	6	90	5	20	3	85
Port-à-Binson	76	7	85	5	90	4	40
Damery	85	8	80	6	60	4	90
Epernay	91	9	40	7	10	5	25

Suite du Tarif pour le Transport des Voyageurs.

LIEUX DE DÉPART et DE DESTINATION.	Distances servant de base à la fixation des prix de transport.	1re CLASSE. Voitures couvertes, garnies et fermées à glaces.		2e CLASSE. Voitures couvertes, fermées à glaces et à banquettes rembourrées.		3e CLASSE. Voitures couvertes et fermées avec rideaux.	
	kilomèt.	fr.	c.	fr.	c.	fr.	c.
De Changis à Paris..........	58	6	»	4	50	3	35
Noisy-le-Sec........	49	5	05	3	80	2	85
Gagny.............	44	4	55	3	40	2	55
Chelles............	40	4	15	3	10	2	30
Lagny.............	31	3	20	2	40	1	80
Esbly.............	22	2	25	1	70	1	25
Meaux.............	14	1	45	1	10	»	80
Trilport...........	8	»	85	»	60	»	45
La Ferté-s.-Jouarre.	8	»	85	»	60	»	45
Nanteuil...........	17	1	75	1	30	1	»
Nogent-l'Artaud ...	27	2	80	2	10	1	55
Château-Thierry ...	37	3	80	2	90	2	15
Mezy..............	46	4	75	3	60	2	65
Varennes..........	49	5	05	3	80	2	85
Dormans...........	59	6	10	4	60	3	40
Port-à-Binson......	69	7	15	5	55	4	»
Damery...........	77	7	95	6	»	4	45
Epernay...........	84	8	70	6	55	4	85
De La Ferté-sous-Jouarre à Paris..........	66	6	80	5	15	3	80
Noisy-le-Sec........	57	5	90	4	45	3	30
Gagny.............	52	5	35	4	05	3	»
Chelles............	47	4	85	3	65	2	70
Lagny.............	38	3	95	2	95	2	20
Esbly.............	29	3	»	2	25	1	65
Meaux.............	22	2	25	1	70	1	25
Trilport...........	15	1	55	1	15	»	85
Changis...........	8	»	85	»	60	»	45
Nanteuil...........	9	»	95	»	70	»	50
Nogent-l'Artaud....	19	1	95	1	50	1	10
Château-Thierry....	30	3	10	2	35	1	75
Mezy..............	38	3	95	2	95	2	20
Varennes..........	41	4	25	3	20	2	35
Dormans...........	52	5	35	4	05	3	»
Port-à-Binson......	61	6	30	4	75	3	50
Damery...........	70	7	25	5	45	4	05
Epernay...........	77	7	95	6	»	4	45
De Nanteuil à Paris..........	74	7	65	5	75	4	25
Noisy-le-Sec.......	65	6	70	5	05	3	75
Gagny.............	60	6	20	4	65	3	45
Chelles............	56	5	80	4	35	3	25
Lagny.............	47	4	85	3	65	2	70
Esbly	38	3	95	2	95	2	20
Meaux.............	30	3	10	2	35	1	75
Trilport...........	24	2	50	1	85	1	40
Changis...........	17	1	75	1	30	1	»
La Ferté-s.-Jouarre.	9	»	85	»	70	»	50
Nogent-l'Artaud	10	1	05	»	80	»	60
Château-Thierry....	21	2	15	1	65	1	20
Mezy.............	30	3	10	2	35	1	75
Varennes..........	33	3	40	2	55	1	90
Dormans...........	43	4	45	3	35	2	50
Port-à-Binson......	52	5	35	4	05	3	»
Damery...........	61	6	30	4	75	3	50
Epernay...........	68	7	»	5	30	3	95

Suite *du* Tarif pour le Transport des Voyageurs.

LIEUX DE DÉPART et DE DESTINATION.	Distances servant de base à la fixation des prix de transport.	1re CLASSE. Voitures couvertes, garnies et fermées à glaces.		2e CLASSE. Voitures couvertes, fermées à glaces et à banquettes rembourrées.		3e CLASSE. Voitures couvertes et fermées avec rideaux.	
		PRIX DE TRANSPORT.					
	kilomèt.	fr.	c.	fr.	c.	fr.	c.
De NOGENT-L'ARTAUD à Paris	84	8	70	6	55	4	85
Noisy-le-Sec	75	7	75	5	85	4	35
Gagny	70	7	25	5	45	4	05
Chelles	66	6	80	5	15	3	80
Lagny	57	5	90	4	45	3	30
Esbly	48	4	95	3	75	2	75
Meaux	40	4	15	3	10	2	30
Trilport	34	3	50	2	65	1	95
Changis	27	2	80	2	10	1	55
La Ferté-s.-Jouarre	19	1	95	1	50	1	10
Nanteuil	10	1	05	»	80	»	60
Château-Thierry	11	1	15	»	85	»	65
Mezy	20	2	05	1	55	1	15
Varennes	23	2	40	1	80	1	35
Dormans	33	3	40	2	55	1	90
Port-à-Binson	42	4	35	3	25	2	45
Damery	51	5	25	3	95	2	95
Epernay	58	6	»	4	50	3	35
De CHATEAU-THIERRY à Paris	95	9	80	7	40	5	50
Noisy-le-Sec	86	8	90	6	70	4	95
Gagny	81	8	35	6	30	4	70
Chelles	77	7	95	6	»	4	45
Lagny	67	6	90	5	20	3	85
Esbly	59	6	10	4	60	3	40
Meaux	51	5	25	3	95	2	95
Trilport	45	4	65	3	50	2	60
Changis	37	3	80	2	90	2	15
La Ferté-s.-Jouarre	30	3	10	2	35	1	75
Nanteuil	21	2	15	1	65	1	20
Nogent-l'Artaud	11	1	15	»	85	»	65
Mezy	9	»	95	»	70	»	50
Varennes	12	1	25	»	95	»	70
Dormans	22	2	25	1	70	1	25
Port-à-Binson	32	3	30	2	50	1	85
Damery	40	4	15	3	10	2	30
Epernay	47	4	85	3	65	2	70
De MEZY à Paris	104	10	75	8	10	6	»
Noisy-le-Sec	95	9	80	7	40	5	50
Gagny	90	9	30	7	»	5	20
Chelles	85	8	80	6	60	4	90
Lagny	76	7	85	5	90	4	40
Esbly	67	6	90	5	20	3	85
Meaux	59	6	10	4	60	3	40
Trilport	53	5	45	4	10	3	05
Changis	46	4	75	3	60	2	65
La Ferté-s.-Jouarre	38	3	95	2	95	2	20
Nanteuil	30	3	10	2	35	1	75
Nogent-l'Artaud	20	2	05	1	55	1	15
Château-Thierry	9	»	95	»	70	»	50
Varennes	6	»	60	»	45	»	35
Dormans	14	1	45	1	10	»	80
Port-à-Binson	23	2	40	1	80	1	35
Damery	32	3	30	2	50	1	85
Epernay	39	4	05	3	05	2	25

Suite *du* Tarif pour le Transport des Voyageurs.

LIEUX DE DÉPART et DE DESTINATION.	Distances servant de base à la fixation des prix de transport.	1re CLASSE. Voitures couvertes, garnies et fermées à glaces.		2e CLASSE. Voitures couvertes, fermées à glaces et à banquettes rembourrées.		3e CLASSE. Voitures couvertes et fermées avec rideaux.	
	kilomèt.	fr.	c.	fr.	c.	fr.	c.
De VARENNES à							
Paris............	106	10	95	8	25	6	10
Noisy-le-Sec........	97	10	»	7	55	5	60
Gagny............	92	9	50	7	15	5	30
Chelles...........	88	9	10	6	85	5	10
Lagny............	79	8	15	6	15	4	55
Esbly	70	7	25	5	45	4	05
Meaux...........	62	6	40	4	80	3	60
Trilport...........	56	5	80	4	35	3	25
Changis...........	49	5	05	3	80	2	85
La Ferté-s.-Jouarre.	41	4	25	3	20	2	35
Nanteuil..........	33	3	40	2	55	1	90
Nogent-l'Artaud	23	2	40	1	80	1	35
Château-Thierry....	12	1	25	»	95	»	70
Mezy............	6	»	60	»	45	»	35
Dormans..........	11	1	15	»	85	»	65
Port-à-Binson	20	2	05	1	55	1	15
Damery...........	29	3	»	2	25	1	65
Epernay...........	36	3	70	2	80	2	10
De DORMANS à							
Paris............	117	12	10	9	10	6	75
Noisy-le-Sec........	108	11	15	8	40	6	25
Gagny............	103	10	65	8	»	5	95
Chelles...........	98	10	10	7	60	5	65
Lagny............	89	9	20	6	90	5	15
Esbly	81	8	35	6	30	4	70
Meaux...........	73	7	55	5	70	4	20
Trilport...........	67	6	90	5	20	3	85
Changis...........	59	6	10	4	60	3	40
La Ferté-s.-Jouarre.	52	5	35	4	05	3	»
Nanteuil..........	43	4	45	3	35	2	50
Nogent-l'Artaud	33	3	40	2	55	1	90
Château-Thierry....	22	2	25	1	70	1	25
Mezy............	14	1	45	1	10	»	80
Varennes..........	11	1	15	»	85	»	65
Port-à-Binson......	10	1	05	»	80	»	60
Damery...........	18	1	85	1	40	1	05
Epernay...........	25	2	60	1	95	1	45
De PORT-A-BINSON à							
Paris............	126	13	»	9	80	7	30
Noisy-le-Sec........	117	12	10	9	10	6	75
Gagny............	112	11	55	8	70	6	45
Chelles...........	108	11	15	8	40	6	25
Lagny............	99	10	25	7	70	5	70
Esbly	90	9	30	7	»	5	20
Meaux	82	8	45	6	40	4	75
Trilport...........	76	7	85	5	90	4	40
Changis...........	69	7	15	5	35	4	»
La Ferté-s.-Jouarre.	61	6	30	4	75	3	50
Nanteuil..........	52	5	35	4	05	3	»
Nogent-l'Artaud	42	4	35	3	25	2	45
Château-Thierry....	32	3	30	2	50	1	85
Mezy............	23	2	05	1	55	1	15
Varennes..........	20	2	05	1	55	1	15
Dormans..........	10	1	05	»	80	»	60
Damery...........	9	»	95	»	70	»	50
Epernay...........	16	1	65	1	25	»	90

Suite *du* Tarif pour le Transport des Voyageurs.

LIEUX DE DÉPART et DE DESTINATION	Distances servant de base à la fixation des prix de transport.	1re CLASSE. Voitures couvertes, garnies et fermées à glaces.		2e CLASSE. Voitures couvertes, fermées à glaces et à banquettes rembourrées.		3e CLASSE. Voitures couvertes et fermées avec rideaux.	
	kilomèt.	fr.	c.	fr.	c.	fr.	c.
De DAMERY à							
Paris	135	13	95	10	50	7	80
Noisy-le-Sec	126	13	»	9	80	7	30
Gagny	121	12	50	9	40	7	»
Chelles	116	12	»	9	»	6	70
Lagny	107	11	05	8	50	6	20
Esbly	99	10	25	7	70	5	70
Meaux	91	9	40	7	10	5	25
Trilport	85	8	80	6	60	4	90
Changis	77	7	95	6	»	4	45
La Ferté-s.-Jouarre	70	7	25	5	45	4	05
Nanteuil	61	6	30	4	75	3	50
Nogent-l'Artaud	51	5	25	3	95	2	95
Château-Thierry	40	4	15	3	10	2	30
Mezy	32	3	30	2	50	1	85
Varennes	29	3	»	2	25	1	65
Dormans	18	1	85	1	40	1	05
Port-à-Binson	9	»	95	»	70	»	50
Epernay	7	»	70	»	55	»	40
D'ÉPERNAY à							
Paris	142	14	65	11	05	8	20
Noisy-le-Sec	135	13	75	10	35	7	70
Gagny	128	13	20	9	95	7	40
Chelles	123	12	70	9	55	7	10
Lagny	114	11	80	8	85	6	60
Esbly	106	10	95	8	25	6	10
Meaux	98	10	10	7	60	5	65
Trilport	91	9	40	7	10	5	25
Changis	84	8	70	6	55	4	85
La Ferté-s.-Jouarre	77	7	95	6	»	4	45
Nanteuil	68	7	»	5	30	3	95
Nogent-l'Artaud	58	6	»	4	50	3	35
Château-Thierry	47	4	85	3	65	2	70
Mezy	39	4	05	3	05	2	25
Varennes	36	3	70	2	80	2	10
Dormans	25	2	60	1	95	1	45
Port-à-Binson	16	1	65	1	25	»	90
Damery	7	»	70	»	55	»	40

CHAPITRE II.

Excédants de bagages, articles de messagerie pesant plus de 2 kilogrammes, et marchandises.—Articles de messagerie ne pesant pas plus de 2 kilogrammes.— Denrées destinées à l'approvisionnement des halles ; huîtres et poisson frais ; finances et autres valeurs.

SECTION 1re. — Prix de transport.

§ Ier. — *Excédants de bagages, articles de messagerie pesant plus de 2 kilogrammes, et marchandises.—Articles de messagerie ne pesant pas plus de 2 kilogrammes.*

2. Les prix à percevoir pour le transport des bagages, des articles de messagerie pesant plus de 2 kilogrammes, et des marchandises, sont réglés ainsi qu'il suit :

Jusqu'à 40 kilogrammes inclusivement, par fraction indivisible
de 10 kilogrammes et par kilomètre...................... 0 fr. 0045
Au-dessus de 40 kilogrammes, également par fraction indivisible
de 10 kilogrammes et par kilomètre.................. 0   0036

Ces prix de transport ne sont pas applicables aux objets qui, sous le volume d'un mètre cube, ne pèsent pas 200 kilogrammes (article 74, § 1er, du cahier des charges). Ces objets payeront le double de la taxe ordinaire.

3. La Compagnie est autorisée à percevoir, pour le transport des articles de messagerie ne pesant pas plus de 2 kilogrammes, la moitié du prix fixé pour les fractions du poids de 10 kilogrammes.

4. Aux termes de l'article 71 du cahier des charges, tout voyageur dont le bagage ne pèsera pas plus de 30 kilogrammes, n'aura à payer, pour le port de ce bagage aucun supplément du prix de sa place.

5. Conformément à l'article 77 du cahier des charges, les militaires ou marins voyageant isolément pour cause de service, envoyés en congé pour appartenir à la réserve, envoyés en congé limité ou rentrant dans leurs foyers après libération, ne seront assujettis, eux et leurs bagages, qu'à la moitié de la taxe du tarif.

Les militaires ou marins voyageant en corps ne seront assujettis, eux et leurs bagages, qu'au quart de la taxe du tarif.

§ II. — *Denrées destinées à l'approvisionnement des halles.*

6. La Compagnie est autorisée à transporter par son train de nuit les denrées destinées à l'approvisionnement des halles, au prix réduit de 0 francs 0025 par fraction indivisible de 10 kilogrammes et par kilomètre.

§ III. — *Huîtres et poisson frais.*

7. La Compagnie est également autorisée à percevoir pour le transport des huîtres et du poisson frais, savoir :

Par fraction indivisible de 10 kilogrammes et par kilomètre....... 0 fr. 005

§ IV. — *Finances et valeurs.*

8. Le transport de l'or et de l'argent, soit monnayé ou travaillé, soit en lingot, du plaqué d'or et d'argent, du mercure, du platine, des bijoux, des pierres précieuses et autres valeurs de même nature, s'effectuera aux conditions ci-après indiquées :

Pour les sommes de 200 francs et au-dessous......... 0 fr. 002 par kilom.
Au-dessus de 200 francs et par fraction indivisible de
1,000 francs.................................... 0   005   —

9. Nonobstant les dispositions des articles II, III, VI, VII et VIII qui précèdent, la Compagnie est autorisée à percevoir les prix minimum suivants, savoir :

50 c. pour les expéditions de toute nature, finances exceptées, du poids
de 2 kilogrammes et au-dessous.
50 c. pour les expéditions de toute nature, finances exceptées, d'un poids
supérieur à 2 kilogrammes.
40 c. pour toute expédition de finances et valeurs.

SECTION II. —Frais accessoires.

§ Ier. — *Enregistrement et magasinage.*

10. La Compagnie est autorisée à percevoir un droit fixe de 10 centimes pour l'enregistrement tant des bagages dont le poids excédera 30 kilogrammes que de toute expédition, soit d'articles de messagerie ou de marchandises, soit de denrées, de poisson frais ou finances.

L'enregistrement est facultatif pour les bagages dont le poids n'excédera pas 30 kilogrammes ; lorsqu'il aura lieu à la demande des voyageurs, il sera soumis au droit de 10 centimes.

11. La compagnie est également autorisée à percevoir, à titre de frais de magasinage, un droit de 20 centimes par fraction *indivisible* de 100 kilogrammes, pour les articles de messagerie et les marchandises adressées bureau restant.

Tout article dont le poids serait inférieur à 100 kilogrammes sera soumis au même droit.

Lorsque les articles de messagerie et les marchandises ne seront pas enlevées dans les vingt-quatre heures, il sera perçu un droit supplémentaire de 5 centimes par 100 kilogrammes et par jour.

§ II. — *Chargement et déchargement.*

12. Les frais de chargement et de déchargement sont fixés de la manière suivante :

Pour les excédants de bagages, jusqu'à 40 kilogrammes inclusivement..	30 c.
Pour les excédants de bagages, au-dessus de 40 kilogrammes jusqu'à 400 kilogrammes inclusivement....................	60
Pour les excédants de bagages au-dessus de 400 kilogrammes.............	
Pour les articles de messagerie et marchandises.......................	par fraction indivisible de 100 kilogrammes. 15
Pour les huîtres et le poisson frais, par fraction indivisible de 100 kilog.	15

sans que ces frais puissent être inférieurs à 25 centimes.

CHAPITRE III.
Transport du lait.

13. Le transport du lait sera effectué aux prix suivants, par chargement complet de 3,600 litres, et sans responsabilité pour la Compagnie des pertes et avaries qui pourraient avoir lieu :

De 28 à 50 kilomètres......	45 fr. par wagon.	
De 51 à 100	—	......54 —
De 101 à 150	—	......63 —

Pour les chargements complets de 3,600 litres parcourant une distance moindre de 28 kilomètres, et pour tout chargement partiel, les prix sont fixés à 0 franc 0036 par 10 kilogrammes et par kilomètre.

Les prix ci-dessus fixés comprennent le retour à vide des pots à lait.

Le chargement et le déchargement du lait restent à la charge des expéditeurs et des destinataires.

CHAPITRE IV.
Voitures, chevaux et chiens.

SECTION Ire. — Prix de transport.

§ Ier. — *Voitures et chevaux.*

14. La Compagnie est autorisée à percevoir, pour le transport des voitures et des chevaux, les prix fixés au tableau suivant :

Tarif pour le Transport des Voitures et des Chevaux.

LIEUX DE DÉPART et DE DESTINATION.	Distances servant de base à la fixation des prix de transport.	VOITURES A 2 OU A 4 ROUES			CHEVAUX.		
		à un fond et à une banquette.	à un ou à deux fonds et à deux banquettes.	à trois fonds et à deux banquettes.	Un cheval.	Deux chevaux.	Par wagon complet de trois chevaux.
	kilom.	fr. c.	fr. c.	fr. c.	fr. c.	fr. c.	fr. c.
De PARIS aux stations ci-après, et vice versâ :							
Lagny.............	28	14 »	17 90	21 85	5 60	10 10	12 60
Meaux.............	45	22 50	28 80	35 10	9 »	16 20	20 25
La Ferté-sous-Jouarre.	66	33 »	42 25	51 50	13 20	23 75	29 70
Château-Thierry......	95	47 50	60 80	74 10	19 »	34 20	42 75
Epernay............	142	71 »	90 90	110 75	28 40	51 10	63 90
De LAGNY aux stations ci-après, et vice versâ :							
Paris..............	28	14 »	17 90	21 85	5 60	10 10	12 60
Meaux.............	17	8 50	10 90	13 25	3 40	6 10	7 65
La Ferté-sous-Jouarre..	38	19 »	24 30	29 65	7 60	13 70	17 10
Château-Thierry......	67	33 50	42 90	52 25	13 40	24 10	30 15
Epernay............	114	57 »	72 95	88 90	22 80	41 05	51 30
De MEAUX aux stations ci-après, et vice versâ :							
Paris..............	45	22 50	28 80	35 10	9 »	16 20	20 25
Lagny.............	17	8 50	10 90	13 25	3 40	6 10	7 65
La Ferté-sous-Jouarre..	22	11 »	14 10	17 15	4 40	7 90	9 90
Château-Thierry......	51	25 50	32 65	39 80	10 20	18 35	22 95
Epernay............	98	49 »	62 70	76 45	19 60	35 30	44 10
De LA FERTÉ-S-JOUARRE aux stations ci-après, et vice versâ :							
Paris..............	66	33 »	42 25	51 50	13 20	23 75	29 70
Lagny.............	38	19 »	24 30	29 65	7 60	13 70	17 10
Meaux.............	22	11 »	14 10	17 15	4 40	7 90	9 90
Château-Thierry......	30	15 »	19 20	23 40	6 »	10 80	13 50
Epernay............	77	38 50	49 30	60 05	15 40	27 70	34 65
De CHATEAU-THIERRY aux stations ci-après, et vice versâ :							
Paris..............	95	47 50	60 80	74 10	19 »	34 20	42 75
Lagny.............	67	33 50	42 90	52 25	13 40	24 10	30 15
Meaux.............	51	25 50	32 65	39 80	10 20	18 35	22 95
La Ferté-sous-Jouarre..	30	15 »	19 20	23 40	6 »	10 80	13 50
Epernay............	47	23 50	30 10	36 65	9 40	16 90	21 15
D'ÉPERNAY aux stations ci-après, et vice versâ :							
Paris..............	142	71 »	90 90	110 75	28 40	51 10	63 90
Lagny.............	114	57 »	72 95	88 90	22 80	41 05	51 30
Meaux..............	98	49 »	62 70	76 45	19 60	35 30	44 10
La Ferté-sous-Jouarre.	77	38 50	49 30	60 05	15 40	27 70	34 65
Château-Thierry......	47	23 50	30 10	36 65	9 40	16 90	21 15

PRIX DE TRANSPORT.

502 [2 juillet.] **1849.**

15. Deux personnes pourront, sans supplément de tarif, voyager dans les voitures à une banquette, et trois dans les voitures à deux banquettes. Les voyageurs excédant ce nombre payeront le prix des places de deuxième classe. (Art. 70 du cahier des charges.)

§ II. — *Chiens.*

16. La Compagnie est autorisée à percevoir 50 centimes. par parcours indivisible de 30 kilomètres, pour le transport d'un chien.

SECTION II. — Frais accessoires de chargement et de déchargement.

17. Les frais accessoires de chargement et de déchargement des voitures et des chevaux sont fixés ainsi qu'il suit, savoir :

Une voiture........ 2 fr.
Un cheval........ 1

TITRE II.

TRANSPORT A LA VITESSE DES MARCHANDISES.

18. Il n'est point indiqué de taxes pour les transports à la vitesse des marchandises, la Compagine n'étant point encore en mesure d'effectuer des transports à cette vitesse.

TITRE III.

DISPOSITIONS GÉNÉRALES.

19. Les taxes réglées par la présente ordonnance ne pourront être perçues que lorsque la Compagnie aura été régulièrement autorisée à ouvrir son exploitation.

20. Conformément à l'article 75 du cahier des charges, toute expédition de marchandises dont le poids, sous un même emballage, excédera 20 kilogrammes, sera constatée, si l'expéditeur le demande, par une lettre de voiture dont un exemplaire restera aux mains de la Compagnie, et l'autre aux mains de l'expéditeur comme duplicata.

L'expéditeur pourra réclamer un duplicata de la lettre de voiture pour tout paquet ou ballot pesant moins de 20 kilogrammes, dont la valeur aura été préalablement déclarée.

21. La présente ordonnance sera notifiée à la Compagnie du chemin de fer de Paris à Strasbourg.

Elle sera imprimée et affichée.

Les commissaires et sous-commissaires spéciaux de surveillance administrative du chemin de fer de Paris à Strasbourg, ainsi que les maires et commissaires de police des communes du ressort de la préfecture de police, dont le territoire est traversé par ledit chemin de fer, sont chargés d'en assurer l'exécution.

Le préfet de police, REBILLOT.

N° **2191.** — *Ordonnance concernant les tarifs des transports, à grande vitesse, sur le chemin de fer de Paris à Chartres (chemin de l'Ouest).*

Paris, le 11 juillet 1849.

Nous, préfet de police,

Vu la lettre à nous adressée par M. le ministre des travaux publics, le 6 du courant, au sujet des tarifs à percevoir sur le chemin de fer de Paris à Chartres.

En vertu des arrêtés du Gouvernement, des 12 messidor an VIII et 3 brumaire an IX (1er juillet et 25 octobre 1800), et des dispositions de l'article 72 du règlement d'administration publique sur la police, la sûreté et l'exploitation des chemins de fer, en date du 15 novembre 1846,

Ordonnons ce qui suit :

1. L'arrêté de M. le ministre des travaux publics, en date du 2 juillet courant, qui fixe les prix à percevoir pour le transport des voyageurs, des bagages, chevaux, bestiaux, etc., marchant à grande vitesse, sur le chemin de fer de Paris à Chartres, sera imprimé et affiché à la suite de la présente ordonnance, dans le ressort de la préfecture de police, pour y être exécuté suivant sa forme et teneur.

2. Les contraventions audit arrêté seront constatées par des procès-verbaux ou rapports qui seront déférés aux tribunaux compétents.

3. Le sous-préfet de l'arrondissement de Sceaux, les maires et les commissaires de police des communes du ressort de la préfecture de police dont le territoire est traversé par le chemin de fer de Paris à Chartres, les fonctionnaires et agents spécialement préposés à la surveillance dudit chemin de fer sont chargés, chacun en ce qui le concerne, de tenir la main à l'exécution de la présente ordonnance.

Le préfet de police, REBILLOT.

N° **2192.** — *Ordonnance concernant la mise en chômage du canal de Saint-Maur* (1).

Paris, le 14 juillet 1849.

Nous, préfet de police,

Vu la lettre par laquelle M. l'ingénieur en chef de la navigation de la Marne nous informe qu'il est nécessaire de mettre en chômage le canal de Saint-Maur et les usines mues par les eaux de ce canal, afin que l'on puisse rétablir les vannes de prises d'eau incendiées dans les journées de février 1848 ;

Vu les règlements concernant la police de la navigation, des rivières, des canaux et des ports ;

Vu l'arrêté du Gouvernement du 12 messidor an VIII (1er juillet 1800),

Ordonnons ce qui suit :

1. Le canal de Saint-Maur sera mis en chômage, savoir : une première fois, du 1er août prochain au 2 dudit compris ; et, une seconde fois, du 12 août au 13 compris.

V. les ord. des 8 sept. 1849 et 8 juillet 1850.

2. Pendant la durée de ce chômage, la navigation ne pourra avoir lieu, sur la Marne, qu'en suivant le cours de cette rivière.

En conséquence, tous les pieux et autres objets existant dans ladite rivière, qui seraient de nature à nuire au passage des bateaux et des trains devront être immédiatement enlevés.

3. Les usines de chacun des groupes de droite et de gauche du canal de Saint-Maur seront mises en chômage pendant tout le temps que durera le rétablissement des ventelles de la prise d'eau dont elles dépendent, et qui est évalué, approximativement, à une dizaine de jours pour chacune de ces prises d'eau.

4. Le sous-préfet de Sceaux, les maires des communes riveraines, le commandant de la gendarmerie, l'inspecteur général de la navigation et des ports, les ingénieurs des ponts et chaussées et de la navigation sont chargés, chacun en ce qui le concerne, d'assurer l'exécution de la présente ordonnance.

Le préfet de police, REBILLOT.

N° **2193**. — *Ordonnance qui fixe un tarif pour le transport des voyageurs sur les parcours compris entre la station provisoire du* Pont-de-Brique *et les diverses stations de la ligne, sur le chemin de fer d'*Amiens à Boulogne.

Paris, le 21 juillet 1849.

Nous, préfet de police,

Vu : 1° la loi du 26 juillet 1844, qui autorise la concession du chemin de fer d'Amiens à Boulogne, ensemble le cahier des charges annexé à cette loi ;

2° L'ordonnance homologative de l'adjudication de la concession dudit chemin de fer ;

3° L'ordonnance de police du 21 décembre 1847, qui fixe le tarif pour les transports de toute nature, à la grande vitesse, sur le chemin de fer d'Amiens à Boulogne ;

4° La décision ministérielle, en date du 10 de ce mois, portant approbation des propositions de tarifs présentées par la Compagnie du chemin de fer dont il s'agit, pour le transport des voyageurs entre la station provisoire du Pont-de-Brique et les diverses stations dudit chemin de fer ;

Considérant qu'il y a lieu de rendre exécutoire la décision ministérielle précitée,

Ordonnons ce qui suit :

1. Les prix à percevoir pour le transport des voyageurs, sur les parcours compris entre la station du Pont-de-Brique et les autres stations ci-après désignées du chemin de fer d'Amiens à Boulogne, sont réglés, y compris l'impôt dû au Trésor, conformément au tableau suivant :

Tarif pour le transport des voyageurs.

NOTA.—Les militaires ou marins voyageant isolément pour cause de service, envoyés en congé pour appartenir à la réserve, envoyés en congé limité ou rentrant dans leurs foyers, après libération, ne seront assujettis, eux et leurs bagages, qu'à la moitié des taxes fixées par la présente ordonnance.—Les militaires ou marins voyageant en corps ne seront assujettis, eux et leurs bagages, qu'au quart des mêmes taxes. (Art. 43 du cahier des charges.) *Voir l'article 2 ci-après.*

LIEUX DE DÉPART ET DE DESTINATION.		Distances servant de base à la fixation des prix de transport.	1re CLASSE. Voitures couvertes, garnies et fermées à glaces		2e CLASSE. Voitures couvertes, fermées à glaces et à banquettes rembourrées.		3e CLASSE. Voitures couvertes et fermées avec rideaux.	
			PRIX DE TRANSPORT.					
		kilomèt.	fr.	c.	fr.	c.	fr.	c.
Du PONT-DE-BRIQUE aux stations ci-contre et vice versâ :	Amiens.........	119	12	30	9	25	6	85
	Piquigny	104	10	85	8	15	6	05
	Hangest........	97	10	10	7	60	5	65
	Longpré........	90	9	40	7	10	5	25
	Pont-Remy.....	82	8	55	6	45	4	80
	Abbeville.......	75	7	75	5	85	4	35
	Noyelle	60	6	20	4	65	3	45
	Rue............	50	5	15	3	90	2	90
	Montreuil.......	54	3	50	2	65	1	95
	Etaples.........	23	2	30	1	85	1	40
	Neufchâtel.....	9	1	05	»	80	»	60
	Boulogne.......	6	»	60	»	45	»	35

2. Conformément aux termes de l'article 43 du cahier des charges, les militaires ou marins voyageant isolément pour cause de service, envoyés en congé pour appartenir à la réserve, envoyés en congé limité, ou rentrant dans leurs foyers après libération, ne seront assujettis, eux et leurs bagages, qu'à la moitié des taxes fixées par la présente ordonnance. Les militaires ou marins voyageant en corps ne seront assujettis, eux et leurs bagages, qu'au quart des mêmes taxes.

3. La présente ordonnance sera notifiée à la Compagnie; elle sera imprimée et affichée.

Les commissaires et sous-commissaires de surveillance administrative du chemin de fer d'Amiens à Boulogne sont chargés d'en assurer l'exécution.

Le préfet de police, REBILLOT.

N° **2194.** — *Ordonnance qui fixe le tarif pour le transport des voyageurs sur le chemin de fer de* Paris *à* Versailles *(rive gauche).*

Paris, le 30 juillet 1849.

Nous, préfet de police,

Vu : 1° la loi du 9 juillet 1836, qui autorise l'établissement de deux

chemins de fer de Paris à Versailles; ensemble le cahier des charges
annexé à cette loi;

2° L'ordonnance royale du 24 mai 1837, relative aux deux chemins
de fer dont il s'agit; le cahier des charges pour l'établissement du
chemin de fer de la *rive gauche*, et le procès-verbal d'adjudication
annexé à ladite ordonnance;

3° L'article 9 de la loi du 1er août 1839;

4° L'ordonnance de police du 30 avril 1847, qui fixe le tarif du
transport des voyageurs sur le chemin de fer de Paris à Versailles
(*rive gauche*);

5° Notre ordonnance du 14 avril dernier, homologative d'une réduction dans les prix relatifs au transport des voyageurs, les jours de
dimanches et fêtes, sur ledit chemin de fer;

6° Les décisions ministérielles des 2 et 27 juin dernier et 2 du courant, portant homologation de propositions présentées par la Compagnie concessionnaire du chemin de fer précité, et relatives à la déli-
vrance de billets d'abonnement et à des réductions de prix pour divers
parcours;

Considérant qu'il y a lieu de rendre exécutoires, dans le ressort de
la préfecture de police, les décisions ministérielles précitées,

Ordonnons ce qui suit:

1. Les prix à percevoir pour le transport des voyageurs, sur le
chemin de fer de Paris à Versailles (*rive gauche*), sont fixés, y compris
l'impôt dû au Trésor, conformément au tableau suivant:

(*Tarif pour le transport des voyageurs.*)

Tarif pour le Transport des Voyageurs.

LIEUX DE DÉPART et DE DESTINATION.	Distances servant de base à la fixation des prix de transport.	LA SEMAINE. PRIX DES PLACES.		LES DIMANCHES ET FÊTES. PRIX DES PLACES.	
		Wagons.	Diligences.	Wagons.	Diligences. (Voitures de luxe.)
	kilomèt.	fr. c.	fr. c.	fr. c.	fr. c.
De PARIS à Clamart......	6	» 40	» 60	» 50	» 75
Meudon.......	8	» 60	» 75	» 75	1 »
Bellevue......	9	» 60	» 75	» 75	1 »
Sèvres	10	» 60	» 75	» 75	1 »
Chaville......	13	» 80	1 10	1 10	1 50
Viroflay	14	1 »	1 25	1 25	1 50
Versailles	17	1 25	1 50	1 25	1 50
De CLAMART à Paris.........	6	» 40	» 60	» 50	» 75
Meudon	6	» 25	» 40	» 30	» 50
Bellevue......	6	» 35	» 50	» 40	» 60
Sèvres........	6	» 45	» 60	» 50	» 70
Chaville......	8	» 55	» 70	» 60	» 80
Viroflay	9	» 65	» 60	» 70	» 90
Versailles.....	12	» 70	» 90	» 90	1 10
De MEUDON à Paris.........	8	» 60	» 75	» 75	1 »
Clamart......	6	» 25	» 40	» 30	» 50
Bellevue......	6	» 25	» 40	» 30	» 50
Sèvres	6	» 35	» 50	» 40	» 60
Chaville......	6	» 45	» 60	» 50	» 70
Viroflay	7	» 55	» 65	» 60	» 80
Versailles.....	10	» 40	» 70	» 50	» 80
De BELLEVUE à Paris.........	9	» 60	» 75	» 75	1 »
Clamart......	6	» 35	» 50	» 40	» 60
Meudon	6	» 25	» 40	» 30	» 50
Sèvres	6	» 25	» 40	» 30	» 50
Chaville......	6	» 35	» 50	» 40	» 60
Viroflay......	6	» 45	» 60	» 50	» 70
Versailles	9	» 40	» 70	» 50	» 80
De SÈVRES à Paris.........	10	» 60	» 75	» 75	1 »
Clamart......	6	» 45	» 60	» 50	» 70
Meudon	6	» 35	» 50	» 40	» 60
Bellevue......	6	» 25	» 40	» 30	» 50
Chaville......	6	» 25	» 40	» 30	» 50
Viroflay	6	» 35	» 50	» 40	» 60
Versailles	8	» 30	» 60	» 40	» 70
De CHAVILLE à Paris.........	13	» 80	1 10	1 10	1 50
Clamart.....	8	» 55	» 70	» 60	» 80
Meudon	6	» 45	» 60	» 50	» 70
Bellevue......	6	» 35	» 50	» 40	» 60
Sèvres	6	» 25	» 40	» 30	» 50
Viroflay	6	» 25	» 40	» 30	» 50
Versailles.....	6	» 30	» 60	» 40	» 70

Suite du Tarif pour le Transport des Voyageurs.

LIEUX DE DÉPART et DE DESTINATION.	Distances servant de base à la fixation des prix de transport.	LA SEMAINE. PRIX DES PLACES.		LES DIMANCHES ET FÊTES. PRIX DES PLACES.	
		Wagons.	Diligences.	Wagons.	Diligences. (*Voitures de luxe.*)
	kilomèt.	fr. c.	fr. c.	fr. c.	fr. c.
De VIROFLAY à { Paris	14	1 »	1 25	1 25	1 50
Clamart	9	» 65	» 60	» 70	» 90
Meudon	7	» 55	» 65	» 60	» 80
Bellevue	6	» 45	» 60	» 50	» 70
Sèvres	6	» 35	» 50	» 40	» 60
Chaville	6	» 25	» 40	» 30	» 50
Versailles	6	» 20	» 50	» 30	» 60
De VERSAILLES à { Paris	17	1 25	1 50	1 25	1 50
Clamart	12	» 70	» 90	» 90	1 10
Meudon	10	» 40	» 70	» 50	» 80
Bellevue	9	» 40	» 75	» 50	» 80
Sèvres	8	» 30	» 60	» 40	» 70
Chaville	6	» 50	» 60	» 40	» 70
Viroflay	6	» 20	» 50	» 50	» 60

2. La Compagnie est autorisée à délivrer aux voyageurs allant de Paris à Versailles, *et vice versâ*, des billets d'abonnement pour les voitures et aux prix ci-après désignés :

	WAGONS.	DILIGENCES.
DE PARIS A VERSAILLES *et vice versâ*	1 fr. » c.	1 fr. 25 c.

3. Il ne sera pas délivré moins de trente billets d'abonnement à la fois.

4. Le nombre des places de luxe, désignées ci-dessus sous le titre de diligences, ne devra, dans aucun cas, excéder le cinquième du nombre total des places du convoi dont elles feront partie.

5. Le tarif qui précède n'est accordé que provisoirement, et sauf la ratification de la loi.

L'administration se réserve de le retirer à toute époque, si elle en reconnaît la nécessité ; elle se réserve également le droit d'opérer des diminutions pour les cas éventuels des chemins d'embranchement ou de prolongement.

6. Les taxes comprises dans la présente ordonnance, qui sont inférieures à celles du tarif du cahier des charges, ne pourront être relevées qu'après un délai de trois mois au moins.

Tous changements apportés au tarif ci-dessus réglé devront être homologués et annoncés au moins un mois d'avance, par des affiches.

7. La perception d'aucune taxe ne sera régulière qu'en vertu d'une homologation administrative.

8. Toutes les ordonnances de police antérieures qui règlent des tarifs pour le transport des voyageurs sur le chemin de Paris à Versailles (*rive gauche*), sont rapportées.

9. La présente ordonnance sera notifiée à la Compagnie; elle sera imprimée et affichée.

Les commissaires et sous-commissaires spéciaux de surveillance administrative du chemin de fer de Paris à Versailles (*rive gauche*), ainsi que les maires et les commissaires de police des communes du ressort de la préfecture de police, dont le territoire est traversé par ledit chemin, sont chargés d'en assurer l'exécution.

Le préfet de police, REBILLOT.

———————◦———————

N° **2195**. — *Ordonnance qui fixe un nouveau tarif pour le transport des voyageurs sur les chemins de fer de* Paris à Saint-Germain *et de* Paris à Versailles (*rive droite*) (1).

Paris, le 3o juillet 1849.

Nous, préfet de police,

Vu : 1º la loi du 9 juillet 1835, qui autorise l'établissement d'un chemin de fer de Paris à Saint-Germain, ensemble le cahier des charges y annexé ;

2º La loi du 9 juillet 1836, qui autorise l'établissement de deux chemins de fer de Paris à Versailles, ensemble le cahier des charges annexé à cette loi ;

3º L'ordonnance royale du **24 mai 1837**, relative aux deux chemins de fer dont il s'agit, le cahier des charges pour l'établissement du chemin de fer de la *rive droite* et le procès-verbal d'adjudication annexé à ladite ordonnance :

4º Les lois des 1er et 9 août 1839 ;

5º La décision ministérielle du 3 juillet 1840 ;

6º L'ordonnance de police du 14 juin 1844, homologative d'un tarif pour le transport des voyageurs, des chevaux, bestiaux et voitures, sur les chemins de fer de Paris à Saint-Germain et de Paris à Versailles (*rive droite*), ensemble l'ordonnance du 31 octobre même année, qui maintient les tarifs fixés provisoirement par l'ordonnance de police précitée ;

7º L'ordonnance de police du 14 avril 1847, qui fixe un tarif spécial pour le transport des voyageurs sur la ligne de Paris à Saint-Germain ;

8º L'ordonnance de police du 24 novembre dernier, portant homologation de modifications au tarif en vigueur sur le chemin de fer de Paris à Versailles (*rive droite*), et d'un tarif spécial pour la correspondance entre ce chemin et celui de Paris à Saint-Germain ;

9º Les décisions ministérielles des 24 avril dernier et 24 de ce mois, portant homologation de propositions présentées par les Compagnies concessionnaires des chemins de fer précités, lesquelles ont pour

—————————————

(1) Ord. modifiée, en ce qui concerne les parcours intermédiaires sur chacune des deux lignes, par l'ord. du 24 déc. 1850.

objet de modifier les prix homologués pour le transport des voyageurs, les taxes et les conditions des abonnements, et de régler le
prix des places retenues d'avance, ainsi que les prix de la correspondance entre les deux lignes ;

Considérant qu'il y a lieu de rendre exécutoires, dans le ressort de
la préfecture de police, les décisions ministérielles précitées,

Ordonnons ce qui suit :

§ Ier. — Transport des voyageurs sur les lignes de Saint-Germain et de Versailles

1. Les prix à percevoir pour le transport des voyageurs sur les
chemins de fer de Paris à Saint-Germain et de Paris à Versailles (*rive
droite*), sont fixés, y compris l'impôt dû au Trésor, conformément au
tableau suivant :

(*Tarif pour le transport des voyageurs, etc.*)

Tarif pour le Transport des Voyageurs.

LIGNE DE SAINT-GERMAIN.

LIEUX DE DÉPART et DE DESTINATION.	Distances servant de base à la fixation des prix de transport.	LA SEMAINE. PRIX DES PLACES.			LES DIMANCHES ET FÊTES. PRIX DES PLACES.		
		Wagons.	Diligences.	Coupés. (Voitures de luxe.)	Wagons.	Diligences. (Voitures de luxe.)	Coupés. (Voitures de luxe.)
De PARIS	kilom.	fr. c.	fr. c.	fr. c.	fr. c.	fr. c.	fr. c.
à Asnières....................	6	» 40	» 60	» »	» 50	» 75	» »
Colombes....................	8	» 50	» 60	» »	» 60	» 90	» »
Nanterre....................	12	» 65	» 85	» »	» 90	1 10	» »
Rueil....................	14	» 75	1 »	» »	1 »	1 25	» »
Chatou....................	16	» 85	1 »	» »	1 »	1 25	» »
Le Pecq (*gare du Vésinet*)........	19	1 25	1 50	2 »	1 25	1 50	2 »
Saint-Germain (*gare du Parterre*).	21	1 25	1 50	2 »	1 25	1 50	2 »
D'ASNIÈRES							
à Paris....................	6	» 40	» 60	» »	» 50	» 75	» »
Colombes....................	6	» 45	» 50	» »	» 45	» 70	» »
Nanterre....................	7	» 55	» 55	» »	» 55	» 80	» »
Rueil....................	10	» 60	» 70	» »	» 70	» 90	» »
Chatou....................	11	» 60	» 70	» »	» 70	» 90	» »
Le Pecq (*gare du Vésinet*)........	14	1 »	1 65	» »	1 »	1 25	» »
Saint-Germain (*gare du Parterre*).	16	1 »	1 25	» »	1 »	1 25	» »
De COLOMBES							
à Paris....................	8	» 50	» 60	» »	» 60	» 90	» »
Asnières....................	6	» 45	» 50	» »	» 45	» 70	» »
Nanterre....................	6	» 45	» 50	» »	» 45	» 70	» »
Rueil....................	7	» 55	» 55	» »	» 55	» 80	» »
Chatou....................	8	» 55	» 55	» »	» 55	» 80	» »
Le Pecq (*gare du Vésinet*)......	12	» 90	» 95	» »	» 90	1 »	» »
Saint-Germain (*gare du Parterre*).	14	1 »	1 10	» »	1 »	1 25	» »
De NANTERRE							
à Paris....................	12	» 65	» 85	» »	» 90	1 10	» »
Asnières....................	7	» 55	» 55	» »	» 55	» 80	» »
Colombes....................	6	» 45	» 50	» »	» 45	» 70	» »
Rueil....................	6	» 45	» 50	» »	» 45	» 70	» »
Chatou....................	6	» 45	» 50	» »	» 45	» 70	» »
Le Pecq (*gare du Vésinet*)......	7	» 50	» 50	» »	» 50	» 75	» »
Saint-Germain (*gare du Parterre*).	9	» 55	» 55	» »	» 55	» 80	» »
De RUEIL							
à Paris....................	14	» 75	1 »	» »	1 »	1 25	» »
Asnières....................	10	» 60	» 70	» »	» 70	» 90	» »
Colombes....................	7	» 55	» 55	» »	» 55	» 80	» »
Nanterre....................	6	» 45	» 50	» »	» 45	» 70	» »
Chatou....................	6	» 45	» 50	» »	» 45	» 70	» »
Le Pecq (*gare du Vésinet*)......	6	» 40	» 50	» »	» 40	» 70	» »
Saint-Germain (*gare du Parterre*).	7	» 55	» 55	» »	» 55	» 80	» »

Suite du Tarif pour le Transport des Voyageurs.

LIGNE DE SAINT-GERMAIN.

LIEUX DE DÉPART et DE DESTINATION.	Distances servant de base à la fixation des prix de transport.	LA SEMAINE. PRIX DES PLACES.			LES DIMANCHES ET FÊTES. PRIX DES PLACES.		
		Wagons.	Diligences.	Coupés. (Voitures de luxe.)	Wagons.	Diligences. (Voitures de luxe.)	Coupés. (Voitures de luxe.)
	kilom.	fr. c.	fr. c.	fr. c.	fr. c.	fr. c.	fr. c.
De CHATOU							
à Paris....................	16	» 85	1 »	» »	1 »	1 25	» »
Asnières	11	» 60	» 70	» »	» 70	» 90	» »
Colombes	8	» 55	» 55	» »	» 55	» 80	» »
Nanterre..................	6	» 45	» 50	» »	» 45	» 70	» »
Rueil.....................	6	» 45	» 50	» »	» 45	» 70	» »
Le Pecq (gare du Vésinet).......	6	» 40	» 50	» »	» 40	» 70	» »
Saint-Germain (gare du Parterre).	6	» 45	» 50	» »	» 45	» 70	» »
Du PECQ (gare du Vésinet)							
à Paris....................	19	1 25	1 50	2 »	1 25	1 50	2 »
Asnières	14	1 »	1 05	» »	1 »	1 25	» »
Colombes	12	» 90	» 95	» »	» 90	1 »	» »
Nanterre..................	7	» 50	» 55	» »	» 50	» 75	» »
Rueil....................	6	» 40	» 50	» »	» 40	» 75	» »
Chatou....................	6	» 40	» 50	» »	» 40	» 75	» »
De ST-GERMAIN (gare du Parterre)							
à Paris....................	21	1 25	1 50	2 »	1 25	1 50	2 »
Asnières	16	1 »	1 25	» »	1 »	1 25	» »
Colombes	14	1 »	1 10	» »	1 »	1 25	» »
Nanterre.	9	» 55	» 55	» »	» 55	» 80	» »
Rueil.....................	7	» 55	» 55	» »	» 55	» 80	» »
Chatou....................	6	» 45	» 50	» »	» 45	» 70	» »

PLACES RETENUES D'AVANCE.

LIEUX DE DÉPART ET DE DESTINATION.	LA SEMAINE.		DIMANCHES ET FÊTES.	
	Diligences.	Coupés.	Diligences.	Coupés.
	fr. c.	fr. c.	fr. c.	fr. c.
De PARIS à SAINT-GERMAIN, et vice versâ................	2 »	2 50	2 25	2 50

TARIF SPÉCIAL POUR LE DIMANCHE DE LA FÊTE DES LOGES.

LIEUX DE DÉPART ET DE DESTINATION.	Wagons.	Diligences.	Coupés.
	fr. c.	fr. c.	fr. c.
De PARIS à ST-GERMAIN, et vice versâ.....	1 65	2 »	2 25

Tarif pour le Transport des Voyageurs.

LIGNE DE VERSAILLES (*rive droite*).

LIEUX DE DÉPART et DE DESTINATION.	Distances servant de base à la fixation des prix de transport.	LA SEMAINE. PRIX DES PLACES.			LES DIMANCHES ET FÊTES. PRIX DES PLACES.		
		Wagons.	Diligences.	Coupés (*Voitures de luxe.*)	Wagons.	Diligences. (*Voitures de luxe.*)	Coupés. (*Voitures de luxe.*)
	kilom.	fr. c.	fr. c.	fr. c.	fr. c.	fr. c.	fr. c.
De PARIS à Courbevoie	8	» 45	» 60	» »	» 55	» 75	» »
Puteaux	10	» 45	» 60	» »	» 55	» 75	» »
Suresnes	12	» 48	» 60	» »	» 65	» 85	» »
Saint-Cloud	15	» 45	» 60	» »	» 75	1 »	» »
Sèvres	17	» 75	1 »	» »	1 »	1 25	» »
Ville-d'Avray	17	» 75	1 »	» »	1 »	1 25	» »
Viroflay	21	1 »	1 25	» »	1 25	1 50	» »
Versailles	23	1 25	1 50	2 »	1 25	1 50	2 »
D'ASNIÈRES à Courbevoie	6	» 35	» 55	» »	» 40	» 55	» »
Puteaux	6	» 35	» 55	» »	» 40	» 55	» »
Suresnes	6	» 35	» 55	» »	» 40	» 55	» »
Saint-Cloud	10	» 45	» 60	» »	» 55	» 75	» »
Sèvres	12	» 55	» 80	» »	» 65	» 90	» »
Ville-d'Avray	12	» 55	» 80	» »	» 65	» 90	» »
Viroflay	16	» 55	» 80	» »	» 65	» 90	» »
Versailles	19	1 »	1 25	» »	1 »	1 25	» »
De COURBEVOIE à (1) Disposition modifiée par l'ord. du 19 oct. 1850. Paris (1)	8	» 45	» 60	» »	» 55	» 75	» »
Puteaux	6	» 35	» 55	» »	» 40	» 55	» »
Asnières	6	» 35	» 55	» »	» 40	» 55	» »
Suresnes	6	» 35	» 55	» »	» 40	» 55	» »
Saint-Cloud	8	» 55	» 80	» »	» 65	» 90	» »
Sèvres	10	» 55	» 80	» »	» 65	» 90	» »
Ville d'Avray	10	» 55	» 80	» »	» 65	» 90	» »
Viroflay	13	» 55	» 80	» »	1 »	1 25	» »
Versailles	16	» 90	1 25	» »	1 »	1 25	» »
De PUTEAUX à (2) Disposition modifiée par l'ord. du 19 oct. 1850. Paris (2)	10	» 45	» 60	» »	» 55	» 75	» »
Asnières	6	» 35	» 55	» »	» 40	» 55	» »
Courbevoie	6	» 35	» 55	» »	» 40	» 55	» »
Suresnes	6	» 35	» 55	» »	» 40	» 55	» »
Saint-Cloud	6	» 35	» 55	» »	» 40	» 55	» »
Sèvres	7	» 55	» 80	» »	» 65	» 90	» »
Ville-d'Avray	7	» 55	» 80	» »	» 65	» 90	» »
Viroflay	11	» 55	1 »	» »	» 80	1 10	» »
Versailles	14	» 70	1 »	» »	» 80	1 10	» »
De SURESNES à (3) Disposition modifiée par l'ord. du 19 oct. 1850. Paris (3)	12	» 45	» 60	» »	» 65	» 85	» »
Asnières	6	» 35	» 55	» »	» 40	» 55	» »
Courbevoie	6	» 35	» 55	» »	» 40	» 55	» »
Puteaux	6	» 35	» 55	» »	» 40	» 55	» »
Saint-Cloud	6	» 35	» 55	» »	» 40	» 55	» »
Sèvres	6	» 35	» 55	» »	» 40	» 55	» »
Ville-d'Avray	6	» 55	» 80	» »	» 65	» 90	» »
Viroflay	10	» 55	1 »	» »	» 80	1 10	» »
Versailles	12	» 70	1 »	» »	» 80	1 10	» »

Suite *du* Tarif pour le Transport des Voyageurs.

LIGNE DE VERSAILLES (*rive droite*).

LIEUX DE DÉPART et DE DESTINATION.	Distances servant de base à la fixation des prix de transport.	LA SEMAINE. PRIX DES PLACES.			LES DIMANCHES ET FÊTES. PRIX DES PLACES.		
		Wagons.	Diligences.	Coupés. (Voitures de luxe.)	Wagons.	Diligences. (Voitures de luxe.)	Coupés. (Voitures de luxe.)
	kilom.	fr. c.	fr. c.	fr. c.	fr. c.	fr. c.	fr. c.
De St-CLOUD à							
Paris (1)........	15	» 45	» 60		» 75	1 »	
Asnières........	10	» 45	» 60		» 55	» 75	
Courbevoie......	8	» 45	» 60	»	» 55	» 75	
Puteaux........	6	» 35	» 55		» 40	» 55	
Suresnes	6	» 35	» 55		» 40	» 55	
Sèvres........	6	» 35	» 55		» 40	» 55	
Ville-d'Avray...	6	» 35	» 55		» 40	» 55	
Viroflay.......	6	» 35	» 55		» 40	» 55	
Versailles......	9	» 50	» 70		» 60	» 80	
(1) Disposition modifiée par l'ord. du 19 oct. 1850.							
De SÈVRES à							
Paris (2)........	17	» 75	1 »		1 »	1 25	
Asnières........	12	» 55	» 80		» 65	» 90	
Courbevoie......	10	» 55	» 80		» 65	» 90	
Puteaux........	7	» 55	» 80		» 65	» 90	
Suresnes	6	» 35	» 55		» 40	» 55	
Saint-Cloud.....	6	» 35	» 55		» 40	» 55	
Viroflay.......	6	» 35	» 55		» 40	» 55	
Versailles........	7	» 40	» 60		» 45	» 65	
(2) Disposition modifiée par l'ord. du 19 oct. 1850.							
De VILLE-D'AVRAY à							
Paris (3)........	17	» 75	1 »		1 »	1 25	
Asnières........	12	» 55	» 80		» 65	» 90	
Courbevoie.....	10	» 55	» 80		» 65	» 90	
Puteaux........	7	» 55	» 80		» 65	» 90	
Suresnes	6	» 35	» 55		» 40	» 55	
Saint-Cloud.....	6	» 35	» 55		» 40	» 55	
Viroflay.......	6	» 35	» 55		» 40	» 55	
Versailles........	7	» 40	» 60		» 45	» 65	
(3) Disposition modifiée par l'ord. du 19 oct. 1850.							
De VIROFLAY à							
Paris........	21	1 »	1 25		1 25	1 50	
Asnières........	16	» 55	» 80		» 65	» 90	
Courbevoie......	15	» 55	» 80		» 65	» 90	
Puteaux........	11	» 55	» 80		» 65	» 90	
Suresnes	10	» 55	» 80		» 65	» 90	
Saint-Cloud....	6	» 35	» 55		» 40	» 55	
Sèvres........	6	» 35	» 55		» 40	» 55	
Ville-d'Avray...	6	» 35	» 55		» 40	» 55	
Versailles	6	» 40	» 60		» 45	» 65	
De VERSAILLES à							
Paris........	23	1 25	1 50	2 »	1 25	1 50	2 »
Asnières........	19	1 »	1 25		1 »	1 25	
Courbevoie......	16	» 90	1 25		» 90	1 25	
Puteaux........	14	» 70	1 »		» 80	1 10	
Suresnes	12	» 70	1 »		» 80	1 10	
Saint-Cloud.....	9	» 50	» 70		» 60	» 80	
Sèvres........	7	» 40	» 60		» 45	» 65	
Ville-d'Avray...	7	» 40	» 60		» 45	» 65	
Viroflay........	6	» 40	» 60		» 45	» 65	

Suite du Tarif pour le Transport des Voyageurs.

LIGNE DE VERSAILLES.

PLACES RETENUES D'AVANCE.				
LIEUX DE DÉPART ET DE DESTINATION.	LA SEMAINE.		DIMANCHES ET FÊTES.	
	Diligences.	Coupés.	Diligences.	Coupés.
De PARIS à VERSAILLES, *et vice versâ*.............	fr. c. 2 »	fr. c. 2 50	fr. c. 2 50	fr. c. 3 »

TARIF SPÉCIAL POUR LES DIMANCHES DES GRANDES EAUX.			
LIEUX DE DÉPART ET DE DESTINATION.	Wagons.	Diligences.	Coupés.
De PARIS à VERSAILLES, *et vice versâ*.....	fr. c. 1 50	fr. c. 2 »	fr. c. 2 50

TARIF SPÉCIAL POUR LES TROIS DIMANCHES DE LA FÊTE DE SAINT-CLOUD.		
LIEUX DE DÉPART ET DE DESTINATION.	Wagons.	Diligences.
De PARIS à SAINT-CLOUD , *et vice versâ*........	fr. c. 1 »	fr. c. 1 25

§ II. — Transport des voyageurs par correspondance entre les lignes de Saint-Germain et de Versailles.

2. Les Compagnies sont autorisées à percevoir, pour le transport des voyageurs par le service de correspondance entre les chemins de fer de Paris à Saint-Germain et de Paris à Versailles, les prix réglés au tableau suivant :

Tarif pour le Transport des Voyageurs.

LIEUX DE DÉPART ET DE DESTINATION.		Wagons.	Diligences.
		fr. c.	fr. c.
De **SAINT-GERMAIN,** aux stations ci-contre, *et vice versâ :*	Viroflay. .... Sèvres. .... Saint-Cloud. .... Suresnes .... Poteaux. .... Courbevoie.	1 »	1 25
De **VERSAILLES** aux stations ci-contre, *et vice versâ :*	Saint-Germain. .... Chatou. .... Rueil. .... Nanterre. .... Colombes.	1 »	1 25
D'une station intermédiaire du chemin de fer de Saint-Germain à une station intermédiaire du chemin de fer de Versailles, *et vice versâ*		» 75	1 »

§ III. — Billets d'abonnement.

3. Des billets d'abonnement pour diligences et pour wagons seront délivrés pour tous les trajets intermédiaires ou extrêmes, indistinctement.

Il ne pourra en être pris moins de *cinquante à la fois.*

Les abonnements pour le *trajet entier* sur les deux lignes jouiront d'une remise de 25 centimes par billet de wagon et de diligence.

Les abonnements pour les *stations intermédiaires* jouiront d'une remise de dix pour cent, mais seulement sur les billets dont le prix excède 50 centimes. Les abonnements pour les billets du prix de 50 centimes et au-dessous ne jouiront d'aucune remise.

Les billets d'abonnement pris pour le *trajet entier* de la ligne de Saint-Germain ou de celle de Versailles seront seuls admis les dimanches et fêtes, comme la semaine, à l'exception des dimanches des grandes eaux, sur Versailles, et du dimanche de la fête des Loges, sur Saint-Germain.

§ IV. — Dispositions générales.

4. Le nombre des places de luxe, désignées ci-dessus sous le titre de diligences et coupés, ne devra, dans aucun cas, excéder le cinquième du nombre total des places du convoi dont elles feront partie.

5. Les tarifs qui précèdent ne sont accordés que provisoirement, et sauf ratification de la loi.

L'administration se réserve la faculté de les retirer à toute époque si elle en reconnaît la nécessité; elle se réserve également le droit d'opérer des diminutions pour les cas éventuels des chemins d'embranchement et de prolongement.

6. Les taxes comprises dans la présente ordonnance, qui sont inférieures à celles des cahiers des charges, ne pourront être relevées qu'après un délai de trois mois au moins.

Tous changements apportés aux tarifs ci-dessus réglés seront noncés, au moins un mois d'avance, par des affiches ; ils devront d'ailleurs être homologués par des décisions de l'administration supérieure, prises sur la proposition des Compagnies et rendues exécutoires en la forme prescrite.

7. Les ordonnances de police sus-visées, des 10 avril 1843 et 14 juin 1844, continueront de recevoir leur exécution en tout ce qui n'est pas contraire aux dispositions qui précèdent.

Les ordonnances des 14 avril 1847 et 24 novembre dernier sont rapportées.

8. La présente ordonnance sera notifiée aux Compagnies ; elle sera imprimée et affichée.

Le commissaire et les sous-commissaires spéciaux de surveillance administrative des chemins de fer de Paris à Saint-Germain et de Paris à Versailles (*rive droite*), ainsi que les maires et les commissaires de de police des communes du ressort de la préfecture de police, dont le territoire est traversé par ledit chemin, sont chargés d'en assurer l'exécution.

Le préfet de police, REBILLOT.

N° **2196.** — *Arrêté pour l'exécution de la loi du 27 juillet* 1849.

Paris, le 31 juillet 1849.

Nous, préfet de police,

Vu l'article 2 de l'arrêté du 12 messidor an VIII,

Arrêtons ce qui suit :

1. Les articles 6 et 7 de la loi du 27 juillet 1849 (1), sur la presse, seront publiés et affichés.

2. Les autorisations exigées par l'article 6 de ladite loi seront délivrées à la préfecture de police, au deuxième bureau du secrétariat général.

Le préfet de police, REBILLOT.

N° **2197.** — *Ordonnance qui défend l'entrée et la sortie, par la barrière de l'Étoile, des diligences et des voitures de roulage, ainsi que leur circulation dans les avenues des Champs-Élysées.*

Paris, le 6 août 1849.

Nous, préfet de police,

Vu : 1° la loi des 16-24 août 1790 ;

2° L'arrêté du Gouvernement du 12 messidor an VIII (1er juillet 1800) ;

Considérant que les dispositions de l'ordonnance du 18 avril 1843, qui règle la circulation des voitures dans les Champs-Élysées, sont journellement enfreintes, et qu'il importe, dans l'intérêt de la sûreté

---

(1) V. ces articles à l'Appendice.

publique et de la libre circulation, que ces dispositions soient remises en vigueur,

Ordonnons ce qui suit :

1. Les dispositions de l'ordonnance de police du 18 avril 1843 (1), qui défendent l'entrée et la sortie, par la barrière de l'Etoile, des diligences et des voitures de roulage, ainsi que leur circulation dans les avenues des Champs-Elysées, seront de nouveau publiées et affichées à la suite de la présente ordonnance.

2. La présente ordonnance sera imprimée et affichée

Les commissaires de police et spécialement ceux des quartiers des Champs-Elysées et de Chaillot, le chef de la police municipale, les officiers de paix, le contrôleur de la fourrière et les autres préposés de la préfecture de police sont chargés, chacun en ce qui le concerne, d'en surveiller et assurer l'exécution.

Elle sera adressée : 1° à M. le directeur de l'octroi pour concourir à son exécution; 2° à M. le colonel de la garde républicaine, et à M. le colonel commandant la 1re légion de gendarmerie, qui sont chargés de tenir la main à son exécution par tous les moyens mis à leur disposition.

Le préfet de police, REBILLOT.

N° **2198**. — *Ordonnance concernant les tarifs des transports, à grande vitesse, sur le chemin de fer de* Paris à Lyon (*section de* Paris à Tonnerre).

Paris, le 10 août 1849.

Nous, préfet de police,

Vu la lettre à nous adressée par M. le ministre des travaux publics, le 9 du courant, au sujet des tarifs à percevoir sur les parcours du chemin de fer de Paris à Lyon, pour le transport, à grande vitesse, entre Paris et Tonnerre, des voyageurs, bagages, chevaux, bestiaux, etc.;

En vertu des arrêtés du Gouvernement des 12 messidor an VIII et 3 brumaire an IX (1er juillet et 25 octobre 1800), et des dispositions de l'article 72 du règlement d'administration publique sur la police, la sûreté et l'exploitation des chemins de fer, en date du 15 novembre 1846,

Ordonnons ce qui suit :

1. L'arrêté de M. le ministre des travaux publics, en date du 8 août courant (2), qui fixe les prix à percevoir pour le transport des voyageurs, des bagages, chevaux, bestiaux, etc., marchant à grande vitesse, sur le parcours du chemin de fer de Paris à Lyon, compris entre Paris et Tonnerre, sera imprimé et affiché à la suite de la présente ordonnance, dans le ressort de la préfecture de police, pour y être exécuté suivant sa forme et teneur.

2. Les contraventions audit arrêté seront constatées par des procès-verbaux ou rapports qui seront déférés aux tribunaux compétents.

3. Le sous-préfet de l'arrondissement de Sceaux, les maires et les commissaires de police des communes du ressort de la préfecture de

---

(1) V. cette ord., t. III, p. 596.
(2) V. cet arrêté à l'Appendice.

q police dont le territoire est traversé par le chemin de fer de Paris à
Lyon, les fonctionnaires et agents spécialement préposés à la surveillance dudit chemin de fer sont chargés, chacun en ce qui le concerne,
b de tenir la main à l'exécution de la présente ordonnance.

Le préfet de police, REBILLOT.

N° 2199. — *Ordonnance concernant l'ouverture de la chasse,*
qui aura lieu le 3 septembre prochain (1).

Paris, le 18 août 1849.

N° 2200. — *Ordonnance modifiant les articles 1er et 2e de l'or-*
donnance de police du 3 mai 1849, concernant la vente à la
criée, au marché des Prouvaires, des Viandes de toute espèce
expédiées des départements.

Paris, le 24 août 1849.

Nous, préfet de police,

Vu : 1° l'article 1er de l'ordonnance de police du 3 mai 1849, qui
exclut les viandes provenant du département de la Seine, de la vente
à la criée, établie au marché des Prouvaires pour les viandes expédiées
des départements ;

2° Les réclamations qui nous ont été adressées au sujet de cette
exclusion ;

Considérant qu'il importe, dans l'intérêt de l'approvisionnement, de
faire disparaître toute entrave aux apports au marché des Prouvaires,
des viandes abattues ;

Considérant d'un autre côté, que, par suite du désistement du
doyen des facteurs du marché de la Vallée, il y a lieu de désigner un
autre facteur pour procéder à la vente à la criée desdites viandes,

Ordonnons ce qui suit :

1. Les articles 1er et 2e de l'ordonnance du 3 mai 1849 sont modifiés
de la manière suivante :

L'article 1er : « *A compter du* 1er *octobre 1849, les viandes fraîches de*
« *bœuf, vache, veau, mouton et porc* arrivant directement de l'exté-
« rieur, *seront reçues tous les jours au marché des Prouvaires, pour y*
« *être vendues à la criée, par l'entremise d'un facteur commis à cet*
« *effet et contrôlé par les agents du service des halles et marchés* » ;

L'article 2 : « *Le facteur à la vente en gros des fromages est provi-*
« *soirement chargé de ce service, à la garantie duquel son cautionne-*
« *ment sera également affecté.* »

2. Il n'est aucunement dérogé aux autres dispositions de l'ordonnance du 3 mai 1849.

3. La présente ordonnance sera imprimée, publiée et affichée.

Ampliation en sera adressée à M. le directeur de l'administration
générale de l'Assistance publique.

Les commissaires de police des quartiers des Marchés et Saint-
Eustache, le chef de la police municipale et les officiers de paix, l'ins-

---

(1) V. l'ord. du 16 août 1850.

pecteur général des halles et marchés, et les autres préposés de la préfecture de police sont chargés, chacun en ce qui le concerne, d'en assurer l'exécution.

Le préfet de police, REBILLOT.

Approuvé :

Paris, le 24 septembre 1849.

Le ministre de l'agriculture et du commerce, V. LANJUINAIS.

N° **2201.** — *Ordonnance concernant les mesures d'ordre et de sûreté à observer à l'occasion des fêtes de Saint-Cloud* (1).

Paris, le 8 sept. 1849.

N° **2202.** — *Ordonnance qui fixe un tarif commun et réduit pour le transport des huîtres et du poisson frais, expédiés d'un point quelconque de la ligne d'Amiens à Boulogne, soit pour Paris, soit pour une des stations intermédiaires de la ligne du Nord situées entre Amiens et Paris, sur le chemin de fer de Paris à la frontière de Belgique (chemin de fer du Nord), et d'Amiens à Boulogne.*

Paris, le 7 septembre 1849.

Nous, préfet de police,

Vu : 1° la loi du 26 juillet 1844, qui autorise la concession du chemin de fer d'Amiens à Boulogne ; ensemble le cahier des charges annexé à cette loi ;

2° L'ordonnance royale du 24 octobre suivant, homologative de l'adjudication de la concession dudit chemin de fer ;

3° La loi du 15 juillet 1845, qui autorise la concession du chemin de fer de Paris à la frontière de Belgique, ensemble le cahier des charges coté A, annexé à cette loi ;

4° L'ordonnance royale du 10 septembre de la même année, homologative de l'adjudication de la concession dudit chemin de fer ;

5° Les ordonnances de police des 19 juin 1846 et 21 décembre 1847, homologatives de tarifs pour les transports de toute nature sur les chemins de fer de Paris à la frontière de Belgique et d'Amiens à Boulogne ;

6° Nos ordonnances des 8 et 9 janvier dernier, qui fixent le tarif du transport des huîtres et du poisson frais sur les deux chemins de fer précités ;

7° Les propositions soumises à l'administration supérieure par les Compagnies des chemins de fer du Nord et d'Amiens à Boulogne, et ayant pour objet un tarif commun et réduit applicable au transport de la marée expédiée d'un point quelconque de la ligne de Boulogne, soit pour Paris, soit pour une des stations intermédiaires de la ligne du Nord, situées entre Amiens et Paris ;

8° La décision ministérielle du 28 août dernier, portant homologation desdites propositions ;

---

(1) V. l'ord. du 4 septembre 1850.

Considérant qu'il y a lieu de rendre exécutoire, dans le ressort de la préfecture de police, la décision ministérielle précitée,

Ordonnons ce qui suit :

1. La Compagnie du chemin de fer du Nord et la Compagnie du chemin de fer d'Amiens à Boulogne sont autorisées à effectuer le transport des huîtres et du poisson frais expédiés d'un point quelconque de la ligne d'Amiens à Boulogne, soit pour Paris, soit pour l'une des stations intermédiaires entre Paris et Amiens, moyennant les prix indiqués ci-après :

Pour les expéditions au-dessus de 1,000 kilogr... 34 c. } par tonne
Pour les expéditions au-dessous de 1,000 kilogr... 42 } et par kilomètre.

2. Sont seuls admis à réclamer le bénéfice des réductions de prix autorisées par l'article précédent les mareyeurs qui, par traité de la durée d'un an, à partir du 20 février dernier, auront déclaré :

1° Renoncer à toutes demandes en dommages et intérêts faites ou à faire pour les retards passés, et ce, moyennant le remboursement intégral des ports perçus pour les expéditions ayant subi des retards ;

2° Consentir et accepter, à titre de dommages et intérêts pour les retards sur les transports futurs, savoir :

Pour un retard de trois heures et demie à quatre heures et demie, le tiers du prix total du transport ;

Pour un retard de quatre heures et demie à cinq heures et demie, les deux tiers du prix total du transport ;

Pour un retard de cinq heures et demie et au-dessus, la totalité du prix du transport ;

3° Renoncer, en cas de transbordement de wagons en route, à toute demande de dommages et intérêts pour les avaries qui pourraient résulter de cette opération.

3. L'autorisation résultant des dispositions qui précèdent n'est accordée qu'à titre provisoire ; elle pourra être retirée si, dans l'application, elle venait à présenter des inconvénients ou des abus.

4. Les ordonnances de police sus-visées des 19 juin 1846, 21 décembre 1847, 8 et 9 janvier 1849, continueront de recevoir leur exécution, en tout ce qui n'est pas contraire aux dispositions qui précèdent.

5. La présente ordonnance sera notifiée aux Compagnies des chemins de fer de Paris à la frontière de Belgique et d'Amiens à Boulogne ; elle sera imprimée et affichée.

Les commissaires et sous-commissaires spéciaux de surveillance administrative des chemins de fer précités, ainsi que les maires et les commissaires de police des communes du ressort de la préfecture de police, dont le territoire est traversé par le chemin de fer de Paris à la frontière de Belgique, sont chargés d'en assurer l'exécution.

Le préfet de police, REBILLOT.

———◦———

[N° **2203.** — *Ordonnance concernant la sûreté de la circulation sur le pont d'Austerlitz.*

Paris, le 20 septembre 1849.

Nous, préfet de police,

Vu : 1° la loi des 16-24 août 1790 ;

2° L'arrêté du Gouvernement du 12 messidor an VIII (1er juillet 1800);

3º Notre ordonnance, en date du 30 juin dernier, qui règle la circulation des voitures sur le pont d'Austerlitz, et enjoint à toutes personnes conduisant une voiture, de quelque espèce que ce soit, de traverser ce pont au pas ;

4º Les réclamations à nous adressées, à l'effet d'obtenir que les voitures suspendues ne soient pas soumises à cette prescription ;

5º Le rapport de M. l'ingénieur en chef directeur des ponts et chaussées du département de la Seine ;

Considérant que les voitures suspendues, attelées de deux chevaux seulement, ne peuvent, par leur construction légère, causer des dégradations au pont dont il s'agit,

Ordonnons ce qui suit :

1. Toute voiture non suspendue et toute voiture suspendue, attelée de plus de deux chevaux, devra être conduite au pas dans toute la traversée du pont d'Austerlitz.

Il est interdit de faire stationner sur ce pont aucune voiture, sous quelque prétexte que ce soit.

2. Les voitures chargées, attelées de plus de cinq chevaux, ne devront point se suivre ni se croiser sur ledit pont. En conséquence, il est prescrit aux conducteurs de ces voitures de ne s'y engager qu'après s'être assurés qu'une autre voiture de même espèce ne s'y trouve pas déjà.

5. Notre ordonnance précitée du 30 juin dernier est rapportée.

4. Les contraventions à la présente ordonnance seront constatées par des procès-verbaux ou rapports qui nous seront transmis pour être déférés aux tribunaux compétents.

5. La présente ordonnance sera imprimée et affichée.

Les commissaires de police et spécialement ceux des quartiers des Quinze-Vingts et du Jardin des Plantes, le chef de la police municipale, les officiers de paix et tous les autres préposés de la préfecture de police sont chargés, chacun en ce qui le concerne, d'en surveiller et assurer l'exécution.

Elle sera adressée à M. le colonel de la garde républicaine et à M. le colonel commandant la 1re légion de gendarmerie, qui sont chargés de tenir la main à son exécution par tous les moyens mis à leur disposition.

Le préfet de police, REBILLOT.

N° 2204. — *Ordonnance qui fixe un tarif spécial pour le transport des poulains, à la petite vitesse, sur le chemin de fer d'Amiens à Boulogne.*

Paris, le 29 septembre 1849.

Nous, préfet de police,

Vu : 1º la loi du 26 juillet 1844, qui autorise la concession du chemin de fer d'Amiens à Boulogne ; ensemble le cahier des charges annexé à cette loi ;

2º L'ordonnance homologative de l'adjudication de la concession dudit chemin de fer ;

3º L'ordonnance de police du 1er avril 1848, qui fixe le tarif pour le transport, à la petite vitesse, des marchandises, des voitures, des chevaux et bestiaux ;

4º La décision ministérielle du 4 de ce mois, portant homologation des propositions soumises à l'administration supérieure par la Compagnie du chemin de fer d'Amiens à Boulogne, lesquelles ont pour objet un tarif spécial pour le transport des poulains ;

Considérant qu'il y a lieu de rendre exécutoire la décision ministérielle précitée,

Ordonnons ce qui suit :

§ Ier. — Prix de transport.

1. Les prix à percevoir pour le transport des poulains, à la petite vitesse, sur le chemin de fer d'Amiens à Boulogne, sont réglés conformément au tableau suivant :

(Tari (pour le transport des poulains, etc)

Tarif pour le Transport des Poulains à la petite vitesse.

LIEUX DE DÉPART et DE DESTINATION.		NOMBRE DE POULAINS NÉCESSAIRES pour l'application des divers prix de transport indiqués ci-contre.	PRIX de transport par tête.	
			fr.	c.
De Boulogne et **de Neuchatel** aux stations ci-contre.	Abbeville.....	De 1 à 3 poulains...................	6	»
		De 3 à 5 id...................	5	»
		6 poulains dans le même wagon.....	4	»
		Poulains en sus de 6 dans le même wagon.	3	»
	Pont-Rémy...	De 1 à 3 poulains...................	7	»
		De 3 à 5 id...................	6	»
		6 poulains dans le même wagon.....	5	»
		Poulains en sus de 6 dans le même wagon.	4	»
	Longpré....	De 1 à 3 poulains...................	8	»
		De 3 à 5 id...................	7	»
		6 poulains dans le même wagon.....	6	»
		Poulains en sus de 6 dans le même wagon.	5	»
	Amiens......	De 1 à 3 poulains...................	9	50
		De 3 à 5 id...................	8	»
		6 poulains dans le même wagon.....	6	50
		Poulains en sus de 6 dans le même wagon.	5	»
De Montreuil aux stations ci-contre.	Abbeville....	De 1 à 3 poulains...................	3	»
		De 3 à 5 id...................	2	50
		6 poulains dans le même wagon.....	2	25
		Poulains en sus de 6 dans le même wagon.	2	»
	Pont-Rémy...	De 1 à 3 poulains...................	4	»
		De 3 à 5 id...................	3	50
		6 poulains dans le même wagon.....	3	»
		Poulains en sus de 6 dans le même wagon.	2	50
	Longpré.....	De 1 à 3 poulains...................	5	»
		De 3 à 5 id...................	4	50
		6 poulains dans le même wagon... .	4	»
		Poulains en sus de 6 dans le même wagon.	3	50
	Amiens......	De 1 à 3 poulains...................	7	»
		De 3 à 5 id...................	6	»
		6 poulains dans le même wagon.....	5	»
		Poulains en sus de 6 dans le même wagon.	4	»
D'Abbeville à la station ci-contre, *et vice versâ.*	Amiens......	De 1 à 3 poulains...................	4	»
		De 3 à 5 id...................	3	50
		6 poulains dans le même wagon.....	3	»
		Poulains en sus de 6 dans le même wagon.	2	50

TARIF SPÉCIAL POUR LA STATION DE RUE.

De RUE à toutes les stations,
Les poulains sont taxés à 0 fr. 40 cent. par kilomètre, et par wagon complet de 7 poulains.

2. Les wagons renfermant cinq poulains sont considérés comme wagons complets.

3. Il est accordé une place de 3e classe à l'expéditeur d'un wagon complet.

§ II. — Frais de chargement et de déchargement.

4. Les frais accessoires fixés pour le chargement et le déchargement des chevaux par l'article 16 de l'ordonnance de police du 1er avril 1848, sus-visée, sont applicables au chargement et au déchargement des poulains.

§ III. — Dispositions générales.

5. Les taxes réglées par la présente ordonnance, qui sont inférieures à celles du tarif du cahier des charges, ne pourront être relevées qu'après un délai d'un an.

Tous changements apportés dans les tarifs ci-dessus réglés seront annoncés au moins un mois d'avance par des affiches ; ils devront d'ailleurs être homologués par des décisions de l'administration supérieure, prises sur la proposition de la Compagnie et rendues exécutoires en la forme prescrite.

6. La présente ordonnance sera notifiée à la Compagnie ; elle sera imprimée et affichée.

Les commissaires et sous-commissaires spéciaux de surveillance administrative sont chargés d'en assurer l'exécution.

Le préfet de police, REBILLOT.

N° **2205**. — *Ordonnance concernant la sûreté de la circulation sur le pont de la Réforme.*

Paris, le 17 octobre 1849.

Nous, préfet de police,

Vu : 1° la loi des 16-24 août 1790 ;

2° L'arrêté du Gouvernement du 12 messidor an VIII (1er juillet 1800) ;

3° L'ordonnance de police du 27 novembre 1848, qui règle la circulation des voitures sur le pont de la Réforme ;

4° Les réclamations à nous adressées à l'effet d'obtenir que le passage, sur ce pont, soit interdit aux voitures pesamment chargées ;

5° Le rapport de M. l'ingénieur en chef, directeur des ponts et chaussées du département de la Seine ;

Considérant que les voitures pesamment chargées peuvent causer des dégradations au pont de la Réforme, et par suite compromettre la sûreté publique,

Ordonnons ce qui suit :

1. La circulation est interdite sur le pont de la Réforme aux voitures non suspendues, attelées de plus d'un cheval, et aux voitures suspendues, attelées de plus de deux chevaux.

Toute voiture de quelque espèce que ce soit devra être conduite au pas, dans toute la traversée de ce pont.

Il est interdit d'y faire stationner aucune voiture, sous quelque prétexte que ce soit.

Les chevaux et les bêtes de somme ne pourront le traverser qu'au pas.

2. Tout corps ou détachement de garde nationale ou de troupes à

pied passant sur le pont, est tenu de marcher en deux files et à volonté, c'est-à-dire en rompant le pas.

La cavalerie ne doit défiler que sur une seule ligne.

3. Il est défendu de monter sur les gardes-corps et sur les chaînes
de suspension.

4. Aucune affiche ne devra être peinte, ni collée sur les piles et
culées du pont.

5. L'ordonnance précitée du 27 novembre 1848 est rapportée.

6. Les contraventions à la présente ordonnance seront constatées
par des procès-verbaux ou rapports qui nous seront transmis pour
être déférés aux tribunaux compétents.

7. La présente ordonnance sera imprimée et affichée.

Le chef de la police municipale, les commissaires de police, et spécialement ceux des quartiers de l'Hôtel-de-Ville, de l'Ile-Saint-Louis et
de la Cité, les officiers de paix et tous les autres préposés de la préfecture de police sont chargés, chacun en ce qui le concerne, d'en
surveiller et assurer l'exécution.

Elle sera adressée à M. le colonel de la garde républicaine et à M. le
colonel de la 1ʳᵉ légion de gendarmerie, qui sont chargés de tenir la
main à son exécution par tous les moyens mis à leur disposition.

Le préfet de police, REBILLOT.

Nº **2206**. — *Ordonnance concernant les mesures d'ordre et de
police à prendre, à l'occasion de la cérémonie de l'institution
de la magistrature française, dans la journée du 3 novembre
1849.*

Paris, le 1ᵉʳ novembre 1849.

Nous, préfet de police,

Vu la loi des 16 et 24 août 1790, qui nous charge des mesures d'ordre
et de sûreté publique à prendre lors des réunions et cérémonies publiques;

Considérant que, le 3 novembre courant, une cérémonie aura lieu
au Palais-de-Justice pour l'institution de la magistrature française;

Considérant qu'il est nécessaire de prescrire à cette occasion des
mesures ayant pour objet de faciliter la circulation aux abords dudit
palais, dans cette journée, et de prévenir tout accident, notamment
sur les points où seront dirigées les voitures,

Ordonnons ce qui suit :

1. Samedi, 3 novembre prochain, à partir de huit heures du matin,
la circulation et le stationnement des voitures seront interdits sur les
points ci-après :

Les ponts : Neuf,
                au Change,
                Notre-Dame,
                de la Réforme,
                de l'Archevêché,
                aux Doubles,
                de l'Hôtel-Dieu,
                et Saint-Michel,

et tous les quais et rues compris dans l'île de la Cité.

Cette interdiction aura lieu pendant tout le temps que durera la
cérémonie.

Il y a exception à cette disposition pour les voitures des personnes se rendant à la cérémonie.

2. Les voitures dont le passage est interdit dans l'île de la Cité, conformément à l'article ci-dessus, se dirigeront, en amont, sur les ponts Marie et de la Tournelle, et en aval, sur les ponts des Saints-Pères et National.

3. Les voitures des personnes se rendant au Palais-de-Justice, pour la cérémonie, se dirigeront ainsi qu'il suit :

1° Celle du président de la République,
— du vice-président de la République,
— de la députation de l'Assemblée nationale,
— des ministres,
— du conseil d'État,

Et celles des députations des corps constitués,
par le Pont-Neuf, le quai des Orfévres, la rue de la Barillerie et la grille de la cour d'honneur du Palais.

Ces voitures iront stationner sur le quai du Marché-Neuf, et, au besoin, dans la rue Neuve-Notre-Dame et sur le parvis, à l'exception de celle de M. le président, qui restera dans la cour d'honneur;

2° Celles du corps diplomatique et des fonctionnaires invités spécialement à l'inauguration de la Sainte-Chapelle, par le Pont-Neuf, le quai des Orfévres, la rue de la Barillerie et la voûte de la cour de la Sainte-Chapelle.

Ces voitures iront stationner rue de la Sainte-Chapelle.

4. Les voitures des membres de la cour de cassation et de la cour des comptes, des premiers présidents et des procureurs généraux des cours d'appel, de la députation de la cour d'appel de Paris et du tribunal de première instance de la Seine, de la députation des avocats à la cour de cassation et des avocats à la cour d'appel de Paris, et des personnes munies de billets de tribunes, arriveront au Palais-de-Justice par le Pont-Neuf, la place Dauphine et la cour de Harlay.

Elles stationneront place Dauphine, rue et cour de Harlay.

5. Les voitures des personnes munies de billets d'estrade arriveront par le Pont-Neuf, le quai de l'Horloge et la rue de la Barillerie.

Ces personnes entreront par la porte de l'escalier de la salle des Pas-Perdus, et les voitures iront stationner, en suivant la rue de Constantine, le quai Napoléon, à partir du pont d'Arcole jusqu'au pont de la Réforme, et, au besoin, sur le quai de l'Archevêché et ceux de l'île Saint-Louis.

6. Le 3 novembre prochain, le marché aux Fleurs (quai Desaix) et aux arbres (quai Napoléon) n'aura pas lieu. Il est remis au dimanche 4 novembre.

7. Le chef de la police municipale prendra toutes les mesures nécessaires pour le maintien de l'ordre et de la sûreté publique.

Il se concertera, pour l'exécution, avec les commandants de la force armée qui seront sur les lieux.

8. Les contraventions à la présente ordonnance seront constatées et déférées aux tribunaux compétents.

9. La présente ordonnance sera imprimée et affichée dans Paris.

Les maires des communes du ressort de la préfecture de police, le colonel de la garde républicaine, le colonel de la 1re légion de gendarmerie, le chef de la police municipale de Paris, les commissaires de police, les officiers de paix, l'architecte-commissaire de la petite voirie, l'inspecteur général de la salubrité et tous les préposés de la préfecture de police sont chargés, chacun en ce qui le concerne, de tenir la main à son exécution.

Le préfet de police, REBILLOT.

N° **2207**. — *Ordonnance concernant l'ouverture d'un marche de comestibles à Belleville.*

Paris, le 8 novembre 1849.

Nous, préfet de police,

Vu : 1° les lois des 24 août 1790 et 22 juillet 1791 ;

2° Les arrêtés du Gouvernement du 12 messidor an VIII (1er juillet 1800) et 3 brumaire an IX (25 octobre 1800) ;

3° L'arrêté du ministre de l'agriculture et du commerce, en date du 30 avril 1847, autorisant dans la commune de Belleville l'établissement d'un marché de comestibles, le jeudi et le dimanche de chaque semaine ;

4° La décision de M. le ministre de l'intérieur du 30 janvier dernier, qui approuve la délibération du conseil municipal de Belleville du 26 février 1844, proposant de fixer *à deux centimes et demi par mètre superficiel* le droit de place sur ce marché ;

5° La lettre de M. le ministre de l'agriculture et du commerce du 14 septembre dernier,

Ordonnons ce qui suit :

1. Le marché aux comestibles institué à Belleville par l'arrêté précité de 1847, pour tenir le jeudi et le dimanche de chaque semaine, aura lieu au coin des rues Levert et des Rigoles.

2. Il ouvrira, en tout temps, au lever du soleil, et sera fermé à trois heures de relevée.

L'ouverture et la fermeture seront annoncées au son d'une cloche.

3. La location des places aura lieu au mois et par abonnement, ou à la journée.

Les places louées au mois seront considérées comme *places fixes* et ne pourront être occupées que par les locataires, leurs femmes ou leurs enfants.

Les autres seront considérées comme *places banales ;* elles seront occupées par le premier arrivant.

4. Conformément à la délibération du conseil municipal du 26 février 1844, approuvée le 30 janvier 1849 par M. le ministre de l'intérieur, le droit de place sera de *deux centimes et demi par mètre superficiel.*

Cette perception se fera au premier marché du mois, et d'avance, pour les places fixes, et chaque jour de marché pour les places banales.

5. Il est défendu à tout marchand de sous-louer ou de prêter sa place et d'en trafiquer, de quelque manière que ce soit.

6. Les marchands disposeront, à l'endroit le plus apparent de leurs places, une plaque ou étiquette indiquant lisiblement leurs noms et domiciles.

7. L'entrée du marché est interdite aux voitures. Elles devront être rangées sur une file dans les rues environnantes.

8. Les marchands devront toujours laisser les passages libres et ne rien déposer sur la voie publique.

9. Il est interdit à tout marchand de dépasser, sous aucun prétexte, les limites de sa place.

10. Il est défendu de plumer de la volaille dans le marché, à moins que ce ne soit dans des seaux ou des paniers.

Toutes les places devront être tenues dans le plus grand état de propreté.

11. Les contraventions à la présente ordonnance seront constatées par des procès-verbaux ou rapports, et déférées aux tribunaux compétents.

12. La présente ordonnance sera imprimée et affichée. Ampliation en sera adressée à M. le préfet de la Seine.

13. Le sous-préfet de l'arrondissement de Saint-Denis, le maire et le commissaire de police de Belleville et les préposés sous leurs ordres, ainsi que l'inspecteur général des halles et marchés, sont chargés, chacun en ce qui le concerne, de tenir la main à son exécution.

Le préfet de police, REBILLOT.

⸺⸺◦⸺⸺

AU NOM DU PEUPLE FRANÇAIS,

Le Président de la République,

Sur la proposition du ministre de l'intérieur,

Décrète :

1. M. Carlier, chef de la police municipale, est nommé préfet de police, en remplacement de M. Rebillot, appelé à d'autres fonctions (1).

2. Le ministre de l'intérieur est chargé de l'exécution du présent décret.

Fait à l'Elysée-National, le 8 novembre 1849.

LOUIS-NAPOLÉON BONAPARTE.

Pour contre-seing :
Le ministre de l'intérieur, FERDINAND BARROT.
Pour ampliation :
Le secrétaire général du ministère de l'intérieur, DESMAZURES.

⸺⸺◦⸺⸺

N° **2208.** — *Ordonnance qui fixe le tarif pour le transport, à grande vitesse, des voyageurs, des bagages, des articles de messagerie, marchandises, voitures, chevaux et chiens, sur les parcours compris entre* Epernay *et* Châlons-sur-Marne, *sur le chemin de fer de Paris à Strasbourg* (chemin de l'Est).

Paris, le 9 novembre 1849.

Nous, préfet de police,

Vu : 1° la loi du 19 juillet 1845, qui autorise la concession du chemin de fer de Paris à Strasbourg ; ensemble le cahier des charges coté B, annexé à cette loi ;

2° L'ordonnance royale homologative de l'adjudication de la con-

---

(1) M. le colonel Rebillot a été promu au grade de général de brigade.

cession dudit chemin de fer, en date du 27 novembre de la même année;

3° L'ordonnance de police, en date du 2 juillet dernier, qui fixe les tarifs pour les transports, à grande vitesse, sur la section du chemin de fer de Strasbourg comprise entre Paris et Epernay;

4° La décision ministérielle en date du 24 octobre suivant, portant approbation des propositions de tarifs présentées par la Compagnie dudit chemin de fer, pour le transport, à grande vitesse, des voyageurs, des bagages, des articles de messagerie, marchandises, voitures, chevaux et chiens, sur les parcours compris entre Epernay et Châlons-sur-Marne;

Considérant qu'il y a lieu de rendre exécutoire, dans le ressort de la préfecture de police, la décision ministérielle précitée,

Ordonnons ce qui suit :

TITRE Ier.

TRANSPORT A LA VITESSE DES VOYAGEURS.

CHAPITRE Ier.

Voyageurs.

1. Les prix à percevoir pour le transport des voyageurs sur les parcours du chemin de fer de Paris à Strasbourg, compris entre Epernay et Châlons-sur-Marne, sont réglés, y compris l'impôt dû au trésor, conformément au tableau suivant :

(Tarif pour le transport des Voyageurs.)

Tarif pour le Transport des Voyageurs.

NOTA.—Les militaires ou marins voyageant isolément pour cause de service, envoyés en congé pour appartenir à la réserve, envoyés en congé limité ou rentrant dans leurs foyers, après libération, ne seront assujettis, eux et leurs bagages, qu'à la moitié de la taxe du tarif ci-dessous fixé.—Les militaires ou marins voyageant en corps ne seront assujettis, eux et leurs bagages, qu'au quart de la taxe dudit tarif. (Art. 77 du cahier des charges.) *Voir l'article 4 ci-après.*

LIEUX DE DÉPART ET DE DESTINATION.	Distances servant de base à la fixation des prix du transport.	1re CLASSE. Voitures couvertes, garnies et fermées à glaces.		2e CLASSE. Voitures couvertes, fermées à glaces et à banquettes rembourrées.		3e CLASSE. Voitures couvertes et fermées avec rideaux.	
	kilomèt.	fr.	c.	fr.	c.	fr.	c.
De OIRY aux stations ci-contre, et vice versâ :							
Paris	148	15	30	11	50	8	55
Noisy-le-Sec	139	14	35	10	80	8	05
Gagny	154	13	85	10	40	7	75
Chelles	130	13	45	10	10	7	50
Lagny	120	12	40	9	35	6	95
Esbly	112	11	55	8	70	6	45
Meaux	104	10	75	8	10	6	»
Trilport	98	10	10	7	60	5	65
Changis	90	9	30	7	»	5	20
La Ferté-s-Jouarre	85	8	55	6	45	4	80
Nanteuil	74	7	65	5	75	4	25
Nogent-l'Artaud	64	6	60	5	»	3	70
Château-Thierry	53	5	45	4	10	3	05
Mézy	45	4	65	3	50	2	60
Varennes	42	4	35	3	25	2	45
Dormans	32	3	30	2	50	1	85
Port-à-Binson	22	2	25	1	70	1	25
Damery	14	1	45	1	10	»	80
Epernay	7	»	70	»	55	»	40
Jalons	12	1	25	»	95	»	70
Châlons-sur-Marne	25	2	60	1	95	1	45
De JALONS aux stations ci-contre, et vice versâ :							
Paris	159	16	40	12	35	9	20
Noisy-le-Sec	150	15	50	11	65	8	65
Gagny	145	15	»	11	25	8	35
Chelles	141	14	55	10	95	8	15
Lagny	131	13	55	10	20	7	55
Esbly	123	12	70	9	55	7	10
Meaux	115	11	90	8	95	6	65
Trilport	109	11	25	8	45	6	30
Changis	101	10	45	7	85	5	85
La Ferté-s-Jouarre	94	9	70	7	30	5	45
Nanteuil	85	8	80	6	60	4	90
Nogent-l'Artaud	75	7	75	5	85	4	35
Château-Thierry	65	6	70	5	05	3	75
Mézy	56	5	80	4	35	3	25
Varennes	53	5	45	4	10	3	05
Dormans	43	4	45	3	35	2	50
Port-à-Binson	33	3	40	2	55	1	90
Damery	25	2	60	1	95	1	45
Epernay	18	1	85	1	40	1	05
Oiry	12	1	25	»	95	»	70
Châlons-sur-Marne	14	1	45	1	10	»	80

Suite du Tarif pour le Transport des Voyageurs.

LIEUX DE DÉPART ET DE DESTINATION.		Distances servant de base à la fixation des prix de transport.	1re CLASSE. Voitures couvertes, garnies et fermées à glaces.	2e CLASSE. Voitures couvertes, fermées à glaces et à banquettes rembourrées.	3e CLASSE. Voitures couvertes et fermées avec rideaux.
			PRIX DE TRANSPORT.		
		kilomèt.	fr. c.	fr. c.	fr. c.
	Paris............	172	17 75	13 35	9 95
	Noisy-le-Sec......	164	16 95	12 75	9 45
	Gagny...........	158	16 30	12 30	9 10
	Chelles	154	15 90	11 95	8 90
	Lagny...........	145	15 »	11 25	8 35
	Esbly	136	14 05	10 55	7 85
	Meaux..........	128	13 20	9 95	7 40
	Trilport........	122	12 60	9 50	7 05
De CHALONS-SUR-	Changis	115	11 90	8 95	6 65
MARNE	La Ferté-s-Jouarre	107	11 05	8 30	6 20
aux stations	Nanteuil........	99	10 25	7 70	5 70
ci-contre,	Nogent-l'Artaud...	89	9 20	6 90	5 15
et vice versâ.	Château-Thierry..	78	8 05	6 05	4 50
	Mezy...........	69	7 15	5 35	4 »
	Varennes........	67	6 90	5 20	3 85
	Dormans........	56	5 80	4 35	3 25
	Port-à-Binson....	47	4 85	3 65	2 70
	Damery.........	38	3 95	2 95	2 20
	Epernay........	31	3 20	2 40	1 80
	Oiry...........	25	2 60	1 95	1 45
	Jalons..........	14	1 45	1 10	» 80

CHAPITRE II.

Excédants de bagages, articles de messagerie pesant plus de 2 kilogrammes, et marchandises.—Articles de messagerie ne pesant pas plus de 2 kilogrammes.—Denrées destinées à l'approvisionnement des halles; huîtres et poisson frais; Finances et autres valeurs.

§ 1er. — Prix de transport.

2. Les prix du transport, à grande vitesse, des excédants de bagages, des articles de messagerie pesant plus de 2 kilogrammes, des marchandises, des articles de messagerie ne pesant pas plus de 2 kilogrammes, des denrées destinées à l'approvisionnement des halles, des huîtres et du poisson frais, et des finances et autres valeurs sont réglés, pour les parcours ci-dessus indiqués, conformément aux dispositions des articles 2, 3, 6, 7, 8 et 9 de l'ordonnance de police sus-visée du 2 juillet dernier.

3. Aux termes de l'article 71 du cahier des charges, tout voyageur dont le bagage ne pèsera pas plus de 30 kilogrammes, n'aura à payer, pour le port de ce bagage, aucun supplément du prix de sa place.

4. Conformément à l'article 77 du cahier des charges, les militaires ou marins voyageant isolément pour cause de service, envoyés en congé pour appartenir à la réserve, envoyés en congé limité ou rentrant dans leurs foyers après libération, ne seront assujettis, eux et leurs bagages, qu'à la moitié de la taxe du tarif.

Les militaires ou marins voyageant en corps ne seront assujettis, eux et leurs bagages, qu'au quart de la taxe du tarif.

§ II. — Frais accessoires.

5. Les frais accessoires d'enregistrement, de magasinage, de chargement et de déchargement réglés par les articles 10, 11 et 12 de l'ordonnance précitée du 2 juillet dernier, sont applicables aux objets de même nature transportés sur les parcours désignés dans l'article 1er ci-dessus.

CHAPITRE III.

Voitures, chevaux et chiens.

SECTION 1re. — Prix de transport.

§ 1er. — Voitures et chevaux.

6. La Compagnie est autorisée à percevoir, pour le transport des voitures et des chevaux, les prix fixés au tableau suivant :

Tarif pour le Transport des Voitures et des Chevaux.

LIEUX DE DÉPART et DE DESTINATION.	Distances servant de base à la fixation des prix de transport.	VOITURES À 2 OU À 4 ROUES			CHEVAUX.		
		à un fond et à une banquette.	un ou à deux fonds et à deux banquettes.	à trois fonds et à trois banquettes.	Un cheval.	Deux chevaux.	par wagon complet de trois chevaux.
		PRIX DE TRANSPORT.					
De CHALONS-SUR-MARNE aux stations ci-contre, *et vice versâ* :	kilomèt.	fr. c.	fr. c.	fr. c.	fr. c.	fr. c.	fr. c.
Paris...............	172	86 »	110 10	134 15	34 40	61 90	77 40
Lagny..............	145	72 50	92 80	113 10	29 »	52 20	65 25
Meaux..............	128	64 »	81 90	99 85	25 60	46 10	57 60
La Ferté-s.-Jouarre..	107	53 50	68 50	83 45	21 40	38 50	48 15
Château-Thierry.....	78	39 »	49 90	60 85	15 60	28 10	35 10
Epernay.............	31	15 50	19 85	24 20	6 20	11 15	13 25

7. Deux personnes pourront, sans supplément de prix, voyager dans les voitures à une banquette, et trois dans les voitures à deux banquettes. Les voyageurs excédant ce nombre payeront le prix des places de deuxième classe. (Article 70 du cahier des charges.)

§ II. — *Chiens.*

La Compagnie est autorisée à percevoir 50 centimes par parcours indivisible de 30 kilomètres, pour le transport d'un chien.

SECTION II. — Frais accessoires.

8. Les frais accessoires de chargement et de déchargement, réglés par l'article 17 de l'ordonnance sus-visée du 2 juillet dernier, sont applicables aux voitures et chevaux transportés sur les parcours désignés dans l'article 6 ci-dessus.

TITRE II.

TRANSPORT A LA VITESSE DES MARCHANDISES.

9. Il n'est point indiqué de taxes pour les transports à la vitesse des marchandises, la Compagnie n'étant point encore en mesure d'effectuer des transports à cette vitesse.

TITRE III.

DISPOSITIONS GÉNÉRALES.

10. Les taxes réglées par la présente ordonnance ne pourront être perçues que lorsque la Compagnie aura été régulièrement autorisée à livrer à la circulation la section d'Epernay à Châlons.

11. Les prix de transport ci-dessus réglés, qui sont inférieurs à ceux du tarif du cahier des charges, ne pourront être relevés qu'après un délai de trois mois au moins pour les voyageurs, et d'un an pour les marchandises.

Tous changements apportés dans lesdits tarifs seront annoncés un mois d'avance par des affiches; ils devront d'ailleurs être homologués par des décisions de l'administration supérieure, prises sur la proposition de la Compagnie, et rendues exécutoires en la forme prescrite.

12. Conformément à l'article 75 du cahier des charges, toute expédition de marchandises, dont le poids, sous un même emballage, excédera 20 kilogrammes, sera constatée, si l'expéditeur le demande, par une lettre de voiture, dont un exemplaire restera aux mains de la Compagnie, et l'autre aux mains de l'expéditeur comme duplicata.

L'expéditeur pourra réclamer un duplicata de la lettre de voiture pour tout paquet ou ballot pesant moins de 20 kilogrammes, dont la valeur aura été préalablement déclarée.

13. La présente ordonnance sera notifiée à la Compagnie du chemin de fer de Paris à Strasbourg.

Elle sera imprimée et affichée.

Les commissaires et sous-commissaires spéciaux de surveillance administrative du chemin de fer de Paris à Strasbourg, ainsi que les maires et commissaires de police des communes du ressort de la préfecture de police, dont le territoire est traversé par ledit chemin de fer, sont chargés d'en assurer l'exécution.

Le préfet de police, P. CARLIER.

N° 2209. — *Proclamation du préfet de police aux habitants de Paris.*

Paris, le 10 novembre 1849.

Habitants de Paris,

La haute confiance du président de la République vient de m'appeler à la préfecture de police.

Ce sera pour moi un éternel honneur d'avoir été jugé digne de seconder, dans ces fonctions délicates, la grande et franche politique inaugurée par les actes et les déclarations du chef de l'Etat.

Je viens demander à mes concitoyens leur concours et leur appui, en leur promettant mon zèle et mon énergie.

Les hommes paisibles de toutes classes ne peuvent voir en moi qu'un ami ; je suis, je serai toujours, je ne dis pas l'ennemi, mais l'adversaire courageux et infatigable des perturbateurs, chefs et instruments.

Protection à la religion, au travail, à la famille, à la propriété, aux bonnes intentions, au repentir même. Vigilance et rigueur contre le socialisme, l'immoralité, le désordre, les mauvaises publications, l'endurcissement des factieux.

Gardes nationaux, chefs d'industrie, pères de famille, commerçants, travailleurs, aidez vous-mêmes à l'accomplissement de ma mission. Il appartient à l'initiative des bons citoyens de faciliter l'action des lois et de l'autorité. La discipline intérieure des familles et des ateliers est le plus puissant auxiliaire de la police de l'Etat. Notre cause est la même : vous voulez un pouvoir protecteur, nous voulons une liberté sage. La modération, appuyée sur la force, domptera, n'en doutez pas, les mauvaises passions. Les jours les plus rudes sont passés ; mais il ne faut pas s'endormir sur les premiers succès. Rien n'est fait tant qu'il reste quelque chose à faire pour l'ordre et la sécurité.

Habitants de Paris,

Il s'agit aujourd'hui d'une ligue sociale contre le socialisme ; c'est la cause de toutes les familles, de tous les intérêts. Ranimons, par la sécurité publique, la confiance privée ; rendons de l'avenir à toutes les existences par la stabilité des institutions fidèlement respectées, mais fermement appliquées. C'est entre nous tous une assurance mutuelle ; nous avons donc droit de compter les uns sur les autres ; comptez sur moi.

Le préfet de police, P. CARLIER.

Vu et approuvé :

Le ministre de l'intérieur, FERDINAND BARROT.

Le préfet de police à MM. les commissaires de police de Paris et de la banlieue, officiers de paix et chefs des divers services de la préfecture de police.

Paris, le 14 novembre 1849.

Messieurs, mes rapports avec vous seront de tous les instants, à mesure des affaires spéciales qui réclameront votre attention et la mienne. Mais avant d'entrer dans ces communications journalières, vous devez éprouver le besoin de recevoir, de moi, des instructions d'ensemble qui vous indiquent dans quel esprit, et dans quelle limite votre action doit s'exercer. Je m'en expliquerai franchement avec vous.

Vos attributions ont deux objets : l'exécution des lois de police, en ce qui concerne les services municipaux de sûreté, de salubrité, de petite voirie; l'application des lois générales, en ce qui touche à la sécurité politique de la capitale.

Sur le premier point, il existe des lois, des règlements et des instructions qui ont pourvu à toutes les nécessités. S'il survenait des cas non prévus, des exigences nouvelles, vous m'en avertiriez, et j'y pourvoirais, soit par les décisions qu'il m'appartiendrait de prendre directement, soit en provoquant l'intervention du Gouvernement et du législateur, s'il en était besoin.

Aujourd'hui, vous avez en main des moyens suffisants de réprimer les délits, de constater les contraventions, de surveiller les malfaiteurs, d'assurer la libre circulation, et de protéger le travail, le commerce et l'industrie, aussi bien que les personnes et les propriétés. Je n'ai qu'à vous recommander le maintien strict des règles tracées, tout en vous invitant à porter, dans leur application, des formes aussi douces que vous le pourrez, sans rien rabattre du droit de l'autorité, ni des prescriptions établies. L'administration républicaine ne doit pas oublier que, si elle a le droit d'être mieux obéie, parce qu'elle commande à tous au nom de tous, elle doit aussi se montrer plus patiente, plus paternelle, parce qu'elle n'est elle-même qu'une délégation des administrés. Avertissez souvent, pour réprimer plus rarement. Faites comprendre, faites sentir que l'intérêt général inspire seul les mesures dont l'intérêt privé souffre quelquefois. Point de faiblesse, mais aussi point de rigueur inutile.

A travers les détails du service, en voici quelques-uns sur lesquels je fixe votre attention, parce qu'ils ne sauraient être trop soigneusement surveillés, et qu'ils touchent immédiatement au bien-être et aux habitudes de la population. Peut-être laissent-ils encore quelque chose à désirer.

Assurez la circulation des piétons, en faisant déblayer les trottoirs, et celle des voitures, en réprimant le maraudage; — empêchez le stationnement des marchands ambulants; — n'autorisez d'étalagistes que sur des points assez étendus, pour que l'étalage ne fasse pas obstacle ; — faites exécuter strictement le balayage; — poursuivez, à bref délai, la clôture des terrains vagues; — point de mendicité, surtout pas de ces mendiants imposteurs qui abusent le public par des maux imaginaires; contenez, dans les limites de la place qui leur est assignée, et de la permission dont ils doivent être porteurs, les vendeurs de journaux ou autres écrits; — adressez-moi de fréquents rapports sur l'usage qu'ils font de la faculté qui leur est accordée; — surveillez les afficheurs, le nom de l'imprimeur est toujours là pour répondre de l'affiche; — faites disparaître les gravures obscènes de certains étalages; — que les inspecteurs s'attachent avec le plus grand soin, et aussi fréquemment que possible, à vérifier la qualité et le poids des denrées vendues à la population; jamais d'indulgence sur les délits qui touchent à cette importante partie du service public; — recherchez, sans relâche, les tripots de jeux clandestins, les loteries occultes; — délivrons la capitale et la banlieue des repris de justice qui ont rompu leur ban, et qui viennent ici braver les lois et la société; — que les condamnés en surveillance soient tenus sévèrement à l'observation des règles qui les concernent; l'hiver approche, il faut éloigner ces classes d'individus qui fournissent la plus grande partie des malfaiteurs que le service de sûreté place, chaque jour, sous la main de la justice.

Protection à l'industrie et au travail. Etudiez la situation des classes ouvrières, dans le ressort de votre service. Les événements ont éclairé les ouvriers qui n'étaient qu'égarés, et c'est le plus grand nombre ; contribuez, par de bons conseils, à les mettre en garde contre de perfides séductions. Ils ont dû voir que ceux qui leur parlaient d'abolir l'exploitation de l'homme par l'homme, les exploitaient, pour leur compte, de la manière la plus cruelle, en les précipitant dans des aventures qui ne rapportaient à leurs ménages que la ruine, et à eux que des condamnations judiciaires. C'était là une exploitation criminelle, au profit de meneurs habiles et de fauteurs d'anarchie, qui ne cherchaient de complices parmi les ouvriers que pour en faire des victimes, et pour conquérir, à l'aide de leurs bras et au prix de leur misère, des places et des honneurs ! Répétez sans cesse à cette portion si intéressante de la société que le travail est la seule ressource, toujours vraie, toujours fidèle, qui ne manque jamais à celui qui l'aime sincèrement. Le travail n'est pas un *droit*, comme on le leur disait ; c'est bien plus, dans la civilisation actuelle, c'est un *devoir*, et pour tous les hommes, et dans toutes les situations. Vos relations de tous les jours vous permettent d'apprécier les vœux légitimes ou les souffrances imméritées des travailleurs ; faites-les-moi connaître ; j'éveillerai la sollicitude du Gouvernement.

Quant aux mauvais ouvriers, bien connus de leurs camarades, et dont le nombre diminue chaque jour, surveillez-les, contenez-les, tout en cherchant à les éclairer et à les ramener. C'est dans leurs rangs que se trouvent le plus souvent les instigateurs des coalitions qui entravent l'industrie, et occasionnent aux ouvriers honnêtes des chômages ruineux ; c'est à l'origine même qu'il faut arrêter les projets de coalition ; il suffit souvent d'éloigner deux à trois meneurs pour sauver tout un atelier ; n'hésitez jamais.

La seconde partie de vos attributions, Messieurs, c'est de concourir au maintien de la sécurité politique de la capitale, en portant votre attention la plus sérieuse sur les sociétés et affiliations, où l'on cherche à réveiller un mauvais esprit qui tend à s'affaiblir de plus en plus. Les lieux de réunion sont connus ; le mystère des délibérations a été plus d'une fois percé à jour ; tenez ainsi les malveillants sur le qui-vive ; qu'ils sachent bien qu'on les observe, et que rien ne restera caché. Cette conviction contribuera, si ce n'est à les convertir, au moins à les préserver de démarches fatales pour eux. Il vaut mieux, je vous le répète, prévenir, quand on le peut, que réprimer, quand il le faut. Je n'ai pas besoin de vous rappeler aujourd'hui vos devoirs, en cas de rassemblements et d'émeutes, dont le bruit s'éloigne depuis cinq mois. Vous avez sous les yeux des lois précises à ce sujet. J'ai eu lieu d'apprécier par moi-même le courage et la modération dont les commissaires de police de la ville de Paris ont fait preuve dans ces tristes occasions. La dignité de leur magistrature s'en est accrue, et la confiance de tous les bons citoyens les en récompense.

Dans ces observations de chaque jour, dans cette résistance quelquefois nécessaire, ne faites distinction, Messieurs, d'aucune couleur de parti. Le grand parti de l'ordre ne doit faire aucune différence entre ceux qui troublent la paix publique, quelque prétexte qu'ils invoquent. Le Gouvernement de la République est consacré par le serment de son chef suprême, qui se plaît à rappeler souvent lui-même cet engagement solennel. Sachez donc bien qu'en dehors des devoirs que nous prescrit à tous le serment du chef de l'Etat, il ne peut y avoir qu'anarchie et faction, de quelque part que viennent de folles tentatives.

Un troisième devoir vous reste à remplir, Messieurs, dans l'intérêt général de la société comme du Gouvernement, c'est d'étudier l'opinion dans toutes ses variations, et d'avertir à temps, car, c'est pour avoir manqué d'avertissements de ce genre, ou pour les avoir dédaignés, que des gouvernements ont péri. Ne m'épargnez pas vos communications sur ce point; je ne tarderai pas, de mon côté, à vous donner les renseignements, les explications qui pourraient contribuer à éclairer l'opinion elle-même, si elle venait à s'égarer. C'est ce concours de bonne foi entre le public et l'autorité qui peut seul maintenir la paix et la sécurité de l'Etat. Ne vous croyez pas obligés à envelopper de précautions ce que vous croirez vrai et utile; toutes vos observations seront bien reçues.

Il me reste à vous assurer, Messieurs, que je tiendrai note exactement de vos bons services et de vos droits, ainsi que de ceux de vos auxiliaires. Soyons tous justes et fermes, et nous aplanirons bien des difficultés. Examinez beaucoup par vous-mêmes, comme je le ferai de mon côté. Faites personnellement dans votre ressort la contre-police de votre police; c'est le moyen d'être bien secondé. Vigilance et prévoyance; activité et initiative; voilà, en peu de mots, tous vos devoirs, et vos moyens de succès.

Agréez, Messieurs, l'assurance de ma parfaite considération.

Le préfet de police, P. CARLIER.

N° **2210.** — *Ordonnance concernant les tarifs spéciaux pour le transport, à la grande vitesse, des denrées destinées à l'approvisionnement des halles et marchés, du lait et des plates-formes chargées de maringottes, sur le chemin de fer de Paris à Chartres* (chemin de l'Ouest).

Paris, le 12 novembre 1849.

Nous, préfet de police,

Vu la lettre de M. le ministre des travaux publics, en date du 31 octobre dernier, relative aux tarifs à percevoir pour le transport, à grande vitesse, sur le chemin de fer de Paris à Chartres, des denrées destinées à l'approvisionnement des halles et marchés, du lait et des plates-formes chargées de maringottes;

En vertu des arrêtés du Gouvernement des 12 messidor an VIII et 3 brumaire an IX (1er juillet et 25 octobre 1800), et des dispositions de l'article 72 du règlement d'administration publique sur la police, la sûreté et l'exploitation des chemins de fer, en date du 15 novembre 1846,

Ordonnons ce qui suit:

1. L'arrêté de M. le ministre des travaux publics, en date du 27 octobre dernier (1), qui fixe les tarifs pour le transport, à grande vitesse, des denrées destinées à l'approvisionnement des halles et marchés, du lait et des plates-formes chargées de maringottes, sur le chemin de fer de Paris à Chartres, sera imprimé et affiché à la suite de la présente ordonnance, dans le ressort de la préfecture de police, pour y être exécuté suivant sa forme et teneur.

2. Les contraventions audit arrêté seront constatées par des procès-verbaux ou rapports qui seront déférés aux tribunaux compétents.

3. Le sous-préfet de l'arrondissement de Sceaux, les maires et les commissaires de police des communes du ressort de la préfecture de police, dont le territoire est traversé par le chemin de fer de Paris à

---

(1) V. cet arrêté à l'appendice.

Chartres, les fonctionnaires et agents spécialement préposés à la surveillance dudit chemin de fer, sont chargés, chacun en ce qui le concerne, de tenir la main à l'exécution de la présente ordonnance.

Le préfet de police, P. CARLIER.

AU NOM DU PEUPLE FRANÇAIS,

Le président de la République,

Sur la proposition du ministre de l'intérieur,
Le conseil des ministres entendu,

Décrète :

1. M. Clément Reyre est nommé secrétaire général de la préfecture de police, en remplacement de M. Godeaux, appelé à d'autres fonctions.

2. Le ministre de l'intérieur est chargé de l'exécution du présent décret.

Fait à Paris, à l'Élysée-National, le 17 novembre 1849.
LOUIS-NAPOLÉON BONAPARTE.

Pour contre-seing :
Le ministre de l'intérieur, FERDINAND BARROT.

Pour ampliation :
Le sous-secrétaire d'Etat au ministère de l'intérieur, DARCY.

N° **2211.** — *Ordonnance concernant les cafés-concerts.*

Paris, le 17 novembre 1849.

Nous, préfet de police,
Vu la loi des 16-24 août 1790, titre XI, article 3, § 3 ;
L'arrêté du Gouvernement du 12 messidor an VIII ;
L'arrêté du Gouvernement du 5 brumaire an IX,

Ordonnons ce qui suit :

1. Il est interdit aux propriétaires des cafés, estaminets et autres établissements publics, situés dans le ressort de la préfecture de police, d'avoir dans leurs établissements, sans notre autorisation, des chanteurs, bateleurs et musiciens, et d'y faire exécuter des chants, déclamations, parades et concerts.

2. L'arrêté d'autorisation contiendra les conditions sous lesquelles la permission est accordée.

3. Les permissions délivrées jusqu'à ce jour devront être renouvelées dans le délai de trois mois.

4. La présente ordonnance sera imprimée, publiée et affichée dans la ville de Paris et dans toutes les communes du ressort de la préfecture de police.

MM. les sous-préfets des arrondissements de Sceaux et de Saint-

Denis, les maires et les commissaires de police des communes rurales, le chef de la police municipale et les commissaires de police de la ville de Paris, les officiers de paix et autres préposés de la préfecture de police sont chargés, chacun en ce qui le concerne, d'en assurer l'exécution par les voies de droit.

Le préfet de police, P. CARLIER.

N° **2212.** — *Ordonnance qui modifie les tarifs actuels, en ce qui concerne le transport des creusets sur le chemin de fer de Paris à la frontière de Belgique* (chemin de fer du Nord).

Paris, le 3o novembre 1849.

Nous, préfet de police,

Vu : 1° la loi du 15 juillet 1845, qui autorise la concession du chemin de fer de Paris à la frontière de Belgique, ensemble le cahier des charges coté A, annexé à cette loi ;

2° L'ordonnance royale homologative de l'adjudication de la concession dudit chemin de fer ;

3° L'ordonnance de police du 10 février 1847, qui fixe le tarif pour le transport des marchandises, à petite vitesse, sur le chemin de fer précité, et celle du 16 octobre 1848, relative aux transports de toute nature sur les parcours compris entre les stations de l'embranchement de Lille à Calais et à Dunkerque, et entre ces mêmes stations et diverses stations de la ligne de Paris à la frontière de Belgique ;

4° La lettre en date du 10 de ce mois, par laquelle M. le ministre des travaux publics nous informe qu'il a décidé qu'à l'avenir les creusets que la Compagnie du Nord assimilait à la deuxième classe des marchandises transportées, à petite vitesse, sur son chemin, seront assimilés à la poterie commune et tarifés aux prix de la troisième classe ;

Considérant qu'il y a lieu de rendre exécutoire, dans le ressort de la préfecture de police, la décision ministérielle précitée,

Ordonnons ce qui suit :

1. Les creusets sont assimilés à la poterie commune qui se trouve rangée dans la troisième classe, première catégorie, aux tarifs de la compagnie du chemin de fer du Nord.

En conséquence, à partir du jour de la publication de la présente ordonnance, les creusets transportés, à la petite vitesse, sur le chemin de fer de Paris à la frontière de Belgique et sur son embranchement de Lille à Calais et à Dunkerque, seront tarifés, comme la poterie commune, aux prix de la troisième classe, première catégorie, conformément aux tarifs réglés par les ordonnances susvisées, des 10 février 1847 et 16 octobre 1848.

2. Les ordonnances précitées, des 10 février 1847 et 16 octobre 1848, continueront de recevoir leur exécution, en tout ce qui n'est pas contraire à la présente ordonnance.

3. La présente ordonnance sera notifiée à la Compagnie. Elle sera imprimée et affichée.

Les commissaires et sous-commissaires spéciaux de surveillance administrative du chemin de fer de Paris à la frontière de Belgique, ainsi que les maires et les commissaires de police des communes du ressort de la préfecture de police, dont le territoire est traversé par ledit chemin de fer, sont chargés d'en assurer l'exécution.

Le préfet de police, P. CARLIER.

N° **2213.** — *Ordonnance concernant la vérification périodique des poids et mesures pour* 1850 (1).

Approuvée par le ministre de l'agriculture et du commerce, le 1er décembre 1849.

Paris, le 2 décembre 1849.

N° **2214.** — *Ordonnance qui rend définitives les dispositions de l'arrêté du* 26 *décembre* 1848, *sur l'occupation semestrielle, en* 1849, *des étaux attribués aux bouchers forains dans les marchés.*

Paris, le 10 décembre 1849.

Nous, préfet de police,

Vu : 1° l'ordonnance de police du 14 août 1848, qui prescrit la vente quotidienne de la viande de boucherie dans les marchés de Paris ;

2° La décision ministérielle du 30 novembre 1849,

Ordonnons ce qui suit :

1. L'occupation des places réservées pour la vente de la viande de boucherie dans les marchés de Paris aura lieu définitivement, pour l'année 1850 et les années suivantes, ainsi que l'a prescrit d'abord, à titre d'essai et pour 1849 seulement, l'arrêté du 26 décembre 1848.

2. La répartition des places susdites, entre les ayants droit, aux termes de l'ordonnance du 14 août 1848, sera faite, au mois de décembre, pour le premier semestre de l'année suivante, et au mois de juin, pour le deuxième semestre de l'année alors courante.

3. La présente ordonnance sera imprimée, publiée et affichée.

L'inspecteur général des halles et marchés et les syndic et adjoints des bouchers de Paris sont chargés d'en assurer l'exécution.

Le préfet de police, P. CARLIER.

Approuvé :

Paris, le 22 décembre 1849.

Le ministre de l'agriculture et du commerce, DUMAS.

N° **2215.** — *Ordonnance qui fixe un tarif pour le transport des moutons, par bergeries de plus grande dimension que les bergeries indiquées aux tarifs des* 13 *février et* 15 *mai* 1849, *sur les chemins de fer de* Paris à Orléans, *et de* Paris au centre de la France.

Paris, le 12 décembre 1849.

Nous, préfet de police,

Vu 1° la loi du 7 juillet 1838, qui autorise l'établissement d'un chemin de fer de Paris à Orléans, et la loi du 15 juillet 1840, relative au même

---

(1) V. l'ord. du 13 déc. 1850.

chemin ; ensemble le cahier des charges annexé à cette dernière loi ;

2° La loi du 26 juillet 1844, relative au chemin de fer de Paris sur le centre de la France, ensemble le cahier des charges annexé à cette loi, et l'ordonnance royale du 24 octobre suivant, homologative de la concession dudit chemin ;

3° Les ordonnances de police des 13 février et 15 mai derniers, qui fixent un tarif commun et réduit pour le transport des moutons par wagon complet et par bergerie, tant de diverses stations du chemin de fer du Centre à Paris, que sur divers parcours du chemin de fer d'Orléans ;

4° La décision ministérielle, en date du 6 de ce mois, portant approbation des propositions présentées par les compagnies des chemins de fer de Paris à Orléans et de Paris sur le centre de la France, et ayant pour objet un tarif commun et réduit pour le transport des moutons par bergeries de nouvelles dimensions ;

Considérant qu'il y a lieu de rendre exécutoire, dans le ressort de la préfecture de police, la décision ministérielle précitée,

Ordonnons ce qui suit :

1. Les compagnies des chemins de fer de Paris à Orléans et de Paris sur le centre sont autorisées à effectuer, aux conditions indiquées dans le tableau ci-après, le transport des moutons par bergerie à deux planchers de 5 mètres 30 centimètres de longueur sur 2 mètres 44 centimètres de largeur environ, dans lesquelles les expéditeurs auront la faculté de mettre le nombre de moutons qu'ils jugeront convenable à leurs risques et périls.

Tarif pour le Transport des Moutons.

LIEUX DE DÉPART.	DESTINATIONS.	PRIX DE TRANSPORT	
		du 1er novembre au 31 mars.	du 1er avril au 31 octobre.
		fr. c.	fr. c.
Châteauroux..........		176 »	140 »
Issoudun.............		176 »	140 »
Nerondes.............		176 »	140 »
Bourges.............		164 »	129 »
Vierzon.............		152 »	117 »
Salbris.............	PARIS	152 »	117 »
Lamothe-Beuvron.....		152 »	117 »
La Ferté.............	OU	152 »	117 »
Orléans.............	CHOISY-LE-ROI.	81 »	64 »
Chevilly.............		81 »	64 »
Artenay.............		81 »	64 »
Toury.............		73 »	59 »
Angerville.............		73 »	59 »
Étampes.............		66 »	53 »

2. Les ordonnances précitées des 13 février et 15 mai derniers, portant tarifs pour le transport des moutons, par bergerie et par wagon complet, continueront à recevoir leur exécution.

5. La présente ordonnance sera notifiée à la Compagnie du chemin de fer d'Orléans.

Elle sera imprimée et affichée.

Les commissaires et sous-commissaires spéciaux de surveillance administrative du chemin de fer de Paris à Orléans, ainsi que les maires et les commissaires de police des communes du ressort de la préfecture de police dont le territoire est traversé par ledit chemin de fer, sont chargés d'en assurer l'exécution.

Le préfet de police, P. CARLIER.

N° **2216.** — *Ordonnance qui prescrit la désinfection des matières contenues dans les fosses d'aisances, avant leur extraction* (1).

Paris, le 12 décembre 1849.

Nous, préfet de police,

Vu : 1° l'ordonnance de police du 5 juin 1834, concernant la vidange des fosses d'aisances et le service des fosses mobiles dans Paris;

2° L'arrêté de police en date du 6 du même mois relatif aux voitures de vidanges;

3° Les ordonnances des 23 septembre 1843 et 26 juillet 1846, qui autorisent l'exploitation du système de vidange Huguin et du système de vidange dit Atmosphérique;

4° L'ordonnance de police du 24 mai dernier concernant la suppression de la voirie de Montfaucon et le service des vidanges;

5° La déclaration faite au préfet de police par un certain nombre de vidangeurs qui se sont engagés à opérer la désinfection des matières, sans augmentation du prix de la vidange, si l'administration consentait à prolonger de deux heures et demie, en été, et de une heure et demie, en hiver, le temps accordé par les règlements en vigueur pour le service des vidanges;

Considérant que, par suite d'expériences déjà anciennes et suffisamment répétées, il est reconnu qu'on peut désinfecter rapidement et économiquement les matières des fosses d'aisances;

Considérant que si, dans la pratique en grand, cette désinfection n'a pas encore été absolue et définitive, du moins il a toujours été facile de l'obtenir pour la durée du curage des fosses et du transport des matières à une certaine distance;

En vertu de la loi des 16-24 août 1790 et des arrêtés du Gouvernement des 12 messidor an VIII et 3 brumaire an IX (1er juillet et 25 octobre 1800);

Vu le rapport du conseil de salubrité en date du 7 décembre courant,

Ordonnons ce qui suit :

1. A partir du 1er janvier prochain, tout entrepreneur de curage de fosses d'aisances, avant de procéder à l'extraction et au transport des matières, sera tenu d'en opérer la désinfection;

Il devra se pourvoir près de nous d'une autorisation qui ne lui sera délivrée qu'autant qu'il aura fait connaître le procédé de désinfection

---

(1) V., ci-après, les ord. des 23 oct. et 28 déc. 1850,

qu'il se propose d'employer, et que ce procédé aura été approuvé par nous sur l'avis du conseil de salubrité. En outre, il devra se soumettre aux conditions qui lui seront imposées dans notre ordonnance d'autorisation.

2. Les matières extraites des fosses d'aisances continueront à être transportées au dépotoir ou au port d'embarquement établis à la Villette, conformément aux prescriptions de l'article 1er de l'ordonnance de police susvisée du 24 mai dernier.

5. Les dispositions de l'article 1er ci-dessus, relatives à l'obligation de désinfecter les matières de vidanges, ne sont applicables qu'aux fosses fixes et aux réservoirs Huguin. Il sera ultérieurement statué au sujet de la désinfection des matières contenues dans les fosses mobiles.

4. Les voitures employées au service du transport des matières extraites, après désinfection, qu'elles soient chargées ou non, ne pourront circuler dans Paris, savoir :

A compter du 1er octobre jusqu'au 31 mars, avant dix heures du soir, ni après neuf heures et demie du matin ;

Et, à compter du 1er avril jusqu'au 30 septembre, avant dix heures du soir, ni après sept heures et demie du matin.

L'extraction des matières ne pourra commencer avant l'arrivée des voitures.

Le travail de la vidange devra cesser, du 1er octobre au 31 mars, à neuf heures du matin, et du 1er avril au 30 septembre, à sept heures du matin.

Les voitures d'équipe pourront circuler dans Paris deux heures plus tôt et deux heures plus tard que les voitures affectées au transport des matières de vidange.

Les ustensiles servant au travail de la vidange ne pourront être transportés que dans ces voitures, qui devront être fermées.

5. Les ordonnances et arrêté susvisés, des 5 et 6 juin 1834, 23 septembre 1843, 26 janvier 1846 et 24 mai dernier, continueront de recevoir leur exécution en tout ce qui n'est pas contraire aux dispositions qui précèdent.

6. Les contraventions à la présente ordonnance seront constatées par des procès-verbaux ou rapports et poursuivies conformément aux lois et règlements, sans préjudice des mesures administratives qui pourront être prises contre les auteurs de ces contraventions, dans l'intérêt de la sûreté et de la salubrité publiques.

7. La présente ordonnance sera imprimée et affichée.

Elle sera, en outre, notifiée à chaque entrepreneur de vidange.

Le chef de la police municipale, les commissaires de police de Paris, les commissaires de police des communes de Belleville et de la Villette, les officiers de paix, l'inspecteur général de la salubrité et les préposés de la préfecture de police en surveilleront et assureront l'exécution, chacun en ce qui le concerne.

Le préfet de police, P. CARLIER.

N° **2217.** — *Ordonnance qui fixe des tarifs pour les nouvelles stations d'*Apilly, *de* Chauny *et de* Tergnier, *sur le chemin de fer de Paris à la frontière de Belgique* (chemin de fer du Nord), *et de* Creil à Saint-Quentin.

Paris, le 17 décembre 1849.

Nous, préfet de police,

Vu : 1° la loi du 15 juillet 1845, qui autorise la Compagnie, tant du chemin de fer de Paris à la frontière de Belgique avec embranchement de Lille sur Calais et Dunkerque, que du chemin de fer de Creil à Saint-Quentin, ensemble les cahiers des charges cotés A et B, annexés à cette loi ;

2° Les ordonnances royales homologatives de l'adjudication de la concession des chemins de fer précités ;

3° L'ordonnance du roi du 1er avril 1847, qui approuve le traité de fusion de la Compagnie du chemin de fer du Nord, concessionnaire du chemin de fer de Paris à la frontière de Belgique avec la Compagnie du chemin de fer de Creil à Saint-Quentin ;

4° Les ordonnances de police des 19 juin 1846, 10 et 22 février, 10 mars, 20 septembre et 6 novembre 1847, 16 octobre 1848 et 19 avril 1849, qui fixent les tarifs pour les transports de toute nature, à grande et à petite vitesse, et pour les droits de magasinage sur les chemins de fer de Paris à la frontière de Belgique avec embranchement sur Calais et Dunkerque, et de Creil à Saint-Quentin ;

5° Les décisions ministérielles des 6 novembre dernier et 16 de ce mois, portant approbation des propositions de tarifs présentés par la Compagnie du chemin de fer du Nord pour les stations d'Apilly, de Chauny et de Tergnier, situées sur le chemin de fer de Creil à Saint-Quentin ;

Considérant qu'il y a lieu de rendre exécutoires, dans le ressort de la préfecture de police, les décisions ministérielles précitées,

Ordonnons ce qui suit :

TITRE Ier.

TRANSPORT A LA VITESSE DES VOYAGEURS.

CHAPITRE Ier.

Voyageurs.

4. Les prix à percevoir pour le transport des voyageurs sur les parcours ci-après indiqués, tant du chemin de fer de Creil à Saint-Quentin que du chemin de fer de Paris à la frontière de Belgique, et de son embranchement de Lille sur Calais et Dunkerque, sont réglés, y compris l'impôt dû au Trésor, conformément au tableau suivant :

Tarif pour le transport des voyageurs.

Nota.—Les militaires ou marins voyageant isolément pour cause de service, envoyés en congé pour appartenir à la réserve, envoyés en congé limité ou rentrant dans leurs foyers, après libération, ne seront assujettis, eux et leurs bagages, qu'à la moitié des taxes fixées par la présente ordonnance.—Les militaires ou marins voyageant en corps ne seront assujettis, eux et leurs bagages, qu'au quart des mêmes taxes. (Art. 43 et 48 des cahiers des charges précités). *Voir l'article 4 ci-après.*

Tarif pour le transport des voyageurs.

LIEUX DE DÉPART et DE DESTINATION.	Distances servant de base à la fixation des prix de transport.	1ʳᵒ CLASSE. Voitures couvertes, garnies et fermées à glaces.		2ᵉ CLASSE. Voitures couvertes, fermées à glaces et à banquettes rembourrées.		3ᵉ CLASSE. Voitures couvertes et fermées avec rideaux.	
		PRIX DE TRANSPORT.					
	kilomèt.	fr.	c.	fr.	c.	fr.	c.
D'APILLY aux stations ci-après, et vice versâ : (1) Disposition modifiée par l'art. 3 de l'ord. du 11 juillet 1850. — Paris (1)	133	13	75	10	25	7	50
Saint-Denis	127	13	»	9	75	7	25
Enghien	121	12	50	9	25	7	»
Pontoise	104	10	75	8	»	6	»
Auvers	99	10	25	7	50	5	50
Ile-Adam	93	9	50	7	25	5	25
Beaumont	87	9	»	6	75	5	»
Boran	80	8	25	6	»	4	50
Précy	75	7	75	5	75	4	25
Saint-Leu	72	7	25	5	50	4	»
Creil	65	6	50	5	»	3	75
Liancourt	73	7	50	5	50	4	»
Clermont	80	8	25	6	»	4	50
Saint-Just	95	8	50	6	50	5	»
Breteuil	110	9	»	7	»	5	50
Amiens	146	10	»	8	»	6	»
Pont-Ste-Maxence	54	5	50	4	»	3	»
Verberie	45	4	50	3	50	2	50
Compiègne	52	3	25	2	50	1	75
Thourotte	23	2	40	1	75	1	25
Ourscamp	15	1	50	1	15	»	85
Noyon	8	»	85	»	60	»	45
Chauny	9	»	95	»	70	»	50
Tergnier	16	1	05	1	25	»	90
De CHAUNY aux stations ci-après, et vice versâ : — Paris	141	14	50	10	50	8	»
Saint-Denis	135	13	75	10	50	7	75
Enghien	130	13	25	10	»	7	50
Pontoise	112	11	50	8	50	6	25
Auvers	107	11	»	8	25	6	»
Ile-Adam	101	10	25	7	75	5	75
Beaumont	95	9	75	7	25	5	50
Boran	88	9	»	6	75	5	»
Précy	84	8	50	6	50	4	75
Saint-Leu	80	8	25	6	»	4	50
Creil	74	7	50	5	75	4	25
Liancourt	81	7	75	6	»	4	50
Clermont	88	8	25	6	25	4	50
Saint-Just	103	8	50	6	50	5	»
Breteuil	118	9	»	7	»	5	50
Amiens	154	10	»	8	»	6	»
Albert	185	12	»	9	»	7	»
Arras	221	16	»	12	»	9	»
Douai	247	18	»	14	»	11	»
Lille	280	22	»	16	»	12	»
Mouscron	299	24	»	18	»	13	»
Somain	262	20	»	15	»	11	»
Valenciennes	285	22	»	17	»	12	50
Quiévrain	295	23	»	18	»	13	»
Dunkerque	364	24	»	18	»	13	»
Saint-Omer	343	23	»	18	»	13	»
Calais	385	24	»	19	»	14	»
Pont-Ste-Maxence	62	6	25	4	75	3	50
Verberie	53	5	25	4	»	3	»
Compiègne	40	4	»	3	»	2	25
Thourotte	32	3	25	2	50	1	75
Ourscamp	23	2	40	1	80	1	35
Noyon	17	1	75	1	30	1	»
Apilly	9	»	95	»	70	»	50
Tergnier	8	»	85	»	60	»	45

Suite du Tarif pour le Transport des Voyageurs.

LIEUX DE DÉPART et DE DESTINATION.	Distances servant de base à la fixation des prix de transport.	1re CLASSE. Voitures couvertes, garnies et fermées à glaces.	2e CLASSE. Voitures couvertes, fermées à glaces et à banquettes rembourrées.	3e CLASSE. Voitures couvertes et fermées avec rideaux.
		PRIX DE TRANSPORT.		
	kilomèt.	fr. c.	fr. c.	fr. c.
Paris............	148	15 »	11 50	8 50
Saint-Denis.......	142	14 50	11 »	8 »
Enghien.........	137	14 »	10 50	7 75
Pontoise........	120	12 25	9 25	6 75
Auvers.........	115	11 75	8 75	6 50
Ile-Adam.......	109	11 25	8 25	6 25
Beaumont	102	10 50	7 75	5 75
Boran.........	96	9 75	7 25	5 50
Précy.........	91	9 25	7 »	5 25
Saint-Leu........	88	9 »	6 75	5 »
Creil...........	81	8 25	6 25	4 50
Liancourt........	88	9 »	6 75	5 »
Clermont........	96	9 50	7 »	5 »
Saint-Just.......	110	10 »	8 »	6 »
Breteuil........	126	10 »	8 »	6 »
Amiens.........	161	10 »	8 »	6 »
Albert..........	193	12 »	9 »	7 »
Arras..........	229	16 »	12 »	9 »
Douai..........	255	18 »	14 »	11 »
Lille	288	22 »	16 »	12 »
Mouscron.......	307	24 »	18 »	13 »
Somain.........	270	20 »	15 »	11 »
Valenciennes.....	290	22 »	17 »	12 50
Quiévrain	302	23 »	18 »	13 »
Dunkerque	371	24 »	18 »	13 »
Saint-Omer......	351	23 »	18 »	13 »
Calais..........	392	24 »	19 »	14 »
Pont-Ste-Maxence.	70	7 25	5 25	4 »
Verberie........	60	6 »	4 50	3 25
Compiègne	48	4 75	3 75	2 75
Thourotte	39	4 »	3 »	2 25
Ourscamp	31	3 »	2 40	1 80
Noyon..........	24	2 50	1 85	1 40
Apilly..........	16	1 65	1 25	» 90
Chauny.........	8	» 85	» 60	» 45

De TERGNIER aux stations ci-après, *et vice versâ* :

CHAPITRE II.

Excédants de bagages, articles de messagerie, marchandises, finances chiens, voitures et chevaux.

SECTION 1re. — Prix de transport.

§ 1er. — *Excédants de bagages, articles de messagerie, marchandises, finances et chiens.*

2. Les prix du transport, à grande vitesse, des excédants de bagages, des articles de messagerie, des marchandises, des finances et autres valeurs et des chiens sont réglés, pour les parcours ci-dessus indiqués, conformément aux dispositions des ordonnances de police précitées, des 19 juin 1846, 22 février 1847 et 16 octobre 1848, relatives au chemin de fer de Paris à la frontière de Belgique, ainsi qu'à son embranchement de Lille sur Calais et Dunkerque.

3. Aux termes de l'article 42 du cahier des charges du chemin de fer de Paris à la frontière de Belgique, et de l'article 37 du cahier des charges du chemin de fer de Creil à Saint-Quentin, tout voyageur dont le bagage ne pèsera pas plus de 30 kilogrammes, n'aura à payer pour le port de ce bagage aucun supplément du prix de sa place.

4. Conformément aux termes des articles 43 et 48 des cahiers des charges cités à l'article qui précède, les militaires ou marins voyageant isolément pour cause de service, envoyés en congé pour appartenir à la réserve, envoyés en congé limité, ou rentrant dans leurs foyers après libération, ne seront assujettis, eux et leurs bagages, qu'à la moitié de la taxe du tarif ci-dessus fixé.

Les militaires ou marins voyageant en corps ne seront assujettis, eux et leurs bagages, qu'au quart de la taxe du tarif.

§ 2. — *Voitures et chevaux.*

5. Les prix à percevoir pour le transport des voitures et des chevaux sur les parcours ci-après désignés sont réglés comme il suit:

Tarif pour le Transport des Voitures et des Chevaux.

LIEUX DE DÉPART et DE DESTINATION.	Distances servant de base à la fixation des prix de transport.	VOITURES		CHEVAUX, par tête.
		à un fond.	à deux fonds.	
		PRIX DE TRANSPORT.		
	kilomèt.	fr. c.	fr. c.	fr. c.
De CHAUNY aux stations ci-après, *et vice versâ :* — Paris...........	141	70 »	90 »	28 »
Pontoise........	112	56 »	71 »	22 »
Beaumont......	95	47 »	60 »	19 »
Boran..........	88	44 »	56 »	17 »
Saint-Leu......	80	40 »	51 »	16 »
Creil..........	74	37 »	47 »	14 »
Compiègne.....	40	20 »	25 »	8 »
Noyon.........	17	8 »	10 »	3 40
Tergnier.......	8	4 »	5 »	1 60
Clermont......	88	37 »	47 »	14 »
Breteuil........	118	40 »	51 »	17 »
Amiens.........	154	58 »	74 »	24 »
Arras..........	221	92 »	117 »	38 »
Douai..........	247	105 »	133 »	43 »
Lille..........	280	121 »	154 »	49 »
Valenciennes...	283	123 »	156 »	50 »
Quiévrain......	293	129 »	164 »	52 »
Mouscron......	299	129 »	165 »	55 »
De TERGNIER aux stations ci-après, *et vice versâ :* — Paris...........	148	74 »	94 »	29 »
Pontoise........	120	60 »	76 »	24 »
Beaumont......	102	51 »	65 »	20 »
Boran..........	96	48 »	61 »	19 »
Saint-Leu......	88	44 »	56 »	17 »
Creil..........	81	40 »	51 »	16 »
Compiègne.....	48	24 »	30 »	9 »
Noyon.........	24	12 »	15 »	4 50
Chauny........	8	4 »	5 »	1 60
Clermont......	96	40 »	51 »	16 »
Breteuil........	126	40 »	51 »	17 »
Amiens.........	161	58 »	74 »	24 »
Arras..........	229	92 »	117 »	38 »
Douai..........	255	105 »	133 »	43 »
Lille..........	288	121 »	154 »	49 »
Valenciennes...	290	123 »	156 »	50 »
Quiévrain......	302	129 »	164 »	52 »
Mouscron......	307	129 »	165 »	53 »

6. Les frais accessoires de chargement et de déchargement, de magasinage et d'enregistrement, réglés par les ordonnances de police précitées des 19 juin 1846 et 22 février 1847, sont applicables aux objets de même nature, transportés sur les parcours désignés aux articles 1er et 5 ci-dessus.

TITRE II.

TRANSPORT A LA VITESSE DES MARCHANDISES.

CHAPITRE Ier.

Classification des marchandises.

7. Les dispositions des articles 1er et 2 de l'ordonnance de police du 10 février 1847, qui classent les marchandises et fixent l'ordre dans lequel elles seront rangées pour la détermination des prix de transport qui leur sont applicables, sont rendues exécutoires sur les divers parcours indiqués au tableau compris sous l'article 8 ci-après.

CHAPITRE II.

Transport des marchandises, chevaux, bestiaux et voitures, et frais accessoires.

SECTION Ire. — Prix de transport.

8. Les prix à percevoir pour le transport des marchandises, des chevaux, bestiaux et voitures, voyageant à petite vitesse, sur les parcours ci-après indiqués, sont réglés d'après le tableau suivant :

Voir le tableau ci-après.

1849.

Tarif pour le Transport, à petite vitesse,

NOTA. Conformément à l'article 7, ci-dessus, voir l'ordonnance du 10 février 1847, pou

LIEUX DE DÉPART et DE DESTINATION.	Distances servant de base à la fixation des prix de transport.	MARCHANDISES PAR TONNE DE 1,000 KILOGRAMMES,				
		Hors classe.	1re classe.	2e classe.	3e classe. 1re catégorie.	3e classe. 2e catégori
	kilomèt.	fr. c.	fr. c.	fr. c.	fr. c.	fr. c.
Paris, *gare de La Chapelle* (1)	139	34 50	22 »	18 50	15 50	13 »
Saint-Denis	155	33 50	22 »	18 50	15 50	13 »
Enghien	150	32 50	22 »	18 50	15 50	12 50
Herblay	120	29 50	21 50	18 50	15 50	11 50
Pontoise	112	27 50	19 50	17 50	15 50	10 50
Auvers	107	26 50	18 50	16 50	14 50	10 50
Isle-Adam	101	24 50	17 50	15 50	13 50	9 50
Beaumont	95	23 50	16 50	14 50	12 50	9 50
Boran	88	21 50	15 50	13 50	11 50	8 50
Saint-Leu	80	19 50	13 50	12 50	10 50	8 »
Creil	74	18 50	12 50	11 50	9 50	7 »
Liancourt	81	19 50	14 50	11 50	9 50	7 50
Clermont	88	19 50	14 50	11 50	9 50	7 50
Saint-Just	103	19 50	14 50	11 50	9 50	7 50
Breteuil	118	19 50	14 50	11 50	9 50	7 50
Ailly	134	19 50	14 50	11 50	9 50	7 50
Amiens	154	19 50	14 50	11 50	9 50	7 50
Corbie	169	25 50	18 50	16 50	14 50	10 50
Albert	185	25 50	18 50	16 50	14 50	10 50
Achiet	204	34 50	24 50	19 50	16 50	12 50
Arras	221	34 50	24 50	19 50	16 50	12 50
Douai	247	41 50	29 50	22 50	19 50	15 50
Somain	262	43 50	31 50	27 50	23 50	17 50
Raismes	278	48 50	34 50	27 50	23 50	17 50
Valenciennes	283	48 50	34 50	27 50	23 50	17 50
Blanc-Misseron	294	51 50	37 50	28 50	24 50	18 50
Quiévrain	295	51 50	37 50	28 50	24 50	18 50
Pont-de-la-Deule	249	49 50	35 50	27 50	23 50	17 50
Séclin	269	49 50	35 50	27 50	23 50	17 50
Lille	280	49 50	35 50	27 50	23 50	17 50
Roubaix	291	51 50	36 50	32 50	28 50	20 50
Tourcoing	294	52 50	37 50	33 50	29 50	20 50
Mouscron	299	55 50	39 50	34 50	29 50	21 50
Armentières	297	49 50	35 50	27 50	23 50	17 50
Bailleul	308	49 50	35 50	27 50	23 50	17 50
Hazebrouck	325	49 50	35 50	27 50	23 50	17 50
Cassel	333	55 50	37 50	27 50	23 50	19 50
Arnecke	340	55 50	37 50	27 50	23 50	19 50
Esquelbecq	347	55 50	37 50	27 50	23 50	19 50
Bergues	356	55 50	37 50	27 50	23 50	19 50
Dunkerque	564	58 50	37 50	27 50	23 50	19 50
Saint-Omer	345	55 50	37 50	27 50	23 50	19 50
Watten	352	57 50	37 50	27 50	23 50	19 50
Audruicq	364	57 50	37 50	27 50	27 50	19 50
Ardres	371	58 50	37 50	27 50	23 50	19 50
Calais (Saint-Pierre)	382	58 50	37 50	27 50	23 50	19 50
Pont-Sainte-Maxence	62	15 50	10 50	9 50	8 50	6
Compiègne	40	9 50	7 »	6 »	5 50	4
Ourscamp	23	5 50	4 »	3 50	3 »	2
Noyon	17	4 »	3 »	2 50	2 »	1 50
Tergnier	8	2 »	1 40	1 20	1 10	» 88

De CHAUNY aux stations ci-après, et vice versâ :

(1) Disposition modifiée par l'article 11 l

Marchandises, Chevaux, Bestiaux et Voitures.

Désignation des marchandises auxquelles s'appliquent les prix indiqués, ci-après, pour chaque classe.

LIEUX DE DÉPART et DE DESTINATION.	Distances servant de base à la fixation des prix de transport.	BESTIAUX,			VOITURES	
		par wagon complet.	PAR TÊTE.		à un fond.	à deux fonds.
			Moutons, brebis et chèvres.	Veaux et porcs.	Chevaux, bœufs, vaches, taureaux et mulets.		
		PRIX DE TRANSPORT.				
	kilomèt.	fr. c.	fr. c.	fr. c.	fr. c.	fr. c.	fr. c.
Paris, *gare de La Chapelle*..	139	69 »	2 75	5 50	13 »	34 »	44 »
Saint-Denis..............	135	67 »	2 50	5 25	13 »	33 »	43 »
Enghien.................	130	65 »	2 50	5 »	13 »	32 »	41 »
Herblay...............	120	60 »	2 25	4 75	12 »	30 »	38 »
Pontoise......	112	56 »	2 »	4 25	11 »	28 »	35 »
Auvers..............	107	53 »	2 »	4 25	10 »	26 »	34 »
Isle-Adam............	101	50 »	2 »	4 »	10 »	25 »	32 »
Beaumont.............	95	47 »	1 75	3 75	9 50	23 »	30 »
Boran..............	88	44 »	1 75	3 50	8 50	22 »	28 »
Saint-Leu.............	80	40 »	1 50	3 »	8 »	20 »	25 »
Creil...............	74	37 »	1 25	2 75	7 »	18 »	23 »
Liancourt............	81	40 »	1 50	3 »	8 »	20 »	25 »
Clermont...........	88	41 »	1 75	3 50	8 50	22 »	28 »
Saint-Just..........	103	41 »	2 »	4 »	10 »	25 »	32 »
Breteuil.............	118	41 »	2 25	4 50	11 »	28 »	36 »
Ailly..............	134	41 »	2 25	4 50	11 »	28 »	36 »
Amiens.............	134	41 »	2 25	4 50	11 »	28 »	36 »
Corbie............	169	56 »	2 50	5 25	14 »	32 »	44 »
Albert............	185	56 »	2 50	5 25	14 »	36 »	46 »
Achiet............	204	74 »	3 25	6 75	17 »	40 »	51 »
Arras............	221	74 »	3 25	6 75	17 »	45 »	57 »
Douai............	247	87 »	3 75	7 75	19 »	51 »	65 »
Somain.............	262	93 »	4 »	8 25	20 »	55 »	70 »
Raismes.............	278	105 »	4 50	9 »	22 »	60 »	77 »
Valenciennes.........	283	105 »	4 50	9 »	22 »	60 »	77 »
Blanc-Misseron.........	294	111 »	4 75	9 50	24 »	63 »	78 »
Quiévrain...........	295	111 »	4 75	9 50	24 »	63 »	78 »
Pont-de-la-Deule	249	103 »	4 50	9 »	23 »	52 »	66 »
Séclin............	269	103 »	4 50	9 »	23 »	57 »	72 »
Lille........	280	103 »	4 50	9 »	23 »	59 »	76 »
Roubaix............	291	108 »	4 75	9 50	24 »	61 »	79 »
Tourcoing........	294	109 »	4 75	9 50	24 »	62 »	80 »
Mouscron........	299	112 »	4 75	9 50	24 »	63 »	81 »
Armentières.......	297	103 »	4 50	9 »	23 »	59 »	76 »
Bailleul...........	308	103 »	4 50	9 »	23 »	59 »	76 »
Hazebrouck........	325	103 »	4 50	9 »	23 »	59 »	76 »
Cassel........	333	106 »	4 50	9 »	23 »	59 »	76 »
Arneeke...........	340	106 »	4 50	9 »	23 »	59 »	76 »
Esquelbecq.........	347	106 »	4 50	9 »	23 »	59 »	76 »
Bergues............	356	106 »	4 50	9 »	23 »	59 »	76 »
Dunkerque........	364	106 »	4 50	9 »	23 »	59 »	76 »
Saint-Omer........	343	106 »	4 50	9 »	23 »	59 »	76 »
Watten............	352	106 »	4 50	9 »	23 »	59 »	76 »
Audruicq...........	364	106 »	4 50	9 »	23 »	59 »	76 »
Ardres...........	371	106 »	4 50	9 »	23 »	59 »	76 »
Calais (Saint-Pierre)........	382	106 »	4 50	9 »	23 »	59 »	76 »
Pont-Sainte-Maxence.......	62	31 »	1 »	2 25	6 »	15 »	19 »
Compiègne..............	40	20 »	» 75	1 50	4 »	10 »	12 »
Ourscamp..............	23	11 50	» 45	» 90	2 30	5 50	7 »
Noyon...............	17	8 50	» 30	» 60	1 70	4 »	5 »
Tergnier..............	8	4 »	» 15	» 30	» 80	2 »	2 50

Ordonnance du 11 juillet 1850.

1849.

Suite du Tarif pour le Transport, à petite vi...

LIEUX DE DÉPART et DE DESTINATION.	Distances servant de base à la fixation des prix de transport.	Hors classe.	1re classe.	2e classe.	3e classe. 1re catégorie.	2e catég...
	kilomèt.	fr. c.	fr. c.	fr. c.	fr. c.	fr.
Paris, *gare de La Chapelle* (1)	147	36 50	23 50	20 50	17 50	14
Saint-Denis	142	35 50	23 50	20 50	17 50	13
Enghien	137	33 50	23 50	20 50	17 50	13
Herblay	128	30 50	22 50	19 50	17 50	12
Pontoise	120	29 50	21 50	18 50	16 50	11
Auvers	115	28 50	20 50	17 50	15 50	11
Ile-Adam	109	26 50	19 50	16 50	14 50	10
Beaumont	102	25 50	17 50	15 50	13 50	9
Boran	96	23 50	16 50	14 50	12 50	9
Saint-Leu	88	21 50	15 50	13 50	11 50	8
Creil	81	19 50	14 50	11 50	9 50	7
Liancourt	88	19 50	14 50	11 50	9 50	7
Clermont	96	19 50	14 50	11 50	9 50	7
Saint-Just	110	19 50	14 50	11 50	9 50	7
Breteuil	126	19 50	14 50	11 50	9 50	7
Ailly	142	19 50	14 50	11 50	9 50	7
Amiens	161	19 50	14 50	11 50	9 50	7
Corbie	177	25 50	18 50	16 50	14 50	10
Albert	195	25 50	18 50	16 50	14 50	10
Achiet	211	34 50	24 50	19 50	16 50	12
Arras	229	34 50	24 50	19 50	16 50	12
Douai	255	41 50	29 50	22 50	19 50	15
Somain	270	43 50	31 50	27 50	23 50	17
Raismes	285	48 50	34 50	27 50	23 50	17
Valenciennes	290	48 50	34 50	27 50	23 50	17
Blanc-Misseron	302	51 50	37 50	28 50	24 50	18
Quiévrain	302	51 50	37 50	28 50	24 50	18
Pont-de-la-Deule	258	49 50	35 50	27 50	23 50	17
Séclin	276	49 50	35 50	27 50	23 50	17
Lille	288	49 50	35 50	27 50	23 50	17
Roubaix	299	51 50	36 50	32 50	28 50	20
Tourcoing	301	52 50	37 50	33 50	29 50	20
Mouscron	307	55 50	39 50	34 50	29 50	21
Armentières	304	49 50	35 50	27 50	23 50	17
Bailleul	316	49 50	35 50	27 50	23 50	17
Hazebrouck	331	49 50	35 50	27 50	23 50	17
Cassel	310	55 50	37 50	27 50	23 50	19
Arnecke	347	55 50	37 50	27 50	23 50	19
Esquelbecq	354	55 50	37 50	27 50	23 50	19
Bergues	363	55 50	37 50	27 50	23 50	19
Dunkerque	371	58 50	37 50	27 50	25 50	19
Saint-Omer	351	55 50	37 50	27 50	23 50	19
Watten	360	57 50	37 50	27 50	23 50	19
Audruick	371	57 50	37 50	27 50	23 50	19
Ardres	379	58 50	37 50	27 50	25 50	19
Calais (Saint-Pierre)	390	58 50	37 50	27 50	25 50	19
Pont-Sainte-Maxence	70	17 50	12 50	10 50	9 50	7
Compiègne	48	11 50	8 50	7 50	6 50	4
Ourscamp	31	7 50	5 50	4 50	4 »	3
Noyon	24	6 »	4 »	3 50	3 »	2
Chauny	8	2 »	1 40	1 20	1 10	»

(1) Disposition modifiée par l'article 9...

LIEUX DE DÉPART et DE DESTINATION.	Distances servant de base à la fixation des prix de transport.	BESTIAUX. PAR TÊTE.			VOITURES	
		par wagon complet.	Moutons, brebis et chèvres.	Veaux et porcs.	Chevaux, bœufs, vaches, taureaux et mulets.	à un fond.	à deux fonds.
	kilomèt.	fr. c.	fr. c.	fr. c.	fr. c.	fr. c.	fr. c.
Paris, *gare de La Chapelle*...	147	73 »	2 75	5 75	14 »	36 »	47 »
Saint-Denis...............	142	71 »	2 75	5 50	14 »	35 »	45 »
Enghien.................	137	68 »	2 50	5 25	13 »	34 »	43 »
Herblay.................	128	64 »	2 50	5 »	12 »	32 »	40 »
Pontoise................	120	60 »	2 25	4 75	12 »	30 »	38 »
Auvers.................	115	57 »	2 25	4 50	11 »	28 »	36 »
Ile-Adam...............	109	54 »	2 »	4 25	10 »	27 »	34 »
Beaumont...............	102	51 »	2 »	4 »	10 »	25 »	32 »
Boran..................	96	48 »	1 75	3 75	9 »	24 »	30 »
Saint-Leu...............	88	44 »	1 75	3 50	8 50	22 »	28 »
Creil...................	81	40 »	1 50	3 »	8 »	20 »	25 »
Liancourt...............	88	41 »	1 75	3 50	8 »	22 »	28 »
Clermont...............	96	41 »	1 75	3 75	9 »	24 »	30 »
Saint-Just..............	110	41 »	2 »	4 25	11 »	27 »	35 »
Breteuil................	126	41 »	2 25	4 50	11 »	28 »	36 »
Ailly..................	142	41 »	2 25	4 50	11 »	28 »	36 »
Amiens.................	161	41 »	2 25	4 50	11 »	28 »	36 »
Corbie.................	177	56 »	2 50	5 25	14 »	32 »	44 »
Albert.................	193	56 »	2 50	5 25	14 »	36 »	46 »
Achiet.................	211	74 »	3 25	6 75	17 »	40 »	51 »
Arras..................	229	74 »	3 25	6 75	17 »	45 »	57 »
Douai..................	255	87 »	3 75	7 75	19 »	51 »	65 »
Somain.................	270	93 »	4 »	8 25	20 »	55 »	70 »
Raismes................	285	103 »	4 50	9 »	22 »	60 »	77 »
Valenciennes...........	290	103 »	4 50	9 »	22 »	60 »	77 »
Blanc-Misseron........	302	111 »	4 75	9 50	24 »	65 »	78 »
Quiévrain..............	302	111 »	4 75	9 50	24 »	65 »	78 »
Pont-de-la-Deule.......	257	103 »	4 50	9 »	23 »	52 »	66 »
Séclin.................	276	103 »	4 50	9 »	23 »	57 »	72 »
Lille..................	288	103 »	4 50	9 »	23 »	59 »	76 »
Roubaix................	299	108 »	4 75	9 50	24 »	61 »	79 »
Tourcoing..............	301	109 »	4 75	9 50	24 »	62 »	80 »
Mouscron...............	307	112 »	4 75	9 50	24 »	63 »	81 »
Armentières............	304	103 »	4 50	9 »	23 »	59 »	76 »
Bailleul................	316	103 »	4 50	9 »	23 »	59 »	76 »
Hazebrouck.............	331	103 »	4 50	9 »	23 »	59 »	76 »
Cassel.................	340	106 »	4 50	9 »	23 »	59 »	76 »
Arneeke................	347	106 »	4 50	9 »	23 »	59 »	76 »
Esquelbecq.............	354	106 »	4 50	9 »	23 »	59 »	76 »
Bergues................	365	106 »	4 50	9 »	23 »	59 »	76 »
Dunkerque..............	371	106 »	4 50	9 »	23 »	59 »	76 »
Saint-Omer.............	351	106 »	4 50	9 »	23 »	59 »	76 »
Watten.................	360	106 »	4 50	9 »	23 »	59 »	76 »
Audruick...............	371	106 »	4 50	9 »	23 »	59 »	76 »
Ardres.................	379	106 »	4 50	9 »	23 »	59 »	76 »
Calais (Saint-Pierre).......	390	106 »	4 50	9 »	23 »	59 »	76 »
Pont-Sainte-Maxence).......	70	35 »	1 25	2 75	7 »	17 »	22 »
Compiègne.............	48	24 »	» 75	1 75	4 50	12 »	15 »
Ourscamp..............	31	15 »	» 50	1 »	3 »	7 50	9 50
Noyon.................	24	12 »	» 40	» 90	2 40	6 »	7 50
Chauny................	8	4 »	» 15	» 30	» 80	2 »	2 50

nnance du 11 juillet 1850.

SECTION II. — Frais accessoires..

9. Les frais accessoires de chargement et de déchargement, d'enregistrement et de magasinage, réglés par les ordonnances de police précitées, des 10 février, 10 mars, 20 septembre et 6 novembre 1847, sont applicables aux objets de même nature transportés sur les parcours désignés dans l'article 8 ci-dessus.

TITRE III.

DISPOSITIONS GÉNÉRALES.

10. Toutes les dispositions des ordonnances de police précitées, des 19 juin 1846, 10 et 22 février, 10 mars, 20 septembre, 6 novembre 1847, 16 octobre 1848 et 19 avril 1849, qui ne sont pas contraires à celles qui précèdent, sont applicables aux transports sur les parcours ci-dessus désignés.

11. La présente ordonnance sera notifiée à la Compagnie du chemin de fer du Nord. Elle sera imprimée et affichée.

Les commissaires et sous-commissaires spéciaux de surveillance administrative des chemins de fer de Paris à la frontière de Belgique et de Creil à Saint-Quentin, ainsi que les maires et les commissaires de police des communes du ressort de la préfecture de police, dont le territoire est traversé par le premier desdits chemins de fer, sont chargés d'en assurer l'exécution.

Le préfet de police, P. CARLIER.

———————◇———————

N° **2218.** — *Ordonnance qui fixe un nouveau tarif pour le transport, à la grande vitesse, des articles de messagerie expédiés de Paris aux diverses stations des deux lignes,* et vice versâ, *sur les chemins de fer de* Paris à Orléans *et de* Paris sur le centre de la France.   .

Paris, le 26 décembre 1849.

Nous, préfet de police,

Vu : 1° la loi du 7 juillet 1838, qui autorise l'établissement d'un chemin de fer de Paris à Orléans, et la loi du 15 juillet 1840, relative au même chemin, ensemble le cahier des charges annexé à cette dernière loi ;

2° La loi du 26 juillet 1844, relative au chemin de fer de Paris sur le centre de la France, ensemble le cahier des charges annexé à cette loi, et l'ordonnance royale du 24 octobre suivant, homologative de la concession dudit chemin ;

3° L'ordonnance de police qui fixe les tarifs pour les transports de de toute nature, à grande et à petite vitesse, sur le chemin de fer de Paris à Orléans ;

4° La décision ministérielle en date du 17 de ce mois, portant approbation, sauf quelques modifications, des propositions présentées par les Compagnies des chemins de fer de Paris à Orléans et de Paris sur le centre de la France, et ayant pour objet un nouveau tarif pour le transport, à grande vitesse, des articles de messagerie expédiés de Paris aux diverses stations des deux lignes, *et vice versâ;*

Considérant qu'il y a lieu de rendre exécutoire, dans le ressort de la préfecture de police, la décision ministérielle précitée,

Ordonnons ce qui suit :

1. Les Compagnies des chemins de fer de Paris à Orléans, et de Paris sur le centre de la France, sont autorisées à percevoir les prix fixés au tableau suivant, pour les articles de messagerie transportés, à la vitesse des voyageurs, sur les parcours indiqués ci-après :

(Tarif pour le transport des articles de messagerie.)

Tarif pour le Trans[...]

LIEUX DE DÉPART et DE DESTINATION.	Distances servant de base à la fixation des prix de transport.	Jusqu'à 2 kilogr. inclusivement.	Au-dessus de 2 kilogr. jusqu'à 10 kilogr. inclusivement.	Au-dessus de 10 kilogr. jusqu'à 20 kilogr. inclusivement.	Au-dessus de 20 kilogr. jusqu'à 30 kilogr. inclusivement.	Au-dessus de 30 kilogr. jusqu'à 40 kilogr. inclusivement.	Au-dessus de 40 kilog. jusqu'à 50 kilog. inclusivemen[...]
De PARIS aux stations ci-après, et vice versâ :	kilomèt.	fr. c.	fr. c.	fr. c.	fr. c.	fr. c.	fr. c.
Juvisy..............	19	» 25	» 30	» 40	» 50	» 60	» 75
Savigny..............	22	» 25	» 30	» 40	» 50	» 60	» 75
Epinay..............	24	» 25	» 30	» 40	» 50	» 60	» 75
Saint-Michel..........	29	» 25	» 30	» 40	» 50	» 60	» 75
Bretigny..............	31	» 25	» 30	» 40	» 50	» 60	» 75
Marolles..............	37	» 25	» 35	» 40	» 60	» 80	1 »
Bouray..............	40	» 25	» 35	» 40	» 60	» 80	1 »
Lardy..............	45	» 25	» 35	» 40	» 60	» 80	1 »
Etrechy..............	49	» 25	» 35	» 40	» 60	» 80	1 »
Etampes..............	56	» 25	» 35	» 50	» 75	1 »	1 25
Monnerville..........	70	» 25	» 40	» 70	1 05	1 40	1 75
Angerville..............	75	» 25	» 40	» 70	1 05	1 40	1 75
Toury..............	88	» 25	» 40	» 70	1 05	1 40	1 75
Artenay..............	102	» 25	» 40	» 70	1 05	1 40	1 75
Chevilly..............	108	» 25	» 50	1 »	1 50	2 »	2 50
Orléans..............	122	» 25	» 50	1 »	1 50	2 »	2 50
La Ferté-Saint-Aubin..	146	» 30	» 60	1 15	1 75	2 35	2 90
Lamotte-Beuvron......	161	» 35	» 70	1 30	1 90	2 55	3 10
Nouan-le-Fuzellier.....	168	» 40	» 75	1 35	2 »	2 65	3 35
Salbris..............	180	» 40	» 80	1 40	2 15	2 85	3 55
Theillay..............	192	» 45	» 85	1 50	2 25	3 »	3 75
Vierzon..............	203	» 45	» 90	1 60	2 35	3 15	3 95
Foëcy..............	213	» 45	» 90	1 65	2 45	3 30	4 10
Mehun..............	218	» 45	» 90	1 70	2 55	3 40	4 20
Marmagne..............	225	» 45	» 90	1 75	2 60	3 50	4 35
Bourges..............	234	» 50	1 »	1 80	2 70	3 60	4 50
Avor..............	256	» 50	1 »	1 95	2 95	3 95	4 90
Nérondes..	271	» 50	1 »	2 05	3 05	4 10	5 10
Reuilly..............	222	» 50	1 »	1 70	2 60	3 45	4 30
Issoudun..............	239	» 50	1 »	1 85	2 75	3 70	4 60
Châteauroux..........	266	» 50	1 »	1 95	2 95	4 »	5 »

Articles de Messagerie.

LIEUX DE DÉPART et DE DESTINATION.	Distances servant de base à la fixation des prix de trans-port.	Au-dessus de 50 kilogr. jusqu'à 60 kilogr. inclu-sivement.	Au-dessus de 60 kilogr. jusqu'à 70 kilogr. inclu-sivement.	Au-dessus de 70 kilogr. jusqu'à 80 kilogr. inclu-sivement.	Au-dessus de 80 kilogr. jusqu'à 90 kilogr. inclu-sivement.	Au-dessus de 90 kilogr. jusqu'à 100 kilogr. inclu-sivement.	Au-dessus de 100 kilogr. par fraction indivisible de 10 kilogr.
				PRIX DE TRANSPORT.			
De PARIS aux stations ci-après, *et vice versâ :*	kilomèt.	fr. c.	fr. c.	fr. c.	fr.	fr. c.	fr. c. m.
.visy..............	19	» 90	1 05	1 20	1 35	1 50	» » 76
.vigny	22	» 90	1 05	1 20	1 35	1 50	» » 88
.inay..............	24	» 90	1 05	1 20	1 35	1 50	» » 96
.int-Michel..........	29	» 90	1 05	1 20	1 35	1 50	» 1 16
.etigny............	31	» 90	1 05	1 20	1 35	1 50	» 1 24
.rolles.............	37	1 20	1 40	1 60	1 80	2 »	» 1 48
.uray.............	40	1 20	1 40	1 60	1 80	2 »	» 1 60
.rdy..............	43	1 20	1 40	1 60	1 80	2 »	» 1 72
.rechy	49	1 20	1 40	1 60	1 80	2 »	» 1 96
.ampes............	56	1 50	1 75	2 »	2 25	2 50	» 2 24
.nnerville..........	70	2 10	2 45	2 80	3 15	3 50	» 2 80
.gerville...........	75	2 10	2 45	2 80	3 15	3 50	» 3 00
.ury..............	88	2 10	2 45	2 80	3 15	3 50	» 3 52
.tenay............	102	2 10	2 45	2 80	3 15	3 50	» 4 08
.evilly............	108	3 »	3 50	4 »	4 50	5 »	» 4 52
.léans............	122	3 »	3 50	4 »	4 50	5 »	» 4 88
Ferté-Saint-Aubin..	146	3 50	4 10	4 70	5 25	5 85	» 5 74
.motte-Beuvron......	161	3 85	4 50	5 12	5 75	6 40	» 6 28
.uan-le-Fuzellier	168	4 »	4 65	5 30	6 »	6 65	» 6 55
.lbris.............	180	4 25	4 95	5 65	6 35	7 08	» 6 96
.cillay.............	192	4 50	5 25	6 »	6 75	7 50	» 7 40
.erzon	203	4 75	5 55	6 50	7 »	7 90	» 7 79
.ëcy..............	213	4 95	5 80	6 60	7 45	8 27	» 8 15
.hun	218	5 05	5 90	6 75	7 60	8 45	» 8 53
.rmagne....... ...	225	5 20	6 10	6 95	7 85	8 70	» 8 58
.urges............	234	5 40	6 30	7 20	8 10	9 05	» 8 91
.or..............	256	5 90	6 90	7 90	8 85	9 80	» 9 70
.rondes............	271	6 15	7 15	8 20	9 20	10 25	1 0 24
.uilly.............	222	5 15	6 »	6 90	7 75	8 60	» 8 48
.oudun	239	5 50	6 45	7 35	8 50	9 20	» 9 09
.âteauroux..........	266	6 »	7 15	8 15	9 20	10 20	1 0 06

2. Il ne sera appliqué de frais de chargement et de déchargement qu'aux expéditions dont le poids dépassera 100 kilogrammes.

3. Toutes les dispositions de l'ordonnance précitée du 1er février 1848, qui ne sont pas contraires à celles qui précèdent, continueront de recevoir leur exécution.

4. La présente ordonnance sera notifiée à la Compagnie du chemin de fer de Paris à Orléans.

Elle sera imprimée et affichée.

Les commissaires et sous-commissaires spéciaux de surveillance administrative du chemin de fer de Paris à Orléans, ainsi que les maires et les commissaires de police des communes du ressort de la préfecture de police, dont le territoire est traversé par ledit chemin de fer, sont chargés d'en assurer l'exécution.

Le préfet de police, P. CARLIER.

———————◎———————

Nº 2219. — *Ordonnance concernant les modifications apportées aux droits établis sur certaines denrées, et à la commission allouée aux facteurs à la vente en gros des beurres et œufs.*

Paris, le 29 décembre 1849.

Nous, préfet de police,

Vu : 1º la délibération du 20 novembre dernier, par laquelle la commission municipale de la ville de Paris a, entre autres dispositions, voté : 1º l'élévation des droits à la vente en gros dans les halles, pour six espèces de poisson, pour les huîtres et pour les beurres ; 2º une modification dans le taux de la commission allouée aux facteurs à la vente en gros des beurres et œufs ;

2º La décision de M. le ministre de l'intérieur du 7 du courant, qui a approuvé cette partie de la délibération précitée, et autorisé la mise en vigueur de ses dispositions, à dater du 1er janvier 1850 ;

3º Les lettres de M. le représentant du peuple, préfet de la Seine, en date des 20 et 27 du présent mois ;

4º L'arrêté du Gouvernement du 12 messidor an VIII (1er juillet 1800),

Ordonnons ce qui suit :

1. A compter du 1er janvier 1850, les droits à percevoir sur le produit de la vente en gros des denrées ci-après désignées, apportées dans les marchés d'approvisionnement, seront de :

Dix pour cent, pour les aloses, bars, éperlans, mulets, rougets-barbets et soles ;

Dix pour cent, pour les huîtres ;

Cinq pour cent, pour les beurres.

2. Les remises attribuées aux facteurs à la vente en gros des beurres et œufs, à la halle, seront réduites au taux uniforme de *un pour cent*, mais elles s'étendront sur tous les œufs et beurres vendus dans ledit marché.

3. La présente ordonnance sera imprimée, publiée et affichée.

Ampliation en sera adressée à M. le représentant du peuple, préfet de la Seine.

L'inspecteur général des halles et marchés, les commissaires de police des quartiers des Marchés et Montorgueil, le chef de la police municipale et les préposés de la préfecture de police sont chargés, chacun en ce qui le concerne, d'en assurer l'exécution.

Le préfet de police, P. CARLIER.

———————————❦———————————

N° **2220**. — *Ordonnance concernant l'ouverture et la police de l'abattoir public de la commune de la Villette* (1).

Paris, le 29 décembre 1849.

Nous, préfet de police,

Vu : 1° l'ordonnance royale du 26 mars 1847, qui autorise l'établissement d'un abattoir public, avec fonderie de suif, échaudoirs, triperie et porcherie, à La Villette, près Paris, au lieu dit les Petits-Noyers ;

2° Les rapports du conseil de salubrité, notamment celui du 21 décembre courant ;

3° Les lois des 16-24 août 1790 et 19-22 juillet 1791 ;

4° Les arrêtés du Gouvernement du 1er juillet 1800 (12 messidor an VIII) et 25 octobre 1800 (3 brumaire an IX),

Ordonnons ce qui suit :

Ouverture de l'abattoir et classement des bouchers.

1. L'abattoir public de la commune de La Villette sera ouvert le 1er janvier 1850.

A compter de cette époque, l'abatage des bœufs ou taureaux, vaches, veaux, moutons, chèvres, porcs ou sangliers, y aura lieu exclusivement, et toutes les tueries particulières, situées dans le rayon de l'octroi de ladite commune, seront interdites et fermées.

Toutefois, les propriétaires ou les habitants qui élèvent des porcs pour la consommation de leur maison conserveront la faculté de les faire abattre chez eux, pourvu que ce soit dans un lieu clos et séparé de la voie publique.

2. La répartition des bouchers dans les échaudoirs aura lieu par la voie du sort. Néanmoins, le maire pourra faire à cette répartition les changements et mutations reconnus nécessaires dans l'intérêt du service. Chaque échaudoir pourra recevoir un ou plusieurs bouchers, suivant l'importance de leur commerce.

Abatage des bestiaux et des porcs.

3. Les bouchers pourront abattre à toute heure du jour et de la nuit, mais seulement dans les échaudoirs à ce destinés.

Il leur est défendu d'abattre des bœufs, vaches et taureaux dans les tours dallées ou de travail.

4. Les porcs pourront être abattus, brûlés et *habillés* à toute heure du jour et de la nuit, dans les brûloirs et échaudoirs affectés à cet usage. Ce travail ne pourra se faire ailleurs, sous aucun prétexte.

5. Les portes des échaudoirs et des brûloirs seront fermées au moment de l'abatage des animaux. Dans tous les cas, les grilles de l'abattoir devront être constamment fermées, et elles ne seront ouvertes que pour le service de l'établissement.

6. Les bœufs, vaches et taureaux, avant d'être abattus, doivent être

(1) V. l'ord. du 22 mai 1850.

fortement attachés à l'anneau scellé à cet effet dans chaque échaudoir. Les bouchers seront responsables des suites de toute négligence à cet égard.

7. Les bœufs et taureaux, dont l'espèce est connue pour être dangereuse, ne pourront être conduits des bouveries aux échaudoirs, qu'avec des entraves ou accouplés, et les yeux bandés.

8. Les veaux et moutons seront saignés dans des baquets, de manière à ce que le sang ne puisse couler dans les égouts.

9. Il est enjoint aux bouchers et charcutiers de laver ou faire laver exactement le sol, les murs et les portes des échaudoirs après l'abatage et l'habillage.

Les toits à porcs seront nettoyés tous les jours.

10. Il est défendu de laisser séjourner dans les échaudoirs aucuns suifs, graisses, dégrais, ratis, panses et boyaux, cuirs et peaux en vert ou en manchon, salés ou non salés.

11. Les bouchers et charcutiers feront enlever les fumiers tous les deux jours.

12. Tout amas de bourres, têtes ou pieds de bœufs ou de moutons, est défendu.

13. Les bouchers et les charcutiers devront, quand ils en seront requis par le maire ou par les agents de l'autorité, faire gratter les murs intérieurs ou extérieurs des échaudoirs, ainsi que les portes.

14. Il est défendu de déposer dans les rues et cours de l'abattoir les cuirs et peaux des bestiaux.

15. Les bouchers auront la faculté de recueillir le sang des animaux par eux abattus. Ils devront le recevoir dans des baquets ou seaux et le renfermer dans des futailles bien closes; ils seront tenus d'enlever de l'abattoir ces futailles tous les jours, pendant l'été, et tous les trois jours, pendant l'hiver.

16. Il est défendu aux individus chargés de ce travail d'embarrasser les passages avec les futailles. Ils devront les placer dans les lieux qui leur seront indiqués par le maire ou l'un de ses agents.

17. Les bouchers et charcutiers se pourvoiront de tinets, étous, baquets, brouettes et de tous les instruments et ustensiles nécessaires à leur travail, et les entretiendront en bon état de service et de propreté.

18. Les bouchers et charcutiers seront tenus d'avoir, dans l'abattoir, des garçons pour recevoir et soigner les bestiaux à leur arrivée.

19. Toutes les viandes et issues qui, après l'abatage et l'habillage, se trouveront gâtées, corrompues ou nuisibles, ne pourront être livrées à la consommation; elles seront envoyées à l'abattoir aux chevaux d'Aubervilliers par les soins du maire ou du commissaire de police, et aux frais du propriétaire.

En cas de contestation, la vérification des viandes sera faite, en présence du maire ou du commissaire de police et du propriétaire, par un artiste vétérinaire ou par un médecin appelé comme expert.

Les viandes des bestiaux, morts naturellement, seront également saisies et détruites.

Dans tous les cas, les pieds, peaux, cuirs et suifs de l'animal qui aura fourni les viandes et issues malsaines, seront laissés au propriétaire.

20. Tout garçon boucher ou autre qui vendra des veaux trouvés dans les entrailles des vaches qu'il aura tuées, et qui n'en fera pas sur-le-champ la déclaration, pour que ces viandes insalubres soient coupées et jetées aux voiries, sera poursuivi devant les tribunaux, et puni conformément à la loi.

21. Il est défendu aux bouchers et charcutiers de laisser séjourner dans les rues et cours de l'abattoir, des panses de bœufs, vaches, veaux ou moutons, des boyaux de moutons ou de porcs.

Les vidanges et autres résidus seront déposés dans les coches dallés à ce destinés, et enlevés tous les jours indistinctement et sans triage.

22. Les bouchers, charcutiers, tripiers et les fondeurs seront tenus de déposer tous les soirs, chez le concierge de l'abattoir, les clefs des greniers, séchoirs, échaudoirs, bergeries, écuries, fonderies et porcheries; le concierge les leur remettra, ou à leurs garçons, suivant les besoins.

Dans aucun cas, les bouchers, charcutiers ou autres ne pourront emporter ces clefs.

Bouveries, bergeries et greniers à fourrages.

23. L'entrée et la circulation dans les greniers à fourrages sont interdites depuis le coucher jusqu'au lever du soleil.

24. Il est défendu de fumer dans les bouveries, les bergeries et les greniers à fourrages.

25. Les corridors des greniers à fourrages et les escaliers qui y conduisent devront être nettoyés, au moins deux fois par semaine.

Des garçons bouchers, charcutiers, tripiers et fondeurs.

26. Il ne sera admis dans l'abattoir que des garçons pourvus de livrets.

Les livrets seront déposés à la mairie.

L'entrée de l'abattoir sera interdite aux garçons bouchers et autres qui ne se conformeront pas à cette disposition, sans préjudice des poursuites à exercer contre les maîtres qui les emploieront.

27. Il est défendu aux garçons bouchers, charcutiers, tripiers et fondeurs, de détruire ou de dégrader aucun objet dépendant de l'abattoir ou des échaudoirs, et spécialement les pompes, tuyaux, robinets, tampons, grilles, égouts, comme aussi de laisser ouvert aucun robinet sans nécessité. Les maîtres bouchers, charcutiers, fondeurs et tripiers sont responsables des dégâts faits par les garçons qu'ils emploient.

Fonte des suifs.

28. La fonte des suifs en branches ne pourra être opérée qu'au moyen des acides ou des alcalis.

En cas de plaintes fondées sur l'inexécution de cette prescription, le titulaire du fondoir en sera évincé.

29. La fonte des suifs n'aura lieu que depuis la fin du jour jusqu'au lever du soleil; cependant, en cas de nécessité, elle pourra être tolérée le jour.

30. Les fondeurs ne pourront faire usage de lumières qu'avec des lanternes closes ou à réseaux métalliques.

L'usage des chandeliers, bougeoirs, martinets et lampes à la main, leur est formellement interdit.

31. Les fondeurs sont tenus de faire nettoyer et ratisser, au moins deux fois par semaine, le carreau des fondoirs et les rampes et marches des escaliers qui y conduisent.

32. Les cheminées des fondoirs seront ramonées au moins une fois par mois, et plus souvent, s'il est nécessaire.

33. Aucune voiture chargée de suif ne pourra rester dans l'intérieur de l'abattoir. Aussitôt que son chargement sera terminé, elle devra être conduite à sa destination.

34. Les fondeurs ou leurs garçons ne pourront, sous aucun prétexte, laisser du bois ou autres combustibles devant l'ouverture du foyer des chaudières.

35. Quand une fonte sera commencée, les garçons ne pourront quitter le fondoir.

36. Après la fonte, ils devront s'assurer de l'extinction complète du feu et de la clôture de l'étouffoir. Il leur est expressément défendu de sortir du fondoir le bois en partie consumé, pour l'éteindre au dehors.

37. Il leur est également défendu de laisser des fumiers aux portes des écuries. Ils devront, tous les matins avant neuf heures, les transporter au lieu à ce destiné.

Triperie.

38. On ne pourra sortir de l'abattoir, des issues, sans qu'elles aient été préalablement cuites, ou au moins vidées et lavées.

39. L'entrepreneur de cuisson est tenu d'enlever des échaudoirs des bouchers, au fur et à mesure de l'abatage des bestiaux, les tripes de bœufs, vaches et de moutons, et d'y faire apposer la marque du propriétaire.

40. Il tiendra compte au tripier des parties d'issues perdues ou détériorées.

41. L'atelier de cuisson des issues, etc., devra être tenu dans le plus grand état de propreté.

42. Il est enjoint à l'entrepreneur de cuisson de prendre toutes les précautions nécessaires pour ne laisser écouler aucune matière animale avec les eaux de lavage.

Il devra faciliter l'écoulement de ces eaux jusqu'aux égouts.

43. Les bois et autres combustibles qui arriveront pour le service de l'entrepreneur de cuissons devront être rentrés dans la journée.

Tarif des droits.

44. Les droits d'abatage et ceux concernant la triperie et la fonte des suifs seront ultérieurement déterminés.

Dispositions générales.

45. Le concierge de l'abattoir ne laissera sortir aucune voiture ni paquet sans les visiter.

46. Il ne sera admis dans l'abattoir aucune personne étrangère au service, à moins d'une permission spéciale.

47. Il est défendu d'y amener des chiens, autres que ceux des conducteurs de bestiaux. Ces chiens devront être muselés.

48. Il est défendu de traire les vaches dans l'abattoir, sans la permission des bouchers auxquels elles appartiennent.

49. Il ne pourra être introduit de voiture dans les bouveries, si ce n'est pour enlever les animaux morts naturellement.

50. Il est défendu d'élever et d'entretenir dans l'abattoir aucun porc, pigeon, lapin, volaille, chèvre et mouton, sous quelque prétexte que ce soit.

51. Il est défendu de faire paître des bestiaux sur les parties où il existe du gazon, et de faire stationner des voitures sur ces parties ni entre les arbres.

52. Les bouchers, charcutiers, fondeurs et tripiers ne pourront, sous aucun prétexte, laisser en dépôt dans l'intérieur de l'abattoir des cabriolets, charrettes ou autres voitures, des étous, brouettes et ustensiles hors d'usage.

Il est également défendu aux conducteurs de viande, de loger des chevaux dans l'abattoir.

Ils seront d'ailleurs responsables des faits des personnes qu'ils emploient comme aides.

53. Les bouchers, charcutiers, fondeurs et tripiers, ne pourront employer ou faire employer, pour le transport de leurs marchandises, que des voitures entièrement couvertes d'un linge propre.

54. Les conducteurs se tiendront à pied, à la tête de leurs chevaux, et ne pourront conduire qu'au pas.

55. Il est défendu à toutes personnes logées dans l'abattoir de jeter ou de déposer au-devant de leurs habitations aucuns fumiers, immondices et eaux ménagères.

56. Aucune voiture de fourrage, de bois ou d'autres combustibles, ne sera reçue dans l'abattoir, si son chargement ne peut être resserré avant la nuit.

57. Il est défendu d'entrer la nuit dans les bouveries, bergeries ou toits à porcs avec des lumières, si elles ne sont renfermées dans des lanternes closes ou à réseaux métalliques.

58. Il est défendu d'appliquer des chandelles allumées aux murs et aux portes, intérieurement ou extérieurement, ni en quelque lieu que ce soit.

59. Toute espèce de jeux de hasard et autres sont interdits dans l'abattoir, ainsi que tout débit de boissons et comestibles.

60. Il est défendu de rien écrire, tracer ou crayonner sur les murs et sur les portes, soit en lettres, soit en portraits ou figures quelconques.

61. Il est expressément défendu de coucher dans les échaudoirs, bouveries, bergeries, séchoirs et greniers.

62. On ne pourra, sous aucun prétexte, fabriquer ni engrais ni compost dans l'abattoir.

63. La présente ordonnance sera imprimée et affichée.

Ampliation en sera adressée à M. le représentant du peuple, préfet de la Seine.

64. Le sous-préfet de l'arrondissement de Saint-Denis, le maire et le commissaire de police de La Villette et les préposés sous leurs ordres; l'inspecteur général des halles et marchés et l'inspecteur des établissements insalubres, sont chargés, chacun en ce qui le concerne, de tenir la main à son exécution.

Le préfet de police, P. CARLIER.

N° **2221.** — *Ordonnance concernant les neiges et glaces.*

Paris, le 31 décembre 1849.

Nous, préfet de police,

Ordonnons ce qui suit:

L'ordonnance du 7 décembre 1842 (1), concernant les neiges et glaces, sera de nouveau imprimée et affichée.

Le préfet de police, P. CARLIER.

N° **2222.** — *Ordonnance portant règlement sur la vente du gaz dans Paris.*

Paris, le 31 décembre 1849.

Nous, préfet de police,

Considérant qu'aux termes de l'ordonnance du 26 décembre 1846,

---

(1) Abrogée.—V. l'ord. du 24 déc. 1850.

portant règlement sur la vente du gaz dans Paris, les prix de vente aux particuliers doivent éprouver une réduction à partir du 1er janvier 1850 et qu'il convient de rappeler aux habitants les différentes dispositions de cette ordonnance,

Ordonnons ce qui suit :

Les dispositions de l'ordonnance du 26 décembre 1846, portant règlement sur la vente du gaz dans Paris, seront de nouveau imprimées et affichées.

Le préfet de police, P. CARLIER.

N° 2223. — *Ordonnance qui fixe un tarif spécial pour le transport des huîtres et du poisson frais, des stations de* Boulogne, Etaples, Montreuil, Rue *et* Abbeville *à* Amiens, *sur le chemin de fer d'*Amiens à Boulogne.

Paris, le 31 décembre 1849.

Nous, préfet de police,

Vu : 1° la loi du 26 juillet 1844, qui autorise la concession du chemin de fer d'Amiens à Boulogne ; ensemble le cahier des charges annexé à cette loi ;

2° L'ordonnance royale homologative de l'adjudication de la concession dudit chemin de fer ;

3° L'ordonnance de police du 9 janvier 1849, qui modifie le tarif du 21 décembre 1847, en ce qui concerne le transport des huîtres et du poisson frais sur le chemin de fer d'Amiens à Boulogne ;

4° L'ordonnance de police du 7 septembre suivant, qui fixe un tarif commun et réduit pour le transport des huîtres et du poisson frais, expédiés d'un point quelconque de la ligne d'Amiens à Boulogne, soit pour Paris, soit pour une des stations intermédiaires de la ligne du Nord situées entre Amiens et Paris ;

5° La décision ministérielle en date du 19 de ce mois, portant approbation des propositions soumises à l'homologation administrative par la compagnie du chemin de fer d'Amiens à Boulogne, et ayant pour objet un nouveau tarif pour le transport des huîtres et du poisson frais sur ledit chemin de fer, sous la réserve que ce tarif ne s'appliquera pas à la marée expédiée au delà d'Amiens ;

Considérant qu'il y a lieu de rendre exécutoires, dans le ressort de la préfecture de police, les dispositions de la décision ministérielle précitée,

Ordonnons ce qui suit :

1. Les prix à percevoir, par tonne de 1,000 kilogrammes, pour le transport des huîtres et du poisson frais, sur les parcours ci-après indiqués du chemin de fer d'Amiens à Boulogne, sont fixés conformément au tableau suivant :

Tarif pour le Transport des Huîtres et du Poisson frais.

LIEUX DE DÉPART.	DESTINATION.	TRANSPORT	
		d'une seule tonne, par tonne.	de plusieurs tonnes, par tonne.
		fr. c.	fr. c.
Boulogne.............		55 80	47 10
Etaples.............		43 20	36 50
Montreuil.............	AMIENS.............	38 25	32 30
Rue.............		31 05	26 20
Abbeville.............		20 25	17 10

2. Il ne sera point perçu de frais de chargement et de déchargement pour les expéditions soumises au tarif qui précède.

3. Les prix de transport fixés par l'article premier ci-dessus ne sont point applicables à la marée expédiée au delà d'Amiens.

4. Les ordonnances susvisées, des 9 janvier et 7 septembre 1849, continueront de recevoir leur exécution, en tout ce qui n'est pas contraire aux dispositions qui précèdent.

5. La présente ordonnance sera notifiée à la Compagnie du chemin de fer d'Amiens à Boulogne. Elle sera imprimée et affichée.

Les commissaires et sous-commissaires spéciaux de surveillance administrative sont chargés d'en assurer l'exécution.

Le préfet de police, P. CARLIER.

———————— ◦ ————————

N° **2224.** — *Ordonnance concernant diverses modifications dans les conditions et les tarifs du transport provisoire des marchandises, par wagons complets ou sur plates-formes, sur le chemin de fer de Paris à Chartres* (chemin de l'Ouest).

Paris, le 31 décembre 1849.

Nous, préfet de police,

Vu : 1° les ordonnances de police des 11 juillet et 12 novembre derniers, qui prescrivent la publication des arrêtés ministériels des 2 juillet et 27 octobre de même année, réglant les tarifs à percevoir pour les transports, à la grande vitesse, sur le chemin de fer de Paris à Chartres;

2° La lettre à nous adressée par M. le ministre des travaux publics, le 18 du courant, avec un arrêté en date du même jour (1), qui autorise, sur le chemin de fer de Paris à Chartres, diverses modifications dans les conditions et les tarifs du transport provisoire des marchandises, par wagons complets ou sur plates-formes.

En vertu des arrêtés du Gouvernement, en date des 12 messidor

---

(1) V. cet arrêté à l'Appendice.

an VIII, et 3 brumaire an IX (1er juillet et 25 octobre 1800), et des dispositions de l'article 72 du règlement d'administration publique sur la police, la sûreté et l'exploitation des chemins de fer, en date du 15 novembre 1846,

Ordonnons ce qui suit :

1. L'arrêté ci-dessus visé du ministre des travaux publics, en date du 18 de ce mois, sera imprimé et affiché dans le ressort de la préfecture de police, pour y être exécuté suivant sa forme et teneur.

2. Les contraventions audit arrêté seront constatées par des procès-verbaux ou rapports qui seront déférés aux tribunaux compétents.

5. Le sous-préfet de l'arrondissement de Sceaux, les maires et les commissaires de police des communes du ressort de la préfecture de police, dont le territoire est traversé par le chemin de fer de Paris à Chartres, les fonctionnaires et agents spécialement préposés à la surveillance dudit chemin de fer sont chargés, chacun en ce qui le concerne, de tenir la main à l'exécution de la présente ordonnance.

Le préfet de police, P. CARLIER.

1850.

N° **2225.** — *Ordonnance qui modifie les tarifs en vigueur pour le transport des marchandises et des bestiaux, sur les chemins de fer de* Paris à Rouen *et de* Rouen *au* Havre *et à* Dieppe.

Paris, le 15 janvier 1850.

Nous, préfet de police,

Vu : 1° la loi du 15 juillet 1840, qui autorise l'établissement d'un chemin de fer de Paris à Rouen, ensemble le cahier des charges annexé à cette loi ;

2° La loi du 11 juin 1842, portant concession d'un chemin de fer de Rouen au Havre, en prolongement du chemin de fer de Paris à Rouen, ensemble le cahier des charges annexé à cette loi ;

3° La loi du 19 juillet 1845, qui autorise la concession des embranchements de Dieppe et de Fécamp, sur le chemin de fer de Rouen au Havre, ensemble le cahier des charges coté A annexé à ladite loi ;

4° Les ordonnances de police du 20 mars 1847, qui fixent les tarifs pour les transports de toute nature sur les chemins de fer de Paris à Rouen et de Rouen au Havre ;

5° L'ordonnance de police, en date du 9 mai 1848, homologative de modifications aux tarifs précités du 20 mars 1847 ;

6° La décision ministérielle du 17 décembre dernier, portant approbation des propositions soumises à l'administration supérieure par les compagnies des chemins de fer de Paris à Rouen, de Rouen au Havre et de Rouen à Dieppe, et ayant pour objet diverses modifications aux tarifs en vigueur, pour le transport des marchandises et des bestiaux sur ces trois lignes ;

Considérant qu'il y a lieu de rendre exécutoire, dans le ressort de la préfecture de police, la décision ministérielle précitée,

Ordonnons ce qui suit :

TITRE Ier.

TRANSPORT A LA VITESSE DES VOYAGEURS.

§ Ier. — *Prix de transport.*

1. Les Compagnies des chemins de fer de Paris à Rouen, de Rouen au Havre et de Rouen à Dieppe, sont autorisées à effectuer le transport des fruits, à la vitesse des voyageurs, aux conditions suivantes :

Par wagon complet de 3,000 kilogrammes, par tonne de 1,000 kilogrammes et par kilomètre.. 30 c.

§ II. — *Frais accessoires.*

2. Les frais accessoires d'enregistrement, de chargement et de déchargement, de stationnement ou de magasinage, fixés, pour la grande vitesse, par les ordonnance de police sus-visées du 20 mars 1847, sont applicables au transport des fruits, réglé à l'article précédent.

TITRE II.

TRANSPORT A LA VITESSE DES MARCHANDISES.

CHAPITRE Ier.

Marchandises.

SECTION Ire. — Prix de transport.

§ Ier. — *Expéditions partielles.*

3. Les marchandises dont la désignation suit, seront rangées dans celles des catégories établies aux tarifs du 20 mars 1847 (lignes de Paris à Rouen et de Rouen au Havre), qui sont indiquées ci-après, savoir :

1o Cylindres en verre, dans la 1re catégorie de la 1re classe ;
2o Poudre de laine dans la 2e catégorie de la 1re classe ;
3o Caractères d'imprimerie, déchets de soie, cuivre laminé et en barre, mécaniques en caisses, dans la 3e catégorie de la 1re classe ;
4o Cotons en balles rondes, pierre ponce, dans la 4e catégorie de la 1re classe ;
5o Acides, minéraux (par chargement complet de 4,000 kilogrammes), biscuits de mer, étoupes, huile de palme, pommes à cidre, résidus d'huile, sulfate d'ammoniac, tuyaux en fonte et en plomb, vieux cuivre, sucre raffiné en tonneaux, zinc laminé en vrac et sans garantie, dans la 5e catégorie de la 1re classe.

En conséquence, lesdites marchandises payeront les prix de transport fixés par les tarifs précités pour les catégories dans lesquelles elles se trouvent rangées.

4. Toutefois, les marchandises désignées sous le no 5 ci-dessus seront taxées, pour les transports de Beuzeville à Rouen et de Beuzeville à Paris (*gare de Batignolles*), de la manière suivante :

	Par tonne de 1,000 kilogrammes, non compris les droits de chargement et de déchargement.	
	fr.	c.
De BEUZEVILLE à ROUEN..	5	50
DE BEUZEVILLE à PARIS (gare des Batignolles)...............	14	50

5. Le prix du transport des bois de teinture en bûches, des graines oléagineuses et des métaux bruts, du Havre à Malaunay et du Havre à Maromme, est fixé comme il suit :

Par tonne de 1,000 kilogrammes (droits de chargement et de déchargement non compris)............................... 6 fr. 25 c.

§ II. — *Expéditions par wagons complets.*

6. Les bois du Nord, bois de teinture en bûches, bois d'ébénisterie, le sucre but, les métaux en barres, en lingots et en plaques, expédiés par wagons complets de 4,000 kilogrammes du Havre à Paris (*gare des Batignolles*), seront transportés au prix réduit de 13 fr. 50 c. par tonne de 1,000 kilogrammes, compris les frais de chargement et de déchargement.

7. Les prix du transport du charbon, du coke, du bois du Nord et du sel, par wagons complets de 4,000 kilogrammes, sont réglés pour les parcours ci-après indiqués, conformément au tableau suivant :

(Tarif.)

TARIF.

LIEUX DE DÉPART.	DESTINATIONS.	PRIX DE TRANSPORT par tonne de 1,000 kilogrammes, non compris les frais de chargement et de déchargement.
DIEPPE.	Rouen........................ Maromme.................... Malaunay.................... Barentin .... Motteville .... Yvetot...................... Nointot.........................	5 fr. » c.
BEUZEVILLE (*Fécamp*).	Rouen....................... Maromme.................... Malaunay.................... Barentin.....................	5 fr. » c.
DIEPPE ET BEUZEVILLE (*Fécamp*).	Oissel........................ Pont-de-l'Arche.............	6 fr. » c.
	Saint-Pierre.................	7 fr. » c.
	Gaillon......................	8 fr. » c.
	Vernon......................	9 fr. » c.
	Bonnières....................	9 fr. 50 c.
	Rosny....................... Mantes.......................	10 fr. 50 c.
	Épône....................... Meulan...................... Triel......................... Poissy....................... Maisons...................... Batignolles...................	12 fr. 50 c.

8. Au-dessus de 4,000 kilogrammes, la taxe sera appliquée proportionnellement aux tarifs fixés par les articles 6 et 7 ci-dessus.

9. Le transport des marchandises ci-après désignées, sera effectué par wagons complets de 4,000 kilogrammes, de Paris (*gare des Batignolles*) à Rouen, au Havre et à Dieppe, aux prix fixés au tableau suivant :

TARIF.

DÉSIGNATION DES MARCHANDISES.	PRIX DE TRANSPORT par tonne de 1,000 kilogrammes, non compris les frais de chargement et de déchargement. De PARIS (gare des Batignolles).		
	à ROUEN.	au HAVRE.	à DIEPPE.
Alizari, Ardoises, Asphalte, Briques, Chaux, Ciment, Engrais, Fers en barres, Fontes brutes, Garances, Meules, Noir animal, Poudrette, Ocre, Tan, Vinaigre et Vins en fûts......................	fr. c. 6 »	fr. c. 8 50	fr. c. 11 50
Farines, Fécules, Graines, Pommes de terre, Son.	6 »	8 50	8 50
Pierres à plâtre (sans délai déterminé pour l'expédition, et sans garantie contre la mouille, ni déduction pour le tamisage de route et le déchet)....	» »	3 50	4 »
Plâtre cuit en sacs ou en tonneaux (sans délai déterminé et comme ci-dessus)......................	3 »	4 50	4 50

10. Les prix ci-dessus fixés pour le transport, par wagons complets de 4,000 kilogrammes, des farines, fécules, pommes de terre et du son, seront appliqués aux expéditions de même nature faites, pour Rouen, des stations comprises entre Batignolles et Mantes; pour le Havre, des stations comprises entre Batignolles et Pont-de-l'Arche; et pour Dieppe, des stations comprises entre Batignolles et Saint-Pierre.

11. Les pierres à plâtre et le plâtre cuit en sacs et en tonneaux, en destination des stations intermédiaires des lignes du Havre et de Dieppe, seront taxés, par chargement complet de 4,000 kilogrammes, à 4 fr. 50 c. par tonne de 1,000 kilogrammes, non compris les frais de chargement et de déchargement.

SECTION II. — Frais accessoires.

12. Les frais accessoires d'enregistrement, de chargement et de déchargement, de stationnement ou de magasinage et de pesage, réglés par les ordonnances de police susvisées du 20 mars 1847, seront appliqués aux marchandises transportées sur les parcours et aux conditions indiquées dans les articles 3, 4, 5, 6, 7, 9, 10 et 11 qui précèdent.

Toutefois, en ce qui concerne la Compagnie du chemin de fer de Dieppe, lorsque le chargement des marchandises aura lieu sur le port, par les soins des expéditeurs, les droits de chargement et de déchargement à percevoir par la Compagnie, seront réduits à 1 fr. 25 c. au lieu de 1 fr. 50 c.

CHAPITRE II.

Chevaux et bestiaux.

§ Ier. — Location de wagons pour le transport des chevaux et bestiaux.

13. Les Compagnies sont autorisées à donner des wagons en location pour le transport des chevaux et des bestiaux, aux conditions et aux prix ci-après indiqués :

TARIF.

		PRIX DE LOCATION par kilomètre, droits de chargement et de déchargement compris.
CHEVAUX.		
Pour toutes les combinaisons de parcours sur les trois lignes :	Pour chaque wagon, dans lequel les expéditeurs pourront faire tenir, à leurs risques et périls, le nombre de chevaux qu'ils jugeront convenable....	0 fr. 50 c.
BESTIAUX.		
Pour tous les parcours, autres que ceux qui sont indiqués à l'article 14 ci-après, pour les transports par tête :	Pour chaque wagon dont le chargement ne pourra être de plus de 5 bœufs, taureaux ou vaches, 25 porcs ou veaux, 50 moutons ou brebis............	

§ II. — Transport des bestiaux, par tête.

14. Les Compagnies sont également autorisées à effectuer le transport des bestiaux sur les parcours ci-après désignés, aux conditions et aux prix indiqués au tableau suivant :

(*Tarif.*)

TARIF.

LIEUX DE DÉPART ET DE DESTINATION.	Bœufs, taureaux et vaches.	Porcs et veaux.	Moutons et brebis.
	PAR TÊTE, droit de chargement et de déchargement compris.		
Des stations ci-après à POISSY et à PARIS *(gare des Batignolles)* :	fr. c.	fr. c.	fr. c.
Le Havre et les stations comprises entre le Havre et Alvimare............................	10 »	» , »	» »
Dieppe et les stations de la ligne de Dieppe.....			
Rouen et les stations comprises entre Rouen et Gaillon...............................	7 »	» »	» »
Le Havre............................	» »	5 »	» »
Le Havre et les stations comprises entre le Havre et Nointot............................	» »	» »	2 »
Dieppe et les stations de la ligne de Dieppe......			
Nointot et les stations comprises entre Nointot et Rouen..............................	» »	» »	1 75
Rouen et les stations comprises entre Rouen et Vernon..............................	» ' »	» »	1 »
Vernon et les autres stations...................	» »	» »	» 60
De Poissy à Paris *(gare des Batignolles)*, par bandes d'au moins 60 têtes.......................	2 »	» »	» »

TITRE III.

DISPOSITIONS GÉNÉRALES.

15. Les taxes comprises dans la présente ordonnance, qui sont inférieures à celles du tarif du cahier des charges, ne pourront être relevées qu'après un délai de trois mois au moins, pour les lignes de Rouen et du Havre, et d'un an, pour la ligne de Dieppe.

Tous changements apportés aux tarifs ci-dessus réglés, devront être annoncés au moins un mois d'avance par des affiches.

16. La présente ordonnance sera notifiée aux Compagnies des chemins de fer de Paris à Rouen, de Rouen au Havre et de Rouen à Dieppe.

Elle sera imprimée et affichée.

Les commissaires et sous-commissaires spéciaux de surveillance administrative desdits chemins de fer, ainsi que les maires et les commissaires de police des communes du ressort de la préfecture de police, dont le territoire est traversé par le chemin de fer de Paris à Rouen, sont chargés d'en assurer l'exécution.

Le préfet de police, P. CARLIER.

———◈———

N° **2226.** — *Ordonnance qui fixe le tarif du transport et de la manutention du lait, sur le chemin de fer de* Paris à Lyon *(section de* Paris à Tonnerre) (1).*

Paris, le 16 janvier 1850.

———◈———

N° **2227.** — *Ordonnance qui fixe les tarifs : 1° pour le transport des voyageurs, à prix réduits, sur divers parcours de la section de* Paris à Meaux ; *2° et pour le transport des marchandises à la petite vitesse, par abonnement, sur plates-formes et par wagons complets, sur le chemin de fer de Paris à Strasbourg (chemin de l'Est).*

Paris, le 22 janvier 1850.

Nous, préfet de police,

Vu : 1° la loi du 19 juillet 1845, qui autorise la concession du chemin de fer de Paris à Strasbourg, ensemble le cahier des charges coté B annexé à cette loi ;

2° L'ordonnance royale homologative de l'adjudication de la concession dudit chemin de fer, en date du 27 novembre de la même année ;

3° Les ordonnances de police en date des 2 juillet et 9 novembre derniers, qui fixent les tarifs pour les transports, à grande vitesse, sur les sections du chemin de fer de Strasbourg, comprises entre Paris et Epernay, et entre Epernay et Châlons-sur-Marne ;

4° Les décisions ministérielles en date des 30 août, 17 et 21 décembre derniers, portant approbation des propositions présentées par la compagnie dudit chemin de fer et ayant pour objet : 1° des tarifs pour le transport des marchandises à petite vitesse, par abonnement, sur plates-formes et par wagons complets ; 2° des réductions de prix pour le transport des voyageurs sur divers parcours, entre Paris et Meaux ;

Considérant qu'il y a lieu de rendre exécutoires, dans le ressort de la préfecture de police, les décisions ministérielles précitées,

Ordonnons ce qui suit :

CHAPITRE Ier.

Transport des voyageurs.

§ Ier. — Modifications au tarif du 2 juillet 1849.

1. La Compagnie du chemin de fer de Paris à Strasbourg est auto-

———

(1) Abrogée. — V. l'art. 6 de l'ord. du 1er mai 1850.

risée à modifier, conformément au tableau suivant, les prix fixés pour le transport des voyageurs sur les parcours ci-après désignés par l'ordonnance de police susvisée du 2 juillet 1849.

TARIF.

LIEUX DE DÉPART ET DE DESTINATION.	Distances servant de base à la fixation des prix de transport.	1re CLASSE. Voitures couvertes, garnies et fermées à glaces.	2e CLASSE. Voitures couvertes, fermées à glaces et à banquettes rembourrées.	3e CLASSE. Voitures couvertes fermées avec rideaux.
		PRIX DE TRANSPORT.		
De PARIS aux stations ci-après, *et vice versâ :*	kilomèt.	fr. c.	fr. c.	fr. c.
Esbly..........................	37	3 75	» »	2 »
Meaux..........................	45	3 75	3 »	2 »
De MEAUX aux stations ci-après, *et vice versâ :*				
Paris..........................	45	3 75	3 »	2 »
Noisy-le-Sec....................	36	» »	» »	2 »

§ II. — Prix de transport des voyageurs par les trains mixtes.

2. La Compagnie est également autorisée à percevoir les prix indiqués au tableau suivant, pour le transport des voyageurs par les trains mixtes sur les parcours ci-après désignés :

(Tarif.)

TARIF.

LIEUX DE DÉPART ET DE DESTINATION.		DISTANCES servant de base à la fixation des prix de transport.	3ᵉ CLASSE. Voitures couvertes et fermées avec rideaux.
		kilomètres.	fr. c.
De PARIS aux stations ci-contre, *et vice versâ :*	Chelles......................	19	1 »
	Lagny.......................	28	1 »
	Esbly.......................	37	1 »
	Meaux.......................	45	1 »
De MEAUX aux stations ci-contre, *et vice versâ :*	Paris.......................	45	1 »
	Noisy-le-Sec................	36	1 »
	Gagny.......................	31	1 »
	Chelles.....................	26	1 »

3. L'administration se réserve de revenir, à toute époque, sur l'autorisation qui fait l'objet de l'article 2 ci-dessus, si l'usage révélait des inconvénients qui ne sont pas prévus en ce moment.

CHAPITRE II.

Transport des marchandises.

SECTION Iʳᵉ. — Location de plates-formes et de wagons.

4. La Compagnie est autorisée à donner en location des plates-formes et des wagons pour le transport des marchandises, à la petite vitesse, aux prix et conditions indiqués ci-après :

(Tarif.)

1850.

TARIF.

LIEUX DE DÉPART et DE DESTINATION.	Distances servant de base à la fixation des prix de transport.	PLATES-FORMES.			
		LOCATION PAR TRAITÉ D'UNE ANNÉE.			
		MAXIMUM DES CHARGEMENTS. (Poids cumulé de la voiture vide, de ses agrès et des marchandises).			
		3,500 kilogrammes.	4,000 kilogrammes.	4,500 kilogrammes.	5,000 kilogrammes.
		PRIX DE LA LOCATION PAR JOUR (aller et retour).			
De PARIS (gare de La Villette) aux stations ci-après, et vice versâ :	kilomèt.	fr. c.	fr. c.	fr. c.	fr. c.
Meaux.................	45	27 10	30 95	34 85	38 70
La Ferté-sous-Jouarre.	64	40 50	46 10	51 85	57 60
Château-Thierry.......	94	59 20	67 70	76 15	84 60
Epernay...............	140	88 20	100 80	115 40	126 »
Châlons-sur-Marne.....	171	107 75	123 10	138 50	153 90

TARIF.

LIEUX DE DÉPART et DE DESTINATION.	Distances servant de base à la fixation des prix de transport.	WAGONS COMPLETS.			
		LOCATION PAR TRAITÉ D'UNE ANNÉE.			
		MAXIMUM DES CHARGEMENTS.			
		4,500 kilogrammes.	5,000 kilogrammes.	4,500 kilogrammes.	5,000 kilogrammes.
		PRIX DE LA LOCATION HEBDOMADAIRE (aller et retour).		PRIX DE LA LOCATION PAR JOUR (aller et retour).	
De PARIS (gare de la Villette) aux stations ci-après, et vice versâ :	kilomèt.	fr. c.	fr. c.	fr. c.	fr. c.
Meaux.................	45	50 30	55 90	46 45	51 60
La Ferté-sous-Jouarre..	64	74 90	83 20	69 10	76 80
Château-Thierry.......	94	110 »	122 20	101 50	112 80
Epernay...............	140	163 80	182 »	151 20	168 »
Châlons-sur-Marne.....	171	200 05	222 30	184 70	205 20

5. Les chargements des plates-formes et des wagons dont la location est réglée par l'article précédent, se composeront de marchandises diverses, sans distinction de classe.

Toutefois, il est interdit de comprendre dans ces chargements, savoir :

1° Les marchandises dangereuses, telles que poudre, pièces d'artifice, allumettes, phosphore, acides, et généralement tous les produits susceptibles de s'enflammer par le choc ou par le frottement, ou de corroder ou détruire les objets avec lesquels ils sont en contact ;

2° Les espèces et matières d'or et d'argent, soit ostensiblement, soit par groupement avec toute autre marchandise, à moins d'en faire la déclaration, et de payer le tarif spécial de ces objets ;

3° Le lait, les légumes et fruits frais, le poisson frais, le beurre, les œufs, la charcuterie, la pâtisserie, la volaille, le gibier et autres comestibles, à moins d'une déclaration expresse et du payement du prix spécial stipulé pour ces objets ;

4° Les articles dits de messagerie, soit ostensiblement, soit par groupement de plusieurs de ces articles en un seul, à moins d'une déclaration expresse et du payement du tarif des marchandises à grande vitesse.

6. Les locataires de plates-formes et de wagons devront s'entendre avec la Compagnie sur la composition des chargements, et sur les garanties proportionnelles à la durée de l'abonnement qu'ils auront à fournir pour assurer l'exécution du traité qui aura été passé.

SECTION II. — Frais accessoires.

§ Iᵉʳ. — *Enregistrement.*

7. La Compagnie est autorisée à percevoir un droit fixe de 10 centimes pour l'enregistrement de toute expédition.

§ II. — *Chargement, déchargement et frais de magasinage.*

8. Les voitures de roulage, dites Maringottes, seront enlevées du train qui les portent, placées et fixées sur plates-formes au départ, et enlevées et ajustées sur le train destiné à les emmener à l'arrivée par les soins de la Compagnie, moyennant 4 fr. par voiture.

Le chargement et le déchargement des wagons donnés en location sera effectué par les soins et aux frais des expéditeurs, sous la surveillance des agents de la Compagnie.

Les marchandises transportées sur les wagons devront être immédiatement déchargées, et leur enlèvement devra s'effectuer dans les vingt-quatre heures de leur arrivée ; passé ce délai, la Compagnie aura le droit de faire décharger le wagon aux frais et risques de qui il appartiendra, et de percevoir, en outre, 5 fr. par chargement et par jour de retard dans l'enlèvement.

CHAPITRE III.

DISPOSITIONS GÉNÉRALES.

9. Toutes les dispositions des ordonnances précitées des 2 juillet et 9 novembre derniers, qui ne sont point contraires à celles qui précèdent, continueront de recevoir leur exécution.

10. Les prix de transport ci-dessus réglés, qui sont inférieurs à ceux du tarif du cahier des charges, ne pourront être relevés qu'après un délai de trois mois au moins, pour les voyageurs, et d'un an pour les marchandises.

Tous changements apportés dans le présent tarif seront annoncés, un mois d'avance, par des affiches ; ils devront d'ailleurs être homologués par des décisions de l'administration supérieure, prises sur la proposition de la Compagnie et rendues exécutoires en la forme prescrite.

11. La présente ordonnance sera notifiée à la Compagnie. Elle sera imprimée et affichée.

Les commissaires et sous-commissaires spéciaux de surveillance administrative du chemin de fer de Paris à Strasbourg, ainsi que les maires et les commissaires de police des communes du ressort de la préfecture de police, dont le territoire est traversé par ledit chemin de fer, sont chargés d'en assurer l'exécution.

Le préfet de police, P. CARLIER.

N° **2228.** — *Ordonnance qui fixe un tarif pour la nouvelle station de* Cercottes, *sur le chemin de fer de* Paris *à* Orléans.

Paris, le 30 janvier 1850.

Nous, préfet de police,

Vu : 1° la loi du 7 juillet 1838, qui autorise l'établissement d'un chemin de fer de Paris à Orléans, et la loi du 15 juillet 1840 relative au même chemin ; ensemble le cahier des charges annexé à cette dernière loi ;

2° Le décret du Gouvernement provisoire du 20 mars 1848, qui autorise la Compagnie du chemin de fer de Paris à Orléans à remplacer les voitures de 3ᵉ classe découvertes par des voitures couvertes ;

3° L'ordonnance de police en date du 1ᵉʳ février 1848, qui fixe les tarifs pour les transports, à grande et à petite vitesse, sur ledit chemin de fer ;

4° L'ordonnance de police du 5 juin 1849, portant homologation de modifications dans la classification des marchandises et les prix de transport fixés par le tarif du 1ᵉʳ février 1848 ;

5° Notre ordonnance du 26 décembre même année, qui fixe un nouveau tarif pour le transport, à la grande vitesse, des articles de messagerie expédiés de Paris aux diverses stations des chemins de fer d'Orléans et du Centre, *et vice versâ ;*

6° La décision ministérielle en date du 12 de ce mois, portant homologation des propositions présentées par la Compagnie du chemin de fer de Paris à Orléans, et ayant pour objet des tarifs pour le transport des voyageurs, des marchandises, etc., de toutes les stations de ce chemin de fer à la nouvelle station de Cercottes ;

Considérant qu'il y a lieu de rendre exécutoire, dans le ressort de la préfecture de police, la décision ministérielle précitée,

Ordonnons ce qui suit :

TITRE Iᵉʳ.

TRANSPORT A LA VITESSE DES VOYAGEURS.

CHAPITRE Iᵉʳ.

Voyageurs.

1. Les prix à percevoir pour le transport des voyageurs sur les parcours ci-après indiqués, du chemin de fer de Paris à Orléans, sont réglés, y compris l'impôt dû au Trésor, ainsi qu'il suit :

Tarif pour le Transport des Voyageurs.

LIEUX DE DÉPART et DE DESTINATION.	Distances servant de base à la fixation des prix de transport.	1re CLASSE. Voitures couvertes, fermées à glaces suspendues sur ressorts.		2e CLASSE. Voitures couvertes, et suspendues sur ressorts.		3e CLASSE. Voitures couvertes et fermées avec rideaux	
		PRIX DE TRANSPORT.					
		Voyageurs.	Militaires.	Voyageurs.	Militaires.	Voyageurs.	Militaires.
	kilomèt.	fr. c.	fr. c.	fr. c.	fr. c.	fr. c.	fr. c.
Paris.........	112	11 55	5 80	8 70	4 35	6 45	3 25
Choisy........	102	10 55	5 25	7 95	3 95	5 90	2 95
Juvisy........	93	9 60	4 80	7 25	3 60	5 35	2 70
Savigny	90	9 30	4 65	7 »	3 50	5 20	2 60
Epinay........	88	9 10	4 55	6 85	3 40	5 10	2 55
Saint-Michel...	83	8 60	4 30	6 45	3 25	4 80	2 40
Bretigny.......	81	8 35	4 20	6 30	3 15	4 70	2 35
Marolles.......	75	7 75	3 90	5 85	2 90	4 35	2 15
Bouray	72	7 45	3 70	5 60	2 80	4 15	2 10
Lardy	69	7 15	3 55	5 35	2 70	4 »	2 »
Etréchy	63	6 50	3 25	4 90	2 45	3 65	1 80
Etampes.......	56	5 80	2 90	4 35	2 20	3 25	1 60
Monnerville...	42	4 35	2 15	3 25	1 65	2 45	1 20
Angerville....	37	3 80	1 90	2 90	1 45	2 15	1 05
Toury	23	2 40	1 20	1 80	» 90	1 35	» 65
Arthenay	10	1 05	» 50	» 80	» 40	» 6 »	» 30
Chevilly......	6	» 60	» 30	» 45	» 25	» 35	» 20
Orléans........	10	1 05	» 50	» 80	» 40	» 60	» 30

De Cercottes aux stations ci-après, et vice versâ :

CHAPITRE II.

Bagages, articles de messagerie, marchandises, finances et valeurs, lait et chiens.

SECTION 1re. — Prix de transport.

§ 1er. — *Bagages.*

2. Aux termes de l'article 36 du cahier des charges, chaque voyageur pourra porter avec lui un bagage dont le poids n'excédera pas 15 kilogrammes, sans être tenu, pour le port de ce bagage, à aucun supplément du prix de sa place.

Les prix à percevoir pour le transport des excédants de bagages, sont réglés conformément au tableau suivant :

(Tarif pour le transport des excédants de bagages.)

1850.

Tarif pour le Transport des excédants de Bagages.

NOTA. Voir, pour les bagages des militaires, l'article 3 ci-après.

LIEUX DE DÉPART et DE DESTINATION.	PRIX DE TRANSPORT.					
	Jusqu'à 10 kil. inclusivement.	Au-dessus de 10 kil. jusqu'à 35 kilog. inclusivement.	Au-dessus de 35 kil. jusqu'à 65 kilog. inclusivement.	Au-dessus de 65 kil. jusqu'à 100 kil. inclusivement.	Au-dessus de 100 k. jusqu'à 200 kil. inclusivement.	Au-dessus de 200 k. par fraction indivisib. de 200 k.
De CERCOTTES aux stations ci-après, et vice versâ.	fr. c.	fr. c.	fr. c.	fr. c.	fr. c.	fr. c.
Paris..........................	2 »	2 50	3 25	5 »	8 96	8 96
Choisy.........................	1 75	4 »	5 50	7 20	8 16	8 16
Juvisy.........................	1 75	4 »	5 50	7 20	7 44	7 44
Savigny........	1 75	3 50	5 »	6 40	7 20	7 20
Epinay.........................	1 75	3 50	5 »	6 40	7 04	7 04
Saint-Michel...................	1 75	3 50	5 »	6 40	6 64	6 64
Bretigny.......................	1 75	3 50	5 »	6 40	6 48	6 48
Marolles.......................	1 50	3 »	4 25	5 60	6 »	6 »
Bouray.........................	1 50	3 »	4 25	5 60	5 76	5 76
Lardy..........................	1 50	2 50	3 75	4 80	5 52	5 52
Etréchy........................	1 50	2 50	3 75	4 80	5 04	5 04
Etampes........................	1 25	2 25	3 25	4 »	4 48	4 48
Monnerville....................	1 25	2 »	2 75	3 20	3 36	3 36
Angerville.....................	» 75	1 25	2 »	2 40	2 96	2 96
Toury..........................	» 75	1 »	1 50	1 60	1 84	1 84
Arthenay.......................	» 50	» 50	» 50	» 50	» 80	» 80
Chevilly.......................	» 50	» 50	» 50	» 50	» 50	» 50
Orléans........................	» 50	» 50	» 50	» 50	» 80	» 80

3. Conformément aux dispositions du § 1er de l'article 40 du cahier des charges, les militaires en service, voyageant en corps ou isolément, ne seront assujettis, pour le port de leurs bagages, qu'à la moitié des taxes ci-dessus fixées.

§ II. — Articles de messagerie, marchandises, lait et chiens.

4. La Compagnie est autorisée à percevoir, pour les articles de messagerie, les marchandises, le lait et les chiens, transportés à la grande vitesse, sur la demande des expéditeurs, de Paris à Cercottes, et vice versâ, les prix réglés ci-après :

Jusqu'à 10 kilogrammes inclusivement........................	» fr. 50 c.
Au-dessus de 10 kilog. jusqu'à 20 kilog. inclusivement....	1 »
— 20 — 30 —	1 50
— 30 — 40 —	2 »
— 40 — 50 —	2 50
— 50 — 60 —	3 »
— 60 — 70 —	3 50
— 70 — 80 —	4 »
— 80 — 90 —	4 50
— 90 — 100 —	5 »
— 100 kilog. par fraction indivisible de 10 kilog....	» 0448

Lait par litre........................ » 1 1/2

Chiens, par tête........................ 2 »

5. La Compagnie est également autorisée à effectuer, sur les parcours ci-après indiqués, le transport des articles de messagerie, des marchandises, du lait et des chiens, voyageant à la grande vitesse, sur la demande des expéditeurs, aux prix fixés par le tableau suivant :

TARIF.

LIEUX DE DÉPART et DE DESTINATION.	Jusqu'à 25 kilog. inclusivement.	Au-dessus de 25 kilog. jusqu'à 50 kilog. inclusivement.	Au-dessus de 50 kilog. jusqu'à 100 kil. inclusivement.	Au-dessus de 100 kil. jusqu'à 200 kil. inclusivement.	Au-dessus de 200 kil. par fraction indivisible de 200 kilogrammes.	LAIT. — Par litre.	CHIENS. — Par tête.
De CERCOTTES aux stations ci-après, *et vice versâ :*	fr. c.	fr. c.	fr. c.	fr. c.	fr. c.	fr. c.	fr. c.
Choisy.............	2 »	4 50	7 20	8 16	8 16	1 1/2	2 »
Juvisy.............	2 »	4 50	7 20	7 44	7 44	1 1/2	2 »
Savigny............	2 »	4 »	6 40	7 20	7 20	1 1/2	1 50
Epinay.............	2 »	4 »	6 40	7 06	7 06	1 1/2	1 50
Saint-Michel........	2 »	4 »	6 40	6 64	6 64	1 1/2	1 50
Bretigny...........	2 »	4 »	6 40	6 48	6 48	1 1/2	1 50
Marolles...........	1 50	3 50	5 60	6 »	6 »	1 1/2	1 50
Bouray............	1 50	3 50	5 60	5 76	5 76	1 1/2	1 50
Lardy.............	1 50	3 »	4 80	5 52	5 52	1 1/2	1 50
Etréchy............	1 50	3 »	4 80	5 04	5 04	1 1/2	1 50
Etampes............	1 »	2 50	4 »	4 48	4 48	1 1/2	1 »
Monnerville.........	1 »	2 »	3 20	3 36	3 36	1 1/2	1 »
Angerville..........	» 75	1 75	2 40	2 96	2 96	1 1/2	1 »
Toury.............	» 75	1 »	1 60	1 84	1 84	1 1/2	» 50
Arthenay...........	» 50	» 50	» 50	» 80	» 80	1 1/2	» 50
Chevilly...........	» 50	» 50	» 50	» 50	» 50	1 1/2	» 50
Orléans............	» 50	» 50	» 50	» 80	» 80	1 1/2	» 50

§ III. — *Finances et valeurs.*

6. Le transport de l'or, de l'argent, soit monnayé ou travaillé, soit en lingots ; du plaqué d'or ou d'argent, du mercure, du platine, des bijoux, pierres précieuses et autres valeurs de même nature, s'effectuera aux prix suivants, quelle que soit la distance parcourue :

Jusqu'à 500 francs inclusivement............................ » fr. 50 c.
Au-dessus de 500 fr. jusqu'à 1,000 fr. inclusivement........... 1 »
— 1,000 fr. par fraction indivisible de 1,000 fr........ » 75

SECTION II. — *Frais accessoires.*

§ Ier. — *Enregistrement.*

7. Il sera perçu un droit fixe de 10 centimes pour l'enregistrement tant des bagages dont le poids excédera 15 kilogrammes que de toute expédition, quelle qu'en soit la nature.

L'enregistrement est facultatif pour les bagages dont le poids n'excédera pas 15 kilogrammes; lorsqu'il a lieu à la demande des voyageurs, il est soumis au droit de 10 centimes.

8. Tout envoi fait par une même personne à un même destinataire ne donnera lieu qu'à un seul enregistrement. Les envois faits par une même personne à plusieurs destinataires, seront soumis séparément à l'enregistrement.

§ II. — *Chargement et déchargement.*

9. Les frais de chargement et de déchargement des bagages, des articles de messagerie, et marchandises de toute nature voyageant à la grande vitesse, sur la demande des expéditeurs, sont réglés ainsi qu'il suit:

Au-dessus de 100 kilog. jusqu'à	200 kilog.	inclusivement.	» fr.	50 c.
— 200	— 400	—	»	75
— 400	— 600	—	1	»
— 600	— 800	—	1	25
— 800	— 1,000	—	1	50
— 1,000 kilog. par fraction indivis. de 1,000 kilog.			1	50

Il ne sera rien perçu pour le chargement et le déchargement des colis d'un poids n'excédant pas 100 kilogrammes.

§ III. — *Magasinage.*

10. Les articles de messagerie et les marchandises qui ne seront pas enlevés dans le délai de vingt-quatre heures après l'arrivée, seront soumis, pour les jours suivants, à un droit de magasinage fixé ainsi qu'il suit:

Jusqu'à 50 kilog. inclusivement...................	05 c.	par jour.
Au-dessus de 50 kilog jusqu'à 100 kilog..........	10	—
— 100 k. par fraction indivis. de 100 k.	10	—

TITRE II.

TRANSPORT A LA VITESSE DES MARCHANDISES.

CHAPITRE Ier.

Classification des marchandises.

11. Les dispositions des articles 20 et 21 de l'ordonnance de police du 1er février 1848, qui classent les marchandises et fixent l'ordre dans lequel elles sont rangées pour la détermination des prix de transport qui leur sont applicables et les dispositions de l'ordonnance de police du 5 juin 1849, modificative de la précédente, sont rendues exécutoires sur les divers parcours indiqués au tableau compris sous l'article 12 ci-après.

CHAPITRE II.

Transport des marchandises.

SECTION 1re. — Prix de transport.

12. Les prix à percevoir pour le transport des marchandises sur les parcours ci-après indiqués, sont réglés d'après le tableau suivant:

Tarif pour le Transport des Marchandises.

LIEUX DE DÉPART et DE DESTINATION.	Distances servant de base à la fixation des prix de transport.	MARCHANDISES par tonnes de 1,000 kilogrammes.			
		Hors classe.	1re classe.	2e classe.	3e classe.
		PRIX DE TRANSPORT.			
	kilomèt.	fr. c.	fr. c.	fr. c.	fr. c.
De CERCOTTES à Paris.	112	36 71	20 19	16 52	11 01
De PARIS à Cercottes..	112	36 71	16 52	13 77	9 17
De CERCOTTES aux stations ci-après, *et vice versâ :*					
Choisy...............	102	36 42	20 40	18 36	16 52
Juvisy...............	93	33 21	18 60	16 74	14 88
Savigny.............	90	32 14	18 »	16 20	14 40
Epinay..............	88	31 42	17 60	15 84	14 08
Saint-Michel........	83	29 64	16 60	14 94	13 28
Bretigny............	81	28 92	16 20	14 58	12 50
Marolles............	75	26 78	15 »	13 50	12 »
Bouray.............	72	25 71	14 40	12 96	11 52
Lardy...............	69	24 64	13 80	12 42	11 04
Etréchy.............	63	22 50	12 60	11 34	10 08
Etampes............	56	20 »	11 20	10 08	8 96
Monnerville.........	42	15 »	8 40	7 56	6 72
Angerville..........	37	13 21	7 40	6 66	5 92
Toury..............	23	8 21	4 60	4 14	3 68
Arthenay...........	10	3 57	2 »	1 80	1 60
Chevilly............	6	2 14	1 20	1 08	» 96
Orléans	10	3 03	1 66	1 21	1 06

SECTION II. — Frais accessoires.

§ Ier. — *Enregistrement.*

13. Il sera perçu, pour l'enregistrement de toute expédition, quelle qu'en soit la nature, un droit fixe de 10 centimes.

14. Tout envoi composé de plusieurs colis expédiés par une même personne et adressés à un même destinataire, ne donnera lieu qu'à un seul enregistrement, pourvu que les colis contiennent des marchandises de même nature, telles que sucre, café, etc.

Les colis expédiés par une même personne à plusieurs destinataires seront soumis séparément à l'enregistrement.

§ II. — *Chargement et déchargement.*

15. Les frais de chargement et de déchargement des marchandises de toute nature, sont fixés à 1 fr. par 1,000 kilogrammes.

§ III. — *Magasinage.*

16. Il sera perçu, à titre de frais de magasinage, pour les marchandises qui ne seraient pas enlevées vingt-quatre heures après leur arrivée, un droit fixé, ainsi qu'il suit, par 1,000 kilogrammes :

De 1 à 3 jours, par jour........... » fr. 50 c.
Pour un séjour de 4 à 8 — .... 2 »
— 9 à 15 — .... 3 »
— 16 à 30 — .... 4 »
Au-dessus de 30 jours, par 30 jours............... 4 »

TITRE III.

DISPOSITIONS GÉNÉRALES.

17. Les perceptions ci-dessus autorisées à titre de frais accessoires d'enregistrement, de chargement, de déchargement et de magasinage, ne sont que provisoires, et sont subordonnées au règlement spécial qui doit, conformément au cahier des charges, déterminer toutes les taxes de cette nature.

18. Les taxes réglées par la présente ordonnance, qui sont inférieures à celles du tarif du cahier des charges, ne pourront être relevées qu'après un délai de trois mois au moins.

Tous changements, apportés aux tarifs ci-dessus réglés, seront annoncés au moins un mois d'avance par des affiches. Ils devront d'ailleurs être homologués par des décisions de l'administration supérieure, prises sur la proposition de la compagnie, et rendues exécutoires en la forme prescrite.

19. Toutes les dispositions des ordonnances de police susvisées en date des 1er février 1848, 5 juin et 26 décembre 1849, qui ne sont point contraires aux dispositions qui précèdent, continueront de recevoir leur exécution.

20. La présente ordonnance sera notifiée à la Compagnie.

Elle sera imprimée et affichée.

Les commissaires et sous-commissaires spéciaux de surveillance administrative du chemin de fer de Paris à Orléans, ainsi que les maires et les commissaires de police des communes du ressort de la préfecture de police, dont le territoire est traversé par ledit chemin de fer, sont chargés d'en assurer l'exécution.

Le préfet de police, P. CARLIER.

N° **2229.** — *Ordonnance concernant la police des masques.*

Paris, le 31 janvier 1850.

Nous, préfet de police,

Vu la loi du 24 août 1790, titre XI ;

L'arrêté des consuls du 12 messidor an VIII ;

L'arrêté du Gouvernement du 3 brumaire an IX ;

Les articles 259, 287, 330, 471, §§ XI et XV, et l'article 479, § VIII du Code pénal ;

Vu les articles 1 et 8 de la loi du 17 mai 1819, l'article 6 de la loi du 25 mars 1822, modifiés par le décret des 11 et 12 août 1848 ;

Voulant prévenir tout accident et tout désordre pendant les divertissements du carnaval,

Ordonnons ce qui suit :

1. Toute personne qui, pendant le temps du carnaval, se montrera sur les ponts, quais, dans les rues, passages, galeries, boulevards, places, promenades et lieux publics, masquée, déguisée ou travestie, ne pourra porter ni armes ni bâtons.

2. Personne ne pourra paraître sous le masque, sur la voie publique, avant dix heures du matin ni après six heures du soir.

Le Mercredi des Cendres, à partir de midi, aucune personne ne pourra paraître sous le masque, ni travestie, sur la voie publique.

3. Aucun individu ne pourra prendre de déguisements qui seraient de nature à troubler l'ordre public, ou à blesser la décence et les mœurs, ni porter aucun insigne ni costume ecclésiastique ou religieux, appartenant aux ministres des cultes légalement reconnus par l'Etat, ni enfin aucun costume ayant le caractère des fonctions publiques.

4. Il est défendu à toute personne masquée, déguisée ou travestie, d'insulter qui que ce soit, par des invectives, des mots grossiers, ou des provocations injurieuses.

5. Il n'est pas permis de s'arrêter sur la voie publique, pour y tenir des discours indécents, ou y provoquer les passants par des gestes ou des paroles contraires à la morale publique.

6. Il est pareillement défendu à tout individu, masqué ou non masqué, de jeter dans les maisons, dans les voitures et sur les personnes, aucun objet ni substances qui puissent les blesser, endommager ou salir leurs vêtements.

7. Toute personne masquée, déguisée ou travestie, invitée par un officier de police ou par un agent de la force publique à le suivre, doit se rendre sur-le-champ, au bureau de police le plus voisin, pour y donner les explications qui peuvent lui être demandées.

8. Les voitures qui parcourront les boulevards, dans les journées des 10 et 12 février prochain, circuleront sur une seule file.

Sont exceptés de cette disposition les équipages à quatre chevaux, chargés de personnes masquées ou travesties, lesquels équipages pourront circuler seulement au pas, sur la chaussée des boulevards, entre les files de voitures.

9. Les contrevenants aux dispositions ci-dessus seront arrêtés et conduits devant l'officier de police le plus voisin, pour qu'il soit pris à leur égard telles mesures qu'il appartiendra, sans préjudice des poursuites à exercer devant les tribunaux, tant contre eux que contre les personnes civilement responsables d'après la loi.

10. La présente ordonnance sera imprimée et affichée dans Paris, dans les communes rurales du département de la Seine, et dans celles de Saint-Cloud, Sèvres et Meudon, du département de Seine-et-Oise.

Les commissaires de police de la ville de Paris, les maires et adjoints, et commissaires de police dans les autres lieux, le chef de la police municipale à Paris, les officiers de paix et les préposés de la préfecture de police, sont chargés, chacun en ce qui le concerne, d'en assurer l'exécution.

Le colonel de la garde républicaine de la ville de Paris, le colonel de la 1re légion de gendarmerie et le commandant de la gendarmerie de la Seine sont requis de leur faire prêter main-forte au besoin et de concourir à l'exécution de la présente ordonnance.

Le préfet de police, P. CARLIER.

2230. — *Arrêté concernant les mesures d'ordre à observer à l'occasion du carnaval dans les communes du ressort de la préfecture de police.*

Paris, le 9 février 1850.

Nous, préfet de police,

Vu la loi des 16-24 août 1790 ;
L'arrêté du Gouvernement du 12 messidor an VIII ;
L'arrêté du 3 brumaire an IX ;
L'article 479 du Code pénal, § 8 ;
La loi des 7-9 juin 1848, art. 1er, sur les attroupements ;
Voulant prévenir tous désordres dans les communes du ressort de la préfecture de police, pendant les divertissements du carnaval,

Arrêtons ce qui suit :

1. Il est expressément défendu aux habitants des communes du ressort de la préfecture de police, de se réunir, soit le Mercredi des Cendres, 13 février courant, soit un autre jour, dans le but de promener, dans les rues et places publiques, des mannequins, et de les brûler ensuite devant le domicile d'aucune personne, comme aussi de faire aucune manifestation de nature à troubler l'ordre public.
2. Aucune personne masquée ni travestie ne pourra circuler sur la voie publique, le Mercredi des Cendres, après l'heure de midi.
3. Les contrevenants seront arrêtés immédiatement et punis conformément aux lois.
4. Le présent arrêté sera imprimé, publié et affiché dans toutes les communes du ressort de la préfecture de police.

Les sous-préfets des arrondissements de Saint-Denis et de Sceaux, les maires et les commissaires de police des communes de ces arrondissements, les commandants de la garde nationale et de la gendarmerie, ainsi que tous agents de la force publique, sont chargés, chacun en ce qui le concerne, d'assurer l'exécution du présent arrêté.

Le préfet de police, P. CARLIER.

2231. — *Ordonnance concernant l'échenillage.*

Paris, le 12 février 1850.

Nous, préfet de police,

Ordonnons ce qui suit :

L'ordonnance de police du 9 février 1849 (1), concernant l'échenillage, sera de nouveau imprimée et affichée, tant à Paris que dans les communes du ressort de la préfecture de police.

Le préfet de police, P. CARLIER.

---

(1) V. cette ord.

N° **2232**. — *Ordonnance concernant les tarifs du transport des marchandises, à petite vitesse, sur le chemin de fer de Paris à Lyon. Ouverture du service des transports de marchandises à petite vitesse, le lundi 18 février 1850 (section de Paris à Tonnerre).*

Paris, le 14 février 1850

Nous, préfet de police,

Vu la lettre à nous adressée par M. le ministre des travaux publics, le 13 du courant, avec un arrêté en date du 12 (1), qui règle les tarifs des transports des marchandises, à la petite vitesse, sur les parcours du chemin de fer de Paris à Lyon, compris entre Paris et Tonnerre ;

En vertu des arrêtés du Gouvernement des 12 messidor an VIII et 3 brumaire an IX (1er juillet et 25 octobre 1800) et des dispositions de l'article 72 du règlement d'administration publique sur la police, la sûreté et l'exploitation des chemins de fer, en date du 15 novembre 1846,

Ordonnons ce qui suit :

1. L'arrêté de M. le ministre des travaux publics, ci-dessus visé, qui fixe les prix à percevoir pour le transport des marchandises, à petite vitesse, sur les parcours du chemin de fer de Paris à Lyon, compris entre Paris et Tonnerre, sera imprimé et affiché à la suite de la présente ordonnance, dans le ressort de la préfecture de police, pour y être exécuté suivant sa forme et teneur.

2. Les contraventions audit arrêté seront constatées par des procès-verbaux ou rapports qui seront déférés aux tribunaux compétents.

3. Le sous-préfet de l'arrondissement de Sceaux, les maires et les commissaires de police des communes du ressort de la préfecture de police dont le territoire est traversé par le chemin de fer de Paris à Lyon, les fonctionnaires et agents spécialement préposés à la surveillance dudit chemin de fer, sont chargés, chacun en ce qui le concerne, de tenir la main à l'exécution de la présente ordonnance.

Le préfet de police, P. CARLIER.

———————————◇———————————

N° **2233**. — *Arrêté qui rapporte celui du 28 mars 1848, concernant le travail et le salaire des ouvriers boulangers.*

Paris, le 15 février 1850.

Nous, préfet de police,

Vu l'arrêté rendu par un de nos prédécesseurs, en date du 28 mars 1848, concernant le travail et le salaire des ouvriers boulangers ;

Considérant, après un examen attentif des circonstances qui ont précédé la publication de cet arrêté :

Qu'il n'a pas été rendu librement, ni en vertu du consentement mutuel des parties, ni par suite d'une étude sérieuse des devoirs et des intérêts respectifs des maîtres et des ouvriers ;

Considérant d'ailleurs qu'il n'appartient pas à l'autorité administrative d'intervenir dans les conventions relatives au prix du travail entre les maîtres et les ouvriers ;

———————————

(1) V. cet arrêté à l'Appendice.

Que cependant le conseil des prud'hommes, dans les cas fort rares où un ouvrier (et toujours un ouvrier remplaçant) vient invoquer devant sa juridiction l'arrêté du 28 mars 1848, se croit obligé d'en appliquer les termes sous le prétexte que cet arrêté aurait été rendu en vertu des pouvoirs que l'arrêté des consuls du 12 messidor an VIII a conférés au préfet de police,

Avons arrêté et arrêtons ce qui suit :

1. L'arrêté du 28 mars 1848, concernant le travail et le salaire des ouvriers boulangers est rapporté.

2. Les rapports des maîtres à ouvriers continueront à être régis par les conventions qu'ils feront librement entre eux.

3. Notification du présent arrêté sera faite au conseil des prud'hommes.

Le préfet de police, P. CARLIER.

N° **2234.** — *Ordonnance qui règle l'entrée, le stationnement et la circulation des voitures de toute espèce dans la cour de l'embarcadère du chemin de fer de Paris à Rouen et au Havre.*

Approuvée par M. le ministre des travaux publics, le 4 janvier 1850.

Paris, 16 février 1850.

Nous, préfet de police,

Vu : 1° les lois des 16-24 août 1790 et 19-22 juillet 1791 ;

2° Les arrêtés du Gouvernement des 12 messidor an VIII (1er juillet 1800) et 3 brumaire an IX (25 octobre 1800) ;

3° La loi du 15 juillet 1840 qui autorise l'établissement d'un chemin de fer de Paris à Rouen ; ensemble le cahier des charges annexé à cette loi ;

4° La loi du 15 juillet 1845 sur la police des chemins de fer ;

5° L'ordonnance du 15 novembre 1846 portant règlement d'administration publique sur la police, la sûreté et l'exploitation des chemins de fer ;

6° L'arrêté de notre prédécesseur du 20 novembre 1848, relatif à l'organisation de la station de voitures de place, dite de la rue de Stockholm, qui a autorisé l'établissement d'un avançage de dix voitures dans la rue d'Amsterdam, au-dessus de la grille de la cour du chemin de fer de Rouen et du Havre ;

Considérant qu'il y a lieu de régler, conformément aux dispositions de l'article 1er de l'ordonnance précitée du 15 novembre 1846, l'entrée, le stationnement et la circulation des voitures publiques ou particulières, destinées, soit au transport des personnes, soit au transport des marchandises, dans la cour de l'embarcadère du chemin de fer de Rouen et du Havre, située rue d'Amsterdam,

Ordonnons ce qui suit :

1. L'entrée, le stationnement et la circulation des voitures publiques ou particulières, destinées, soit au transport des voyageurs, soit au transport des marchandises, dans la cour de l'embarcadère du chemin de fer de Rouen et du Havre, située rue d'Amsterdam, sont réglés ainsi qu'il est prescrit par les articles suivants.

2. Aucune voiture particulière, de place ou sous remise, ne pourra entrer dans la cour de l'embarcadère pour y opérer son chargement ou son déchargement.

Cette opération devra toujours s'effectuer, sur la voie publique, devant l'une des portes de cette cour.

2. Les cochers des voitures de place qui seront en station sur l'avancage de la rue d'Amsterdam, au moment de l'arrivée des convois, ne devront faire avancer leurs voitures jusqu'à la grille de la cour, que lorsqu'ils seront appelés pour charger.

3. Les voitures de factage, les camions, les fourgons à bagages et toutes autres voitures destinées au transport des marchandises, ainsi que les diligences qui sont transportées sur les trucks du chemin de fer, pourront seuls entrer dans la cour de l'embarcadère; pour y opérer leur chargement ou leur déchargement.

5. A l'arrivée des trains, la porte du milieu et celle de gauche de la cour de l'embarcadère devront être fermées; et l'entrée de cette cour sera interdite à toute voiture, de quelque espèce qu'elle soit, jusqu'après la sortie des voyageurs, qui s'effectuera par la troisième porte, c'est-à-dire celle de droite, ouvrant sur un trottoir intérieur.

6. Les voitures de factage et autres destinées au transport des marchandises, les voitures de laitières et les diligences, qui arriveront pendant la sortie des voyageurs, devront être rangées, à droite, dans la rue d'Amsterdam, ou dirigées sur la place de l'Europe, si leur nombre est trop considérable.

Aucune de ces voitures ne pourra être introduite dans la cour de l'embarcadère, que lorsque les voyageurs l'auront complétement évacuée.

7. Après leur chargement ou leur déchargement, toutes les voitures, désignées en l'article précédent, devront sortir de la cour dans l'ordre suivant:

Les diligences,

Les voitures de laitières,

Les voitures affectées au transport des marchandises.

En entrant et en sortant, ces voitures devront toujours être conduites au pas.

8. La présente ordonnance sera imprimée et affichée.

Le chef de la police municipale, le commissaire de surveillance administrative du chemin de fer de Rouen et du Havre, le commissaire de police du quartier du Roule, les officiers de paix et les autres préposés de la préfecture de police sont chargés, chacun en ce qui le concerne, de concourir à son exécution.

Elle sera transmise à M. l'ingénieur en chef des ponts et chaussées du département de la Seine, chargé de la direction du service de surveillance du chemin de fer de Rouen et du Havre.

Elle sera adressée, en outre, à M. le colonel de la garde républicaine et à M. le colonel commandant la 1re légion de gendarmerie, qui sont chargés de tenir la main à son exécution par tous les moyens mis à leur disposition.

Le préfet de police, P. CARLIER.

<hr>

N° 2235. — *Ordonnance concernant la prohibition de la chasse.*

Paris, 16 février 1850.

Nous, préfet de police,

Vu la loi du 3 mai 1844, sur la police de la chasse (articles 3 et 4);

Vu les arrêtés du gouvernement du 12 messidor an VIII (1er juillet 1800) et 3 brumaire an IX (25 octobre 1800);

Vu les avis de MM. les préfets des départements de Seine-et-Marne et de Seine-et-Oise, sur la clôture de la chasse, fixée, cette année, dans leurs départements, au 1er mars prochain;

Attendu les réclamations auxquelles a donné lieu l'exécution de l'article 4 de la loi du 3 mai 1844;

Voulant laisser aux chasseurs domiciliés dans le département de la Seine, revenant des départements voisins, l'avantage de rapporter sans obstacle le produit de leur dernière chasse, et au commerce le moyen d'écouler ses approvisionnements,

Ordonnons ce qui suit :

1. La chasse sera défendue dans le département de la Seine, à partir du 4 mars prochain, et jusqu'à nouvel ordre.

A compter du même jour, la mise en vente, la vente, l'achat, le transport et le colportage du gibier seront formellement interdits, tant à Paris que dans les communes rurales.

2. Les contrevenants aux dispositions ci-dessus seront traduits devant les tribunaux compétents et poursuivis conformément à la loi.

3. Il n'est rien changé aux dispositions de notre ordonnance du 10 mars 1845, concernant la chasse des oiseaux de passage, du gibier d'eau, et la destruction des animaux malfaisants ou nuisibles.

4. La présente ordonnance sera imprimée, publiée et affichée.

Les sous-préfets des arrondissements de Saint-Denis et de Sceaux, les maires, adjoints et commissaires de police des communes rurales, les commissaires de police de Paris, la gendarmerie, les gardes champêtres, les préposés des contributions indirectes et des octrois, et les agents de la préfecture de police, sont chargés, chacun en ce qui le concerne, d'en assurer l'exécution.

Le préfet de police, P. CARLIER.

N° **2236.** — *Ordonnance portant rectification de quelques erreurs qui existent dans l'ordonnance du 15 janvier 1850, sur les chemins de fer de* Paris à Rouen, *et de* Rouen *au* Havre *et à* Dieppe.

Paris, le 20 février 1850.

Nous, préfet de police,

Vu : 1° notre ordonnance en date du 15 janvier dernier, qui modifie les tarifs en vigueur pour le transport des marchandises et des bestiaux sur les chemins de fer de Paris à Rouen et de Rouen au Havre et à Dieppe;

2° Le rapport de l'inspecteur de l'exploitation commerciale des chemins de fer du 2e arrondissement, à nous transmis le 7 du courant par l'ingénieur en chef chargé de la direction du service de surveillance desdits chemins de fer, lequel signale quelques erreurs qui se sont glissées dans l'ordonnance homologative précitée;

Considérant qu'il y a lieu de rectifier les erreurs signalées,

Ordonnons ce qui suit :

§ Ier. — Expéditions partielles.

1. L'article 4 de notre ordonnance susvisée du 15 janvier dernier est rapporté et remplacé par les dispositions ci-après :

Les marchandises désignées sous le n° 5 ci-dessus, ainsi que les marchandises comprises aux tarifs du 20 mars 1847, dans la 5e série de la 1re classe et dans les 2e et 3e classes, seront taxées pour les transports de Beuzeville à Rouen et de Beuzeville à Paris (*gare des Batignolles*) de la manière suivante :

	Par tonne de 1,000 kilogram. non compris les droits de chargement et de déchargement.
De BEUZEVILLE à ROUEN......................................	5 fr. 50 c.
De BEUZEVILLE à PARIS (*gare des Batignolles*)....................	14 50

§ II. — Expéditions par wagons complets.

2. Les marchandises désignées à l'article 6 de ladite ordonnance, expédiées, par wagons complets de 4,000 kilogrammes, du Havre à Paris (*gare des Batignolles*), seront transportées au prix réduit de 13 francs 50 centimes par tonne de 1,000 kilogrammes, *non compris* les frais de chargement et de déchargement.

3. Le mot *Grains* est substitué au mot *Graines*, qui figure dans le tableau compris sous l'article 9 de l'ordonnance précitée.

4. Le mot *Grains*, omis dans l'article 10 de la même ordonnance, y est ajouté entre les mots *Fécules* et *Pommes de terre*.

5. Toutes les dispositions de notre ordonnance précitée du 15 janvier dernier, qui ne sont pas contraires à celles qui précèdent, continueront de recevoir leur exécution.

6. La présente ordonnance sera notifiée aux Compagnies des chemins de fer de Paris à Rouen et de Rouen au Havre et à Dieppe.

Elle sera imprimée et affichée.

Les commissaires et les sous-commissaires spéciaux de surveillance administrative desdits chemins de fer, ainsi que les maires et les commissaires de police des communes du ressort de la préfecture de police, dont le territoire est traversé par le chemin de fer de Paris à Rouen, sont chargés d'en assurer l'exécution.

Le préfet de police, P. CARLIER.

N° **2237.** — *Ordonnance sur la salubrité publique.*

Paris, le 23 février 1850.

Nous, préfet de police,

Considérant que les urines répandues contre les monuments publics et les propriétés particulières, et notamment contre les devantures de boutiques et sur les trottoirs, donnent lieu à des plaintes fréquentes et fondées ;

Considérant que l'administration municipale a fait établir un très-grand nombre d'urinoirs qui sont principalement répartis dans les quartiers du centre et de grande circulation, sur les quais, sur les boulevards et aux abords de divers monuments ;

Considérant enfin, qu'il est du devoir de l'administration de prescrire toutes les mesures nécessaires à l'assainissement et à la propreté de la ville, et que les habitants, pour arriver à ce résultat d'intérêt général, doivent faire le sacrifice de mauvaises habitudes qu'ils ont pu contracter ;

Vu les articles 23 et 24 de l'arrêté du Gouvernement du 12 messidor an VIII,

Ordonnons ce qui suit :

1. Sur les voies publiques où des urinoirs sont établis, on ne pourra uriner ailleurs que dans ces urinoirs.

Quant aux voies publiques où il n'existera pas d'urinoirs, il est interdit d'uriner sur les trottoirs, contre les monuments publics, contre les devantures de boutiques et contre les portes des habitations.

2. Les commissaires de police, le chef de la police municipale, les officiers de paix et tous autres agents de l'autorité, sont chargés de veiller à la stricte exécution de la présente ordonnance.

Le préfet de police, P. CARLIER.

N° 2238. — *Ordonnance portant suppression des tarifs précédemment homologués pour les transports, à petite vitesse, entre la gare intérieure de Paris et les diverses stations des deux lignes, sur les chemins de fer de Paris à la frontière de Belgique et de Creil à Saint-Quentin (chemin de fer du Nord).*

Paris, le 28 février 1850.

Nous, préfet de police,

Vu : 1° la loi du 15 juillet 1845, qui autorise la concession des chemins de fer de Paris à la frontière de Belgique et de Creil à Saint-Quentin ; ensemble les cahiers des charges cotés A et B, annexés à cette loi ;

2° Les ordonnances royales homologatives de l'adjudication de la concession de chacun des chemins de fer précités ;

3° L'ordonnance royale du 1er avril 1847, qui approuve le traité de fusion de la Compagnie du chemin de fer du Nord, concessionnaire du chemin de fer de Paris à la frontière de Belgique, avec la Compagnie du chemin de fer de Creil à Saint-Quentin ;

4° L'ordonnance de police, en date du 11 janvier 1848, portant homologation d'un tarif pour les transports, à petite vitesse, de la gare intérieure de Paris aux stations des deux lignes précitées , *et vice versâ* ;

5° L'ordonnance de police, du 16 octobre même année, contenant des tarifs pour les transports entre Paris (*gares intérieure et extérieure*), et diverses stations de la ligne de Paris à la frontière de Belgique ;

6° Les ordonnances de police des 13 mars et 19 avril 1849, relatives, la première aux tarifs pour les transports entre Paris et Calais ; la seconde aux tarifs pour les stations de Noyon, Ourscamp et Thourotte, situées sur la ligne de Creil à Saint-Quentin ;

7º La décision ministérielle du 11 de ce mois, qui autorise la Compagnie du chemin de fer du Nord à faire tout son service de petite vitesse, à la gare de La Chapelle, et à supprimer les tarifs de la gare intérieure, qui font l'objet de l'ordonnance ci-dessus visée du 11 janvier 1848;

Considérant qu'il y a lieu de rendre exécutoire, dans le ressort de la préfecture de police, la décision ministérielle précitée,

Ordonnons ce qui suit :

1. L'ordonnance de police ci-dessus visée, en date du 11 janvier 1848, qui fixe un tarif pour les transports à petite vitesse, entre la gare intérieure de Paris et les différentes stations des lignes du Nord et de Creil à Saint-Quentin, est rapportée.

2. Sont également rapportées les dispositions des ordonnances susvisées, des 16 octobre 1848, 13 mars et 19 avril 1849, qui s'appliquent à la gare intérieure de Paris, en ce qui concerne les transports à petite vitesse.

3. En conséquence, à partir de la publication de la présente ordonnance, tout le service de la petite vitesse se fera à la gare de La Chapelle.

4. La présente ordonnance sera notifiée à la Compagnie.

Elle sera imprimée et affichée.

Les commissaires et sous-commissaires spéciaux de surveillance administrative du chemin de fer de Paris à la frontière de Belgique, ainsi que les maires et les commissaires de police des communes du ressort de la préfecture de police, dont le territoire est traversé par ledit chemin de fer, sont chargés d'en assurer l'exécution.

Le préfet de police, P. CARLIER.

N° **2239**. — *Ordonnance qui fixe un nouveau tarif pour le transport, à la grande vitesse, des articles de messagerie et des marchandises, sur les parcours intermédiaires, sur le chemin de fer de Paris à Orléans.*

Paris, le 28 février 1850.

Nous, préfet de police,

Vu : 1º la loi du 7 juillet 1838, qui autorise l'établissement d'un chemin de fer de Paris à Orléans, et la loi du 15 juillet 1840, relative au même chemin, ensemble le cahier des charges annexé à cette dernière loi ;

2º L'ordonnance de police du 1er février 1848, qui fixe les tarifs pour les transports de toute nature, à grande et à petite vitesse, sur le chemin de fer de Paris à Orléans ;

3º La décision ministérielle en date du 8 de ce mois, portant approbation des propositions présentées par la Compagnie du chemin de fer de Paris à Orléans, et ayant pour objet l'établissement d'un nouveau tarif pour le transport, à la grande vitesse, des articles de messagerie et des marchandises, sur les divers parcours intermédiaires dudit chemin de fer (ligne de Paris à Orléans);

Considérant qu'il y a lieu de rendre exécutoire, dans le ressort de la préfecture de police, la décision ministérielle précitée,

Ordonnons ce qui suit :

1. La Compagnie du chemin de fer de Paris à Orléans est autorisée à appliquer le tarif ci-après, aux articles de messagerie et aux marchandises transportées à la vitesse des voyageurs, d'une station intermédiaire à une autre, sur la ligne de Paris à Orléans.

2. Il ne sera appliqué de frais de chargement et de déchargement qu'aux expéditions dont le poids dépassera 100 kilogrammes.

3. Le tarif compris sous l'article 1er ci-dessus n'est point applicable à la ligne de Paris à Corbeil.

4. Les dispositions de l'ordonnance susvisée du 1er février 1848, qui ne sont point contraires à celles qui précèdent, continueront de recevoir leur exécution.

5. La présente ordonnance sera notifiée à la Compagnie; elle sera imprimée et affichée.

Les commissaires et sous-commissaires spéciaux de surveillance administrative du chemin de fer de Paris à Orléans, ainsi que les maires et les commissaires de police des communes du ressort de la préfecture de police, dont le territoire est traversé par ledit chemin de fer, sont chargés d'en assurer l'exécution.

Le préfet de police, P. CARLIER.

(Tarif pour le transport, etc.)

Tarif pour le Transport, à la grande vitesse, des Articles de Messagerie et des Marchandises, sur les parcours intermédiaires.

DISTANCES SERVANT DE BASE A L'APPLICATION DU TARIF CI-CONTRE.	Jusqu'à 10 kil. inclusivement.	Au-dessus de 10 kil. jusqu'à 20 kil. inclusivement.	Au-dessus de 20 kil. jusqu'à 30 kil. inclusivement.	Au-dessus de 30 kil. jusqu'à 40 kil. inclusivement.	Au-dessus de 40 kil. jusqu'à 50 kil. inclusivement.	Au-dessus de 50 kil. jusqu'à 60 kil. inclusivement.	Au-dessus de 60 kil. jusqu'à 70 kil. inclusivement.	Au-dessus de 70 kil. jusqu'à 80 kil. inclusivement.	Au-dessus de 80 kil. jusqu'à 90 kil. inclusivement.	Au-dessus de 90 kil. jusqu'à 100 kil. inclusivement.	Au-dessus de 100 kil. par fraction indivisible de 10 kil. et par kil.
	fr. c.	fr. c.	fr. c.	fr. c.	fr. c.	fr. c.	fr. c.	fr. c.	fr. c.	fr. c.	fr. c.
Jusqu'à 20 kilom. inclus.	0 30	0 50	0 50	0 75	0 75	0 75	1 25	1 25	1 50	1 50	0 004
Au-dessus de 20 kilom. — 30	0 35	0 50	0 50	0 80	0 95	1 15	1 50	1 50	1 70	1 80	
— 30 — 40	0 40	0 55	0 63	0 93	1 15	1 40	1 60	1 80	2 03	2 20	
— 40 — 50	0 40	0 60	0 70	1 10	1 35	1 60	1 90	2 10	2 40	2 60	
— 50 — 60	0 45	0 70	0 85	1 25	1 55	1 85	2 15	2 45	2 75	3 »	
— 60 — 70	0 50	0 80	0 90	1 40	1 70	2 10	2 45	2 75	3 10	3 40	
— 70 — 80	0 55	0 85	1 05	1 60	1 95	2 35	2 70	3 07	3 50	3 80	
— 80 — 90	0 60	0 95	1 16	1 73	2 15	2 60	3 »	3 40	3 85	4 20	
— 90 — 100	0 60	1 »	1 28	1 80	2 35	2 80	3 30	3 70	4 20	4 60	
Au-dessus de 100 kilomètres.	0 65	1 10	1 40	1 93	2 55	3 05	3 55	4 05	4 55	5 »	

N° 2240. — *Ordonnance concernant la foire aux jambons, qui se tiendra sur le boulevard Bourdon, près la place de la Bastille.*

Paris, le 16 mars 1850.

Nous, préfet de police,

Vu : 1° la loi des 16-24 août 1790, titre XI, article 3, §§ 3, 4 et 5 ;
2° Les articles 471, 475, 477 et 479 du Code pénal ;
3° L'arrêté du Gouvernement du 12 messidor an VIII (1er juillet 1800) ,

Ordonnons ce qui suit :

1. La foire aux jambons aura lieu, suivant l'usage, pendant trois jours consécutifs, les *mardi, mercredi et jeudi* de la semaine sainte (26, 27 et 28 mars courant), depuis six heures du matin jusqu'à six heures et demie du soir.

La clôture des ventes sera annoncée par le son de la cloche.

2. La foire se tiendra sur le boulevard Bourdon, à partir de l'extrémité Nord du Grenier d'abondance (côté de la place de la Bastille), en se prolongeant vers la rivière.

Les voitures des marchands forains seront placées, sur un seul rang, côté Est du boulevard.

Les étalages des marchands qui ne conservent pas leurs voitures, continueront à être adossés aux barrières existant au-devant du Grenier d'abondance ; il y aura deux places dans chacun des intervalles compris entre deux arbres.

Si les besoins du service l'exigent, il sera formé au milieu un troisième rang (voitures ou étalages) qui commencera par l'extrémité du boulevard du côté de la rivière.

Les marchands vendant sur voitures seront classés par départements.

Ils ne pourront placer en ligne qu'une seule voiture.

3. Pendant la durée de la foire, la circulation des voitures sera interdite sur le boulevard Bourdon.

4. Les marchands qui voudront approvisionner la foire devront en faire la déclaration au préposé chargé de sa surveillance, dont le bureau sera établi dans le pavillon Nord du Grenier d'Abondance, savoir :

1° Les marchands étalagistes, le dimanche 24 mars, depuis sept heures jusqu'à onze heures du matin ;

2° Les marchands sur voitures, le lundi 25 mars, également depuis sept heures jusqu'à onze heures du matin.

La déclaration de chaque marchand devra être accompagnée du dépôt :

1° De sa patente ou d'un certificat en bonne forme, délivré par les autorités locales, attestant le domicile de l'exposant ;

2° De la quittance d'octroi, constatant l'acquittement du droit à Paris pour les marchandises de provenance extérieure.

Immédiatement après la clôture des inscriptions, qui aura lieu le lundi à onze heures du matin, un tirage au sort déterminera l'emplacement qu'occupera chaque marchand, et il lui sera délivré un numéro indicatif de cet emplacement.

Il ne sera donné qu'une place à chaque marchand étalagiste.

Les titulaires de places tiendront leurs places par eux-mêmes, leurs femmes, ou leurs enfants âgés au moins de 16 ans.

5. Les marchandises seront reçues à la foire dès le *lundi* 25 mars, toute la journée, et les jours de la foire *jusqu'à midi seulement*, même le dernier jour.

La quotité de ces marchandises devra être déclarée au fur et à mesure de leur apport.

6. Les marchands seront tenus de placer au point le plus apparent de leur étalage :

1° Le numéro qui leur aura été délivré après le tirage au sort ;

2° Un écriteau indiquant leur nom et le département dans lequel ils sont domiciliés.

En se retirant de la foire, les marchands devront remettre au préposé chargé de la surveillance, le numéro précité qu'ils ne pourront, sous aucun prétexte, échanger, prêter ni céder à qui que ce soit.

7. Les marchands pourront exposer en vente à la foire toute espèce de marchandises de charcuterie, à l'exception du porc frais.

8. Il est défendu d'exposer en vente des comestibles gâtés, corrompus ou nuisibles; ces comestibles seront saisis et détruits, le tout conformément aux articles 475 (n° 14) et 477 (n° 4) du Code pénal.

9. Il est défendu de faire usage de balances et de poids qui n'auraient pas été vérifiés.

Il est enjoint aux marchands de placer leurs balances et leurs poids en évidence.

10. Les marchands sont tenus de ranger leur étalage le plus près possible des arbres, de manière toutefois à ne point les endommager et à empêcher toute circulation entre les arbres et les étalages.

Ils sont tenus également de ne planter aucun clou ni chevêtre, soit sur les arbres, soit sur la barrière en bois qui sépare la contre-allée du Grenier d'abondance; de ne faire aucune dégradation aux murs de cet établissement ; de ne placer aucune marchandises ou autres objets sur les bancs du boulevard, de n'y faire aucune espèce de construction, et de ne déposer ni ordures ni immondices sur les points affectés à la tenue de la foire.

Pour faciliter la circulation, il sera réservé, au-devant de chaque pavillon, un passage de quatre mètres de largeur.

11. Il ne pourra s'établir dans l'intérieur de la foire aucun étalagiste de viandes préparées, menus comestibles ou poissons. Les marchands de comestibles, même ambulants, resteront au dehors de la foire, et, s'ils désirent former un étalage, ils s'adresseront au commissaire de police du quartier de l'Arsenal, qui leur indiquera individuellement l'emplacement qu'ils pourront occuper.

12. La clôture de la foire aura lieu le 28 mars, à six heures et demie du soir.

Il est défendu aux marchands de continuer leur vente après ce terme, soit sur l'emplacement de la foire, soit sur tout autre point de la voie publique.

13. Il est également défendu aux marchands de se réunir, pour continuer leurs ventes et constituer des marchés illicites, dans des auberges, cours de maisons particulières et autres lieux clos ou non, soit pendant la tenue de la foire, soit avant ou après.

Il est défendu à tous aubergistes et à tous autres, de se prêter à de telles réunions et ventes, ou de les tolérer.

14. Les contraventions seront constatées par des procès-verbaux ou rapports, qui nous seront adressés sur-le-champ, pour être déférées au tribunal compétent.

15. La présente ordonnance sera imprimée, publiée et affichée.

L'inspecteur général des halles et marchés, le chef de la police municipale, les commissaires de police, et notamment le commissaire de police du quartier de l'Arsenal, les officiers de paix et les préposés de la préfecture de police, sont chargés, chacun en ce qui le concerne, de tenir la main à son exécution.

Elle sera adressée au colonel de la garde républicaine, pour qu'il concoure à son exécution par les moyens qui sont à sa disposition.

Le préfet de police, P. CARLIER.

N° **2241.** — *Ordonnance concernant les mesures d'ordre à observer aux promenades de Long-Champ.*

Paris, le 22 mars 1850.

Nous, préfet de police,

Vu la loi du 24 août 1790; l'arrêté du Gouvernement du 12 messidor an VIII, et l'article 471, n° 15, du Code pénal;

Voulant prévenir tous accidents et désordres pendant les promenades de Long-Champ, dans les journées des 27, 28 et 29 du courant,

Ordonnons ce qui suit :

1. La grande avenue des Champs-Elysées, à partir de la place de la Concorde jusqu'à la barrière de l'Etoile, la route de Neuilly, depuis cette barrière jusqu'à la grille du bois de Boulogne, et l'avenue du bois de Boulogne qui conduit à Long-Champ, seront exclusivement réservées, les 27, 28 et 29 de ce mois, depuis deux heures après midi jusqu'à la cessation de la promenade, aux voitures qui iront à Long-Champ.

Les conducteurs et cochers de toutes autres voitures ou charrettes qui entreront dans Paris, ou en sortiront, aux jours et heures ci-dessus indiqués, seront tenus de prendre par les barrières du Roule et de Passy.

2. En allant au bois de Boulogne, les voitures se rangeront à droite de la chaussée de la grande avenue des Champs-Elysées, sur une seule file, qui se formera, au besoin, dès la place de la Concorde, et même de la rue de la Concorde et des boulevards du Nord.

Elles continueront leur marche dans cet ordre.

3. A leur retour, les voitures prendront la droite de la route de Neuilly, de l'avenue de Neuilly et de celle des Champs-Elysées, jusqu'à la place de la Concorde.

Elles marcheront sur une seule file, et au pas.

4. Il est défendu de faire traverser les voitures d'une file à l'autre.

5. Sont exceptées des dispositions des articles qui précèdent, les voitures du président et du vice-président de la République, des maréchaux de France, du corps diplomatique, de M. le président de l'assemblée nationale, de M. le préfet de la Seine, de M. le général en chef commandant les troupes réunies du département de la Seine, de M. le général de brigade, commandant la place de Paris, et les équipages à quatre chevaux, lesquels pourront circuler dans l'espace compris entre les files de voitures.

6. Les chevaux de selle ne pourront être mis au galop dans l'espace compris entre les files de voitures.

Il est également défendu aux personnes à cheval de rompre les files de voitures, sous quelque prétexte que ce soit.

Les personnes à pied ne pourront point stationner ni circuler sur la chaussée et les bas-côtés de l'avenue des Champs-Elysées et de l'avenue de Neuilly, réservés exclusivement aux voitures et aux cavalcades.

7. Il est expressément défendu de faire circuler les voitures et les chevaux dans les contre-allées des Champs-Elysées, de l'avenue de Neuilly et de la route de Neuilly, qui sont exclusivement réservées aux personnes à pied.

8. L'adjudicataire du fermage des chaises ne pourra en placer que sur trois rangs, entre la bordure de l'accotement de la chaussée et la

zone bitumée des contre-allées des Champs-Elysées, les autres parties des contre-allées devant rester entièrement libres pour la circulation des promeneurs.

9. Défense est faite de monter sur les arbres des Champs Elysées, ainsi que sur les candélabres destinés à l'éclairage public.

10. Les conducteurs et cochers de voitures et les cavaliers qui refuseront de se conformer aux dispositions de la présente ordonnance, encourront les peines prononcées par les lois, et seront traduits devant les tribunaux compétents.

11. Le chef de la police municipale est autorisé à prendre toutes les autres mesures d'ordre et de sûreté que les circonstances exigeront.

12. La présente ordonnance sera imprimée et affichée dans Paris et dans les communes de Passy, Boulogne, Auteuil et Neuilly.

Les maires et les commissaires de police desdites communes, le chef de la police municipale, les commissaires de police de la ville de Paris, les officiers de paix, les préposés de la préfecture de police et tous agents de la force publique sont chargés, chacun en ce qui le concerne, de tenir la main à son exécution.

M. le colonel de la garde républicaine de la ville de Paris et M. le chef d'escadron commandant la gendarmerie de la Seine, en feront observer les dispositions.

Le préfet de police, P. CARLIER.

———————⊛———————

N° **2242.** — *Ordonnance qui fixe les tarifs pour le transport, à la petite vitesse, des marchandises, des chevaux, bestiaux et voitures, sur les parcours compris entre* Paris *et* Châlons-sur-Marne, *sur le chemin de fer de Paris à Strasbourg* (chemin de l'Est).

Paris, le 27 mars 1850.

Nous, préfet de police,

Vu : 1° la loi du 19 juillet 1845, qui autorise la concession du chemin de fer de Paris à Strasbourg, ensemble le cahier des charges, coté B, annexé à cette loi;

2° L'ordonnance royale homologative de l'adjudication de la concession dudit chemin de fer, en date du 27 novembre de la même année;

3° Notre ordonnance du 22 janvier dernier, qui fixe des tarifs pour le transport des marchandises, à la petite vitesse, par abonnement, sur plates-formes et par wagons complets, sur divers parcours du chemin de fer de Paris à Strasbourg, compris entre Paris et Châlons-sur-Marne;

4° La décision ministérielle, en date du 11 de ce mois, portant approbation, sauf quelques modifications, des propositions soumises à l'homologation administrative par la Compagnie du chemin de fer de Paris à Strasbourg, et ayant pour objet : 1° le classement de diverses marchandises qui sont indiquées en termes généraux dans le cahier des charges ou qui ne peuvent, que par assimilation, être rapprochées des objets portés dans ce tarif; 2° la fixation des prix de transport de ces marchandises et de celui des chevaux, bestiaux et voitures sur la partie dudit chemin de fer comprise entre Paris et Châlons-sur-Marne;

Considérant qu'il y a lieu de rendre exécutoire, dans le ressort de la préfecture de police, la décision ministérielle précitée,

Ordonnons ce qui suit :

TITRE Ier.

CLASSIFICATION DES MARCHANDISES.

1. Les marchandises dont la Compagnie a proposé le classement seront, soit par leur propre nature et par spécification, soit par assimilation, rangées, tant dans la catégorie des marchandises hors classe que dans les trois classes du cahier des charges, de la manière ci-après indiquée (1),

SAVOIR :

Dans la catégorie des marchandises hors classe :

Les marchandises dont la désignation suit :

Acides minéraux, arbres vivants, arbustes, beurre frais, bronze d'art, charcuterie, comestibles, conserves en bocaux ou verres, écaille ouvrée, estampes encadrées, fromages frais, fruits verts, gibier, horlogerie fine, huiles essentielles, instruments de musique, d'optique et de précision ; ivoire ouvré, marchandises précieuses, meubles sans emballage, objets d'art et de collection, œufs, paille fine et tressée, pâtisserie, pièces d'artifice, plantes, statues, tableaux, viandes à la main, volaille.

Dans la première classe :

Les marchandises dont la désignation suit :

Acier, aiguilles à coudre, alizari, alun, amandes, amidon, alquifoux, anis, antimoine cru, armes de luxe, armes de guerre, arrow-root et autres fécules exotiques, arsenic, baume, beurre salé, bière en fûts, bière en panier ou en caisse, bimbeloterie, biscuit de mer, blanc de baleine, blanc de céruse, bleu de Prusse, bois en feuilles et façonné, bois exotiques en billes, bois de teinture moulu, bois de teinture en bûches, boissons spiritueuses en caisses ou en paniers, boissons spiritueuses en fûts, bois de fusil, boissellerie, bonneterie, borax brut, borax raffiné, bougies, boulons, bouteilles vides, bourre de laine et de soie, brosserie, câbles en fer, cacao, cachou, café en sacs et en barils, camphre, caoutchouc, cardes, cartons, carton en pâte, cendres d'orfévre, céruse, chaînes en barils, chandelles, chanvre pressé, chardons, châtaignes, chaudronnerie, chicorée, chiendent, chlorure de sodium, choucroûte, cidre en fût, cire brute, cigares, citrons, clous, cochenille, cocos, colle forte, colle de poisson, conserves sous plomb, copal, cordages, coquillages, cornes ouvrées, cornes non ouvrées, corynthe, cotons en balles pressés, cotons filés, cotons non pressés, couleurs en barils, coutellerie, crème de tartre, crins emballés, cristaux et verreries fines, cuirs en balles, cuirs ouvrés, cuirs verts ou secs, cuivres et autres métaux ouvrés non dénommés, cuivres non ouvrés, cuivres de doublage, curcuma, déchets de coton, déchets de laine, dégras de peaux, denrées coloniales non dénommées, dents d'éléphant, dividivi, draperies, drogueries non dénommées, duvets, eau de fleurs d'oranger, eaux minérales, écaille brute, écorce, émeri, encre, épingles, épiceries non dénommées, éponges, essence de térébenthine *par wagon complet*, essieux bruts, estampes sans cadre, étain ouvré, étain non ouvré, étoffes de coton, de laine, de lin et de soie ; étoupes emballées, faïence commune, fanons de baleine, faux, fer-blanc en caisses, fer-blanc en feuilles, fer ouvré, fer pour ornements, ferronnerie,

---

(1) Disposition modifiée par l'art. 1er de l'ord. du 30 oct. 1850.—V. cette ord.

feuilles, ficelle, fil de fer, filasse, fils de lin écru, fils de coton, de laine,
de soie et de lin ; fontes pour ornements, fontes moulées, fromages
secs, fruits confits, fruits secs, ganterie, garance, garancine, gaudes,
glaces, glu marine, glucose, gomme, graines tinctoriales, graisse, gra-
phyte, horloges en bois, huiles en fûts, indigo, instruments aratoires,
joncs, jouets, jus de citrons en fûts, lacdye, laine lavée ou manufacturée, laine en suint, laiton en feuilles, laiton en saumon, laque, légumes confits, légumes frais, légumes secs, librairie, lichen pressé,
liége brut, liége ouvré, limes, lin emballé pressé, lin non ouvré, lingerie, liqueurs en fûts, liqueurs en caisses ou en paniers, litharge, machines en caisses, macaroni, manganèse, marbres ouvrés et polis,
marbres en tranches, marrons , mécaniques, mélasse, merceries,
meubles emballés, mercure, miel, millet, mine de plomb, minium,
moules, nacre brute en coquilles, nitrate de soude et de potasse, noisettes, noir animal, noir d'os, noix de galles, onglons, oranges, orge
perlé, orseille, os ouvrés, osier en bottes, paillassons, papiers, papiers
peints, papier à sucre, parfumerie non dénommée, passementerie,
peaux brutes, peaux ouvrées, pelleterie et fourrures, perlasse, pièces
de machines démontées, pierres lithographiques, pierre ponce, piment, pipes en terre cuite, plomb de chasse, plomb en tuyaux, plomb
ouvré, plumes, poil de chèvre et de vache, porcelaine, potasse, poterie
commune, poterie fine, presses lithographiques, preparations pharmaceutiques, produits chimiques non dénommés, pruneaux, quincaillerie non dénommée, quercitron, racine de chicorée en cossette,
rails, riz en barils et en sacs, rivets, rocou et autres pâtes tinctoriales,
rognures de cuirs et autres, roseaux, rotins, rubannerie de fil et de
coton, sacs neufs, safran et safranum, salaisons, salin, saumure, savons, savons mous en barils, sel, sel marin, sellerie, semoule, sirop ,
smalt, soie brute et manufacturée, soie de porc, soude, soufre raffiné,
sucre brut en barriques, sucre raffiné, sucre raffiné en barriques,
sulfate de potasse, de soude, de zinc, de cuivre et de fer; sulfate de
baryte, suif, suif épuré, sumac, tabacs, tabletterie, taillanderie non
dénommée, tartre brut, thés, tissus non dénommés, toiles en sacs,
toiles cirées, toiles d'emballage, toiles ouvrées et unies, tonneaux
vides, vanille, vannerie, vergeoises, vermicelles et autres pâtes, vernis, verres à vitres, verre cassé en caisses ou en tonneaux, verrerie
commune, verrerie fine, vêtements, vins en bouteilles, en caisses ou
en paniers ; vins en fûts, vinaigres en bouteilles, vinaigres en fûts,
zinc en feuilles, zinc en saumons et en plaques, zinc ouvré.

Dans la deuxième classe :

Les marchandises dont la désignation suit :

Albâtre brut, ancres, asphalte, avoine, balais, betteraves , bitume,
blés, bois à brûler, bois de charpente, brais, bruyère, carreaux en
terre cuite, carreaux en faïence, cercles en bois, céréales, charbon de
bois, chevillettes, chevrons, chromates, coke, couperose, coussinets,
craie, creusets, douves, drilles, enchappes, enclumes, étaux, farine,
farineux alimentaires, fécule indigène, fer en barres et en feuilles,
ferraille, fontes brutes, fourrages verts, goudron, granit, grains ,
graines oléagineuses (de lin, œillettes, navettes, colza, ricin, chanvre,
camomille); graines fourragères, savoir : trèfle, sainfoin, luzerne,
vesce, moutarde ; houblon en balles pressé, lignite, madriers, marbres en blocs, mâts et perches, merrains, minerais, mitraille, ocre, os
concassés, perches, pierres à aiguiser, pierres de taille, planches,
plomb en saumons, pommes de terre, poix, quartz, résine, sabots de
bétail, salpêtre, sel de soude et de potasse, son, soufre en masse, tan,
terre d'Ombre et de Sienne, tôles fines, tourbes, tourteaux, tripoli.

Dans la troisième classe :

Les marchandises dont la désignation suit :

" Ardoises, argile, briques, cailloux, cendres, chaux, chiffons, ciment, engrais, fumier, gravier, guano, houille, kaolin, marne, matériaux pour la construction et l'entretien des routes, meules, meulières, moëllons, pavés, pierres brutes, pierres à chaux et à plâtre, poudrette, sable, suie, terre, tourbe, troas, tuiles.

2. En conséquence, et par suite de la diversité des prix proposés par la Compagnie pour les marchandises d'une même classe, les marchandises désignées soit au cahier des charges, soit plus spécialement et par assimilation en l'article qui précède, sont rangées de la manière ci-après pour la détermination des prix qui leur sont applicables dans le tarif fixé en l'article suivant, savoir :

Marchandises hors classe :

Acides minéraux, arbres vivants, arbustes, beurre frais, bronze d'art, charcuterie, comestibles, conserves en bocaux ou verres, écaille ouvrée, estampes encadrées, fromages frais, fruits verts, gibier, horlogerie fine, huiles essentielles, instruments de musique, d'optique et de précision ; ivoire ouvré, marchandises précieuses, meubles sans emballage, objets d'art et de collection, œufs, paille fine et tressée, pâtisserie, pièces d'artifice, plantes, statues, tableaux, viandes à la main, volailles.

Ces marchandises payeront le prix fixé pour la catégorie hors classe, au tarif ci-après.

Marchandises de première classe :

Cuivres et autres métaux ouvrés, vinaigres, spiritueux, cotons et autres lainages, bois de menuiserie, drogues, denrées coloniales, objets manufacturés, alizari, anis, armes de luxe, armes de guerre, baume, bois en feuilles et façonné, bonneterie, bourre de laine et de soie, brosserie, bois de fusil, camphre, caoutchouc, cardes, chardons, chaudronnerie, cigares, citrons, cochenille, cocos, conserves sous plomb, cotons filés, couleurs en barils, coutellerie, cristaux et verrerie fine, cuirs ouvrés, cuirs ouvrés non dénommés, curcuma, dents d'éléphant, duvet, eau de fleurs d'oranger, écaille brute, encre, éponges, estampes sans cadre, étoffes de coton, de laine, de lin et de soie ; fers pour ornements, fils de coton, de laine, de soie et de lin ; fruits confits, ganterie, glaces, gomme, indigo, librairie, liège ouvré, lingerie, liqueurs en caisses ou en paniers, mécaniques, merceries, meubles emballés, mercure, oranges, parfumeries non dénommées, passementeries, peaux ouvrées, pelleteries et fourrures, pièces de machines démontées, pierres lithographiques, piment, plumes, porcelaines, poterie fine, presses lithographiques, préparations pharmaceutiques, safran et safranum, sellerie, soie brute et manufacturée, tabletterie, thés, tissus non dénommés, toiles ouvrées et unies, tonneaux vides, vanille, vannerie, vernis, verrerie fine, vêtements, vinaigre en bouteilles.

Ces marchandises payeront le prix fixé pour la 1re série, au tarif ci-après.

Fer et plomb ouvrés, épiceries, sucre, aciers, aiguilles à coudre, amandes, amidon, arrow-root et autres fécules exotiques, arsenic, beurre salé, blanc de baleine, bleu de Prusse, boissons spiritueuses en caisses ou en paniers, borax raffiné, bougies, boissellerie, cacao, cartons, cendres d'orfévre, chandelles, chanvre pressé, châtaignes, chicorée, chiendent, cire brute, colle de poisson, cornes ouvrées, corynthe, crins emballés, cuirs en balles, denrées coloniales non dénommées, dividivi, draperies, drogueries non dénommées, eaux minérales, épingles, épiceries non dénommées, étain ouvré, étoupes emballées, fanons de baleine, faux, fer-blanc en feuilles, feuilles, ficelles, fils de lin écru, foutes pour ornements, fromages secs, fruits secs, garancine, gaudes, glucose, graines tinctoriales, jus de citrons en fûts, lacdye, laine lavée ou manufacturée, laque, légumes frais, légumes confits, lichen pressé, liége brut, lin emballé pressé, lin non ouvré, liqueurs en fûts, macaroni, marbres ouvrés et polis, marrons, miel, millet, minium, noix indigènes, noisettes, orge perlé, orseille, os ouvrés, papiers, papiers peints, perlasse, pierre-ponce, poils de chèvre et de vache, pruneaux, rocou et autres pâtes tinctoriales, roseaux, rotins, rubannerie de fil et coton, sacs neufs, salaisons, savons, semoule, sirops, smalt, soie de porc, sucre raffiné, suif épuré, sumac, taillanderie non dénommée, toiles à sacs, toile cirée, vermicelle et autres pâtes, verrerie commune, zinc ouvré.

Ces marchandises payeront le prix fixé pour la 2e série au tarif ci-après.

Fontes moulées, vins, alun, antimoine cru, bière en papiers ou en caisses, bimbeloterie, biscuits de mer, bouteilles vides, carton en pâte, colle forte, copal, cordages, coquillages, crême de tartre, cuivre de doublage, émeri, essence de térébenthine (*par wagon complet*), fer-blanc en caisses, filasse, garance, horloges en bois, instruments aratoires, joncs, jouets, laiton en feuilles, litharge, machines en caisses, marbres en tranches, mine de plomb, noix de Galles, osiers en bottes, paillassons, papier à sucre, peaux brutes, pipes en terre cuite, poterie commune, produits chimiques non dénommés, quincaillerie non dénommée, savons mous en barils, soufre raffiné, sulfate de potasse, de soude, de zinc, de cuivre et de fer ; toiles d'emballage, vergeoises, vins en bouteilles, en caisses, en paniers ; zinc en feuilles.

Ces marchandises payeront le prix fixé pour la 3e série, au tarif ci-après.

Huiles, blanc de céruse, bois de teinture moulu, borax brut, cachou, céruse, choucroûte, clous, cornes non ouvrées, étain non ouvré, huiles en fûts, laines en suint, légumes secs, limes, nitrate de soude et de potasse, onglons, plomb en tuyaux, potasse, rognures de cuirs et autres, saumure, soude, sucre brut, sucre brut en barriques, tartre brut, vinaigres en fûts.

Ces marchandises payeront le prix fixé pour la 4e série, au tarif ci-après.

Bois de teinture et autres bois exotiques, café, boissons, alquifoux, bière en fûts, bois exotiques en billes, bois de teinture en bûches, boissons spiritueuses en fûts, café en sacs et en barils, chlorure de sodium, cidre en fûts, cotons en balles pressés, cotons non pressés, cuirs verts ou secs, cuivre non ouvré, déchets de coton, déchets de laine, dégras de peaux, écorces, essieux, faïence, fil de fer, ferronnerie, glu marine, graphite, laiton en saumon, manganèse, mélasse, noir animal, noir d'os, plomb de chasse, quercitron, racine de chicorée en cossette, rivets, riz en barils et en sacs, salin, sel, sel marin, sulfate de baryte, suifs, tabacs, verres à vitres en caisses, verres cassés, en caisses ou en tonneaux, vins en fûts, zinc en saumons et en plaques.

Ces marchandises payeront le prix fixé pour la 5e série, au tarif ci-après.

Boulons, câbles en fer, chaînes en barils, graisse, moules, rails.

Ces marchandises payeront le prix fixé pour la 6e série, au tarif ci-après.

Marchandises de deuxième classe :

Blés, grains, farines, avoines, céréales, farineux alimentaires, poisson, **terre d'Ombre et de Sienne,** tôle, tripoli.

Ces marchandises payeront le prix fixé pour la 2e série, au tarif ci-après.

Bruyères, houblon en balle pressé.

Ces marchandises payeront le prix fixé pour la 3e série, au tarif ci-après.

Sels, cercles en bois, douves, enchappes, enclumes, étaux, fourrages verts, pierres à aiguiser, quartz, résine, salpêtre, sel de soude et de potasse, tan, touches.

Ces marchandises payeront le prix fixé pour la 4e série, au tarif ci-après.

Bois de charpente, bitume, charbon de bois, chevrons, marbres en blocs, albâtre brut, ancres, asphalte, balais, betteraves, carreaux en terre cuite, carreaux en faïence, chevillettes, creusets, fecule indigène, graines oléagineuses (de lin, œillettes, navets, colza, ricin, chanvre, camomille) ; graines fourragères (trèfle, sainfoin, luzerne, vesce, moutarde) ; lignite, ocre, sabots de bétail, soufre en masse.

Ces marchandises payeront le prix fixé pour la 5e série, au tarif ci-après.

Bois à brûler (dit de corde), perches, planches, madriers, pierre de taille, fontes brutes, fer en barres ou en feuilles, plomb en saumons, brai, chromate, coke, couperose, coussinets, craie, drilles, ferraille, goudron, granit, mâts et perches, merrain, minerai, mitraille, os concassés, plomb en saumons, pommes de terre.

Ces marchandises payeront le prix fixé pour la 6e série, au tarif ci-après.

Marchandises de troisième classe :

Kaolin.

Cette marchandise payera le prix fixé pour la 4e série, au tarif ci-après.]

Argile, tuiles, ardoises, chiffons, ciment, meules, suie, tourbe.

Ces marchandises payeront le prix fixé pour la 5e série, au tarif ci-après.

Pierre à chaux et à plâtre, moëllons, meulières, cailloux, sable, briques, pavés et matériaux de toute espèce pour la construction et la réparation des routes.
Houille, marne, fumier, engrais, cendres, chaux, gravier, guano, pierre brute, plâtre, poudrette, terre, troas.

Ces marchandises payeront le prix fixé pour la 6e série, au tarif ci-après.

5. La classification qui précède n'est approuvée qu'à titre provisoire.

TITRE II.

TRANSPORT DES MARCHANDISES VOITURES, CHEVAUX ET BESTIAUX.

CHAPITRE Ier.

Marchandises.

SECTION Ire. — Prix de transport.

4. Les prix à percevoir pour le transport des marchandises voyageant à petite vitesse, sont réglés conformément au tableau suivant :

(Tarif pour le transport des marchandises, etc.)

Tarif pour le Transport des Marchandises, à petite vitesse.

NOTA. Voir l'article 2 qui précède, pour la désignation des marchandises auxquelles s'appliquent les prix ci-après :

LIEUX DE DÉPART et de destination.	Distances servant de base à l'application des tarifs.	MARCHANDISES PAR TONNE DE 1,000 KILOGRAMMES. PRIX DE TRANSPORT.												
		Hors classe.		1re série.		2e série.		3e série.		4e série.		5e série.		6e série.
		fr.	c.	fr.	c.	fr.	c.	fr.	c.	fr.	c.	fr.	c.	fr. c.
De PARIS (gare de La Villette) aux stations ci-après :	kilom.													
Chelles	18	4	40	3	20	2	85	2	50	2	15	1	80	1 40
Lagny	27	6	75	4	85	4	30	3	75	3	20	2	70	2 15
Esbly	35	8	75	6	30	5	60	4	90	4	20	3	50	2 80
Meaux	43	10	75	7	70	6	85	6	»	5	15	4	30	3 40
Trilport	49	12	25	8	80	7	80	6	85	5	85	4	90	3 90
La Ferté-s-Jouarre	64	16	»	11	50	10	20	8	95	7	65	6	40	5 10
Nogent-l'Artaud	83	20	75	14	90	13	25	11	60	9	95	8	30	6 60
Château-Thierry	94	23	50	16	90	15	»	13	15	11	25	9	40	7 50
Dormans	115	28	75	20	70	18	40	16	10	13	80	11	50	9 20
Port-à-Binson	125	31	25	22	50	20	»	17	50	15	»	12	50	10 »
Epernay	140	35	»	25	20	22	40	19	60	16	80	14	»	11 20
Châlons	171	42	75	30	75	27	35	23	90	20	50	17	10	13 65
De CHELLES aux stations ci-après :														
Paris (gare de La Villette)	18	4	50	3	20	2	85	2	50	2	15	1	80	1 40
Lagny	10	2	50	1	80	1	60	1	40	1	20	1	»	» 80
Esbly	18	4	50	3	20	2	85	2	50	2	15	1	80	1 40
Meaux	26	6	50	4	65	4	15	3	60	3	10	2	60	2 05
Trilport	32	8	»	5	75	5	10	4	45	3	80	3	20	2 55
La Ferté-s-Jouarre	47	11	75	8	45	7	50	6	55	5	60	4	70	3 75
Nogent-l'Artaud	66	16	50	11	85	10	55	9	20	7	90	6	60	5 25
Château-Thierry	77	19	25	13	85	12	50	10	75	9	20	7	70	6 15
Dormans	98	24	50	17	60	15	65	13	70	11	75	9	80	7 80
Port-à-Binson	108	27	»	19	40	17	25	15	10	12	95	10	80	8 60
Epernay	123	30	75	22	10	19	65	17	20	14	75	12	50	9 80
Châlons	154	38	50	27	70	24	60	21	55	18	45	15	40	12 30
De LAGNY aux stations ci-après :														
Paris (gare de La Villette)	27	6	75	4	85	4	30	3	75	3	20	2	70	2 15
Chelles	10	2	50	1	80	1	60	1	40	1	20	1	»	» 80
Esbly	9	2	25	1	60	1	40	1	25	1	05	»	90	» 70
Meaux	17	4	25	3	05	2	70	2	35	2	»	1	70	1 35
Trilport	23	5	75	4	10	3	65	3	20	2	75	2	30	1 80
La Ferté-s-Jouarre	38	9	50	6	80	6	05	5	30	4	55	3	80	3 »
Nogent-l'Artaud	57	14	25	10	25	9	10	7	95	6	80	5	70	4 55
Château-Thierry	67	16	75	12	05	10	70	9	35	8	»	6	70	5 35
Dormans	89	22	25	16	»	14	20	12	45	10	65	8	90	7 10
Port-à-Binson	99	24	75	17	80	15	80	13	85	11	85	9	90	7 90
Epernay	114	28	50	20	50	18	20	15	95	13	65	11	40	9 10
Châlons	145	36	25	26	10	23	20	20	30	17	40	14	50	11 60

Suite du Tarif pour le Transport des Marchandises, à la petite vitesse.

LIEUX DE DÉPART et de destination.	Distances servant de base à l'application des tarifs.	MARCHANDISES PAR TONNE DE 1,000 KILOGRAMMES.						
		Hors classe.	1re série.	2e série.	3e série.	4e série.	5e série.	2e série.
		PRIX DE TRANSPORT.						
	kilom.	fr. c.	fr. c.	fr. c.	fr. c.	fr. c.	fr. c.	fr. c.
D'ESBLY aux stations ci-après :								
Paris {gare de La Villette)...	35	8 75	6 30	5 60	4 90	4 20	3 50	2 80
Chelles........	18	4 50	3 20	2 85	2 50	2 15	1 80	1 40
Lagny..........	9	2 25	1 60	1 40	1 25	1 05	» 90	» 70
Meaux..........	8	2 »	1 40	1 25	1 10	» 95	» 80	» 60
Trilport........	15	3 75	2 70	2 40	2 10	1 80	1 50	1 20
La Ferté-s-Jouarre	29	7 25	5 20	4 60	4 05	3 45	2 90	2 30
Nogent-l'Artaud..	48	12 »	8 60	7 65	6 70	5 75	4 80	3 80
Château-Thierry.	59	14 75	10 60	9 40	8 25	7 05	5 90	4 70
Dormans........	81	20 25	14 55	12 95	11 30	9 70	8 10	6 45
Port-à-Binson....	90	22 50	16 20	14 40	12 60	10 80	9 »	7 20
Épernay........	106	26 50	19 05	16 95	14 80	12 70	10 60	8 45
Châlons........	136	34 »	24 45	21 75	19 »	16 30	13 60	10 85
De MEAUX aux stations ci-après :								
Paris {gare de La Villette) ..	43	10 75	7 70	6 85	6 »	5 15	4 »	3 40
Chelles........	26	6 50	4 65	4 15	3 60	3 10	2 60	2 05
Lagny..........	17	4 25	3 05	2 70	2 35	2 »	1 70	1 35
Esbly..........	8	2 »	1 40	1 25	1 10	» 95	» 80	» 60
Trilport........	7	1 75	1 25	1 10	» 95	» 80	» 70	» 55
La Ferté-s-Jouarre	22	5 50	3 95	3 50	3 05	2 60	2 20	1 75
Nogent-l'Artaud..	40	10 »	7 20	6 40	5 60	4 80	4 »	3 20
Château-Thierry.	51	12 75	9 15	8 15	7 10	6 10	5 10	4 05
Dormans........	73	18 25	13 10	11 65	10 20	8 75	7 30	5 80
Port-à-Binson....	82	20 50	14 75	13 10	11 45	9 80	8 20	6 55
Épernay........	98	24 50	17 60	15 65	13 70	11 75	9 80	7 80
Châlons........	128	32 »	23 »	20 45	17 90	15 35	12 80	10 20
De TRILPORT aux stations ci-après :								
Paris {gare de La Villette).	49	12 25	8 80	7 80	6 85	5 85	4 90	3 90
Chelles........	32	8 »	5 75	5 10	4 45	3 80	3 20	2 55
Lagny..........	23	5 75	4 10	3 65	3 20	2 75	2 30	1 80
Esbly..........	15	3 75	2 70	2 40	2 10	1 80	1 50	1 20
Meaux..........	7	1 75	1 25	1 10	» 95	» 80	» 70	» 55
La Ferté-s-Jouarre	15	3 75	2 70	2 40	2 10	1 80	1 50	1 20
Nogent-l'Artaud..	34	8 50	6 10	5 40	4 75	4 05	3 40	2 70
Château Thierry.	45	11 25	8 10	7 20	6 30	5 40	4 50	3 60
Dormans........	67	16 75	12 05	10 70	9 55	8 »	6 70	5 35
Port-à-Binson....	76	19 »	13 65	12 15	10 60	9 10	7 60	6 05
Épernay........	71	22 75	16 55	14 55	12 70	10 90	9 10	7 25
Châlons........	122	30 50	21 95	19 50	17 05	14 60	12 20	9 75

Suite du Tarif pour le Transport des Marchandises, à la petite vitesse.

LIEUX DE DÉPART et de destination.	Distances servant de base à l'application des tarifs.	MARCHANDISES PAR TONNE DE 1,000 KILOGRAMMES. PRIX DE TRANSPORT.						
		Hors classe.	1re série.	2e série.	3e série.	4e série.	5e série.	6e série.
De La Ferté-sous-Jouarre aux stations ci-après :	kilom.	fr. c.	fr. c.	fr. c.	fr. c.	fr. c.	fr. c.	fr. c.
Paris (gare de La Villette)..	64	16 »	11 50	10 20	8 95	7 65	6 40	5 10
Chelles.........	47	11 75	8 45	7 50	6 55	5 60	4 70	3 75
Lagny.........	38	9 50	6 80	6 05	5 30	4 55	3 80	3 »
Esbly.........	29	7 25	5 20	4 60	4 05	3 45	2 90	2 30
Meaux.........	22	5 50	5 95	3 50	3 05	2 60	2 20	1 75
Trilport.........	15	3 75	2 70	2 40	2 10	1 80	1 50	1 20
Nogent-l'Artaud..	19	4 75	5 40	3 »	2 65	2 25	1 90	1 50
Château-Thierry.	30	7 50	5 40	4 80	4 20	3 60	3 »	2 40
Dormans.........	52	13 »	9 35	8 30	7 25	6 20	5 20	4 15
Port-à-Binson ...	61	15 25	10 95	9 75	8 50	7 30	6 10	4 85
Epernay.........	77	19 25	13 85	12 30	10 75	9 20	7 70	6 15
Châlons.........	107	26 75	19 25	17 10	14 95	12 80	10 70	8 55
De Nogent-l'Artaud aux stations ci-après :								
Paris (gare de La Villette)..	83	20 75	14 90	15 25	11 60	9 95	8 30	6 60
Chelles.........	66	16 50	11 85	10 55	9 20	7 90	6 60	5 25
Lagny.........	57	14 25	10 25	9 10	7 95	6 80	5 70	4 55
Esbly.........	48	12 »	8 60	7 65	6 70	5 75	4 80	3 80
Meaux.........	40	10 »	7 20	6 40	5 60	4 80	4 »	3 20
Trilport.........	54	8 50	6 10	5 40	4 75	4 05	3 40	2 70
La Ferté-s-Jouarre	19	4 75	5 40	3 »	2 65	2 25	1 90	1 50
Château-Thierry.	11	2 75	1 95	1 75	1 50	1 30	1 10	» 85
Dormans.........	33	8 25	5 90	5 25	4 60	5 95	3 30	2 60
Port-à-Binson....	42	10 50	7 55	6 70	5 85	5 »	4 20	3 35
Epernay.........	58	14 50	10 40	9 25	8 10	6 95	5 80	4 60
Châlons.........	89	22 25	16 »	14 20	12 45	10 65	8 90	7 10
De Château-Thierry aux stations ci-après :								
Paris (gare de La Villette)..	94	23 50	16 90	15 »	13 15	11 25	9 40	7 50
Chelles.........	77	19 25	13 85	12 50	10 75	9 20	7 70	6 15
Lagny.........	67	16 75	12 05	10 70	9 35	8 »	6 70	5 35
Esbly.........	59	14 75	10 60	9 40	8 25	7 05	5 90	4 70
Meaux.........	51	12 75	9 15	8 15	7 10	6 10	5 10	4 05
Trilport	45	11 25	8 10	7 20	6 30	5 40	4 50	3 60
La Ferté-s-Jouarre	30	7 50	5 40	4 80	4 20	3 60	3 »	2 40
Nogent-l'Artaud..	11	2 75	1 95	1 75	1 50	1 30	1 10	» 85
Dormans........	22	5 50	3 95	3 50	3 05	2 60	2 20	1 75
Port-à-Binson ...	32	8 »	5 75	5 10	4 45	3 80	3 20	2 55
Epernay.........	47	11 75	8 45	7 50	6 55	5 60	4 70	3 75
Châlons.........	78	19 50	14 »	12 45	10 90	9 35	7 80	6 20

Suite du Tarif pour le Transport des Marchandises, à la petite vitesse.

LIEUX DE DÉPART et de destination.	Distances servant de base à l'application des tarifs.	MARCHANDISES PAR TONNE DE 1,000 KILOGRAMMES. PRIX DE TRANSPORT.						
		Hors classe.	1re série.	2e série.	3e série.	4e série.	5e série.	6e série.
De DORMANS aux stations ci-après :	kilom.	fr. c.	fr. c.	fr. c.	fr. c.	fr. c.	fr. c.	fr. c.
Paris (gare de La Villette)..	115	28 75	20 70	18 40	16 10	13 80	11 50	9 20
Chelles.........	98	24 50	17 60	15 65	13 70	11 75	9 80	7 80
Lagny..........	89	22 25	16 »	14 20	12 45	10 65	8 90	7 10
Esbly..........	81	20 25	14 55	12 95	11 50	9 70	8 10	6 45
Meaux..........	73	18 25	13 10	11 65	10 20	8 75	7 30	5 80
Trilport........	67	16 75	12 05	10 70	9 35	8 »	6 70	5 35
La Ferté-s-Jouarre	52	13 »	9 35	8 30	7 25	6 20	5 20	4 25
Nogent-l'Artaud..	33	8 25	5 90	5 25	4 60	3 95	3 30	2 60
Château-Thierry.	22	5 50	3 95	3 50	3 05	2 60	2 20	1 75
Port-à-Binson....	10	2 50	1 80	1 60	1 40	1 20	1 »	» 80
Epernay........	25	6 25	4 50	4 »	3 50	3 »	2 50	2 »
Châlons........	56	14 »	10 05	8 95	7 80	6 70	5 60	4 45
De PORT-A-BINSON aux stations ci-après :								
Paris (gare de La Villette)..	125	31 25	22 50	20 »	17 50	15 »	12 50	10 »
Chelles.........	108	27 »	19 40	17 25	15 10	12 95	10 80	8 60
Lagny. &........	99	24 75	17 80	15 80	13 85	11 85	9 90	7 90
Esbly..........	90	22 50	16 20	14 40	12 60	10 80	9 »	7 20
Meaux..........,...	82	20 50	14 75	13 10	11 45	9 80	8 20	6 55
Trilport........	76	19 »	13 65	12 15	10 60	9 10	7 60	6 05
La Ferté-s-Jouarre	61	15 25	10 95	9 75	8 50	7 30	6 10	4 85
Nogent-l'Artaud..	42	10 50	7 55	6 70	5 85	5 »	4 20	3 35
Château-Thierry.	32	8 »	5 75	5 10	4 45	3 80	3 20	2 55
Dormans........	10	2 50	1 80	1 60	1 40	1 20	1 »	» 80
Epernay........	16	4 »	2 85	2 55	2 20	1 90	1 60	1 25
Châlons........	47	11 75	8 45	7 50	6 55	5 60	4 70	3 75
D'ÉPERNAY aux stations ci-après :								
Paris (gare de La Villette)...	140	35 »	25 20	22 40	19 60	16 80	14 »	11 20
Chelles..........	123	30 75	22 10	19 65	17 20	14 75	12 30	9 80
Lagny..........	114	28 50	20 50	18 20	15 95	13 65	11 40	9 10
Esbly	106	26 50	19 05	16 95	14 80	12 70	10 60	8 45
Meaux..........	98	24 50	17 60	15 65	13 70	11 75	9 80	7 80
Trilport........	91	22 75	16 35	14 55	12 70	10 90	9 10	7 25
La Ferté-s-Jouarre	77	19 25	13 85	12 30	10 75	9 20	7 70	6 15
Nogent-l'Artaud..	58	14 50	10 40	9 25	8 10	6 95	5 80	4 60
Château-Thierry..	47	11 75	8 45	7 50	6 55	5 60	4 70	3 75
Dormans........	25	6 25	4 50	4 »	3 50	3 »	2 50	2 »
Port-à-Binson....	16	4 »	2 85	2 55	2 20	1 90	1 60	1 25
Châlons........	31	7 75	5 55	4 95	4 30	3 70	3 10	2 45

Suite du Tarif pour le Transport des Marchandises, à la petite vitesse.

LIEUX DE DÉPART et de destination.	Distances servant de base à l'application de tarif.	MARCHANDISES PAR TONNE DE 1.000 KILOGRAMMES.						
		Hors classe.	1re série.	2e série.	3e série.	4e série.	5e série.	6e série.
		PRIX DE TRANSPORT.						
De CHALONS-SUR-MARNE aux stations ci-après :	kilom.	fr. c.	fr. c.	fr. c.	fr. c.	fr. c.	fr. c.	fr. c.
Paris {(gare de La Villette)..	171	42 75	30 75	27 35	23 90	20 50	17 10	13 65
Chelles..........	154	38 50	27 70	24 60	21 55	18 45	15 40	12 30
Lagny..........	145	36 25	26 10	23 20	20 30	17 40	14 50	11 60
Esbly..........	136	34 »	24 45	21 75	19 »	16 30	13 60	10 85
Meaux..........	128	32 »	23 »	20 45	17 90	15 35	12 80	10 20
Trilport..........	122	30 50	21 95	19 50	17 05	14 60	12 20	9 75
La Ferté-s-Jouarre	107	26 75	19 25	17 10	14 95	12 80	10 70	8 55
Nogent l'Artaud..	89	22 25	16 »	14 20	12 45	10 65	8 90	7 10
Château-Thierry.	78	19 50	14 »	12 45	10 90	9 35	7 80	6 20
Dormans..........	56	14 »	10 05	8 95	7 80	6 70	5 60	4 45
Port-à-Binson...	47	11 75	8 55	7 50	6 55	5 60	4 70	3 75
Epernay..........	31	7 75	5 55	4 95	4 30	3 70	3 10	2 45

5. Conformément aux dispositions du cabier des charges (art. 70, § 4), le poids de la tonne est de 1,000 kilogrammes ; les fractions de poids ne seront comptées que par centième de tonne. Ainsi, tout poids compris entre 0 et 10 kilogrammes, payera comme 10 kilogrammes ; entre 10 et 20 kilogrammes, payera comme 20 kilogrammes, etc.

6. Les prix de transport ci-dessus indiqués ne sont point applicables : 1º aux denrées et objets qui ne sont pas nommément énoncés dans le tarif du cahier des charges, et qui, sous le volume d'un mètre cube, ne pèsent pas 200 kilogrammes ; ces objets payeront le double des taxes applicables aux marchandises de la classe dans laquelle ils sont rangés par spécification ou assimilation ; 2º aux colis dont le poids n'excède pas 50 kilogrammes ; ces colis seront taxés comme 50 kilogrammes, au prix des marchandises hors classe, à moins qu'ils ne fassent partie d'envois, pesant ensemble au delà de 50 kilogrammes, d'objets expédiés par une même personne à une même personne, et d'une même nature, quoique emballés à part, tels que sucre, café, etc.

7. Au-dessus de 50 kilogrammes, et quelle que soit la distance parcourue, le prix de transport d'une expédition ne pourra être taxé à moins de 40 centimes.

Le prix du transport d'une expédition dont le poids n'excédera pas 50 kilogrammes, ne pourra être moindre de 30 centimes, quelle que soit la distance parcourue.

SECTION II. — Frais accessoires.

§ Ier. — *Enregistrement et magasinage.*

8. La Compagnie est autorisée à percevoir un droit de 10 centimes pour l'enregistrement de toute expédition de marchandises de même nature, faite au même destinataire.

9. Il sera perçu, à titre de frais de magasinage, un droit fixé ainsi qu'il suit pour les marchandises qui ne seraient pas enlevées vingt-quatre heures après leur arrivée.

Pour un séjour n'excédant pas 3 jours...... 05 c. par 100 kilog. et par jour.

Pour un séjour excédant 3 jours savoir :

Pour un séjour de	4 à 10 jours inclusivement.	10 c.	
—	11 à 15 —	20	
—	16 à 20 —	30	par 100 kilogr.
—	21 à 25 —	40	
—	26 à 30 —	50	

Au delà de 30 jours, 20 c. par 1,000 kilog. et par jour.

§ II. — *Chargement et déchargement.*

10. Les frais de chargement et de déchargement des marchandises de toute nature, sont fixés à 1 franc 50 centimes par 1,000 kilogrammes. Toutefois, la perception de cette taxe aura lieu proportionnellement au poids transporté et par fraction indivisible de 10 kilogrammes.

CHAPITRE II.

Voitures, chevaux et bestiaux.

§ Ier. — Prix de transport.

11. Les prix à percevoir pour le transport des voitures, chevaux et bestiaux, sont réglés conformément au tableau suivant :

Voir le tarif ci-après.

1850.

TARIF.

LIEUX DE DÉPART et de destination.	Distances servant de base à l'application des tarifs.	BESTIAUX.				VOITURES À 2 OU A 4 ROUES.		
		par wagon complet. (Les chevaux exceptés.)	PAR TÊTE.			à un fond et une banquette.	à un ou deux fonds et deux banquettes.	à trois fonds et trois banquettes.
			Moutons, brebis et chèvres.	Veaux et porcs.	Chevaux, bœufs, vaches, taureaux et mulets.			
		PRIX DE TRANSPORT.						
De PARIS (gare de La Villette) aux stations ci-après:	kilom.	fr. c.	fr. c.	fr. c.	fr. c.	fr. c.	fr. c.	fr. c.
Lagny............	27	13 50	» 50	1 05	2 70	6 75	8 60	10 55
Esbly............	35	17 50	» 70	1 40	3 50	8 75	11 20	13 65
Meaux............	43	21 50	» 85	1 70	4 30	10 75	13 75	16 75
La Ferté-s-Jouarre	64	32 »	1 25	2 55	6 40	16 »	20 45	24 95
Château-Thierry.	94	47 »	1 85	3 75	9 40	23 50	30 05	36 65
Epernay........	140	70 »	2 80	5 60	14 »	35 »	41 80	54 60
Châlons........	171	85 50	3 40	6 80	17 10	42 75	51 70	66 65
De LAGNY aux stations ci-après:								
La Villette......	27	13 50	» 50	1 05	2 70	6 75	8 60	10 55
Esbly............	9	4 50	» 15	» 35	» 90	2 25	2 85	3 50
Meaux...........	17	8 50	» 30	» 65	1 70	4 25	5 41	6 65
La Ferté-s-Jouarre	38	19 »	» 75	1 50	3 80	9 50	12 15	14 80
Château-Thierry.	67	33 50	1 30	2 65	6 70	16 75	21 40	26 15
Epernay........	114	57 »	2 25	4 55	11 40	28 50	36 45	44 45
Châlons........	145	72 50	2 90	5 80	14 50	36 25	46 40	56 55
D'ESBLY aux stations ci-après:								
La Villette......	35	17 50	» 70	1 40	3 50	8 75	11 20	13 65
Lagny...........	9	4 50	» 15	» 35	» 90	2 25	2 85	3 50
Meaux..........	8	4 »	» 15	» 30	» 80	2 »	2 55	3 10
La Ferté-s-Jouarre	29	14 50	» 55	1 15	2 90	7 25	9 25	11 30
Château-Thierry.	59	29 50	1 15	2 35	5 90	14 75	18 85	25 »
Epernay........	106	53 »	2 10	4 20	10 60	26 50	33 90	41 30
Châlons........	136	68 »	2 70	5 40	13 60	34 »	43 50	53 »
De MEAUX aux stations ci-après:								
La Villette......	43	21 50	» 85	1 70	4 50	10 75	13 75	16 75
Lagny...........	17	8 50	» 30	» 65	1 70	4 25	5 40	6 65
Esbly...........	8	4 »	» 15	» 30	» 80	2 »	2 55	3 10
La Ferté-s-Jouarre	22	11 »	» 40	» 85	2 20	5 50	7 05	8 60
Château-Thierry.	51	25 50	1 »	2 »	5 10	12 75	16 50	19 90
Epernay........	98	49 »	1 95	3 90	9 80	24 50	31 35	38 20
Châlons........	128	64 »	2 55	5 10	12 80	32 »	40 95	49 90

Suite du Tarif.

LIEUX DE DÉPART et de destination.	Distances servant de base à l'application des tarifs.	BESTIAUX. par wagon complet. (Les chevaux exceptés.)	PAR TÊTE. Moutons, brebis et chèvres.	Veaux et porcs.	Chevaux, bœufs, vaches, taureaux et mulets.	VOITURES A 2 OU A 4 ROUES. à un fond et une banquette.	à un ou deux fonds et deux banquettes.	à trois fonds et trois banquettes.
					PRIX DE TRANSPORT.			
De LA FERTÉ-SOUS-JOUARRE aux stations ci-après :	kilom.	fr. c.	fr. c.	fr. c.	fr. c.	fr. c.	fr. c.	fr. c.
La Villette.......	64	32 »	1 25	2 55	6 40	16 »	20 45	24 95
Lagny...........	58	19 »	» 75	1 50	3 80	9 50	12 15	14 80
Esbly...........	29	14 50	» 85	1 15	2 90	7 25	9 25	11 30
Meaux..........	22	11 »	» 40	» 85	2 20	5 50	7 05	8 60
Château-Thierry.	30	15 »	» 60	1 20	3 »	7 50	9 60	11 70
Epernay........	77	38 50	1 50	3 05	7 70	19 25	24 60	30 05
Châlons........	107	53 50	2 10	4 25	10 70	26 75	34 20	41 70
De CHATEAU-THIERY aux stations ci-après :								
La Villette.......	94	47 »	1 85	3 75	9 40	23 50	30 05	36 65
Lagny...........	67	33 50	1 30	2 65	6 70	16 75	21 40	26 15
Esbly...........	59	29 50	1 15	2 35	5 90	14 75	18 85	23 »
Meaux..........	51	25 50	1 »	2 »	5 10	12 75	16 30	19 90
La Ferté-s-Jouarre	30	15 »	» 60	1 20	3 »	7 50	9 60	11 70
Epernay........	47	23 50	» 90	1 85	4 70	11 75	15 »	18 85
Châlons........	78	59 »	1 55	5 10	7 80	19 50	24 95	30 40
D'ÉPERNAY aux stations ci-après :								
La Villette.......	140	70 »	2 80	5 60	14 »	35 »	44 80	54 60
Lagny...........	114	57 »	2 25	4 55	11 40	28 50	36 45	44 45
Esbly...........	106	53 »	2 10	4 20	10 60	26 80	33 90	41 30
Meaux..........	98	49 »	1 95	3 90	9 80	24 50	31 35	38 20
La Ferté-s-Jouarre	77	38 50	1 50	3 05	7 70	19 25	24 60	30 05
Château-Thierry.	47	23 50	» 90	1 85	4 70	11 75	15 »	18 55
Châlons........	31	15 50	» 60	1 20	3 10	7 75	9 90	12 05
De CHALONS-SUR-MARNE aux stations ci-après :								
La Villette.......	171	85 50	3 40	6 80	17 10	42 75	54 70	66 65
Lagny...........	145	72 50	2 90	5 80	14 50	36 25	46 40	56 55
Esbly...........	136	68 »	2 70	5 40	13 60	34 »	43 50	53 »
Meaux..........	128	64 »	2 55	5 10	12 80	32 »	40 95	49 90
La Ferté-s-Jouarre	107	53 50	2 10	4 25	10 70	26 75	34 20	41 70
Château-Thierry.	78	39 »	1 55	3 10	7 80	19 50	24 95	30 40
Epernay........	31	15 50	» 60	1 20	3 10	7 75	9 90	12 05

12. Les wagons complets devront pouvoir contenir au moins 6 bœufs ou vaches, 12 veaux ou porcs, 30 moutons ou chèvres.

§ II. — Frais accessoires de chargement et de déchargement.

13. Les frais de chargement et de déchargement des voitures, des chevaux et des bestiaux, sont fixés ainsi qu'il suit, savoir :

Pour une voiture...	2 fr.	» c.
Chevaux, par tête.......................................	1	»
Bœufs, vaches, taureaux, mulets et bêtes de trait, par tête........	1	»
Veaux et porcs, par tête....................................	»	50
Moutons, brebis, agneaux et chèvres, par tête.................	»	25

CHAPITRE III.

Transport, par chargement complet, des engrais, chaux, plâtre, pierre à bâtir, pommes de terre, bois à brûler, pierre meulière et pavé.

SECTION Ire.

§ Ier. — *Prix du transport des engrais, chaux, plâtre, pierre à bâtir et pommes de terre.*

14. La Compagnie est autorisée à transporter les engrais, la chaux, le plâtre, la pierre à bâtir et les pommes de terre, par wagon complet de 5,000 kilogrammes, sur les parcours, aux prix et conditions indiqués ci-après :

(Tarif spécial pour le transport des engrais, chaux, etc.)

Tarif spécial pour le Transport des Engrais, Chaux, Plâtre, Pierre à bâtir et Pommes de terre.

LIEUX DE DÉPART ET DE DESTINATION.		DISTANCES servant de base à la fixation des prix de transport.	PRIX de transport par wagon complet de 5,000 kilogrammes, sans responsabilité pour la compagnie, en ce qui concerne les pertes et avaries.	
		kilomètres.	fr.	c.
De PARIS (*gare de La Villette*) aux stations ci-après :	Gagny.....................	13	3	25
	Chelles.....................	18	4	50
	Lagny.....................	27	6	75
	Esbly.....................	35	8	75
	Meaux.....................	43	10	75
	Trilport.....................	49	12	25
	La Ferté-sous-Jouarre....	64	16	»
	Nogent-l'Artaud..........	83	20	75
	Château-Thierry.........	94	23	50
	Dormans..................	115	28	75
	Port-à-Binson..........	125	31	25
	Epernay..................	140	35	»
	Châlons-sur-Marne......	171	42	75
De GAGNY aux stations ci-après :	Chelles.....................	6	1	50
	Lagny.....................	14	3	50
	Esbly.....................	23	5	75
	Meaux.....................	31	7	75
	Trilport.....................	37	9	25
	La Ferté-sous-Jouarre....	52	13	»
	Nogent-l'Artaud..........	70	17	50
	Château-Thierry.........	81	20	25
	Dormans..................	103	25	75
	Port-à-Binson..........	112	28	»
	Epernay..................	128	32	»
	Châlons-sur-Marne......	158	39	50
De CHELLES aux stations ci-après :	Lagny.....................	10	2	50
	Esbly.....................	18	4	50
	Meaux.....................	26	6	50
	Trilport.....................	32	8	»
	La Ferté-sous-Jouarre....	47	11	75
	Nogent-l'Artaud..........	66	16	50
	Château-Thierry.........	77	19	25
	Dormans..................	98	24	50
	Port-à-Binson..........	108	27	»
	Epernay..................	123	30	75
	Châlons-sur-Marne......	154	38	50
De LAGNY aux stations ci-après :	Esbly.....................	9	2	25
	Meaux.....................	17	4	25
	Trilport.....................	23	5	75
	La Ferté-sous-Jouarre....	38	9	50
	Nogent-l'Artaud..........	57	14	25
	Château-Thierry.........	67	16	75
	Dormans..................	89	22	25
	Port-à-Binson..........	99	24	75
	Epernay..................	114	28	50
	Châlons-sur-Marne......	145	36	25

Suite du Tarif spécial pour le Transport des Engrais, Chaux, Plâtre, Pierre à bâtir et Pommes de terre.

LIEUX DE DÉPART ET DE DESTINATION.		DISTANCES servant de base à la fixation du prix de transport.	PRIX de transport par wagon complet de 5,000 kilogrammes, sans responsabilité pour la compagnie, en ce qui concerne les pertes et avaries.	
		kilomètres.	fr.	c.
D'ESBLY aux stations ci-après :	Meaux....................	8	2	»
	Trilport..................	15	3	75
	La Ferté-sous-Jouarre....	29	7	25
	Nogent-l'Artaud..........	48	12	»
	Château-Thierry..........	59	14	75
	Dormans..................	81	20	25
	Port-à-Binson............	90	22	50
	Epernay..................	106	26	50
	Châlons-sur-Marne........	136	34	»
De MEAUX aux stations ci-après :	Trilport..................	7	1	75
	La Ferté-sous-Jouarre....	22	5	50
	Nogent-l'Artaud..........	40	10	»
	Château-Thierry..........	51	12	75
	Dormans..................	73	18	25
	Port-à-Binson............	82	20	50
	Epernay..................	98	24	50
	Châlons-sur-Marne........	128	32	»
De TRILPORT aux stations ci-après :	La Ferté-sous-Jouarre....	15	3	75
	Nogent-l'Artaud..........	34	8	50
	Château-Thierry..........	45	11	25
	Dormans..................	67	16	75
	Port-à-Binson............	76	19	»
	Epernay..................	91	22	75
	Châlons-sur-Marne........	122	30	50
De LA FERTÉ-SOUS-JOUARRE aux stations ci-après :	Nogent-l'Artaud..........	19	4	75
	Château-Thierry..........	30	7	50
	Dormans..................	52	13	»
	Port-à-Binson............	61	15	25
	Epernay..................	77	19	25
	Châlons-sur-Marne........	107	26	75
De CHATEAU-THIERRY aux stations ci-après :	Dormans..................	22	5	50
	Port-à-Binson............	32	8	»
	Epernay..................	47	11	75
	Châlons-sur-Marne........	78	19	50

15. Toute expédition de marchandises de la nature de celles qui sont désignées sous l'article précédent, qui ne sera point effectuée par wagon complet, sera soumise au tarif ordinaire des transports à petite vitesse, fixé par l'article 4 ci-dessus.

§ II. — *Prix de transport des bois à brûler, pierre meulière et pavé.*

16. La Compagnie est également autorisée à transporter le bois à brûler, la pierre meulière et les pavés, par wagon complet de 5,000 kilogrammes, sur les parcours, aux prix et conditions indiqués ci-après :

(*Voir le tarif spécial pour le transport du bois à brûler, etc.*)

Tarif spécial pour le Transport du Bois à brûler, de la Pierre meulière et du Pavé.

LIEUX DE DÉPART ET DE DESTINATION.		DISTANCES servant de base à la fixation des prix de transport.	PRIX de transport par wagon complet de 5,000 kilogrammes, sans responsabilité pour la compagnie, en ce qui concerne les pertes et avaries.	
		kilomètres.	fr.	c.
De CHALONS-SUR-MARNE aux stations ci-après :	Epernay................	31	7	75
	Port-à-Binson............	47	11	75
	Dormans...............	56	14	»
	Château-Thierry.........	78	19	50
	Nogent-l'Artaud.........	89	22	25
	La Ferté-sous-Jouarre....	107	26	75
	Trilport...............	122	30	50
	Meaux................	128	32	»
	Esbly.................	136	34	»
	Lagny.................	145	36	25
	Chelles...............	154	38	50
	Paris (*gare de la Villette*).	171	42	75
D'ÉPERNAY aux stations ci-après :	Port-à-Binson...........	16	4	»
	Dormans...............	25	6	25
	Château-Thierry.........	47	11	75
	Nogent-l'Artaud.........	58	14	50
	La Ferté-sous-Jouarre.....	77	19	25
	Trilport...............	91	22	75
	Meaux................	98	24	50
	Esbly.................	106	26	50
	Lagny.................	114	28	50
	Chelles...............	123	30	75
	Paris (*gare de La Villette*).	140	35	»
De PORT-A-BINSON aux stations ci-après :	Dormans..............	10	2	50
	Château-Thierry.........	32	8	»
	Nogent-l'Artaud.........	42	10	50
	La Ferté-sous-Jouarre....	61	15	25
	Trilport...............	76	19	»
	Meaux................	82	20	50
	Esbly.................	90	22	50
	Lagny.................	99	24	75
	Chelles...............	108	27	»
	Paris (*gare de La Villette*).	125	31	25
De DORMANS aux stations ci-après :	Château-Thierry.........	22	5	50
	Nogent-l'Artaud.........	33	8	25
	La Ferté-sous-Jouarre.....	52	13	»
	Trilport...............	67	16	75
	Meaux................	73	18	25
	Esbly.................	81	20	25
	Lagny.................	89	22	25
	Chelles...............	98	24	50
	Paris (*gare de La Villette*).	115	28	75

Suite du Tarif spécial pour le Transport du Bois à brûler, de la Pierre meulière et du Pavé.

LIEUX DE DÉPART ET DE DESTINATION.	DISTANCES servant de base à la fixation des prix de transport.	PRIX de transport par wagon complet de 5,000 kilogrammes, sans responsabilité pour la compagnie, en ce qui concerne les pertes et avaries.	
	kilomètres.	fr.	c.
De CHATEAU-THIERRY aux stations ci-après : Nogent-l'Artaud	11	2	75
La Ferté-sous-Jouarre	30	7	50
Trilport	43	11	25
Meaux	51	12	75
Esbly	59	14	75
Lagny	67	16	75
Chelles	77	19	25
Paris (gare de La Villette)	94	23	50
De NOGENT-L'ARTAUD aux stations ci-après : La Ferté-sous-Jouarre	19	4	75
Trilport	34	8	50
Meaux	40	10	»
Esbly	48	12	»
Lagny	57	14	25
Chelles	66	16	50
Paris (gare de La Villette)	83	20	75
De LA FERTÉ-SOUS-JOUARRE aux stations ci-après : Trilport	15	3	75
Meaux	22	5	50
Esbly	29	7	25
Lagny	38	9	50
Chelles	47	11	75
Paris (gare de La Villette)	64	16	»
De TRILPORT aux stations ci-après : Meaux	7	1	75
Esbly	15	3	75
Lagny	23	5	75
Chelles	32	8	»
Paris (gare de La Villette)	49	12	25

17. Toute expédition de marchandises de la nature de celles qui sont désignées en l'article précédent, qui ne sera point effectuée par wagon complet, sera soumise au tarif ordinaire des transports à petite vitesse, fixé par l'article 4 ci-dessus.

SECTION II. — Frais accessoires.

§ Ier. — *Enregistrement et magasinage.*

18. Les frais d'enregistrement et de magasinage, fixés par les articles 8 et 9 de la présente ordonnance, sont applicables aux transports, par wagon complet, des marchandises désignées sous les articles 14 et 16 ci-dessus.

§ II. — *Chargement et déchargement.*

19. Le chargement et le déchargement des marchandises désignées au présent titre, seront faits par les expéditeurs et par les destinataires, et à leurs frais.

Dans le cas où la Compagnie, sur la demande des expéditeurs, aurait à faire les deux opérations ou seulement l'une d'elles, elle aura droit à 50 centimes pour 1,000 kilogrammes, pour chaque opération.

CHAPITRE IV.

Transport, à prix réduit, des grains, farines, sons et issues.

20. La Compagnie est autorisée à transporter au prix réduit de 10 centimes par tonne et par kilomètre, les grains, farines, sons et issues, provenant des expéditeurs qui auront pris l'engagement, pour une année, de se servir exclusivement du chemin de fer, sans garantie de tonnage.

TITRE III.

DISPOSITIONS GÉNÉRALES.

21. Les perceptions ci-dessus autorisées, à titre de frais accessoires d'enregistrement et de magasinage, de chargement et de déchargement, ne sont que provisoires, et l'administration se réserve de les modifier ou supprimer.

22. Notre ordonnance susvisée du 22 janvier dernier, continuera de recevoir son exécution, en tout ce qui n'est pas contraire aux dispositions qui précèdent.

23. Conformément à l'article 75 du cahier des charges, §§ 3 et 4, toute expédition de marchandises dont le poids, sous un même emballage, excédera 20 kilogrammes, sera constatée, si l'expéditeur le demande, par une lettre de voiture dont un exemplaire restera aux mains de la Compagnie, et l'autre aux mains de l'expéditeur, comme duplicata.

L'expéditeur pourra réclamer un duplicata de la lettre de voiture pour tout paquet ou ballot pesant moins de 20 kilogrammes, dont la valeur aura été préalablement déclarée.

24. Les taxes réglées par la présente ordonnance, qui sont inférieures à celles du tarif du cahier des charges, ne pourront être relevées qu'après un délai d'un an.

Tous changements apportés dans les tarifs ci-dessus réglés, seront annoncés, au moins un mois d'avance, par des affiches : ils devront d'ailleurs être homologués par des décisions de l'administration supérieure, prises sur la proposition de la Compagnie, et rendues exécutoires en la forme prescrite.

25. La présente ordonnance sera notifiée à la Compagnie.

Elle sera imprimée et affichée.

Les commissaires et sous-commissaires spéciaux de surveillance administrative du chemin de fer de Paris à Strasbourg, ainsi que les maires et les commissaires de police des communes du ressort de la préfecture de police, dont le territoire est traversé par ledit chemin de fer, sont chargés d'en assurer l'exécution.

Le préfet de police, P. CARLIER.

N° **2243.** — *Ordonnance concernant les caisses et pots à fleurs, et autres objets dont la chute peut occasionner des accidents.*

Paris, le 12 avril 1850.

Nous, préfet de police,

Considérant qu'au retour de la belle saison, il importe de rappeler aux habitants de Paris les mesures de précaution prescrites par les règlements de police, en ce qui concerne les caisses et pots à fleurs, et autres objets placés sur les parties élevées des bâtiments ;

En vertu de la loi des 16-24 août 1790 et de l'arrêté du Gouvernement du 12 messidor an VIII (1er juillet 1800),

Ordonnons ce qui suit :

Les dispositions de l'ordonnance de police du 23 octobre 1844 (1), concernant les caisses et pots à fleurs, et autres objets dont la chute peut occasionner des accidents, seront imprimées et affichées de nouveau.

Le préfet de police, P. CARLIER.

N° **2244.** — *Ordonnance rappelant aux habitants du département de la Seine les dispositions législatives concernant la détention des armes et des munitions de guerre.*

Paris, le 23 avril 1850.

Nous, préfet de police,

Vu l'arrêté du Gouvernement du 12 messidor an VIII ;

Vu la loi du 24 mai 1834 ;

Considérant que les articles 2 et 3 de cette loi ne sont pas généralement observés, et que des habitants détiennent, dans leur domicile, des armes ou munitions de guerre, au lieu d'en faire la remise aux agents de l'autorité, pour qu'elles soient déposées dans les arsenaux de l'État ;

Considérant que cette détention illégale d'armes et de munitions présente des inconvénients sous le rapport de la sûreté générale, et qu'il importe de prévenir l'usage coupable que l'on pourrait en faire ;

Voulant rappeler les citoyens à l'exécution de la loi et les avertir des peines qu'ils encourraient en cas d'infraction,

Ordonnons ce qui suit :

1. Les articles 2 et 3 de la loi du 24 mai 1834, relative aux détenteurs d'armes et de munitions de guerre, seront insérées dans la présente ordonnance, tels qu'ils se comportent, savoir :

« Art. 2. — Tout individu qui, sans y être légalement autorisé, aura
« fabriqué, débité ou distribué de la poudre, ou sera détenteur d'une
« quantité quelconque de poudre de guerre, ou de plus de deux kilo-
« grammes de toute autre poudre, sera puni d'un emprisonnement
« d'un mois à deux ans, sans préjudice des autres peines portées par
« les lois. »

« Art. 3. — Tout individu qui, sans y être légalement autorisé, aura

(1) V. cette ord., t. III, p. 796.

« fabriqué ou confectionné, débité ou distribué des armes de guerre,
« des cartouches et autres munitions de guerre, ou sera détenteur
« d'armes de guerre, cartouches ou munitions de guerre, ou d'un dé-
« pôt d'armes quelconques, sera puni d'un emprisonnement d'un mois
« à deux ans, et d'une amende de 16 francs à 1,000 francs. »

2. La présente ordonnance sera imprimée et affichée dans Paris et
dans les communes du ressort de la préfecture de police.

MM. les maires et commissaires de police du département de la
Seine, le chef de la police municipale, les officiers de paix, préposés
de la préfecture de police, et tous agents de la force publique sont
chargés, chacun en ce qui le concerne, de tenir la main à son exécution.

Le préfet de police, P. CARLIER.

N° **2245.** — *Ordonnance concernant :* 1° *les tarifs des marchandises transportées par les trains mixtes;* 2° *et diverses modifications dans les tarifs applicables au transport des petits colis
dits articles de messagerie, sur le chemin de fer de Paris à
Chartres (chemin de l'Ouest).*

Paris, le 3o avril 1850.

Nous, préfet de police,

Vu : 1° les ordonnances de police des 11 juillet, 12 novembre et
31 décembre 1849, qui prescrivent la publication des arrêtés ministériels des 2 juillet, 27 octobre et 18 décembre de la même année, réglant les tarifs à percevoir pour les transports, à la grande vitesse, sur
le chemin de fer de Paris à Chartres;

2° La lettre à nous adressée par M. le ministre des travaux publics,
le 19 avril courant, au sujet d'un arrêté ministériel, en date du 15 du
même mois (1), qui règle les tarifs des marchandises transportées sur
le chemin de fer de Paris à Chartres par les trains mixtes, et modifie
les tarifs applicables aux transports sur le même chemin, des petits
colis dits articles de messagerie;

En vertu des arrêtés du Gouvernement, en date des 12 messidor
an VIII et 3 brumaire an IX (1er juillet et 25 octobre 1800) et des dispositions de l'article 72 du règlement d'administration publique sur la
police, la sûreté et l'exploitation des chemins de fer, en date du 15 novembre 1846,

Ordonnons ce qui suit :

1. L'arrêté ci-dessus visé du ministre des travaux publics, en date
du 15 de ce mois, sera imprimé et affiché dans le ressort de la préfecture de police, pour y être exécuté suivant sa forme et teneur.

2. Les contraventions audit arrêté seront constatées par des procès-
verbaux ou rapports qui seront déférés aux tribunaux compétents.

3. Le sous-préfet de l'arrondissement de Sceaux, les maires et les
commissaires de police des communes du ressort de la préfecture de
police, dont le territoire est traversé par ledit chemin de fer de Paris à
Chartres, les agents spécialement préposés à la surveillance dudit chemin de fer sont chargés, chacun en ce qui le concerne, de tenir la
main à l'exécution de la présente ordonnance.

Le préfet de police, P. CARLIER.

---

(1) V. cet arrêté à l'Appendice.

N° 2246. — *Ordonnance concernant les mesures d'ordre et de sûreté à observer dans Paris, pendant la journée du 4 mai 1850, à l'occasion de la fête de l'anniversaire de la proclamation de la République par l'Assemblée nationale.*

Paris, le 1er mai 1850.

Nous, préfet de police,

Vu le programme arrêté à l'occasion de la fête publique qui aura lieu dans Paris, le 4 mai courant, pour célébrer l'anniversaire de la proclamation de la République par l'Assemblée nationale ;

Vu la loi des 16-24 août 1790 ;

Vu l'arrêté du Gouvernement du 12 messidor an VIII ;

Considérant que, dans l'intérêt de la sûreté publique, des mesures doivent être prises pour prévenir tous accidents aux abords des emplacements où auront lieu les divertissements, et où seront tirés les feux d'artifice, ainsi que pour protéger et faciliter la circulation, pendant la journée du 4 mai courant, sur les points où se portera la foule ;

Et vu l'article 471, n° 15, du Code pénal,

Ordonnons ce qui suit :

Divertissements et feu d'artifice aux Champs-Elysées.

1. Pendant la journée du 4 mai courant, la circulation et le stationnement des piétons seront interdits dans la partie de l'avenue des Champs-Elysées comprise entre la barrière de l'Etoile, les rues de Chaillot et de la Fraternité.

Le soir, deux heures après le feu d'artifice, la circulation sera rétablie pour les piétons, sur ce point.

2. Pendant la même journée, le stationnement et la circulation des voitures seront interdits sur la partie du rond-point de l'Arc-de-Triomphe situé entre la barrière de l'Etoile et ce monument, et sur l'avenue des Champs-Elysées, depuis la barrière jusqu'aux rues de Chaillot et de la Fraternité, comme il est dit au premier paragraphe de l'article ci-dessus.

3. Les voitures qui, le 4 mai courant, se dirigeront sur la barrière de l'Etoile, devront prendre le boulevard extérieur de l'Etoile, *jusqu'à six heures du soir*, et, après cette heure, le chemin de la Révolte, pour aller passer à la barrière du Roule.

4. Le même jour, la circulation et le stationnement des voitures seront interdits,

SAVOIR :

A partir de deux heures après midi,

Sur les quais de la rive droite de la Seine, depuis le pont National jusqu'au pont d'Iéna ;

Sur les ponts de la Concorde et des Invalides,

Dans les Champs-Elysées et toutes les rues qui y débouchent,

Sur la place de la Concorde,

Rue de Rivoli,

Rue de la Concorde.

Et à partir de six heures du soir :

Sur les quais de la rive droite de la Seine, depuis la place du **Louvre** jusqu'au pont National ;

Sur le pont des Saints-Pères,
— National,

Rue et faubourg Saint-Honoré, depuis la rue du Coq jusqu'à la place Beauveau exclusivement ;

Et sur le boulevard de la Madeleine, depuis la Madeleine jusqu'à la rue Desèze.

5. Le passage des piétons sera interdit sur le pont des Invalides, une heure avant le commencement et une heure après le feu d'artifice.

Divertissements et feu d'artifice à la barrière du Trône.

6. Le 4 mai courant, la circulation et le stationnement des voitures seront interdits depuis *cinq heures du soir jusqu'à onze heures*, savoir :

Sur la place de la barrière du Trône,

Sur les avenues qui aboutissent à cette place,

Et dans la rue du Faubourg-Saint-Antoine, en descendant jusqu'au débouché de la rue de Montreuil exclusivement.

7. Pendant cette journée, les voitures qui arriveront à Paris par la route de Vincennes seront dirigées sur les barrières de Montreuil et de Saint-Mandé.

Te Deum à l'église Notre-Dame.

8. Le passage des piétons sera interdit sur le pont d'Arcole, pendant le *Te Deum* qui sera chanté, dans la matinée du 4 mai courant, dans l'église Notre-Dame.

Dispositions générales.

9. Il est fait défense expresse à toute personne de circuler et stationner sur les emplacements où seront tirés les feux d'artifice, à l'exception des artificiers et de leurs ouvriers.

10. Il est enjoint aux entrepreneurs chargés du tir des feux d'artifice d'établir, au pourtour des feux, de fortes barrières en charpente, à la distance de 150 mètres de chaque feu, pour maintenir le public dans un éloignement nécessaire à sa sûreté.

Ils se conformeront en outre aux prescriptions de l'ordonnance de police du 30 juin 1842, concernant les artificiers, et à toutes les autres prescriptions qui pourront leur être faites dans l'intérêt de la sûreté publique.

11. Des postes médicaux, pourvus de brancards et de boîtes de secours seront établis, le 4 mai courant, sur les points principaux de la fête, et notamment auprès de chacun des emplacements où seront tirés les feux d'artifice.

12. Un poste de sapeurs-pompiers, avec les pompes et les agrès nécessaires, sera établi auprès de chaque feu d'artifice.

13. Il est expressément défendu de tirer, sur la voie publique et dans l'intérieur des habitations, des pièces d'artifice et armes à feu.

14. Dans la journée du 4 mai, nul ne pourra placer sur la voie publique, aux abords des emplacements où seront tirés les feux d'artifice et d'où s'élèveront les aérostats, des échafaudages, estrades, chaises, échelles, tonneaux, tables, bancs, charrettes, tréteaux, planches, ni objets quelconques pouvant nuire à la circulation.

Les objets qui seront trouvés en contravention à la présente défense seront enlevés sur-le-champ et transportés à la fourrière.

15. Défense expresse est faite de monter sur les arbres, sur les candélabres servant à l'éclairage public, sur les pylônes, les mâts vénitiens, les arcs-de-triomphe, les lampadères et autres ornements qui décoreront l'emplacement de la fête, ainsi que sur les toits, entablements, auvents et sur les échafaudages qui existeraient au-devant des maisons en construction.

16. En ce qui concerne l'interdiction des voitures, prononcée par les articles précédents, il est fait exception en faveur des voitures du président et du vice-président de la République, des ministres, des maréchaux de France, du corps diplomatique, du président de l'assemblée nationale, du préfet de la Seine, du général en chef commandant les troupes réunies du département de la Seine, du général commandant la 1ʳᵉ division militaire, du général de brigade commandant la place de Paris.

Il y a également exception aux consignes pour les malles-postes et les diligences et pour les voitures des personnes dont les domiciles seraient dans les rues interdites à la circulation.

Ces voitures ne devront circuler qu'au pas dans les emplacements où il y aura affluence de public.

17. Le chef de la police municipale prendra toutes les mesures nécessaires pour le maintien de l'ordre et de la sûreté publique.

Il se concertera, pour l'exécution, avec les commandants de la force armée, qui seront sur les lieux.

18. Les contraventions à la présente ordonnance seront régulièrement constatées et déférées aux tribunaux compétents.

19. La présente ordonnance sera imprimée et affichée dans Paris et dans les communes de Passy, Neuilly, Saint-Mandé, Montreuil et Vincennes.

Les maires et les commissaires de police desdites communes, le chef de la police municipale, les commissaires de police et les officiers de paix de Paris, l'architecte-commissaire de la petite voirie, le directeur de la salubrité et tous agents de la préfecture de police sont chargés, chacun en ce qui le concerne, de tenir la main à son exécution.

Le colonel de la garde républicaine et le chef d'escadron commandant la gendarmerie de la Seine, sont appelés à concourir également à son exécution.

Le préfet de police, P. CARLIER.

N° **2247.**— *Ordonnance qui fixe un tarif pour le transport des bestiaux, et modifie le tarif en vigueur pour le transport et la manutention du lait, sur le chemin de fer de Paris à Lyon (section de Paris à Tonnerre).*

Paris, le 1ᵉʳ mai 1850.

Nous, préfet de police,

Vu : 1° nos ordonnances des 16 janvier et 14 février derniers, qui prescrivent la publication des arrêtés ministériels des 9 janvier et 12 février de la même année, réglant les tarifs des prix à percevoir pour le transport des bestiaux et du lait sur le chemin de fer de Paris à Lyon, partie comprise entre Paris et Tonnerre;

2° La lettre à nous adressée par M. le ministre des travaux publics, le 29 avril dernier, avec un arrêté ministériel en date du 27 du même mois, qui règle les tarifs du transport des bestiaux et modifie le tarif en vigueur pour le transport et la manutention du lait, sur les parcours du chemin de fer de Paris à Lyon, compris entre Paris et Tonnerre ;

En vertu des arrêtés du Gouvernement des 12 messidor an VIII et 3 brumaire an IX (1er juillet et 25 octobre 1800), et des dispositions de l'article 72 du règlement d'administration publique sur la police, la sûreté et l'exploitation des chemins de fer, en date du 15 novembre 1846,

Ordonnons ce qui suit :

1. L'arrêté ci-dessus visé de M. le ministre des travaux publics, en date du 27 avril dernier, sera imprimé et affiché dans le ressort de la préfecture de police, pour y être exécuté suivant sa forme et teneur (1).

2. Les contraventions audit arrêté seront constatées par des procès-verbaux ou rapports qui seront déférés aux tribunaux compétents.

3. Le sous-préfet de l'arrondissement de Sceaux, les maires et les commissaires de police des communes du ressort de la préfecture de police dont le territoire est traversé par le chemin de fer de Paris à Lyon, les fonctionnaires et agents spécialement préposés à la surveillance dudit chemin de fer, sont chargés, chacun en ce qui le concerne, de tenir la main à l'exécution de la présente ordonnance.

Le préfet de police, P. CARLIER.

N° **2248.** — *Ordonnance concernant la visite générale des ton-neaux de porteurs d'eau* (2).

Paris, le 7 mai 1850.

Nous, préfet de police,

Vu : 1° l'ordonnance de police du 15 mai 1849, concernant la police des fontaines, des bornes-fontaines et des porteurs d'eau ;

2° L'ordonnance, en date du même jour, concernant le numérotage des tonneaux des porteurs d'eau ;

3° L'article 32 de l'arrêté du Gouvernement du 12 messidor an VIII (1er juillet 1800), et l'article 1er de l'arrêté du 3 brumaire an IX (25 octobre 1800),

Ordonnons ce qui suit :

1. En exécution de l'article 22 de l'ordonnance de police du 15 mai 1849, il sera procédé à une visite générale des tonneaux de porteurs d'eau qui exercent leur état dans la ville de Paris.

Cette visite commencera le 4 juin prochain. Elle aura lieu deux fois par semaine, les mardis et vendredis, sur le quai Napoléon, de 11 heures du matin à quatre heures du soir, savoir :

Pour le 1er arrondissement, le 4 juin ;
Pour le 2e arrondissement, le 7 juin ;
Pour le 3e arrondissement, les 11 et 14 juin ;
Pour le 4e arrondissement, le 18 juin ;
Pour le 5e arrondissement, les 21 et 25 juin ;
Pour le 6e arrondissement, les 28 juin et 3 juillet ;
Pour le 7e arrondissement, le 5 juillet ;
Pour le 8e arrondissement, le 9 juillet ;
Pour le 9e arrondissement, le 12 juillet ;

---

(1) V. cet arrêté à l'appendice.
(2) V. les ord. des 21 avril 1845, 18 avril 1846, 30 avril 1847, et 15 mai 1849.

Pour le 10ᵉ arrondissement, les 16 et 19 juillet;

Pour le 11ᵉ arrondissement, le 23 juillet;

Enfin, la visite des tonneaux du 12ᵉ arrondissement, ainsi que la visite des tonneaux des porteurs d'eau qui sont domiciliés dans la banlieue, mais qui exercent leur état dans Paris, auront lieu le 26 juillet.

2. Les porteurs d'eau se présenteront à la visite à tour de rôle. Ils seront porteurs d'un bulletin de convocation qui leur sera délivré à l'avance par les receveurs des fontaines marchandes.

Ils auront à représenter également leurs feuilles de roulage dûment visées par les commissaires de police de leur section, ou par le maire de la commune dans laquelle ils sont domiciliés.

Ces visas devront être postérieurs à la publication de la présente ordonnance.

3. Chaque tonneau, après avoir été visité et reconnu en règle, sera revêtu d'une estampille (P. 5) de couleur rouge, ayant 4 centimètres de hauteur et 8 millimètres de plein.

4. Tous tonneaux qui ne rempliront pas les conditions prescrites par les articles 19, 20 et 21 de l'ordonnance de police du 15 mai 1849, ne seront pas estampillés.

Après la visite, les porteurs d'eau dont les tonneaux n'auront pas été présentés ou n'auront pas été estampillés, seront poursuivis conformément aux règlements.

5. La présente ordonnance sera imprimée et affichée.

Les commissaires de police, le chef de la police municipale, les officiers de paix, le contrôleur des fourrières et les autres préposés de la préfecture de police sont chargés, chacun en ce qui le concerne, d'en assurer l'exécution.

Le préfet de police, P. CARLIER.

N° 2249. — *Ordonnance relative à diverses modifications apportées dans le tarif combiné du 12 octobre 1847, pour le transport des marchandises sur les chemins de fer de Paris à la frontière de Belgique* (chemin du Nord), *de Paris à Rouen et de Rouen au Havre.*

Paris, le 10 mai 1850.

Nous, préfet de police,

Vu : 1° la loi du 15 juillet 1840, qui autorise l'établissement d'un chemin de fer de Paris à Rouen, ensemble le cahier des charges annexé à cette loi ;

2° La loi du 15 juillet 1842, portant concession d'un chemin de fer de Rouen au Havre, en prolongement du chemin de fer de Paris à Rouen ; ensemble le cahier des charges annexé à cette loi ;

3° La loi du 15 juillet 1845, qui autorise la concession d'un chemin de fer de Paris à la frontière de Belgique avec embranchement de Lille sur Calais et Dunkerque, et du chemin de fer de Creil à Saint-Quentin ; ensemble les cahiers des charges cotés A et B, annexés à ladite loi ;

4° L'ordonnance royale du 1ᵉʳ avril 1847, qui approuve le traité de fusion de la Compagnie du chemin de fer du Nord, concessionnaire du chemin de fer de Paris à la frontière de Belgique, avec la Compagnie du chemin de fer de Creil à Saint-Quentin ;

5° L'ordonnance de police du 12 octobre 1847, portant homologation d'un tarif combiné pour les expéditions de marchandises adressées du Havre ou de Rouen, à diverses stations de la ligne du Nord, et réciproquement ;

6° Les ordonnances de police en date du 20 mars 1847, qui fixent des tarifs pour les transports de toute nature sur les chemins de fer de Paris à Rouen et de Rouen au Havre, et celles des 10 février et 6 novembre 1847, 16 octobre 1848 et 19 avril 1849, portant homologation de tarifs pour les transports effectués sur le chemin de fer de Paris à la frontière de Belgique, avec un embranchement de Lille sur Calais et Dunkerque, et sur celui de Creil à Saint-Quentin;

7° La décision ministérielle en date du 15 avril dernier, qui homologue les modifications que les compagnies des chemins de fer du Nord, de Paris à Rouen et de Rouen au Havre, ont proposé d'apporter audit tarif combiné, en date du 12 octobre 1847;

Considérant qu'il y a lieu de rendre exécutoire, dans le ressort de la préfecture de police, la décision ministérielle précitée,

Ordonnons ce qui suit :

1. Les quatre catégories de marchandises établies par l'article 2 de l'ordonnance ci-dessus visée du 12 octobre 1847, sont maintenues pour l'application du tarif commun ci-après, sauf les modifications suivantes :

Les *sucres raffinés en barriques et en caisses* seront transportés aux prix de la 3ᵉ catégorie. Les *sucres raffinés en vrac*, qui figuraient dans la 3ᵉ catégorie, *ne seront plus admis au tarif commun.*

2. Les prix à percevoir pour le transport des marchandises désignées dans l'article 2 de l'ordonnance du 12 octobre 1847, sur les parcours indiqués ci-après, sont fixés conformément au tableau suivant :

(Tarif.)

LIEUX DE DÉPART et DE DESTINATION.	MARCHANDISES. PAR TONNE DE 1,000 KILOGRAMMES.			
	1re catégorie.	2e catégorie.	3e catégorie.	4e catégorie.
	PRIX DE TRANSPORT			
	fr. c.	fr. c.	fr. c.	fr. c.
Du HAVRE aux stations ci-contre, et vice versâ :				
Compiègne	90 »	64 »	39 »	28 »
Noyon	95 »	69 »	42 »	30 »
Clermont	90 »	64 »	39 »	28 »
Corbie	120 »	85 »	48 »	34 »
Albert	120 »	85 »	48 »	34 »
Achiet	120 »	85 »	48 »	34 »
Douai	140 »	100 »	54 »	38 »
Somain	140 »	100 »	54 »	38 »
Blanc-Misseron	140 »	100 »	56 »	39 »
Séclin	140 »	100 »	54 »	38 »
Roubaix	140 »	100 »	56 »	39 »
Tourcoing	140 »	100 »	56 »	39 »
Armentières	140 »	100 »	56 »	39 »
Hazebrouck	140 »	100 »	56 »	39 »
Bergues	140 »	100 »	56 »	39 »
Dunkerque	140 »	100 »	56 »	39 »
Saint-Omer	140 »	100 »	56 »	39 »
De BEUZEVILLE, de NOINTOT, et d'YVETOT aux stations ci-contre, et vice versâ :				
Compiègne	90 »	64 »	39 »	28 »
Noyon	95 »	69 »	42 »	30 »
Clermont	90 »	64 »	39 »	28 »
Amiens	95 »	69 »	42 »	30 »
Corbie	120 »	85 »	48 »	34 »
Albert	120 »	85 »	48 »	34 »
Achiet	120 »	85 »	48 »	34 »
Arras	120 »	85 »	48 »	34 »
Douai	140 »	100 »	54 »	38 »
Somain	140 »	100 »	54 »	38 »
Valenciennes	140 »	100 »	54 »	38 »
Quiévrain	140 »	100 »	56 »	39 »
Blanc-Misseron	140 »	100 »	54 »	38 »
Séclin	140 »	100 »	54 »	38 »
Lille	140 »	100 »	56 »	39 »
Mouscron	140 »	100 »	56 »	39 »
Roubaix	140 »	100 »	56 »	39 »
Tourcoing	140 »	100 »	56 »	39 »
Armentières	140 »	100 »	56 »	39 »
Hazebrouck	140 »	100 »	56 »	39 »
Bergues	140 »	100 »	56 »	39 »
Dunkerque	140 »	100 »	56 »	39 »
Saint-Omer	140 »	100 »	56 »	39 »
De ROUEN aux stations ci-contre, et vice versâ :				
Compiègne	57 »	40 »	30 »	22 »
Noyon	62 »	45 »	35 »	24 »
Clermont	57 »	40 »	30 »	22 »
Corbie	87 »	61 »	39 »	28 »
Albert	87 »	61 »	39 »	28 »
Achiet	87 »	61 »	39 »	28 »
Douai	107 »	76 »	45 »	32 »
Somain	107 »	76 »	45 »	32 »
Blanc-Misseron	107 »	76 »	47 »	33 »
Séclin	107 »	76 »	43 »	32 »
Roubaix	107 »	76 »	47 »	33 »
Tourcoing	107 »	76 »	47 »	33 »
Armentières	107 »	76 »	47 »	33 »
Hazebrouck	107 »	76 »	47 »	33 »
Bergues	107 »	76 »	47 »	33 »
Dunkerque	107 »	76 »	47 »	33 »
Saint-Omer	107 »	76 »	47 »	33 »

40

Suite du Tarif pour le transport des Marchandises.

LIEUX DE DÉPART et DE DESTINATION.	MARCHANDISES PAR TONNE DE 1,000 KILOGRAMMES.			
	1re catégorie.	2e catégorie.	3e catégorie.	4e catégorie.
	PRIX DE TRANSPORT.			
	fr. c.	fr. c.	fr. c.	fr. c.

LIEUX DE DÉPART et DE DESTINATION	1re	2^e	3^e	4^e
Compiègne.....	57 »	40 »	30 »	22 »
Noyon.........	62 »	45 »	33 »	24 »
Clermont......	57 »	40 »	30 »	22 »
Amiens........	62 »	45 »	33 »	24 »
Corbie........	87 »	61 »	39 »	28 »
Albert........	87 »	61 »	39 »	28 »
Achiet........	87 »	61 »	39 »	28 »
Arras.........	87 »	61 »	39 »	28 »
Douai.........	107 »	76 »	45 »	32 »
Somain........	107 »	76 »	45 »	32 »
Valenciennes..	107 »	76 »	45 »	32 »
Quiévrain.....	107 »	76 »	47 »	33 »
Blanc-Misseron.	107 »	76 »	47 »	33 »
Séclin........	107 »	76 »	45 »	32 »
Lille.........	107 »	76 »	45 »	32 »
Mouscron......	107 »	76 »	47 »	33 »
Roubaix.......	107 »	76 »	47 »	33 »
Tourcoing.....	107 »	76 »	47 »	33 »
Armentières...	107 »	76 »	47 »	33 »
Hazebrouck....	107 »	76 »	47 »	33 »
Bergues.......	107 »	76 »	47 »	33 »
Dunkerque.....	107 »	76 »	47 »	33 »
Saint-Omer....	107 »	76 »	47 »	33 »

D'OISSEL, de ST-PIERRE, de GAILLON et de VERNON aux stations ci-contre, *et vice versâ :*

3. Les prix fixés ci-dessus comprennent les frais accessoires de chargement et de déchargement, ainsi que le camionnage des marchandises de la gare de La Chapelle à la gare des Batignolles, et réciproquement.

4. Toutes les dispositions contenues dans les ordonnances de police susvisées, qui ne sont pas contraires aux dispositions qui précèdent, continueront de recevoir leur exécution.

5. Les taxes réglées par la présente ordonnance ne pourront être relevées par les Compagnies avant le délai d'un an.

6. La présente ordonnance sera notifiée aux Compagnies des chemins de fer de Paris à la frontière de Belgique, de Paris à Rouen et de Rouen au Havre. Elle sera imprimée et affichée.

Les commissaires et sous-commissaires préposés à la surveillance des chemins de fer précités, ainsi que les maires et les commissaires de police des communes du ressort de la préfecture de police, dont le territoire est traversé par les deux premiers de ces chemins, sont chargés d'en assurer l'exécution.

Le préfet de police, P. CARLIER.

N° **2250**. — *Ordonnance concernant la location des chaises sur les boulevards intérieurs du Nord.*

Paris, le 17 mai 1850.

Nous, préfet de police,

Vu : 1° le cahier des charges de l'adjudication du droit de placer des chaises sur les boulevards intérieurs du Nord, depuis le 1er mai 1850 jusqu'au 1er mai 1853, laquelle a eu lieu le 29 avril, au profit du sieur Benoît ;

2° La délibération de la commission municipale du 15 janvier dernier, qui fixe le prix de location des chaises sur les diverses promenades de Paris, et approuve le cahier des charges précité, sauf quelques modifications ;

3° La décision du 25 mars dernier, par laquelle M. le ministre de l'intérieur approuve le tarif fixé par la délibération précitée de la commission municipale ;

Considérant qu'il importe, en ce qui se rattache à l'objet des actes administratifs ci-dessus visés, de prendre des mesures pour assurer la liberté de la circulation et le maintien de l'ordre sur les boulevards intérieurs du Nord ;

En vertu de la loi des 16-24 août 1790, et de l'arrêté du 12 messidor an VIII (1er juillet 1800),

Ordonnons ce qui suit :

1. L'adjudicataire ne pourra déposer des chaises que sur les parties des boulevards indiquées ci-après, savoir :

1° Contre-allées méridionales.

Depuis la rue de Choiseul jusqu'à la rue de Grammont, depuis la rue Favart jusqu'à la rue de Richelieu, depuis la rue Montmartre jusqu'à la rue Poissonnière.

2° Contre-allées septentrionales.

Depuis le bâtiment de la Madeleine, y compris l'esplanade, jusqu'à la rue du Faubourg-Poissonnière ; l'esplanade du boulevard Bonne-Nouvelle et l'esplanade des deux côtés du Château-d'Eau, sur le boulevard Saint-Martin.

2. Sur l'esplanade de la Madeleine et sur celle du Château-d'Eau, l'adjudicataire sera tenu, les jours de marché, de laisser libre l'emplacement occupé par les marchands de fleurs, et celui qui est nécessaire à la tenue du marché.

3. Les chaises devront être disposées de manière à ne gêner aucunement la circulation.

Il n'en pourra être placé aucune au-devant des portes cochères, bâtardes ou autres, des maisons qui bordent les boulevards, ni contre les portes et devantures de boutiques, ni le long des parties des boulevards qui sont aujourd'hui ou seront par la suite affectées au stationnement des voitures de place.

4. L'adjudicataire devra tenir ses chaises en bon état de solidité et de propreté.

5. Conformément à la délibération de la commission municipale

du 15 janvier dernier, approuvée par M. le ministre de l'intérieur, le 25 mars suivant, le prix de location est fixé à *dix centimes* par chaise.

Il est interdit à l'adjudicataire d'exiger ou de recevoir un prix plus élevé, même les jours de fêtes extraordinaires.

6. Les jours de fêtes publiques, et dans toutes les circonstances où l'administration le jugera nécessaire, l'adjudicataire devra, sur la réquisition qui lui en sera faite, enlever ses chaises et les déposer dans des endroits où elles ne gênent point la circulation, et qui lui seront désignés à cet effet.

7. Il est interdit à l'adjudicataire de rien faire qui puisse nuire aux plantations de la promenade, et notamment de placer des chaises en tas contre de jeunes arbres.

8. Il lui est également interdit de faire aucune construction, même mobile, pour renfermer ses chaises, ou pour toute autre cause.

9. Il sera tenu d'apposer et d'entretenir à ses frais, aux deux extrémités des emplacements qui recevront des chaises, et sur tous autres points où l'administration en reconnaîtrait ultérieurement la nécessité, des placards indiquant le prix de location.

Ces placards, imprimés en gros caractères, seront placés dans des cadres grillagés de cinquante centimètres de longueur sur trente centimètres de largeur. Ces cadres seront attachés à des poteaux scellés dans le sol, qui ne pourront avoir plus de deux mètres de hauteur ; le tout conformément aux prescriptions de l'administration et aux modèles qu'elle déterminera.

10. Les contraventions aux dispositions de la présente ordonnance seront constatées par des procès-verbaux ou rapports, et poursuivis conformément aux lois et règlements.

11. La présente ordonnance sera imprimée et affichée.

Le chef de la police municipale, les commissaires de police, et spécialement les commissaires de police des sections dont fait partie la ligne des boulevards intérieurs du Nord, les officiers de paix et les autres préposés de la préfecture de police, sont chargés d'en assurer l'exécution.

Le préfet de police, P. CARLIER.

N° **2251.** — *Ordonnance concernant les trains de plaisir, entre* Paris *et* Rambouillet, *sur le chemin de fer de Paris à Chartres* (chemin de l'Ouest).

Paris, le 19 mai 1850.

Nous, préfet de police,

Vu : 1° la loi du 21 avril 1849, relative à l'exploitation du chemin de fer de Paris à Chartres, ensemble le cahier des charges annexé à la loi du 21 juin 1846, relative à l'exploitation de la ligne de l'Ouest ;

2° L'ordonnance de police en date du 11 juillet 1849, prescrivant la publication de l'arrêté ministériel du 2 du même mois, qui fixe les prix à percevoir pour le transport des voyageurs, des bagages, etc., sur ledit chemin de fer de Paris à Chartres ;

3° La lettre en date du 18 mai courant, par laquelle M. le ministre des travaux publics nous communique une décision par lui prise le

17 du même mois (1), au sujet de trains de plaisir entre Paris et Rambouillet ;

En vertu des arrêtés du Gouvernement en date des 12 messidor an VIII et 3 brumaire an IX (1er juillet et 25 octobre 1800), et des dispositions de l'article 72 du règlement d'administration publique sur la police, la sûreté et l'exploitation des chemins de fer, en date du 15 novembre 1846,

Ordonnons ce qui suit :

1. La décision ci-dessus visée du ministre des travaux publics, en date du 17 de ce mois, sera imprimée et affichée à la suite de la présente ordonnance, dans le ressort de la préfecture de police, pour y être exécutée suivant sa forme et teneur.

2. Le sous-préfet de l'arrondissement de Sceaux, les maires et les commissaires de police des communes du ressort de la préfecture de police dont le territoire est traversé par le chemin de fer de Paris à Chartres, les fonctionnaires et agents spécialement préposés à la surveillance dudit chemin de fer, sont chargés, chacun en ce qui le concerne, de tenir la main à l'exécution de la présente ordonnance.

Le préfet de police, P. CARLIER.

N° **2252.** — *Ordonnance qui modifie celle du 30 juillet 1849, en ce qui concerne les billets d'abonnement, sur le chemin de fer de Paris à Versailles (rive gauche).*

Paris, le 21 mai 1850.

Nous, préfet de police,

Vu : 1° la loi du 9 juillet 1836, qui autorise l'établissement de deux chemins de fer de Paris à Versailles, ensemble le cahier des charges annexé à cette loi ;

2° L'ordonnance royale du 24 mai 1837, relative aux deux chemins de fer dont il s'agit, le cahier des charges pour l'établissement du chemin de fer de la *rive gauche*, et le procès-verbal d'adjudication annexé à ladite ordonnance ;

3° L'article 9 de la loi du 1er août 1839 ;

4° L'ordonnance de police du 30 juillet 1849, qui fixe le tarif pour le transport des voyageurs sur ledit chemin de fer de Paris à Versailles (*rive gauche*), et règle le prix et les conditions des abonnements ;

5° La décision ministérielle en date du 16 de ce mois, portant homologation de propositions présentées par la Compagnie du chemin de fer précité, au sujet des billets d'abonnement ;

Considérant qu'il y a lieu de rendre exécutoire, dans le ressort de la préfecture de police, la décision ministérielle précitée,

Ordonnons ce qui suit :

1. Tous les billets d'abonnement qui seront délivrés, à partir de ce

---

(1) Voir cette déc. à l'Appendice.

jour, par la Compagnie du chemin de fer de Paris à Versailles (*rive gauche*), seront réduits à une remise uniforme de 10 pour cent sur les prix du tarif réglé par l'article 1er de l'ordonnance précitée du 30 juillet 1849.

2. Il ne sera pas délivré moins de vingt-cinq billets d'abonnement à la fois.

3. L'usage des billets d'abonnement sera supprimé les dimanches et jours de fête.

4. Les dispositions qui font l'objet des trois articles précédents, seront immédiatement applicables, sans affichage préalable.

5. Les billets d'abonnement délivrés antérieurement à la publication de la présente ordonnance seront valables jusqu'à épuisement, non-seulement les jours ordinaires, mais aussi les dimanches et jours de fête, la suppression autorisée pour les jours fériés ne devant s'appliquer qu'aux billets nouveaux.

6. Les dispositions de l'ordonnance susvisée du 30 juillet 1849, relatives aux billets d'abonnement, sont rapportées.

7. La présente ordonnance sera notifiée à la Compagnie; elle sera imprimée et affichée.

Les fonctionnaires et agents spécialement préposés à la surveillance du chemin de fer de Paris à Versailles (*rive gauche*) sont chargés d'en assurer l'exécution.

Le préfet de police, P. CARLIER.

N° **2253.** — *Ordonnance qui modifie celle du 30 juillet 1849, en ce qui concerne les billets d'abonnement, sur le chemin de fer de Paris à Saint-Germain et de Paris à Versailles (rive droite).*

Paris, le 21 mai 1850.

Nous, préfet de police,

Vu : 1° la loi du 9 juillet 1835, qui autorise l'établissement d'un chemin de fer de Paris à Saint-Germain, ensemble le cahier des charges annexé à cette loi ;

2° La loi du 9 juillet 1836, qui autorise l'établissement de deux chemins de fer de Paris à Versailles, ensemble le cahier des charges y annexé ;

3° L'ordonnance royale du 24 mai 1837, relative aux deux chemins de fer dont il s'agit ; le cahier des charges pour l'établissement du chemin de fer de la rive droite, et le procès-verbal d'adjudication annexé à cette ordonnance ;

4° Les lois des 1er et 9 août 1839 ;

5° La décision ministérielle du 3 juillet 1840 ;

6° L'ordonnance de police du 30 juillet 1849, qui fixe un nouveau tarif pour le transport des voyageurs sur les chemins de fer de Paris à Saint-Germain, et de Paris à Versailles (*rive droite*), et règle les taxes et les conditions des abonnements ;

7° La décision ministérielle en date du 16 de ce mois, portant homologation de propositions présentées par les Compagnies des chemins de fer précités, au sujet des billets d'abonnement ;

Considérant qu'il y a lieu de rendre exécutoire, dans le ressort de la préfecture de police, la décision ministérielle ci-dessus visée,

Ordonnons ce qui suit :

1. Tous les billets d'abonnement qui seront délivrés à partir de ce jour par les compagnies des chemins de fer de Paris à Saint-Germain, et de Paris à Versailles (*rive droite*), seront réduits à une remise uniforme de 10 pour cent sur les prix du tarif réglé par l'article 1er de l'ordonnance précitée du 30 juillet 1849.

2. Il ne sera pas délivré moins de vingt-cinq billets d'abonnement à la fois.

3. L'usage des billets d'abonnement sera supprimé les dimanches et jours de fête.

4. Les dispositions qui font l'objet des trois articles précédents seront immédiatement applicables sans affichage préalable.

5. Les billets d'abonnement délivrés antérieurement à la publication de la présente ordonnance seront valables jusqu'à épuisement, non-seulement les jours ordinaires, mais aussi les dimanches et jours de fête, la suppression autorisée pour les jours fériés ne devant s'appliquer qu'aux billets nouveaux.

6. Les dispositions de l'ordonnance susvisée du 30 juillet 1849, relatives aux billets d'abonnement, sont rapportées.

7. La présente ordonnance sera notifiée à la Compagnie; elle sera imprimée et affichée.

Les fonctionnaires et agents spécialement préposés à la surveillance des chemins de fer de Paris à Saint-Germain, et de Paris à Versailles (*rive droite*) sont chargés d'en assurer l'exécution.

Le préfet de police, **P. CARLIER.**

N° 2254. — *Ordonnance concernant le tarif des droits à percevoir dans l'abattoir public de La Villette.*

Paris, le 22 mai 1850.

Nous, préfet de police,

Vu : 1° l'ordonnance royale du 26 mars 1847, qui autorise l'établissement d'un abattoir public avec fonderie de suif, échaudoir, triperie et porcherie, à La Villette, près Paris ;

2° Notre ordonnance du 29 décembre 1849, concernant l'ouverture et la police dudit abattoir ;

3° Le décret du président de la République, du 5 février suivant, qui fixe, d'après la délibération du conseil municipal de La Villette, en date du 8 octobre 1849, le tarif des droits à percevoir dans cet abattoir ;

4° Les arrêtés du Gouvernement du 1er juillet 1800 (12 messidor an VIII) et 25 octobre 1800 (3 brumaire an IX),

Ordonnons ce qui suit :

1. Conformément au décret précité du 5 février 1850, il sera perçu dans l'abattoir public de la commune de La Villette, savoir :

Pour droits de stationnement et d'abataye.

Par bœuf ou vache...................................... 1 fr. 50
Par veau.. » 60
Par mouton ou chèvre................................. » 20
Par porc ou sanglier................................. » 80

Pour droits d'échaudage.

Par chaque issue de bœuf, vache ou veau............... » fr. 50 c.
—   mouton............................ » 10
Pour chaque cent pieds de mouton...................... » 15

Pour droits de fondoir.

Par 100 kilogrammes de suif fondu..................... 1 fr. » c.

2. Les ateliers de triperie n'étant pas encore en activité, et la construction de la fonderie de suif se trouvant ajournée, il sera sursis à toute perception de droits d'échaudage et de fonderie.

3. La présente ordonnance sera imprimée, publiée et affichée.

Ampliation en sera adressée à M. le représentant du peuple, préfet de la Seine.

4. Le sous-préfet de l'arrondissement de Saint-Denis, le maire et le commissaire de police de La Villette, l'inspecteur général des halles et marchés et les préposés sous leurs ordres sont chargés, chacun en ce qui le concerne, de tenir la main à son exécution.

Le préfet de police, P. CARLIER.

N° **2255**. — *Ordonnance concernant le lâchage et le remontage des bateaux et des trains sous le pont de Grenelle.*

Paris, le 25 mai 1850.

Nous, préfet de police,

Vu la pétition qui nous a été présentée par la Compagnie des pont, gare et port de Grenelle, à l'effet d'obtenir l'autorisation de battre des pieux en rivière, pour supporter les échafaudages nécessaires à la reconstruction de la cinquième arche du pont susdésigné ;

Vu l'arrêté, en date du 15 courant, par lequel nous accordons l'autorisation dont il s'agit à certaines conditions, et notamment aux suivantes :

1° Que les travaux de reconstruction mentionnés ci-dessus seront commencés le 1er juin prochain, et devront être terminés dans un délai de quatre mois ;

2° Que la Compagnie pétitionnaire établira à ses frais un service de pilotage, composé de deux mariniers, qui sera chargé de la manœuvre et de la police du passage des bateaux sous le pont de Grenelle, pendant la durée des travaux de reconstruction de la cinquième arche de ce pont, et qu'elle mettra à la disposition desdits mariniers tout le matériel nécessaire à leur service ;

Que cette compagnie plantera, tant sur le terre-plein de la gare que sur la rive droite, à trois cents mètres environ en amont et en aval du pont, les pieux d'amarre qui seront nécessaires pour le stationnement des bateaux et des trains attendant leur tour de passage ;

Vu le rapport de MM. les ingénieurs des ponts et chaussées et celui de M. l'inspecteur principal de la navigation, concernant les mesures à prendre dans l'intérêt de la sûreté de la navigation, à l'occasion de la reconstruction de la cinquième arche du pont de Grenelle ;

Vu les lois et règlements concernant la police des fleuves et rivières ;

Vu l'arrêté du Gouvernement du 12 messidor an VIII (1er juillet 1800),

Ordonnons ce qui suit :

1. A compter du 1er juin prochain, et jusqu'au 30 septembre suivant compris, le passage de tous bateaux indistinctement aura lieu, à la remonte et à la descente, par l'arche marinière d'avant-terre du pont de Grenelle.

Pendant ce même temps, la descente des trains devra s'opérer par l'arche tenant au terre-plain de la gare de Grenelle.

2. Un signal, fait à trois cents mètres en amont du pont, au moyen d'un drapeau hissé à un mât sur la berge du halage, indiquera aux bateaux avalants de toute espèce qu'ils devront rester en stationnement contre la rive opposée au halage jusqu'à ce qu'un pilote soit monté à leur bord, ou jusqu'à ce que le signal ait été amené.

Un semblable signal sera fait, à trois cents mètres en aval du pont, pour les bateaux montants, qui devront rester en stationnement contre la rive du halage jusqu'à ce que le signal ait été amené.

3. Les contraventions à la présente ordonnance seront constatées et déférées aux tribunaux compétents.

Cette ordonnance sera imprimée et affichée.

Les ingénieurs des ponts et chaussées et leurs conducteurs, l'inspecteur principal de la navigation et les préposés sous ses ordres, les commandants de la gendarmerie et de la garde républicaine, le chef de la police municipale, les maires et les commissaires de police des communes de Grenelle, Passy et Auteuil, sont chargés, chacun en ce qui le concerne, d'en surveiller et d'en assurer l'exécution.

Le préfet de police, P. CARLIER.

No **2256**. — *Ordonnance concernant l'arrosement.*

Paris, le 5 juin 1850.

Nous, préfet de police,

Ordonnons ce qui suit :

Les dispositions de l'ordonnance de police du 27 juin 1843 (1), concernant l'arrosement de la voie publique, seront de nouveau imprimées et affichées.

Le préfet de police, P. CARLIER.

---

(1) V. cette ord., t. III. p. 641.

No **2257.** — *Ordonnance qui modifie les tarifs en vigueur, tant pour le transport, à grande vitesse, des articles de messagerie d'un poids inférieur à 10 kilogrammes, que pour le transport, à la vitesse des marchandises, des plâtres, par chargement complet de 4,000 à 5,000 kilogrammes, sur le chemin de fer de Lyon (section de Paris à Tonnerre).*

Paris, le 8 juin 1850.

Nous, préfet de police,

Vu : 1o les ordonnances de police des 10 août 1849 et 14 février 1850, qui prescrivent la publication des arrêtés ministériels des 8 août 1849 et 12 février dernier, réglant les tarifs des prix à percevoir pour les transports, à grande et à petite vitesse, sur le chemin de fer de Paris à Lyon, partie comprise entre Paris et Tonnerre;

2o La lettre à nous adressée par M. le ministre des travaux publics, le 4 de ce mois, avec un arrêté ministériel en date du 31 mai dernier, qui modifie les tarifs en vigueur, tant pour le transport, à grande vitesse, des articles de messagerie d'un poids inférieur à 10 kilogrammes, que pour le transport, à la vitesse, des marchandises, des plâtres, par chargement complet de 4,000 à 5,000 kilogrammes, sur divers parcours du chemin de fer de Lyon, compris entre Paris et Tonnerre;

En vertu des arrêtés du Gouvernement des 12 messidor an VIII et 3 brumaire an IX (1er juillet et 25 octobre 1800), et des dispositions de l'article 72 du règlement d'administration publique sur la police, la sûreté et l'exploitation des chemins de fer, en date du 15 novembre 1846,

Ordonnons ce qui suit :

1. L'arrêté ci dessus visé de M. le ministre des travaux publics, en date du 31 mai dernier, sera imprimé et affiché, à la suite de la présente ordonnance, dans le ressort de la préfecture de police, pour y être exécuté suivant sa forme et teneur.

2. Les contraventions audit arrêté seront constatées par des procès-verbaux ou rapports qui seront déférés aux tribunaux compétents.

3. Les fonctionnaires et agents spécialement préposés à la surveillance du chemin de fer de Paris à Lyon sont chargés d'en assurer l'exécution.

Le préfet de police, P. CARLIER.

No **2258.** — *Ordonnance qui fixe un tarif spécial pour le transport des voyageurs par les trains de plaisir, sur les chemins de fer de Paris à Rouen et de Rouen au Havre et à Dieppe.*

Paris, le 15 juin 1850.

Nous, préfet de police,

Vu : 1o la loi du 15 juillet 1840, qui autorise l'établissement d'un chemin de fer de Paris à Rouen, ensemble le cahier des charges annexé à cette loi;

2° La loi du 11 juin 1842, portant concession d'un chemin de fer de Rouen au Havre, en prolongement du chemin de fer de Paris à Rouen, ensemble le cahier des charges annexé à cette loi ;

3° La loi du 19 juillet 1845, qui autorise la concession des embranchements de Dieppe et de Fécamp sur le chemin de fer de Rouen au Havre, ensemble le cahier des charges coté A, annexé à ladite loi ;

4° Les ordonnances de police du 20 mars 1847, qui fixent des tarifs pour les transports de toute nature sur les chemins de fer de Paris à Rouen et de Rouen au Havre ;

5° L'ordonnance de police en date du 28 janvier 1848, portant homologation d'un tarif pour le transport des voyageurs sur la partie du chemin de fer de Paris à Rouen, comprise entre Tourville et Oissel ;

6° L'ordonnance de police du 25 mai 1849, qui fixe un tarif réduit pour le transport des voyageurs, les jours de marché, sur les parcours compris entre diverses stations des lignes du Havre et de Dieppe et Rouen ;

7° La décision ministérielle en date du 12 courant, qui autorise les compagnies des chemins de fer de Rouen, du Havre et de Dieppe, à abaisser leurs prix pour les voyageurs transportés par les trains de plaisir les samedi, dimanche et lundi de chaque semaine, à partir du 15 de ce mois ;

Considérant qu'il y a lieu de rendre exécutoire, dans le ressort de la préfecture de police, la décision ministérielle précitée,

Ordonnons ce qui suit :

1. Les compagnies des chemins de fer de Paris à Rouen, de Rouen au Havre et à Dieppe, sont autorisées à transporter les voyageurs par les trains de plaisir, aux prix et sur les parcours ci-après indiqués :

TARIF.

LIEUX DE DÉPART ET DE DESTINATION.	1re CLASSE. Voitures couvertes, fermées à glaces et suspendues sur ressorts.		2e CLASSE. Voitures couvertes et suspendues sur ressorts.	
	PRIX DE TRANSPORT.			
	fr.	c.	fr.	c.
De Paris au Havre .... *Aller et retour*	28	»	22	»
Du Havre à Paris .... —	28	»	22	»
De Paris à Dieppe .... —	25	»	20	»
De Dieppe à Paris .... —	25	»	20	»
De Paris à Rouen .... —	18	»	15	»
De Rouen à Paris .... —	18	»	15	»
De Rouen au Havre .... —	10	»	8	»
Du Havre à Rouen .... —	10	»	8	»
De Rouen à Dieppe .... —	7	»	5	»
De Dieppe à Rouen .... —	7	»	5	»
Du Havre à Dieppe .... —	14	»	10	»
De Dieppe au Havre .... —	14	»	10	»
De Dieppe à Longueville .... — ...... } Tous les jours, par tous les trains, les trains de nuit exceptés.	2	»	1	50

2. Les ordonnances de police précitées, des 20 mars 1847, 28 janvier 1848 et 25 mai 1849, continueront de recevoir leur exécution en tout ce qui n'est pas contraire aux dispositions qui précèdent.

3. La présente ordonnance sera notifiée aux compagnies; elle sera imprimée et affichée.

Les fonctionnaires et agents spécialement préposés à la surveillance des chemins de fer de Rouen, du Havre et de Dieppe, sont chargés d'en assurer l'exécution.

Le préfet de police, P. CARLIER.

N° **2259**.—*Ordonnance concernant les chiens et les chiens boule-dogues.*

Paris, le 20 juin 1850.

Nous, préfet de police,

Considérant que de nombreux inconvénients et de graves dangers peuvent résulter de l'inexécution des règlements sur la police des chiens, et qu'il y a lieu d'en rappeler les dispositions au public;

Vu les arrêtés du Gouvernement des 12 messidor an VIII et 3 brumaire an IX,

Ordonnons ce qui suit :

Les dispositions de l'ordonnance de police du 27 mai 1845, concernant les chiens et les chiens *boule-dogues*, seront de nouveau imprimées et affichées dans Paris et dans les communes du ressort de la préfecture de police, ainsi que l'avis du conseil de salubrité annexé à ladite ordonnance.

Le préfet de police, P. CARLIER.

N° **2260**. — *Ordonnance qui fixe un tarif spécial applicable aux trains d'aller et retour destinés aux habitants de Versailles, les jours de dimanche, sur le chemin de fer de Paris à Versailles (rive gauche).*

Paris, le 23 juin 1850.

Nous, préfet de police,

Vu : 1° la loi du 9 juillet 1836, qui autorise l'établissement de deux chemins de fer de Paris à Versailles, ensemble le cahier des charges annexé à cette loi ;

2° L'ordonnance royale du 24 mai 1837, relative aux deux chemins de fer dont il s'agit, le cahier des charges pour l'établissement du chemin de fer de la *rive gauche*, et le procès-verbal d'adjudication annexé à ladite ordonnance;

3° L'article 9 de la loi du 1er août 1839;

4° L'ordonnance de police en date du 30 juillet 1849, qui fixe le tarif pour le transport des voyageurs sur ledit chemin de fer de Paris à Versailles (*rive gauche*);

5° Notre ordonnance du 21 mai dernier, qui règle les prix et conditions des billets d'abonnement sur le même chemin;

6° La décision ministérielle en date du 21 de ce mois, qui autorise la Compagnie du chemin de fer de Paris à Versailles (*rive gauche*), à réduire, le dimanche, les prix de transport dans les trains d'*aller* et de *retour* destinés aux habitants de Versailles;

Considérant qu'il y a lieu de rendre exécutoire, dans le ressort de la préfecture de police, la décision ministérielle précitée,

Ordonnons ce qui suit:

1. La Compagnie du chemin de fer de Paris à Versailles (*rive gauche*) est autorisée à établir, le dimanche, des trains d'aller et de retour, destinés aux habitants de Versailles qui se rendraient à Paris.

Les prix de transport (*aller et retour*) sont fixés ainsi qu'il suit:

```
Pour les diligences ....... 2 fr. »  .
Pour les wagons........... 1   50
```

Les prix ci-dessus s'appliqueront aux trains de Versailles *partant pour* Paris:

```
A 10 heures 30 minutes du matin.
A 11  —    30        —
A 12  —    30        du soir.
A  1  —    30        —
A  2  —    30        —
A  3  —    30        —
```

Et aux trains de Paris *retournant à* Versailles:

```
A  6 heures du soir.
A  7      —
A  8      —
A  9      —
A 10      —
```

2. Toutes les dispositions des ordonnances de police susvisées, qui ne sont pas contraires à celles qui précèdent, continueront de recevoir leur exécution.

3. La présente ordonnance sera notifiée à la Compagnie; elle sera imprimée et affichée.

Les fonctionnaires et agents spécialement préposés à la surveillance du chemin de fer de Paris à Versailles (*rive gauche*) sont chargés d'en assurer l'exécution.

Le préfet de police, P. CARLIER.

N° **2261.** — *Ordonnance rectificative d'une erreur existant dans l'arrêté ministériel im primé à la suite de l'ordonnance de police du 8 juin 1850, sur le chemin de fer de Paris à Lyon (section de Paris à Tonnerre).*

Paris, le 28 juin 1850.

Nous, préfet de police,

Vu : 1° l'arrêté de M. le ministre des travaux publics, en date du 31 mai dernier, relatif à diverses modifications dans les tarifs alors en vigueur, tant pour le transport, à grande vitesse, des articles de messagerie d'un poids inférieur à 10 kilogrammes, que pour le transport, à la vitesse des marchandises, des plâtres par chargement complet de 4,000 à 5,000 kilogrammes;

2° L'ordonnance de police par nous rendue, le 8 de ce mois, pour assurer l'exécution dudit arrêté dans le ressort de la préfecture de police;

3° La lettre à nous adressée, le 22 du courant, par M. le ministre des travaux publics, au sujet d'une erreur qui s'est glissée dans l'arrêté précité, et consistant en ce que le mot *poids* a été substitué au mot *prix* à la deuxième ligne de l'article 2;

Considérant qu'il importe que la rectification de cette erreur soit portée à la connaissance du public;

En vertu des arrêtés du Gouvernement des 12 messidor an VIII et 3 brumaire an IX (1er juillet et 25 octobre 1800), et des dispositions de l'article 72 du règlement d'administration publique sur la police, la sûreté et l'exploitation des chemins de fer, en date du 15 novembre 1846,

Ordonnons ce qui suit :

1. Le mot *poids*, qui se trouve à la deuxième ligne de l'article 2 de l'arrêté ministériel précité, en date du 31 mai dernier, est remplacé par le mot *prix*.

2. La présente ordonnance sera imprimée et affichée.

Les fonctionnaires et agents spécialement préposés à la surveillance du chemin de fer de Lyon, partie comprise entre Paris et Tonnerre, sont chargés d'en assurer l'exécution.

Le préfet de police, P. CARLIER.

———————

N° **2262.** — *Ordonnance concernant la mise en chômage du canal de Saint-Maur.*

Paris, le 8 juillet 1850.

Nous préfet de police,

Vu la lettre par laquelle M. l'ingénieur en chef de la navigation de la Marne nous informe que, pour pouvoir poser la partie inférieure des deux nouvelles échelles en fonte, à l'entrée du souterrain et en amont de l'écluse à sas du canal de Saint-Maur, comme aussi pour l'exécution de quelques réparations à faire dans les perrés, il est nécessaire de mettre ce canal en chômage;

Vu les règlements concernant la police des rivières, des canaux et des ports;

Vu l'arrêté du Gouvernement du 12 messidor an VIII (1er juillet 1800),

Ordonnons ce qui suit :

1. Le canal de Saint-Maur sera mis en chômage, du 24 de ce mois au 28 inclusivement.

2. Pendant la durée de ce chômage, la navigation ne pourra avoir lieu sur la Marne qu'en suivant le cours de la rivière.

En conséquence, tous les pieux et autres objets existant dans cette rivière, qui seraient de nature à nuire au passage des bateaux et des trains, devront être immédiatement enlevés.

3. Le sous-préfet de Sceaux, les maires des communes riveraines, le commandant de la gendarmerie, l'inspecteur principal de la navigation et des ports, les ingénieurs de la navigation de la Marne et leurs conducteurs sont chargés, chacun en ce qui le concerne, d'assurer l'exécution de la présente ordonnance.

Le préfet de police, P. CARLIER.

N° **2263.**—*Ordonnance concernant : 1° un tarif tant pour les nouvelles stations de* Montescourt *et de* Saint-Quentin, *que pour les stations d'*Ermont, *de* Franconville *et d'*Herblay; *2° et diverses modifications dans les tarifs en vigueur, sur les chemins de fer de Paris à la frontière de Belgique* (chemin de fer du Nord) *et de* Creil à Saint-Quentin.

Paris, le 11 juillet 1850.

Nous, préfet de police,

Vu : 1° la loi du 15 juillet 1845, qui autorise la concession tant du chemin de fer de Paris à la frontière de Belgique, avec embranchement de Lille sur Calais et Dunkerque, que du chemin de fer de Creil à Saint-Quentin, ensemble les cahiers des charges cotés A et B, annexés à cette loi ;

2° Les ordonnances royales homologatives de l'adjudication de la concession de chacun des deux chemins de fer précités ;

3° L'ordonnance du roi du 1er avril 1847, qui approuve le traité de fusion de la Compagnie du chemin de fer du Nord, concessionnaire du chemin de fer de Paris à la frontière de Belgique, avec la Compagnie du chemin de fer de Creil à Saint-Quentin ;

4° Les ordonnances de police des 19 juin 1846, 10 et 22 février, 10 mars, 20 septembre et 6 novembre 1847, 16 octobre 1848, 19 avril et 17 décembre 1849, qui fixent les tarifs pour les transports de toute nature, à grande et à petite vitesse, et pour les droits de magasinage sur les chemins de fer de Paris à la frontière de Belgique, avec embranchement de Lille sur Calais et Dunkerque, et de Creil à Saint-Quentin ;

5° La décision ministérielle, en date du 26 du mois dernier, portant approbation de propositions présentées par la Compagnie du chemin de fer du Nord, et ayant pour objet : 1° la fixation de tarifs, tant pour les nouvelles stations de Montescourt et de Saint-Quentin, que pour les parcours compris entre les diverses stations de la ligne de Creil à Saint-Quentin, et les stations d'Ermont, de Franconville et d'Herblay, situées sur la ligne principale de Paris à la frontière de Belgique ; 2° et diverses modifications dans les tarifs en vigueur;

Considérant qu'il y a lieu de rendre exécutoire, dans le ressort de la préfecture de police, la décision ministérielle précitée,

Ordonnons ce qui suit :

TITRE Ier.

TRANSPORT A LA VITESSE DES VOYAGEURS.

CHAPITRE Ier.

Voyageurs.

§ 1er. — Tarif pour les nouvelles stations de *Montescourt* et *Saint-Quentin*.

1. Les prix à percevoir pour le transport des voyageurs sur les parcours ci-après indiqués, sont réglés, y compris l'impôt dû au Trésor, conformément au tableau suivant :

TARIF.

LIEUX DE DÉPART ET DE DESTINATION.	Distances servant de base à la fixation des prix de transport.	1re CLASSE. Voitures couvertes, garnies et fermées à glaces.	2e CLASSE. Voitures couvertes, fermées à glaces et à banquettes rembourrées.	3e CLASSE. Voitures couvertes et fermées avec rideaux.
		PRIX DE TRANSPORT.		
	kilomèt.	fr. c.	fr. c.	fr. c.
Paris............	158	16 25	12 25	9 »
Saint-Denis.......	152	15 50	11 75	8 75
Enghien..........	147	15 »	11 25	8 50
Ermont..........	144	14 75	11 »	8 25
Franconville......	141	14 50	10 75	8 »
Herblay..........	138	14 25	10 75	7 75
Pontoise.........	129	13 25	10 »	7 25
Auvers..........	125	12 75	9 50	7 »
Ile-Adam........	119	12 25	9 25	6 75
Beaumont.......	112	11 50	8 50	6 25
Boran..........	105	10 75	8 »	6 »
Précy..........	101	10 25	7 75	5 75
Saint-Leu........	98	10 »	7 50	5 50
Creil...........	91	9 25	7 »	5 25
Pont-Ste-Maxence.	79	8 »	6 »	4 50
Verberie........	70	7 25	5 25	4 »
Compiègne.......	58	6 »	4 50	3 25
Thourotte.......	49	5 »	3 75	2 75
Ourscamp.......	40	4 »	3 »	2 50
Noyon..........	34	3 50	2 65	1 95
Appilly..........	26	2 70	2 »	1 50
Chauny..........	18	1 85	1 40	1 05
Tergnier........	11	1 15	» 85	» 65
Saint-Quentin....	15	1 35	1 »	» 75
Liancourt........	98	10 »	7 50	5 50
Clermont........	106	10 »	8 »	6 »
Saint-Just.......	120	10 »	8 »	6 »
Breteuil........	155	10 »	8 »	6 »
Amiens..........	171	10 »	8 »	6 »

De MONTESCOURT aux stations ci-contre, *et vice versâ :*

LIEUX DE DÉPART ET DE DESTINATION.	Distances servant de base à la fixation des prix de transport.	1re CLASSE. Voitures couvertes, garnies et fermées à glaces.		2e CLASSE. Voitures couvertes, fermées à glaces et à banquettes rembourrées.		3e CLASSE. Voitures couvertes et fermées avec rideaux.	
		PRIX DE TRANSPORT.					
	kilomèt.	fr.	c.	fr.	c.	fr.	c.
Paris............	171	17	50	13	25	9	75
Saint-Denis......	165	17	»	12	75	9	50
Enghien..........	159	16	25	12	25	9	»
Ermont	156	16	»	12	»	9	»
Franconville.....	154	15	75	11	75	8	75
Herblay.........	150	15	50	11	50	8	50
Pontoise.........	142	14	50	11	»	8	»
Auvers	137	14	»	10	50	7	75
Ile-Adam........	131	13	50	10	»	7	50
Beaumont.......	125	12	75	9	50	7	»
Boran...........	118	12	»	9	»	6	75
Précy	114	11	75	8	75	6	50
Saint-Leu.......	110	11	25	8	50	6	25
Creil...........	103	10	»	8	»	5	75
Pont-Ste-Maxence.	92	9	50	7	»	5	25
Verberie........	82	8	25	6	25	4	75
Compiègne	70	7	25	5	25	4	»
Thourotte.......	62	6	25	4	75	3	50
Ourscamp.......	55	5	25	4	»	3	»
Noyon...........	47	4	75	3	50	2	70
Appilly..........	38	3	75	2	95	2	20
Chauny..........	30	3	»	2	35	1	75
Tergnier	25	2	40	1	80	1	35
Montescourt	13	1	35	1	»	»	75
Liancourt.......	111	10	»	8	»	6	»
Clermont........	118	10	»	8	»	6	»
Saint-Just	133	10	»	8	»	6	»
Breteuil	148	10	»	8	»	6	»
Amiens..........	184	10	»	8	»	6	»
Albert...........	215	12	»	9	»	7	»
Arras	251	16	»	12	»	9	»
Douai.	277	18	»	14	»	11	»
Lille	310	22	»	6	»	12	»
Mouscron........	329	24	»	8	»	13	»
Somain..........	292	20	»	15	»	11	»
Valenciennes....	312	22	»	17	»	12	50
Quiévrain.......	324	23	»	18	»	13	»
Dunkerque......	395	24	»	18	»	13	»
Saint-Omer......	373	23	»	18	»	15	»
Calais...........	414	24	»	19	»	14	»

De ST-QUENTIN aux stations ci-contre, *et vice versâ* :

§ II. — Tarif applicable aux stations d'*Ermont*, de *Franconville* et d'*Herblay*.

2. La Compagnie est autorisée à percevoir les prix suivants pour le transport des voyageurs sur les parcours indiqués au tableau suivant :

TARIF.

LIEUX DE DÉPART ET DE DESTINATION.	Distances servant de base à la fixation des prix de transport	1re CLASSE. Voitures couvertes, garnies et fermées à glaces.		2e CLASSE. Voitures couvertes, fermées à glaces et à banquettes rembourrées.		3e CLASSE. Voitures couvertes et fermées avec rideaux.	
		PRIX DE TRANSPORT.					
	kilomèt.	fr.	c.	fr.	c.	fr.	c.
D'ERMONT aux stations ci-contre, *et vice versâ.* — Pont-Ste-Maxence.	65	6	50	5	»	5	75
Verberie.........	74	7	50	5	75	4	25
Compiègne.......	87	9	»	6	75	5	»
Thourotte........	95	9	75	7	25	5	50
Ourscamp........	104	10	75	8	»	6	»
Noyon...........	110	11	25	8	50	6	25
Appilly..........	118	12	»	9	»	6	75
Chauny..........	126	13	»	9	75	7	25
Tergnier.........	134	13	75	10	25	7	75
Montescourt......	144	14	75	11	»	8	25
Saint-Quentin.....	156	16	»	12	»	9	»
De **FRANCONVILLE** aux stations ci-contre. *et vice versâ.* — Pont-Ste-Maxence.	62	6	25	4	75	3	50
Verberie.........	72	7	25	5	50	4	»
Compiègne.......	84	8	50	6	50	4	75
Thourotte........	92	9	50	7	»	5	25
Ourscamp........	101	10	25	7	75	5	75
Noyon...........	108	11	»	8	25	6	25
Appilly..........	116	12	»	9	»	6	50
Chauny..........	124	12	75	9	50	7	»
Tergnier.........	131	13	50	10	»	7	50
Montescourt......	141	14	50	10	75	8	»
Saint-Quentin.....	154	15	75	11	75	8	75
D'HERBLAY aux stations ci-contre, *et vice versâ.* — Pont-Ste-Maxence.	59	6	»	4	50	3	25
Verberie.........	69	7	»	5	25	4	»
Compiègne.......	81	8	25	6	25	4	50
Thourotte........	89	9	»	6	75	5	»
Ourscamp........	98	10	»	7	50	5	50
Noyon	104	10	75	8	»	6	»
Appilly..........	112	11	50	8	50	6	25
Chauny..........	121	12	50	9	25	7	»
Tergnier.........	128	13	»	9	75	7	25
Montescourt......	138	14	25	10	75	7	75
Saint-Quentin.....	150	15	50	11	50	8	50

§ III. — Modifications aux tarifs en vigueur.

3. Les prix du transport des voyageurs sur les parcours ci-après désignés sont réglés ainsi qu'il suit :

LIEUX DE DÉPART ET DE DESTINATION.	Distances servant de base à la fixation des prix de transport.	1ʳᵉ CLASSE. Voitures couvertes, garnies et fermées à glaces.	2ᵉ CLASSE. Voitures couvertes, fermées à glaces et à banquettes rembourrées.	3ᵉ CLASSE. Voitures couvertes et fermées avec rideaux.
		PRIX DE TRANSPORT.		
	kilomèt.	fr. c.	fr. c.	fr. c.
De THOUROTTE aux stations ci-contre, *et vice versâ.* { Paris............	110	10 25	8 »	5 75
{ Saint-Denis.......	104	10 25	8 »	5 75
D'OURSCAMP à la station ci-contre, *et vice versâ.* { Paris............	118	11 50	8 75	6 25
D'APPILLY à la station ci-contre, *et vice versâ.* { Paris............	133	13 25	10 »	7 25
De PARIS aux stations ci-contre, *et vice versâ.* \ Thourotte........	110	10 25	8 »	5 75
{ Ourscamp	118	11 50	8 75	6 25
/ Appilly..........	133	13 25	10 »	7 25

CHAPITRE II.

Excédants de bagages, articles de messagerie, marchandises, finances, chiens, voitures et chevaux, et frais accessoires.

SECTION Iʳᵉ. — Prix de transport.

§ Iᵉʳ. — *Excédants de bagages, articles de messagerie, marchandises, finances et chiens.*

4. Les prix du transport, à grande vitesse, des excédants de bagages, des articles de messagerie, des marchandises, des finances et autres valeurs, et des chiens, sont réglés, pour les parcours indiqués aux articles 1ᵉʳ et 2 ci-dessus, conformément aux dispositions des ordonnances de police précitées, des 19 juin 1846, 22 février 1847 et 16 octobre 1848, relatives au chemin de fer de Paris à la frontière de Belgique, ainsi qu'à son embranchement de Lille sur Calais et Dunkerque.

5. Aux termes de l'article 42 du cahier des charges du chemin de fer de Paris à la frontière de Belgique, et de l'article 37 du cahier des charges du chemin de fer de Creil à Saint-Quentin, tout voyageur dont le bagage ne pèsera pas plus de 30 kilogrammes, n'aura à payer, pour le port de ce bagage, aucun supplément du prix de sa place.

6. Conformément aux termes des articles 43 et 48 des cahiers des charges cités à l'article qui précède, les militaires ou marins voyageant isolément pour cause de service, envoyés en congé pour appartenir à la réserve, envoyés en congé limité ou rentrant dans leurs foyers après libération, ne seront assujettis, eux et leurs bagages, qu'à la moitié de la taxe du tarif fixé au chapitre 1er ci-dessus.

Les militaires ou marins voyageant en corps ne seront assujettis, eux et leurs bagages, qu'au quart de la taxe du tarif.

§ II. — *Voitures et chevaux.*

7. Les prix à percevoir pour le transport des voitures et des chevaux sur les parcours ci-après désignés, sont réglés comme il suit :

Tarif pour le Transport des Voitures et des Chevaux.

LIEUX DE DÉPART et DE DESTINATION.	Distances servant de base à la fixation des prix de transport.	VOITURES		CHEVAUX par tête.
		à un fond et une banquette.	à deux fonds et deux banquettes.	
		PRIX DE TRANSPORT.		
	kilomèt.	fr. c.	fr. c.	fr. c.
Paris...............	171	85 »	109 »	34 »
Pontoise..........	142	71 »	90 »	28 »
Beaumont.........	125	62 »	80 »	25 »
Boran.............	118	59 »	75 »	23 »
Saint-Leu........	110	55 »	70 »	22 »
Creil.............	103	51 »	65 »	20 »
DE St-QUENTIN aux stations ci-contre, et vice versâ : Compiègne.........	70	35 »	44 »	14 »
Noyon.............	47	23 »	30 »	9 »
Chauny...........	30	15 »	19 »	6 »
Tergnier..........	25	11 »	14 »	4 50
Clermont..........	118	51 »	65 »	20 »
Breteuil..........	147	51 »	65 »	20 »
Amiens...........	184	58 »	74 »	24 »
Arras.............	251	92 »	117 »	38 »
Douai.............	277	105 »	135 »	43 »
Lille	310	121 »	154 »	49 »
Valenciennes	312	123 »	156 »	50 »
Quiévrain.........	324	129 »	164 »	52 »
Mouscron..........	329	129 »	165 »	53 »

SECTION II. — Frais et accessoires.

8. Les frais accessoires de chargement et de déchargement, de magasinage et d'enregistrement, réglés par les ordonnances de police précitées des 19 juin 1846 et 22 février 1847, sont applicables aux objets de même nature transportés sur les parcours désignés aux articles 1er, 2 et 7 ci-dessus.

TITRE II.

TRANSPORT A LA VITESSE DES MARCHANDISES.

CHAPITRE Ier.

Classification des marchandises.

9. Les dispositions des articles 1er et 2 de l'ordonnance de police du 10 février 1847, qui classent les marchandises et fixent l'ordre dans lequel elles sont rangées pour la détermination des prix de transport qui leur sont applicables, sont rendues exécutoires sur les divers parcours indiqués au tableau compris sous l'article 10 ci-après.

CHAPITRE II.

Transport des marchandises, chevaux, bestiaux et voitures, et frais accessoires.

SECTION Ire. — Prix de transport.

§ Ier. — *Tarif pour la nouvelle station de* Saint-Quentin.

10. Les prix à percevoir pour le transport des marchandises, des chevaux, bestiaux et voitures, voyageant à petite vitesse, sur les parcours ci-après indiqués, sont réglés d'après le tableau suivant :

(Tarif pour le transport, à petite vitesse, des marchandises, etc.)

Tarif pour le Transport, à petite vitesse.

LIEUX DE DÉPART et DE DESTINATION.	Distances servant de base à la fixation des prix de transport.	MARCHANDISES PAR TONNE DE 1,000 KILOGRAMMES.				
		Hors classe.	1re classe.	2e classe.	3e classe. 1re catégorie.	2e catégorie
		PRIX DE TRANSPORT.				
	kilomèt.	fr. c.	fr. c.	fr. c.	fr. c.	fr.
Paris (*gare de La Chapelle*)..	169	41 50	26 »	22 »	20 »	16
Saint-Denis	165	40 50	26 »	22 »	20 »	16
Enghien	159	39 50	26 »	22 »	20 »	15
Herblay	150	37 50	25 50	22 »	20 »	15
Pontoise	142	35 50	24 50	22 »	19 »	14
Auvers	137	35 50	24 50	21 50	18 50	13
Isle-Adam	131	32 50	23 50	20 50	17 50	12
Beaumont	125	30 50	22 50	19 50	17 50	12
Boran	118	29 50	20 50	18 50	16 50	11
Saint-Leu	110	27 50	19 50	17 50	14 50	10
Creil	103	25 50	18 50	15 50	13 50	9
Liancourt	111	25 50	18 50	15 50	13 50	9
Clermont	118	25 50	18 50	15 50	13 50	9
Saint-Just	133	25 50	18 50	15 50	13 50	9
Breteuil	148	25 50	18 50	15 50	13 50	9
Ailly	165	25 50	18 50	15 50	13 50	9
Amiens	184	25 50	18 50	15 50	13 50	9
Corbie	199	25 50	18 50	16 50	14 50	10
Albert	215	25 50	18 50	16 50	14 50	10
Achiet	235	34 50	24 50	19 50	16 50	12
Arras	251	34 50	24 50	19 50	16 50	12
Douai	277	41 50	29 50	22 50	19 50	15
Somain	291	45 50	31 50	27 50	23 50	17
Raismes	307	48 50	34 50	27 50	23 50	17
Valenciennes	312	48 50	34 50	27 50	23 50	17
Blanc-Misseron	324	51 50	37 50	28 50	24 50	18
Quiévrain	324	51 50	37 50	28 50	24 50	18
Pont-de-la-Deule	280	49 50	35 50	27 50	23 50	17
Séclin	298	49 50	35 50	27 50	23 50	17
Lille	310	49 50	35 50	27 50	23 50	17
Roubaix	321	51 50	36 50	32 50	28 50	20
Tourcoing	323	52 50	37 50	33 50	29 50	20
Mouscron	329	53 50	39 50	34 50	29 50	21
Armentières	326	49 50	35 50	27 50	23 50	17
Bailleul	338	49 50	35 50	27 50	23 50	17
Hazebrouck	355	49 50	35 50	27 50	23 50	17
Cassel	362	55 50	37 50	27 50	23 50	19
Arnecke	369	55 50	37 50	27 50	23 50	19
Esquelbecq	376	55 50	37 50	27 50	23 50	19
Bergues	385	55 50	37 50	27 50	23 50	19
Dunkerque	393	58 50	37 50	27 50	23 50	19
Saint-Omer	373	55 50	37 50	27 50	23 50	19
Watten	382	57 50	37 50	27 50	23 50	19
Audruicq	395	57 50	37 50	27 50	23 50	19
Ardres	401	58 50	37 50	27 50	23 50	19
Calais (Saint-Pierre)	412	58 50	37 50	27 50	23 50	19
Pont-Saint-Maxence	92	22 50	16 50	14 50	12 50	8
Verberie	82	20 50	14 50	12 50	10 50	8
Compiègne	70	17 50	12 50	10 50	9 50	7
Ourscamp	55	12 50	9 50	8 »	7 »	5
Noyon	47	11 50	8 »	7 50	6 50	4
Chauny	30	7 50	5 »	4 50	4 »	3
Tergnier	23	5 50	4 10	3 60	3 20	2

De SAINT-QUENTIN aux stations ci-après, et vice versa :

andises, Chevaux, Bestiaux et Voitures.

LIEUX DE DÉPART et DE DESTINATION.	Distances servant de base à la fixation des prix de transport.	BESTIAUX. par wagon complet.	PAR TÊTE. Moutons, brebis et chèvres.	Veaux et porcs.	Chevaux, bœufs, vaches, taureaux et mulets.	VOITURES à un fond et une banquette.	à deux fonds et deux banquettes.
	kilomèt.	fr. c.	fr. c.	fr. c.	fr. c.	fr. c.	fr. c.
Paris (gare de La Chapelle)..	169	84 »	3 25	6 75	16 50	42 »	54 »
Saint-Denis	165	82 »	3 25	6 50	16 »	41 »	52 »
Enghien	159	79 »	3 »	6 25	15 »	39 »	50 »
Herblay	150	75 »	3 »	6 »	15 »	37 »	48 »
Pontoise	142	71 »	2 75	5 50	14 »	35 »	45 »
Auvers	137	68 »	2 50	5 25	13 »	34 »	43 »
Isle-Adam	131	65 »	2 50	5 »	13 »	32 »	41 »
Beaumont	125	62 »	2 25	4 75	12 »	31 »	39 »
Boran	118	59 »	2 25	4 50	11 »	29 »	37 »
Saint-Leu	110	55 »	2 »	4 25	11 »	27 »	35 »
Creil	103	41 »	2 »	4 »	10 »	25 »	32 »
Liancourt	111	41 »	2 »	4 25	11 »	27 »	35 »
Clermont	118	41 »	2 25	4 50	11 »	28 »	36 »
Saint-Just	133	41 »	2 25	4 50	11 »	28 »	36 »
Breteuil	148	41 »	2 25	4 50	11 »	28 »	36 »
Ailly	165	41 »	2 25	4 50	11 »	28 »	36 »
Amiens	184	41 »	2 25	4 50	11 »	28 »	36 »
Corbie	199	56 »	2 50	5 25	14 »	32 »	44 »
Albert	215	56 »	2 50	5 25	14 »	36 »	46 »
Achiet	233	74 »	3 25	6 75	17 »	40 »	51 »
Arras	251	74 »	3 25	6 75	17 »	45 »	57 »
Douai	277	87 »	3 75	7 75	19 »	51 »	63 »
Somain	291	95 »	4 »	8 25	20 »	55 »	70 »
Raismes	307	105 »	4 50	9 »	22 »	60 »	77 »
Valenciennes	312	105 »	4 50	9 »	22 »	60 »	77 »
Blanc-Misseron	324	111 »	4 75	9 50	24 »	63 »	78 »
Quiévrain	324	111 »	4 75	9 50	24 »	63 »	78 »
Pont-de-la-Deule	280	105 »	4 50	9 »	23 »	52 »	66 »
Séclin	298	103 »	4 50	9 »	23 »	57 »	72 »
Lille	310	103 »	4 50	9 »	23 »	59 »	76 »
Roubaix	321	108 »	4 75	9 50	24 »	61 »	79 »
Tourcoing	323	109 »	4 75	9 50	24 »	62 »	80 »
Mouscron	329	112 »	4 75	9 50	24 »	63 »	81 »
Armentières	326	103 »	4 50	9 »	23 »	59 »	76 »
Bailleul	338	103 »	4 50	9 »	23 »	59 »	76 »
Hazebrouck	355	103 »	4 50	9 »	23 »	59 »	76 »
Cassel	362	106 »	4 50	9 »	23 »	59 »	76 »
Arnecke	369	106 »	4 50	9 »	23 »	59 »	76 »
Esquelbecq	376	106 »	4 50	9 »	23 »	59 »	76 »
Bergues	585	106 »	4 50	9 »	23 »	59 »	76 »
Dunkerque	593	106 »	4 50	9 »	23 »	59 »	76 »
Saint-Omer	373	106 »	4 50	9 »	23 »	59 »	76 »
Watten	382	106 »	4 50	9 »	23 »	59 »	76 »
Audruicq	593	106 »	4 50	9 »	23 »	59 »	76 »
Ardres	401	106 »	4 50	9 »	23 »	59 »	76 »
Calais (Saint-Pierre)	412	106 »	4 50	9 »	23 »	59 »	76 »
Pont-Sainte-Maxence	92	41 »	1 75	3 50	9 »	22 »	29 »
Verberie	82	41 »	1 50	3 25	8 »	20 »	26 »
Compiègne	70	35 »	1 25	2 75	7 »	17 »	22 »
Ourscamp	55	26 »	1 »	2 »	5 »	13 »	16 »
Noyon	47	23 »	» 75	1 75	4 50	11 »	14 »
Chauny	30	15 »	» 50	1 »	3 »	7 »	9 »
Tergnier	23	11 »	» 40	» 80	2 30	5 80	7 »

§ II. — *Modification des tarifs en vigueur.*

11. Les prix du transport des marchandises sur les parcours ci-après, sont fixés ainsi qu'il suit :

TARIF.

LIEUX DE DÉPART et DE DESTINATION.	Distances servant de base à la fixation des prix de transport	MARCHANDISES PAR TONNE DE 1,000 KIL.				
		Hors classe.	1re classe.	2e classe.	3e classe. 1re catégorie	2e catégorie
		PRIX DE TRANSPORT.				
De PARIS (*gare de La Chapelle*) aux stations ci-après, *et vice versâ.*	kilomèt.	fr. c.	fr. c.	fr. c.	fr. c.	fr. c.
Noyon......................	123	» »	16 50	14 50	12 50	» »
Chauny......................	139	» »	20 »	17 »	» »	» »
Tergnier......................	147	» »	21 50	18 50	16 50	» »

SECTION II. — Frais accessoires.

12. Les frais accessoires de chargement et de déchargement, d'enregistrement et de magasinage, réglés par les ordonnances de police précitées des 10 février, 10 mars, 20 septembre et 6 novembre 1847, sont applicables aux objets de même nature transportés sur les parcours désignés aux articles 10 et 11 ci dessus.

TITRE III.

DISPOSITIONS GÉNÉRALES.

13. Toutes les dispositions des ordonnances de police susvisées, des 19 juin 1846, 10 et 22 février, 10 mars, 20 septembre, 6 novembre 1847, 16 octobre 1848, 19 avril et 17 décembre 1849, qui ne sont pas contraires à celles qui précèdent, sont applicables aux transports sur les parcours indiqués ci-dessus.

14. La présente ordonnance sera notifiée à la Compagnie du chemin de fer du Nord. Elle sera imprimée et affichée.

Les fonctionnaires et agents spécialement préposés à la surveillance des chemins de fer de Paris à la frontière de Belgique et de Creil à Saint-Quentin sont chargés d'en assurer l'exécution.

Le préfet de police, P. CARLIER.

N° **2264.** — *Ordonnance concernant les secours à donner aux noyés, asphyxiés ou blessés.*

Paris, le 17 juillet 1850.

Nous, préfet de police,

Vu l'ordonnance de police en date du 1er janvier 1836, et l'instruction qui y est annexée;

Considérant qu'il est utile de renouveler les instructions relatives aux secours à donner aux noyés, asphyxiés ou blessés, et de faire connaître les modifications et les améliorations obtenues par l'expérience dans la manière d'administrer les secours, pour les rendre plus efficaces;

Vu : 1° la loi du 16-24 août 1790;

2° Les articles 2, 24 et 42 de l'arrêté du Gouvernement du 12 messidor an VIII (1er juillet 1800);

3° Le décret du 13 juin 1811,

Ordonnons ce qui suit:

1. La nouvelle instruction sur les secours à donner aux noyés et asphyxiés, rédigée par le conseil de salubrité du département de la Seine, sera imprimée, publiée et affichée.

2. Tout individu trouvé blessé sur la voie publique, ou retiré de l'eau en état de suffocation, ou asphyxié par des vapeurs méphytiques, par le froid ou par la chaleur, devra être immédiatement transporté au dépôt de secours le plus voisin ou dans un hôpital, s'il s'en trouve à proximité, pour y recevoir les secours nécessaires.

3. Lorsqu'un individu sera retiré de la rivière, il n'est pas nécessaire, comme on paraît le croire assez généralement, de lui laisser les pieds dans l'eau jusqu'à l'arrivée des agents de l'autorité. Les personnes présentes devront immédiatement s'occuper à lui administrer des secours, sans attendre l'arrivée des hommes de l'art ou des agents de l'autorité.

On devra également porter des secours immédiats à tout individu trouvé en état d'asphyxie par strangulation (pendaison). Les personnes qui arriveront les premières sur le lieu de l'événement devront s'empresser de détacher ou de couper le lien qui entoure le cou.

4. Si l'individu rappelé à la vie a besoin de secours ultérieurs, il sera transporté à son domicile, s'il le demande, sinon à l'hospice le plus voisin.

5. Aussitôt qu'un officier de police judiciaire aura été averti qu'une personne a été asphyxiée, noyée, blessée ou victime de tout autre accident grave, il se transportera à l'endroit où se trouve l'individu ou sur le lieu de l'événement, et il en dressera procès-verbal. Il devra être assisté d'un médecin.

Le procès-verbal contiendra:

1° La désignation du sexe, le signalement, les noms, prénoms, qualité et âge de l'individu, s'il est possible de les connaître;

2° La déclaration de l'homme de l'art sur l'état actuel de l'individu;

3° Les renseignements recueillis sur le fait ou sur l'accident;

4° Les dépositions des témoins et de toutes les personnes qui auraient connaissance de l'événement.

6. Il sera alloué, à titre d'honoraires, récompense ou salaire aux personnes qui auront repêché, secouru ou transporté un noyé, un asphyxié ou un blessé,

Savoir:

1° Pour le repêchage d'un noyé rappelé à la vie, vingt-cinq francs;

2º Pour le repêchage d'un noyé, mort ou non rappelé à la vie, quinze francs;

3º Pour le transport à l'hospice ou à son domicile, d'un noyé, asphyxié ou blessé, trois à cinq francs, suivant les distances;

Néanmoins, les maires des communes du ressort de la préfecture de police pourront, lorsque le transport exigera l'emploi d'une charrette et d'un cheval, allouer au voiturier la somme qui leur paraîtra rigoureusement juste;

4º A l'homme de l'art, les honoraires déterminés par le décret du 18 juin 1811; plus, s'il y a lieu, une indemnité qui sera calculée sur la durée et l'importance des secours.

Ces frais seront payés à la caisse de la préfecture de police, après la réception du procès-verbal, et sur le vu des certificats séparés, qui seront délivrés aux parties intéressées.

Nous nous réservons de faire remettre une médaille de distinction à toute personne qui se ferait remarquer par son zèle et son dévouement à secourir un noyé ou un asphyxié.

7. Le directeur des secours publics veillera constamment à l'entretien et à la conservation des brancards et de leurs accessoires, des boîtes de secours et des instruments, médicaments et autres objets qui les composent.

8. L'officier de police et le commandant du poste où une personne à secourir aura été transportée, veilleront à ce qu'après l'administration des secours et le transport de l'individu, les brancards et accessoires en dépendant soient rapportés au lieu ordinaire de leur dépôt, comme aussi à ce que les ustensiles et médicaments soient fidèlement réintégrés dans la boîte de secours.

Si quelque ustensile se trouvait dégradé ou quelque médicament épuisé, l'officier de police ou le commandant du poste nous en rendrait compte immédiatement.

L'un et l'autre veilleront à ce que, dans le cas de déplacement de la boîte de secours, elle soit promptement reportée au lieu ordinaire du dépôt.

9. Les propriétaires des bains chauds et des bains froids établis sur la rivière sont tenus d'avoir à leurs frais, et d'entretenir en bon état, une boîte de secours dans chacun de leurs établissements.

10. Les propriétaires de bateaux à vapeur partant de Paris, et ayant à bord des voyageurs, sont aussi tenus d'avoir à leurs frais et d'entretenir en bon état une boîte de secours sur chaque bateau.

11. Les dispositions de l'ordonnance de police du 1er janvier 1836 sont et demeurent rapportées.

12. La présente ordonnance sera imprimée et affichée.

Les sous-préfets des arrondissements de Saint-Denis et de Sceaux, les maires des communes du ressort de la préfecture de police, le chef de la police municipale, les commissaires de police, le directeur des secours publics et l'inspecteur principal de la navigation et des ports sont chargés de tenir la main à son exécution.

Le préfet de police, P. CARLIER.

LOCALITÉS OU SONT DÉPOSÉS LES APPAREILS DE SECOURS.

Boîtes de secours pour les noyés et asphyxiés.

PARIS.

PREMIER ARRONDISSEMENT.

Poste de la Pompe à feu, à Chaillot.
— du Cours-la-Reine.
— du port Saint-Nicolas, quai des Tuileries.

QUATRIÈME ARRONDISSEMENT.

Bateau Pascal, pont au Change.
— à lessive, quai de l'école.
Poste de la place du Châtelet.

CINQUIÈME ARRONDISSEMENT.

Poste de la Rotonde de la Villette.

SIXIÈME ARRONDISSEMENT.

Chez M. Molnoy, marchand de vin, rue Ménilmontant, quai Valmy.
Poste du pont du Temple.
Chez M. Piroteau, marchand de vin, rue Grange-aux-Belles, quai Jemmapes.
Chez M. Maugin, marchand de vin, rue des Écluses-Saint-Martin, quai Valmy.

HUITIÈME ARRONDISSEMENT.

Patache d'Amont.
Poste de la place Saint-Antoine.
— de la rue du Chemin-Vert.
Bateau à lessive, pont d'Austerlitz, rive droite.

NEUVIÈME ARRONDISSEMENT.

Poste de l'île Saint-Louis.
— du port Saint-Paul.
— du port au Blé.
Bateau Baillet, en tête du pont Marie, quai d'Anjou.
— Condamina, quai Napoléon.

DIXIÈME ARRONDISSEMENT.

Patache d'Aval.
Poste de la Manufacture des tabacs.
— de la Légion d'honneur.
— du quai Malaquais.
Bateau à lessive, en amont du Pont-National.
—   quai Malaquais.
Direction de la Salubrité, rue d'Anjou-Dauphine, nº 10.

ONZIÈME ARRONDISSEMENT.

Bateau broyeur, quai de l'Horloge.
Poste de la place Desaix.
— du Palais de Justice.
Etat-major des Sapeurs-Pompiers, quai des Orfèvres.

DOUZIÈME ARRONDISSEMENT.

Port au vin.
Poste du Jardin des Plantes, quai d'Austerlitz.
— du quai Montebello.
Maison Chambrun, quai d'Austerlitz.

CIMETIÈRES { du Nord,
                de l'Est,
                du Sud.

COMMUNES RURALES DU RESSORT DE LA PRÉFECTURE DE POLICE.

ARRONDISSEMENT DE SAINT-DENIS.

CANTON DE SAINT-DENIS.

Aubervilliers..............	Sixième écluse, chez l'éclusier.
Ile Saint-Denis............	A la mairie.
Ile Saint-Ouen............	Chez le passeur.
Labriche..................	Chez l'inspecteur de la navigation.
Saint-Denis............	{ Chez M. Pitre.
	{ Première écluse près le pont, chez l'éclusier.
Saint-Ouen................	A la mairie.

CANTON DE PANTIN.

La Villette............	{ Gare circulaire de l'Ourcq, chez l'éclusier.
	{ Pont de Flandres, chez l'éclusier du canal de l'Ourcq.
Pantin	A la mairie.

CANTON DE NEUILLY.

Boulogne	Chez M. Alais, plâtrier.
Clichy	Maison de M. Salé, restaurateur.
Neuilly	Chez le propriétaire des bains chauds sur la Seine.
Passy	A l'usine à gaz.
Patte-d'Oie-d'Auteuil.......	Chez M. Guérin, aubergiste.

CANTON DE COURBEVOIE.

Asnières..................	Chez le garde du pont.
Courbevoie................	Maison du pharmacien, sur le quai.
Puteaux...................	A la mairie.
Suresnes..................	Chez le gardien du pont.

ARRONDISSEMENT DE SCEAUX.

CANTON DE SCEAUX.

Grenelle	{ Chez M. Moreau, syndic des ouvriers du port à Javel.
	{ Chez M. Fouché, manufacturier, à Javel.
Plessis-Piquet..............	A la mairie.

CANTON DE CHARENTON.

Bercy..................	{ Chez l'inspecteur de la navigation.
	{ Maison des Lions.
Carrières Charenton........	Chez M. Bizouard, marchand de vin.
Joinville-le-Pont	Chez M. Linson, restaurateur.
Lavarenne-Saint-Maur	Chez M. Kresch, pêcheur.
Maison-Alfort.............	Chez M. Bauny, restaurateur.
Nogent-sur-Marne.........	Chez M. Delisle, manufacturier.
Pont-de-la-Bosse-de-Marne..	Chez les billeurs.
Saint-Maur...............	A la mairie.

CANTON DE VILLEJUIF.

Choisy-le-Roi..............	Chez l'inspecteur de la navigation.
Gare d'Ivry...............	Chez M. Lemoine, marchand de vin.

SÈVRES.

Chez M. Roud aîné, fabricant de briques et ardoises.

Boîtes à pansement pour les blessés.

PARIS.

PREMIER ARRONDISSEMENT.

Poste des Champs-Elysées, carré Marigny.
— de l'Orangerie, quai des Tuileries.

DEUXIÈME ARRONDISSEMENT.

Poste de la rue du 24 Février.
— de la Bibliothèque-Nationale, rue Richelieu.
— de la place Bréda.
Commissariat de police de la section du Faubourg-Montmartre.

TROISIÈME ARRONDISSEMENT.

Poste de la pointe Saint-Eustache.
— de la rue Mauconseil.
— de la rue Joquelet.

QUATRIÈME ARRONDISSEMENT.

Poste de la Lingerie.
— de la Banque de France.
— de la Halle au Blé.

CINQUIÈME ARRONDISSEMENT.

Poste du Boulevard Bonne-Nouvelle.

SIXIÈME ARRONDISSEMENT.

Poste de la rue des Fossés-du-Temple.
— de la barrière de Belleville.
— des Arts-et-Métiers.
— du marché Saint-Martin.
— du marché du Temple (Rotonde).
— du grand Mont-de-Piété.

NEUVIÈME ARRONDISSEMENT.

Poste de l'Hôtel-de-Ville.

DIXIÈME ARRONDISSEMENT.

Poste de la barrière de l'Ecole-Militaire.
— de l'Abbaye.

ONZIÈME ARRONDISSEMENT.

Poste de la barrière d'Enfer.
— de la barrière du Maine.
— du marché Saint-Germain.
— de la place Saint-André-des-Arts.
Préfecture de police, cabinet du médecin de la police municipale.

DOUZIÈME ARRONDISSEMENT.

Commissariat de police de la section Saint-Marcel.
Poste de la rue des Grès.

1850.

Brancards.

Des brancards sont déposés dans chacun des bureaux des commissaires de police de Paris ; dans la plupart des postes munis de boîtes de secours, et, en outre, dans les casernes des Sapeurs-Pompiers du quai des Orfèvres, des rues de la Paix, de Poissy et Culture-Sainte-Catherine ; dans les casernes de la Garde républicaine des rues de Tournon, Mouffetard, Saint-Victor, des Célestins et des Minimes ; au Cimetière de l'Est et à la Manufacture des Tabacs (au Gros-Caillou).

Instruction du conseil de salubrité sur les secours à donner aux noyés ou asphyxiés.

Remarques générales.

1º Les personnes asphyxiées ne sont souvent que dans un état de mort apparente,

2º Pour les personnes étrangères à la médecine, la mort apparente ne peut être distinguée de la mort réelle que par la putréfaction.

3º La couleur rouge, violette ou noire du visage, le froid du corps, la roideur des membres ne sont pas toujours des signes certains de mort.

4º On doit donc, à moins que la putréfaction ne soit évidente, administrer des secours à tout individu noyé ou asphyxié, même après un séjour assez prolongé dans l'eau ou dans le lieu où il a été asphyxié.

5º Les secours les plus essentiels à prodiguer aux asphyxiés peuvent leur être administrés par toute personne intelligente; mais, pour obtenir du succès, il faut les donner *sans se décourager*, quelquefois pendant plusieurs heures de suite.

On a des exemples d'asphyxiés rappelés à la vie après des tentatives qui avaient duré six heures et plus.

6º Quand il s'agit d'administrer des secours à un asphyxié, il faut éloigner toutes les personnes inutiles; cinq à six individus suffisent pour les donner; un plus grand nombre ne pourrait que gêner ou nuire.

7º Le local destiné aux secours ne devra pas être trop chaud : la meilleure température est de 17 degrés du thermomètre centigrade (14 degrés de celui de Réaumur).

8º Enfin, les secours doivent être administrés avec activité; mais sans précipitation et avec ordre.

Asphyxiés par submersion (noyés).

Règles à suivre par ceux qui repêchent un noyé.

1º Dès que le noyé est retiré de l'eau, on doit le coucher sur le côté, et de préférence sur le côté droit. On incline légèrement la tête en avant, en la soutenant par le front; on écarte doucement les mâchoires, et l'on facilite ainsi la sortie de l'eau qui pourrait s'être introduite par la bouche et par les narines. On peut même, immédiatement après le repêchage du noyé, pour mieux faire sortir l'eau, placer à différentes reprises la tête *un peu plus bas* que le corps, *mais il ne faut pas la laisser chaque fois plus de quelques secondes dans cette position* (1).

---

(1) Il faut bien se garder de la pratique suivie par quelques personnes et qui consiste à suspendre le malade par les pieds, dans l'intention de lui faire rendre l'eau qu'il pourrait avoir avalée. Cette pratique est excessivement dangereuse.

2° Pendant cette opération, qui ne doit pas être prolongée au delà d'une minute, on comprime doucement et alternativement le bas-ventre de bas en haut, et les deux côtés de la poitrine, de manière à faire exercer à ces parties les mouvements qu'on exécute lorsqu'on respire.

3° Immédiatement après ces premiers soins, qui n'occuperont que quelques instants, le noyé doit être enveloppé, suivant la rigueur de la saison, de couvertures, ou, à défaut de couvertures, de foin ou de paille, et transporté au bureau de secours, promptement et sans secousses.

Pendant ce transport, la tête et la poitrine seront placées et maintenues dans une position plus élevée que le reste du corps; la tête restera libre et le visage découvert.

4° En même temps, on fera prévenir un médecin.

Des soins à donner lorsque le noyé est arrivé au dépôt des secours médicaux.

1° Aussitôt après l'arrivée du noyé, on lui ôtera ses vêtements le plus promptement possible. Il sera essuyé, revêtu d'une chemise ou peignoir en laine, coiffé d'un bonnet de laine, et posé doucement sur une paillasse ou un matelas, entre deux couvertures de laine.

2° On couchera encore une ou deux fois le corps sur le côté droit; on fera légèrement pencher la tête en la soutenant par le front, pour faire rendre l'eau. Cette opération, comme il a été dit, ne devra durer que quelques secondes chaque fois. Il est inutile de la répéter s'il ne sort pas d'eau, de mucosités ou d'écume. Dans le cas où les mucosités ou glaires ne s'écouleraient qu'avec peine, on en faciliterait la sortie à l'aide du doigt, des barbes d'une plume, ou d'un bâtonnet couvert d'un linge.

3° On cherchera à imiter les mouvements que font la poitrine et le ventre lorsqu'on respire, en exerçant avec les mains, sur ces parties, des pressions douces, lentes et alternatives. On laissera, entre ces pressions, un intervalle d'environ un quart de minute; on les réitérera quinze à vingt fois de suite et on les suspendra pendant environ dix minutes. Il conviendra d'y revenir à plusieurs reprises (1).

4° Aussitôt que la respiration tend à se rétablir, c'est-à-dire dès qu'on s'aperçoit que le noyé *happe* pour ainsi dire l'air, il faut cesser tout moyen spécialement dirigé vers le rétablissement de cette fonction.

5° Si les mâchoires sont serrées, il convient de les écarter légèrement et sans violence, en employant le *petit levier en buis.* On maintient l'écartement obtenu en plaçant entre les dents un morceau de liège ou de bois tendre.

6° Pendant les opérations qui viennent d'être décrites, on s'occupera de la préparation de tout ce qui est nécessaire pour réchauffer le corps. A cet effet, on remplira d'eau le caléfacteur, et l'on versera dans la galerie inférieure l'alcool nécessaire pour porter cette eau à l'ébullition : une fois ce résultat obtenu, on introduira l'eau chaude dans la bassinoire, que l'on promènera ensuite (par-dessus le peignoir de laine) sur la poitrine, le long de l'épine du dos et sur le bas-ventre, en s'arrêtant plus longtemps au creux de l'estomac et aux plis des aisselles.

---

(1) On peut même, à de longs intervalles, imprimer des secousses brusques à la poitrine, avec les mains largement étendues sur les côtés de cette cavité. Mais ce moyen ne peut être mis en pratique que par une personne habituée à l'administration des secours.

Il en est de même de l'*insufflation*, qui doit être pratiquée de bouche à bouche ou par l'intermédiaire d'une canule.

7° Quels que soient les moyens qu'on emploie pour réchauffer le corps d'un noyé, il faut se régler sur la température extérieure. Tant qu'il ne gèle pas, on peut être moins circonspect. Cependant, il ne faut jamais, particulièrement dès le début des secours, exposer le corps du noyé à une température supérieure à trente-cinq degrés centigrades. La bassinoire a, il est vrai, un degré de chaleur plus élevé ; mais comme elle agit à travers une couverture ou une chemise de laine, et ne reste pas longtemps appliquée sur la même place, son action se trouve par cette raison suffisamment affaiblie.

8° Tout en employant les moyens nécessaires pour réchauffer le noyé et pour rétablir la respiration, on le frictionnera avec des frottoirs de laine chauds, sur les cuisses, les bras, et principalement le long de l'épine du dos et sur la région du cœur : on brossera doucement, mais longtemps, la plante des pieds ainsi que le creux des mains. On pourra aussi frotter avec les frottoirs en laine le creux de l'estomac, les flancs, le ventre et les reins, dans les intervalles où l'on n'y promènera pas la bassinoire.

9° Si le noyé donne quelques signes de vie, il faut continuer les frictions et l'emploi de la chaleur. S'il fait des efforts pour respirer, il faut discontinuer pendant quelque temps toute manœuvre qui pourrait comprimer la poitrine ou le bas-ventre et contrarier leurs mouvements.

10° Si, pendant les efforts plus ou moins pénibles que fait le noyé pour respirer, on s'aperçoit qu'il a des envies de vomir, il faut provoquer le vomissement en chatouillant le fond de la bouche avec les barbes d'une plume.

11° Il ne faut pas donner de boisson à un noyé, à moins qu'il n'ait repris ses sens et qu'il ne puisse facilement avaler. Cependant, on peut, en vue de le ranimer, lui introduire dans la bouche quelques gouttes d'eau-de-vie ordinaire, d'eau-de-vie camphrée, d'eau de mélisse ou d'eau de Cologne.

12° Si le ventre est tendu, on donne un demi-lavement d'eau tiède, dans laquelle on a fait fondre un forte cuillerée à bouche de sel.

13° Dans le cas où après une demi-heure d'administration assidue les secours indiqués plus haut auraient été inutiles, et où le noyé ne donnerait aucun signe de vie, si le médecin n'était pas encore arrivé, on pourrait recourir à l'insufflation de la fumée de tabac dans le fondement.

Voici la manière de la pratiquer :

L'appareil qui sert à cet usage se nomme *appareil fumigatoire*. Pour le mettre en jeu, on humecte du tabac à fumer, on en charge le fourneau formant le corps de la machine fumigatoire, et on l'allume avec un morceau d'amadou ou avec un charbon ; ensuite on adapte le soufflet à la machine : quand on voit la fumée sortir abondamment par le bec du chapiteau, on ajoute la canule, qu'on introduit dans le fondement du noyé.

On fait mouvoir le soufflet, afin de pousser la fumée dans les intestins. Si la canule se bouche en rencontrant des matières dans le fondement, ce qu'on reconnaît à la sortie de la fumée au travers des jointures de la machine, ou à la résistance du soufflet, on la nettoie à l'aide de l'*aiguille à dégorger*, et l'on recommence, en ayant soin de ne pas introduire la canule aussi profondément.

A défaut de l'*appareil fumigatoire*, on pourrait se servir de deux pipes : on en charge une, que l'on allume, et dont on introduit le tuyau dans le fondement du noyé en guise de canule ; on souffle par le tuyau de l'autre, qui est appliquée sur la première, fourneau contre fourneau.

Chaque injection de fumée devra durer une ou deux minutes au plus, et dans aucun cas elle ne devra être portée au point qu'on s'aperçoive que le ventre se gonfle et se distende.

Après chaque opération, qu'on pourra répéter plusieurs fois de quart d'heure en quart d'heure, on exercera à plusieurs reprises une légère pression sur le bas-ventre, de haut en bas, et, avant de procéder à une nouvelle fumigation, on introduira dans le fondement une canule fixée à une seringue ordinaire, vide, dont on tirera le piston vers soi, de manière à retirer l'air ou la fumée que les intestins pourraient contenir de trop.

14º Quand le noyé revient à la vie, il faut le coucher dans un lit bassiné et l'y laisser reposer pendant une heure ou deux. Si l'on ne peut pas disposer d'un lit, on porte le noyé à l'hôpital, en prenant les précautions convenables pour le soustraire à l'action du froid.

Si sa face, de pâle qu'elle était, se colore fortement pendant le sommeil, et qu'en réveillant le malade il retombe aussitôt dans un état de somnolence, on doit préparer des sinapismes (pâte de farine de moutarde et d'eau tiède) et lui en appliquer entre les épaules, ainsi qu'à l'intérieur des cuisses et aux mollets. On lui posera en même temps six à huit sangsues derrière chaque oreille. Il est entendu qu'on n'aura recours à ces moyens qu'autant qu'il n'y aurait pas de médecin présent; car, dans le cas contraire, ce serait à lui à décider s'il faut tirer du sang, en quelle quantité, sur quel point et par quel moyen.

Asphyxiés par les gaz méphitiques.

On comprend sous la dénomination générale d'*asphyxies par les gaz méphitiques*, les asphyxies produites par la vapeur du charbon, par les émanations des fours à chaux, des fosses d'aisances, des puits, des puisards, des citernes, des égouts, des cuves à vin, bière, cidre, vinaigre, des caves renfermant de la drèche, en un mot, par les gaz impropres à la respiration.

Toutes peuvent être traitées par les moyens qui suivent:

1º Il faut retirer le plus promptement possible l'asphyxié du lieu méphitisé, et l'exposer au grand air.

2º Aussitôt arrivé à l'air libre, on le débarrassera de ses vêtements. Cependant, si l'asphyxie a eu lieu dans une fosse d'aisances, et si l'on a de l'eau chlorurée (1) à sa disposition, il faut, tout d'abord, et avant de déshabiller l'asphyxié, l'arroser largement avec cette eau.

3º Le malade, dépouillé de ses vêtements, placé dans un lieu d'une température modérée, doit être assis dans un fauteuil ou sur une chaise, et maintenu dans cette position, en soutenant la tête verticalement. On lui jettera dès lors, avec force, de l'eau froide par potée sur le corps, et principalement au visage; cette opération doit être continuée longtemps, surtout dans l'asphyxie par la vapeur du charbon, des cuves en fermentation, en un mot, dans l'asphyxie par le gaz acide carbonique.

4º De temps à autre, on s'arrêtera pour tâcher de provoquer la respiration, comme il a été dit précédemment, à l'occasion des noyés.

---

(1) Préparation de l'eau chlorurée. Prenez :

> Chlorure de chaux sec... 3o grammes.
> Eau.................. 1 litre.

On verse d'abord sur le chlorure de chaux une petite quantité d'eau pour l'amener à l'état pâteux; puis, on le délaie dans la quantité d'eau indiquée. On tire la liqueur à clair, et on la conserve dans des vases en verre ou en grès bien fermés.

On peut aussi employer avec avantage l'eau chlorurée, préparée avec le chlorure d'oxyde de sodium, en mettant 4o grammes de chlorure dans 1/2 litre d'eau.

5° Si l'asphyxié commence à donner quelques signes de vie, il ne faut pas discontinuer les affusions d'eau froide ; seulement il faut faire attention à ne pas lui jeter de l'eau, principalement sur la bouche, pendant qu'il fait des mouvements d'inspiration.

6° S'il fait quelques efforts pour vomir, il faut les favoriser en chatouillant l'arrière-bouche avec les barbes d'une plume.

7° Dès que l'asphyxié pourra avaler, on devra lui faire boire de l'eau vinaigrée.

8° Lorsque la respiration sera rétablie, il faudra, après avoir bien essuyé le malade, le coucher dans un lit bassiné, et lui administrer un lavement avec de l'eau dégourdie, dans laquelle on aura fait fondre gros comme une noix de savon, ou encore à laquelle on aura ajouté, pour chaque lavement, deux cueillerées à bouche de vinaigre.

C'est au médecin à juger, ensuite, s'il y a lieu de donner un vomitif, de faire inspirer de l'ammoniaque, et surtout de pratiquer une saignée ; c'est à lui seul qu'il appartient de prescrire les moyens de traitement à employer après que l'asphyxié est revenu à la vie.

Asphyxiés par la foudre.

Lorsqu'une personne a été asphyxiée par la foudre, il faut immédiatement la porter au grand air, la dépouiller promptement de ses vêtements, faire des affusions d'eau froide, comme il a été dit à l'article 3 du paragraphe précédent, pratiquer des frictions aux extrémités, et chercher à rétablir la respiration par des compressions alternatives de la poitrine et du bas-ventre, comme pour les noyés.

Asphyxiés par le froid.

1° On portera l'asphyxié, le plus promptement possible, de l'endroit où il a été trouvé, au lieu où il devra recevoir des secours ; pendant ce transport, on enveloppera le corps d'une couverture, ou bien, à défaut de couverture, de paille ou de foin, en laissant la face libre. On évitera aussi d'imprimer au corps, et surtout aux membres, des mouvements brusques.

2° Dans l'asphyxie par le froid, il est de la plus haute importance de ne rétablir la chaleur que lentement et par degrés. Un asphyxié par le froid qu'on approcherait du feu, où que, dès le commencement des secours, on ferait séjourner dans un lieu échauffé, même médiocrement, serait irrévocablement perdu. Il faut, en conséquence, le porter d'abord dans une chambre sans feu, et là lui administrer les premiers secours que réclame sa position (1).

3° Si l'asphyxie ou la submersion ont eu lieu par un froid de plusieurs degrés au-dessous de zéro, et que le malade conserve encore de la souplesse, on le déshabillera, et l'on couvrira tout le corps, y compris les membres, de linges trempés dans l'eau froide, qu'on rendra plus froide encore, en y ajoutant des glaçons concassés.

4° Si le corps était tellement frappé par le froid qu'il fût dans un état de rigidité prononcée, il y aurait avantage à le plonger dans une baignoire contenant assez d'eau pour que le tronc et les membres en fussent couverts. Cette eau devrait être aussi froide que possible, et l'on en élèverait la température, par degrés, de dix en dix minutes.

5° Lorsque les membres auront perdu leur roideur et offriront de la souplesse, on fera exercer à la poitrine et au ventre quelques mouvements, dans le but de provoquer la respiration, comme il a été dit

_____

(1) Dans quelques localités, on a l'habitude de mettre les asphyxiés par le froid dans des tas de fumier : cette pratique est extrêmement dangereuse sous le double rapport de la chaleur produite et de l'acide carbonique dégagé sous l'influence de la fermentation de ce fumier.

à l'occasion des noyés. On continuera en même temps des frictions sur le corps et les membres, soit avec de la neige si l'on a pu s'en procurer, soit avec des linges trempés dans l'eau froide.

6° Lorsque le malade commence à se réchauffer ou qu'il se manifeste des signes de vie, on doit l'essuyer avec soin et le placer dans un lit, qui ne doit pas être plus chaud que le corps lui-même. Il ne faut pas non plus allumer du feu dans la pièce où est le lit, avant que le corps n'ait recouvré entièrement sa chaleur naturelle.

7° Aussitôt que le malade peut avaler, on peut lui faire prendre un demi-verre d'eau froide, dans laquelle on a ajouté une cuillerée à café d'eau de mélisse, d'eau de Cologne, ou de tout autre spiritueux.

8° Si, au contraire, l'asphyxié avait de la propension à l'engourdissement, on lui ferait boire un peu d'eau vinaigrée; et si cet assoupissement était profond, on administrerait des lavements irritants, soit avec de l'eau salée (1), soit avec de l'eau de savon.

Il est utile de faire observer que, de toutes les asphyxies, l'asphyxie par le froid est celle qui laisse, selon l'expérience des pays septentrionaux, le plus de chances de succès, même après douze ou quinze heures de mort apparente.

Mais, d'un autre côté, cette asphyxie exige aussi, plus que toute autre, une grande précision dans l'emploi des moyens destinés à la combattre, et notamment dans le réchauffement du malade.

Asphyxiés par strangulation ou suspension (pendaison).

1° La première opération à pratiquer consiste, dans ce cas, à détacher, ou plutôt, pour aller plus vite, à couper le lien qui entoure le cou, et s'il y a suspension (pendaison), à descendre le corps en le soutenant, de manière qu'il n'éprouve aucune secousse. *Tout cela doit être fait sans délai, et sans attendre l'arrivée de l'officier public.* Il faut, tout aussitôt ensuite, enlever ou desserrer les jarretières, la cravate, les cordons de jupes, le corset, la ceinture de culotte, en un mot, toute pièce de vêtement qui pourrait gêner la circulation.

2° On placera le corps, toujours sans lui faire éprouver de secousses, selon que les circonstances le permettront, sur un lit, sur un matelas, sur de la paille, etc., de manière cependant qu'il y soit commodément, et que la tête ainsi que la poitrine soient plus élevées que le reste du corps.

3° Si le corps est dans une chambre, on doit veiller à ce qu'elle ne soit ni trop chaude, ni trop froide, et à ce qu'elle soit aérée.

4° Il est instant d'appeler le plus tôt possible un homme de l'art, parce que la question de savoir s'il faut ou s'il ne faut pas pratiquer une saignée, reposant en grande partie sur des connaissances anatomiques, et sur l'examen de la direction de la corde ou du lien (2), il n'y a

---

(1) Une cuillerée de sel dans un demi-lavement.

(2) Les pendus ou strangulés meurent d'apoplexie, lorsque le lien a été placé autour du cou, de manière à comprimer de préférence les gros vaisseaux de cette partie, et à empêcher ainsi le retour du sang des régions supérieures à la constriction. D'autres, au contraire, meurent par suffocation, parce que le lien, placé entre le larynx et l'os hyoïde, ferme aussitôt, par l'abaissement de l'épiglotte, l'entrée du larynx, et que, d'une autre part, ce lien, en s'appuyant sur l'angle de la mâchoire et sur l'apophyse mastoïde, ne comprime pas assez les vaisseaux du cou pour empêcher le retour du sang du cerveau. Quant au genre de mort mixte, produit à la fois par l'apoplexie et par la suffocation, il a lieu vraisemblablement, lorsque le lien est placé de manière à interrompre la sortie ainsi que l'entrée de l'air, et en même temps le retour du sang de la tête. Ce double effet peut être produit par la constriction placée au-dessous du larynx, dans une direction horizontale autour du cou. Dans ce cas, la trachée-artère et les vaisseaux du cou sont comprimés en même temps.

que le médecin qui puisse bien apprécier les circonstances de ce genre, et ordonner ce qui convient.

5º Lorsqu'après l'enlèvement du lien, si les veines du cou sont gonflées, la face rouge tirant sur le violet; si l'empreinte produite par le lien est noirâtre, et si l'homme de l'art tarde d'arriver, on peut mettre derrière chaque oreille, ainsi qu'à chaque tempe, six à huit sangsues.

6º Si la suspension ou la strangulation a eu lieu depuis peu de minutes, il suffit quelquefois, pour rappeler le malade à la vie, de faire des affusions d'eau froide sur la face, d'appliquer sur le front et sur la tête des linges trempés dans de l'eau froide, et de faire en même temps des frictions aux extrémités inférieures.

7º Dans tous les cas, il faut, dès le commencement, exercer sur la poitrine et le bas-ventre des compressions intermittentes, comme pour les noyés, afin de provoquer la respiration.

8º On ne négligera pas non plus de frictionner l'asphyxié avec des flanelles ou des brosses, surtout à la plante des pieds et dans le creux des mains.

9º Dès qu'il peut avaler, on lui fait prendre, par petites quantités, de l'eau tiède additionnée d'un peu d'eau de mélisse, de Cologne, de vin ou d'eau-de-vie.

10º Si, après avoir été complétement rappelé à la vie, le malade éprouve de la stupeur, des étourdissements, les applications d'eau froide sur la tête deviennent utiles.

11º En général, il doit être traité, après le rétablissement de la vie, avec les mêmes précautions que les autres asphyxiés.

Asphyxiés par la chaleur.

1º Si l'asphyxie a eu lieu par l'effet du séjour dans un lieu trop chaud, il faut porter l'asphyxié dans un endroit plus frais, mais pas trop froid, et le débarrasser de tout vêtement qui pourrait gêner la circulation.

2º Dans toute asphyxie par la chaleur, la première indication à remplir est de débarrasser le cerveau, en tirant du sang. S'il n'y avait pas là un médecin pour pratiquer une saignée, et que quelqu'un des assistants fût apte à le faire, il ne devrait pas hésiter un seul instant, principalement dans les contrées et les saisons chaudes.

3º Les bains de pieds médiocrement chauds, auxquels on peut ajouter des cendres ou du sel, sont indiqués.

4º Tout aussitôt que le malade peut avaler, il faut lui faire boire, par petite gorgées, de l'eau fraîche, acidulée avec du vinaigre ou du jus de citron, et lui donner des lavements d'eau vinaigrée, mais un peu plus chargée en vinaigre que l'eau destinée à être bue.

Les boissons aromatiques ou vineuses sont toujours nuisibles en pareil cas.

5º Si la maladie persiste, si elle fait des progrès, et si aucun des assistants n'est apte à pratiquer une saignée, on peut, sans attendre l'arrivée du médecin, appliquer huit à dix sangsues derrière chaque oreille ou quinze à vingt à l'anus.

6º Si l'asphyxie a été déterminée par l'action du soleil, comme cela arrive surtout aux moissonneurs et aux militaires, le traitement est le même; mais il faut, dans ce cas, insister sur les applications d'eau froide sur la tête : il est à noter que c'est surtout dans ces circonstances que la saignée est efficace.

*Etat des objets qui doivent être contenus dans les boîtes de secours,
suivant l'ordre dans lequel on les emploie ordinairement.*

1º Une paire de ciseaux de seize centimètres de long, à lames mousses.

2º Un peignoir en laine.

3º Un bonnet de laine.

4º Un levier en buis.

5º Un caléfacteur de demi-litre à un litre.

6º Deux frottoirs en laine.

7º Deux brosses.

8º Une bassinoire à eau bouillante.

9º Le corps de la machine fumigatoire.

10º Son soufflet.

11º Un tuyau et une canule fumigatoire.

12º Une boîte contenant du tabac à fumer.

13º Une seringue à lavement avec canule.

14º Une aiguille à dégorger la canule.

15º Des plumes pour chatouiller la gorge.

16º Une cuiller étamée.

17º Un gobelet d'étain.

18º Un biberon.

19º Une bouteille contenant de l'eau-de-vie camphrée.

20º Un flacon contenant de l'eau de mélisse spiritueuse.

21º Un flacon renfermant un demi-litre d'alcool.

22º Une petite boîte renfermant plusieurs paquets d'émétique de dix centigrames chacun.

23º Un flacon à l'émeri, à large ouverture, contenant 500 grammes de chlorure de chaux en poudre.

24º Un flacon de 200 grammes de vinaigre.

25º Un flacon à l'émeri, contenant 50 grammes d'éther sulfurique.

26º Un flacon à l'émeri, renfermant 50 grammes d'ammoniaque (alcali volatil).

27º Cent grammes de sel gris, en trois paquets.

28º Des bandes à saigner, des compresses et de la charpie.

29º Un nouet de poivre et de camphre, pour la conservation des objets en laine.

30º Une palette.

31º Un briquet.

Outre ces objets, on placera un thermomètre centigrade dans chaque localité où il sera possible de le faire.

Lu et adopté en conseil, après délibération, séance du 19 avril 1850.

Vu et approuvé l'instruction qui précède pour être annexée à notre ordonnance du 17 juillet 1850.

Le préfet de police, P. CARLIER.

N° **2265**. — *Ordonnance concernant le curage de la rivière de Bièvre hors Paris, et de ses affluents pour l'année 1850.*

Paris, le 23 juillet 1850.

Nous, préfet de police,

Vu : 1° les arrêtés du Gouvernement du 12 messidor an VIII (1er juillet 1800), et du 3 brumaire an IX (25 novembre 1800);

2° L'arrêt du conseil du 26 février 1732 et l'arrêté des consuls du 25 vendémiaire an IX (17 octobre 1800), relatifs à la police de la rivière de Bièvre;

3° Les ordonnances de police des 19 messidor an IX (8 juillet 1801), 26 messidor an X (30 juin 1802), et 31 juillet 1838, concernant la police et le curage de ladite rivière et de ses affluents;

4° La loi du 14 floréal an XI (4 mai 1803);

5° Le rapport de l'inspecteur général de la salubrité;

Considérant que le marché passé avec un entrepreneur, le 26 juillet 1845, pour le curage de la Bièvre, hors Paris, est expiré;

Que l'autorité s'occupe de la révision des règlements concernant la Bièvre, et qu'il y aurait de l'inconvénient à lier l'administration par un marché à long terme et dont les conditions pourraient ne pas être conformes aux dispositions du nouveau règlement à intervenir;

Qu'il résulte du rapport de l'inspecteur général de la salubrité que les dépenses d'un curage qui serait exécuté en régie ne dépasseront pas le prix du marché expiré;

Ordonnons ce qui suit :

1. Le curage de la Bièvre hors Paris, et de ses affluents jusqu'aux limites du département de la Seine, sera fait, pour la présente année, en régie, et par les soins de l'inspecteur général de la salubrité, sans que les propriétaires riverains puissent s'immiscer dans ce travail, même le long de leurs propriétés.

2. Les époques où le curage sera fait dans chaque partie seront déterminées par ce chef de service, de concert avec MM. les maires des communes riveraines.

3. Conformément à l'arrêté du 25 vendémiaire an IX, confirmatif de l'arrêté du 26 février 1732, la dépense occasionnée par ce curage sera supportée par les riverains.

Elle sera répartie sur des rôles dressés et rendus exécutoires en la forme accoutumée.

4. La présente ordonnance sera imprimée, publiée et affichée dans les communes riveraines de la Bièvre et de ses affluents.

Le sous-préfet de Sceaux, les maires desdites communes et l'inspecteur général de la salubrité, sont chargés d'en assurer l'exécution, chacun en ce qui le concerne.

Le préfet de police, P. CARLIER.

N° **2266**. — *Ordonnance qui fixe les tarifs du transport des marchandises par location de wagons complets sur le chemin de fer de Lyon (sections de Paris à Tonnerre et de Dijon à Châlon-sur-Saône).*

Paris, le 14 août 1850.

Nous, préfet de police,

Vu : 1° les ordonnances de police des 16 janvier, 14 février et

1er mai 1850, qui prescrivent la publication des arrêtés ministériels des 9 janvier, 12 février et 1er mai de la même année, réglant les prix à percevoir pour le transport des marchandises, à la petite vitesse, sur le chemin de fer de Lyon, partie comprise entre Paris et Tonnerre.

2° La lettre par nous adressée par M. le ministre des travaux publics, le 12 de ce mois, avec un arrêté ministériel en date du 9 (1), qui fixe les tarifs du transport des marchandises par location de wagons complets, sur les deux sections du chemin de fer de Lyon comprises, l'une entre Paris et Tonnerre, et l'autre entre Dijon et Châlon-sur-Saône;

En vertu des arrêtés du Gouvernement des 12 messidor an VIII et 3 brumaire an IX (1er juillet et 25 octobre 1800), et des dispositions de l'article 72 du règlement d'administration publique sur la police, la sûreté et l'exploitation des chemins de fer, en date du 15 novembre 1846,

Ordonnons ce qui suit :

1. L'arrêté, ci-dessus visé, de M. le ministre des travaux publics, en date du 9 de ce mois, sera imprimé et affiché à la suite de la présente ordonnance, dans le ressort de la préfecture de police, pour y être exécuté suivant sa forme et teneur.

2. Les contraventions audit arrêté seront constatées par des procès-verbaux ou rapports qui seront déférés aux tribunaux compétents.

3. Les fonctionnaires et agents spécialement préposés à la surveillance du chemin de fer Paris à Lyon, sont chargés d'en assurer l'exécution.

Le préfet de police, P. CARLIER.

N° 2267. — *Ordonnance concernant l'ouverture de la chasse.*

Paris, le 16 août 1850.

Nous, préfet de police,

Vu la loi du 3 mai 1844, sur la police de la chasse;

Les arrêtés du Gouvernement des 12 messidor an VIII (1er juillet 1800) et 3 brumaire an IX (25 octobre 1800);

Vu les renseignements qui nous sont parvenus sur la situation des récoltes dans le département de la Seine et dans les départements voisins,

Ordonnons ce qui suit :

1. L'ouverture de la chasse aura lieu le mardi 27 du courant, dans le département de la Seine, sous les réserves exprimées en l'article 2 ci-après.

Défense est faite de chasser avant cette époque, sous quelque prétexte que ce soit.

2. Il est expressément défendu de chasser dans les vignes, avant que les vendanges soient entièrement terminées, et dans les champs ensemencés, avant la fin de la récolte.

3. Tout chasseur devra être muni d'un *permis de chasse,* et sera tenu de le représenter, sur leur réquisition, aux gendarmes, gardes champêtres ou forestiers, et autres agents de l'autorité publique.

4. Il n'est rien changé aux dispositions de l'ordonnance du 10 mars

---

(1) V. cet arrêté à l'Appendice.

1845 qui interdit (article 7) la chasse dans les localités autres que les bois et forêts toutes les fois que la terre est couverte de neige.

5. Les contraventions seront constatées par des procès-verbaux, et les contrevenants poursuivis devant les tribunaux.

6. La présente ordonnance sera imprimée, publiée et affichée.

Les sous-préfets de Sceaux et de Saint-Denis, les maires, adjoints et commissaires de police des communes rurales, les gardes champêtres, la garde nationale et la gendarmerie sont chargés d'en assurer l'exécution.

Le préfet de police, P. CARLIER.

N° **2268**. — *Ordonnance concernant un tarif spécial pour le transport, à la petite vitesse, des grains, farines et issues sur le chemin de fer de Paris à Chartres* (chemin de l'Ouest).

Paris, le 26 août 1850.

Nous, préfet de police,

Vu : 1° les ordonnances de police des 11 juillet, 12 novembre, 31 décembre 1849 et 30 avril 1850, qui prescrivent la publication des arrêtés ministériels des 2 juillet, 27 octobre, 18 décembre 1849 et 15 avril 1850, réglant les prix à percevoir pour les transports de toute nature, à grande et à petite vitesse, sur le chemin de fer de Chartres;

2° La lettre à nous adressée par M. le ministre des travaux publics, le 23 de ce mois, avec un arrêté ministériel en date du 19 (1), qui fixe un tarif spécial pour le transport, à la petite vitesse, des grains, farines et issues sur ledit chemin de fer de Chartres;

En vertu des arrêtés du Gouvernement des 12 messidor an VIII et 3 brumaire an IX (1er juillet et 25 octobre 1800), et des dispositions de l'article 72 du règlement d'administration publique sur la police, la sûreté et l'exploitation des chemins de fer, en date du 15 novembre 1846,

Ordonnons ce qui suit :

1. L'arrêté ci-dessus visé de M. le ministre des travaux publics, en date du 19 de ce mois, sera imprimé et affiché à la suite de la présente ordonnance, dans le ressort de la préfecture de police, pour y être exécuté suivant sa forme et teneur.

2. Les contraventions audit arrêté seront constatées par des procès-verbaux ou rapports qui seront déférés aux tribunaux compétents.

3. Les fonctionnaires et agents spécialement préposés à la surveillance du chemin de fer de Chartres, sont chargés d'en assurer l'exécution.

Le préfet de police, P. CARLIER.

---

(1) V. cet arrêté à l'Appendice.

N° 2269.—*Ordonnance relative aux mauvais traitements exercés sur les animaux domestiques.*

Paris, le 24 août 1850.

Nous, préfet de police,

Ordonnons ce qui suit :

1. La loi du 2 juillet 1850 (1), relative aux mauvais traitements exercés envers les animaux domestiques, sera publiée et affichée, tant à Paris que dans les communes du ressort de la préfecture de police.

Le préfet de police, P. CARLIER.

N° 2270. — *Ordonnance concernant les mesures d'ordre et de sûreté à observer à l'occasion des fêtes de Saint-Cloud.*

Paris, le 4 septembre 1850.

Nous, préfet de police,

Vu la loi du 24 août 1790, qui nous charge de maintenir le bon ordre dans les fêtes publiques, et de prendre les précautions convenables pour prévenir les accidents;

Vu l'arrêté du Gouvernement du 12 messidor an VIII (1er juillet 1800);

Vu l'arrêté des consuls du 3 brumaire an IX (25 octobre 1800),

Ordonnons ce qui suit :

1. Les charrettes qui apporteront des approvisionnements ou autres marchandises à Saint-Cloud, les 8, 15 et 22 septembre, présent mois, ne pourront y arriver que par le pont de Saint-Cloud, et jusqu'à trois heures après midi seulement.

2. Dans les mêmes journées, depuis quatre heures après midi jusqu'à onze heures du soir, aucune voiture ne pourra passer sur le pont de Saint-Cloud.

Sont exceptées de cette interdiction les voitures de l'entreprise Sciard et Toulouse, celles dites Bolognaises, faisant journellement et concurremment le service de Saint-Cloud à Paris, et celles de M. Émile Pereire, directeur du chemin de fer de Versailles (*rive droite*), qui font un service régulier de Boulogne à Saint-Cloud, lesquelles pourront traverser le pont de Saint-Cloud dans les journées des 8, 15 et 22 septembre, mais au pas seulement.

3. Les autres voitures, qui auront traversé le pont de Saint-Cloud avant quatre heures après midi, ne pourront stationner sur la place de cette commune ni dans l'avenue qui conduit au palais de Saint-Cloud.

Elles iront se ranger, sur une seule file, au-dessous du parc, le long de la rivière, jusqu'à Sèvres, en laissant libre un espace de cinquante mètres, au droit de l'embarcadère des bateaux à vapeur, pour le service desdits bateaux.

4. Les voitures qui se rendront à Saint-Cloud par la grille de Ville d'Avray, devront se diriger par la nouvelle route n° 185.

A l'extrémité de cette route, elles s'arrêteront à la rue Audé, et se formeront sur une seule file de chaque côté de ladite route, contre les trottoirs.

---

(1) V. cette loi à l'Appendice.

5. Les voitures particulières et de place qui se rendront à Saint-Cloud, par le pont de Sèvres, stationneront dans la commune de Sèvres sur une seule file, dont la tête sera établie à gauche de la place sur laquelle débouche le pont, et qui s'étendra sur la route de Vaugirard ; elles ne pourront opérer leur retour sur Paris, que par le pont de Sèvres.

6. Les charrettes et voitures dites tapissières, qui transporteront des personnes à Saint-Cloud, ne pourront s'y diriger par Auteuil et le bois de Boulogne ; elles devront passer par le Point-du-Jour, prendre l'avenue de Saint-Cloud et s'arrêter à l'extrémité de cette avenue, près le pont, et elles y stationneront sur une seule file.

7. Aucune charrette ou tapissière ne pourra stationner dans la grande rue de la commune de Boulogne.

Celles qui se dirigeront par le pont de Sèvres, et qui ne le traverseront pas, stationneront sur la gauche de la route qui y conduit.

Quant à celles qui auraient traversé le pont de Sèvres, elles ne pourront retourner à Paris que par le Bas-Meudon et la route de Vaugirard.

Toutefois, le passage des voitures sur le pont de Sèvres ne sera pas interdit aux malles-postes, aux diligences, aux voitures de roulage, et à toute autre espèce de voitures, dont les conducteurs justifieront suffisamment qu'ils se rendent directement dans les communes de Billancourt, Boulogne, du Point-du-Jour, d'Auteuil ou de Passy.

8. Les voitures dites des *environs de Paris*, et les voitures de place qui auront stationné sur la commune de Boulogne, ne pourront opérer leur retour sur Paris que par le bois de Boulogne.

9. Sont exceptées de la prescription ci-dessus les voitures des entreprises Sciard et Toulouse et les Bolognaises, faisant journellement le service de Saint-Cloud à Paris, lesquelles suivront leur itinéraire habituel.

10. Les bateaux à vapeur et autres, qui transporteront des voyageurs de Paris à Saint-Cloud, seront l'objet d'une surveillance plus particulière pendant le temps que dureront les fêtes de Saint-Cloud, et notamment dans les journées des 8, 15 et 22 septembre. Les inspecteurs et préposés de la navigation, chargés spécialement de cette surveillance, veilleront avec le plus grand soin à ce que toutes les conditions imposées aux propriétaires de ces bateaux, par les permis de navigation, soient rigoureusement observées.

11. Les marchands qui voudront étaler et vendre dans les rues et places de Saint-Cloud, devront en obtenir la permission du maire.

12. Défense expresse est faite à tout individu, saltimbanque, étalagiste, marchand forain, de donner à jouer des jeux de hasard ou de loterie pendant les fêtes.

13. Les maires des communes de Saint-Cloud, Boulogne et Sèvres, prendront toutes les mesures nécessaires au maintien de l'ordre et de la sûreté publique, pendant les fêtes, auxquelles mesures concourront les gardes nationales requises à cet effet, et la gendarmerie nationale.

14. Les contraventions à la présente ordonnance seront constatées par des procès-verbaux ou rapports des officiers de police, et les contrevenants seront traduits devant les tribunaux compétents.

15. La présente ordonnance sera imprimée et affichée dans Paris, Saint-Cloud, Boulogne, Sèvres, Auteuil, Passy et Vaugirard.

Les maires et les commissaires de police desdites communes, le chef de la police municipale de Paris, l'inspecteur principal de la navigation, les colonels de la garde républicaine et de la première légion de gendarmerie, les commandants des gardes nationales des communes de Saint-Cloud, Sèvres et Boulogne, le commandant de la gendarmerie de la Seine et tous agents de la force publique, sont chargés, chacun en ce qui le concerne, de tenir la main à son exécution.

Le préfet de police, P. CARLIER.

N° **2271**. — *Ordonnance portant règlement pour le passage des bateaux accélérés pendant la nuit, aux écluses, aux pertuis et sous les ponts par la navigation accélérée sur la Basse-Seine.*

Paris, le 4 septembre 1850.

Nous, préfet de police,

Vu la lettre, en date du 2 juillet dernier, par laquelle M. le ministre des travaux publics nous donne avis de sa décision du même jour, portant règlement pour le passage des bateaux accélérés, pendant la nuit, aux écluses, aux pertuis et sous les ponts de la Basse-Seine, et nous invite à rendre ce règlement exécutoire, par un arrêté, dans le ressort de la préfecture de police ;

Vu les arrêtés du Gouvernement des 12 messidor an VIII et 3 brumaire an IX,

Ordonnons ce qui suit :

1. Les bateaux à vapeur, avec les convois qu'ils remorquent, et les bateaux halés qui font un service accéléré entre Paris et Rouen, pourront être autorisés à franchir, pendant la nuit, les écluses, les ponts et les pertuis de la Basse-Seine.

2. Tous propriétaires de bateaux, ou entrepreneurs de transport qui voudront jouir de cette prérogative, devront s'adresser à M. le ministre des travaux publics : ils joindront, à l'appui de leur demande, la justification des moyens dont ils disposent pour assurer leur service, et l'engagement écrit et formel de prendre à leur charge, sans recours contre les maîtres de ponts, contre les éclusiers ou contre l'administration, tout dommage ou accident que pourraient éprouver, pendant les passages de nuit, soit les bateaux et les marchandises confiés à leurs soins, soit les maçonneries et les autres ouvrages dépendant des écluses, des pertuis et des ponts.

3. Les éclusiers et les chefs de ponts et de pertuis ne pourront refuser le passage de nuit aux propriétaires de bateaux et entrepreneurs de transports dûment autorisés.

4. Les maîtres de ponts continueront d'être payés par les entrepreneurs ou mariniers, conformément aux tarifs fixés par les arrêtés ministériels ; mais il est interdit à ces entrepreneurs ou mariniers de donner, sous quelque prétexte que ce soit, un salaire ou une gratification quelconque aux éclusiers.

5. Les éclusiers et, quand leur service sera réclamé, les passeurs au bac établi à l'amont de l'écluse de Marly, recevront chacun, de l'administration, un salaire de *cinquante centimes* par bateau passé pendant la nuit.

6. Chaque convoi de bateaux devra être éclairé à ses deux extrémités.

7. En cas d'accident arrivé aux ponts ou aux écluses, il sera dressé procès-verbal par le maître du pont ou par le chef éclusier, qui devra y inscrire toutes les observations des capitaines et des pilotes.

Il sera donné à ce procès-verbal telle suite que de droit.

8 Sont maintenues, en ce qui concerne le passage des ponts, des pertuis et des écluses, toutes les dispositions des arrêtés en vigueur, qui ne renferment rien de contraire au présent règlement.

9. MM. les ingénieurs de la navigation et M. l'inspecteur principal du même service, dans le département de la Seine, sont chargés d'assurer l'exécution de la présente ordonnance, qui sera imprimée et affichée.

Le préfet de police, P. CARLIER.

N° **2272.** — *Ordonnance qui fixe des tarifs pour les nouvelles stations de* Vitry-la-Ville, *de* Loisy *et de* Vitry-le-Français *sur le chemin de fer de Paris à Strasbourg* (chemin de l'Est).

Paris, le 4 septembre 1850.

Nous, préfet de police,

Vu : 1° la loi du 19 juillet 1845 qui autorise la concession du chemin de fer de Paris à Strasbourg, ensemble le cahier des charges, coté B, annexé à cette loi ;

2° L'ordonnance royale homologative de l'adjudication de la concession dudit chemin de fer, en date du 27 novembre de la même année ;

3° Les ordonnances de police des 2 juillet et 9 novembre 1849, 22 janvier et 27 mars 1850, qui fixent les tarifs, tant pour les transports de toute nature, à grande et à petite vitesse, sur la partie du chemin de fer de Strasbourg comprise entre Paris et Châlons-sur-Marne, que pour le transport des marchandises, par abonnement, sur plates-formes et par wagons complets ;

4° La décision ministérielle en date du 31 du mois dernier, portant approbation, sauf quelques modifications, des propositions de tarifs présentées par la compagnie du chemin de fer de Paris à Strasbourg pour les stations de Vitry-la-Ville, de Loisy et de Vitry-le-Français ;

Considérant qu'il y a lieu de rendre exécutoire, dans le ressort de la préfecture de police, la décision ministérielle précitée,

Ordonnons ce qui suit :

TITRE Ier.

TRANSPORT A LA VITESSE DES VOYAGEURS.

CHAPITRE Ier.

Voyageurs.

1. Les prix à percevoir pour le transport des voyageurs sur les parcours ci-après indiqués du chemin de fer de Paris à Strasbourg, sont réglés, y compris l'impôt dû au Trésor, conformément au tableau suivant :

Tarif

TARIF.

LIEUX DE DÉPART et DE DESTINATION.	Distances servant de base à la fixation des prix des transport.	1re CLASSE. Voitures couvertes, garnies et fermées à glaces.	2e CLASSE. Voitures couvertes, fermées à glaces et à banquettes rembourrées.	3e CLASSE. Voitures couvertes, et fermées avec rideaux.
	kilomèt.	fr. c.	fr. c.	fr. c.
De VITRY-LA-VILLE aux stations ci-après, et vice versâ :				
Paris	188	19 40	14 60	10 85
Noisy-le-Sec	179	18 50	13 90	10 35
Villemomble et Gagny	174	17 95	13 55	10 05
Chelles	170	17 55	13 20	9 80
Lagny	161	16 65	12 50	9 30
Esbly	152	15 70	11 80	8 80
Meaux	144	14 90	11 20	8 30
Trilport	138	14 25	10 75	7 95
Changis	130	13 45	10 10	7 50
La Ferté-sous-Jouarre	123	12 70	9 55	7 10
Nanteuil	114	11 80	8 85	6 60
Nogent-l'Artaud	104	10 75	8 10	6 »
Château-Thierry	94	9 70	7 30	5 45
Mezy	85	8 80	6 60	4 90
Varennes	82	8 45	6 40	4 75
Dormans	72	7 45	5 60	4 15
Port-à-Binson	62	6 40	4 80	3 60
Damery	54	5 60	4 20	3 10
Epernay	47	4 85	3 65	2 70
Oiry	41	4 25	3 20	2 35
Jalons-lès-Vignes	30	3 10	2 35	1 75
Châlons-sur-Marne	16	1 65	1 25	» 90
Loisy	11	1 15	» 85	» 65
Vitry-le-Français	18	1 85	1 40	1 05
De LOISY aux stations ci-après, et vice versâ :				
Paris	199	20 55	15 45	11 50
Noisy-le-Sec	190	19 65	14 75	10 95
Villemomble et Gagny	185	19 10	14 40	10 70
Chelles	180	18 60	14 »	10 40
Lagny	171	17 65	13 30	9 90
Esbly	165	16 85	12 65	9 40
Meaux	155	16 »	12 05	8 95
Trilport	149	15 40	11 60	8 60
Changis	141	14 55	10 95	8 15
La Ferté-sous-Jouarre	134	13 85	10 40	7 75
Nanteuil	125	12 90	9 70	7 20
Nogent-l'Artaud	115	11 90	8 95	6 65
Château-Thierry	104	10 75	8 10	6 »
Mezy	96	9 90	7 45	5 55
Varennes	93	9 60	7 25	5 35
Dormans	83	8 55	6 45	4 80
Port-à-Binson	73	7 55	5 70	4 20
Damery	65	6 70	5 05	3 75
Epernay	58	6 »	4 50	3 35
Oiry	51	5 25	3 95	2 95
Jalons-lès-Vignes	40	4 15	3 10	2 30
Châlons-sur-Marne	27	2 80	2 10	1 55
Vitry-la-Ville	11	1 15	» 85	» 65
Vitry-le-Français	7	» 70	» 55	» 40

Suite du Tarif.

LIEUX DE DÉPART et DE DESTINATION.	Distances servant de base à la fixation des prix de transport.	1re CLASSE. Voitures couvertes, garnies et fermées à glaces.	2e CLASSE. Voitures couvertes, fermées à glaces et à banquettes rembourrées.	3e CLASSE. Voitures couvertes et fermées avec rideaux.
		PRIX DE TRANSPORT.		
	kilomèt.	fr. c.	fr. c.	fr. c.
Paris........	205	21 20	15 95	11 85
Noisy-le-Sec.	196	20 25	15 25	11 30
Villemomble et Gagny.......	191	19 75	14 85	11 05
Chelles........	185	19 10	14 40	10 70
Lagny........	178	18 40	13 85	10 30
Esbly........	169	17 45	13 15	9 75
Meaux........	161	16 65	12 50	9 30
Trilport......	155	16 »	12 05	8 95
Changis........	147	15 20	11 45	8 50
La Ferté-sous-Jouarre......	140	14 45	10 90	8 10
Nanteuil......	131	13 55	10 20	7 55
Nogent-l'Artaud...	121	12 50	9 40	7 »
Château-Thierry.........	111	11 45	8 65	6 40
Mezy........	102	10 55	7 95	5 90
Varennes........	99	10 25	7 70	5 70
Dormans........	89	9 20	6 90	5 15
Port-à-Binson......	79	8 15	6 15	4 55
Damery........	71	7 35	5 50	4 10
Epernay........	64	6 60	5 »	3 70
Oiry........	58	6 »	4 50	3 35
Jalons-lès-Vignes......	47	4 85	3 65	2 70
Châlons-sur-Marne.........	35	3 40	2 55	1 90
Vitry-la-Ville...........	18	1 85	1 40	1 05
Loisy........	7	» 70	» 55	» 40

(colonne verticale : De VITRY-LE-FRANÇAIS aux stations ci-après, et vice-versâ :)

CHAPITRE II.

Excédants de bagages, articles de messagerie, pesant plus de 2 kilogrammes, et marchandises. — Articles de messagerie ne pesant pas plus de 2 kilogrammes. — Denrées destinées à l'approvisionnement des halles : Huîtres et poisson frais. — Finances et autres valeurs.

§ Ier. — Prix de transport.

2. Les prix du transport, à grande vitesse, des excédants de bagages, des articles de messagerie, pesant plus de 2 kilogrammes, des marchandises, des articles de messagerie, ne pesant pas plus de 2 kilogrammes, des denrées destinées à l'approvisionnement des halles, des huîtres et du poisson frais, et des finances et autres valeurs, sont réglés, pour les parcours ci-dessus indiqués, conformément aux dispositions des articles 2, 3, 6, 7, 8 et 9 de l'ordonnance de police susvisée du 2 juillet 1849.

3. Aux termes de l'article 71 du cahier des charges, tout voyageur dont le bagage ne pèsera pas plus de 30 kilogrammes, n'aura à payer, pour le port de ce bagage, aucun supplément du prix de sa place.

4. Conformément à l'article 77 du cahier des charges, les militaires ou marins voyageant isolément pour cause de service, envoyés en congé pour appartenir à la réserve, envoyés en congé limité, ou rentrant dans leurs foyers après libération, né seront assujettis, eux et leurs bagages, qu'à la moitié de la taxe du tarif.

Les militaires ou marins voyageant en corps ne seront assujettis, eux et leurs bagages, qu'au quart de la taxe du tarif.

§ II. — Frais accessoires,

5. Les frais accessoires d'enregistrement, de magasinage, de chargement et de déchargement, réglés par les articles 10, 11 et 12 de l'ordonnance précitée du 2 juillet 1849, sont applicables aux objets de même nature transportés sur les parcours désignés dans l'article 1er, ci-dessus.

CHAPITRE III.

Voitures, chevaux et chiens.

SECTION 1re. — Prix de transport.

§ 1er. — *Voitures et chevaux.*

6. La Compagnie est autorisée à percevoir, pour le transport des voitures et chevaux, les prix fixés au tableau suivant :

TARIF.

LIEUX DE DÉPART et DE DESTINATION.	Distances servant de base à la fixation des prix de transport.	VOITURES A 2 OU A 4 ROUES,			CHEVAUX		
		à un fond et une banquette	à deux fonds et deux banquettes.	à trois fonds et trois banquettes.	un cheval.	deux chevaux.	par wagon complet de trois chevaux.
		PRIX DE TRANSPORT.					
De VITRY-LE-FRANÇAIS aux stations ci-après, *et vice versâ :*	kilom.	fr. c.	fr. c.	fr. c.	fr. c.	fr. c.	fr. c.
Paris...............	205	102 50	131 20	159 90	41 »	73 80	92 25
Lagny..............	178	89 »	113 90	138 85	35 60	64 10	80 10
Meaux..............	161	80 »	103 05	125 60	32 20	57 95	72 45
La Ferté-s. Jouarre..	140	70 »	89 60	109 20	28 »	50 40	63 »
Château-Thierry.....	111	55 50	71 05	86 60	22 20	39 95	49 95
Epernay.............	64	32 »	40 95	49 90	12 80	23 05	28 80
Châlons.............	33	19 50	21 10	25 75	6 60	11 90	14 85

7. Deux personnes pourront, sans supplément de prix, voyager dans les voitures à une banquette, et trois dans les voitures à deux banquettes. Les voyageurs excédant ce nombre payeront le prix des places de deuxième classe (art. 70 du cahier des charges).

§ II. — *Chiens.*

8. La Compagnie est autorisée à percevoir 50 centimes, par parcours indivisible de 30 kilomètres, pour le transport d'un chien.

SECTION II. — Frais accessoires.

9. Les frais accessoires de chargement et de déchargement, réglés par l'article 17 de l'ordonnance susvisée du 2 juillet 1849, sont applicables aux voitures et chevaux transportés sur les parcours désignés dans l'article 6 ci-dessus.

TITRE II.

TRANSPORT À LA VITESSE DES MARCHANDISES

CHAPITRE Ier.

Marchandises, chevaux, bestiaux et voitures

SECTION Ire. — Marchandises.

§ Ier. — *Classification.*

10. Les dispositions des articles 1er et 2 de l'ordonnance de police du 27 mars dernier, qui classent les marchandises et fixent l'ordre dans lequel elles seront rangées pour la détermination des prix de transport qui leur sont applicables, sont rendues exécutoires sur les divers parcours indiqués au tableau compris sous l'article 11 ci-après.

§ II. — *Prix de transport.*

11. Les prix à percevoir pour le transport, à la petite vitesse, des marchandises sur les parcours ci-après indiqués du chemin de fer de Paris à Strasbourg, sont réglés d'après le tableau suivant :

Tarifs

Tarif.

NOTA.—Conformément à l'article 10 ci-dessus, voir l'ordonnance du 27 mars 1850 pour la désignation des marchandises auxquelles s'appliquent les prix indiqués ci-après pour chaque classe.

LIEUX DE DÉPART et de destination.	Distances servant de base à l'application des tarifs.	MARCHANDISES PAR TONNE DE 1,000 KILOGRAMMES.						
		Hors classes.	1re série.	2e série.	3e série.	4e série.	5e série.	6e série.
		PRIX DE TRANSPORT.						
De VITRY-LE-FRANÇAIS aux stations ci-après, et vice versâ.	kilom.	fr. c.	fr. c.	fr. c.	fr. c.	fr. c.	fr. c.	fr. c.
Paris {(gare de La Villette)...	204	51 »	36 70	32 60	28 55	24 45	20 40	16 30
Chelles.........	185	46 25	33 30	29 60	25 90	22 20	18 50	14 80
Lagny..........	178	44 50	32 »	28 45	24 90	21 35	17 80	14 20
Esbly	169	42 25	30 40	27 »	23 65	20 25	16 90	13 50
Meaux..........	161	40 25	28 95	25 75	22 50	19 30	16 10	12 85
Trilport	155	38 75	27 90	24 80	21 70	18 60	15 50	12 40
La Ferté-s-Jouarre	140	35 »	25 20	22 40	19 60	16 80	14 »	11 20
Nogent-l'Artaud..	121	30 25	21 75	19 35	16 90	14 50	12 10	9 65
Château-Thierry .	111	27 75	19 95	17 75	15 50	13 30	11 10	8 85
Dormans	89	22 25	16 »	14 20	12 45	10 65	8 90	7 10
Port-à-Binson....	79	19 75	14 20	12 60	11 05	9 45	7 90	6 30
Epernay.........	64	16 »	11 50	10 20	8 95	7 65	6 40	5 10
Châlons.........	33	8 25	5 90	5 25	4 60	3 95	3 30	2 60

§ III. — *Frais accessoires.*

12. Les frais accessoires d'enregistrement et de magasinage, de chargement et de déchargement réglés par les articles 8, 9 et 10 de l'ordonnance précitée du 27 mars dernier, sont applicables aux marchandises transportées sur les parcours désignés en l'article 11 ci-dessus.

SECTION II. — Chevaux, bestiaux et voitures.

§ Ier. — *Prix de transport.*

13. Les prix à percevoir pour le transport des chevaux, bestiaux et voitures, sont réglés conformément au tableau suivant :

(Tarif.)

TARIF.

LIEUX de DE DÉPART et de destination.	Distances servant de base à l'application des tarifs.	BESTIAUX.				VOITURES A 2 OU A 4 ROUES		
		par wagon complet. — (Les chevaux exceptés).	PRIX PAR TÊTE.			à un fond et une banquette.	à deux fonds et deux banquettes.	à trois fonds et trois banquettes.
			Moutons, brebis et chèvres.	Veaux et porcs.	Chevaux, bœufs, vaches, taureaux et mulets.	PRIX DE TRANSPORT.		
De VITRY-LE-FRANÇAIS aux stations ci-après, *et vice versâ :*	kilom.	fr. c.	fr. c.	fr. c.	fr. c.	fr. c.	fr. c.	fr. c.
Paris { (gare de La Villette)...	204	102 »	4 05	8 15	20 40	51 »	65 25	79 55
Lagny...........	178	89 »	3 55	7 10	17 80	44 50	56 95	69 40
Esbly..........	169	84 50	3 35	6 75	16 90	42 25	54 05	65 90
Meaux..........	161	80 50	3 20	6 40	16 10	40 25	51 50	62 80
La Ferté-s-Jouarre	140	70 »	2 80	5 60	14 »	35 »	44 80	54 60
Château-Thierry .	111	55 50	2 20	4 40	11 10	27 75	35 50	43 30
Epernay.........	64	32 »	1 25	2 55	6 40	16 »	20 45	24 95
Châlons........	33	16 50	» 65	1 30	3 30	8 25	10 55	12 85

14. Les wagons complets devront pouvoir contenir au moins six bœufs ou vaches, douze veaux ou porcs, trente moutons ou chèvres.

§ II. — *Frais accessoires.*

15. Les frais accessoires de chargement et de déchargement réglés par l'article 13 de l'ordonnance du 27 mars dernier, pour les chevaux, les bestiaux et les voitures, sont applicables aux objets de même nature transportés sur les parcours indiqués à l'article 13 ci-dessus.

CHAPITRE II.

Transport, par chargement complet, des engrais, chaux, plâtre, pierre à bâtir, pommes de terre, bois à brûler, pierre meulière et pavés.

SECTION 1re. — Prix de transport.

§ Ier. — *Engrais, chaux, plâtre, pierre à bâtir et pommes de terre.*

16. La Compagnie est autorisée à transporter les engrais, la chaux, le plâtre, la pierre à bâtir et les pommes de terre, par wagon complet de 5,000 kilogrammes, sur les parcours, aux prix et conditions ci-après indiqués :

(Tarif.)

TARIF.

LIEUX DE DÉPART ET DE DESTINATION.	DISTANCES servant de base à l'application des tarifs.	PRIX de transport par wagon complet de 5,000 kilogrammes, sans responsabilité pour la compagnie, en ce qui concerne les pertes et avaries.	
De VITRY-LE-FRANÇAIS aux stations ci-après :	kilomètres.	fr.	c.
Paris (*gare de La Villette*)............................	204	51	»
Gagny...	191	47	75
Chelles..	185	46	25
Lagny...	178	44	50
Esbly...	169	42	25
Meaux..	161	40	25
Trilport...	155	38	75
La Ferté-sous-Jouarre.............................	147	36	75
Château-Thierry...................................	111	27	

17. Toute expédition de marchandises de la nature de celles qui sont désignées en l'article précédent, qui ne sera point effectuée par wagon complet, sera soumise au tarif ordinaire des transports à petite vitesse fixé par l'article 11 ci-dessus.

§ II. — *Bois à brûler, pierre meulière et pavés.*

18. La Compagnie est également autorisée à transporter le bois à brûler, la pierre meulière et les pavés, par wagon complet de 5,000 kilogrammes, sur les parcours, aux prix et conditions indiqués ci-après :

(***Tarif.***)

TARIF.

LIEUX DE DÉPART ET DE DESTINATION.	DISTANCES servant de base à l'application des tarifs.	PRIX de transport par wagon complet de 5,000 kilogrammes, sans responsabilité pour la compagnie, en ce qui concerne les pertes et avaries.	
De VITRY-LE-FRANÇAIS aux stations ci-après :	kilomètres.	fr.	c.
Paris (*gare de La Villette*).........................	204	51	»
Chelles.................................	185	46	25
Lagny.................................	178	44	50
Esbly.................................	169	42	25
Meaux.................................	161	40	25
Trilport.................................	155	38	75
La Ferté-sous-Jouarre.....................	140	35	»
Nogent-l'Artaud...........................	121	30	25
Château-Thierry...........................	111	27	75
Dormans.................................	89	22	25
Port-à-Binson.............................	79	19	75
Épernay.................................	64	16	»
Châlons.................................	33	8	25

19. Toute expédition de marchandises de la nature de celles qui sont désignées en l'article qui précède, qui ne sera point effectuée par wagon complet, sera soumise au tarif ordinaire des transports à petite vitesse fixé par l'article 11 de la présente ordonnance.

SECTION II. — Frais accessoires.

20. Les frais d'enregistrement et de magasinage fixés par les articles 8 et 9 de l'ordonnance susvisée du 27 mars dernier, et les dispositions de l'article 19 de la même ordonnance, relatives au chargement et au déchargement, sont applicables aux transports, par wagon complet, des marchandises désignées sous les articles 16 et 17 ci-dessus.

CHAPITRE III.

Transport de marchandises, par abonnement, *sur plates-formes et par wagon complet.*

21. La Compagnie est autorisée à donner en location des plates-formes et des wagons pour le transport des marchandises, aux prix et conditions ci-après indiqués :

(Tarif.)

TARIF.

LIEUX DE DÉPART et DE DESTINATION.	DISTAN-CES servant de base à l'application des tarifs.	PLATES-FORMES.			
		LOCATION PAR TRAITÉ D'UNE ANNÉE.			
		MAXIMUM DES CHARGEMENTS. (Poids cumulé de la voiture vide, de ses agrès et des marchandises).			
		3,500 kilogrammes.	4,000 kilogrammes.	4,500 kilogrammes.	5,000 kilogrammes.
		PRIX DE LA LOCATION PAR JOUR (aller et retour.)			
De PARIS (gare de La Villette) à VITRY-LE-FRANÇAIS, et vice versâ :	kilomèt. 204	fr. c. 128 50	fr. c. 146 90	fr. c. 165 25	fr. c. 183 60

LIEUX DE DÉPART et DE DESTINATION.	DISTAN-CES servant de base à l'application des tarifs.	WAGONS COMPLETS.			
		LOCATION PAR TRAITÉ D'UNE ANNÉE.			
		MAXIMUM DES CHARGEMENTS.			
		4,500 kilogrammes.	5,000 kilogrammes.	4,500 kilogrammes.	5,000 kilogrammes.
		PRIX DE LA LOCATION HEBDOMADAIRE (aller et retour).		PRIX DE LA LOCATION PAR JOUR (aller et retour).	
De PARIS (gare de La Villette) à VITRY-LE-FRANÇAIS, et vice versâ :	kilomèt. 204	fr. c. 238 70	fr. c. 265 20	fr. c. 220 30	fr. c. 244 80

22. Les dispositions des articles 5, 6, 7 et 8 de l'ordonnance de police susvisée du 22 janvier dernier, relatives, tant aux conditions du transport des marchandises par abonnement, sur plates-formes et par wagon complet, qu'aux frais accessoires d'enregistrement, de chargement, de déchargement et de magasinage, sont applicables aux objets de même nature dont le tarif est réglé par l'article 21 ci-dessus.

TITRE III.

DISPOSITIONS GÉNÉRALES.

23. Toutes les dispositions des ordonnances de police précitées des 2 juillet et 9 novembre 1849, 22 janvier et 27 mars 1850 qui ne sont pas contraires à celles qui précèdent, sont applicables aux transports sur les parcours ci-dessus désignés.

24. La présente ordonnance sera notifiée à la Compagnie. Elle sera imprimée et affichée.

Les fonctionnaires et agents spécialement préposés à la surveillance du chemin de fer de Paris à Strasbourg, sont chargés d'en assurer l'exécution.

Le préfet de police, P. CARLIER.

———————

N° **2273.** — *Ordonnance qui règle l'entrée, le stationnement et la circulation des voitures de toute espèce dans les cours de l'embarcadère du chemin de fer de Saint-Germain et Versailles* (rive droite),

Approuvée par M. le ministre des travaux publics, le 6 août 1850.

Paris, le 5 septembre 1850.

Nous, préfet de police,

Vu : 1° les lois des 16-24 août 1790 et 19-22 juillet 1791;

2° Les arrêtés du Gouvernement des 12 messidor an VIII et 3 brumaire an IX (1er juillet et 25 octobre 1800);

3° La loi du 9 juillet 1836, qui autorise la concession de deux chemins de fer de Paris à Versailles, par la rive droite et par la rive gauche de la Seine, ensemble le cahier des charges annexé à ladite loi;

4° L'ordonnance du 24 mai 1837, portant approbation de l'adjudication passée le 26 avril 1837;

5° La loi du 15 juillet 1845, sur la police des chemins de fer;

6° L'ordonnance du 15 novembre 1846, portant règlement d'administration publique sur la police, la sûreté et l'exploitation des chemins de fer;

7° L'arrêté de l'un de nos prédécesseurs, en date du 20 novembre 1848, qui a autorisé l'établissement, dans la rue de Stockholm, d'une station de voitures de place, pour le service du chemin de fer précité;

Considérant qu'il y a lieu de régler, conformément aux dispositions de l'article 1er de l'ordonnance précitée du 15 novembre 1846, l'entrée, le stationnement et la circulation des voitures publiques ou particulières destinées, soit au transport des personnes, soit au transport des marchandises, dans les cours dépendant de l'embarcadère du chemin de fer de Saint-Germain et Versailles (rive droite),

Ordonnons ce qui suit :

1. L'entrée, le stationnement et la circulation des voitures publiques ou particulières destinées, soit au transport des personnes, soit au transport des marchandises dans les cours du chemin de fer de Saint Germain et Versailles (rive droite) seront réglés ainsi qu'il suit.

2. Toutes les voitures publiques ou particulières qui transporteront des voyageurs au chemin de fer, pourront entrer dans la cour principale qui donne sur la rue Saint-Lazare et déposer ces voyageurs au bas du perron.

3. Les voitures spéciales du chemin de fer et les voitures particulières auront seules le droit de stationner, en attendant l'arrivée des convois, dans ladite cour principale où elles se rangeront sur les points de stationnement qui leur sont affectés et qui sont désignés aux articles 4 et 5 de la présente ordonnance.

4. Les voitures particulières se placeront en ligne, c'est-à-dire les unes à côté des autres, dans la cour principale, le long de la galerie de l'ouest, la tête des chevaux tournée vers le centre de la cour.

Il ne pourra stationner sur ce point plus de huit voitures.

5. Les voitures spéciales affectées au service des chemins de fer se placeront dans la cour principale, le long de la galerie de l'est, et seront rangées en ligne, la tête des chevaux tournée vers le centre de la cour.

Il ne pourra stationner sur cet emplacement plus de dix voitures à la fois.

6. Les emplacements dont il est question aux articles 4 et 5 seront indiqués par des inscriptions.

7. Les voitures de place nécessaires au transport des voyageurs seront fournies par la station de la rue de Stockholm et par les avançages en dépendant.

Ces voitures ne pourront entrer dans la cour principale pour prendre des voyageurs; elles devront charger à l'une des portes de l'embarcadère, et seulement lorsqu'elles seront requises.

8. Les cochers des voitures particulières pourront les faire approcher du perron pour faire monter les personnes qu'ils viendront chercher.

Le chargement des voitures spéciales devra être opéré sur place.

Après le chargement, toutes ces voitures, pour sortir de la cour, devront être conduites au pas.

9. La cour dite Bony, qui se trouve à l'ouest de la cour principale, sera affectée exclusivement au stationnement des voitures destinées au service de factage ou au transport des marchandises.

Ces voitures, qui, en toute circonstance, devront être conduites au pas, entreront dans cette cour et en sortiront par la porte qui ouvre sur la rue Saint-Lazare.

10. La présente ordonnance sera imprimée et affichée.

Le chef de la police municipale, le commissaire de surveillance administrative des chemins de fer de Saint-Germain et Versailles (rive droite), le commissaire de police de la section de la présidence, les officiers de paix et les autres préposés de la préfecture de police, sont chargés, chacun en ce qui le concerne, de concourir à son exécution.

Elle sera transmise à M. l'ingénieur des ponts et chaussées, chargé de la direction du service de surveillance des chemins de fer de Saint-Germain et Versailles (rive droite).

Elle sera adressée, en outre, à M. le colonel de la garde républicaine et à M. le colonel commandant la 1re légion de gendarmerie, qui sont chargés de tenir la main à son exécution, par tous les moyens mis à leur disposition.

Le préfet de police, P. CARLIER.

N° **2274**. — *Ordonnance relative à la vente du bois de chauf-fage dans le ressort de la préfecture de police* (1).

Paris, le 7 septembre 1850.

Nous, préfet de police,

Vu la loi des 16-24 août 1790, titre II ;
Celle des 19-22 juillet 1791, titre 1er ;
Celle du 4 juillet 1837 ;
L'ordonnance royale du 17 avril 1839 ;

Considérant que la loi des 16-24 août 1790 a imposé à l'autorité municipale le droit de veiller à la fidélité du débit des denrées qui se vendent au poids ou à la mesure ; que celle des 19-22 juillet 1791 lui donne le droit de faire les règlements qu'elle juge nécessaires pour atteindre ce résultat ;

Considérant que si, jusqu'à ce jour, la vente du bois de chauffage dans le ressort de la préfecture de police s'est faite obligatoirement au moyen de mesures dites *membrures* (*stère* et *double stère*), un certain nombre de consommateurs ont acheté leur bois au poids ; que si ce mode de vente peut offrir des facilités, il importe cependant de laisser à l'expérience le soin de justifier des avantages ou des inconvénients qu'il présente, sauf alors à l'autorité municipale à le prescrire ou à le prohiber ;

Considérant qu'il convient, jusqu'à ce que l'expérience soit faite, de laisser le consommateur libre de recourir soit au pesage, soit au mesurage, selon qu'il le croira utile à ses intérêts ;

Considérant qu'il importe de déterminer la forme et la construction des membrures, de telle manière qu'il ne puisse résulter ni erreur ni abus de leur emploi ;

Considérant que la longueur moyenne ordinaire du bois de chauffage, vendu pour la consommation du département de la Seine, est d'un mètre cent trente-sept millimètres, et que c'est principalement la forme et la construction des membrures destinées à contenir le stère et le double stère de bois de cette dimension qu'il convient de fixer ;

En vertu des articles 26 et 32 de l'arrêté du 12 messidor an VIII (1er juillet 1800) et de l'arrêté des consuls du 3 brumaire an IX (25 octobre 1800),

Ordonnons ce qui suit :

1. A l'avenir, les marchands de bois de chauffage seront tenus de vendre soit au poids, soit à la mesure, à la volonté de l'acheteur.

2. Il est enjoint aux marchands de bois de placer à chaque pile, en lieu apparent, une plaque ou pancarte indiquant, en caractères lisibles, l'essence du bois dont la pile est composée, et l'année de la coupe.

3. Le bois de chauffage dont les bûches auront un mètre cent trente-sept millimètres de longueur ne pourra être mesuré dans les lieux consacrés à la vente publique, dans le ressort de la préfecture de police, qu'au moyen de mesures construites selon le modèle indiqué en la description ci-annexée, visée et approuvée par nous.

4. Tout mesurage de bois fait dans une membrure qui ne serait pas composée de ses deux parties, et dont le châssis ne serait pas placé de la manière indiquée par les plates-bandes de rencontre, sera réputé frauduleux et puni comme tel.

_____

(1) V. les ord. des 1er sept., 1er et 15 nov. 1834, 15 déc. 1835, t. III, p. 91, 98, 100, 122.

5. La longueur moyenne ordinaire du bois de chauffage étant d'un mètre cent trente-sept millimètres, tout mesurage de bois dans les membrures dont le détail est ci-annexé, sera considéré comme frauduleux, poursuivi et puni comme tel, si l'on y introduit des bûches ayant moins d'un mètre cent trente-cinq millimètres. Les bois autres que ceux généralement en usage dans le commerce ne pouvant être mesurés dans lesdites membrures, il pourra être accordé, s'il y a lieu, l'autorisation d'en construire de particulières et spécialement appropriées au bois d'autres dimensions.

6. Nul ne pourra faire usage de mesures quelles qu'elles soient, qui n'auraient point été préalablement vérifiées et poinçonnées sur toutes leurs parties par les vérificateurs des poids et mesures.

7. Une inscription en caractères de cinq centimètres de hauteur, sera placée à l'extérieur d'un des montants de chaque membrure, pour indiquer la longueur des bûches qu'elle est destinée à mesurer.

8. MM. les maires et adjoints des communes rurales du ressort de la préfecture de police, les commandants de la gendarmerie et de la garde républicaine, le chef de la police municipale, les commissaires de police, les officiers de paix, les préposés de la préfecture de police, et spécialement l'inspecteur principal des pesage et mesurage publics et des combustibles, sont chargés de l'exécution de la présente ordonnance, qui sera affichée et publiée.

Les infractions seront constatées par des procès-verbaux ou rapports qui nous seront adressés pour être transmis aux tribunaux compétents.

9. Les ordonnances antérieures sont rapportées dans celles de leurs dispositions qui seraient contraires à celles ci-dessus.

Le préfet de police, P. CARLIER.

Description de la membrure double stère, pour le mesurage du bois de chauffage, annexée à l'ordonnance de police du 7 septembre 1850 (1).

La membrure double stère sera formée :

1° D'une sole en chêne bien droite et bien équarrie, de trois mètres vingt centimètres de longueur sur douze centimètres de largeur, et sept centimètres de hauteur ;

2° De deux montants de quatre-vingt-huit centimètres de hauteur, non compris les tenons, sept d'épaisseur et douze de largeur ; leur écartement sera, dans œuvre, de deux mètres : ils seront ferrés, à leur partie supérieure, d'une plate-bande en fer forgé entaillée dans le bois, et qui fera retour à angle droit le long des deux faces extérieures des montants sur une longueur de dix centimètres ;

3° De deux contre-fiches de soixante-quatorze centimètres de longueur environ, non compris les tenons, huit centimètres de largeur et six centimètres d'épaisseur.

Il sera placé sur la sole, vers l'endroit où sont assemblés les montants, deux plates-bandes de fer entaillées de quatre centimètres au moins de largeur sur vingt centimètres de longueur ;

4° D'un châssis en charpente, d'un mètre cent trente-sept millimètres de largeur hors œuvre, formé de deux sous-traits de deux mètres

---

(1) Le public est prévenu que c'est seulement pour la facilité du déplacement que la membrure a été divisée en deux parties, mais que, pour le mesurage, ces deux parties doivent être réunies comme l'indique le dessin ci-annexé. Tout mesurage de bois fait hors du châssis convenablement placé est réputé frauduleux.

dix centimètres de longueur, sur cinq centimètres de largeur et dix centimètres de hauteur, qui seront joints entre eux, à un mètre d'intervalle dans œuvre, par trois traverses de dix centimètres de largeur sur cinq d'épaisseur, assemblées à tenons et mortaises, et de manière que la sole de la membrure posée sur ces traverses soit exactement de niveau avec les sous-traits. Les deux traverses des extrémités seront garnies au-dessus de deux plates-bandes de fer entaillées dans le bois, et qui devront avoir quatre centimètres de largeur sur quarante de longueur; il sera adapté à la partie extérieure d'un des montants de la membrure un crochet de fer auquel sera fixée une corde de cinq millimètres au plus de grosseur sur deux mètres vingt-cinq centimètres de longueur, qui portera à son autre extrémité un poids d'un kilogramme au moins. Cette corde servira à régler le plein de la mesure.

Description de la membrure stère.

La membrure stère sera construite sur le même modèle; seulement la sole n'aura que deux mètres vingt centimètres de longueur; les deux montants ne seront séparés que d'un mètre dans œuvre, le châssis n'aura qu'un mètre cinq centimètres de longueur. Les autres dimensions et grosseurs de bois resteront les mêmes.

Vu et approuvé :

Le préfet de police, P. CARLIER.

MODÈLE DE LA MEMBRURE.

Partie séparée de la membrure.

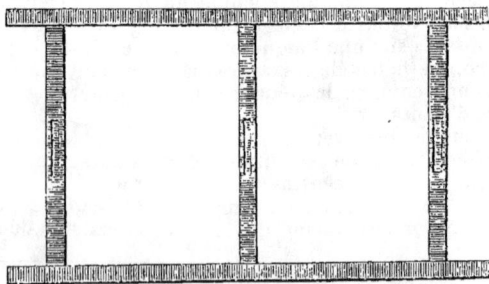

Partie séparée de la membrure.

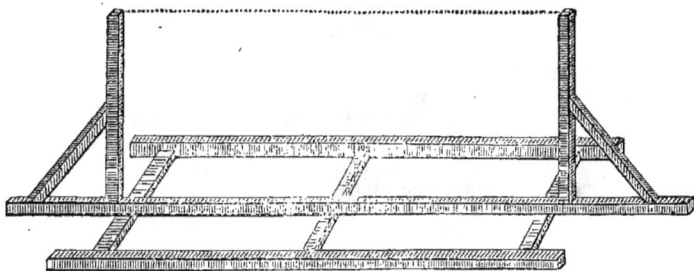

Membrure présentant ses deux parties disposées comme elles doivent l'être pour le mesurage.

N° **2275.** — *Ordonnance concernant les voitures de place.*

Paris, le 15 septembre 1850.

Nous, préfet de police,

Vu : 1° les lois des 14 décembre 1789, 16-24 août 1790, 9 vendémiaire an VI (30 septembre 1797) et 11 frimaire an VII (1er décembre 1798);

2° Les arrêtés du 12 messidor an VIII (1er juillet 1800) et du 3 brumaire an IX (25 octobre 1800);

3° Les divers arrêtés et ordonnances concernant les voitures de place ;

Considérant qu'il importe d'apporter aux règlements sur les voitures de place les modifications dont l'expérience a fait connaître l'utilité, et de réunir en une seule ordonnance celles des dispositions desdits règlements qui intéressent plus particulièrement le public,

Ordonnons ce qui suit :

TITRE Ier.

DES OBLIGATIONS IMPOSÉES AUX ENTREPRENEURS ET AUX COCHERS.

1. Aucun entrepreneur ne pourra, sans notre autorisation, mettre en circulation ou faire stationner sur la voie publique des voitures dites *de place.*

2. Toutes les voitures de place devront être construites solidement et de manière à présenter toutes les conditions de sûreté, de commodité et de propreté convenables.

Elles seront constamment entretenues en bon état.

L'emploi de chevaux entiers, vicieux, atteints de maladies et d'infirmités qui les mettraient hors d'état de faire le service, est interdit.

3. Les entrepreneurs ne devront confier la conduite de leurs voitures qu'à des cochers d'une tenue convenable et proprement vêtus.

Il est interdit aux cochers d'ôter leurs habits, même pendant les chaleurs, et de conduire en blouse.

4. Nul ne pourra, sans notre autorisation, conduire une voiture de place, soit comme cocher, soit comme apprenti cocher.

5. Toute impolitesse, tout acte de grossièreté des cochers envers le public, seront sévèrement réprimés.

6. Il est défendu aux cochers de conduire quand ils seront en état d'ivresse, et de fumer lorsqu'il y aura des voyageurs dans leur voiture.

7. Les numéros des voitures seront toujours en bon état. Il est défendu de les cacher ou masquer.

Il est enjoint à tout cocher d'offrir une carte indicative du numéro de sa voiture à la personne qui vient d'y monter.

Lorsque plusieurs personnes à la fois prendront la même voiture, le cocher ne sera tenu à remettre qu'une seule carte.

La remise des cartes devra avoir lieu avant la fermeture de la portière.

8. Après chaque course, et en avant que les voyageurs se soient éloignés, les cochers visiteront leurs voitures, et remettront sur-le-champ, aux personnes qu'ils auront conduites, les objets qu'elles y auraient laissés.

Si ces personnes ont été conduites aux théâtres ou autres lieux de réunion publique, la visite ci-dessus prescrite sera effectuée avant que d'autres voyageurs aient été admis dans les voitures.

Lorsque les objets trouvés n'auront pu être remis directement aux personnes qui les auront oubliés, ils devront être déposés, dans les vingt-quatre heures, à la préfecture de police.

9. Les cochers seront tenus d'admettre dans leurs voitures, savoir:

Dans les cabriolets à deux ou quatre roues, deux personnes;

Dans les voitures dites *grands fiacres*, attelées de deux chevaux, cinq personnes;

Dans celles dites *petits fiacres*, et quelle que soit leur forme, attelées de un ou de deux chevaux, quatre personnes;

Dans les coupés attelés de un ou de deux chevaux, trois personnes.

Deux enfants de dix ans au plus pourront toujours remplacer une personne.

10. A l'exception des apprentis cochers, porteurs de notre autorisation, les cochers ne laisseront monter personne sur leur siége, sans l'agrément des voyageurs. Les apprentis cochers ne devront jamais conduire seuls, et ils ne pourront monter sur le siége après dix heures du soir.

Dans aucun cas, les cochers ne laisseront monter qui que ce soit sur l'impériale.

11. Les cochers des voitures, dites *de l'extérieur*, ne laisseront pas monter dans leurs voitures plus de voyageurs qu'il n'y aura de places indiquées par les inscriptions peintes, tant à l'extérieur qu'à l'intérieur de ces voitures.

Ils ne pourront recevoir plus de deux personnes sur la banquette extérieure qui leur sert de siége.

12. Les cochers ne seront pas tenus à recevoir dans leurs voitures des voyageurs en état d'ivresse.

13. Les cochers transporteront, sans augmentation du tarif qui sera indiqué aux articles 27 et 35 ci-après, les paquets et bagages des voyageurs, toutes les fois que le volume et la nature de ces objets permettront de les placer soit dans l'intérieur, soit sur l'impériale des voitures.

14. Les cochers des cabriolets à deux et à quatre roues seront tenus de relever ou d'abaisser les capotes sur la demande des voyageurs.

15. Les voitures devront être habituellement conduites au trot.

Par exception, elles seront conduites au pas: dans les marchés, dans les rues étroites où deux voitures ne peuvent marcher de front, au passage des barrières, au détour des rues, sous les guichets du Louvre et des Tuileries, et sur tous les points de la voie publique où il existera soit une pente rapide, soit des obstacles à la circulation.

Il est interdit aux cochers de traverser les halles du centre avant dix heures du matin.

16. Il est défendu aux cochers de lutter de vitesse entre eux, de laisser galoper leurs chevaux, de les frapper avec le manche de leur fouet et de les maltraiter d'aucune manière.

17. Lorsqu'ils se croiseront avec d'autres voitures, les cochers se détourneront à droite, et laisseront libre au moins le milieu de la voie publique.

Ils s'abstiendront autant que possible de faire passer les roues de leurs voitures dans les ruisseaux et contre les murs, les bornes ou les trottoirs.

18. Il est défendu aux cochers de couper les convois et les détachements de troupes.

19. Les cochers ne pourront faire arriver leurs [voitures aux théâtres, spectacles, bals, concerts et autres lieux de réunion et de divertissements publics, qu'au pas, sur une seule file et par les rues désignées dans les consignes.

Dans ces circonstances, il leur est défendu de quitter, sous quelque prétexte que ce soit, leur siége et les rênes de leurs chevaux, pendant que les personnes qu'ils auront conduites descendront de leurs voitures ou y monteront.

Ils ne pourront faire marcher leurs voitures qu'au pas et sur une seule file, jusqu'à ce qu'elles soient sorties des rues environnant les établissements ci-dessus désignés.

Il leur est fait expresse défense d'interrompre ou de couper la file des voitures à la sortie de ces mêmes établissements.

20. Les cochers des deux premières voitures d'un corps de place ou d'un avançage se tiendront toujours sur leur siége ou à la tête de leurs chevaux, qui devront être bridés et prêts à marcher.

Cependant, toutes les fois qu'un corps de place aura été complétement évacué, le cocher de la deuxième voiture arrivée sur ce point pourra faire manger et boire ses chevaux.

21. Les cochers devront marcher à toute réquisition, quel que soit le rang que leurs voitures occuperont sur la station.

Ils ne pourront s'absenter de la station sans l'autorisation du surveillant.

22. Il leur est défendu de gêner la circulation sur les trottoirs ou dans les rues, en se réunissant en groupe, et de troubler la tranquillité publique par des cris, des disputes ou des rixes.

Ils s'abstiendront de faire claquer leurs fouets ou de les agiter de manière à atteindre les passants.

23. Les cochers allumeront dès la chute du jour les lanternes de leurs voitures.

24. Les cochers dont les voitures seront gardées, les placeront de manière à gêner le moins possible la circulation.

Dans toutes les rues qui n'auront pas une largeur d'au moins douze mètres, il leur est défendu de stationner vis-à-vis d'une voiture déjà arrêtée du côté opposé.

Le cocher qui attendra à la porte des particuliers ou à l'entrée d'un établissement public, ne quittera pas sa voiture.

25. Il est expressément défendu aux cochers dont les voitures ne seront pas gardées, de les faire stationner sur des points non affectés à ce stationnement, de raccoler les passants, de parcourir la voie publique au pas, ou en faisant exécuter aux voitures, sur la même ligne, un va et vient continuel, tous actes constituant la maraude, qui leur est formellement interdite.

Cependant, lorsqu'un cocher ayant sa voiture libre sera rencontré sur un point quelconque de la voie publique par des personnes qui voudront faire usage de cette voiture, il devra marcher à leur réquisition et au prix des tarifs fixés par le titre II de la présente ordonnance.

26. Les cochers ne pourront faire parcourir à leurs voitures les contre-allées des boulevards, ni aucune partie des voies et promenades publiques exclusivement réservées aux piétons.

Le stationnement sur ces points leur est également interdit.

Les voitures ne devront traverser les contre-allées, pour entrer dans les maisons riveraines, que si le sol de la traverse a été disposé à cet effet.

TITRE II.

TARIFS.

§ Ier. — Tarif pour Paris.

27. Le prix à payer, soit à la course, soit à l'heure, sera fixé ainsi qu'il suit, pour l'intérieur de Paris et pour les points extérieurs ci-après :

	DE 6 HEURES DU MATIN A MINUIT.		DE MINUIT A 6 HEURES DU MATIN.	
	A la course.	A l'heure.	A la course.	A l'heure.
	fr. c.	fr. c.	fr. c.	fr. c.
Grands fiacres à 2 chevaux......	1 50	2 »	2 »	3 »
Coupés et petits fiacres à 4 places, à 1 ou 2 chevaux............	1 25	1 75	1 75	2 50
Cabriolets à 2 ou 4 roues, fermés ou non fermés...............	1 10	1 50	1 75	2 50

Les cochers seront tenus de conduire à la course, et sans augmentation de prix, aux cimetières de l'Est, du Nord et du Sud; aux embarcadères des chemins de fer de Sceaux et de Versailles (rive gauche); à l'Hippodrome ; à la station établie à Passy, rue Delessert, et sur toute la ligne des boulevards extérieurs.

28. Tout cocher qui sera pris, soit sur une station de voitures, soit sur tout autre point de la voie publique, pour aller charger à domicile, sera tenu de marcher à la course toutes les fois qu'il en sera requis, quel que soit l'éloignement de ce domicile.

Cependant cette disposition ne sera applicable aux cochers requis pour aller charger sur l'un des boulevards extérieurs qu'autant qu'il y aura une place de stationnement à la barrière la plus proche de ce boulevard.

Dans le cas contraire, les cochers ne seront tenus de marcher qu'au prix de l'heure de Paris.

29. Tout cocher qui aura été appelé pour aller chercher quelqu'un à domicile, et qui sera renvoyé sans être employé, recevra, à titre d'indemnité de déplacement, le prix d'une demi-course, calculé d'après les prix établis pour l'intérieur de Paris par l'article 27.

50. Lorsqu'un cocher aura été pris pour aller charger à domicile et marcher à l'heure, le prix de l'heure lui sera dû à partir de son arrivée à la porte du voyageur.

Si ce cocher, pris pour marcher à la course, est obligé d'attendre le voyageur plus de dix minutes, il sera censé avoir été pris à l'heure.

31. Il est enjoint aux cochers de demander aux personnes qui montent dans leurs voitures si elles entendent être conduites à l'heure ou à la course.

Le voyageur qui aura pris une voiture pour marcher à la course pourra, avant d'arriver à sa destination, demander à être conduit à l'heure ; dans ce cas, le cocher n'aura droit qu'au tarif de l'heure, et ce prix lui sera dû à partir de l'instant où sa voiture aura été occupée.

Les personnes qui auront pris une voiture à l'heure auront le droit d'indiquer au cocher l'itinéraire qu'il devra suivre.

Sauf les exceptions portées en l'article 15, et à moins d'ordres contraires de la part de ces personnes, le cocher qui aura été pris à l'heure devra marcher au trot.

Si le cocher est pris pour marcher à la course, il devra suivre le chemin le plus court ou le plus facile.

52. Le cocher qui, dans une course, aura été détourné de son chemin par la volonté de la personne qui l'emploiera, aura droit au prix de l'heure.

Le cocher pris à la course, et qui, sans être détourné de son chemin, sera requis de déposer en route une ou plusieurs des personnes qui se trouveront dans sa voiture, n'aura droit qu'au prix de la course.

53. Tout cocher pris avant minuit, et qui arrivera à sa destination après minuit, n'aura droit qu'au prix fixé pour le jour, mais seulement pour la première course ou la première heure.

Celui qui aura été pris avant six heures du matin et qui n'arrivera à sa destination qu'après six heures, aura droit au prix de nuit, mais seulement pour la première course ou la première heure.

54. Les cochers devront se faire payer d'avance lorsqu'ils conduiront des personnes aux théâtres, spectacles, bals, concerts et autres lieux de réunion et de divertissements publics.

Ils sont autorisés à se faire payer immédiatement, si les personnes conduites descendent à l'entrée d'un jardin public ou de tout autre lieu où il est notoire qu'il existe plusieurs issues.

§ II. — Tarif pour l'extérieur.

55. Les cochers ne seront tenus de dépasser les limites fixées par l'article 27, pour se rendre dans le ressort de la préfecture de police (1), qu'autant qu'ils auront été pris à l'heure.

Dans ce cas, les prix de l'heure seront fixés ainsi qu'il suit : savoir :

EN DEDANS DU MUR D'ENCEINTE DES FORTIFICATIONS et jusqu'à la porte Maillot par l'avenue de Neuilly.			EN DEHORS DU MUR D'ENCEINTE DES FORTIFICATIONS et à l'intérieur du bois de Boulogne.		
	fr.	c.		fr.	c.
Grands fiacres 2 à chevaux..	2	»	Grands fiacres à 2 chevaux....	3	»
Coupés et petits fiacres à un cheval ou à 2 chevaux......	1	75	Coupés et petits fiacres à 1 cheval ou à 2 chevaux.........	2	»
Cabriolets à 2 ou 4 roues, fermés ou non fermés.....	1	50	Cabriolets à 2 ou 4 roues, fermés ou non fermés.......	2	»

(1) Le ressort de la Préfecture de police s'étend à toutes les communes du département de la Seine et à celles de Meudon, Sèvres et Saint-Cloud (département de Seine-et-Oise).

Les tarifs ci-dessus ne sont pas applicables aux voitures dites *de l'extérieur*, dont le prix continuera à être réglé de gré à gré entre le public et les cochers.

36. Les cochers ne seront tenus, en aucune saison, de dépasser les limites fixées par l'article 27, après minuit, pour se rendre sur le territoire situé en dedans des fortifications, ni après sept heures du soir en hiver et neuf heures en été, pour une destination plus éloignée.

Si, après ces heures, les cochers consentent à dépasser ces limites, le prix du voyage sera réglé de gré à gré entre eux et les personnes qui les emploieront.

37. Tout cocher qui sera pris avant minuit pour se rendre sur le territoire situé en dedans des fortifications ou avant sept heures du soir en hiver, et neuf heures en été, pour un point plus éloigné, ne pourra, lors même qu'il arrivera à sa destination après minuit ou après sept et neuf heures, exiger un salaire plus élevé que celui qui est fixé par l'article 35.

38. Lorsque le voyageur arrivé à sa destination renverra la voiture, le retour sera payé au cocher en raison du temps qu'il aura mis pour se rendre de la barrière au lieu où la voiture aura été abandonnée.

39. Lorsque le voyageur qui aura dépassé les fortifications reviendra à Paris avec la voiture, le cocher aura droit à un temps de repos qui ne pourra dépasser vingt minutes.

Le prix de ce temps de repos devra être payé par le voyageur, conformément aux prix déterminés par l'article 35.

40. Lorsque le cocher sera pris sur l'un des points du territoire compris dans le ressort de la préfecture de police pour venir à Paris, il ne pourra exiger un salaire plus élevé que celui qui a été fixé par l'article 35.

Lorsque le cocher sera pris sur un point de ce territoire pour se rendre sur un autre point de ce même territoire, le prix du voyage sera réglé de gré à gré.

41. Les cochers seront tenus de faire marcher leurs chevaux à raison de huit kilomètres à l'heure.

§ III. — Dispositions communes aux deux tarifs.

42. Le prix total de la première heure sera toujours dû intégralement, lors même que le cocher n'aura pas été employé pendant l'heure entière.

A compter de la deuxième heure inclusivement, le prix à payer sera calculé suivant l'espace de temps pendant lequel le cocher aura été employé.

Dans aucun cas, les cochers ne pourront exiger de pour-boire.

43. Les prix établis par les articles 27 et 35 ne sont point applicables aux locations à la journée ; le prix de ces locations continuera d'être réglé de gré à gré entre le public et les cochers.

44. Les droits de péage pour passage des ponts ne seront à la charge des voyageurs que lorsque ces derniers auront demandé à y passer.

45. Il y aura constamment dans l'intérieur des voitures de place, une plaque indicative du numéro et des tarifs.

TITRE III.

DISPOSITIONS GÉNÉRALES.

46. Il devra toujours y avoir, dans chaque voiture, un exemplaire de la présente ordonnance.

Le cocher devra représenter cette ordonnance à toute réquisition des personnes qui feront usage de la voiture.

47. Toutes les dispositions antérieures, concernant le service des voitures de place, sont rapportées.

48. Les contraventions à la présente ordonnance seront constatées par des procès-verbaux ou rapports, qui nous seront transmis par les fonctionnaires, préposés ou agents qui les auront dressés.

Il pourra être pris envers les contrevenants telles mesures administratives qu'il appartiendra, sans préjudice des poursuites à exercer contre eux devant les tribunaux.

49. La présente ordonnance sera imprimée et affichée.

Les commissaires de police, le chef de la police municipale, les officiers de paix, le contrôleur des fourrières, les contrôleurs ambulants, les surveillants des stations, et autres préposés de la préfecture de police sont chargés, chacun en ce qui le concerne, d'en assurer l'exécution.

Le préfet de police, P. CARLIER.

N° **2276.** — *Règlement concernant les entrepreneurs de voitures de place et la construction de ces voitures.*

Paris, le 15 septembre 1850.

Nous, préfet de police,

Arrêtons ce qui suit :

1. Les entrepreneurs devront mettre en circulation, tous les jours de l'année, sans exception, les voitures pour lesquelles ils auront obtenu un permis de circulation et de station.

Ne sont pas comprises dans cette obligation les voitures dites *supplémentaires,* qui ne pourront circuler et être mises en station sur les places que les jours et aux époques de l'année ci-après déterminés, savoir :

Les dimanches et jours fériés ;
Du 16 décembre au 31 janvier inclusivement ;
Du dimanche qui précède le jeudi-gras au mardi-gras,
Le jeudi de la *mi-Carême ;*
Les lundis de Pâques et de la Pentecôte.

A ces époques, la circulation des voitures dont il s'agit pourra commencer immédiatement à compter de minuit, et se prolonger le lendemain jusqu'au jour.

Les voitures dites *de l'extérieur* ne pourront pas faire dans Paris un service de place. Elles ne devront stationner que sur les emplacements qui leur sont spécialement affectés.

2. Les voitures ne pourront être exploitées que par les entrepreneurs au nom desquels les permissions auront été délivrées et inscrites sur les registres de la préfecture de police.

Toute location de numéro est interdite.

3. Tout entrepreneur de voitures de place sera tenu de faire inscrire, extérieurement, au-dessus de la porte de son établissement, ses nom et profession en caractères ayant au moins huit centimètres de hauteur et quinze millimètres de plein.

Toutes les fois qu'il changera le siège de son établissement, il sera tenu d'en faire, au moins quarante-huit heures d'avance, la déclaration à la préfecture de police.

4. Les entrepreneurs ne pourront employer que des cochers qui auront été autorisés par nous à conduire des voitures de place.

Le jour même où un cocher entrera à son service, chaque entrepreneur retirera à la préfecture de police le permis de conduire de ce cocher.

Quand le cocher quittera son établissement, l'entrepreneur rapportera ce même permis dans les vingt quatre heures de la sortie du cocher, lors même que celui-ci lui serait redevable.

Lorsque l'autorisation de conduire aura été retirée à un cocher, le permis sera également rapporté par l'entrepreneur, dans les vingt-quatre heures de l'avis qui lui sera donné de cette mesure.

5. L'entrepreneur sera tenu, en prenant un cocher, d'inscrire la date de son entrée en service sur le permis de conduire et sur le bulletin.

Lorsque le cocher quittera l'établissement, il sera fait mention sur son permis de la date de sa sortie.

6. Les entrepreneurs tiendront un registre sur lequel ils inscriront de suite les noms, prénoms et domiciles de leurs cochers, ainsi que le numéro de leur inscription à la préfecture de police.

Ils inscriront aussi, chaque jour, sur ce registre, le numéro de la voiture dont la conduite leur aura été confiée.

Ils seront tenus de représenter le registre dont il s'agit à toute réquisition des agents de l'autorité.

Chaque mois, ils feront porter ce registre à la fourrière, pour qu'il y soit parafé par le contrôleur de cet établissement.

Ils devront le conserver, au moins pendant un an, à compter du jour de la dernière inscription.

7. Tout entrepreneur délivrera à chacun de ses cochers, pour les courses de la journée, une feuille de travail et un nombre suffisant de cartes indicatives du numéro de la voiture.

8. Toutes les voitures de place continueront à être assujetties aux droits de location fixés, au profit de la ville de Paris, par délibération du conseil municipal, approuvée par le ministre de l'intérieur.

Ces droits seront acquittés, par douzième et à l'avance, entre les mains du caissier de la préfecture de police.

En ce qui concerne les voitures supplémentaires, le payement aura lieu par trimestre et à l'avance.

9. Les caisses des voitures devront avoir, au *minimum*, en hauteur, longueur et largeur, les dimensions ci-après :

Numéros d'ordre.	CAISSE.	MAXIMUM.				
		FIACRES		Coupés	CABRIOLETS	
		à deux chevaux.	à un cheval.		à deux roues.	à quatre roues.
1	Hauteur de la caisse mesurée en dedans, du fond de la cave à l'impériale...................	1 48	1 48	1 48	» »	» »
2	Hauteur de la caisse mesurée en dedans, du fond de la cave au cerceau du milieu............	» »	» »	» »	1 53	1 53
3	Longueur de la caisse mesurée en dedans, depuis le fond jusqu'au devant de la caisse....	1 35	1 24	1 10	» »	» »
4	Longueur de la caisse mesurée en dedans, du fond du cabriolet à la portière fermée.......	» »	» »	» »	» 85	» 85
5	Largeur d'une portière à l'autre.............	1 14	1 »	1 »	» »	» »
6	Largeur de la caisse mesurée à la hauteur et sur le bord de la parclose.................	» »	» »	» »	1 05	» 92

Le strapontin des coupés ne pourra avoir moins de 30 centimètres de profondeur et 40 centimètres de largeur.

La largeur de la voie des roues sera de 1 mètre 20 centimètres pour les roues de derrière, et de 1 mètre pour celles de devant.

10. La cheville-ouvrière sera fixée à l'avant-train par un écrou.

11. La caisse, le train et les roues devront être peints et vernis.

12. L'intérieur de chaque voiture devra être garni d'une étoffe propre et solide et de coussins bien rembourrés et recouverts.

13. Le plancher de la caisse sera garni de paillassons ou tapis qui, dans aucun cas, ne pourront être remplacés ni recouverts par de la paille.

14. Chaque baie des châssis des fiacres et coupés sera garnie de stores.

15. Il sera adapté à chaque voiture fermée, soit un cordon, soit un bouton correspondant à un timbre à ressort, afin que les voyageurs puissent toujours avertir le cocher de s'arrêter lorsqu'ils le jugeront convenable.

16. La capote des cabriolets sera vernie ou passée au noir et lustrée.

17. Dans chaque voiture les marchepieds seront disposés de manière que les voyageurs puissent monter et descendre facilement.

18. Lorsque les fiacres et les coupés ne seront pas pourvus d'ailes servant de garde-crotte, les portières devront ouvrir sur les roues de derrière.

Le garde-crotte fixé sur le devant de la caisse des cabriolets à deux roues aura au moins 50 centimètres de hauteur.

Pour les cabriolets à quatre roues, le garde-crotte placé entre le siége du cocher et la caisse, aura toute la largeur de cette caisse.

Dans aucun cas, les ailes formant garde-crotte ne devront masquer les numéros des voitures.

19. Les portières des voitures seront disposées de manière à fermer solidement.

20. Il sera adapté à toutes les voitures de place un coffre destiné à recevoir la nourriture des chevaux.

21. Deux lanternes garnies de réflecteurs polis et de carreaux bien transparents seront placées sur le devant des fiacres et des coupés. Une lanterne semblable sera posée sur chaque côté de la caisse des cabriolets.

22. Les harnais seront solides, passés au noir dans toutes leurs parties et tenus proprement.

23. Les numéros des voitures de place seront peints sur les panneaux de derrière et de côté de chacune de ces voitures.

Ils seront répétés sur les verres de côté des deux lanternes, ainsi que sur la plaque indicative du tarif.

En ce qui concerne les voitures dites *de l'extérieur*, le numéro sera répété en dedans de chaque voiture, sur une plaque fixée au milieu de l'impériale.

Tous ces numéros seront entièrement conformes aux modèles qui resteront déposés à la préfecture de police.

24. Les numéros continueront d'être apposés, aux frais des entrepreneurs, par le préposé de la préfecture de police.

Les entrepreneurs pourront faire exécuter dans leurs établissements le numérotage prescrit pour les lanternes et l'intérieur des voitures.

25. Le permis de circulation et de station pourra être, soit temporairement, soit même définitivement, retiré aux entrepreneurs qui ne se conformeront pas tant aux conditions ci-dessus qu'aux dispositions de notre ordonnance du 15 septembre 1850.

26. Il sera remboursé par l'entrepreneur, pour frais d'impression du présent règlement et de l'ordonnance du 15 septembre 1850, 70 centimes.

Le préfet de police, P. CARLIER.

———————◆———————

N° **2277.** — *Règlement concernant les cochers de voitures de place.*

Paris, le 15 septembre 1850.

Nous, préfet de police,

Arrêtons ce qui suit :

1. Aucun cocher ne pourra conduire une voiture de place sans être muni :

1° D'une plaque en cuivre, qui lui sera délivrée, à ses frais, à la préfecture de police, et qu'il devra porter d'une manière apparente ;

2° D'un bulletin d'entrée en service ;

3° De cartes indicatives du numéro de la voiture ;

4° D'une feuille de travail sur laquelle il inscrira l'heure d'arrivée sur une station et celle du départ ; les points de la voie publique sur lesquels les voyageurs auront été pris et déposés, ainsi que les heures de départ et d'arrivée.

Chaque cocher devra toujours avoir dans sa voiture :

1° Le permis de circulation et de station délivré à l'entrepreneur auquel cette voiture appartient ;

2° Le laisser-passer de l'administration des contributions indirectes ;

3° Un exemplaire du présent règlement ;

4° Un exemplaire de l'ordonnance de police concernant les voitures de place.

Si le cocher est propriétaire de la voiture qu'il conduit, il sera également astreint aux obligations ci-dessus, à l'exception du bulletin d'entrée en service.

2. Les cochers ne pourront confier à qui que ce soit la conduite de leur voiture, ni se dessaisir de la plaque et des divers papiers indiqués en l'article précédent.

3. Pendant tout le temps qu'un cocher ne sera point employé chez un entrepreneur de voitures, son permis de conduire restera déposé à la préfecture de police.

Le cocher recevra, en échange, un bulletin de dépôt indiquant qu'il est pourvu d'un permis de conduire.

Il sera tenu, lorsqu'il entrera chez un entrepreneur, de faire viser, dans les vingt-quatre heures, à la préfecture de police, son bulletin d'entrée en service.

4. Tout cocher, en quittant un établissement, est tenu de remettre à l'entrepreneur le permis de circulation et de station de la voiture qui lui avait été confiée.

5. Les cochers prendront rang sur les stations, au fur et à mesure de leur arrivée.

Leur tour de passer aux avançages sera également déterminé d'après l'ordre de leur arrivée sur les stations.

6. Il est formellement interdit aux cochers de mettre leurs voitures en double file ou hors de place.

Il leur est enjoint de maintenir constamment, dans les limites de la station, leurs voitures, qui ne devront jamais excéder le nombre fixé par les inscriptions existant sur la station.

7. Les cochers pourront faire manger et boire leurs chevaux sur les corps de place et les réserves.

Toutefois cette faculté est interdite aux cochers des deux premières voitures.

Il leur est défendu de faire boire et manger leurs chevaux sur les avançages, ainsi que sur tout autre point de la voie publique.

Cependant, lorsque les cochers seront gardés, ils pourront faire manger l'avoine à ces animaux sur quelque point de la voie publique que ce soit, mais à la condition expresse qu'ils se tiendront à la tête de leurs chevaux pendant tout le temps qu'ils mangeront, et que l'avoine sera renfermée dans une musette attachée à la tête du cheval.

8. Il est défendu aux cochers de débrider entièrement leurs chevaux lorsqu'ils leur donneront à boire ou à manger.

Ils leur enlèveront seulement le mors de la bouche.

Après l'abreuvement des chevaux, l'eau qui pourrait rester au fond des seaux ne devra pas être jetée de manière à atteindre les passants.

9. Il est fait expresse défense aux cochers de rien faire qui puisse nuire aux arbres.

10. En cas d'infraction aux règlements, de plaintes graves et réitérées, ou par tout autre motif qui serait de nature à compromettre la sûreté publique, l'autorisation de conduire sera retirée temporairement ou définitivement.

Le cocher à qui l'autorisation de conduire aura été retirée sera tenu de rapporter, dans les vingt-quatre heures, à la préfecture de police, sa plaque et son bulletin d'entrée en service.

11. Il sera remboursé par le cocher la somme de *un franc quatre-vingt-quinze centimes* avancée par la préfecture de police, pour la confection du permis de conduire et de la plaque qui lui auront été délivrés, savoir :

Pour le permis de conduire........ » fr. 70 c.

Pour la plaque................... 1   25   (1).

Le préfet de police, P. CARLIER.

N° **2278**. — *Arrêté pour l'exécution de la loi du 30 juillet 1850.*

Paris, le 17 septembre 1850.

Nous, préfet de police,

Vu l'article 2 de l'arrêté du Gouvernement du 12 messidor an VIII;

Arrêtons ce qui suit :

Article unique. — Les articles 1 et 2 de la loi du 30 juillet 1850 (2), sur la police des théâtres, seront publiés et affichés dans Paris.

Le préfet de police, P. CARLIER.

N° **2279**. — *Instruction du conseil de salubrité sur les secours à donner aux blessés* (3).

Lorsqu'une personne est trouvée blessée sur la voie publique, les premiers secours à lui donner, en attendant l'arrivée de l'homme de l'art, qu'il faut toujours appeler immédiatement, sont :

1° *Dans tous les cas*, relever le blessé avec précaution, et le conduire, ou le transporter sur un brancard, au poste le plus voisin, ou dans le lieu le plus rapproché, où il puisse être secouru;

2° *En cas de plaie*, si le médecin tarde à arriver, et s'il paraît y avoir du danger, il faut découvrir doucement la partie blessée, en coupant, s'il est nécessaire, les vêtements avec des ciseaux, afin de s'assurer de l'état de la blessure. On lavera celle-ci avec une éponge ou du linge imbibé d'eau fraîche, pour la débarrasser du sang ou des corps étrangers qui peuvent la souiller ;

3° *S'il n'y a qu'une simple coupure*, et que le sang soit arrêté, on doit rapprocher les bords de la plaie et les maintenir en cet état, en la couvrant d'un morceau de taffetas gommé, dit taffetas d'Angleterre, ou de bandelettes de sparadrap, qu'on aura pris soin de passer devant une bougie allumée, ou au-dessus de charbons ardents, pour les ramollir et les rendre collantes;

4° *En cas de contusion ou de bosse*, il faut appliquer sur la partie des compresses imbibées d'eau fraîche, avec addition d'extrait de Saturne, quinze à vingt gouttes d'extrait de Saturne pour un verre d'eau; à défaut d'extrait de saturne, on peut se servir de sel commun. Ces compresses seront maintenues en place au moyen d'un mouchoir ou de tout autre bandage, médiocrement serré, et on les arrosera fréquemment, afin de les tenir humides;

5° *S'il y a perte de sang abondante* ou hémorragie par une plaie, on devra chercher à l'arrêter, en appliquant sur cette plaie, soit des

---

(1) Il ne sera payé que 50 c., si le numéro de la médaille est seulement renouvelé.

(2) V. cette loi à l'Appendice.

(3) V. l'ord. du 17 juillet 1850,

morceaux d'amadou, soit des gâteaux de charpie, soutenus au moyen de la main, d'un mouchoir ou de tout autre bandage, qui comprime suffisamment, sans exagération.

Si le sang s'échappe par un jet rouge, écarlate, saccadé, et que le blessé soit pâle, défaillant, menacé de mourir par hémorragie, il importe d'exercer de suite avec les doigts une forte compression sur l'endroit d'où part le sang. Cette compression sera remplacée ensuite par un tampon d'amadou, de charpie ou de linge, appliqué sur la plaie ou au-dessus d'elle, et maintenue par une bande assez serrée, sans l'être cependant au point d'étrangler le membre ;

6° *Si le blessé crache ou vomit du sang*, il faut le placer sur le dos ou sur le côté correspondant à la blessure, la tête et la poitrine élevées, doucement soutenues, et lui faire prendre par petites gorgées de l'eau fraîche.

Les plaies qui peuvent exister à l'extérieur et qui fournissent aussi du sang, seront fermées au moyen d'un linge fin posé sur elles, et d'un gâteau de charpie surmonté de compresses et d'un bandage. Des compresses trempées dans de l'eau fraîche pourront, en outre, être appliquées sur la poitrine ou sur le creux de l'estomac;

7° *Dans le cas de brûlure*, il faut conserver et replacer avec le plus grand soin les parties d'épiderme soulevées ou en partie arrachées.

On percera les cloques ou ampoules avec une épingle, et on en fera sortir le liquide. On couvrira ensuite la partie brûlée d'un linge fin enduit de cérat, ou trempé dans de l'huile d'amande douce, et on placera pa-rdessus ce linge des compresses imbibées d'eau fraîche que l'on arrosera fréquemment;

8° *Dans le cas de foulure ou d'entorse*, il faut plonger, s'il est possible, la partie blessée dans un vase rempli d'eau fraîche et l'y maintenir pendant très-longtemps, en renouvelant l'eau à mesure qu'elle s'échauffe. Si la partie ne peut être plongée dans l'eau, il faut la couvrir ou l'envelopper de compresses imbibées d'eau, que l'on entretiendra fraîches au moyen d'un arrosement continuel;

9° *Dans le cas de luxation ou déboîtement*, il faut éviter avec le plus grand soin de faire exécuter au membre malade aucun mouvement brusque et étendu. On se contentera de placer et de soutenir ce membre dans la position qui occasionne le moins de douleur au blessé, et l'on attendra ainsi l'arrivée du chirurgien ,

10° *Dans le cas de fracture*, il faut éviter, plus encore que dans le cas de luxation, d'imprimer au membre blessé aucun mouvement inutile : pendant le transport du blessé, on doit le porter ou le soutenir avec la plus grande précaution.

S'il s'agit du bras, de l'avant-bras ou de la main, on rapprochera doucement le membre du corps et on le soutiendra avec une écharpe dans la position qui sera la moins pénible pour le blessé.

Si le mal existe à la cuisse ou à la jambe, il faudra, après avoir placé doucement le blessé sur le brancard ou sur un lit, étendre avec précaution le membre fracturé sur un oreiller, et l'y maintenir à l'aide de deux ou trois rubans, suffisamment serrés par dessus l'oreiller. On peut aussi, à défaut de ce moyen, rapprocher le membre blessé du membre sain, et les unir ensemble dans toute leur longueur, sans trop les serrer, mais de manière que le membre sain soutienne l'autre et prévienne le dérangement de la fracture. Un point important est de soutenir le pied et de l'empêcher de tomber au dedans ou au dehors.

11° *Dans le cas de syncope ou de perte de connaissance*, il faut tout d'abord desserrer les vêtements, enlever ou relâcher tous les liens qui peuvent comprimer le cou, la poitrine ou le ventre. On couchera ensuite le blessé horizontalement, la tête médiocrement élevée, et on s'efforcera de le ranimer au moyen de fortes aspersions d'eau fraîche sur le visage, de frictions sur les tempes et autour du nez, avec du vinaigre. On pourra passer un flacon d'ammoniaque sous les narines, sans l'y laisser séjourner ; on fera des frictions sur la région du cœur avec de l'alcool camphré ou toute autre liqueur spiritueuse : ces secours doivent quelquefois être prolongés longtemps avant de produire le rappel à la vie. Si le blessé a perdu beaucoup de sang et s'il est froid, il faut pratiquer sur tout le corps des frictions avec de la flanelle, le couvrir avec soin, et réchauffer son lit.

Lorsque la syncope commence à se dissiper et que le blessé reprend ses facultés, on peut lui faire avaler de l'eau sucrée avec quelques gouttes de liqueur spiritueuse.

Lorsque la perte de connaissance est accompagnée de blessures considérables au crâne, il faut se contenter de placer le blessé dans la situation la plus commode, la tête médiocrement soulevée, maintenir la chaleur du corps, surtout des pieds, et attendre l'arrivée du médecin.

Si le blessé est dans un état d'ivresse qui paraisse dangereux par l'agitation extrême qu'il excite, ou par l'anéantissement profond des forces qu'il détermine, on peut lui faire prendre par gorgées, à quelques minutes d'intervalle, un verre d'eau légèrement sucrée, avec addition de dix à quinze gouttes d'ammoniaque. Si l'on peut se procurer de l'*acétate d'ammoniaque*, cette substance, à la dose de vingt à vingt-cinq gouttes, devra être préférée à l'ammoniaque. L'administration de l'une ou de l'autre de ces préparations pourra être répétée une fois, s'il en est besoin.

Il importe de se rappeler qu'un nombre trop grand de personnes autour des individus blessés ou autres, qui ont besoin de secours, est toujours nuisible. Pour être efficaces, ces secours doivent être donnés avec calme, et appropriés exactement aux différents cas spécifiés dans la présente instruction.

Lu et approuvé dans la séance du 6 septembre 1850.

Vu et approuvé la présente instruction pour être annexée à notre ordonnance du 17 juillet 1850.

Paris, le 17 septembre 1850.

Le préfet de police, P. CARLIER.

État des objets que doivent contenir les boîtes à pansement.

1° Une paire de ciseaux de seize centimètres de long, à pointes mousses.

2° Cinq coussins de balle d'avoine (deux longs pour la cuisse, et trois plus courts pour la jambe).

3° Deux attelles pour fractures de cuisse.

4° Trois attelles pour fractures de jambe.

5° Deux attelles pour fractures d'avant-bras.

6° Trois attelles pour fractures de bras.

7° Deux pièces de toile pour drap fanon, pour cuisse et pour jambe.

8° Une pièce de ruban de fil écru.

9° Un vase en cuir bouilli.

10° Une éponge et son enveloppe en taffetas gommé.

11° Étui, épingles, aiguilles et fil.

12° Quatre grands flacons contenant : dextrine, — alcool vulnéraire, — alcool camphré, — acétate de plomb liquide.

13° Quatre petits flacons contenant : éther, — ammoniaque liquide, — vinaigre des quatre voleurs, — alcool de mélisse.

14° Bandes.

15° Compresses.

16° Charpie.

17° Sparadrap.

18° Gobelet d'étain.

19° Cuiller en fer étamé.

20° Palette pour la saignée.

21° Agaric de chêne.

N° 2280.— *Ordonnance qui fixe un tarif commun et réduit pour le transport de vins et vinaigres en fûts, provenant de la ligne d'Orléans et expédiés aux diverses stations de la ligne du Nord, sur les chemins de fer du Nord et de Paris à Orléans.*

Paris, le 12 octobre 1850.

Nous, préfet de police,

Vu : 1° la loi du 7 juillet 1838, qui autorise l'établissement d'un chemin de fer de Paris à Orléans, et la loi du 15 juillet 1840, relative au même chemin, ensemble le cahier des charges annexé à cette dernière loi ;

2° La loi du 15 juillet 1845, qui autorise la concession des chemins de fer de Paris à la frontière de Belgique et de Creil à Saint-Quentin, ensemble les cahiers de charges, cotés A et B, annexés à cette loi ;

3° L'ordonnance royale du 1ᵉʳ avril 1847, qui approuve le traité de fusion de la Compagnie du chemin de fer du Nord, concessionnaire du chemin de fer de Paris à la frontière de Belgique, avec la compagnie du chemin de fer de Creil à Saint-Quentin ;

4° L'ordonnance de police du 1ᵉʳ février 1848, qui fixe les tarifs pour les transports de toute nature, à grande et à petite vitesse, sur le chemin de fer de Paris à Orléans ;

5° Les ordonnances de police, en date des 10 février et 6 novembre 1847, 16 octobre 1848, 13 mars et 19 avril 1849, portant homologation de tarifs pour les transports, tant sur le chemin de fer de Paris à la frontière de Belgique, avec embranchement de Lille sur Calais et Dunkerque, que sur celui de Creil à Saint-Quentin ;

6° La décision ministérielle du 17 avril dernier, portant homologation des propositions présentées par la Compagnie du Nord et par celle du chemin de fer de Paris à Orléans, et ayant pour objet un tarif commun et réduit pour le transport des vins et vinaigres en fûts provenant de la ligne d'Orléans, et expédiés aux diverses stations des lignes du Nord et de Creil à Saint-Quentin ; ensemble une nouvelle décision du ministre des travaux publics, en date du 8 du courant, approbative de quelques modifications à apporter aux propositions précédemment homologuées,

Considérant qu'il y a lieu de rendre exécutoires, dans le ressort de la préfecture de police, les décisions ministérielles précitées,

Ordonnons ce qui suit :

1. La Compagnie du Nord et celle du chemin de fer de Paris à Orléans sont autorisées à percevoir les prix fixés au tableau suivant, pour le transport des vins et vinaigres en fûts, sur les parcours indiqués ci-après ;

TARIF.

LIEUX DE DÉPART ET DE DESTINATION.	PRIX DE TRANSPORT			
	par tonne de 1,000 kilogram.		pour une pièce de 250 kilogram.	
	fr.	c.	fr.	c.
Paris (*gare d'Ivry*).........	16	»	4	»
Saint-Denis.............	23	»	5	75
Engbien..................	23	40	5	85
Pontoise.................	25	»	6	25
Auvers...................	25	70	6	40
Isle-Adam...............	26	50	6	60
Beaumont...............	26	50	6	60
Boran...................	27	50	6	90
Saint-Leu...............	28	»	7	»
Creil....................	28	50	7	10
Liancourt...............	29	50	7	40
Clermont................	30	»	7	50
Saint-Just..............	31	»	7	75
Breteuil................	31	50	7	90
Ailly....................	33	»	8	25
Amiens..................	33	»	8	25
Corbie..................	34	»	9	»
Albert..................	36	»	9	»
Achiet..................	36	»	9	»
Arras...................	36	»	9	»
Douai...................	38	»	9	50
Pont-de-la-Deule.......	39	»	9	75
Séclin..................	40	»	10	»
Lille...................	40	»	10	»
Armentières............	42	»	10	50
Hazebrouck.............	42	»	10	50
Bergues................	42	»	10	50
Dunkerque..............	42	»	10	50
Saint-Omer.............	42	»	10	50
Roubaix................	41	»	10	25
Tourcoing..............	41	»	10	25
Mouscron...............	41	»	10	25
Somain.................	38	50	9	60
Raismes................	40	»	10	»
Valenciennes...........	40	»	10	»
Blanc-Misseron........	40	50	10	10
Quiévrain..............	41	»	10	25
Pont-Sainte-Maxence...	30	»	7	50
Compiègne..............	31	»	7	75
Ourscamp...............	33	»	8	25
Noyon..................	33	»	8	25

Colonne de gauche : D'ORLÉANS aux Stations ci-contre :

2. Il ne sera rien ajouté aux prix ci-dessus fixés, soit pour frais accessoires de chargement et de déchargement, soit pour le camionnage des marchandises de la gare d'Yvry à celle de La Chapelle, et réciproquement.

3. L'autorisation résultant de l'article 1er ci-dessus, n'est que provisoire, et elle pourra être retirée si la nécessité en est ultérieurement reconnue par l'administration.

4. Les dispositions des ordonnances de police sus-visées, des 10 février et 6 novembre 1847, 1er février et 16 octobre 1848, 13 mars et 19 avril 1849, qui ne sont pas contraires à celles qui précèdent, continueront de recevoir leur exécution.

5. La présente ordonnance sera notifiée à la Compagnie du Nord et à celle du chemin de fer de Paris à Orléans. Elle sera imprimée et affichée.

Les commissaires et sous-commissaires préposés à la surveillance des chemins de fer de Paris à la frontière de Belgique et de Paris à Orléans, ainsi que les maires et les commissaires de police des communes du ressort de la préfecture de police, dont le territoire est traversé par lesdits chemins de fer, sont chargés d'en assurer l'exécution.

Le préfet de police, P. CARLIER.

———————

N° 2281. — *Ordonnance qui fixe des tarifs spéciaux pour le transport, par chargement complet et sans délai déterminé pour l'expédition, des charbons de bois et du bois de chauffage, sur les chemins de fer de* Paris à Orléans *et d'*Orléans *sur le centre de la France.*

Paris, le 14 octobre 1850.

Nous, préfet de police,

Vu : 1° la loi du 7 juillet 1838, qui autorise l'établissement d'un chemin de fer de Paris à Orléans, et la loi du 15 juillet 1840, relative au même chemin ; ensemble le cahier des charges annexé à cette dernière loi ;

2° La loi du 26 juillet 1844, relative au chemin de fer de Paris sur le centre de la France ; ensemble le cahier des charges annexé à cette loi, et l'ordonnance royale du 24 octobre suivant, homologative de la concession dudit chemin ;

3° L'ordonnance de police du 1er février 1848, qui fixent les tarifs pour les transports, à grande et à petite vitesse, sur le chemin de fer d'Orléans ;

4° La décision ministérielle du 17 septembre dernier, à nous notifiée par lettre en date du 30 du même mois, portant homologation, sous diverses conditions, de propositions présentées par les compagnies des chemins de fer d'Orléans et du Centre, et ayant pour objet des tarifs spéciaux applicables au transport par chargement complet et sans délai déterminé, pour l'expédition des charbons de bois et du bois de chauffage ;

Considérant qu'il y a lieu de rendre exécutoire, dans le ressort de la préfecture de police, la décision ministérielle précitée,

Ordonnons ce qui suit :

SECTION Ire. — Tarif spécial, à prix réduits, pour le transport des charbons de bois, par truck complet chargé de 4,500 kilogrammes.

1. Les Compagnies des chemins de fer d'Orléans et du Centre sont autorisées à effectuer le transport des charbons de bois, par truck complet de 4,500 kilogrammes, aux prix et conditions ci-après indiqués.

Tarif par sac ou double hectolitre comble.

(Frais de chargement et de déchargement compris.)

		ORLÉANS.		PARIS.	
		fr.	c.	fr.	c.
	La Ferté-Saint-Aubin.....	0	15	0	90
	Lamothe-Beuvron.........	0	20	0	95
	Nouan-le-Fuselier.........	0	30	1	05
	Salbris.................	0	35	1	10
	Theillay................	0	45	1	20
	Vierzon.................	0	45	1	20
	Foëzy..................	0	55	1	30
Des stations ci-contre,	Mehun.................	0	60	1	35
à ORLÉANS	Marmagne	0	65	1	40
et à PARIS.	Bourges................	0	70	1	45
	Reuilly................	0	60	1	35
	Issoudun...............	0	75	1	50
	Châteauroux............	0	85	1	60
	Avor..................	0	80	1	55
	Néronde...............	0	90	1	65
	La Guerche.............	0	95	1	70
	Nevers................	1	05	1	80
	Orléans................	»	»	0	75

Conditions du tarif ci-dessus.

1° L'EXPÉDITEUR fournit un chargement complet de 4,500 kilogrammes en sacs bien fermés, solidement fixés et également répartis sur deux ou quatre cadres. — Chaque sac portant une initiale ou une marque. — Chaque cadre étant muni en dessous de chevillettes d'arrêt en fer, pouvant se démonter pour être transporté à plat au retour, et portant le nom de l'expéditeur et celui du destinataire. — Les cadres et les chargements ayant les dimensions déterminées par la compagnie;

(1) 2° Le DESTINATAIRE prend les marchandises en gare, sur l'avis qui lui est donné par la compagnie. — Il doit en terminer l'enlèvement dans les vingt-quatre heures qui suivent la réception de cet avis, à défaut de quoi les cadres sont mis à terre et les charbons soumis au droit de magasinage, suivant le tarif ordinaire, jusqu'à ce qu'ils soient enlevés;

3° Les GARES expédient sans délai déterminé, à mesure qu'elles ont du matériel disponible, et sans tour de faveur entre les expéditions faites dans les mêmes conditions. — Elles peuvent ajourner la réception de tout chargement lorsque l'emplacement à ce destiné est occupé par d'autres expéditions. — Les compagnies ne répondent ni de la mouille, ni des déchets ou autres avaries de route. — Elles retournent *franco* les sacs vides et les cadres démontés;

4° Pour éviter le cubage des charbons, dont le poids pour un même volume diffère suivant les essences et les saisons, la taxe est appliquée suivant les bases ci-après sur le poids du chargement entier, y compris les cadres :

(1) Les dispositions de ce § sont modifiées par l'ord. du 11 déc. 1850.

Charbon de bois dur.

70 kilog. en hiver, du 1er octobre au 31 mai, } pour un double hectolitre
65 kilog. en été, du 1er juin au 30 septembre, } comble.

Charbon de bois de bouleau.

60 kilog. en hiver, du 1er octobre au 31 mai, } pour un double hectolitre
55 kilog. en été, du 1er juin au 30 septembre, } comble.

Charbon de bois de sapin.

50 kilog. en hiver, du 1er octobre au 31 mai, } pour un double hectolitre
46 kilog. en été, du 1er juin au 30 septembre, } comble.

5° Les CHARBONS des expéditeurs qui ne remplissent pas ou qui n'acceptent pas dans toutes leurs parties les conditions ci-dessus, sont ajournées jusqu'à régularisation et peuvent être refusés, à moins que le transport n'en soit requis aux prix et conditions du tarif général.

SECTION II. — Tarif spécial, à prix réduits, pour le transport des bois de chauffage de toute nature, sauf les bourrées de bois tendres classées au tarif suivant, par wagon complet chargé au maximum de 4,500 kilogrammes, sous un volume maximum de 20 mètres cubes.

2. Les compagnies sont également autorisées à transporter le bois de chauffage, par chargement complet de 4,500 kilogrammes, aux prix et conditions ci-après indiquées.

(Tarif.)

TARIF.

NOTA. Le tarif ci-dessous n'est pas applicable aux BOIS DE CHARRONNAGE et de SABOTAGE qui sont taxés à la troisième classe du tarif général.

D'UNE STATION DE LA LIGNE DU CENTRE à une autre station du même chemin. (Frais de chargement et de déchargement compris.)	DES STATIONS ci-dessous DE LA LIGNE DU CENTRE, A ORLÉANS. (Frais de chargement et de déchargement compris.)	DES STATIONS ci-dessous DE LA LIGNE DU CENTRE, aux stations ci-contre. (Non compris les frais de chargement et de déchargement.)	CERCOTTES.	CHEVILLY.	ARTHENAY.	TOURY.	ANGERVILLE.	MONNERVILLE.	ÉTAMPES.	A toute autre station de la ligne d'Orléans par kilomèt.
			fr. c.	fr. c.	fr. c.	fr. c.	fr. c.	fr. c.	fr. c.	fr. c.
Pour un parcours	La Ferté-St-Aubin. 11 »	La Ferté-Saint-Aubin...	1 »	15 32	15 48	20 32	25 56	27 »	32 04	0 36
de 30 kil. et au-dessous. 13 50	Lamothe-Beuvron. 13 50	Lamothe-Beuvron......	17 »	19 08	21 24	26 28	31 32	32 76	37 44	0 36
— 31 à 40 kilomètres. 16 30	Nouan-le-Fuselier. 18 »	Nouan-le-Fuselier......	20 »	22 32	24 48	29 52	34 20	36 »	41 04	0 36
— 41 à 50 kilomètres. 17 25	Salbris. 22 30	Salbris............	24 »	25 93	28 08	33 12	37 80	39 60	44 64	0 36
— 51 à 60 kilomètres. 21 30	Theillay. 27 »	Theillay............	28 »	30 24	32 40	37 44	42 48	43 92	48 96	0 36
— 61 kilomètres et au-dessus, par kilomèt. 0 36	Vierzon. 30 »	Vierzon.............	30 »	33 84	36 »	41 04	46 08	47 52	53 86	0 39
		De toute autre station, par kilom. 0 56								

Il sera perçu, en sus du tarif ci-dessus, 1 fr. 50 cent. par wagon, pour frais accessoires de chargement et de déchargement.

Conditions du tarif ci-dessus.

1° L'EXPÉDITEUR fournit un chargement complet en bois de chauffage (les bourrées exceptées). — Les bois en bottes solidement liés. — Tout chargement laissé incomplet avant l'heure de fermeture de la gare pouvant être expédié au prix le moins élevé, soit du présent tarif, comme chargement complet, soit du tarif général, comme expédition ordinaire;

2° Le DESTINATAIRE prend la marchandise en gare, sur l'avis qui lui est donné par la Compagnie. — Il doit en terminer l'enlèvement dans les vingt-quatre heures qui suivent la réception de cet avis, à défaut de quoi le droit de magasinage est dû d'après le tarif ordinaire, jusqu'à ce que l'enlèvement soit achevé;

3° Les GARES expédient sans délai déterminé, à mesure qu'elles ont du matériel disponible, et sans tour de faveur entre les expéditions faites dans les mêmes conditions.—Elles peuvent ajourner la réception en gare de tout chargement, lorsque l'emplacement à ce destiné est occupé par d'autres expéditions. — Elles ne répondent pas des déchets ou autres avaries de route;

4° Les BOIS DE CHAUFFAGE des expéditeurs qui ne remplissent pas ou qui n'acceptent pas dans toutes leurs parties les conditions ci-dessus, sont ajournés jusqu'à régularisation et peuvent être refusés, à moins que le transport n'en soit requis aux prix et conditions du tarif général.

SECTION III. — Tarif spécial, à prix réduits, pour le transport des bourrées de bois tendres, par truck complet chargé au maximum de 4,500 kilogrammes, sous un volume maximum de 50 mètres cubes.

3. Le tarif qui fait l'objet de l'article 2 ci-dessus, concernant le transport des bois de chauffage par wagon complet, est applicable au transport des bourrées de bouleau et de sapin, par truck complet, lorsque ces transports s'effectuent aux mêmes conditions.

Il sera également perçu, en sus de ces tarifs, 1 franc 50 centimes par truck, pour frais accessoires de chargement et de déchargement.

SECTION IV. — Dispositions générales.

4. Les tarifs généraux des Compagnies des deux chemins de fer précités continueront d'être appliqués en principal et accessoires à toutes les expéditions de charbons de bois et de bois de chauffage qui ne seront point dans les conditions des tarifs spéciaux ci-dessus.

5. La présente ordonnance sera notifiée aux Compagnies. Elle sera imprimée et affichée.

Les fonctionnaires et agents spécialement préposés à la surveillance des chemins de fer d'Orléans et du Centre sont chargés d'en assurer l'exécution.

Le préfet de police, P. CARLIER.

N° **2282.** — *Ordonnance qui fixe des tarifs pour les transports entre Paris et les nouvelles stations de* la Guerche, *du* Guétin *et de* Nevers (*chemin du Centre*).

Paris, le 17 octobre 1850.

Nous, préfet de police,

Vu : 1° la loi du 7 juillet 1838, qui autorise l'établissement d'un chemin de fer de Paris à Orléans, et la loi du 15 juillet 1840, relative au même chemin ; ensemble le cahier des charges annexé à cette dernière loi ;

2° La loi du 26 juillet 1844, relative au chemin de fer de Paris sur le centre de la France ; ensemble le cahier des charges annexé à cette loi, et l'ordonnance royale du 24 octobre suivant, homologative de la concession dudit chemin ;

3° Les ordonnances de police des 1er février 1848, 13 février, 15 et 25 mai, 5 juin, 12 et 26 décembre 1849 et 30 janvier dernier, relativement, tant à la classification et aux prix de transport des marchandises sur le chemin de fer d'Orléans, qu'à des tarifs spéciaux pour les articles de messagerie, les plâtres et engrais et les moutons, voyageant sur les deux lignes d'Orléans et du Centre ;

4° La décision ministérielle du 23 septembre dernier, à nous notifiée par lettre en date du 3 de ce mois, et portant homologation, sous diverses conditions et réserves, des propositions présentées par les compagnies des chemins de fer d'Orléans et du Centre, et ayant pour objet des tarifs applicables aux transports, à grande et à petite vitesse, sur la section de Nérondes à Nevers ;

Considérant qu'il y a lieu de rendre exécutoires, dans le ressort de la préfecture de police, les dispositions de la décision ministérielle précitée, qui concernent les tarifs applicables aux transports sur les lignes d'Orléans et du Centre, entre Paris et les stations de la Guerche, du Guétin et de Nevers,

Ordonnons ce qui suit :

TITRE Ier.

TRANSPORT A LA VITESSE DES VOYAGEURS.

SECTION 1re. — Tarif pour les trains spéciaux de voyageurs.

1. Les Compagnies des chemins de fer d'Orléans et du Centre sont autorisées à mettre en mouvement, sur la demande qui leur en serait faite, des trains spéciaux de Paris à Orléans ou à l'un des points de la ligne du Centre, aux prix et conditions ci-après :

Pour un train marchant à la vitesse de 40 à 50 kilomètres à l'heure, temps d'arrêt non compris.................. 4 fr.	}	Par kilomètre.
Pour un train marchant à la vitesse de 50 à 60 kilomètres à l'heure, temps d'arrêt non compris.................. 5		

Moyennant les prix ci-dessus, les voyageurs n'auront rien à payer pour leur transport, en quelque nombre qu'ils soient, à moins toutefois que le tarif des places de luxe appliqué à ce nombre ne donne un produit supérieur au tarif fixé ci-dessus pour le train spécial.

18. Les fruits achetés sur le port ne pourront y être revendus, non plus que sur la berge, ni aux environs sur la voie publique.

19. Les contraventions à la présente ordonnance seront constatées par des procès-verbaux ou rapports qui nous seront adressés; et il sera pris envers les contrevenants telles mesures de police administrative qu'il appartiendra, sans préjudice des poursuites à exercer devant les tribunaux, conformément aux lois et règlements.

20. Les dispositions de l'ordonnance de police du 10 octobre 1835, concernant la vente des fruits au port des Miramiones, sont et demeurent rapportées.

21. La présente ordonnance sera imprimée et affichée.

Les commandants de la gendarmerie et de la garde républicaine, le chef de la police municipale, les commissaires de police, l'inspecteur général des halles et marchés, l'inspecteur principal de la navigation et des ports, et les autres préposés de la préfecture de police sont chargés d'en assurer l'exécution, chacun en ce qui le concerne.

Le préfet de police, P. CARLIER.

N° **2291.** — *Ordonnance qui modifie une disposition de l'ordonnance du 14 octobre dernier, sur les chemins de fer de* Paris à Orléans *et d'*Orléans sur le centre de la France.

Paris, le 11 décembre 1850.

Nous, préfet de police,

Vu : 1° la loi du 7 juillet 1838, qui autorise l'établissement d'un chemin de fer de Paris à Orléans, et la loi du 15 juillet 1840, relative au même chemin, ensemble le cahier des charges annexé à cette dernière loi ;

2° La loi du 26 juillet 1844, relative au chemin de fer de Paris sur le centre de la France ; ensemble le cahier des charges annexé à cette loi, et l'ordonnance royale du 24 octobre suivant, homologative de la concession dudit chemin ;

3° Notre ordonnance du 14 octobre 1850, qui fixe des tarifs spéciaux pour le transport des charbons de bois de chauffage, par chargement complet et sans délai déterminé pour l'expédition, sur les lignes d'Orléans et du Centre ;

4° La décision ministérielle en date du 30 novembre dernier, qui modifie une disposition de la décision du 17 septembre précédent, rendue exécutoire par notre ordonnance ci-dessus visée,

Ordonnons ce qui suit :

1. Le paragraphe 2 des conditions du tarif pour le transport des charbons de bois, compris sous l'article premier de notre ordonnance susvisée, en date du 14 octobre dernier, est rapporté et remplacé par les dispositions suivantes :

Le destinataire prend les charbons en gare sur l'avis qui lui est donné par la Compagnie ; il doit en terminer l'enlèvement dans les vingt-quatre heures qui suivent la réception de cet avis ; à défaut de quoi, le droit de magasinage est dû, d'après le tarif ordinaire, jusqu'à ce que l'enlèvement soit achevé.

Les cadres sont d'ailleurs mis à terre après quatre heures de l'après midi, le jour de l'arrivée, si, à ce moment, les charbons n'ont pas encore été enlevés.

2. La présente ordonnance sera notifiée aux Compagnies. Elle sera imprimée et affichée.

Les fonctionnaires et agents spécialement préposés à la surveillance des chemins de fer d'Orléans et du Centre sont chargés d'en assurer l'exécution.

Le préfet de police, P. CARLIER.

N° **2292**. — *Ordonnance portant fixation 1° des lieux de garage, à Asnières, pour les bateaux montants et pour les bateaux et trains descendants; 2° des prix à payer au chef des ponts et à chacun de ses deux aides, pour le pilotage desdits bateaux et trains.*

Paris, le 12 décembre 1850.

Nous, préfet de police,

Vu les lettres de M. le ministre des travaux publics, datées des 25 juin, 5 juillet et 21 septembre 1850, relatives à la fixation des lieux de garage, à Asnières, pour les bateaux montants et pour les bateaux et trains descendants, ainsi qu'aux prix à payer au chef des ponts et à chacun de ses aides, pour le pilotage desdits bateaux et trains;

Vu les lois et règlements concernant la police des rivières et des ports;

Vu l'arrêté du gouvernement du 12 messidor an VIII (1er juillet 1800),

Ordonnons ce qui suit:

1. Le garage des bateaux destinés à être remontés sous les ponts d'Asnières est fixé à 100 mètres en aval du pont appartenant à l'Etat, sur les deux rives de la Seine;

Le garage des bateaux et des trains qui devront être lâchés sous les ponts est fixé à 500 mètres du pont du chemin de fer, soit sur la rive droite, soit sur la rive gauche du fleuve.

2. Lorsque les mariniers, conducteurs de bateaux montants ou de bateaux ou de trains descendants, partiront de l'une des gares ci-dessus désignées, ils devront exécuter toutes les manœuvres qui leur seront commandées par le chef des ponts, jusqu'à ce qu'ils soient rendus à l'autre gare.

3. Le tarif des prix à payer aux agents du service du pilotage, pour le passage des bateaux et des trains sous les ponts d'Asnières, est réglé conformément au tableau suivant:

DIMENSIONS ET TONNAGE DES BATEAUX.	SOMMES A PAYER	
	au chef des ponts.	à chacun des deux aides.
BATEAUX MONTANTS.	fr. c.	fr. c.
De 16 à 20 mètres et de 1 à 75 tonneaux.......	» 75	» 45
De 20 à 24 — et de 75 à 100 —	1 »	» 60
De 24 à 28 — et de 100 à 150 —	1 25	» 75
De 28 à 32 — et de 150 à 200 —	1 75	1 05
De 32 à 36 — et de 200 à 250 —	1 85	1 15
De 36 à 40 — et de 250 à 325 —	2 10	1 30
De 40 à 44 — et de 325 à 375 —	2 35	1 45
De 44 à 48 — et de 375 à 450 —	2 60	1 60
De 48 à 52 — et de 450 à 525 —	2 85	1 75
De 52 à 56 — et de 525 à 600 —	3 »	1 85
De 56 à 60 — et de 600 à 700 —	3 25	1 95
Par bateau montant à vide....................	Néant.	Néant.
Par bateau avalant, chargé.....................	Moitié du prix des bateaux montants.	Moitié du prix des bateaux montant.
Par bateau avalant, à vide....................	Néant.	Néant.
Par train......................................	» 65	» 45

4. Les contraventions à la présente, en ce qui concerne le garage des bateaux et des trains et les manœuvres à exécuter pour leur passage sous les ponts d'Asnières, seront constatées par des procès-verbaux ou rapports qui nous seront adressés ; et il sera pris envers les contrevenants telles mesures de police administrative qu'il appartiendra, sans préjudice des poursuites à exercer devant les tribunaux, conformément aux lois et règlements.

5. La présente ordonnance sera imprimée et affichée.

Le commandant de la gendarmerie, les ingénieurs de la navigation et leurs conducteurs, l'inspecteur principal de la navigation et les préposés sous ses ordres sont chargés d'en assurer l'exécution, chacun en ce qui le concerne.

Le préfet de police, P. CARLIER.

N° 2293. — *Ordonnance concernant la vérification périodique des poids et mesures pour 1851.*

Approuvée par le ministre de l'agriculture et du commerce, le 14 décembre 1850.

Paris, le 13 décembre 1850.

Nous, préfet de police,

Vu : 1° l'article 3 de la loi du 24 août 1790 ;

2° L'article 46 de celle du 22 juillet 1791 ;

3° La loi du 1er vendémiaire an IV (23 septembre 1795) ;

4° L'ordonnance royale du 18 décembre 1825 ;

5° L'ordonnance royale du 21 décembre 1832 ;

6° L'instruction ministérielle du 14 octobre 1833, pour l'exécution de l'ordonnance royale précitée, en ce qui concerne la vérification et le poinçonnage des balances et autres instruments de pesage ;

7º La loi du 4 juillet 1837, qui abroge le décret du 12 février 1812, et interdit tous poids et mesures autres que ceux qu'établissent les lois des 18 germinal an III et 19 frimaire an VIII, constitutives du système métrique décimal ;

8º L'ordonnance royale du 18 mai 1838, d'après laquelle la vérification première des poids, mesures et instruments de pesage autorisés, sera faite gratuitement ;

9º L'ordonnance royale du 17 avril 1839, concernant la vérification, l'inspection des poids et mesures et les droits de vérification ;

10º L'instruction ministérielle du 30 août 1839, pour l'exécution de l'ordonnance royale précitée ;

11º L'ordonnance royale du 16 juin 1839, concernant la forme des poids et mesures décimaux ;

12º L'instruction ministérielle du 4 juin 1844, relative à la vérification première des mesures d'étain ;

13º Les ordonnances de police des 23 novembre 1842, et 4 décembre 1844,

Ordonnons ce qui suit :

1. Aucun instrument de pesage ou de mesurage, aucun poids, aucune mesure ne peuvent être employés pour les transactions commerciales, s'ils ne portent l'empreinte du poinçon de la vérification première.

2. En outre, les poids, mesures et instruments de pesage et de mesurage dont les commerçants, industriels ou entrepreneurs font usage, ou qu'ils ont en leur possession, dans le ressort de la préfecture de police, seront, en 1851, soumis, comme précédemment, à la vérification périodique, et marqués du poinçon annuel figurant, pour ladite année, la lettre L.

3. Les négociants, fabricants et marchands, tant en gros qu'en détail, les entrepreneurs ou directeurs de messageries, de diligences et de transport de marchandises, tant par terre que par eau, les commissionnaires ou entrepreneurs, les offices publics qui comptent avec les contribuables à la mesure ou au poids, les bureaux d'octroi, de pesage public, les monts-de-piété, les préposés des ponts à bascule, les hospices et hôpitaux, et tous autres dénommés dans l'état annexé à l'ordonnance de police du 23 novembre 1842, lequel indique le nombre et l'espèce de poids et de mesures dont il leur est enjoint d'être pourvus, sont tenus de représenter ces poids et mesures pour être vérifiés et poinçonnés, savoir :

À Paris, aux époques désignées ci-après pour les divers quartiers :

QUARTIERS.	ÉPOQUES DE LA VÉRIFICATION.	SITUATION DES BUREAUX.
Palais-National............	Du 1er janvier au 15 février...	
Feydeau..................	Du 16 février au 11 mars......	
Faubourg Montmartre.......	Du 12 mars au 6 avril........	
Chaussée-d'Antin..........	Du 7 avril au 2 mai..........	Rue du Helder, n° 11.
Place Vendôme............	Du 3 au 26 mai.............	
Tuileries................	Du 27 mai au 15 juin........	
Roule	Du 16 juin au 10 juillet......	
Champs-Elysées...........	Du 11 au 31 juillet.........	
Saint-Eustache...........	Du 1er janvier au 15 février...	
Mail...................	Du 16 février au 11 mars.....	
Banque de France.........	Du 12 mars au 6 avril.......	
Marchés.................	Du 7 avril au 2 mai..........	Rue Montorgueil, n° 65.
Faubourg Poissonnière......	Du 3 au 25 mai.............	
Montmartre..............	Du 27 mai au 15 juin........	
Saint-Honoré.............	Du 16 juin au 10 juillet......	
Louvre.................	Du 11 au 31 juillet.........	
Saint-Martin-des-Champs.....	Du 1er janvier au 15 février...	
Temple.................	Du 16 février au 11 mars.....	
Porte-Saint-Denis..........	Du 12 mars au 6 avril.......	
Lombards	Du 7 avril au 2 mai..........	Rue Ste-Appoline, n° 15.
Montorgueil.............	Du 3 au 26 mai.............	
Bonne-Nouvelle...........	Du 27 mai au 15 juin........	
Porte-Saint-Martin	Du 16 juin au 10 juillet......	
Faubourg Saint-Denis	Du 11 au 31 juillet.........	
Sainte-Avoie.............	Du 1er janvier au 15 février...	
Mont-de-Piété...........	Du 16 février au 11 mars.....	
Quinze-Vingts	Du 12 mars au 6 avril.......	
Faubourg Saint-Antoine.....	Du 7 avril au 2 mai..........	Rue Saint-Louis, n° 28 (Marais).
Marais.................	Du 3 au 26 mai.............	
Popincourt..............	Du 27 mai au 15 juin........	
Marché-Saint-Jean..........	Du 16 juin au 10 juillet......	
Arcis..................	Du 11 au 31 juillet.........	
Hôtel-de-Ville............	Du 1er janvier au 15 février...	
Arsenal	Du 16 février au 11 mars.....	
Saint-Jacques............	Du 12 mars au 6 avril.......	
Jardin-des-Plantes	Du 7 avril au 2 mai..........	Quai de Béthune, nos 22-24 (Ile Saint-Louis).
Saint-Marcel.............	Du 3 au 26 mai.............	
Observatoire.............	Du 27 mai au 15 juin..	
Cité...................	Du 16 juin au 10 juillet......	
Ile-Saint-Louis	Du 11 au 31 juillet.........	
Monnaie................	Du 1er janvier au 15 février...	
Saint-Thomas-d'Aquin.	Du 16 février au 11 mars.....	
Faubourg Saint-Germain.....	Du 12 mars au 6 avril........	
Invalides...............	Du 7 avril au 2 mai..........	Rue Saint-Germain-des-Prés, n° 15, au coin de la rue de l'Abbaye.
Luxembourg.............	Du 3 au 26 mai.............	
Sorbonne...............	Du 27 mai au 15 juin........	
Ecole-de-Médecine..........	Du 16 juin au 10 juillet......	
Palais-de-Justice..........	Du 11 au 31 juillet..........	

Et dans les communes rurales du ressort de la préfecture de police les jours indiqués ci-après, savoir :

1850.

Itinéraire de l'arrondissement de Sceaux.

JANVIER.

Les 9, 10 (*au bureau*)..................... à Saint-Cloud.
Le 11 (*domicile*).......................... à —
Les 14, 15, 16 (*au bureau*)............... à Sèvres.
Les 17, 18 (*domicile*).................... à —
Les 21, 22 (*au bureau*)................... à Meudon.
Le 23 (*domicile*).... .... à —
Le 25 (*au bureau*)....................... à Vanves.
Le 27 (*domicile*)......................... à —

FÉVRIER.

Les 6, 7, 8 (*au bureau*)................. à Grenelle.
Les 10, 11 (*domicile*)................... à —
Le 12 (*au bureau*)....................... à Issy.
Le 13 (*domicile*)........................ à —
Les 14, 15 (*au bureau*)................. à Plaisance.
Le 17 (*domicile*)........................ à —
Les 18, 19, 20, 21 (*au bureau*)......... à Vaugirard.
Les 22, 24, 25, 26 (*domicile*)........... à —

MARS.

Le 6 (*au bureau*)....................... à Bagneux.
Le 7 (*domicile*)......................... à —
Le 8 (*au bureau*)....................... à Châtillon.
Le 10 (*domicile*)........................ à —
Le 11 (*au bureau*)...................... à Clamart.
Le 12 (*domicile*)........................ à —
Le 13 (*au bureau*) .... au Grand-Montrouge.
Le 14 (*domicile*)........................ au —
Le 15 (*au bureau*)...................... à la Chaussée-du-Maine.
Les 17, 18 (*domicile*)................... à —
Les 19, 20, 21 (*au bureau*)............. au Petit-Montrouge.
Les 22, 24 (*domicile*)................... au —
Le 25 (*au bureau*)...................... à Gentilly.
Le 26 (*domicile*)........................ à —
Le 27 (*au bureau*)...................... à la Glacière.
Le 28 (*domicile*)........................ à —

AVRIL.

Le 5 (*au bureau*) .... à Arcueil.
Le 7 (*domicile*)........................ à —
Les 8, 9 (*au bureau*)................... à la Maison-Blanche.
Le 10 (*domicile*)....................... à —
Les 11, 12 (*au bureau*)................. à Villejuif.
Le 14 (*domicile*)....................... à —
Le 15 (*au bureau*)..................... à Fresnes, Rungis.
Le 16 (*domicile*)....................... à —
Le 17 (*au bureau*)..................... à Thiais, Orly.
Le 18 (*domicile*)....................... à —
Le 19 (*au bureau*)..................... à Bourg-la-Reine.
Le 21 (*domicile*)....................... à —
Le 22 (*au bureau*)..................... à Lhay, Chevilly.
Le 23 (*domicile*)....................... à —
Le 24 (*au bureau*)..................... à Antony.

MAI.

Les 6, 7 (*au bureau*)................... à Choisy-le-Roi.
Le 8 (*domicile*)........................ à —

Le 9 (*au bureau*)....................... à Ivry.
Le 10 (*domicile*)....................... à —
Les 13, 14 (*au bureau*)............... à Vitry.
Le 15 (*domicile*)....................... à —
Le 16 (*au bureau*)..................... à la Gare.
Le 17 (*domicile*)....................... à —
Le 20 (*au bureau*)..................... aux Deux-Moulins.
Le 21 (*domicile*)....................... aux —
Le 22 (*au bureau*)..................... à Fontenay-aux-Roses.
Le 23 (*domicile*)....................... à —
Le 24 (*au bureau*)..................... à Plessy-Piquet, Chatenay.
Le 26 (*domicile*)....................... à —
Le 27 (*au bureau*)..................... à Sceaux.
Le 28 (*domicile*)....................... à

JUIN.

Les 6, 7 (*au bureau*).................. à Saint-Mandé.
Le 9 (*domicile*)....................... à —
Les 11, 12, 13, 14 (*au bureau*)........ à Bercy.
Le 17 (*au bureau*)..................... à Bonneuil, Creteil.
Le 18 (*domicile*)....................... à —
Le 19 (*au bureau*)..................... à Brie, Nogent.
Le 20 (*domicile*)....................... à —
Le 21 (*au bureau*)..................... à Maisons-Alfort.
Les 24, 25 (*au bureau*)................ à Charenton.
Les 26, 27, 28, 30 (*domicile*).......... à —

JUILLET.

Le 7 (*au bureau*)...................... à Joinville.
Le 8 (*domicile*)....................... à —
Le 9 (*au bureau*)...................... à Champigny.
Le 10 (*domicile*)...................... à —
Le 11 (*au bureau*)..................... à Saint-Maurice.
Le 12 (*au bureau*)..................... à Saint-Maur.
Le 14 (*domicile*)...................... à —
Le 15 (*au bureau*)..................... à Villemomble, Rosny.
Le 16 (*domicile*)...................... à —
Les 17, 18 (*au bureau*)................ à Montreuil.
Le 19 (*domicile*)...................... à —
Le 21 (*au bureau*)..................... à Fontenay-sous-Bois.
Le 22 (*domicile*)...................... à —
Les 23, 24, 25 (*au bureau*)............ à Vincennes.
Le 29 (*domicile*)...................... Maison de santé de Charenton.
Le 30 (*domicile*)...................... à l'Ecole d'Alfort.
Le 31 (*domicile*...................... au fort de Vincennes.

Itinéraire de l'arrondissement de Saint-Denis.

JANVIER.

Les 14, 15, 16 (*au bureau*)............ à Passy.
Les 17, 18 (*domicile*)................. à —
Les 23, 24, 25, 27, 28 (*au bureau*)....... à Neuilly.
Les 29, 30 (*domicile*) .... à —

FÉVRIER.

Les 4, 5, 6, 7, 8, 10, 11, 12 (*au bureau*). aux Batignolles.
Les 13, 14 (*domicile*)................. aux —
Les 20, 21, 22, 24, 25, 26 (*au bureau*).... à Montmartre.
Les 27, 28 (*domicile*) .... à —

MARS.

Les 4, 5, 6, 7, 8, 10, 11, 12 (*au bureau*). à la Chapelle.
Les 13, 14, 15 (*domicile*)............... à —
Les 19, 20, 21, 22, 24, 25 (*au bureau*).... à la Villette.
Les 26, 27, 28, 29 (*domicile*)........... à —

AVRIL.

Les 3, 4, 5, 7, 8, 9, 10, 11, 12 (*au bureau*)u. à Belleville.
Les 14, 15, 16 (*domicile*)............... à —
Les 24, 25 (*au bureau*)................. au Petit-Charonne.
Le 26 (*domicile*)...................... au —
Les 28, 29 (*au bureau*)................. au Grand-Charonne.
Le 30 (*domicile*)...................... au —

MAI.

Le 3 (*au bureau*)....................... à Bagnolet.
Le 5 (*au bureau*)....................... à Romainville.
Le 6 (*au bureau*)....................... à Bondy.
Le 7 (*au bureau*)....................... à Noisy-le-Sec.
Le 8 (*au bureau*)....................... aux Prés-Saint-Gervais.
Les 12, 13 (*au bureau*)................. à Pantin.
Le 14 (*domicile*)...................... à —
Le 15 (*au bureau*)..................... à Bobigny, Drancy.
Le 19 (*au bureau*)..................... à Dugny, Bourget.
Le 20 (*au bureau*)..................... à Aubervilliers, la Cour-Neuve.
Le 24 (*au bureau*)..................... à Stains, Pierrefitte.
Le 27 (*au bureau*) .... à Epinay.
Le 28 (*au bureau*)..................... à l'île Saint-Denis, Villetaneuse.

JUIN.

Les 4,.5, 6, 7 (*au bureau*)............. à Saint-Denis.
Les 9, 10, 11, 12 (*domicile*)........... à —
Le 16 (*au bureau*)..................... à Saint-Ouen.
Le 17 (*domicile*)..................... à —
Les 23, 24 (*au bureau*)................ à Clichy.
Le 25 (*domicile*)..................... à —
Le 27 (*au bureau*)..................... à Gennevilliers, Asnières.

JUILLET.

Les 3, 4 (*au bureau*)................... à Colombes.
Les 7, 8 (*au bureau*)................... à Courbevoie.
Le 9 (*domicile*)...................... à —
Les 10, 11, 12 (*au bureau*)............ à Nanterre.
Le 14 (*domicile*) .... à —
Les 15, 16 (*au bureau*)................ à Suresnes.
Les 17, 18 (*au bureau*)................ à Puteaux.
Le 19 (*domicile*)..................... à —
Les 21, 22, 23 (*au bureau*)............ à Boulogne.
Les 24, 25 (*domicile*)................. à —
Les 28, 29 (*au bureau*)................ à Auteuil.
Le 30 (*domicile*)..................... à —

4. L'assujetti, qui se livre à plusieurs genres de commerce, doit être pourvu de l'assortiment de poids et mesures fixé pour chacun d'eux, à moins que l'assortiment exigé pour l'une des branches de son commerce ne se trouve déjà compris dans l'une des autres branches des industries qu'il exerce. (Art. 16 de l'ordonnance royale du 17 avril 1839.)

5. L'assujetti qui, dans une même ville, ouvre au public plusieurs magasins, boutiques ou ateliers distincts, et placés dans des maisons différentes et non contiguës, doit pourvoir chacun de ses magasins,

boutiques ou ateliers, de l'assortiment exigé pour la profession qu'il exerce. (Art. 17 de l'ordonnance royale du 17 avril 1839.)

6. Les poids et mesures dont se servent les fabricants, pour s'assurer de la justesse de leurs instruments, seront soumis à la vérification périodique (art. 14 de l'ordonnance royale du 17 avril 1839), mais ils seront présentés, pour cette opération, au bureau central qui en donnera connaissance à chacun des vérificateurs particuliers, en ce qui le concerne, pour en faire mention sur ses registres.

7. Les balances, romaines et autres instruments de pesage autorisés, seront non-seulement poinçonnés à leur fabrication et inspectés dans leur usage, mais ces instruments seront soumis sur place à la vérification annuelle et au poinçonnage. Cette disposition s'applique également aux membrures du stère et du double stère, servant au commerce du bois de chauffage. (Art. 22, 23 et 30 de l'ordonnance royale du 17 avril 1839.)

Le poinçon constatant la vérification annuelle sera appliqué sur les bassins ou les plateaux des balances ; et, pour les romaines, le poinçon sera apposé sur le grand bras ou sur toute autre partie propre à recevoir l'empreinte.

8. Après les détails fixés par l'article 3 de la présente ordonnance, pour la vérification périodique des poids et mesures, dans chacun des quartiers de Paris ; et après que la vérification aura eu lieu dans les communes rurales du ressort de la préfecture de police, les personnes qui, pour leur commerce, entreprise ou industrie, conserveraient dans leurs boutiques, magasins, ateliers et autres localités où elles exercent leur commerce, des instruments de pesage ou de mesurage, non revêtus de l'empreinte du poinçon de la vérification périodique, seront poursuivies conformément aux articles 479 et 480 du Code pénal ; et leurs poids et mesures seront saisis, aux termes de l'article 481 du même Code. (Art. 27 de l'ordonnance royale du 17 avril 1839.)

Il est en conséquence enjoint aux vérificateurs des poids et mesures, de remettre immédiatement, après les termes fixés pour la vérification dans chaque quartier, aux commissaires de police spécialement chargés de l'inspection des poids et mesures, des états des personnes qui auront négligé de présenter leurs poids et mesures à la vérification, dans les délais prescrits.

9. Il est défendu aux fabricants et marchands de poids et de mesures, aux commissionnaires en marchandises, quincailliers, férailleurs, opticiens et ingénieurs mécaniciens, d'exposer en vente dans leurs boutiques, de vendre ou d'expédier au dehors, des poids, mesures de longueur ou de capacité, fléaux, balances ou romaines, s'ils ne sont revêtus du poinçon de la vérification primitive, sous les peines portées par les articles 479, 480 et 481 du Code pénal. (Ordonnance royale du 18 décembre 1825, art. 17 et 24, § 2.)

10. Il est interdit à tout marchand ambulant ou autre, annonçant à haute voix sa marchandise, de se servir de dénominations de mesures ou de poids anciens prohibés par la loi.

11. Les dispositions de l'ordonnance de police, du 23 novembre 1842, qui ne sont pas contraires à la présente ordonnance, continueront d'être exécutées dans le ressort de la préfecture de police.

12. Les sous-préfets des arrondissements de Saint-Denis et de Sceaux, les maires des communes rurales du ressort de la préfecture de police, le vérificateur en chef, les vérificateurs et vérificateurs-adjoints des poids et mesures, le chef de la police municipale, les commissaires de police, les commissaires de police inspecteurs des poids et mesures de Paris, le commissaire de police inspecteur des poids et mesures des arrondissements de Saint-Denis et de Sceaux, l'inspec-

teur général des halles et marchés, l'inspecteur principal de la navigation et des ports, et l'inspecteur principal du pesage et du mesurage publics et des combustibles, sont chargés, chacun en ce qui le concerne, de tenir la main à l'exécution de la présente ordonnance.

Le préfet de police, P. CARLIER.

N° **2294**. — *Avis concernant les étalages et autres saillies sur la voie publique* (1).

Paris, le 21 décembre 1850.

Les règlements de petite voirie fixent à *seize centimètres*, à partir du nu du mur, la saillie maximum que peuvent avoir les étalages et les enseignes de toute nature. Ils défendent tous étalages mobiles appliqués sur les devantures de boutiques ou reposant sur le sol de la voie publique.

Ces règlements, adoptés depuis une époque fort ancienne, dans un intérêt de sûreté publique, ont été confirmés par un décret impérial de 1808, et leur utilité s'est accrue chaque jour au fur et à mesure des besoins mêmes de la circulation. Aujourd'hui leur complète exécution est devenue plus indispensable que jamais. Cependant on voit, dans la plupart des rues de Paris, et principalement dans les quartiers du centre, les devantures couvertes d'étalages et les trottoirs encombrés par des objets de toute espèce qui, souvent, obligent les piétons à descendre sur la chaussée où leur sûreté se trouve compromise. Ces abus se produisent notamment devant les magasins de nouveautés, d'effets d'habillement confectionnés, d'épicerie, de brosserie et d'objets d'occasion.

Le préfet de police, que les lois chargent spécialement de veiller à la liberté et à la sûreté de la circulation, ne pouvait plus tolérer cet état de choses; aussi vient-il de donner à MM. les commissaires de police de Paris l'ordre de faire disparaître toutes les saillies contraires aux règlements.

En portant ce fait à la connaissance des habitants de la capitale, le préfet de police invite ceux d'entre eux qui seraient en contravention aux lois concernant la petite voirie, à rentrer sans délai dans l'observation des règlements. Il espère que cet appel, fait au nom de l'intérêt général, sera entendu, et que l'administration ne se trouvera pas dans la nécessité de recourir aux voies coërcitives.

Le préfet de police, P. CARLIER.

N° **2295**. — *Ordonnance concernant les droits de magasinage sur les marchandises expédiées d'un point quelconque de la ligne à Paris, sur le chemin de fer de Paris à Chartres (chemin de l'Ouest).*

Paris, le 23 décembre 1850.

Nous, préfet de police,

Vu : 1° l'ordonnance de police du 30 avril dernier, prescrivant la pu-

---

(1) V. l'ord. roy. du 24 déc. 1823, t. IV, p. 418.

blication de l'arrêté ministériel en date du 15 du même mois, qui fixe les tarifs des marchandises transportées par les trains mixtes, sur le chemin de fer de Chartres, et notamment les dispositions de cet arrêté qui concerne le magasinage;

2° La lettre à nous adressée par M. le ministre des travaux publics le 20 de ce mois, avec un arrêté ministériel en date du 19 (1), relatif aux droits de magasinage sur les marchandises expédiées d'un point quelconque de la ligne de l'Ouest à Paris;

En vertu des arrêtés du Gouvernement en date des 12 messidor an VIII et 3 brumaire an IX (1er juillet et 25 octobre 1800), et des dispositions de l'article 72 du règlement d'administration publique sur la police, la sûreté et l'exploitation des chemins de fer, en date du 15 novembre 1846,

Ordonnons ce qui suit:

1. L'arrêté ci-dessus visé du ministre des travaux publics, en date du 19 de ce mois, sera imprimé et affiché à la suite de la présente ordonnance, dans le ressort de la préfecture de police, pour y être exécuté suivant sa forme et teneur.

2. Les contraventions audit arrêté seront constatées par des procès-verbaux ou rapports qui seront déférés aux tribunaux compétents.

3. Les fonctionnaires et agents spécialement préposés à la surveillance du chemin de fer de Paris à Chartres, sont chargés d'en assurer l'exécution.

Le préfet de police, P. CARLIER.

N° **2296.** — *Ordonnance concernant les neiges et glaces.*

Paris, le 24 décembre 1850.

Nous, préfet de police,

Vu l'article 471 du Code pénal;

Vu les articles 2 et 22 de l'arrêté du Gouvernement du 12 messidor an VIII (1er juillet 1800);

Vu l'ordonnance de police du 7 décembre 1842, concernant les neiges et glaces;

Considérant que, dans les temps de neiges et glaces, l'intérêt de la circulation réclame des mesures spéciales;

Qu'il importe aussi d'atténuer autant que possible les dépenses souvent considérables que ce service fait peser sur la ville;

Que l'amoncellement intempestif des neiges et l'écoulement de grandes quantités d'eaux sur la voie publique sont les causes principales de ces dépenses;

Qu'il est nécessaire d'apporter aux précédents règlements les modifications dont l'expérience a démontré l'utilité, et de faire connaître aux habitants le concours qu'ils doivent donner à l'exécution des mesures prescrites dans l'intérêt de tous,

Ordonnons ce qui suit:

1. Dans les temps de glaces, les propriétaires ou locataires sont tenus de faire casser les glaces au devant de leurs maisons, boutiques, cours, jardins et autres emplacements, jusqu'au milieu de la rue; ils mettront les glaces en tas, qu'ils placeront de la manière suivante, selon les localités, savoir:

---

(1) V. cet arrêté à l'Appendice.

Dans les rues sans trottoirs, auprès des bornes ; dans les rues à trottoirs, le long des ruisseaux, du côté de la chaussée, si la rue est à chaussée bombée ; le long des trottoirs, si la rue est à chaussée fendue.

2. Il est formellement défendu aux habitants de faire balayer et amonceler les neiges sur les chaussées avant d'y avoir été invités par les commissaires de police ou tous autres agents de l'administration.

Les propriétaires et locataires feront chacun, au droit de soi, relever à la pelle et rejeter sur les chaussées, sans faire de tas, la neige des trottoirs ou des portions de la voie publique, au devant des maisons, dans l'alignement desdits trottoirs.

3. Ils feront, en outre, gratter et nettoyer les trottoirs ou parties de voie publique correspondantes de manière à prévenir les accidents et assurer la circulation.

Ils devront chaque jour faire dégager les gargouilles, établies sous ces trottoirs, des glaces ou de tous autres objets qui pourraient gêner l'écoulement des eaux.

4. En cas de verglas, ou de gelée, après une chute de neige, ils seront tenus de jeter au-devant des habitations et jusque sur les chaussées des cendres, du sable ou du mâchefer.

5. Dans les rues à chaussée bombée, chaque propriétaire ou locataire, doit tenir libre le cours du ruisseau au-devant de sa maison, dans la largeur de 50 centimètres au moins et faciliter l'écoulement des eaux ; dans les rues à chaussée fendue, il y pourvoira conjointement avec le propriétaire ou locataire qui lui fait face.

6. Il est défendu de déposer les neiges et glaces sur les tampons et auprès des grilles et des bouches d'égouts.

Il est également défendu de pousser dans les égouts les glaces et neiges congelées, qui, au lieu de fondre, interceptent l'écoulement des eaux.

7. Il est défendu de déposer dans les rues aucunes neiges et glaces provenant des cours ou de l'intérieur des habitations.

8. Les propriétaires et chefs d'établissements, soit publics, soit particuliers, qui emploient beaucoup d'eau, seront tenus de faire briser et enlever régulièrement les glaces provenant de leurs eaux ; faute par eux d'opérer ce bris et cet enlèvement, il y sera procédé d'office et à leurs frais par les soins du commissaire de police de la section ou par ceux de l'inspecteur général de la salubrité, sans préjudice des peines encourues.

Les mêmes obligations sont imposées aux concessionnaires des eaux de la ville.

9. Il est expressément défendu de former des glissades sur les boulevards, les places et autres parties de la voie publique.

10. Les concierges, portiers, ou gardiens des établissements publics et maisons domaniales, sont personnellement responsables de l'exécution des dispositions ci-dessus, en ce qui concerne les établissements et maisons auxquels ils sont attachés.

11. Il n'est point dérogé aux dispositions de l'ordonnance concernant le balayage et la propreté de la voie publique, qui continueront de recevoir leur exécution, notamment celles qui sont relatives aux dépôts de gravois et de décombres, qui sont interdits sous quelque prétexte que ce soit.

12. Les contraventions aux injonctions ou défenses faites par la présente ordonnance, seront constatées par des procès-verbaux ou rapports, qui nous seront adressés, et les contrevenants seront traduits, s'il y a lieu, devant les tribunaux, pour être punis conformément aux lois et règlements en vigueur.

13. L'ordonnance du 7 décembre 1842, est et demeure rapportée (1).

14. La présente ordonnance sera publiée et affichée.

Les commissaires de police, le chef de la police municipale, l'inspecteur général de la salubrité, les officiers de paix et autres préposés de l'administration sont chargés de faire observer les dispositions de l'ordonnance ci-dessus, et de tenir la main à leur exécution.

Le préfet de police, P. CARLIER.

━━━━━━━━━━━◦━━━━━━━━━━

N° 2297. — *Ordonnance qui fixe des prix d'abonnement pour le transport des voyageurs entre Paris et les diverses stations des deux lignes, et un tarif uniforme pour tous les parcours intermédiaires sur les chemins de fer de* Paris à Saint-Germain *et de* Paris à Versailles (rive droite).

Paris, le 24 décembre 1850.

Nous, préfet de police,

Vu : 1° la loi du 9 juillet 1835, qui autorise l'établissement d'un chemin de fer de Paris à Saint-Germain, ensemble le cahier des charges y annexé;

2° La loi du 9 juillet 1836, qui autorise l'établissement de deux chemins de fer de Paris à Versailles, ensemble le cahier des charges annexé à cette loi;

3° L'ordonnance royale du 24 mai 1837, relative aux deux chemins de fer dont il s'agit, le cahier des charges pour l'établissement du chemin de fer de la rive droite et le procès-verbal d'adjudication annexé à ladite ordonnance;

4° Les lois des 1er et 9 août 1839;

5° L'ordonnance de police du 30 juillet 1849, qui fixe le tarif pour le transport des voyageurs sur les chemins de fer de Paris à Saint-Germain et de Paris à Versailles (rive droite);

6° Notre ordonnance en date du 21 mai 1850, qui modifie celle du 30 juillet 1849, en ce qui concerne les billets d'abonnement;

7° Les décisions ministérielles en date des 13 novembre dernier et 7 de ce mois, portant homologation de propositions présentées par les Compagnies concessionnaires des chemins de fer de Paris à Saint-Germain et à Versailles, et qui ont pour objet des tarifs d'abonnement pour le transport des voyageurs sur les parcours compris entre Paris et les diverses stations des deux chemins de fer précités, et un tarif uniforme pour le transport des voyageurs d'une station intermédiaire à une autre station intermédiaire de chacune des deux lignes;

Considérant qu'il y a lieu de rendre exécutoires dans le ressort de la préfecture de police, les décisions ministérielles précitées,

Ordonnons ce qui suit :

SECTION 1re. — Transport des voyageurs par abonnement.

1. Les Compagnies des chemins de fer de Paris à Saint-Germain et de Paris à Versailles (rive droite), sont autorisées à effectuer le transport des voyageurs, par abonnement à l'année et au semestre, sur les parcours aux prix et conditions ci-après indiqués :

─────────────────

(1) V. t. III, p. 573.

TARIF.

LIEUX DE DÉPART et DE DESTINATION.	DURÉE DE L'ABONNEMENT.	PRIX de l'abonnement.	
		Wagons.	Diligences.
De PARIS aux stations ci-après, *et retour :*		fr. c.	fr. c.
Versailles.............	Pour l'année entière, dimanches compris.	300 »	400 »
Saint-Germain.......	Pour le semestre d'été, *id.*	240 »	300 »
Le Pecq......	Pour le semestre d'hiver, *id.*	150 »	200 »
De PARIS aux stations ci-après, *et retour :*			
Sèvres. .... Ville-d'Avray........ Colombes............. Nanterre............. Rueil............... Chatou.............	Pour l'année entière, dimanches compris. Pour le semestre d'été, *id.* Pour le semestre d'hiver, *id.*	240 » 175 » 120 »	300 » 225 » 150 »
De PARIS aux stations ci-après, *et retour :*			
Asnières............ Courbevoie.......... Puteaux............. Suresnes........... Saint-Cloud.........	Pour l'année entière, dimanches compris. Pour le semestre d'été, *id.* Pour le semestre d'hiver, *id.*	150 » 100 » 75 »	200 » 150 » 100 »

2. Les abonnements à l'année courront du premier jour de chaque mois.

Lorsqu'un abonnement à l'année s'effectuera dans le courant d'un mois commencé, le nombre de jours à courir jusqu'au premier du mois suivant sera ajouté au prix de l'année.

Le semestre d'été s'étend du 1er mai au 31 octobre ; celui d'hiver du 1er novembre au 30 avril.

Les abonnements d'été pourront cependant commencer dans le courant d'avril ou de mai ; il sera, dans ce cas, ajouté ou retranché sur le prix du semestre d'été un nombre de jour correspondant à l'avance ou au retard.

Les abonnés de la saison d'été jouiront d'une tolérance de parcours pendant les quinze premiers jours de novembre.

On paye, en s'abonnant, un semestre d'avance ; le surplus de trois en trois mois.

SECTION II. — Transport des voyageurs sur les parcours intermédiaires.

3. Les Compagnies des chemins de fer précités sont également autorisées à transporter les voyageurs sur les parcours intermédiaires ci-après désignés des deux lignes, aux prix indiqués dans le tableau suivant :

TARIF.

LIGNE DE SAINT-GERMAIN.

LIEUX DE DÉPART et DE DESTINATION.		LA SEMAINE.		LES DIMANCHES ET FÊTES.	
		Wagons.	Diligences.	Wagons.	Diligences.
		fr. c.	fr. c.	fr. c.	fr. c.
D'ASNIÈRES à	Colombes............ Nanterre............ Rueil............... Chatou.............	» 30	» 50	» 40	» 60
De COLOMBES à	Asnières............ Nanterre............ Rueil............... Chatou.............	» 30	» 50	» 40	» 60
De NANTERRE à	Asnières............ Colombes........... Rueil............... Chatou.............	» 30	» 50	» 40	» 60
De RUEIL à	Asnières............ Colombes........... Nanterre............ Chatou.............	» 30	» 50	» 40	» 60
De CHATOU à	Asnières............ Colombes........... Nanterre............ Rueil...............	» 30	» 50	» 40	» 60

TARIF.

LIGNE DE VERSAILLES.

LIEUX DE DÉPART et DE DESTINATION.		LA SEMAINE.		LES DIMANCHES ET FÊTES.	
		Wagons.	Diligences.	Wagons.	Diligences.
		fr. c.	fr. c.	fr. c.	fr. c.
D'ASNIÈRES à	Courbevoie............ Puteaux............... Suresnes............... Saint-Cloud............ Sèvres et Ville-d'Avray Viroflay..............	» 30	» 50	» 40	. » 60
De COURBEVOIE à	Asnières............... Puteaux............... Suresnes............... Saint-Cloud............ Sèvres et Ville-d'Avray Viroflay..............	» 30	» 50	» 40	» 60
De PUTEAUX à	Asnières............... Courbevoie............ Suresnes............... Saint-Cloud............ Sèvres et Ville-d'Avray Viroflay..............	» 30	» 50	» 40	» 60
De SURESNES à	Asnières............... Courbevoie............ Puteaux............... Saint-Cloud............ Sèvres et Ville-d'Avray Viroflay..............	» 30	» 50	» 40	» 60
De SAINT-CLOUD à	Asnières............... Courbevoie............ Puteaux............... Suresnes............... Sèvres et Ville-d'Avray Viroflay..............	» 30	» 50	» 40	» 60
De SÈVRES et de VILLE-D'AVRAY à	Asnières............... Courbevoie............ Puteaux............... Suresnes............... Saint-Cloud............ Viroflay..............	» 30	» 50	» 40	» 60
De VIROFLAY à	Asnières............... Courbevoie............ Puteaux............... Suresnes............... Saint-Cloud............ Sèvres et Ville-d'Avray	» 30	» 50	» 40	» 60

4. Toutes les dispositions des ordonnances susvisées, des 30 juillet 1849 et 21 mai dernier, qui ne sont point contraires à celles qui précèdent, continueront de recevoir leur exécution.

5. La présente ordonnance sera notifiée aux Compagnies. Elle sera imprimée et affichée.

Les fonctionnaires et agents spécialement préposés à la surveillance des chemins de fer de Paris à Saint-Germain et de Paris à Versailles (rive droite), sont chargés d'en assurer l'exécution.

Le préfet de police, P. CARLIER.

———————— ◦ ————————

N° **2298.** — *Ordonnance concernant la sûreté de la circulation sur le pont des Invalides.*

Paris, le 25 décembre 1850.

Nous, préfet de police,

Vu : 1° la loi des 16-24 août 1790 ;
2° L'arrêté du Gouvernement du 12 messidor an VIII (1er juillet 1800) ;
3° Le rapport de l'ingénieur en chef, directeur de la navigation de la Seine ;
Considérant que la circulation est beaucoup plus active sur le pont des Invalides depuis la suppression du péage et qu'il devient, en conséquence, nécessaire de prescrire les mesures spéciales de police pour prévenir les accidents,

Ordonnons ce qui suit :

1. La circulation est interdite sur le pont des Invalides aux voitures non suspendues attelées de plus d'un cheval et aux voitures suspendues attelées de plus de deux chevaux.

Toute voiture de quelque espèce que ce soit devra être conduite au pas dans toute la traversée de ce pont.

Il est interdit d'y faire stationner aucune voiture sous quelque prétexte que ce soit.

Les chevaux et les bêtes de somme ne pourront le traverser qu'au pas.

2. Il est défendu de monter sur les gardes-corps et sur les chaînes de suspension.

3. Aucune affiche ne devra être peinte ni collée sur les piles et culées du pont.

4. Les contraventions à la présente ordonnance seront constatées par des procès-verbaux ou rapports qui nous seront transmis pour être déférés aux tribunaux compétents.

5. La présente ordonnance sera imprimée et affichée.

Le chef de la police municipale, les commissaires de police et spécialement ceux des sections des Invalides et des Champs-Elysées, les officiers de paix et tous autres préposés de la préfecture de police, sont chargés, chacun en ce qui le concerne, d'en surveiller et assurer l'exécution.

Elle sera adressée à M. le colonel de la garde républicaine et à M. le colonel de la première légion de gendarmerie, qui sont chargés de tenir la main à son exécution, par tous les moyens mis à leur disposition.

Le préfet de police, P. CARLIER.

N° **2299.** — *Ordonnance concernant la désinfection des matiè-*
res contenues dans les fosses d'aisances.

Paris, le 28 décembre 1850.

Nous, préfet de police,

Vu : 1° l'ordonnance de police du 12 décembre 1849, concernant la
désinfection des matières contenues dans les fosses d'aisances de la
ville de Paris ;

2° La loi des 16-24 août 1790 et les arrêtés du Gouvernement des
12 messidor an VIII et 3 brumaire an IX ;

3° Les rapports du conseil de salubrité ;

Considérant que, par suite d'expériences déjà anciennes et suffisamment répétées, il est reconnu qu'on peut désinfecter rapidement et
économiquement les matières contenues dans les fosses d'aisances ;
qu'en outre, des expériences récentes ont démontré que cette désinfection peut être assez complète pour que les matières liquides extraites des fosses, soient écoulées sur la voie publique et dans les égouts,
sans aucun inconvénient ;

Vu la délibération de la commission municipale de Paris, en date du
20 décembre 1850, approuvée par M. le ministre de l'intérieur,

Ordonnons ce qui suit :

1. Il est expressément défendu de procéder à l'extraction et au
transport des matières contenues dans les fosses d'aisances fixes ou
mobiles avant d'en avoir opéré complétement la désinfection.

2. Aussitôt après la promulgation de la présente ordonnance, tout
entrepreneur de vidange devra nous faire connaître son procédé de
désinfection et ne l'employer qu'après que ce procédé aura été approuvé
par nous, sur l'avis du conseil de salubrité.

3. A partir du 1er janvier prochain, les matières liquides désinfec-
tées pourront être, lors du curage des fosses, écoulées sur la voie
publique.

4. Tout entrepreneur de vidange qui voudra user de cette faculté
devra, préalablement, nous en faire la déclaration, en prenant l'engagement de payer à la ville, conformément à la délibération ci-dessus
visée, 1 francs 25 centimes par mètre cube de matières solides ou liquides extraites des fosses ; il devra se soumettre en outre à toutes les
conditions qui lui seront imposées pour l'opération dont il s'agit.

5. Les entrepreneurs de vidange pourront transporter *les matières*
solides dans des locaux autorisés, où elles seront de nouveau désin-
fectées, s'il est nécessaire, de manière que la désinfection soit permanente, à défaut de quoi, les matières seront enlevées et portées à Bondy,
à la diligence de l'autorité, aux frais du contrevenant.

6. Les liquides qui ne seront point écoulés sur la voie publique et
les matières solides dont les entrepreneurs de vidange ne voudront
pas disposer, ainsi qu'il est dit en l'article précédent, continueront à
être transportés au dépotoir ou au port d'embarquement de la Villette,
jusqu'à ce qu'il en soit autrement ordonné, et sauf d'ailleurs les exceptions que nous jugerions convenable d'autoriser, dans l'intérêt de
l'agriculture ou de l'industrie.

7. A l'avenir, les appareils de fosses mobiles, devront être disposés
de telle sorte que la séparation des matières solides et liquides s'opère

dans ces appareils (1) ; il devra, en outre, être adapté aux fosses fixes ou mobiles, un indicateur qui fasse connaître le degré de plénitude de la fosse.

8. Les ordonnances des 5 juin 1834, 23 septembre 1843, 26 janvier 1846 (2), 24 mai et 12 décembre 1849, ainsi que l'arrêté du 6 juin 1834, continueront de recevoir leur exécution en tout ce qui n'est pas contraire aux dispositions qui précèdent.

9. Les contraventions à la présente ordonnance seront constatées par des procès-verbaux ou rapports, conformément aux lois et règlements, sans préjudice des mesures administratives qui pourront être prises contre les contrevenants, *notamment le retrait temporaire ou définitif de leur autorisation.*

10. La présente ordonnance sera imprimée et affichée.

Elle sera, en outre, notifiée à chaque entrepreneur de la vidange.

Le chef de la police municipale, les commissaires de police de Paris, l'inspecteur général de la salubrité et les officiers de paix en surveilleront et assureront l'exécution, chacun en ce qui le concerne.

Le préfet de police, P. CARLIER.

---

(1) Le préfet de police engage instamment les propriétaires des maisons où les fosses sont fixes, à y faire établir la séparation prescrite pour les fosses mobiles. Cette disposition peu coûteuse, et tout entière dans l'intérêt des propriétaires, permet d'obtenir une désinfection plus facile et plus complète.

(2) V. cette ord. à l'Appendice.

Tableau de la taxe du Pain, à Paris, de 1845 à 1850 inclusivement.

DATES DES TAXES et INDICATION DE LEUR DURÉE.	PRIX DU PAIN par kilog.	
	1er qualité.	2e qualité.
	fr. c.	fr. c.
1845. Du 1er au 15 janvier......................	» 32	» 24
— 16 au 31 id.............	31	» 24
— 1er au 15 février....................	30	» 22
— 16 au 28 id....................	29	» 22
— 1er au 15 mars....................	30	» 22
— 16 au 31 id.............	29	» 22
— 1er au 15 avril............	30	» 22
— 16 au 30 id.............	29	» 22
— 1er au 15 mai....................	29	» 72
— 16 au 31 id....................	» 29	» 22
— 1er au 15 juin............	» 31	» 24
— 16 au 30 id.............	» 31	» 24
— 1er au 15 juillet............	» 31	» 24
— 16 au 31 id.............	» 32	» 24
— 1er au 15 août............	» 33	» 26
— 16 au 31 id.............	» 34	» 26
— 1er au 15 septembre............	» 36	» 28
— 16 au 30 id.............	» 36	» 28
— 1er au 15 octobre............	» 37	» 30
— 16 au 31 id.............	» 38	» 30
— 1er au 15 novembre............	» 38	» 30
— 16 au 30 id.............	» 36	» 28
— 1er au 15 décembre............	» 37	» 30
— 16 au 31 id.............	» 38	» 30
1846. Du 1er au 15 janvier......................	» 38	» 30
— 16 au 31 id.............	» 38	» 30
— 1er au 15 février............	» 38	» 30
— 16 au 28 id....................	» 38	» 30
— 1er au 15 mars	» 38	» 30
— 16 au 31 id.............	» 37	» 30
— 1er au 15 avril............	» 37	» 30
— 16 au 30 id.............	» 36	» 28
— 1er au 15 mai............	» 35	» 28
— 16 au 31 id.............	» 35	» 28
— 1er au 15 juin....................	» 36	» 28
— 16 au 30 id.............	» 37	» 30
— 1er au 15 juillet............	» 40	» 32
— 16 au 31 id.............	» 39	» 32
— 1er au 15 août............	» 38	» 30
— 16 au 31 id.............	» 39	» 32
— 1er au 15 septembre............	» 39	» 32
— 16 au 30 id.............	» 41	» 34
— 1er au 15 octobre............	» 43	» 36
— 16 au 31 id.............	» 43	» 36
— 1er au 15 novembre............	» 43	» 36
— 16 au 30 id.............	» 46	» 38
— 1er au 15 décembre............	» 46	» 38
— 16 au 31 id.............	» 43	» 38

Suite *du* Tableau de la taxe du Pain, à Paris, de 1845 à 1850.

DATES DES TAXES et INDICATION DE LEUR DURÉE.	PRIX DU PAIN par kilog.	
	1re qualité.	2e qualité.
	fr. c.	fr. c.
1847. Du 1er au 15 janvier...............	» 47	» 40
— — 16 au 31 id..............	» 47	» 40
— — 1er au 15 février.............	» 51	» 44
— — 16 au 28 id.............	» 53	» 46
— — 1er au 15 mars	» 55	» 48
— — 16 au 31 id.............	» 58	» 50
— — 1er au 15 avril............	» 62	» 54
— — 16 au 30 id.............	» 56	» 48
— — 1er au 15 mai............	» 58	» 50
— — 16 au 31 id.............	» 60	» 52
— — 1er au 15 juin............	» 61	» 54
— — 16 au 30 id.............	» 58	» 50
— — 1er au 15 juillet............	» 57	» 50
— — 16 au 31 id.............	» 55	» 48
— — 1er au 15 août............	» 49	» 42
— — 16 au 31 id.............	» 50	» 42
— — 1er au 15 septembre............	» 48	» 40
— — 16 au 30 id.............	» 45	» 38
— — 1er au 15 octobre	» 43	» 36
— — 16 au 31 id.............	» 40	» 32
— — 1er au 15 novembre............	» 38	» 30
— — 16 au 30 id.............	» 55	» 28
— — 1er au 15 décembre	» 56	» 28
— — 16 au 31 id.............	» 55	» 28
1848. Du 1er au 15 janvier............	» 55	» 28
— — 16 au 31 id..............	» 54	» 26
— — 1er au 15 février............	» 54	» 26
— — 16 au 29 id.............	» 54	» 26
— — 1er au 15 mars............	» 52	» 24
— — 16 au 30 id.............	» 51	» 24
— — 1er au 15 avril............	» 29	» 22
— — 16 au 31 id.............	» 28	» 20
— — 1er au 15 mai............	» 27	» 20
— — 16 au 31 id.............	» 28	» 20
— — 1er au 15 juin............	» 27	» 20
— — 16 au 30 id.............	» 27	» 20
— — 1er au 15 juillet............	» 27	» 20
— — 16 au 31 id.............	» 27	» 20
— — 1er au 15 août............	» 27	» 20
— — 16 au 31 id.............	» 28	» 20
— — 1er au 15 septembre............	» 29	» 22
— — 16 au 30 id.............	» 29	» 22
— — 1er au 15 octobre............	» 29	» 22
— — 16 au 31 id.............	» 29	» 22
— — 1er au 15 novembre............	» 28	» 20
— — 16 au 30 id.............	» 28	» 20
— — 1er au 15 décembre	» 28	» 20
— — 16 au 31 id.............	» 28	» 20

Suite *du* Tableau de la taxe du Pain, à Paris, de 1845 à 1850.

DATES DES TAXES et INDICATION DE LEUR DURÉE.	PRIX DU PAIN par kilog.	
	1re qualité.	2e qualité.
	fr. c.	fr. c.
1849. Du 1er au 15 janvier............	» 28	» 20
— 16 au 31 id..........	» 28	» 20
— 1er au 15 février.........	» 27	» 20
— 16 au 28 id.........	» 27	» 20
— 1er au 15 mars	» 28	» 20
— 16 au 31 id..........	» 28	» 20
— 1er au 15 avril.........	» 28	» 20
— 16 au 30 id..........	» 28	» 20
— 1er au 15 mai..........	» 28	» 20
— 16 au 31 id..........	» 28	» 20
— 1er au 15 juin.........	» 28	» 20
— 16 au 30 id..........	» 28	» 20
— 1er au 15 juillet.......	» 30	» 22
— 16 au 31 id..........	» 31	» 24
— 1er au 15 août.........	» 32	» 24
— 16 au 31 id..........	» 31	» 24
— 1er au 15 septembre.....	» 30	» 22
— 16 au 30 id..........	» 29	» 22
— 1er au 15 octobre.......	» 29	» 22
— 16 au 31 id..........	» 27	» 20
— 1er au 15 novembre	» 27	» 20
— 16 au 30 id..........	» 27	» 20
— 1er au 15 décembre......	» 26	» 18
— 16 au 31 id..........		
1850. Du 1er au 15 janvier.........	» 26	» 18
— 16 au 31 id.........	» 27	» 20
— 1er au 15 février.........	» 27	» 20
— 16 au 28 id.........	» 27	» 20
— 1er au 15 mars.........	» 27	» 20
— 16 au 31 id.........	» 27	» 20
— 1er au 15 avril.........	» 26	» 18
— 16 au 30 id.........	» 25	» 18
— 1er au 15 mai.........	» 25	» 18
— 16 au 31 id.........	» 26	» 18
— 1er au 15 juin	» 27	» 20
— 16 au 30 id.........	» 27	» 20
— 1er au 15 juillet.......	» 27	» 20
— 16 au 31 id.........	» 27	» 20
— 1er au 15 août.........	» 27	» 20
— 16 au 31 id.........	» 29	» 22
— 1er au 15 septembre.....	» 29	» 22
— 16 au 30 id.........	» 29	» 22
— 1er au 15 octobre.......	» 28	» 20
— 16 au 31 id.........	» 27	» 20
— 1er au 15 novembre......	» 26	» 18
— 16 au 30 id.........	» 26	» 18
— 1er au 15 décembre......	» 26	» 18
— 16 au 31 id.........		

APPENDICE.

ORDONNANCES DE POLICE.

APPENDICE.

N° 1. — *Arrêté concernant la vente du vin sur la voie publique.*

Paris, 7 floréal an IV.

Le bureau central informé que, depuis quelques jours, il s'établit sur les ponts, quais, ports et places publiques des marchands de vin ambulants.

Considérant que ce vin, ainsi détaillé, peut occasionner et occasionne réellement une réunion de citoyens, les uns pour boire, les autres pour regarder; réunion contraire à l'ordre public et qui pourrait troubler la tranquillité;

Considérant encore qu'une démoralisation totale peut être la suite de ces orgies publiques;

Considérant enfin que, dans un gouvernement sage et éclairé, les regards de la police doivent toujours être fixés sur tout ce qui peut tendre à l'épuration des mœurs publiques;

Le bureau central arrête qu'il ne pourra être vendu, à l'avenir, aucune espèce de vin, cidre, bière, eau-de-vie etc., sur les places, quais et autres lieux publics;

Arrête, en outre, que les contrevenants seront punis conformément à l'article 605 du Code des délits et des peines, et traduits à cet effet devant le tribunal de police municipale;

Charge de l'exécution du présent les commissaires de police.

Les membres du bureau central,

BRÉON, COUSIN, LIMODIN.

N° 2. — *Ordonnance concernant le commerce de la triperie.*

Paris, le 21 janvier 1813.

Nous, Etienne-Denis Pasquier, officier de la Légion d'honneur, baron de l'empire, conseiller d'Etat, chargé du 4e arrondissement de la police générale, préfet de police du département de la Seine et des communes de Saint-Cloud, Sèvres et Meudon, du département de Seine-et-Oise, etc.

Ordonnons ce qui suit :

1...

2...

3. Les tripiers et tripières sont tenus de se conformer strictement à nos ordonnances de police des 28 mai dernier et 11 du présent mois de janvier, concernant le commerce de la triperie, ainsi qu'aux conditions qui leur sont imposées par les permissions dont ils sont munis.

4. Il est défendu aux tripiers et tripières de céder et transférer leur commerce et de se faire remplacer.

5. Lorsqu'un tripier ou une tripière cessera ou suspendra son commerce, pour quelque cause que ce soit, il nous en sera rendu compte sur-le-champ.

6. Il est enjoint aux tripiers et tripières de tenir, leurs boutiques et places dans la plus grande propreté.

7. Les contraventions seront constatées par des procès-verbaux qui nous seront transmis pour y être donné telle suite qu'il appartiendra.

8. La présente ordonnance et l'état y mentionné seront imprimés et adressés aux commissaires de police et au commissaire des halles et marchés, qui sont chargés d'en assurer l'exécution et de nous en rendre compte.

Le conseiller d'état, préfet de police, PASQUIER.

N° **3.** — *Ordonnance du roi concernant la caisse de Poissy et le commerce de la boucherie.*

Paris, le 22 décembre 1819.

Vu les lettres patentes du 18 mars 1779, portant établissement d'une caisse pour la facilité du commerce des bestiaux, et le décret du 6 février 1811, portant rétablissement de ladite caisse; sous le nom de *caisse de Poissy;*

Vu la loi du 28 avril 1816 et notre ordonnance du 14 mai 1817;

Vu la délibération prise par le conseil municipal de Paris, le 12 décembre 1819;

Sur le rapport, de notre ministre secrétaire d'État de l'intérieur,

Nous avons ordonné et ordonnons ce qui suit :

1. Le droit de trois et demi pour cent du prix des bestiaux vendus aux marchés de Sceaux et de Poissy, à celui des vaches grasses et à la halle aux veaux de Paris, attribué à notre bonne ville de Paris, par les articles 8, 9, 10 et 11, titre IV du décret du 6 février 1811, cessera d'être perçu à compter du 1er janvier prochain.

2. La caisse de Poissy continuera de payer comptant, et sans déplacement, aux propriétaires herbagers et marchands forains, le prix de

de tous les bestiaux que les bouchers de Paris achèteront auxdits marchés.

3. Il ne pourra être enlevé des marchés aucuns bestiaux qu'en vertu de laissez-passer délivrés par la caisse, soit aux bouchers de Paris, pour le compte desquels elle payera, soit à tous autres bouchers non accrédités.

A l'égard des bestiaux non vendus ou reconnus impropres à la boucherie, il continuera d'être procédé conformément aux règlements sur la police des marchés.

4. A compter du 1er janvier 1820, il sera perçu sur les bœufs, vaches, veaux et moutons achetés pour l'approvisionnement de Paris, un droit de consommation de 3 p. 0/0 de la valeur desdits bestiaux, déterminé par leur prix d'achat.

S'il s'élevait quelque difficulté sur l'appréciation de cette valeur, les syndics des bouchers de Paris interviendront et seront appelés comme arbitres par la caisse de Poissy.

5. Les bouchers de Paris jouiront, pour le payement de ce droit, d'un crédit de trente jours pour les achats faits aux marchés de Sceaux et de Poissy, et de huit jours pour les achats provenant du marché des vaches grasses et de la halle aux veaux.

Le directeur de la caisse de Poissy est chargé d'exercer le recouvrement de ce droit sur les bouchers, simultanément avec celui des avances à eux faites par ladite caisse.

6. Le produit de ce droit continuera d'être spécialement affecté au payement des obligations de l'emprunt souscrit par notre bonne ville de Paris, en vertu de notre ordonnance du 14 mai 1817.

7. Les édits, lettres patentes, déclarations, ordonnances et règlements concernant les marchés de Sceaux, de Poissy et de Paris, ainsi que les décrets des 6 février 1811 et 15 mai 1813, continueront de recevoir leur exécution, en tout ce qui n'est pas contraire à la présente ordonnance.

8. Nos ministres secrétaires d'Etat de l'intérieur et des finances sont chargés de l'exécution de la présente ordonnance.

No **4**. — *Ordonnance du roi relative au nombre des étaux permanents de boucherie à Paris.*

Paris, 9-30 octobre 1822.

1. L'article 34 du décret du 6 février 1811, portant que le nombre des étaux permanents de boucherie, à Paris, sera successivement réduit à trois cents, est annulé.

En conséquence, il sera pourvu à ce que le nombre de ces étaux ne descende pas au-dessous de trois cent soixante-dix, tel qu'il est actuellement.

N° **5.** — *Ordonnance du roi relative au service de la boucherie dans les abattoirs, ainsi qu'à la surveillance des opérations dans ces établissements.*

Saint-Cloud, le 23 septembre 1825.

Sur le rapport de notre ministre secrétaire d'Etat de l'intérieur ;
Vu notre ordonnance du 12 janvier 1825 ;
Vu les réclamations de l'ex-syndicat de la boucherie de Paris, des 22 et 29 janvier suivant ;
Vu les observations du préfet de police sur lesdites réclamations ;
Notre conseil d'Etat entendu,

Nous avons ordonné et ordonnons ce qui suit :

1. Les dépenses relatives au service de la boucherie dans les abattoirs, ainsi qu'à la surveillance des opérations dans ces établissements, qui, avant la promulgation de notre ordonnance du 12 janvier 1825, étaient à la charge du syndicat des bouchers, seront imputées sur le budget de la ville de Paris, comme dépenses d'administration. Y seront compris, jusqu'à extinction et sur l'état qui en sera dressé et vérifié, les pensions et secours qui, à la concurrence de 21,600 francs ont été ci-devant accordés par le syndicat à d'anciens bouchers ou employés de la boucherie ou à leurs familles.
Le préfet de police arrêtera chaque année le bordereau desdites dépenses, lequel sera présenté au vote du conseil municipal dans son budget annuel.
2. Le fermage des fumiers, des bouveries et bergeries et celui des vidanges et voiries provenant de l'abatage des bestiaux, seront payés au profit de la ville de Paris et portés en recette à son budget.
3. Notre ministre d'Etat au département de l'intérieur est chargé de l'exécution de cette ordonnance.

N° **6.** — *Arrêté du ministre de l'intérieur relatif au commerce de la boucherie.*

Paris, le 25 septembre 1829.

Le ministre secrétaire d'Etat au département de l'intérieur,

En exécution de l'ordonnance royale du 12 janvier 1825, relative au commerce de la boucherie,

Arrête ce qui suit :

1. Le préfet de police demeure chargé de la surveillance du service de la boucherie dans les abattoirs, qui, antérieurement, était attribuée à l'ex-syndicat.
Les règlements qui seront faits pour mettre ce service en harmonie avec le système établi par l'ordonnance du 12 janvier 1825, seront soumis à notre approbation.
2. Conformément aux dispositions du titre IX du décret du 8 février 1811, le directeur de la caisse de Poissy présentera, sans délai, un

compte spécial des intérêts des cautionnements des bouchers qui étaient en exercice avant la promulgation de l'ordonnance du 12 janvier dernier. L'ex-syndicat de la boucherie de Paris, à qui ce compte sera communiqué, fera, de son côté, établir, avec pièces justificatives, le compte général des dépenses faites sur les fonds par lui perçus pour le service de la boucherie, antérieurement à ladite ordonnance.

Ledit compte sera vérifié et arrêté par le préfet de police, et soumis à notre approbation.

Dans le cas où, après la liquidation définitive, il y aurait un excédant de recette sur les fonds perçus, cet excédant sera partagé d'après un état de répartition, dressé et arrêté par le préfet de police, entre tous les bouchers alors en exercice, et suivant le droit de chacun.

3. A dater de la promulgation de l'ordonnance du 12 janvier 1825, les intérêts des cautionnements qui sont dus aux anciens bouchers seront portés au compte de chacun d'eux, comme le sont ceux des nouveaux bouchers : il sera tenu compte de même aux uns et aux autres de la recette totale des fermages du sang des bœufs.

4. Le préfet de police est chargé de l'exécution du présent arrêté ; il en donnera connaissance au directeur de la caisse de Poissy, ainsi qu'à l'ex-syndicat du commerce de la boucherie.

N° 7. — *Loi portant prohibition des loteries* (1).

Au palais des Tuileries, le 21 mai 1836.

1. Les loteries de toute espèce sont prohibées.

2. Sont réputées loteries et interdites comme telles,

Les ventes d'immeubles, de meubles ou de marchandises effectuées par la voie du sort, ou auxquelles auraient été réunies des primes ou autres bénéfices dus au hasard, et généralement toutes opérations offertes au public pour faire naître l'espérance d'un gain qui serait acquis par la voie du sort.

3. La contravention à ces prohibitions sera punie des peines portées à l'article 410 du Code pénal.

S'il s'agit de loteries d'immeubles, la confiscation prononcée par ledit article sera remplacée, à l'égard du propriétaire de l'immeuble mis en loterie, par une amende qui pourra s'élever jusqu'à la valeur estimative de cet immeuble.

En cas de seconde ou ultérieure condamnation, l'emprisonnement et l'amende portés en l'article 410 pourront être élevés au double du maximum.

Il pourra, dans tous les cas, être fait application de l'article 463 du Code pénal.

4. Ces peines seront encourues par les auteurs, entrepreneurs ou agents des loteries françaises ou étrangères, ou des opérations qui leur sont assimilées.

Ceux qui auront colporté ou distribué les billets, ceux qui, par des avis, annonces, affiches, ou par tout autre moyen de publication, auront fait connaître l'existence de ces loteries ou facilité l'émission des billets, seront punis des peines portées en l'article 411 du Code pénal ;

---

(1) V. ci-après, l'ordonnance royale du 29 mai 1844 et l'instruction ministérielle du 22 décembre 1845.

il sera fait application, s'il y a lieu, des deux dernières dispositions de l'article précédent.

5. Sont exceptées des dispositions des articles 1 et 2 ci-dessus, les loteries d'objets mobiliers exclusivement destinés à des actes de bienfaisance ou à l'encouragement des arts, lorsqu'elles auront été autorisées dans les formes qui seront déterminées par des règlements d'administration publique.

N° **8.** — *Ordonnance du roi realtive aux abattoirs publics et communs.*

Au palais des Tuileries, le 15 avril 1838.

Louis-Philippe, etc.,

Sur le rapport de notre ministre secrétaire d'Etat au département des travaux publics de l'agriculture et du commerce ;

Vu le décret du 15 octobre 1810, et l'ordonnance du 14 janvier 1815, portant règlement sur les établissements dangereux, insalubres ou incommodes ;

Notre conseil d'Etat entendu :

Nous avons ordonné et ordonnons ce qui suit :

1. Seront rangés dans la *première classe* des établissements dangereux, insalubres ou incommodes, les abattoirs publics et communs à ériger dans toute commune *quelle que soit sa population.*

2. La mise en activité de tout abattoir public et commun, légalement établi, entraînera de plein droit *la suppression des tueries* particulières situées dans la localité.

5. Quand il y aura lieu à autoriser une commune à établir un abattoir public, toutes les mesures relatives tant à l'approbation de l'emplacement qu'aux voies et moyens d'exécution, devront nous être soumises simultanément par nos ministres de l'intérieur et des travaux publics, de l'agriculture et du commerce, pour en être ordonné par un seul et même acte d'administration publique.

N° **9.** — *Loi sur les attributions des conseils généraux et des conseils d'arrondissement.*

Au palais des Tuileries, le 10 mai 1838.

Louis-Philippe, etc.

TITRE Ier.

DES ATTRIBUTIONS DES CONSEILS GÉNÉRAUX.

6. Le conseil général donne son avis :

1°...

2°...

3º Sur l'établissement, la suppression ou le changement des foires et marchés;

4º..

TITRE II.

DES ATTRIBUTIONS DES CONSEILS D'ARRONDISSEMENT.

41. Le conseil d'arrondissement donne son avis :

1º..

2º..

3º Sur l'établissement et la suppression ou le changement des foires et marchés;

4º..

5º..

N° 10.—*Ordonnance du roi concernant les loteries destinées à des actes de bienfaisance ou à l'encouragement des arts.*

Au palais de Neuilly, le 29 mai 1844.

Louis-Philippe, etc.,

Vu la loi du 21 mai 1836 qui a prohibé les loteries et notamment l'article 5 ainsi conçu :

« Sont exceptées des dispositions des articles 1 et 2 ci-dessus, les
« loteries d'objets mobiliers, exclusivement destinées à des actes de
« bienfaisance ou à l'encouragement des arts, lorsqu'elles auront été
« autorisées dans les formes qui seront déterminées par des règle-
« ments d'administration publique. »

Voulant déterminer le mode suivant lequel seront délivrées les autorisations prescrites par la loi ci-dessus visée ;

Sur le rapport de notre ministre secrétaire d'État au département de l'intérieur ;

Notre conseil d'État entendu,

Nous avons ordonné et ordonnons ce qui suit :

1. Les autorisations pour l'établissement des loteries désignées en l'article 5 de la loi du 21 mai 1836 seront délivrées, savoir : par le préfet de police pour Paris et le département de la Seine, et dans les autres départements, par les préfets, sur la proposition des maires.

Ces autorisations ne seront accordées que pour un seul tirage ; elles énonceront les conditions auxquelles elles auront été accordées, dans l'intérêt du bon ordre et dans celui des bénéficiaires.

2. Lesdits tirages se feront sous l'inspection de l'autorité municipale, aux jours et heures qu'elle aura déterminés.

L'autorité municipale pourra, lorsqu'elle le jugera convenable, faire intervenir dans cette opération la présence de ses délégués, ou de commissaires agréés par elle.

5. Le produit net des loteries dont il s'agit sera entièrement et exclusivement appliqué à la destination pour laquelle elles auront été établies et autorisées, et il devra en être valablement justifié.

N° **11.** — *Ordonnance du roi relative au remontage des bateaux entre le pont de la Tournelle et le port à l'Anglais.*

Paris, 20 mai 1845.

Louis-Philippe, etc.,

Sur le rapport de notre ministre secrétaire d'Etat au département des travaux publics,

Vu la soumission du 15 septembre 1842, par laquelle les sieurs Delagneau et compagnie demandent à substituer au halage sur berge un touage à la vapeur avec longue chaîne noyée pour la remonte des bateaux naviguant sur la Seine, entre le pont de la Tournelle, à Paris, et le port à l'Anglais, dans la commune d'Ivry;

Vu les rapports et avis des ingénieurs des ponts et chaussées des 27 janvier et 5 février 1842;

Vu, avec le rapport à l'appui, l'avis favorable de la chambre de commerce du 24 août 1842;

Vu les pièces de l'enquête ouverte sur la proposition du sieur Delagneau;

Vu le rapport, en date du 1er juin 1843, de la commission de surveillance des bateaux à vapeur du département de la Seine, sur la visite faite par elle de l'appareil moteur du toueur proposé;

Vu, avec les procès-verbaux y relatifs, le rapport de la commission spéciale d'enquête, en date du 11 octobre 1843;

Vu le vœu émis par le conseil général du département de la Seine dans sa session de 1844;

Vu, avec le cahier des charges et le tarif y annexé, le projet d'arrêté de police du 12 août 1844;

Vu, avec les derniers rapports des ingénieurs, la lettre du préfet de la Seine, du 9 août 1844;

Vu les avis du conseil général des ponts et chaussées des 29 décembre 1842, 8 janvier et 24 octobre 1844;

Notre conseil d'Etat entendu,

Nous avons ordonné et ordonnons ce qui suit :

1. Le halage dans la partie de la Seine comprise entre le pont de la Tournelle, à Paris, et le port à l'Anglais en amont du pont d'Ivry, sera soumis à l'avenir aux conditions déterminées par les articles ci-après.

2. La remonte des bateaux vides ou chargés ne pourra être effectuée, dans cette partie du fleuve, que par un mode quelconque de remorquage opérant en lit de rivière.

3. La soumission du 15 septembre 1842, par laquelle les sieurs Delagneau et compagnie se sont engagés à faire le service de la remonte des bateaux au moyen d'un touage à la vapeur avec longue chaîne noyée, est acceptée sous la réserve des conditions suivantes.

4. Les sieurs Delagneau et compagnie opéreront à leurs risques et périls, aux prix indiqués dans le tarif annexé à la présente ordonnance, durant cinq années, à partir du jour de la suppression effective du halage sur berge, et à la charge par eux de verser préalablement à la caisse des dépôts et consignations un cautionnement de 40,000 francs pour garantie de leurs obligations.

5. Tout mode de halage opérant en lit de rivière, quel qu'en puisse être le moteur, sera admis concurremment avec le toueur de la compagnie Delagneau à remplacer le halage par chevaux.

6. Le halage à col d'homme continuera à être autorisé pour le mouvement des bateaux sur les ports, ainsi que pour le déplacement des petites embarcations non désignées au tarif annexé à la présente ordonnance.

7. La compagnie Delagneau tiendra constamment à la disposition de la navigation, deux bateaux remorqueurs toueurs approuvés par l'administration. Elle devra s'aider, conjointement avec ses toueurs et sous les mêmes conditions, de bateaux remorqueurs libres.

8. Un bachot de service accompagnera constamment chaque toueur.

9. Chaque toueur devra porter une flamme rouge à son avant; il devra être muni de deux ancres au moins qui présenteront une force convenable et qui seront garnies de cordes de longueur et de grosseur suffisantes.

10. Il y aura toujours à bord de chaque toueur en service, trois mariniers, un chauffeur et un mécanicien.

11. Chaque toueur devra, d'ailleurs, être soumis aux dispositions prescrites par les règlements sur les bateaux à vapeur.

12. La chaîne des toueurs sera placée conformément aux ordres de l'administration supérieure, de manière à ne jamais gêner le mouvement des trains et bateaux avalants. Cette chaîne devra être signalée d'une manière assez apparente pour que les trains et bateaux puissent l'éviter.

13. Les bateaux remorqueurs appartenant à la compagnie Delagneau ne pourront stationner que dans des lieux qui lui seront désignés par l'inspecteur général de la navigation.

14. La compagnie Delagneau sera tenue de remorquer les bateaux pendant tout le temps où la rivière sera navigable.

15. L'étiage officiel sera affiché chaque matin dans un bureau qui devra être établi à proximité du pont Saint-Bernard.

16. Un employé de la compagnie devra toujours être présent dans ce bureau durant les heures d'ouverture des ports, afin d'y recevoir les déclarations des mariniers relatives au remorquage de leurs bateaux.

17. Les déclarations seront inscrites jour par jour, sans blancs ni interlignes, surcharges ni ratures, sur un registre à souche, coté et paraphé par le préfet de police, et demeurant sans cesse à la disposition des préposés de l'administration.

18. Le registre servant à l'inscription des déclarations à fin de remontage des bateaux sera divisé en huit colonnes destinées à faire connaître : 1° le numéro d'enregistrement; 2° et 3° le jour et l'heure des déclarations ; 4° la désignation des marchandises chargeant le bateau ; 5° les ports où les bateaux seront remontés ; 6° la formule des déclarations ; 7° la date des remontages ; 8° les observations auxquelles les remontages auraient donné lieu.

19. Il sera détaché du registre, pour être remis aux déclarants, des bulletins qui contiendront le numéro, la date, l'heure et l'objet des déclarations.

20. Les agents de la compagnie Delagneau apposeront leur visa sur les lettres de voitures qui leur seront présentées, après toutefois qu'ils en auront vérifié l'exactitude.

21. Les mariniers qui voudront faire opérer le remorquage de leurs bateaux devront les conduire jusqu'en amont du pont de la Tournelle, s'ils sont en aval de ce pont.

22. Tous les bateaux placés entre le pont de la Tournelle et le port à l'Anglais, et pour lesquels la compagnie Delagneau aurait reçu une demande de remorquage, devront être remorqués, sans interruption, pendant la durée des heures affectées à la navigation et sans préférence, d'après l'ordre d'inscription au registre des déclarations, de telle sorte que les remontages aient lieu dans le plus bref délai possible et au plus tard dans les 24 heures.

23. La compagnie Delagneau sera responsable, vis-à-vis de l'administration, des contraventions qu'entraînerait le séjour, entre le pont de la Tournelle et le port à l'Anglais, des bateaux pour lesquels il aurait été fait une déclaration régulière à fin de remorquage.

24. Elle sera responsable, envers les personnes dont les bateaux et marchandises lui auront été confiés, des dommages résultant des retards qu'elle apporterait au remorquage, et de tous autres préjudices qui pourraient être causés par la manœuvre des remorqueurs.

25. Elle sera aussi responsable envers les tiers de tous les dommages que le service des remorqueurs pourrait occasionner, soit en ce qui concerne la liberté ou la sûreté de la navigation, soit en ce qui touche la propriété privée et les droits acquis, sans que, dans aucun cas, il puisse y avoir recours contre l'État.

26. La compagnie Delagneau fournira sans rétribution, aux bateaux remorqués, les câbles nécessaires pour les amarrer au remorqueur.

27. Elle ne pourra remonter à la fois avec un seul remorqueur plus de deux bateaux chargés ; elle ne pourra former, avec des bateaux vides à remorquer, des trains qui excéderaient 140 mètres de longueur.

28. Elle ne pourra refuser de remonter, ni les bateaux vides qui auront à bord l'équipage exigé actuellement pour le halage par chevaux, ni les bateaux chargés qui auront à bord l'équipage ordinaire, les ancres, cordes et agrès nécessaires à la manœuvre, le maître ou le contre-maître prêt à gouverner, et qui, en outre, présenteront, au-dessus de l'eau, la hauteur de flottaison prescrite par les règlements.

29. Sauf les cas prévus dans la présente ordonnance, la compagnie Delagneau ne pourra, sous aucun prétexte, refuser son concours aux mariniers ou à l'administration.

50. Dans le cas où le toueur cesserait de fonctionner, même involontairement, par la négligence, l'incapacité ou la mauvaise volonté de la compagnie Delagneau, l'administration se réserve la faculté d'assurer immédiatement le service du halage par telles mesures d'office qu'elle jugera convenables, y compris l'emploi des chevaux, comme aussi de procéder à une adjudication aux risques et périls de la compagnie, dont le matériel et le cautionnement demeureraient affectés à la garantie de ses obligations envers l'État.

51. En cas d'infraction de la compagnie Delagneau aux conditions énoncées dans la présente ordonnance, comme dans le cas où l'on viendrait à reconnaître que le service du toueur présente des inconvénients pour la navigation, l'autorisation accordée à ladite compagnie pourra être révoquée.

52. Cette révocation sera faite dans l'un comme dans l'autre cas, sans qu'il en puisse résulter aucun droit à indemnité au profit de la compagnie Delagneau.

55. Le tarif du prix de remorquage sera révisé à la fin de la première année d'exploitation.

54. Lors de la révision des tarifs, on réunira la section des bateaux chargés à celle des bateaux vides, afin de n'établir qu'un seul prix pour toutes les hauteurs d'eau, à moins d'une impossibilité reconnue et constatée.

55. Pendant toute la durée de son entreprise, la compagnie Delagneau sera assujettie à tenir ses livres de manière à mettre l'administration à même d'établir, s'il y a lieu, en parfaite connaissance de cause, un nouveau tarif.

56. La compagnie Delagneau et ses agents se conformeront, tant aux règlements généraux de police relatifs à la navigation, qu'aux ordonnances particulières qui seraient rendues par le préfet de police en exécution des décrets et ordonnances.

57. Ils se conformeront, en outre, exactement aux règlements du service de l'octroi.

58. Les contraventions aux dispositions qui précèdent seront constatées par des procès-verbaux dressés par les agents de l'administration.

59. Les contestations qui s'élèveraient au sujet de l'interprétation de la présente ordonnance seront jugées par le conseil de préfecture, sauf recours au conseil d'Etat, les sieurs Delagneau et compagnie devant être considérés comme entrepreneurs de travaux publics.

Tarif du prix de remorquage, etc.

MINISTÈRE DES TRAVAUX PUBLICS.

Tarif du Prix de Remorquage du Port Saint-Bernard au Port à l'Anglais, et lieux intermédiaires.

			BATEAUX CHARGÉS.				
DÉSIGNATION des bateaux.	HAUTEUR de l'eau.	CHARGE des bateaux évaluée en tonneaux de 1,000 kilogram.	DU PORT SAINT-BERNARD, ou de la sortie du Canal,			DE BERCY, ou de la Gare,	
			à Bercy.	à Charenton.	au port à l'Anglais.	à Charenton.	au port à l'Anglais.
Besognes, Grands Chalands et Grands Marnais, ou Picards dits Longuettes.	Au-dessous de 1ᵐ 50.	à 50 tonneaux et au-dessous....	25 08	28 68	32 28	25 08	28 68
		de 50 à 100	31 44	36 24	41 04	31 44	36 24
		de 100 200	37 80	43 80	49 80	37 80	43 80
		de 200 300	44 16	51 36	58 56	44 16	51 36
		de 300 400	56 88	66 48	76 08	56 88	66 48
	de 1ᵐ 50 à 2ᵐ 50.	à 50 tonneaux et au-dessous....	31 44	36 24	41 04	31 44	36 24
		de 50 à 100	37 80	43 80	49 80	37 80	43 80
		de 100 200	44 16	51 36	58 56	44 16	51 36
		de 200 300	50 52	58 92	67 52	50 52	58 92
		de 300 400	63 24	74 04	84 84	63 24	74 04
	de 2ᵐ 50 et au-dessus.	à 50 tonneaux et au-dessous....	44 16	51 36	58 56	44 16	51 36
		de 50 à 100	50 52	58 92	67 52	50 52	58 92
		de 100 200	56 88	65 48	76 08	56 88	66 48
		de 200 300	63 24	74 04	84 84	63 24	74 04
		de 300 400	75 96	89 16	102 36	75 96	89 16

Lorsqu'un bateau fera escale, il sera fait déduction des frais d'usure de cordes et d'avaries dans le prix du second remorquage.

Les bateaux de 50 tonneaux chargés ou vides et au-dessous, accrochés à un trait comprenant un ou plusieurs autres bateaux ne payeront que les 4/5ᵉˢ du prix porté au tarif.

Cette réduction n'aura lieu que lorsque le trait se trouvera dans la condition ci-dessus au moment du départ du pont de la Tournelle.

DÉSIGNATION des bateaux.	HAUTEUR de l'eau.	CHARGE	à Bercy.	à Charenton.	au port à l'Anglais.	à Charenton.	au port à l'Anglais.
Bateaux, Coches ou Marnais, Petits Chalands ou Sapin, Péniches, Flûtes, Toues, Lavandières, Barquettes, et demi-Bateaux et Margotas de 16 m. 50 et au-dessus.	1ᵐ 50 et au-dessous.	à 30 tonneaux et au-dessous....	18 72	21 12	23 52	18 72	21 12
		de 30 à 80	25 08	28 68	32 28	25 08	28 68
		de 80 130	31 44	36 24	41 04	31 44	36 24
		de 130 180	37 80	43 80	49 80	37 80	43 80
		de 180 230	44 16	51 36	58 56	44 16	51 36
	de 1ᵐ 50 à 2ᵐ 50.	à 30 tonneaux et au-dessous....	25 08	28 68	32 28	25 08	28 68
		de 30 à 80	31 44	36 24	41 04	31 44	36 24
		de 80 130	37 80	43 80	49 80	37 80	43 80
		de 130 180	44 16	51 36	58 56	44 16	51 36
		de 180 230	50 52	58 92	67 52	50 52	58 92
	2ᵐ 50 et au-dessus.	à 30 tonneaux et au-dessous....	31 44	36 24	41 04	31 44	36 24
		de 30 à 80	37 80	43 80	49 80	37 80	43 80
		de 80 130	44 16	51 36	58 56	44 16	51 36
		de 130 180	50 52	58 92	67 52	50 52	58 92
		de 180 230	56 88	66 48	76 08	56 88	66 48
Petits Margotas au-dessous de 16 m. 50..			8 15	9 35	10 05	8 15	9 35

BATEAUX VIDES.		
DU CANAL, OU DU PORT SAINT-BERNARD, AU PORT A L'ANGLAIS.		
Bateaux marnais et grandes lavandières............................	24	72
Flûtes, toues, barquettes et grands margotas.......................	11	76
Petits margotas et bachots...	9	00
DE BERCY, OU DE LA GARE, AU PORT A L'ANGLAIS.		
Marnais et grandes lavandières....................................	10	92
Flûtes, toues, barquettes et grands margotas.......................	10	80
Petits margotas et bachots..	6	00
DU CANAL, OU DU PORT SAINT-BERNARD, A BERCY OU A LA GARE.		
Marnais et grandes lavandières....................................	12	36
Flûtes, toues, barquettes et grands margotas.......................	7	20
Petits margotas et bachots..	4	80

N° 12. — *Loi sur la police des chemins de fer.*

Neuilly, le 15 juillet 1845.

TITRE Ier.

MESURES RELATIVES A LA CONSERVATION DES CHEMINS DE FER.

1. Les chemins de fer construits ou concédés par l'Etat font partie de la grande voirie.

2. Sont applicables aux chemins de fer les lois et règlements sur la grande voirie, qui ont pour objet d'assurer la conservation des fossés, talus, levées et ouvrages d'art dépendant des routes, et d'interdire, sur toute leur étendue, le pacage des bestiaux et les dépôts de terre et autres objets quelconques.

3. Sont applicables aux propriétés riveraines des chemins de fer les servitudes imposées par les lois et règlements sur la grande voirie, et qui concernent:

L'alignement,

L'écoulement des eaux,

L'occupation temporaire des terrains en cas de réparation,

La distance à observer pour les plantations, et l'élagage des arbres plantés ;

Le mode d'exploitation des mines, minières, tourbières, carrières et sablières, dans la zone déterminée à cet effet.

Sont également applicables à la confection et à l'entretien des chemins de fer, les lois et règlements sur l'extraction des matériaux nécessaires aux travaux publics.

4. Tout chemin de fer sera clos des deux côtés et sur toute l'étendue de la voie.

L'administration déterminera, pour chaque ligne, le mode de cette clôture, et, pour ceux des chemins qui n'y ont pas été assujettis, l'époque à laquelle elle devra être effectuée.

Partout où les chemins de fer croiseront de niveau les routes de terre, des barrières seront établies et tenues fermées, conformément aux règlements.

5. A l'avenir, aucune construction autre qu'un mur de clôture ne pourra être établie dans une distance de deux mètres d'un chemin de fer.

Cette distance sera mesurée soit de l'arête supérieure du déblai, soit de l'arête inférieure du talus du remblai, soit du bord extérieur des fossés du chemin, et, à défaut d'une ligne tracée, à un mètre cinquante centimètres à partir des rails extérieurs de la voie de fer.

Les constructions existantes au moment de la promulgation de la présente loi, ou lors de l'établissement d'un nouveau chemin de fer, pourront être entretenues dans l'état où elles se trouveront à cette époque.

Un règlement d'administration publique déterminera les formalités à remplir par les propriétaires pour faire constater l'état desdites constructions, et fixera le délai dans lequel ces formalités devront être remplies.

6. Dans les localités où le chemin de fer se trouvera en remblai de plus de trois mètres au-dessus du terrain naturel, il est interdit aux riverains de pratiquer, sans autorisation préalable, des excavations dans une zone de largeur égale à la hauteur verticale du remblai, mesurée à partir du pied du talus.

Cette autorisation ne pourra être accordée sans que les concessionnaires ou fermiers de l'exploitation du chemin de fer aient été entendus ou dûment appelés.

7. Il est défendu d'établir, à une distance de moins de vingt mètres d'un chemin de fer desservi par des machines à feu, des couvertures en chaume, des meules de paille, de foin, et aucun autre dépôt de matières inflammables.

Cette prohibition ne s'étend pas aux dépôts de récoltes faits seulement pour le temps de la moisson.

8. Dans une distance de moins de cinq mètres d'un chemin de fer, aucun dépôt de pierres, ou objets non inflammables, ne peut être établi sans l'autorisation préalable du préfet.

Cette autorisation sera toujours révocable.

L'autorisation n'est pas nécessaire:

1° Pour former, dans les localités où le chemin de fer est en remblai, des dépôts de matières non inflammables, dont la hauteur n'excède pas celle du remblai du chemin ;

2° Pour former des dépôts temporaires d'engrais et autres objets nécessaires à la culture des terres.

9. Lorsque la sûreté publique, la conservation du chemin et la disposition des lieux le permettront, les distances déterminées par les articles précédents pourront être diminuées en vertu d'ordonnances royales rendues après enquêtes.

10. Si, hors des cas d'urgence prévus par la loi des 16-24 août 1790, la sûreté publique ou la conservation du chemin de fer l'exige, l'administration pourra faire supprimer, moyennant une juste indemnité, les constructions, plantations, excavations, couvertures en chaume, amas de matériaux combustibles ou autres, existant dans les zones ci-dessus spécifiées au moment de la promulgation de la présente loi, et, pour l'avenir, lors de l'établissement du chemin de fer.

L'indemnité sera réglée, pour la suppression des constructions, conformément aux titres IV et suivants de la loi du 3 mai 1841, et, pour tous les autres cas, conformément à la loi du 16 septembre 1807.

11. Les contraventions aux dispositions du présent titre seront constatées, poursuivies et réprimées comme en matière de grande voirie.

Elles seront punies d'une amende de seize à trois cents francs, sans préjudice, s'il y a lieu, des peines portées au Code pénal et au titre III de la présente loi. Les contrevenants seront, en outre, condamnés à supprimer, dans le délai déterminé par l'arrêté du conseil de préfecture, les excavations, couvertures, meules ou dépôts faits contrairement aux dispositions précédentes.

A défaut, par eux, de satisfaire à cette condamnation dans le délai fixé, la suppression aura lieu d'office, et le montant de la dépense sera recouvré, contre eux, par voie de contrainte, comme en matière de contributions publiques.

TITRE II.

DES CONTRAVENTIONS DE VOIRIE COMMISES PAR LES CONCESSIONNAIRES OU FERMIERS DE CHEMINS DE FER.

12. Lorsque le concessionnaire ou le fermier de l'exploitation d'un chemin de fer contreviendra aux clauses du cahier des charges, ou aux décisions rendues en exécution de ces clauses, en ce qui concerne le service de la navigation, la viabilité des routes royales, départementales et vicinales, ou le libre écoulement des eaux, procès-verbal sera dressé de la contravention, soit par les ingénieurs des ponts et chaussées ou des mines, soit par les conducteurs, garde-mines et piqueurs, dûment assermentés.

13. Les procès-verbaux, dans les quinze jours de leur date, seront notifiés administrativement au domicile élu par le concessionnaire ou le fermier, à la diligence du préfet, et transmis dans le même délai au conseil de préfecture du lieu de la contravention.

14. Les contraventions prévues à l'article XII seront punies d'une amende de trois cents francs à trois mille francs.

15. L'administration pourra, d'ailleurs, prendre immédiatement toutes mesures provisoires pour faire cesser le dommage, ainsi qu'il est procédé en matière de grande voirie.

Les frais qu'entraînera l'exécution de ces mesures seront recouvrés, contre le concessionnaire ou fermier, par voie de contrainte, comme en matière de contributions publiques.

TITRE III.

DES MESURES RELATIVES A LA SURETÉ DE LA CIRCULATION SUR LES CHEMINS DE FER.

16. Quiconque aura volontairement détruit ou dérangé la voie de fer, placé sur la voie un objet faisant obstacle à la circulation, ou employé un moyen quelconque pour entraver la marche des convois, ou les faire sortir des rails, sera puni de la reclusion.

S'il y a eu homicide ou blessures, le coupable sera, dans le premier cas, puni de mort, et, dans le second, de la peine des travaux forcés à temps.

17. Si le crime prévu par l'article 16 a été commis en réunion séditieuse, avec rébellion ou pillage, il sera imputable aux chefs, auteurs, instigateurs et provocateurs de ces réunions, qui seront punis comme coupables du crime et condamnés aux mêmes peines que ceux qui l'auront personnellement commis, lors même que la réunion séditieuse n'aurait pas eu pour but direct et principal la destruction de la voie de fer.

Toutefois, dans ce dernier cas, lorsque la peine de mort sera applicable aux auteurs du crime, elle sera remplacée, à l'égard des chefs, auteurs, instigateurs et provocateurs de ces réunions, par la peine des travaux forcés à perpétuité.

18. Quiconque aura menacé, par écrit anonyme ou signé, de commettre un des crimes prévus en l'article 16, sera puni d'un emprisonnement de trois à cinq ans, dans le cas où la menace aurait été faite avec ordre de déposer une somme d'argent dans un lieu indiqué, ou de remplir toute autre condition.

Si la menace n'a été accompagnée d'aucun ordre ou condition, la peine sera d'un emprisonnement de trois mois à deux ans, et d'une amende de cent à cinq cents francs.

Si la menace avec ordre ou condition a été verbale, le coupable sera puni d'un emprisonnement de quinze jours à six mois, et d'une amende de vingt-cinq à trois cents francs.

Dans tous les cas, le coupable pourra être mis par le jugement sous la surveillance de la haute police pour un temps qui ne pourra être moindre de deux ans ni excéder cinq ans.

19. Quiconque, par maladresse, imprudence, inattention, négligence ou inobservation des lois ou règlements, aura involontairement causé sur un chemin de fer, ou dans les gares ou stations, un accident qui aura occasionné des blessures, sera puni de huit jours à six mois d'emprisonnement, et d'une amende de cinquante à mille francs.

Si l'accident a occasionné la mort d'une ou plusieurs personnes, l'emprisonnement sera de six mois à cinq ans, et l'amende de trois cents à trois mille francs.

20. Sera puni d'un emprisonnement de six mois à deux ans tout mécanicien ou conducteur garde-frein qui aura abandonné son poste pendant la marche du convoi.

21. Toute contravention aux ordonnances royales portant règlement d'administration publique sur la police, la sûreté et l'exploitation du chemin de fer, et aux arrêtés pris par les préfets, sous l'approbation du ministre des travaux publics, pour l'exécution desdites ordonnances, sera punie d'une amende de seize à trois mille francs.

En cas de récidive dans l'année, l'amende sera portée au double, et le tribunal pourra, selon les circonstances, prononcer, en outre, un emprisonnement de trois jours à un mois.

22. Les concessionnaires ou fermiers d'un chemin de fer seront responsables, soit envers l'Etat, soit envers les particuliers, du dommage causé par les administrateurs, directeurs ou employés à un titre quelconque au service de l'exploitation du chemin de fer.

L'Etat sera soumis à la même responsabilité envers les particuliers, si le chemin de fer est exploité à ses frais et pour son compte.

23. Les crimes, délits ou contraventions prévus dans les titres Ier et III de la présente loi pourront être constatés par des procès-verbaux dressés concurremment par les officiers de police judiciaire, les ingénieurs des ponts et chaussées et des mines, les conducteurs, gardes-mines, agents de surveillance et gardes nommés ou agréés par l'administration et dûment assermentés.

Les procès-verbaux des délits et contraventions feront foi jusqu'à preuve contraire.

Au moyen du serment prêté devant le tribunal de première instance de leur domicile, les agents de surveillance de l'administration et des concessionnaires ou fermiers pourront (verbaliser sur toute la ligne du chemin de fer auquel ils seront attachés.

24. Les procès-verbaux dressés en vertu de l'article précédent seront visés pour timbre et enregistrés en débet.

Ceux qui auront été dressés par des agents de surveillance et gardes assermentés devront être affirmés dans les trois jours, à peine de nullité, devant le juge de paix ou le maire, soit du lieu du délit ou de la contravention, soit de la résidence de l'agent.

25. Toute attaque, toute résistance avec violence et voies de fait envers les agents des chemins de fer, dans l'exercice de leurs fonctions, sera punie des peines appliquées à la rébellion, suivant les distinctions faites par le Code pénal.

26. L'article 463 du Code pénal est applicable aux condamnations qui seront prononcées en exécution de la présente loi.

27. En cas de conviction de plusieurs crimes ou délits prévus par la présente loi ou par le Code pénal, la peine la plus forte sera seule prononcée.

Les peines encourues pour des faits postérieurs à la poursuite pourront être cumulées, sans préjudice des peines de la récidive.

N° **13.** — *Circulaire du ministre de l'intérieur sur les loteries.*

Paris, le 22 décembre 1845.

Monsieur le préfet, la loi du 21 mai 1836, portant prohibition des loteries, a été présentée par le Gouvernement et votée par les chambres dans un but de haute moralité.

La stricte exécution de cette loi est un devoir rigoureux de l'autorité. Cependant, quelques faits m'ont porté à croire que la loi du 21 mai n'est pas suffisamment comprise et son but n'est pas toujours atteint : de là la nécessité d'en rappeler les dispositions.

La loi du 21 mai 1836 a posé en principe la prohibition de toute loterie ; mais l'article 5 a introduit une exception bien naturelle, en déclarant licites les loteries d'objets mobiliers exclusivement destinés à des actes de bienfaisance ou à l'encouragement des arts, lorsqu'elles auraient été autorisées dans les formes qui seraient ultérieurement déterminées par des règlements d'administration publique.

Sous ce dernier rapport, le vœu de la loi a été rempli ; l'ordonnance du 29 mai 1844 a attribué aux préfets le soin d'examiner, d'admettre ou de rejeter les demandes qui seraient faites en vertu des dispositions de l'article 5 de la loi du 21 mai 1836 ; c'est donc à vous qu'il appartient, en ce qui vous concerne, d'empêcher qu'il ne soit donné à ces dispositions une interprétation abusive, et de veiller à ce que l'esprit de cupidité ne cherche pas à tourner à son profit une exception dont le but est de favoriser le soulagement du pauvre ou le progrès des arts.

Quelques explications me semblent nécessaires pour bien déterminer les limites dans lesquelles les autorisations accordées par l'administration doivent être renfermées.

On irait évidemment contre le vœu de la loi, si parmi les actes de bienfaisance susceptibles d'être autorisés on comprenait les loteries qui n'auraient pour but que de venir en aide à des infortunes particulières. On s'exposerait à multiplier les loteries au delà de toute mesure ; chaque misère spéciale, chaque indigence isolée aurait recours à cet expédient, et un tel abus, en se propageant, aurait pour résultat de discréditer l'exception introduite par la loi, de créer une mendicité déguisée qui ne serait pas la moins importune. Il est donc nécessaire que les souffrances pour l'adoucissement desquelles une loterie sera autorisée, aient un caractère général, qu'elles pèsent sur des classes entières, sur une portion notable de la population. Vous considérerez également comme devant être rangés dans cette catégorie de malheurs publics, les désastres qui seraient la suite d'une inondation, d'un incendie, de la grêle, de la mauvaise récolte, de tout accident qui atteindra dans ses ressources une commune ou une contrée.

D'autres œuvres que vous aurez à apprécier, selon les besoins des localités, pourront également présenter le caractère de généralité qui devra toujours servir de base à l'autorisation officielle accordée à une loterie ; mais il ne suffirait pas, pour qu'elle dût être accueillie, que la demande en autorisation indiquât, comme but de la loterie, la création d'un établissement charitable ou tout autre œuvre d'intérêt public. D'une part, c'est moins à l'aide d'une loterie, mais bien plutôt au moyen de souscriptions volontaires, qu'il convient de réaliser de pareilles entreprises ; d'autre part, il peut arriver que de tels projets soient conçus par une imprudente philanthrophie susceptible de compromettre des capitaux considérables dans des combinaisons hasardées ou que, sous un prétexte de charité, on fasse appel à la passion du jeu, on donne lieu à une sorte d'agiotage.

Un examen réfléchi, des investigations dirigées avec soin vous mettront sans doute à même de distinguer entre les œuvres de bienfaisance sérieusement utiles, et celles qui ne seraient entreprises qu'en vue d'une spéculation privée ou qui n'offriraient aucune chance d'avenir. Vous tiendrez en garde contre ces dernières ; mais vous ne refuserez pas la sanction de l'autorité à celles qui devraient avoir pour résultat de contribuer au bien-être des populations, au soulagement des classes pauvres, à la moralisation des individus.

Lorsque vous croirez devoir accorder l'autorisation sollicitée, il nous appartiendra toujours de décider s'il n'y a pas lieu d'exiger qu'une commission, constituée suivant les formes tracées par votre arrêté, soit chargée de veiller au placement provisoire et ensuite à l'emploi sage et régulier des fonds recueillis. Cette mesure sera souvent utile ; je la signale à votre sollicitude.

Vous ne perdrez pas de vue, Monsieur le préfet, que le produit des loteries autorisées doit être intégralement et exclusivement employé aux actes de bienfaisance ou d'encouragement en faveur desquels elles auront été permises.

Il existe des sociétés de bienfaisance et de charité qui ont un but restreint, dont l'action est circonscrite à un certain nombre de familles, et qui, pour la plupart, sont placées en dehors de la surveillance municipale. Ces associations ont souvent continué de se procurer des ressources au moyen d'une loterie ; mais, trop souvent, il arrive que les bureaux de bienfaisance, voyant par là diminuer les sources qui

les alimentent, adressent des réclamations à l'autorité supérieure et
se plaignent de voir remis à d'autres mains des secours dont ils auraient fait un louable et judicieux emploi. Cette circonstance mé-
ritera de votre part une attention spéciale, et vous n'hésiterez pas à
faire droit à des plaintes fondées, comme aussi à refuser votre approbation à des loteries qui ne devraient pas avoir le caractère général
de charité qui est dans l'esprit de la loi.

Les observations qui précèdent s'appliquent nécessairement aux
loteries qui seraient destinées à l'encouragement des arts : dans ce cas
aussi l'autorisation ne devrait leur être donnée qu'autant qu'elles
seraient susceptibles de produire chez les artistes une excitation, une
émulation, un zèle qui pourraient tourner au profit de l'art.

Il est des circonstances où l'autorisation accordée en faveur d'un
seul artiste peut conduire à d'utiles résultats. Soustraire un homme
de talent à la misère, faciliter la vente de son œuvre, propager son
nom, tel sera souvent le fruit d'une loterie qui aura contribué à en-
courager les efforts de l'artiste, à lui procurer l'honorable prix de ses
veilles.

Mais l'autorisation devra être refusée s'il s'agit de mettre en loterie
le tableau ou l'objet d'art, œuvre d'un artiste vivant, placé dans une
condition pécuniaire satisfaisante, ou d'un artiste mort, à moins que
ce ne soit au profit de sa veuve et de ses enfants. Agir autrement, ce
serait favoriser des spéculations privées, et accorder une protection
excessive à de simples actes de commerce.

L'ordonnance royale du 29 mai 1844 indique dans quelle mesure
doit être exercé le juste droit de surveillance attribué à l'autorité
publique sur les loteries qu'elle aurait permises. Pénétrez-vous bien
de ces dispositions, parce qu'elles ont pour objet de prévenir ou de
rendre impossibles de regrettables abus. Si, par suite de cette surveillance, vous veniez à acquérir la preuve de malversations ou de
fraudes, il y aurait lieu de les signaler à la justice.

En général, c'est donner une extension fâcheuse aux permissions
accordées par l'administration, en pareille matière, que de faire circuler et de répandre les billets de loteries en dehors du département
administré par le préfet qui les a autorisées. Des réclamations fondées
m'ont été adressées à ce sujet ; mais vous reconnaîtrez qu'à cet égard
il est difficile d'imposer toujours des conditions rigoureuses, une interdiction absolue. Toutefois, vous prendrez pour règle habituelle de
circonscrire dans votre département les démarches nécessaires pour
le placement des billets de chaque loterie, afin de ne pas contrarier
ou paralyser les œuvres de bienfaisance autorisées par MM. vos
collègues.

Enfin, Monsieur le préfet, comme il est important que la loi soit
partout exécutée dans le même esprit, je vous recommande de me
rendre compte de toutes les autorisations que vous aurez accordées.
Quand le montant de la loterie devra dépasser 100,000 francs, vous
n'accorderez aucune autorisation sans m'en avoir préalablement
référé.

Je n'ajouterai rien, en ce qui concerne les loteries étrangères, si
ce n'est qu'elles doivent continuer d'être l'objet d'une prohibition
sévère.

Vous remarquerez que la loi du 21 mai 1836 ayant été votée dans
la pensée de donner une nouvelle force et plus d'extension aux dispositions pénales des lois antérieures qui pouvaient s'appliquer aux
loteries, les articles 475 et 477 du Code pénal n'en continuent pas
moins de subsister dans toute leur vigueur.

J'ai l'espoir que les instructions qui précèdent suffiront pour vous
guider dans l'application ferme et éclairée de la loi précitée. Si, néan-

moins, quelques doutes se présentaient encore à votre esprit, je m'empresserais de les dissiper par quelques explications supplémentaires.

Recevez, etc.

Le ministre secrétaire d'Etat de l'intérieur, **T. DUCHATEL.**

N° 14. — *Ordonnance qui autorise les sieurs Domange et compagnie à exploiter, dans Paris, un nouveau système de vidange dit atmosphérique.*

Paris, le 26 janvier 1846.

Nous, pair de France, préfet de police,

Vu 1° diverses pétitions à nous adressées par les sieurs Domange et compagnie, entrepreneurs de fosses mobiles, ayant leur domicile social, boulevard Saint-Martin, n° 14, à l'effet d'obtenir l'autorisation d'exploiter, dans Paris, un nouveau système de vidange dit atmosphérique ;

2° Le plan figuratif de ce système, produit par le sieur Domange et annexé à la présente ordonnance ;

3° L'avis de la commission chargée d'examiner le système dont il s'agit, ledit avis en date du 5 septembre 1845 ;

4° Les rapports du directeur de la salubrité en date des 12 octobre, 22 novembre et 29 décembre derniers et du 13 de ce mois, touchant le même système de vidange ;

5° L'ordonnance de police du 5 juin 1834, concernant la vidange des fosses d'aisances et l'arrêté du 6 du même mois, relatif aux voitures de vidange ;

En vertu de la loi des 16-24 août 1790 et des arrêtés du gouvernement des 12 messidor an VIII et 3 brumaire an IX (1er et 25 octobre 1800) ;

Ordonnons ce qui suit :

1. Les sieurs Domange et compagnie sont autorisés à exploiter, dans Paris, le système de vidange dit atmosphérique, tel qu'il est décrit au plan ci-dessus visé, et à remiser le matériel de ce système à la Petite-Villette, rue de Meaux, n° 18.

2. Conformément aux dispositions de l'arrêté de police du 6 juin 1834, les tonnes employées pour la vidange atmosphérique ne pourront avoir une capacité de plus de deux mètres cubes.

5. Sont applicables au système de vidange dit atmosphérique toutes les dispositions de l'ordonnance du 5 juin 1834, que peut comporter ce système et notamment :

1° L'article 3 qui règle les heures pendant lesquelles les voitures employées au service de la vidange des fosses d'aisances peuvent circuler dans Paris ;

2° L'article 4, en ce qui concerne l'éclairage et le numérotage des tonnes, et la plaque dont doivent être pourvues les voitures sur lesquelles elles sont montées ;

3° Et l'article 40 qui désigne les barrières de Paris par lesquelles peuvent entrer et sortir les voitures servant au transport des matières de vidange.

4. La fermeture de la bonde de charge et de décharge, figurée au plan susvisé, sera assujettie par un cadenas fourni par l'administration aux frais de l'entreprise. Ce cadenas ne devra être ouvert qu'au moment du chargement par le chef d'atelier qui aura soin de le refermer après l'emplissage, avant le départ de la tonne, et il ne pourra être ouvert qu'à la voirie, par le préposé de l'administration qui le refermera après le déchargement.

5. Les sieurs Domange et compagnie ne pourront employer que des chefs d'ateliers agréés par nous.

6. Tout chef d'atelier qui cessera d'être agréé par nous, devra être congédié par les entrepreneurs.

7. Les impétrants seront tenus de se conformer à toutes les mesures que l'administration jugerait convenable de prescrire, par la suite, dans l'intérêt de la sûreté et de la salubrité publiques.

8. En cas de contraventions aux conditions exprimées ci-dessus, la présente permission sera révoquée, sans préjudice des poursuites à exercer devant les tribunaux et des mesures administratives que pourront réclamer les circonstances.

9. La présente ordonnance sera notifiée aux sieurs Domange et compagnie par le commissaire de police du quartier de la Porte-Saint-Martin qui dressera de cette notification un procès-verbal qu'il nous fera parvenir sans retard. A cet effet, il lui en sera adressé une expédition.

Il en sera également transmis une expédition au commissaire de police de la commune de la Villette, et au directeur de la salubrité, qui sont chargés, chacun en ce qui le concerne, d'assurer l'exécution de la présente ordonnance.

Le pair de France, préfet de police, G. DELESSERT.

N° **15**. — *Ordonnance du roi portant règlement sur les établissements d'éclairage par le gaz hydrogène.*

Paris, le 27 janvier 1846.

Louis-Philippe, etc.,

Sur le rapport de notre ministre secrétaire d'Etat au département de l'agriculture et du commerce;

Vu l'ordonnance royale du 20 août 1824 et notre ordonnance du 25 mars 1838, concernant les établissements d'éclairage par le gaz hydrogène;

Vu l'avis du comité consultatif des arts et manufactures;

Notre conseil d'Etat entendu;

Nous avons ordonné et ordonnons ce qui suit :

1. Les usines et ateliers où le gaz hydrogène est fabriqué, et les gazomètres qui en dépendent, demeurent rangés dans la deuxième classe des établissements dangereux, insalubres ou incommodes, sauf dans les cas réglés par les deux articles suivants.

2. Sont rangés dans la troisième classe les petits appareils pour

fabriquer le gaz, pouvant fournir au plus, en douze heures, 10 mètres cubes, et les gazomètres qui en dépendent.

3. Sont également rangés dans la troisième classe, les gazomètres non attenant à des appareils producteurs, et dont la capacité excède 10 mètres cubes.

Ceux d'une capacité moindre pourront être établis après déclaration à l'autorité municipale.

4. Les ateliers de distillation, tous les bâtiments y attenant et les magasins de charbon dépendant des ateliers de distillation, même quand ils ne seraient pas attenants à ces ateliers, seront construits et couverts en matériaux incombustibles.

5. Il sera établi à la partie supérieure du toit des ateliers, pour la sortie des vapeurs, une ou plusieurs ouvertures surmontées de tuyaux ou cheminées, dont la hauteur et la section seront déterminées par l'acte d'autorisation.

6. Aucune matière animale ne pourra être employée pour la fabrication du gaz.

7. Le coke sera éteint à la sortie des cornues.

8. Les appareils de condensation devront être établis en plein air, ou dans des bâtiments ventilés à la partie supérieure, à moins que la condensation ne s'opère dans des tuyaux enfouis sous le sol.

9. Les appareils d'épuration devront être placés dans des bâtiments ventilés au moyen d'une cheminée spéciale, établie sur la partie supérieure du comble, et dont la hauteur et la section seront déterminées par l'acte d'autorisation.

Le gaz ne sera jamais conduit des cornues dans le gazomètre sans passer par les épurateurs.

10. Tout mode d'éclairage, autre que celui des lampes de sûreté, est formellement interdit dans le service des appareils de condensation et d'épuration, ainsi que dans l'intérieur et aux environs des bâtiments renfermant des gazomètres.

11. Les eaux ammoniacales et les goudrons produits par la distillation, qu'on n'enlèverait pas immédiatement, seront déposés dans des citernes exactement closes et étanches, et dont la capacité ne devra pas excéder 4 mètres cubes.

Ces citernes seront construites en pierres ou en briques, à bain de mortier hydraulique, et enduites d'un ciment pareillement hydraulique ; elles devront être placées sous des bâtiments couverts.

12. Les goudrons, les eaux ammoniacales et les laits de chaux, ainsi que la chaux solide sortant des ateliers d'épuration, seront enlevés immédiatement dans des vases ou dans des tombereaux hermétiquement fermés.

13. Les résidus aqueux ne pourront être évaporés, et les goudrons brûlés dans les cendriers et dans les fourneaux, qu'autant qu'il n'en résultera à l'extérieur ni fumée ni odeur.

14. Le nombre et la capacité des gazomètres de chaque usine seront tels que, dans le cas de chômage de l'un d'eux, les autres puissent suffire aux besoins du service.

Chaque usine aura au moins deux gazomètres.

15. Les bassins dans lesquels plongent les gazomètres seront complétement étanches ; ils seront construits en pierres ou briques à bain de mortier hydraulique, ou en bois ; si les bassins sont en bois, ils devront être placés dans une fosse en maçonnerie.

Si les murs s'élèvent au-dessus du sol, ils auront une épaisseur égale à la moitié de leur hauteur.

Les cuves ou bassins au niveau du sol seront entourés d'une balustrade.

16. La cloche de chaque gazomètre sera maintenue par des guides

fixes, de manière à ne pouvoir jamais dans son mouvement s'écarter de la verticale.

Elle sera, en outre, disposée de manière que la force élastique du gaz dans l'intérieur du gazomètre, soit supérieure à la pression atmosphérique. La pression intérieure du gaz sera indiquée par un manomètre.

17. Les gazomètres d'une capacité de plus de 10 mètres cubes seront entièrement isolés, tant des bâtiments de l'usine que des habitations voisines, et protégés par des paratonnerres dont la tige aura une hauteur au moins égale à la moitié du diamètre du gazomètre.

18. Tout bâtiment contenant un gazomètre d'une capacité quelconque, sera ventilé au moyen d'ouvertures pratiquées dans la partie supérieure, de manière à éviter l'accumulation du gaz en cas de fuite. Il sera, en outre, pratiqué dans son pourtour plusieurs ouvertures qui devront être revêtues de persiennes.

19. Un tube de trop-plein, destiné à porter le gaz au-dessus du toit, sera adapté à chaque gazomètre établi dans un bâtiment.

Si le gazomètre est en plein air, le tube pourra être remplacé par quatre ouvertures de 1 ou 2 centimètres de diamètre, placées à 8 ou 10 centimètres de son bord inférieur, et à égale distance les unes des autres.

20. Ne pourront être placés dans les caves, que les gazomètres de 10 mètres cubes au plus, non attenant à des appareils producteurs; ces caves devront être exclusivement affectées aux gazomètres. Elles seront convenablement ventilées au moyen de deux ouvertures placées, l'une près du sol de la cave, l'autre dans la partie la plus élevée de la voûte. Cette dernière ouverture sera surmontée d'un tuyau d'évaporation dépassant le faîte de la maison.

21. Le premier remplissage d'un gazomètre ne pourra avoir lieu qu'après vérification faite de sa construction, et en présence d'un agent délégué par l'autorité municipale.

22. Les récipiens portatifs pour le gaz comprimé, devront être en cuivre ou en tôle de fer; ils seront essayés à une pression double de celle qu'ils doivent supporter dans l'usage journalier, et qui sera déterminée par l'acte d'autorisation.

23. Le gaz fourni aux consommateurs sera complétement épuré. La pureté sera constatée par les moyens qui seront prescrits par l'administration.

24. Les usines et appareils, mentionnés ci-dessus, pourront en outre, être assujettis aux mesures de précaution et dispositions qui seraient reconnues utiles dans l'intérêt de la sûreté ou de la salubrité publique.

25. L'ordonnance royale du 20 août 1824 et notre ordonnance du 25 mars 1838, concernant les établissements d'éclairage par le gaz hydrogène, sont rapportées.

N° **16.** — *Ordonnance du roi concernant la vente et l'emploi des substances vénéneuses.*

Au palais de Saint-Cloud, le 29 octobre 1846.

Louis-Philippe, etc.,

Vu la loi du 19 juillet 1845, portant :

« **1.** Les contraventions aux ordonnances royales, portant règle-

« ment d'administration publique sur la vente, l'achat et l'emploi des
« substances vénéneuses, seront punies d'une amende de 100 francs à
« 3,000 francs, et d'un emprisonnement de six jours à deux mois,
« sauf application, s'il y a lieu, de l'article 463 du Code pénal.

« Dans tous les cas, les tribunaux pourront prononcer la confiscation des substances saisies en contravention.

« 2. Les articles 34 et 35 de la loi du 21 germinal an XI seront abro-
« gés, à partir de la promulgation de l'ordonnance qui aura statué sur
« la vente des substances vénéneuses. »

Sur le rapport de notre ministre secrétaire d'Etat de l'agriculture
et du commerce,

Notre conseil d'Etat entendu,

Nous avons ordonné et ordonnons ce qui suit :

TITRE Ier.

DU COMMERCE DES SUBSTANCES VÉNÉNEUSES.

1. Quiconque voudra faire le commerce d'une ou de plusieurs des
substances comprises dans le tableau annexé à la présente ordonnance, sera tenu d'en faire préalablement la déclaration devant le
maire de la commune, en indiquant le lieu où est situé son établissement.

Les chimistes, fabricants ou manufacturiers, employant une ou plusieurs desdites substances, seront également tenus d'en faire la déclaration dans la même forme.

Ladite déclaration sera inscrite sur un registre à ce destiné, et dont
un extrait sera remis au déclarant : elle devra être renouvelée, dans
le cas de déplacement de l'établissement.

2. Les substances auxquelles s'applique la présente ordonnance ne
pourront être vendues ou livrées qu'aux commerçants, chimistes,
fabricants ou manufacturiers qui auront fait la déclaration prescrite
par l'article précédent, ou aux pharmaciens.

Lesdites substances ne devront être livrées que sur la demande
écrite et signée de l'acheteur.

3. Tous achats ou ventes de substances vénéneuses seront inscrits
sur un registre spécial, coté et paraphé par le maire ou par le commissaire de police.

Les inscriptions seront faites de suite et sans aucun blanc, au moment même de l'achat ou de la vente ; elles indiqueront l'espèce et la
quantité des substances achetées ou vendues, ainsi que les noms, professions et domiciles des vendeurs ou des acheteurs.

4. Les fabricants et manufacturiers, employant des substances vénéneuses, en surveilleront l'emploi dans leur établissement et constateront cet emploi sur un registre établi conformément au premier
paragraphe de l'article 3.

TITRE II.

DE LA VENTE DES SUBSTANCES VÉNÉNEUSES PAR LES PHARMACIENS.

5. La vente des substances vénéneuses ne peut être faite, pour
l'usage de la médecine, que par les pharmaciens et sur la prescription

d'un médecin, chirurgien, officier de santé ou d'un vétérinaire breveté.

Cette prescription doit être signée, datée, et énoncer en toutes lettres la dose desdites substances, ainsi que le mode d'administration du médicament.

6. Les pharmaciens transcriront lesdites prescriptions avec les indications qui précèdent sur un registre établi dans la forme déterminée par le paragraphe 1er de l'article 3.

Ces transcriptions devront être faites de suite et sans aucun blanc.

Les pharmaciens ne rendront les prescriptions que revêtues de leur cachet et après y avoir indiqué le jour où les substances auront été livrées, ainsi que le numéro d'ordre de la transcription sur le registre.

Ledit registre sera conservé pendant vingt ans au moins, et devra être représenté à toute réquisition de l'autorité.

7. Avant de délivrer la préparation médicinale, le pharmacien y apposera une étiquette indiquant son nom et son domicile, et rappelant la destination interne ou externe du médicament.

8. L'arsenic et ses composés ne pourront être vendus, pour d'autres usages que la médecine, que combinés avec d'autres substances.

Les formules de ces préparations seront arrêtées sous l'approbation de notre ministre secrétaire d'Etat de l'agriculture et du commerce, savoir :

Pour le traitement des animaux domestiques, par le conseil des professeurs de l'école royale vétérinaire d'Alfort ;

Pour la destruction des animaux nuisibles et pour la conservation des peaux et objets d'histoire naturelle, par l'école de pharmacie.

9. Les préparations mentionnées dans l'article précédent ne pourront être vendues ou délivrées que par les pharmaciens et seulement à des personnes connues et domiciliées.

Les quantités livrées, ainsi que le nom et le domicile des acheteurs, seront inscrits sur le registre spécial, dont la tenue est prescrite par l'article 6.

10. La vente et l'emploi de l'arsenic et de ses composés sont interdits pour le chaulage des grains, l'embaumement des corps et la destruction des insectes.

TITRE III.

DISPOSITIONS GÉNÉRALES.

11. Les substances vénéneuses doivent toujours être tenues, par les commerçants, fabricants, manufacturiers et pharmaciens, dans un endroit sûr et fermé à clef.

12. L'expédition, l'emballage, le transport, l'emmagasinage et l'emploi doivent être effectués par les expéditeurs, voituriers, commerçants et manufacturiers, avec les précautions nécessaires pour prévenir tout accident.

Les fûts, récipients ou enveloppes ayant servi directement à contenir les substances vénéneuses, ne pourront recevoir aucune autre destination.

13. A Paris et dans l'étendue du ressort de la préfecture de police, les déclarations prescrites par l'article 1er seront faites devant le préfet de police.

14. Indépendamment des visites qui doivent être faites en vertu de la loi du 21 germinal an XI, les maires ou commissaires de police,

assistés, s'il y a lieu, d'un docteur en médecine désigné par le préfet, s'assureront de l'exécution des dispositions de la présente ordonnance.

Ils visiteront, à cet effet, les officines des pharmaciens, les boutiques et magasins des commerçants et manufacturiers vendant ou employant lesdites substances. Ils se feront représenter les registres mentionnés dans les articles 1er, 3, 4 et 6, et constateront les contraventions.

Leurs procès-verbaux seront transmis au procureur du roi', pour l'application des peines prononcées par l'article 1er de la loi du 19 juillet 1845.

TABLEAU

DES SUBSTANCES VÉNÉNEUSES, ANNEXÉ A L'ORDONNANCE DU 29 OCTOBRE 1846.

Acétate de mercure.
— de morphine.
— de zinc.
Arsenic (Acide arsénieux); composés et préparations qui en dérivent.
Acide cyanhydrique.
Aconit et ses composés.
Alcool sulfurique (eau de Rabel).
Anémone pulsatile et ses préparations.
Angusture fausse et ses préparations.
Atropine.
Belladone et ses préparations.
Brucine et ses préparations.
Bryone et ses préparations.
Cantharides et leurs préparations.
Carbonate de cuivre et d'ammoniaque.
Cévadille et ses préparations.
Chlorure d'antimoine.
— de morphine.
— ammoniaco-mercuriel.
— de mercure.
Ciguës et leurs préparations.
Codéine et ses préparations.
Coloquinte et ses préparations.
Conicine et ses préparations.
Coque du levant et ses préparations.
Colchique et ses préparations.
Cyanure de mercure.
Daturine.
Digitale et ses préparations.
Opium.
Oxyde de mercure.
Picrotoxine.
Pignon d'Inde.
Rhus radicans.
Sabine.
Solanine.
Soufre doré d'antimoine.

Elaterium et ses préparations.
Ellébore blanc et noir et leurs préparations.
Emétine.
Emétique (tartrate de potasse et d'antimoine).
Epurge et ses préparations.
Euphorbe et ses préparations.
Fèves de saint Ignace; préparations qui en dérivent.
Huile de cantharides.
— de ciguë.
— de croton tiglium.
— d'épurge.
Iodure d'ammoniaque.
— d'arsenic.
— de potassium.
— de mercure.
Kermès minéral.
Laurier cerise et ses préparations.
Laudanum; composés et mélanges.
Liqueur arsenicale de Pearson.
—　　　— de Fouler.
Morphine et ses composés.
Narcéine.
Narcisse des prés.
Narcotine.
Nicotianine.
Nicotine.
Nitrate-ammoniaco-mercuriel.
Nitrates de mercure.
Seigle ergoté; préparations qui en dérivent.
Staphysaigre.
Sulfate de mercure.
Strychnine et ses composés.
Tartrate de mercure.
Turbith minéral.
Vératrine.

N° **17**. — *Ordonnance du roi portant règlement sur la police, la sûreté et l'exploitation des chemins de fer.*

Paris, le 15 novembre 1846.

Louis-Philippe, etc.,

Sur le rapport de notre ministre secrétaire d'Etat au département des travaux publics ;
Vu l'article 9 de la loi du 11 juin 1842, relative à l'établissement de grandes lignes de chemins de fer ;
Vu la loi du 15 juillet 1845 sur la police des chemins de fer ;
Notre conseil d'Etat entendu,

Nous avons ordonné et ordonnons ce qui suit :

TITRE Ier.

DES STATIONS ET DE LA VOIE DES CHEMINS DE FER.

SECTION Ire. — *Des stations.*

1. L'entrée, le stationnement et la circulation de voitures publiques ou particulières, destinées soit au transport des personnes, soit au transport des marchandises, dans les cours dépendant des stations des chemins de fer, seront réglés par des arrêtés du préfet du département. Ces arrêtés ne seront exécutoires qu'en vertu de l'approbation du ministre des travaux publics.

SECTION II. — *De la voie.*

2. Le chemin de fer et les ouvrages qui en dépendent seront constamment entretenus en bon état.
La compagnie devra faire connaître au ministre des travaux publics les mesures qu'elle aura prises pour cet entretien.
Dans le cas où ces mesures seraient insuffisantes, le ministre des travaux publics, après avoir entendu la compagnie, prescrira celles qu'il jugera nécessaires.
3. Il sera placé, partout où besoin sera, des gardiens, en nombre suffisant pour assurer la surveillance et la manœuvre des aiguilles des croisements et changements de voie ; en cas d'insuffisance, le nombre de ces gardiens sera fixé par le ministre des travaux publics, la compagnie entendue.
4. Partout où un chemin de fer est traversé à niveau, soit par une route à voitures, soit par un chemin destiné au passage des piétons, il sera établi des barrières.
Le mode, la garde et les conditions de service des barrières seront réglés par le ministre des travaux publics, sur la proposition de la compagnie.

5. Si l'établissement de contre-rails est jugé nécessaire dans l'intérêt de la sûreté publique, la compagnie sera tenue d'en placer sur les points qui seront désignés par le ministre des travaux publics.

6. Aussitôt après le coucher du soleil et jusqu'après le passage du dernier train, les stations et leurs abords devront être éclairés.

Il en sera de même des passages à niveau pour lesquels l'administration jugera cette mesure nécessaire.

TITRE II.

DU MATÉRIEL EMPLOYÉ A L'EXPLOITATION.

7. Les machines locomotives ne pourront être mises en service qu'en vertu de l'autorisation de l'administration, et après avoir été soumises à toutes les épreuves prescrites par les règlements en vigueur.

Lorsque, par suite de détérioration ou pour toute autre cause, l'interdiction d'une machine aura été prononcée, cette machine ne pourra être remise en service qu'en vertu d'une nouvelle autorisation.

8. Les essieux des locomotives, des tenders et des voitures de toute espèce, entrant dans la composition des convois de voyageurs ou dans celle des trains mixtes de voyageurs et de marchandises allant à grande vitesse, devront être en fer martelé de premier choix.

9. Il sera tenu des états de service pour toutes les locomotives. Ces états seront inscrits sur des registres qui devront être constamment à jour, et indiquer, à l'article de chaque machine, la date de sa mise en service, le travail qu'elle a accompli, les réparations ou modifications qu'elle a reçues, et le renouvellement de ses diverses pièces.

Il sera tenu, en outre, pour les essieux de locomotives, tenders et voitures de toute espèce, des registres spéciaux sur lesquels, à côté du numéro d'ordre de chaque essieu, seront inscrits sa provenance, la date de sa mise en service, l'épreuve qu'il peut avoir subie, son travail, ses accidents et ses réparations; à cet effet, le numéro d'ordre sera poinçonné sur chaque essieu.

Les registres mentionnés aux deux paragraphes ci-dessus seront représentés, à toute réquisition, aux ingénieurs et agents chargés de la surveillance du matériel et de l'exploitation.

10. Il est interdit de placer dans un convoi comprenant des voitures de voyageurs aucune locomotive, tender ou autres voitures d'une nature quelconque, montés sur des roues en fonte.

Toutefois, le ministre des travaux publics pourra, par exception, autoriser l'emploi des roues en fonte, cerclées en fer, dans les trains mixtes de voyageurs et de marchandises, et marchant à la vitesse d'au plus 25 kilomètres à l'heure.

11. Les locomotives devront être pourvues d'appareils ayant pour objet d'arrêter les fragments de coke tombant de la grille et d'empêcher la sortie des flammèches par la cheminée.

12. Les voitures destinées au transport des voyageurs seront d'une construction solide; elles devront être commodes et pourvues de ce qui est nécessaire à la sûreté des voyageurs.

Les dimensions de la place affectée à chaque voyageur devront être d'au moins 45 centimètres en largeur, 65 centimètres en profondeur et 1 mètre 45 centimètres en hauteur; cette disposition sera appliquée aux chemins de fer existants, dans un délai qui sera fixé pour chaque chemin par le ministre des travaux publics.

13. Aucune voiture pour les voyageurs ne sera mise en service sans une autorisation du préfet, donnée sur le rapport d'une commission, constatant que la voiture satisfait aux conditions de l'article précédent.

L'autorisation de mise en service n'aura d'effet qu'après que l'estampille prescrite pour les voitures publiques par l'article 117 de la loi du 25 mars 1817 aura été délivrée par le directeur des contributions indirectes.

14. Toute voiture de voyageurs portera dans l'intérieur l'indication apparente du nombre des places.

15. Les locomotives, tenders et voitures de toute espèce devront porter : 1° le nom ou les initiales du nom du chemin de fer auquel ils appartiennent; 2° un numéro d'ordre. Les voitures de voyageurs porteront, en outre, l'estampille délivrée par l'administration des contributions indirectes. Ces diverses indications seront placées d'une manière apparente sur la caisse ou sur les côtés des châssis.

16. Les machines locomotives, tenders et voitures de toute espèce, et tout le matériel d'exploitation, seront constamment maintenus dans un bon état d'entretien.

La compagnie devra faire connaître au ministre des travaux publics les mesures adoptées par elle à cet égard, et, en cas d'insuffisance, le ministre, après avoir entendu les observations de la compagnie, prescrira les dispositions qu'il jugera nécessaires à la sûreté de la circulation.

TITRE III.

DE LA COMPOSITION DES CONVOIS.

17. Tout convoi ordinaire de voyageurs devra contenir, en nombre suffisant, des voitures de chaque classe, à moins d'une autorisation spéciale du ministre des travaux publics.

18. Chaque train de voyageurs devra être accompagné :

1° D'un mécanicien et d'un chauffeur par machine : le chauffeur devra être capable d'arrêter la machine, en cas de besoin;

2° Du nombre de conducteurs gardes-freins qui sera déterminé pour chaque chemin, suivant les pentes et suivant le nombre de voitures, par le ministre des travaux publics, sur la proposition de la compagnie.

Sur la dernière voiture de chaque convoi ou sur l'une des voitures placées à l'arrière, il y aura toujours un frein, et un conducteur chargé de le manœuvrer.

Lorsqu'il y aura plusieurs conducteurs dans un convoi, l'un d'entre eux devra toujours avoir autorité sur les autres.

Un train de voyageurs ne pourra se composer de plus de vingt-quatre voitures à quatre roues. S'il entre des voitures à six roues dans la composition du convoi, le maximum du nombre de voitures sera déterminé par le ministre.

Les dispositions des paragraphes précédents sont applicables aux trains mixtes de voyageurs et de marchandises marchant à la vitesse des voyageurs.

Quant aux convois de marchandises qui transportent en même temps des voyageurs et des marchandises, et qui ne marchent pas à la vitesse ordinaire des voyageurs, les mesures spéciales et les conditions de sûreté auxquelles ils devront être assujettis seront déterminées par le ministre, sur la proposition de la compagnie.

19. Les locomotives devront être en tête des trains.

Il ne pourra être dérogé à cette disposition que pour les manœuvres à exécuter dans le voisinage des stations, ou pour le cas de secours. Dans ces cas spéciaux, la vitesse ne devra pas dépasser 25 kilomètres par heure.

20. Les convois de voyageurs ne devront être remorqués que par une seule locomotive, sauf les cas où l'emploi d'une machine de renfort deviendrait nécessaire, soit pour la montée d'une rampe de forte inclinaison, soit par suite d'une affluence extraordinaire de voyageurs, de l'état de l'atmosphère, d'un accident ou d'un retard exigeant l'emploi de secours, ou de toute autre cas analogue ou spécial préalablement déterminé par le ministre des travaux publics.

Il est, dans tous les cas, interdit d'atteler simultanément plus de deux locomotives à un convoi de voyageurs.

La machine placée en tête devra régler la marche du train.

Il devra toujours y avoir en tête de chaque train, entre le tender et la première voiture de voyageurs, autant de voitures ne portant pas de voyageurs qu'il y aura de locomotives attelées.

Dans tous les cas où il sera attelé plus d'une locomotive à un train, mention en sera faite sur un registre à ce destiné, avec indication du motif de la mesure, de la station où elle aura été jugée nécessaire, et de l'heure à laquelle le train aura quitté cette station.

Ce registre sera représenté, à toute réquisition, aux fonctionnaires et agents de l'administration publique chargés de la surveillance de l'exploitation.

21. Il est défendu d'admettre, dans les convois qui portent des voyageurs, aucune matière pouvant donner lieu soit à des explosions, soit à des incendies.

22. Les voitures entrant dans la composition des trains de voyageurs seront liées entre elles par des moyens d'attache tels, que les tampons à ressort de ces voitures soient toujours en contact.

Les voitures des entrepreneurs de messageries ne pourront être admises dans la composition des trains qu'avec l'autorisation du ministre des travaux publics, et que moyennant les conditions indiquées dans l'acte d'autorisation.

23. Les conducteurs gardes-freins seront mis en communication avec le mécanicien, pour donner, en cas d'accident, le signal d'alarme, par tel moyen qui sera autorisé par le ministre des travaux publics, sur la proposition de la compagnie.

24. Les trains devront être éclairés extérieurement pendant la nuit. En cas d'insuffisance du système d'éclairage, le ministre des travaux publics prescrira, la compagnie entendue, les dispositions qu'il jugera nécessaires.

Les voitures fermées, destinées aux voyageurs, devront être éclairées intérieurement pendant la nuit, et au passage des souterrains qui seront désignés par le ministre.

TITRE IV.

DU DÉPART, DE LA CIRCULATION ET DE L'ARRIVÉE DES CONVOIS.

25. Pour chaque chemin de fer, le ministre des travaux publics déterminera, sur la proposition de la compagnie, le sens du mouvement des trains et des machines isolées sur chaque voie, quand il y a plusieurs voies, ou les points de croisement, quand il n'y en a qu'une.

Il ne pourra être dérogé sous aucun prétexte, aux dispositions qui auront été prescrites par le ministre, si ce n'est dans le cas où la voie serait interceptée, et, dans ce cas, le changement devra être fait avec les précautions indiquées en l'article 34 ci-après.

26. Avant le départ du train, le mécanicien s'assurera si toutes les parties de la locomotive et du tender sont en bon état, si le frein de ce tender fonctionne convenablement.

La même vérification sera faite par les conducteurs gardes-freins, en ce qui concerne les voitures et les freins de ces voitures.

Le signal du départ ne sera donné que lorsque les portières seront fermées.

Le train ne devra être mis en marche qu'après le signal de départ.

27. Aucun convoi ne pourra partir d'une station avant l'heure déterminée par le règlement de service.

Aucun convoi ne pourra également partir d'une station avant qu'il se soit écoulé, depuis le départ ou le passage du convoi précédent, le laps de temps qui aura été fixé par le ministre des travaux publics, sur la proposition de la compagnie.

Des signaux seront placés à l'entrée de la station, pour indiquer aux mécaniciens des trains qui pourraient survenir, si le délai déterminé en vertu du paragraphe précédent est écoulé.

Dans l'intervalle des stations, des signaux seront établis, afin de donner le même avertissement au mécanicien sur les points où il ne peut pas voir devant lui à une distance suffisante. Dès que l'avertissement lui sera donné, le mécanicien devra ralentir la marche du train. En cas d'insuffisance des signaux établis par la compagnie, le ministre prescrira, la compagnie entendue, l'établissement de ceux qu'il jugera nécessaires.

28. Sauf le cas de force majeure ou de réparation de la voie, les trains ne pourront s'arrêter qu'aux gares ou lieux de stationnement autorisés pour le service des voyageurs ou des marchandises.

Les locomotives ou les voitures ne pourront stationner sur les voies du chemin de fer affectées à la circulation des trains.

29. Le ministre des travaux publics déterminera, sur la proposition de la compagnie, les mesures spéciales de précaution relatives à la circulation des trains sur les plans inclinés et dans les souterrains à une ou à deux voies, à raison de leur longueur et de leur tracé.

Il déterminera également, sur la proposition de la compagnie, la vitesse maximum que les trains de voyageurs pourront prendre sur les diverses parties de chaque ligne et la durée du trajet.

50. Le ministre des travaux publics prescrira, sur la proposition de la compagnie, les mesures spéciales de précaution à prendre pour l'expédition et la marche des convois extraordinaires.

Dès que l'expédition d'un convoi extraordinaire aura été décidée, déclaration devra en être faite immédiatement au commissaire spécial de police avec indication du motif de l'expédition du convoi et de l'heure du départ.

31. Il sera placé, le long du chemin, pendant le jour et pendant la nuit, soit pour l'entretien, soit pour la surveillance de la voie, des agents en nombre assez grand pour assurer la libre circulation des trains et la transmission des signaux ; en cas d'insuffisance, le ministre des travaux publics en réglera le nombre, la compagnie entendue.

Ces agents seront pourvus de signaux de jour et de nuit à l'aide desquels ils annonceront si la voie est libre et en bon état, si le mécanicien doit ralentir sa marche ou s'il doit arrêter immédiatement le train.

Ils devront, en outre, signaler de proche en proche l'arrivée des convois.

32. Dans le cas où, soit un train, soit une machine isolée s'arrêterait sur la voie pour cause d'accident, le signal d'arrêt indiqué en l'article précédent devra être fait 500 mètres au moins à l'arrière.

Les conducteurs principaux des convois et les mécaniciens conducteurs des machines isolées devront être munis d'un signal d'arrêt.

33. Lorsque des ateliers de réparation seront établis sur une voie, des signaux devront indiquer si l'état de la voie ne permet pas le passage des trains, ou s'il suffit de ralentir la marche de la machine.

34. Lorsque, par suite d'un accident, de réparation, ou de toute autre cause, la circulation devra s'effectuer momentanément sur une voie, il devra être placé un garde auprès des aiguilles de chaque changement de voie.

Les gardes ne laisseront les trains s'engager dans la voie unique réservée à la circulation, qu'après s'être assurés qu'ils ne seront pas rencontrés par un train venant dans un sens opposé.

Il sera donné connaissance au commissaire spécial de police du signal ou de l'ordre de service adopté pour assurer la circulation sur la voie unique.

35. La compagnie sera tenue de faire connaître au ministre des travaux publics le système de signaux qu'elle a adopté ou qu'elle se propose d'adopter pour les cas prévus par le présent titre. Le ministre prescrira les modifications qu'il jugera nécessaires.

36. Le mécanicien devra porter constamment son attention sur l'état de la voie, arrêter ou ralentir la marche en cas d'obstacles, suivant les circonstances, et se conformer aux signaux qui lui seront transmis ; il surveillera toutes les parties de la machine, la tension de la vapeur et le niveau d'eau de la chaudière. Il veillera à ce que rien n'embarrasse la manœuvre du frein du tender.

37. A 500 mètres au moins avant d'arriver au point où une ligne d'embranchement vient croiser la ligne principale, le mécanicien devra modérer la vitesse de telle manière que le train puisse être complétement arrêté avant d'atteindre ce croisement, si les circonstances l'exigent.

Au point d'embranchement ci-dessus désigné, des signaux devront indiquer le sens dans lequel les aiguilles sont placées.

A l'approche des stations d'arrivée, le mécanicien devra faire les dispositions convenables pour que la vitesse acquise du train soit complétement amortie avant le point où les voyageurs doivent descendre, et de telle sorte qu'il soit nécessaire de remettre la machine en action pour atteindre ce point.

38. A l'approche des stations, des passages à niveau, des courbes, des tranchées et des souterrains, le mécanicien devra faire jouer le sifflet à vapeur pour avertir de l'approche du train.

Il se servira également du sifflet comme moyen d'avertissement, toutes les fois que la voie ne lui paraîtra pas complétement libre.

39. Aucune personne autre que le mécanicien et le chauffeur ne pourra monter sur la locomotive ou sur le tender, à moins d'une permission spéciale et écrite du directeur de l'exploitation du chemin de fer.

Sont exceptés de cette interdiction les ingénieurs des ponts et chaussées, les ingénieurs des mines chargés de la surveillance, et les commissaires spéciaux de police. Toutefois, ces derniers devront remettre au chef de la station ou au conducteur principal du convoi une réquisition écrite et motivée.

40. Des machines, dites de secours ou de réserve, devront être entretenues constamment en feu et prêtes à partir, sur les points de chaque ligne qui seront désignés par le ministre des travaux publics, sur la proposition de la compagnie.

Les règles relatives au service de ces machines seront également déterminées par le ministre, sur la proposition de la compagnie.

41. Il y aura constamment, aux lieux de dépôt des machines, un wagon chargé de tous les agrès et outils nécessaires en cas d'accident.

Chaque train devra d'ailleurs être muni des outils les plus indispensables.

42. Aux stations qui seront désignées par le ministre des travaux publics, il sera tenu des registres sur lesquels on mentionnera les retards excédant dix minutes pour les parcours dont la longueur est inférieure à 50 kilomètres, et quinze minutes pour les parcours de 50 kilomètres et au delà. Ces registres indiqueront la nature et la composition des trains, le nom des locomotives qui les ont remorqués, les heures de départ et d'arrivée, la cause et la durée du retard.

Ces registres seront représentés, à toute réquisition, aux ingénieurs, fonctionnaires et agents de l'administration publique chargés de la surveillance du matériel et de l'exploitation.

43. Des affiches placées dans les stations feront connaître au public les heures de départ des convois ordinaires de toute sorte, les stations qu'ils doivent desservir, les heures auxquelles ils doivent arriver à chacune des stations et en partir.

Quinze jours au moins avant d'être mis à exécution, ces ordres de service seront communiqués en même temps aux commissaires royaux, au préfet du département et au ministre des travaux publics, qui pourra prescrire les modifications nécessaires pour la sûreté de la circulation ou pour les besoins du public.

TITRE V.

DE LA PERCEPTION DES TAXES ET DES FRAIS ACCESSOIRES.

44. Aucune taxe, de quelque nature qu'elle soit, ne pourra être perçue par la compagnie qu'en vertu d'une homologation du ministre des travaux publics.

Les taxes perçues actuellement sur les chemins dont les concessions sont antérieures à 1835, et qui ne sont pas encore régularisées, devront l'être avant le 1er avril 1847.

45. Pour l'exécution du § 1er de l'article qui précède, la compagnie devra dresser un tableau des prix qu'elle a l'intention de percevoir dans la limite du maximum autorisé par le cahier des charges, pour le transport de voyageurs, des bestiaux, marchandises et objets divers, et en transmettre en même temps des expéditions au ministre des travaux publics, aux préfets des départements traversés par le chemin de fer et aux commissaires royaux.

46. La compagnie devra, en outre, dans le plus court délai et dans les formes énoncées en l'article précédent, soumettre ses propositions au ministre des travaux publics pour les prix de transport non déterminé par le cahier des charges, et à l'égard desquels le ministre est appelé à statuer.

47. Quant aux frais accessoires, tels que ceux de chargement, de déchargement et d'entrepôt dans les gares et magasins du chemin de fer, et quant à toutes les taxes qui doivent être réglées annuellement, la compagnie devra en soumettre le règlement à l'approbation du ministre des travaux publics, dans le dixième mois de chaque année. Jusqu'à décision, les anciens tarifs continueront à être perçus.

48. Les tableaux des taxes et des frais accessoires approuvés seront constamment affichés dans les lieux les plus apparents des gares et stations des chemins de fer.

49. Lorsque la compagnie voudra apporter quelques changements aux prix autorisés, elle en donnera avis au ministre des travaux publics, aux préfets des départements traversés et aux commissaires royaux.

Le public sera en même temps informé par des affiches des changements soumis à l'approbation du ministre.

A l'expiration du mois, à partir de la date de l'affiche, lesdites taxes pourront être perçues, si, dans cet intervalle, le ministre des travaux publics les a homologuées.

Si des modifications à quelques-uns des prix affichés étaient prescrites par le ministre, les prix modifiés devront être affichés de nouveau, et ne pourront être mis en perception qu'un mois après la date de ces affiches.

50. La compagnie sera tenue d'effectuer avec soin, exactitude et célérité, et sans tour de faveur, les transports des marchandises, bestiaux et objets de toute nature qui lui seront confiés.

Au fur et à mesure que des colis, des bestiaux ou des objets quelconques arriveront au chemin de fer, enregistrement en sera fait immédiatement, avec mention du prix total dû pour le transport. Le transport s'effectuera dans l'ordre des inscriptions à moins de délais demandés ou consentis par l'expéditeur, et qui seront mentionnés dans l'enregistrement.

Un récépissé devra être délivré à l'expéditeur, s'il le demande, sans préjudice, s'il y a lieu, de la lettre de voiture. Le récépissé énoncera la nature et le poids des colis, le prix total du transport et le délai dans lequel ce transport devra être effectué.

Les registres mentionnés au présent article seront représentés à toute réquisition des fonctionnaires et agents chargés de veiller à l'exécution du présent règlement.

TITRE VI.

DE LA SURVEILLANCE DE L'EXPLOITATION.

51. La surveillance de l'exploitation des chemins de fer s'exercera concurremment :

Par les commissaires royaux ;

Par les ingénieurs des ponts et chaussées, les ingénieurs des mines, et par les conducteurs, les gardes-mines et autres agents sous leurs ordres ;

Par les commissaires spéciaux de police et les agents sous leurs ordres.

52. Les commissaires royaux seront chargés :

De surveiller le mode d'application des tarifs approuvés et l'exécution des mesures prescrites pour la réception et l'enregistrement des colis, leur transport et leur remise aux destinataires ;

De veiller à l'exécution des mesures approuvées ou prescrites pour que le service des transports ne soit pas interrompu aux points extrêmes de lignes en communication l'une avec l'autre ;

De vérifier les conditions des traités qui seraient passés par les compagnies avec les entreprises de transport par terre ou par eau en correspondance avec les chemins de fer, et de signaler toutes les infractions au principe de l'égalité des taxes ;

De constater le mouvement de la circulation des voyageurs et des marchandises sur les chemins de fer, les dépenses d'entretien et d'exploitation, et les recettes.

53. Pour l'exécution de l'article ci-dessus, les compagnies seront tenues de représenter, à toute réquisition, aux commissaires royaux leurs registres de dépenses et de recettes, et les registres mentionnés à l'article 50 ci-dessus.

54. A l'égard des chemins de fer pour lesquels les compagnies auraient obtenu de l'Etat, soit un prêt avec intérêt privilégié, soit la garantie d'un minimum d'intérêt, ou pour lesquels l'Etat devrait entrer en partage des produits nets, les commissaires royaux exerceront toutes les autres attributions qui seront déterminées par les règlements spéciaux à intervenir dans chaque cas particulier.

55. Les ingénieurs, les conducteurs et autres agens du service des ponts et chaussées seront spécialement chargés de surveiller l'état de la voie de fer, des terrassements et des ouvrages d'art et des clôtures.

56. Les ingénieurs des mines, les gardes-mines et autres agents du service des mines seront spécialement chargés de surveiller l'état des machines fixes et locomotives employées à la traction des convois, et, en général, de tout le matériel roulant servant à l'exploitation.

Ils pourront être suppléés par les ingénieurs, conducteurs et autres agens du service des ponts et chaussées, et réciproquement.

57. Les commissaires spéciaux de police et les agents sous leurs ordres sont chargés particulièrement de surveiller la composition, le départ, l'arrivée, la marche et les stationnements des trains, l'entrée, le stationnement et la circulation des voitures dans les cours et stations, l'admission du public dans les gares et sur les quais des chemins de fer.

58. Les compagnies seront tenues de fournir des locaux convenables pour les commissaires spéciaux de police et les agents de surveillance.

59. Toutes les fois qu'il arrivera un accident sur le chemin de fer, il en sera fait immédiatement déclaration à l'autorité locale et au commissaire spécial de police, à la diligence du chef du convoi. Le préfet du département, l'ingénieur des ponts et chaussées et l'ingénieur des mines chargés de la surveillance et le commissaire royal en seront immédiatement informés par les soins de la compagnie.

60. Les compagnies devront soumettre à l'approbation du ministre des travaux publics leurs règlements relatifs au service et à l'exploitation des chemins de fer.

TITRE VII.

DES MESURES CONCERNANT LES VOYAGEURS ET LES PERSONNES ÉTRANGÈRES AU SERVICE DU CHEMIN DE FER.

61. Il est défendu à toute personne étrangère au service du chemin de fer :

1° De s'introduire dans l'enceinte du chemin de fer, d'y circuler ou stationner ;

2° D'y jeter ou déposer aucuns matériaux ni objets quelconques ;

3° D'y introduire des chevaux, bestiaux ou animaux d'aucune espèce ;

4° D'y faire circuler ou stationner aucunes voitures, wagons ou machines étrangères au service.

62. Sont exceptés de la défense portée au premier paragraphe de l'article précédent, les maires et adjoints, les commissaires de police, les officiers de gendarmerie, les gendarmes et autres agents de la force publique, les préposés aux douanes, aux contributions indirectes et aux octrois, les gardes champêtres et forestiers, dans l'exercice de leurs fonctions et revêtus de leurs uniformes ou de leurs insignes.

Dans tous les cas, les fonctionnaires et les agents désignés au paragraphe précédent seront tenus de se conformer aux mesures spéciales de précaution qui auront été déterminées par le ministre, la compagnie entendue.

63. Il est défendu :

1° D'entrer dans les voitures sans avoir pris un billet, et de se placer dans une voiture d'une autre classe que celle qui est indiquée par le billet ;

2° D'entrer dans les voitures ou d'en sortir autrement que par la portière qui fait face au côté extérieur de la ligne du chemin de fer ;

3° De passer d'une voiture dans une autre, de se pencher au dehors.

Les voyageurs ne doivent sortir des voitures qu'aux stations, et lorsque le train est complétement arrêté.

Il est défendu de fumer dans les voitures ou sur les voitures et dans les gares ; toutefois, à la demande de la compagnie et moyennant des mesures spéciales de précaution, des dérogations à cette disposition pourront être autorisées.

Les voyageurs sont tenus d'obtempérer aux injonctions des agents de la compagnie pour l'observation des dispositions mentionnées aux paragraphes ci-dessus.

64. Il est interdit d'admettre dans les voitures plus de voyageurs que ne le comporte le nombre de places indiqué conformément à l'article 14 ci-dessus.

65. L'entrée des voitures est interdite :

1° A toute personne en état d'ivresse ;

2° A tous individus porteurs d'armes à feu chargées ou de paquets qui, par leur nature, leur volume ou leur odeur, pourraient gêner ou incommoder les voyageurs.

Tout individu porteur d'une **arme** à feu devra, avant son admission sur les quais d'embarquement, faire constater que son arme n'est point chargée.

66. Les personnes, qui voudront expédier des marchandises de la nature de celles qui sont mentionnées à l'article 21 devront les déclarer au moment où elles les apporteront dans les stations du chemin de fer.

Des mesures spéciales de précaution seront prescrites, s'il y a lieu, pour le transport desdites marchandises, la compagnie entendue.

67. Aucun chien ne sera admis dans les voitures servant au transport des voyageurs ; toutefois, la compagnie pourra placer dans des caisses de voitures spéciales les voyageurs qui ne voudraient pas se séparer de leurs chiens pourvu que ces animaux soient muselés, en quelque saison que ce soit.

68. Les cantonniers, gardes-barrières et autres agents du chemin de fer devront faire sortir immédiatement toute personne qui se serait introduite dans l'enceinte du chemin, ou dans quelque portion que ce soit de ses dépendances où elle n'aurait pas le droit d'entrer.

En cas de résistance de la part des contrevenants, tout employé du chemin de fer pourra requérir l'assistance des agents de l'administration et de la force publique.

Les chevaux ou bestiaux abandonnés, qui seront trouvés dans l'enceinte du chemin de fer, seront saisis et mis en fourrière.

TITRE VIII.

DISPOSITIONS DIVERSES.

69. Dàns tous les cas où, conformément aux dispositions du présent règlement, le ministre des travaux publics devra statuer sur la proposition d'une compagnie, la compagnie sera tenue de lui soumettre cette proposition dans le délai qu'il aura déterminé, faute de quoi le ministre pourra statuer directement.

Si le ministre pense qu'il y a lieu de modifier la proposition de la compagnie, il devra, sauf le cas d'urgence, entendre la compagnie avant de prescrire les modifications.

70. Aucun crieur, vendeur ou distributeur d'objets quelconques ne pourra être admis par les compagnies à exercer sa profession dans les cours ou bâtiments des stations et dans les salles d'attente destinées aux voyageurs, qu'en vertu d'une autorisation spéciale du préfet du département.

71. Lorsqu'un chemin de fer traverse plusieurs départements, les attributions conférées aux préfets par le présent règlement pourront être centralisées en tout ou en partie dans les mains de l'un des préfets des départements traversés.

72. Les attributions données aux préfets des départements par la présente ordonnance seront, conformément à l'arrêté du 3 brumaire an IX, exercées par le préfet de police dans toute l'étendue du département de la Seine, et dans les communes de Saint-Cloud, Meudon et Sèvres, département de Seine-et-Oise.

73. Tout agent employé sur les chemins de fer sera revêtu d'un uniforme ou porteur d'un signe distinctif; les cantonniers, gardes-barrières et surveillants pourront être armés d'un sabre.

74. Nul ne pourra être employé en qualité de mécanicien conducteur de train, s'il ne produit des certificats de capacité délivrés dans les formes qui seront déterminées par le ministre des travaux publics.

75. Aux stations désignées par le ministre, les compagnies entretiendront les médicaments et moyens de secours nécessaires en cas d'accident.

76. Il sera tenu dans chaque station un registre coté et paraphé, à Paris, par le préfet de police, ailleurs, par le maire du lieu, lequel sera destiné à recevoir les réclamations des voyageurs qui auraient des plaintes a former, soit contre la compagnie, soit contre ses agents. Ce registre sera présenté à toute réquisition des voyageurs.

77. Les registres mentionnés aux articles 9, 20 et 42 ci-dessus seront cotés et paraphés par le commissaire de police.

78. Des exemplaires du présent règlement seront constamment affichés, à la diligence des compagnies, aux abords des bureaux des chemins de fer et dans les salles d'attente.

Le conducteur principal d'un train en marche devra également être muni d'un exemplaire du règlement.

Des extraits devront être délivrés, chacun pour ce qui le concerne, aux mécaniciens, chauffeurs, gardes-freins, cantonniers, gardes-barrières et autres agents employés sur le chemin de fer.

Des extraits, en ce qui concerne les règles à observer par les voyageurs pendant le trajet, devront être placés dans chaque caisse de voiture.

79. Seront constatées, poursuivies et réprimées, conformément au titre III de la loi du 15 juillet 1845, sur la police des chemins de fer, les contraventions au présent règlement, aux décisions rendues par le ministre des travaux publics, et aux arrêtés pris, sous son approbation, par les préfets, pour l'exécution dudit règlement.

N° **18**. — *Ordonnance du roi concernant le lâchage des bateaux sous les ponts de Paris.*

Neuilly, 18 mai 1847.

Louis-Philippe, etc.,

Sur le rapport de notre ministre secrétaire d'Etat au département des travaux publics ;

Vu notre ordonnance du 20 mai 1838, qui autorise l'adjudication, pour neuf années, des droits à percevoir pour le passage des bateaux sous les ponts de Paris ;

Vu le procès-verbal des délibérations de la commission chargée de l'examen des questions que soulevait le renouvellement du bail du chef des ponts ;

Vu le projet du cahier des charges, dressé pour servir de base à une nouvelle adjudication ;

Vu la lettre de notre préfet de police du 27 février 1847,

Notre conseil d'Etat entendu,

Nous avons ordonné et ordonnons ce qui suit :

1. L'adjudication des droits à percevoir pour le lâchage et le remontage des bateaux sous les ponts de Paris, sera passée conformément au cahier des charges et tarifs annexés à la présente ordonnance.

MINISTÈRE DES TRAVAUX PUBLICS.

Lâchage des bateaux sous les ponts de Paris.

CAHIER DES CHARGES.

CHAPITRE Ier.

OBJET, DURÉE ET CONDITIONS GÉNÉRALES DE L'ENTREPRISE.

1. L'entreprise du passage des bateaux sous les ponts de Paris sera donnée à bail, avec le titre de *chef des ponts de Paris*, par adjudication sur soumissions cachetées, et dans les formes prescrites pour les adjudications des travaux publics.

2. L'adjudication sera faite pour trois années consécutives.

Le bail commencera le 1er juin 1847 ; il sera fait au soumissionnaire qui offrira la plus forte réduction sur le prix du tarif actuel, ou à défaut de réduction, à celui qui s'engagera à faire le service aux prix portés dans ce tarif.

3. Les soumissions contiendront :

1° L'obligation de se conformer aux dispositions des lois et règlements sur la matière ;

2° Le rabais sur le tarif de mise à prix, ou le maintien de ce tarif ;

3° L'obligation de fournir un cautionnement de 30,000 francs en espèces ou en rentes sur l'État, au pair ; de tenir ce cautionnement sans cesse complet dans la caisse des dépôts et consignations ;

4° Un certificat de capacité délivré par les inspecteurs de la navigation.

4. Chaque soumission sera rédigée sur papier timbré, signée du soumissionnaire, et renfermera le certificat de capacité.

5. Le chef des ponts est responsable envers les personnes dont les bateaux et marchandises lui auront été confiés :

1° De ses manœuvres ou de celles de ses aides ou mariniers ;

2° Des retards qu'il apporterait à la descente et au remontage des bateaux ; et, à défaut par lui de les avoir remontés ou lâchés, dans le délai fixé, il pourra être poursuivi en dommages-intérêts.

6. Le cautionnement fourni par le chef des ponts sera affecté à la sûreté des obligations contractées par l'adjudicataire à l'égard de l'administration ; et, au besoin, à la garantie des indemnités qui pourraient tomber à sa charge, ou des condamnations qui pourraient être prononcées contre lui ou contre ses agents.

7. Le tarif des prix de lâchage et de remontage, tels qu'ils résulteront de l'adjudication, sera inscrit sur des plaques métalliques, aux frais du chef des ponts, et placé tant dans l'endroit le plus apparent de son bureau que dans les lieux qui lui seront indiqués, dans le voisinage du port de Bercy.

8. L'adjudicataire ne pourra, sous quelque prétexte que ce soit, être mis en jouissance du service qu'après la représentation au préfet de police :

1° De la quittance du cautionnement de 30,000 francs en numéraire ou en rentes sur l'État, au pair, qu'il aura à verser à la caisse des dépôts et consignations ;

2° De la quittance de la somme qu'il aura payée au chef actuel des ponts, en exécution de l'article 18 du présent cahier des charges.

9. La mise en jouissance s'opérera par procès-verbal, qui sera dressé par un des commissaires de police de Paris, désigné à cet effet, et en présence :

1° De l'inspecteur général de la navigation et des ports ;

2° Du chef des ponts actuellement en exercice ;

3° Et du nouvel adjudicataire.

10. Le chef des ponts et ses agents se conformeront à tous les règlements de l'octroi de Paris et aux formalités qu'ils prescrivent.

11. Le chef des ponts aura la faculté de faire poursuivre, conformément aux articles 56, 57, 58 et 61 de la loi du 6 frimaire an VII, toute personne qui refuserait le payement de son salaire.

Les délits plus graves que ceux qui sont prévus par ladite loi, ou qui se compliqueraient avec ceux qui y sont énoncés, devront être jugés conformément aux lois pénales existantes.

12. Toutes les clauses du présent cahier des charges sont de rigueur, et aucune d'elles ne pourra être réputée comminatoire.

13. L'adjudicataire payera les frais d'adjudication qui sont :

1° Les droits de timbre ;

2° Ceux d'enregistrement, au droit proportionnel de 50 centimes pour 100 francs ;

3° Le coût des impressions et affiches.

14. Il ne pourra céder, en tout ou en partie, ses droits au présent bail, sans y avoir été autorisé par le préfet de police, sous peine de nullité desdites cessions et des actes qui les contiendraient.

15. L'adjudicataire se soumettra à ce que, faute par lui de faire, dans le délai de dix jours à partir de l'adjudication, les justifications exigées par l'article 8 du présent cahier des charges, ou de remplir l'une ou l'autre des conditions de son bail, l'annulation en soit prononcée, sans indemnité, en conseil de préfecture, par le préfet de police, qui fera réadjuger à la folle-enchère de l'adjudicataire évincé.

CHAPITRE II.

OBJET DU SERVICE DU CHEF DES PONTS.

16. Le service du chef des ponts de Paris consistera à lâcher les bateaux chargés et à remonter les bateaux vides dans lesdits ponts.

17. Il sera, à cet effet, tenu de se fournir, à ses frais, de cordages, barquettes, flettes, et de tous autres équipages et agrès nécessaires, tant pour le service d'été que pour le service d'hiver, et de les entretenir en bon état et en nombre suffisant.

18. Il reprendra du chef des ponts actuellement en exercice et lui payera comptant, au moment de la prise de possession, les équipages et ustensiles nécessaires au service dont il vient d'être question, et ce, d'après l'estimation faite entre lui et le fermier sortant, de gré à gré ou à dire d'experts.

En fin de bail, ces objets seront repris de même par le nouveau fermier de gré à gré ou à dire d'experts.

En cas de non renouvellement de bail, le fermier sortant disposera de son matériel comme il l'entendra, sans que l'administration ait à lui en payer la valeur.

L'adjudicataire sera aussi tenu de s'adjoindre, à ses frais, le nombre d'aides ou de mariniers, nécessaire à ses manœuvres pour le lâchage et le remontage des bateaux.

19. Sont exceptés de ce service :

1° Les bachots, doubles bachots, galoupilles et autres embarcations de même nature ;

2° Les bateaux de bains ;

3° Les bateaux à vapeur, à draguer, et autres analogues ;

4° Les margotas de moins de 16 mètres 50 centimètres, mesurés selon une ligne droite, allant de l'avant à l'arrière, et ayant 2 mètres 75 centimètres de largeur, s'ils ne sont garnis ni de matières, ni de jambes de force, de seuils ou de bouletants.

L'avalage sous le pont d'Austerlitz, ainsi que le parcours jusqu'au pont de la Tournelle, d'une part, et jusqu'à la grande estrade, d'autre part, seront libres pour tous les bateaux, sans le concours du chef des ponts.

Les bateaux chargés de charbon de bois auront la faculté d'aller directement, et sans le chef des ponts, jusque dans la gare de l'île Saint-Louis.

Mais lorsque, de l'un de ces derniers points, des bateaux devront être lâchés plus bas, le chef des ponts recevra alors son salaire intégralement selon le tarif, comme s'il prenait les bateaux à la gare de l'octroi dont il va être parlé à l'article suivant.

20. Les bateaux seront pris, pour en opérer le lâchage, dans le bassin qui leur est affecté comme point de stationnement.

21. Le chef des ponts sera tenu de viser les lettres de voitures qui lui seraient présentées par des mariniers, et de recevoir, sur un registre à ce destiné, les déclarations à fin de lâchage ou de remontage, à l'effet de constater la quantité et la nature des marchandises confiées à sa conduite, le lieu de chargement et de départ, celui de la destination et le nom du conducteur.

Il sera tenu, d'ailleurs, de se conformer, quant à son salaire, au tarif résultant de l'adjudication, et ce, sous peine de cassation, sans indemnité, de son bail, indépendamment des peines portées par les lois, notamment par celle du 6 frimaire an VII, relative à l'administration des bacs et bateaux.

En cas de cassation, il sera statué par le conseil de préfecture; pour le surplus des peines encourues, les tribunaux ordinaires en connaîtront.

Toute convention particulière entre le chef des ponts et le commerce, qui aurait pour objet une diminution dans le prix de main-d'œuvre, pourra recevoir son exécution.

22. Il établira dans le voisinage du port de la Râpée un bureau où seront reçues, pendant les heures d'ouverture des ports, les déclarations à fin de lâchage et de remontage.

Les déclarations seront inscrites, jour par jour, sans blancs ni interlignes, surcharges et ratures, sur un registre à ce destiné, par ordre de numéros, de date et d'heure; ce registre sera à souche; il en sera détaché un bulletin contenant le numéro, la date, l'heure et l'objet de la déclaration, qui sera remis au déclarant. Ce registre sera sans cesse à la disposition du préposé de l'administration; il sera coté et paraphé par le préfet de police.

23. Le registre du chef des ponts, servant à l'inscription des déclarations à fin de lâchage des bateaux, sera divisé en neuf colonnes :

La première sera destinée à inscrire le numéro de l'enregistrement ;
La deuxième, le jour ;
La troisième, l'heure de la déclaration ;
La quatrième, la désignation des marchandises chargeant le bateau ;
La cinquième, les ports où les bateaux devront être lâchés ;
La sixième, les numéros particuliers pour l'ordre des lâchages aux différents ports affectés au déchargement d'une même marchandise ;
La septième contiendra la formule des déclarations ;
La huitième servira à inscrire la date des lâchages ;
La neuvième les observations auxquelles les lâchages auraient donné lieu.

Le chef des ponts sera tenu de lâcher les bateaux tant que l'eau n'aura pas atteint la hauteur de 3 mètres 25 centimètres, et les toues, la hauteur de 3 mètres 90 centimètres. mesurés à l'échelle du pont de la Tournelle. Chaque jour, l'étiage officiel sera affiché, le matin, dans son bureau, dans un cadre à ce destiné.

24. Il lâchera les bateaux de charbon de bois à comble, quelle que soit la hauteur des eaux, toutes les fois que le comble pourra passer sous les ponts.

25. Les bateaux devront avoir au moins 35 centimètres de bord franc au-dessus de la ligne de flottaison, et les toues 30 centimètres.

26. Le chef des ponts sera tenu de lâcher et de mettre à port les bateaux, aussitôt que possible, selon l'ordre et la date des inscriptions; et, au plus tard, dans les trois jours des déclarations, à moins qu'il n'y ait pas de place libre au port de destination, ce qui devra être constaté par un certificat de l'inspecteur de la navigation.

Lorsque rien ne s'opposera au lâchage, les bateaux seront, soixante-douze heures après la déclaration, à la charge et responsabilité du chef des ponts, jusqu'à ce qu'ils soient rendus au port de leur destination.

(Ces dispositions sont modifiées par l'ordonnance du roi du 9 octobre 1847, imprimée ci-après.)

Les bateaux chargés pour le compte du Gouvernement seront descendus à la première réquisition et sans être astreints au tour de lâchage.

Les bateaux chargés de houille, à destination du port Saint-Paul (port de vente), devront être lâchés vingt-quatre heures, au plus tard, après les déclarations qui auront été faites à ce sujet.

Aucun bateau ne pourra être lâché, s'il n'a pas été préalablement inscrit.

27. Dans le cas où le chef des ponts aurait négligé d'opérer, dans les délais déterminés, le lâchage ou le remontage des bateaux, il supporterait une retenue d'un quart du prix de lâchage ou de remontage par chaque jour de retard; et en outre, il pourra être pourvu d'office à ce lâchage ou remontage à ses frais, risques et périls, à la diligence de l'inspecteur général de la navigation.

28. Le chef des ponts devra recevoir, dans son bureau, toutes les déclarations qui lui seront faites à fin de remontage.

Ces déclarations seront inscrites par lui sur un registre à souche coté et paraphé par le préfet de police, dans la forme déterminée à l'article 23 ci-dessus, à l'exception des 5e, 6e et 7e colonnes qui seront supprimées.

On suivra, à l'égard des déclarations de remontage, les dispositions indiquées ci-dessus, article 23, pour les lâchages.

Le chef des ponts sera tenu de remonter les bateaux vides, dans les trois jours de la déclaration; le bateau sera aux risques et périls du chef des ponts, s'il n'est pas remonté.

(Cette dernière disposition est modifiée par l'ordonnance du roi du 9 octobre 1847, imprimée ci-après.)

29. Lorsqu'il y aura plus de trois bateaux vides dans les ports du bas, le chef des ponts sera tenu de les remonter sans délai, quand même il n'aurait pas été fait de déclaration à fin de remontage. Dans ce cas, il en sera fait mention sur le registre des déclarations par un inspecteur de la navigation, et le chef des ponts devra faire, si la chose est nécessaire, deux barrages, chaque jour de remontage.

(Dispositions modifiées par l'ordonnance du roi du 9 octobre 1847.)

Deux toues ou barquettes compteront pour un bateau.

Quand la saison pourra faire craindre les glaces ou les hautes eaux, et sur l'ordre de l'inspecteur général de la navigation, le chef des ponts sera tenu de lâcher ou de remonter les bateaux, dans les vingt-quatre heures qui suivront la déclaration, quel qu'en soit le nombre; passé ce délai, les bateaux et leur chargement seront aux risques et périls du chef des ponts.

30. Le chef des ponts adressera, chaque jour, à l'inspecteur général de la navigation, un relevé exact et détaillé des déclarations de lâchage et de remontage inscrites sur les registres.

Cet inspecteur en transmettra extrait aux inspecteurs particuliers pour les ports compris dans leur surveillance respective.

Il adressera au fur et à mesure, et même tous les jours, si besoin est, au chef des ponts un état indicatif du nombre des bateaux qui pourront être lâchés dans les ports. Le chef des ponts devra diriger son service d'après ces indications.

31. Le chef des ponts sera tenu de lâcher les bateaux dans les ports, aussitôt que l'inspecteur général lui aura fait connaître qu'il y a place pour les recevoir, et toutes les fois que l'état de la rivière ne s'y opposera pas.

Dans le cas ou le chef des ponts ne pourrait opérer un lâchage ou un remontage, pour cause de force majeure ou imprévue, il devra en rendre compte, dans le jour, à l'inspecteur général de la navigation.

52. Le service de lâchage et de remontage aura lieu par le grand bras de la Seine.

33. Les lâchages sur corde auront lieu, les mercredis et les samedis seulement, depuis le point du jour jusqu'à trois heures après midi, et le remontage des bateaux vides devra être effectué, les mêmes jours, depuis trois heures de l'après-midi jusqu'à la nuit.

(Les dispositions qui précèdent sont modifiées par l'ordonnance du roi du 9 octobre 1847.)

34. Les lâchages de bateaux, à pleine volée, auront lieu, les lundi, mardi, jeudi et vendredi de chaque semaine, concurremment avec ceux des trains de bois à brûler et de charpente, et seront réglés, suivant les saisons, de la manière suivante :

Du 15 avril au 15 août, depuis le point du jour jusqu'à quatre heures du soir ;

Du 16 août au 30 septembre, depuis le point du jour jusqu'à trois heures du soir ;

Du 1er octobre au 14 avril, depuis le point du jour jusqu'à deux heures du soir.

Pour ces lâchages, il ne pourra être fait de temps d'arrêt nulle part.

(Ces dispositions sont modifiées par l'ordonnance royale du 9 octobre 1847.)

55. La veille au soir des jours où auront lieu les lâchages sur cordes, et ces jours mêmes, pendant toute la durée des lâchages, le chef des ponts devra arborer des drapeaux sur les points suivants : un au pont de Bercy, un au pont de la Tournelle, et un troisième au pont du Carrousel, côté de la rive droite.

56. Ledit chef sera tenu, la veille de chaque jour de lâchage et de remontage, de remettre à l'inspecteur général de la navigation un état des bateaux qui devront être descendus ou remontés le lendemain.

Cet état indiquera le nom des marchands ou des voituriers, les numéros, dates et heures des déclarations et la devise des bateaux.

Il devra, en outre, placer sur chacun des bateaux qu'il lâchera une inscription indicative du numéro sous lequel ce bateau a été enregistré ; l'inscription sera faite en chiffres arabes d'une hauteur de 20 centimètres de plein, de couleur blanche sur écusson noir.

CHAPITRE III.

DISPOSITIONS GÉNÉRALES.

37. Le chef des ponts ou ses aides et mariniers qui seraient prévenus d'avoir, à dessein, mis en péril des bateaux ou marchandises, seront traduits devant les tribunaux. Le chef des ponts sera également responsable des condamnations pécuniaires prononcées contre ses agents pour faits de son service.

58. Le chef des ponts, ses aides et mariniers se conformeront tant aux règlements généraux de police qu'aux ordonnances particulières qui seraient rendues par le préfet de police, en exécution des décrets et ordonnances du roi.

39. Les contestations qui pourraient s'élever sur l'interprétation du présent cahier des charges, entre le chef des ponts et l'administration, seront portées devant le conseil de préfecture pour y être jugées administrativement, en exécution de la loi du 28 pluviôse an VIII.

Il est, toutefois, expressément entendu, que les modifications qui seraient apportées au régime de la rivière pendant la durée du bail, par suite de l'exécution de projets d'amélioration de la navigation, ne pourront créer aucun droit en faveur de l'adjudicataire.

Le pair de France, ministre des travaux publics,

H. JAYR.

Tarif des prix.

Tarif des Prix fixés pour le passage des Bateaux sous les Ponts de Paris.

GARE où les bateaux seront pris.	LIEUX où LES BATEAUX SERONT CONDUITS.	OBJET DU SERVICE.	TOUES chargées de charbon de terre.	MAKGOTAS au-dessus de 16 m. 50 c. barquettes de 20 m. et au-dessus et tones de bois.	TOUES de charbon de bois et d'autres marchandises.	BATEAUX au-dessus de 20 mèt. jusqu'à 28 mètres inclusivement.	BATEAUX au-dessus de 28 mèt. jusqu'à 38 mètres inclusivement.	BATEAUX au-dessus de 38 mèt. jusqu'à 43 mètres inclusivement. mont.
			fr. c.	fr. c.	fr. c.	fr. c.	fr. c.	fr. c.
	Ports entre la grande Estacade et le pont Marie.	Lâchage......	15 09	8 69	19 38	19 58	22 88	24 05
		Remontage....	10 67	7 13	10 67	11 88	15 09	15 69
	— les ponts de la Tournelle et de l'Archevêché (rive gauche)........	Lâchage......	10 67	8 69	16 55	22 88	26 12	27 50
		Remontage....	10 67	7 13	10 67	11 88	17 82	18 70
	— le pont Marie et le pont d'Arcole....	Lâchage......	14 50	9 46	19 38	26 12	52 67	54 52
		Remontage....	14 50	9 46	14 50	17 82	25 76	24 97
BASSIN DE L'OCTROI À LA RAPÉE.	— le pont Neuf et le pont des Arts....	Lâchage......	22 88	45 86	52 67	59 95	71 88	73 46
		Remontage....	15 84	15 88	15 40	18 70	28 60	29 97
	— le pont des Arts et le pont Royal....	Lâchage......	24 90	45 84	54 87	62 57	76 25	79 20
		Remontage....	18 15	15 75	17 82	21 78	29 70	51 18
	— le pont Royal et le pont de la Concorde......	Lâchage......	26 12	47 45	57 01	65 54	80 57	84 70
		Remontage....	21 45	14 50	21 59	25 76	30 80	52 45
	— le pont de la Concorde et le pont des Invalides........	Lâchage......	29 42	49 58	45 36	70 78	97 90	102 96
		Remontage....	25 76	45 40	25 76	29 70	55 27	54 87
	— le pont des Invalides et le pont d'Iéna........	Lâchage......	52 67	21 78	45 76	76 25	105 40	108 62
		Remontage....	25 76	45 40	24 97	55 64	59 21	41 08

NOTA. La mesure des bateaux sera prise selon une ligne droite menée d'une des extrémités à l'autre.

Le ministre des travaux publics, signé H. JAYR.

N° 19. — *Ordonnance du roi portant acceptation de la soumission du sieur Ducoudray pour le service du lâchage et du remontage des bateaux sous les ponts de Paris.*

Paris, le 9 octobre 1847.

Louis-Philippe, etc.,

Vu notre ordonnance du 18 mai 1847, qui autorise l'adjudication des droits à percevoir pour le lâchage et le remontage des bateaux sous les ponts de Paris ;

Vu les lettres du 29 mai et du 1er août 1847, par lesquelles le préfet de police annonce que les tentatives d'adjudication, faites le 28 mai et le 8 juillet, sont demeurées sans résultats ;

Vu l'avis de la commission chargée d'examiner les questions qui se rattachent au renouvellement du bail du chef des ponts ;

Vu la soumission du 20 août 1847, par laquelle le sieur Ducoudray s'engage à faire le service du lâchage et du remontage des bateaux, sous les ponts de Paris, pendant trois années consécutives, qui commenceront le 1er septembre 1847 et finiront le 31 août 1850, moyennant les conditions portées dans le cahier des charges annexé à notre ordonnance du 18 mai 1847, et aux prix du tarif y faisant suite, mais sous la réserve des dérogations suivantes :

1° Les bateaux non susceptibles d'être cajolés, destinés pour les ports de Paris, à partir du pont de la Tournelle, le port Saint-Paul excepté, ou à traverser Paris en passe-debout, devront être garés, par leurs conducteurs, sur la rive gauche de la Seine, en aval du pont d'Austerlitz, depuis la première arche jusqu'au bas du perré ;

Ceux à destination du port Saint-Paul, ou qui auront besoin d'être cajolés, seront garés sur la rive droite, à 50 mètres en aval de l'écluse du canal Saint-Martin ;

2° Le lâchage à la volée des bateaux et des trains aura lieu, les lundi, mardi, mercredi et vendredi de chaque semaine ;

Le lâchage sur corde aura lieu, le jeudi seulement ;

Les remontages s'opèreront, les samedis et dimanches, s'il en est besoin ;

3° Le délai de trois jours au plus, fixé par l'article 26 du cahier des charges, pour le lâchage des bateaux, sera porté à cinq jours ;

4° Indépendamment de ce qui précède, une indemnité annuelle de 1,500 francs sera allouée au concessionnaire, pour le couvrir du surcroît de frais qu'entraînera, pour lui, la suppression de la navigation dans le petit bras de la Seine.

Vu l'arrêté du préfet de police du 21 août 1847,

Sur le rapport de notre ministre secrétaire d'Etat au département des travaux publics,

Nous avons ordonné et ordonnons ce qui suit :

1. La soumission ci-dessus visée du sieur Ducoudray est acceptée.

2. Notre ministre secrétaire d'Etat au département des travaux publics est chargé de l'exécution de la présente ordonnance.

N° **20**. — *Décret qui nomme les citoyens Didion et Bineau commissaires extraordinaires du Gouvernement près les chemins de fer d'Orléans et du Centre.*

Paris, le 3o mars 1848.

Au nom du peuple français.

Le Gouvernement provisoire,

Considérant que des difficultés graves se sont élevées dans le service des compagnies des chemins de fer d'Orléans et du Centre, et que ces difficultés, si elles s'aggravaient, pourraient avoir pour résultat d'interrompre la circulation ;

Considérant que l'intérêt public, notamment les services des postes et l'approvisionnement de Paris, exigent des mesures promptes et énergiques :

Arrête :

1. Les citoyens Bineau, ingénieur en chef des mines, et Didion, ingénieur en chef des ponts et chaussées, sont nommés commissaires extraordinaires du Gouvernement près les chemins de fer d'Orléans et du Centre.

2. Ils sont autorisés à prendre toutes les mesures qu'ils jugeront convenables pour assurer l'exploitation et la libre circulation des chemins.

3. Le directeur et tous les employés desdits chemins de fer seront tenus d'obtempérer aux ordres desdits commissaires et à tous les arrêtés qu'ils jugeront à propos de prendre dans l'intérêt de la mission qui leur est confiée.

N° **21**. — *Décret qui place sous séquestre les chemins de fer d'Orléans et du Centre.*

Paris, le 4 avril 1848.

Au nom du peuple français.

Le Gouvernement provisoire,

Vu le décret du 30 mars 1848, par lequel les citoyens Bineau et Didion ont été nommés commissaires extraordinaires près les chemins de fer d'Orléans et du Centre ;

Considérant qu'il est établi que les compagnies de ces deux chemins n'ont plus aujourd'hui un pouvoir suffisant pour assurer le service des transports ;

Considérant que, dans cet état de choses, il est du droit et du devoir du Gouvernement de prendre provisoirement l'administration et l'exploitation de ces deux chemins, toute réserve faite d'ailleurs des droits et des intérêts des actionnaires et des tiers ;

Sur la proposition du ministre des travaux publics,

Décrète :

1. Les chemins de fer de Paris à Orléans et du Centre sont placés sous séquestre.

Ils seront administrés et exploités sous la direction du ministre des travaux publics.

2. Le citoyen Sauvage, ingénieur des mines, est nommé administrateur des deux chemins ; il y exercera ses pouvoirs sous l'inspection des citoyens Didion, inspecteur divisionnaire des ponts et chaussées, et Bineau, ingénieur en chef des mines.

3. A dater de ce jour, tous les produits directs et indirects des deux chemins seront perçus, nonobstant toutes oppositions ou saisies-arrêts, et seront appliqués à tous les besoins de l'entreprise.

N° **22.** — *Décret sur les attroupements.*

Paris, le 7 juin 1848.

1. Tout attroupement armé, formé sur la voie publique, est interdit.

Est également interdit, sur la voie publique, tout attroupement non armé qui pourrait troubler la tranquillité publique.

2. L'attroupement est armé : 1° quand plusieurs des individus qui le composent sont porteurs d'armes apparentes ou cachées ; 2° lorsqu'un seul de ces individus, porteur d'armes apparentes, n'est pas immédiatement expulsé de l'attroupement par ceux-là mêmes qui en font partie.

3. Lorsqu'un attroupement armé ou non armé se sera formé sur la voie publique, le maire ou l'un de ses adjoints, à leur défaut, le commissaire de police ou tout autre agent ou dépositaire de la force publique et du pouvoir exécutif, portant l'écharpe tricolore, se rendra sur le lieu de l'attroupement.

Un roulement de tambour annoncera l'arrivée du magistrat.

Si l'attroupement est armé, le magistrat lui fera sommation de se dissoudre et de se retirer.

Cette première sommation restant sans effet, une seconde sommation, précédée d'un roulement de tambour, sera faite par le magistrat.

En cas de résistance l'attroupement sera dissipé par la force.

Si l'attroupement est sans armes, le magistrat, après le premier roulement de tambour, exhortera les citoyens à se dissiper. S'ils ne se retirent pas, trois sommations seront successivement faites.

En cas de résistance, l'attroupement sera dissipé par la force.

4. Quiconque aura fait partie d'un rassemblement armé sera puni comme il suit :

Si l'attroupement s'est dissipé après la première sommation et sans avoir fait usage de ses armes, la peine sera d'un mois à un an d'emprisonnement.

Si l'attroupement s'est formé pendant la nuit, la peine sera d'un an à trois ans d'emprisonnement.

Néanmoins, il ne sera prononcé aucune peine pour fait d'attroupement contre ceux qui, en ayant fait partie, sans être personnellement armés, se seront retirés sur la première sommation de l'autorité.

Si l'attroupement ne s'est dissipé qu'après la deuxième sommation, mais avant l'emploi de la force, et sans qu'il ait fait usage de ses armes, la peine sera de un à trois ans ; et de deux à cinq ans, si l'attroupement s'est formé pendant la nuit.

Si l'attroupement ne s'est dissipé que devant la force ou après avoir fait usage de ses armes, la peine sera de cinq à dix ans de détention pour le premier cas, et de cinq à dix ans de réclusion pour le second cas. Si l'attroupement s'est formé pendant la nuit, la peine sera la réclusion.

L'aggravation de peine résultant des circonstances prévues par la disposition du paragraphe 5 qui précède ne sera applicable aux individus non armés faisant partie d'un attroupement réputé armé dans le cas d'armes cachées, que lorsqu'ils auront eu connaissance de la présence dans l'attroupement de plusieurs personnes portant des armes cachées, sauf l'application des peines portées par les autres paragraphes du présent article.

Dans tous les cas prévus par les troisième, quatrième et cinquième paragraphes du présent article, les coupables condamnés à des peines de police correctionnelle pourront être interdits, pendant un an au moins et cinq ans au plus, de tout ou partie des droits mentionnés en l'article 42 du Code pénal.

5. Quiconque faisant partie d'un attroupement non armé ne l'aura pas abandonné après le roulement de tambour précédant la deuxième sommation, sera puni d'un emprisonnement de quinze jours à six mois.

Si l'attroupement n'a pu être dissipé que par la force, la peine sera de six mois à deux ans.

6. Toute provocation directe à un attroupement armé ou non armé, par des discours proférés publiquement et par des écrits ou des imprimés, affichés ou distribués, sera punie comme le crime et le délit, selon les distinctions ci-dessus établies.

Les imprimeurs, graveurs, lithographes, afficheurs et distributeurs seront punis comme complices, lorsqu'ils auront agi sciemment.

Si la provocation faite par les moyens ci-dessus n'a pas été suivie d'effet, elle sera punie, s'il s'agit d'une provocation à un attroupement nocturne et armé, d'un emprisonnement de six mois à un an ; s'il s'agit d'un attroupement non armé, l'emprisonnement sera de un mois à trois mois.

7. Les poursuites dirigées pour crime ou délit d'attroupement ne font aucun obstacle à la poursuite pour crimes et délits particuliers qui auraient été commis au milieu des attroupements.

8. L'article 463 du Code pénal est applicable aux crimes et délits prévus et punis par la présente loi.

9. La mise en liberté provisoire pourra toujours être accordée avec ou sans caution.

10. Les poursuites pour délits et crimes d'attroupements seront portées devant la cour d'assises.

N° **23**. — *Extrait du Code pénal concernant la sûreté publique.*

Paris, le 18 décembre 1848.

475. Seront punis d'amende, depuis six francs jusqu'à dix francs inclusivement :

2° Les aubergistes, hôteliers, logeurs ou loueurs de maisons garnies, qui auront négligé d'inscrire de suite et sans aucun blanc, sur un registre tenu régulièrement, les noms, qualités, domicile habituel, dates d'entrée et de sortie de toute personne qui aurait couché ou passé une nuit dans leurs maisons ; ceux d'entre eux qui auraient manqué à représenter ce registre aux époques déterminées par les règlements, ou lorsqu'ils en auraient été requis, aux maires, adjoints, officiers ou commissaires de police, ou aux citoyens commis à cet effet : le tout sans préjudice des cas de responsabilité mentionnés en l'article 73 du présent Code, relativement aux crimes ou aux délits de ceux qui, ayant logé ou séjourné chez eux, n'auraient pas été régulièrement inscrits.

73. Les aubergistes et hôteliers convaincus d'avoir logé, plus de vingt-quatre heures, quelqu'un qui, pendant son séjour, aurait commis un crime ou un délit, seront civilement responsables des restitutions, des indemnités et des frais adjugés à ceux à qui ce crime ou ce délit aurait causé quelque dommage, faute par eux d'avoir inscrit sur leur registre le nom, la profession et le domicile du coupable.

N° **24**. — *Arrêté du ministre des travaux publics concernant les tarifs des transports à grande vitesse sur le chemin de fer de Paris à Chartres (chemin de l'Ouest).*

Paris, le 2 juillet 1849.

Le ministre des travaux publics,

Vu la loi du 21 avril 1849, relative à l'exploitation du chemin de fer de Versailles à Chartres ;

Vu le cahier des charges annexé à la loi du 21 juin 1846, relative à l'exploitation du chemin de fer de l'Ouest ;

Vu l'avis de la commission instituée en vertu de l'article 2 de la loi du 21 avril 1849, sur les propositions de tarifs présentées par le directeur de l'exploitation du chemin de fer de Chartres, et après avoir pris connaissance des observations du tribunal de commerce et du conseil municipal de Chartres,

Arrête :

1. Les prix à percevoir pour le transport des voyageurs, bagages, chevaux, etc., marchant à grande vitesse, entre Paris et Chartres, sont fixés conformément aux tableaux ci-annexés.

2. Le présent arrêté sera immédiatement transmis avec ses annexes à MM. les préfets de police, de Seine-et-Oise et d'Eure-et-Loir, pour être publié et affiché par eux, chacun dans leur département respectif.

(Tarif.)

Tarif pour le Transport des Voyageurs.

LIEUX DE DÉPART et DE DESTINATION.	Distances servant de base à la fixation des prix de transport.	1re CLASSE.		2e CLASSE.		3e CLASSE.	
	kilomèt.	fr.	c.	fr.	c.	fr.	c.
De PARIS à Bellevue........	9	»	75	»	60	»	»
Versailles........	17	1	50	1	25	»	»
Saint-Cyr........	22	2	»	1	50	1	25
Trappes........	28	2	80	2	10	1	50
Laverrière........	35	3	40	2	50	1	85
Lartoire........	40	4	10	3	»	2	25
Rambouillet......	48	4	50	3	50	2	70
Epernon........	61	6	»	4	60	3	50
Maintenon........	69	7	»	5	»	4	»
Jouy............	78	8	»	6	»	4	50
Chartres........	88	9	»	6	75	5	»
De BELLEVUE à Paris............	9	»	75	»	60	»	»
Versailles........	8	1	»	»	75	»	»
Saint-Cyr........	13	1	30	1	»	»	70
Trappes........	19	1	90	1	50	1	»
Laverrière........	24	2	50	1	75	1	40
Lartoire........	31	3	20	2	50	1	80
Rambouillet......	40	4	»	3	»	2	20
Epernon........	52	5	25	4	»	3	»
Maintenon........	60	6	»	4	50	3	40
Jouy............	69	7	»	5	20	4	»
Chartres........	79	8	»	6	»	4	50
De VERSAILLES à Paris........	17	1	50	1	25	»	»
Bellevue........	8	1	»	»	75	»	»
Saint-Cyr........	6	»	60	»	40	»	50
Trappes........	11	1	10	»	75	»	60
Laverrière........	16	1	60	1	15	»	85
Lartoire........	25	2	40	1	80	1	30
Rambouillet......	32	3	»	2	40	1	80
Epernon........	44	4	50	3	40	2	50
Maintenon........	52	5	»	4	»	3	»
Jouy............	61	6	30	4	70	3	50
Chartres........	71	7	»	5	»	4	»
De SAINT-CYR à Paris............	22	2	»	1	50	1	25
Bellevue........	13	1	30	1	»	»	70
Versailles........	6	»	60	»	40	»	50
Trappes........	6	»	60	»	40	»	50
Laverrière........	11	1	10	»	80	»	60
Lartoire........	18	1	80	1	30	1	»
Rambouillet......	27	2	75	2	»	1	50
Epernon........	39	4	»	3	»	2	20
Maintenon........	47	4	75	3	60	2	60
Jouy............	56	5	75	4	30	3	20
Chartres........	66	6	75	5	»	3	80

Suite *du* Tarif pour le Transport des Voyageurs.

LIEUX DE DÉPART et DE DESTINATION.	Distances servant de base à la fixation des prix de transport.	1re CLASSE.	2e CLASSE.	3e CLASSE.
	kilomèt.	fr. c.	fr. c.	fr. c.
De TRAPPES à Paris	28	2 80	2 10	1 50
Bellevue	19	1 90	1 50	1 »
Versailles	11	1 10	» 75	» 60
Saint-Cyr	6	» 60	» 40	» 30
Laverrière	6	» 60	» 40	» 30
Lartoire	15	1 55	1 »	» 75
Rambouillet	21	2 10	1 60	1 10
Epernon	34	3 50	2 60	1 85
Maintenon	41	4 25	3 20	2 55
Jouy	51	5 25	3 90	2 85
Chartres	61	6 25	4 65	3 40
De LAVERRIÈRE à Paris	33	3 40	2 50	1 85
Bellevue	24	2 50	1 75	1 40
Versailles	16	1 60	1 15	» 85
Saint-Cyr	11	1 10	» 80	» 60
Trappes	6	» 60	» 40	» 30
Lartoire	8	» 85	» 55	» 40
Rambouillet	16	1 60	1 15	» 80
Epernon	28	2 90	2 10	1 50
Maintenon	36	3 60	2 75	2 »
Jouy	46	4 70	3 50	2 60
Chartres	55	5 60	4 25	3 10
De LARTOIRE à Paris	40	4 10	3 »	2 25
Bellevue	31	3 20	2 30	1 80
Versailles	23	2 40	1 80	1 50
Saint-Cyr	18	1 80	1 50	1 »
Trappes	15	1 55	1 »	» 75
Laverrière	8	» 85	» 55	» 40
Rambouillet	9	» 90	» 60	» 45
Epernon	21	2 10	1 60	1 10
Maintenon	29	3 »	2 25	1 60
Jouy	38	3 90	2 85	2 10
Chartres	48	4 90	3 75	2 65
De RAMBOUILLET à Paris	48	4 50	3 50	2 70
Bellevue	40	4 »	3 »	2 20
Versailles	32	3 »	2 40	1 80
Saint-Cyr	27	2 75	2 »	1 50
Trappes	21	2 10	1 60	1 10
Laverrière	16	1 60	1 15	» 80
Lartoire	9	» 90	» 60	» 45
Epernon	13	1 30	1 »	» 70
Maintenon	21	2 10	1 60	1 10
Jouy	30	3 »	2 35	1 65
Chartres	40	4 »	3 »	2 20

Suite *du* Tarif pour le Transport des Voyageurs.

LIEUX DE DÉPART et DE DESTINATION.	Distances servant de base à la fixation des prix de transport.	1re CLASSE.		2e CLASSE.		3e CLASSE.	
	kilomèt.	fr.	c.	fr.	c.	fr.	c.
D'ÉPERNON à Paris............	61	6	»	4	60	3	60
Bellevue.........	52	5	25	4	»	3	»
Versailles........	44	4	50	3	40	2	50
Saint-Cyr........	39	4	»	3	»	2	20
Trappes.........	34	3	50	2	60	1	85
Laverrière........	28	2	90	2	10	1	50
Lartoire..........	21	2	10	1	60	1	10
Rambouillet......	13	1	30	1	»	»	70
Maintenon........	8	»	80	»	60	»	40
Jouy	18	1	75	1	30	»	95
Chartres.........	28	2	70	2	»	1	40
De MAINTENON à Paris............	69	7	»	5	»	4	»
Bellevue.........	60	6	»	4	50	3	40
Versailles........	52	5	»	4	»	3	»
Saint-Cyr........	47	4	75	3	60	2	60
Trappes.........	41	4	25	3	20	2	35
Laverrière........	36	3	60	2	75	2	»
Lartoire..........	29	3	»	2	25	1	60
Rambouillet......	21	2	10	1	60	1	10
Epernon..........	8	»	80	»	60	»	40
Jouy	10	1	»	»	75	»	50
Chartres.........	20	2	»	1	50	1	»
De JOUY à Paris............	78	8	»	6	»	4	50
Bellevue.........	69	7	»	5	20	4	»
Versailles........	61	6	30	4	70	3	50
Saint-Cyr........	56	5	75	4	30	3	20
Trappes.........	51	5	25	3	90	2	85
Laverrière........	46	4	70	3	50	2	60
Lartoire..........	38	3	90	2	85	2	10
Rambouillet......	30	3	»	2	35	1	65
Epernon..........	18	1	75	1	30	»	95
Maintenon........	10	1	»	»	75	»	50
Chartres.........	10	1	»	»	70	»	50
De CHARTRES à Paris............	88	9	»	6	75	5	»
Bellevue.........	79	8	»	6	»	4	50
Versailles........	71	7	»	5	»	4	»
Saint-Cyr........	66	6	75	5	»	3	80
Trappes.........	61	6	25	4	65	3	40
Laverrière........	55	5	60	4	25	3	10
Lartoire..........	48	4	90	3	75	2	65
Rambouillet......	40	4	»	3	»	2	20
Epernon..........	28	2	70	2	»	1	40
Maintenon........	20	2	»	1	50	1	»
Jouy	10	1	»	»	70	»	50

Tarif pour le transport, à la vitesse des voyageurs, des excédans de bagages, articles de messagerie et marchandises, finances et valeurs, huîtres et poisson frais, voitures, chevaux, bestiaux et autres animaux.

SECTION Ire. — Prix de transport.

§ Ier. — *Bagages, articles de messagerie et marchandises.*

Les prix à percevoir pour le transport des bagages, des articles de messagerie et des marchandises, à grande vitesse, sont réglés ainsi qu'il suit :

Jusqu'à 40 kilog. inclusiv., par fraction indivisible de 10 kilog. (1)...... 0 f. 0040
Au-dessus de 40 kilog., également par fraction indiv. de 10 kilog...... 0   0036
Le minimum du prix à percevoir pour le transport de toute expédition
en articles de messagerie, marchandises et poisson frais, est fixé à... 0   50

§ II. — *Finances et valeurs* (2).

Le transport de l'or et de l'argent, soit en lingots, soit monnayé, soit travaillé, du plaqué d'or et d'argent, des bijoux, pierres précieuses et autres valeurs, sera effectué aux conditions suivantes, quelle que soit la distance parcourue :

Pour une valeur de 1 à 500 francs.............................. 50 c.
  —   de 501 à 1,000 francs....................... 75
Au-dessus de 1,000 francs jusqu'à 10,000 francs par 1,000 francs...... 60
  —   de 10,000 francs, par 1,000 francs...................... 50
Sans que le prix à payer puisse être inférieur à celui du transport de 10,000 francs.

§ III. — *Huîtres et poisson frais.*

Les huîtres et le poisson frais seront taxés conformément au tableau suivant :

EXPÉDITIONS.	PAR KILOMÈTRE et par 10 kilog. lorsqu'ils parcourent	
	de 1 a 50 kilomèt.	au delà de 50 kilomèt.
	fr.	fr.
De 1 à 50 kilogrammes..........................	0,005	0,005
De 51 à 1,000 kilogrammes..........................	0,005	0,0045
De 1,001 à 2,000 kilogrammes	0,0045	0,0045
Au-dessus de 2,000 kilogrammes...,...................	0,0045	0,0040

§ IV. — *Voitures.*

Les voitures transportées à la vitesse des voyageurs seront taxées conformément au tarif suivant :

---

(1) Disposition modifiée par l'arrêté ministériel du 15 avril 1850, rendu exécutoire par l'ordonnance du 30 du même mois.—Voir page 380.
(2) Il ne sera pas perçu de frais de chargement et de déchargement pour les finances et es matières précieuses qui leur seront assimilées.

1º Voitures à 2 et 4 roues, à un fond et une banquette
    dans l'intérieur...................................... 50 c. } par
2º Voitures à 4 roues, à deux fonds et deux banquettes   } kilom.
    dans l'intérieur.................................... 64   }

Conformément à l'article 36 du cahier des charges, *deux* personnes
peuvent, sans supplément de prix voyager dans les voitures à une
banquette, et *trois* dans celles à deux banquettes.

Les voyageurs excédant ce nombre payeront le prix de deuxième
classe.

§ V. — *Chevaux, bestiaux et autres animaux.*

Les chevaux, bestiaux et autres animaux transportés à la vitesse des
voyageurs, payeront les taxes suivantes :

Chevaux, bœufs, vaches, taureaux, mulets, bêtes de trait. 20 c. } par tête
Veaux et porcs.. 08   }   et
Moutons, brebis, agneaux, chèvres, etc............... 04   } par kilom.
Chiens, par parcours indivisible de 50 kilomètres...... 50   par tête.

Les personnes qui, accompagnant les chevaux, prendraient place
dans les wagons-écuries, payeraient le prix des places de troisième
classe.

SECTION II. — Frais accessoires.

Enregistrement, chargement et déchargement, magasinage.

§ Ier. — Enregistrement.

Il sera perçu sur chaque expédition, quelle qu'en soit la nature, un
droit de 10 centimes pour enregistrement.

Tout envoi composé de plusieurs colis expédiés par une même personne à une même personne, ne donnera lieu qu'à un enregistrement,
pourvu que les colis contiennent des marchandises de même nature,
quoique emballées à part, telles que sucre, café, etc., etc.

Au contraire, les colis composant un envoi fait par une même personne à un même destinataire, seront enregistrés et taxés séparément,
s'ils contiennent des marchandises de nature différente.

§ II. — Chargement et déchargement.

Les frais accessoires de chargement et de déchargement seront
réglés ainsi qu'il suit :

      (Bagages, messagerie et poisson frais jusqu'à 40 kilog. inclusiv..... » fr. 50 c.
   1º { Bagages, messagerie et poisson frais, au-dessus de 40 k., jusqu'à 400 k. »   60
      (Bagages, messagerie et poisson frais, au-dessus de 400 kilog., par
          fraction indivisible de 100 kilog........................... »   15
   2º Voitures, par chaque voiture.................................. »   2
   3º Chevaux, bœufs, vaches, taureaux, ânes, mulets et bêtes de trait, par tête. 1   »
   4º Veaux et porcs, par tête.................................... »   50
   5º Moutons, agneaux, chèvres, brebis, par tête.................. »   50

§ III. — Magasinage.

L'administration percevra, à titre de frais de magasinage, un droit
de 20 centimes par fraction indivisible de 100 kilogrammes sur tous
colis, bagages, etc., adressés *bureau restant*.

Lorsque les colis n'auront pas été enlevés dans les vingt-quatre heures, il sera perçu, en outre, un droit supplémentaire de 5 centimes par 100 kilogrammes et par jour.

Les expéditions de finances et valeurs adressées *bureau restant*, qui n'auront pas été enlevées dans les vingt-quatre heures de l'arrivée seront soumises à un droit de magasinage fixé à un quart pour cent par mois de la valeur déclarée, sans que cette taxe puisse jamais être moindre de 25 centimes.

Paris, le 2 juillet 1849.

Arrêté par le ministre des travaux publics,

Signé T. LACROSSE.

N° **25**. — *Extrait de la loi sur la presse.*

Paris, le 27 juillet 1849.

6. Tous distributeurs ou colporteurs de livres, écrits, brochures, gravures et lithographies, devront être pourvus d'une autorisation qui leur sera délivrée, pour le département de la Seine, par le préfet de police, et, pour les autres départements, par les préfets.

Ces autorisations pourront toujours être retirées par les autorités qui les auront délivrées.

Les contrevenants seront condamnés, par les tribunaux correctionnels, à un emprisonnement d'un mois à six mois, et à une amende de 25 francs à 500 francs, sans préjudice des poursuites qui pourraient être dirigées pour crimes ou délits, soit contre les auteurs ou éditeurs de ces écrits, soit contre les distributeurs ou colporteurs eux-mêmes.

7. Indépendamment du dépôt prescrit par la loi du 21 octobre 1814, tous écrits traitant de matières politiques ou d'économie sociale, et ayant moins de dix feuilles d'impression, autres que les journaux ou écrits périodiques, devront être déposés, par l'imprimeur, au parquet du procureur de la République du lieu de l'impression, vingt-quatre heures avant toute publication ou distribution.

L'imprimeur devra déclarer, au moment du dépôt, le nombre d'exemplaires qu'il aura tirés.

Il sera donné récépissé de la déclaration.

Toute contravention aux dispositions du présent article sera punie, par le tribunal de police correctionnelle, d'une amende de 100 francs à 500 francs.

N° **26**. — *Arrêté du ministre des travaux publics concernant les tarifs à percevoir sur les parcours du chemin fer de* Paris à Lyon *pour le transport à grande vitesse, entre* Paris et Tonnerre, *des voyageurs, bagages, chevaux, bestiaux, etc.*

Paris, 8 août 1849.

Le ministre des travaux publics,

Vu la loi du 10 mai 1849, relative à l'exploitation du chemin de fer de Paris à Lyon ;

Vu le cahier des charges annexé à la loi du 16 juillet 1845, relative à l'exploitation dudit chemin de fer ;

Vu les propositions des tarifs présentées par l'ingénieur en chef, directeur de l'exploitation du chemin de fer de Lyon ;

Vu l'avis, sur ces propositions, de la commission spéciale instituée en vertu de ladite loi, pour le contrôle dudit chemin,

Arrête :

1. Les prix à percevoir pour le transport des voyageurs, bagages, chevaux, bestiaux, etc., marchant à grande vitesse, entre Paris et Tonnerre, sont fixés conformément aux tableaux ci-annexés.

2. Le présent arrêté sera immédiatement transmis à MM. les préfets de police, de Seine-et-Oise, de Seine-et-Marne et de l'Yonne, pour être publié et affiché par eux, chacun dans leur département respectif.

T. Lacrosse.

(Tarif.)

Tarif pour le Transport des Voyageurs.

SECTION DE PARIS A TONNERRE.

STATIONS.	DISTAN-CES.	1re CLASSE.		2e CLASSE.		3e CLASSE.	
De PARIS	kilomèt.	fr.	c.	fr.	c.	fr.	c.
à Villeneuve-Saint-Georges..........	15	1	55	1	15	»	85
Montgeron......................	18	1	85	1	40	1	05
Brunoy........................	22	2	25	1	70	1	25
Combs-la-Ville..................	26	2	70	2	»	1	50
Lieusaint......................	31	3	20	2	40	1	80
Cesson........................	38	3	90	2	95	2	20
Melun.........................	45	4	65	3	50	2	60
Bois-le-Roi....................	51	5	25	3	95	2	95
Fontainebleau	59	6	10	4	60	3	40
Thomery.......................	64	6	60	4	95	3	70
Moret et Saint-Mammès..........	69	7	10	5	55	4	»
Montereau.....................	79	8	15	6	15	4	55
Villeneuve-la-Guyard...........	90	9	30	7	»	5	20
Pont-sur-Yonne.................	102	10	55	7	95	5	90
Sens..........................	113	11	65	8	80	6	50
Villeneuve-sur-Yonne...........	127	13	10	9	85	7	35
Saint-Julien-du-Sault..........	135	13	95	10	50	7	80
Joigny........................	146	15	10	11	35	8	45
Laroche.......................	155	16	»	12	05	8	95
Brienon.......................	164	16	95	12	75	9	45
Saint-Florentin...............	175	17	85	13	45	10	»
Flogny........................	184	19	»	14	30	10	60
Tonnerre......................	197	20	35	15	30	11	35
De VILLENEUVE-SAINT-GEORGES							
à Paris........	15	1	55	1	15	»	85
Montgeron......................	3	»	60	»	45	»	35
Brunoy........................	7	»	70	»	55	»	40
Combs-la-Ville.................	12	1	25	»	95	»	70
Lieusaint......................	17	1	75	1	30	1	»
Cesson........................	24	2	45	1	85	1	40
Melun.........................	30	3	10	2	35	1	75
Bois-le-Roi....................	37	3	80	2	85	2	15
Fontainebleau	45	4	65	3	50	2	60
Thomery.......................	49	5	05	3	80	2	80
Moret et Saint-Mammès....	54	5	55	4	20	3	10
Montereau.....................	65	6	70	5	05	3	75
Villeneuve-la-Guyard...........	75	7	75	5	85	4	35
Pont-sur-Yonne	87	9	»	6	75	5	»
Sens..........................	99	10	20	7	70	5	70
Villeneuve-sur-Yonne	113	11	65	8	80	6	50
Saint-Julien-du-Sault..........	121	12	50	9	40	7	»
Joigny........................	132	13	65	10	25	7	60
Laroche.......................	141	14	55	10	95	8	15
Brienon.......................	150	15	50	11	65	8	65
Saint-Florentin...............	158	16	30	12	50	9	10
Flogny........................	170	17	55	13	20	9	80
Tonnerre......................	182	18	80	14	15	10	50

Suite du Tarif pour le Transport des Voyageurs.

SECTION DE PARIS A TONNERRE.

STATIONS.	DISTAN-CES.	1re CLASSE.	2e CLASSE.	3e CLASSE.
De MONTGERON	kilomèt.	fr. c.	fr. c.	fr. c.
à Paris......................	18	1 85	1 40	1 05
Villeneuve-Saint-Georges........	3	» 60	» 45	» 35
Brunoy.....................	4	» 60	» 45	» 35
Combs-la-Ville...............	9	» 90	» 70	» 50
Lieusaint....................	13	1 35	1 »	» 75
Cesson.....................	21	2 15	1 65	1 20
Melun......................	27	2 80	2 10	1 55
Bois-le-Roi.................	34	3 50	2 65	1 95
Fontainebleau...............	42	4 35	3 25	2 40
Thomery....................	46	4 75	3 55	2 65
Moret et Saint-Mammès.........	51	5 25	3 95	2 95
Montereau..................	62	6 40	4 80	3 60
Villeneuve-la-Guyard.........	72	7 45	5 60	4 15
Pont-sur-Yonne...............	84	8 65	6 55	4 85
Sens......................	96	9 90	7 45	5 55
Villeneuve-sur-Yonne..........	110	11 35	8 55	6 35
Saint Julien-du-Sault.........	118	12 20	9 15	6 80
Joigny.....................	128	13 20	9 95	7 40
Laroche....................	138	14 25	10 70	7 95
Brienon....................	146	15 10	11 35	8 45
Saint-Florentin.............	155	16 »	12 05	8 95
Flogny.....................	167	17 25	13 »	9 65
Tonnerre...................	179	18 50	13 90	10 35
De BRUNOY				
à Paris......................	22	2 25	1 70	1 25
Villeneuve-Saint-Georges.........	7	» 70	» 55	» 40
Montgeron	4	» 60	» 45	» 35
Combs-la-Ville................	5	» 60	» 45	» 35
Lieusaint....................	10	1 05	» 75	» 55
Cesson.....................	17	1 75	1 30	1 »
Melun......................	23	2 35	1 80	1 30
Bois-le-Roi.................	30	3 10	2 35	1 75
Fontainebleau...............	38	3 90	2 95	2 20
Thomery....................	43	4 45	3 35	2 50
Moret et Saint-Mammès.........	47	4 85	3 65	2 70
Montereau..................	58	6 »	4 50	3 35
Villeneuve-la-Guyard.........	68	7 »	5 30	3 90
Pont-sur-Yonne...............	81	8 35	6 30	4 65
Sens......................	92	9 50	7 15	5 30
Villeneuve-sur-Yonne..........	106	10 95	8 25	6 10
Saint-Julien-du-Sault.........	114	11 75	8 85	6 60
Joigny.....................	125	12 90	9 70	7 20
Laroche....................	134	13 85	10 40	7 75
Brienon....................	143	14 75	11 10	8 25
Saint-Florentin.............	152	15 70	11 80	8 75
Flogny.....................	163	16 85	12 65	9 40
Tonnerre...................	176	18 20	13 70	10 15

Suite du Tarif pour le Transport des Voyageurs.

SECTION DE PARIS. A TONNERRE.

STATIONS.	DISTAN-CES.	1ʳᵉ CLASSE.		2ᵉ CLASSE.		3ᵉ CLASSE.	
		fr.	c.	fr.	c.	fr.	c.
De COMBS-LA-VILLE	kilomèt.						
à Paris.............................	26	2	70	2	»	1	80
Villeneuve-Saint-Georges	12	1	25	»	95	»	70
Montgeron.........................	9	»	90	»	70	»	50
Brunoy............................	5	»	60	»	45	»	35
Lieusaint..........................	5	»	60	»	45	»	35
Cesson............................	12	1	25	»	95	»	70
Melun.............................	19	1	95	1	45	1	10
Bois-le-Roi.......................	25	2	60	1	95	1	45
Fontainebleau....................	33	3	40	2	55	1	90
Thomery..........................	38	3	90	2	95	2	20
Moret et Saint-Mammés..........	43	4	45	3	55	2	50
Montereau........................	55	5	45	4	10	3	05
Villeneuve-la-Guyard............	64	6	60	4	95	3	70
Pont-sur-Yonne..................	76	7	85	5	90	4	40
Sens ... ..'.......................	87	9	»	6	75	5	»
Villeneuve-sur-Yonne.............	101	10	45	7	85	5	85
Saint-Julien-du-Sault.............	109	11	25	8	45	6	30
Joigny...........................	120	12	40	9	35	6	95
Laroche..........................	129	13	30	10	»	7	45
Brienon.........................	138	14	25	10	70	7	95
Saint-Florentin.................	147	15	20	11	40	8	50
Flogny...........................	158	16	30	12	50	9	10
Tonnerre........................	171	17	65	13	30	9	85
De LIEUSAINT							
à Paris.............................	31	3	20	2	40	1	80
Villeneuve-Saint-Georges...........	17	1	75	1	30	1	»
Montgeron........................	13	1	35	1	»	»	75
Brunoy...........................	10	1	05	»	75	»	55
Combs-la-Ville...................	5	»	60	»	45	»	35
Cesson	8	»	80	»	60	»	45
Melun............................	·14	1	45	1	10	»	80
Bois-le-Roi.......................	21	2	15	1	65	1	20
Fontainebleau....................	29	3	»	2	25	1	65
Thomery..........................	35	3	40	2	55	1	90
Moret et Saint-Mammés..........	38	3	90	2	95	2	20
Montereau........................	49	5	05	3	80	2	80
Villeneuve-la-Guyard	59	6	10	4	60	3	40
Pont-sur-Yonne..................	71	7	35	5	50	4	10
Sens	83	8	55	6	45	4	80
Villeneuve-sur-Yonne.............	97	10	»	7	55	5	60
Saint-Julien-du-Sault.............	105	10	85	8	15	6	05
Joigny...........................	115	11	85	8	95	6	65
Laroche..........................	125	12	90	9	70	7	20
Brienon.........................	135	13	75	10	35	7	70
Saint-Florentin.................	142	14	65	11	05	8	20
Flogny...........................	154	15	90	11	95	8	90
Tonnerre........................	166	17	15	12	90	9	60

APPENDICE.

Suite du Tarif pour le Transport des Voyageurs.

SECTION DE PARIS A TONNERRE.

STATIONS.	DISTAN-CES.	1re CLASSE.		2e CLASSE.		3e CLASSE.	
De CESSON	kilomèt.	fr.	c.	fr.	c.	fr.	c.
à Paris...............	38	3	90	2	95	2	20
Villeneuve-Saint-Georges..........	24	2	45	1	85	1	40
Montgeron	21	2	15	1	65	1	20
Brunoy..................	17	1	75	1	30	1	»
Combs-la-Ville.............	12	1	25	»	95	»	70
Lieusaint.................	8	»	80	»	60	»	45
Melun....................	7	»	70	»	55	»	40
Bois-le-Roi..............	14	1	45	1	10	»	80
Fontainebleau..............	22	2	25	1	70	1	25
Thomery..............	26	2	70	2	»	1	50
Moret et Saint-Mammès..........	31	3	20	2	40	1	80
Montereau............	41	4	25	3	20	2	35
Villeneuve-la-Guyard.............	52	5	35	4	05	3	»
Pont-sur-Yonne.................	64	6	60	4	95	3	70
Sens.....................	75	7	75	5	85	4	35
Villeneuve-sur-Yonne..........	90	9	30	7	»	5	20
Saint-Julien-du-Sault...........	97	10	»	7	55	5	60
Joigny...............	108	11	15	8	40	6	25
Laroche................	118	12	20	9	15	6	80
Brienon...............	126	13	»	9	80	7	25
Saint-Florentin............	135	13	95	10	50	7	80
Flogny...............	146	15	10	11	35	8	45
Tonnerre...............	159	16	40	12	35	9	20
De MELUN							
à Paris..............	45	4	65	3	50	2	60
Villeneuve-Saint-Georges..........	30	3	10	2	35	1	75
Montgeron.....................	27	2	80	2	10	1	55
Brunoy......................	23	2	35	1	80	1	30
Combs-la-Ville.............	19	1	95	1	45	1	10
Lieusaint.................	14	1	45	1	10	»	80
Cesson..................	7	»	70	»	55	»	40
Bois-le-Roi..............	7	»	70	»	55	»	40
Fontainebleau..............	15	1	55	1	15	»	85
Thomery..............	20	2	05	1	55	1	15
Moret et Saint-Mammès..........	24	2	45	1	85	1	40
Montereau............	35	3	60	2	70	2	»
Villeneuve-la-Guyard.............	46	4	75	3	55	2	65
Pont-sur-Yonne.............	58	6	»	4	50	3	35
Sens.....................	69	7	10	5	35	4	»
Villeneuve-sur-Yonne..........	83	8	55	6	45	4	80
Saint-Julien-du-Sault...........	91	9	40	7	05	5	25
Joigny...............	102	10	55	7	95	5	90
Laroche................	111	11	45	8	65	6	40
Brienon...............	120	12	40	9	55	6	95
Saint-Florentin............	129	13	50	10	»	7	45
Flogny...............	140	14	45	10	90	8	10
Tonnerre...............	153	15	80	11	90	8	85

Suite du Tarif pour le Transport des Voyageurs.

SECTION DE PARIS A TONNERRE.

STATIONS.	DISTAN-CES.	1re CLASSE.		2e CLASSE.		3e CLASSE.	
De BOIS-LE-ROI	kilomèt.	fr.	c.	fr.	c.	fr.	c.
à Paris............	51	5	25	3	95	2	95
Villeneuve-Saint-Georges..........	57	3	80	2	85	2	15
Montgeron....................	54	3	50	2	65	1	95
Brunoy....................	50	3	10	2	35	1	75
Combs-la-Ville............	25	2	60	1	95	1	45
Lieusaint................	21	2	15	1	65	1	20
Cesson..................	14	1	45	1	10	»	80
Melun..................	7	»	70	»	55	»	40
Fontainebleau..........	8	»	80	»	60	»	45
Thomery..............	13	1	35	1	»	»	75
Moret et Saint-Mammès......	18	1	85	1	40	1	05
Montereau...........	28	2	90	2	15	1	60
Villeneuve-la-Guyard..........	59	4	»	3	05	2	25
Pont-sur-Yonne................	51	5	25	3	95	2	95
Sens....................	62	6	40	4	80	3	60
Villeneuve-sur-Yonne........	76	7	85	5	90	4	40
Saint-Julien-du-Sault........	84	8	65	6	55	4	85
Joigny..................	95	9	80	7	40	5	50
Laroche................	104	10	75	8	10	6	»
Brienon................	115	11	65	8	80	6	50
Saint-Florentin...........	122	12	60	9	50	7	05
Flogny..................	135	13	75	10	35	7	70
Tonnerre...............	146	15	10	11	35	8	45
De FONTAINEBLEAU							
à Paris............	59	6	10	4	60	3	40
Villeneuve-Saint-Georges.........	45	4	65	3	50	2	60
Montgeron..................	42	4	35	3	25	2	40
Brunoy....................	38	3	90	2	95	2	20
Combs-la-Ville..............	33	3	40	2	55	1	90
Lieusaint.................	29	3	»	2	25	1	65
Cesson...................	22	2	25	1	70	1	25
Melun.................	15	1	55	1	15	»	85
Bois-le-Roi............	8	»	80	»	60	»	45
Thomery.............	5	»	60	»	45	»	35
Moret et Saint-Mammès.......	10	1	05	»	75	»	55
Montereau............	20	2	05	1	55	1	15
Villeneuve-la-Guyard............	51	3	20	2	40	1	80
Pont-sur-Yonne........	43	4	45	3	35	2	50
Sens...............	54	5	55	4	20	3	10
Villeneuve-sur-Yonne........	68	7	»	5	30	3	90
Saint-Julien-du-Sault.........	76	7	85	5	90	4	40
Joigny.................	87	9	»	6	75	5	»
Laroche..............	96	9	90	7	45	5	55
Brienon.............	105	10	85	8	15	6	05
Saint-Florentin............	114	11	75	8	85	6	60
Flogny...............	125	12	90	9	70	7	20
Tonnerre..............	138	14	25	10	70	7	95

Suite du Tarif pour le Transport des Voyageurs.

SECTION DE PARIS A TONNERRE.

STATIONS.	DISTAN-CES.	1re CLASSE.	2e CLASSE.	3e CLASSE.
De Thomery	kilomèt.	fr. c.	fr. c.	fr. c.
à Paris..........................	64	6 60	4 95	3 70
Villeneuve-Saint-Georges...........	49	5 05	3 80	2 80
Montgeron........................	46	4 75	3 55	2 65
Brunoy..........................	45	4 45	3 35	2 50
Combs-la-Ville....................	38	3 90	2 95	2 20
Lieusaint........................	33	3 40	2 55	1 90
Cesson..........................	26	2 70	2 »	1 50
Melun...........................	20	2 05	1 55	1 15
Bois-le-Roi......................	13	1 35	1 »	» 75
Fontainebleau....................	5	» 60	» 45	» 35
Moret et Saint-Mammès............	5	» 60	» 45	» 35
Montereau.......................	16	1 65	1 25	» 90
Villeneuve-la-Guyard..............	26	2 70	2 »	1 50
Pont-sur-Yonne...................	38	3 90	2 95	2 20
Sens............................	50	5 15	3 90	2 90
Villeneuve-sur-Yonne..............	64	6 60	4 95	3 70
Saint-Julien-du-Sault.............	72	7 45	5 60	4 15
Joigny..........................	83	8 55	6 45	4 80
Laroche.........................	92	9 50	7 15	5 50
Brienon.........................	101	10 45	7 85	5 85
Saint-Florentin..................	109	11 25	8 45	6 30
Flogny..........................	121	12 50	9 40	7 »
Tonnerre........................	133	13 75	10 35	7 70
De Moret et Saint-Mammès				
à Paris..........................	69	7 10	5 35	4 »
Villeneuve-Saint-Georges...........	54	5 55	4 20	3 10
Montgeron........................	51	5 25	3 95	2 95
Brunoy..........................	47	4 85	3 65	2 70
Combs-la-Ville....................	43	4 45	3 55	2 50
Lieusaint........................	38	3 90	2 95	2 20
Cesson..........................	31	3 20	2 40	1 80
Melun...........................	24	2 45	1 85	1 40
Bois-le-Bois.....................	18	1 85	1 40	1 05
Fontainebleau....................	10	1 05	» 75	» 55
Thomery.........................	5	» 60	» 45	» 35
Montereau.......................	11	1 15	» 85	» 65
Villeneuve-la-Guyard..............	21	2 15	1 65	1 20
Pont-sur-Yonne...................	34	3 50	2 65	1 95
Sens............................	45	4 65	3 50	2 60
Villeneuve-sur-Yonne..............	59	6 10	4 60	3 40
Saint-Julien-du-Sault.............	67	6 90	5 20	3 85
Joigny..........................	78	8 05	6 05	4 50
Laroche.........................	87	9 »	6 75	5 »
Brienon.........................	96	9 90	7 45	5 55
Saint-Florentin..................	105	10 85	8 15	6 05
Flogny..........................	116	12 »	9 »	6 70
Tonnerre........................	128	13 20	9 95	7 40

Suite du Tarif pour le Transport des Voyageurs.

SECTION DE PARIS A TONNERRE.

STATIONS.	DISTAN-CES.	1re CLASSE.	2e CLASSE.	3e CLASSE.
De MONTEREAU	kilomèt.	fr. c.	fr. c.	fr. c.
à Paris.........................	79	8 15	6 15	4 55
Villeneuve-Saint-Georges..........	65	6 70	5 05	3 75
Montgeron.......................	62	6 40	4 80	3 60
Brunoy.........................	58	6 »	4 50	3 35
Combs-la-Ville...................	53	5 45	4 10	3 05
Lieusaint........................	49	5 05	3 80	2 80
Cesson..........................	41	4 25	3 20	2 35
Melun...........................	35	3 60	2 70	2 »
Bois-le-Roi	28	2 90	2 15	1 60
Fontainebleau....................	20	2 05	1 55	1 15
Thomery.........................	16	1 65	1 25	» 90
Moret et Saint-Mammès...........	11	1 15	» 85	» 65
Villeneuve-la-Guyard.............	11	1 15	» 85	» 65
Pont-sur-Yonne..................	25	2 55	1 80	1 30
Sens............................	31	3 50	2 65	1 95
Villeneuve-sur-Yonne.............	49	5 05	3 80	2 80
Saint-Julien-du-Sault............	56	5 80	4 35	3 25
Joigny	67	6 90	5 20	3 85
Laroche.........................	77	7 95	6 »	4 45
Brienon.........................	85	8 80	6 60	4 90
Saint-Florentin..................	94	9 70	7 30	5 40
Flogny..........................	105	10 85	8 15	6 05
Tonnerre........................	118	12 20	9 15	6 80
De VILLENEUVE-LA-GUYARD				
à Paris.........................	90	9 50	7 »	5 20
Villeneuve-Saint-Georges..........	75	7 35	5 85	4 35
Montgeron.......................	72	7 45	5 60	4 15
Brunoy.........................	68	7 »	5 30	3 90
Combs-la-Ville...................	64	6 60	4 95	3 70
Lieusaint........................	59	6 10	4 60	3 40
Cesson	52	5 35	4 05	3 »
Melun...........................	46	4 75	3 55	2 65
Bois-le-Roi	39	4 »	3 05	2 25
Fontainebleau....................	31	3 20	2 40	1 80
Thomery.........................	26	2 70	2 »	1 50
Moret et Saint-Mammès...........	21	2 15	1 65	1 20
Montereau.......................	11	1 15	» 85	» 65
Pont-sur-Yonne..................	13	1 35	1 »	» 75
Sens............................	24	2 45	1 85	1 40
Villeneuve-sur-Yonne.............	38	3 90	2 95	2 20
Saint-Julien-du-Sault............	46	4 75	3 55	2 65
Joigny	57	5 90	4 45	3 30
Laroche.........................	66	6 80	5 15	3 80
Brienon.........................	75	7 75	5 85	4 35
Saint-Florentin..................	84	8 65	6 55	4 85
Flogny..........................	95	9 80	7 40	5 50
Tonnerre........................	107	11 05	8 30	6 15

Suite du Tarif pour le Transport des Voyageurs.

SECTION DE PARIS A TONNERRE.

STATIONS.	DISTAN-CES.	1re CLASSE.		2e CLASSE.		3e CLASSE.	
De PONT-SUR-YONNE	kilomèt.	fr.	c.	fr.	c.	fr.	c.
à Paris...............	102	10	55	7	95	5	90
Villeneuve-Saint-Georges	87	9	»	6	75	5	»
Montgeron......................	84	8	65	6	55	4	85
Brunoy........................	81	8	55	6	30	4	65
Combs-la-Ville........	76	7	85	5	90	4	40
Lieusaint....................	71	7	35	5	50	4	10
Cesson......................	64	6	60	4	95	3	70
Melun........................	58	6	»	4	50	3	35
Bois-le-Roi..................	51	5	25	3	95	2	95
Fontainebleau................	45	4	45	3	35	2	50
Thomery.....................	58	5	10	2	95	2	20
Moret et Saint-Mammès........	34	3	50	2	65	1	95
Montereau...................	25	2	25	1	80	1	30
Villeneuve-la-Guyard..........	15	1	55	1	»	»	75
Sens........................	12	1	25	»	95	»	70
Villeneuve-sur-Yonne..........	26	2	70	2	»	1	50
Saint-Julien-du-Sault..........	34	3	50	2	65	1	95
Joigny......................	44	4	55	3	40	2	55
Laroche....................	54	5	55	4	20	3	10
Brienon....................	63	6	50	4	90	3	65
Saint-Florentin.............	71	7	35	5	50	4	10
Flogny.....................	83	8	55	6	45	4	80
Tonnerre....................	95	9	80	7	40	5	50
De SENS							
à Paris...............	115	11	65	8	80	6	50
Villeneuve-Saint-Georges...........	99	10	20	7	70	5	70
Montgeron...................	96	9	90	7	45	5	55
Brunoy.....................	92	9	50	7	15	5	30
Combs-la-Ville...............	87	9	»	6	75	5	»
Lieusaint...................	85	8	55	6	45	4	80
Cesson.....................	75	7	75	5	85	4	35
Melun......................	69	7	10	5	35	4	»
Bois-le-Roi.................	62	6	40	4	80	3	60
Fontainebleau.......	54	5	55	4	20	3	10
Thomery....................	50	5	15	3	90	2	90
Moret et Saint-Mammès...........	45	4	65	3	50	2	60
Montereau...................	34	3	50	2	65	1	95
Villeneuve-la-Guyard..........	24	2	45	1	85	1	40
Pont-sur-Yonne.............	12	1	25	»	95	»	70
Villeneuve-sur-Yonne.........	15	1	55	1	15	»	85
Saint-Julien-du-Sault..........	22	2	25	1	70	1	25
Joigny.....................	35	3	40	2	55	1	90
Laroche....................	45	4	45	3	35	2	50
Brienon....................	51	5	25	3	95	2	95
Saint-Florentin.............	60	6	20	4	65	3	45
Flogny.....................	71	7	55	5	50	4	10
Tonnerre....................	84	8	65	6	55	4	85

Suite du Tarif pour le Transport des Voyageurs.

SECTION DE PARIS A TONNERRE.

STATIONS.	DISTANCES.	1re CLASSE.	2e CLASSE.	3e CLASSE.
De VILLENEUVE-SUR-YONNE	kilomèt.	fr. c.	fr. c.	fr. c.
à Paris.......................	127	13 10	9 85	7 35
Villeneuve-Saint-Georges...........	113	11 65	8 80	6 50
Montgeron......................	110	11 35	8 55	6 35
Brunoy.........................	106	10 95	8 25	6 10
Combs-la-Ville.................	101	10 45	7 85	5 85
Lieusaint......................	97	10 »	7 55	6 60
Cesson.........................	90	9 30	7 »	5 20
Melun..........................	83	8 55	6 45	4 80
Bois-le-Roi....................	76	7 85	5 90	4 40
Fontainebleau..................	68	7 »	5 30	3 90
Thomery........................	64	6 60	4 95	3 70
Moret et Saint-Mammès..........	59	6 10	4 60	5 40
Montereau......................	49	5 05	3 80	2 80
Villeneuve-la-Guyard...........	38	3 90	2 95	2 20
Pont-sur-Yonne.................	26	2 70	2 »	1 50
Sens...........................	15	1 55	1 15	» 85
Saint-Julien-du-Sault..........	8	» 80	» 60	» 45
Joigny.........................	19	1 95	1 45	1 10
Laroche........................	28	2 90	2 15	1 60
Brienon........................	57	3 80	2 85	2 15
Saint-Florentin...............	46	4 75	3 55	2 65
Flogny.........................	57	5 90	4 45	3 30
Tonnerre.......................	70	7 25	5 45	4 05
De SAINT-JULIEN-DU-SAULT				
à Paris.......................	135	13 97	10 50	7 80
Villeneuve-Saint-Georges	121	12 50	9 40	7 »
Montgeron	118	12 20	9 15	6 80
Brunoy.........................	114	11 75	8 85	6 60
Combs-la-Ville.................	109	11 25	8 45	6 05
Lieusaint......................	105	10 85	8 15	5 60
Cesson.........................	97	10 »	7 55	5 25
Melun..........................	91	9 40	7 05	4 85
Bois-le-Roi....................	84	8 65	6 55	4 40
Fontainebleau..................	76	7 85	5 90	4 15
Thomery........................	72	7 45	5 60	3 85
Moret et Saint-Mammès..........	67	6 90	5 20	3 25
Montereau......................	56	5 80	4 35	2 65
Villeneuve-la-Guyard......	46	4 75	3 55	1 95
Pont-sur-Yonne.................	34	3 50	2 65	1 25
Sens...........................	22	2 25	1 70	» 45
Villeneuve-sur-Yonne...........	8	» 80	» 60	» 65
Joigny.........................	11	1 15	» 85	1 20
Laroche........................	21	2 15	1 65	1 65
Brienon........................	29	3 »	2 25	2 20
Saint-Florentin...............	58	3 90	2 95	2 80
Flogny.........................	49	5 05	3 80	5 60
Tonnerre.......................	62	6 40	4 80	

APPENDICE.

Suite *du* Tarif pour le Transport des Voyageurs.

SECTION DE PARIS A TONNERRE.

STATIONS.	DISTAN-CES.	1re CLASSE.	2e CLASSE.	3e CLASSE.
De JOIGNY	kilomèt.	fr. c.	fr. c.	fr. c.
à Paris...............	146	15 10	11 35	8 45
Villeneuve-Saint-Georges.........	132	13 65	10 25	7 60
Montgeron.....................	128	13 20	9 95	7 40
Brunoy.......................	125	12 90	9 70	7 20
Combs-la-Ville.................	120	12 40	9 35	6 95
Lieusaint.....................	115	11 85	8 95	6 65
Cesson.......................	108	11 15	8 40	6 25
Melun.........................	102	10 55	7 95	5 90
Bois-le-Roi....................	95	9 80	7 40	5 50
Fontainebleau.................	87	9 »	6 75	5 »
Thomery......................	83	8 55	6 45	4 80
Moret et Saint-Mammès.........	78	8 05	6 05	4 50
Montereau....................	67	6 90	5 20	3 85
Villeneuve-la-Guyard..........	57	5 90	4 85	3 30
Pont-sur-Yonne...............	44	4 55	3 40	2 55
Sens.........................	35	3 40	2 55	1 90
Villeneuve-sur-Yonne.........	19	1 95	1 45	1 10
Saint-Julien-du-Sault.........	11	1 15	» 85	» 65
Laroche......................	10	1 05	» 75	» 55
Brienon......................	18	1 85	1 40	1 05
Saint-Florentin...............	27	2 80	2 10	1 55
Flogny.......................	39	4 »	3 05	2 25
Tonnerre.....................	51	5 25	3 95	2 95
De LAROCHE				
à Paris...............	155	16 »	12 05	8 95
Villeneuve-Saint-Georges.........	141	14 55	10 95	8 15
Montgeron.....................	138	14 25	10 70	7 95
Brunoy.......................	134	13 85	10 40	7 75
Combs-la-Ville.................	129	13 30	10 »	7 45
Lieusaint.....................	125	12 90	9 70	7 20
Cesson.......................	118	12 20	9 15	6 80
Melun.........................	111	11 45	8 65	6 40
Bois-le-Roi....................	104	10 75	8 10	6 »
Fontainebleau.................	96	9 90	7 45	5 55
Thomery......................	92	9 50	7 15	5 30
Moret et Saint-Mammès.........	87	9 »	6 75	5 »
Montereau....................	77	7 95	6 »	4 45
Villeneuve-la-Guyard..........	66	6 80	5 15	5 80
Pont-sur-Yonne...............	54	5 55	4 20	3 10
Sens.........................	43	4 45	3 35	2 50
Villeneuve-sur-Yonne.........	28	2 90	2 15	1 60
Saint-Julien-du-Sault.........	21	2 15	1 65	1 20
Joigny.......................	10	1 05	» 75	» 55
Brienon......................	9	» 90	» 70	» 50
Saint-Florentin...............	18	1 85	1 40	1 05
Flogny.......................	29	3 »	2 25	1 65
Tonnerre.....................	42	4 35	3 25	2 40

Suite *du* Tarif pour le Transport des Voyageurs.

SECTION DE PARIS A TONNERRE.

STATIONS.	DISTAN-CES.	1re CLASSE.		2e CLASSE.		3e CLASSE.	
De BRIENON	kilomèt.	fr.	c.	fr.	c.	fr.	c.
à Paris........................	164	16	95	12	75	9	45
Villeneuve-Saint-Georges..........	150	15	50	11	65	8	65
Montgeron......................	146	15	10	11	55	8	45
Brunoy........................	145	14	75	11	10	8	25
Combs-la-Ville.................	138	14	25	10	70	7	95
Lieusaint......................	135	13	75	10	35	7	70
Cesson........................	126	13	»	9	80	7	25
Melun.........................	120	12	40	9	35	6	95
Bois-le-Roi....................	115	11	65	8	80	6	50
Fontainebleau..................	105	10	85	8	15	6	05
Thomery.......................	101	10	45	7	85	5	85
Moret et Saint-Mammès..........	96	9	90	7	45	5	55
Montereau.....................	83	8	80	6	60	4	90
Villeneuve-la-Guyard...........	75	7	75	5	85	4	35
Pont-sur-Yonne.................	65	6	50	4	90	3	65
Sens..........................	51	5	25	5	95	2	95
Villeneuve-sur-Yonne...........	37	5	80	2	85	2	15
Saint-Julien-du-Sault.........	29	3	»	2	25	1	65
Joigny........................	18	1	85	1	40	1	05
Laroche.......................	9	»	90	»	70	»	50
Saint-Florentin...............	9	»	90	»	70	»	50
Flogny........................	21	2	15	1	65	1	20
Tonnerre......................	33	3	40	2	55	1	90
De SAINT-FLORENTIN							
à Paris.......................	173	17	85	13	45	10	»
Villeneuve Saint-Georges..........	158	16	30	12	30	9	10
Montgeron.....................	155	16	»	12	05	8	95
Brunoy........................	152	15	70	11	80	8	75
Combs-la-Ville.................	147	15	20	11	40	8	50
Lieusaint.....................	142	14	65	11	05	8	20
Cesson........................	135	13	95	10	50	7	80
Melun.........................	129	13	20	10	»	7	45
Bois-le-Roi....................	122	12	60	9	50	7	05
Fontainebleau.................	114	11	75	8	85	6	60
Thomery.......................	109	11	25	8	45	6	50
Moret et Saint-Mammès..........	105	10	85	8	15	6	05
Montereau.....................	94	9	70	7	30	5	40
Villeneuve-la-Guyard..........	84	8	65	6	55	4	85
Pont-sur-Yonne.................	71	7	35	5	50	4	10
Sens..........................	60	6	20	4	65	3	45
Villeneuve-sur-Yonne..........	46	4	75	3	55	2	65
Saint-Julien-du-Sault.........	38	5	90	2	95	2	20
Joigny........................	27	2	80	2	10	1	55
Laroche.......................	18	1	85	1	40	1	05
Brienon.......................	9	»	90	»	70	»	50
Flogny........................	12	1	25	»	95	»	70
Tonnerre......................	24	2	45	1	85	1	40

Suite du Tarif pour le Transport des Voyageurs.

SECTION DE PARIS A TONNERRE.

STATIONS.	DISTAN-CES.	1re CLASSE.	2e CLASSE.	3e CLASSE.
De FLOGNY	kilomèt.	fr. c.	fr. c.	fr. c.
à Paris....................	184	19 »	14 50	10 60
Villeneuve-Saint-Georges..........	170	17 55	13 20	9 80
Montgeron......................	167	17 25	13 »	9 65
Brunoy........................	165	16 85	12 65	9 40
Combs-la-Ville.................	158	16 30	12 30	9 10
Lieusaint......................	151	15 90	11 95	8 90
Cesson........................	146	15 10	11 35	8 45
Melun	140	14 45	10 90	8 10
Bois-le-Roi....................	133	13 75	10 35	7 70
Fontainebleau	125	12 90	9 70	7 20
Thomery	121	12 50	9 40	7 »
Moret et Saint-Mammès..........	116	12 »	9 »	6 70
Montereau.....................	105	10 85	8 15	6 05
Villeneuve-la-Guyard...........	95	9 80	7 40	5 50
Pont-sur-Yonne................	85	8 55	6 45	4 80
Sens..........................	71	7 35	5 50	4 10
Villeneuve-sur-Yonne..........	57	5 90	4 45	3 30
Saint-Julien-du-Sault..........	49	5 05	3 80	2 80
Joigny........................	39	4 »	3 30	2 25
Laroche.......................	29	3 »	2 25	1 65
Brienon	21	2 15	1 65	1 20
Saint-Florentin	12	1 25	» 95	» 70
Tonnerre	15	1 55	1 »	» 75
De TONNERRE				
à Paris....................	197	20 75	15 50	11 55
Villeneuve-Saint-Georges..........	182	18 80	14 15	10 50
Montgeron......................	179	18 50	13 90	10 35
Brunoy........................	176	18 20	13 70	10 15
Combs-la-Ville.................	171	17 65	13 30	9 85
Lieusaint......................	166	17 15	12 90	9 60
Cesson........................	159	16 40	12 35	9 20
Melun	155	15 80	11 90	8 85
Bois-le-Roi....................	146	15 10	11 35	8 45
Fontainebleau	138	14 25	10 70	7 95
Thomery	155	13 75	10 35	7 70
Moret et Saint-Mammès..........	128	13 20	9 95	7 40
Montereau.....................	118	12 20	9 15	6 80
Villeneuve-la-Guyard...........	107	12 05	8 30	6 15
Pont-sur-Yonne................	95	9 80	7 40	5 50
Sens..........................	84	8 65	6 55	4 85
Villeneuve-sur-Yonne..........	70	7 25	5 45	4 05
Saint-Julien-du-Sault..........	62	6 40	4 80	3 60
Joigny........................	51	5 25	3 95	2 95
Laroche.......................	42	4 35	3 25	2 40
Brienon.......................	55	3 40	2 55	1 90
Saint-Florentin...............	24	2 45	1 85	1 10
Flogny........................	15	1 55	1 »	» 75

Tarif pour le transport à la vitesse des voyageurs, des excédants de bagages, articles de messagerie et marchandises, finances et valeurs, voitures, chevaux, bestiaux et autres animaux.

SECTION Ire. — Prix de transport.

Bagages, articles de messagerie et marchandises, finances et valeurs, voitures, chevaux, bestiaux et autres animaux.

§ Ier. — Bagages, articles de messagerie, marchandises (1).

	Par fraction indivisible de 10 kilog. et par kilom.
	fr.
Au-dessus de 10 kilog. jusqu'à 50 kilog. inclusivement..........	0 004
Au-dessus de 50 kilogrammes..................................	0 0036

Néanmoins, le prix de transport à percevoir, en vertu du tarif ci-dessus, pour les colis d'un poids supérieur à 10 kilogrammes, ne pourra être moindre de 50 centimes.

§ II. — Finances et valeurs.

Le transport de l'or et de l'argent, soit en lingots, soit monnayés ou travaillés, plaqué d'or ou d'argent, mercure et platine, ainsi que bijoux, pierres précieuses et autres valeurs, sera effectué aux prix ci-après :

	Par distance de 70 kilomètres.
	fr. c.
De 1 à 500 francs inclusivement.............................	» 30
De 501 à 1,000 francs id.	» 50
Au-dessus pour les premiers 1,000 francs comme ci-dessus, et pour le surplus de la somme, par fraction indivisible de 1,000 francs..	» 50

§ III. — Voitures.

Les voitures sur plates-formes seront transportées aux prix suivants :

DE PARIS A TONNERRE.

1º Voitures à 2 et 4 roues, à 1 fond et 1 banquette
dans l'intérieur............................... 50 c. } par
2º Voitures à 4 roues, à 2 fonds et 2 banquettes dans } kilomètre.
l'intérieur.................................. 64 }

---

(1) Les prix et conditions du transport des colis ne dépassant pas le poids de 10 kilog. sont remplacés par les dispositions de l'art. 3 de l'ord. du 31 mai 1850.—Voir page 838.

Conformément à l'article 41 du cahier des charges, deux personnes peuvent, sans supplément de prix, voyager dans les voitures à une banquette, et trois dans celles à deux banquettes.

Les voyageurs, excédant ce nombre, payeront le prix de deuxième classe.

Les stations qui pourront recevoir et expédier les voitures des deux catégories ci-dessus seront ultérieurement désignés par le ministre.

§ IV. — Chevaux, bestiaux et autres animaux.

Les prix du transport des chevaux, bestiaux et autres animaux, sont fixés ainsi qu'il suit :

```
1 cheval ........................................ 20 c.  par kilomètre.
2 chevaux au même propriétaire................. 18  }    par tête
3     —            —        ................. 15  } et par kilomètre.
Bœufs, vaches, taureaux, ânes, mulets........... 20  }    par tête
Veaux et porcs................................. 08  }     et
Moutons, chèvres, brebis, agneaux.............. 04  } par kilomètre.
Chiens, par parcours indivisible de 30 kilomètres.. 50    par tête.
```

SECTION II. — Frais accessoires.

Enregistrement, chargement et déchargement, magasinage.

§ Ier. — Enregistrement.

Il sera perçu un droit fixe de 10 centimes pour l'enregistrement de toute expédition, quelle qu'en soit la nature.

Tout envoi composé de plusieurs colis expédiés par une même personne et adressés à un même destinataire, ne donnera lieu qu'à un seul enregistrement, pourvu que les colis contiennent même nature de marchandises.

Au contraire, les colis composant un envoi fait par une même personne à un même destinataire, mais qui seront de nature différente, seront enregistrés séparément et soumis à autant de droits de 10 centimes qu'il y aura de colis.

§ II. — Chargement et déchargement.

Les frais accessoires de chargement et déchargement sont réglés ainsi qu'il suit :

```
    ( Bagages, articles de messagerie, finances, valeurs et
    |   marchandises de toute nature, de 51 à 100 kilog.
    |   inclusivement.............................. » fr. 30 c.
    | Bagages, articles de messagerie, finances, valeurs et
1°  {   marchandises de toute nature, de 101 kilogrammes
    |   à 500 kilogrammes.......................... »   60
    | Bagages, articles de messagerie, finances, valeurs et
    |   marchandises de toute nature, au-dessus de
    ( 500 kilogrammes, par fractions de 100 kilogrammes. »   15
2° Voitures, par chaque voiture................... 2   »
3° Chevaux........................................ 1   »    }
4° Bœufs, vaches, taureaux, ânes, mulets.......... 1   »    } par tête.
5° Veaux et porcs................................. »   50   }
6° Moutons, chèvres, brebis, agneaux.... ........... »   60   }
```

§ III. — Magasinage.

Il sera perçu, à titre de magasinage, pour tout colis adressé *bureau restant*, 20 centimes par fractions de 100 kilogrammes.

Lorsque le colis n'aura pas été enlevé au bout de *quarante-huit heures*, il sera perçu, par fractions de 100 kilogrammes et par *vingt-quatre heures*, 5 centimes.

Pour tous articles de finances ou valeurs, *un quart pour cent* de la valeur déclarée, sans que jamais le droit puisse être inférieur à 25 centimes.

N° 27. — *Arrêté du ministre des travaux publics, relatif au tarif à percevoir pour le transport à grande vitesse, sur le chemin de fer de* Paris *à* Chartres, *des denrées destinées à l'approvisionnement des halles et marchés, du lait et des plates-formes chargées de maringottes* (chemin de l'Ouest).

Paris, 27 octobre 1849.

Le ministre des travaux publics,

Vu la loi du 21 avril 1849, relative à l'exploitation du chemin de fer de Versailles à Chartres ;

Vu le cahier des charges annexé à la loi du 21 juin 1846, relative à l'exploitation du chemin de fer de l'Ouest ;

Vu l'arrêté du 2 juillet 1849, fixant les tarifs du transport des marchandises, à grande vitesse, sur ledit chemin de fer ;

Vu l'avis, en date du 17 octobre 1849, de la commission instituée en vertu de l'article 2 de la loi du 21 avril 1849, sur les modifications aux tarifs du transport des marchandises, à grande vitesse, proposées par le directeur de l'exploitation du chemin de fer de Chartres,

Arrête :

Transport de denrées alimentaires.

(Beurre frais, œufs, volaille, gibier, fruits et légumes frais.)

1. Provisoirement, et en attendant que le service du transport à petite vitesse puisse être mis en activité, les denrées ci-dessus désignées seront transportées par les trains de grande vitesse au prix réduit de 0 fr. 002^m par fraction indivisible de 10 kilogrammes et par kilomètre, pour toute expédition qui ne sera pas moindre de 50 kilogrammes.

Dans le cas où il aurait été, par fraude, introduit dans un chargement des marchandises d'une autre nature que celles ci-dessus désignées, l'expédition tout entière sera taxée au prix ordinaire de 36 centimes par tonne et par kilomètre.

Location de plates-formes pour un transport journalier de marchandises.

§ Ier. — *Prix de transport.*

2. Provisoirement, et en attendant aussi que le transport des marchandises à petite vitesse soit mis en activité, il sera admis dans les trains de grande vitesse que l'administration désignera, des plates-formes chargées de voitures de roulage aux prix suivants :

Il sera perçu pour la location, par traité d'un an au plus, de plates-formes portant une ou deux voitures de roulage, qui ne pourront contenir que des marchandises venant ou en destination de localités situées au delà du point extrême de la ligne et dont le poids (véhicule compris) n'excédera pas 4,000 kilogrammes :

Pour le parcours de Paris à Chartres et retour......... 61 fr. 60 c.

Les voitures ne seront livrées que trois heures au plus tôt après leur arrivée à la gare destinataire.

§ II.—*Frais accessoires de chargement et de déchargement.*

Il sera perçu pour frais de chargement et de déchargement, par plate-forme et par jour, pour le trajet complet (aller et retour), un droit fixe de 8 francs.

Transport du lait.

3. Le transport du lait sera effectué aux prix suivants :

Par chargement complet de 4,000 litres..................... 40 fr. » c.
Pour toute expédition au-dessous de 4,000 litres, par litre....... » 015
    quelle que soit la distance parcourue.

Les prix ci-dessus fixés comprennent le retour à vide des pots à lait.

Le chargement et le déchargement du lait restent à la charge des expéditeurs et des destinataires.

4. Le présent arrêté sera immédiatement transmis à MM. les préfets de police, de Seine-et-Oise et d'Eure-et-Loir, pour être publié et affiché par eux, chacun dans son département respectif.

───────────◦◦───────────

N° **28**. — *Arrêté du ministre des travaux publics, qui autorise sur le chemin de fer de* Paris *à* Chartres *diverses modifications dans les conditions et les tarifs du transport provisoire des marchandises par wagons complets ou sur plates-formes* (chemin de l'Ouest).

Paris, le 18 décembre 1849.

Le ministre des travaux publics,

Vu la loi du 21 avril 1849, relative à l'exploitation du chemin de fer de Paris à Chartres ;

Vu le cahier des charges annexé à la loi du 21 juin 1846, relative à l'exploitation de la ligne de l'Ouest ;

Vu les arrêtés des 2 juillet et 27 octobre 1849, fixant les tarifs du transport des marchandises, à grande vitesse, sur le chemin de fer de Chartres ;

Vu les modifications proposées aux tarifs des transports des marchandises, à grande vitesse, par le directeur de l'exploitation du chemin de fer de Chartres ;

Vu les avis, sur ces modifications, de la commission instituée en vertu de l'article 2 de la loi précitée du 21 avril 1849,

Arrête :

Location accidentelle de plates-formes pour le transport des marchandises.
§ Ier. — Prix de transport.

1. Provisoirement, et en attendant que le service du transport des marchandises à petite vitesse soit mis en activité, des plates-formes pourront être louées, sans délai déterminé d'expédition et sans garantie de risques autres que ceux de bris de la voiture, pour transport de voitures de roulage et pour un voyage simple de Paris à Chartres, et retour, aux prix et conditions ci-après :

Il sera perçu, pour la location accidentelle d'une plate-forme portant une ou deux voitures de roulage dont le poids (véhicule compris) n'excédera pas 4,000 kilogrammes :

Pour le parcours de Paris à Chartres et retour......... 73 fr. 90 c.

La demande de plates-formes devra être faite à la gare expéditrice vingt-quatre heures d'avance ;

Le retour devra être opéré dans les vingt-quatre heures à compter de l'heure du départ ;

Les voitures ne devront point contenir de marchandises classées dans la catégorie des denrées alimentaires, et soumises à ce titre au tarif de 20 centimes par tonne et par kilomètre.

Les excédants de poids au-dessus de 4,000 kilogrammes seront tarifés sur le pied de 20 centimes la tonne.

§ II. — Frais accessoires de chargement et de déchargement.

Il sera perçu, pour frais de chargement et de déchargement par plate-forme (aller et retour), un droit fixe de 8 francs.

Transport des grains, farines et issues.

2. Provisoirement, et en attendant aussi que le transport des marchandises à petite vitesse soit mis en activité, les grains, farines et issues seront transportés, par les trains de grande vitesse, dans le sens de Chartres à Paris et par wagon complet, sans délai déterminé pour l'expédition et sans garantie contre la mouille et les déchets de route.

Il sera perçu pour la location journalière d'un wagon par traité de six mois au moins, le chargement étant de 4,000 kilogrammes ou vingt-cinq sacs de farines :

De Chartres à Paris ou à Versailles........ 48 fr.
De Jouy   —   44
De Maintenon   —   40
D'Epernon   —   36
De Rambouillet   —   30

Le chargement et le déchargement devront être opérés par les soins et aux frais, risques et périls des expéditeurs et destinataires ; l'administration ne se chargeant uniquement que du transport de gare à gare.

Transport de la houille.

3. Provisoirement, des locations journalières de wagon et par traité de six mois au moins, pourront avoir lieu pour le transport de la houille en vrac, par les trains de grande vitesse, dans le sens de Paris à Chartres, sans délai déterminé pour l'expédition, aux prix et conditions ci-après :

Il sera perçu pour la location journalière d'un wagon complet à 8 centimes par tonne et par kilomètre :

		LE CHARGEMENT ÉTANT	
		de 4,000 kilogrammes.	de 4,500 kilogrammes.
De PARIS à......	Chartres......................	28 fr. 15 c.	31 fr. 70 c.
	Jouy..........................	24 95	28 10
	Maintenon...................	22 10	24 85
	Epernon	19 50	21 95
	Rambouillet.................	15 35	17 30

Le chargement et le déchargement devront être opérés par les soins et aux frais, risques et périls des expéditeurs et destinataires ; l'administration ne se chargeant uniquement que du transports de gare à gare.

Transport des plâtres et engrais.

4. Provisoirement aussi, des transports de plâtres crus ou cuits, en pierre ou en sac, et d'engrais en sac pourront avoir lieu dans les trains de grande vitesse, et dans le sens de Paris à Chartres, au moyen de location journalière de wagons par traité de six mois au moins, sans délai déterminé pour l'expédition et sans garantie contre la mouille ou le tamisage de route.

Il sera perçu pour la location journalière d'un wagon complet à 0 franc 045 par tonne et par kilomètre :

		LE CHARGEMENT ÉTANT	
		de 4,000 kilogrammes.	de 4,500 kilogrammes.
De PARIS à......	Chartres	15 fr. 85 c.	17 fr. 80 c.
	Jouy..........................	14 05	15 80
	Maintenon...................	12 40	13 95
	Epernon	11 »	12 35
	Rambouillet.................	8 65	9 70

Le chargement et le déchargement devront être opérés par les soins et aux frais, risques et périls des expéditeurs et destinataires ; l'administration ne se chargeant uniquement que du transport de gare à gare.

Transport des chevaux et bestiaux.

5. Provisoirement, des transports de chevaux et bestiaux, (bœufs, vaches, etc.), pourront avoir lieu dans les trains de grande vitesse, de

Chartres à Paris ou à Versailles, sans aucune limite déterminée pour le nombre de têtes à charger par wagon, mais sans aucune garantie de la part de l'administration pour les risques du transport, au prix de 60 francs.

Les expéditeurs devront prévenir la gare expéditrice vingt-quatre heures à l'avance.

La limite du poids est fixée à 4,000 kilogrammes.

Il ne pourra jamais entrer dans les trains de voyageurs plus de deux wagons de bestiaux.

Le chargement et le déchargement devront être opérés par les soins et aux frais, risques et périls des expéditeurs ou destinataires; l'administration ne se chargeant uniquement que du transport de gare à gare.

6. Le présent arrêté sera immédiatement transmis à MM. les préfets de police, de Seine-et-Oise et d'Eure-et-Loir, pour être publié et affiché par eux, chacun dans son département respectif.

N° 29. — *Arrêté du ministre des travaux publics qui règle les tarifs des transports des marchandises à la petite vitesse, sur les parcours du chemin de fer de* Paris à Lyon, *compris entre* Paris et Tonnerre.

Paris, le 12 février 1850.

Le ministre des travaux publics,

Vu la loi du 10 mai 1849, relative à l'exploitation du chemin de fer de Paris à Lyon ;

Vu le cahier des charges annexé à la loi du 16 juillet 1845, relative à la concession dudit chemin de fer ;

Vu les propositions de tarifs des transports à petite vitesse, présentées par l'ingénieur en chef, directeur de l'exploitation du chemin de fer de Lyon ;

Vu l'avis, sur ces propositions, de la commission spéciale instituée en vertu de ladite loi, pour le contrôle dudit chemin,

Arrête :

1. Les prix à percevoir pour le transport des marchandises, maringottes, chevaux et bestiaux, marchant à petite vitesse, entre Paris et Tonnerre, ainsi que pour les frais accessoires de chargement, de déchargement et de magasinage, sont fixés conformément au tableau ci-annexé.

2. Le présent arrêté sera immédiatement transmis à MM. les préfets de police, de Seine-et-Oise, de Seine-et-Marne et de l'Yonne, pour être publié et affiché par eux, chacun dans son département respectif.

CHAPITRE Ier.

MARCHANDISES.

SECTION Ire. — *Classification.*

Hors classe. — Première série.

1. 1° Marchandises hors classe dénommées au cahier des charges :
Huîtres (A), poisson frais (A).

2° Marchandises non dénommées au cahier des charges, assimilées
au tarif hors classe :

Acides minéraux, arbres et arbustes vivants emballés (1), armes de
luxe et de chasse, beurre frais et fondu, bronzes d'art, cadres non
emballés, charcuterie, comestibles, conserves, écaille ouvrée, estampes
encadrées, fromages frais, fruits verts, gibier (A), glaces, huiles essentielles, instruments de musique, d'optique et de précision, légumes
frais, marchandises précieuses et dangereuses, meubles non emballés,
objets d'art et de collection, œufs, paille fine et tressée, pâtisserie,
phosphore, pièces d'artifice, plantes vivantes emballées (1); pois verts,
poudre de guerre et de chasse, pyrite, sangsues, statues, tableaux,
viande fraîche, volaille (A), marchandises ne pesant que 200 kilogrammes sous le volume d'un mètre cube.

Dans la première classe, les marchandises dont la dénomination suit :

Première classe. — Deuxième série.

1° Marchandises de 1re classe dénommées au cahier des charges :

Cotons filés, cotons non pressés et autres lainages, cuivre et autres
métaux ouvrés, denrées coloniales non dénommées, drogues, drogueries, épiceries non dénommées et objets manufacturés.

2° Marchandises non dénommées au cahier des charges, assimilées
à la 1re classe :

Aiguilles à coudre, amandes, amidon, armes non emballées, aroow-
roots et autres fécules exotiques, arsenic, baumes, bières et boissons
en caisses ou en paniers, blanc de baleine, de céruse, bleu de Prusse,
bois d'ébénisterie façonné ou en feuilles, boissellerie, bonneterie,
borax raffiné, bougie, bourre de laine et de soie, brosserie, cadres emballés, camphre, cannelle, caoutchouc, cardes, cendre d'orfèvre, charbon de bois, chapellerie, chardons, chaussures, chocolat, cigares,
citrons, cochenille, cocos, colle de poisson, conserves sous plomb,
copahu, corne ouvrée, couleurs, coutellerie, crins, cristaux emballés,
cuirs en balle, cuirs verts ou secs, cuirs ouvrés, curcuma, dents
d'éléphant, dibidivi, draperie, duvet, eau de fleurs d'oranger en caisses
ou en paniers, eaux minérales, écaille brute, encre, épingles, éponges,
essence de thérébentine, estampes, étain ouvré, étoffes de coton, laine,

---

(A) Transport à la grande vitesse, sans augmentation de prix, pour les expéditions du commerce dirigées aux halles et marchés.

(1) Les arbres, arbustes vivants et les plantes vivantes, d'un poids supérieur à 500 kilogr.,
seront taxés au prix de la 1re classe, sans garantie de conditionnement.

lin et soie, faïence fine, fanons de baleine, faux, fer-blancs en feuilles, ficelle, fil de coton, laine, lin et soie, fonte pour ornements (1), fer pour ornements, formes à sucre, fromages, fruits secs, ganterie, gaudes, glucose, gommes, graines tinctoriales, garancine, horlogerie, houblon en balles, indigo, ivoire ouvré, jouets, jus de citron en fûts, lacdye, laine lavée, laiton en feuilles, librairie, lichen pressé, liége brut, liége ouvré, limes, lingerie, liqueurs en paniers ou en caisses, marbres ouvrés, mécaniques (2), mercerie, meubles emballés ou en caisses, miel, noisettes, noix de galle, noix indigènes, oignons, onglons, oranges, orge perlé, os ouvré, papiers peints, papiers en rames ou non emballés, parfumerie, passementerie, peaux ouvrées, pelleterie et fourrures, pianos emballés, pièces de machines démontées, pierres ponces, plumes, poil de chèvre, porcelaine emballée, poterie fine, préparations pharmaceutiques, presses lithographiques, quincaillerie, rocou et autres pâtes tinctoriales, safran, safranum, sellerie, sirops, spiritueux en bouteilles, en caisses ou en paniers, soie brute et manufacturée, soie de porc, soufre raffiné, suif épuré, tabac, tabletterie, thés, tissus, toiles fines, toiles ouvrées et unies, tonneaux vides, vannerie, vanille, verrerie, vêtements en caisses, vinaigres en bouteilles, vins de liqueur en caisses ou en paniers, zinc ouvré.

Dans la deuxième classe, les marchandises dont la dénomination suit :

Deuxième classe. — Troisième série.

1º Marchandises non dénommées au cahier des charges, assimilées à la 2e classe :

Acier d'allemagne, alizari, armes en caisses, beurre salé, borax brut, carton lisse, chandelles, châtaignes (3), chaudronnerie, cire brute, colle forte, cordages, crème de tartre, déchets de coton, étoupes en balles, fécules, filasse, fil de lin écru, graines fourragères et oléagineuses, savoir : chanvre, colza, lin, luzerne, moutarde, navette, œillette, sainfoin, trèfle; harengs salés ou saurs, horloges de Strasbourg, joncs, lin non ouvré, emballé et pressé, litharge, millet, mine de plomb, morue verte ou sèche, en barils ou en paquets, orseille, osier en bottes, paillassons, papiers en caisse ou emballés, peaux brutes, pierres lithographiques, poissons salés, poissons secs, rivets, riz en barils ou en sacs, roseaux, rotins, raisiné, sucre raffiné, salaisons, sumac, stéarine, taillanderie, toiles à sac, toiles d'emballage, tôle galvanisée en feuilles minces, tripoli, verres à vitre en caisses, zinc en feuilles.

2º Marchandises de 1re classe désignées au cahier des charges, réduites au prix de la 2e :

Bois de menuiserie façonné, bois de teinture moulu et autres bois exotiques, cacao, cafés en sacs, huiles en fûts, plomb ouvré.

Troisième classe. — Quatrième série.

1º Marchandises non dénommées au cahier des charges, assimilées à la 3e classe.

Acier brut, agrès de marine, avoine en sacs, bière en fûts, bouteilles vides emballées, brai, carton brut en feuilles, chanvre pressé,

---

(1) Les fontes seront reçues sans garantie de casse.
(2) Les mécaniques seront reçues sans garantie de casse.
(3) Les châtaignes seront reçues sans garantie de poids.

chiffons, chromate de fer, cercles en bois, cidres en fûts, cornes non ouvrées, dégras de peaux, écorce en feuilles, fourrages verts, faïence ordinaire emballée, garance, goudron, graisse, guano, kaolin, laines en suint, maïs, manganèse, marbres en tranches, minium, nacre, papiers à sucre, pierres à feu, pierres de taille façonnées, plâtre en poudre en sacs, poix, poterie commune, pyrolignite de fer, résine, suif brut, sabots de bétail, salpêtre, son, son desséché ou en fûts, soude, suie, sulfate de cuivre, fer, potasse, soude et zinc, tartre brut, terre d'ombre et de sienne, tan en sacs, verres cassés en tonneaux.

2º Marchandises de 1re classe désignées au cahier des charges, et réduites au prix de la 3e :

Bois de menuiserie non ouvré, bois de teinture en bûches et autres bois exotiques, boissons spiritueuses en fûts, cuivre en lingots, en barres ou en planches, cotons en balles, fontes moulées, sucre brut, trois-six, vins en fûts et vinaigre.

3º Marchandises assimilables à la 1re classe et réduites au prix de la 3e.

Ancres de marine, alquifoux, alun, antimoine cru, calicots, chevillettes en tonneaux, clous en tonneaux, couperose, cuirs non ouvrés, enclumes, essieux bruts et non montés, étain non ouvré, fers-blancs en caisses, grosse quincaillerie, laiton en saumons, perlasse, plomb de chasse, savon, soufre en masse, toiles de coton emballées dites calicots, zinc en saumons ou en plaques.

4º Marchandises de 2e classe réduites au prix de la 3e :

Blés, bois de charpente, madriers, planches, bois scié et débité en morceaux, dont la longueur n'excède pas 4 mètres 50 centimètres, céréales, chaux, chevrons, farines, plomb en saumons, sel marin, sel de potasse, de soude, de zinc.

Cinquième série.

1º Marchandises non dénommées, assimilées à la 2e série de la 3e classe :

Betteraves, douves, mélasse, ocre, pommes de terre en sacs, poudrette en sacs.

2e Marchandises assimilables à la 1re classe, réduites au prix de la 2e série de la 3e classe :

Boulons, coussinets, fils de fer, rails.

3º Marchandises assimilables à la 2e classe, réduites au prix de la 2e série de la 3e classe :

Légumes secs, merrain, tôle forte (1).

4º Marchandises de 2e classe, désignées au cahier des charges, réduites au prix de la 2e série de la 3e classe :

Fers en barres.

5º Marchandises de 3e classe, désignées au cahier des charges, réduites au prix de la 2e série de la 3e classe :

Ardoises, plâtre en moellons.

---

(1) Les expéditeurs devront indiquer sur les lettres de voitures ou notes d'expédition, si les tôles craignent la rouille ; à défaut de quoi, l'administration n'en sera pas responsable.

Sixième série.

1º Marchandises dénommées au cahier des charges :

Fumiers et engrais en vrac, houille.

2º Marchandises non dénommées au cahier des charges, assimilées à la 3e série de la 3e classe :

Blanc de Troyes, briques, carreaux en terre cuite, cendres ordinaires ou lessivées, ciment, craie, granit, marne, meulière, noir animal, os concassés, paille, tourbe, tourteaux.

3º Marchandises de 2e classe, désignées au cahier des charges, réduites au prix de la 3e série de la 3e classe :

Bitumes, bois à brûler, coke, fonte brute, minerais.

4º Marchandises assimilables à la 2e classe et réduites au prix de la 3e série de la 3e classe :

Asphalte, fagots, ferraille, marbre en bloc.

5º Marchandises de 3e classe, désignées au cahier des charges, réduites au prix de la 3e série de la 3e classe :

Argile, cailloux, moellons, pavés et matériaux pour la construction et la préparation des routes, pierres brutes, pierres à chaux, sables, tuiles.

2. La classification ci-contre n'est approuvée qu'à titre essentiellement provisoire, et l'administration supérieure se réserve le droit d'y apporter tels changements qu'elle jugera nécessaire.

SECTION II. — *Prix de transport.*

3. Les prix à percevoir pour le transport des marchandises voyageant à petite vitesse (25 kilom. à l'heure), sont réglés de la manière suivante :

Pour les marchandises de la 1re série. 25 c.
—	2e	— 16	par tonne
—	3e	— 13	et
—	4e	— 10	
—	5e	— 08	par kilomètre.
—	6e	— 06	

4. Tout colis d'un poids inférieur à 50 kilogrammes payera comme 50 kilogrammes.

5. Au-dessus de 50 kilogrammes, la perception aura lieu par fractions indivisibles de 10 kilogrammes. Pour toute distance parcourue moindre de 6 kilomètres, le droit sera perçu comme pour 6 kilomètres entiers. Dans aucun cas et quelle que soit la distance parcourue, la perception ne pourra être moindre de 40 centimes.

SECTION III. — *Frais accessoires.*

§ Ier. — Enregistrement.

6. Il sera perçu un droit fixe de 10 centimes pour l'enregistrement de toute expédition, quelle qu'en soit la nature.

7. Tout envoi composé de plusieurs colis expédiés par une même personne et adressés à un même destinataire ne donnera lieu qu'à un seul enregistrement, pourvu que les colis contiennent la même nature de marchandises, telles que sucre, café, etc. Au contraire, les colis composant un envoi fait par une même personne à un même destinataire, mais qui seront de nature différente, seront enregistrés séparément.

§ II. — Chargement et déchargement.

8. Les frais accessoires de chargement et de déchargement de marchandises de toutes natures sont fixés à 1 franc 50 centimes par tonne. Ils seront appliqués au prorata du poids des marchandises expédiées.

§ III. — Magasinage.

9. Toute marchandise adressée en gare, qui ne sera pas enlevée dans les trois jours de la date de l'avis d'arrivée, sera soumise à un droit de magasinage réglé ainsi qu'il suit :

Pour un séjour de 4 à 10 jours..... 1 fr. ⎫
    —   11 — 15 — ..... 2 ⎪   par
    —   16 — 20 — ..... 3 ⎬
    —   21 — 25 — ..... 4 ⎪ 1,000 kilogrammes.
    —   26 — 50 — ..... 5 ⎭

Au delà de trente jours, il sera perçu 20 centimes par jour et par fraction indivisible de 1,000 kilogrammes.

§ IV. — Pesage.

10. Il sera perçu pour toute marchandise qui, sur la demande de l'expéditeur ou du destinataire, serait soumise à un pesage dans les gares d'arrivée, un droit de 15 centimes par fraction indivisible de 100 kilogrammes et par chaque pesage. Le même droit de pesage sera perçu dans les gares de départ lorsqu'un pesage extraordinaire sera demandé par l'expéditeur. Le pesage ordinaire, dans les gares de départ, pour constater le poids de la marchandise à expédier, ne donnera lieu à aucun frais.

CHAPITRE II.

VOITURES, CHEVAUX ET AUTRES ANIMAUX.

SECTION 1re. — *Prix de transport.*

§ 1er. — Voitures.

11. Les voitures transportées à la vitesse des marchandises payeront, savoir :

Voitures à un fond et une banquette........ 25 c. ⎫
    —   deux fonds et deux banquettes... 32 ⎪ par kilomètre.
    —   deux fonds et deux ou trois banquettes (diligences vides, fourgons, etc.).. 39 ⎭

§ II. — Chevaux et bêtes de trait.

12. Le transport des chevaux et bêtes de trait aura lieu aux prix suivants :

1 cheval ou autre bête de trait.............. 10 c.   ⎫
2 chevaux ou autres bêtes de trait (au même propriétaire)............................... 09 ¹/₂ ⎬ par tête
3 chevaux ou autres bêtes de trait (au même propriétaire)............................... 09   ⎬ et
Au-dessus de 3 chevaux ou autres bêtes de trait
  (au même propriétaire)................... 08 ¹/₂ ⎭ par kilomètre.

§ III. — Bestiaux et autres animaux.

13. Ce transport, limité quant à présent aux veaux et porcs, est fixé ainsi qu'il suit :

Veaux et porcs (par tête)................... 04 c. ⎫
  —.   (par wagon complet et par tête). 02 ¹/₂ ⎬ par kilomètre.

Un wagon ne pourra contenir plus de quinze veaux ou porcs, sans aucune garantie, de la part de l'administration, des accidents ou de la mortalité résultant du nombre.

A l'égard des bœufs, vaches, taureaux ou autres bestiaux, les conditions de transport seront ultérieurement fixées.

SECTION II. — *Frais accessoires de chargement et de déchargement.*

14. Les frais accessoires de chargement et de déchargement des voitures, chevaux et autres animaux sont réglés de la manière ci-après :

Voitures (pour chaque voiture).............................. 2 fr. » c.
Chevaux et bêtes de trait (par tête)........................ 1   »
Veaux et porcs... »   50

CHAPITRE III.

LOCATION DE PLATES-FORMES POUR MARINGOTTES.

15. Il pourra être traité de la location des plates-formes pour maringottes pour les parcours entiers de Paris à Tonnerre et retour, et de Paris à Montereau et retour.

Ces traités seront faits aux prix et conditions suivants :

De Paris à Tonnerre et retour, ou de Paris à Montereau et retour.

Pour un chargement de 5 à 12 tonnes.......... 11 c. ⎫
   —   13 à 20   — .... 10 ⎬ par tonne
   —   21 tonnes et au-dessus... 09 ⎭ et par kilomètre.

Les transports de maringottes ne seront cependant admis que pour des maringottes allant au delà, ou venant d'au delà de Tonnerre ou de Montereau, et non pour des maringottes faisant uniquement le trajet entre Paris et Tonnerre, et entre Paris et Montereau.

Aucun frais accessoire ne sera perçu en outre des prix ci-dessus fixés.

Les maringottes sur plates-formes ne pourront porter de marchandises hors classe.

Le chargement de chaque plate-forme ne pourra être supérieur à 5,000 kilogrammes, y compris le poids de la maringotte, ni inférieur à 3 000 kilogrammes de poids utile.

Les traités devront être faits au moins pour un an, avec l'obligation

par les locataires de payer le minimum de la charge à l'aller comme
au retour, si le chargement ne représente pas ce minimum.

CHAPITRE IV.

DISPOSITIONS GÉNÉRALES.

16. Les perceptions ci-dessus fixées à titre de frais accessoires
d'enregistrement, de chargement et de déchargement, de magasinage
et de pesage, ne seront que provisoires, et l'administration supérieure
se réserve de les modifier.

17. Les taxes comprises dans la présente ordonnance ne pourront
être relevées qu'après un délai d'un an au moins.

Tous changements à apporter aux tarifs ci-dessus réglés devront être
homologués et annoncés un mois d'avance par des affiches.

CHAPITRE V.

DISPOSITIONS TRANSITOIRES.

18. Jusqu'à nouvel ordre, le service de transport à petite vitesse,
des marchandises, voitures, chevaux et bestiaux, n'aura lieu que dans
les stations ci-après, savoir :

Paris, Melun, Fontainebleau, Montereau, Sens, Joigny, Saint-Florentin et Tonnerre.

Les autres stations dans lesquelles pourra être établi le service,
seront ultérieurement désignées par le ministre des travaux publics.

N° **30**. — *Arrêté du ministre des travaux publics qui règle les
tarifs des marchandises transportées sur le chemin de fer de
Paris à Chartres par les trains mixtes, et modifie les tarifs
applicables aux transports, sur le même chemin, des petits colis
dits articles de messagerie* (chemin de l'Ouest).

Paris, 15 avril 1850.

Le ministre des travaux publics,

Vu la loi du 21 avril 1849, relative à l'exploitation du chemin de fer
de Paris à Chartres ;

Vu le cahier des charges annexé à la loi du 21 juin 1846, relative à
l'exploitation de la ligne de l'Ouest ;

Vu les arrêtés ministériels des 2 juillet, 27 octobre et 18 décembre
1849, fixant les tarifs des articles de messagerie et des marchandises
transportées par les trains à grande vitesse, sur le chemin de fer de
Chartres ;

Vu les modifications proposées auxdits tarifs par le directeur de
l'exploitation de ce chemin ;

Vu l'avis émis sur ces modifications par la commission instituée en
vertu de l'article 2 de la loi précitée du 21 avril 1849 ;

Considérant que l'établissement d'un train mixte de voyageurs et
de marchandises permet, en attendant l'achèvement de la gare spéciale
de marchandises à Paris, de donner au commerce des facilités nou-

velles et de réduire les prix aujourd'hui perçus pour les marchandises qui seraient transportées par ledit train mixte,

Arrête :

1. Les prix à percevoir pour les transports de marchandises par le train mixte, sont fixés de la manière suivante :

§ Ier. — Transport des grains, graines fourragères, farines, issues, laines lavées ou en suint, charbon de bois, vins et autres liquides en fûts, et autres marchandises non dénommées, par location de wagons pesant au plus 4,000 kilogrammes et par abonnement, 12 centimes par tonne et par kilomètre, soit 48 centimes par wagon et par kilomètre.

POUR PARIS.

88 kilomètres de Chartres,	42 fr.	24 c.
78 — de Jouy	37	44
69 — de Maintenon	33	12
61 — d'Epernon	29	28
48 — de Rambouillet	23	04

POUR VERSAILLES.

71 kilomètres de Chartres	34 fr.	08 c.
61 — de Jouy	29	28
52 — de Maintenon	24	96
44 — d'Epernon	21	12
31 — de Rambouillet	14	88

Lorsque l'administration admettra des excédants de poids, ceux-ci seront payés à raison de 14 centimes par tonne et par kilomètre.

§ II. — Transport des plâtres crus ou cuits, en pierre ou en sacs, engrais secs ou en tonneaux, houille, fers et fontes bruts, étain et plomb en saumon, également par wagon complet, dont la limite de chargement est fixée à 4,000 kilogrammes, 45 centimes par tonne et par kilomètre.

De Chartres à Paris, *et vice versâ*		15 fr.	85 c.
De Jouy — —		14	05
De Maintenon — —		12	40
D'Epernon — —		11	»
De Rambouillet — —		8	65
De Chartres à Versailles, *et vice versâ*.		12	80
De Jouy — —		11	»
De Maintenon — —		9	55
D'Epernon — —		7	90
De Rambouillet — —		5	60

Sans garantie contre la mouille, le tamisage ou déchet de route, et sans délai déterminé pour l'expédition.

Nota.—Pour les transports énoncés aux §§ Ier et II ci-dessus, le chargement et le déchargement devront être opérés par les soins et aux frais, risques et périls des expéditeurs et destinataires, l'administration ne faisant que le transport de gare en gare ; néanmoins, sur la demande des expéditeurs, cette opération pourra être faite par les agents de l'administration, aux prix ci-après dénommés.

§ III. — Transport des meules taillées, meulières, carreaux, briques, chaux en tonneaux, grès, par wagon complet, dont la limite de chargement est fixée à 4,000 kilogrammes, 8 centimes par tonne et par kilomètre.

De Chartres à Paris, *et vice versâ*	.....	28 fr.	15 c.
De Jouy	—	—	 24	95
De Maintenon	—	—	 22	10
D'Epernon	—	—	 19	50
De Rambouillet	—	—	 15	55
De Chartres à Versailles, *et vice versâ*	... 22	70
De Jouy	—	—	... 19	50
De Maintenon	—	—	... 16	65
D'Epernon	—	—	... 14	10
De Rambouillet	—	—	.. 9	90

Les excédants de poids, lorsque l'administration les admettra, seront taxés sur le pied de 8 centimes par tonne et par kilomètre.

§ IV. — Location journalière de plates-formes pour le transport des voitures de roulage.

Il sera perçu pour location, par traité d'un an au plus, de plates-formes portant une ou deux voitures de roulage dont le poids (*véhicule compris*) n'excédera pas 4,500 kilogrammes :

Pour le parcours de Paris à Chartres, *et retour*, frais de chargement et de déchargement compris...................... 69 fr. 60 c.
Pour le parcours de Paris à Maintenon, *et retour*, frais de chargement et de déchargement compris................. 56   30

Le chargement pourra comprendre des marchandises de toute nature et de toute classe, à l'exception, toutefois, de celles prohibées comme dangereuses, telles que les poudres, le phosphore et les allumettes chimiques.

Les excédants de poids seront taxés, par fraction indivisible de 100 kilogr., au prix de 15 centimes par tonne et par kilomètre.

Nota. — Les expéditeurs qui, par suite de traités antérieurs à ce jour, auraient loué des plates-formes pour le transport journalier de leurs voitures par les trains de grande vitesse, seront libres de faire reporter leurs services sur les trains de petite vitesse, aux conditions ci-dessus, ou de continuer par les trains de grande vitesse, mais aux conditions fixées par l'arrêté ministériel du 27 octobre 1849 ; ils devront, dans tous les cas, prévenir l'administration de leur intention à cet égard au moins cinq jours d'avance.

§ V. — Transport des bestiaux.

1° Bœufs et vaches, par tête et par kilomètre....................... 10 c.
   Bœufs et vaches, par wagon complet dont la limite de chargement est fixée à 6 têtes (frais de chargement et de déchargement compris) et par kilomètre.......................... 45
2° Veaux et porcs, par tête et par kilomètre....................... 04
   Veaux et porcs, par wagon complet et par kilomètre (frais de chargement et de déchargement compris)...................... 45

Un wagon ne pourra contenir à ce prix plus de 25 têtes de veaux ou de porcs.

3º Béliers et moutons, par tête et par kilomètre................... 02 c.
Béliers et moutons, par wagon complet et par kilomètre (frais de
chargement et de déchargement compris)..................... 45

A ce prix, les expéditeurs pourront charger dans un wagon tel nombre de moutons qu'ils jugeront convenable, mais sans aucune garantie de la part de l'administration pour la mortalité ou les accidents résultant du nombre et sans que, dans aucun cas, le poids puisse excéder 4,500 kilogrammes.

§ VI. — Transport des chevaux, mulets et bêtes de trait.

1º Les chevaux transportés dans les wagons dits écuries, par location de wagon complet, payeront à raison de 12 centimes par tête et par kilomètre, soit 36 centimes par wagon complet et par kilomètre ;

2º Sur la demande des expéditeurs, les transports des chevaux pourront être effectués dans les wagons à bestiaux à raison de 60 centimes par wagon et par kilomètre (*chargement et déchargement compris*), sans aucune limite déterminée pour le nombre des têtes chargées dans chaque wagon, mais sans aucune garantie de la part de l'administration pour les risques du transport.

Tarif pour le Transport, par wagons, des Chevaux, Mulets et Bêtes de trait.

	WAGONS écuries.		WAGONS à bestiaux.	
	fr.	c.	fr.	c.
De Chartres à Paris, *et vice versâ*...............	31	68	52	80
De Maintenon à Paris, *idem*	24	84	41	40
D'Epernon à Paris, *idem*	21	96	36	60
De Rambouillet à Paris, *idem*	17	28	28	80
De Chartres à Versailles, *et vice versâ*...........	25	56	42	60
De Maintenon à Versailles, *idem*	18	72	51	20
D'Epernon à Versailles, *idem*	15	84	26	40
De Rambouillet à Versailles, *idem*	11	16	18	60

§ VII. — Transport des voitures.

1º Voitures à 2 ou 4 roues, à 1 fond et 1 banquette dans l'intérieur.......................... 30 c.) par
2º Voitures à 4 roues, à 2 fonds et 2 banquettes dans l'intérieur.......................... 55 } kilomètre.

§ VIII. — Frais accessoires.

1º ENREGISTREMENT.

Il sera perçu sur chaque expédition, quel que soit le nombre de wagons en faisant partie, un droit fixe de 10 centimes pour enregistrement, excepté, toutefois, pour les locations de plates-formes par traité d'un an de durée.

2° CHARGEMENT ET DÉCHARGEMENT.

Marchandises.

Les frais de chargement et de déchargement sont fixés à 1 franc par tonne pour les marchandises de quelque nature qu'elles soient.

Dans le cas où, sur la demande des expéditeurs ou des destinataires, l'administration se chargerait de l'une de ces opérations seulement, il sera perçu pour cet objet 50 centimes par tonne.

Ces frais de chargement et de déchargement seront appliqués par fraction indivisible de 1,000 kilogrammes.

```
Voitures, par pièce.............................. 2 fr.  » c.
Chevaux, bœufs, vaches et mulets, par tête........... 1    »
Veaux et porcs, par tête........................ »   50
Moutons et béliers, par tête..................... »   25
```

3° MAGASINAGE.

L'administration n'ayant pas encore toutes ses gares disponibles, il ne sera perçu aucun frais de magasinage ; les marchandises devront être enlevées dans les trente-six heures de leur arrivée ; passé ce délai l'administration ne répondra pas des avaries qui pourraient résulter du déchargement de la marchandise en plein air (1).

2. Le tarif pour le transport des articles de messagerie par les train de grande vitesse, fixé par l'arrêté ministériel du 2 juillet 1849, sera modifié de la manière suivante :

Transport des Articles de Messagerie dont le poids serait inférieur à six kilogrammes.

	De 0 à 3 kilogr.	De 3 à 6 kilogr.
	fr. c.	fr. c.
1° Pour un parcours de 1 à 45 kilomètres........	0 15	0 30
2° Au-dessus de 45 kilomètres jusqu'à 90 kilomètres.	0 5	0 45
(Frais de chargement et de déchargement compris.)		

De 6 à 10 kilomètres et au-dessus, les prix de transport seront les mêmes que ceux fixés par l'arrêté ministériel sus-énoncé.

3. Toutes les dispositions des arrêtés ministériels des 2 juillet, 27 octobre et 18 décembre 1849, qui ne sont pas contraires aux présentes dispositions, continueront à recevoir leur exécution.

4. Le présent arrêté sera mis à exécution à partir du 1er mai 1850.

Il sera immédiatement transmis à MM. les préfets de police, de Seine-et-Oise et d'Eure-et-Loir, pour être publié et affiché par eux, chacun dans son département respectif.

---

(1) Disposition modifiée par l'ord. du 19 déc. 1850.—Voir page 843.

N° **31.** — *Décision du ministre des travaux publics au sujet de trains de plaisir entre Paris et Rambouillet* (chemin de l'Ouest).

Paris, le 17 mai 1850.

1° Il y aura provisoirement des trains de plaisir entre Paris et Rambouillet, dont le service sera fait par l'administration du chemin de fer de l'Ouest et celle de la ligne de la rive gauche ;

2° Les convois partiront d'heure en heure, dès neuf heures vingt minutes du matin, mais seulement suivant les besoins et sous la réserve expresse que le nombre des convois pourra être réduit dès que l'expérience aura prononcé sur leur utilité ;

3° Les prix des places (aller et retour) dans ces trains, seront de 5 francs dans les voitures de première classe, et de 3 francs dans les voitures de deuxième classe ;

4° Le service commencera le 19 de ce mois.

N° **32.** — *Arrêté du ministre des travaux publics, qui règle les tarifs du transport des bestiaux, et modifie le tarif en vigueur pour le transport et la manutention du lait, sur les parcours du chemin de fer de* Paris à Lyon, *compris entre* Paris *et* Tonnerre.

Paris, 27 mai 1850.

Le ministre des travaux publics,

Vu la loi du 10 mai 1849, relative à l'exploitation du chemin de fer de Paris à Lyon ;

Vu le cahier des charges annexé à la loi du 16 juillet 1845, relative à la concession dudit chemin de fer ;

Vu les arrêtés ministériels des 9 janvier et 12 février 1850, qui fixent les prix à percevoir pour les transports, à petite vitesse, entre Paris et Tonnerre ;

Vu les propositions complémentaires et les modifications présentées par l'ingénieur en chef, directeur de l'exploitation du chemin de fer de Paris à Lyon ;

Vu l'avis, sur ces propositions, de la commission spéciale instituée en vertu de la loi du 10 mai 1849, pour le contrôle dudit chemin ;

Arrête :

CHAPITRE Iᵉʳ.

TRANSPORT DES BESTIAUX A LA VITESSE DES MARCHANDISES.

SECTION Iᵉ. — Prix de transport.

1. Le transport des chevaux ou autres bêtes de trait aura lieu aux prix suivants :

1 cheval ou autre bête de trait...................... 10 c.		par tête
2 chevaux au même propriétaire................. 09 ½		et
3 — — 09		
Au-dessus de 3 chevaux au même propriétaire...... 08 ½		par kilomètre.

Sur la demande écrite des expéditeurs, il pourra être accordé un permis de circulation au piqueur ou autre agent accompagnant six chevaux expédiés; deux permis, pour douze chevaux; mais, dans aucun cas, il ne sera accordé plus de deux permis, quel que soit le nombre de chevaux transportés. Les agents porteurs de ces permis devront aider au chargement et au déchargement, et surveiller leurs chevaux. Ils assumeront sur les expéditeurs qu'ils représenteront toutes conséquences d'accidents de route.

2. Les prix de transport des bestiaux et autres animaux sont fixés ainsi qu'il suit :

Bœufs, vaches, taureaux, par tête................ 10 c.	
— — — par wagon complet et par tête... 06	par kilomètre.
Veaux et porcs, par tête........................ 04	
— — par wagon complet et par tête..... 02 1/2	
Moutons, brebis, agneaux, chèvres, par tête....... 02	
— — — par wagon complet et par tête............................ ~ 5/4	

3. Un wagon sera complet lorsqu'il contiendra six bœufs, vaches taureaux, quinze veaux ou porcs, trente moutons, chèvres, brebis ou agneaux.

Toutefois, il sera loisible à l'expéditeur de louer un wagon, même pour des expéditions moindres de celles ci-dessus fixées, sous la condition de payer le tarif du wagon complet.

Le chargement et le déchargement seront faits par les soins, aux frais et aux risques et périls des expéditeurs.

En conséquence, l'administration ne réclamera aucun frais de chargement ni de déchargement.

4. Toutefois, et malgré cette fixation de nombres qui doit servir de base au chargement des wagons complets, l'administration du chemin de fer pourra consentir des chargements en nombre supérieur et dans les proportions suivantes, mais toujours sous la responsabilité et aux risques et périls des expéditeurs.

Sept ou huit vaches au même expéditeur, pouvant être chargées dans un même wagon, seront transportées au prix de six bœufs.

Il pourra être chargé sur un même wagon et par un même expéditeur jusqu'à concurrence de vingt-deux veaux ou dix-huit porcs maigres, ou telle quantité de moutons que l'expéditeur le jugera convenable, sans que le chargement puisse excéder 4,500 kilogrammes.

Dans tous les cas, chaque animal des catégories ci-dessus indiquées, excédant les quantités fixées par l'article précédent pour le chargement d'un wagon complet, payera par tête et par kilomètre la moitié de la taxe fixée pour les chargements par wagon complet.

Sur la demande écrite des expéditeurs, il pourra être délivré un permis de circulation gratuit pour un de leurs toucheurs accompagnant une même expédition d'au moins douze bœufs ou quatorze vaches, et deux wagons complets de veaux, porcs ou moutons. Deux permis pourront être délivrés aux mêmes toucheurs pour une même expédition de plus de trente bœufs ou vaches, et plus de deux wagons de veaux, porcs ou moutons. Mais ce nombre de permis ne pourra jamais être augmenté, quelle que soit l'importance des expéditions.

SECTION II. — Frais accessoires de chargement et de déchargement.

5. Les frais accessoires de chargement et de déchargement des bestiaux et autres animaux sont réglés de la manière ci-après :

Chevaux.................................... 1 fr. » c. ⎞
Bœufs, vaches, taureaux, ânes, mulets.......... » 75 ⎬ par tête.
Veaux et porcs............................... » 50 ⎟
Moutons, chèvres, brebis, agneaux.............. » 10 ⎠

CHAPITRE II.

TRANSPORT DU LAIT.

6. Le transport du lait sera fait depuis la station de départ jusqu'à Paris, savoir :

Pour toutes les stations comprises entre :

Paris et Melun inclusivement, à raison de.. 01 c. $\frac{1}{8}$ ⎞ par litre et quelles que
Melun et Montereau inclusiv., à raison de.. 01 $\frac{1}{4}$ ⎟ soient les quantités
Montereau et Sens inclusiv., à raison de.... 01 $\frac{1}{2}$ ⎬ remises et les dis-
Sens et Tonnerre inclusiv., à raison de..... 01 $\frac{3}{4}$ ⎠ tances parcourues.

Dans ces perceptions se trouveront compris le retour des vases et poteries qui auront contenu le lait, ainsi que tous frais accessoires d'enregistrement, de chargement et de déchargement.

CHAPITRE III.

DISPOSITIONS TRANSITOIRES.

7. Jusqu'à nouvel ordre, le service de transport des bestiaux à la vitesse des marchandises continuera à n'avoir lieu que dans les stations ci-après, savoir :

Paris, Melun, Fontainebleau, Montereau, Sens, Joigny, Saint-Florentin, Tonnerre.

Les autres stations dans lesquelles pourra être établi le service, seront ultérieurement désignées par le ministre.

CHAPITRE IV.

DISPOSITIONS GÉNÉRALES.

8. Les perceptions ci-dessus fixées à titre de frais accessoires d'enregistrement, de chargement et de déchargement, ne sont que provisoires, et l'administration supérieure se réserve de les modifier ou supprimer.

9. Les taxes comprises dans le présent arrêté, qui sont inférieures à celles du tarif du cahier des charges, ne pourront être relevées qu'après le délai d'un an au moins.

Tous changements à apporter aux tarifs ci-dessus réglés devront être homologués et annoncés un mois d'avance par des affiches.

10. Le présent arrêté sera immédiatement transmis à MM. les préfets de police, de Seine-et-Oise, de Seine-et-Marne et de l'Yonne, pour être publié et affiché par eux, chacun dans son département respectif.

N° 33. — *Arrêté du ministre des travaux publics qui modifie les tarifs en vigueur, tant pour le transport, à grande vitesse, des articles de messagerie d'un poids inférieur à 10 kilogrammes, que pour le transport, à la vitesse des marchandises, des plâtres, par chargement complet de 4,000 à 5,000 kilogrammes, sur divers parcours du chemin de fer de* Lyon, *compris entre Paris et* Tonnerre.

Paris, le 31 mai 1850.

Le ministre des travaux publics,

Vu la loi du 10 mai 1849, relative à l'exploitation du chemin de fer de Paris à Lyon ;

Vu le cahier des charges annexé à la loi du 16 juillet 1845, relative à la concession dudit chemin de fer ;

Vu l'arrêté ministériel en date du 8 août 1849, réglant les tarifs des transports à grande vitesse ;

Vu les arrêtés ministériels des 9 janvier, 12 février et 27 avril 1850, qui fixent les prix à percevoir pour les transports à petite vitesse entre Paris et Tonnerre ;

Vu les propositions présentées par l'ingénieur en chef, directeur de l'exploitation du chemin de fer de Paris à Lyon, relatives : 1º aux modifications à apporter aux tarifs des petits colis de messagerie, et 2º aux prix à appliquer au transport des plâtres par wagons complets ;

Vu l'avis, sur ces propositions, de la commission spéciale instituée en vertu de la loi du 10 mai 1849, pour le contrôle dudit chemin ;

Arrête :

CHAPITRE Iᵉʳ.

TRANSPORT DES PETITS COLIS ET ARTICLES DE MESSAGERIE, A GRANDE VITESSE.

1. Les articles de messagerie d'un poids inférieur à 10 kilogrammes, partant de Paris pour une des stations de la ligne, ou venant d'une des stations en destination de Paris, seront divisés en deux classes, savoir : les articles pesant 2 kilogrammes et au-dessous et les articles dont le poids est compris entre 2 et 10 kilogrammes.

2. Pour le transport de ces articles, le chemin de fer sera divisé en trois zones pour chacune desquelles le poids sera uniforme.

La première zone s'étendra de Paris à Montereau inclusivement.

La seconde, de Villeneuve-la-Guyard à Laroche inclusivement.

La troisième, de Laroche à Tonnerre.

3. Les prix de transport dans ces diverses zones sont fixés de la manière suivante :

	1ʳᵉ ZONE.	2ᵉ ZONE.	3ᵉ ZONE.
	fr. c.	fr. c.	fr. c.
Pour les colis de 0 à 2 kilogrammes........	0 15	0 20	0 30
Pour les colis de 2 à 10 kilogrammes........	0 25	0 30	0 40

CHAPITRE II.

TRANSPORT DES PLATRES PAR CHARGEMENT COMPLET.

4. Les transports des plâtres auront lieu sur la section du chemin de fer de Paris à Lyon, comprise entre Paris et Tonnerre, par chargement complet de 4,000 à 5,000 kilogrammes.

Ces transports auront lieu aux prix suivants, par tonne et par kilomètre :

	PLATRE CUIT.		PLATRE CRU en poudre ou en pierre.	
	fr.	c.	fr.	c.
De Paris aux stations comprises entre Paris et Cesson, inclusivement..........................	0	10	0	08
De Paris aux stations de Melun à Moret-Saint-Mammés, inclusivement.........................	0	08	0	07
De Paris aux stations de Montereau à Sens et à toutes les stations, au delà de Sens...........	0	06	0	05

CHAPITRE III.

DISPOSITIONS GÉNÉRALES.

5. Le présent arrêté sera immédiatement transmis à MM. les préfets de police, de Seine-et-Oise, de Seine-et-Marne et de l'Yonne, pour être publié et affiché par eux, chacun dans son département respectif.

N° **34.** — *Loi relative aux mauvais traitements exercés envers les animaux domestiques.*

Paris, le 2 juillet 1850.

Au nom du peuple français,

L'assemblée nationale a adopté la loi dont la teneur suit :

Seront punis d'une amende de cinq à quinze francs, et pourront l'être d'un à cinq jours de prison, ceux qui auront exercé publiquement et abusivement de mauvais traitements envers les animaux domestiques.

La peine de la prison sera toujours appliquée en cas de récidive,

L'article 483 du Code pénal sera toujours applicable.

Délibéré en séance publique, à Paris, les 15 mars, 13 juin et 2 juillet 1850.

La présente loi sera promulguée et scellée du sceau de l'Etat.

Le président de la République,

LOUIS-NAPOLÉON BONAPARTE.

N° **35**. — *Décret concernant la vente des substances vénéneuses.*

Paris, le 8 juillet 1850.

Au nom du peuple français,

Le président de la République,

Sur le rapport du ministre de l'agriculture et du commerce,

Vu la loi du 19 juillet 1845 :

Vu l'ordonnance du 29 octobre 1846, portant règlement sur la vente des substances vénéneuses ;

Vu les avis de l'école de pharmacie, du comité consultatif des arts et manufactures, du conseil de salubrité du département de la Seine et de l'académie de médecine ;

Le conseil d'État entendu,

Décrète :

1. Le tableau des substances vénéneuses, annexé à l'ordonnance du 29 octobre 1846, est remplacé par le tableau joint au présent décret.

2. Dans les visites spéciales, prescrites par l'article 14 de l'ordonnance du 29 octobre 1846, les maires ou commissaires de police seront assistés, s'il y a lieu, soit d'un docteur en médecine, soit de deux professeurs d'une école de pharmacie, soit d'un membre du jury médical et d'un des pharmaciens adjoints à ce jury, désignés par le préfet.

3. Le ministre de l'agriculture et du commerce est chargé de l'exécution du présent décret.

L.-N. BONAPARTE.

TABLEAU

DES SUBSTANCES VÉNÉNEUSES A ANNEXER AU DÉCRET DU 8 JUILLET 1850.

Acide cyanhydrique.	Digitale, extrait et teinture.
Alcaloïdes végétaux vénéneux et leurs sels.	Emétique.
	Jusquiame, extrait et teinture.
Arsenic et ses préparations.	Nicotiane.
Belladone, extrait et teinture.	Nitrate de mercure.
Cantharides entières, poudre et extrait.	Opium et son extrait.
Chloroforme.	Phosphore.
Ciguë, extrait et teinture.	Seigle ergoté.
Cyanure de mercure.	Stramonium, extrait et teinture.
Cyanure de potassium.	Sublimé corrosif.

N° **36**. — *Extrait de la loi sur la police des théâtres.*

Paris, le 30 juillet 1850.

1. Jusqu'à ce qu'une loi générale, qui sera présentée dans le délai d'une année, ait définitivement statué sur la police des théâtres, aucun ouvrage dramatique ne pourra être représenté sans l'autorisation préalable du ministre de l'intérieur, à Paris, et du préfet, dans les départements.

Cette autorisation pourra toujours être retirée pour des motifs d'ordre public.

2. Toute contravention aux dispositions qui précèdent est punie, par les tribunaux correctionnels, d'une amende de cent francs à mille francs, sans préjudice des poursuites auxquelles pourraient donner lieu les pièces représentées.

N° **37**. — *Arrêté du ministre des travaux publics qui fixe les tarifs du transport des marchandises, par location de wagons complets, sur les deux sections du chemin de fer de* Lyon, *comprises, l'une entre* Paris *et* Tonnerre, *et l'autre entre* Dijon *et* Châlon-sur-Saône.

Paris, le 9 août 1850.

Le ministre des travaux publics,

Vu la loi du 10 mai 1849, relative à l'exploitation du chemin de fer de Paris à Lyon;

Vu le cahier des charges annexé à la loi du 16 juillet 1845, relative à la concession dudit chemin de fer;

Vu les arrêtés ministériels des 9 janvier, 12 février et 1er mai 1850, qui fixent les prix à percevoir pour les transports, à petite vitesse, sur la ligne de Paris à Tonnerre;

Vu les propositions présentées par l'ingénieur en chef, directeur de l'exploitation, pour la location des wagons complets de marchandises sur les deux sections de Paris à Tonnerre, et de Dijon à Châlon;

Vu l'avis, sur ces propositions, de la commission spéciale instituée en vertu de la loi du 10 mai 1849, pour le contrôle dudit chemin;

Arrête :

1. Les prix à percevoir pour le transport des diverses marchandises ci-après désignées, à la petite vitesse et par location de wagons et chargement du poids de 4,000 kilogrammes au moins à 5,000 kilogrammes au plus, sont fixés de la manière suivante :

§ 1er.— Transport des cacao, cafés, charbons de bois, raisiné, sucres en tonneaux, 10 centimes par tonne et par kilomètre.

§ 2. — Transport des bois de charpente, céréales (*blés, farines, seigle, orge, avoine*), chiffons, cotons en balles, dégras, écorces, huiles de graines, orseilles, gros papiers à sucre, salines ou salaisons, sel marin, sons et issues, suifs bruts en barriques, tan en sacs, vins, à 8 centimes par tonne et par kilomètre.

2. Les excédants de poids au-dessus de 5,000 kilogrammes seront admis par l'administration, mais aux prix ordinaires des tarifs de la classe de marchandises à laquelle appartiendront ces excédants.

3. Malgré la fixation de minimum de poids qui précède, il sera loisible à tout expéditeur de louer un wagon pour des expéditions d'un poids inférieur à 4,000 kilogrammes, sous la condition de payer le prix de transport de ce minimum.

4. Les frais accessoires de chargement et de déchargement sont compris dans les prix fixés par l'article 1er ci-dessus.

En conséquence, l'administration ne réclamera rien à cet égard.

Toutefois, pour ces transports, l'administration ne sera tenue à aucune garantie contre la mouille, le tamisage, coulage ou déchet de route, ni à aucun délai déterminé pour l'expédition.

Dans le cas prévu par l'article 2, les excédants seront soumis aux frais de chargement et de déchargement fixés par les arrêtés antérieurs.

5. Il pourra également, sur la demande des expéditeurs, être loué des wagons pour le transport des marchandises de toutes natures, autres que celles ci-dessus désignées. Ces locations seront faites aux prix fixés par le tarif en vigueur pour les transports ordinaires, mais avec exemption des frais accessoires de chargement et de déchargement, et sous la condition que chaque wagon sera chargé de 4,000 kilogrammes au moins et de 5,000 kilogrammes au plus.

Dans le cas de ces locations, il sera loisible à tout expéditeur de louer un wagon pour des expéditions moindres de 4,000 kilogrammes, mais sous la condition de payer le prix de transport de ce minimum.

6. Jusqu'à nouvel ordre, les locations de wagons, pour la nature de marchandises et dans les conditions ci-dessus indiquées, n'auront lieu que dans les stations ci-après, savoir :

Paris, Melun, Fontainebleau, Montereau, Sens, Joigny, Saint-Florentin, Tonnerre, Dijon, Gevrey, Nuits, Beaune, Meursault, Chagny et Châlon.

Les autres stations dans lesquelles pourront avoir lieu ces locations seront ultérieurement désignées par le ministre des travaux publics.

7. Le présent arrêté sera mis à exécution à partir du 25 août 1850.

Il sera immédiatement transmis à M. le préfet de police, à MM. les préfets de Seine-et-Oise, de Seine-et-Marne, de l'Yonne, de la Côte-d'Or et de Saône-et-Loire, pour être publié et affiché par eux, chacun dans son département respectif.

N° 38. — *Arrêté du ministre des travaux publics, qui fixe un tarif spécial pour le transport, à la petite vitesse, des grains, farines et issues sur le chemin de fer de Chartres* (chemin de l'Ouest).

Besançon, le 19 août 1850.

Le ministre des travaux publics,

Vu la loi du 21 avril 1849, relative à l'exploitation du chemin de fer de Paris à Chartres ;

Vu le cahier des charges annexé à la loi du 21 juin 1846, relative à l'exploitation de la ligne de l'Ouest ;

Vu les arrêtés ministériels des 2 juillet, 27 octobre, 18 décembre 1849 et 15 avril 1850, fixant les tarifs du transport des voyageurs, messagerie et marchandises, tant par les trains de grande vitesse que par ceux de petite vitesse, sur le chemin de fer de Chartres ;

Vu les modifications auxdits tarifs pour les transports à petite vitesse, des grains, farines et issues, proposées par le directeur de l'exploitation de ce chemin ;

Vu l'avis émis sur ces modifications par la commission instituée en vertu de l'article 2 de la loi précitée du 21 avril 1849,

Arrête :

1. Le prix à percevoir pour le transport des grains, farines et issues,

par traités d'une année au moins, sont fixés comme suit, par tonne et par kilomètre, frais de chargement et de déchargement compris :

1º Grains, farines et issues, de *Chartres* vers *Paris*............... 11 c.
2º Grains et farines avariés ou échauffés, de *Paris* vers *Chartres*... 08

Pour les excédants de poids au delà d'une tonne, les taxes ci-dessus seront perçues par fraction indivisible de 10 kilogrammes.

2. Les prix à percevoir pour les transports accidentels de farines et issues sont fixés :

De *Chartres* sur *Paris*, à 14 centimes par tonne et par kilomètre, et par fraction indivisible de 10 kilogrammes ;
De *Paris* sur *Chartres*, pour les farines échauffées ou avariées, aux prix ordinaires des tarifs.

Les frais de chargement et de déchargement sont fixés à 1 franc par tonne.

3. Les prix du tarif exceptionnel ci-dessus ne seront applicables qu'aux meuniers qui prendront, pour une année au moins, l'engagement de faire transporter par le chemin de fer la totalité des farines, grains et issues, expédiés de leurs usines pour des localités desservies par le chemin de fer, ou de ces localités pour leurs usines.

4. Toutes les dispositions des tarifs en vigueur, qui ne sont pas contraires au présent arrêté, continueront à recevoir leur exécution.

5. Le présent arrêté sera mis à exécution à partir du 1er septembre 1850. Il sera immédiatement transmis à MM. les préfets de police, de Seine-et-Oise et d'Eure-et-Loir, pour être publié et affiché par eux, chacun dans son département respectif.

N° **39**. — *Arrêté du ministre des travaux publics relatif aux droits de magasinage sur les marchandises expédiées d'un point quelconque de la ligne de l'Ouest, à Paris.*

Paris, le 19 décembre 1850.

Le ministre des travaux publics,

Vu la loi du 21 avril 1849, relative à l'exploitation du chemin de fer de Paris à Chartres ;

Vu le cahier des charges annexé à la loi du 21 juin 1846, relative à l'exploitation de la ligne de l'Ouest ;

Vu les arrêtés ministériels des 2 juillet, 27 octobre, 18 décembre 1849, 15 avril et 19 août 1850, fixant les tarifs du transport des voyageurs, messageries et marchandises, tant par les trains de grande vitesse que par ceux de petite vitesse, et les tarifs des frais accessoires de chargement, de déchargement et de magasinage dans les gares, pour le chemin de fer de Chartres ;

Vu, en ce qui concerne les droits de magasinage à déterminer pour les marchandises transportées à petite vitesse en destination de Paris, les modifications aux tarifs de ces frais accessoires proposées par le directeur de l'exploitation de ce chemin ;

Vu l'avis émis sur ces modifications par la commission instituée en vertu de l'article 2 de la loi précitée du 21 avril 1849 ;

Considérant que, jusqu'à l'achèvement des halles à marchandises de la gare de Paris, il importe que l'enlèvement des marchandises ait lieu le plus rapidement possible, et que leur séjour dans les wagons en gare soit réduit au temps strictement nécessaire,

Arrête :

1. Les droits de magasinage sur les expéditions faites par les trains de petite vitesse, en destination de Paris seulement, sont fixés comme suit :

1° 05 c. par 100 kilogrammes pour un séjour de 1 à 2 jours, au delà des 36 heures de planche accordées par l'arrêté ministériel du 15 avril 1850 ;

2° 03   par 100 kilogrammes et par jour, pour les 3e et 4e jours ;

3° 20   par 100 kilogrammes et par jour, au delà de 4 jours, sans préjudice de la pénalité inscrite dans l'arrêté ministériel sus-énoncé du 15 avril 1850.

2. Toutes les dispositions des tarifs en vigueur, qui ne sont pas contraires au présent arrêté, continueront à recevoir leur exécution.

3. Le présent arrêté sera mis à exécution à partir du 25 décembre 1850. Il sera transmis immédiatement à MM. les préfets de police, de Seine-et-Oise et d'Eure-et-Loir pour être publié et affiché par eux, chacun dans son département.

TABLE ALPHABÉTIQUE

DES

MATIÈRES CONTENUES DANS LE CINQUIÈME VOLUME.

www.ingramcontent.com/pod-product-compliance
Lightning Source LLC
Chambersburg PA
CBHW060536280326
41932CB00011B/1304